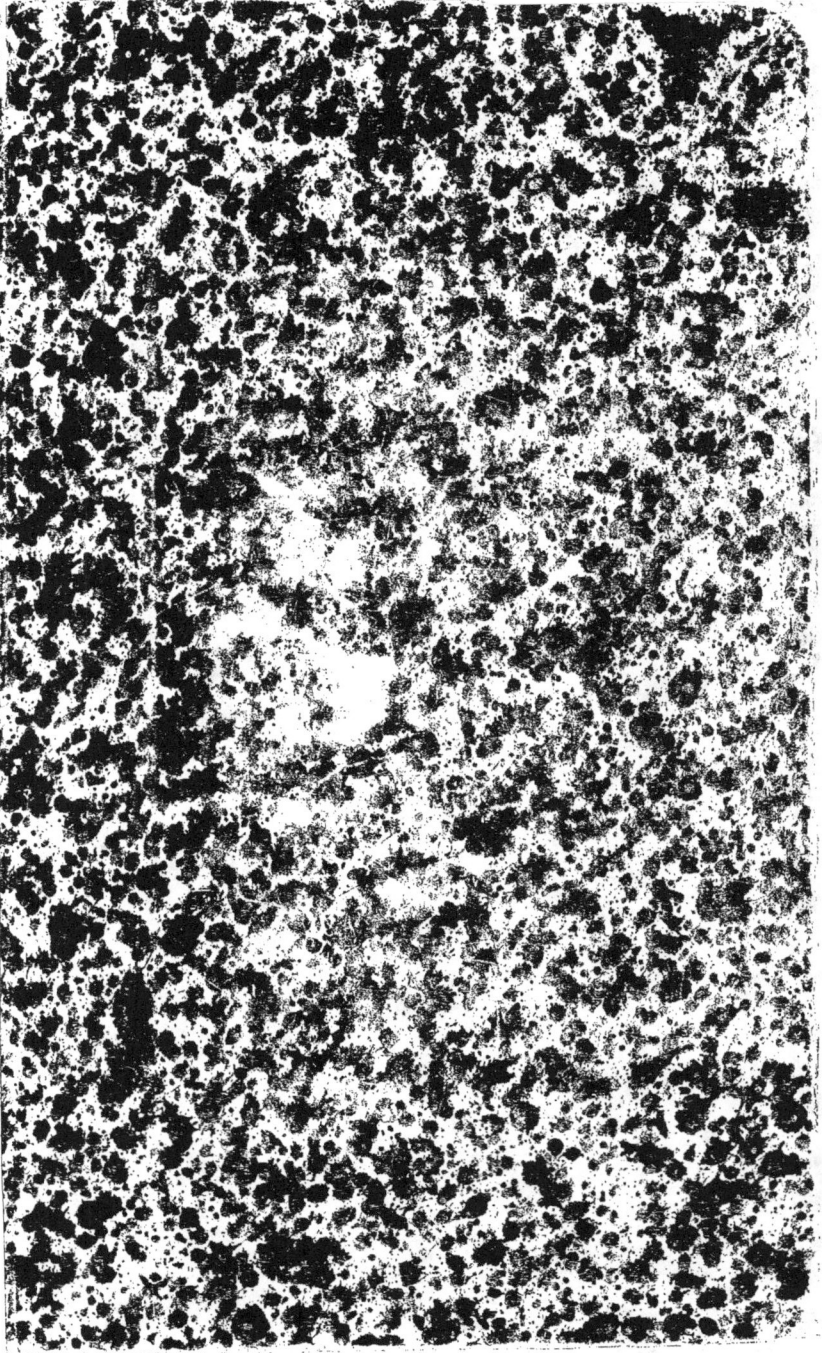

DICTIONNAIRE UNIVERSEL

DE

CUISINE

ET

D'HYGIÈNE ALIMENTAIRE

PAR

JOSEPH FAVRE

Membre de la Société française d'Hygiène;
Secrétaire général de l'Académie de cuisine.

PRINCIPAUX COLLABORATEURS CULINAIRES

L. Tabernat, chef de cuisine de M. Carnot, Président de la République. — L. Fauvet, chez M. le baron
de Mohrenheim, Ambassadeur de Russie. — Ch. Le Sénéchal, chez M. le duc de Fernan Nuñez,
à Madrid. — L'Héritier, chez M. le duc de la Rochefoucault.
L. Mourier, chef des cuisines des restaurants Paillard. — A. Suzanne. — E. Darenne.
Casimir Moisson, chef à la Maison-Dorée. — E. Deny, chef des cuisines royales Helléniques-Athènes.

Médaille d'or et Grand diplôme d'honneur

OUVRAGE ADMIS DANS LES ÉCOLES NATIONALES D'AGRICULTURE DE FRANCE

Honoré d'une souscription de l'Ex-Empereur du Brésil

Près de 3,000 Articles

2,000 Recettes

600 Figures gravées dans le texte

L'animal se repait, l'homme mange:
l'homme d'esprit seul sait manger.
BRILLAT-SAVARIN.
Cuisine, c'est médecine: c'est la mé-
decine préventive la meilleure....
J. MICHELET.

L'OUVRAGE COMPREND :

L'Étymologie, l'Histoire,
l'Analyse chimique de tous les aliments naturels
et composés; leurs propriétés et leurs effets hygiéniques; les Eaux minérales;
la Climatologie; les Stations hivernales et les Thermes; le régime approprié aux valétudinaires,
aux convalescents, aux âges et aux sexes; la classification de tous les Vins français et étrangers; les
Aliments aphrodisiaques, anaphrodisiaques et les remèdes spéciaux; la Cuisine végétarienne, assyrienne, romaine,
grecque, française, anglaise, italienne, espagnole et germaine; la Confiserie, Glacerie, Pâtisserie,
Conserves et Distillation; la Science gastronomique et l'art de décorer; la Géographie
gastronomique; la Biographie des Cuisiniers et Producteurs illustres;
la Terminologie culinaire avec la synonymie
en quatre langues.

LIBRAIRIE-IMPRIMERIE DES HALLES ET DE LA BOURSE DE COMMERCE
33, rue Jean-Jacques-Rousseau, 33

DICTIONNAIRE UNIVERSEL

DE

CUISINE

ENCYCLOPÉDIE ILLUSTRÉE

D'HYGIÈNE ALIMENTAIRE

Joseph FAVRE

DICTIONNAIRE UNIVERSEL

DE

CUISINE

ENCYCLOPÉDIE ILLUSTRÉE

D'HYGIÈNE ALIMENTAIRE

MODIFICATION DE L'HOMME PAR L'ALIMENTATION

Plus de 2,020 recettes
Près de 3,000 articles
600 figures gravées dans le texte

L'animal se repait, l'homme mange : l'homme
d'esprit seul sait manger.
BRILLAT-SAVARIN.

Cuisine, c'est médecine : c'est la médecine
préventive, la meilleure...
J. MICHELET.

LE DICTIONNAIRE COMPREND :

L'étymologie,
la synonymie en trois langues,
l'histoire, l'analyse chimique de tous les aliments
naturels et composés, les propriétés hygiéniques appropriées
aux âges et aux sexes, d'après le besoin réclamé par l'individu; le régime,
les prophylactiques, les eaux minérales, la climatologie, les aliments respiratoires, les
cuisines végétarienne, assyrienne, grecque, romaine, française, anglaise,
allemande; la recette des mets, entremets, confiserie, pâtisserie,
glacerie, distillerie et conserves alimentaires; la biographie
de tous les cuisiniers illustres et la
terminologie culinaire.

PARIS

LIBRAIRIE-IMPRIMERIE DES HALLES ET DE LA BOURSE DE COMMERCE

33, rue Jean-Jacques-Rousseau 33

Foie gras aux truffes.

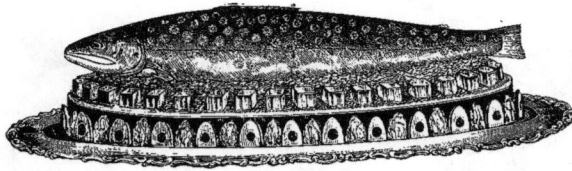

Truite froide garnie de gelée.

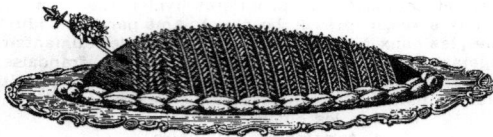

Filet de bœuf au céleri.

PRÉFACE

A M. Joseph Favre, fondateur et directeur du « Dictionnaire universel de Cuisine et d'Hygiène alimentaire. »

A qui donc, mon cher confrère, pourrais-je dédier cette modeste préface mieux qu'à vous, qui avez voué votre vie, votre grande expérience, vos constants efforts, votre savoir et votre talent à l'important problème de l'hygiène alimentaire ; à cette *Encyclopédie* vraiment universelle qui embrasse les voluptés de la bouche et les soins de la santé, la science et le goût, le commerce et l'industrie, l'histoire naturelle et la biographie, animaux et plantes, découvertes et progrès, perfectionnements et conquêtes, honneur et gloire du grand art culinaire, apothéose instructive et charmante de cette Table française, dont les rallonges s'étendent aux quatre coins du monde.

Vous voulez bien me demander une préface pour le second volume de votre grand *Dictionnaire*. Je vous l'envoie au courant de la plume, oubliant mon indignité et n'écoutant que mes sympathies, vous remerciant de ce grand honneur.

Je viens de relire la préface de votre premier volume, si spirituellement écrite par mon vieil ami, Charles Monselet. Cette préface étincelante me trouble et m'éblouit, me charme et m'embarrasse. Que puis-je dire après ce gourmet de tant de finesse et de goût ?... Enfin, vous me mettez au pied de la table et je me résigne, par amitié, au périlleux honneur que vous me faites.

Qu'elle serait curieuse à faire, mon cher confrère, l'histoire de la table à travers les peuples et les âges, depuis le jour où le premier homme est obligé de disputer aux fauves le plat de la veille et du lendemain. Ce grand prédestiné, dont la place rayonnante est marquée au banquet de la vie, trouve la marmite et la cuiller, la broche et la fourchette, l'assiette, la bouteille ; il bâtit de riantes hôtelleries et des restaurants somptueux, descend dans les entrailles de la terre pour en tirer des métaux précieux dont il façonne des coupes d'or et des plats d'argent.

Il invente le verre léger, la porcelaine fine, la faïence éclatante, le lin éblouissant, dispose sur sa table royale les vaisselles ciselées, les cristaux étincelants, découvre des mondes d'où il rapporte, à travers les océans que brave son audace, des légumes et des fruits qu'il perfectionne, des animaux de toutes espèces, à la chair substantielle et délicate, qu'il mettra en daube ou en salmis ! Et c'est ainsi qu'il accapare la terre, le ciel, la mer, faisant des champs son garde-manger, des forêts son étable et de l'Océan son vivier !

Comme une fleur, il cultive la truite et le saumon, perfectionne la carpe, multiplie les tanches et les aloses, emprunte le pêcher à la Perse, le poirier à la Syrie, l'amandier à la Mauritanie, le grenadier à l'Afrique, l'abricotier à l'Arménie, le figuier et le pommier à l'Orient, le groseiller à l'Espagne, le cerisier à Cérasoute, la ciguë à la Grèce : arbres bénis, qui mêlent leurs rameaux acclimatés, charment le regard de l'homme, donnent de l'ombre à son front, laissent tomber un fruit délicieux dans sa main.

Fruits, légumes, animaux, nourriture savamment apprêtée de l'homme, nous disent une date et un nom, un pays, un progrès ; nous racontent leur origine, leur histoire, leur conquête bienfaisante et disputée.

Et tout cela, aujourd'hui, tient dans un plat luxueux, une assiette de porcelaine fine, une corbeille de desserts. Mais combien a-t-il fallu de temps pour que la civilisation dise à l'homme : « Monsieur est servi ! »

Combien de siècles et de siècles séparent l'ours des cavernes, menu formidable et récalcitrant de l'homme préhistorique, d'une bécasse à la Montmorency ou d'une caille à la Mirabeau, de ces mets délectables et choisis, dont on trouve la recette savante à chaque page de votre grand *Dictionnaire*.

Qui pourrait dire, mon cher confrère, les recherches patientes et les efforts admirables, les labeurs incessants, les découvertes heureuses, les essais triomphants qui ont réalisé, à travers les âges, les progrès de la table et le perfectionnement miraculeux de nos appareils culinaires, que Michel Montaigne, le grand Périgourdin, appelait si pittoresquement « armes de gueule ».

On pourrait juger de la civilisation d'un peuple par la perfection de ses appareils gastronomiques. Quand il voulait se faire une juste idée des peuplades qu'il visitait, Dumont d'Urville s'en rapportait simplement à leur batterie de cuisine et ne se trompait jamais. — Une nourriture en dit plus long qu'un fétiche.

Avec la première broche et la première casserole, la table se trouva dressée, le foyer établi, la famille créée. Celui qui planta la première crémaillère planta, en même temps, le drapeau de la maison, et la première pierre qu'on scella dans l'âtre peut être regardée comme la base de la famille, d'où dérivent la Société, la Patrie.

Mais, que dirait aujourd'hui Montaigne, s'il pouvait admirer les perfectionnements inouïs de ces « armes de gueule », que, de son côté, Newton appelait « l'arsenal de la bouche » ?

Jetons, s'il vous plaît, un regard rétrospectif sur un ménage, même aisé, d'autrefois : que d'instruments incommodes, grossiers, enfantins ou barbares ! Considérons maintenant les appareils culinaires dont l'industrie moderne a doté jusqu'au plus humble foyer : que d'élégance et de grâce, de confort et de goût ! Quelle précieuse économie de temps et d'argent, quels progrès pour la propreté, l'hygiène, le bien-être, la santé, la préparation, sans cesse améliorée, de l'aliment ; — l'aliment qui nous nourrit, qui coûte à l'homme tant de labeurs et de soins, veut être bien traité pour nous bien traiter nous-mêmes, pour rendre à nos corps fortifiés et charmés toutes les saveurs, tous les goûts, tous les parfums, toutes les vertus bienfaisantes que lui donna la Nature.

« Un bon cuisinier, dit Brillat-Savarin, doit être doublé d'un grand hygiéniste. »

N'est-ce pas, mon cher confrère, le but réalisé de votre *Dictionnaire de cuisine et d'hygiène*?

Les pharmaciens ont, sans doute, une fatale utilité, et, comme je ne suis pas sans rhumatismes, je me garderai bien de leur jeter la première pilule. Mais peut-être oublie-t-on trop, en faveur de la fiole et du mortier, les services que pourraient rendre, avec autant de succès et plus d'agrément, la rôtissoire et la marmite. Quand donc nos chers docteurs, convaincus des merveilleux effets de l'hygiène alimentaire, composeront-ils pour leurs clients des menus choisis avec le même empressement, certainement éclairé, qu'ils mettent à formuler des potions et des pilules? Qui sait? La Cuisine est peut-être la médecine de l'avenir. Vous souvient-il de La Mettrie, philosophe et médecin, qui guérit le grand Frédéric, son client et son ami, en le traitant avec du vieux Montbazillac, vin exquis du Périgord?

Chaque jour est marqué d'un progrès nouveau, et pourtant ne reste-t-il pas encore à la science alimentaire des perfectionnements à réaliser, de brillantes conquêtes à faire, de chairs exotiques, de légumes étrangers, de fruits rares à ajouter à nos menus classiques, de la sorte agrandis et variés.

Si j'étais fée, je voudrais, d'un coup de ma fourchette d'or, élargir à l'infini le cadre de nos cuisines européennes; je voudrais, d'une main bienveillante et courtoise, offrir à tant de chairs étrangères à peine connues, mais délectables, leurs lettres de grande naturalisation; je voudrais grouper autour de nos fourneaux triomphants les fauves délicats, les poissons savoureux, les oiseaux exquis des climats lointains; je voudrais mettre l'histoire naturelle à la broche, en daube, en fricassée, en terrine, en salmis, en chaufroid, et la faire sauter hardiment dans la poêle !

Et c'est ainsi, qu'alors, brilleraient d'un nouvel éclat l'autorité et le talent, l'art, l'expérience, l'imagination, le savoir, les sublimes inspirations, qui ont fait du cuisinier le vrai roi de ce monde, souverain immuable et bienfaisant, dont le sceptre embaumé — une fourchette — s'étend d'un bout à l'autre de l'univers, dont le royaume prodigieux embrasse la Terre, le Ciel et l'Océan !

Chers animaux exotiques, fauves délicats, poissons savoureux, oiseaux exquis, venez donc enrichir et parfumer nos menus classiques; les honneurs du fourneau vous attendent et nous ferons ensemble le tour du monde en faisant le tour de la table. N'entendez-vous pas, déjà, le bruit léger des tourne-broches?...

Maintenant, cher confrère, comment passer sous silence nos incomparables vins de France, qui arrosent, en quelque sorte, les feuillets de votre *Dictionnaire universel* et les parfument de leur arome sans rival : j'ai le verre éclectique et hospitalier, généralement tendu à tous les goulots respectables, à tous nos vins français. J'accorde aussi une bienveillance des plus courtoises à certains crus étrangers. Il va sans dire que le Bourgogne et le Bordeaux se partagent mon amitié, si bien que mon cœur balance entre le Château-Laffitte et le Clos-Vougeot. Le Champagne, doux breuvage de caprice et d'inspiration, cache, dans sa mousse de neige, l'esprit, la gaité et l'amour. Sous les Valois, les joyeux vins de Touraine sont en grand honneur. François I⁰ raffole des vins de Vouvray et de St-Nicolas, Louis XI se régale bourgeoisement d'une pinte de Bourgueuil, au fumet sans pareil, tandis qu'Henri III et ses mignons ne boivent que du vin d'Amboise. Louis XIV a une prédilection pour le Chambertin et Henri IV ne jure que par le Jurançon. Le vin mousseux de Suresnes est cher à Marion Delorme; Diane de Poitiers n'estime que les vins d'Anjou, et la belle Dubarry, qui lève si gaillardement le cul du verre, se délecte des vins roses d'Arbois. Danton ne monte jamais à la tribune sans s'être réjoui le cœur d'un verre de Champagne, et Mirabeau, comme on sait, sable largement les vins du Rhône.

Brillat-Savarin apprécie surtout le Lunel, M. de Martignac adore le Saint-Émilion, Châteaubriand adore le Château-Laroze, et Louis XVIII arrose ses fameuses côtelettes « à la Martyre », d'un verre de vieux Corton, le friand !

J'admets tous ces goûts intimes pour tel cru, pour tel vin, réminiscence du côteau natal, souvenirs de jeunesse, date de la vie, préférence du palais, choix personnel d'aromes et de saveurs aimés S'il m'est permis de confesser mon humble prédilection, je dirai que, profondément sensible à toutes choses exquises, je tends, sans peur et sans reproche, à tous nos vins généreux de France mon verre impartial et bon enfant.

Si jamais une plante doit verdir sur ma tombe, je voudrais une vigne capricieuse et libre qui, à l'automne, se changerait en belles grappes pendantes, et noires; et si quelque grive du voisinage y vient chanter sa petite chanson à boire, je serai content peut-être en songeant qu'elle se grise du jus vermeil qui ne doit plus rougir ma coupe à jamais brisée.

Lorsqu'à nous, écrivains et poètes, il nous arrive d'avoir une idée, nous ne trouvons que deux manières de l'accommoder : la prose et les vers — vers chétifs, prose indigente, car il est bien maigre le menu de la plume. Autrement féconde et variée apparaît la casserole ! Le cuisinier, lui, vous prend un œuf, un légume, un gibier, l'agrémente de cent sauces diverses, plus exquises les unes que les autres; croyez-le bien, mon cher confrère, ce n'est pas dans le cerveau du poète et de l'écrivain, mais dans l'inspiration du cuisinier que brille l'imagination et que s'épanouit la fécondité, que se distille et s'épure le goût, que fleurit la vraie poésie, que rayonne et qu'embaume dans une infinie traînée de parfums, la belle intelligence de l'homme.

Mais s'il est un art qui doit se marier à la cuisine, j'estime humblement que c'est la musique. J'ignore si vous aimez la musique à table? Le marquis de Cussy l'exige et Brillat-Savarin la proscrit; il est vrai que l'auteur de la *Physiologie du Goût* était sourd. Quant à moi, j'en raffole. Je me sens plus vaillant et je marche avec plus d'entrain à l'assaut des perdreaux et des saumons : tel un brave invalide, au bruit des fifres et des clairons qui passent, se redresse fièrement et, d'un pas juvénile, accompagne le régiment qui passe ! Tel encore, au fond des sanctuaires embrasés par les cierges, et croyant s'imaginer qu'aux sons mélodieux des orgues sa prière rythmée s'élève, plus ardente et plus pure, vers le ciel.

J'entends, sans doute, une musique artistement appropriée à la nature du festin, aux services qui se succèdent, aux mets que je savoure, aux vins que je déguste. Je veux un sympathique accord, une entière harmonie entre les plats qui charment mon palais et les variations caressantes qui bercent mon oreille.

Que les quartiers fumants de venaison soient annoncés par les plaintes mourantes des cors de chasse, et qu'une joyeuse fanfare, adoucie par les tentures des galeries voisines, salue avec éclat la dinde monumentale aux truffes du Périgord; que la flûte et les violons accompagnent d'une rêverie pareille aux vagues murmurantes les turbots à la Béarnaise et les truites saumonées à la Victor Hugo. Un solo magistral pour ce coq de bruyère ou ce faisan de Hongrie ! Les clarinettes aiguës conviennent au fumet piquant de l'outarde ; le hautbois aux sons clairs répond merveilleusement aux chairs éblouissantes et dorées d'un chapon du Maine, et, pour ce délicieux pâté d'alouettes, je demande une cascade harmonieuse de trilles légers, presque aériens.

La musique à table, voyez-vous, ranime l'appétit et la gaîté, berce les fourchettes et fait rire le vin dans les verres, plane sur les nappes blanches, tourne autour des couverts, se glisse le long des porcelaines fines et des cristaux étincelants, ondule, se balance et soupire, éclate et part avec les bouchons de champagne, papillonne autour des corbeilles fleuries, monte, s'élève, retombe en mélodie caressante pour se perdre dans les chevelures blondes et les corsages parfumés.

Mais voici, mon cher Favre, qu'à cette musique vivifiante, portant au recueillement de la fourchette, à la douce piété des rôtis succulents, à la consécration intime des choses délectables et des coulis fameux, vient se mêler tout à coup une autre musique éthérée, céleste, incomparable, divine, qu'aucun adjectif de notre langue humaine ne saurait rendre, que n'entendront jamais le gourmand vulgaire et le pauvre gastralgique.

Cette musique, inconnue des Mozart et des Beethoven, des Rossini, des Gounod et des Saint-Saëns, s'exhale comme un rêve enchanté, au milieu des vapeurs odorantes, de l'âme même du festin.

Elle sort des flancs de cette dinde du Périgord, de ces terrines du Périgord, de ces terrines embaumées de Nérac, de ces cailles à la Grimod, de ces perdrix à la Toussenel, de ces ortolans à la Freycinet, de ces poissons choisis, de ces crèmes onctueuses, de ces fruits suaves ; elle coule en filets harmonieux, en cascades chantantes et rieuses des vieilles bouteilles de Bourgogne et de Bordeaux ; elle murmure un refrain léger dans les coupes écumeuses où l'Aï pétille...

Magique harmonie ! prodigieux concert, où chaque mets jette sa note grave ou légère, énergique ou tendre, frêle ou forte, lyrique ou plaisante, savante ou spirituelle, vive ou profonde. Et tout cela se mêle, se combine, se marie, s'harmonise, se fond, dans une orchestration sans rivale.

Écoutez ! c'est l'âme même du festin qui, faite de parfums exquis et d'aromes délicieux, flotte sur les nappes blanches en chantant.

Écoutez encore ! Ici la voix argentine et fraîche des primeurs, la chansonnette des radis roses et la douce romance des asperges délicates à la tête qui penche ; la basse profonde des saumons, le contralto des carpes à la Chambord, les trilles joyeux des fritures riantes et le clairon sonore des coqs à la béarnaise. Là, barytonnent les chevreuils à la Royale et les sangliers à la Saint-Hubert ; la caille, chanteuse légère, envoie sa note coquette et précipitée ; les poulets marengo entonnent comme un chant de victoire, et l'écrevisse bordelaise, qui ne sait plus rougir, fredonne un libre couplet de cabinet particulier ; enfin, la truffe divine soupire sa mélopée céleste, pareille à ce chant de fées qui sortait du creux des chênes pour charmer les voyageurs.

Ah ! mon ami, ne vaut-il pas mieux écouter, entre un chapon de la Bresse et une truite à l'Amiral, un beau morceau de Gounod ou de Saint-Saëns, que les écœurantes billevesées d'un voisin banal, capable de vous dégoûter d'aspics à la reine et de bécasses sur canapés...

Et, maintenant, mon cher confrère, que l'on m'apporte une vieille bouteille de Chambertin pour boire au succès, toujours croissant, de votre beau Dictionnaire, encyclopédie précieuse et rare, que ma main affectueuse couronne de thym et de laurier !

FULBERT-DUMONTEIL

Ce 8 mars 1891.

C

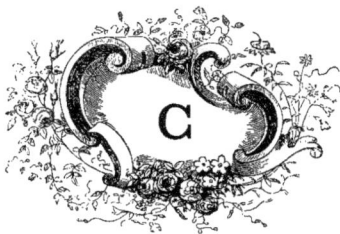

CAAMA. — Appelé *antilope caama* par Buffon, ou plus vulgairement *Cerf du Cap*, le caama est un quadrupède de la grandeur d'un cerf, fort commun au Cap, où il vit en troupes. Sa vitesse est telle, lorsqu'il court, qu'un cheval ne peut l'atteindre. Son cri est une sorte d'éternuement. Sa chair, fort recherchée pour la cuisine indigène, se traite comme les autres viandes de gibier à poil. Les naturels conservent cette chair par dessiccation.

CABARET, *s. m.* All. *Schenke;* angl. *public-house;* ital. *bettola.* — D'après l'étymologie : avant-toit d'un réduit où l'on donne à boire et à manger. Les *cavernes* ou *tavernes* de Londres et les *pintes* de Naples sont fréquentées par des gens pauvres ou de mauvaise vie. Auberge de village.

Cabaret se dit aussi du plateau sur lequel on porte les verres et les assiettes pour le service de la table. On donne également le nom de *cabaret* à une plante dénommé *asaret.*

CABARETIER, TIÈRE, *s. m. f.* All. *Wirth (in);* angl. *tavernkeeper;* ital. *tavernajo.* — Celui ou celle qui dessert un cabaret, le détenteur de cet établissement.

CABAS, *s. m.* All. *Feigenkorb;* angl. *basket;* ital. *passiera cesto.* — Se dit d'un panier de jonc qui sert à contenir les figues. Un cabas de figues sèches.

CABELAN, *s. m.* — Petit poisson de la Méditerranée; sa chair blanche est douce et d'un bon goût; lorsqu'il est mariné, on en prépare des *sandwichs* en forme de filet de hareng. Frais, il se mange frit, en matelote ou grillé à la maître d'hôtel.

CABIAI, *s. m. (cavia cabaia).* All. *Wasserschweinchen.* — Se dit d'un petit cochon de l'Inde, connu à l'état domestique; sa chair, blanche et tendre se prépare généralement en ragoût. On appelle également par ce même nom un autre rongeur de grande taille (*Hydrochœrus capibera*), qu'il ne faut pas confondre avec le premier; celui-ci habite la Guyane et les bords de l'Amazone; amphibie comme le castor, il se nourrit de plantes fluviales et de poissons, qui communiquent à sa chair, très bonne d'ailleurs, un goût et une odeur de poisson. Aussi, dans quelques pays, le considère-t-on comme aliment maigre. On le prépare rôti, bouilli et servi avec une sauce relevée, en ragoût, etc.

CABILLAUD, *s. m. (gadus morrhua)*. All. *Kabliau;* angl. *codfish;* esp. *cacalao;* holl. *Kabeljaauw;* bas saxon *Kabitam.* — L'un des poissons avec lequel on fait la *morue* (voir *Aigrefin*).

Comme l'aigrefin, le cabillaud appartient au genre *Gade*, de la famille des *Galoïdes*, et qui a une grande analogie avec le *merlan*.

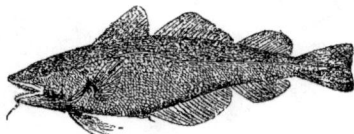

Fig. 267. — Cabillaud ou Morue fraîche.

La fécondité du cabillaud est prodigieuse: une femelle contient jusqu'à neuf millions d'œufs, de sorte que l'on a calculé (d'après A. Dumas) « que si aucun accident n'arrêtait l'éclosion de ces œufs et si chaque cabillaud venait à sa plus forte taille, d'un poids variant de trente à trente-deux kilogrammes, il ne faudrait que trois ans pour que la mer fût comblée et que l'on pût traverser à pied sec l'Atlantique sur le dos des cabillauds. »

C'est au IXᵉ siècle de notre ère que l'on a commencé à faire la pêche au cabillaud pour le conserver; et Amsterdam avait déjà, en 1350, une pêcherie fort bien organisée pour l'exploitation en grand de la morue fraîche sur les côtes de la Suède. La France ne commença que vers l'an 1536 cette pêche; elle envoya pour la première fois un vaisseau sur les côtes de Terre-Neuve, où l'abondance de ce poisson est inépuisable à certaines saisons de l'année.

Depuis quelque temps, le cabillaud traverse l'Europe, et on n'est nullement étonné de trouver, dans la saison la plus chaude, du cabillaud frais.

HYGIÈNE. — La chair du cabillaud, blanche et feuilletée, est d'une digestion facile, mais d'une délicatesse médiocre. Aussi ce poisson réclame-t-il un choix spécial des méthodes culinaires qui lui sont propres.

Voici les meilleurs modes de le préparer : anciennement, me dit un citoyen de Hambourg qui me donne cette recette, il n'y avait pas une famille bourgeoise dans notre ville qui n'eut pas connu la formule suivante pour le cabillaud :

Cabillaud farci à la hambourgeoise. — *Formule 736.* — Vider le cabillaud en lui pratiquant dans le bas-ventre un trou aussi petit que possible; l'ébarber et l'essuyer. Faire blanchir deux douzaines d'huîtres fraîches dans un court-bouillon au vin blanc; les égoutter et les réserver sur une assiette avec quelques tranches de chair cuites de langouste. Faire une béchamelle mouillée avec de la crème et la cuisson des huîtres, bien assaisonnée et ferme. Farcir le cabillaud d'huîtres, de langouste et de béchamelle; appliquer une bande de lard sur l'ouverture du poisson et la ficeler de manière qu'il ne reste aucune ouverture.

Beurrer une plaque en cuivre à bords relevés, coucher le cabillaud sur la plaque et l'arroser de beurre frais. Le couvrir d'un papier beurré et le faire cuire au four.

Avec les débris de la langouste et ses œufs, préparer un coulis en y ajoutant un peu de citron et du beurre. Dresser le poisson entier sur un plat long et servir la sauce à part.

Cabillaud à la minute (*Cuis. de pauvres gens*). — *Formule 737.* — Tailler le cabillaud par darnes ou tranches; les assaisonner. Ciseler des oignons, les faire roussir dans la poêle avec du beurre ou de l'huile d'olive; les réserver sur une assiette. Faire cuire dans la même poêle les tranches de cabillaud et, deux minutes avant de servir, ajouter les oignons. En dressant, y faire couler un filet de vinaigre ou mieux un jus de citron.

Remarque. — Le cabillaud se met à toutes les formules du brochet (voir ce mot).

CABIMA, *s. m.* — Arbre qui produit de l'huile. C'est la plante la plus précieuse de l'Orénoque; les blancs indigènes l'appellent *palo de aceyte*. Un an avant de donner de l'huile il grossit, c'est-à-dire qu'une tension se forme entre le tronc et l'écorce à l'endroit où les branches commencent à se diviser; c'est là le siège de cette liqueur huileuse que les Indiens recueillent au mois d'août; ils percent la tumeur inférieurement pour en faire couler le liquide; on retire cinq à six litres d'huile figée d'une consistance de miel cuit; la deuxième fois elle est plus liquide, ainsi de suite. Les Caraïbes la vendent alors aux Hollandais, qui en font le commerce.

CABIOU, s. m. — Pâte condimentaire faite avec le suc âcre tiré du manioc *(jatropha maniot);* par la réduction, on le prive de son principe vénéneux, l'acide *hydrocyanique.*

Formule 738. — *Procédé.* — Prendre une quantité quelconque de suc ou *rob* de manioc; le séparer du *cipipa;* on le passe par pression dans un linge, et on le met sur le feu avec du piment et du *moussache.* On le fait réduire en écumant jusqu'à consistance de gelée. On retire l'assaisonnement et on le conserve dans des bocaux fermés.

On s'en sert comme de la glace de viande pour relever et colorer les sauces, les jus, les ragoûts, les potages ou les légumes. Peu connu en Europe, le cabiou jouit d'un bon crédit dans son pays d'origine la *Guyane.*

CABOCHE, s. m. — Dans le royaume de Siam on pêche dans la grande rivière deux variétés de poisson de ce genre, l'un à écailles d'un gris cendré et l'autre presque noir. Les Hollandais les expédient à Batavia.

HYGIÈNE. — La chair du caboche noir est plus fine que celle de son congénère cendré, elle est blanche et d'une digestion facile.

On les prépare comme la perche.

CABOSSE, s. m. — Fruit du cacaoyer, il a la forme d'un concombre et renferme des graines en forme d'amandes qui sont le *cacao.*

CABOT, s. m. (*Labeo*). — Poisson de mer du genre *céphalo* à cause de la grosseur de sa tête; ceux que l'on pêche à Cette ou à Martigues sont plus délicats que ceux pêchés à Marseille, Gênes Naples ou dans le Tibre. La chair des cabots pêchés dans les hautes mers est plus indigeste.

CABRI, s. m. All. *Zicklein;* angl. *hid;* ital. *capretto.* — Petit de la chèvre. Pour les préparations culinaires, voir *Chevreau.*

CABUS, adj. All. *Kopfkohl;* angl. *headed;* ital. *cappaccio.* — Se dit des choux à tête ronde et ferme; des laitues serrées; des choux cabus, des laitues cabuses. Tout ce qui du feuillage se resserre en pomme.

CACAO, s. m. All. *cacao;* angl. *cacao;* ital. *caccao* de *co coa,* aliment des dieux. — Fruit ou grain du cacaoyer (voir ce mot). Importé du Mexique par Colomb, qui observa que c'était le breuvage ordinaire du peuple; lorsque Cortès fut reçu à la cour de l'empereur aztèque, Montézuma, on lui fit servir dans un vase d'or une préparation d'une boisson de couleur brune, douce et aromatisée de vanille que l'on appelait *chocolat* (1520). Dans les formes sociales primitives du Mexique, le cacao a servi le rôle de monnaie comme moyen d'échange. Les Espagnols étaient peu enthousiastes de cette boisson, et ils tinrent la préparation et ses propriétés bizarres un peu cachées. La curiosité seule devait ouvrir la porte européenne à un aliment que la sensualité devait plus tard patronner dans toutes les armoires des déjeuners féminins. Nationalisé en Espagne, le cacao s'est répandu dans toute l'Europe, mais plus particulièrement dans les nations latines, tandis que la race

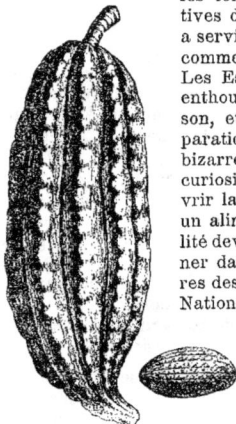

Fig. 258. — Cacao.

Anglo-Saxonne préfère le café et le thé. Cependant, Londres semble avoir pris le devant sur Paris. La première mention qui en'est faite, suivant Hewitt, est dans le *Mercurius politicus* de Meedham (juin 1659), où il est dit que «le chocolat, une excellente boisson des Indes occidentales, est vendu à *Queen's Head alley,* dans Bishopsgate street, par un Français qui fut le premier qui en vendit en Angleterre». Suivent les éloges des propriétés de cet aliment.

Cette réclame, parue cinq ans après l'ouverture des débits de café à Londres, donna l'idée à un industriel anglais d'ouvrir le « *Cocoa-Nut Trec* » dans Saint-James street, qui est devenu

célèbre par les rendez-vous de la société littéraire anglaise.

A Paris, ce sont les crémeries et les restaurants qui ont vulgarisé le chocolat.

Lorsque le cacao eut triomphé en Europe, le
gouvernement des Etats-Unis, pressentant l'importante exportation de ce produit alimentaire,
s'assura de son monopole et, au commencement
du xviii⁰ siècle, les Hollandais, qui faisaient dé-
daigneusement la guerre aux navires chargés de
cacao, se ravisèrent bientôt, et Amsterdam devint le centre d'une très active contrebande pour
ce produit.

Les variétés les plus estimées sont celles de
Vénézuéla ou Caracas que l'on récolte sur les
bords du Maraïbo et dans la province de Sako-
nusco. Viennent ensuite celui du Mexique, de
Carthagène, de Guatemala. On recherche dans
les îles françaises celui de *Cayenne*, de *Madeleine*, de *Carupano, Maracaïbo, Trinidad, Maragnan, Ceylan, Guayaquil, Guadeloupe, Bahia* et de
Saint-Domingue. On terre quelques-unes des variétés pour leur enlever la fragrance et empêcher la germination.

Les amandes ou fèves de cacao, recouvertes
d'un tégument brunâtre, sec et friable sont renfermées dans une espèce de gousse, appelée *cabosse*. La substance de ces amandes est d'un goût
amer et légèrement acerbe.

Les grands importateurs de cacao mélangent
les variétés ou espèces; un tiers de cacao Caraque avec deux tiers de Maragnan forment une
excellente combinaison (voir *chocolat*).

Analyse chimique. — L'analyse chimique a
constaté dans la fève de cacao : une matière
grasse ou beurre (voir ce mot); des substances
azotées; un principe, la *théobromine* qui, par un
rapprochement curieux, a la même composition
chimique que la *caféine* du café et la *théine* du
thé; de l'amidon; un principe essentiel et aromatique auquel cette substance doit son odeur.

HYGIÈNE. — Le cacao naturel, ou simplement
aromatisé de vanille, est un aliment qui convient
à merveille aux hommes d'études; il est réparateur et stimule légèrement les organes de la
pensée, il a une immense supériorité sur le café
et le thé; c'est en même temps un tonique, un
aliment d'épargne et un reconstituant.

SOPHISTICATION. — Cet excellent produit est
sophistiqué, falsifié avec une désinvolture et une
audace qui n'appartient qu'à l'épicier; cette

sophistication est d'autant plus difficile à reconnaître que l'amande est broyée pour être mise en
pâte, amalgamée, homogénéisée avec les produits les plus malfaisant. On y a trouvé de l'ocre,
de l'ardoise pilée, de la terre jaune; mais la falsification la plus commune est l'extraction du
beurre et l'adjonction de sa propre coque, c'est-
à-dire qu'on écrase non seulement la fève avec
sa peau, mais avec son tégument, sa cabosse, et
l'on vend ainsi ce produit au public à des prix
dérisoires de cherté. L'adjonction de glandes, de
fécules ou de farine de haricot et de fève est encore une supercherie usuelle.

On ne saurait trop recommander de s'adresser
aux maisons de premier ordre qui seules, en y
mettant le prix, peuvent livrer ce précieux produit naturel (voir *Chocolat*).

USAGE ALIMENTAIRE. — On peut échapper sû-
rement à cette malhonnêteté en achetant le cacao dans sa cabosse, dont on extrait l'amande
qu'on torréfie, et pile ensuite au mortier avec
de la vanille; lorsque le tout est réduit en pâte,
on y ajoute un peu de sucre. On met la pâte dans
une casserole avec un peu de lait pour délayer;
puis on fait cuire pendant quinze minutes avec
une quantité suffisante de lait pour obtenir une
bonne crème. Aux personnes qui désirent se
mettre au régime du cacao, nous leur conseil-
lons cette méthode; toutefois, lorsqu'on s'adresse
à l'une des trois premières maisons françaises,
on est certain d'obtenir un produit naturel.

CACAOTIER, TIÈRE, *s. m.* et *f.* — Se dit de celui, de celle qui travaille dans la préparation du
cacao pour le livrer dans le commerce. Autrefois se disait du *cacaoyer*, terme justement abandonné aujourd'hui.

CACAOTINES (*Petits-fours*). — *Formule 738.* —
Tailler, dans une caisse d'amandes à fortunés, de
petits carrés de deux centimètres de côté, étendre à l'aide d'un petit couteau de la marmelade
d'abricots, tout autour de chaque petit carré;
les rouler sur des amandes hachées très fin et
grillées au four. Creuser le dessus des petits-
fours, les garnir en dôme avec de la crème au
beurre ou chocolat; glacer ce dôme au chocolat
ou le laisser tel. (Albert Coquin.)

CACAOYER, *s. m.* (*Théobrama cacao*). All. *Ca-
caobaum;* angl. *cacao-tree;* ital. *caccao*. — Arbre
de la famille des *Malvacées*, originaire des régions

chaudes de l'Amérique, avoisinant le golfe du Mexique; de là il s'est répandu dans les *Antilles*, à la *Guyane*, au *Brésil* et dans l'*Inde*. Son bois tendre et léger supporte de nombreuses branches grêles; la hauteur du cacaoyer atteint jusqu'à dix mètres; il produit jusqu'à l'âge de cent ans.

Les essais de culture ont parfaitement réussi dans les climats tempérés; il se plante par graines distancées de deux à trois mètres; on le sème en novembre, après la saison des pluies. Il ne vient bien que dans les gorges profondes, dans les endroits humides, le long des rivières, des ravins; il ne supporte pas le vent, contre lequel il doit être protégé par des arbres de haute futaie, tels que les *erythrines* ou *flamboyants*, les *bananiers;* à la *Martinique*, on emploie surtout les *marronniers*.

Dans ces conditions, aucun soin à donner, pas de fumure, pourvu que le terrain soit bon et humide. (*Boëry*.)

CACCIO, *s. m.* — Fromage qui se fabrique à Naples, où il est très employé pour l'usage culinaire, mais peu connu dans le restant de l'Europe, où il n'est guère recherché que par les Italiens. Il est excessivement fort et salé, et il n'y a que les palais qui y sont habitués qui puissent s'en accommoder. Dans l'origine, ce fromage était fait avec du lait de chèvre et de jument, ce qui lui avait valu le nom de *caccio di cavallo;* mais, aujourd'hui, il est fait de lait de chèvre ou simplement de lait de vache. Ce fromage est excitant.

CACHALOT, *s. m.* (*Physeter macrocéphalus*). All. *Pottfisch;* angl. *cachalot*.— Genre de cétacé moins grand que la baleine, mais beaucoup plus vorace; il vit par troupes très nombreuses aux environs de l'Équateur; sa tête fournit le *blanc de baleine* usité pour les sujets en graisse dans les ouvrages froids de l'art culinaire, et ses intestins fournissent, dit-on, l'ambre gris.

CACHEW, *s. m.* — Fruit que l'on récolte dans les Indes Orientales et Occidentales, de la grosseur d'un gros piment; son écorce est unie, mince, de couleur olive, jaune et rouge. Sa graine, de la grosseur d'une fève de cacao, est remplie d'un suc agréable et rafraîchissant.

CACHEXIE, *s. f.* — Ensemble de phénomènes morbides, consistant en amaigrissement, appauvrissement du sang, causé par un état asthénique ou un vice dans les fonctions nutritives.

Cachexie aqueuse. — Maladie particulière aux moutons.

Cachectique. — Qui souffre de la cachexie.

CACHI, *s. m.* — On distingue deux variétés de cette plante : le *cachi jaquin*, arbre très commun à Malabar, portant le fruit appelé *ciccara* de la grosseur d'un potiron allongé en forme de pin raboteux. Sa pulpe est d'une douceur qui rappelle le melon sucré. Il renferme deux ou trois cents pommes, séparées par des membranes qui ont un goût de figue. Ces pommes contiennent à leur tour des amandes farineuses et sucrées comme les châtaignes. Il a beaucoup d'analogie avec le fruit à pain.

L'autre variété est le *cachipaès*, que les Indiens appellent *jirriri*, il croît spontanément sur les bords de l'Orénoque, où il vient très haut. Son fruit, en forme de grappe de raisin, est formé de dattes au nombre de deux ou trois cents. Les noyaux sont de la grosseur d'une noix et durs comme le coco.

USAGE ALIMENTAIRE. — Les Indigènes font cuire l'*irriri* sous la cendre, quelquefois bouillir dans de l'eau; ce fruit farineux est très nourrissant, mais indigeste pour les estomacs qui n'y sont pas habitués.

CACHIMANT, *s. m.* (*Anona reticulata mucosa*). — Fruit de la famille des anonacées, qui croît dans les pays chauds; d'une saveur sucrée et aromatique fort agréable.

CACHIRI, *s. f.* — Liqueur que l'on prépare, à Cayenne, par l'ébullition dans l'eau de la racine du manioc pulvérisée, et dont la fermentation consécutive constitue la préparation. Prise à petite dose, elle est diurétique; à dose élevée, est enivrante, comme toutes les liqueurs alcoolisées.

CACHOU (*Mimosa cathecu*). All. *Cachou*; angl. *cashao;* ital. *cacciu*. — Substance extraite de divers arbres, mais plus particulièrement de l'*Acacia cathecu*, originaire de l'Indoustan. C'est un suc gommeux, résineux, dur, de couleur roux-noirâtre et brun; d'une saveur amère et astringente d'abord, mais qui paraît plus douce ensuite. Lorsque le suc est pur, il se fond aussitôt qu'il est dans la bouche; il s'enflamme et brûle dans le feu; on l'importe de Malabar, de Surate, de Pagu et autres endroits des Indes.

On l'emploie comme masticatoire (voir *Bétel*) pour corriger la mauvaise odeur de la bouche, pour raffermir les gencives et fortifier l'estomac. Sa propriété astringente le rend propre à arrêter le vomissement, à resserrer le ventre; il facilite aussi la digestion. Les Hollandais emploient aussi le cachou sous forme de pastilles, qu'ils dénomment *siri gata amber*.

Analyse chimique. — Le meilleur cachou de Bombay a donné les résultats suivants :

SUR DEUX CENTS PARTIES

Tanin	109
Matières extractives	68
Mucilage	13
Résidu terreux	10
Total	200

HYGIÈNE. — On attribue au cachou des propriétés génésiques qui ne sont nullement impossibles. On assure que le cachou mâché avant maturité occasionne le vertige, que l'on peut combattre en prenant de l'eau froide salée. Mêlé au sucre, à l'ambre et à la cannelle, avec la gomme adragante, on en forme une pâte astringente, tonique, qui donne une odeur agréable à l'haleine, et salutaire contre les inflammations des amygdales. Cependant un usage abusif deviendrait dangereux.

CACHUDÉ, *s. m.* — Sorte de pâte masticatoire analogue au bétel et composée de cachou, de bangue, de calamus et de masquiqui ou terre argileuse. Cette pâte sert aux mêmes usages que le cachou et le bétel, elle se vend au poids de l'or dans les sérails de l'Inde, où l'on attache une grande importance à tout ce qui peut augmenter les jouissances physiques.

CADMUS. — Célèbre cuisinier phénicien, l'un des hommes les plus célèbres de son époque; cuisinier du roi de Sidon, il vint s'établir en Grèce et donna le nom de Thèbes, ancienne ville de Syrie, à la ville dont il fut le fondateur; il apporta avec lui l'alphabet phénicien et enseigna l'écriture et l'art de bien vivre.

« M. de Courchamps, dit Dumas, donne dans son Dictionnaire de la cuisine le titre de *cuisinier du roi de Sidon* à Cadmus. La fonction de cuisinier au moyen âge n'était point incompatible avec la noblesse. » « Les livres les plus anciens qui nous restent font mention honorable des festins des rois d'Orient; mais les détails nous manquent : on sait seulement que Cadmus, qui apporta l'écriture en Grèce, avait été cuisinier du roi de Sidon. » (*Dict. de cuis.*, par Burnet, *officier de bouche*, 1836.)

L'histoire politique, qui n'a jamais voulu rendre justice aux célébrités gastronomiques, s'est accaparée à notre détriment de l'une des plus grandes gloires de l'Art culinaire, que nous réintégrons ici à la tête de nos maîtres. Ajoutons que la politique n'est pas seule ennemie de la science culinaire, il se trouve des cuisiniers qui détractent tous confrères poursuivant un but plus élevé que le leur.

CADILLAC, *s. m.* — Vin du Bordelais (Gironde), dont le blanc, de troisième classe, contient de douze à quatorze degrés d'alcool.

CAFARD, *s. m. et f.* (*Blatta orientalis*). — Les blattes ou cafards orientaux, pas ceux que l'on peut se figurer, ni les bêtes noires des cuisines de Paris, sont, paraît-il, dignes de la table d'un évêque. A certaines époques de l'année, les ménagères des comtés de Kervy, de Cork, de Waterford et de Wexford, se plaignent de la rareté des cafards comme les poissonniers de La Rochelle et de Nantes se plaignent de celle des sardines.

Un gentleman du *West-End* de Londres, M. W. R. Harris, donne la façon de les prendre et de les préparer, car il y a une façon de les prendre qui en augmente la qualité. Au lieu de la bière employée généralement, on verse du vinaigre dans une assiette à soupe ou un bassin creux. Les blattes noyées on s'y infusent et on les y laisse confire toute la matinée. On les retire, les sèche au soleil, et deux heures après la carapace de l'insecte se détache avec la tête offrant au gourmet une petite quenelle de chair blanche semblable à un rognon de coq ou à une crevette dépouillée. On peut les servir en guise de garniture de vol-au-vent.

Ce n'est pas tout. Ces petites boulettes sont mises en un pot de terre, accompagnées de beurre, de farine, de poivre et de sel; et on cuit au four de façon à former une pâte. Au bout de deux heures, ce que l'auteur de la *Physiologie du goût* appelait le *point d'esculence* est obtenu. On verse la pâte dans des pots et on laisse refroidir. Vous l'étendez alors sur du pain beurré et vous avez, au dire des Irlandais, de M. Harris et de tous ceux qui en ont goûté, le plus exquis des sandwichs.

CAFÉ, *s. m.* (*Coffea arabica*). All. *Kaffee;* angl. *coffee;* ital. *caffé;* esp. *café;* de l'arabe, *cachua;* pers. *cahwa.* — Fruit du caféier, genre d'arbrisseaux exotiques appartenant à la famille des rubiacées, qui croissent dans les contrées situées entre les tropiques et renferment en tout trente-six espèces, dont une douzaine seulement sont classées.

L'historien arabe Ahmet-Effendi dit que c'est un derviche qui a découvert le café et l'aurait le premier introduit dans l'usage alimentaire vers l'an 650 de l'Hégire. Voici comment :

Le mollah Chadély était, comme beaucoup de vrais croyants, atteint d'un mal qui lui donnait tout l'air d'un impie. A peine le bonhomme avait-il regardé son *Coran* que ses yeux se fermaient, et qu'il s'endormait comme assoupi par un narcotique: ce qui pouvait irriter Mahomet. Un jour il remarqua que ses chèvres, qui broutaient avec avidité les fleurs et les fruits du caféier, furent après quelques instants animées d'une vivacité qui leur faisaient faire des sauts et des bonds anormaux; il en déduisit que c'était la nourriture; il en essaya lui-même et il fut surpris de sa puissance stimulante; il ne dormait plus; il en conclut que le café lui avait été envoyé par le grand *Allah.* Cette idée fut propagée et s'accrédita parmi le peuple. Dans un manuscrit de la bibliothèque royale, on lit que le café était en usage en Afrique et en Perse longtemps avant d'être connu chez les Arabes. Les Egyptiens l'appellent *éléarée.* Cette boisson a eu, en Orient, ses partisans et ses adversaires comme en Europe. On cite que les Mahométans furent tellement passionnés pour cette boisson, que les *Muezzins* déclarèrent que ceux qui en feraient usage porteraient, au jour de la résurrection, un visage plus noir que le fond des chaudrons dans lesquels on fait cuire cette infernale substance. (Silvestre de Sacy, *Chrestomathie arabe,*1806.)Khair-bey, gouverneur de la Mecque sous le sultan d'Egypte, sortant un soir de la mosquée, vit près de la porte plusieurs personnes assemblées qui prenaient du café pour pouvoir passer la nuit en prière; ce qui l'offensa d'autant plus qu'il croyait qu'on buvait du vin; il fut très étonné d'apprendre que le café excitait la gaîté; mais s'étant mis dans l'idée que cette boisson enivrait, il empêcha de s'assembler

auprès de la mosquée et la défendit comme contraire à la loi. Cependant le sultan d'Egypte ordonna au gouverneur d'annuler sa prohibition. Le café prit une telle vogue à Constantinople, que l'on fit fermer tous les cafés parce que les imans se plaignaient qu'il n'y avait plus personne à la mosquée et tout le monde au café. On a dû former un congrès de tous les docteurs pour délibérer si le café était une boisson *diabolique* ou *divine*, mais les sages ne se prononçaient ni pour l'un ni pour l'autre et déclarèrent que c'était une boisson *réveillante,* c'était la science qui se prononçait sur ses propriétés.

Le premier Européen qui ait parlé du café est un médecin de Padoue, Prosper Alpin, qui, en 1580, fit un voyage en Egypte avec un consul de la république de Venise. L'ouvrage où il en est question, écrit en latin, fut adressé à J. Morosini; l'auteur assure avoir vu cet arbre dans le jardin d'Ali-bey. Le café entra en France en passant par Marseille en 1657, et le premier pied de caféier apporté par de Resson y périt. Plus tard, M. Brancastre, bourgmestre d'Amsterdam, en envoya un pied à Louis XIV, qui le fit planter dans le jardin de Marly, où il fut longtemps une curiosité.

Le peuple le plus éveillé du monde n'avait pas besoin du café comme stimulant; mais la gastronomie l'adopta comme une jouissance nouvelle. L'innovation toutefois ne manqua pas d'adversaires; Mme de Sévigné prétendit que le café ne vivrait pas plus longtemps que Racine. La belle, qui croyait faire une satire, disait vrai. En effet, si les vers du poète français sont pleins de charme et d'élégance, la liqueur de l'arbre d'Yémen est suave et délicate.

Le café eut la bonne fortune de plaire à deux célébrités littéraires: Voltaire et Delille, ce dernier lui disait :

C'est toi, divin café, dont l'aimable liqueur,
Sans altérer la tête épanouit le cœur!
Ainsi, quand mon palais est émoussé par l'âge
Avec plaisir encor je goûte ton breuvage
Que j'aime à préparer ton nectar précieux
Nul n'usurpe chez moi ce soin délicieux
Sur le réchaud brûlant, moi seul, tournant la graine,
A l'or de ta couleur fait succéder l'ébène;
Moi seul, contre la noix qu'arment ses dents de fer,
Je fais, en le broyant, crier ton fruit amer.
Charmé de ton parfum, c'est toi seul qui, dans l'onde,
Infuse à mon foyer ta poussière féconde;
Qui, tour à tour calmant, excitant tes bouillons,
Suis d'un œil attentif tes légers tourbillons.

Enfin, de ta liqueur, lentement reposée,
Dans le vase fumant la lie est déposée;
Ma coupe, ton nectar, le miel américain
Que du suc des roseaux exprima l'Africain,
Tout est prêt; du Japon l'émail reçoit tes ondes
Et, seul, tu réunis les tributs des deux mondes.
Viens donc, divin nectar! viens donc, inspire-moi:
Je ne veux qu'un désert, mon Antigone, et toi!
A peine j'ai senti ta vapeur odorante,
Soudain de ton climat la chaleur pénétrante
Réveille tous mes sens; sans trouble, sans chaos,
Mes pensers plus nombreux accourent à grands flots.
Mon idée était triste, aride, dépouillée;
Elle rit, elle sort richement habillée,
Et je crois, du génie éprouvant le réveil,
Boire dans chaque goutte un rayon de soleil.

« Boire dans chaque goutte un rayon de soleil », est sans doute inspiré par la dénomination
de boisson intellectuelle, qui lui a été donnée et
qui indique son action céphalique et exhila-
rante.

Il est clair qu'il ne fait pas éclore la pensée
dans un cerveau vide, et, comme l'a dit Balzac :
« Les sots sont plus ennuyeux quand ils ont bu
du café » : c'est sans doute parce qu'il les rend
plus loquaces.

Analyse chimique. — Il s'agissait de savoir si
le café cru avait des propriétés autres que celles
du café torréfié, puisque les Arabes et les Égyptiens, dans les commencements, prenaient le café
cru dont on concassait les grains que l'on faisait bouillir dans l'eau; d'autres fois, on se
contentait de le faire macérer et en décantait
le liquide. L'expérience a démontré que par la
torréfaction le principe aromatique se développe; qu'il se produit une certaine modification
dans les acides empyreumatiques, dans les astringents, le sucre, la gomme et l'amidon, qui
forment des matières extractives, variant dans
leur quantité et qualité selon le degré de torréfaction.

DIFFÉRENCE DU CAFÉ CRU ET DU CAFÉ TORRÉFIÉ

SUBSTANCES DIVERSES	CAFÉ CRU	CAFÉ TORRÉFIÉ
Principe particulier du café....	17.58	12.50
Gomme et mucilage..............	3.64	10.42
Matière grasse et résine.........	0.83	2.08
Matière extractive...............	0.63	4.83
Tissu ligneux et cellulose........	66.76	63.75
Mélange........................	10.57	4.45
	100.00	100.00

Les propriétés du café varient d'ailleurs sensiblement selon la qualité et l'âge.

TABLEAU ANALYTIQUE DU CAFÉ

SUBSTANCES COMPOSANT LE CAFÉ			QUANTITÉ
Cellulose.................			34.000
Substances grasses {	Huile concrète............		15.601
	— insoluble............		12.000
Eau hygroscopique.........			12.000
Glucose....................			
Dextrine...................			13.000
Acide végétal..............			
Essence aromatique {	suave...................		0.002
	âcre....................		
Caféine libre..............			0.800
Légumine.................			
Caféine...................			11.000
Gluture...................			
Chlorogénate de {	chaux...................		4.600
	caféine..................		
Organisme azoté...........			3.050
Matières minérales {	phosphate...............		
	sulfate.................		6.097
	silicate de potasse.......		
	— de magnésie......		
			100.100

La *caféine*, découverte en 1819 par Runge, est
identique à la *théine* du thé, à la *théobromine* du
cacao, à la *guaranine* du sorbilis.

FALSIFICATION. — Pour échapper aux falsifications on doit acheter son café cru et le torréfier soi-même; on pourra l'acheter en grains torréfiés chez un négociant de confiance, mais jamais
moulu. Le café est plus souvent falsifié avec du
marc de café ayant déjà servi; il est séché, pilé
et mélangé avec de la chicorée et du café de premier choix qui lui donne l'arome. Certains épiciers ont deux ou trois tiroirs et, selon les figures
des clients, on leur sert du café de *marc*, du café
de *betterave*, du café de *glands*, du café de *chicorée*, du café *mélangé* et enfin du *café pur*.

Effet du café. — Le café est un décomposant
de première force, il neutralise les effets du vin,
aide à la digestion, stimule les organes de la
pensée et est, par conséquent, un puissant anaphrodisiaque. Berchoux l'apprécie ainsi au point
de vue intellectuel :

Le café vous présente une heureuse liqueur
Qui d'un vin trop fumeux chassera la vapeur.
Vous obtiendrez par elle, en désertant la table,
Un esprit plus ouvert, un esprit plus aimable.
Bientôt mieux disposé par ses puissants effets,
Vous pourrez vous asseoir à de nouveaux banquets.
Elle est du Dieu des vers honorée et chérie.
On dit que du poète elle sert le génie;
Que plus d'un froid rimeur, quelquefois réchauffé,
A dû de meilleurs vers au parfum du café.
Il peut du philosophe égayer les systèmes,
Rendre aimables, badins, les géomètres mêmes.
Par lui l'homme d'Etat, dispos après dîner.
Forme l'heureux projet de mieux nous gouverner

Il déride le front de ce savant austère,
Amoureux de la langue et du pays d'Homère,
Qui, fondant sur le grec sa gloire et ses succès,
Se dédommage ainsi d'être un sot en français.
Il peut de l'astronome, éclaircissant la vue,
L'aider à retrouver son étoile perdue.
Au nouvelliste enfin, il révèle, parfois,
Les intrigues des cours et le secret des rois;
L'aide à rêver la paix, l'armistice, la guerre,
Et lui fait, pour six mois, bouleverser la terre.

Si nous passons de la tasse de café prise après le repas du matin, à l'abus, nous y voyons de graves conséquences.

HYGIÈNE. — Une mère intelligente doit priver ses enfants de moins de douze ans de l'usage du café, à moins toutefois qu'il ne soit noyé dans trois quarts de lait. Il exerce sur la jeunesse une action stimulante, dont elle n'a nullement besoin; il excite les nerfs, favorise le développement intellectuel, prédispose aux passions prématurées, émousse les organes de la digestion; arrête la croissance et provoque chez les jeunes filles les fleurs, précurseur de l'anémie.

Par contre, le café est l'élixir du vieillard, il combat l'atonie de ses organes qui tendent à s'endormir.

Classification et choix des cafés. — Le café se présente à l'importation sous plusieurs formes, selon qu'il a été débarrassé des divers téguments ou enveloppes qui le recouvrent. On trouve dans le commerce :

Le *café en cerises*, recouvert encore du fruit desséché; il a alors une couleur noire.

Le *café en parche*, c'est-à-dire enfermé dans la coque sèche et parcheminée.

Le *café décortiqué*, qui comprend les deux variétés : *café pelliculé* ou *café nu*.

On peut classer ainsi les cafés par ordre de mérite :

1ᵉʳ ORDRE	2ᵉ ORDRE	3ᵉ ORDRE
1° Moka.	7° Ceylan.	13° Brésil.
2° Martinique.	8° Santos.	14° Bahia.
3° Guadeloupe.	9° Guayra.	15° Santos.
4° Bourbon.	10° Java.	16° Capitania.
5° Guatémala.	11° Venezuela.	17° Bourbon marron,
6° Porto-Rico.	12° Mysore.	mauvais goût.

On doit aussi diviser les cafés en cinq genres : les cafés *forts;* les *aromatiques;* de *conserve;* les *neutres* et les *mauvais goût*.

En général, les cafés de couleur verte sont *forts* ou de *conserve;* les cafés jaunes sont *aro-*

matiques et légers; mais la couleur n'est pas un guide certain; il faut s'attacher à l'étude des particularités qui distinguent les espèces de chaque provenance.

CAFÉS CLASSÉS D'APRÈS LEURS PROPRIÉTÉS

CAFÉS FORTS ET DE CONSERVE	CAFÉS NEUTRES	CAFÉS GOUT DOUTEUX
Moka.	Santos.	Jérémie.
Java.	Campinas.	Cayes.
Menado.	Manille.	Rio.
Préanger.		Cazengo.
Wynard.		
Mysore.		
Malabar.		

Il ne suffit pas de connaître les cafés par leurs noms, il faut encore savoir en distinguer les espèces, les variétés et connaître les provenances. Depuis la vulgarisation du café, il n'est pas d'ouvrages qui ait suivi le mouvement industriel et scientifique du café. On a dit et répété que le *Moka*, le *Martinique* et le *Bourbon* constituaient les meilleurs cafés, on en est resté là depuis plus d'un siècle. Cependant, depuis quelques années un changement notable s'est effectué dans les marchés d'importation ou centre de production.

L'épuisement des anciennes cultures d'une part, et l'extension prodigieuse des plantations au Brésil et dans l'Amérique centrale, ont suppléé aux cafés d'anciennes renommées. C'est ainsi que les cafés de Vénézuéla sont en partie vendus pour du *Moka* ou du *Martinique*, à ceux qui ne savent les distinguer, dans l'unique but de les vendre plus cher.

Ce changement dans les origines des cafés ne s'est pas produit sans désorienter le négociant qui recevait sous d'anciens noms des types nouveaux de café. Une classification nouvelle en harmonie avec les productions et les déversés modernes était nécessaire pour tenir notre industrie au courant du progrès.

C'est sur le vif qu'il m'a été donné d'étudier à l'Exposition universelle les cafés des différentes provenances et d'établir les mélanges qui s'accordent le mieux pour former les cafés complets.

J'ai pu, grâce à mes investigations, obtenir directement des planteurs, des négociants en gros et des débitants spécialistes, les séries du commerce dont je donne ci-après les détails complets.

ORIGINE ET TYPE DES DIFFÉRENTS CAFÉS

ORIGINE.	NOMS.	DESCRIPTION.
ARABIE. *Aden.*	*Moka.*	Les meilleurs sortes de Moka sont expédiées d'Aden. Grain petit, arrondi et transparent; jaune pâle ou verdâtre, pellicule rousse et brillante. Arome pénétrant. Logé en fardes, demi-fardes et fardettes.
ILE DE GUADELOUPE. *Colonie française.* ANTILLES.	*Guadeloupe bonifieur* — *Guadeloupe habitant.*	Coloration vert foncé, fève ovale, allongée, grosseur moyenne, brillant. Corsé et aromatique. Vert probateux, allongé. Moelleux, aromatique et fort. Logé en quart.
Colonie espagnole. ANTILLES.	*Porto-Rico.*	D'un vert foncé, pelliculé; fève grasse, ovale, lustrée, très lourde. Qualité qui vient immédiatement après la Guadeloupe. Logé ou sac ou en quart.
HAÏTI. *Antilles.*	*St-Marc, Gonaïves.*	Ces deux désignations, qui sont les deux principaux ports de l'île, s'appliquent à des sortes fort difficiles à distinguer les unes des autres. Supérieures; corsés, bons pour mélanges.
	Jacmel, Cap, Port-au-Prince.	Les trois autres variétés inférieures, tantôt d'un gris pâle, tantôt d'un gris vert; fève blanchâtre ou d'un vert d'eau d'un aspect général bariolé.
ILE CÉLÈBES. *Colonie hollandaise.*	*Menado, Préanger.*	Grosses et belles fèves, ovales, arrondies, régulières. Aromatiques. Égale de forme, mais la teinte varie du jaune foncé au jaune clair. Les vieux cafés sont piqués et par-cheminés. Logé en sacs réguliers.
ILES ANGLAISES.	*Winard, Mysore, Malabar.*	D'un jaune verdâtre et jaune clair, devenant gris en vieillissant. Fèves moyennes plus rondes qu'allongées; grains Caracoli; pellicules rousses. Ces cafés sont fins. Demandent une torréfaction soignée.
ILES ANGLAISES.	*Quilon, Salem.*	Fève petite, d'un vert de mer, rappelant le Moka. Corsé. Logé en caisses ou en balles. Fève moyenne; pellicules argentées. Aromatique. Logé en ballotins.
ILE DE JAVA.	*Demerary, Réséda, Java-W.-J.*	Ces trois cafés de l'île de Java peuvent remplacer le *Quilon* et le *Salem.*

La classe des cafés neutres que nous décrivons ci-après est d'une importation considérable et d'un emploi avantageux; ils constituent une excellente base pour les mélanges.

DES CAFÉS NEUTRES

BRÉSIL.	*Santos jaune, vert et gris; Campinas.*	D'un goût franc; mais ils manquent de force et d'arome. La sépie varie du jaune clair au vert en passant par toutes les nuances intermédiaires. En général, les *Santos* jaunes ou verts sont d'une nuance fraîche.
CENTRE AMÉRIQUE. VÉNÉZUÉLA.	*Porto-Cabello, Guaya-Gragd. Para-Bolivar.*	Ces cafés fournissent un contingent considérable à nos importations, et celui de Vénézuéla, déversé sous le nom de Martinique, a pris dernièrement le nom de Bolivar. Ce café a été importé par Para-Bolivar, consul au Havre.

DES CAFÉS DOUTEUX

ILE BOURBON. BRÉSIL. HAÏTI. AFRIQUE.	*Narron, Rio. Cayes, Jérémie. Cazango.*	Ces cafés, d'un goût de terroir douteux, ont quelquefois occasionné des accidents. On devra donc en proscrire rigoureusement l'emploi.

Les mélanges. — *Formule 740.* — L'ancienne routine désignait comme meilleur mélange les trois cafés classiques de *Martinique, Moka* et *Bourbon.* Comme ces cafés sont depuis longtemps substitués à d'autres, à l'exception du Moka, nous classons comme mélange de premier choix devant donner les meilleurs résultats, par parties égales, *Moka, Guadeloupe, Java Menado* et *Salem.*

Deuxième mélange. — *Formule 741.* — Mélanger par parties égales de *Porto-Rico, Java-Préanger* et *Salem.* Le résultat en sera excellent.

Troisième mélange. — *Formule 742.* — Par parties égales, le *Porto-Rico,* le *Wynard* et le *Gonaïves trié* forment un café exquis.

Quatrième mélange. — *Formule 743.* — Mélanger par parties égales du *Gonaïves trié,* du *Wynard* et du *Demerary vert-W.-J.,* on obtiendra un bon café de commerce.

Cinquième mélange. — *Formule 744.* — Toujours par parties égales du *Jacmel trié, Wynard, Santos jaune.*

Remarque. — Il est bien entendu que l'on peut varier les mélanges, mais on doit surtout viser à réunir dans l'ensemble la force, l'arome et la conservation. Ce que l'on trouve au plus haut degré dans les trois premiers mélanges.

La torréfaction. — Les cafés étant plus ou moins vite atteints, selon les espèces, ils doivent par conséquent être torréfiés séparément, sur un feu doux d'abord et progressivement ensuite. La couleur *puce* est ordinairement la nuance qu'ils doivent atteindre; il est important que la torréfaction ne soit pas trop avancée. Le café brûlé perd toute sa sapidité et ne donne qu'un breuvage insipide et amer; quelques grains brûlés suffisent pour altérer quelques kilos de café. La torréfaction demande donc une certaine habitude et un soin tout particulier.

Conservation de l'arome du café. — Lorsqu'il a atteint le degré voulu de torréfaction, on met dans le *brûloir* ou *torréfacteur* très peu de beurre frais et on l'agite vivement. Le beurre enveloppe les grains, en ferme les pores cellulaires et en conserve ainsi l'arome. On obtient un résultat préférable même, en suppléant au beurre le sucre en poudre.

Le café torréfié doit être renfermé dans un bocal de verre ou une boîte de fer-blanc, hermétiquement fermés; et on ne le moudra qu'au moment d'en faire l'infusion.

Il ne doit pas être mis en contact avec des produits pouvant lui communiquer leur odeur; tels que poivre, moutarde, essences, eaux-de-vie, etc.; il en contracterait très facilement le goût, même étant renfermé dans une boîte.

L'infusion. — Les appareils à infuser le café sont aussi nombreux que les méthodes; mais préparé dans des vases de terre ou de porcelaine il est supérieur à celui infusé dans des cafetières de métal, qui en altèrent la saveur et peuvent s'oxyder. Voici les manières de le préparer les plus usitées :

Formule 745. — Lorsque l'eau bout, on verse doucement une très petite quantité d'eau sur la poudre de café contenue dans la cafetière, de façon à l'humecter seulement. On la laisse ainsi s'imbiber quelques minutes, en ayant soin de recouvrir la cafetière; on continue ensuite à verser de l'eau bouillante dessus, mais jamais précipitamment, jusqu'à ce qu'il ait atteint le degré de force qu'on désire lui donner.

Certaines personnes préfèrent l'infusion suivante :

Formule 746. — Jeter la poudre de café nouvellement moulu dans une casserole d'eau bouillante; laisser infuser quelques minutes et décanter.

Remarque. — Faire cuire le marc est une économie mal comprise, qui ne consiste qu'à altérer l'arome du café qui acquiert un goût de marc.

Le vrai café au lait. — *Formule 747.* — A la campagne, où le lait pur est à la portée de tous, on fera un café exquis de la façon suivante :

Mettre cent vingt-cinq grammes de café en poudre (selon la force dont on le désire) dans deux litres de lait; faire cuire quelques minutes, laisser reposer, décanter et servir; on sucre à volonté.

Ce café au lait ainsi préparé ne cause pas de coliques.

Essence de café. — Les confiseurs et les pâtissiers se servent d'une essence de café obtenue au moyen d'un appareil spécial qui concentre son arome et ses principes. Quelques gouttes de cette liqueur dans la crème lui communiquent toutes les qualités du café. On s'en sert dans les établissements d'excursion situés dans les hautes montagnes, sur mer et dans les voyages, où elle rend de réels services.

Café glacé. — *Formule 748.* — L'appareil que nous formulons ici n'est pas celui de la glace au café (voir *Crème à glace*). Celui-ci se sert dans les soirées.

Employer :

Café, première qualité	grammes	125
Sucre concassé.	—	400
Eau bouillante.	décilitres	3
Lait.	—	7
Crème fouettée.	—	7
Vanille.		

Procédé. — Faire infuser le café, dans un filtre spécial, avec l'eau bouillante, et y ajouter le sucre et le lait cuit à part.

Frapper l'appareil à la sorbetière, quand il est atteint y mêler bien également la crème fouettée à la vanille. Travailler encore un moment et bien sangler la sorbetière. Même opération pour le chocolat glacé, en remplaçant le café par 125 grammes de cacao. (*A. Coquin*, de Troyes.)

CAFÉIER, *s. m.* (*Coffea arabica* L.). All. *Kaffeebaum;* angl. *coffee-tree.* — Arbrisseau toujours vert dont l'Arabie et l'Abyssinie se disputent l'origine; il fut transplanté en Amérique et aux Indes; ce ne fut que vers 1713 que le premier caféier fut introduit par les Hollandais à Amsterdam. C'est un grand arbrisseau de forme pyramidale de 6 à 7 mètres de haut; à feuilles luisantes, à fleurs blanches, ressemblant à celles du jasmin, ayant une odeur douce et agréable; la baie rouge, de la grosseur d'une cerise, renferme dans une pulpe glaireuse deux coques à écorce très mince contenant chacune une semence dure, ovale, portant le nom de *café*.

CAFÉINE, *s. f.* — Principe immédiat et cristallisable découvert dans le café, et auquel celui-ci doit ses propriétés calmant l'action du vin et des liqueurs spiritueuses, ainsi que la faculté de neutraliser l'action narcotique de l'opium. Cet alcaloïde, réintégré dans l'usage médical par la médecine dosimétrique, est aussi employé avec succès contre la céphalée ou migraine.

CAFETIER, *s. m.* All. *Kaffeewirth;* angl. *coffee-house-keeper;* ital. *caffetiere.* — Détenteur d'un établissement où se débite et se vend du café et autres liquides.

CAFETIÈRE, *s. f.* All. *Kaffeekanne;* angl. *coffee-pot;* ital. *caffetiera.* — Vase de terre, de porcelaine ou de métal, servant à préparer ou à con tenir le café.

CAHORS (*Vins de*). — Chef-lieu du département du Lot. Les vins récoltés sur les coteaux du Lot sont assez estimés; il se fait en outre dans cette ville un commerce important de truffes, de noix et d'huile de noix. Les perdrix de Cahors sont également estimées.

CAIGUA, *s. m.* (*Momordica*). — Variété de cucurbitacée qui croît au Pérou. Sa tige grimpante monte jusqu'au bout des arbres les plus élevés. A sa fleur succède un fruit analogue au concombre, d'une saveur acidule. On l'emploie en cuisine pour faire des soupes; on le prépare également comme l'aubergine.

CAILLE, *s. f.* (*Tetras coturnix*). All. *Wachtel;* angl. *quail;* ital. *quaglia.* — Oiseau de la famille des otélectrides et de l'ordre des gallinacés.

Il n'existe qu'une seule espèce de cet oiseau aussi connu que recherché pour la table. Sa taille, d'un tiers plus petite que la perdrix, a une couleur d'un gris cendré, mêlé de noir; la femelle a la gorge blanche et les *cailletaux*, avant la mue, ressemblent à leur mère. C'est de sa couleur d'écaille que viendrait l'étymologie de son nom, selon Huet, évêque d'Avranches.

Egoïste dans ses mœurs, la caille vit solitaire et fuit la compagnie des autres oiseaux. Jaloux au moment de l'amour, il n'est pas rare de voir les mâles se livrer des batailles à outrance et s'entretuer.

Ces oiseaux de passage ne se réunissent en troupes qu'à deux époques de l'année, lorsqu'ils veulent changer de climat; au printemps, ils partent de l'Asie et traversent la Méditerranée pour venir en Europe, poussés par le vent du Midi, en prenant pour point de repos la Sicile (surtout *Ischia*), les îles Baléares, la Sardaigne et la Corse. Leur retour dans les contrées orientales s'opère en automne avec le secours du vent du Nord. Le séjour de prédilection des cailles pendant leur émigration hivernale est l'Arabie-Pétrée, la Judée, l'ancienne Idumée et tous les pays adjacents jusqu'à Alep.

Grasses et dodues à l'époque de leur départ d'Europe, elles se fatiguent facilement, et, mi-racle encore visible de nos jours, les cailles se laissent ramasser par terre.

Les Orientaux les enfilent dans de longues baguettes de bois, les salent, les fument et les conservent par dessiccation pour l'usage alimentaire. Ces notions ornithologiques, dont j'aurais pu dispenser le lecteur, servent à expliquer ce qui se passa dans le désert syrien lorsque « Dieu, pour alimenter son peuple murmurateur, souleva sur la mer un vent impétueux qui fit venir une nuée de cailles autour de son camp, où chacun put en prendre à profusion et s'en nourrir avec abondance; mais cet élément si désiré devint la cause d'une plaie qui en fit mourir un grand nombre (NOMB., IX, 31) ». Il est évident que les Hébreux, depuis longtemps privés d'une nourriture suffisante, ont dû mésuser des cailles voyageuses. On sait d'ailleurs que, sous le ciel torride d'Arabie, toute indigestion qui n'a pas le secours immédiat du médecin est mortelle. L'endroit où furent ensevelis ces gourmands malheureux a reçu le nom de *Sépulcre de la convoitise.*

HYGIÈNE. — *Gras comme une caille* est un proverbe qui se justifie chaque fois que ce gallinacé est tué après la moisson, quand elles ont abondamment satisfait leur appétit glouton; elles ont alors une chair délicate et substantielle; elle convient moins aux convalescents que la perdrix, à cause de l'abondance de sa graisse qui en rend la digestion pénible à certains estomacs, mais elle est moins échauffante que les gibiers d'eau. Sa cuisson la plus hygiénique est rôtie dans sa propre graisse, dressée sur un croûton de pain frit, sans adjonction d'autres ingrédients que du sel.

USAGE ALIMENTAIRE. — En général, la caille plaît à tout le monde, la rondeur de son corps, la couleur jaune de sa chair est toujours appétissante; elle a l'avantage sur d'autres gibiers de pouvoir être cuite sans être faisandée. Rôtie est sa cuisson naturelle; mais, contradictoirement à Brillat-Savarin et à ses émules, de Brisse à Dumas, je sens le besoin de changer l'expression et de dire : c'est faire acte d'ignorance culinaire de soutenir que, hors le rôtissage, la caille perd toutes ses propriétés engageantes. La cuisine contemporaine n'est-elle pas arrivée à conserver le fumet, l'odeur, la succulence et les qualités alibiles de tous les produits alimentaires, alors même qu'ils sont soumis aux nombreuses variantes culinaires? Ne pouvons-nous pas rendre le suc en extrait et concentrer les aromes des aliments des deux règnes! Rien n'est désormais impossible à la cuisine savante.

Passons aux meilleurs modes de préparation.

Caille rôtie. — *Formule 749.* — Plumer, vider et flamber la caille dans la règle de l'art; la barder ou, bien mieux, l'envelopper dans une feuille de vigne ou dans une tranche de tétine de veau, taillée mince. On la cuira à la broche et un croûton dans la lèchefrite recevra la graisse de la caille pour la frire. Aucun liquide autre que de l'eau ne doit entrer dans son jus.

Cailles à la financière. (*Cuis. de restaurant*). — *Formule 750.* — Après avoir vidé les cailles, on joint aux foies une égale quantité de foies de volaille, les assaisonner et les hacher menu; on leur mélange un fin salpicon de truffes noires; puis, avec la moitié ou les deux tiers de cet appareil, on farcit le gibier. On les barde ensuite de manière à ce que la farce soit complètement renfermée; on les embroche et on les fait rôtir saignantes. D'autre part, on prépare un croûton frit, farci et collé au centre du plat d'entrée, autour duquel on appuie les cailles dont la base est arrêtée par une bordure de métal qui en empêche le débordement.

Un fumet de gibier sera préparé dans la règle, dans lequel on joindra la garniture financière aux truffes et avec laquelle on sauce les cailles. Un attelet bien garni doit surmonter le croûton.

Cailles à la royale. (*Cuis. de prince*). — *Formule 751.* — Désosser des cailles assez faites et les farcir de farce de volaille, assaisonnée d'une pointe de Cayenne. Donner la forme d'une ballotine.

Décorer des moules à darioles en quantité suffisante pour pouvoir représenter une couronne royale et de petites fleurs de lis sur chacune. Masquer les parois du moule avec la farce et cuire au bain-marie une demi-heure au four. Renverser le moule sur un plat; entourer de truffes et accompagner d'une sauce suprême.

Cailles à la provençale. — *Formule 752.* — Ce que j'entends par provençale n'est point la *sauce*, mais la manière dont on les prépare en Provence.

Une gousse d'ail, un oignon, une douzaine d'échalotes, le tout haché et passé une minute à la poêle avec de l'huile fine; mélanger avec de la mie de pain et une quantité d'œufs nécessaire

pour faire une farce avec laquelle (après l'avoir assaisonnée de haut goût) on farcit les cailles. On les embroche, en les alternant d'une feuille de laurier et en fixant sur la poitrine une mince barde de lard. On les rôtit à la broche, et dans la lèchefrite on fait rôtir les croûtons; on peut encore, si l'on préfère, passer dans leur graisse une quantité relative de jambon d'York dessalé et coupé en petits dés, avec de la mie de pain; les cailles étant roussies, on recueille le jus, dans lequel on ajoute un verre de vin blanc, du jus de gibier, un jus de citron et, après avoir débroché les cailles, on les masque avec la sauce ainsi préparée.

Cailles aux cendres. — *Formule 753.* — Désosser les cailles, les farcir de leurs foies joints à des foies de volaille, des foies frais d'oies et des truffes, le tout réduit en purée, ou, ce qui est plus pratique, d'une farce de cailles en terrine. Assaisonner de bon goût. Envelopper chaque galantine dans une abaisse de pâte brisée, souder les ouvertures et les poser sur une plaque à pâtisserie, de manière que les parties soudées de la pâte soient en contact direct sur la plaque. Les entourer d'une petite bandelette de papier beurré pour leur conserver la forme ovale et beurrer la partie superficielle de la pâte; après vingt-cinq à trente minutes les cailles sont cuites et, malgré la sentencieuse affirmation de Brillat-Savarin, les cailles conservent de cette manière leur fumet, leur goût et toutes leurs propriétés, la pâte qui les entoure leur servant d'ailleurs de marmite autoclave.

Remarque. — Ainsi préparées, les cailles n'ont rien qui rappelle les cendres et, dans l'origine, on ensevelissait les cailles dans la pâte entourée de papier sous les cendres chaudes; à un temps déterminé on les sortait, on les dégageait du papier, puis de la pâte. Ce mode est excellent, car les cailles conservent ainsi tout l'arôme, la succulence et le fumet qu'elles possèdent.

Cailles en caisses. — *Formule 754.* — Désosser le dos des cailles que l'on désire préparer; passer à la poêle les foies avec une égale quantité de foies de volaille, d'oies et du lard frais; les assaisonner, les passer au tamis, leur incorporer du lard râpé et des truffes hachées de manière à faire une farce grasse et savoureuse; les farcir, coudre les ouvertures, les barder, les placer dans un sautoir et les faire cuire à feu vif;

ayant atteint la moitié de leur cuisson, on les retire pour leur enlever la ficelle; on joint à la farce des fines herbes *blanchigumées* et hachées.

D'autre part, on prépare des petites caisses ovales en papier, on les beurre et on couche au fond un peu de farce sur laquelle on place les cailles, on entoure la caisse d'une bandelette de papier huilé; on place sur les cailles la barde de lard qui primitivement les enveloppait; on pose les caisses sur une plaque en tôle ou dans un sautoir; on a soin alors de recouvrir les caisses d'une feuille de papier huilée; après quinze minutes, elles doivent être cuites; on arrose la caille d'un fumet de gibier et on dresse les caisses sur une serviette pliée.

Cailles en papillotes. — *Formule 755.* — Préparer une farce de foies de volaille et de cailles, dans laquelle on aura ajouté des échalotes hachées, passées au beurre à la poêle, et des champignons hachés avec une égale proportion de jambon. Faire cuire les cailles à la broche, les diviser en quatre en désossant la carcasse, les farcir, les envelopper dans du papier beurré en leur donnant la forme d'une côtelette, les poser sur un sautoir beurré et les mettre au four pendant un petit quart d'heure en ayant soin de couvercler le vase. Elles doivent être petites et le papier bien fermé, condition nécessaire pour le renflement du papier. Étant à point, on les dresse en couronne et on joint à leur extrémité aiguë une papillotte ciselée.

Cailles à la turquoise. — *Formule 756.* — Trousser et barder dans la règle les cailles que l'on veut servir; les faire cuire à moitié à la broche. Laver du riz, le passer un instant dans une casserole avec du beurre frais; ajouter les cailles débrochées avec le bouillon nécessaire pour faire cuire le riz; assaisonner et couvercler la casserole; après un quart d'heure, le riz et les cailles doivent être cuits.

Mais il est à remarquer que l'assaisonnement doit être mis dans sa juste proportion; trop remuer le riz est un manque de tact dans le procédé des cuissons; on le dresse en pyramide, en le couronnant de cailles, soit que l'on borde les cailles placées au centre du plat avec le riz moulé en turban.

Cailles à la minute. — *Formule 757.* — Tailler des oignons, des carottes, une gousse d'ail, quelques échalotes en forme de brunoise, c'est-à-dire

aussi fin que possible, avec laquelle on fonce un sautoir, préalablement beurré, garni de fragments de thym et d'un bouquet de persil; placer les cailles bardées sur la garniture; faire saisir et cuire à l'étouffée en évitant la calcination du salpicon; à cet effet, arroser de temps à autre avec du vin blanc. Ayant atteint leur parfaite cuisson, les couper en deux et les dresser dans une timbale ou un plat rond d'entrée; ajouter à la sauce de la glace de viande, des champignons, du jambon maigre finement taillé et un verre de madère, puis lier par le mouvement de la casserole en leur faisant prendre un bouillon; en dernier lieu, on y ajoute un jus de citron et du beurre frais; lier encore une fois et saucer les cailles maintenues au chaud. (G. HANSJACOB, chef au buffet de Tonnerre.)

Cailles aux truffes. — *Formule 758.* — Farcir les cailles de foie gras frais avec le contenu d'une terrine de cailles aux truffes. Les barder et les faire cuire à la broche. Étant cuites, les saucer avec une sauce périgueux.

Cailles aux laitues (*Cuis. d'hôtel*). — *Formule 759.* — Trousser et barder les cailles, les assaisonner et les faire saisir à la broche ou dans un four très chaud. D'autre part, blanchigumer (voir ce mot) des laitues, les égoutter; les presser et les plier par pied, dans la règle. Beurrer une casserole et la foncer de belles tranches de jambon, d'un oignon clouté et d'un bouquet de persil; y coucher les cailles en les entourant de laitues assaisonnées.

Si la quantité était très forte, on mettra sur les laitues du beurre frais et l'on recouvrira le tout d'une feuille de papier beurré. Couvercler la casserole et faire braiser à l'étuvée.

Lorsqu'elles sont cuites à point, on plie les laitues en les dressant en turban, sur lequel on dresse ensuite les cailles préalablement coupées par moitié. On garnit le tour du turban avec le jambon.

Le jus seul de la décoction doit arroser les cailles.

Croustades de cailles (*Cuis. de restaurant*). — *Formule 760.* — Préparer une garniture de bouchées à la financière, parfumée d'un fumet de caille; la dresser dans une petite *timbale Astruc*, avec une demi ou un quart de caille. Couvercler et servir chaud.

Ces timbales ont l'avantage de servir faculta-tivement d'entrée ou de hors-d'œuvre.

Potage à la purée de caille (*Haute cuis.*). — *Formule 761.* — Foncer une casserole, d'oignons, de carottes, de céleri, de jambon; le tout assai-sonné de poivre en grains, de genièvre et de thym; couper par tronçons une belle queue de bœuf et faire roussir le tout. Mouiller avec de l'eau, saler et faire cuire quatre heures.

Cuire à la broche six cailles; lever les filets et les déposer dans une assiette pour les couper en petits dés plus tard; hacher les carcasses, les pi-ler avec le jambon et les chairs de la queue de bœuf; mettre la purée dans une casserole et y passer dessus le bouillon de la queue de bœuf. Faire cuire encore, passer au tamis et ensuite à l'étamine.

Lorsque la réduction est à point, on met les dés dans la soupière et on verse le fumet bouil-lant dessus. N'ajouter ni vin blanc, ni vin de madère.

Cailles à la milanaise (*Cuis. italienne*). — *Formule 762.* — Après avoir dressé les cailles dans la règle, on prépare du beurre manié avec des ciboules hachées, du cerfeuil, du poivre et du sel, avec lequel on farcit les cailles. Tremper les cailles dans du beurre fondu, les rouler dans la mie de pain; les repasser dans l'appareil anglais (d'œufs battus avec un peu d'huile fine fortement assaisonnée), les ensevelir dans la mie de pain. Les placer dans un sautoir en les arrosant avec du beurre frais. Aussitôt cuites, on les dresse en-tourées de citron et de persil frit; on sert à part une sauce tomate.

CAILLÉ, *s. m.* (*Caseum*). All. *geronnen;* angl. *curdled;* ital. *latte rapreso.* — Le caillé est la partie coagulée du lait avant la séparation natu-relle ou artificielle de la partie caséeuse. La pré-sure, les acides étendus, le foin d'artichaut, comme une température de vingt-trois degrés centigrades, peuvent déterminer la coagulation du lait. Le caillé est très rafraîchissant, même laxatif, et peu nourrissant; il convient aux jeunes gens, aux tempéraments chauds, mais nullement aux bilieux, aux vieillards, ni aux personnes dont les intestins sont irrités.

CAILLEBOTTE, *s. f.* — Se dit du lait caillé et brisé à froid, égoutté et mélangé ensuite avec la crème. La caillebotte, n'étant autre chose que du lait, a les mêmes propriétés que ce dernier; cependant, mélangée à la crème, elle est nutri-tive et d'un goût agréable pour ceux qui aiment le laitage.

CAILLE-LAIT, *s. m.* — Se dit vulgairement d'une plante à fleurs jaunes très petites, en grappes, à laquelle on attribue la propriété de cailler le lait; elle est astringente et antispasmodique; on s'en sert pour colorer le beurre et le fromage. Mais les caille-lait proprement dits sont des plantes du genre *galium*, dont les fleurs et les tiges ont la propriété de faire cailler le lait.

CAILLETEAU, *s. m.* All. *junge Wachtel;* angl. *young quail;* ital. *quaglia giovane.* — Se dit du petit de la caille; il se mange rôti à la brochette.

CAILLETOT, *s. m.* — Nom vulgaire en Nor-mandie du turbotin. La chair du turbotin est lé-gère, agréable et convient pour les enfants, les convalescents et les vieillards.

CAILLETTE, *s. f.* — Quatrième estomac des animaux ruminants; c'est là que se trouve la présure, que se fait le chyle et d'où les aliments tombent dans les intestins.

CAILLEU TASSARD (*Clupea thrissa, L.*). — Pois-son des mers des Indes et de l'Amérique. Il se nourrit de crustacés, de coquillages et d'œufs de poissons; il se tient ordinairement dans la vase, aime les endroits ombrageux et le varech. Aux Antilles, sa chair est estimée.

CAILLOT, *s. m.* — Petite masse d'un liquide coagulé par une action chimique ou par la cha-leur.

CAILLOT-ROSA. — Variété de poire qu'on ap-pelle aussi poire d'*eau-rose;* elle est pierreuse et a un goût de rose assez prononcé. Elle est bonne pour les charlottes à la vanille et les compotes.

CAISSE A MARRONS (*Pâtisserie*). — Pâte cuite dans une caisse de papier, pour être coupée ensuite par petits morceaux servant de petits-fours dans un dessert.

Formule 763. — Employer :

Débris de marrons pilés avec du lait.	grammes	500
Sucre en poudre.	—	150
Beurre fondu	—	125
Œufs frais.	nombre	6

Procédé. — Travailler ensemble le sucre, les jaunes d'œufs, les marrons; mélanger en même temps la farine, le beurre et les blancs d'œufs fouettés. Coucher la masse dans la caisse et faire cuire dans un four de chaleur moyenne. On glace à la vanille en sortant du four; on la découpe lorsqu'elle est froide.

CAKE, *s. m.* (*Pâtiss. anglaise*). — Gâteau : *Plum cake*; *Apples cakes*, etc. Il y a une différence entre *pie* et *tart*.

Formule 764. — Employer :

Beurre.	grammes	125
Sucre en poudre.	—	125
Raisins de Corinthe.	—	60
Farine fine et tamisée.	—	125
Œufs	nombre	4
Rhum.	décilitre	1

Procédé. — Travailler le tout dans une terrine; coucher la pâte dans des moules à tartelettes; faire cuire dans un four de chaleur moyenne, puis glacer au rhum en sortant du four.

CALABRE (*Vins de la*). — Vins dont les rouges sont de première qualité, pouvant se servir au rôti ou au dessert. Ils sont agréables au goût et d'une force alcoolique variant de 18 à 20 degrés.

CALALOU, *s. m.* (*Cuis. des Colonies*). — Ce mets est composé de feuilles du *caladium* (choux caraïbe), associées aux petits concombres épineux des Savanes, aux épinards, aux fruits du Gombo (*Hibiscus esculatus*), aux feuilles d'aubergine, au pourpier, aux bourgeons de melon; le tout braisé ensemble, le plus souvent joint à des viandes de boucherie.

Cet aliment, sain et nutritif, est généralement un des premiers auxquels les Européens s'habituent.

CALAMUS, *s. f.* — En latin, on donne ce nom à la racine de l'*Acorus calamus* ou canne aromatique. Cette racine âcre, amère, aromatique, tonique et excitante, croît en Flandre, en Alsace, en Suisse, en Angleterre, en Hollande et en Tartarie, sur les bords des fossés et dans les lieux humides. On l'emploie comme aromate dans les distilleries, les pâtisseries et les confiseries.

CALANDRE, *s. f.* — Sorte d'alouette qu'on appelle aussi *Sentinelle.*

CALAPÉ, *s. m.* (*Cuis. américaine*). — Ragoût en forme de matelote, dont la base est la tortue, passée à l'huile d'abord et assaisonnée d'épices et d'anchois.

CALAPPE, *s. m.* — Crustacé qui a une grande analogie avec le crabe et que l'on mange sur les côtes de la Méditerranée, où il est plus connu sous le nom vulgaire de *Coq de mer.*

CALCINÉ, All. *gebrannt;* angl. *calcined.* — Ce qui est réduit en poudre, en *chaux.*

Ce mot, qui devrait être ignoré des cuisiniers, est malheureusement souvent mis en pratique; en effet, la calcination ôte l'arome, détruit les qualités alibiles, anéantit la succulence des aliments, et dénote chez le praticien une absence complète de soins que réclame la science culinaire.

CALCUTA, *s. m.* (*Entremets*). — Gâteau excellent lorsqu'il est bien réussi.

Formule 765. — Employer :

Amandes douces.	grammes	250
Sucre en poudre.	—	375
Raisins de Corinthe.	—	125
Raisins de Malaga.	—	125
Farine fine.	—	250
Beurre fondu.	—	250
Œufs frais.	nombre	12
Écorces d'oranges hachées	—	3
Rhum vieux.	verre	1

Procédé. — Piler les amandes avec deux zestes de citron et mouiller avec deux ou trois œufs; mettre dans une terrine le sucre, les jaunes et travailler avec les raisins, les amandes et les écorces d'oranges hachées. Battre les blancs, les ajouter dans la masse en même temps que la farine et le beurre avec le soin spécial à cette opération. Coucher l'appareil dans des moules, les cuire dans un four moyen et les glacer au rhum en les sortant du four.

CALEBASSE, *s. f.* (*Crescentia*). All. *Flaschenkürbiss;* angl. *calabash gourd;* ital. *zucca;* esp. *calabaza;* port. *cabaza;* de l'arabe *Kerbah*, outre d'eau. — Nom du fruit de plusieurs espèces de cucurbitacées, en particulier du boabab, dont le fruit est semblable à une courge d'Europe et renferme une chair pulpeuse avec laquelle les Indiens font des gâteaux, des soupes laxatives. La pharmacie en fait un sirop préconisé contre les affections de poitrine.

Les Indiens font, de la croûte séchée et ferme de la calebasse, des vases servant de gourdes ou de terrines pour contenir les boissons.

CALECANOM, *s. m. (Cuis. irlandaise).* — Mets composé de pommes de terre cuites à l'eau et broyées, mêlées avec un cinquième d'herbes potagères hachées, le tout assaisonné de beurre, de poivre, de sel et de gingembre. Il se sert à l'instar d'une purée de pommes de terre.

CALÉFACTEUR, *s. m. (Marmite norvégienne).* — Appareil basé sur les principes de la conductibilité calorique; il est formé de plusieurs enveloppes inconductrices qui empêchent la perte de la chaleur d'une marmite dont le contenu a été porté à l'ébullition; la cuisson commencée se continue sans consommation nouvelle de combustible, et a cet avantage de fournir un bouillon toujours limpide et clair.

CALEMBAC, *s. f.* — Gomme-résine produite par une variété d'aloès d'Inde, qui n'a rien de commun avec la plante que nous connaissons. En Californie, elle porte le nom de *calembac*, mais les Indiens la nomme *tambac* et l'emploient pour rehausser les potages aux nids des salanganes. On la recueille sur les montagnes presque inaccessibles de la Cochinchine et du Yémen, et en Chine. On la vend au poids de l'or aux seigneurs qui la brûlent dans les pagodes lorsqu'ils veulent témoigner des prévenances aux femmes ou aux étrangers; jetée sur la braise, elle répand une odeur suave. Son goût est exquis.

CALIGNI, *s. m.* — Fruit en forme de baie fourni par l'arbre de ce nom, très commun dans la Guyane. Les naturels le mangent comme des cerises.

CALISSON, *s. m. (Pâtisserie).* — Aix, qui a la renommée de cette pâtisserie, paraît en être le berceau.

Formule 766. — Employer :

Amandes douces. . . . . grammes 500
Sucre de canne en poudre . . . . — 500

Procédé. — Piler les amandes avec du sirop, les mélanger avec le sucre en poudre; dessécher le tout sur le feu; coucher la pâte sur de grandes hosties; les glacer à la glace royale. On les cuit sur des plaques dans des fours un peu chauds.

Remarque. — La pâte doit être bien desséchée avant de la coucher. On lui donne ordinairement une forme ovale.

CALMAR, *s. m. (Loligo).* — Poisson de mer peu estimé des Grecs. On le prépare le plus souvent frit.

CALOTTE, *s. f.* — Ancien aliment composé de farine, d'huile, de sucre, d'œufs et de zeste de citron.

CALOU, *s. m. (Boisson).* — Originaire de l'Inde, cette boisson se fait également aux îles Maurice et à Bourbon par l'incision des tiges du cocotier ou du palmier ordinaire, desquelles il sort un liquide sucré; la chaleur naturelle du climat transforme par la fermentation cette sève en vin que l'on appelle *vin de palmier*.

CALVILLE, *s. m. (Cal vil).* — Variété de pommes à chair blanche, rouge, ou jaune à côtes.

CAMANIOC, *s. m.* — Variété de manioc qu'on cultive dans la Guyane. On la préfère au manioc ordinaire.

CAM-CHAIR, *s. f.* — Grosse orange du Tonkin, d'une couleur jaune et très parfumée.

CAMARINE, *s. f.* — Fruit d'un arbrisseau qui croît dans le Portugal. Baie ronde de couleur vive et d'un goût aigrelet. On s'en sert pour faire une boisson très estimée des indigènes.

CAMBRIDJ-CAKE *s. m. (Cuis. anglaise).* — Inutile d'en rappeler l'origine, le nom l'indique par lui-même.

Formule 767. — Employer :

Beurre fin. . . . . grammes 250
Farine tamisée. . . . . — 500
Sucre en poudre. . . . . — 250
Sel ammoniac pulvérisé. . . . . — 5

Procédé. — Travailler ensemble sur la table : la farine, le beurre, le sucre, les œufs et l'ammoniaque pulvérisée. La pâte étant lisse et ferme, on la laisse reposer dix minutes, on la travaille encore et on l'abaisse. On coupe, à l'aide d'un emporte-pièce, des ronds unis qu'on dépose sur une plaque en tôle et qu'on dore après les avoir quadrillés en les calquant avec le dos de la lame d'un couteau; canneler les bords. Les cuire d'une couleur blonde dans un four modéré.

CAMEMBERT, *s. p.* (*Fromage de*). — Orne, sur un affluent de la Vire. Ses fromages, d'une très ancienne réputation, se distinguent par leur aspect assez désagréable, mais au centre de l'enveloppe est une pâte blanche, qui coule facilement sur le pain. Leur goût prononcé est agréable lorsque ces fromages sont bien affinés. D'une grosseur de neuf centimètres de diamètre sur trois de hauteur, ils se vendent ordinairement de soixante-dix centimes à un franc pièce, selon la qualité.

CAMOMILLE, *s. f.* (*Anthenis nobilis*). All. *Kamille;* angl. *camomile;* ital. *camomilla*. — Les fleurs jaunes de la camomille sont très employées en médecine domestique; son odeur fortement aromatique et son amertume indiquent dans cette plante des propriétés actives dans lesquelles les familles ont parfois trop de confiance et que les médecins dédaignent plus qu'il ne conviendrait. S'utilise pour relever l'appétit et tonifier l'estomac. La camomille est fébrifuge, et il y a toujours à établir le genre de fièvre que peut guérir ce traitement anodin; elle semble être faite pour les cuisiniers, qui trouvent en elle un remède inoffensif contre les fiévreuses surexcitations du labeur culinaire, et le trouble du système digestif issu de l'irrégularité du régime alimentaire. Je connais plus d'un artiste, et suis du nombre, qui ne peuvent fonctionner à ce pénible travail sans prendre régulièrement, deux ou trois fois par semaine, leur tasse de camomille.

CAMPANULE, *s. f.* (*Campanula speculum Veneris*). Aussi connu sous les noms de *doucette* ou *miroir de Vénus*. — Plante que l'on trouve parmi les blés, produit des fleurs de couleur pourpre tirant sur le violet; ou les met dans les salades, ce qui constitue une garniture saine et agréable; le suc en est blanc et nourrissant.

CAMPÊCHE, *s. p.* — Arbre de la famille des légumineuses, originaire de la baie de Campêche. Son bois sert à teindre en rouge; les marchands de vin de Bercy le connaissent bien de trop.

CAMPI, *s. p.* (*Vins de*). — Corse; cru de ce nom; le rouge est très alcoolisé, mais très renommé quand il est vieux.

CAM-QUIT, *s. f.* — Petite orange du Tonkin, d'une couleur rougeâtre à peau lisse et parfumée.

CAMUIRRI, *s. f.* — Datte très estimée dans l'Orénoque, où l'on cultive de préférence cette variété de palmier pour ses fruits fins et recherchés.

CANANG, *s. m.* (*Uvaria*). — Se dit du fruit d'un arbre originaire de la Guyane (*uvaria aromatica*), genre de la polyandrie polygynie, famille des anonées. La capsule, aromatique et piquante, est employée par les nègres pour épicer certains aliments. Le fruit proprement dit, enveloppé dans celle-ci, a un goût qui se rapproche beaucoup de l'abricot.

CANAPÉ, *adj.* (*Hors-d'œuvre*). — Aliment composé en forme de coussin rembourré. Tranche de mie de pain carrée, grillée et farcie d'un appareil qui en détermine le nom.

Canapé d'anchois. — *Formule 768.* — Couper dans un pain des tranches de mie, longues de sept centimètres sur trois de largeur et un d'épaisseur, préparer d'autre part des filets d'anchois de la même longueur que le pain, passer au tamis une quantité relative de filets d'anchois, avec du beurre frais dans lequel on incorporera du persil haché. Faire griller le pain, le laisser refroidir, farcir de beurre d'anchois. Décorer avec les filets d'anchois préparer et garnir les intervalles avec des jaunes d'œufs hachés, ainsi que des blancs et des câpres. Les dresser sur une serviette pliée. L'été, on peut les dresser sur des feuilles de vigne ou sur des feuilles de palmier.

Canapé de caviar. — *Formule 769.* — Tailler le pain comme il est dit plus haut, le griller, le laisser refroidir, manier du beurre frais de manière à le rendre homogène, l'assaisonner d'un peu de fines herbes hachées et en farcir le croûton, sur lequel on étendra une couche de caviar forte d'un demi-centimètre.

Remarque. — Les caviars ne sont vraiment bons que pendant la saison d'hiver; ils nous arrivent de Russie, conservés dans de petits tonnelets. L'été, ils ont l'inconvénient de se durcir; dans ce cas, il faut les laisser tremper dans de l'huile d'olive fine et du jus de citron, qui ont l'avantage de les ramollir en les ramenant à leur état naturel.

Canapé de jambon. — *Formule 770.* — Tailler et griller le pain comme il a déjà été indiqué dans les formules précédentes, hacher très fin du jambon cru de Westphalie, l'incorporer dans du beurre frais, assaisonner d'un peu de muscade, de poivre de Cayenne (en fort petite quantité), de sel, et en farcir les croûtons.

Canapé de saumon fumé. — *Formule 771.* — Hacher le saumon, l'incorporer de beurre frais, l'assaisonner avec du poivre, du sel, un peu de muscade et en farcir les croûtons grillés comme il est dit plus haut.

Canapé aux œufs de homard. — *Formule 772.* — Faire mariner les œufs de homard dans du sel et du jus de citron, jusqu'à ce qu'ils aient acquis l'acidité désirée. Pendant ce temps, passer au tamis du beurre frais avec du rouge ou corail de homard, l'assaisonner d'un goût relevé et en incorporer les œufs; en farcir les croûtons grillés, décorer la partie superficielle avec des truffes taillées et des pattes d'écrevisses.

Canapé de hareng mariné. — *Formule 773.* — Lever les filets des harengs, les tailler en petits dés, les assaisonner de sel, poivre, etc., incorporer les harengs dans du beurre frais, dans lequel on aura ajouté une petite quantité d'*anchowis-sauce* et passer au tamis.

CANARD, s. m. (*Anas domesticus*). All. *Ente;* angl. *decoy duck;* ital. *anitra de canardus.* — Palmipède de la famille des lamellirostres.

> « Je te dénonce tout d'abord.
> Mon *canard* est un volatile;
> Il n'a, Messieurs, aucun rapport
> Avec ces écrits qu'en leur style,
> De trop spirituels loustics
> Dénomment des « canards publics ».

La tribu des canards renferme six genres : la *macreuse,* le *garrot,* l'*eider,* le *milouin,* le *souchet,* le *tadorne,* qui fournissent plus de quarante variétés.

Parmi ces différentes variétés la domestique est la plus souvent usitée dans l'alimentation. La race de Rouen est proverbialement renommée chez nous.

La gloutonnerie de cet oiseau a dû nécessairement être une des causes de sa servitude : il se distingue du canard libre par son bec jaune, par le vert changeant de la tête et du croupion du mâle, par ses plumes moyennes de la queue, re-

levées en boucles, et par ses pieds couleur aurore; enfin la femelle présente des couleurs moins vives ainsi que des dimensions plus petites.

Le canard était dignement apprécié des gourmands de la Grèce et de Rome, et d'anciens écrivains, tels que Collumel et Varron, ont complaisamment décrit le tintamarre peu harmonieux d'un concert de canards.

J'avoue que je ne puis m'empêcher de sourire à la pensée des airs de mastroquets importants que les canards prennent parfois et du mélodieux refrain que nous répétions en chœur, à dix-huit ans :

Le canard déployant ses ailes, couan! couan! couan!

Le canard n'est sérieux qu'en salmis, ou selon la formule du célèbre restaurateur parisien, M. Paillard, président d'honneur de l'*Académie de cuisine,* qui, pour extraire le suc du canard, a fait à celui-ci les honneurs d'une presse en argent (Chez Paillard, *Maison Maire* et restaurant de la *Chaussée d'Antin*) :

> Faites servir un *Canard à la presse.*
> Son jus divin vous rendra tout gaillard!
> Ah! que de mots, des canards de la Presse
> N'ont été dus qu'aux « farces » de Paillard!

Mais ne confondons pas : il y a une différence notable entre le canard vivant dans les mares et celui vivant dans l'eau courante. La chair du premier possède un goût nauséabond et fade, tandis qu'au contraire le canard vivant dans l'eau claire fournit une chair agréable et savoureuse.

Il faut, pour l'exploitation en grand des canards, du gazon, des ombrages, des étangs et des petits îlots, de façon à ce qu'ils puissent vivre en Vénitiens paresseux.

HYGIÈNE. — Le canard fournit un aliment de digestion médiocre, un peu échauffant, ce qui d'ailleurs peut être modifié par le traitement culinaire. Les enfants, les convalescents ne doivent en manger qu'avec modération, comme tous les aliments composés de viandes noires.

Son foie sert à la fabrication des pâtés d'Amiens et des terrines de Nérac et de Toulouse.

Le canard sauvage est plus indigeste, mais il possède des propriétés aphrodisiaques très marquées.

Canard de Rouen à la rouennaise. — *Formule 774.* — Flamber un canard gras et blanc, le brider à la manière d'entrée, mettre dans l'intérieur quelques petits oignons, son foie, du jambon coupé en petits dés, le tout bien assaisonné, le barder et le faire cuire à la broche ou au four, selon les moyens.

Canard aux cèpes. — *Formule 775.* — Vider le canard dans la règle, l'emplir avec la farce suivante : Hacher des queues de cèpes, quelques échalotes, du persil, du jambon cru, quelques filets d'anchois et un peu de lard râpé et son foie; homogénéiser le tout assaisonné de bon goût. Foncer une casserole dans la règle et faire braiser le canard aux trois quarts de sa cuisson; le sortir et passer son suc à travers un tamis, remettre le canard et le suc dans la casserole avec les têtes de cèpes restées. Achever la cuisson en laissant réduire à glace; le dresser en l'entourant des têtes de cèpes.

Remarque. — Dans certains Traités de cuisine on a donné à tort à cette formule le nom de *Canard à la bordelaise.* :

Canard à l'orange. — *Formule 776.* — Flamber et vider le canard dans la règle, le faire braiser dans une casserole et le passer dans le jus, le dégraisser, remettre dans la casserole le jus et le canard, avec un verre de vin blanc et un peu de sauce espagnole. Laisser réduire; le canard étant cuit aux trois quarts, ajouter le zeste de quatre oranges, très finement haché; la cuisson étant achevée, sortir et tailler le canard s'il doit être servi à une table d'hôte; au contraire, le laisser entier s'il doit être servi à une famille ou dans l'intimité. Dans ce cas, servir la sauce à part et masquer le canard, s'il est détaillé.

Canard aux olives. — *Formule 777.* — Le canard doit être braisé et la décoction réduite à demi-glace, la dégraisser et, au moment de servir, y ajouter les olives débarrassées de leur noyau; garnir le canard d'olives, l'arroser d'un peu de sa sauce.

Remarque. — En général, pour les petites pièces d'entrée contenant une garniture quelconque, il est préférable de présenter la pièce entière et de la tailler à l'office.

Canard aux navets. — *Formule 778.* — Tout le monde connaît cette méthode de préparer le canard qui est une des plus anciennes, je ne reculerai cependant pas devant sa formule. Elle a l'avantage de réunir par sa composition deux aliments qui s'accordent parfaitement bien.

Dans la haute cuisine, où rien n'est épargné pour la réussite de sa bonté, on fait braiser le canard dans une casserole foncée de carottes, d'oignons cloutés, de jambon, de noix de veau, le tout condimenté. Le canard étant à moitié de sa cuisson, on passe le jus à travers un tamis et on le remet dans la casserole après l'avoir bien dégraissé. D'autre part, on aura taillé des navets en forme de croissant, on les fera sauter à la poêle ou dans un *sautoir;* ensuite on les glacera au four dans la demi-glace. Puis, on les ajoute dans la casserole où se trouve le canard et on laisse achever la cuisson. Dresser le canard et le couronner des navets.

Remarque. — Dans les maisons particulières, on peut faire la chose beaucoup plus économiquement : on fait rôtir le canard dans une casserole avec du beurre ou de la graisse, et, avant de le mouiller, on dégraisse le fond, puis on y met roussir les navets taillés dans la règle, avec quelques petits oignons. On ajoute le tout au canard et on fait braiser avec un peu de vin blanc.

Canard à la choucroute (*Cuis. allemande*). — *Formule 779.* — Son nom indique la simplicité de sa préparation. Il ne s'agit que de faire cuire un canard très gras dans la choucroute, après l'avoir assaisonnée selon la règle habituelle. On dresse la choucroute en pyramide et on l'entoure des morceaux du canard découpé, alternés de quelques tranches de lard.

HYGIÈNE. — Cet aliment convient aux estomacs robustes, l'un et l'autre étant assez indigestes. En tous cas, on doit avoir soin de le manger très chaud, ce qui obvie aux indigestion.

Canard aux petits oignons. — *Formule 780.* — Faire braiser le canard dans la règle usitée, sa demi-glace étant bien dégraissée, passer à travers un tamis; on ajoute les petits oignons qu'on a fait sauter dans une poêle avec du beurre et du sucre, et ensuite glacer au four. Mais ce mode de faire glacer au four m'a démontré que cinquante fois sur cent on ressortait des oignons analogues à du charbon.

Pour éviter ces accidents on devra, après les avoir sautés à la poêle, les laisser glacer avec de la demi-glace dans un sautoir sur le fourneau en ayant soin de les agiter de temps en temps.

Au moment de servir, ajouter le jus du canard, le découper et le garnir.

Canard à la choucroute de raves. — *Formule 781.* — Ce mets que j'ai souvent préparé dans les maisons princières, dans les hôtels et dans les grands restaurants, donne à la variante alimentaire un moyen de changer souvent les menus : on bride, on flambe et l'on dresse un canard bien gras et bien tendre; on le met dans une casserole après l'avoir assaisonné, avec du beurre frais. On lui fait prendre couleur au four, on ajoute un morceau de lard, des oignons piqués, un bouquet de persil; on assaisonne la choucroute de raves avec laquelle on l'entoure. On y ajoute du beurre frais, on couvercle la casserole et on achève la cuisson au four, à l'étouffée. On dresse la choucroute et le canard qui doivent être cuits en même temps; le canard découpé doit border la base de la choucroute en pyramide.

Canard à la menthe. — *Formule 782.* — Hacher des feuilles de menthe, les faire infuser avec du vinaigre dans un vase fermé; faire braiser le canard dans la règle, de manière à obtenir une décoction réduite à demi-glace et dans laquelle on aura mis quelques feuilles de menthe; mettre dans une petite casserole la menthe infusée et hachée en ne lui laissant qu'une petite quantité de vinaigre. La soumettre à l'ébullition et, après le premier bouillon, verser le tout dans la décoction du canard.

Dresser le canard, soit en entier, soit découpé et servir la sauce soit à part, soit en masquant les morceaux taillés.

Foies de canards à la Toulousaine. — *Formule 783.* — Choisir de beaux foies de canards, fermes et blancs, n'ayant subi aucune préparation factice; les couper par tranches, les assaisonner avec du sel et des épices. Beurrer le fond d'un plat de métal, les saupoudrer avec une pincée d'échalotes et de champignons hachés. Alterner sur les fines herbes les tranches de foie avec des lames de citron, dont on aura débarrassé le blanc et les graines; saupoudrer avec une pincée de persil et une gousse d'ail hachée, le tout mélangé avec un peu de mie de pain. Arroser la préparation avec du beurre frais fondu, les mettre gratiner au four pendant un quart d'heure ou vingt minutes, selon la chaleur du four ou la grandeur du plat.

Terrine de foies de canards. — Parmi les nombreuses méthodes qu'il m'a été donné de pratiquer, je résume dans la formule suivante les meilleurs modes.

Formule 784. — Trois foies gras coupés en quatre et assaisonnés de sel et d'épices, une quantité relative de truffes fraiches, épluchées, coupées en quatre et assaisonnées. Faire mariner dans une terrine, avec un demi-verre de vieux vin de Madère, trois cents grammes de lard frais haché avec un foie de canard très blanc, le tout passé au tamis.

Trois cents grammes de veau haché avec deux cents grammes de jambon cru, piler et assaisonner le tout, y incorporer une pincée de cerfeuil passée à l'eau bouillante et une truffe également hachée.

Procédé. — Mélanger la farce du lard frais et du foie de canard avec celle du veau et du jambon cru, en y ajoutant le vin de Madère qui a servi à mariner le foie et les truffes. Placer, dans une terrine jaune de Toulouse, la farce, alterner par couches de foies gras, les truffes et la farce, couvrir de lard la terrine, la cuire au four moyen pendant deux heures environ, en l'arrosant avec la graisse qui en découle; lorsqu'elle est cuite, poser un bois rond sur le contenu de la terrine, de manière à la presser doucement. Laisser refroidir.

Le lendemain, démouler le foie après avoir passé la terrine à l'eau chaude, la dégager de la graisse trop abondante, la tailler par tranches et la dresser à l'instar d'une galantine, entourée de gelée, sur un plat froid.

On peut également la dresser entière après en avoir démoulé le contenu : la décorer avec de la gelée et des truffes, la surmonter d'une couronne de truffes, au centre de laquelle on appliquera un attelet garni.

Salmis de canards sauvages. — *Formule 785.* — Les canards ou les canetons étant vidés et flambés, on les fait rôtir à la broche; on enlève les estomacs, que l'on coupe par morceaux, de la manière usitée pour le salmis. On hache les carcasses, le cou et les abatis, en ayant soin d'y ajouter le foie. On prépare un mirepoix bien condimenté, on le fait roussir dans une casserole avec du beurre frais; on égoutte le beurre et on y ajoute les carcasses et les abatis hachés, une petite quantité de sauce espagnole réduite, du jus de gibier, si c'est possible; dans le cas contraire, une quantité relative d'eau, pas de bouillon : on laisse ainsi réduire pendant quelques heures; on passe cette purée d'abord dans un gros tamis et ensuite dans une étamine.

Mettre la purée dans une casserole, en lui donnant la perfection du goût, qui doit être celui du fumet du gibier; on y ajoute alors les morceaux de canard d'autre part découpés, on laisse cuire un instant et, au moment de servir, on y ajoute des têtes de champignons. Sur un plat rond, on colle un croûton de pain frit, autour duquel on appuie les morceaux de canard en couronnant sa base des têtes de champignons; on sauce légèrement et l'on surmonte le croûton d'un attelet garni de champignons.

Remarque. — De nos jours, certains cuisiniers ajoutent à la sauce du salmis du vin blanc, du vin de Madère, etc., ce qui est, selon moi, une vraie hérésie culinaire, car dès lors on ne distingue plus une sauce de salmis, une sauce au vin de Madère, ou une demi-glace. La sauce de salmis doit être, comme je l'ai prescrit plus haut, une purée ayant le goût et l'arôme du gibier.

HYGIÈNE. — Le salmis de canard n'est pas, comme l'ont jugé certains médecins, indigeste et délétère à la santé. La sauce du salmis, n'étant qu'une purée de gibier proprement dit, ne peut en aucune façon contribuer à la difficulté de la digestion, et ce mode de préparation est peut-être, entre tous les ragoûts, le plus facile à la digestion, à la condition qu'il soit fait selon la formule indiquée.

Canard rôti. — *Formule 786.* — Cette opération est connue de tout le monde, car il n'est besoin que de soin et de jugement; je n'en parlerai que pour faire une seule observation, c'est que, dans tous les gibiers rôtis, on ne doit ajouter à leur suc ou à leur graisse qu'une fort petite quantité d'eau et de sel, s'il est nécessaire, et les croûtons doivent être faits dans leur propre graisse. C'est à cette seule condition qu'on peut savourer et apprécier les gibiers à leur juste valeur.

CANARDEAU, *s. m.* All. *Entchen;* angl. *Young duck;* ital. *giovane anitra.* — Se dit du jeune canard avant d'avoir atteint l'âge de six semaines.

CANARIES, *s. p.* (*Vins des*). — Parmi les vins d'Afrique, les vins rouges des Canaries sont les plus réputés; d'une force alcoolique de seize à dix-sept degrés, quelques-uns de ses crus sont préférés à tous les vins de Malvoisie, par les vrais connaisseurs; ils sont fumeux, toniques et stimulants; cuits, ils ont l'avantage de se conserver très longtemps.

CANCALE, *s. p.* (*Huîtres de*). — Cancale, ville de 6,400 habitants (Ille-et-Vilaine), a une renommée pour ses huîtres qui rivalise avec celle de Granville, Marenne, Courceulles. Elles étaient connues avantageusement des Romains, et leur renommée s'est continuée jusqu'à nos jours. Autrefois, comme aujourd'hui, on prisait fort les huîtres et, dans les grands festins, il était des convives qui ne s'arrêtaient qu'après en avoir mangé une grosse. Voltaire était compté parmi ces convives-là et Louis XV était voltairien à cet endroit, car chaque semaine il s'en faisait envoyer une bourriche de Cancale. C'est maintenant une source de richesse pour la ville.

Je dois dire aussi un mot du *Rocher de Cancale,* ce fameux restaurant où Dumas, Véron, Monselet et tous les gourmets littéraires allaient manger des huîtres pendant la période de 1840 à 1860, car c'était là que se trouvaient les meilleures huîtres. L'enseigne était si connue que le premier propriétaire put se retirer des affaires ayant fait une belle fortune, tandis que son successeur, moins attentif envers les clients, fit faillite et le café disparut.

CANCÉRIDE, *s. m.* Étym. *cancer,* crabe. — Terme d'histoire naturelle. Nom d'une famille de crabes.

CANCRE, *s. m.* All. *Krabbe;* angl. *crab-fish;* ital. *gambero.* L'étymologie vient de *cancer,* crabe. — En histoire naturelle, se dit d'une écrevisse de mer également connue sous la dénomination de *crabe.*

CANDI, *adj.* All. *candirt;* angl. *candied;* ital. *candito;* de l'arabe *Kandh.* — Se dit des fruits candis sur lesquels on a fait cristalliser du sucre après les avoir passés plusieurs fois dans le sirop.

CANDIR, *v. a.* — Action par laquelle on verse à plusieurs reprises du sirop sur des fruits pour les candir. *Candir du sucre,* opération par laquelle on fait fondre du sucre en le clarifiant et en le faisant cristalliser autour d'une ficelle à laquelle il doit s'attacher.

Pour les formules, voir BONBON.

CANEPETIÈRE, s. f. All. *Zwergtrappe;* angl. *lesser bustard.* — Variété d'outarde ponctuée de noir et de blanc, se nourrissant de grains et que l'on trouve quelquefois dans le midi de l'Europe. Elle est petite et sa chair ressemble à celle de l'outarde ordinaire. (Voir OUTARDE.)

CANETON, s. m. All. *Entlein;* angl. *duckling;* ital. *anitrocco.* — Jeune canard depuis l'âge de six semaines jusqu'à celui de six mois. C'est alors qu'on distingue la femelle qu'on nomme *canette.* A cet âge le canard constitue un excellent aliment; à cet effet, je donnerai quelques formules :

Filets de canetons à la bigarade. — *Formule 787.* — Lever en entier les estomacs des canetons, les faire macérer dans de l'huile fine, du poivre en grains concassé, du thym, de la mignonnette, du jus de citron et du sel. Après une demi-heure de macération, envelopper les estomacs d'un papier huilé et les faire cuire à la broche. Lorsqu'ils sont cuits, lever les filets des estomacs, les faire sauter dans de la glace de viande, des fines herbes, du beurre frais et du jus de *bigarade.* Décorer le plat de tranches de bigarades, ou à défaut de citron ordinaire.

Caneton à la chipolata. — *Formule 788.* — Flamber et vider les canetons dans la règle, les farcir de marrons et de petites saucisses, les barder et les faire braiser dans une casserole bien foncée. Pendant ce temps, on prépare une garniture *chipolata* de la façon suivante : tourner quelques marrons au couteau, après les avoir débarrassés de l'enveloppe et de la peau secondaire, les faire cuire au bouillon; tourner dans la même forme des navets et des carottes, les cuire séparément et les glacer; ajouter alors de petits morceaux de saucisses; mélanger toutes ces garnitures dans une sauce au vin de Madère. Garnir et servir.

Remarque. — La plupart des garnitures servant pour les canards sont applicables aux canetons.

CANETTE, s. f. — Petite cane. Se dit aussi d'un pot à bière et d'un robinet.

CANNE A SUCRE, s. f. (*Saccharum*). All. *Zuckerrohr;* angl. *sugar-cane;* ital. *zuccher cana.* —

Genre de la triandrie digynie et de la famille des graminées, tribu des saccharinées, excepté deux espèces, la canne à sucre cylindrique (*lagarus cylindricus*) et la canne à sucre de Ravenne (*Andropogon Ravennæ*), qui se trouve dans tout le midi de l'Europe.

Originaires des pays les plus chauds de notre globe, les variétés de cannes à sucre, au nombre de huit, sont cultivées par les planteurs pour la production du sucre.

La canne à sucre croît dans les lieux humides et sur les bords des fossés; Salomon la nomma *canne odorante* (Cant. IV, 14). Ce sont les Indiens et les Chinois qui connurent les premiers la canne à sucre et surent en extraire le sucre, mais la cristallisation se faisait par l'effet de sa seule transformation abandonnée à elle-même et ne savaient pas en former un produit consistant. Elle fut apportée de l'Inde en Arabie à une époque qu'il serait insensé de vouloir déterminer, car la date se

Fig. 259. — Canne à sucre.

perd dans les ténèbres des temps; de l'Arabie elle fut introduite en Égypte, en Éthiopie et en Numidie, et les Israélites la considéraient comme une plante de luxe.

Les historiens nous apprennent que c'est à l'époque de la conquête d'Alexandrie, qu'on apporta en Grèce un roseau contenant un suc sucré qui reçut d'abord le nom de *saccharon* et que les Latins appelèrent plus tard *mel arundinaceum;* Lucain, qui écrivait un siècle après la naissance du Christ, en fait mention en ces termes : *Dulces ab arundine succo.* Peu à peu, la canne à sucre fut introduite en Syrie, en Chypre, en Sicile, puis à l'île Madère, aux îles Canaries et, vers le quatrième siècle, dans toute l'Europe méridionale, jusqu'en Provence; au commencement du quinzième siècle, la culture de la canne à sucre passa à Domingues, puis dans les autres colonies françaises des Antilles, et enfin dans les colonies du Nouveau-Monde où elle se multiplia avec une incroyable rapidité.

Elle devint alors, pendant quelque temps, une source unique d'un immense commerce jusqu'à ce que la chimie eut découvert d'autres végétaux *saccharifiables.*

Outre le sucre, on tire de la canne à sucre des alcools qui prennent plusieurs noms, tels que le *ratafia*, le *rhum*, etc., selon le pays; on fait enfin un vin d'une saveur agréable en faisant fermenter le cidre des fruits avec la canne à sucre. (Voir SUCRE.)

CANNELLE, *s. f.* (*Laurus cinamomum*). All. *Zimmet;* angl. *cinnamom;* ital. *canella.* — Se dit de l'écorce, dépouillée de son épiderme, d'un arbre originaire d'Asie et dont les plus recherchés pour ce produit sont ceux du Ceylan, ayant la cannelle mince et légère, d'une couleur fauve clair, d'une odeur suave, d'une saveur aromatique, agréable, piquante et légèrement sucrée.

On distingue en outre la cannelle de Cayenne, plus pâle et plus épaisse, mais moins bonne que la première. Enfin la cannelle de Chine, courte, forte et d'une couleur rougeâtre, d'une odeur plus forte et d'une saveur plus flagrante.

Son action est stimulante, tonique et légèrement échauffante, mais facilite la digestion.

On l'emploie dans une multitude de liqueurs, dans les confiseries, pâtisseries et principalement pour la confection des entremets de cuisine, crème, compote, pouding, sirop, sauces au vin, punch, vins chauds, etc. L'essence de cannelle était comprise parmi les drogues que Moïse reçut *ordre* de composer pour l'huile du sanctuaire (Exode XXX, 23). Elle est très anciennement connue et très usitée parmi les Orientaux et principalement chez les Babyloniens.

CANNELLIER, *s. m.* All. *Zimmetbaum;* angl. *cinnamom-tree;* ital. *cinnamomo.* — Arbre de la variété du *laurier-cannellier*, que l'on cultive dans les pays riverains de l'Océan indien et duquel on tire la cannelle. C'est également de la racine de cet arbre que l'on extrait le camphre. Ses fruits ont la forme d'un petit gland et sont très recherchés par les oiseaux qui les mangent avidement.

CANNELON, *s. m.* — Se prononce ainsi dans toutes les langues.

Terme culinaire désignant des petites pâtisseries en forme de carrés longs, au centre desquels on met de la confiture, des fruits, de la crème ou de la viande hachée, dont voici les formules :

Cannelon farci (*Hors-d'œuvre chaud*). — *Formule 789.* — Abaisser du feuilletage comme pour les petits pâtés, en tailler des bandes de douze centimètres de long sur six de large; humecter d'eau les bords des bandes; coucher au milieu de la bande, à l'aide d'une poche à douille, une farce bien épicée, composée de chair à petites saucisses ou de viande de volaille cuite, gibier, etc., selon la finesse et le goût qu'on désire leur donner. On les recouvre d'une seconde bande de feuilletage de la même grandeur; on les dore et on les cuit dans un four comme les petits pâtés chauds.

Cannelon à l'italienne (*Cuis. italienne*). — On trouve, dans les fabriques de pâtes d'Italie, des tubes en pâte sèche, comme les macaronis et gros comme des saucisses.

Formule 790. — Faire blanchir les pâtes, les couper longitudinalement, les égoutter et les étendre sur un linge. Hacher du blanc de volaille, l'incorporer avec du foie gras ou du foie de volaille aux truffes, du jambon également haché et une cervelle de veau cuite; assaisonner le tout de bon goût en y ajoutant un peu de panade et quelques jaunes d'œufs; passer au tamis. Etendre un peu de cette farce sur chaque morceau de pâte, les envelopper de toile abdominale et les poser sur un plat à gratin; saupoudrer avec de la mie de pain mélangée avec du fromage de parmesan râpé. Mettre le plat au four en arrosant le contenu avec du jus et de la sauce tomate. Faire cuire sans laisser gratiner.

CANNELONS (*Pâtisserie*). — En pâtisserie, la pâte à cannelon se forme à l'aide de petites colonnettes de bois tourné, longues de deux pouces sur six lignes de diamètre, qui perdent une ligne d'un bout à l'autre, de manière à pouvoir facilement les retirer de la pâte une fois cuites.

On abaisse une pâte brisée ou feuilletée selon le genre de garniture qu'on désire lui introduire; on la coupe par bandes, sur lesquelles on pose le bois et autour desquelles on roule la pâte; on colle la jointure, on dore et l'on fait ainsi cuire. Etant refroidis, on les garnit de crème, de confiture, de purée de fruits frais à la crème, tels que fraises, framboises, etc., de gelée, de purée d'amandes à la crème, de pistaches, etc., lesquelles en déterminent le nom.

CANNES, *s. p.* (*Vins de*). — Ville des Alpes-Maritimes. Son vin rouge de troisième classe a de douze à treize degrés d'alcool. Cannes est également une station climatérique très en vogue; les propriétés de son climat contre certaines affections ont très certainement été exagérées au grand détriment des nombreux hôtels qu'on y a construits sur l'immuable efficacité de son air.

CANOVA (à la), *s. f.* — Nom d'une garniture servant principalement pour les cochons de lait; elle est composée de foie gras sauté au beurre, de rognons de coq et de truffes; lier le tout dans une demi-glace. C'est une bonne garniture qui s'applique fort bien à toutes les viandes blanches.

CANTAL (*Fromage du*). — Ce département fournit un fromage qui n'est pas en rapport, au point de vue de la bonté, avec le riche pâturage de ce pays.

Ce mauvais résultat est dû à l'esprit de routine et à l'obstination des paysans chargés de sa confection. Sa pâte est d'un blanc grisâtre, d'un goût butireux et se rancit très vite. Mieux préparé, ce fromage acquerrait une valeur réelle et contribuerait à la richesse de ce pays, car il pourrait servir à l'approvisionnement de la marine. Mais les fromagers du Cantal ont toujours résisté à l'introduction des meilleures méthodes et ont chassé les instructeurs qui avaient été appelés de Suisse, par les propriétaires les plus intelligents.

CANTALOUP (*Melon*). All. *Cantalupen Melone;* angl. *Boch or cantaloupe melon;* ital. *Zatta;* esp. *Meloncillo de Florencia.* — De *Cantaluppo*, maison de campagne des papes, située à deux myriamètres de Rome; c'est de là qu'ils ont été importés dans toute l'Europe.

L'une de ces variétés transportée à Avignon par le pape, en 1309, a pris le nom du *Cavaillon* (voir ce mot).

Fig. 260. — Cantaloup d'Alger.

Parmi les cantaloups on distingue :

LE CANTALOUP D'ALGER. — Est un fruit légèrement allongé, quelquefois sphérique, portant des gales ou verrues arrondies, teintées, ainsi que le fond des sillons, d'une couleur verte très foncée, presque noire, qui tranche vivement avec la nuance, blanc argenté, du reste des côtes. La maturité de ce melon se reconnaît lorsque les parties vert foncé deviennent jaunâtres. On doit les manger au début de la transformation, le fruit étant trop avancé lorsque la teinte est complètement jaune.

La chair en est épaisse, juteuse, parfumée et toujours très sucrée. Ce melon se mange de préférence au sucre comme dessert.

LE CANTALOUP NOIR. — Aussi appelé *noir des Carmes*, fruit presque sphérique, mais un peu

Fig. 261. — Cantaloup noir des Carmes.

Fig. 262.— Petit prescott hatif à châssis.

déprimé, à côtes nettement marquées; d'un vert foncé noir. Sa chair orange est épaisse, sucrée et parfumée, excellente. C'est un des meilleurs melons hâtifs et des plus faciles à cultiver.

LE CANTALOUP PRESCOTT. — Le petit prescott est très hâtif, il représente une boule sphérique verruqueuse, marbrée de vert foncé sur un vert pâle, prenant dans le fond des sillons une teinte olive. Sa chair orange est épaisse, juteuse et fondante.

Fig. 263. — Cantaloup noir de Portugal.

LE CANTALOUP NOIR DE PORTUGAL. — Gros fruit légèrement oblong et presque applati à l'extrémité, à côtes profondément marquées et à écorce inégale, bossuée, marquée de taches d'un noir vert sur le fond vert. Sa forme est variable comme sa grosseur, il y en a du poids de 6 kilogrammes.

Fig. 264. — Cantaloup de Paris.

LE CANTALOUP PRESCOTT DE PARIS. — Ce melon qui est gros, très déprimé, a la forme d'un potiron ; il s'en distingue par ses côtes larges, à surface très rugueuse, couverte de proéminences de toutes formes, et panaché irrégulièrement de vert foncé et de vert pâle sur fond blanchâtre. Les côtes sont séparées par des sillons étroits et profonds. Sa chair est épaisse, très fine, juteuse et fondante.

LE CANTALOUP A CHAIR VERTE. — Celui-ci, qui est un des plus fins parmi les melons cantaloups, est rond ; côtes peu marquées avec le fond des sillons d'un vert clair. Sa chair d'un vert pâle, très épaisse, est fondante, sucrée et parfumée.

LE CANTALOUP DE BELLEGARDE. — A Bellegarde, on cultive un fort beau melon, dont nous reproduisons ici la figure :

Fig. 265. — Cantaloup de Bellegarde.

LE CANTALOUP PRESCOTT ARGENTÉ. — Comme le précédent, celui-ci est un des plus cultivés par les maraîchers parisiens, et le marché en est abondamment approvisionné depuis le mois de juillet jusqu'à la fin octobre.

Entre ces deux variétés, on distingue encore le C. sucrin, à peau moins rugueuse et d'une couleur grisâtre.

LE CANTALOUP ORANGE. — Le C. orange est oblong, à côtes bien marquées, de couleur vert pâle et marbré de couleur plus foncée. Sa chair orange n'est pas très épaisse, ferme, presque dure, peu juteuse, mais sucrée et parfumée.

LE CANTALOUP DE VAUCLUSE. — Beau et excellent melon, dont la figure 266 indique exactement les détails.

Fig. 266. — Cantaloup de Vaucluse.

On distingue encore parmi les cantaloups :
LE C. D'ARKHANGEL.
LE C. D'ÉPINAL.
LE C. D'ANGLETERRE.
LE C. DU MOGOL.
LE C. NOIR DE HOLLANDE.
LE C. PRESCOTT ÉCORCE MINCE.
LE C. PRESCOTT CUL DE SINGE.

CANTENAC (Gironde). — Produit des vins estimés. (Voir BORDEAUX.)

CANTE-PERDRIX (Vins de). — Languedoc (Gard). Alentours de Beaucaire. Vin rouge de troisième classe, de 14 à 16 degrés d'alcool.

CANTERT. — En Hollande on appelle kantert une deuxième qualité de ce fromage, d'une couleur rouge orange à l'extérieur, jaune à l'intérieur et très épicé.

CANTHÈRE, s. m. — Genre de poisson acanthoptérygiens à bouche étroite, dont les espèces habitent l'Océan et la Méditerranée. Ils fournissent à l'alimentation une chair blanche et légère.

CANTINE, *s. f.* — Buvette pour le soldat. Caisse portative renfermant divers ustensiles et objets de ménage pour les troupes en marche.

Les cantines suisses sont des halles immenses pouvant contenir dans les tirs fédéraux de 15,000 à 20,000 personnes réunies à la fois dans un banquet.

CANUT, *s. m.* — Espèce de bécasseau qu'on appelle aussi *Maubèche.*

CAOUANE, *s. f.* — Espèce de tortue monstre, dont le poids dépasse quelquefois 200 kilogr. Elle habite la mer Rouge et les côtes de Madagascar. Les œufs seuls sont recherchés des gourmets.

CAOU-ISI. — Boisson rafraîchissante que l'on fait au Brésil avec du maïs; elle a les propriétés de la bonne bière.

CAOUTCHOUC (*Hevœa guianensis*). — Le caoutchouc qui fournit la gomme élastique, appelé *Jatrapha elastica* de Linné, porte un fruit en forme de grain bon à manger; ces grains dépouillés sont blancs; les indigènes les pilent et les font bouillir pour en extraire une graisse qu'ils utilisent dans leurs préparations culinaires.

CAP-BRETON(*Vins du*).—Lourdes(Guyenne). Vins rouges de troisième classe, contenant de 16 à 17 degrés d'alcool.

CAPENDU, *s. m.* — Pomme à queue très courte, de couleur rouge-vif, dont la chair a une saveur douce.

CAPILLAIRE, *s. m.* (*Adiatum capillus veneris*). All. *Krulfarn;* angl. *capillary;* ital. *capillare,* du latin *capelaris* de *capillus,* d'où vient son étymologie à cause de la forme en chevelure de l'une de ces plantes. — Fougère qui croît dans les contrées méridionales de l'Europe et dans le nord de l'Afrique. Elle a pour congénère un capillaire exotique dit *du Canada;* ces deux plantes sont usitées en alimentation et en pharmacie. La science alimentaire a su en tirer un sirop agréable à boire et tonique; au contraire, la pharma-

copée lui a attribué la propriété, démontrée impuissante aujourd'hui, de guérir la phtisie.

Fig. 267. — Capillaire du Canada (Adiantum pedatum).

Sirop de capillaire. — *Formule 791.* — Employer :

Sucre concassé.	kilogr.	2
Capillaire du Canada.	grammes	150
Eau bouillante.	litres	1 1/2

Procédé. — Infuser les deux tiers du capillaire dans l'eau, ajouter le sucre à l'infusion; clarifier et verser le sirop bouillant sur le reste du capillaire. Laisser infuser et le passer.

CAPILOTADE, *s. f.* — Mets composé de restants de viandes de volailles ou de gibiers; on coupe la viande froide par morceaux, on la met dans une casserole avec un peu de mie de pain, d'écorce d'orange hachée et de la sauce de tomates; allonger la sauce avec du bouillon et laisser réduire à glace. Pour les viandes de gibier, on peut ajouter du madère.

Ce ragoût doit être bien assaisonné et saupoudré au moment de servir avec des ciboules et du cerfeuil hachés.

CAPITAINE.—Poisson de mer qui ressemble à la carpe. Autour du cou, il a cinq écailles dorées qui lui servent de hausse-col. Sa chair blanche, ferme et grasse, est d'une digestion difficile, à moins qu'elle soit relevée par des condiments stimulants. On appelle aussi *capitaine* une variété de fraise dont nous donnons ci-dessus le prototype.

Fig. 268. — Fraise capitaine.

CAPITEUSE, *adj*. All. *Berauschend*; angl. *strong*; ital. *capitoso*. — Boissons susceptibles de produire un état d'exhilaration, ou d'ébriété légère.

Deux éléments bien distincts contribuent à cette action : l'alcool et l'acide carbonique.

Les vins mousseux réunissent les deux éléments.

Les vins de Bordeaux rouges sont moins capiteux que les vins de Bourgogne et ceux-ci le sont moins que les vins du Midi. A degré égal d'alcool les vins blancs sont moins capiteux que les rouges. Les boissons non fermentées, mais gazeuses (eaux de seltz et limonade gazeuse), sont susceptibles de produire les effets des vins capiteux.

Les bières, cidres et autres boissons fabriquées produisent des effets tout autres que les boissons naturellement capiteuses.

CAPPON-MAGRO, *s. m.* (*Cuis. génoise*).— Aliment dont le sens du mot signifie *chapon maigre*.

Formule 792. — Cuire dans un court-bouillon un *dentici* ou une *hirondelle de mer;* laisser refroidir le poisson; en laver les filets, les couper et mélanger avec les deux tiers de leur volume des tranches de queue de homard ou de langouste. Assaisonner le tout de haut goût.

Cuire, selon la règle, des haricots verts entiers, des pointes d'asperges, des fonds d'artichauts, des betteraves, des salsifis, des petits pois, des carottes, des choux-fleurs, des pommes de terre; les tailler avec l'emporte-pièce ou avec le couteau; selon les espèces, les assaisonner séparément dans les assiettes. Couper en petits dés des champignons au vinaigre et des cornichons; les mettre dans une petite terrine avec des câpres, des olives sans noyaux, des filets d'anchois, de la *boutargue* coupée par tranches minces.

Couper ensuite deux tranches de pain fortes de deux centimètres d'épaisseur, les faire sécher à l'étuve après en avoir retiré la croûte; les frotter avec de l'ail sur leurs deux faces, les arroser légèrement avec de l'huile et un peu de citron; les poser sur un plat rond de manière à ce qu'elles en couvrent complètement le fond. Egoutter les garnitures en marinade plus haut citée. Dresser alors sur le pain les légumes en alternant les genres et les couleurs, les poissons, etc., de manière à former un dôme pyramidal.

Remarque. — On peut donner un aspect plus attrayant en décorant un moule en forme de dôme, avec des légumes variés et en les chemisant à la gelée. On n'aura alors qu'à remplir le centre de la garniture, que l'on aura mélangée avec un ailloli.

Démouler sur un croûton de pain, en garnir la base, le surmonter d'un attelet et enfin le faire accompagner de la même sauce.

CAPRAIRE, *s. f.* — Plante exotique peu élevée, à fleurs purpurines irrégulières, dont une espèce porte des feuilles qu'on fait infuser pour servir aux mêmes usages que le thé.

CÂPRE, *s. f.* (*Capparis*). All. *Kapper;* angl. *caper;* ital. *cappero*. — Le fruit ou silique du câprier. La récolte qui se fait au printemps consiste à cueillir les jeunes boutons de fleurs aussitôt qu'ils ont perdu le duvet léger dans lequel ils se montrent. Les câpres sont d'autant plus estimées qu'elles sont plus petites. A chaque récolte, qui se fait une fois par semaine, on les trie, et la petite sorte s'appelle *non-pareille*. Aussitôt cueillies, on les met dans le vinaigre en les traitant comme les cornichons, et en les assaisonnant

Fig. 369. — Câprier ou *Superin des Provençaux*.

de sel, de poivre et d'estragon. Outre la câpre ordinaire cultivée en Europe, il existe encore trois espèces secondaires, qui sont : la câpre *plate*, la *capucine* (voir ce mot), et enfin la grosse *ronde* tachetée de rouge.

HYGIÈNE. — Ce condiment doit être mangé avant d'être vieux, c'est-à-dire qu'après un an il n'est plus bon, étant destiné à relever le goût des sauces d'ordinaire fades et des hors-d'œuvre indigestes, auxquelles il communique un goût aigrelet mêlé d'amertume qui, tout en étant agréable, sert d'apéritif. Si on en faisait un usage continuel, il est probable qu'elles seraient plus actives et moins innocentes que les cornichons, mais usitées en petite quantité, elles ne peuvent être que stimulantes.

Remarque. — C'est d'une sauce câpre qu'il s'agissait lorsque :

Le Sénat mit aux voix cette affaire importante,
Et le turbot fut mis à la sauce piquante.

Mais on ne nous dit pas qui en fut l'inventeur, lequel aurait pu dire :

Au prix de mes sueurs, de mes travaux plus qu'âpres,
Je fis de mon cerveau jaillir la sauce aux câpres.

Les fleurs vertes du genêt d'Espagne, confites comme celles du câprier, ont le même goût et produisent les mêmes effets. La sauce aux câpres n'a rien de changé des sauces blanches ordinaires, soit *hollandaise, sauce au vin blanc,* servant pour le poisson ou pour le mouton bouilli, selon la cuisson avec laquelle elle a été faite. L'adjonction seule des câpres en détermine le nom.

CAPRICE, *s. m. (Pâtisserie).* — *Formule 793.* — Employer :

Amandes hachées.	grammes	60
Sucre en poudre	—	125
Farine.	—	30
Cédrat haché.	—	30

Procédé. — Monter quatre blancs d'œufs fermes et mêler comme pour la meringue. Ajouter ensuite les amandes et le sucre. Foncer des moules à mirlitons avec du feuilletage abaissé; remplir les moules, saupoudrer de sucre et cuire dans un four de chaleur moyenne.

CAPROMYS, *s. m.* — Petit mammifère rongeur de l'île de Cuba. Sa chair est très estimée.

CAPRON, *s. m.* — Variété de fraise dont nous donnons ici le dessin. Elle se distingue par son goût de framboise; sa chair pleine, juteuse, beurrée et fondante a une couleur jaune-blanc, quelquefois verdâtre.

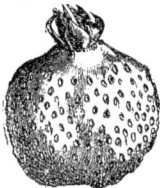

Fig. 370.— Capron framboisé.

CAPUCINE (*Tropœolum majus*). All. *Peruanische Knollen-kresse;* angl. *caper bush;* ital. *cappero;* esp. *capuchina;* port. *chagos;* de *capuce* à cause de la forme de sa fleur en capuchon. — Plante de la famille des *tropéolées,* également connue sous les noms vulgaires de *cresson d'Inde, cresson du Mexique, cresson du Pérou* et *fleur de sang.*

Fig. 271. Capucine.

Originaire du Pérou, la capucine a été apportée en Europe vers la fin du dix-septième siècle, où elle s'est fort bien acclimatée suivant le sol qui est propre à chaque variété.

Les capucines (grandes et petites) qui forment un ornement agréable des kiosques, des jardins et des vérendahs, offrent l'avantage plus précieux de servir à l'alimentation.

Les fleurs qui servent à décorer les salades se cueillent pendant toute la durée de la saison. On mange également les feuilles en salade; leur goût est pareil à celui du cresson. Les graines qui se forment successivement se cueillent avant leur maturité et, à l'instar des câpres, se confisent au vinaigre comme les cornichons. Ces graines, qui ont des propriétés antiscorbutiques, constituent un condiment bon marché, des plus agréables et dont la ménagère ou le cuisinier intelligent ne manquent jamais de tirer partie.

Fig. 272. — Capucine tubéreuse.

CAPUCINE TUBÉREUSE. — La C. tubéreuse, que les naturalistes appellent *tropœolum tuberosum,* se cultive en pleine terre. Ce tubercule, qui n'a rien d'exquis lorsqu'il est cuit dans l'eau, n'est cependant pas désagréable.

On les confit également au vinaigre et on les sert comme hors-d'œuvre ou en les accompagnant de viandes bouillies, soit toutes autres viandes froides.

Mais si l'on veut en tirer un aliment agréable, on doit les laisser sécher à moitié.

En Bolivie, on laisse geler le tubercule, il se produit alors une réaction chimique; l'eau s'en dégage et la partie féculente prend un goût sucré très agréable.

Dans cet état, cette racine est regardée comme une friandise rare.

CAQUAGE. — Se dit de l'action de mettre les poissons en caque.

CAQUE, *s. f.* — Baril dans lequel on range les harengs ou les sardines; il contient 500 harengs ou 1,000 sardines.

CARABURNA, *s. m.* — Raisin sec de Turquie, extrêmement estimé.

CARACOSMOS, *s. m.* — Boisson très estimée des Tartares; elle consiste dans du lait de jument que l'on bat jusqu'à ce qu'il abandonne son beurre et entre en fermentation. On l'appelle aussi *cosmos.*

CARAFE, *s. f.* All. *Wasserflasche;* angl. *bottle;* ital. *caraffa;* esp. et portug. *garrafa;* de l'arabe *gerat,* mesure pour les substances sèches; puis, par altération, *garafa,* qui signifie puiser.—Vase de verre ou de cristal servant à contenir de l'eau fraîche, etc. Le contenu d'un carafon, d'une carafe, varie selon le genre et la grandeur, la carafe n'ayant pas de mesure proprement reconnue.

CARAMBOLE, *s. f.* All. *Rothball.* — Se dit du fruit du carambolier, arbre originaire des Indes. Ce fruit est très peu usité en alimentation.

CARAMEL, *s. m.* All. *gebrannter Zucker;* angl. *caramel;* espag. et portug. *caramelo,* ainsi que de l'italien; mais l'étymologie vient du pays d'origine du sucre, l'Arabie, de *kora,* boule, et *mochella,* douce. — Ce qui démontre que les Arabes avaient déjà, longtemps avant les Grecs, fait réduire le suc sucré des *cannes.*

De nos jours, on n'entend plus, par le mot *caramel,* du sucre ayant acquis un certain degré de cuisson; le *caramel* moderne est le sucre qui, ayant perdu son état de cristallisation, subit un commencement de décomposition dans sa cuisson et acquiert une couleur jaune et une odeur

de noisette. Ce degré de cuisson passé, le sucre prend alors une couleur noirâtre et la fumée qui s'en échappe exhale une odeur mauvaise qui suffoque et provoque la toux.

Caramel liquide. — *Formule 794.* — Mettre du sucre en poudre dans une poêle, le faire fondre sur un feu doux en remuant avec une cuillère de bois; lorsqu'il est noir, y ajouter de l'eau et laisser bouillir. On peut aussi ne pas attendre le degré brûlé pour y ajouter l'eau et laisser réduire encore jusqu'à ce que le caramel soit noir, et on renouvelle ainsi plusieurs fois l'opération. Ce mode aurait l'avantage de fournir un caramel moins amer que le premier. On peut le conserver en pâte, qu'on prépare en bâton ou en boulette.

Caramel (*Procédé général*). — *Formule 795.* — Le sucre cuit au *boulé* dans un grand poêlon, on l'aromatise et on le laisse cuire au bon *cassé;* on

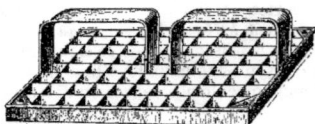

Fig. 373. — Découpoir à caramel.

le verse sur le marbre, légèrement huilé, on l'égalise et on le laisse refroidir un instant. Lorsqu'en le touchant avec les doigts la marque reste empreinte, on le découpe avec les appareils suivants, dont l'un est un panier comportant 88 cases en forme d'emporte-pièce et l'autre un rouleau cannelé au milieu duquel on passe un mandrin en bois. Aussitôt les caramels découpés on les caissolle, c'est-à-dire que l'on passe le rouleau dessus en deux sens inverses. On retourne

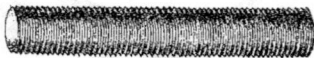

Fig. 374. — Rouleau à canneler.

le sucre, on l'essuie avec du papier buvard pour enlever l'huile, on passe le rouleau et on casse les caramels de suite, aussitôt que le sucre est froid.

On les met alors dans un bocal fermé hermétiquement de façon à les conserver transparents. On fait aussi des caramels avec la machine à drops.

Caramel au café. — *Formule 796.* — Employer :

Sucre . . . . kilogr. 1
Café moka infusé dans 1 litre d'eau. grammes 125

Procédé. — Faire cuire le tout au *cassé* et procéder selon la formule 795.

En additionnant 2 décilitres de crème fraîche, on obtient un caramel *café à la crème.*

Caramel au cacao. — *Formule 797.* — Employer :

Sucre . . . . kilogr. 1
Cacao caraque broyé. . . . . grammes 100

Procédé — Fondre le cacao et le verser dans le sucre cuit au boulé. Achever la cuisson et y ajouter de la crème ou du beurre très frais, si on le désire.

Caramel mou au chocolat. — *Formule 798.* — Employer :

Chocolat revenu à l'étuve . . . . . grammes 500
Sucre en sirop . . . . — 500
Glucose . . . . — 125
Crème double, fraîche . . . . . . litre 1/2

Procédé. — Cuire au fort boulé, couler sur le marbre et découper selon la formule.

Caramel à l'orgeat. — *Formule 799.* — Faire un lait d'amande comme il est dit dans la formule 102 (voir AMANDE), et l'ajouter au sucre cuit au *boulé.* Faire recuire et procéder selon la règle.

Caramel à la framboise. — *Formule 800.* — Faire cuire du sucre au *petit cassé* et le parfumer avec de l'alcoolat de framboise; ou bien ajouter du jus de framboise lorsque le sucre est cuit au *boulé* et faire recuire à point.

Caramel à la pomme.— *Formule 801.*— Cuire le sucre au *boulé* et ajouter une gelée de pomme colorée en rose; faire recuire au *cassé* et procéder selon la règle.

Caramel à l'orange. — *Formule 802.* — Râper sur un morceau de sucre pesant un kilogramme, le zeste de deux oranges. Râcler avec un couteau le zeste sur une assiette et en exprimer le jus de l'une d'elles. Cuire le tout au *petit cassé* et procéder comme dans la première formule de cet article.

Il est inutile de dire que l'on varie à l'infini et les aromes et les couleurs.

CARANGUE, *s. m.* — Poisson très commun et d'une médiocre valeur alimentaire, aussi appelé *saurel* ou *maquereau bâtard.* Il habite surtout les côtes de Madagascar et les mers d'Amérique.

CARAQUE, *s. m.* — Cacao de qualité supérieure, tel que celui que produisent les environs de *Caracas.*

CARAVANSÉRAIL, *s. m.* — Hôtellerie où se reposent les *caravanes;* vaste établissement où sont réunis l'auberge, le bazar et la bourse d'un quartier chez les Orientaux.

CARBONADE, *s. m. (Cuis. allemande).* — Dans l'origine c'était des morceaux de viande grillée ou carbonisée sur la braise ardente, et que l'on faisait ensuite cuire dans un chaudron avec de l'orge, des fèves, du riz, etc. Aujourd'hui, la carbonade a perdu son origine primitive et les différentes formules qui se sont généralisées dans divers pays du Nord sont aussi différentes les unes que les autres : tantôt c'est un filet de mouton piqué et braisé, ailleurs des côtes de porcs frais; ici des poitrines de mouton et là du veau piqué. Je me dispenserai de donner des formules étant toutes soumises à des habitudes de pays et n'ayant d'originel que le nom.

CARBONATE, *s. m.* All. *Kohlensaures Salz;* angl. *carbonate;* ital. *carbonato.* — Tout sel formé par la combinaison de l'acide carbonique avec une base; on s'en sert dans l'alimentation comme réactif.

CARBONIEUX, *s. p. (Vins de).* — Le vin de Carbonieux est blanc et fort de 15 à 16 degrés d'alcool; il est estimé avec les huîtres ou comme vin accompagnant le rôti.

CARCASSE, *s. f.* All. *Rumpf;* angl. *carcass;* ital. *carcassa;* esp. *carasa;* port. *carcassa.* — L'étymologie, en contradiction de deux mots : *car,* chair, et *cassa,* caisse ou coffre, n'est pas définie.

En terme culinaire, la carcasse est l'ensemble des os qui forment le tronc décharné, mais tenant encore les uns avec les autres.

CARCAVELLO, *s. p. (Vins de).* — Vin blanc d'une force alcoolique de 18 à 19 degrés.

CARCIN, *s. m.* — Genre de crustacés dont l'espèce principale est le crabe.

CARDAMINE, *s. f.* (*Cardamine pratensis*). All. *Wiesenkresse;* angl. *meadow-cress;* ital. *cressone.* — Genre de la tétradynamie séliqueuse et de la famille des crucifères. La variété dont nous nous occupons est fort élégante et à fleurs lilas; ses feuilles ont la saveur du cresson de fontaine et se mangent en salade ou à l'instar des épinards.

Fig. 275. — Cardamine des prés.

CARDAMOME (*Amomum cardamomum*). — Plante des Indes orientales très commune à Java et à Malabar. Elle a une bulbe tortueuse allongée et blanchâtre; les semences se mâchent pour corriger l'haleine et relever les aliments. C'est un condiment aromatique et chaud.

CARDE, *s. f.* All. *Rippe;* angl. *card;* ital. *cardo;* esp. *carda.* — Les cardes sont le milieu de certaines feuilles, particulièrement de la bette, poirée (voyez BETTE), que l'on prépare en cuisine comme les cardons.

CARDE, *s. f.* (*Cardium*). — Coquillages bivalves, dont on se sert comme des clovis. On distingue entre autres la carde côtelée unie et la carde hérissée.

On se sert dans les cuisines des valves comme vase à gratiner connu sous le nom de *coquille.*

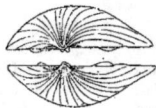

Fig. 276. — Carde unie.   Fig. 277. — Carde hérissée.

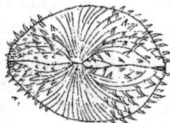

CARDINAL (HOMARD A LA) (*Cuis. parisienne*). — Mets créé par M. Paillard, propriétaire de la *Maison Maire* et du *Café de la Chaussée d'Antin;* composé d'un homard gratiné au coulis d'é-crevisses. Ce mets exquis a été plus d'une fois rimé :

> Et s'il vous plaît d'avoir sur ma parole
> Un avant-goût du paradis final,
> Faites servir chez *Paillard* une sole,
> Un tournedos, un *homard cardinal.*

L'illustre restaurateur et propriétaire du clos *Charbonnier* a également donné le nom de *Cardinal* à un champagne de ce cru.

Cardinal. — Se dit aussi d'une boisson dont la création est attribuée au cardinal de Richelieu.

Formule 803. — Employer :

Rhum vieux et d'origine	litre	1
Sucre en pain	grammes	500

Procédé. — Faire fondre sur le feu le sucre avec un peu d'eau assaisonnée de cannelle. Ajouter le rhum et servir chaud.

Cardinal au champagne. — *Formule 804.* — Employer :

Sucre	grammes	750
Vin blanc	bouteille	1/2
Champagne	—	1/2
Rhum	—	1/4

Procédé. — Faire fondre le sucre avec le vin blanc, y ajouter le rhum au moment de servir le champagne. Cette boisson est froide.

Cardinal aux fraises. — *Formule 805.* — Employer :

Oranges	nombre	2
Fraises rouges et parfumées	grammes	500
Sucre	—	500
Rhum	bouteille	1

Procédé. — Mettre le liquide dans un vase de porcelaine; râper sur le sucre le zeste des deux oranges et y exprimer le jus. Passer la moitié des fraises au tamis fin et mettre la purée dans le liquide avec les fraises restantes. Déposer sur la glace et servir froid dans une *bichopière.*

CARDON, *s. m.* (*Cynara cardonculus*). All. *Cardy;* angl. *cardoon;* flam. *kardoen, cardonzen;* dan. *kardon;* ital., esp. et port. *cardo.* — Plante de la famille des synenthérées, tribu des flosculeuses.

Variété de chardon ou artichaut dont on mange les pétioles des feuilles; la fleur du cardon a la propriété de cailler le lait.

Les cardons se récoltent à partir du mois d'octobre et peuvent se conserver très avant dans l'hiver, Ils se sèment vers le mois de mai. Quand les plants ont poussé quelques feuilles, on les éclaircit et, lorsque les feuilles ont pris tout leur accroissement, avant que la plante commence à monter en formant des tiges florales, on réunit toutes les feuilles en un faisceau qu'on lie avec de l'osier et on enveloppe le tout de paille, couverture sous laquelle le cardon se blanchit, tandis que ses côtes, seules parties comestibles, deviennent tendres et charnues.

Fig. 278. — Cardon de tours épineux.

On ne doit les laisser dans cet état que pendant trois semaines environ; ce temps passé, ils risqueraient de se corrompre. Par le même procédé, on peut faire blanchir les feuilles des vieux pieds d'artichauts et on obtient ainsi des cardes qui sont tout aussi bonnes que celle du cardon.

Les cardons les plus estimés sont:

LES C. DE TOURS ÉPINEUX.
LES C. PLEINS INTERMES.
LES C. DE PUVIS.
LES C. D'ESPAGNE.
LES C. A CÔTES ROUGES.

Fig. 279. — Cardon de Puvis à feuille d'artichaut.

USAGE ALIMENTAIRE. — La difficulté de blanchir les cardons est proverbiale parmi les cuisiniers, quel que soit le mode de préparation qu'on lui applique la blancheur est toujours le but que l'on doit atteindre.

Le blanchissage. — Formule 806. — Deux méthodes sont employées de préférence : l'une consiste à couper les cardons par tronçons, à les jeter dans l'eau bouillante vinaigrée, pendant cinq minutes d'ébullition; les rafraîchir et les frotter avec un linge pour leur enlever la peau; les citronner et ensuite les cuire. L'autre à éplucer les cardons, à les frot-

Fig. 280. — Cardon plein interme, sans épines

ter avec du citron, les mettre à l'eau froide et les cuire ensuite.

HYGIÈNE. — Les cardons constituent un entremets sain et aphrodisiaque.

Cardons à la moelle. — Formule 807. — Après avoir blanchi les cardons dans la règle, on beurre une casserole, on assaisonne et on y place les cardons avec un oignon clouté, arrosé avec le jus de quelques citrons et du bouillon; on recouvre avec du lard frais, de la moelle en tronçons et du papier beurré; on laisse cuire ainsi en surveillant qu'ils ne s'attachent pas au fond de la casserole, et on retire la moelle aussitôt cuite. Dresser les cardons sur un plat rond ou dans un légumier, faire réduire la décoction des cardons et la dégraisser; au moment de servir, ajouter du jus de citron, du beurre frais et lier avec des jaunes d'œufs; passer la sauce à l'étamine et en arroser légèrement les cardons, qui seront garnis de tranches de moelle cuite; envoyer le restant de la sauce dans une saucière.

Cardons à la sauce béchamelle. — Formule 808. — Après avoir fait cuire les cardons dans une casserole avec du lait, on les égoutte et on les met dans une sauce béchamelle bien épicée (voir ce mot); on laisse cuire un instant à petit feu et on les dresse dans un plat creux. On doit couper les cardons d'une longueur de 5 à 6 centimètres seulement.

Cardons à la sauce blanche. — Formule 809. — J'entends, par sauce blanche, une sauce faite avec le jus dans lequel ont été cuits les cardons arrosés de bouillon; on condimente la cuisson et on cuit à blanc avec un peu de farine; on mouille avec la cuisson des cardons, on lie avec les jaunes d'œufs, on passe la sauce à travers un linge et on l'ajoute dans la casserole contenant les cardons égouttés, puis l'on sert.

Cardons au jus. — Formule 810. — Faire blanchir des cardons, les déposer dans une casserole et les faire braiser dans du bon fond de bœuf. Il est à remarquer que les cardons au jus diffèrent complètement des cardons à l'espagnole, trop souvent confondus par les praticiens. Les cardons au jus sont sans farine, c'est-à-dire ne contiennent que la glace; au contraire, les cardons à demi-glace ou à l'espagnole contiennent de la sauce espagnole et partant de la farine.

CARÊME, *s. m.* (*Quadragésima*). All. *Fast;* angl. *lent;* ital. *quaresima;* esp. *cuaresma.* — Le catholicisme a appelé ainsi les quarante-six jours d'abstinence entre le mardi-gras et le jour de Pâques, pendant lesquels, à l'exception du dimanche, jeûnent les *bons catholiques.* Comme de toutes les institutions dogmatiques, on n'est pas complètement d'accord sur l'origine du *carême;* les catholiques qui le font remonter à Moïse ignorent que les Egyptiens pratiquaient le jeûne du carême longtemps avant lui et que les Israélites dogmatisèrent le carême non seulement pour plaire à Dieu, mais aussi pour une question tout aussi importante : *la santé publique.* La rigueur du carême, aussi bien que sa durée, ont d'ailleurs considérablement varié; dans l'Eglise d'Occident, on ne faisait qu'un repas après le coucher du soleil et on ne mangeait que des végétaux; le laitage, les œufs et toute substance animale étaient interdits; le poisson était permis, mais la plupart des fidèles s'en abstenaient. En Orient, il était plus rigoureux encore, et les premiers chrétiens de ces pays ne vivaient que de pain et d'eau; les Latins avaient encore d'autres carêmes, celui de Noël et celui de la Pentecôte, qui étaient également de quarante jours. Les Grecs ont encore cinq carêmes, outre celui de Pâques; ce sont ceux de la Pentecôte, de Noël, des Apôtres, de la Transfiguration et de l'Assomption, mais ils ne sont que de sept jours chacun.

CARÊME (MARIE-ANTOINE), né à Paris le 7 juin 1784 et mort dans la même ville le 12 janvier 1833.

Par une ironique similitude de nom, *Carême* ne jeûnait pas.

De parents pauvres et chargés de famille, il fut abandonné par son père à l'âge de onze ans et ramassé par un gargotier borgne, dont l'histoire n'a pas conservé le nom, et chez lequel il demeura jusqu'à l'âge de 16 ans; époque où il entra chez Bailly, célèbre pâtissier de l'époque, et d'où il est sorti premier *tourtier* à 18 ans.

ANTOINE CARÊME

Il travailla chez Gendron, qui lui permit de faire des *extra.* C'est à cette époque qu'il eut l'occasion de connaître M. Boucher, ancien chef de la maison de Condé, et qui était alors chef de bouche du prince de Talleyrand. On sait que la table de ce prince, au milieu des prodigalités du Directoire, avait préparé les principes de luxe délicat et d'exquise sensualité qui servirent à tous les empires d'Europe. C'est là qu'il travailla sous les ordres de Laguipière et Riquette, autres maîtres vénérés par lui. C'est en reconnaissance des protections de ce prince que Carême lui dédia plus tard son *Pâtissier royal.*

Jusque-là, Carême avait pratiqué son art sous la direction de ses maîtres; mais, dès lors, il devait improviser. La pratique ne lui suffisait pas, il voulait approfondir les théories, copier des dessins, faire des plans d'architecture, analyser; mais la science lui faisant défaut, il dut rester grand praticien.

Très certainement, Carême ne pouvait tout connaître, il était grand pâtissier, beau parleur et il est devenu grand cuisinier; si les ingrates sciences eussent été à sa disposition, il aurait posé les bases de la cuisine de l'avenir, mais combien de peines, d'écoles, de dévouement, de patience et de pénétration ne faut-il pas pour passer de la cuisine au siège de la science? Son désir était de connaître ce qu'il ne pouvait savoir, et il aurait voulu, sur l'ancienne alimentation, poser des bases nouvelles.

« Je contemplais, dit-il, de derrière mes fourneaux, les cuisines de l'Inde, de la Chine, de l'Egypte, de la Grèce, de la Turquie, de l'Italie, de l'Allemagne et de la Suisse; je sentais crouler sous mes coups l'ignoble fabrication de la routine. »

Carême avait grandi avec l'Empire, il avait des goûts esthétiques et des mœurs aristocratiques; il aimait les monarques, et il vit avec douleur ce que j'aurais vu avec joie : s'écrouler l'Empire. Il fallut le forcer pour qu'il exécuta, dans la plaine des Vertus, le gigantesque banquet royal de 1814.

L'année suivante, Carème partait pour Brighton en qualité de chef de bouche du prince régent, où il resta deux ans. C'est là que chaque matin, en rédigeant le menu sous les yeux de son Altesse, et pendant son tête-à-tête avec ce gourmand blasé, que Carème essaya de lui faire un cours d'hygiène alimentaire. Ennuyé du ciel nébuleux des Anglais, Carème rentra à Paris pour commencer ses ouvrages, mais le prince régent devenu roi le rappela à Londres en 1814. Carème était alors célèbre; de Londres, il alla à Saint-Pétersbourg remplir les fonctions vacantes de l'un des chefs de bouche de l'empereur Alexandre; il revint à Vienne exécuter quelques grands dîners chez l'empereur d'Autriche.

La basse jalousie de ses collègues ligués contre lui s'empara alors de sa renommée et Carème eut un instant où la gloire et la fortune semblaient le fuir; il n'avait pas de places stables, les cuisiniers distingués semblaient l'oublier ou le mépriser; mais il s'attacha à lord Stewart, ambassadeur d'Angleterre, et il reprit pour la troisième fois le chemin de Londres, qu'il quitta encore pour revenir à Paris. Sa fortune faite, il continua la publication de ses ouvrages qu'il n'acheva pas.

Carème a été un homme rare dans son genre, d'une intelligence féconde et supérieurement propre à plusieurs choses.

Sa longue et dernière maladie, pendant laquelle il recevait continuellement la visite des amis, semblait lui faire oublier les siens, même sa fille, l'objet de toutes ses pensées après avoir été celui de tous les soins paternels. Un jour avant d'expirer, la partie gauche de son corps se paralysa. Sentant sa fin prochaine, Carème voulut revivre un instant au milieu de son art et de sa gloire. Un ami, qui la veille même de sa mort désirait le voir, se fit introduire près de son lit; Carème, qui avait les yeux fermés, lui dit : « C'est toi, merci, bon ami; demain, tu m'apporteras du poisson; hier, tes quenelles de sole étaient très bien faites, mais mal assaisonnées et la sauce mal liée; vois-tu, il faut...! » Carème fit un mouvement de la main imprimant la rotation de la casserole et ne bougea plus; il mourut en donnant une leçon de cuisine.

Carème laissa : *la Cuisine française au XIXe siè-*

cle, cinq volumes; *le Cuisinier parisien*, un volume; *le Pâtissier royal*, deux volumes; *le Pâtissier pittoresque*, un volume; *le Maître d'hôtel français*, deux volumes. Ces ouvrages ont été la proie de vulgaires plagiaires, qui les ont compilés sans jamais les citer. Je veux donc rendre justice à sa mémoire.

CARDOUILLE (*Scolymas hispanicus*). — Plante de la famille des chicoracées, qui croît en Provence et dans les pays chauds. Les racines sont épaisses et se mangent comme les salsifis.

CARET (*Testudo imbricata* L.). — Tortue qui habite les côtes de l'Atlantique et les mers d'A-

Fig. 381. — Caret (tortue).

mérique; les Américains l'appellent *oreille de juif*. La chair est laxative.

CARHAIX. — Petite ville du Finistère; ses perdrix sont renommées.

CARIACOU. — Boisson que l'on prépare à Cayenne à l'aide d'un mélange de cassave, de patate et de sirop de canne en fermentation.

CARLINE, *s. f.* — Genre de plante voisine de l'artichaut, dont une espèce est assez commune aux environs de Paris. On en mange le réceptacle à la façon des artichauts. Elle a des propriétés sudorifiques.

CARMIN, *s. m.* All. *Carmin;* angl. *carmine;* ital. *carminio.* — Matière colorante rouge que l'on obtient par la coction de la cochenille (voir ce mot). Il n'y a pas de carmin qui ne soit rouge.

CARMINATIF, *s. m.* — Se dit des aliments ou médicaments propres à chasser les vents de l'estomac, des intestins; tels sont l'anis, le fenouil, l'éther, etc.

CARNAIRE, *adj.* — Se dit de ceux qui vivent de viande cuite ou séchée. Ne pas confondre avec *carnivore.*

CARNIVORE, *adj.* Qui se nourrit de proie vivante.

CARON (*Terme de cuis.*). — Morceau de lard gras taillé en carré et préparé en lardons pour piquer les viandes.

CAROTTE, *s. f.* (*Daucus carota*). All. *Mohrrübe;* angl. *carrot;* flam. *Wortel;* dan. *guleroden;* ital. *carotta;* esp. *zanahoria;* port. *cenoura.* — Plante

Fig. 282. — C. rouge parisienne.

de la famille des ombellifères, qui a pour type originel la *sylvestris carota* ou carotte sauvage.

Sous l'influence de la culture la carotte a perdu son âcreté et acquis sa succulence amylacée, sucrée et aromatique.

On ne distingue pas moins de vingt-sept variétés de carottes :

LA C. ROUGE.— Qui fournit la rouge très courte, également connue sous les noms de *grelot, à châssis* ou *toupie;* la *rouge courte hâtive,* de Hollande; la *rouge parisienne;* la *rouge longue;* la *rouge demi-longue*: la *rouge obtuse;* la *rouge pointue;* la *rouge longue sans bois;* la *rouge nantaise;* la *rouge de Crécy* ou *de Meaux;* la *rouge de Brunswick;* la *rouge longue d'Altringham;* la *rouge longue de Saint-Valéry;* la *rouge de Guérande.*

LA C. ROSE. — Dans ce genre, je classe la *rose à collet vert;* la *rose de Flandre* et la *rose de Luc.*

LA C. JAUNE. — Les variétés des C. jaunes sont la *jaune longue,* également connue sous les noms de *C. jaune de Gand;* de *clerette;* de *chevaux;* d'*Achicourt.* La *C. jaune courte.*

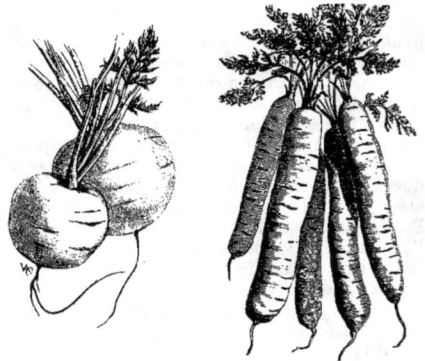

Fig. 283. — C. rouge très courte.   Fig. 284. — C. rouge longue sans bois

LA C. BLANCHE. — On distingue : la *C. blanche de Breteuil;* la *blanche des Vosges;* la *blanche transparente* ou *translucide;* la *blanche d'Orthe;* la *blanche du Palatinat.*

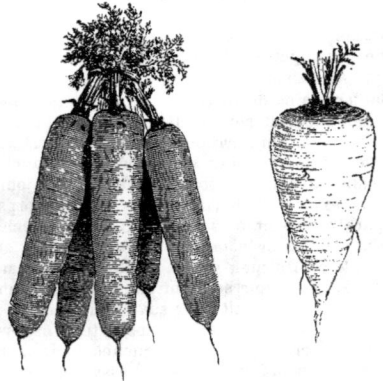

Fig. 285. — C. rouge Crécy ou de Meaux.   Fig. 286. — C. rose de Flandre.

LA C. VIOLETTE. — Les variétés de ce genre sont peu cultivées, il semble qu'elles sont plus curieuses qu'utiles à l'alimentation.

La C. DE BARDOWICK. — Variété cultivée en Allemagne.

La C. DE DUWICK. — Race hollandaise.

La C. JAMES' INTERMEDIATE. — Variété anglaise.

La C. LONG ORANGE CARROT. — Cultivée aux Etats-Unis.

Analyse chimique. — La composition chimique de la carotte varie selon la composition du sol qui les a produites. On y trouve, dans une proportion variable : de l'*albumine végétale;* du *sucre de canne;* de la *manite;* de l'*acide pectique;* du *ligneux;* des *matières résineuses et colorantes;* des *principes volatils,* propres à stimuler leurs propriétés digestives; de l'*amidon;* des *sels.*

HYGIÈNE. — Au risque de m'attirer les foudres de tous les *partisans de la carotte,* ce végétal n'a pas les propriétés médicales dont certains médecin l'ont gratifié. Elles varient naturellement selon la race, le terrain et l'état de maturité. A partir du mois de mai certaines espèces deviennent filamenteuses, le bois intérieur, qui est dur et âcre, devient insipide, défaut qui a sans doute échappé aux médecins qui la prescrivent contre la jaunisse et le rhumatisme goutteux.

En raison de la forte proportion d'amidon et de sucre, on peut la classer parmi les aliments respiratoires, et si nous tenons compte des principes volatils et des matières colorantes, nous verrons que la carotte est un aliment facile à digérer et convenant aux dyspeptiques. Là se bornent ses propriétés; c'est un aliment sain et c'est tout.

Pressé de questions par un avocat sur la définition exacte de la carotte, un cuisinier, que nos lecteurs pourraient bien connaître, lui répondit : Les effets comme les variétés dépendent du genre; s'il s'agit de celles des avocats on les appellent les *honoraires.*

USAGE ALIMENTAIRE. — Du suc fermenté de la carotte on a tiré une excellente eau-de-vie. La carotte est indispensable dans les cuisines; elle sert de condiment, de garniture et de légume. Sous les doigts agiles de l'artiste, elle se transforme en fleurs, rose, etc., et sert à décorer les entremets et les mets; elle entre dans presque toutes les garnitures. Le « Roi carotte », cette parodie typique et ridicule, n'en est pas moins l'insigne du restaurateur.

Potage de carottes (*Cuis. de restaurant*). — *Formule 803.* — Connu aussi sous le nom de *purée Crécy.* — Choisir des carottes rouges de Meaux, les faire revenir à l'étouffée avec jambon, oignon, beurre frais; arroser avec du bouil-

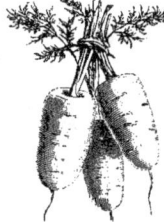

Fig. 487. — C. rouge hâtive de Hollande.   Fig. 488. — C. jaune longue.

lon, s'il y avait tendance à s'attacher. Lorsqu'elles sont cuites, on les passer au tamis de crin grossier; allonger la purée, de bouillon ou de consommé, y ajouter du riz, des pâtes ou du tapioca. Ce potage prend alors la dénomination de *Crécy au riz,* etc.

Remarque. — Lorsque les carottes ne sont plus jeunes, on doit en tailler la pulpe rouge seulement; le bois donnerait un goût âcre et insipide au potage.

Carottes à la Vichy (*Cuis. de régime*). — *Formule 804.* — On se sert à Vichy de la petite carotte jaune à collet vert ou de la carotte rouge courte hâtive. On les arrache avant maturité

Fig. 289. — C. rouge de Guérande.

complète; on en débarrasse la partie verte près de l'herbe et on en coupe le filament. On les met dans un torchon avec du gros sel que deux personnes agitent par tiraillement jusqu'à ce que la peau en soit ôtée. On les lave à l'eau froide et on les essuie. Les mettre dans une casserole avec du beurre frais et du sel, les cuire l'étouffée en les agitant pour ne pas les laisser attacher. Etant cuites, les saupoudrer légèrement avec du sucre en poudre, du cerfeuil et des ciboules hachées. Servir.

Carottes à la béchamelle. — *Formule 805.* — Faire cuire les carottes dans du bouillon et les ajouter dans une sauce béchamelle bien épicée.

Carottes aux petits pois. — *Formule 806.* — Pour préparer cet entremets, il faut avoir des petits pois et des carottes primeurs. On fait blanchigumer les pois, cuire les carottes dans du bouillon; on mélange les deux légumes. On as saisonne de sel et de sucre en ajoutant très peu de sauce blanche, soit béchamelle, hollandaise, velouté ou, au besoin, on improvise une petite sauce blanche avec du bouillon. On lie le tout et l'on sert.

Remarque. — On peut préparer les carottes de mille façons que je ne crois pas utile de citer ici.

CAROUBE, *s. f.* (*Ceratonia siliqua edulis*). All. *Johannisbrod;* angl. *carobbean;* ital. *caruba.* — Fruit du Caroubier, arbre de la famille des légumineuses, originaire d'Orient, mais qui croît également dans l'Europe australe. La çaroube a une pulpe agréable et sucrée; on en prépare des confitures, on la mange comme légumes et on l'emploie en théiforme; ce dernier mode a été proposé après torréfaction, afin de remplacer le café pour les enfants.

Le suc de la caroube, réduit à l'état de sirop, sert à faire des conserves laxatives qui sont utilisées en médecine.

CARPE, *s. f.* (*Cyprinus carpio*). All. *Karpfen;* angl. *carp;* ital. *carpione;* esp. *carpa.* L'étymologie grecque vient de *Cypris,* Vénus. — Poisson d'eau douce appartenant à la famille des cyprins et à l'ordre des malacoptérygiens abdominaux.

Ce poisson, comme le brochet (voir ce mot), vit très longtemps; on connaît des carpes âgées de plusieurs siècles, et quelques-unes de ces vénérables grand'mères ont été mises par François Ier dans l'étang de Fontainebleau.

La carpe, à mesure qu'elle vieillit, devient extrêmement grosse; je dis grosse et non grande, car c'est surtout en largeur qu'elle se développe. On a remarqué qu'elle grossissait moins rapide-

ment dans le Nord que dans l'Ouest et le Midi; ainsi, les carpes du Rhin sont beaucoup moins grosses que celles de la Seine ou du Rhône.

HYGIÈNE. — La chair de la carpe est lourde, indigeste et peu nourrissante. Les seules carpes un peu passables sont celles d'Angleterre, parce que dans ce pays on prend la précaution de châtrer l'animal. La chair en est meilleure quand l'opération a été faite sur un sujet jeune : c'est à un pêcheur, Samuel Tull, que l'on doit cette heureuse découverte.

USAGE CULINAIRE. — La carpe est un mauvais poisson pour le cuisinier parce que, pour le rendre bon, il faut que les garnitures corrigent le défaut du poisson.

Carpe à la Chambord (*Cuis. française*). — *Formule 807.* — A l'aide d'un couteau à lame flexible, lever la peau écaillée à une belle carpe du Rhin, ôter les ouïes sans endommager la langue, enlever la peau nerveuse et la piquer de lard, de truffes et de carottes. Assaisonner la carpe et la faire cuire dans une petite poissonnière, avec un bon court-bouillon au vin blanc. Avec la cuisson, préparer une sauce blanche que l'on fera réduire; la passer à l'étamine; faire dans une petite casserole un ragoût mouillé de la sauce et composé de petites quenelles de poissons, de champignons blancs, de rognons de coq, de laitances de carpes et de bisques d'écrevisses.

D'autre part, on aura décoré quatre quenelles avec des truffes noires et pochées dans un sautoir recouvert de papier. Dresser la carpe couchée sur son côté; garnir de ragoût et décorer avec des quenelles, des truffes et des bisques d'écrevisses; surmonter d'un ou de plusieurs petits attelets garnis. Servir à part le restant du ragoût.

Carpe à la bière (*Cuis. prussienne*). — *Formule 808.* — Ecailler, vider et couper une carpe dans sa longueur; lever les arêtes, couper par tronçons chaque moitié de carpe, couper le museau et partager la tête en deux; blanchir la laitance. Foncer un sautoir beurré d'une couche d'oignons forte de 2 centimètres de hauteur, de céleri rave, un bouquet de persil et les condiments usités pour le poisson; saler et mouiller avec de la bière faible, en y ajoutant du pain d'épice coupé en dés. Soumettre à l'ébullition et faire cuire à petit feu. Dresser les tronçons dans un plat au centre d'une bordure, saucer et garnir de la laitance.

Carpe à la polonaise (*Cuis. slave*). — *Formule 809.* — Saigner une carpe vivante en la piquant sur la table avec une lame de couteau et en conserver le sang; lui enlever la peau écaillée à l'aide d'une bonne lame mince, la vider et faire blanchir sa laitance dans un liquide vinaigré comme pour les cervelles. Couper la carpe par tronçons, les mettre dans une casserole bien foncée et garnie dans la règle; mouiller le poisson avec de l'hyromel, mettre en ébullition et achever la cuisson à petit feu. Lorsqu'elle est cuite, retirer la cuisson et la faire réduire après l'avoir légèrement liée avec du beurre manié; lui ajouter la pulpe de deux citrons débarrassées du blanc; une poignée d'amandes douces émincées et séchées, la même quantité de raisins de Corinthe lavés à l'eau tiède. Lier la sauce avec le sang de la carpe au moment de servir.

Carpe à la Moscovite (*Cuis. russe*). — *Formule 810.* — Après avoir écaillé et vidé une carpe, on la pose sur les légumes condimentés, dont on a foncé une petite poissonnière; on recouvre la carpe de bardes de lard et on la fait braiser, en l'arrosant de vin blanc. Lorsqu'elle est cuite, on lie la sauce avec de la fécule délayée à froid; on ajoute du raifort râpé et l'on fait cuire un instant; on passe la sauce à l'étamine, on garnit la carpe de choucroute et de pommes de terre rôties, et l'on sert la sauce à part.

Carpe à la marinière (*Cuis. bourgeoise*).— *Formule 811.* — Vider et écailler une carpe dans la règle, la farcir d'une farce à quenelle, légère et bien assaisonnée, coudre l'ouverture du ventre; enlever l'épiderme nerveux dans un espace carré en forme de selle sur le dos de la carpe et piquer cette place avec des lardons fins. Foncer une poissonnière dans laquelle on met la carpe et du court-bouillon au vin blanc; avec cette cuisson, faire une sauce brune que l'on fera réduire en y ajoutant du jus de champignons frais, lier et passer la sauce à travers un linge. On garnit la carpe par groupes alternés de champignons, de petites pommes de terre, de laitance et d'olives blanchies. Glacer la carpe au pinceau à l'exception de la partie piquée.

Remarque. — On sert en outre la carpe *braisée*, en *matelote*, *frite*, à la *maître d'hôtel* (voir ces mots).

CARPEAU, *s. m.* All. *junger Karpfen;* angl. *young carp;* ital. *carpionetto.* — Se dit du petit de la carpe; mais le carpeau proprement dit est une variété sous-entendue du mulet qui ne fraie pas. Il habite le Rhône, la Saône et quelques autres fleuves d'Europe. Lorsqu'il est grand, sa chair est fine, délicate et d'une digestion facile, mais il est rare d'en trouver des grands. Culinairement, on le traite comme la carpe.

CARPENTRAS. — Ville de Vaucluse, renommée pour ses fruits confits et ses *berlingots* (voir ce mot).

CARPION (*Salmocarpio*). — Petit poisson d'Italie qui ressemble à la truite; sa chair est excellente.

CARRAGAHEEN, *s. m.* — Algue commune dans les mers du Nord, dont on fait une gelée, des boissons analeptiques et des tisanes contre la toux.

CARRASSIN, *s. m.* — Espèce de carpe sans barbillon commune en Allemagne. Les propriétés alimentaires sont pareilles à celles de la carpe et elle se traite culinairement comme celle-ci.

CARRÉ, *s. m.* — Terme de cuisine et de boucherie. On appelle *carré* non point la partie « entre le gigot et la première côtelette », comme le veut bien Littré, mais depuis le collet jusqu'au gigot (s'il s'agit de mouton), dans lequel est compris le filet, coupé en carré long, c'est-à-dire débarrassé de la poitrine.

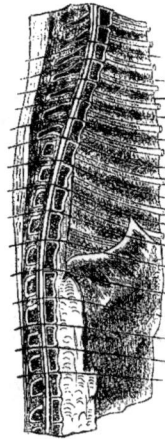

Fig. 390. — Carré.

Carré se dit du veau, du mouton, du chevreuil, du chamois, de l'agneau, etc., tandis que l'on appelle *train de côtes* la même partie du bœuf, et *aloyau* la partie entre le râble coupé en deux, dans lequel on a soin de conserver les côtes un peu plus longues.

CARRELET, *s. m. (Pleuronecte quadratulus).*
All. *Taupel;* angl. *flounder;* ital. *paperino qua-
drello:* de *quadrabus,* forme carrée, à cause de
sa queue qui se termine en carré. — Le carrelet
est un poisson de mer du genre de la *plie* ou *limande;* ses écailles en limes ont une couleur
jaune irisée sur le brun-vert, le ventre est recouvert de taches olivâtres. Sa chair n'a rien d'exquis (quoi qu'en aient dit quelques auteurs);
elle est fade, d'une couleur blanche et peu nutritive. Quant à ses qualités hygiéniques, c'est
de la condimentation que dépendent ses propriétés digestes ou indigestes.

CARRY, *s. m.* — Appelé, selon les pays, *curie,
karic* et *cavic.* Condiment jaune très parfumé,
originaire d'Inde.

Carry d'Inde. — *Formule 812.* — Employer :

Piment jaune carré. . . . . grammes 25
Coriandre . . . . — 60
Curcuma. . . . . — 15

Procédé. — Réduire le tout en poudre et conserver en flacon.

Carry d'Amérique. — *Formule 813.* — Employer :

Dayatafolum. . . . . grammes 80
Piment jaune carré. . . . . — 10
Poivre blanc. . . . . — 10

Procédé. — Faire sécher les substances, les
pulvériser et les conserver en flacon.

CARVI, *s. m. (Carum carvi).* All. *Kümel;* angl.

Fig. 291. — Carvi.

caraway; holl. *karvij;* dan. *kommen;* ital. et esp.
carvi; port. *alcaravia.* — Cumin des prés.

Plante ombellifère, dont les racines et les
jeunes pousses sont comestibles; ses fruits en
grains brunâtres sont employés comme stimulants et servent à la préparation de plusieurs liqueurs, notamment du *kumel.* On l'emploie aussi
en Angleterre et en Allemagne pour l'assaisonnement du *karvi biscuit,* dont la formule est celle
du *biscuit d'York* (voir ce mot), à l'exception
qu'on y ajoute du carvi.

CASCADE. *(Pièce montée).* — Cette pièce est
ronde et a huit colonnes, lesquelles sont mas-

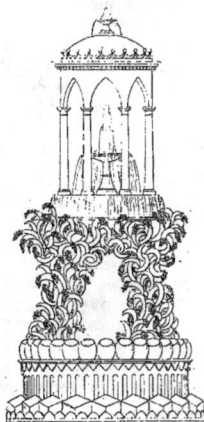

Fig. 292. — Cascade ronde en pâtisserie.

quées, ainsi que le dôme, de sucre rose; l'enta-
blement et la coupe qui se trouvent au milieu de
la rotonde sont masqués de sucre blanc; le socle
est en pâte sèche.

Le rocher se compose de petits croissants, de
feuillage blanc. La pointe de chacun d'eux est
glacée au cassé et masquée ensuite d'anis roses
de Verdun; la garniture est de choux glacés au
cassé, et l'intérieur rempli de crème fouettée. Le
socle est de pâte d'office, masquée de sucre rose
et blanc. La garniture du bas est de gâteaux d'a-
mandes glacés au chocolat. (Composition originale de Carême.)

CASÉUM, *s. m.* — Partie du lait qui se coagule
sous l'action de la *caséine* et prend le nom de
caillé; substance très albuminoïde et qui consti-

tue la base du fromage. Les substances *caséeuses* sont de la nature du fromage.

CASQUE (*Pièce montée*). — *Formule 814.* —

Lorsque le casque, qui s'exécute en pâte d'office, est collé sur son abaisse, on le masque légèrement avec un pinceau trempé dans de la marmelade d'abricots bien transparente, ou de la gelée de pomme ou de coing, afin de le rendre brillant. La crinière est de sucre filé couleur d'or; le plumet, en sucre filé blanc; la couronne doit être exécutée en biscuit vert. Le socle est en gaufres à l'italienne. La garniture qui ceint le pied de la pièce est de génoise. Les garnitures doivent être mâles.

On peut les remplacer par toute autre pâtisserie. (Servi pour la première fois par Carême à l'Élysée Bourbon.)

Fig. 893. — Casque antique en pâtisserie.

CASSAVE, *s. f.* (*Pâtiss. du Brésil*). All. *Cassava;* angl. *cassava.* — La cassave est une tarte composée de la fécule extraite des racines du manioc avec son suc. On la cuit sur des pierres ou des plaques chaudes et on la mange comme une pâtisserie sèche; son goût est agréable et son effet nutritif.

CASSE, *s. f.* — La casse est une longue gousse cylindrique, fruit du casséfier, qui renferme des graines d'une pulpe rougeâtre. Originaire d'Egypte, elle arrive en Europe cuite ou confite. On l'utilise dans l'alimentation comme la rhubarbe,

et ses propriétés laxatives l'ont fait entrer dans la pharmacopée allopathique et dans la cuisine de régime.

Fig. 894. — Casséfier.

CASSÉ, *adj.* (*Sucre cuit au*). — Terme de confiserie; on distingue deux degrés de cuisson au *cassé:* le *gros cassé* et le *petit cassé.* Le petit cassé est le *cinquième* degré de la cuisson du sucre, le gros cassé est le *sixième* degré, c'est-à-dire le dernier avant de passer à celui de l'*extrémité.*

On cuit le sucre dans un poêlon Landry. Lorsqu'on croit être au degré, on plonge dans le sucre un morceau de bois, soit même son doigt, et le retrempe immédiatement à l'eau froide; si le sucre se ramollit et devient flexible, quoique cassant, il est au *petit cassé;* pour l'obtenir au *gros cassé,* on continue la cuisson, et quand il se brise sous la pression de l'ongle, avec le bruissement d'un petit éclat, il a atteint le degré de *gros cassé;* on y fait couler un jus de citron ou de vinaigre de bois, et l'on retire le poêlon. Le sucre ainsi cuit doit être blanc, sec et ferme. C'est alors qu'il sert à faire le sucre filé, les fleurs, les feuilles et toutes les merveilles que l'on voit sortir des pâtisseries et confiseries de premier ordre.

Remarque. — D'après les expériences de notre savant collègue Landry, il est préférable d'additionner entre le petit et le gros cassé deux ou trois centim. cubes d'acide acétique. Cette opération doit se faire loin du feu, l'acide étant inflammable.

CASSE-NOIX, *s. m.* All. *Nussknacker;* angl. *nutcracker;* ital. *cassa-noce.* — Nom d'un petit

instrument de fer ou de métal argenté, avec lequel on casse les noix ou les noisettes.

CASSEROLE, *s. f.* All. *Schmorpfanne;* angl. *saucepan;* ital. *casserola.*— Pièce de cuivre étamé faisant partie de la batterie de cuisine (voir ce mot), à dimensions différentes, de forme cylindrique à fond plat, à parois droites et munie d'une queue ou d'un manche en fer. Casserole plate, évasée, profonde.

La casserole est l'arme qui forme la batterie d'un cuisinier, l'ornement du salon culinaire, décorant, par ses différentes formes, le mur d'un brillant éclat qui dénote le luxe, la propreté, la richesse et la civilisation des personnes qui vivent de la cuisine préparée dans ces vases étincelants.

CASSIS, *s. m.* (*Ribes nigrum*). All. *schwarze Johannisbeere;* angl. *blank-currant.* — Fruit d'un arbuste originaire du nord de l'Europe, qui ressemble au groseillier. Le cassis est cultivé dans tous les jardins.

Les baies sont tantôt blanches et tantôt noires, suivant les variétés, mais je ne m'occuperai ici que de la dernière; elle est grasse, succulente et noire; c'est ce dernier genre qui est cultivé, dans la Côte-d'Or et en Suisse, par les industriels qui se livrent en grand à la fabrication de cassis.

Avec le cassis, on fait du ratafia, de la liqueur alcoolisée, du sirop, de la glace et du vin qu'il ne faut pas confondre avec un vin dans lequel on a fait macérer des feuilles de cassis et qui porte le même nom.

HYGIÈNE. — On prescrit le cassis dans les maladies inflammatoires des voies urinaires; et les feuilles, prises en infusion, passent pour diurétiques et apéritives.

USAGE ALIMENTAIRE. — Le cassis frais sert à préparer des tartes et tartelettes; des poudings anglais, enfin on en fait un ratafia estimé.

Ratafia de cassis. — *Formule 815.* — Employer :

Cassis frais.	kilogr.	2
Sucre concassé.	—	4
Eau-de-vie.	litres	6
Clous de girofle	nombre	4
Cannelle.	grammes	50
Coriandre	—	30

Procédé. — Ecraser les cassis et mettre le tout (à l'exception du sucre) dans un bocal et laisser infuser pendant cinquante jours. Presser et passer à la chausse, ajouter le sucre; lorsqu'il sera fondu, filtrer et mettre en bouteille.

Ce cassis est excellent.

Cassis économique. — *Formule 816.* — Employer :

Alcool.	litres	6
Cassis.	kilogr.	1
Merises noires	—	1
Sucre.	—	2
Feuilles de cassis.	grammes	250
Cannelle.	—	50
Clous de girofle	nombre	4

Procédé. — Faire infuser le tout, à l'exception du sucre, pendant cinquante jours. Faire fondre le sucre dans trois litres d'eau. Presser l'infusion, la passer à la chausse; mélanger les deux liquides et filtrer.

Falsification. — Certains fabricants de cassis en préparent avec une infusion de feuilles de cassis, de cannelle, clous de girofle et cerises noires. On y a même trouvé de la fuchsine qui servait à colorer en noir.

Conserve de cassis. — *Formule 817.* — Extraire le suc du cassis bien mûr, le mettre au naturel dans des bouteilles bien ficelées; les mettre à l'eau froide dans une marmite; soumettre dix minutes à l'ébullition; retirer la marmite et laisser refroidir avec les bouteilles jusqu'au lendemain.

CASSOLET-LETTE, *s. m. f.* (*Pièce montée*).— Ornement qui sert à brûler de l'encens que l'on met dans de petites cassolettes. La pièce que je reproduis ci-après est une copie exacte de la première pièce de ce genre faite par Carême et qui fut donnée à la paroisse de Neuilly (Carême, *Pâtissier royal*, tome II, planche 31). La base est ordinairement garnie de gênoise (pain bénit) ou de brioche. Les coupoles sont garnies d'une cuvette en fer-blanc, recouverte de pastillage et décorée de sucre blanc et rose. Les guirlandes sont en sucre filé et en pâte blanché.

De nos jours, des vases argentés ou bronzés ont remplacé ce travail, dont le cuisinier n'a jamais été récompensé de la peine qu'il lui avait coûté.

CASSON, *s. m.* (*Confiserie*). — Débris qui restent après avoir cassé du sucre. Chocolat brisé Débris de pièce montée.

CASSONADE, *s. f.* All. *Farinzucker;* angl. *moist sugar;* ital. *rottame.* — Sucre qui n'a été raffiné qu'une fois.

HYGIÈNE. — On falsifie la cassonade en y mêlant un peu de craie, du plâtre et du sable jaune et fin, mais cela se reconnaît aisément en la faisant dissoudre dans de l'eau pure et distillée : les matières insolubles tombent au fond du vase. On falsifie aussi la cassonade comme le sucre en y introduisant de la fécule de pomme de terre, ce qui se reconnaît à un aspect farineux et mat.

CASSONNÉS, *s. m. pl. (Pâtisserie).* — *Formule 820.* — Employer :

Farine	grammes	250
Sucre en poudre	—	250
Œufs	nombre	6
Bâton de vanille	—	1

Procédé. — Mélanger le tout en le travaillant; beurrer et fariner une plaque d'office sur laquelle on couche la pâte. Saupoudrer de cassonade fine; cuire dans un four moyen et couper par tranches en sortant du four.

CASSOULET *(Cuis. toulousaine).* — Toulouse, Castelnaudary et Carcassonne ont la spécialité de ce mets.

Formule 818. — Employer :

Haricots flageolets, 1ʳᵉ qualité	litre	1
Perdrix découpée	nombre	1
Couenne fraîche de porc	grammes	250
Mouton maigre	—	250
Jarret de porc salé	—	250
Oie ou canard salé et séché	-.	400
Saucisson	—	250
Oignons cloutés	nombre	2
Carottes	—	2
Bouquet de persil, n°. 1	—	1
Sel et poivre		

Procédé. — Cuire dans une casserole en terre et, lorsque le tout sera cuit et d'un bon goût, le mettre dans des cassoulets en terre allant au feu; les faire gratiner et servir. (Nougué frères, *Hôtel Capoul,* à Toulouse.)

Autre cassoulet *(Cuis. de restaurant).* — *Formule 819.* — Pour un litre de beaux haricots de Soissons, ajouter une quantité relative de maigre de mouton, de jambonneau de porc frais, du lard maigre salé; de la tomate pelée et égrainée; assaisonner et faire cuire au four avec un peu d'eau.

Étant cuit, le diviser dans des cassoulets et faire gratiner par portion de deux à quatre personnes.

CASTAGNOLE, *s. f.* — Poisson acanthoptérygien, dont une espèce, très commune dans la Méditerranée, est recherchée pour la blancheur et la saveur de sa chair.

CASTOR *(Castor-fiber* L.). All. *Biber;* angl. *castor;* ital. *castoro.* — Mammifère de la famille des rongeurs. La queue du castor est plate et recouverte d'écailles; ses pieds de derrière sont palmés. La chair du castor, un peu musquée, n'a rien d'exquis. Pour lui enlever sa fragrance on la prépare en ragoût très épicé.

Fig. 295. — Grande cassolette antique.

CATAWISSA, *s. m. (ail, oignon).* — On vient d'importer des Etats-Unis une variété d'ail rocambole, connue sous le nom de *catawissa.* Cet ail n'est autre qu'une variété de l'oignon d'Egypte (voir *ail*).

CATILLAC, *s. m. (Poire).* — Parmi les poires d'hiver bonnes à cuire, on distingue le rousselet ou martinsec, l'angevine et le catillac. Ces trois espèces atteignent quelquefois des poids considérables. La chair du catillac est très douce et contient 11 pour 100 de sucre.

Avec le catillac, on fait des conserves par dessiccation ou, au moyen de l'ébullition des boîtes dans lesquelles on les enferme, des confitures et des gelées. Elle sert pour le dessert et comme entremets pour les compotes, les tartes et une foule d'autres formules. Le catillac de bonne qualité prend avec la cuisson une couleur d'un rouge appétissant et une saveur aromatique. Elle est saine et de facile digestion.

CAUMON, *s. m. (Palma coccifera latifolia).* — Espèce de choux palmiste qui croît à Cayenne. Il produit un fruit dont la chair renferme un noyau. Le jus en est souvent exprimé par les nègres et les créoles qui en sont friands.

CAVAILLON, *s. p. (Melon de).* — Dans le département de Vaucluse, à 25 kilomètres d'Avignon. Les melons cultivés à Cavaillon jouissent d'une réputation très ancienne qui semble s'être introduite après la construction de son *Arc de Triomphe* dont on voit encore les ruines.

Alexandre Dumas, qui s'est un peu mêlé de cuisine, reçut du Conseil communal de Cavaillon une lettre dans laquelle on disait au célèbre romancier

Fig. 296. — Cavaillon à chair rouge.

que, désirant fonder une bibliothèque, on le priait de dire lesquels de ses ouvrages, selon lui, seraient les meilleurs :

Dumas répondit qu'il ne connaissait pas ses meilleurs livres, mais les melons de Cavaillon, et leur promit une collection complète de ses œuvres, c'est-à-dire *cinq cents* volumes, à la condition que le Conseil communal lui fît une rente viagère de douze melons. Le Conseil communal accepta et Dumas put savourer à son aise douze

Fig. 297. — Cavaillon de Malte.

melons tous les ans. « C'est, disait-il, la seule rente viagère que je possède depuis douze ans. »

Les variétés les plus estimées sont le cavaillon à chair rouge. Les sillons qui séparent les côtes sont très étroits, et à la maturité ils se réduisent à une ligne. Sa chair est d'un rouge vif, épaisse, un peu grossière, juteuse, d'une saveur vineuse et relevée.

Le *cavaillon de Malte* a la chair d'un vert pâle, assez ferme, très juteuse, sucrée et parfumée

dans les climats chauds. Fruit oblong, lisse, d'une couleur verdâtre.

CAVE, *s. f.* All. *Keller;* angl. *cellar;* ital. *cantina* ou *cava;* bourg. *celey* de *celarium.* — Local sous-sol et voûté d'une maison.

Une cave bien établie doit être exposée au nord, être fraîche et sèche à la fois.

Les caves à voûtes profondément creusées sont meilleures, parce qu'elles ressentent difficilement les influences de la saison ou les variations de la température. Le soleil, autant que possible, ne doit pas projeter ses rayons dans les soupiraux; à cet effet, il est toujours bon de boucher les soupiraux lors des grandes chaleurs, de la saison froide, afin de prévenir l'action immédiate des changements de température.

La sécheresse des caves fait évaporer les vins; ainsi, dans une bonne cave, une barrique ordinaire n'absorbe pas plus de 2 à 3 verres de liquide chaque mois, tandis que, dans une cave trop sèche, l'absorption peut s'élever jusqu'à 1 litre et demi.

La température de la cave doit être maintenue de 10 à 12 degrés au-dessus de zéro.

La cave la plus remarquable de l'antiquité, dont l'histoire nous ait conservé la description, est la cave du romain *Scaurus,* il voulut se divorcer d'avec sa femme parce qu'elle était entrée dans sa cave étant indisposée. Il la faisait parfumer avec de la myrrhe pour combattre les miasmes et les mauvaises odeurs. « Scaurus, dit l'architecte de son palais, MAZOIS (*Description de la maison de Scaurus, cellæ vinariæ*), qui a plus de soin de sa cave que de sa réputation, fréquente volontiers les hommes les plus corrompus de Rome; mais il ne souffrirait pas que rien de ce qui peut corrompre son vin approchât des murs de son cellier, où il avait rassemblé trois cent mille amphores de presque toutes les sortes de vins connus; il y en a cent quatre-vingt-quinze espèces différentes qu'il soigne d'une manière toute particulière. » Mais jamais peuple n'eut les caves que possède la France.

Paris a vu pour des milliards de francs de vins renommés de toutes les parties du monde, étiquetés, notés, classés comme les objets d'un musée. Les caves les plus renommées de ce siècle étaient : la cave Hardy, cave Riche, ce qui avait fait faire à la chronique de l'époque ce jeu de mot : *riche pour dîner chez Hardy, hardi pour dîner chez Riche;* cave Verdier, cave Dugléré, cave des frères Provenceaux, cave Durand, cave Maire, cave Voisin, etc.

Mais avec la visite des Prussiens et du philloxéra, les vignes se sont flétries et les caves ont pâli. Les clos de crus ont été remplacés par les vins des côtes de Bercy. Une seule de ces caves est restée comme témoin de la grandeur des celliers français, dernier vestige du luxe, du bon goût, c'est la cave Maire. Là on trouve enfouis, à l'heure où j'écris, pour une valeur d'un demi-million, des vins qui attendent l'âge d'or pour être placés dans la silencieuse corbeille d'osier, qui les transportera pour être servis en holocauste aux convives.

Que de trésors dans ces caveaux? Que d'antidotes infaillibles contre la mauvaise humeur. Si le phylloxéra a dévoré le clos Vougeot, il n'a pas touché au « clos des Mouches » et a respecté le Charbonnier, qui fait « tête » et tient une place d'honneur dans ce précieux conservatoire où l'on trouve encore de la fine-champagne de 1868. C'est une cave restée immaculée, une cave bourguignonne qui se respecte et ne contient que des vins authentiques (voir CHARBONNIER).

CAVELLO (*Vins de*). — Portugal. Les vins de Cavello sont estimés.

CAVIAR, *s. f.* (*Condita sole accipenseris ova).* All. *Caviar;* angl. *caviar;* ital. *caviale;* esp. *cabial;* portug. *caviar;* étymologie turque *chouiar.* — Œufs marinés de l'esturgeon; poisson qui arrive à un énorme développement. La pêche s'en fait en hiver avec de grands préparatifs; le jour étant fixé en assemblée publique, les pêcheurs se réunissent et nomment leur chef qui dirige la flotte. Deux coups de canon annoncent le départ, c'est-à-dire à qui arrivera le premier à la meilleure place. Quand la barque est pleine, on la conduit à l'abattoir, véritable abattoir d'esturgeons, où l'on assomme à coups de marteau, à coups de masse, deux ou trois mille esturgeons par jour. L'animal, quoique très fort et pouvant renverser d'un coup de queue l'homme le plus robuste, ne fait aucune résistance; il pousse seulement un cri lorsqu'on lui arrache la moelle épinière, il fait un bond de quatre ou cinq pieds de haut et retombe mort.

Avec cette moelle, que l'on appelle *visigha,* on fait des pâtés fort bons (voir COULIBIAC); mais ce qui est plus estimé encore que les pâtés à la moëlle épinière de l'esturgeon, ce sont ses œufs

utilisés par milliers pour faire le *caviar.* Privés d'air, ces œufs se conservent quelque temps dans leur fraîcheur, mais la conserve au sel est préférable pour l'exportation.

Conserve de caviar. — *Formule 821.* — Laver les œufs d'esturgeons dans une grande quantité d'eau, les fouetter dans le but d'en séparer les fibres, les égoutter, les saupoudrer de sel et de poivre, mêler et déposer le tout sur un linge; on lie celui-ci par les quatre coins et on le suspend pendant vingt-quatre heures. On les sale à nouveau légèrement et on les met dans les petites barriques.

Le caviar frais, après être mariné, constitue un excellent hors-d'œuvre; l'*Astrakhan* et toute la Russie orientale en usent et en expédient en grande quantité.

Le *caviar liquide* est également fait avec des œufs d'esturgeons que l'on a fait fermenter et que l'on sert comme la *Boutargue* (voir ce mot). On sert le caviar seul, ou assaisonné d'huile et de jus de citrons. D'autres fois, on le mélange à une salade qui porte le nom du pays : *à la russe;* on le sert en *sandwich, canapé* et *coquille.*

HYGIÈNE. — Le caviar est riche en propriétés nutritives, albuminoïdes, assimilables, phosphorescentes, aphrodisiaques; est par conséquent un puissant aliment des organes de la pensée.

CAÏMAN (*Alligator).* — Variété de crocodile qui se trouve dans les rivières de l'Orénoque. Hideux et répugnant à voir; armé d'une carapace recouverte de verrue; d'une mâchoire horriblement longue et d'une queue de même.

Le caïman vit de poisson frais et ne s'attaque à l'homme qu'au moment des amours. La chair du caïman, que les Indiens *otomacos* et *guanos* appellent *babilla,* est très estimée et passe pour avoir des propriétés sympathiques miraculeuses. La femelle dépose ses œufs dans des creux qu'elle pratique sur les plages et que la chaleur du soleil fait éclore. Le mâle et la femelle font la sentinelle et malheur à celui qui s'en approchera. Mais les Indiens avec une étonnante rapidité, une audace et un sang-froid sans égal s'emparent du mâle et de la femelle pour ravir les œufs qui ont, disent-ils, la propriété de rajeunir les vieillards. Ces œufs, ronds et blancs, plus gros qu'un œuf de poule, sont offerts avec succès par les jeunes Indiennes aux maris peu courtois et négligents. Il est remarquable que la cuisine française n'aie pas exploité cet aliment miraculeux.

CÉDRAT, *s. m.* (*Citrus médica Florentina*). All. *Wohlriechende Citrone;* angl. *cedra;* ital. *cedrato.* — Fruit du *cédratier* ou citronnier métique de petite taille.

L'écorce du cédrat est très aromatique et fort recherchée pour l'usage de la confiserie, de la pâtisserie et des entremets sucrés de cuisine. Le cédrat de Milan, l'orange musquée et la bergamote, confits ensemble, prennent quelquefois le nom de *Poncire.*

Marmelade de cédrat. — *Formule 822.* — Faire blanchir en laissant dans l'eau pendant deux jours des cédrats coupés par la moitié et débarrassés de l'écorce, les égoutter sur une serviette de manière à en retirer le plus d'eau possible, les passer au tamis de Venise; ajouter trois quarts de sucre par livre de fruit; cuire le sucre au boulé (voyez *cuisson du sucre*); mettre alors le cédrat et faire cuire jusqu'à ce que la marmelade prenne consistance, puis la mettre dans des verres blancs à confiture.

Cédrat confit entier. — *Formule 823.* — Choisir les plus jolis de forme et les plus blancs; dans les pays où on ne peut les avoir fraîchement cueillis, on doit profiter de les confire immédiatement après le déballage pour éviter le jaunissement. Les faire tremper dans l'eau fraîche pendant vingt-quatre heures; les éponger et râper légèrement le zeste avec un morceau de sucre pour en conserver l'essence. A l'aide de l'emporte-pièce à colonne, faire un trou à la queue de 6 à 7 centimètres pour en vider plus tard l'intérieur avec une petite cuillère à légume. Les faire blanchir dans une forte quantité d'eau soumise à l'ébullition, en ayant soin d'ajouter de l'eau bouillante pour réparer la réduction. Les faire refroidir, vider immédiatement l'intérieur; les faire dégorger pendant deux jours dans de l'eau journellement renouvelée.

Faire cuire un sirop à 24 degrés dans lequel on met les cédrats à froid; le renouvellement du sirop, en y ajoutant du nouveau chaque jour, doit se faire une fois par 24 heures pendant 4 jours. Lorsqu'on dresse cette compote, on introduit dans le trou du cédrat une tige d'oranger; avec une feuille bien dressée, la compote forme ainsi un buisson fort appétissant.

Compote de quartiers de cédrat. — *Formule 824.* — On procède en tout de la même manière que pour les cédrats entiers, à l'exception qu'après avoir râpé le zeste à blanc, on divise les cédrats en quatre parties avant d'en commencer l'opération.

Filets de cédrats à la milanaise. — *Formule 825.* — Râper les cédrats selon la règle, les tailler en filets dans la longueur en sortant les chairs intérieures; les faire dégorger et les blanchir; à la deuxième façon de cuisson du sirop ajouter une quantité relative d'eau-de-vie.

Essence de cédrat. — *Formule 826.* — On râpe avec des morceaux de sucre blanc le zeste superficiel des cédrats; on laisse sécher, on le réduit en poudre et on le conserve dans des flacons bouchés.

Glace au cédrat. — *Formule 827.* — Préparer un sirop avec le sucre à essence de cédrat, en y ajoutant du jus de citron. Le zeste de cédrat doit donner l'arome nécessaire. Glacer selon la règle.

Ratafia de cédrat. — *Formule 828.* — Employer :

Sucre	grammes	500
Cédrats	nombre	2
Oranges	—	2
Eau-de-vie	litre	1

Procédé. — Couper les cédrats et les oranges en quartiers, les faire infuser 15 jours dans un bocal bien fermé. Presser et passer au papier.

CELASTRE, *s. m.* — Arbrisseau grimpant, originaire de l'Amérique du Nord et de l'Orient; une espèce fournit des baies comestibles dont on extrait une boisson enivrante.

CÉLERI, *s. m.* (*Apium graveolens*). All. *Sellerie;* angl. *calory;* ital. *sedano;* holl. *sellery.* — L'ache qui croît spontanément sur le bord des ruisseaux et dans les lieux marécageux prend le nom de *céleri* lorsqu'elle est adoucie et développée par la culture (voir ACHE). C'est une plante délicate, qui n'a jusqu'ici réussi qu'entre les mains des jardiniers. On en trouve sur les marchés depuis le mois de novembre jusqu'en avril.

Le céleri est un aliment qui sert en même temps de condiment dans certaines préparations culinaires, comme assaisonnement et garniture; il est toujours savouré avec plaisir, et il est rare qu'il déplaise, grâce à son goût et à son arome.

Grâce à la culture, qui sait former de nouvelles variétés selon qu'on désire développer la

Fig. 2.. — Céleri-rave.

bulbe ou la tige, on ne distingue pas moins de douze variétés de céleri qui se divisent en deux espèces, les céleris pleins blancs et les céleris-raves.

Pour être complet, citons :

LE C. A CÔTES.
LE C. PLEIN BLANC.
LE C. TURC.
LE C. PLEIN BLANC FRISÉ.
LE C. COURT HATIF.
LE C. COURT A GROSSES CÔTES.
LE C. VIOLET DE TOURS.
LE C. RAVE.
LE C. RAVE GROS LISSE DE PARIS.
LE C. RAVE D'ERFURT.
LE C. POMME A PETITES FEUILLES.
LE C. ACHE A COUPER.
LE C. A CÔTES ROUGES D'ANGLETERRE.

Fig. 299. — Céleri pomme doré.    Fig. 300. — Céleri-rave de Prague.

En Angleterre, on cultive surtout le *Hood's dwarf red* C. ; le *Major Clarke's solid red* C., qui ressemble au violet de Tours.

HYGIÈNE. — Par l'huile essentielle qu'il renferme et qui lui donne l'arome, le céleri possède des propriétés stimulantes, apéritives, diurétiques, mais surtout génésiques. Moins il est amélioré, plus ses propriétés sont actives. On retrouve les effets du céleri dans la bulbe des variétés tubéreuses. Son régime donne des résultats certains.

USAGE CULINAIRE. — Pour faire accorder la science et la bonne cuisine, on ne devra pas oublier que le céleri trop jeune n'a pas les mêmes propriétés que la plante arrivée à l'état de maturité. Aussi je conseille aux personnes qui voudront se mettre au régime du céleri, de choisir des céleris-raves et de les préparer selon les formules que je prescris plus bas.

Céleri à la maître-d'hôtel (*Cuis. bourgeoise*). — *Formule 829.* — Choisir des céleris à côtes, blancs, les couper de 5 à 6 centimètres de longueur, les éplucher ; les faire blanchir dix minutes et achever la cuisson dans du bouillon. Cuire à blanc un peu de farine dans du beurre frais, mouiller avec la cuisson du céleri, laisser cuire un instant la sauce, la passer, et en mettre une quantité suffisante dans le céleri de manière à former un ragoût. Au moment de servir, saupoudrer avec des feuilles vertes hachées de céleri et lier la sauce avec du beurre frais.

Fig. 301. — Céleri plein blanc-doré.

Remarque. — La sauce ne doit pas être trop abondante ni trop corsée. On prépare de la même façon les céleris-raves.

Céleri en branches (*Cuis. de restaurant*). — *Formule 830.* — Dégager un cœur de jeune céleri plein blanc, le servir sur une serviette pliée sur un plat rond ; servir séparément une sauce remoulade à la moutarde.

Céleri rave en salade (*Haute cuis.*). — *Formule 831.* — Eplucher un céleri pomme et le couper par le milieu, le cuire à moitié dans l'eau salée. Le couper régulièrement en bâtonnets et l'assaisonner chaud, en ayant soin d'ajouter de la moutarde française, des ciboules et du vert de céleri haché.

Cette salade peut être décorée de mâche et de betterave rouge.

Céleri sauté (*Cuis. d'hôtel*). — *Formule 832.* — Cuire des céleris-raves, les mettre dans un sautoir avec du beurre frais; les assaisonner et lier la sauce en les sautant. Saupoudrer de vert de céleri haché.

Céleri à la crème. — *Formule 833.* — Faire cuire des céleris préalablement épluchés, les mettre dans une sauce béchamelle bien assaisonnée et pas trop corsée; lier pour finir avec du beurre fin. C'est un bon entremets.

Céleri braisé. — *Formule 834.* — Éplucher les céleris en leur donnant une forme régulière, les laver et les mettre dans une casserole avec un oignon clouté, assaisonner et ajouter du bon jus passé au tamis; faire cuire à l'étouffée, allonger la réduction avec du jus et la mener à glace, jusqu'à parfaite cuisson des céleris.

On prépare encore de diverses manières ce végétal de premier choix, mais je me contenterai de m'arrêter à ces formules. (Voir BEIGNET.)

Sel de céleri. — *Formule 835.* — Un industriel a eu l'idée de créer du sel de céleri en faisant évaporer dans un appareil des céleris, et les réduisant ensuite en poudre, et mélangeant cette poudre avec du sel fin. C'est un condiment agréable et commode.

CÉLERIN, *s. m.* — Se dit d'un poisson de la Méditerranée, qui a beaucoup d'analogie avec la sardine.

CELLIER, *s. m.* All. *Speisegewœlbe;* angl. *cellar;* ital. *celliare.* — Caveau situé au rez-de-chaussée d'une maison, où l'on tient le vin et les provisions.

CELLULOSE, *s. f.* — Substance organique qui constitue la base fondamentale des parois de toutes les jeunes cellules végétales et de leur couche d'accroissement; elle a la même composition que l'amidon, et c'est le résultat d'une transformation de ce dernier corps sans qu'il passe par l'état de sucre.

CÉNACLE, *s. m.* — Salle à manger des premiers chrétiens. Salle où le Christ célébra la Cène. *Céna*, dernier repas du soir chez les Romains.

CENANO, *s. p.* (*Cuis. romaine. Potage à la*). — *Formule 836.* — Préparer une pâte à nouilles composée de jaunes d'œufs et d'une quantité égale de parmesan et de beurre frais. Etendre la pâte et la tailler en filets longs de 5 centimètres; blanchir les nouilles à l'eau bouillante et salée. Les mettre dans une casserole pour les lier et les achever de cuire. On les aura assaisonnées d'une pointe de poivre blanc fraîchement moulu. Lier dans une soupière des jaunes d'œufs, du lait et du beurre frais. Ou mieux de la crème fraîche et des jaunes d'œufs; y ajouter les nouilles et le consommé en remuant.

CENDRILLON, *s. m.* (*Pâtisserie*). — Il ne s'agit point ici des *Contes de Perrault,* que tout le monde connaît, mais d'un gâteau exquis.

Formule 837. — Employer :

Farine.	grammes	100
Cédrat confit et coupé en dés	—	25
Raisins de Malaga	—	50
Sucre en poudre	—	50
Raisins de Corinthe.	—	50
Beurre frais.	—	50
Œufs frais.	nombre	16
Une pincée de sel.		

Procédé. — Mettre dans une terrine le sucre, la farine, quatre œufs entiers et six jaunes, travailler le tout avec une spatule. Ajouter les derniers jaunes l'un après l'autre en travaillant l'appareil. Fouetter les blancs, les ajouter à la masse avec les raisins et le beurre fondu.

On couche cette pâte dans des plaques à biscuits ou dans des moules plats, évasés, préalablement beurrés; faire cuire dans un four moyen; démouler et laisser refroidir. On coupe alors par morceaux de 7 centimètres de large et de 10 de long. Glacer au chocolat, faire sécher la glace et réserver dans un tamis de crin.

CENELLE, *s. f.* — Baie rouge ou noire que l'on cueille sur les *cenelliers,* arbrisseaux commun le long des routes.

CENTAURÉE, *s. f.* (*Centaurea centaurium*). — La racine de la grande centaurée peut servir dans une proportion de 60 grammes par litre à préparer un vin amer qui peut, dans une certaine mesure, remplacer le vin de quinquina avec l'avantage de coûter beaucoup moins cher.

CENTRISQUE, *s. m.* — Variété de poisson de la Méditerranée, aussi appelé *bouche en flûte* et bécasse de *mer*. Sa chair d'une bonté médiocre est de deuxième ordre.

CÉPAGE, *s. m.* — Plant ou variété de vigne cultivée, plantée de ceps (*cipus*). Le cépage français contient plusieurs variétés : le cépage de Bourgogne et le cépage de Bordeaux sont les meilleurs. Les cépages d'Espagne et de l'île de Madère produisent un vin fumeux et capiteux. Terrain planté de *ceps*. Dans ce dernier mot le *p* ne se prononce pas quand il est au singulier : un cep (*cè*) de vigne, et au pluriel des ceps (*cè-z*) et leurs échalas.

CÈPE, *s. m.* (*Boletus educis*); se prononce *cèp*. — Champignon dont on distingue plusieurs variétés. On avait classé le cèpe dans le genre des agarics ; pour les gourmets et les cuisiniers, je le place dans le genre des bolets.

Le cèpe a pour caractère principal des tubes verticaux au lieu de cannes à la partie inférieure du chapeau. Cette espèce donne des sujets très forts dans le Midi, où il est fort estimé ; il a le chapeau plus ou moins large, convexe, un peu ondulé sur les bords et d'une couleur fauve ; le pédicule est épais, court, plus ou moins renflé à sa base, et d'une couleur plus claire que le chapeau. La chair blanche et ferme est adhérente à la peau. Ce champignon croît abondamment sur les coteaux boisés, en août, septembre et octobre, et présente par sa fécondité une bonne ressource pour les habitants de la campagne qui savent en tirer parti.

Cèpes à la provençale. — *Formule 838.* — On les épluche fraîchement cueillis, on hache de l'ail, des échalotes que l'on passe à l'huile dans la poêle ; ajouter les cèpes ; poivrer, saler et y râper un peu de muscade. On achève en les saupoudrant de fines herbes.

En Italie, on ajoute quelques tomates coupées par tranches et du poivre de Cayenne.

Cèpes au gratin. — *Formule 839.* — Éplucher et ciseler les queues des cèpes, hacher une partie des têtes ; passer à l'huile pour faire dessécher l'eau ; assaisonner de haut goût, les mettre dans un plat à gratin avec un peu de demi-glace ; saupoudrer avec la partie des têtes hachées, mélangée avec de la mie de pain ; arroser d'un peu d'huile d'olive, et, en sortant du four, d'un jus de citron.

Pâté de cèpes (*Cuis. russe*). — *Formule 840.* — Peler de gros cèpes, en supprimer les queues, les couper en deux ou trois morceaux, selon la grandeur et les faire sauter dans la poêle avec du beurre ou de l'huile : les lier avec la sauce béchamelle ; beurrer un plat à tarte à l'anglaise, au fond duquel on couche alternativement un lit de cèpes et un de jambon ; saupoudrer d'oignons et de fenouil hachés, arroser avec de la demi-glace au vin de Madère : couvrir d'une couche de tranches de jambon, que l'on recouvre ensuite d'une pâte brisée à l'instar des *pies* anglais. L'essentiel dans cet entremets est de bien assaisonner les cèpes et de bien cuire le pâté.

Cèpes sautés (*Cuis. bordelaise*). — *Formule 841.* — Choisir les plus jeunes cèpes, du moins ceux dont la chair est ferme, blanche, parfumée, et après en avoir retranché l'*hyménicum* ou la partie poreuse, ainsi que le *pédicule*, on les fait attendrir sur le gril, de manière à provoquer le dégagement de l'humidité. On les passe entre deux linges pour les essuyer. On les met alors dans un sautoir : on les assaisonne d'ail et de persil hachés, de poivre de Cayenne, de sel, de muscade.

On les saute jusqu'à parfaite cuisson et on les dresse en faisant couler un jus de citron.

Potage aux cèpes. — *Formule 842.* — Couper par tranches une douzaine de cèpes après les avoir épluchés ; les mettre dans une casserole avec du jambon maigre, du beurre, un oignon ciselé, une gousse d'ail, du thym et une feuille de laurier ; les faire attendrir sur le feu. Ajouter alors une queue de bœuf, les légumes usités pour le pot-au-feu, mouiller avec trois litres d'eau ; faire cuire pendant trois heures. Passer le liquide et clarifier dans la règle en y ajoutant du bon bouillon et de la viande hachée. Pour servir ce potage, on fait cuire des cèpes coupés par tranches dans du beurre frais, dégraisser et ajouter un peu de de bouillon ; on les sort à l'aide d'une écumoire, pour les déposer dans la soupière du consommé de cèpes.

Essence de cèpes. — *Formule 843.* — Éplucher les cèpes dans la règle, les faire macérer pendant douze à quinze heures avec du jus de citron et du gros sel : retirer les champignons, les faire bouillir avec divers condiments et les écumer, les passer à travers un linge, par pression, les mettre dans des flacons et boucher.

CÉPHALOPODE, *s. m.* — Genre de l'ordre des mollusques comprenant les animaux dont les tentacules, servant à la préhension, mais non à la locomotion, s'insèrent sur la tête et autour de la bouche. Ils sont en général munis d'un sac membraneux, rempli d'une liqueur noire qu'ils lâchent pour troubler l'eau et échapper à leurs ennemis, et dont on se sert pour la teinturerie.

On pêche plusieurs variétés de *céphalopodes,* mais les plus connus et selon les différents pays où ils apparaissent sur le marché, sont appelés *poulpe, pieuvre, calmar.* C'est le grand régal des Napolitains. En Italiece, ces hideux mollusques se mangent frits et à la sauce tomate.

CÉRÉALE, *s. f. (Cerealis).* All. *Getreide;* angl. *cereal.* — L'étymologie vient de la déesse de l'Agriculture, *Cérès,* dont le sanscrit *Kar* indique qui crée, qui fait et qui nourrit. Génie de la maison; dieu qui présidait à la récolte des céréales et qui a pour caractère l'*abondance.*

Plante à graines céréales propres à former du pain; l'orge, le seigle et le froment sont des céréales. L'exportation des céréales, la législation des céréales dans le sens légal comprend les plantes et les farines de ces graines. Les Romains célébraient avec pompe et magnificence la fête de *Cérès :*

Le temps est revenu des saintes céréales :
　　Seule en son lit, la beauté dort.
Pourquoi, blonde déesse au front ceint d'épis d'or,
　　Ton rite veut-il des vestales?

CERF, *s. m. (Cervus).* All. *Hirsch;* angl. *stag;* ital. *cervo.* — Mammifère ruminant qui vit dans les lieux solitaires et déserts.

La femelle, nommée *biche,* n'a point de bois; son petit s'appelle *faon* jusqu'à un an, puis il prend le nom de *hère* et commence à avoir sur la tête deux petites dagues; à deux ans, le hère devient *daguet* et les *dagues* tombées font place aux *andouillers,* qui sont un commencement de ramure. La ramure croît aussi jusqu'au point d'avoir, à l'âge de sept ans, quatorze andouillers ou branches dont le sommet forme l'empaumure; il se nomme alors *dix-cors.*

USAGE CULINAIRE. — La chair du cerf, d'une certaine analogie avec celle du chamois, est moins tendre et filamenteuse, mais d'un bon goût; elle se traite culinairement comme celle du chamois et du chevreuil; jeune, le cerf est un bon gibier d'alimentation; *faon,* il fournit un ex-cellent rôti; *hère,* il doit être piqué; *daguet,* il doit être attendri par les soins culinaires; à l'âge de *dix-cors* ou *cerf,* toutes les précautions doivent être prises : faisandage, marinage, piquage et cuisson, de manière que le mets composé avec la chair du cerf soit, par sa tendreté et sa succulence, digne du type le plus majestueux et le plus orgueilleux des forêts.

CERFEUIL, *s. m. (Cœrefolium).* All. *Kerbel;* angl. *chervil;* ital. *cerfoglio.* — Plante potagère du genre *anthriscus* de la pentandrie digynée et de la famille des ombellifères. Ses feuilles profondément découpées ressemblent au persil frisé, d'une couleur moins verte, et ses feuilles les plus fines exhalent une odeur aromatique très prononcée qui varie selon le lieu où on le cultive et selon son espèce. Le cerfeuil dont je parle et qui sert à l'usage culinaire croît le long des haies, au bord des chemins, autour des maisons et près du fumier; il demande un terrain fertile.

On distingue le cerfeuil sauvage *chœrophyllum sylvestre;* le cerfeuil cultivé qui perd de son arome, *sativum;* le cerfeuil enivrant, *temulum,* auquel on attribue des propriétés toxiques; le

Fig. 302. — Cerfeuil frisé.

cerfeuil musqué, *odoratum,* qui est le plus fragrant et le plus usité dans les cuisines d'Asie.

Le cerfeuil entre dans la composition des fines herbes et leur communique un goût et une odeur fort agréable; il est hygiénique, stimulant et résolutif; il entre agréablement dans les potages au pain et dans les soupes; avec la ciboule, il forme une harmonie de goût et d'arome fort engageant, à la seule condition toutefois de ne hacher le cerfeuil qu'au moment de le servir et de ne jamais le soumettre à une longue ébullition; le jeter cru, au moment de servir, dans l'aliment qu'il doit condimenter, est la meilleure manière de s'en servir, car l'huile essentielle à laquelle il doit son odeur ne résiste pas à la chaleur.

Cerfeuil bulbeux (*Chærephyllum bulbosum*). — Cette variété de cerfeuil contient une bulbe

Fig. 303. — Cerfeuil tubéreux ou bulbeux.

comestible très prisée et très anciennement connue chez les Kalmouks, qui la mangent indifféremment cuite ou crue avec le poisson auquel elle communique une odeur aromatique très agréable.

Il n'y a guère plus de vingt ans, au moment où j'écris, que cette plante fut introduite et cultivée par les maraîchers d'Europe, sans avoir un grand succès; on ne saurait trop encourager sa culture et saisir l'occasion de le signaler aux gourmets et aux cuisiniers qui trouveront là un légume agréable et riche.

Analyse chimique. — L'analyse à laquelle nous avons fait soumettre la racine de cerfeuil a donné le résultat suivant, sur 100 parties :

Eau.	65
Fécule.	28
Sucre.	1
Matières azotées	3
Cellulose, sels, etc.	3
	100

USAGE ALIMENTAIRE. — Le cerfeuil bulbeux se prépare comme les carottes nouvelles et les céleris-raves. Il réussit surtout comme garniture de grosses pièces.

CERISE, *s. f.* (*Prunus cerasus*). All. *Kirsche;* angl. *cherry;* ital. *ciregia;* esp. *ceresa;* port. *cereja.* Mais l'étymologie vient de l'arabe, qui se prononce, comme le grec, *kerasos.* — C'est à tort que la tradition veut que Lucullus introduisit ce fruit en Europe; Athénée, dans le *ban-*

quet des sophistes, fait remarquer que bien avant les victoires de Lucullus sur Mithridate et Tigrane, Diphile de Siphné signala l'usage et les propriétés de ce fruit.

Quoi qu'il en soit de ce débat purement historique, et bien qu'il ressorte parfaitement que Lucullus n'a fait que consacrer la cerise par sa gourmandise, l'ignorance des faiseurs de lignes de la petite presse entretiendra encore longtemps cette erreur. Le cerisier, que l'on a dit jusqu'ici originaire de l'Asie-Mineure, vient du Liban, où il n'en existe plus. Les Arabes, au moyen âge, saccagèrent tous les arbres ainsi que les cèdres, très rares aujourd'hui dans cette partie du pays. L'Europe a d'ailleurs son merisier qui lui est originaire.

On ne compte pas moins de cinquante variétés de cerise se rattachant toutes à quatre grandes classes, qui sont :

LA GRIOTTE, fournissant plusieurs variétés, parmi lesquelles je citerai la griotte de Portugal; la rouge de Hollande; la rouge foncée et la rouge claire du Midi et la guigne (1).

LE BIGARREAU, comprenant une multitude d'espèces : le gros blanc; le gros rouge; le gros noir et parmi ces derniers le bigarreau hâtif qui est en forme de cœur, marqué d'un sillon longitudinal sur une de ses faces; chair ferme et cassante très adhérente à la peau d'un beau rouge du côté du soleil, marbré de rouge et blanc du côté opposé.

LA MERISE, très connue en Suisse et en Allemagne; c'est elle qui, dans son état sauvage, fournit le *kirschenwasser* de la Forêt-Noire d'une réputation européenne. La merise est petite, son noyau contient les trois quarts de son volume, sa culture sauvage a produit une quantité d'espèces qui se sont plus ou moins modifiées selon le climat et la fertilité du sol dans lequel on cultive le cerisier; on distingue la grosse cerise noire à longue queue, à peau fine et luisante.

L'ANGLAISE, qui est le produit de la cerise importée et entée sur le merisier *prunus ovium,* d'origine européenne, qui ont fourni par croisement toutes les variétés; mais la *royale* d'Angleterre, *Cherry Duck,* mûre à fin juin, gros fruit à peau d'un beau rouge-brun et clair-rouge, de saveur douce, se distingue des autres principales variétés et forme une cinquième classe.

(1) Dans le Midi, on appelle *guignes* les aigres et *cerises* les douces.

En France, on distingue une multitude de variétés de cerises : le *gobet* de Montmorency, la *reine Hortense*, la *belle suprême*, la cerise d'*Aremberg*, etc. Il est évident que les propriétés de la cerise varient selon le genre, le sol, le climat et la qualité aigre ou douce.

Analyse chimique. — C'est parmi la cerise douce de Montpellier que l'analyse chimique faite par M. Bérard a démontré sur 100 parties :

Eau	75
Sucre	18
Acide	2
Gomme	3
Ligneux	1
Matières azotées et colorantes	1
Sels de chaux (trace)	
	100

De tout temps la cerise a été fort goûtée, non seulement par les petits gourmands, mais aussi par les merles et les moineaux qui s'en grisent :

> Quelle chance pour les oiseaux !
> Pour les enfants quelles surprises !
> Les pentes vertes des côteaux
> Sont toutes rouges de cerises.

> Mais il est bien court le temps des cerises
> Où l'on s'en va deux cueillir, en rêvant,
> Des pendants d'oreilles.

A dit Pierre Dupont, et un cuisinier qui le pastiche ajoute :

> Aux oiseaux nous en laisserons !
> Pour les enfants quelles surprises,
> Quand, au dessert, nous servirons
> Des tartelettes aux cerises !
> A. OZANNE.

HYGIÈNE. — Les cerises tendres constituent un fruit très agréable et conviennent surtout aux gastralgiques ; celles à suc acide feront mieux l'affaire des dyspeptiques.

Les pédoncules jouissent de propriétés diurétiques. On les emploie à la dose de 30 grammes par litre d'eau en théiforme.

USAGE CULINAIRE. — L'art culinaire a su tirer toutes les ressources de cet excellent fruit et en faire prolonger la jouissance par les moyens de conservation. Passons aux recettes.

Soupe aux cerises. — *Formule 844.* — Dans l'origine, la soupe aux cerises était dans certains pays du Nord un aliment vraiment barbare ; on écrasait les noyaux avec les cerises, le tout fortement épicé et servi froid. Plus tard, elle a été perfectionnée ; on se contenta de cuire les cerises avec des croûtons de pain passés au beurre et servis chauds.

Mais la soupe aux cerises, telle que je la comprends, est celle-ci : Sortir les noyaux des cerises ; passer au beurre frais sur le feu des croûtons de pain de mie (pain anglais) ; mettre les croûtons dans une casserole avec un peu de beurre frais et de la farine ; lorsque les croûtons sont enveloppés de farine et ont une teinte dorée, ajouter les cerises et de l'eau ; assaisonner, puis faire cuire dix minutes et servir chaud.

Gâteau de cerises à la parisienne. — *Formule 845.* — Sortir les noyaux de 500 grammes de belles cerises douces, les sauter dans le beurre frais en ayant soin de les saupoudrer avec du sucre en poudre. Faire une pâte brisée ou abaisser du restant de feuilletage, foncer un cercle à flanc et le remplir avec les cerises. Faire cuire.

Selon le goût ou la situation, on peut décorer le gâteau avec des petits filets de la même pâte.

Tartelettes de cerises. — *Formule 846.* — Après avoir sorti les noyaux des cerises, les sauter dans un sautoir avec du beurre et du sucre. Foncer les moules à tartelettes, les remplir de cerises et faire cuire.

Cerises à l'eau-de-vie. — *Formule 847.* — Employer :

> GOBETS, dont la queue est petite,
> Et qu'il faut raccourcir encor,
> Sont dans l'EAU-DE-VIE un trésor ;
> En bocal ranger tout de suite,
> Noyé de SPIRITUEUX PUR,
> Le FRUIT qu'on a choisi peu mûr,
> Jusqu'à deux doigts du bord ; puis vite,
> Boucher très fortement avec
> Liége, parchemin et ficelle ;
> Placer le bocal en lieu sec…
> Après deux mois, qu'on le descelle.
> J. ROUYER.

Conserve de suc de cerises. — *Formule 848.* — On prend de préférence des merises ou des griottes ; on les fait fondre sur le feu dans une bassine en cuivre, on les verse sur un tamis de crin ; on laisse ainsi filtrer le suc, on le décante ; on le met dans des bouteilles que l'on ficelle et que l'on soumet dix minutes à l'ébullition.

Compote de cerises. — *Formule 849.* — Faire cuire du sucre, de la cannelle et un zeste de citron dans un peu d'eau, de façon à faire un bon sirop. Mettre les cerises et après un bouillon les retirer et les dresser, après les avoir refroidies dans une terrine.

Compote de cerises à l'eau-de-vie. — *Formule 850.* — Couper les pédoncules à moitié de leur longueur.

Griottes	grammes	500
Sirop de raisins	—	25
Eau-de-vie vieille.	décilitres	2

Procédé. — Mettre dans un poêlon d'office le sirop et les cerises; lorsque l'ébullition commence, on écume; puis, à l'aide d'une écumoire propre, on retire les cerises dans une terrine et on laisse réduire le sirop d'un quart de son volume; ajouter l'alcool et verser le liquide sur les cerises. Les mettre dans un bocal que l'on recouvre d'un parchemin mouillé et solidement ficelé.

Cerises confites à mi-sucre. — *Formule 851.* — Sortir les noyaux des cerises, ôter les pédoncules et préparer :

Cerises	kilogr.	1 1/2
Sucre	—	1

Procédé — Cuire le sucre au *petit perlé*, jeter les cerises dans le sucre et faire donner un bouillon ou deux très doucement, retirer le vase du feu, les écumer et les déposer avec le sirop dans une terrine vernissée. Le lendemain, faire recuire le sirop et jeter les cerises dans le sirop; laisser donner cinq à six bouillons. Vider dans une terrine et laisser reposer pendant vingt-quatre heures à l'étuve. Les égoutter sur un tamis, les ranger sur le marbre, les saupoudrer de sucre et les faire sécher à l'étuve.

Cerises en bouquets (*Confiserie*). — *Formule 852.* — Plonger dans un kilogramme de sucre cuit au *soufflé* des petits paquets de cerises réunies par le pédoncule; écumer pendant la cuisson qui doit durer cinq minutes; porter le poêlon à l'étuve pendant vingt-quatre heures. Egoutter les cerises et les faire sécher.

Couronnes aux cerises (*Entremets*). — *Formule 853.* — Avec des rognures de feuilletage faire de petites abaisses rondes de 6 centimètres de diamètre, piquer et mouiller ces abaisses, puis coucher, au bord et autour de chacune, une petite couronne en pâte à choux poussée au travers d'une petite douille fendue ou étoilée, semer sur ces cordons quelques amandes hachées fines, et cuire à four gai. Les saupoudrer à la glacière quelques moments avant de les sortir du four. Quand ils sont cuits, on laisse tomber au milieu de chaque petit gâteau une cuillerée de confitures de cerises. (Albert Coquin.)

Gelée de cerises. — *Formule 854.* — Quatre kilogrammes de cerises débarrassées des noyaux et des pédoncules, et un kilogramme de groseilles. Exprimer le jus, le déposer pendant quelques heures dans une terrine; décanter et passer à travers un linge. Mettre partie égale de sucre concassé dans une bassine et le jus des fruits; faire fondre à petit feu et enfin activer la cuisson; écumer et, à la deuxième montée, retirer la gelée. Mettre dans des petits pots de verre et laisser étuver jusqu'au lendemain; les recouvrir d'un papier mouillé de kirsch, lequel sera recouvert d'un autre papier huilé et ficelé autour du vase.

Pâte de cerises. — *Formule 855.* — Sortir les noyaux et séparer les pédoncules ou queues des cerises saines et de choix; les passer au tamis de crin, mettre la purée dans une bassine et faire cuire en remuant jusqu'à la réduction de moitié de son volume, la retirer et la déposer dans une terrine. D'autre part, faire cuire du sucre au boulé et le mélanger dans une égale proportion au jus réduit. Faire réduire de nouveau jusqu'à ce que l'on voie le fond de la bassine en remuant avec la spatule; à ce point la pâte est faite, et il ne reste plus qu'à la mouler.

On couche cette marmelade dans des petits moules carrés, ou dans un grand moule carré-long; on la laisse reposer pendant vingt-quatre heures à l'étuve et on la démoule pour en couper de petites tablettes que l'on saupoudre de sucre fin et enveloppées de papier, soit en les mettant dans des boîtes de carton confectionnées à cet usage.

Sirop de cerises. — *Formule 856.* — Exprimer le jus des cerises bien mûres et laisser reposer pendant vingt-quatre heures; décanter le liquide et le mettre sur le feu avec un bâton de cannelle et du sucre dans une proportion de *huit cent cinquante grammes* pour *cinq cents grammes de suc de fruit*. Faire cuire à grands bouillons en écumant jusqu'à 30 degrés à l'aréomètre étant chaud, et à 35 degrés étant froid. Laisser refroidir et mettre en bouteilles.

Confiture de cerises. — *Formule 857.* — Après avoir ôté les pédoncules et les noyaux à *cinq kilos de cerises*, les mettre dans une bassine avec le jus d'un *demi-kilo de groseilles*, un *demi-kilo de framboises* et *quatre kilos de sucre ;* faire bouillir et écumer avec soin; faire bouillir de nouveau pendant une heure, en remuant constamment de manière à éviter qu'ils ne s'attachent. Verser la confiture dans un vase de terre bien vernissé, la laisser étuver pendant vingt-quatre heures et la recouvrir selon la règle.

Glace aux cerises. — *Formule 858.* — L'apparcil ou sirop pour glace se fait de la façon suivante :

Jus de cerises fraîches	grammes	250
Sucre	—	150
Kirschwasser	décilitre	1
Jus de citron	—	1/2

Procédé. — Faire cuire le sucre et ajouter le jus des cerises de manière à obtenir un sirop à 23 degrés; ajouter le kirsch et le jus de citron.

Le praticien peut d'ailleurs, selon le goût des convives ou des clients, modifier et la couleur et le degré du sirop.

Tourte de cerises à la crème (*Entremets*). — *Formule 859.* — Faire une pâte analogue à la pâte Napolitaine avec :

Farine fine	grammes	350
Sucre en poudre	—	190
Macarons écrasés	—	125
Jaunes d'œufs cuits	nombre	6
Jaunes d'œufs crus	—	6
Un grain de sel et cannelle en poudre.		

Procédé. — La pâte étant faite, l'abaisser et foncer sur un plafond, un fond d'un demi-centimètre d'épaisseur et de la grandeur que l'on veut donner à la tourte. Rouler une bande de la même pâte de la grosseur du doigt et souder le tout autour du fond en le pinçant plus mince dans le haut; piquer le fond avec la pointe d'un couteau, faire cuire la croûte et laisser refroidir.

Emplir alors l'intérieur de la croûte de marmelade ou de confiture de cerises et couvrir d'une mince couche de crème fouettée et aromatisée de vanille. Marquer alors des losanges avec la lame d'un couteau, ou faire d'autres dessins au cornet; servir sur une serviette à franges.

Remarque. — On fait en outre des *puddings* à l'anglaise que l'on trouve plus loin : la cerise entre également dans une multitude de garnitures pour le décor qu'il serait superflu d'énumérer ici, la cerise n'étant pas la base de l'entremets; on les trouve plus loin à leurs noms respectifs.

CERISETTE, *s. f.* — Diminutif de cerise. Genre de pruneaux d'une forme ronde et d'une couleur rougeâtre. On appelle également ainsi les cerises séchées. Se dit aussi d'une boisson analogue au coco.

CERNEAU, *s. m.* — Noix ou moitié de noix confite (voir ce mot).

CÉROSIE, *s. f.* — Matière végétale qui existe à la surface de toutes les espèces de cannes à sucre.

CERVAISON, *s. f.* All. *Hirschfeiste ;* angl. *stag-hunting time.* — Se dit de l'époque de l'année où le cerf est gras et bon à chasser, c'est-à-dire, selon les pays, de septembre à la fin de novembre.

CERVELAS, *s. m.* (*Cervellatu*). All. *Cervelat-wurst.* — Saucisse dans laquelle on faisait entrer de la cervelle de porc. Aujourd'hui on prépare le cervelas de différentes façons :

Cervelas (*Première qualité*). — *Formule 860.* — Hacher de la viande de porc bien ferme, moitié grasse et moitié maigre; pendant le hachage assaisonner dans les proportions suivantes :

Chair à saucisse	kilogr.	1
Sel	grammes	50
Poivre	—	5
Salpêtre	—	2
Macis	—	1

Procédé. — Mélanger la viande jusqu'à ce qu'elle soit compacte. Entonner dans des boyaux gras de porc par bouts de 30 à 50 centimètres de longueur. Laisser ensuite à l'air pendant quelques jours. Fumer sans chauffer dans un lieu aéré, jusqu'à ce qu'il soit sec.

On ne cuit jamais ce saucisson.

Pour donner du ton, on ajoute 1 gramme de cochenille pulvérisée par 500 grammes de sel.

Cervelas (*Deuxième qualité*). — *Formule 861.* — Remplacer une quantité plus ou moins grande de porc par le même poids de bœuf et du lard frais en partie égale et emballer dans des boyaux de bœuf. Procéder pour le reste comme dans la formule 860.

Cervelas au bœuf (*Troisième qualité*). — *Formule 862.* — Hacher menu deux tiers de collet de bœuf sans nerf, y ajouter un tiers de gorge de porc frais bien ferme. Amalgamer le tout et assaisonner dans les proportions de :

Chair	kilogr.	1
Sel	grammes	30
Poivre	—	2
— en grains	—	1
Salpêtre	—	1

Entonner dans des boyaux de bœuf et achever selon la formule.

Remarque. — On ajoute souvent à ce cervelas de l'ail ou des échalotes. Il prend alors le nom de l'assaisonnement qui domine.

Cervelas truffés. — *Formule 863.* — Ajouter dans une proportion de 200 grammes de truffes épluchées par kilo de chair à cervelas de première qualité.

Cervelas d'oie (*Cuis. alsacienne*). — *Formule 864.* — Plumer, nettoyer et désosser une ou plusieurs oies. Peser les chairs et ajouter le même poids de viande de porc, délicate et blanche. Hacher le tout très fin et assaisonner.

Chair	kilogr.	1
Sel	grammes	30
Poivre	—	4
Macis	—	2
Un peu de rhum.		

Mettre dans des boyaux gras de porc et les laisser essuyer pendant quatre à cinq jours; fumer à froid; cuire pendant une demi-heure dans un bouillon léger et servir froid. (Berthaud, *Char. prat.*)

HYGIÈNE. — Les recettes que je viens de tracer sont les plus hygiéniques; mais les charcutiers ne s'en tiennent pas là, et ils font des cervelas plus économiques. Les matières qui les composent ne sont pas des viandes choisies, au contraire, tout animal dont la chair n'est pas délicate entre dans la composition de ces cervelas; il y a lieu de s'en méfier. On en fait avec de la chair de porc, des intestins de veau, de cheval, d'âne, de mulet et de poisson; ces derniers sont moins indigestes.

Mais le danger réside dans la chair du porc qui n'est pas cuite. On ne saurait donc trop se prémunir contre les habitudes de la charcuterie.

CERVELLE, *s. f.* (*Cervellum*). All. *Hirn;* angl. *brain;* ital. *cervello.* — Le mot cervelle s'applique plus particulièrement aux animaux, tandis que chez l'homme elle prend le nom de *cerveau.*

Les cervelles qui nous occupent ici sont celles de veau, de bœuf, de mouton, de gibier, d'oiseau et de poisson.

Analyse chimique. — La cervelle est généralement dépourvue de sapidité, cependant elle renferme en forte proportion de la *cérébrine,* qui est une graisse que les chimistes appellent *cérébro oléine,* associée à de la *neurine* ou albumine cérébrale; c'est sans doute à ces principes qu'elle doit ses propriétés génésiques et phosphorescentes.

La cervelle des poissons et des gibiers à plumes est surtout souffrée et constitue un aliment de la pensée.

Cuisson des cervelles. — (*Procédé général.*) — *Formule 865.* — Dans presque tous les cas, on fait dégorger la cervelle dans l'eau, on enlève la peau membraneuse qui la recouvre et on la cuit dans de l'eau acidulée, fortement condimentée de thym, de laurier, de poivre concassé et de sel. On l'applique ensuite aux différentes sauces.

Cervelle au beurre noir. — *Formule 866.* — Les cervelles étant cuites, on les coupe par tranches et on les met sur un plat très chaud, on les sale légèrement, on les saupoudre de poivre sur lequel on fait couler un jus de citron, on y ajoute quelques câpres, et enfin on fait chauffer le beurre frais jusqu'à ce qu'il ait une odeur de noisette ou qu'il commence à fumer; on le verse alors sur les cervelles; on repasse un filet de vinaigre dans la poêle, que l'on verse de nouveau sur les cervelles. Servir sur un plat chaud.

Cervelles frites (*Cuis. de restaurant*). — *Formule 867.* — Les cervelles étant cuites, on les coupe par quartier, on les assaisonne de poivre, de sel, de ciboules hachées et d'un filet de vinaigre; on les laisse ainsi mariner un instant. La friture étant chaude, on y trempe un à un les morceaux de cervelle dans la pâte à beignet (voir ce mot), qu'on laisse doucement tomber dans la friture chaude. On les retire lorsqu'ils ont une belle couleur et on les sert sur une serviette surmontée de persil frit.

Cervelles panées (*Cuis. bourgeoise*). — *Formule 868.* — Faire mariner les cervelles comme pour les cervelles frites, mais ici on prépare un appareil anglais composé d'huile, de sel, d'épices, le tout battu ensemble, dans lequel on passe les morceaux de cervelle avant de les ensevelir dans la chapelure. On les pose sur des plaques de cuivre beurrées ou dans des sautoirs; sur chaque morceau on a soin de poser du beurre frais. Ainsi préparées, les cervelles peuvent être accompagnées d'une sauce relevée.

Cervelles à la Béchamel. — *Formule 869.* — Préparer une sauce béchamelle en la maintenant liquide. Couper en quatre des cervelles et les mettre dans la sauce préparée. Servir en évitant de les écraser et border le plat de croûtons de pain passés au beurre; alterner de quartiers d'œufs cuits durs.

Cervelles à la poulette. — *Formule 870.* — Faire une sauce poulette avec du bouillon, lier avec des jaunes d'œufs et servir.

Cervelles à la paysanne. — *Formule 871.* — Dégarnir les cervelles; les assaisonner de poivre, sel, fragment de thym. Les rouler dans la farine après les avoir passées dans le lait. Les faire cuire à la poêle à petit feu. Les servir avec le beurre en y faisant couler dessus un jus de citron ou un filet de vinaigre.

CERVOISE, *s. f.* (*Cerevisia*). — Bière des anciens (voir BIÈRE), mais elle offre cette particularité des boissons enivrantes qu'elle n'est patronnée par aucun dieu. Les Orientaux en faisaient un grand usage.

CÉTACÉ, *s. m.* (*Kétos*). — Mammifère marin, remarquable par sa conformation organique analogue à celle des mammifères terrestres, et par sa forme de poisson à l'extérieur; tels sont le *cachalot*, le *dauphin* et la *baleine*.

CÉTINE, *s. f.* All. *Wallrathfett;* angl. *cetine.*— En chimie, se dit du principe immédiat gras constituant presque seul le *blanc de baleine* qui se tire de la tête du cachalot.

CETTE, *s. p.* (*Produits de*). — Ville située au pied du mont Saint-Clair (Hérault), sur la langue de terre étroite comprise entre la mer et l'étang de Thou.

Le vin blanc de Cette a une renommée bien établie; la fabrication des vins étrangers, surtout des vins d'Espagne, reconnue aujourd'hui comme licite et encouragée par des médailles aux Expositions, tient le premier rang avec la fabrication des huiles de produit chimique et de morue.

CÉVENNES, *s. p.* (*Perdrix des*). — Dans la Haute-Garonne. Les perdrix des Cévennes ont une grande réputation.

CEYLAN (*Géog. gastronomique*). — Grande île au sud-est de l'Indoustan (Asie). On y cultive surtout le cannelier (voir ce mot).

CHABLIS, *s. p.* (*Vins de*). — Ville française (Yonne). Son vin blanc, d'une réputation universelle pour les amateurs d'huitres, est léger, sec, vif, pétillant, capiteux et transparent. Les biscuits de Chablis ont également un beau renom.

CHABOISSEAU, *s.m.* All. *Groppenart.* — Poisson de mer, espèce de chabot épineux marbré de brun et de gris; vulgairement appelé *diable de mer*. Sa chair n'est pas très bonne.

CHABOT, *s. m.* All. *Groppe;* angl. *bull-head;* ital. *ghiozzo.* — Poisson de mer à grosse tête aplatie qu'il gonfle à volonté; on en connait aussi dans les rivières sous le nom de *cabot* et de *meunier*. Sa chair, sans avoir rien d'exquis, est mangeable.

CHABOUSSADE, *s. f.* — Se dit d'une race de mouton qui se rapproche de la race berrichonne et qu'on élève aux environs de Saint-Flour; la chaboussade n'a point de cornes, mais elle est garnie de laine jusqu'aux sabots. Sa chair n'a rien de plus extraordinaire que les autres variétés françaises.

CHAGNY, *s. p.* (*Vins de*). — Saône-et-Loire. Son vin est estimé comme bon vin de troisième classe.

CHAI, *s. m.* — Dans le Bordelais, on désigne par ce nom le local à ras du sol qui sert à emmagasiner les vins et les eaux-de-vie.

CHAIR, *s. f.* (*Caro*). All. *Fleisch;* angl. *flesh;* ital. et esp. *carne;* irland. *carna.* — Toutes les parties molles du corps de l'homme et des animaux, et plus particulièrement la partie rouge des muscles. La viande des animaux et des oiseaux considérée comme devant servir d'aliment. De la *chair fraîche; chair cuite*, de mouton, de bœuf, de veau, etc. *Chair blanche*, de volaille, de veau, de lapereau, etc. *Chair à saucisse, chair à farce, chair de poisson*, etc. Mais il est à remarquer que le mot chair s'applique plus particulièrement aux aliments crus; la chair de porc étant cuite prend le nom de viande.

La *viande* est la chair préparée dans la boucherie ou dans la cuisine pour la nourriture de l'homme ou des animaux. La *chair vive* n'a subi aucune préparation, c'est l'animal lui-même après avoir été dépouillé aussitôt tué. Les animaux carnivores se nourrissent de *chair;* l'homme mange la *viande*.

CHALEF, *s. m.* — Arbrisseau d'Orient à fleurs campanulées, à feuilles argentées et dont les fruits sont comestibles.

CHALET (*Pièce montée*). — On fait des chalets en pâte adragante, en pâte royale, en pastillage, en pâte d'office et surtout en nougat et en pâte d'amande.

Chalet du Valais (Suisse). — *Formule 872.* — On exécute cet entremets en pâte d'amande blanche, tandis que les toits et les charpentes se-

Fig. 304. — Chalet suisse.

ront en pâte de couleur chocolat. Le corps du pin sera vert-pâle, et les branches de l'arbre vert-printanier. On pourra ajouter de petits groupes

de mousse après l'ermitage; sur les toitures, on place çà et là de petits carrés irréguliers de pâte d'amande, marbrée de chocolat et de vert-pâle, qui imiteront les pierres que les Suisses ont l'habitude de poser sur leurs maisons, afin de préserver les toits des coups de vent impétueux qui viennent des montagnes. Les trois gradins sont également en pâte d'amande blanche et rayée de pâte couleur chocolat. Les trois garnitures se composent de petits croque-en-bouches glacés au caramel, de gâteaux à la dauphine, au gros sucre et aux pistaches, et d'abaisses en pâte d'amande colorées au four et décorées ensuite de filets de couleur pistache; elles doivent être garnies de crème fouettée au chocolat. (CARÊME, *Pâtissier royal*, t. II, dessin 4 de la planche 37.) Fig. 304.

CHALONS. — Ville dont la moutarde tend à rivaliser avec celle de Dijon.

CHALYBÉ, BÉE, *adj.* — Aliment solide ou liquide, qui contient de la limaille d'acier ou de fer. On le met de préférence dans du vin blanc.

CHAMBERTIN (*Vins de*). — Haute-Bourgogne (voir ce mot), Côte-d'Or; son vin rouge de première classe est très renommé.

CHAMBOLLE (*Vins de*). — Bourgogne (Côte-d'Or); rouge de deuxième classe, d'une force de 15 à 16 degrés d'alcool.

CHAMBORD, *adj.* (*Garniture à la*). — Nom d'une garniture et d'une méthode à laquelle on soumet, dans la préparation culinaire, certains aliments et plus particulièrement la carpe (voir ce mot).

CHAMEAU, *s. m.* (*Camelus*). All. *Kameel;* angl. *camel;* ital. *cammelo;* esp. *camello;* mais son étymologie vient de l'arabe *djamal.* — Genre de quadrupède mammifère et ruminant originaire d'Asie et d'Afrique, dont il y a deux espèces connues : le chameau, *camelus bactrianus*, qui est le plus grand des deux, et le chameau à une bosse, *camelus dromadarius*, dont les formes sont plus légères. Les Arabes donnent à cet animal le nom de *richesse du ciel*.

Si la loi de Moïse défend la chair du chameau (Lév. XI, 4), les Arabes, qui n'y sont pas soumis, s'en nourrissent comme d'un bon aliment, surtout quand il est jeune. Galien nous apprend que la chair du chameau était fort recherchée de son temps, en Asie et en Afrique. Aristophane, dans ses *Comédies*, dit aussi que les Grecs la servaient sur la table des rois; et le grave Aristote lui-même en fait l'éloge. De nos jours, elle est encore employée pour l'alimentation dans toutes les contrées où l'espèce est élevée en troupeau. Les Arabes d'Algérie font grand cas de la bosse, des pieds et du ventre. Si les Européens en sont moins friands, cela tient à l'odeur forte que sa chair exhale.

HYGIÈNE. — La chair dure, filandreuse du chameau est de digestion difficile, mais excessivement réparatrice.

Le lait de la femelle donne du beurre et d'excellent fromage, et, lorsqu'il est aigri, il possède une force enivrante considérée comme très saine.

Bosse de chameau. — *Formule 873.* — Couper la bosse par morceaux en forme de fricandeaux, les frapper légèrement et les piquer selon la règle usitée pour les fricandeaux. Foncer une casserole en terre, de carottes, d'oignons, assaisonnés de thym, clou de girofle et de quelques gousses d'ail. Faire prendre couleur aux fricandeaux, après les avoir salés. Arroser avec de l'eau dans laquelle on aura fait délayer du *caric.* Couvercler la casserole et l'entourer de braise ardente. Lorsque l'ébullition est commencée, couvrir la braise de cendres chaudes et laisser réduire ainsi à glace; arroser de temps en temps. Lorsque les fricandeaux sont cuits et glacés, on les dresse avec leur propre suc.

Ventre de chameau en ragoût. — *Formule 874.* Choisir les plus gros intestins (gras-double), les nettoyer dans la règle, les blanchir et les couper par morceaux; couper également le cœur et le gros boyau; faire un roux dans une casserole de terre et mettre les morceaux dans la casserole; saler, aromatiser et garnir; arroser avec du bouillon, du vin blanc et laisser cuire.

Remarque. — On fait également une espèce de ragoût sans farine en y ajoutant des *ignames* par morceaux, du blé-vert ou du riz et d'autres légumes. On fait cuire le tout jusqu'à ce que cette soupe soit réduite en ragoût.

Pieds de dromadaire à la vinaigrette. — *Formule 875.* — Echauder les pieds dans la règle usitée pour les têtes de veaux. Faire cuire en-

suite pendant quelques heures, c'est-à-dire jusqu'à parfaite cuisson, dans l'eau condimentée et salée; laisser réduire la gelée, la passer à travers un linge; désosser les pieds, mettre les viandes dans la gelée et faire réduire encore; verser enfin le tout dans un moule carré-long; presser le contenu et laisser refroidir.

Pour les servir, on coupe ce pain à l'instar de la tête marbrée, on l'assaisonne d'huile, de vinaigre, de moutarde, d'ail, de ciboule et enfin de sel, de poivre et d'oignons hachés.

CHAMEAUPART, s. m. — Quadrupède originaire d'Asie, espèce particulière de gazelle ou une classe maintenant inconnue d'antilope.

Moïse dit qu'il était permis aux Israélites d'en manger. (*Deut.* XIV, 5).

CHAMELLE, s. f. (*Camelus*), All. *Kamelstute;* angl. *she camel;* ital. *cammella.* — Femelle du chameau. Son lait, qui a une certaine analogie avec celui d'ânesse, est très estimé par les Arabes.

CHAMETTE (*Vins de*). — Dans la basse Bourgogne, on y récolte un vin rouge de troisième classe d'un bon fumet.

CHAMOIS, s. m. (*Antilope rupicapra*). All. *Gemse;* angl. *shamois;* ital. *camozzo.* — Ruminant à cornes creuses, de la taille d'une grande chèvre et appartenant à la famille des Antilopes; il était nommé *Isard* par les Gaulois, et c'est sous cette dénomination qu'il est encore désigné de nos jours dans les Pyrénées.

La chair du chamois est excellente lorsque l'animal ne dépasse pas deux ans. Pour le traitement culinaire, voir *chevreuil.*

CHAMPAGNE (*Vins de*). All. *Champagner;* angl. *champagne;* ital. *vino de champagne.* — Vin de l'ancienne province de Champagne, rendu mousseux par un procédé spécial.

Avec le « Bordeaux » et le « Bourgogne », il n'est pas de vin plus essentiellement français que le « Champagne », c'est-à-dire léger, vif, sémillant, piquant, mais au fond sans rancune, en ce sens qu'il ne laisse derrière lui, ni embarras gastriques, ni névroses, ni céphalalgie, comme ses faux frères.

Les vins naturels de la Champagne ont une renommée antique. Le plus ancien monument historique qui se réfère au vignoble champenois est le testament de saint Remy, archevêque de Reims, par lequel il légua, à la fin du *cinquième siècle*, à son neveu et au clergé de Reims, le vignoble qu'il avait fait planter près cette ville. D'après un autre document, un évêque de Laon, au *dixième siècle*, buvait des vins de la Champagne et les donnait comme très favorables à la santé. En 1397, Wenceslas, roi de Bohême et empereur d'Allemagne, grand ami de la « dive », comme on sait, vint en France pour négocier un traité. Reçu à Reims, il prit si bien goût aux vins du pays, qu'il fit traîner autant que possible les négociations et finit par signer tout ce qu'on voulut. (C. GRAD, *Développement de la viticulture en Allemagne*.) Léon X avait un agent en Champagne, qui lui expédiait les meilleurs vins de chaque récolte. Mais les souverains étrangers n'étaient point seuls à apprécier ces crus aimables. Les nôtres n'en étaient pas moins friands, et ils ne se croyaient nullement tenus d'en faire un mystère : Henri IV s'intitulait gaiement Sire d'Ay. Par contre, le « Sillery » a longtemps porté le nom de *Vin de la Maréchale*, en souvenir des améliorations appliquées par la Maréchale d'Estrées. Au sacre de Louis XIV, ce fut non plus du Beaune, comme au temps des anciens rois, mais des vins de Reims qui firent les frais de la fête. (L. PORTES et F. RUYSSEN, *La Vigne*.)

Une querelle acharnée entre savants et amateurs, qui fit éclore maint in-folio, éclata à cette époque entre les défenseurs du « Bourgogne » et les partisans du « Champagne ». Enfin, en 1778, un arrêt de la Faculté de médecine de Paris adjugea doctoralement la préférence au Champagne en raison de ses vertus diurétiques, *quia habet diureticam*. Il n'en fallait pas davantage pour assurer le triomphe du Champagne dans le monde entier.

On se figurerait difficilement, si on l'avait vu, autrement que par ses yeux (1), quel flot d'opulence (richesse ne serait point assez dire) la vigne et l'industrie du Champagne a épanché sur le sol ingrat et maigre de cette contrée dont elle a fait un *camp du drap d'or*. Il est plus d'un baron châtelain, prince du bouchon ficelé qui compte aujourd'hui sa fortune par des millions de francs. Aussi c'est avec un œil de convoitise jalouse que nos voisins virent s'universaliser cette industrie essentiellement française. Les Allemands sur-

(1) Visite dans les caves de Reims des membres du Congrès d'hygiène et de démographie, août 1889, dont l'auteur eut l'honneur de faire partie.

tout ne tardèrent pas à se rendre propriétaires d'un grand nombre de marques, ou à y fonder des établissements. Bien que tous parfaitement honorables et naturalisés français, ou descendants de Français, la plus grande partie des noms figurant dans la liste des adhérents au « *Syndicat du commerce des vins de Champagne* » sont des noms d'origine allemande.

C'est sous le règne de Louis XIV que le vin de la Champagne prit son essor. « Nous disions à dessein du vin de la Champagne et non du *Champagne*, car le produit si connu sous ce dernier nom, sans être ce qu'on pourrait appeler *falsifié*, est l'œuvre de l'art autant que celui de la nature. » (L. PORTES et F. RUYSSEN, *La Vigne*.)

CRUS RENOMMÉS. — « Le vignoble Champenois peut se diviser en trois parties : la Montagne de Reims, dont les principaux crus sont : Bouzy, Ambonnay, Verzy, Verzenay, Sillery, Mailly et Rilly, et dont les qualités distinctives sont la vinosité et la fraîcheur ; la côte d'Avize, spéciale par ses vins blancs, où sont les bons lieux de Cramant, Avize, le Mesnil, Oger, Grauves et Cuis, au sud d'Épernay, auxquels on reconnaît une grande finesse et une exquise délicatesse ; enfin la vallée de la Marne, avec Ay, Mareuil, Champillon, Hautvillers, Dizy, Epernay, Pierry et Cumières, tous crus de raisins noirs à l'incomparable bouquet. »

Statistique. — « Les vignobles de la Champagne comprennent une surface de 14,000 hectares, dont le coût de la culture est de 1,500 fr. jusqu'à 2,500 francs par an. Ces vignes ont une valeur de 124 millions de francs. La production moyenne par an est de 450,000 hectolitres ; la meilleure partie de ces vins est seule transformée en vins mousseux de Champagne. En 1888, il a été expédié 22,558,084 bouteilles. La moyenne de l'approvisionnement est de 65,000,000 de bouteilles et 300,000 hectolitres. Au 1er avril 1889, il y avait un approvisionnement de 75,573,232 bouteilles et 193,613 hectolitres. Ensemble 798,202 hectolitres. » (*Notice historique sur le vin de Champagne*, brochure éditée par les soins du Comité du SYNDICAT DU COMMERCE DES VINS DE CHAMPAGNE.) Cette même brochure parle de la *situation climatérique!*... des Champenoises?

LE PLANT. — Les plants, qui portent les raisins qui produisent le vin mousseux de Champagne, sont des variétés connues et cultivées dans différentes contrées ; et non point, comme on pourrait le croire, un plant spécial. Ce sont, dans les blancs : le *Gamay;* le *Meslier;* le *Pineau blanc Chardonay* (plant d'Avize). Parmi les rouges, citons d'abord : le *Pinot noir;* le *Meunier,* cépage fertile et de maturité facile, portant des raisins peu agréables à manger, mais dont le vin convient surtout pour le mélange des cuvées. Il se distingue du *Pinot noir,* dont il est une des variétés par le duvet blanchâtre qui recouvre sa feuille. Le *Vert doré d'Ay* ou *Morillon* d'Epernay, qui se caractérise par une remarquable finesse du son fruit. Le *Pinot gris,* qui recouvre surtout les mamelons de Sillery et de Versenay. Ce même plant produit en Alsace le fameux vin de paille. (Voir l'entrefilet *plant* au mot BOURGOGNE.)

LE TERRAIN. — La base caractéristique du vin de Champagne est la composition du sol. La montagne de Reims possède un sous-sol crayeux oolithique magnésien. La côte de la Marne, un sous-sol crayeux. La vallée de la Marne, un sous-sol crayeux et d'alluvion. Mais partout la silice s'y trouve. C'est ainsi que l'analyse constate une composition chimique aussi parfaite que la science peut le désirer :

> *Le bouquet* est donné par la silice;
> *Le moelleux* dû à l'alumine et au cepage;
> *La coloration,* fille du fer;
> *Le ferment ou alcool* dû à la chaux.

Ce qui démontre que les meilleurs vins de Champagne sont préparés avec des raisins rouges. La composition de la surface des terrains varie sensiblement selon les contrées : à Epernay, on a constaté 36 pour 100 de fragment crayeux. A Cramant, Avize, Oger, Pierry, les terres des vignes offrent à leur surface des petites pierres quartzeuses, siliceuses, calcaires, etc. qui ont notamment valu son nom à cette dernière localité. « La couleur du sol n'est pas indifférente à la qualité du raisin : moins il est rouge, moins le terrain est favorable, surtout aux raisins rouges, aussi plante-t-on de préférence les raisins blancs dans les terres grises ou jaunâtres. » (Dr GUYOT, *Culture de la vigne en France.*) C'était l'avis de Chevreul, qui nous apprend qu'à Liège la couleur du sol avait permis de cultiver la vigne bien au delà de ses limites.

CLIMAT. — La température de la Marne est tempérée, douce et humide dans les parties occidentales, plus froide et plus sèche sur les plateaux et la partie orientale. La température

maxima, à Châlons, est de 32 degrés et la température minima de 15 degrés.

ALLÉGORIES. — Le Champagne restera dans les annales des siècles comme type le plus parfait de la boisson française, il est le témoin de toutes nos joies et de tous nos malheurs; il fait partie de l'histoire de l'Europe comme de celle de la France. Si les Grecs d'Athènes l'eussent connu, un dieu nouveau, une nouvelle déesse étincelante de feu en aurait présidé son ivresse.

Aussi, il n'est pas une maison de Champagne sérieuse qui n'aie son hymne en musique et son allégorie. Voici une strophe de celui de M. E. Mercier, dont les paroles sont dues à E. Queyriaux :

> Autour de moi venez, jeunes bacchantes;
> De la folie agitez les grelots,
> C'est le signal des danses enivrantes,
> Et que Phébus éteigne nos falots.
>
> Amis, versez à la ronde,
> Que le Champagne m'inonde
> De sa mousse vagabonde
>   Aux flots argentés.
>
> Allons, remplissez ma coupe,
> De Bacchus je vois la troupe,
> Puis, au milieu de ce groupe,
>   De jeunes beautés.
>
>   Du cristal argentin
>   Ecoutez le tin tin.

DÉCOUVERTE DE LA MOUSSE. — Les premiers essais de préparation des vins mousseux de

Champagne datent de 1730, et sont dus aux recherches de Dom Pérignon, moine cellérier du couvent d'Hautvillers, près Epernay, qui s'appliqua au perfectionnement de la viticulture, et surtout à l'art de faire mousser le vin. (SELLETTI, *Loc. cit.*) Quelque temps après, vers 1746, un industriel de Reims qui croyait posséder les mystères de la fermentation et la science de Dom Pérignon, tira environ 5,000 bouteilles, mais la fermentation s'affranchissant des bornes en brisa presque la totalité.

C'est à Epernay, que l'industrie a pris un caractère de vulgarisation générale. En 1787, un négociant en vin, de cette ville, fit un tirage d'environ 50,000 bouteilles, dont plus de la moitié sautèrent en éclat. Ce n'est qu'environ un siècle après les premiers essais, en 1836, qu'un chimiste de Châlons-sur-Marne, M. François, parvint à déterminer scientifiquement la quantité de sucre nécessaire pour faire un excellent vin mousseux. La mémoire de ce savant, à qui sont dues des fortunes colossales, et qui devrait posséder une statue coulée en or massif, n'a jusqu'à ce jour été l'objet de la moindre gratitude de la part des négociants.

Art de champagniser. — *Formule 876.* — Il serait oiseux de chercher à démontrer que l'on peut faire du *Champagne* avec n'importe quel vin! On a réussi à faire toutes sortes de vins; on a obtenu de la « tisane », mais ces vins mousseux se distinguent tous des vrais Champagnes par la platitude et la fugacité de leur mousse. Ce qui caractérise les véritables vins mousseux de Champagne, c'est la fraicheur de leur goût, la persistance des bulles et l'arome de leur bouquet qui en font des qualités inimitables. Les vins naturels de la Marne possèdent d'ailleurs des propriétés particulières qui les distinguent des autres crus et qui sont en quelque sorte la flore des vins français.

LA VENDANGE. — On détache les grappes une à une, on les épluche et les parties mûres les plus saines sont destinées à être pressées le jour même. Le produit du pressurage constitue le liquide apte à faire le vin mousseux de Champagne.

LA FERMENTATION. — Aussitôt sorti du pressoir le « moût » est expédié par l'acheteur, et quelques jours après la fermentation l'aura transformé en « vin » ou liquide alcoolique. On soutire alors pour en séparer la lie de la fleur qui est

mise dans un nouveau tonneau où elle acquiert une limpidité parfaite à l'apparition des premiers froids. Vers le mois de février, les négociants mélangent les différents vins selon les qualités des crus, des plants et des récoltes. Les maisons qui tiennent à leur réputation, pour maintenir l'invariabilité des produits afin de perpétuer leur marque, mélangent avec les nouveaux des vins vieux de réserve et maintiennent ainsi les types de leurs produits.

LA CUVÉE. — Lorsqu'on a composé les mélanges, que les fumets se sont combinés et qu'ils ne forment qu'un seul bouquet homogénéisé, l'ensemble du coupage appelé « cuvée » est clarifié et rendu d'une limpidité parfaite à l'aide de la colle de poisson, puis elle est alors classée, numérotée pour les opérations ultérieures.

LA MISE EN BOUTEILLE. — Au printemps, à l'apparition des premières feuilles, lorsqu'un nouveau ferment agite le vin, on procède à la mise en bouteille à l'aide d'outillages spéciaux. Les bouteilles sont empilées dans de vastes caves où elles restent jusqu'au moment de l'avant-dernière opération.

Dans cet état, les meilleurs vins ne sont pas agréables à boire; l'abondance du gaz acide carbonique transformé par la fermentation leur donne un goût dur et austère.

Mais pour que le vin produise une belle mousse, il doit contenir 14 pour 100 de sucre; il suffit donc avant le tirage de titrer d'une façon exacte la richesse saccharique du vin au moyen du gluco œnomètre de Cadet-Devaux, pour savoir ce que l'on doit ajouter, par hectolitre, de sucre de canne cristallisé, parce que c'est le seul qui aie la propriété de maintenir la vie des ferments, ou, en d'autres termes, l'existence prolongée de la mousse; résultat que l'on n'obtient qu'avec du sucre candi pur.

LA MISE SUR POINTE. — La nouvelle fermentation qui met en mouvement le liquide dans la bouteille, en produisant la mousse, crée en même temps une sorte de lie ou « dépôt » qu'il est nécessaire d'extraire. Pour arriver à ce but, on place les bouteilles légèrement inclinées, le goulot en bas, dans une sorte de râtelier appelé « table-pupitre » percé. Pendant trois mois environ, l'ouvrier par un mouvement brusque agite la bouteille en lui faisant faire un léger mouvement de rotation, jusqu'à ce que le dépôt se trouve sur le bouchon.

LE DÉGORGEMENT. — Cette opération délicate est la dernière et a un double but : sortir le dépôt, et introduire de la liqueur qui va combler le vide résultant de l'extraction du dépôt.

La bouteille est saisie par la main gauche de l'ouvrier, qui la tient dans la position renversée pendant que de la droite il fait sauter l'agrafe ; le bouchon est poussé par la mousse qui entraîne avec elle le dépôt avec rapidité. On remplace alors le vide par une liqueur qui constitue le *dernier dosage* et qui produira des Champagnes *sucré, demi-sec, sec, extra sec* (*dry*), selon les goûts des pays ou des consommateurs. Cette liqueur n'est autre que du vieux vin de Champagne de premier choix, dans lequel on a fait dissoudre du sucre de canne cristallisé. Le bouchon est immédiatement remplacé par un autre bouchon de liège de premier choix et portant la marque de la maison. Il ne reste plus qu'à ficeler, étiqueter, emballer et expédier.

EFFETS DU CHAMPAGNE. — Il stimule le cerveau d'une manière qui n'a rien de commun avec les effets grossiers des vins alcooliques ou autres boissons fermentées ; il vivifie et ranime l'économie par un sentiment de chaleur et de bien-être qui rend gai, affable et débonnaire celui qui en a bu avec modération ; il révèle incontestablement en lui une boisson sympathique. Et cela, comme l'a si bien dit notre ami Paul Roinard, parce que :

Tous les feux de nos crus tiennent dans le *Champagne*,
Plus fin qu'un vin du Rhin, moins lourd qu'un vin d'Es-
Moins chargé d'inconnu que les nectars divins, [pagne,
Beaucoup plus cher, hélas! que la piquette à seize.
Il est fait de rayons et de gaieté française.
Et sa crème mousseuse est la crème des vins.

Aussi tous nos poètes ont célébré le Champagne d'une façon essentiellement gauloise :

J'aime mieux voir les Turcs en campagne,
Que de voir les Allemands chez nous
Profaner notre vin de *Champagne*.

Pour être éclectique, citons le quatrain suivant qui résume plus synthétiquement ses effets :

Quand le vin de *Champagne* allume nos cervelles,
Même en nos créanciers nous voyons des amis.
Les femmes à nos yeux paraissent toutes belles.
Et chaque cabaret ressemble au paradis.

HYGIÈNE. — Le vin de Champagne est recommandé pour combattre les vomissements opiniâtres, surtout ceux du mal de mer. « Jouissez-vous d'un estomac à toute épreuve? dit élégamment notre confrère de *la Presse scientifique*, le Dr Vigouroux ; avez-vous fait un copieux dîner, trop copieux même, buvez du Champagne, car ce vin est excitant, digestif ; et si la joie, la gaieté qu'il vous apporte est bruyante, elle n'en est pas moins sincère. »

Mais pour que le Champagne produise un effet salutaire, on devra surtout éviter une mésalliance avec la blonde ou brune cousine germaine, la bière, qui ne tarderait pas à se brouiller et peut-être à divorcer. Le Champagne est en outre l'antidote le plus puissant du *spleen*. C'est contre cette affection que Nadaud semble avoir fait cette invocation :

Vin de Champagne, enivrante maîtresse,
Viens, le front libre et les cheveux épars!...
Brise à ton tour le joug qui nous oppresse,
Et de ton prisme éblouis nos regards.

Fais-nous savoir que la vie a des charmes.
Qu'à nos douleurs succèdent nos plaisirs;
Verse à nos cœurs l'oubli de leurs alarmes,
Verse à nos sens l'ardeur de leurs désirs!

CONSEILS GASTRONOMIQUES. — Le vin de Champagne de première qualité se conserve assez longtemps s'il est maintenu dans un lieu frais et les bouteilles couchées horizontalement. Mais il est préférable qu'il soit consommé frais, sans avoir vieilli. A l'arrivée, on doit le laisser reposer une quinzaine de jours au moins avant de le déguster.

Les gourmets et les personnes qui possèdent la science de bien vivre prendront le Champagne immédiatement après le hors-d'œuvre ou le poisson, et termineront le repas en faisant accompagner un rôti de gibier à plume avec du vieux vin de Bordeaux. Ce mode aura pour triple effet d'avoir satisfait le *goût*, la *digestion* et l'*esprit*.

J'ajoute que le Champagne doit être versé doucement dans la coupe, de manière à conserver autant que possible les bulles gazeuses. Il doit, par conséquent, être bu de suite sans séjourner dans la coupe.

Choix des marques. — Il est assez difficile de se prononcer et de porter un *judicatum absolutum* sur les meilleures maisons de vin de Champagne, le prix élevé n'étant pas toujours une garantie de qualité.

Nous donnerons néanmoins ci-après, et à leur lettre alphabétique de cet ouvrage, la description des maisons qui, selon notre appréciation, méritent d'y prendre place.

E. Mercier et Cⁱᵉ. — Le berceau du vin mousseux de Champagne n'est point Reims, comme on a essayé de le faire croire, mais ÉPERNAY. Comme nous l'avons vu plus haut, Hautvillers a vu paraître la première bouteille de vin mousseux et Épernay la première entreprise sérieuse de ce genre. Cette ville est le centre principal du commerce des vins de Champagne, entourée des plus riches vignobles champenois : *Ay, Mareuil, Dizy, Hautvillers, Bouzy, Ambonnay, Pierry, Cramant* et *Avize,* dont les produits sont connus dans le monde entier.

C'est là que, groupés autour de M. E. Mercier, des négociants et des propriétaires, justement alarmés de la concurrence déloyale des fabricants de vins mousseux de toute nature, ont pris la sage précaution de lutter ouvertement contre ces faux produits.

Cette lutte s'imposait, tant au point de vue patriotique que commercial, sous peine de laisser périr sous le dais du pontifical négoce cette industrie essentiellement nationale. Pour résoudre cette difficulté, il n'y avait qu'un seul moyen : produire du vin de Champagne authentique de qualité supérieure à un prix très réduit. Pour arriver à cette solution, il fallait concentrer la main-d'œuvre et agglomérer les productions des propriétaires. C'est ainsi que l'on fonda en 1858, sous la direction de M. E. Mercier, l'*Union des pro-*

priétaires, sous la dénomination de COMPAGNIE DES GRANDS VINS DE CHAMPAGNE.

Là est le grand mérite de M. Mercier, et ce mérite est d'autant plus appréciable qu'il révèle le double but de patriotisme et de priorité industrielle. Il démocratisa, vulgarisa la production du vin de Champagne, en le plaçant hors de toute concurrence. (Voir MERCIER.)

Cette immense vulgarisation n'ôte rien à la qualité des vins de E. Mercier, qui a été le fournisseur de S. M. l'Empereur du Brésil, et reste celui de la Reine d'Espagne et du Roi des Belges. Cette maison a classé les variétés de ses vins par ordre de mérite : 1° le *Splendide Champagne;* 2° la *Carte d'or;* 3° la *Carte blanche;* 4° la *Carte noire,* dont les prix varient de 3,50 à 8 francs la bouteille.

Grâce aux immenses provisions annuelles, que la « Compagnie des Grands vins de Champagne » s'est assurées par l'acquisition de vignobles importants, ces marques restent le prototype de la maison. Plus de *deux millions* de bouteilles

Fig. 308. — Tonneau contenant 200,000 bouteilles.

par an sortent de ces immenses souterrains qui renferment la fortune d'une principauté.

Trente-deux médailles d'or, *douze* grands diplômes d'honneur et la nomination de M. E. Mercier, par le Ministre du Commerce et de l'Industrie, de membre du jury de l'Exposition de 1889, a couronné par un triomphe éclatant l'œuvre entreprise par l'union des propriétaires d'Epernay. (Voir CHÂTEAU DE PÉKIN.)

Les nombreux visiteurs de la grande Exposition universelle ont pu admirer le tonneau géant, dont la figure est ci-dessus. Ce chef-d'œuvre de tonnellerie n'a pas été monté sur place, comme on pourrait le croire, mais traîné par 24 bœufs, renforcés de 15 chevaux dans les montées, et conduits par 12 hommes. Le voyage d'Epernay à Paris, 142 kilomètres, a duré huit jours. Le retour de Paris à Epernay a duré dix-sept jours. Ce dernier voyage s'est effectué avec beaucoup plus de difficultés, la neige et le verglas ayant occasionné des arrêts forcés. Le coût de ce transport, aller et retour, n'a pas été moins de 25,000 fr.; c'est la plus grosse pièce qui soit entrée toute montée à l'Exposition de 1889.

CHAMPAGNE (*Cognac fine-*). — La Charente et la Charente-Inférieure produisent la meilleure eau-de-vie du monde entier. Lorsque cette eau-de-vie s'est colorée par l'âge en fût, elle prend le nom de *cognac fine-champagne* (voir COGNAC).

CHAMPENOISE (*Garniture à la*). — Ragoût blanc, composé de tronçons d'anguille, de champignons et de laitance de poisson. Cette garniture est toujours liée avec une sauce faite de la cuisson de la grosse pièce de poisson à laquelle elle s'applique.

CHAMPIGNON, *s. m.* (*Fungi*). All. *Schwamm;* angl. *mushroom;* ital. *fungo* ou *campignulo;* du bas latin *campinio*, de *campus*, qui vit dans les lieux champêtres. — Terme générique du cryptogame cellulaire, famille de plantes acotylédones et qui renferme une infinité de genres, d'espèces, de formes et d'organisations excessivement variées.

Parmi les nombreuses espèces de champignons comestibles, il n'en est guère que quatre qu'on puisse cueillir en toute sûreté. Ce sont : le *cèpe*,

Fig. 309. — Cèpes.

la *chanterelle*, la *morille* et la *girole*. Le champignon de couche (voir AGARIC) est le seul qui offre toute garantie de sécurité.

HYGIÈNE. — Il y a un moyen de se garantir contre l'intoxication de ces cryptogames (voir

HYGIÈNE, page 27), mais l'on devrait toujours se méfier des apparences : les caractères qui permettent de reconnaître les bons et mauvais champignons sont extrêmement vagues; un champignon peut être bon aujourd'hui et toxi-

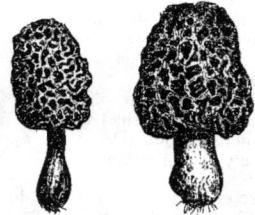

Fig. 310. — Morilles.

que demain; présenter toutes les apparences de son innocuité et être un violent poison. Il en est qui, par leurs nuances bleues et noirâtres, sont

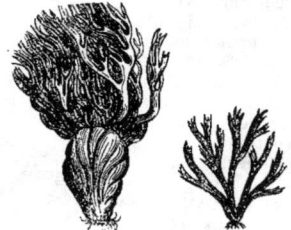

Fig. 311. — Giroles.

repoussés alors qu'ils sont excellents, tandis que l'on sera attiré vers cet autre d'apparence appétissante, mais meurtrier.

Empoisonnement par les champignons. — *Formule 877.* — Dans le cas d'empoisonnement par les champignons, on débarrassera les voies digestives au moyen de l'*éméto-cathartique* suivant :

Émétique	grammes	10
Sulfate de soude	—	15
Eau chaude	—	250

A donner en trois doses à un quart d'heure d'intervalle, combattre l'irritation et les douleurs par des cataplasmes, de la tisane de gomme, des lavements de guimauve dans les proportions de 100 grammes de graines de lin par litre d'eau bouillante et laisser tiédir ; et administrer contre la stupeur la potion cordiale suivante :

Eau de tilleul.	grammes	150
Sirop de capillaire	—	30
Teinture de cannelle	—	10

Mêler et faire prendre une cuillerée toutes les demi-heures. Frictions chaudes ou bien avec de l'eau de Mélisse ou de l'eau de Cologne. Ces précautions et ces soins doivent sauver le malade.

USAGE ALIMENTAIRE. — Le champignon est, parmi les végétaux, celui qui contient le plus de principes azotés.

Le concours des champignons comme garniture et assaisonnement dans les ragoûts, les mets sautés, est multiplié à l'infini ; tandis que comme aliment principal il est borné à quelques formules.

CHAMPIGNON (*A passer*). — Terme de cuisine. Pilon de bois en forme de champignon et qui sert pour passer les purées à travers le tamis.

CHAMPIGNY-LE-SEC (*Vins de*). — Anjou, Maine-et-Loire, où l'on récolte du vin rouge ordinaire.

CHANTEAU, *s. m.* — Petit morceau de pain béni coupé en carrés. Les *chanteaux* sont mis dans une corbeille pour être distribués aux fidèles.

CHANTERELLE, *s. f.* (*Agaricus cantharellus*). — Champignon comestible, aussi appelé *chevrette*, qu'on peut ramasser en toute sûreté.

Fig. 312. — Chanterelle.

C'est en été que l'on fait la chasse à ce cryptogame qui doit être cueilli jeune.

Préparation. — *Formule 878.* — On l'épluche, on le lave à grande eau, et on le met dans une casserole avec du beurre, du sel et quelques jus de citrons, on couvercle la casserole et on fait cuire pendant dix minutes.

On les sert alors à diverses méthodes, soit en garnitures.

CHANTURGE (*Vins de*). — Auvergne. On récolte à Chanturge des vins rouges ordinaires de bonne qualité.

CHAPEAU-DE-CURÉ, All. *Pfarrershut;* angl. *hat of parish-priest;* ital. *capo di preto.* — Petit-four dont la forme est celle d'un chapeau de curé.

Chapeau de curé. — *Formule 879.* — Couper de la pâte à thé, de la pâte d'amande ou autre, avec l'emporte-pièce cannelé ; passer au milieu une petite boulette de pâte de macaron ; relever les trois côtés de manière à lui faire prendre la forme d'un chapeau de curé. Il est évident qu'en ne le relevant que de deux côtés, on forme le chapeau de jésuite, ce qui est moins appétissant. On les fait cuire dans un four chaud.

CHAPELER, *v. a.* All. *Brod abraspeln;* angl. *to chip;* ital. *scrotare.* — Action de faire de la chapelure. Piler du pain et le passer au tamis.

CHAPELURE, *s. f.* All. *Brossamen;* angl. *chippingo of bread.* — Poudre que l'on obtient en chapelant le pain et qui, dans les préparations culinaires, sert à paner les viandes.

La chapelure que les épiciers vendent aux cuisiniers est le plus souvent d'une propreté douteuse. Ces industriels peu scrupuleux, qui veulent vendre cher ce qui ne leur coûte rien, réunissent pour cette préparation toutes sortes de pain moisi, des farines échauffées de maïs, et mélangent le tout pour faire la poudre qu'ils vendent sous la dénomination de *chapelure*.

CHAPON, *s. m.* (*Capo*). All. *Kapaun;* angl. *capon;* ital. *capponne;* esp. *capon;* port. *capão;* de *cappus, gallus castratus.* — Coq châtré.

C'est aux Romains que nous devons l'art de chaponner, et voici comment : Les habitants de l'île de Cos avaient appris aux Romains à engraisser les volailles dans les lieux sombres et clos, et lorsque la renommée des volailles grasses eut envahi Rome, la profusion était si grande que tout le monde voulut en posséder, ce qui obligea le consul *Caïus Fanius* à rendre un décret, par mesure d'hygiène, à élever les poules dans les rues et non plus dans l'intérieur des maisons. Les poules en plein air ne s'engraissaient pas; pour satisfaire aux gourmets, un vétérinaire romain imagina la castration des poulets qu'il réussit à merveille. Les Gaulois avaient appris de bonne heure à engraisser les volailles; ils choisirent le coq comme symbole de la vigilance et cet oiseau portait à Rome le même nom qu'eux, *Gallus.*

Les fermiers du Mans, du Maine, de la Bresse, du Périgord et de la Normandie sont depuis longtemps en situation de fournir les chapons les plus estimés d'Europe. Les espèces qui doivent être préférées pour la castration sont: la poule noire de *Crèvecœur,* la poule à *hautes jambes de la Flèche,* la poule à *petite tête de Campine,* la poule de *Bresse,* la poule espagnole, la poule de *Darking* et enfin la poule *huppée de Houdan.*

Les variétés à grande taille, récemment importées d'Orient, n'arrivent jamais au goût délicat des races d'Europe. Il importe peu pour la qualité de la volaille que l'éclosion ait lieu par la nature ou par l'art; toute modification de la chair a pour agent principal la nourriture, dont la meilleure est le maïs trempé, les châtaignes et l'orge, rien ne les égale pour donner à ce gallinacé une viande sapide, nourrissante et délicate.

Art de chaponner. — *Formule 880.* — C'est à l'âge de quatre mois, et vers la fin du printemps ou au commencement de l'été, par un temps frais plus humide que sec, que l'on doit choisir pour la castration des poulets. On opère toujours les animaux à jeun le matin. On se munit d'un bistouri, ou plutôt d'un ciseau bien tranchant et d'une aiguille enfilée de fil ciré, le tout en bon état. Un aide place sur les genoux de l'opérateur l'animal couché sur le dos, la tête en bas, les ailes entre les genoux et le tient solidement, la cuisse droite fixée le long du corps et la gauche portée en arrière, afin de découvrir le flanc gauche, sur lequel l'incision sera faite. On arrache alors les plumes qui se trouvent au bout du bréchet ou *sternum,* on soulève la peau qui le relie à l'intérieur de la cuisse à l'aide de l'aiguille et on y fait une incision transversale d'environ 4 centimètres de long. Dès que la peau est incisée, on découvre un muscle, avec un petit crochet en fer appelé *érigne,* on le soulève pour le séparer des intestins, on le coupe alors avec le bistouri; on voit alors le *péritoine,* membrane

lâche, mince, transparente, qui enveloppe l'intestin; on lui fait une incision assez large pour permettre d'introduire le doigt dans le ventre.

Si une partie de l'intestin tendait à sortir, on devra le repousser avec précaution dans le ventre, puis introduisant le doigt indicateur de la main droite, préalablement graissé, on le dirige sous les intestins vers la région des reins, un peu sur le côté droit et au-dessus du croupion à l'endroit où finissent les dernières vertèbres. Là le doigt rencontre deux glands gros comme un haricot, lisses et mobiles quoique adhérents; on les arrache avec précaution et on les attire en les roulant sur eux-mêmes vers l'ouverture. C'est cette opération qui exige le plus d'adresse et d'habitude; ce corps échappe parfois avant d'être extrait et il est très difficile de le retrouver. S'ils ont été bien détachés, ils peuvent rester dans le corps de l'animal sans grave inconvénient, mais il vaut mieux les retirer.

Après avoir rapproché les deux lèvres par quelques points pratiqués avec l'aiguille et le fil ciré, on lave la plaie avec de l'eau-de-vie ou bien on frictionne légèrement avec de la pommade camphrée. Chaque fois que l'on pratique ces points de suture, on doit soulever la peau avec la pointe de l'aiguille de manière à ne pas toucher l'intestin, ce qui déterminerait des accidents mortels.

En même temps qu'on prive les coqs de leur organe, il est d'usage de leur enlever leurs attributs, c'est-à-dire de leur couper la crête et les barbillons.

On replace les bêtes sous une mue, dans un lieu paisible, et on les laisse quelques heures sans autre nourriture qu'un peu de mie de pain trempée dans du vin. Les jeunes chapons doivent dans les premiers jours coucher sur la paille fraîche; en faisant des efforts pour jucher ils retarderaient la cicatrisation de la plaie. On les soigne pendant trois ou quatre jours séparément, puis ils rentrent dans la vie habituelle.

USAGE ALIMENTAIRE. — Le chapon se prépare comme la poularde et le poulet (voir ces mots), je me dispenserai donc de le répéter ici.

CHAPON, *s. m.* — Dans le Midi de la France est né le *chapon de Gascogne,* c'est-à-dire le chapon de pain frotté d'ail qui sert à assaisonner les salades. Trouver le chapon, attraper le chapon, le meilleur morceau de la salade. Cette dénomination relève parfaitement le prix que les

Provençaux attachent à l'ail en le comparant au chapon.

En Normandie, on appelle *chapon* une croûte de pain dans la bouillie.

CHAPONNEAU, *s. m.* All. *junger Kapaun;* angl. *young capon;* ital. *caponello.* — Se dit du jeune chapon, c'est-à-dire durant les six mois après la castration.

CHARACIN, *s. m.* — Se dit d'une variété de saumon.

CHARBONNIER (*Vins*). — Les mamelons des communes de Chénas, de Moulin-à-Vent et de Fleüry fournissent des vins assez connus pour nous dispenser d'en faire l'éloge, et c'est sur ces côteaux, qui se trouvent sur le territoire de ces deux dernières communes, que M. Paillard récolte le *Charbonnier*.

Ce vin, sans histoire avant 1840, fut découvert par M. Maire, prédécesseur de M. Paillard, et voici comment : En achetant les récoltes de *Moulin-à-Vent* et de *Chénas*, Maire remarqua que le bas de la côte dont il avait séparé la vendange avait produit un vin tout particulier. Pour le laisser vieillir après quelques années de fût, il avait disposé dans la cave de son restaurant du boulevard Saint-Denis, un caveau spécial situé derrière un tas de charbon. Après quelques années de bouteilles, ce vin était des plus exquis, vendu tantôt pour du *Fleury*, tantôt pour du *Moulin-à-Vent* de premier choix; aussi était-il réservé pour les clients privilégiés et gourmets de la maison, qui savaient parfaitement que c'était une délicate attention de la part de M. Maire, lorsque s'adressant à son sommelier il lui disait ces simples mots : « CAVEAU *du Charbonnier*. » Les clients, justement passionnés pour ce vin délicieux, ne le désignèrent plus que sous le nom de *Charbonnier*, dont la réputation devint universelle.

Pour continuer à satisfaire la clientèle, M. Paillard, successeur de M. Maire, après en avoir analysé le terrain, fit l'acquisition d'une partie du vignoble qui avait produit ce vin délectable, et continua d'acheter la récolte d'une partie de la côte. La situation topographique du Charbonnier est donc aujourd'hui établie par la propriété de M. Paillard, célèbre restaurateur parisien.

Ce plant, dont les propriétés se rapprochent de celles du raisin rouge avec lequel on fait le meilleur champagne, a suggéré à M. Paillard l'idée de champagniser une petite partie de sa récolte. Ce vin de première tête est livré sous le nom de *Charbonnier mousseux*.

Fig. 313. — Côte Charbonnier, propriété de A. Paillard.

Le Charbonnier rouge est un vin de premier cru.

CHARBONNIER, *s. m.* (*Gadus carbonarius*).— Espèce de cabillaud connue en Norvège sous le nom d'*ofs*. Les baleines s'en nourrissent et le poursuivent avec acharnement. Il est très commun du côté du cap du Nord, où il sert de nourriture à la classe pauvre. Sa chair est de qualité très médiocre. On extrait de l'huile de son foie.

CHARBONNIÈRES, *s. p.* (*Eaux minérales*). — A 8 kilomètres de la petite ville de ce nom, arrondissement de Lyon, sourdent deux sources ferrugineuses bicarbonatées froides, l'une appelée *Laval* et l'autre *Source nouvelle;* cette dernière est employée en bains seulement.

L'établissement de bains est fréquenté par les habitants des alentours et de Lyon pour les affections qui s'adressent à une médication ferrugineuse.

CHARCUTER, *v. a.* — Découper maladroitement; faire des entailles dans un morceau de viande. Toute viande découpée par un opérateur maladroit est *charcutée*.

CHARCUTERIE, *s. f.* All. *Wurstwaaren;* angl. *pork butcher's shop, meat;* de deux mots *chair* et *cuitier*, qui fait cuire la chair. — On désigne par charcuterie toutes les préparations alimentaires ayant la chair de porc pour base. Ce genre d'aliment, très anciennement connu des peuplades nomades du Nord, s'est peu à peu introduit en

Orient; mais l'examen du célèbre législateur Moïse, ayant reconnu cette chair malsaine, la déclara impure; son expérience avait suffi pour écarter cette chair *trichynosée*. En France, cependant, les accidents fréquents déterminés par la charcuterie firent sentir la nécessité d'exercer une surveillance plus étroite sur cette industrie, et, dès 1804, les ordonnances de police sont venues successivement déterminer les conditions dans lesquelles elle doit s'exercer.

« L'introduction, dit Fonssagrives, de se servir pour ces préparations de sels de morue, de varechs ou de sel de salpêtriers, d'employer des vases ou ustensiles de cuivre, même étamé, des poteries enduites de vernis métalliques, l'obligation de séparer les déchets ou débris des eaux de lavage qui vont aux égouts, de placer les caves ou magasins où se font leurs opérations et où se débitent leurs marchandises dans la condition déterminée d'espace, de fraîcheur et d'aération constituent, avec un système assidu d'inspection et de surveillance, un ensemble de mesures dont toutes les villes jalouses de leur santé devraient se doter. »

HYGIÈNE.— La charcuterie, étant de difficile digestion, doit autant que possible être écartée de l'alimentation, et les personnes qui ont des troubles digestifs doivent la supprimer totalement de leur table. Elle doit être consommée fraîche, sous peine de produire des accidents, aussi est-il bon de s'en abstenir dans les saisons chaudes. La tête, les pieds, les abatis du porc sont seuls recommandables; les petites saucisses, cervelas et toute la charcuterie à bon marché, quoique belle et appétissante, renferme souvent des débris qui seraient repoussés avec horreur à leur état naturel, si l'art ne savait leur donner la couleur, le goût, l'arome et soigneusement les envelopper sous un boyaux généreux dont la coupe marbrée présente le meilleur aspect. Ce sont ces sortes de charcuterie secondaire qui sont principalement sujettes à une altération spontanée, fort peu connue de sa nature et qui peut déterminer des accidents graves. Il faut surtout se garder d'introduire la charcuterie dans l'alimentation des enfants. (Voir le mot CO-CHON.)

CHARCUTIER, *s. m.* — Celui qui prépare et vend la charcuterie.

CHARDON, *s. m.* All. *Distel;* angl. *thistle;* ital. et esp. *cardo.* — Plante de la famille des cynan-

thérées à feuilles épineuses et à calice formé d'écailles piquantes. Le chardon n'est autre que l'artichaut sauvage, dont la modification fut apportée par les différents climats où il croît. En Orient, c'est la nourriture des ânes, qui en sont très friands, et voici ce que Boileau leur fait dire à l'égard des hommes :

Contents de nos chardons et secouant la tête,
Ma foi non plus que nous l'homme n'est qu'une bête.

Le chardon croît sur le bord des chemins dans les lieux incultes et montagneux; on en distingue différentes espèces :

LE CHARDON A GROSSE TÊTE (*Carduus eriocephalus*). — Les têtes se mangent à l'instar des artichauts; on les fait cuire avant la floraison; sa racine et ses tiges sont d'un goût aromatique et agréable.

Fig. 311. — Chardon commun.

Pour les différentes préparations culinaires du chardon, voir le mot ARTICHAUT.

HYGIÈNE. — Les propriétés alimentaires du chardon sont les mêmes que celles de l'artichaut; il contient en forte proportion de l'acide tanique, qui a la propriété de colorer les cheveux et empêche la calvitie.

LE CHARDON DES INDES (*Melocactus Indiœ orientalis*), dont la tête est beaucoup plus volumineuse que celle du précédent; la chair des racines est blanche et ferme, et semblable à celle de la courge, mais d'une digestion médiocre.

LE CHARDON MARIN (*Carduus marinus* L.), dont la plante est haute de trois ou quatre pieds.

Fig. 315. — Chardon marin.

Les jeunes pousses se mangent en salade, les racines se préparent à l'instar des artichauts, dont elles ont le goût et les propriétés aphrodisiaques.

CHARDONNETTE, *s. f.* — Ce chardon n'est autre que celui cité ci-dessus; ainsi appelé dans certains pays, où l'on emploie ses fleurs pour faire cailler le lait, qui sert à faire le fromage.

CHARENTE (*département de la*). — Outre le commerce des céréales, des légumes et des fruits, le principal produit de ce département consiste dans les vins très ordinaires qui servent à fabriquer les eaux-de-vie renommées, dites de *Cognac*. Dans la Charente-Inférieure, où la culture de la vigne est également très importante, les vins sont en général transformés en eaux-de-vie.

CHARLES X (*Gâteau à la*). — Si le cuisinier en chef de Charles X de France, qui composa ce gâteau, lui avait donné son nom au lieu de celui de son auguste maître, le lecteur aurait la satisfaction de le connaître, car M. Penelle, qui en donna la formule à Gouffé, avait oublié le nom de l'artiste qui restera ainsi dans l'ombre.

Formule 881. — Employer :

Amandes douces mondées.	grammes	250
Sucre concassé.	—	200
Sucre vanillé.	—	100
Blancs d'œufs.	nombre	2

Procédé. — Faire une marmelade d'abricots et cuire du beau riz à la crème vanillée. Piler les amandes avec les sucres; mouiller avec les blancs

d'œufs et continuer à piler ainsi jusqu'à ce que cette pâte soit assez homogénéisée pour être abaissée sous le rouleau. La laisser reposer pendant une heure. Abaisser alors la pâte sur laquelle on étale la marmelade d'abricots, que l'on recouvre d'une couche de riz préalablement cuit à la crème vanillée. On en coupe des bandes larges de 8 centimètres environ, dans lesquelles on coupe transversalement des bâtons de 2 centimètres de largeur, que l'on fait cuire dans un four moyen. Ce gâteau est excellent.

CHARLOTTE, *s. f.* — Entremets composé de pommes, de crème glacée, d'abricots ou autres fruits réduits en purée, entourée de biscuit ou de pain grillé au beurre.

Charlotte de pommes. — *Formule 882.* — *Procédé général.* — Couper en quartiers des pommes aigrelettes, les éplucher et leur ôter l'arme; les mettre au fur et à mesure dans un peu d'eau acidulée par quelques jus de citrons. Les faire fondre doucement dans un sautoir avec du beurre frais, de la cannelle et du zeste de citron. Lorsque la marmelade est aux deux tiers cuite, on y ajoute 250 grammes de sucre par kilogramme de pommes.

Pendant ce temps, on aura taillé des tranches de pain de mie que l'on aura parées régulièrement et passées au beurre fondu et tiède. Foncer

Fig. 316. — Charlotte de pommes.

un moule uni avec le pain, dont on chevauchera les tranches. Emplir le puits de la marmelade et cuire dans un four chaud. En sortant du four, couper le pain excédent qui surpasse les pommes et le démouler sur un plat rond.

Remarque. — Il y a toujours de la difficulté à faire tenir debout les charlottes. Pour obvier à cet inconvénient, il n'y a qu'à passer à l'œuf le côté de la tranche de pain opposé à la paroi du moule de façon à ce qu'elles se collent les unes sur les autres. Si on désire qu'elles aient une belle couleur, on passera les tranches au sucre après les avoir trempées dans du beurre. On obtient d'excellentes charlottes avec la pomme de Canada qui est très parfumée.

Charlotte à la minute (*Cuis. de buffet*).— *Formule 883.* — Une méthode usitée dans les chemins de fer consiste à émincer des pommes épluchées, à les passer à la poêle avec du beurre, zeste de citron et cannelle en poudre; lorsqu'elles sont cuites, y ajouter un peu de cognac vieux. Remplir le moule préalablement garni selon le mode employé plus haut.

Charlotte de poires (*Cuis. d'hôtel*). — *Formule 884.* — Éplucher des poires beurrées, les émincer et les faire fondre dans un sautoir avec du beurre, du sucre et un bâton de vanille. Lorsqu'elles sont fondues, en garnir la timbale préparée d'après la règle et la passer dix ou vingt minutes au four selon la chaleur.

Charlotte de pêches. — *Formule 885.* — Peler les pêches après les avoir passées à l'eau bouillante, les partager en quatre et en sortir les noyaux; les mettre dans un sautoir avec du beurre, le sucre nécessaire et un bâton de vanille. Lorsque les pêches sont cuites, on y ajoute de la marmelade d'abricots, on mélange et après avoir retiré la vanille on en garnit le moule foncé de pain.

Charlotte de cerises. — *Formule 886.* — Sortir les noyaux des cerises, les faire cuire à petit feu avec du sucre. Les égoutter avec l'écumoire et les mélanger avec une marmelade de pommes bien réduite et sucrée à point; en garnir la croûte moulée et faire cuire.

Remarque. — On peut faire des charlottes avec n'importe quel fruit, il ne s'agit que de les conduire à une cuisson qui leur donne la consistance nécessaire pour rester solides dans la croûte renversée.

Charlotte russe. — *Formule 887.* — Carême, qui est le créateur de cet entremets, l'avait dénommé *Charlotte à la parisienne*, « attendu, dit-il, que j'en eus l'idée pendant mon établissement; car les premières qui aient paru, ce fut chez les ministres de la police et des relations extérieures; je les ai envoyées toutes montées au moment du service, avec les commandes de pâ-

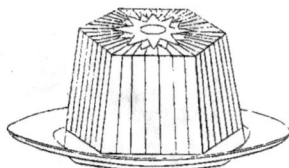

Fig. 347. — Charlotte à la parisienne originale ou Charlotte russe.

tisserie qui m'étaient faites pour les grandes maisons (1). » (CARÊME, *Pâtissier royal, dessin original.*)

Procédé. — Garnir un moule uni de papier blanc, sur lequel on ajuste des biscuits glacés et taillés de façon à former une paroi bien faite. Emplir l'intérieur avec une crème bavaroise à mi-prise, à laquelle on aura donné l'arome que l'on désire. (Voir formule 272.)

HYGIÈNE. — La charlotte russe, ou *à la parisienne*, lorsqu'elle est légère, c'est-à-dire qu'elle contient une forte proportion de crème double fouettée, est rafraîchissante, nutritive et légèrement laxative, mais sa digestibilité est toujours subordonnée aux stimulants qui l'aromatisent.

CHARTRES. — Chef-lieu d'Eure-et-Loir, dont les pâtés, les guignards et les volailles ont une renommée bien connue.

CHARTREUSE, *s. f.* (*Liqueur de la Grande*).— Liqueur remarquable par son goût et ses propriétés toniques. Cette liqueur composée par les Chartreux du couvent de ce nom, fondé en 1082, leur rapporte un revenu annuel d'environ 800,000. francs. On distingue trois sortes de chartreuses : la blanche, la jaune et la verte, cette dernière est plus stimulante que les deux autres. On peut, grâce à cette graduation, doser très exactement le degré d'excitation que l'on demande à cette liqueur très agréable.

De nombreuses tentatives d'imitations ont été faites pour détrôner ce tonique puissant, mais

---

(1) Comme on le voit, Carême a été établi, mais l'histoire n'a pas conservé le nom de son établissement. C'est une lacune qui existe dans son histoire.
J. F.

toutes ces soi-disant chartreuses se distinguent par la platitude de leur goût. (Voir ÉLIXIR.)

CHARTREUSE, *s. f.* — Dans l'origine, on ne connaissait que la chartreuse de légumes, sorte de macédoine montée dans un moule uni, à timbale. Mais, peu à peu, on y a introduit du pigeon et du gibier. Ces différentes formules s'arrêtèrent surtout à la chartreuse de perdreaux aux choux dont l'accord des substances employées était parfait. La pâtisserie s'en mêla aussi, et nous avons avec la chartreuse *liqueur*, la chartreuse *mets*, la chartreuse *entremets*.

Chartreuse de perdreaux (*Haute cuis.*). — *Formule 888.* — Foncer une casserole beurrée, de lard, d'oignons, d'un bouquet garni de thym, d'une feuille de laurier; au centre de la casserole mettre une saucisse, deux perdreaux bardés, les entourer de choux blanchis, le tout assaisonné de poivre et de sel. Faire pincer légèrement et mouiller avec du jus de gibier ou du bouillon de volaille. Faire cuire à l'étouffée.

Pendant ce temps, on beurre un moule uni à timbale, on le chemise d'un papier blanc également beurré, sur lequel on procède à la décoration avec carottes, navets, préalablement coupés à l'emporte-pièce. La taille ronde, losange, carrée, triangulaire, reste au goût de l'artiste qui mène son décor selon ses moyens. Lorsque le moule est décoré, on étend sur le décor des feuilles de choux dans toute leur longueur de manière à consolider le décor. Celui-ci terminé et consolidé, les perdreaux et les choux cuits à point, on découpe les perdreaux en écartant la carcasse dorsale; on garnit d'une mince couche de choux en alternant, à plat, avec les choux et les morceaux de saucisses; on presse doucement pour égaliser la garniture. Lorsque le moule est plein au-dessus des bords, on le recouvre d'un papier beurré, ou mieux d'une barde de lard.

Un quart d'heure avant de servir la chartreuse on la met au bain-marie. En la sortant du four, on presse de nouveau la garniture qui doit être à niveau du moule. On la renverse sur un couvercle de casserole uni de manière à faire sortir tout le liquide qui ferait tomber le décor. On la glisse enfin sur un plat rond et on lève le moule avec précaution. On ôte le papier et on en garnit facultativement la base avec du lard. On l'accompagne d'un jus ou d'une purée de gibier.

Remarque. — J'ai souvent remplacé les carottes et les navets par des pois, des haricots et des asperges. Je signale ces ressources aux artistes qui aiment la variabilité. Le pigeon, la sarcelle ou canard sauvage, la perdrix ou perdreau sont les seuls gibiers convenant surtout à la confection de la chartreuse.

Les choux sont quelquefois remplacés par des laitues.

Chartreuse à la parisienne (*Mets en surprise*). — *Formule 889.* — La surprise consiste à servir un mets sous l'apparence d'un autre.

Procédé. — Décorer un moule à timbale avec les précautions indiquées dans la formule précédente. Garnir les parois du décor d'une farce fine de façon à former une timbale; emplir le centre d'un ragoût *à la régence; à la toulousaine; à la financière*, etc., et recouvrir d'une couche de la même farce. Faire cuire au bain-marie et démouler avec précaution.

Remarque. — Dans cet ordre d'idée, on varie les surprises à l'infini. Je me borne donc à mettre sous les yeux du lecteur les précédentes formules, suffisantes d'ailleurs pour guider le praticien.

HYGIÈNE. — La chartreuse de gibier est très nourrissante, mais d'une digestion médiocre pour certains estomacs, les laitues viennent justement modifier les propriétés des choux qui offrent quelque inconvénient pour le sexe élégant.

Chartreuse de fruits (*Entremets froid*). — *Formule 890.* — Décorer un moule beurré avec de l'angélique et tous les fruits nécessaires et aromatiser de marasquin ou de curaçao. Remplir alors l'intérieur d'une marmelade de fruits à la gelée de coing ou de pomme. Cuire au bain-marie et laisser refroidir. Au moment de servir, tremper le moule à l'eau chaude pour en faciliter le démoulage. Décorer le dessus d'une rosace, surmonter la chartreuse d'un attelet garni de fruits et saucer le plat d'un sirop d'ananas, de pêches ou de groseilles.

CHASSAGNE (*Vin de*). — Bourgogne, Côted'Or, vin rouge de troisième classe.

CHASSELAS, *s. m.* — Originaire de Chasselas (Saône-et-Loire), où ce plant s'est développé par la culture. Il y a plusieurs variétés de chasselas : le chasselas doré de Fontainebleau ou de Thomery, remarquable par sa transparence, son goût et sa succulence; le chasselas de Montauban; le chasselas rose, violet, blanc, jaune et enfin le chasselas musqué, un des meilleurs, qui est l'objet d'un commerce important pour le dessert.

CHAT, *s. m. (Catus).* — All. *Katze;* angl. *cat;* ital. *gatto;* scan. *kœttr;* arabe, *quittoun.* — Animal carnassier de l'ordre des digitigrades, dont le lion est le type.

Comme aliment, le chat sauvage est meilleur que le chat domestiqué. Il doit être tué raide d'un coup et dépouillé immédiatement; on le vide et on l'expose à l'air; gelé, il n'en est que meilleur; dans ce cas, avant de s'en servir, il doit être trempé dans l'eau et mariné ensuite. Le meilleur mode de préparation est à la sauce crème aigre au genièvre; à la poivrade; en gibelotte et en civet.

Remarque. — La graisse du chat contient une huile essentielle, âcre, qui lui communique l'odeur pénétrante propre aux carnassiers sauvages. Avant de le soumettre aux préparations culinaires, on aura donc soin de bien le dégraisser.

HYGIÈNE. — Un peu indigeste, mais stimulante, sa chair doit être condimentée, ce qui constitue un mets échauffant qui ne peut être servi ni aux enfants, ni aux convalescents.

CHATAIGNE, *s. f. (Castanea).* All. *Kastanie;* angl. *chestnut;* ital. *castagna;* esp. *castana.* Mais étymologie grecque *Kastava,* qui est une ville de Thessalie, où la châtaigne était cultivée en grand pour l'alimentation; de là, *noix de castana,* au lieu de *Tagus castanea* de Linné.

L'arbre qui porte ce fruit est du genre de la monœcie polyandrie et de la famille des amentacées. L'espèce la plus commune et la plus importante au point de vue de l'économie domestique est le châtaignier européen, grand et bel arbre, regardé comme indigène depuis la plus haute antiquité. Il se plaît sur les sols granitiques des Alpes suisses, d'Italie, de la Grèce, de la Corse, du Dauphiné, de la Bretagne, du Vivarais et du Limousin. Les châtaigniers de la Sicile qui croissent sur l'Etna se nomment les *Châtaigniers des cent cavaliers,* parce que l'ombrage de chacun d'eux peut couvrir un pareil nombre d'hommes à cheval. Près de Sancerre, dans le Cher, se trouve un châtaignier célèbre par ses dimensions. Il aurait plus de mille ans. Celui de l'Etna mesure 35 mètres de circonférence. Mais le roi des châtaigniers, célèbre en Angleterre, est celui de Tortworth, qui servit de limite dans un acte passé en 1150, où il fut appelé *The great Chestnut;* il mesure 18 mètres de circonférence. Les Grecs ont chanté le châtaignier, ainsi que les Romains. Dioscoride et Théophraste en parlent et Virgile en fait l'éloge dans ses *Géorgiques.*

On distingue deux grandes classes de châtaigniers, à fruit doux et petit et à fruit gros et amer, ce dernier est communément appelé *marronnier.* Pour rendre le fruit doux, il doit être anté. Alors la graine du châtaignier devient unique dans le fruit par avortement de l'autre moitié, et remplit toute la cavité en prenant la forme d'un œuf au lieu de rester aplatie d'un côté comme dans la châtaigne. Il n'existe aucune distinction botanique en dehors de celle-ci.

Analyse chimique. — L'analyse chimique a constaté sur 100 parties :

Eau.	26
Fécule amylacée.	52
Substances grasses.	4
— azotées (azote 0,64).	3
Sucre.	12
Sel minéral.	2
Cellulose.	1
	100

HYGIÈNE. — Les médecins se sont divisés sur la valeur nutritive et la facilité de digestion. Mais nous pouvons conclure que la châtaigne est un aliment très nourrissant qui engraisse rapidement. On doit en manger modérément. D'après James, la poudre de châtaigne mêlée avec du miel forme un électuaire, tout indiqué dans les cas de toux et d'hémoptysie. La décoction faite avec les châtaignes contenant leur écorce convient aux diarrhéitiques. La châtaigne ou marron grillé semble être l'antidote des brûlants effets du vin nouveau, qu'elle neutralise jusqu'à un certain point. Aussi la nature qui les produit à la même époque semble avoir tout prévu. Il reste à l'homme de savoir se les approprier.

USAGE ALIMENTAIRE. — Les Grecs d'Athènes faisaient torréfier les châtaignes, que l'on servaient dans des corbeilles capitonnées de pourpre et les mangeaient couchés sur leur lit en buvant du vin de Chypre que les hébées et les ganymèdes versaient dans des aiguières d'or. Les Romains les mangeaient également grillées ou en purée. Les nomades d'Egypte les font griller sous les cendres. Les Anglais et les Russes, bouillies ou grillées. Les Allemands les ont substituées à la truffe dans les farces de volaille. Les Latins modernes, Français, Suisses, Espagnols, Italiens et Belges, partout où la science culinaire est française, les mangent de mille façons différentes. (Voir MARRON.)

CHATAIGNE D'EAU, *s. f.* (*Tropa natans*). All. *Wassernuss;* angl. *Water-Chesnut.* — Plante aquatique aussi appelée *macre nageante, corniole, tribule aquatique, truffe d'eau.*

Fig. 318. — Tige.

Cette plante, dont les feuilles s'étendent à la surface de l'eau et y forment comme un tapis brodé de fleurs vertes, est très agréable à voir. Son fruit est une noix dure, épineuse à quatre cornes. Dépouillée de la membrane grisâtre qui la revêt, cette noix est d'un très beau noir, de la grosseur d'une châtaigne, renfermant une amande blanche, farineuse et bonne à manger.

Fig. 319. — Châtaigne d'eau.

USAGE ALIMENTAIRE. — On en fait des purées, des farces et une farine que l'on mélange à la farine de froment pour la préparation des bouillies; en Saxe, on en a fait du pain de fantaisie. Ce fruit qui possède des propriétés flatueuses est nourrissant et aphrodisiaque.

CHATAIGNE D'AMÉRIQUE, *s. f.* (*Bertholletia excelsa*). — Nom vulgaire de l'amande d'un arbre magnifique qui croît sur les bords de l'Orénoque. On en tire une huile très recherchée dans l'alimentation indigène.

CHATEAUBRIAND, *s. m.* (*Cuis. de restaurant*). — On appelle ainsi un morceau de filet de bœuf de la grosseur de deux forts beefsteaks, grillé et garni de maître-d'hôtel, de glace de viande et de pommes de terre de forme spéciale qu'on appelle *pomme à château.*

Dans l'origine, le beefsteak à la Château n'était pas fait de cette manière. Voici comment le cuisinier de Chateaubriand, M. Montmireil, préparait le filet auquel il donne le nom de son maître :

Chateaubriand (*Méthode originale*). — *Formule 891.* — Couper un morceau, fort de deux beefsteaks, au milieu d'un beau filet de bœuf; à l'aide d'un petit couteau on pratique une ouverture horizontale au centre du Chateaubriand, en le détachant complètement à l'intérieur sans en couper les bords, de manière à en former une poche dont l'ouverture d'entrée sera aussi petite que possible. Hacher des échalotes, les passer à la poêle, les mélanger avec de la moelle, de la glace de viande, des ciboules hachées et condimenter de poivre de Cayenne et de sel fin ; en farcir le Chateaubriand, fermer l'ouverture avec une aiguillette de bois ou de métal et le faire griller. Préparer une bonne maître-d'hôtel et de la glace de viande fondue avec lesquelles on arrosera le Chateaubriand en le servant; le garnir de pommes nouvelles rôties. Voilà comment le mangeait M. de Chateaubriand.

Le mode émis par un auteur de tailler plusieurs petits beefsteaks n'est qu'un manque de lucidité de la formule primitive qui jette le praticien dans les plus sombres erreurs.

Aujourd'hui, le Chateaubriand se sert aux truffes, aux champignons, au beurre d'anchois, etc., mais simplement taillé gros comme deux beefsteaks, aplatis, grillés ou saucés.

Chateaubriand (*Pâtisserie*). — *Formule 892.* — La pâtisserie a également contribué à perpétuer la mémoire du grand écrivain :

Amandes mondées	grammes	500
Sucre en poudre	—	500
Farine	—	150
Beurre fin	—	50
Zeste de citron	nombre	1
Œufs frais	—	2
Une pincée de sel.		

Procédé. — Piler les amandes avec le sucre et les œufs et ajouter la farine et le beurre. Amalgamer le tout et ajouter encore un œuf si la pâte n'est pas lisse et ferme. La laisser reposer.

Abaisser une partie de la pâte et en couper une rondelle de la grosseur que l'on désire donner à la timbale que l'on va faire : abaisser le restant de la pâte, c'est-à-dire la plus grande partie à quatre millimètres d'épaisseur et couper des bandes de la hauteur du moule uni dans lequel on va la faire. Faire cuire ces bandes et, en les sortant du four, en couper de petits bâtons de la largeur de 2 centimètres 1/2; les glacer à la glace royale ferme, ainsi que la rondelle. Poser la rondelle au fond d'un moule que l'on aura préalablement foncé de papier blanc; coller les bâtons en les mettant à cheval les uns sur les autres, la partie glacée contre la paroi intérieure du moule et collée à la rondelle du fond.

Pendant que cette timbale se raffermit, on prépare la glace suivante :

Fig. 320. - - Château de Pékin à vol d'oiseau.
Caves desservies par le chemin de fer et les wagonnets Decauville et Cⁱᵉ.

Préparer une crème à glace dans la proportion d'un litre de crème double; d'une gousse de vanille, de dix jaunes d'œufs et un demi-décilitre de marasquin et le sucre nécessaire. La faire lier sur le feu en évitant qu'elle ne tourne; la passer au tamis dans une terrine.

Couper en quatre, cinq abricots, six poires en six, cinq prunes, y ajouter 100 grammes de cerises, le tout confit. Faire ramollir ces fruits séparément avec de l'eau et du sucre sur le feu, les laisser refroidir dans leur sirop; égoutter les fruits. Faire glacer la crème très ferme, et lorsqu'elle est à point, la mélanger avec un demi-litre de crème double fouettée ferme, la sangler dans un moule uni et plus petit, de manière qu'elle puisse entrer à l'intérieur du moule garni de la timbale. Après une demi-heure, démouler sur une serviette posée sur un plat rond et froid. Surmonter la timbale d'un attelet garni de fruits

Fig. 321. — Enfance de Bacchus ciselé dans la craie des caves F. Mercier et Cⁱᵉ.
Caves desservies par le chemin de fer Decauville et Cⁱᵉ.

ou décorer le centre superficiel avec des fruits divers ou du sucre filé.

Remarque. — Nombre de praticiens mettent dans l'intérieur de la timbale de la crème fouettée, fraîche ou glacée, d'autres encore un appareil à la bavaroise, mais tous ces modes ne sauraient prévaloir sur la formule sus-mentionnée.

CHATEAU-CARBONNIEUX, *s. p.* — Se dit d'un premier cru du Bordelais, préparé avec la *blanquette* et le *sauvignon*, comme le Château-Yquem, le Sauterne, le Barsac.

CHATEAU DE PÉKIN. — Le château de Pékin, à Epernay, est situé au pied du plus riche coteau de la Marne. De la terrasse qui domine les jardins étagés en amphithéâtre et descendant jusqu'à la ligne du chemin de fer, on jouit d'un coup d'œil magnifique qui se repose agréablement sur les coteaux dorés qui l'entourent et sont les principaux crus Champenois.

Sous ce riant panorama, un trésor enfoui sous ce tapis animé se dérobe à la vue; semblable à une habitation de fées, des cryptes taillées dans la craie s'avancent sous la montagne et forment la cave la plus remarquable du monde. Les galeries, occupant 15 kilomètres de longueur, sont desservies par un embranchement du chemin de fer de l'Est, dont les wagons Decauville sillonnent les souterrains. Des foudres monstres garnissent les cavités des arcs rocheux au centre desquels l'autel du dieu du vin, représentant l'enfance de Bacchus, est ciselé dans le massif de craie. (Voir *Champagne* et E. MERCIER.)

CHATEAUNEUF-DU-PAPE, *s. p.* (*Vins du*). — Avignon, département de Vaucluse. Les vins rouges du *Châteauneuf-du-Pape* ont une ancienne renommée, mais leurs qualités dépendent essentiellement de leur âge, car ils demandent de six à dix ans avant d'être à l'apogée de leur maturité. Alors ils sont capiteux, parfumés et ils plaisent par leur bouquet.

Lorsque le pape Urbain X résolut de transporter d'Avignon à Rome le siège de l'Eglise, la dissidence, ou tout au moins la discorde, se mit parmi ses cardinaux. Plusieurs se refusèrent à le suivre. Et sait-on pour quelle raison? Pétrarque la donne dans une lettre, en réponse à celle où le pape lui exprime son étonnement : « Très-Saint Père, écrit-il, les princes de l'Eglise estiment le vin de Provence, et savent que les vins de France sont plus rares au Vatican que l'eau bénite. »

CHATEAUX. — On donne ce nom à différents crus du Bordelais ou autres. (Voir BORDEAUX.)

CHATELDON, *s. p.* (*Vin de*). — Le vin rouge de *Chateldon* et *Ris*, en Auvergne, est classé parmi les ordinaires de première qualité.

CHAT-HUANT, *s. m.* (*Strix aluco*). All. *Ohreule;* angl. *screech-owl;* ital. *barbagianni.* — Oiseau de proie, nocturne, qui a les yeux et le cri du chat. La loi mosaïque, par mesure d'hygiène, le déclare impur. La chair du chat-huant est tendre, fade et sans goût. Aussi est-on forcé de la faire mariner ou de la condimenter fortement pour la relever. Ses propriétés hygiéniques sont celles du lapin.

CHAUDERIE, *s. m.* — Caravansérail sur les routes de l'Inde. Espèce d'auberge où les voyageurs logent et se restaurent.

CHAUFROID, *s. m.* — De *Calidus-frigidus*, Chaud-froid, en raison de la grande chaleur que l'on mettait pour faire réduire la coction des viandes qui, étant froides, devaient former des gelées. Avant 1850, on écrivait chaud-froid,

mais depuis 1865 l'un des cuisiniers de l'empereur d'Allemagne, qui cherchait à faire école, écrivit dans ses ouvrages *chaufroix.* En 1878, une étude parut dans la *Science culinaire* sur l'étymologie de ce mot, où l'auteur de cet ouvrage soutenait que la vraie étymologie venait de deux mots latins : *calidus, frigidus.* Une polémique s'engagea entre les prussophiles écrivant *chaufroix* et les latins ou français écrivant par abréviation *chaufroid.* Ce débat s'était renouvelé en 1885 entre le « Figaro » et nous; lorsque pendant cet intervalle on trouva dans les ruines de Pompéi un vase de terre contenant les résidus de viandes que l'on avait fait réduire en gelée pour les conserver et portant pour inscription *calidus-frigidus,* mot à mot *chaud-froid,* ce qui a pleinement corroboré nos assertions.

Comme on le voit, depuis longtemps les Romains connaissaient l'art de conserver les viandes par le chaufroid.

Il existe deux méthodes de faire le chaufroid; l'une traitées par la sauce blanche et l'autre par la sauce brune. La première s'applique aux viandes blanches et la seconde aux viandes noires.

On fait des chaufroids avec tous les gibiers à plumes, c'est-à-dire caille, perdreau, grive, ortolan, becfigue, merle, bécasse, pluvier, pigeon, etc. Mais les petites pièces ne doivent contenir que la poitrine, la peau et les chairs qui doivent envelopper une farce de foie gras aux truffes.

Dans une exposition culinaire, un cuisinier, M. L. Hanni, dans le but de démontrer le travail d'un chaufroid de caille, en a établi toutes les phases depuis l'état naturel jusqu'au chaufroid sur socle.

Chaufroid de perdreaux (*Procédé général*). — *Formule 893.* — Désosser six perdreaux, les farcir avec du foie gras frais, aux truffes, ou conservé en boîte; coudre les ouvertures, les barder de lard et faire cuire à la broche ou dans un sautoir au four. Les presser légèrement, la poitrine en haut, et laisser refroidir; pendant ce temps on aura mis les débris dans une casserole avec un mirepoix au jambon, et, après avoir pris couleur, dégraisser et mouiller d'un verre de vin blanc vieux. Faire réduire, ajouter une petite pochée de sauce espagnole bien réduite et du consommé; mettre en ébullition, retirer la casserole sur l'angle du fourneau et laisser cuire doucement de manière à obtenir un bon *fumet.* Après quelques heures de cuisson, passer la sauce à l'étamine ou dans un tamis fin ; la mettre dans un sautoir avec un tiers de son volume de gelée d'aspic (voir ce mot) et faire réduire en plein feu en remuant constamment jusqu'à ce qu'elle file à la spatule ; à ce point, on retire le sautoir et l'on remue de temps à autre, jusqu'à ce qu'elle commence à se congeler. Cet appareil est la sauce chaufroid.

La forme. — On coupe alors les perdreaux longitudinalement en deux et en morceaux régu-liers, de grandeurs et de formes ; en cœur, en trian-gle, ovale ou en ballo-tine, selon la disposition qu'on désire leur donner dans le dressage. On les trempe dans la sauce chaufroid et on les pose ensuite sur un tamis, le côté uni en haut ; on les laisse refroidir ; après un instant, on arrose encore avec la même sauce cha-que morceau, de manière à ce qu'ils deviennent brillants à l'instar d'un éclair glacé au chocolat.

Le dressage. — On dres-se le chaufroid de diffé-rentes façons, mais gé-néralement on a un fond de plat en bois masqué ou décoré, sur lequel on pose plusieurs gradins de bois décoré, ou de pain verdi avec du beurre de Montpellier.

Si les morceaux ont la forme de côtelettes ou de cœurs, on fait de très petites papillottes ou manchettes que l'on adapte avec un os de per-dreau et sur lesquelles on pique une petite truffe épluchée et grosse comme une aveline. On dresse sur le premier gradin les plus gros morceaux et on garnit les intervalles avec des rognons de coq glacés à blanc et des crêtes rougies égale-ment glacées avec de la gelée. Au deuxième gradin on place les plus petits morceaux, d'une différente forme si l'on veut, et généralement placés dans un sens inverse au premier gradin, également garni et embelli par le décor, ainsi que le troisième gradin, le plus petit, mais qui

Fig. 322. — Chaufroid de faisan sur socle imitant un portique en ruine.

doit être bien dressé et qui supporte la flèche surmontée d'un attelet ou d'un sujet en stéarine, ce qui dépend des ressources ou des goûts.

Chaufroid de faisan *(Haute cuis.).* — *For-mule 894.* — Ce chaufroid de faisan sur socle représente un portique en ruine. Les deux cor-beilles d'abondances sont garnies d'œufs d'a-louettes au foie gras, de truffes glacées, garnies de piment rouge, de langue écarlate en lame et glacées. Le portique est muré avec des tranches de galantine de faisan, imitant les pierres de taille ; le tout glacé d'une sauce chaufroid. Les co-lonnes sont d'une seule pièce (1). La mousse est imitée avec du foie gras passé au tamis. Le socle est entièrement en com-position de graisse et stéarine.

Chaufroid d'ortolans à la Rothschild. — *For-mule 895.* — Désosser les ortolans, les emplir avec une farce composée de deux tiers de filets de cailles et de un tiers de foies gras ; la lier avec des œufs ; et beurrer lé-gèrement avec du beurre extra fin d'Isigny.

Avec les os des orto-lans, les cuisses et les os des cailles faire un fu-met, en mouillant avec de la gelée de volaille sans couleur au lieu d'eau ; le faire réduire au bain-marie pour conserver sa blancheur. Lier avec fécule de riz de premier choix, aromatiser, saler, réduire à point pour en faire une sauce chaufroid.

Napper les ortolans et les têtes d'ortolans avec cette sauce blanche. Garnir l'intérieur des yeux d'une petite rondelle de langue écarlate.

Pendant ce temps, avoir choisi des truffes as-sez grosses, aussi rondes que possible, possédant

(1) Ces colonnes sont enfilées dans des baguettes d'acier fixées sur un fond de bois.   J. Y.

un chagrin très vif. Les faire cuire dans une cuisson composée de moitié vin de Château-Yquem, moitié de Champagne, une sacoche de poivre noir en grain, une poignée de gros sel, une carotte, un oignon.

Faire cuire vingt minutes; laisser refroidir vingt-quatre heures dans sa cuisson.

Couper une rondelle à chaque truffe pour lui donner de l'assise; évider la partie supérieure avec un emporte-pièce du diamètre de la base du petit chaufroid et placer l'ortolan tout nappé dans le trou qui ne doit pas être plus profond qu'un demi-centimètre.

Prendre le jus, ajouter un litre de bonne gelée de volaille, faire clarifier et s'en servir soit pour bordure, soit pour croûtonner. — F. CHEVET (Palais-Royal).

Chaufroid de poularde. — *Formule 896.* — Désosser une poularde, en faire de petites ballotines; les faire cuire à blanc dans un four; bien les assaisonner avec pied de veau et couenne de lard. Les presser une fois cuites comme les galantines. Faire réduire le fond, y ajouter quelques feuilles de gélatine et un peu de sauce suprême. Passer à l'étamine et faire réduire encore en lui conservant une parfaite blancheur, ce que l'on obtient en la liant avec un peu de crème et des jaunes d'œufs. On glace les ballotines taillées selon le mode de dressage qu'on désire lui appliquer.

Chaufroid en buisson. —*Formule 897.* — On fait des chaufroids en buissons qui sont très pratiques pour les restaurants.

Procédé. — On taille une pyramide de pain de mie, on la colore avec du beurre de Montpellier; on la colle au milieu d'un fond de plat, décoré, on garnit de petits attelets de chaufroid et on les pique au pain vert. Le convive tire ainsi l'attelet avec sa garniture qu'il dépose sur son assiette. Dans ce cas, le haut de la flèche doit contenir un sujet, afin qu'étant dégarnie la pyramide présente encore un aspect agréable.

Remarque. — Les chaufroids ne sont appétissants qu'à la condition d'être d'une parfaite fraîcheur et les décors peu chargés et distincts. On obtient cette fraîcheur en les glaçant une dernière fois au moment de les dresser.

J'ai souvent alterné les couleurs par gradin ou par groupe, ce qui dans un buffet permet de choisir. Je ne saurai trop protester contre l'habitude qu'ont certains praticiens de ne pas dé-

sosser les gibiers, ce qui peut occasionner des accidents aux personnes qui ne s'attendent pas à trouver des os sous cette couche vernissée.

Je prédis un succès certain à l'artiste qui garnira le chaufroid d'attelets de crêtes de coqs rougies et glacées. (Voir CRÊTE DE COQ.)

CHAUSSE, *s. f.* — Toile de fil, coton ou laine cousue en forme de capuchon, dont on se sert pour filtrer les sirops et servant aux mêmes usages que le blanchet.

La chausse est le filtre des pharmaciens et des confiseurs.

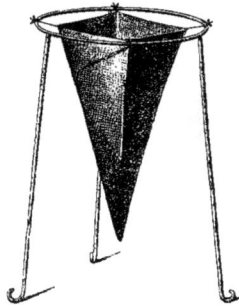

Fig. 323. — Chausse.

Fig. 324. — Filtre en papier.

CHAUSSON, *s. m.* — Mets ou entremets composé : Le chausson de pommes est un entremets; le chausson de veau, un mets. Pâte enveloppant une marmelade de pommes ou une farce de veau.

CHA-WAHW (*Camelia sasanqua*). — Plante cultivée en Chine, qui a beaucoup d'analogie avec le thé et dont les fleurs servent à l'aromatiser. On extrait de la noix qu'elle porte une huile d'une odeur agréable employée à divers usages.

CHAYOTTE, *s. f.* — Genre de cucurbitacée que l'on cultive dans les régions tropicales; son fruit de la grosseur d'un œuf de poule est agréable à manger.

CHEDEAU, *s. f.* — Thé qui croît aux environs de Canton (Chine); on extrait de sa graine une huile qui sert à la friture.

CHEF, *s. m.* (*Caput*). All. *Vorgesetzte;* angl. *head;* ital. *capo;* esp. *jefe.* — En terme de bouche, dit Littré, « celui qui préside à l'office et à la cuisine »; j'ajouterai : celui qui ordonne, dirige, achète les aliments et décide du mode d'application culinaire.

Le chef sait, par la condimentation, rendre facile à la digestion un aliment naturellement indigeste, et rendre excitant celui qui est calmant dans son état naturel ; mais à la seule condition, qu'étant au niveau de sa tâche, il soit chef absolu ; c'est-à-dire qu'il donne des ordres sans en recevoir et qu'il aie tout à sa disposition, car lui seul doit être capable de connaître ce qu'il lui faut et d'apprécier la valeur des aliments. Le chef étant le gardien de la santé de ses hôtes doit être un bon cuisinier, doublé d'un savant; devant connaître tout à la fois la botanique, la chimie, et, pour exécuter ces vrais chefs-d'œuvre d'art de pièces montées, il doit posséder le dessin et la sculpture.

CHEILINE-SCARE (*Labrus scarus*, L.).— Poisson de mer, connu aussi sous le nom de *scute*. Sa chair blanche, d'un goût agréable, est assez estimée. Les Romains en étaient très friands, surtout de ses intestins qu'ils regardaient comme un mets digne des dieux à cause de l'odeur de violette qu'ils exhalent; ils les servaient entourés de cervelles de paon, de faisan et de laitance de murène.

CHELMON, *s. m.* (*Cheltodon rostratus*, L.). Se prononce *kelmon.* — Genre de poisson habitant surtout les mers de l'Inde; à couleurs vives, à museau saillant, allongé en pointe; il se nourrit d'insectes qu'il chasse en leur lançant une pluie d'eau à l'aide de son museau allongé qui les fait tomber. Sa chair est agréable et de facile digestion. Elle se prépare comme celle du merlan.

CHEMINEAU, *s. m.* (*Pâtis. normande*). — En Normandie, pendant le Carême, on a l'habitude de faire un gâteau qui est devenu national. Il est fait de farine, de beurre ou de saindoux, et comme un flan compact et épais; on le cuit dans un four très chaud. On l'ouvre alors horizontalement et on y couche du beurre salé, on repose les parties à leur juxtaposition primitive et on le mange froid.

Il est indigeste, mais il apaise la faim pour longtemps.

CHEMISER, *v. a.* — Terme culinaire. Action par laquelle on garnit l'intérieur d'un moule, d'une timbale, ou l'extérieur de certains aliments glacés. Chemiser de gelée un moule, action de faire congeler de la gelée d'aspic contre les parois intérieures : glacer une couche forte d'un demi-centimètre de glace sur tout l'intérieur d'un moule. Chemiser un chaufroid, glacer d'une nouvelle couche d'appareil ou de sauce chaufroid.

CHÉNAS, *s. p.* (*Vins de*). — Dans le Beaujolais et le Mâconnais, vin rouge de deuxième classe. (Voir CHARBONNIER.)

CHÊNE, *s. m.* (*Glands doux de*). — Les Anciens donnaient le nom de *Quercus* à l'arbre qu'ils consacrèrent au maître des dieux. Le gland de chêne fut l'aliment des Égyptiens et des peuples nomades avant les céréales. Le *Quercus cerus* de Linné est la variété qui porte le gland doux dont on fait torréfier le fruit et que l'on réduit ensuite en poudre comme le café.

HYGIÈNE. — Le gland doux torréfié à point est un aliment riche; il engraisse et convient surtout pour le déjeuner du matin avec le lait, où il a l'avantage sur le café au lait de ne pas donner de coliques.

CHENILLE, *s. f.* (*Scorpiurus vermiculatus*). All. *Raupenklee*, étymologie *chenille*. — Plante pota-

Fig. 323. — Chenille végétale.

gère de la famille des légumineuses. Son fruit est une gousse hérissée et recourbée sur elle-même en forme de chenille.

On distingue trois variétés de cette plante :

LA GRANDE, qui porte une gousse rugueuse en forme de chenille d'une couleur jaunâtre.

Fig. 323. Grosse chenille.

LA CHENILLE RAYÉE, *S. sulcatus*, dont la gousse est tournée sur elle-même et fait environ deux tours, renflée à l'endroit des graines et profondément marquée sur la partie extérieure, d'un brun violacé et garnie d'aspérités en forme de dents.

LA CHENILLE VELUE, *S. subvillosus*, dont la gousse ressemble à la chenille rayée, mais plus mince et plus longue, est

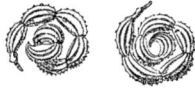

Fig. 327. — Chenille rayée.

garnie de pointes raides comme des arêtes; sa couleur d'un brun violacé la fait prendre pour une chenille. Cette plante indigène est cultivée plus pour l'originalité de sa forme et les surprises qu'elle procure, que pour être utilisée comme légume.

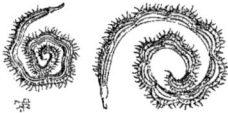

Fig. 328. — Chenille velue.

Salade aux chenilles (*Suprise*). — *Formule 898.* — Tranquillisez-vous, lecteurs, celles dont il s'agit ici sont comestibles et appétissantes. Voulez-vous que personne ne touche à la salade? Mettez-y des chenilles végétales et faites la vous-même. Annoncez à vos convives, pour leur mettre *l'eau à la bouche*, que vous venez de commander un estagnon d'huile d'olive à la maison LAFONT (voir *Aix*), de Marseille, et que cette salade sera exquise. Assaisonnez-la au mieux, tournez-la avec élégance, et, au moment où tous les regards sont dirigés sur vous, sortez discrètement une chenille, puis deux, trois, que vous posez à côté du saladier en simulant de les cacher; et quand l'on s'exclamera, admonestez vertement votre cuisinière. Remettez le tout dans le saladier et vous êtes certain qu'il vous restera la plus grosse part de salade, que vous pourrez savourer tout à votre aise.

Remarque. — Les chenilles peuvent être ajoutées à n'importe quel légume ou salade; on peut aussi les confire comme les *mixed pickles*.

Chenilles braisées. — *Formule 899.* — Nettoyer de grosses chenilles et foncer une casserole de terre avec lard, oignon clouté et beurre frais. Assaisonner les chenilles de poivre, sel, une pincée de sucre et les mélanger avec la même quantité de pois gourmands; mettre le tout dans une casserole de terre, couvercler et mettre dans un four pour cuire à l'étouffée.

CHENOPODE, *s. m.* — Plante annuelle à feuilles sinuées ou dentées, à tiges striées, à petites fleurs verdâtres en grappes, dont plusieurs espèces sont alimentaires et d'autres médicinales et se mangent aussi comme les épinards. Les feuilles du *chenopode quinoa*, commun au Pérou et cultivé en Europe, donnent une salade amère et se mangent aussi comme les épinards. (Voir ANSÉRINE.) Ses graines comestibles peuvent être employées en alimentation comme le maïs et le riz.

CHENOVE (*Vin de*). — Bourgogne (Côte-d'Or). Rouge troisième classe.

CHER (*Vins du*). — Le département de ce nom produit des vins assez estimés, surtout dans le Sancerrois; il se fait un grand élevage de moutons dits *berrichons;* commerce de céréales, de chanvre, de fruits et de volailles.

La partie Est, dans les vallées de la Loire et de l'Auron, est la plus fertile.

CHERIMOLIA, *s. m.* (*Fruit exotique*). — Le *cherimolia* est un fruit des pays chauds, fourni par l'anona du Pérou, ou cherimolia, de la famille des anonacées.

C'est un fruit sucré et aromatique, très estimé des Indigènes.

CHEROUBLES, *s. p.* (*Vins de*). — Se dit du cru de ce nom, qui est le mâconnais ordinaire de première qualité.

CHERVIS, *s. m.* (*Sium sisarum*). All. *Zuckerwurzel;* ital. *sisaro;* esp. *chiciria.* — Plante aussi appelée *chibouis*, de la famille des ombellifères, originaire de Chine, à racines charnues et sucrées.

Analyse chimique. — L'analyse a constaté pour 100 parties :

Eau.	72
Gomme et mucilage.	8
Sucre.	5
Fécule.	4
Substances azotées.	3
Matières grasses.	1
Pectose et pectine.	2
Cellulose.	2
Matière minérale.	3
	100

HYGIÈNE.— Les propriétés du chervis, comme nous le voyons plus haut, sont à peu près celle du cerfeuil bulbeux ou de la carotte. Son goût aromatique sucré le fait rechercher comme aliment des convalescents. Il passe pour être aphrodisiaque. Ses racines donnent un amidon d'une blancheur éclatante; soumises à la fermentation elles fournissent abondamment de l'alcool.

USAGE CULINAIRE. — Le chervis est un bon légume d'hiver, mais trop vieux il devient ligneux et convient surtout pour les garnitures des grosses pièces.

Fig. 349. — Chervis.

Chervis frit (*Cuis. chinoise*). — Formule 900. — Faire cuire les racines de chervis au naturel dans l'eau salée. Les éplucher; les couper par rondelles, les assaisonner et les tremper dans une pâte à frire et les mettre une à une dans la friture chaude. Les laisser dorer, les égoutter sur un linge et les dresser sur une serviette garnie de persil frit.

Chervis braisé. — *Formule 901.* — Éplucher les chervis, les tailler en demi-lune, les jeter dans l'eau. Les égoutter, les passer dans un linge et les mettre dans une casserole avec du beurre frais.

Les faire cuire au four, à l'étouffée comme les petites carottes nouvelles. Saupoudrer les chervis avec des fines herbes en les sortant du four.

Remarque. — On les prépare aussi en sauce blanche et à la sauce béchamelle.

CHERRY PUDDING (*Cuis. anglaise*). All. *Kirschenpudding;* ital. *pouding di cirigi.* — Pouding de cerises. Procéder comme il est dit dans la formule 171. On le sert avec une purée de cerises.

HYGIÈNE. — Cet entremets est nourrissant et agréable, mais lourd; il ne convient qu'aux personnes robustes.

CHESTER, *s. m.* (*Fromage de*). *Chester cheese.* — Ville anglaise où se fabrique une spécialité de fromage qui porte son nom. Le fromage de Chester est un des fromages les plus estimés des Français, entre tous les fromages étrangers. Pour les Anglais, le fromage de Chester est le premier des fromages, comme l'Angleterre est la plus riche des nations; je ne contesterai pas ce petit préjugé de chauvinisme.

Il y a deux espèces de ce fromage, le gras et le maigre, c'est-à-dire celui qui est fait avec du lait naturel et celui fait avec du lait écrémé; ce dernier se conserve mieux, il devient plus sec et ne se moisit pas aussi vite que le premier; mais le gras est plus délicat, plus nourrissant et plaît beaucoup mieux que le maigre.

Sa croûte est toujours très lisse, sa pâte compacte, d'un beau rouge-orange, sans odeur, avec un goût qui se rapproche beaucoup du fromage d'Edam; il a une certaine analogie avec le fromage de Hollande.

Analyse chimique. — L'analyse à laquelle nous avons soumis le Chester a donné sur 100 parties :

Eau	36
Matières azotées (azote 4) . .	26
Matières grasses	26
Sels	4
Matières diverses	8
	100

CHEUQUE (*Struthio rea*). — Autruche d'Amérique. Sa hauteur approche celle de l'homme. On l'appelle aussi *nandou.* (Voir AUTRUCHE.)

CHEVAINE, *s. f.* (*Cyprinus dobula*). — Poisson des rivières d'Europe, aussi appelé *meunier,* parce qu'il aime habiter près des moulins. Sa chair n'a rien de bien délicat; se traite culinairement comme la carpe.

CHEVAL, *s. m.* (*Caballus*). All. *Pferd;* angl. *horse;* ital. *cavallo;* esp. *caballo;* du sanscrit *tetsapola.* — Le siège de Paris de 1870 a mis fin aux préjugés que l'on avait sur la viande de cheval comme aliment.

En 1869, on avait livré à Paris 2,522 chevaux et trois ans plus tard, en 1872, ce chiffre était monté à 5,034 (*J. officiel*, 4 mars 1873).

En Angleterre, des naturalistes et les membres du *Jockey-Club* ont provoqué, en 1868, un grand dîner fait de cheval exclusivement, ce qui a causé un certain scandale dans la haute société où tout est *shocking*. C'était à l'époque où l'incomparable coursier le *Gladiateur* et les artistes *Thérésa* et *Patti* faisaient plus parler d'eux que la politique des souverains. J'eus l'avantage de travailler à la confection de ce repas, qui se donnait au Lang-Ham, Hôtel de Londres. Pour ce dîner, le premier de ce genre, on avait élevé, engraissé et abattu trois chevaux de race *pur sang*, dont la valeur était évaluée à 140 livres sterling, l'un avait l'âge de dix-huit mois, l'autre de trois ans et le troisième de quatre ans. Là, j'eus pour la première fois l'occasion d'apprécier à sa juste valeur la viande de cheval, et les différents âges avaient permis d'en varier le traitement culinaire, selon toutes les diverses applications que réclamaient les exigences du menu.

Les jeunes chairs étaient traitées à blanc, comme le veau, pour les entrées blanches; pour les gelées, on avait employé le cou et les pieds; tandis que les plus âgées composaient les braisés, les pièces saignantes et les rôtis.

Les gelées étaient succulentes et fermes; les entrées tendres et délicates; les rôtis et les mets froids appétissants, savoureux, exquis, et ne le cédaient en rien aux plus belles viandes de bœuf gras vendu à Paris, avec cette différence qu'elle était plus ferme, plus serrée et non entrelamée de graisse comme la viande de bœuf. Le filet de cheval est supérieur à celui du bœuf; piqué et mariné, il acquiert un goût qui rappelle celui du daim; le bouillon prend un goût de volaille très prononcé, mais la viande qui a servi à sa confection n'est point mangeable.

En 1878 (4 mars), fut ouverte à Londres la première boucherie hippophagique, qui a débité dans l'espace de trois mois, tant en cheval, qu'âne et mulet, 53 de ces animaux. Au moment où nous écrivons, on ne compte pas moins de 100 boucheries hippophagiques. Le cheval entre dans tous les saucissons à bas prix que l'on vend dans les rues de Paris.

HYGIÈNE. — La viande de cheval a l'avantage sur celle de bœuf, qu'il n'y a pas à craindre la tuberculose comme dans ce dernier. Cet animal, même fourbu, s'il est engraissé pour l'abattoir, peut servir sans crainte pour l'alimentation. Le cheval, comme le bœuf, engraissé après avoir travaillé, fournit une viande à tissus plus gélatineux et plus tendre que celle des individus du même âge qui n'ont point travaillé.

Les seuls cas où la viande de cheval doit être rejetée sont lorsqu'il est mort de la *morve*, du *farcin* ou des *eaux aux jambes*.

Pour les préparations culinaires voir BŒUF.

CHEVALIER, *s. m.* (*Totanus*). — Genre d'oiseau à longues jambes, dans lequel on classe le *barge*, le *cul-blanc*, la *grive d'eau*, *l'alouette de mer*, etc. Ce sont des gibiers à chair stimulante, aphrodisiaque, mais un peu difficile à la digestion.

CHEVALIÈRE, *adj.* (*Poulet à la*). — (Voir POULET.)

CHEVET. — Ce nom, l'un des plus respectés, des plus dignes de la gastronomie française, est depuis plus d'un siècle le témoin intime de l'histoire politique de la France. Sous tous les régimes qui se sont tour à tour succédé, royautés, révolution, empires et républiques, le nom de Chevet se trouve mêlé dans tous les dîners de corps diplomatiques, ministériels et fêtes publiques.

C'est à la Révolution qu'est due la fondation de la maison Chevet, du Palais-Royal, et voici comment :

Vers 1780 un jardinier de Bagnolet, nommé Hilaire-Germain Chevet, s'occupant exclusivement de la culture de la rose, avait découvert quelques-unes de ces ingénieuses combinaisons de semis, qui, d'une simple pentapétale, font cette fleur vermeille et profondément odorante, dont les variétés se comptent aujourd'hui par milliers.

Mais sous Louis XVI la fleur de Vénus était loin d'être aussi tourmentée par la spéculation et on en comptait seulement quelques espèces, dont la *Chevette* était du nombre.

Cette petite rose vive, d'une odeur vague, avait été tout spécialement cherchée et obtenue pour la coiffure de Mme de Lamballe, et, comme celle-ci protégeait son jardinier, elle s'en fit remettre un bouquet pour la reine qui en demanda le nom.

— C'est la *rose du roi*, dit le jardinier.

C'était une merveille, la nature avait enfin produit une rose royale. Aussi, à partir de ce jour, Chevet était devenu le fournisseur attitré de toutes ces belles et jeunes femmes, reine en tête, dont il parfumait les mains, et ornait la coiffure, le corsage et les boudoirs.

En allant boire le lait chaud et manger le pain noir à Trianon, où Chevet avait une succursale, il était d'usage d'emporter un bouquet de *roses du roi*. Mme de Lamballe en était assiégée à un point que ses parfums la plongeaient dans des crises nerveuses. C'était l'hommage de la reconnaissance d'un honnête fleuriste, qui ne songeait guère que ses charmantes fleurs seraient bientôt teintes du sang de sa chère protectrice ! Comme le dit si bien J. Lecomte, cette réalité épouvantable — des roses tombées dans le sang !
— noie d'une façon terrible l'origine de cette tendre pourpre, née du doigt de Vénus, piqué par l'épine en cueillant la fleur. De l'épine des Cyclades au couteau du citoyen Guillotin... quel abime !

Un jour, Germain Chevet arrive avec une charretée de roses, pour orner et parfumer une fête que Marie-Antoinette devait offrir à quelques princes autrichiens de passage en France. Mais le roi et la reine sont en fuite.... On les arrête à Varennes et, ramenés à Paris, ils sont incarcérés l'un au Temple, l'autre à la Conciergerie. Les zélés partisans du roi complotèrent une évasion, mais on était embarrassé pour les cacher. Ce fut alors que le chef du complot alla trouver l'horticulteur de Bagnolet, persuadé que son dévouement à la famille royale ne saurait être mis en doute. Chevet accepta avec enthousiasme, non seulement de les cacher, mais de favoriser l'évasion par une correspondance mise dans le bouquet qu'il adresserait tous les jours à la reine. Mais un jour la mèche fut éventée, Chevet fut arrêté et conduit au Dépôt de la section; de là, mise en jugement généralement requis pour l'Abbaye !... et l'Abbaye, on sait ce que cela voulait dire.

Un matin on l'appelle; il croit que c'est fait de lui; il arrive devant ses juges.
— C'est toi qui cultives des roses à Bagnolet et dans une succursale auprès de Trianon ?
— Oui, citoyens !
— Tu as inventé une rose qui porte ton nom, la *Chevette*,... pour parfumer les ci-devant ?
— Pour les vendre à ceux qui les payent, citoyens !
— C'est bien ! Tu n'en vendras plus !
Chevet, qui était père de dix-sept enfants, loin

d'être un avocat, plaida sa cause avec la chaleur que peut inspirer la paternité.
— J'ai dix-sept enfants, dit-il, sept sont sous les drapeaux de la république, les dix autres ne peuvent se suffire. Je mourrais satisfait, citoyens juges, si vous voulez vous charger de les nourrir !...
— Nous te laissons la vie, dit le président, mais je te nomme exécuteur des hautes œuvres... à Bagnolet et à Trianon ! Tu vas aller guillotiner... toutes tes roses, les abattre, les faucher, en purger la terre ! C'est une honte et un scandale que le sol soit profané par ces aristocrates de la végétation. C'est du pain qu'il faut au peuple et non des roses ! Va-t-en, et plante des pommes de terre. Si dans vingt-quatre heures il reste un seul rosier sur pied, je te renvoie chercher, et.. tu m'entends !...

Chevet n'hésita pas; il arracha ses roses et planta des pommes de terre; mais ne produisait pas suffisamment pour subvenir aux besoins d'une aussi nombreuse famille, il dut vendre ses propriétés et venir chercher fortune à Paris. Il loua une petite échope au Palais-Royal, au bout de la galerie de bois. Il lança ses dix plus jeunes enfants, avec un éventaire chargé de petits pâtés de son invention. Cette petite échope, où l'on voyait les plus beaux fruits, prenait tous les jours de l'extension et les petits pâtés, qui avaient du succès, firent parler d'eux. Mais autre crise ! Son commissaire de section est informé du fait, qui était presque un méfait. Chevet est appelé de nouveau.
— Ah ça ! lui dit-il, tu as donc juré de ne servir que les aristocrates ?
— Comment cela, citoyen commissaire ?
— Oui ! jadis, c'était des roses inutiles et corruptives des mœurs que tu cultivais pour les sybarites et les sensuels, aujourd'hui ce sont des petits pâtés que tu fabriques pour les gourmands ? Le peuple a besoin de pain et non de petits pâtés ! Emploie mieux ta farine, si non !... tu comprends ?

Cet homme, qui était un délicat ayant l'amour des choses exquises et recherchées, avait su se créer un monopole absolu de la vente des primeurs, des crustacés et des poissons de mer rares à cette époque, qu'il se procurait par ses relations avec le personnel des courriers postaux.

Le 18 brumaire arriva et Chevet, qui était déjà le fournisseur du prince de Talleyrand, du marquis d'Aligre, du comte d'Orsay, de Portalis, Mirabeau, Carnot, de Mme Tallien et de tous les gens

HILAIRE-GERMAIN CHEVET   MADAME CHEVET
Fondateurs de la Maison Chevet du Palais-Royal.

riches de l'époque, jeta les bases de cette nouvelle dynastie culinaire, et fut le maître des Carême, des Gouffés, des Bernard et de cette émulation qui se produit depuis plus d'un siècle, et qui fait de la cuisine française la première du monde. A cette époque, un homme de haute stature, d'une physionomie à la fois bienveillante et sévère, s'entretenait souvent avec Mme Chevet, la questionnait sur toutes les choses délicates et ne s'en allait jamais sans avoir ses poches bourrées de gibier truffé; cet homme, que l'on appelait le « juge », n'était autre que Brillat-Savarin (1).

Les grands personnages étaient heureux, pour monter leur maison, de trouver chez Chevet les excellents élèves qu'il formait. C'est ainsi que Dunand, le célèbre chef de bouche de la maison impériale, fut recommandé par Mme Chevet au consul à vie Bonaparte lui-même.

Ce fut encore à sa bienveillance qu'un nombre considérable de cuisiniers et de maîtres-d'hôtels firent leur fortune dans les premières maisons d'Europe.

Cette maison avait sa réputation faite, lorsqu'en 1832 M. et Mme Chevet furent atteints de l'épidémie régnante et moururent tous deux du choléra dans l'espace d'une heure de temps.

Leur fils Joseph, le dix-septième des enfants, succéda aux fondateurs de la maison Chevet. Comme son père, amateur et gourmet, Joseph Chevet donna le plus grand essor à l'art de bien manger. Dans cette période de 1832 à 1857, que nous pourrions appeler le règne de Chevet II de la gastronomie française, cette maison fournit les dîners de gala aux proscrits et proscripteurs. C'est là que s'est imposée pour elle la nécessité de servir des dîners en Angleterre, en Suisse et

_____
(1) Brillat-Savarin le confessa plus tard lui-même dans sa *Physiologie du goût* à propos de l'asperge.   J. F.

à Francfort, avec argenterie, cristaux, vaisselle et linge armoriés.

Joseph Chevet mourut, en 1857, d'une attaque d'apoplexie. Il laissa sa veuve avec deux filles et deux fils: Charles-Joseph et François.

Mme Chevet suppléa son mari jusqu'à la majorité de l'aîné de ses fils, Charles-Joseph, qui eut le bonheur de succéder à sa mère sous un gouvernement stable et au moment où cette maison était à l'apogée de sa renommée, et, disons-le, aidé de son frère, il fit des merveilles.

Fournisseur de Guizot, du duc d'Aumale, de Morny, de Mac-Mahon, etc., il se surpassait, surtout dans les dîners officiels du Corps législatif et de la Chambre des notaires. Les cuisines les plus variées, les opinions les plus diverses étaient respectées dans ce temple d'Epicure. Tous les rites, tous les dogmes, toutes les églises y trouvaient la cuisine sainte et sacrée, qui n'avait de commun que l'exquisité. C'était l'époque de Chevet III.

Jamais l'hiver n'entrait dans les salons où se dressaient les tables somptueuses transformées en vergers, où l'asperge, la vigne se disputaient la fraîcheur et l'arome. Chevet était non seulement le fournisseur de la haute société française, mais encore des princes de la finance européenne. Un Kursaal s'ouvrait-il, Chevet était désigné pour en tenir les restaurants; à Paris, à Hombourg et à Wiesbaden, les Kuslew, les Schuwaroff, les Orloff, les Fernan-Nunoz, pouvaient se rencontrer en France et en Allemagne, se réconforter et se recueillir devant un menu de Chevet. Une armée de cuisiniers respectés et respectueux, correctement disciplinés, exécutaient des travaux féériques (1).

Que d'art, de science et d'inspirations pour renouveler toujours et satisfaire à chaque instant l'estomac, les goûts des princes puissants aux désirs capricieux. Aussi un certificat signé Chevet était le grand diplôme ès-culinaire français. Je l'avoue à son honneur, c'est le vaste horizon que me laissa entrevoir cette école qui fit éclore chez moi l'idée de la cuisine hygiénique que je préconise dans ce « Dictionnaire ».

Charles-Joseph se retira et fit place à son frère cadet, François Chevet, qui continua seul à diriger la maison de 1869 à 1889.

(1) J'eus l'honneur de faire partie de la brigade de cuisiniers, forte de vingt-cinq personnes, expédiée à Wiesbaden en 1866. Consigné prisonnier de guerre après le 18 juillet, j'obtins un sauf-conduit qui me permit de continuer la saison qui s'est terminée le 1er janvier 1867.   J. F.

Fin gourmet de race, Chevet IV, doublé d'un savant, dépassa en science ses prédécesseurs; ce n'était plus les meilleurs produits de France, d'Europe, mais du monde entier qui figuraient sur ses menus.

De Saint-Pétersbourg, de Vienne, de Rome les seigneurs se rendaient chez le prince de la table, comme on rend les visites d'usage à son ambassadeur. Les familles, de père en fils, venaient se rafraîchir la mémoire, sur l'excellence d'un dîner servi à telle ou telle occasion marquante de la vie.

Un jour, je ne sais quel financier gourmet, offrant un dîner à des ambassadeurs étrangers, composa avec Chevet son menu où l'on inscrivit entre autres : Potage nids de *salanganes* aux quenelles de *touou*. — Foie de *silure* en caisse. — *Truite* à la genevoise. — Râble de *renne* à la périgord.— Selle d'*Argali* au cerfeuil bulbeux. — Souflé de *quam* aux œufs de *caïman*. — *Chaufroid d'ortolan* à la Rothschild. — *Coq vierge* rôti. — *Petits pois* à la française. — *Asperges* en branches. — *Pêches* sur pied. — *Chasselas* sur ceps, etc., etc.

Et vous croyez peut-être que ce sont des noms fictifs? Dissuadez-vous! Chevet se serait cru déshonoré d'inscrire sur un menu un mets qu'il ne servait pas. Jamais la mystification n'entra dans le panthéon de la cuisine française. Ce dîner est authentique, il avait été commandé en octobre 1869 pour janvier 1870, et a coûté quinze louis par tête, les vins non compris. Les nids de salanganes venaient des îles Moluques, les silures du Danube, les truites du lac de Genève, le renne de Silésie, les truffes du Périgord, le quam et le touou d'Inde et les œufs de caïman de l'île de Madagascar. Au centre de la table, on avait établi un vrai jardin de fleurs, parterre ravissant avec bassin et fontaines lumineuses. Entre chaque deux convives, étaient placés de petits pêchers portant deux ou trois pêches chacun et un cep de vigne chargé de raisins, que l'on cueillait sur plant. Ce dîner mémorable était servi à la française, afin qu'on put admirer toutes les beautés des pièces. On se serait cru en juillet; c'était plus que merveilleux, féerique, c'était incroyable !

La guerre éclata et le 18 mars s'en suivit. Paris grondait, pendant que le gouvernement délibérait à Versailles, sans cuisine. Chevet fut chargé d'installer dans le palais le *restaurant de l'Assemblée nationale;* en moins de quinze jours le gouvernement fut servi.

Et si je voulais sortir de la salle à manger, nous verrions ainsi : le château royal, occupé par le gouvernement provisoire : l'Instruction publique, dans la salle des Amiraux ; la Justice, dans l'Œil-de-bœuf des petits appartements de Marie-Antoinette ; la Caisse des dépôts, dans la salle de Marengo ; la Préfecture de la Seine, dans le pavillon de *Monsieur* ; le Commerce, dans la salle du Sacre ; la Commission des marchés, chez Mme Dubarry. Enfin Chevet, dans les galeries de l'Empire et le salon des Batailles ; l'imprimerie du *Journal officiel* était installée cours du Maroc, dans les cuisines mêmes du palais. Ainsi des cuisines royales sortait la faconde de Thiers, de Jules Simon, de Dufaure, de Broglie, de Jules Favre et de Gambetta.

La cuisine joua d'ailleurs tout naturellement un rôle assez grand dans la politique du moment. Ce fut par salons de restaurants, si je puis dire ainsi, qu'on forma les groupes parlementaires. Telle table représentait une opinion, tel cabinet une autre. Et, cabinets contre cabinets, ce fut plus d'une fois, en savourant un dîner de Chevet, qu'on mit fin à une crise, que l'on prolongea un ministère :

Et c'est par des dîners qu'on gouverne le monde.

Curieuse coïncidence ! C'est là, à un siècle de distance, que fut donné au petit-fils du fleuriste de Bagnolet d'être l'amphitryon du petit-fils de Carnot. Deux familles de race, luttant, l'une pour démocratiser la France, l'autre pour civiliser la table.

François Chevet fut nommé membre du Jury de la section 72-73 de l'Exposition universelle de 1878, où il remplit avec dévouement les fonctions de secrétaire. Il fit successivement le grand banquet des marchands de vins présidé par Gambetta ; le dîner d'ouverture de l'Hôtel de Ville ; le premier dîner de l'Exposition du centenaire, et c'est encore lui qui eut l'honneur de faire les deux premiers dîners offerts par M. Eiffel, à la presse parisienne et à la presse de province, sur la plate-forme du premier étage de la tour.

Cette série de succès, plus remarquables les uns que les autres, ne l'empêcha point de consacrer ses instants de loisirs à l'étude d'aliments à la portée de toutes les bourses.

Pendant la guerre, aussi bien pour le service de l'armée que pour chercher avec sa voiture protégée par le drapeau de la convention de Genève les blessés sur les champs de bataille, Chevet parcourut les avant-postes et fut frappé dans certains cas de l'insuffisance de la nourriture du soldat. Dès ce moment, il appliqua toutes ses pensées aux recherches de la solution si importante d'une parfaite alimentation du troupier en temps de guerre.

Il étudia avec le plus grand soin tous les systèmes de conservation les plus curieux les uns que les autres, que la science a découverts depuis une cinquantaine d'années. Il arriva à cette constatation, qu'aucun de ces produits ne répondait au tempérament, aux besoins journaliers du Français, et encore moins à ceux du militaire, qui, en marche comme en guerre, doit dans un espace de temps très limité trouver le moyen d'allumer du feu, de faire cuire les aliments et de les manger.

Après des recherches nombreuses, il arriva à faire, sous un très petit volume, une tablette du poids maximum de 160 grammes, contenant la ration règlementaire de viande du soldat, soit 150 grammes, des choux, des carottes, des navets, des poireaux, des pommes de terre, du riz et enfin le suc de la viande et des légumes. Chacun de ces articles reprend son volume normal et, au bout de 30 minutes, la gamelle est pleine du bœuf et des légumes qui, si on s'en rapporte à l'analyse chimique, renferment toutes les propriétés réclamées par le Conseil d'hygiène de l'armée, et font une ration aussi nutritive que nourrissante et réparatrice.

Le *rata* ou ragoût de mouton, si cher aux soldats et si difficile à obtenir en campement et en grandes quantités, est aussi préparé dans ces mêmes conditions. D'un volume et d'un poids très restreints, il suffit de désagréger les différents morceaux de la tablette, de les mettre dans la gamelle, d'y ajouter l'eau et laisser bouillir pendant une demi-heure, et le rata se trouve prêt à être mangé dans les mêmes conditions de goût, de nutrition que le pot-au-feu du soldat.

Enfin que de bénédictions les malades, les braves soldats blessés ne lui enverront-ils pas chaque fois qu'ils auront à user de ses deux dernières découvertes : le bouillon du pot-au-feu français, et le traditionnel café au lait, qui, tous deux présentés sous forme de poudre, n'ont qu'à être jetés dans l'eau bouillante pour reprendre leurs propriétés primitives. Le bouillon redevient un excellent réconfortant très agréable au palais ; le café au lait a repris son goût parfait, et le café qu'il contient n'a en aucune façon perdu ni son arome, ni son principe stimulant.

Disons un dernier mot à la louange de ce caractère : pendant la guerre il sut, tout en s'occupant de son commerce, faire, comme chaque Français à cette époque, son devoir de citoyen. Il fit plus, il voulut prendre sa part dans ce grand concert de bienfaisance dont Paris tout entier donna un si touchant exemple. Son magasin de vins devenant inutile par suite du manque d'affaires, il y installa et entretint à ses frais une ambulance de dix lits, où pendant le siège il fit soigner et soigna lui-même les mobiles blessés ou malades que le service médical lui envoyait.

François Chevet, ce maître, est aujourd'hui le digne représentant de cette grande dynastie gastronomique, qui fonda la haute cuisine, le plus puissant levier du savoir-vivre et de la supériorité de l'esprit français.

CHÈVRE, *s. m.* (*Capra*). All. *Ziege;* angl. *she-goat;* ital. *capra;* esp. *cabra;* scandinave *hafra.* — Femelle du bouc, aimant à grimper les collines escarpées, à escalader les rochers et les ravins. Si elle a perdu sa liberté, elle n'a jamais senti les rigueurs de l'esclavage, de temps immémorial elle a composé les premiers troupeaux des peuples pasteurs, elle a toujours été avec la brebis l'objet des plus tendres soins de son maître, malgré son humeur capricieuse. Les Aryas de la vallée d'Oxus, qui fut la dernière région même du berceau de la race blanche, connaissaient la chèvre. Les Chaldéens, les Perses, les Egyptiens, les Indiens, les Chinois, qui nous ont transmis le zodiaque, ont apprécié les services de la chèvre nourrice en lui réservant une place dans le ciel.

La mythologie nous représente Jupiter, le maître des dieux, allaité par la chèvre Amalthée, et nous montre les filles de Melissus, roi de Crète, prenant soin de sa naissance.

Certaines villes et plusieurs îles empruntent leur nom à cet animal : la ville et l'île de *Caprée,* l'île *Caprera,* immortalisée par la résidence de Garibaldi, sont du nombre. La chimie moderne a également ajouté un nouveau fleuron à sa mémoire en donnant son nom à plusieurs acides gras : *Acide caprique, caproïque,* etc.

Les variétés caprines les plus estimées pour la boucherie sont : la chèvre d'*Angora,* la chèvre de *Cachemire,* la chèvre des *Alpes,* et, en dernière classe, les variétés égyptiennes. Dans les pays montagneux, tels qu'en Suisse, Italie, Suède, etc., et dans certaines contrées du sud-est de la France. On sale, on fume et on conserve la chair de chèvre par dessiccation.

La chair ou viande de chèvre, lorsqu'elle est d'un âge de deux ans au moins et grasse, n'est point, comme l'ont prétendu quelques écrivains, coriace, sèche, filamenteuse et d'un mauvais goût. Que de fois des bouchers, peu scrupuleux, vendent aux personnes peu connaisseuses de la chèvre pour du mouton? Ce qui explique l'analogie de ces viandes; cependant la chair de chèvre est moins noire, sa graisse plus jaune; son goût, un peu plus fragrant, n'est point à dédaigner; elle est plus réparatrice que la viande de mouton, surtout d'une digestion facile et se prépare comme cette dernière.

Avec le lait de chèvre, on fait un fromage estimé qu'on appelle *chevret.* (Voir ce mot.)

CHEVREAU, *s. m.* All. *Zieklein;* angl. *kid;* ital. *capretto.* — Petit de la chèvre, bon à manger de six semaines à quatre mois. Cet âge passé, la chair du mâle prend le goût et l'odeur du bouc, qui le font repousser de l'alimentation.

Le chevreau est l'un des plus aimables compagnons du berger; il s'amuse avec lui en sautant et en se raidissant sur ses quatre pattes; s'approche parfois en faisant mine de le frapper de sa tête intelligente, et se lève alors sur ses deux pieds de derrière, puis, baissant son museau et présentant ses jeunes pousses de cornes, il regarde d'un air menaçant, et tout à coup il cadence en éternuant de joie.

Le chevreau qui a été nourri de lait, de farine et de quelques végétaux frais, possède une chair plus ferme, plus réparatrice et d'un meilleur goût.

Chevreau rôti. — *Formule 902.* — On sépare le râble des autres parties du corps. On le barde de lard, on le sale et on le fait cuire à la broche ou dans une lèchefrite au four; étant au trois quarts cuit, on l'arrose d'un peu d'eau ou de bouillon; on achève la cuisson, on sert le rôti avec une petite quantité de jus, et l'on met le restant dans une saucière après l'avoir passé au tamis.

Chevreau à la minute (*Cuis. bourgeoise*). — *Formule 903.* — Couper le chevreau par morceaux; leur faire prendre couleur à la poêle et les saupoudrer de farine; les mettre dans un sautoir avec de l'eau, saler et mettre en ébullition; pendant ce temps, ciseler des oignons, des échalotes, des ails; les passer à la poêle et les ajouter dans la casserole à ragoût; après quinze minutes de cuisson saupoudrer le ragoût avec des ciboules hachées, y ajouter un jus de citron et du beurre frais avec une pointe de poivre de Cayenne.

Chevreau à l'allemande. — *Formule 904.* — Tailler des morceaux carrés, leur faire prendre couleur avec du beurre frais dans une casserole; les saupoudrer de farine, ajouter du vin blanc, des raisins muscats de Malaga, du sel, du cumin, du riz et faire cuire à petit feu. Servir le tout dans un plat creux.

Remarque. — On fait le chevreau en gibelotte, aux petits oignons et en fricassée blanche. Je laisse aux talents intelligents de l'opérateur le soin de varier les modes selon les circonstances.

CHEVRET, *s. m.* (*Fromage*). — Dans les départements du Jura et de l'Ain, on fait un petit fromage, dont le nom indique suffisamment avec quel lait il est confectionné. Lorsqu'il est fabriqué avec du lait de chèvre pur, il est d'une parfaite *exquisité*, sa pâte jaunâtre est moelleuse et fine. Pour être mangé au degré de la plus haute excellence, on doit le laisser faire quelque temps jusqu'à ce que la pâte soit assez molle.

Pour reconnaître la falsification de ce fromage, voici comment nous nous y prîmes, nous trouvant un jour sur le marché d'une ville du Jura, où les fromagères vendaient leurs produits :

— Combien vos chevrets, ma bonne dame?

— Quatre sous, *Monsieur*.

— Sont-ils bien de pur chèvre, sans mélange d'autre lait?

— Oh! oui, *Monsieur*, de pur chèvre.

— Alors je n'en veux pas.

— Oh! ben il y en a *ben ouna mie* (un petit peu), nous répondit-elle en baissant la voix.

De cette façon, nous sûmes à quoi nous en tenir et lui laissâmes ses fromages. Mais, pour nos lecteurs qui ne sont point à portée d'expérimenter notre moyen, en voici un plus pratique : le *chevret* fabriqué avec du lait de chèvre est moelleux, tendre, gras et fléchit sous la pression du doigt; lorsqu'ils sont additionnés de lait de vache ils restent fermes et résistants.

CHEVRETTE, *s. f.* All. *Rehziege;* angl. *roebuck;* ital. *capriuola.* — Femelle du chevreuil. Se dit également de la jeune chèvre. Dans quelques ports de l'Océan on appelle ainsi les *crevettes.* (Voir ce mot.)

CHEVREUIL, *s. m.* (*Cervus capreolus*). All. *Rehbock;* angl. *roebuck;* ital. *capriuolo;* esp *.cabriolo.* — On a classé le chevreuil dans le genre cerf, mais il a plus d'analogie par ses mœurs, sa forme gracieuse et les qualités de sa chair avec le cha-

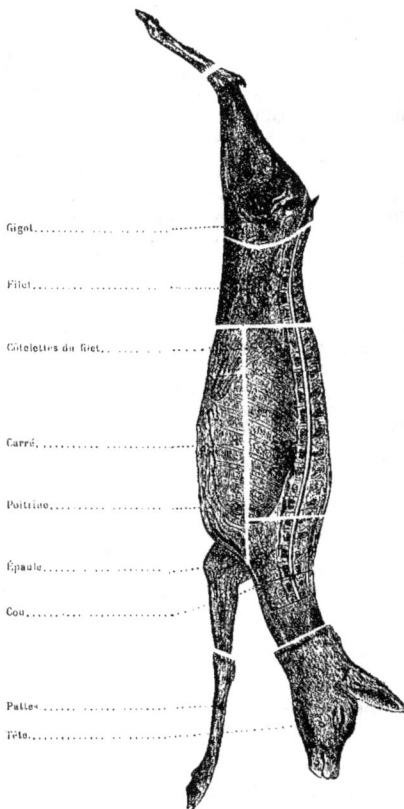

Gigot..........
Filet..........
Côtelettes du filet.. ....
Carré..........
Poitrine..........
Épaule..........
Cou..........
Pattes..........
Tête..........

Fig. 332. — Chevreuil.

mois qu'avec le cerf, qui le surpasse comme taille.

Les écrivains de la Bible ont souvent mentionné le chevreuil, mais on l'a également confondu avec la *gazelle* ou *antilope;* ces erreurs sont dues à l'indifférence de distinction zoologique de ces sacrés écrivains.

On distingue l'âge du chevreuil par le nombre d'andouillers qui sont à ses bois; jusqu'à l'âge d'un an, on l'appelle *chevrillard;* sa chair est bonne dès l'âge de huit mois à trois ans; vieux, il doit être repoussé de l'alimentation.

Les femelles ont toujours la chair plus tendre que les mâles, d'ailleurs le chevreuil n'est pas mangeable à l'époque du rut. Les qualités de la chair varient selon les pays qu'il habite, le climat et sa nourriture.

Ceux des pays élevés et des collines boisées et fertiles sont plus délicats; ceux dont le pelage est brun ont la chair plus fine que les roux. En France, les chevreuils les plus estimés sont ceux des Cévennes, du Morvan, du Rouergue, des Ardennes; en Italie, de l'Ombrie et du Padouan, parce qu'ils se nourrissent d'olives, de lantisques et de fruits rouges.

HYGIÈNE. — Le goût délicat de la chair du jeune chevreuil le fait placer parmi le plus fin des gibiers à poil. Aussi il prend place dans les tables les plus somptueuses.

Préparé selon les prescriptions suivantes, le chevreuil constitue un aliment stimulant, aphrodisiaque, agréable et de digestion facile.

Râble de chevreuil rôti. — *Formule 905.* — Piquer un râble macéré (voir MACÉRATION) mariné ou tout bonnement frais; le mettre à la broche ou dans une lèchefrite avec du beurre frais; le faire rôtir en l'arrosant souvent de sa graisse; lorsqu'il est aux trois quarts cuit, le mouiller avec de l'eau; ajouter alors du poivre concassé dans le jus, dresser le chevreuil en l'entourant de croûtons de pain frits dans le beurre frais et farcir ensuite de foie de volaille, si possible.

Chevreuil sauce au genièvre. — *Formule 906.* — Lorsque le chevreuil est à moitié cuit, on l'arrose avec de la crème fraîche et une cuillerée de sauce espagnole; on y ajoute une poignée de graines fraiches de genièvre et on achève ainsi la cuisson en laissant braiser. On passe la sauce au tamis; on dresse le rôti en l'arrosant d'un peu de sauce et on sert le restant dans une saucière.

Chevreuil à la crème aigre. — *Formule 907.* — Piquer le chevreuil et le faire mariner dans une marinade cuite (voir MARINADE); après vingt-quatre heures au moins de marinade, le faire rôtir dans une lèche frite; lorsqu'il a atteint les trois quarts de sa cuisson, on ajoute la crème aigre, une cuillerée de sauce espagnole et du poivre en grains, puis on finit de cuire. On passe la sauce, on garnit le plat de citron, on dresse le chevreuil et enfin on sauce en envoyant également de la sauce dans une saucière.

Chevreuil à la sauce poivrade. — *Formule 908.* — Le chevreuil doit être mariné et piqué; pendant qu'il rôtit, faire réduire à sec deux décilitres de vinaigre avec du poivre en grains, du thym, du laurier, des clous de girofle, puis arroser d'un demi-litre (selon la quantité de sauce que l'on désire obtenir) de vin blanc sec, faire réduire de moitié de son volume, ajouter alors de la sauce espagnole ou de la demi-glace; laisser cuire encore; la passer au tamis; lorsque le chevreuil est rôti, on le dresse et l'on sert la sauce séparément.

Remarque. — Quelques praticiens font braiser le chevreuil dans la sauce poivrade; je n'insisterai pas sur cette méthode qui est une affaire de ressource culinaire.

Filet mignon de chevreuil aux truffes (*Haute cuis.*). — *Formule 909.* — Lever les filets mignons de quelques chevreuils, en ôter les tendons; les couper de moitié, en longueur et en largeur, de manière à faire sur chaque filet quatre morceaux d'égale grandeur. Les piquer et faire macérer pendant quelques heures; les coucher dans un sautoir beurré, garnir d'un mirepoix passé à la poêle; on les braise ainsi pendant vingt à vingt-cinq minutes. On extrait le fumet du fond; on le dégraisse. On l'ajoute à une sauce aux truffes; dresser et masquer avec la sauce.

Filet de chevreuil à la maréchale (*Haute cuis.*). — *Formule 910.* — Lever les filets de chevreuil, en ôter les nerfs et faire des ciselures longitudinalement; emplir ces entailles d'un appareil froid à la Duxelle et masquer le dessus des filets avec cette même farce; les rouler dans la chapelure, puis à l'œuf battu avec de l'huile fine, enfin de nouveau à la chapelure. On leu donne une forme cylindrique et on les fait cuire sur une plaque de cuivre beurrée, recouverte d'un papier beurré; on les dresse sur une serviette, on les garnit de persil frit et l'on sert séparément une sauce tomate. (Voir CÔTELETTE.)

Côtelettes de chevreuil à la venaison (*Cuis. de restaurant*). — *Formule 911.* — On fait mariner les côtelettes dans une marinade au vin blanc; on les braise, on ajoute de la sauce espagnole et une petite quantité de marinade, on fait réduire et l'on passe la sauce sur les côtelettes dressées.

On enveloppe d'une pâte sèche à l'eau les grosses pièces, telles que le râble, les gigots, etc., et on les fait ainsi cuire, pendant que d'autre part on prépare la sauce en faisant réduire la marinade avec de la sauce espagnole. En Angleterre, on les sert avec de la *bread-sauce*.

Chevreuil en civet. — On procède de la même manière que pour le civet ordinaire, à l'exception qu'on y ajoute beaucoup de petits morceaux de lard coupé en dés et que la cuisson demande environ deux heures au moins, tandis que le civet de lièvre est cuit dans une heure.

Remarque. — Les filets, escalopes, côtelettes, grenadins et toutes les petites pièces de chevreuil se traitent de la même manière, soit macérées ou marinées, cuites, et ensuite saucées de la sauce qu'on désire leur donner et qui en détermine le nom. Les grosses pièces sont dans le même cas, il n'y a que la sauce et la marinade en macération qui en varient le genre. Dans les restaurants, on fait également de petites pièces sautées à la minute, c'est-à-dire colorées à la poêle et saucées.

CHEVRILLARD, *s. m.* — Le faon de la chevrette.

CHICA, *s. m.* — Boisson spiritueuse, en usage en Amérique et qui est faite avec de la farine de maïs, séchée au soleil, mouillée, fermentée, décantée et quelquefois distillée.

CHICHE, *s. m.* (*Cicer* L.). — Le pois *chiche* est ainsi appelé parce qu'il est avare de ses graines, ses gousses ne contenant guère que deux ou trois semences; le plus connu est le pois chiche à tête de bélier *cicer arietinum* de Linné, qui ne serait autre que le pois corne de bélier de Vilmorin-Andrieux. Il est surtout apprécié dans l'est de la France et en Suisse; il est même surprenant qu'il soit si peu estimé par les cultivateurs des environs de Paris. Les gousses cueillies avant maturité prennent les noms de *garvance*, pois *mange-tout*, pois *gourmand* (voir ce mot). En Espagne, on en cultive une certaine variété pour sa grosseur et sa beauté remarquables.

CHICKEN-PIE (*Cuis. anglaise*). — *Pâté de poulet;* le nom de ce mets, dont nous donnons la formule originaire, en indique suffisamment la provenance.

Formule 912. — Vider et flamber deux jeunes poulets, les tailler comme pour les sauter; assaisonner de poivre, de sel et d'un peu de muscade râpée. Beurrer un plat rond et creux, en masquer le fond de quelques tranches de filet de bœuf cru, alternées d'escalopes de jambon cru et ensuite de poulet préalablement assaisonné. Saucer avec une bonne sauce allemande aux fines herbes ou de velouté réduit; couvrir le tout d'une pâte à l'anglaise ou pâte brisée (voir formule 171); en couper une bande que l'on mettra sur le bord du plat en ayant soin de bien souder ensemble les deux extrémités de la pâte, la canneler et décorer le milieu selon ses goûts. Dorer au jaune d'œuf et mettre dans un four modéré; lorsque la pâte aura pris couleur, couvrir d'un papier beurré et laisser cuire une heure au moins selon la chaleur plus ou moins vive du four.

Ces *pies* anglais doivent se servir chauds.

CHICON, *s. m.* — Nom vulgaire de la laitue romaine. (Voir LAITUE.)

CHICORACÉES, *s. f. pl.* — Terme générique des plantes de la famille des composées, dont la chicorée est le type.

CHICORÉE, *s. f.* (*Cichorium*). All. *Cichoree;* angl. *succory;* ital. *cicoria;* esp. *chicoria*. — Plante vivace à suc laiteux, dont on connaît deux principales espèces : la chicorée sauvage (*cichorium*

Fig. 331. — Chicorée sauvage améliorée.

intybus) et la chicorée des jardins (*cichorium endivia*), qui fournissent un grand nombre de variétés.

Pour la lucidité de ce traité, je les divise en cinq principales espèces, formant des types bien distincts en alimentation, par le goût et la façon de les apprêter, et qui sont : la *chicorée sauvage*, l'*endive*, la *scarole*, la *chicorée blanche* et la *chicorée mousse*.

LA C. SAUVAGE. — Très commune partout, elle pousse spontanément le long des chemins, dans les prés; est employée comme salade et plante médicinale; la chicorée sauvage à grosse racine de *Brunswick* et de *Magdebourg* est surtout cultivée pour être séchée, torréfiée, réduite en poudre pour être ajoutée au café.

On ne saurait trop réagir contre cette habitude; non seulement cette poudre n'a aucune propriété alimentaire, mais, en raison de sa sophistication qui est proverbiale, elle doit être repoussée de l'alimentation.

Fig. 335. — Chicorée de Brunswick ou à café.

La chicorée sauvage, par la culture, s'est améliorée, modifiée et partant éloignée du type indigène. On est arrivé à produire des variétés en forme de *laitue pommée*, à large feuille, des demi-fines, etc. (Voir *Barbe-de-capucin*.)

LA C. ENDIVE. — (Voir *Endive* et *Witloof*.)

LA C. SCAROLE. — Qui est une variété de l'endive. (Voir *Scarole*.)

LA C. FRISÉE. — Dérivant également de l'endive et dont les jardiniers distinguent plus de dix sortes, dont nous ne mettrons que deux figures des principales sous les yeux de nos lecteurs.

LA C. MOUSSE. — Dont les feuilles crépues et fines représentent la mousse.

On cultivait autrefois une variété de chicorée frisée toujours blanche, à feuilles plutôt ondulées et frisées. Elle était surtout recherchée pour les salades.

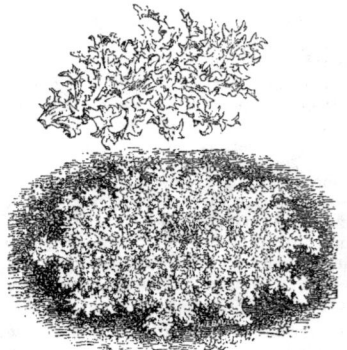

Fig. 336. — Chicorée blanche.

On distingue encore : la *C. fine d'été race d'Anjou*; la *C. frisée de Meaux*; la *C. de Picpus*; la *C. fine de Rouen*; la *C. de Louvins*; la *C. frisée de Ruffac*; la *C. frisée impériale*; la *C. bâtarde de Bordeaux*; la *C. verte d'hiver*.

HYGIÈNE. — Cette plante, qui ne contient pas d'amidon, est uniquement composée d'un mucilage visqueux plus ou moins étendu d'eau, combiné avec des matières colorantes, un extractif amer et des fibres ligneuses, ce n'est donc pas

Fig. 337. — Chicorée mousse.

un aliment réparateur en lui-même, mais elle possède des propriétés excitantes, toniques et diurétiques qui la classent dans les végétaux de premier choix; elle convient surtout aux tempéraments sanguins, bilieux et aux personnes sujettes à la constipation. Galien l'appelait *l'amie du foie.*

Sirop de chicorée. — *Formule 913.* — Faire bouillir pendant vingt minutes 30 grammes de racines de chicorée sauvage dans 160 grammes d'eau; après quinze minutes d'ébullition, ajouter 30 grammes de rhubarbe ciselée; passer à travers un tamis fin, ajouter au liquide 380 grammes de sucre; clarifier le sirop avec deux blancs d'œufs fouettés; après dix minutes de cuisson douce le passer dans un tamis fin, le laisser refroidir et le mettre en bouteille.

Chicorée à la crème. — *Formule 914.* — Blanchigumer (voir ce mot), rafraîchir, presser et hacher la chicorée très menu, au besoin la passer à travers un tamis fin. Mettre du beurre dans une casserole et une quantité relative de farine, cuire à blanc et y passer la chicorée pendant dix minutes; saler, poivrer et y râper de la noix muscade, ajouter la moitié de lait frais et moitié de crème double. Maintenir la chicorée d'une consistance moyenne, la servir dans une timbale d'argent, dans un légumier ou dans un plat rond; garnir la chicorée de croûtons de pain frits au beurre frais.

Chicorée à la sauce béchamelle (*Cuis. de restaurant*).— *Formule 915.* — Après avoir égoutté et haché la chicorée, on la met dans une casserole avec du beurre frais et, un instant après, on y ajoute quelques cuillerées de béchamelle fraîche, de la noix muscade râpée, du poivre, du sel, etc. On la sert comme la chicorée à la crème.

Chicorée à la demi-glace (*Haute cuisine*). — *Formule 916.* — Lorsque la chicorée est hachée, on la met dans une casserole avec de la demi-glace de viande, on l'assaisonne et, lorsqu'elle est prête, on la lie avec du beurre fin; on la dresse et on borde le tour de la chicorée en laissant couler dessus de la glace de viande fondue.

Chicorée à la paysanne (*Cuis. de campagne*). — *Formule 917.* — Ciseler de la chicorée crue, la laver et l'égoutter; couper en petits dés du lard maigre, le faire blanchir cinq minutes à l'eau; beurrer une casserole en terre, y mettre la chicorée, le lard, un bouquet de persil, deux oignons hachés, du sel, du poivre, de la noix muscade

râpée et l'arroser avec de la graisse de bouillon, on couvercle, on fait cuire à l'étouffée et à petit feu; lorsqu'elle est au trois quarts cuite, on l'arrose avec du jus de veau, de volaille ou de glace de viande et on laisse cuire en maintenant le liquide à la glace, en évitant que la chicorée s'attache au fond du vase.

Remarque.—Ces formules s'appliquent à toutes la famille des chicoracées; quelle qu'en soit la variété, toutes se mangent en salade, qu'il faut assaisonner dès le début du repas pour les rendre plus faciles à la digestion.

CHIEN, *s. m.* (*Canis*). All. *Hund;* angl. *dog;* ital. *cane;* sans. *svan;* lith. *szu.* — Animal quadrupède domestique. La Bible nous montre un de ces animaux veillant sur le cadavre d'Abel. Il était en grande vénération chez les Egyptiens, surtout dans la préfecture Cynopolitaine qui en tirait son nom. Au contraire, chez les Hébreux il était déclaré impur, et l'épithète de *chien* était le plus grand mépris que les Juifs pouvaient jeter à la face d'un homme (*Sam.*, XVII, 43).

Plusieurs peuples d'Asie, d'Afrique et d'Amérique mangent du chien. Les Chinois en font un emploi habituel, mais ils se servent pour cet usage d'une race sans poil, à palais noir, qu'ils engraissent dans des cages à l'aide de pelotes de riz crevé. Les Arabes se servent du bouillon de chien pour combattre les indigestions occasionnées par l'abus des dattes. Du temps des empereurs Mexicains, la chair du chien était très estimée dans ce pays. Hippocrate mangeait du chien, les Grecs et les Romains attribuaient à la chair du chien des propriétés génésiques et stimulantes. Pline dit que les petits chiens rôtis sont excellents.

En 1871, dans un restaurant de Paris, je lus : *côtelette de gibier à la chasseur,* je m'en méfiai et j'avoue que, lorsque j'y mordis pour la première fois, ces côtelettes me parurent d'un goût peu rassurant, mais je chassai mes préjugés pour n'écouter que l'estomac, qui s'en accommoda fort bien. L'appétit est une belle chose quand on peut le satisfaire.

CHIEN DE MER, *s. m.* (*Gallus canis*). — Le chien de mer est un poisson de la famille des Sélaciens. Sa chair est filandreuse et d'un fumet désagréable. Il est consommé sur place par les familles pauvres du littoral de la Méditerranée et de l'Océan.

CHIENDENT, *s. m.* (*Triticum repens*). All. *Hundszahn;* angl. *couchgrass;* ital. *gramigna.* — Il existe un grand nombre de variétés de cette plante dont la racine est féculente et sucrée; celle dont nous nous entretenons est la vulgaire; elle est jaunâtre et noueuse; outre son emploi en tisanes apéritives, diurétiques et rafraîchissantes, on en fait de la bière; on la torréfie aussi pour remplacer la chicorée.

Tisane de chiendent (*Régime*).— *Formule 918.* — Laver le chiendent, le couper à courte distance et le faire bouillir pendant une heure; décanter ou passer au tamis et boire chaud; cette boisson est rafraîchissante et diurétique.

Bière de chiendent. — *Formule 919.* — Au printemps et en automne, lorsqu'on laboure les champs, on ramasse les racines de chiendent, on les lave et on les coupe à courte distance, puis on les fait sécher. On s'en sert, après fermentation, comme de l'orge pour faire la bière. Lorsqu'on veut garder une grande quantité de ces racines, il ne faut pas les mettre en tas, parce qu'elles germent et se moisissent. L'usage de cette bière, saine et agréable, épargnerait la consommation de l'orge, qui est très cher, et surtout éviterait les nombreuses falsifications tout en portant les agriculteurs à recueillir avec plus de soin le chiendent, qui débarrasserait par ce même fait les champs de cet ennemi des céréales. (Voir BIÈRE.)

Chiendent torréfié. — *Formule 920.* — On coupe le chiendent très fin, on le lave et on le fait sécher; on le torréfie comme le café, mais en le laissant un peu plus noirci; on le laisse sécher et on le moud; on le met en paquet ou en boîtes et on en joint une petite quantité au café en infusion pour le colorer. Le chiendent torréfié est un apéritif justement propre à faciliter la digestion.

CHIFFONNADE, *adj.* — Terme culinaire. On appelle ainsi une préparation de laitues, oseille, cerfeuil et ciboules, qu'on lave et passe cinq minutes au beurre frais, pour enlever l'âcreté; cette préparation est déposée dans une soupière avec des croûtons, sur lesquels on verse du bouillon ou du consommé; lorsque cette préparation est liée avec de la crème fraîche, du lait et du beurre frais, elle prend le nom de *potage à la chiffonnade;* arrosée avec de l'eau bouillante salée et liée, elle constitue le *potage de santé.*

CHIGNY, *s. p.* (*Vins de*). — Dans la Marne. Cru de vin de Champagne rouge de troisième classe.

CHINA-CHINA, *s. f.* (*Boisson exotique*). — Se prononce *kina-kina.*— *Formule 921.*— Employer :

Alcool à 85 degrés	litre	3/4
Semence d'angélique	grammes	50
Amandes amères	—	50
Macis	—	5
Eau de fleur d'oranger	—	20
Essence de cannelle	goutte	1
Sucre	grammes	250

Procédé. — Faire macérer pendant quinze jours le macis et l'angélique. Distiller pour en obtenir un demi-litre. Faire un sirop avec un litre d'eau et le sucre; y ajouter l'eau de fleurs d'oranger, l'essence de cannelle et mélanger le tout. le colorer et filtrer à la chausse.

CHINOIS, *s. m.* (*Citrus chinensis*). — Ce qu'on appelle vulgairement *chinois* n'est autre que le fruit du *Bigaradier de Chine*, sorte d'orange amère qu'on utilise surtout pour mettre à l'eau-de-vie. Les plus renommés sont ceux de Valence, d'Espagne, d'Alger; ceux de Malte sont préférables à ceux de Provence.

Chinois à l'eau-de-vie (*Confiserie*). — *Formule 922.* — Choisir des chinois avant maturité, leur faire deux incisions près du pédoncule, les faire dégorger pendant deux heures dans l'eau fraîche. Les faire cuire jusqu'à ce qu'on puisse les traverser facilement avec une épingle. Les rafraîchir et les laisser pendant quatre jours dans de l'eau fraîche. On prépare un sirop à 14 degrés, on y met les chinois; après un bouillon, on retire le bassin, le lendemain on recommence l'opération. On leur donne ainsi huit ou dix façons, on en les met dans l'eau-de-vie avec une partie du sirop.

Remarque. — Il y a des confiseurs qui tournent les chinois, c'est-à-dire les épluchent avant de les soumettre à l'opération; ce mode n'est pas recommandable, l'absence du zeste parfumé favorise la fuite du suc intérieur, qui devient alors insipide et dur. Au contraire, lorsqu'on fait simplement deux incisions en croix près du pédoncule ou queue et qu'on les pique avec une épingle, on obtient des fruits tendres et succulents.

CHIO, *s. p.* — On sait, par l'histoire, que le vin de Chio (Grèce) était un des plus renommés avec le vin de Chypre; on en boit peu dans les autres parties de l'Europe et ce n'est qu'en demi-bouteille que les hauts fonctionnaires ou marins peuvent en obtenir.

CHIPEAU, *s. m.* — Espèce de canard qu'on appelle aussi *ridelle*.

CHIPOLATA, *s. f.* (*Charc. italienne*), de *cipolla*, ciboule. — Saucisse qui dans l'origine contenait des ciboules.

Chipolata. — *Formule 923.* — Entourer, sans la serrer, de la chair à saucisses dans un boyau menu de mouton. On tourne les bouts à chaque deux ou trois centimètres de longueur. En remplaçant la farce ordinaire par une farce de porc truffée, on obtient une *chipolata aux truffes*; en ajoutant des filets de volaille hachés, on aura fait une *chipolata de volaille*.

Chipolata (*Garniture à la*). — *Formule 924.* — Tourner en forme d'olive des carottes, des navets; éplucher des petits oignons; blanchir ces légumes séparément; les glacer et les saupoudrer de ciboules hachées; tourner des châtaignes, les cuire et les ajouter aux carottes, y joindre des petites saucisses chipolata coupées par morceaux très courts. Lier le tout avec une sauce demi-glace au vin de madère. On l'applique à toutes les viandes.

Lorsqu'on la mélange à des volailles ou à du gibier, ris de veau ou autre, on se sert de chipolata aux truffes.

CHLORO-ANÉMIE, *s. f.* — État chlorotique compliqué d'anémie. Cette maladie, propre au sexe féminin, doit être combattue par un régime alimentaire réparateur et du vin de Bordeaux.

CHOCOLAT, *s. m.* (*Aliment composé*). All. *Chocolade;* angl. *chocolate;* ital. *cioccolata;* esp. *chocolata;* du mexicain *calahualt*, de là *chocolat.* — Pâte alimentaire qui, à l'origine, était préparée avec de la fève de cacao, du miel et de la vanille.

Les espèces de cacao (voir ce mot) les plus riches et les plus suaves étaient réservées pour les familles de sang royal, et les légendes poétiques, comme celles qui entourent les origines du café et du thé, attribuaient au cacao une source merveilleuse. Un prophète inspiré avait apporté cette fève d'un jardin céleste, absolu-

ment comme Mahomet avait reçu celle d'Yémen de l'ange Gabriel. Mais le chocolat apparut sous forme de boisson, que les riches Mexicains mélangeaient de farine de cacao, de miel et d'eau; plus tard, on y ajouta du lait pour en calmer l'amertume; puis, la perfection s'en fit assez vite lorsqu'on eut mélangé, aromatisé et sucré les variétés de cacao, et qu'on sût en former des pains ou tablettes, qui étaient expédiées aux monarques européens, lesquels les regardaient comme un aliment de souverain dont le peuple était indigne.

Sous une forme moins attrayante à l'œil que nous le présentent les industriels modernes, mais aussi infiniment plus sain, l'idée de sophistiquer n'étant venu à personne, le chocolat fit son apparition en Espagne, en 1661 et s'y installa sur toutes les meilleures tables de l'époque.

En France, les premières tablettes de chocolat furent envoyées par un moine espagnol au cardinal archevêque de Lyon, frère du cardinal de Richelieu, qui en usait, disait-il, « pour calmer les vapeurs de sa rate »; mais sa vulgarisation est due à Anne d'Autriche, qui l'introduisit dans l'usage des seigneurs de sa cour, d'où, en peu de temps, il se répandit dans les meilleures maisons de Paris. Il était fabriqué par l'Espagnol *Antonio Carletti,* chef de pâtisserie attaché aux cuisines royales.

L'édit de 1692, qui fit de la vente du cacao un monopole, assujettit à aliment à un droit fiscal, et celui de 1705, qui monopolisa le débit entre les mains d'un nombre déterminé de débitants, mesurent les progrès du chocolat. Il atteignit son apogée sous la Régence, puis le chocolat, varié, modifié, transformé de par l'art du confiseur, s'éloigna tellement de sa simplicité et de sa forme primitive, que le cacao sous forme de tablette n'existe plus. Ces falsifications ont donné l'idée, toujours dans le but de tromper le public, de produire du cacao en feuille; mais qu'arrive-t-il? l'huile du cacao qui en forme la partie essentielle et le stimulant est extraite pour la pharmacie et l'on paye fort cher une farine dépourvue de son principe gras et aromatique, le plus souvent remplacé par la faible partie qui reste dans le péricarpe, d'ailleurs fort indigeste.

Il en est du cacao comme du café; de la parfaite combinaison des mélanges et des variétés de celui-là dépendent absolument les qualités du chocolat. Outre le choix des meilleurs cacaos, et leur parfait état après la traversée, les soins apportés à la décortication, au triage des grains, à la torréfaction, au broyage, de même que la juste adjonction des aromates, sucre, vanille, cannelle, concourent, comme le mélange de certaines espèces, au goût exquis et à la bonne qualité du chocolat.

Sophistication. — On ne se contente plus de coller, d'y mettre de la mélasse, de la farine et la cabosse du cacao et autres produits plus ou moins alimentaires, mais il faut lui donner le poids sous un petit volume, et pour cela on joint de l'ardoise pilée ou de l'ocre. Ce n'est plus de la falsification, c'est une sophistication criminelle que les hommes soucieux de la santé publique doivent surveiller de près.

Hygiène. — Malgré les avantages qu'on accorde aux bons chocolats, certains estomacs ne peuvent en prendre sans en être fortement incommodés. Lorsqu'il est pur cacao et qu'on le digère il produit les meilleurs résultats, quand il faut rendre à des convalescents ou à des malades leurs forces épuisées; quand des diarrhées ou des dysenteries ont laissé après elles un principe d'irritation, dans les cas de diabètes et de sueurs colliquatives; toutes les fois, en un mot, qu'il convient de recourir à un régime alimentaire nutritif et astringent. Il convient aux adolescents, aux adultes comme aux enfants dont il répare la faiblesse et entretient les forces. Mais il vaut mieux encore, pour se mettre à l'abri des dangers des sophistications, le suppléer par le chocolat fait selon la formule citée plus loin.

Aspect du bon chocolat. — Dans les préparations culinaires le chocolat naturel n'épaissit pas par la coction; son odeur aromatique doit être agréable et sans rancidité; la finesse du grain de la tablette appartient aux bons produits; le bruissement doit être sec à la casse; la facilité avec laquelle il fond sur la langue, son homogénéité, sa parfaite dissolution dans le liquide exempt de dépôt, sont les caractères organaleptiques qui en dénotent l'innocuité.

Le chocolat qui épaissit et qui est considéré comme une qualité par le public n'est rien moins qu'additionné d'amidon ou autre féculent, et même simplement de farine, qui sont les substances les moins inoffensives que certains chocolatiers, petits fabricants, puissent introduire dans cet aliment de premier choix.

Le chocolat pur et d'une bonne fabrication donne à la préparation culinaire un liquide léger et mousseux. Il ne laisse aucun résidu autre qu'un léger cordon dans le haut bord de la tasse qui est apporté par la mousse et le principe butyrique. Lorsque le dépôt est granulé, lourd au fond de la tasse, c'est un signe qu'il contient des matières terreuses, et lorsque l'épaississement est collant et de l'aspect d'une bouillie, il y a alors des fécules et des farines mélangées.

Chocolat (*Hygiènique*). — *Formule 925.* — Employer :

Cacao de Maraguan	kilogr. 1.500
Cacao de Caracas	grammes 500
Sucre	kilogr. 1.500
Vanille, gousses	nombre 3

Procédé. — Débarrasser de son enveloppe le cacao préalablement torréfié; l'étendre sur des claies pour le faire refroidir; trier les grains pour rejeter ceux qui sont attaqués ou douteux et ne conserver que le choix des bonnes amandes, les concasser et en expulser le germe. Broyer ou piler le cacao et la vanille dans un mortier, légèrement chauffé en triturant, afin d'obtenir une pâte homogène, y ajouter le sucre. Lorsque cette pâte a obtenu la mollesse et la finesse désirée, on la met dans des boîtes plates de ferblanc. On les descend à la cave pour les laisser raffermir. On les enveloppe de papier d'étain et on les conserve dans un lieu très sec.

Remarque. — En y ajoutant de l'ambre on obtient le fameux chocolat de Brillat-Savarin, mais on obtiendrait un meilleur résultat avec du *maté* ou du *gluten.*

Les maisons qui fabriquent du chocolat sont outillées par des appareils mécaniques. Nous étudions ces usines à leurs noms respectifs.

Chocolat au lait (*Cuis. d'hôtel*). — *Formule 926.* — Faire ramollir du chocolat dans du lait frais et tiède, le mettre dans une casserole profonde avec le lait ou l'eau, puis remuer avec le *moussoir* jusqu'à l'ébullition et, lorsqu'il est mousseux, le mettre au bain-marie.

À chaque tasse que l'on servira, on aura soin de rouler un instant le *moussoir* dans le bain-marie, afin de faire *remousser* le chocolat, ce qui lui donne un aspect engageant.

CHOCOLATIER, s. m. All. *Chocoladehændler;* angl. *chocolate-maker.* — Celui qui vend ou fabrique le chocolat; tandis que l'on appelle *chocolatière* le vase dans lequel on le fait.

CHONDRINE, *s. f.* Se prononce *kondrine*. — Substance analogue, sous quelques points, à la gélatine et que l'on retire des cartilages de divers animaux.

CHONDROPTÉRYGIENS, *s.m.pl.* — En science naturelle, classe des poissons, aussi appelés *cartilagineux*.

CHOPINE, *s. f.* — Ancienne mesure de capacité pour le liquide, qui équivalait à 45 centilitres environ.

CHORIZO, *s. m.* (*Charcuterie espagnole*). — Boudin rouge, ou saucisse rouge, commune en Espagne.

Chorizo. — *Formule 927.* — Employer :

Chair maigre de bœuf	kilogr.	1
Lard frais	grammes	500
Porc et veau mélangés	—	500
Une gousse d'ail, du piment rouge et un peu d'origan pilés.		

Procédé. — Faire mariner le tout dans un verre de vin de Madère; ajouter le sel et les épices: l'andouiller à l'instar d'un saucisson et le ficeler par distance d'un centimètre. On le fait cuire dans le *cocido* et on le sert séparément.

CHOTODRIEC, *s.f.* (*Cuis. polonaise*). — Soupe à la glace. — *Formule 928.* — Faire bouillir un litre de jus de concombre mariné avec un peu de levure; le laisser refroidir et le mélanger avec un litre de lait caillé. Faire bouillir à part dans une casserole une jeune betterave rouge; la tailler en rondelles minces, que l'on met dans la soupière avec un peu de son jus. Couper aussi en rouelles des œufs durs, les mettre dans la soupière avec des ciboules hachées, fenouil, des queues d'écrevisses et des tranches de concombre. Cette soupe, sans pain, se sert froide; on y ajoute de la glace au besoin.

Chotodriec à la **Varsovienne**. — *Formule 929.* — Composer un mélange de lait caillé, de jus de concombre ou de melon, de fenouil et de civettes hachés; d'un peu d'oseille revenue au beurre et d'œufs durs coupés en rondelles. Au moment de s'en servir, et le liquide étant froid, on ajoute de la glace écrasée.

CHOU, *s. m.* (*Brassica oleracea*). — All. *Kohl*; angl. *cabbage*; ital. *cavolo*, du latin *caulis*, d'où dérive *brocoli, chols, chô*. — Terme générique

'd'une plante de la famille des crucifères, dont on ne distingue pas moins de *cent* variétés.

Fig. 338. — Chou de Schweinfurt.

Pour la lucidité de l'ouvrage, je divise les choux en *sept* tribus qui sont traitées à leur lettre alphabétique. (Voir *brocoli, chou de Bruxelles, chou-fleur, chou-navet, chou-rave, chou vert.*)

Fig. 339. — Chou hâtif d'Étampes.

Sous la dénomination de *chou cabus* ou *pommé*, je classe le *chou de Milan* et le *chou à grosses côtes* que je traite ici, se sont les espèces qui forment le genre de chou commun, au nombre desquels on distingue les *choux rouges*.

CHOU CABUS. — Parmi cette espèce, on distingue le *chou d'York*, gros et petit, tous deux

Fig. 340. — Chou de Fa...

hâtifs; le *chou pain de sucre*, d'un vert pâle; le *chou corne de bœuf*, gros, petit, hâtif; le *chou* d'*Etampes*, très hâtif; le *chou préfin* de Boulogne; le *chou non pareil;* le *chou de Tourlaville;* le *chou de Lingreville;* le *chou bacalan*, hâtif, tardif; le *chou Joanet*, aussi appelé *Nantais;* le *chou Calas;* le *chou d'Erfurt;* le *chou de Saint-Denis;* le *chou de Hollande*, tardif et pied court; le *chou de Brunswick*, pied court, aussi appelé *tabouret;* le *chou Schweinfurt*, roi des choux par son volume; le *chou de fumel;* le *chou de Habas;* le *chou de Dax;* le *chou quintal* ou *de Strasbourg;* le *chou pointu de Winnigstadt;* le *chou conique de Poméranie;* le *chou vert d'Amérique;* le *chou de Vaugirard;* le *chou rouge foncé d'Erfurt;* le *chou rouge*, petit et gros; le *chou marbré de Bourgogne;* le *chou de Battersea*, aussi appelé *king of the cabbages*, est une variété cultivée pour les marchés de Londres; le *chou Amager*, variété danoise; le *chou de Pise* (*cavolo rotondo di Pisa*), variété très estimée.

Fig. 341. — Petit chou cœur de bœuf.

CHOU DE MILAN. (Aussi appelé *cabus frisé, chou cloqué, chou de Hollande, chou pancalin.*) All. *Wirsing;* angl. *Savoy;* flam. et holl. *Savooikool.* — On réunit sous cette dénomination toutes les variétés de choux qui, au lieu d'avoir les feuilles lisses, les ont entièrement cloquées.

Les choux de Milan sont plus doux et moins fragrans que les choux cabus.

Fig. 342. — Chou Milan de Paris.

On distingue : le *chou d'Ulm*, hâtif; le *chou Milan*, hâtif de Paris; le *chou Pancalier*, de Touraine, hâtif de Joulin; le *chou hâtif*, le *court*, ordinaire; le *chou Victoria;* le *chou du Cap;* le *chou de Limay;* le *chou doré;* le *chou à tête longue;* le *chou des vertus*, cultivé dans les environs de Paris; le *chou de Pontoise;* le *chou de Norvège.* Le chou à trois têtes cultivé en Belgique (*Drie-Kropper*) est une variété du *chou de Milan.*

Fig. 343. — Chou Milan doré.

CHOU A GROSSES CÔTES. — Les feuilles de ce chou sont tendres; en Angleterre on cultive le *Dwarf Portugal cabbage*, qui est une variété du *chou à grosses têtes.*

Les Anciens, plus végétariens que nous, professaient pour le chou un respect adorable. Les Grecs primitifs juraient par ce végétal, comme juifs, chrétiens, boudhistes jurent selon leur dieu. Le romain Caton composa un livre sur l'éloge du chou, lui attribuant les propriétés de dispenser les citoyens du secours du médecin. Mais les gourmets n'étaient pas de son avis, car on sait que Tibère blâma Apicius d'avoir inspiré le dégoût du chou à Drusus.

Fig. 344. — Chou à grosses côtes.

Analyse chimique. — On a constaté dans le chou une proportion plus ou moins grande d'albumine végétale, de chlorophyle, du sucre, du mucilage, du soufre à l'état de combinaison, et dans les nervures une certaine quantité d'amidon, du ligneux et du nitrate de potasse. C'est ce dernier sel qui lui donne ce goût âcre dont la cuisson le dépouille et à laquelle il communique des propriétés laxatives.

HYGIÈNE. — Par l'addition de la graisse qu'il réclame, le chou est indigeste; mais il est laxatif, stimulant et antiscorbutique. Ses défauts sont corrigés dans certaines variétés et même complètement annihilés par les différentes méthodes culinaires qu'on leur applique. La quantité notable de soufre que les choux contiennent explique l'odeur d'hydrogène sulfuré que répandent les gaz intestinaux que beaucoup de personnes rendent après avoir mangé des choux, des raves, etc.

USAGE CULINAIRE. — Les choux sont d'une ressource précieuse pour l'alimentation à bon marché; même dans la cuisine savante, ils viennent justement augmenter la nomenclature des garnitures végétales rares en hiver. Un artiste peut donner à ce crucifère un goût parfait et mille modalités appétissantes. Partout où le petit salé entre, le chou vient se présenter à la combinaison, et ce corollaire lui facilite son entrée sur toutes les tables du monde.

Choux pour garniture. — *Formule 930.* — Blanchir des choux cloqués, les rafraîchir, les égoutter et les presser légèrement; ouvrir les feuilles, les appareiller de la même grandeur et les étendre sur la table. Coucher sur chaque feuille une petite quantité de farce à saucisses bien condimentée; envelopper trois feuilles les unes sur les autres en alternant la farce et les feuilles de façon à obtenir une petite boule. Foncer un sautoir de beurre frais et de lard maigre, sur lequel on pose les pelotes de choux; saler et ajouter de la graisse de rôti; couvrir et faire braiser au four.

Remarque. — Cette garniture réussit surtout pour le bœuf et le gigot braisés. On coupe les choux en deux et on les alterne avec des petites saucisses fraîches, qui constituent un mets appétissant pour les peuples du Nord, et chez nous dans la saison d'hiver.

Choux farcis (*Cuis. bourgeoise*). — *Formule 931.* — Choisir un chou de Milan ferme et blanc; on enlève les grosses feuilles vertes et dures; on fait blanchir le chou tout entier; on le rafraîchit et on l'égoutte avec pression pour en exprimer l'eau. On ouvre les feuilles une à une; arrivé au centre, on enlève le cœur que l'on remplace par un même volume de chair à saucisse, bien assaisonnée avec poivre, sel et muscade, avec un tiers de moelle de bœuf. Garnir les feuilles une à une en commençant par le centre et les remettre à leur juxtaposition primitive. Le chou entièrement reconstitué, on l'enveloppe de bardes de lard, on le ficelle et on le met dans une casserole de façon qu'il cuise sans se déformer. On mouille avec du bouillon et du jus, si on en a, et on le fait cuire à l'étouffée. Lorsqu'il est cuit, on égoutte sa graisse, on le dresse sur un plat et on l'arrose de jus et garnit de tranches de jambon.

Choux farcis (*Cuis. russe*). — *Formule 932.* — En Russie on appelle *kapousste farchrwannaï* des choux farcis avec du *kache* et du sarrasin. On procède comme dans la formule précédente.

HYGIÈNE. — Ce mets, extrêmement gras par l'addition de la moelle de bœuf, est nourrissant et d'une digestion un peu difficile, et doit, comme tous les mets chargés de substances grasses, être mangé très chaud.

Chou en surprise (*Cuis. bourgeoise*). — *Formule 933.* — Procéder comme pour le chou farci et mettre au centre six petites saucisses, une demi-douzaine d'alouettes et une douzaine de beaux marrons rôtis. Le cuire avec les mêmes précautions que le chou farci et le servir sans garniture.

Choux à la Viennoise. — *Formule 934.* — Blanchir les choux, les égoutter, les presser et les hacher. Faire un roux de farine dans une casserole, y ajouter les choux en remuant de manière à égaliser la farine, ajouter du petit lard taillé en petits dés, de la graisse de rôti, du beurre frais, du jus de veau et l'assaisonnement nécessaire; laisser cuire à l'étouffée et dresser en garnissant avec des petites saucisses de Vienne.

Choux blancs à la crème. — *Formule 935.* — Blanchir par l'épuration une tête de chou très blanc, l'égoutter, la ciseler en julienne; cuire à blanc une cuillerée de farine dans une casserole, ajouter un demi-litre de crème double (*aphrogala*) en délayant les grumeaux; ajouter les choux taillés, un assaisonnement de poivre, de sel, de muscade râpée, et, un instant avant de les dresser, un morceau de beurre très frais.

On dresse les choux à la crème dans un légumier, ou dans un plat creux. Une petite bordure de florons ou de croûtons frits peut couronner les choux.

Choux au fromage (*Cuis. bourgeoise*). — *Formule 936.* — Pour ceux qui l'aiment, le fromage est ici d'un vrai secours pour l'art d'accommoder les restes... de choux.

On hache les choux suivant qu'ils sont servis au gras ou à la crème; on beurre un plat à gratin allant au feu; on le fonce de choux, puis on ajoute une couche de fromage de Gruyère gras taillé en petites tranches et on alterne ainsi jusqu'à la hauteur du plat en finissant par une couche de fromage sur laquelle on saupoudre une pluie de chapelure.

On fait gratiner et l'on sert comme entremets de légume.

Choux à la bordelaise (*Soupe aux*). — *Formule 937.* — Après avoir fait blanchir des choux et les avoir égouttés, on ôte les grosses côtes des feuilles; puis on prend une timbale d'argent ou une soupière allant sur le feu et on alterne les choux d'une tranche de pain, sur laquelle on ajoute du fromage de Gruyère émincé; on continue ainsi en mettant les choux, le pain et le fromage jusqu'à moitié de la hauteur du vase; on les fait gratiner, et enfin on les sert comme potage en remplissant la soupière de bouillon.

Choux au lard (*Cuis. de campagne*). — *Formule 938.* — C'est la plus simple de toutes les méthodes, mais, comme toutes choses, elle demande du tact dans l'assaisonnement; on blanchit les choux par quartiers, on les assaisonne et on les met dans une casserole avec du lard de poitrine dessalé à l'eau tiède; on assaisonne et on laisse cuire.

Choux rouges (*Cuis. hollandaise*). — *Formule 939.* — En Hollande, on prépare les choux rouges de la manière suivante : Eplucher quatre pommes reinettes et deux oignons, pour un chou; blanchigumer le chou rouge, l'égoutter et le débarrasser du bois et des grosses côtes; le tailler en julienne, y mélanger les pommes et les oignons; l'assaisonner de noix muscade, de poivre, de sel, d'une cuillerée de sucre en poudre et d'un bouquet de persil garnit (voir ce mot). Mettre les

Fig. 345. — Chou rouge conique.

choux en ébullition en y ajoutant une demi-bouteille de vin de Bordeaux. Lorsqu'ils sont cuits, on les relève, s'il y a lieu, avec du jus de citron ou du vinaigre et on les enrichit d'un bon morceau de beurre frais.

Choux rouges marinés (*Cuis. alsacienne*). — *Formule 940.* — Tailler en julienne des choux rouges débarrassés des côtes; les passer dix minutes à l'eau bouillante; les égoutter, les assaisonner de sel, poivre, fragments de thym et de quelques clous de girofle en poudre.

Mettre les choux dans un pot ou dans un petit tonnelet avec du bon vinaigre de vin rouge à

l'estragon; charger d'une planchette ronde sur laquelle on mettra un poids de quelques kilogrammes. Laisser mariner pendant quinze jours au moins. On les assaisonne à l'huile en y ajoutant facultativement du *carvi* ou cumin.

Choux rouges en salade (*Cuis. polonaise*). — *Formule 941.* — En Pologne, on fait la salade chaude de choux rouges de la façon suivante : Couper les choux en julienne, les mettre dans une casserole avec poivre, sel, muscade, graisse d'oie ou de volaille et un filet de vinaigre d'estragon; les mettre en ébullition et, lorsqu'ils sont à moitié cuit, on retire la moitié de leur jus qu'on

Fig. 346 — Chou rouge foncé d'Erfurt.

lie avec des jaunes d'œufs, on remet dans la casserole et on y ajoute les épices nécessaires à la salade : ciboule, cumin et vinaigre. On dresse dans un saladier.

Sirop de choux rouges (*Pectoral*). — *Formule 942.* — Les ménagères peuvent faire sans frais au moment de la saison cet excellent sirop pectoral : Piler dans un mortier les feuilles rouges et sans côtes d'un chou; en extraire le jus à l'aide d'un petit pressoir; le filtrer à la chausse. Faire clarifier deux parties de sucre pour une de sirop, mettre en bouteille et boucher. On s'en sert contre les catarrhes chroniques.

Gelée de choux rouges (*Entremets*). — *Formule 943.* — Tailler en julienne 650 grammes de choux très rouges; mouiller avec de l'eau de manière à les imbiber; ajouter 16 grammes de gélatine; lorsqu'ils sont aux trois quarts cuits, ajouter 16 grammes de sucre et faire réduire en plein feu jusqu'à consistance de gelée. Mettre dans des petits pots à confiture.

Cette gelée a les mêmes propriétés hygiéniques que le sirop de choux plus haut mentionné.

CHOU BROCOLI (voir BROCOLI). — Pour les préparations culinaires, voir CHOU-FLEUR.

CHOU CARAÏBE, *s. m.* (*Arum esculentum*). — Racine très farineuse, très usitée dans l'alimentation des Indiens, des Chinois et des Egyptiens. (Voir la plante ARUM.)

CHOUCROUTE, *s. f.* All. *Sauerkraut;* angl. *sourkrout;* étymologie de deux mots allemands *sauer*, aigre, et *kraut*, herbe; dont l'altération en a fait chou aigre. — La choucroute est d'origine allemande, cela va sans dire, et c'est un des meilleurs aliments que l'art culinaire allemand ait découvert jusqu'ici. Aussi un moyen certain de se faire assommer c'est : en Italie, de ne pas trouver les femmes jolies; en Angleterre, de chicaner le peuple sur le degré de liberté dont il jouit; en France, de ne pas trouver les vins les meilleurs du monde; et, en Allemagne, de ne pas trouver la choucroute un aliment des dieux.

Aussi on se rappelle de cette Alsacienne des environs de Colmar, qui, un dimanche matin à l'église, se souvint de n'avoir pas mis le morceau choisi dans la choucroute, qui était un morceau carré de poitrine de porc. Vite elle traverse la foule consternée en bousculant tout le monde, se rend chez elle, pose son vieux *paroissien romain* à côté du *speck*, attise son feu, met le lard dans la choucroute et rentre au service divin. Mais, à peine est-elle à l'église qu'un chuchotement général se fit entendre, suivi de rires étouffés, chez ses pieuses voisines. On en pouffa! lorsqu'on vit la mère X... portant sous son bras un morceau de lard au lieu de son paroissien? O! douleur, le saint livre dans la choucroute et le lard pas cuit. Pour comble de malheur, le mari refusa la choucroute et le lendemain opta pour la France.

Fabrication de la choucroute. — *Formule 944.* — En Allemagne, à Strasbourg comme dans toute l'Alsace, la choucroute a une renommée justement méritée. Cette supériorité tient autant à la qualité du chou qu'à l'art de la fabrication. Le chou quintal ou de Strasbourg est le meilleur.

Fig. 317. — Chou quintal ou de Strasbourg.

Les tonneaux ayant contenu du vin, du vinaigre, ou autre liquide acidule, sont préférables pour la conservation de la choucroute.

A l'aide d'une machine, on taille les choux et on place au fond du baril une couche de gros sel et on ajoute dessus alternativement une couche de chou de 10 centimètres en l'assaisonnant de grains de coriandre, de baies de genièvre et de tiges de sariette. On la tasse avec un lourd pilon jusqu'à ce que l'humidité arrive à la surface; on alterne ainsi jusqu'à ce que le tonneau soit rempli; enfin, on la couvre de sel, d'un parchemin ou d'un linge et d'une rondelle de bois sur laquelle on place un poids de 15 à 20 kilogrammes. Au bout de quelques jours il s'établit une fermentation active; pendant ce temps, on soutire la saumure et on la reverse dessus jusqu'à ce qu'elle vienne claire. On renouvelle alors en lavant le couvercle. On la met dans des tonnelets spéciaux pour l'expédition ou on la garde ainsi pour l'usage culinaire.

La choucroute doit, autant que possible, être privée d'air. Chaque fois qu'on la découvre on doit avoir soin d'en débarrasser les débris restés au-dessus et la refermer hermétiquement. De ces précautions dépendent toute sa conservation.

Choucroute en vint-quatre heures. — *Formule 945.* — Tailler les choux en julienne, les tasser avec un pilon; les assaisonner avec graine de fenouil, de genièvre et de sel. Les mettre dans une terrine ou tonnelet avec du vinaigre pendant vingt-quatre heures. Au moment de les faire cuire on en exprime le vinaigre et on ajoute les assaisonnements d'usage.

La cuisson. — *Formule 946.* — Laver la choucroute à une ou plusieurs eaux, selon le degré d'acidité ou d'âcreté qu'on désire lui donner; on la met dans une casserole avec lard, graisse d'oie et saucisses; on la condimente de poivre en grain, de genièvre et quelquefois de cumin. Sur les bords du Rhin, en Alsace, en Suisse on y ajoute du vin blanc, ce qui la relève; d'autres y ajoutent un peu de farine pour la lier. Il est inutile de dire que la choucroute sans porc est une belle sans dents; on doit par conséquent l'accompagner dans sa cuisson, comme sur la table, de porc salé, de saucisses, d'oie salée ou de jambon. La choucroute doit cuire cinq heures au moins.

HYGIÈNE. — La choucroute est un aliment chaud et stimulant qui échappe à la faveur de son goût relevé. L'indigestibilité qu'on lui reproche peut être corrigée par la cuisson. Elle sera facile à la digestion lorsqu'elle aura cuit deux jours pendant six heures par jour.

CHOU DE BRUXELLES, *s. m.* (*Brassica capitata polycephala*). All. *Rosenkohl;* angl. *Brussels sprouts;* ital. *cavolo à germoglio;* esp. *bretones de Bruselos;* holl. *spruitkool,* dérivé du flam. *spruyt.* — Plante potagère modifiée par la culture dans les environs de Bruxelles, et importée d'Italie à l'époque de l'invasion des Barbares. Ce chou présente le curieux caractère de ne pas pommer par la rosette principale comme les autres choux, mais par une multitude de petites têtes qui poussent sur le pied de la tige.

Fig. 348. — Choux de Bruxelles.

On recueille les jets qui poussent à l'aisselle des feuilles. Ils peuvent se conserver un certain temps en lieu sec.

Usage culinaire. — Le meilleur mode de préparer les choux de Bruxelles est de les sauter au beurre après les avoir blanchigumés (voir ce mot) et en avoir exprimé l'eau.

Fig. 349. — Chou de Bruxelles demi-nain.

Purée printanière. — *Formule 947.* — Cuire des choux de Bruxelles très verts, les passer au tamis fin. D'autre part, préparer une purée de pommes de terre blanche et mousseuse. Additionner progressivement la purée de pommes de terre avec de la crème double jusqu'à ce qu'elle prenne l'aspect de la purée de pois verts. Ajouter une pincée de sucre en poudre. Verser et croûtonner.

Remarque. — En ajoutant une purée d'oignons à la purée de choux de Bruxelles, elle remplace la purée de pois pour les côtelettes à la châtelaine. (Voir CÔTELETTE.) A. Landry.

CHOU-FLEUR, *s. m.* (*Brassica oleracea botrylis*). All. *Blumenkohl;* angl. *caubiflower;* flam. et holl. *bloemkool;* ital. *cavol-fiore;* esp. *califlor;* port. *couveflor.* — Chou qui se caractérise par l'avortement des fleurs, ce qui provoque le développement des ramifications le long desquelles elles sont distribuées; gagnent en grosseur tout

Fig. 350. — Chou-fleur nain hâtif d'Erfurt.

ce qu'elles perdent en longueur et forment une espèce de corymbe régulier, se terminant par une surface blanche que l'on nomme la tête du chou-fleur.

On distingue le *chou-fleur hâtif d'Erfurt*, variété très précoce et d'un grand mérite. Le *chou-fleur tendre de Paris*, aussi appelé *petit Salomon* pied mince et haut. Le *chou-fleur impérial;* le *chou-fleur demi-dur de Paris;* le *chou-fleur Lenormand*, haut et à pied court; le *chou-fleur demi-dur de Saint-Brieuc;* le *chou-fleur dur de Paris;* le *chou-fleur dur de Hollande;* le *chou-fleur dur d'Angleterre;* le *chou-fleur de Stadthold;* le *chou-fleur de Walcheren*, le plus tardif des choux-fleurs;

Fig. 351. — Chou-fleur noir de Sicile.

le *chou-fleur géant de Naples;* le *chou-fleur d'Alger*, plante vigoureuse, et le *chou-fleur noir de Sicile*, dont nous donnons ici la figure.

En Allemagne, on cultive les choux-fleurs *Asia-*

tischer et *Cyprischer*, etc., qui se rapprochent beaucoup du chou de Hollande. (Voir BROCOLI.)

HYGIÈNE.— Le chou-fleur est un végétal agréable au point de vue du goût et de la digestibilité. Les propriétés flatueuses qu'il possède peuvent être corrigées par la condimentation et les préparations culinaires. On doit choisir les têtes blanches et serrées; celles qui présenteront des taches noirâtres doivent être rejetées ou soigneusement épluchées.

USAGE CULINAIRE. — Ce végétal est d'une grande ressource culinaire. Il a l'avantage de se conserver longtemps et de se prêter sans trop d'art comme garniture ou comme entremets.

Voici les principales méthodes de préparation :

Chou-fleur à la crème (*Cuis. de frugalien*).— *Formule 948.* — Préparer une sauce béchamelle (voir ce mot), claire et bien assaisonnée; faire blanchir le chou-fleur à l'eau bouillante et salée, l'égoutter et le diviser en petits bouquets que l'on met dans la sauce et achever la cuisson au bain-marie.

Chou-fleur sauce blanche (*Cuis. de campagne*). — *Formule 949.* — Blanchir le chou-fleur, l'égoutter, le remettre dans une casserole avec un assaisonnement composé de sel, d'un oignon clouté et mouillé avec de l'eau, ou moitié bouillon si possible. D'autre part, cuire à blanc deux cuillerées de farine fine, dans du beurre frais. Mouiller avec le bouillon du chou-fleur; laisser cuire, y ajouter de la noix muscade et du poivre écrasé. Au moment de servir, lier la sauce avec quatre jaunes d'œufs, un jus de citron et du beurre frais ; faire épaissir sans laisser bouillir ; passer la sauce par pression à travers un linge, et servir dans une saucière à part et le chou-fleur sur une serviette.

Chou-fleur au fromage (*Cuis. bourgeoise*). — *Formule 950.* — C'est le *brocoli* (voir ce mot) qui réussit le mieux pour ce genre de préparation : Blanchir le chou-fleur, l'égoutter, tailler du fromage de Gruyère en lames; les introduire dans l'intérieur du chou-fleur; le poser sur un plat à gratin; l'assaisonner de haut goût; le couvrir entièrement de lames de fromages gras, le saupoudrer de chapelure et le mettre au four très chaud. En le sortant, y faire couler un filet de vinaigre et y verser dessus un beurre noir.

Chou-fleur sauté (*Cuis. d'hôtel*).— *Formule 951.* — Cette méthode est celle qui permet le plus l'absorption des condiments. Ils doivent être préparés de préférence chauds, bien égouttés.

Chou brocoli en salade (*Cuis. napolitaine*).— *Formule 952.* — En Italie, où le brocoli (voir ce mot) croît abondamment, on prépare usuellement la salade suivante : Cuire, égoutter les brocolis, les rafraichir et couper les tiges par morceaux. Préparer un assaisonnement composé de ciboules ciselées, de cerfeuil, de moutarde, de sel, de poivre, de vinaigre et enfin d'huile fine d'Aix (voir ce mot). Faire la salade pendant que les choux sont chauds, en les sautant dans le saladier de façon à ne pas les briser.

Chou-fleur au beurre noir (*Cuis. bourgeoise*). — *Formule 953.* — Cuire le Chou-fleur, l'égoutter, l'assaisonner de poivre, de noix muscade râpée et d'un filet de vinaigre; fondre le beurre (voir ce mot) et, arrivé au point précis, le verser sur les choux-fleurs. Le servir sur un plat très chaud.

Chou-fleur à la sauce hollandaise (*Cuis. de moine*). — *Formule 954.* — Cuire le chou-fleur, l'égoutter, le dresser sur une serviette et servir la sauce hollandaise à part. (Voir HOLLANDAIS.)

Remarque. — En Hollande et en Angleterre on entend par sauce hollandaise du beurre fondu, dans lequel on ajoute des fines herbes hachées, du sel, poivre et un jus de citron. Cela est une affaire de goût que le cuisinier intelligent saura satisfaire.

Chou-fleur à la polonaise. — *Formule 955.* — Après avoir cuit le chou-fleur dans la règle, on le dresse sur un plat en ayant soin de bien l'égoutter; saupoudrer d'un assaisonnement composé, de sel, poivre, de noix muscade, faire couler dessus un jus de citron. Faire chauffer du beurre frais avec de la mie de pain et verser chaud dessus le chou-fleur.

Chou-fleur au gratin (*Haute cuisine*). — *Formule 956.* — Cuire le chou-fleur à l'eau; préparer une sauce béchamelle (voir ce mot) ou une sauce allemande; la lier avec des jaunes d'œufs de façon à composer un appareil consistant, y ajouter du fromage râpé. Beurrer un plat à gratin, sur lequel on met le chou-fleur assaisonné intérieurement. Napper le chou-fleur d'une forte couche d'appareil; la saupoudrer de chapelure, mettre du beurre dessus et faire gratiner au four. Servir sur un plat froid, le plat dans lequel il a gratiné.

Conservation des choux-fleurs. — *Formule 957.* — Les fabricants de conserves alimentaires n'ont pas entrepris sa conservation pour le simple motif que c'est un végétal d'hiver, cependant il y a quelquefois urgence de prolonger son existence pour lui permettre d'arriver à l'apparition des primeurs.

Les plus durs sont ceux qui se conservent le mieux; on doit les récolter sans les froisser, par un temps sec, en les coupant de 10 à 15 centimètres au-dessous de la tête; couper les feuilles à 8 centimètres de leur naissance. Suspendre les choux-fleurs la tête en bas aux solives du plancher d'un lieu sec et aéré à l'abri de la gelée, du soleil et de l'humidité. On peut, par ce procédé, les conserver frais jusqu'à la fin de l'hiver. Comme ils se fanent un peu, on leur rend leur fraîcheur en coupant l'extrémité de la tige ou trognon, en en piquant la moelle jusqu'à une certaine profondeur et en mettant tremper ensuite cette tige dans l'eau.

CHOU-MARIN, *s. m.* (*Crambe Maritima*). All. *See-Kohl;* angl. *sea kole;* esp. *Soldanela maritima, crambe, col marino.* — Plante crucifère qui croît

Fig. 352. — Chou marin ou Crambe.

sur nos côtes, ainsi que sur celles d'Angleterre. On la cultive au Jardin des Plantes, ainsi qu'à Versailles. On la voit rarement sur les marchés.

On la fait étioler pour la rendre plus tendre et plus blanche en la privant de lumière et d'air. On la coupe lorsque les pétioles ont atteint la grosseur du cardon.

USAGE CULINAIRE. — Ce végétal de premier choix est trop peu connu et ne figure que rarement sur les menus, ce qui est d'autant plus regrettable qu'il possède une saveur agréable et fine qui rappelle la noisette. On en fait des salades exquises, des garnitures recherchées, des entremets excellents. On le traite selon les méthodes indiquées pour les choux-fleurs et les cardons. (Voir ces mots.)

Fig. 353. — Chou-navet-Rutabaga à collet vert.

CHOU-NAVET, *s. m.* (*Brassica Napus*). All. *Kohlrübe;* angl. *turnip-rooted cabbage;* ital. *cavolo navone;* esp. *col nabo, nabicol;* port. *couve nabo.* — Plante dont on distingue plusieurs variétés qui sont : le *chou-navet blanc,* ou de Laponie; le *chou-navet blanc à collet rouge;* le *chou-navet blanc courte feuille.* Une autre espèce connue sous le nom de *rutabaga à collet vert;* le *rutabaga à collet violet* et le *rutabaga jaune hâtif.*

USAGE CULINAIRE. — On prépare les choux-navets comme les navets, dont ils ont à peu près les mêmes propriétés.

CHOU-PALMISTE, *s. m.* (*Areca oleracea*). — En Amérique, on nomme ainsi une variété de palmier qui produit le *cachou.* On le détache de l'arbre, on enlève les feuilles extérieures; celles rapprochées du centre, de couleur jaune pâle ou blanche, sont tendres et d'un goût amandé. A Madagascar, il en existe une variété très prisée que l'on nomme *ferococe*. (Voir *Arec America*.)

CHOU-RAVE, *s. m.* (*Brassica gongilodes*, L.). All. *Oberkohl rabi;* angl. *kohl-rabi;* ital. *cavolo rapa;* esp. *col rabano;* port. *couve rabano;* flam.

Fig. 354. — Chou-rave hâtif de Vienne.

Raapkool. On l'appelle aussi *chou de Siam.* — On distingue deux principales espèces de ce chou : le *chou-rave blanc* et le *chou-rave blanc hâtif de Vienne.*

Le *chou-rave viole* de Vienne; le *chou-rave à feuille d'artichaut.* Ils se préparent comme les navets, leurs propriétés alimentaires sont celles du navet (voir ce mot).

Chou-rave en choucroute. — *Formule 958.* — On fait de la choucroute en procédant comme pour la choucroute ordinaire.

CHOU VERT, *s. m.* (*Brassica oleracea*). All. *Winterkohl;* angl. *borecole;* flam. *bladerkool;* ital. *cavolo verde;* esp. *coles sin cogollo.* — On distingue plusieurs variétés de ces choux : le *chou vert frisé;* le *grand chou vert rouge;* le *chou vert rouge à pied court;* le *chou vert panaché;* le *chou vert prolifère;* le *chou vert frisé de Naples;* le *chou vert palmier;* le *chou vert cavalier;* le *chou vert caulet de Flandre;* le *chou vert branchu de Poitou;* le *chou vert mille têtes;* le *chou vert moellier blanc et rouge;* le *chou vert de Cannilis.* Dans cet ordre nous classerons le : *chou de Chine,* que les

Fig. 355. — Chou vert frisé à pied court.

Chinois appellent *Pak-Choi.* Cette plante est un intermédiaire entre la bette poirée et le chou.

HYGIÈNE. — Les choux verts sont rafraîchis-

sants et laxatifs, on devra les faire cuire à moitié pour leur enlever la fragrance, l'âcreté et leurs propriétés purgatives.

Fig. 356. — Chou de Chine Pak-Choi.

Choux verts à la crème. — *Formule 959.* — Blanchigumer des choux primeurs verts et tendres; les rafraîchir; terminer leur cuisson dans

Fig. 357. — Chou vert glacé d'Amérique.

une casserole, dans laquelle on ajoutera une quantité suffisante de bonne crème fraîche, du beurre frais, un bouquet de persil, du poivre, du sel et un oignon clouté. La cuisson doit se faire à petit feu pour que les choux verts à la crème soient braisés dans la crème sans s'attacher.

CHOUSSET, *s. f.* — Boisson en usage chez les Turcs et composée de blé vert fermenté. (Voir BIÈRE.)

CHOUX, *s. m. pl.* (*Pâtisserie*). — Terme générique d'une série de pâtisseries faites avec l'une des pâtes suivantes :

Pâte à choux. A. — *Formule 960.* — Mettre dans une casserole :

Eau.	décilitres	1
Œufs frais.	nombre	9
Beurre fin.	grammes	100
Sucre en poudre.	—	25
Farine fine.		250
Un grain de sel.		

Procédé. — Mettre en ébullition l'eau avec le sel, le sucre et le beurre, y verser la farine; remuer avec la spatule sur le feu de manière à bien dessécher la pâte; ajouter huit à neuf œufs entiers, un à un, en remuant constamment pour homogénéiser la pâte qui doit être mollette sans être claire, ce qui dépend de la qualité de farine et du dessèchement.

Pâte à choux. B. — *Formule 961.* — Employer :

Eau.	décilitres	2
Œufs frais.	nombre	8
Sucre en poudre.	grammes	20
Farine tamisée.	—	125
Un grain de sel.		

Procédé. — Même travail que ci-dessus, en ajoutant autant d'œufs que la pâte peut en supporter. Ces deux pâtes servent à une multitude de choux, qui prennent différents noms selon qu'ils sont plus ou moins grands, glacés ou aromatisés.

Pâte à choux. C. — *Formule 962.* — Cette pâte sert surtout pour les pains à la Mecque. Employer :

Lait frais.	décilitres	3
Œufs frais.	nombre	8
Beurre fin.	grammes	80
Farine tamisée.	—	125
Un grain de sel.		

Procéder comme il est prescrit à la formule A ci-dessus.

On met ces pâtes dans des poches à douilles et on en couche des *éclairs*, des *choux* gros et petits. On les emplit quelquefois de *crème pâtissière*, de *crème au chocolat;* on les glace et les saupoudre soit d'amandes, de pistaches ou de noisettes. Ces choux prennent alors le nom de la garniture qu'ils comportent.

CHURI, *s. m.* — Se dit d'une espèce d'autruche d'Amérique, appelée aussi *nandou,* possédant les mêmes propriétés alimentaires que l'autruche ordinaire.

CHUSELAN (*Vins de*). — Dans le Languedoc, vin rouge de troisième classe.

CHUYNE (*Vins de*). — Forez, dans le département de la Loire. On récolte du vin rouge ordinaire.

CHYLE, *s. m.* All. *Nahrungssaft;* angl. *chyle;* ital. *chylo.* — Liquide blanchâtre qui, dans les intestins grêles, est séparé des aliments pendant l'acte de digestion, et que les vaisseaux dits *chylifères* pompent et portent dans le sang pour servir à sa formation. *Chylification.*

CHYLIFIER, *v. a.* — Transformer en chyle. Action par laquelle la graisse du chyme arrive dans les vaisseaux chylifères et qui a pour résultat la formation du chyle. Se dit aussi *chylose.* (Voir DIGESTION.)

CHYME, *s. m.* All. *Speisebrei;* angl. *chyme;* ital. *chymo.* — Substance d'un gris blanchâtre formée par la masse alimentaire élaborée par la digestion stomachique se séparant en deux parties, en descendant dans le *duodénum* et l'*iléon,* l'une pour former le *chyle* et l'autre les excréments.

CHYMIFICATION, *s. f.* All. *Bereitung des Speisebreies;* angl. *chymification.* — Acte de la conversion des substances alimentaires en chyme. (Voyez DIGESTION.)

CHYPRE, *s. m.* (*Vins de*). — Grèce; vin rouge que les Grecs d'Athènes adoraient et qui figurait dans les grands festins qui nous ont été décrits par Héliogabale. C'est un vin généreux et fort agréable, d'un fumet tout particulier. Les vins de la Commanderie, le Muscat et le Marsala en sont les principaux crus.

C'est un vin de dessert.

CHY-WA-LY-YU, *s. m.* — Poisson très délicat qui habite le fleuve de Chine, *Pat-le-cheu;* on en transporte beaucoup à Pékin pour la table de l'Empereur et les mandarins de sa cour.

CIBAIRE, *adj.* All. *Essbar.* — Appareil cibaire, *Kauwerkzeuge.* Se dit de ce qui concerne les aliments.

CIBOULE, *s. f.* (*Allium fistulosum*). All. *Schnittzwiebel;* angl. *scallion;* flam. *pijplook;* holl. *bieslook;* dan. *purleg;* ital. *cipolletta;* esp. *cebolleta;* étymologie de *cœpa,* puis *cœpulla,* et, par altération des langues romanes, *cive, cirot, civette,* de *civela*, de là *ciboule*. — Plante de la famille des liliacées, originaire d'Orient.

La ciboule est un intermédiaire de l'ail à l'oignon, d'une saveur aromatique et relevée.

Fig. 358. — Ciboulette sur pied.

On distingue la *C. commune;* la *C. blanche,* hâtive ou vierge; la *C. vivace de Saint-Jacques;* la *C. appétit* ou *cire.*

HYGIÈNE. — La ciboule est un stimulant des organes de la digestion. Son abus ne tarde pas à irriter d'une façon remarquable les estomacs délicats. Ses propriétés sont moins actives lorsqu'elle est cuite ou ajoutée dans les consommés et les soupes.

Fig. 359. — Un paquet de ciboule.

USAGE CULINAIRE. — Très usitée dans les préparations aux fines herbes dans lesquelles elle entre, la ciboule est d'un grand secours pour la cuisine, elle peut relever agréablement le goût d'une multitude d'aliments. La ciboulette devrait toujours faire partie des fines herbes pour la confection des omelettes dites aux fines herbes, qui ne contiennent ordinairement que du persil.

DICT. D'HYGIÈNE ALIMENTAIRE.

CICUTAIRE, *s. f.* — En Autriche, on cultive une plante qui produit une racine bulbeuse appelée *kopkensalet.* On en coupe les racines en rouelle après les avoir cuites et on les assaisonne à l'huile et au vinaigre.

CIDRE, *s. m.* (*Sicera*). All. *Apfelwein;* angl. *cider.* — Jus de pommes fermenté. Le poiré est souvent, mais improprement, confondu sous cette même dénomination.

La mythologie a fait grand bruit de la pomme, mais elle ne parle pas de son jus. Diodore de Sicile et Pline parlent des pommes comme de fruits très estimés des Grecs et des Romains, mais ne disent rien du cidre; c'est saint Jérôme, le premier, qui parle du cidre en constatant que les Hébreux en faisaient leur boisson de luxe. Tertullien, qui vivait à Carthage vers la fin du IIe siècle, et saint Augustin, qui vivait à Hippone, parlent du cidre des Africains; mais, en France, ce n'est que dans les *capitulaires* de Charlemagne, que le cidre est mentionné avec le poiré.

Ce n'est que vers le septième siècle que le cidre s'est vulgarisé en Europe et voici comment : l'an 609, Mahomet publia son Coran et présenta aux Arabes le vin comme une liqueur pernicieuse; il ne leur conseilla d'en boire qu'à titre de médicament. Défense bien inutile aux passions humaines, car il n'y a pas de passion sans ivresse et pas d'ivresse sans passion. Aussitôt les *balsam* (pharmacies) se multiplièrent où les Arabes allaient boire le remède. Appelés en Espagne par la trahison du comte Jullien, ils y propagèrent l'industrie du cidre, qui s'y maintient encore. Ce fut à Biscaye que se firent les premiers essais et de là l'usage fut apporté en France, où la Normandie paraît en avoir été le berceau.

La pomme qui fournit le meilleur suc pour le cidre est la plus mauvaise comme fruit à la main; ce qui veut dire que du fruit employé dépend la qualité du liquide obtenu. Sous le rapport de la saveur du cidre, les pommes douces donnent une boisson peu généreuse et de difficile consommation; au contraire, les fruits amers âpres ou aigres donnent un cidre généreux, fort, coloré, alcoolisé et de meilleure conservation.

La Normandie est le jardin du pommier et du cidre. L'Angleterre a aussi sa petite renommée pour le cidre; mais les États-Unis paraissent en posséder du meilleur.

M. Pasteur nous a démontré dans le cidre un liquide se transformant de lui-même par la fermentation qui n'est autre que le travail de milliards d'animalcules ou cryptogames, moitié animaux, moitié végétaux qui, sous le nom de *microzoaires* et de *microphites*, opèrent le singulier travail de changer le sucre en alcool par le simple fait de digestion qui se fait chez eux. Ensuite, les liquides étant différents de force sucrée et alcoolique, ils sont plus ou moins lents à la transformation, de sorte que l'analyse chimique exacte est encore à faire d'une façon précise.

Analyse chimique. — On a trouvé dans le cidre de l'eau, du sucre de fruits (en plus grande quantité que dans les autres boissons fermentées), de l'alcool, du mucilage, un principe extractif amer, une matière colorante, de l'acide malique, des matières azotées et albuminoïdes, plusieurs sels et substances terreuses.

La proportion de chaque principe et substance varie selon la qualité, l'âge du cidre et selon qu'il a été conservé dans des tonneaux ou dans des bouteilles.

HYGIÈNE. — Le cidre est une boisson salubre, moins active que le vin, mais aussi moins malfaisante en cas d'abus.

Bacon invoque, à l'appui de cette assertion, le teint frais de huit vieillards normands qui, à eux tous, réunissaient le chiffre de huit siècles; dans une fête (abbaye) du canton d'Hersant, on les vit vigoureux et d'une allégresse semblable à celles des gens parmi lesquels ils dansaient et sautaient. (Guersant, *Dict. de Science médicale*.)

Je ne veux nullement contester l'âge et la vigueur des vieillards normands, mais rappeler à ces auteurs que la vigueur, la fraîcheur du teint et l'âge avancé sont principalement dus à la pureté de l'air qu'ils respirent, aux aliments de laitage réunissant les principes des végétaux de premier choix qui en font pour ainsi dire une espèce d'alimentation toute végétale et à la succulence de la viande de boucherie, également due au frais pâturage brouté par les animaux qui la fournissent. Il est d'ailleurs évident que, si le cidre avait ces trop merveilleuses propriétés, le vin serait bientôt relégué aux ivrognes seulement.

Quant à la propriété que le cidre a d'augmenter le lait des nourrices, il est parfaitement reconnu que toute boisson contenant beaucoup d'eau augmente la quantité du lait. On attribue également au cidre d'agir efficacement contre la gravelle, la pierre et le scorbut, ce que je ne conteste nullement, le cidre devant posséder ces propriétés comme toutes les boissons à sève fraîche. Cette boisson désaltérante est d'un excellent usage pour les ouvriers des fonderies, les charrons, mais particulièrement pour les artistes culinaires forcés d'alimenter les pertes d'eau évaporée par la transpiration.

On doit n'user que du cidre parfaitement clair; celui qui est trouble et provenant de fruits trop mûrs ou pourris, est de difficile digestion; il peut déterminer de sérieux accidents, et un usage prolongé détermine en outre des affections vermineuses. Il en est de même du cidre qui commence à s'altérer et qui peut aller jusqu'à la putridité quand les substances azotées qu'il contient entrent elles-mêmes en fermentation. Le liquide qui reste longtemps en vidange passe d'ailleurs au brun, au verdâtre, perd son acidité carbonique et son alcool, et les violentes coliques qui surviennent à la suite de cette indigestion sont le résultat de son altération.

Art de faire le cidre. — *Formule 963.* — On prépare le cidre de différentes manières, mais la plus commune et la meilleure consiste à cueillir les fruits par un temps sec, à les broyer à l'aide d'un cylindre en fonte cannelé ou d'une meule verticale roulant dans une auge. On y ajoute un peu d'eau, selon la quantité et la qualité du cidre que l'on veut obtenir. On presse ensuite le tout pour en obtenir le jus qui constitue le *cidre pur*, on le fait fermenter en l'écumant, en ayant soin de soutirer au clair et de veiller à ce que la coloration brune occasionnée par la décomposition des malates alcalins ne se trouble pas une seconde fois. On peut obvier à cet inconvénient en y ajoutant 25 grammes d'acide tartrique par hectolitre.

On fait en outre fermenter la pulpe dans un tonneau avec de l'eau et du sucre. C'est un cidre de deuxième qualité.

Un autre mode consiste à laisser fermenter la pulpe broyée avec le jus de façon à ne faire qu'une seule cuvée.

On distille ensuite les pulpes pour obtenir une eau-de-vie de deuxième qualité.

Cidre cuit. — *Formule 964.* — On fait réduire d'un quart de son volume, dans une bassine de cuivre, du moût de pommes sortant du pressoir; on y ajoute alors 2 ou 3 kilogrammes de miel et on clarifie en écumant le liquide; on le verse dans un tonneau avec trois fois son volume d'eau. On remue avec un bâton tous les jours pendant une semaine.

En ajoutant au cidre cuit un litre d'eau-de-vie par hectolitre et en le mélangeant à la *piquette* du mouillage du moût de pommes, on fait une boisson désaltérante et à bon marché.

Imitation. — *Formule 965.* — On imite parfaitement le cidre en mettant dans un baril : 90 litres d'eau, 4 kilogrammes de pommes écrasées, 2 kilogrammes de raisin de Samos ou de Malaga, et 250 grammes de baies de genièvre. Au bout de trois jours, on y ajoute 1 litre d'alcool de betteraves. On laisse ainsi macérer pendant sept à dix jours, suivant la température, et on met le liquide en bouteilles en ayant soin de les tenir debout. Cette boisson est inoffensive et bon marché.

Remarque. — On peut aussi faire du cidre en toute saison avec des pommes sèches du Canada et des figues que l'on fait fermenter dans un tonneau avec des raisins, du genièvre dans les proportions indiquées plus haut.

Je ne parlerai pas des nombreux moyens de falsifier le cidre, étant trop connus de ces industriels qui ne craignent pas d'empoisonner le public par des boissons toxiques.

CIERGE ÉPINEUX, *s. m. (Melocastus Americanus).* — Le fruit d'un arbre qui croît à la Guyane, produit le curieux phénomène de rougir les urines de ceux qui en ont mangé, ce qui ne manque pas d'alarmer les personnes qui ignorent cet effet.

CIERNIKIS *(Cuis. polonaise).* Pol. *Ciernikis.* — *Formule 966.* — Employer :

Twarogue	kilogr.	2
Farine	—	1.250
Beurre fondu	grammes	370
Œufs	nombre	10
Sel, poivre, muscade.		

Procédé. — Battre le tout ensemble et homogénéiser la pâte jusqu'à ce qu'elle soit bien lisse, consistance de crème; si elle est trop molle, ajouter un peu de farine, et, dans le cas contraire, un peu de crème; abaisser sur la table saupoudrée de farine; couper des carrés longs et les jeter à mesure dans l'eau bouillante; les sortir avec une écumoire et les déposer dans une casserole d'argent bien chaude; saupoudrer de parmesan et arroser de quelques cuillerées de beurre fin fondu. Servir très chaud.

CIGALE, *s. f. (Cicada,* L.). — Insecte des prés, plus connu sous le nom de *Sauterelle* (voir ce mot). Les Grecs, au rapport d'Aristote, mangeaient les cigales et leurs larves; ils en trouvaient la saveur agréable.

La *cigale de mer* est une espèce de crustacé qui ressemble à la cigale.

CIGOGNE, *s. f. (Ciconia).* All. *Storch;* angl. *stark;* ital. *cigogna;* esp. *ciguena;* port. *cigoulsa.* — Comme l'hirondelle, la cigogne est un oiseau de passage; elle hiverne en Afrique, surtout en Egypte, et revient au printemps habiter l'Europe septentrionale.

USAGE CULINAIRE. — La chair de cet échassier est très médiocre; c'est sans doute la seule raison qui la fait écarter de l'usage alimentaire. Néanmoins, on sait que le gourmand romain Sempronius Refus, ancien prêteur, a fait servir des cigogneaux dans des festins d'apparat qu'il offrait, et fait mettre à la mode ce mets jusque-là interdit et regardé impur par la loi mosaïque.

Cette fantaisie gastronomique n'a pas eu de suite.

CIGOGNEAU, *s. m.* All. *Junger Storch.* — Se dit du petit de la cigogne.

CIMENT, *s. m.* — En cuisine, comme en économie domestique, on a souvent besoin de ciment pour divers usages. Voici comment l'on obtiendra des ciments à bon marché :

Ciment de pâte de riz *(Cuis. artistique)* — *Formule 967.* — Pulvériser du riz ou le moudre dans un moulin, mettre cette farine fraîchement moulue dans une casserole, la délayer à l'eau froide et y ajouter peu à peu de l'eau bouillante jusqu'à consistance de pâte; la faire cuire en remuant jusqu'à ce que la pâte soit raffermie; retirer. Je me sers de ce ciment pour mouler des petits socles, des fonds-de-plats et des bordures. On obtient ainsi des socles très solides et très blancs. Il faut avoir soin d'huiler légèrement les moules et de les passer à la farine de riz avant de s'en servir. On emploie cette pâte aussitôt froide et on laisse sécher vingt-quatre heures.

Ciment pour porcelaine.— *Formule 968.*— Le blanc d'œuf mélangé avec de la chaux en poudre produit une colle qui sèche vite et permet de recoller promptement la vaisselle cassée.

Ciment pour verre.— *Formule 969.* — Le fromage blanc ou matière caséeuse du lait, broyé sur le marbre avec de la chaux éteinte, forme une colle très solide qui permet de coller les cristaux, verres et fayences. Elle doit être maintenue liquide. On doit l'employer aussitôt faite.

On obtient une colle transparente en fouettant des blancs d'œufs et en les mettant sur un tamis pendant une nuit. On recueille l'eau qui en découle et on la mélange avec de la chaux en poudre.

Ciment pour aquarium. — *Formule 970.* — Employer :

Gélatine . . . . grammes	250
Chromate de potassium . . . . . —	50

Procédé. — Faire dissoudre la gélatine dans un égal poids d'eau et ajouter le chromate de potassium. On imbibe les bords de l'aquarium à l'abri de la lumière et on l'y expose ensuite. On doit conserver cette colle à l'abri de la lumière.

Ciment pour fourneau. — *Formule 971.* — Lorsque la fonte des fourneaux se fend, on peut les boucher par le ciment suivant :

Cendres ferrugineuses (mâchefer). grammes	500
Sel de cuisine pilé . . . . —	500

Procédé. — Mouiller les deux poudres avec un peu d'eau, de façon à en faire une pâte, et boucher les fentes du fourneau à froid.

CIMIER, *s. m.* (*Cyma*). All. *Ziemer;* angl. *crest;* ital. *cimiere* ou *cima;* portug. *cimo,* de *cime,* la plus haute partie de l'animal.

Le cimier est la croupe de l'animal de haute taille, depuis le sommet des cuisses jusqu'au filet, d'où le râble commence. Cimier de daim, de bœuf, de cerf, de chevreuil, etc. L'usage a cependant voulu qu'on appelât cimier le râble improprement désigné par le mot *selle,* terme qui ne s'applique qu'aux râbles de petites tailles.

On prépare le cimier de mille manières différentes selon le genre qui lui appartient, braisé, rôti. (Voir RABLE et SELLE.)

CINCLE, *s. m.* All. *Wasserschwætzer.* — Oiseau de l'ordre des insectivores qui ressemble au merle et dont l'espèce indigène d'Europe, appelée *merle d'eau* ou *martin-pêcheur,* jouit de la faculté de plonger dans les rivières et de marcher pendant quelques instants au fond de l'eau, où il chasse les insectes aquatiques dont il se nourrit.

La viande de ces oiseaux est échauffante et aphrodisiaque.

CINÉRAIRE, *s.f.(Cineraria cruenta).*—Au nombre des cinéraires la plus curieuse et la plus belle pour la reproduction artistique est certainement la cinéraire *cruenta hybride* à tige vivace, feuilles

Fig. 365. — Cinéraire en sucre.

cordiformes, d'un vert gai en dessus et pourpre en dessous; fleurs en corymbe; disque pourpre foncé; rayons pourpres clairs d'un bel effet pour les garnitures des socles de cuisine et de l'ornementation de pièces montées de pâtisserie. Cette fleur s'imite en cire et en sucre en suivant les détails de forme et de couleurs sus-indiqués.

CINNAMOME, *s. m.* All. *Caneel;* angl. *cinnamum;* ital. *cinnamomo.* — Terme générique par lequel les Anciens désignaient la cannelle et la myrrhe ou un élixir fait avec ces aromates. Parmi les marchandises qui alimentaient le commerce de Babylone, on distinguait le *cinnamome* (Apoc., XVIII, 13). Il entrait, de cette drogue aromatique, le poids de 250 sicles, dans la composition de l'huile du sanctuaire (*Exode*, XXX, 23). Les riches, après s'en être servi comme assaisonnement pour leurs mets délicats, l'employaient pour parfumer leur lit (*Prov.*, VII, 17).

Les Hollandais, qui avaient autrefois le commerce de la cannelle, gardaient comme un secret précieux la formule de l'élixir babylonien.

Cinnamome (*Liqueur hébraïque*). — *Formule 972.* — Employer :

Eau-de-vie.	litres	10
Clous de girofle	grammes	8
Cannelle.	—	8
Myrrhe	—	5
Zeste, sucre d'orange amère . . .	—	500

Procédé. — Faire macérer le tout pendant huit jours et ajouter :

Eau pure.	litres	10
Sucre concassé.	kilogr.	2.500

Filtrer à la chausse et colorer avec du safran.

CIPIPA, *s. m.* — Farine que l'on obtient par la racine du manioc. Elle se dépose au fond de l'eau comme la fécule de pommes de terre. On lui change plusieurs fois l'eau pour enlever la causticité. On l'écrase et on la passe au tamis fin.

Cette farine sert à faire les *cassaves* (voir ce mot), petit gâteau sec et blanc fort délicat.

CIRE, *s. f.* (*Cera*). — Substance molle et jaunâtre qui se trouve avec le miel dans le gâteau des ruches d'abeilles. La *cire vierge* est celle qui n'a pas été fondue.

L'art culinaire, la confiserie se servent de la cire sous différentes formes :

Blanchiment de la cire. — *Formule 973.* — Fondre au bain-marie de la cire et la faire filer dans un baquet d'eau ; elle se présente alors en forme rubannée ; on la dépose sur un tamis ou sur une toile que l'on expose au soleil en remuant de temps en temps. La rosée du matin est surtout favorable pour accélérer le blanchiment qui sera complet après six semaines environ.

Cire à modeler, A. — *Formule 974.* — Employer :

Cire blanche.	grammes	80
Térébenthine de Venise.	—	20
Colorer en rose pâle.		

Procédé. — Faire fondre au bain-marie, décanter et laisser refroidir. Cette composition réussit surtout pour le travail des fleurs.

Cire à modeler, B. — *Formule 975.* — Employer :

Stéarine.	grammes	500
Sucre en poudre (à glace)	—	250
Blanc de baleine.	—	60

Procédé. — Liquéfier au bain-marie pour la maintenir blanche. Cette composition sert surtout pour couler des sujets dans des moules en plâtre, étain ou soufre. Elle est d'un bel effet, brillant et transparent.

Cire à modeler, C. — *Formule 976.* — Employer :

Cire jaune.	grammes	500
Poix de Bretagne	—	250
Saindoux	—	125
Essence de térébenthine	—	62

Procédé. — Faire fondre dans une casserole de terre ou pot de grès au bain-marie avec un peu d'eau ; mettre à l'ébullition et faire cuire en écumant. Colorer, décanter et passer au tamis de mousseline. Laisser refroidir et pétrir pour la rendre malléable. (A. Landry.)

Cire à modeler, D. — *Formule 977.* — On obtient, par la composition suivante, une cire ferme et rouge, convenant surtout pour mouler les objets, œufs, sujets, feuilles et même ce que l'on désire reproduire sur nature. Employer :

Plâtre de Paris.	grammes	100
Cire à cacheter, fine et rouge. . .	—	100
Cire jaune.	—	100

Procédé. — Liquéfier sur le feu les deux cires, y ajouter le plâtre tamisé et remuer pour faire refroidir. Aussitôt qu'elle commence à s'épaissir on coule dans des moules mouillés ou dans des vases plats pour prendre des empreintes. Cette cire a l'avantage de ne pas se rétrécir en refroidissant.

Remarque. — Il ne s'agit ici que des différentes formules de cire que l'artiste choisira selon ses besoins ; il est prié de se reporter aux mots *graisse* et *socle* pour la composition de ces matières.

CIRON, *s. m.* All. *Milbe ;* angl. *flesh-worm ;* ital. *pellicello.* — Animalcules qui se fixent en troupes nombreuses sur la viande desséchée, le vieux fromage, sur les feuilles des arbres, etc.

CIROUELLE, *s. f.* — Fruits savoureux des pays tropicaux.

CISELER, *v. a.* All. *schnitzen ;* angl. *to carve ;* ital. *cesellare.* — Terme culinaire ; action de tailler avec le *ciselet* ou avec le couteau des fi-gures, des ornements dans les légumes, de la cire ou de la graisse. *Ciseler un oignon*, le tailler en petits dés sans le défaire. *Ciseler un carron de lard*, en lui laissant la forme carrée. *Ciseler un poireau*, le tailler en rouelles minces. *Ciseler des choux, des épinards, de l'oseille*, etc., les couper avec le couteau en minces rubans.

CISTUDE, *s. f.* All. *Sumpfschildkræte.* — Nom que l'on donne aux tortues d'Europe, dont la plupart vivent dans les eaux tranquilles ou courantes.

CITERNE, *s. f.* (*Cisterna*). All. *Cisterne;* angl. *cistern;* ital. *cisterna;* de *cista*, dérivé d'un mot grec signifiant *coffre.* — Réservoir où l'on recueille et conserve les eaux pluviales pour l'usage de la table.

CITRIQUE, *adj.* (*Acide*), *acidum citricum.* All. *citronensauer;* angl. *citric;* ital. *citrico*, dérivé du latin *citrus*, citron. — Acide que l'on retire du citron, de l'orange, des fruits rouges, des fruits du sorbier des oiseaux et autres productions végétales où il se trouve à l'état libre ou combiné.

Mélangé avec de l'eau, du sucre et du vin, il constitue une boisson rafraîchissante, antiseptique, diurétique et désaltérante...

L'acide citrique tiré du citron est celui dont on se sert en confiserie pour la cuisson du sucre. En son absence, on le remplace par du jus de citron en plus forte quantité.

CITRON, *s. m.* (*Citrus*). All. *Citrone;* angl. *lemon;* ital. *citro.* — Fruit du *citronnier*, arbre originaire de Chine et non d'Afrique, comme l'ont prétendu des auteurs se basant sur l'histoire du jardin des Hespérides. Il est aussi naturel des contrées chaudes d'Asie.

Un auteur arabe, M. Macrizi, dit que le citron fut apporté de l'Inde postérieurement à l'an 300 de l'hégire; il fut d'abord semé dans l'Oman, de là il fut transporté à Baïra en Irak et devint très commun dans les jardins des habitants de Tarse et d'autres villes frontières de Syrie. La ville d'Hyère, en Provence, reçut le citronnier des Croisés.

Les Israélites se présentent dans les Synagogues, le jour des Tabernacles, avec une branche de citronnier à la main.

Les Romains l'avait importé de Médie et Virgile le chante :

L'arbre égale en beauté celui que Phœbus aime;
S'il en avait l'odeur, c'est le laurier lui-même;
Sa feuille sans effort ne se peut arracher;
Sa fleur résiste au doigt qui la veut détacher,
Et son suc, du vieillard qui respire avec peine,
Raffermit les poumons et rafraîchit l'haleine.

Il n'y avait en 1500 qu'un seul citronnier en France, il avait été semé en 1421 à Pampelune, alors capitale de la Navarre. Cultivé ensuite à Chantilly, puis à Fontainebleau, il fut en 1684 transporté aux serres de Versailles.

On divise le citronnier en deux grandes classes: le *citrus orentium*, oranger, et le *citrus medica*, citronnier qui comporte plusieurs variétés, entre autres, le *C. cedrat*, le *C. bergamote* (voir ces mots). Les Arabes en distinguent une variété grosse et plate, qu'ils dénomment *Main de Dieu*. Le *C. vaginal*, commun aux îles Bourbons. Les meilleurs citrons nous viennent de Malte et du Portugal.

Analyse chimique. — La pulpe du citron contient un suc dans lequel l'acide citrique est en forte proportion; de l'eau, du ligneux et un principe aromatique. L'écorce abonde en huile essentielle.

HYGIÈNE. — La dénomination de *citrus medica* indique que les Anciens reconnaissaient au citron des propriétés médicales. Les Arabes prennent du citron contre les morsures des serpents, comme antidote des plantes vénéneuses et surtout comme fébrifuge. L'écorce et la racine du citronnier peuvent remplacer la quinine sans en avoir les dangers. Le jus de citron est l'antidote naturel du champignon vénéneux, des moules toxiques et de l'eau stagnante, dont il tue les microbes. C'est un prophylactique puissant contre le *choléra*, la *malaria* et la *dysenterie*.

USAGE CULINAIRE. — Pour le cuisinier intelligent, le citron est d'une ressource précieuse. Le jus remplace avantageusement les vins de raisin sec qui prennent les noms de *Chablis*, de *Grave*, mis à la disposition du cuisinier pour l'usage culinaire, et qui ne manquent pas de donner un mauvais goût aux mets dans lesquels ils entrent. Partout où le vin fait partie de la formule, le jus de citron peut le remplacer; il remplace au besoin le vinaigre dans les salades. Le citron doit faire partie de l'approvisionnement indispensable pour faire de la cuisine hygiénique.

Conservation du citron. — *Formule 978.* — Laver et faire sécher du sable fin; lorsqu'il est froid, on l'étend au fond d'un vase en une couche forte de 5 centimètres, sur lequel on pose à petite distance les citrons enveloppés d'un papier pelure; on les recouvre d'une couche de sable de 10 centimètres d'épaisseur, en continuant ainsi l'opération. On dépose le vase dans un lieu frais, mais non humide.

Essence de citron. — *Formule 979.* — L'essence grasse de citron extraite du zeste est employée pour aromatiser les *punchs*, les *bichops* faits avec de l'acide citrique, dont on se sert dans les cafés, buffets de théâtre et buffets de chemin de fer. Deux ou trois gouttes de cette essence suffisent pour parfumer un litre de liquide.

Zeste de citron. — *Formule 980.* — On râpe légèrement sur un morceau de sucre de façon à ne pas atteindre le blanc. Râper à l'aide d'un couteau le sucre contenant le zeste et le mettre dans un flacon.

On doit avoir soin que l'écorce fournissant le zeste soit d'un grain fin et sain.

Confiture d'écorce de citron. — *Formule 981.* — Blanchir les écorces de vingt citrons dans l'eau bouillante; lorsqu'elles sont à moitié cuites, en ciseler, ou hacher la moitié et passer au tamis de fer le restant, mélanger et ajouter le jus de sept citrons; y ajouter le poids des écorces, de sucre concassé et faire cuire en confitures comme d'habitude.

Sirop de citron. — *Formule 982.* — Faire infuser les zestes de douze citrons, les faire macérer dans leur propre jus. Avec 1 kilo de sucre faire un sirop chaud à 36 degrés, y ajouter le jus de citron avec le zeste, laisser ainsi pendant cinq à six jours et filtrer.

Crème de citron (*Liqueur de table*). — *Formule 983.* — Mélanger 200 grammes d'essence de citron dans un litre d'alcool à 85 degrés, y ajouter 500 grammes de sucre fondu dans un litre d'eau. Filtrer et mettre en bouteille.

Appareil pour glacer au citron. — *Formule 984.* — Faire un sirop à 25 degrés, dans lequel on ajoutera 4 décilitres de jus de citron zesté. On peut le faire plus ou moins acide selon le goût.

CITRONNAT, *s. m.* All. *Citronat;* angl. *candied lemonpeel;* ital. *cedrato.* — Se dit de l'écorce de citron confite.

Citronnat. — *Formule 985.* — On enlève, à l'aide d'une cuillère à légumes, les pulpes blanches de l'intérieur de l'écorce. On les fait blanchir, on les égoutte et on les passe au sirop. On les laisse ainsi passer la nuit et, le lendemain, on cuit le sirop à 25 degrés et on les replonge ainsi, ce qui constitue la *façon* qu'on leur fait subir plusieurs jours de suite, en amenant la dernière fois le sucre au degré de cristallisation usité pour les fruits confits.

CITRONNELLE, *s. f.* (*Citrinus liquor*). All. *Citronenmelisse;* angl. *balm-water.* — Liqueur aussi appelée *Crème des Barbades.* (Voir BARBADES.)

CITRONNER, *v. a.* All. *mit Citronensaft einmachen:* angl. *acidulate with lemon.* — Terme culinaire. Action de frotter un aliment avec du citron; mettre du jus de citron. Citronner une tête de veau, des cardons, etc.

CITROUILLE, *s. f.* — Voir COURGE.

CIVE, *s. f.* — Nom que l'on donnait autrefois à la *ciboule* (voir ce mot); on disait aussi *civette.*

CIVET, *s. m.* All. *Hasenpfeffer;* angl. *hare-ragout;* ital. *civet;* du latin *cœpa*, cive, puis *cœpatum;* plat à l'oignon à cause de la grande quantité de *civette* qui entrait dans sa composition. — Autrefois ragoût dans lequel la *civette* dominait. Aujourd'hui ragoût de gibiers à poils, lié avec leur sang.

Comme on le voit, il n'est nullement besoin d'un lièvre pour faire un civet. Les meilleurs gibiers pour mettre en civet sont : le *lièvre*, le *chevreuil*, le *renne*, le *daim*, le *chamois* et le *marcassin*. L'assaisonnement, la liaison avec le sang est la base caractéristique qui distingue le civet des autres ragoûts.

Facultativement : civet de lièvre, lièvre en civet; chevreuil en civet, civet de chevreuil, etc.

HYGIÈNE. — Le civet est stimulant, mais de digestion difficile à cause du sang coagulé qui s'y trouve et constitue une espèce de boudin; il ne convient qu'aux personnes qui prennent de l'exercice ou à estomac robuste. Très nutritif, mais très excitant, propriétés dues à la forte condimentation qu'il revêt.

Civet (*Procédé général*). — *Formule 986.* — Dépouiller l'animal et réserver le sang, le foie et le cœur dans une terrine avec un peu de sel pour l'empêcher de se coaguler. Couper par morceaux les chairs, les faire roussir à feu vif dans une casserole avec du lard maigre en dés, y ajouter une cuillerée ou deux de farine; laisser encore roussir un instant; mouiller avec trois quarts d'eau et un quart de vieux vin rouge *naturel;* y ajouter, bouquet de persil n° 2 (voir BOUQUET), ail et sel. Laisser cuire au trois quarts et y ajouter des petits oignons glacés. Au moment de servir, mettre dans le sang une égale quantité de crème et mettre le tout dans la casserole avec un morceau de beurre fin. Au premier bouillon, retirer le bouquet de persil et servir.

Remarque. — Lorsqu'il s'agit de civet de *chevreuil,* de *marcassin,* de *renne,* de *faon* ou de *chamois,* on fait mariner les chairs dans du vin rouge fortement condimenté d'ail, de petits oignons, d'un bouquet de ciboule, de poivre écrasé, de clous de girofle et de baies de genièvre. Lorsqu'on veut le préparer, on l'égoutte d'abord sur un tamis, on essuie les morceaux et on fait roussir à feu vif. Garnir et condimenter selon la règle. Si l'on n'avait pas de sang de l'animal on se procurerait du sang frais de porc; en cas d'impossibilité d'en obtenir, on liera le civet avec de la crème fraîche, du vieux vin de Bourgogne et du beurre fin. Enfin, si la crème faisait défaut, on la remplacerait par une liaison composée de jaunes d'œufs, du beurre fin et d'un peu de vieux vin rouge. Il va sans dire que de la qualité du vin dépend surtout l'excellence du civet.

Pour obtenir un bon civet, on doit surtout ne se servir ni de bouillon, ni de sauce espagnole.

CIVETTE, *s. f. (Schœnoprason).* All. *Schnittlauch;* angl. *chive;* ital. *cipollina.* — Nom donné à plusieurs petites espèces ou variétés du genre ail, aussi appelée *ciboule* (voir ce mot).

CLAFOUTY, *s. m. (Gâteau limousin).* — Genre de tarte aux fruits, dont la formule est la suivante :

Clafouty. — *Formule 987.* — Employer :

Fruits frais.	grammes	200
Farine tamisée.	—	200
Sucre en poudre.	—	100
Œufs frais.	nombre	4
Lait frais.	litre	1/2

Procédé. — Verser à petites doses le lait dans la farine et les jaunes d'œufs, en ayant soin d'éviter la formation des grumeaux.

D'autre part, ôter les noyaux aux fruits s'il y a lieu; ajouter le sucre, selon la douceur ou l'âpreté des fruits. Mettre alors un peu de beurre très frais dans une tourtière ou un sautoir, laisser fondre le beurre et y verser la pâte; laisser un instant sur un feu doux et mettre dans un four chaud en dessous. Quand cet appareil commence à se coaguler au fond et sur les bords du vase, on y ajoute les fruits sucrés de manière à les submerger complètement dans la pâte. On laisse ainsi cuire trois quarts d'heure, selon la grosseur de la tourte; on la démoule un instant après l'avoir sortie du feu pour la servir froide avec le thé, le café, la bière ou le vin qui se prend à quatre heures.

CLAIRCE, *s. f.* — Sirop de sucre blanc et clarifié à froid. *Clairçage,* opération qui consiste à clarifier, filtrer la clairce. *Claircer,* pratiquer le clairçage.

CLAREQUET, *s. m. (Confiserie).* — Conserve transparente faite avec des fruits.

CLARET, *s. f.* — Terme par lequel les Anglais désignent les différents crus de Bordeaux. Ce nom indique la faiblesse de couleur et a le même sens que *Clairet.*

CLARIFICATION, *s. f. (Clarificatio).* All. *Læuterung;* angl. *clarification.* — La clarification est la séparation, par ascension ou par précipitation, de toutes les matières liquides colorantes ou étrangères tenues en suspension.

C'est avec des corps à principe actif que l'on obtient cette séparation. On ne doit jamais perdre de vue que plus la dose *clarificative* est forte, plus elle attaque le corps soumis à la clarification.

Clarification des bouillons blancs (*Haute cuis.*). — *Formule 988.* — Lorsqu'il s'agit de bouillons de viandes blanches, telles que veau, lapin ou autres jeunes animaux dont la chair est encore très gélatineuse, il est nécessaire, pour les rendre limpides, d'avoir recours au carbone ou à des substances qui en contiennent. Dans une proportion de 10 litres de liquide, on prend 250 grammes de foie de veau haché avec autant de bœuf, 5 œufs entiers avec la coquille; quelques grains de gros sel, le tout délayé à froid dans une casserole et dans laquelle on ajoute, à petite dose, le bouillon trouble, de préférence chaud; s'il est froid, on aura soin de le mettre en plein feu pour activer l'ébullition en remuant jusqu'au premier bouillon, afin d'éviter qu'il s'attache au fond de la casserole. On retire la casserole sur l'angle du fourneau pour conduire une cuisson lente et régulière, ce que l'on obtient très facilement avec les fourneaux à gaz. On le laisse ainsi cuire pendant une heure au plus. Lorsque l'ébullition vient à cesser complètement, l'écume et les matières étrangères se précipitent au fond du vase et l'on doit distinctement voir à travers le liquide transparent.

On décante alors le jus ou bouillon en le passant à travers un linge serré.

Clarification des jus de rôtis (*Cuis. de restaurant*). — En général, les jus des viandes noires et saignantes, de roastbeef, de gigot de mouton et autres, sont troubles; effet dû à la coagulation du sang, dans la lèche-frite, en s'échappant des pièces que l'on a commencé à tailler. Dans cet état, le jus possède toutes ses propriétés alibiles (voir *Beef the*); au contraire, étant cuit, il perd en grande partie ses richesses nutritives, mais il est agréable à l'œil.

Formule 989. — Faire cuire le jus que l'on veut clarifier, battre trois œufs avec deux décilitres d'eau et le sel nécessaire pour deux litres de liquide et verser dans le jus en remuant vivement; lorsque l'ébullition commence, on le retire pour le faire cuire lentement; après vingt minutes, on le passe au linge.

Clarification du pot-au-feu. — *Formule 990.* — Lorsque la viande n'est pas de la première fraîcheur, ou que l'on ajoute du mouton, du veau ou autres viandes, le bouillon blanchit. On peut lui conserver sa limpidité par le moyen suivant : Lorsque la saison des primeurs arrive, on conserve les gousses des petits pois; on les étend sur une plaque de tôle pour les torréfier au four chaud, sans les laisser trop carboniser; et les conserver en lieu sec. Il suffit, pour maintenir le bouillon clair, de mettre dans la marmite, avant l'ébullition du liquide, une poignée de ces gousses pour une capacité de 10 litres, c'est-à-dire aussitôt écumé et en même temps que la garniture. On obtient un succès complet.

Clarification du consommé (*Haute cuis.*). — *Formule 991.* — Les consommés ne sont que très rarement la simple décoction des substances animales et végétales; dans la cuisine savante, tous les consommés sont fortifiés par une double application de substances hachées qui, clarifiées et réduites par la cuisson dans le bouillon déjà obtenu, fournissent l'essence nutritive.

Procédé. — Après avoir obtenu le bouillon ordinaire, on hache dans une proportion d'un kilogramme de bœuf maigre pour quatre litres de bouillon; on y ajoute trois œufs frais avec la coquille, quelques légumes et on délaye à froid; on y ajoute le bouillon et on pose la casserole sur le feu, on remue jusqu'à l'ébullition et on le fait cuire doucement sur l'angle du fourneau pendant quelques heures, afin de le réduire d'un tiers de son volume. En doublant la quantité de viande de bœuf après vingt minutes, le consommé est clarifié et prêt à être servi.

Clarification du bouillon tourné. — (Voir AIGRE.)

Clarification du sucre (*Distillation*). — *Formule 992.* — Dans la proportion de 1 kilogramme de sucre pour 1/2 litre d'eau, on fouette dans une terrine la moitié d'un blanc d'œuf (une trop grande quantité de blanc d'œuf nuit à l'opération); on le jette dans le sucre fondu à froid dans un poêlon d'office que l'on place sur le feu et l'on remue continuellement jusqu'à l'ébullition; on le retire sur le côté pour modérer la cuisson qui doit être régulière et lente. De temps en temps, on écume en y ajoutant un quart de verre d'eau de manière à provoquer l'ascension de toutes les matières étrangères. Lorsque l'écume devient blanchâtre et légère, signe de sa clarification, on le passe à travers un linge destiné à cet effet. Le vase dans lequel on le recueille doit être de préférence vernissé ou émaillé.

Clarification et décoloration du sucre. — *Formule 993.* — Lorsque les sucres colorés n'ont pas atteint le degré de caramélisation, on peut les rendre limpide par le moyen suivant :

Procédé. — Mettre les sucres dans un poêlon avec de l'eau, les faire fondre doucement; amener la cuisson à 24 degrés, ajouter alors une forte cuillerée à bouche de noir animal par litre de sirop. Laisser cuire six minutes; le retirer et laisser reposer un instant. Passer à la chausse. (A. Landry.)

HYGIÈNE. — Par ce procédé le sucre est purifié non seulement des couleurs, mais des matières nocives qu'il peut contenir. Il y a là un double but, d'art et d'hygiène.

Clarification des sirops pour gelée (*Entremets de cuis.*). — *Formule 994.* — Clarifier du sucre, comme il est indiqué ci-dessus, en conduisant le sirop de 32 à 36 degrés, selon le genre d'arome qu'on lui additionne. Clarifier séparément la gelée et mélanger les préparations claires et limpides; ne point ajouter de zeste de citron dans la clarification; la pratique m'a démontré que le *sacocarpe* empêche la clarification; au contraire, le jus du citron favorise la limpidité et relève sensiblement la fadeur du sucre.

Les sirops pour les gelées au vin, seuls peuvent être clarifiés avec le vin, c'est-à-dire qu'on met moitié eau et moitié vin pour clarifier le sucre que l'on finit d'aromatiser avec des vins fumeux ou des alcools vieux et de premier choix.

Le *marc*, l'*anisette*, le *kumel* ont aussi la propriété de blanchir les sirops.

Clarification de la gélatine (*Entremets*). — *Formule 995.* — Faire tremper dans l'eau froide ou tiède 20 feuilles de gélatine; après quelques minutes, on les retire et les met dans un poêlon d'office avec 3 décilitres d'eau, 6 morceaux de sucre à café, le jus d'un citron; on fait fondre le tout sur le feu; on fouette un demi-blanc d'œuf dans un bol avec un demi-verre d'eau; lorsque la colle est en ébullition, on verse le blanc et on laisse reprendre la cuisson; aussitôt commencée, on retire le vase pour maintenir une douce ébullition et on écume; lorsque la gélatine est réduite en sirop épais et qu'elle est claire, on la passe dans un tamis de soie. Il est à observer que tous ces ustensiles doivent être de parfaite propreté, le bois, les vases en fer ou étamés communiquent des goûts désagréables.

Clarification des sirops de fruits (*Entremets de cuis.*). — *Formule 996.* — Lorsque les sirops de fruits commencent à s'aigrir, on doit les recuire en les clarifiant; à cet effet, on prend 10 litres de sirop pour 10 grammes de noir animal et 10 grammes de noir végétal que l'on met dans le sirop; on le mène à l'ébullition et, lorsqu'il monte, on l'apaise avec un demi-verre d'eau froide; on écume après chaque montée et on continue ainsi jusqu'à ce que le sirop soit transparent. Les sirops ont alors repris le goût et la limpidité primitive; on les réduit à 32 degrés et on les filtre dans un vase vernissé.

Clarification des vins (*Art du sommellier*). — *Formule 997.* — On se sert ordinairement, pour clarifier les vins, de blancs d'œufs, de charbon de bois de sapin, de colle de poisson et autres substances plus ou moins inoffensives que je ne mentionnerai pas, étant contraires à l'hygiène alimentaire. (Voir COLLAGE.)

CLARKE, *s. m.* (*Cuis. artistique*). — Dans la cuisine, comme dans la confiserie, on peut imiter cette fleur, à feuilles linéaires lancéolées, fleurs

Fig. 361. — Clarke en cire.

nombreuses, d'un rose tendre, auxillaires, à pétales disposées en croix.

Clarke en cire. — *Formule 998.* — Préparer la tige avec du fil métallique, lui faire autant de boutures que l'on désire lui donner des fleurs; entourer le tout de cire verte; la garnir d'abord des feuilles et des sommités. Travailler la cire (voir ce mot) et monter chaque fleur séparément, et les monter sur les boutures. Chaque feuille de la corolle est façonnée séparément et montée sur le calice. (Voir FLEUR.)

CLASOMÈNE, *s. m.* (*Vins de*). — Vins d'une saveur agréable et fumeuse, ce qui les classe parmi les vins de dessert.

CLAVAIRE, *s. f.* (*Clavaria coralloïdes*). All. *Keulenschwamm;* angl. *clubtop;* ital. *clava*, massue, à cause de l'analogie de sa forme. — Champignon à substance charnue ou tubéreuse, dont le plus grand nombre est comestible; les plus estimées sont la *clavaire coralloïde* et la *grande clavaire à chair tendre*, connues sous les noms vulgaires de *menotte*, *chevaline* ou *barbe de bouc*.

CLAVIÈRE, *s. m.* — Genre de poisson de la Méditerranée, appartenant au genre *labre*.

CLAYETTE, *s. f.* — Nom donné à l'assemblage de vingt-quatre manivaux de champignons.

CLAYTONE, *s. f.* (*Claytonia perfoliata*). Holl. *Wintupostelijn;* esp. *Verdolaga de Cuba*. — Plante de la famille des portulacées, aussi appelée *claytone de Cuba, pourpier d'hiver*.

USAGE CULINAIRE. — Les feuilles tendres, épaisses et charnues et la tige en forme de collerette en cornet très ouvert, au centre duquel sortent les fleurs, constituent un légume rare. On le prépare haché, à la crème, au jus, à la moelle, entouré de croûtons. Avant floraison, on en fait une salade qui ne manque pas d'attrait.

Fig. 362. — Claytone de Cuba.

CLIMAT, *s. m.* (*Climare*). All. *Klima;* angl. *climate;* ital. *clima;* d'un mot grec qui signifie *incliné*, indiquant par là l'inclinaison de la terre, de l'équateur au pôle et les espaces compris entre les cercles parallèles. — Etendue d'une contrée, d'un pays, dans laquelle la tempéra-

ture et les autres conditions atmosphériques sont à peu près identiques.

L'action du climat est la plus puissante de toutes les causes qui peuvent modifier l'organisme humain; nulle influence n'est plus grande que celle-ci et ne peut apporter de changement plus profond, puisqu'elle va jusqu'à dénaturer complètement les dispositions naturelles, modifier la forme, les propriétés des végétaux et des animaux qui servent à la nourriture de l'homme comme l'artiste modèle une cire molle (voir ACCLIMATEMENT). On doit dire : influence du climat, influence climatologique et non influence *climatérique*, ce mot ne dérivant pas de climat.

La cuisine climatologique est l'art de préparer les substances alimentaires d'une contrée, d'un pays, pour former l'ensemble du régime analeptique de l'homme.

CLITORE, *s. f.* — Plante de la famille des légumineuses, dont une espèce, aussi appelée *termate* ou *bleue*, sert dans l'Inde pour colorer les entremets en bleu; les cuisiniers de ce pays la préparent soit en poudre, soit en exprimant le jus.

CLOCHE, *s. f.* All. *Glocke;* angl. *cover*. — En cuisine, on appelle ainsi un récipient qui sert à recouvrir les mets pour les préserver contre l'action du froid ou l'agression des mouches, soit encore pour empêcher de répandre au dehors l'odeur de certains aliments.

Les cloches à l'usage de la cuisine sont de fer-blanc ou de métal frappé; les cloches d'office sont ordinairement en treillage de fil de fer fin; celles qui servent pour le fromage sont en verre.

Dernièrement, on a inventé des cloches en charbon plastique pour conserver les mets délicats, tels que le beurre, etc. Ces cloches, que l'on mouille au préalable, rafraîchissent par évaporation les aliments qu'elles renferment et, de plus, elles absorbent les gaz et les odeurs. C'est une idée ingénieuse qui mérite d'être encouragée.

CLONISSE, *s. f.* — Se dit d'un mollusque à coquille bivalve, assez abondant sur les côtes de la Méditerranée, où il remplace au besoin les huîtres.

CLOPORTE, *s. m.* All. *Kellerassel;* angl. *multiped;* ital. *porcelleto*, dont l'étymologie semble venir de *porc*. — Genre de crustacé isopode, ovale, dont le corps est contractile et qu'on trouve dans les lieux obscurs et humides; l'une de ces espèces étaient employée autrefois comme diurétique absorbant et apéritif. On en trouve dans les murs en ruines.

CLOS-VOUGEOT, *s. p. (Vin du).* — Vin de Bourgogne qui tire son nom du village de ce nom, situé dans la Côte-d'Or. Anciennement exploité par les moines de Cîteaux, ce clos a été longtemps la propriété de la Compagnie des grands vins de Bourgogne. Le vin de ce cru de première classe a été célèbre par son fumet.

Phylloxéré et complètement détruit, le terrain a été vendu par lots en 1889. Chose remarquable! (1) pendant que ce vin, qui a tant fait parler de lui, s'éteint, la côte *Charbonnier* (voir ce mot) semble avoir hérité de ses propriétés et de sa renommée.

CLOSE (JEAN-JOSEPH). — Ce nom tient sa place d'honneur dans cet ouvrage parce que la gastronomie lui doit le *pâté de foie gras.*

Voici comment :

Le maréchal de Contades, commandant militaire d'Alsace, de 1782 à 1788, craignant de se soumettre au régime culinaire de province, emmena avec lui son cuisinier, lequel se nommait Close et était Normand. Il avait conquis dans la haute société de l'époque la réputation d'un habile opérateur.

Le cuisinier normand avait deviné ce que le foie gras pouvait devenir entre les mains d'artistes. Avec le secours des combinaisons classiques empruntées à l'école française, il l'avait élevé, sous la forme de pâté, à la dignité de mets souverain en affermissant et en concentrant la matière première, en l'entourant d'une farce de veau et de lard haché que recouvrait une fine cuirasse de pâte dorée et historiée. Tel était le pâté de foie gras à son origine.

Cela paraît bien simple aujourd'hui. Où est le miracle, dira-t-on?

Eh! oui, cela est simple comme la découverte de la gravitation et de la vapeur et du nouveau monde, avec cette différence que l'œuvre de Close peut être savourée, ce qui est un des plus grands bienfaits pour l'humanité. C'est peut-être pour cette raison que ce mets resta un mystère de la cuisine de M. le maréchal de Contades; tant que dura son commandement en Alsace, le

pâté de foie gras ne franchit point sa table aristocratique. Cependant, le jour de sa publicité et de sa vulgarisation approchait avec l'orage révolutionnaire, qui devait déchirer tant d'autres voiles et détruire tant d'autres secrets.

En 1788, le maréchal de Contades fut remplacé par le maréchal de Stainviller. Close entra pendant quelque temps chez l'évêque de Strasbourg, mais ayant assez de la servitude, épousa la veuve d'un pâtissier français nommé Mathieu, s'établit à Strasbourg et, pour la première fois, on vit vendre ces merveilleux petits pâtés, qui jusque-là avaient fait le délice exclusif de Mgr l'Evêque, de M. de Contades et de leurs convives.

La Révolution éclata et les parlements venaient de disparaître avec l'ancien régime; les monarques licenciaient leurs cuisiniers quand, par hasard, celui du président du parlement de Bordeaux vint chercher fortune à Strasbourg. Il était jeune, intelligent, ambitieux et se nommait Doyen.

Il débuta d'abord par les plus modestes confections, notamment par les *chaussons de pommes,* dans lesquels il excellait, puis il trouva les *chaussons de veau* hachés; mais le pâté de Close l'intéressait au plus haut point; il lui manquait quelque chose : il trouva. Doyen lui ajouta la truffe parfumée du Périgord et l'œuvre fut complète.

Tels sont les inventeurs méconnus à qui nous devons ce mets exquis. (Voir FOIE GRAS.)

CLOSET, *s. p. (Vins du).* — Le Closet est situé dans le pays du vin de Champagne, Epernay; son vin est de première classe.

CLOU DE GIROFLE, *s. m. (Cariophyllus).* All. *Gewürznæglein;* angl. *clove;* ital. *viola garofano.* — Condiment aromatique stimulant et aphrodisiaque.

Le clou de girofle est la fleur non épanouie du giroflier des îles Moluque, arbrisseau de la famille des myrtynées, que l'on cultive aux Antilles, à Bourbon, etc.

On cueille les fleurs au moment où les pétales, encore soudées, forment une tête ronde au-dessus du calice, et on les fait sécher au soleil, puis à la fumée, qui leur communique la couleur brune à laquelle elles doivent leur nom.

On en distingue plusieurs variétés, le *girofle royal,* rare et précieux, portant à son sommet une petite couronne, il a plus de goût et d'odeur

---

(1) Ce vin disparaît, détruit par le phylloxera, en même temps qu'un décret du gouvernement dissous l'abbaye de Cîteaux (1889). J. F.

que l'autre; le *girofle ordinaire*, que tout le monde connaît; enfin, la *mère de girofle*, qui n'est autre que la fleur du même arbre, un peu plus développée et parvenue à la grosseur d'une noisette.

Analyse chimique. — L'analyse chimique du clou de girofle a constaté la présence d'huile volatile, à laquelle est due son odeur fragrante, du tanin, de la gomme, de la résine, un extractif et de la caryophilline, qui paraît en être le principe actif.

HYGIÈNE. — Hygiéniquement, il facilite l'élaboration de la digestion et stimule le sang, ce qui me fait dire qu'il ne doit pas entrer dans l'alimentation des enfants, des malades ou des personnes débiles, il ne convient pas non plus aux personnes à tempérament bilieux.

USAGE CULINAIRE. — Le clou de girofle est employé à petite dose dans les cuisines pour relever le goût des mets et des entremets; un ou deux clous piqués dans un oignon donnent un goût agréable, à la condition qu'il ne domine pas les autres condiments. Les viandes noires braisées sont les aliments qui s'en accommodent le mieux; la marmite garnie d'un oignon clouté, les civets et les ragoûts n'en sont que meilleurs.

Fraude. — Lorsque l'on achète les clous de girofle, on doit se mettre en garde contre la fraude insensée de certains épiciers, qui vendent de ces clous après en avoir extrait l'huile aromatique qu'ils contiennent, ce dont on peut se rendre compte par la couleur moins foncée et en le comprimant avec l'ongle : si la pression fait sortir l'huile, il est naturel; s'il est jaune, raccourci et sans huile, il a déjà servi.

CLOUTER, *v. a.* — Action de garnir un oignon de clous de girofle. Clouter un oignon.

CLOVISSES, *s. m. pl.* — Genre de mollusque acéphale et à coquille bivalve, assez épaisse, à valves égales, régulières, ornées de couleurs variées et de dessins élégants. On l'appelle aussi *vénus, chirlat;* à Toulon, *praires,* et, en Italie, *vongoli.* Ce coquillage, fort commun dans la Méditerranée, se sert cru en hors-d'œuvre sur toutes les tables du littoral.

Clovisses à la marinière. — *Formule 999.* — Laver les coquillages et les mettre dans une casserole sur le feu pour leur faire rendre l'eau;

les transvaser dans une casserole avec l'écumoire, y ajouter sel, poivre concassé, beurre, jus de citron et ails. Faire donner un bouillon et servir chaud.

CLUPÉES, *s. f.* All. *Hœringsgeschlecht.* — Se dit d'une famille de poissons dont le hareng est le type. On distingue la clupée *spratte,* appelée aussi *harenguet, esprot* ou *melet,* qui est un poisson plus petit que le hareng et que l'on pêche dans le Nord.

La sardine est une autre espèce de clupée que l'on appelle aussi *royan* à Bordeaux, quand elle est expédiée fraîche, et *cradeau* dans le Nord.

CNIQUE, *s. m.* (*Cnicus oleraceus*). Se dit aussi *cnicaut.* — Plante voisine de l'artichaut, dont une espèce ressemble au chardon et porte des fleurs jaunes amères, employées comme sudorifiques et toniques.

Les calices ou artichauts servent en cuisine à faire des potages excellents. (Voir CHARDON.)

COAGULATION, *s. f.* — État d'un liquide coagulé ou qui se coagule. *Coaguler,* produire l'épaississement et la solidification d'un liquide, le faire figer ou cailler.

COBAYE, *s. m.* — Nom d'un petit mammifère rongeur, voisin du *cabiai,* qui habite l'Amérique du Sud et dont une espèce est connue sous le nom de *cochon-d'Inde;* il se tient dans les terriers.

COCA, *s. m.* (*Erythroxylum*). — Plante de la famille des *érythroxylées,* originaire du Pérou. On en distingue une vingtaine de variétés, dont l'une, l'*Erythroxilum coca,* est très recherchée par les indigènes du pays de Popayan qui la ramassent pour le traitement des maladies de l'estomac et des intestins.

Le *E. coca* est un arbrisseau à feuilles lisses, longues d'environ 5 à 6 centimètres et ressemblant aux feuilles de laurier. La meilleure de ces plantes est celle qui se récolte aux environs de Cuzco. On cultive le coca près des mines pour les ouvriers qui viennent le chercher et s'en servent comme aliment d'épargne, tonique et stimulant; après en avoir extrait les propriétés par la coction, on en fait un masticatoire analogue au bétel en mélangeant le suc aux cendres de l'*Ypa* (*Chenopodium quinoa*), qu'ils considèrent comme le meilleur masticatoire.

Il n'y a ni or, ni argent, ni mets, ni plumes qui ne soient donnés pour un peu de *coca;* car les indigènes le considèrent comme un puissant aphrodisiaque qui prolonge l'énergie vitale, combat les fièvres paludéennes et un prophylactique naturel du choléra. Ces propriétés ont été signalées par le naturaliste Gosse, de Genève ; le Dr Unané, de Lima; le professeur Weddel, de Paris, le Dr Stevenson, des Etats-Unis, et les expériences qui en ont été faites dans les hôpitaux ont pleinement corroboré les assertions de ces savants. Mais, en raison de la puissance de la cocaïne, la thérapeutique en a fait des spécifiques dont le prix est beaucoup trop élevé.

Concentrer les propriétés de la coca dans une liqueur de table et la présenter sous une forme agréable, appétissante, était le but à chercher et qu'a merveilleusement trouvé Ch. Lacaux, de Limoges. Rien de plus tonique, rien de plus stimulant que cette liqueur qui, à ces qualités, joint l'élégance et le bon goût; aussi trouve-t-on là une liqueur hygiénique de premier titre, possédant toutes les propriétés de la feuille de coca.

Le Consul Général du Pérou, appréciateur de cette liqueur, et désireux de la voir se vulgariser davantage, offrit gracieusement à M. Ch. Lacaux l'emplacement nécessaire pour l'exposer dans la section du Pérou, où elle fut mise hors concours ; le Jury de l'Exposition de 1889, considérant cette liqueur sans rivale. (Voir LACAUX.)

COCATRE, *s. m.* — Chapon qui n'a été châtré qu'à demi.

COCHÉE, *adj.* All. *getreten.* — Se dit d'une poule dont les œufs viennent d'être fécondés. Poule cochée.

COCHENILLE, *s. f.* All. *Schildhaus;* angl. *cochineal;* ital. *cocciniglia;* esp. *cochinilla.* — Insecte hémiptère vivant sur le *nopal,* dont l'une des espèces les plus remarquables par sa couleur rouge est celle qui vit au Mexique.

La cochenille réduite en poudre fournit la couleur rouge la plus inoffensive pour l'usage des confiseurs et pâtissiers, avec laquelle on fait aussi le carmin. On en distingue plusieurs espèces, dont je mentionnerai le *Kermes* qui vit sur les jeunes tiges du chêne vert, dans les endroits rocailleux, et fournit la couleur *cramoisie* et la *laque;* la cochenille de Pologne, qui fournit des couleurs moins vives, et la cochenille du Mexique, qui fournit le carmin.

Préparation du carmin, A. — *Formule 1000.* — Employer :

Cochenille pulvérisée	grammes	70
Sucre en poudre	—	125
Alun pulvérisé	—	33
Crème de tartre	—	70
Eau	litre	1/2

Procédé. — Faire bouillir l'eau et ajouter l'alun, la cochenille, le sucre et la crème de tartre. Le faire cuire deux minutes. Le laisser déposer, le passer et mettre en bouteille froid.

Carmin fin, B. — *Formule 1001.* — Employer :

Eau	litres	20
Sel ammoniac	grammes	40
Cochenille pulvérisée	—	20
Alun de Rome	—	80
Acide muriatique	—	120
Etain banca brillant fondu ou étain de glace	—	400
Acide nitrique	—	800
Bois Fernambouc effilé	kilogr.	1

Procédé. — Faire bouillir à quatre reprises différentes, une demi-heure chaque fois; ajoutez chaque fois le quart des sels, cinq minutes avant de le retirer du feu; passer la couleur à travers une toile écrue.

Mettre la cochenille dans un sachet et la faire bouillir avec le bois. Réunir les quatre parts dans un tonnelet percé et muni de trois robinets placés à différentes hauteurs qui serviront à décanter.

COCHEVIS, *s. m.* Se prononce *coche-vi.* — Espèce d'alouette à huppe mobile. Ses propriétés alimentaires et ses applications culinaires sont pareilles à celles de l'alouette (voir ce mot).

CLOYÈRE, *s. f.* — Sorte de panier qui contient des huîtres.

COCHLÉARIA, *s. m.* (*Cochlearia officinalis,* L.). All. *Lœffelkraut;* angl. *scurvy-grass;* ital. et esp. *coclearia;* holl. *Lepelblad;* dan. *cokleare.* — Plante de la famille des crucifères, aussi appelée *herbe aux cuillères; herbe au scorbut.*

Fig. 363. — Coca (Élixir Péruvien).

La première de ces dénominations, à cause de ses feuilles en forme de cuillère, la seconde est motivée par ses propriétés antiscorbutives; on mâche ses feuilles pour empêcher les gencives de saigner.

Le *cran de Bretagne*, ou *raifort* (voir ce mot), n'est autre qu'une variété de cochléaria dont on utilise les racines.

Fig. 364. — Cochléaria officinal.

COCHON, *s. m.* (*Lus Luilla*). All. *Schwein;* angl. *swine;* ital. *porco;* au figuré, *mal propre*. — Mammifère de la famille des pachidermes, qu'on engraisse pour l'alimentation, et dont la viande prend les noms de *porc frais, lard* (voir ces mots) et *cochon de lait* quand il est jeune. Le sanglier est le congénère libre du porc domestique.

Les Egyptiens considéraient le porc comme impur; il n'en était pas de même des Crétois qui le regardaient comme sacré. Les Israélites avaient dans leur pays d'origine une telle horreur de cet animal qui, sous Antiochus Epiphanes, Eléazar, l'un des principaux scribes, et une mère avec sept enfants, préférèrent mourir que d'enfreindre la loi qui leur défendait de manger de la chair de *pourceau* (*Lév.* XI, 7 et 2 *Mach.*, VI, 8; VII, 1). Cette mesure du grand législateur n'avait là qu'un but d'hygiène et de prophylaxie, contre l'éruption de nombreuses maladies de la peau, surtout de la lèpre, occasionnée dans ces pays d'Orient par l'alimentation grasse, comme on l'a vu par une désastreuse expérience lors de l'expédition d'Egypte. Les troupeaux mentionnés dans la *Bible* appartenaient tous aux Galiléens. C'est des Grecs que les Romains ont pris goût à la chair du persécuteur de saint Antoine.

Aussi l'usage du cochon se répandit rapide-

ment en France après l'invasion barbare. On trouve dans un livre de cuisine l'amusante formule qui suit :

« Prenez votre tête de cochon, nettoyez votre museau à l'eau chaude, râclez vos oreilles et coupez-les; essuyez bien vos pieds et mettez-les sur le gril. »

On distingue un grand nombre de variétés de porc, dont je mentionnerai les trois principales races : *Asiatique, Celtique* et *Napolitaine*. Dans la race asiatique d'Europe, on distingue les variétés porcines : *Chinoise, Tonkinoise, Cochinchinoise, Siamoise, Malaise* et du *Cap*. La *race Celtique*, qui peuplait avant l'introduction des autres races l'ancienne Gaule, les îles Britanniques, la Suisse et la Belgique, est le type de la race commune modifiée par la reproduction, la nourriture et le climat de chaque contrée. C'est ainsi que l'on compte plus de variétés de porc que de départements, dont cinq seulement méritent d'être mentionnées : le porc *Normand*, le *Lorin*, le *Bressan*, le *Craon* et le porc du *Périgord* à odorat fin, aussi appelé *truffier*.

La *race Napolitaine*, aussi appelée de *Malte*, fut introduite en Angleterre par lord Western après la guerre Franco-Anglaise de 1813. C'est la race qui se rapproche le plus du *P. sauvage*, aussi la recherche-t-on de préférence pour la reproduction.

En Angleterre, on distingue le *P. de Yorkshire*, que l'on élève dans le comté d'York, de Lincoln et de Lancaster. Le *P. New-Leicester*, le *Berks-*

Fig. 365. — Cochon du Périgord (*truffier*).

hire, le *Coleshill*, bas sur jambes; le *P. d'Essex*, le *P. de Middlessex*, le *P. de Hampshire*, le *P. de Windsor*, ainsi appelé parce qu'il a été produit sur les fermes du prince Albert, par croisement du *York-Cumberland* et du *York-Bedfordshire*. Pour le *cochon de mer*, voir MARSOUIN.

On sait qu'un frère du roi de Naples, nommé le prince Antoine, connu pour ses escapades dans les chambrettes des paysannes, fut menacé de mort par le frère de l'une d'elles nommé Tucci. Le roi lui fit part de ses craintes.

— Comment, dit le prince, avec Tucci, nous sommes « amis comme cochon ».

— Vous êtes encore « plus cochon qu'ami », lui répondit le roi, qui comparait son frère à l'animal immonde de Berchoux qui :

> Dans le limon infecte de la mare bourbeuse,
> Plonge avec volupté sa croupe paresseuse;
> Quadrupède vorace, et non moins indolent,
> Broie à demi couché la châtaigne ou le gland;
> Satisfait s'il se roule, et s'il grogne et s'il mange,
> Et, mort, fait oublier qu'il vécut dans la fange.
> Cet objet de dégoût est l'honneur à la fois
> Et des banquets du pauvre et des festins des rois.

D'après notre regretté ami Charles Monselet, ce n'est plus cet animal impur, immonde des âmes délicates, il s'est élevé au parnasse de la cuisine, c'est un ange :

> Car tout est bon en toi : chair, graisse, muscle, tripe!
> On t'aime galantine, on t'adore boudin.
> Ton pied, dont une sainte a conservé le type,
> Empruntant son arome au sol périgourdin,
>
> Eût réconcilié Socrate avec Xantippe.
> Ton filet, qu'embellit le cornichon badin,
> Forme le déjeuner de l'humble citadin,
> Et tu passes avant l'oie au frère Philippe.
>
> Mérites précieux et de tous reconnus!
> Morceaux marqués d'avance, innombrables, charnus!
> Philosophe indolent qui manges et qu'on mange,
>
> Comme dans notre orgueil nous sommes bien venus
> A vouloir, n'est-ce pas? te reprocher ta fange!
> Adorable cochon, animal-roi! — Cher ange!

Usage culinaire. — « Sans le cochon, dit Grimod de la Reynière, point de lard, et par conséquent point de cuisine; sans lui, point de jambons, point de saucissons, point d'andouilles, point de boudins noirs, et par conséquent point de charcutiers. Gros médecins, continue-t-il, vous condamnez le cochon, et il est sous le rapport de l'indigestion un des plus beaux fleurons de votre couronne. » Et par quel oubli cet écrivain ne se souvient-il pas que c'est à la finesse de l'o-

dorat du cochon que nous devons la découverte de la truffe, le « diamant de la cuisine ». Et puis que deviendraient les choux sans le petit salé. En un mot, le lard est aussi indispensable à la cuisine que le beurre.

Cochon de lait. — Sous cette dénomination, on entend le jeune porc de six à huit semaines qui n'a eu d'autre nourriture que du lait.

Abatage (*Procédé général*).— *Formule 1002.* — On saigne le cochon de lait comme le porc; on le suspend par les pieds de derrière pour faciliter l'entier écoulement du sang et assurer ainsi la blancheur de sa chair. On l'échaude, on le ratisse, on le lave dans l'eau fraîche, on le suspend de nouveau et on l'essuie avec une serviette.

Pratiquer une ouverture dans le ventre, suffisamment grande pour pouvoir enlever les intestins que l'on extraira avec précaution. Laisser raffermir les chairs en pendant le cochon de lait dans un lieu frais pendant douze heures.

Cochon de lait farci entier (*Cuis. bourgeoise*). — *Formule 1003.* — Le cochon de lait étant préparé dans la règle indiquée plus haut, on lui remplit le ventre préalablement assaisonné, de petites saucisses, d'alouettes, de truffes épluchées, ou facultativement de châtaignes, de quenelles, d'olives, de boudins. On coud l'ouverture, on lui trousse les pattes, on lui relève la tête à l'aide de l'aiguille à brider et on le fait cuire dans une braisière. On le pose sur un grand plat garni d'attelets pour être servi à la française.

Cochon de lait fumé (*Cuis. de campagne*). — *Formule 1004.* — Etant échaudé, vidé, on le met pendant quatre jours dans une saumure fortement aromatisée de laurier, de thym et de coriandre; le laver, l'égoutter, essuyer et le mettre au fumoir pour le fumer légèrement. Le cuire dans un bouillon allongé d'eau et aromatisé d'un bouquet de persil n° 1 (voir BOUQUET), d'un oignon clouté et de vin blanc ou de quelques jus de citron.

Le servir accompagné de légumes avec une sauce raifort.

Cochon de lait à la broche (*Cuis. de château*). — *Formule 1005.* — Trousser les quatre jambes près du corps, trousser également la queue en la faisant passer par une ou deux petites incisions pratiquées sur le croupion. Envelopper les oreilles d'un papier blanc beurré; mettre dans le ventre, sel, poivre, thym et 150 grammes de beurre fin; coudre l'ouverture et l'embrocher par derrière en faisant sortir la broche par le boutoir. Le faire rôtir en l'arrosant d'huile d'olive, dégraisser le jus et lui faire couler un jus de citron,

> Et le cochon de lait, dont la cuirasse d'or
> Semble le protéger et le défendre encor

sera prêt à être servi très chaud.

Cochon de lait à la gelée (*Charcuterie*). — *Formule 1006*. — Couper le cochon de lait par gros morceaux, le faire cuire dans une casserole avec de la gelée à galantine, dans laquelle on aura mis du vin blanc ou du jus de citron, quelques carottes et un oignon clouté. Faire cuire à petit feu. Décorer un moule à cochon de lait, de cornichons, de truffes et de blancs d'œufs durs; chemiser le moule. Désosser les viandes, les parer et les mettre froides dans le moule. Clarifier la gelée et en remplir les vides. Préparer un fond de plat vert et décoré, sur lequel on démoule le cochon de lait; le garnir de gelée et d'attelets.

Remarque. — On prépare en outre le cochon de lait en galantine (voir ce mot), à la polonaise, pané, etc. (Voir CÔTELETTES.)

Cochon de lait (*Cuisine russe*). Rus. *Paraçionoke po mâla Rossisski*. — *Formule 1007*. — Farcir un cochon de lait d'une farce composée de lardons, langue et truffes; envelopper d'une serviette et cuire selon la règle. Quelques minutes avant de servir, déballer et découper avec soin. Servir avec une garniture de morilles au velouté, préparée au préalable, et servir à part une sauce allemande.

Cochon de lait froid (*Cuis. russe*). Rus. *Paraçionoke kholodne*. — *Formule 1008*. — Dépecer un petit cochon de lait bien blanc, en blanchir et rafraîchir les morceaux; mettre dans une casserole avec bouquet garni, oignon piqué, carottes, et mouiller avec du bouillon blanc et une demi-bouteille de sauterne; laisser cuire jusqu'à réduction. Retirer chaque morceau dans un plat à sauter. Dégraisser et passer la cuisson; en couvrir les morceaux de cochon de lait et laisser refroidir jusqu'à parfaite congélation; au moment de servir, ranger ces morceaux sur un plat très froid, et servir à part une sauce au raifort râpé, mêlé avec un peu de vinaigre, de bouillon froid, un peu de sel et de sucre. (A. Petit, gastr. russe.)

Tête de cochon de lait à la gelée (*Cuis. bourgeoise*). — *Formule 1009*. — Décorer une tête de cochon de lait, la glacer avec de la gelée au moment où elle se coagule. Dresser un turban d'escalopes de cochon de lait, pressées, taillées régulièrement et glacées, sur lequel on pose la petite tête bordée d'un collier de truffes noires. On garnit d'attelets et de gelée.

COCHON D'INDE, *s.m.* (*Hydrochœrus cobaya*). — Petit animal fauve qui ressemble au petit cochon de lait dont il a le cri. La variété du Brésil, son pays d'origine, se nomme *Covia cobaya*. Celui qui est élevé chez nous est tacheté de blanc, de noir et de roux. Sa chair est assez bonne, mais elle serait meilleure si l'animal était élevé dans les garennes. On le soumet aux mêmes préparations culinaires que le lapin.

COCHONNAILLE, *s. f.* All. *Schweinefleisch;* angl. *hog's pud: sauvage;* ital. *carne di porco.* — Tout mets préparé avec de la viande de porc. Tout ce qui compose la charcuterie est de la cochonnaille.

COCIDO, *s. f.* Se prononce ainsi dans toutes les langues. — Nom d'une soupe espagnole qu'on appelle aussi *ollapodrida* (voir ce mot).

COCKTAIL, *s. m.* (*Boisson américaine*).— Aux États-Unis, dans les Iles Britanniques, on est très friand de cette boisson stimulante.

Cocktail au Whisky (*Procédé général*).—*Formule 1010*. — Employer :

Sirop	quelques gouttes
Bitter Hollandais	—
Absinthe Ed. Pernod	—
Whisky	verre à madère 1

Procédé. — Mettre le tout dans un verre avec de la glace brisée, une écorce ou zeste de citron et servir glacé.

Remarque.—Pour les *cocktails au chery brandy, arack, gins, cognac, champagne, vermout,* on remplace le whisky par l'une de ces liqueurs et on conserve comme base le *sirop,* le *bitter,* l'*absinthe Pernod,* le *zeste de citron* et la *glace.* (Joseph Dugniol, chef de bouche chez M. VANDERBILT.)

COCO, *s. m.* (*Cocos mucifera*). All. *Cocusnuss;* angl. *cocoa-nut;* ital. *coco.* Etymologie arabe *cocoa.* — Fruit du cocotier, genre de palmier de l'Inde, de l'Afrique et de l'Amérique, ayant une hauteur de 20 à 25 mètres, son fruit est de la grosseur d'un melon; sa forme ovale a trois cônes et sa coque, tissée de fils végétaux, contient dans le centre un lait à la fois gras et d'un goût aigrelet et sucré. Les orangs des Iles de la Sonde ainsi que tous les mammifères les plus élevés de l'échelle zoologique se nourrissent, dans les pays libres, du lait, de la crème ou du beurre du coco, qu'ils abattent, avec une merveilleuse adresse, au moyen d'un gourdin de bois pointu aux deux extrémités, comme le font les gamins campagnards en automne pour abattre les noix du noyer.

Les Orientaux font de ce lait un usage usuel et sans danger; il rafraîchit, désaltère, et ses propriétés hygiéniques se rapprochent beaucoup de celles du lait de l'*Arbre-de-la-vache* (voir ce mot).

On ouvre, avant maturité, la noix de coco aux trois quarts de sa hauteur, elle contient alors une crème épaisse, onctueuse que l'on fouette après l'avoir aromatisée, sucrée pour obtenir une pâte mousseuse que l'on appelle *cocade;* on sert ainsi la coque, contenant cet entremets naturel de la végétation, sur une couronne de racines maintenant l'équilibre. C'est dans cet état qu'on en retire un beurre très estimé en Orient (voir BEURRE DE COCO) et qu'on en fait des tartes et des gâteaux très goûtés.

Ce lait n'existe qu'avant la maturité, quand le fruit mûrit il se solidifie et forme la pulpe, telle que nous la connaissons en Europe, ce qui a fait dire à quelques auteurs, n'ayant jamais vu de coco que celui des petites voitures de Paris, que cette noix avait dans le centre une amande semblable à la pulpe de la noisette. Dans cet état, le liquide est limpide et la pulpe blanche, ferme et cassante. On peut cependant en faire une compote selon la formule ci-dessous.

Comme dans quelques autres variétés de palmiers, le bourgeon terminal de la tige du cocotier se mange sous le nom de *choux palmistes* (voir ce mot).

Cet arbre, un des plus précieux des régions tropicales, fournit non seulement des entremets délicieux, mais du vin, de l'eau-de-vie, de l'huile. En coupant à l'extrémité l'enveloppe des fleurs ou *spathes,* il en suinte un liquide appelé *soury,* de saveur douce, analogue au *vin de palme;* mais il s'aigrit au bout de quelques jours et fournit un bon vinaigre. Soumis à la fermentation et distillé, il donne une eau-de-vie appelée *rack* (voir ce mot) *de palmier.* L'huile extraite de l'amande, n'étant bonne que fraîche, n'est pas usitée chez nous en alimentation, ou elle se solidifie et a l'apparence du suif et possède un goût peu engageant. Elle ne reste à l'état liquide que dans les colonies. L'industrie approprie cette huile, dite de *coprah,* pour la fabrication du savon blanc.

Compote de coco. — *Formule 1011.* — Scier la noix de coco en quatre parties pour détacher la pulpe de la coque sans la casser; la nettoyer de son enveloppe noire. Couper dans la longueur des tranches minces, que l'on fait tremper dans de l'eau fraîche; il s'en échappe alors un corps gras et blanchâtre qui surnage. Les laisser tremper quelques heures et changer l'eau plusieurs fois.

Retirer les tranches de l'eau, les égoutter et les tailler en julienne. Faire cuire 1 kilogramme de sucre au soufflé; jeter les filets de coco dans le poêlon et retirer à la première ébullition; les laisser imbiber pendant quelques heures. Dresser sur le compotier en garnissant d'un filet de cerises rouges, feuilletées d'angélique. Arroser le tout de son sirop réduit à point.

Les habitants de l'île de Java en font des soupes, mélangé avec du riz et assaisonné de carvi et de piment.

COCO, *s. m. (Boisson de).* — A Paris, on débite dans les promenades publiques une boisson très populaire, connu sous ce nom.

Qui n'a entendu aux Champs-Elysées :

— *Voilà le coco! Tout frais, tout frais, le coco!*
Et le gamin répondre :
— *Il est joli le coco!*

Le nom de cette boisson lui vient de ce que, dans l'origine de sa vulgarisation, on la servait dans des noix de coco additionnée d'un extrait d'anisette qui lui donnait la couleur blanchâtre du lait de coco. Elle est composée d'une décoction de réglisse additionnée de citron, ou simplement de vinaigre. C'est une boisson inoffensive, qui n'a d'autre inconvénient que l'opportunité du moment des chaleurs.

COCONAR, *s. m. (Boisson).* — Les Persans nomment ainsi une liqueur faite avec la décoction de feuilles de pavot, sucrée et alcoolisée; c'est une liqueur échauffante et enivrante dont il est dangereux de faire un usage trop fréquent.

COCQUARD, *s. m.* — Métis résultant du croisement du faisan mâle avec la poule. Sa chair exquise et recherchée se prépare comme le pigeon, le poulet et le faisan.

COCTION, *s. f. (Coctio).* All. *Abkochen;* angl. *boiling;* ital. *cozione,* de *coquere,* cuire. — Action de la chaleur sur les matières animales ou végétales. Digestion de l'aliment naturel par la cuisson, ayant pour résultat d'obtenir la décoction, l'essence, le suc nutritif et toutes les propriétés de l'aliment soumis à la cuisson.

CŒNOGONE, *adj.* — Zoologiquement, se dit de ce qui produit alternativement des petits vivants et des œufs.

CŒUR, *s. m. (Cor).* All. *Herz;* angl. *heart;* ital. *cuore.* — Organe qui meut le sang, foyer des sentiments moraux et des facultés affectives en opposition à l'esprit, faculté intellectuelle.

> Un petit grain de poésie
> Ne gâte rien en cette vie,
> Même en cuisine, la saveur
> Provient de l'*esprit* et du *cœur.*

Me disait M. Reurich, de Genève, dans une poésie qu'il m'adressa en 1875.

Les Anciens ne comprenaient pas bien la fonction du cœur; ils croyaient que c'était le siège des passions, des volontés et de l'intelligence. On sait par la Bible que Salomon demanda à Dieu un *cœur* intelligent pour juger son peuple (1. *Rois,* III, 9). Erreur aujourd'hui constatée, car l'homme croit souvent se guider par son esprit qui tend à un but, pendant que son cœur l'entraîne vers un autre.

Voilà le cœur de l'homme; étudions maintenant les cœurs des végétaux et des animaux.

Cœur de laitue. — Le bourgeon blanc ou cœur qui se trouve dans les laitues sert en cuisine pour l'ornement des mayonnaises, des buissons et autres préparations d'apparat, dont il fait l'un des plus appétissants décors.

Tailler en cœur. — Tailler des croûtons, des enveloppes ou tranches de viande en forme de cœur.

Cœur de Thomas. — Graine d'Amérique, aussi appelée Chataigne de mer, *entade gigalobion. Cœur* se dit aussi du bigarreau.

Cœur de bœuf. — On appelle ainsi le fruit produit par l'*Anona reticulata.*

Cœur d'animaux de boucherie. — Bœuf, veau, chèvre, mouton, agneau, se traitent comme les autres viandes de boucherie, mais si l'on veut obtenir un mets aussi bon que le rognon sauté, on procèdera d'après l'une des formules suivantes :

Cœur de veau aux champignons (*Cuis. de restaurant*). — *Formule 1012.* — Préparer dans une petite casserole une sauce aux champignons frais. Couper le cœur de veau par bandes en long, les dénerver et en ôter la peau; couper les morceaux par petites lames comme les rognons de mouton. Faire chauffer du beurre et sauter vivement le cœur de façon à le saisir seulement, sans laisser durcir. L'égoutter et mettre dans la sauce préparée. Servir sans laisser cuire.

Cœur de bœuf à la minute (*Cuis. de ménagère*). — *Formule 1013.* — Dénerver le cœur de bœuf, lui enlever la peau et le couper par lames, comme les rognons pour sauter. Saler, poivrer, y ajouter une pointe d'ail et un oignon haché menu; ajouter encore de la farine et amalgamer avec la main. Pendant ce temps, mettre un bon morceau de beurre frais à la poêle, le laisser chauffer et mettre le cœur; faire sauter sur un feu vif de façon à le saisir. Mouiller avec de l'eau, du vin ou du bouillon; colorer avec du caramel, y faire couler un jus de citron ou deux, selon la quantité et servir au premier bouillon.

Remarque. — Ces deux formules, dont je revendique le mode, fournissent un aliment agréable, vite fait, qui prend moins de temps pour le faire qu'il n'en faut pour le décrire. Il est surtout important de ne pas laisser trop cuire le cœur, qui doit être saisi vivement sans bouillir.

COGNAC (*Eau-de-vie de*). — Ville française, située dans le département de la Charente, aux environs de laquelle se faisait autrefois une eau-de-vie de qualité supérieure.

M. Lugan, dans le *Bulletin de la Société des pharmaciens du Calvados,* rapporte qu'il est vendu comme fine-champagne *extra vieille,* à 8 francs le litre, un liquide qu'il a trouvé pauvre en alcool quoique paraissant fort au goût; par contre, contenant 1 gr. 70 par litre d'acide sulfurique.

Lorsque les alcools de riz, de grains, de maïs, de pommes de terre sont rectifiés, qu'ils sont *bon goût,* c'est-à-dire débarrassé d'alcool supérieur, *amylique, propylique, butylique* et d'acides gras volatils, ils deviennent, en somme, au point de vue chimique, identique à l'alcool retiré du vin ; c'est toujours de l'alcool éthylique, à l'exception qu'il est dépourvu de l'arome et de la saveur si suave de l'alcool du vin. Mais les aimables industriels (dont quelques-uns chevaliers de la Légion d'honneur) ne sont pas embarrassés pour si peu ; ils ont là tout prêt la *sauce*, composée de jus de pruneaux, de condiments aromatiques fortement rehaussés de piment de Cayenne qui lui communique et l'arome et le goût fort.

Il y a beau temps que le cognac proprement dit est passé à l'état historique et que l'on ne distille plus le moindre vin dans la Charente, fût-ce même du vin de grenouille, poussé sur les ceps qu'un déluge artificiel protège tant bien que mal du phylloxéra.

COGNASSE, *s. f.* — Coing sauvage, moins gros et moins jaune que le coing ordinaire.

COING, *s. m.* (*Pyrus cydonia*). All. *Quitte ;* angl. *quince ;* ital. *cotogno,* de *cidonia,* parce que le *cognassier,* arbre de la famille des rosacées qui produit le coing, fut importé de Cidon, ville de Crète. — Fruit du cognassier, dont on distingue plusieurs variétés.

HYGIÈNE. — Le coing est le type le plus parfait des fruits astringents dont il ouvre le groupe. L'hygiène alimentaire peut tirer des avantages très pratiques tant de sa pulpe, de ses pépins, que de son écorce. Cru, il est rare qu'il ne fasse pas faire la grimace aux petits gourmands qui ont la friandise d'y mordre, attirés par son arome suave. Ayant subi les modifications de l'art culinaire, il plaît généralement à tout le monde.

Coupé en morceaux et séché, il sert en médecine populaire pour faire une tisane agréable, légèrement astringente et employée pour combattre les diarrhées sans fièvre ni colique, provenant simplement de la débilité de l'intestin. La *gelée,* le *pain,* le *sirop,* la *marmelade* de coings jouissent de la même propriété. Les pépins, en les faisant bouillir dans une proportion relative d'eau, fournissent un mucilage émollient qui remplace la gomme.

Falsification. — On vient de trouver le moyen très ingénieux de produire de l'essence de coing, qui se vend aux confiseurs ; cette substance est produite par la réaction de l'acide nitrique sur l'huile essentielle de rue. On doit donc se mettre en garde contre cette supercherie qui ne remplacera jamais l'extrait naturel du coing.

Blanchissage des coings (*Procédé général*). — *Formule 1014.* — Tailler en quatre des coings d'une belle teinte jaunâtre ; les éplucher et les jeter de suite dans une eau acidulée avec du jus de citron. Mettre la casserole sur le feu et, à la première ébullition, la retirer sur l'angle du fourneau. On laisse ainsi les coings s'attendrir pendant une heure ; étant bien mollets on peut les servir en compote en réduisant le jus avec du sucre à 24 degrés et en faisant donner à nouveau un bouillon au sirop avec les coings ; lorsqu'ils sont cuits, déposer les coings dans une terrine et réduire le sirop à 28 degrés.

Pain de coings (*Procédé général*). — *Formule 1015.* — Il existe plusieurs méthodes pour faire la *pâte* au pain de coings, suivant qu'on les cuit entiers et qu'on les épluche après, eu les débarrassant des pépins ou qu'on les fait blanchir comme il est indiqué plus haut. De cette manière comme de l'autre, quand ils sont cuits, on les passe à travers un tamis et on ajoute à cette purée une égale quantité de sucre blanc concassé. On met le tout dans un grand poêlon ou dans un sautoir que l'on place en plein feu et l'on fait réduire en remuant constamment avec la spatule en cuivre, en ayant soin de l'appuyer fortement au fond, de façon à ne pas lui permettre de s'attacher. Lorsque le jus est complètement réduit et que la pâte est émolliente, la spatule permet, en frottant au fond du sautoir, d'y voir le fond ; on en sort alors une petite quantité et on la presse entre les deux doigts ; on doit éprouver une légère résistance dans la séparation et il doit se produire un léger claquement, signe de sa parfaite cuisson.

On saupoudre alors la masse, de sucre en poudre, ainsi que les plaques ou moules en fer-blanc dans lesquels on désire couler la pâte, qui doit être d'une couche forte d'un centimètre. Unir avec la lame du couteau la partie supérieure. Le lendemain, on détache la pâte pour la retourner, en ayant soin de saupoudrer de nouveau avec du sucre à glace, dans lequel on aura mis un quart de son volume d'amidon. On la laisse raffermir pendant quelques jours et enfin on la taille par tablettes que l'on enveloppe d'une feuille d'étain et de papier, lorsque le pain est destiné pour la vente. Dans les confiseries, pâtisseries et maisons particulières, il est préférable de couler la pâte dans des moules carrés-longs, dans lequel on taille au fur et à mesure des besoins. Il conserve ainsi la fraîcheur et l'arome.

Remarque. — Les personnes qui n'aiment pas l'arome du coing ou qui le fabriquent pour la vente y ajoutent un tiers ou la moitié de pommes aigrelettes et un tiers en moins de sucre; le parfum de coing est alors diminué et cette pâte coûte moins cher, mais elle est de qualité inférieure.

Gelée de coings (*Conf. de ménagère*). — *Formule 1016.* — A l'aide d'un linge grossier, enlever le duvet des coings, les couper en quatre pour en extraire les pépins et les cellules qui les protègent, les faire cuire dans une quantité suffisante d'eau; lorsqu'ils sont très cuits, on les égoutte sur le tamis en recueillant le jus, auquel on ajoute, livre pour livre, du sucre blanc; on met à l'ébullition, on écume et, après dix à quinze minutes, la gelée doit être à point, ce dont on s'assure en essayant à l'aide d'une aiguille à broder que l'on trempe dans la gelée et que l'on tient perpendiculairement en lieu frais; la goutte doit rester suspendue.

Remarque. — Il est des cuisiniers qui taillent les fruits par tranches, qui ajoutent de suite le sucre et l'eau et font bouillir le tout ensemble; mais ce mode ne vaut pas le précédent; outre que la gelée n'est jamais claire, il y reste un goût âpre qui ne plaît pas toujours à tous.

Compote de coings à la turque. — *Formule 1017.* — Tailler des coings aux trois quarts de leur hauteur, creuser d'abord l'intérieur de manière à former un vase, éplucher ensuite des coings en les ciselant, si possible; les citroner, les blanchir et les faire cuire dans un sirop; les laisser refroidir; remplir alors les coings de *kaïmac* (voir ce mot) vanillé.

On sert par groupes, en garnissant de feuilles exotiques, et on sert le sirop de coings à part.

Coings confits (*Confiserie*). — *Formule 1018.* — Blanchir les quartiers de coings comme il est indiqué plus haut; les mettre dans une bassine avec du sucre et de l'eau de façon à obtenir un sirop; après un instant d'ébullition, on les dépose dans une terrine vernissée et, le lendemain, on redonne une deuxième façon, c'est-à-dire qu'on recuit le sirop et qu'on le verse sur les coings.

On continue cette opération pendant sept à huit jours; le dernier jour, on cuit le sirop à 32 degrés, on y jette les coings; après cinq minutes d'ébullition, on les met sur un tamis, on les saupoudre de sucre en poudre, ou on les met dans un vase en terre avec du sirop, selon la nécessité.

Quartiers de coings à l'eau-de-vie (*Confiserie*). — *Formule 1019.* — Oter à l'aide d'un linge le duvet à des coings de belle couleur et bien mûrs, éplucher délicatement et faire tomber la peau à mesure dans de l'eau-de-vie. Couper les fruits par quartiers et leur enlever les pépins; les jeter dans de l'eau avec un peu d'alun. On les fait cuire à petit feu dans un bon sirop; à mesure qu'ils deviennent tendres, on les retire un à un avec l'écumoire pour les déposer par ordre dans une terrine, de manière qu'ils ne se brisent pas. Clarifier le sirop en le faisant réduire à 30 degrés et le verser bouillant sur les quartiers de coings.

Après vingt-quatre heures de repos, on range les quartiers dans un bocal, et l'on mélange le sirop à l'eau-de-vie, qui a servi à infuser les zestes ou épluchures. La proportion exacte est de deux parties d'eau-de-vie pour une partie de sirop; on filtre et on remplit le vide resté dans le bocal.

Ratafia de coings (*Liqueur*). — *Formule 1020.* — Eplucher les coings dans la règle; après les avoir taillés en quatre et leur avoir ôté le cœur, les écraser dans un mortier et en exprimer le jus dans un petit pressoir à fruits.

Jus de coings	litre	1
Alcool à 24 degrés	—	1/2
Cannelle.	grammes	2
Girofle.	—	1
Macis	—	2
Amandes amères.	—	1/2

Procédé. — Laisser le tout infuser dans un bocal pendant un mois. Ajouter alors un sirop avec 250 grammes de sucre et 2 décilitres d'eau. Laisser refroidir le sirop, mélanger avec l'infusion et filtrer. Mettre en bouteilles et boucher. Cette liqueur est tonique.

Vin de coings. — *Formule 1021.* — Éplucher les coings, les couper en quartiers pour en enlever les pépins et les cellules. Les faire bouillir, les faire passer au tamis de crin grossier. Ajouter, sur une quantité de 10 kilogr. de purée, 500 gr. de cassonnade et 125 gr. de levain, ou 50 grammes de levure de bière; ajouter également son jus et délayer le tout de manière à faire une bouillie claire. Mettre le tout dans un tonneau débondonné; après quelques jours, on soutire au clair et l'on met en bouteilles.

Ce vin s'emploie efficacement contre les diarrhées rebelles et les crachements de sang.

Sirop de coings (*Liqueur*). — *Formule 1022.* — Éplucher 500 grammes de coings bien mûrs, les piler et les presser pour en obtenir le jus. Faire bouillir le marc dans un litre d'eau; l'exprimer et mélanger les deux jus. Ajouter alors 1 kilogramme de sucre blanc concassé et faire cuire à 21 degrés en l'écumant et le clarifiant. A l'état froid, mettre en bouteilles.

Eau de coings (*Liqueur*). — *Formule 1023.* — Couper des coings bien mûrs en quatre, leur enlever le cœur, les écraser dans un mortier avec la peau, les faire macérer pendant deux jours avec une quantité d'eau suffisante pour imbiber les coings; exprimer le jus, y ajouter une égale quantité d'eau-de-vie, et, par litre de mélange, 300 grammes de sucre blanc concassé, un demibâton de cannelle, un clou de girofle; laisser infuser pendant deux mois. Passer à travers un linge et mettre en bouteilles.

En ajoutant à cette liqueur, dans la proportion de 450 grammes de cassonade et de 115 grammes de levain, pour 10 litres de jus, on obtient alors une liqueur vineuse de beaucoup supérieure à celle du vin de coing. Elle s'améliore en vieillissant.

Mucilage de coings (*Hygiénique*). — *Formule 1024.* — Mettre un quart de verre de pépins de coings dans un demi-litre d'eau fraîche, laisser macérer pendant deux ou trois jours en ayant soin d'agiter de temps en temps; au bout de ce temps on peut s'en servir contre certaines maladies d'yeux, pour calmer l'irritation des plaies, des gerçures; soit pour l'ajouter aux gelées.

Conserve de jus de coings. — *Formule 1025.* — Eplucher les coings, ôter les cœurs, les piler et les presser pour obtenir le jus, qu'on laisse reposer dans une terrine; décanter au clair et mettre en bouteilles, les ficeler et les soumettre dix minutes à l'ébullition au bain-marie; les laisser refroidir dans l'eau.

COKRECOS, *s. m.* — Oiseau de l'Inde, dont les ailes sont de la couleur de celle de la perdrix; se traite culinairement comme celle-ci.

COLA, *s. f.* (*Noix de*). — Plante originaire de l'Afrique équinoxiale, dont la graine a le volume d'une châtaigne; d'une saveur âcre et acide, mais possédant la propriété de faire trouver bonnes les matières peu agréables et même l'eau saumâtre, dont elle déguise la mauvaise odeur; on l'appelle aussi noix de *gourou*.

COLBERT. — Pour perpétuer dans l'art culinaire le souvenir de ce grand homme d'Etat français, le cuisinier de Colbert donna le nom de son maître aux deux formules suivantes. (Voir aussi BIFTECK.)

Sauce à la Colbert. — *Formule 1026.* — Pétrir du beurre fin avec sel, poivre de Cayenne, clou de girofle et noix muscade en poudre; du cerfeuil et de l'estragon hachés. A la consistance de sauce maître-d'hôtel, on la met dans une petite casserole avec de la glace de viande et du jus de citron.

Lorsqu'il s'agit de l'appliquer aux poissons, à la sole par exemple, on garde le beurre en lieu frais et on en garnit la sole au moment de servir en y ajoutant un peu de glace de viande.

Potage à la Colbert. — *Formule 1027.* — Tailler en julienne des carottes, des navets et des haricots verts. Préparer d'autre part de petits bourgeons de pointes d'asperge, de choux-fleurs et de choux de Bruxelles. Faire cuire les légumes ainsi préparés comme des petits pois fins. Pocher les œufs frais selon la règle, maintenir les légumes au chaud dans du bouillon et, au moment de servir, mettre dans la soupière avec un œuf et le consommé.

Remarque.—L'adjectif Colbert s'applique pour tous les mets ou entremets contenant des œufs pochés : *épinards à la Colbert*, etc.

COLEMAN (A.). — Nom du créateur et producteur du célèbre jambon anglais *Genuine English Ham.* En cherchant à produire des jambons supérieurs à ceux de Mayence et de Hambourg, A. Coleman reconnut que la qualité du jambon provenait autant de la façon de préparer, d'engraisser le porc que de la race. Pour atteindre le but qu'il cherchait, il eut l'idée de traiter avec différents saleurs anglais pour les jambons provenant de porcs des meilleures races engraissés avec de la farine d'orge et des pommes de terre. Il réussit à produire ainsi ce jambon à chair fine rosée, et parfum délicat si recherché par les charcutiers et les restaurateurs parisiens. Le GENUINE ENGLISH HAM (véritable jambon anglais), de Coleman, est bien supérieur aux productions allemandes les plus renommées; c'est le jambon qui se conserve le mieux, le plus fin, le plus aromatique et le plus recherché pour les nombreuses préparations culinaires où il entre; en un mot, c'est le jambon par excellence le meilleur du monde.

La supériorité · réelle du GENUINE ENGLISH HAM sur les autres jambons n'a pas manqué d'attirer des imitateurs jaloux de son succès et qui ont contrefait la marque, sur des produits de qualité inférieure. Le Tribunal de la Seine a rendu justice à M. Coleman, le créateur de l'excellent jambon anglais, en condamnant ses contrefacteurs.

Fig. 367. Jambon Genuine.

Nous croyons être utile, en mettant sous les yeux de nos lecteurs la marque du jambon *Genuine English Ham,* faisant le tour intérieur d'un cercle, avec les mots *London Extra* dans le milieu.

Cette marque a obtenu la Médaille d'argent à l'Exposition universelle de Paris, 1889; Médaille d'or, Versailles, 1890.

Sur les conclusions du rapport fait par M. Joseph Favre, membre de la Société française d'hygiène, *l'Académie de cuisine,* dans sa séance du 9 avril 1890, a décerné à M. Coleman le diplôme d'honneur pour ses jambons *Genuine.* (Voir JAMBON et GENUINE.)

Remarque. — Tout véritable jambon Coleman doit porter dans le haut de l'estampille le mot GENUINE.

COLIBRI, *s. m.* — Nom que les Caraïbes ont donné à un charmant petit oiseau d'Amérique et des îles adjacentes, gros comme une abeille, remarquable par l'élégance de sa petitesse, par la variété et l'éclat de ses brillantes couleurs. Le colibri qu'on élève parfaitement en cage, en Amérique, meurt chez nous faute de soleil et d'air.

D'après Voltaire, on s'en servirait comme aliment, et l'oiseau-mouche en serait une variété. « On servit, dit-il dans son *Candide 17,* quatre potages garnis chacun de deux perroquets, un vautour bouilli, deux singes rôtis d'un goût excellent, trois cents colibris dans un plat et trois cents oiseaux-mouches dans un autre. »

COLIN, *s. m.* (*Tetrax californius*). — Oiseau de l'ordre des gallinacées, variété de perdrix qui habite la Californie, d'où il est originaire; on le trouve également dans la Guyane et au Mexique. On l'apprivoise facilement et il figure parmi les volailles de basse-cour. La chair du colin est excellente et se traite culinairement comme la perdrix; c'est un aliment réparateur et stimulant.

COLLAGE, *s. m.* — Action par laquelle on clarifie le vin et les liqueurs.

Les *clarifiants* ou substances employées pour clarifier les vins, sirops et spiritueux, doivent précipiter la lie et les matières en suspension, se combiner ensemble et être assez lourdes pour entraîner ces matières au fond du tonneau. Ses propriétés chimiques doivent conserver les liquides sans en altérer le goût ni le fumet.

Collage des vins. — *Formule 1028.* — Les meilleures substances pour le collage des vins sont le *blanc d'œuf frais,* battu avec un peu de sel; le *sang de bœuf* chaud, refroidi avec du sel et du vin de la pièce que l'on veut clarifier; la *colle de poisson;* la *colle forte* ou de Flandre. Quelle que soit la colle que l'on emploie on procède de la même manière: on liquéfie la colle, on la mélange avec du vin et on l'introduit par le trou de la bonde. On agite fortement le liquide avec un bâton fendu et on laisse reposer quinze jours.

Collage des pièces de pâtisserie. — *Formule 1029.* — Lorsqu'il s'agit de timbale ou autre pièce devant renfermer hermétiquement le contenu, il faut pour la réussite ne laisser aucun pli aux soudures, aucune ouverture; pour arriver à ce résultat il n'y a rien de mieux que l'usage de l'eau. Mouiller avec de l'eau les parties des deux pâtes que l'on veut assujettir ensemble; les presser l'une contre l'autre, et enfin remouiller dessus et lisser avec le pinceau pour faire disparaître toute apparence de soudure.

Il existe encore d'autres collages en pâtisserie : ceux que l'on applique aux décorations des pièces montées, socles, chalets ou autres imitations que l'on veut rendre aussi parfaites que possible; on prend à cet effet, lorsqu'il s'agit de fleurons blancs ou coloriés, de la gomme arabique ou de la glace royale. Le sucre au cassé a également sa part dans les soudures de la pâtisserie.

COLLET, *s. m.* — Terme de boucherie désignant le morceau de cou taillé entre le carré ou le tronc et la tête; *collet de mouton*, de *veau*, de *bœuf*, etc. Le collet est un morceau secondaire pour l'alimentation.

COLLIOURE, *s. p.* (*Vins de*). — Dans les Pyrénées-Orientales, Roussillon, vin de deuxième classe. On en fabrique aussi avec de la grenade rouge.

COLLOIDE, *adj.* — Se dit des substances qui ont l'aspect gélatineux. Se dit aussi par opposition à *cristalloïde*, de ceux des principes immédiats des végétaux qui ne sont pas doués de la propriété de cristalliser.

COLMAR, *s. p.* — Nom d'une petite ville située dans le Haut-Rhin (Alsace), aux alentours de laquelle croissent des légumes et des fruits remarquables par leur beauté et la délicatesse de leur goût; le chou vient d'une grosseur prodigieuse, les pommes, les prunes et les poires y sont remarquables. On connaît sous le nom de *poire de Colmar*, ou simplement *Colmar*, une variété de poires tout à fait particulière à ce pays, et qui s'y est modifiée par le climat et le sol.

Les vins de Colmar sont également bons, les vins blancs surtout sont classés parmi les vins de liqueurs de deuxième classe, ceux de *Kitterli* et *Risling*, sont fameux lorsqu'ils sont vieux.

COLOMBE, *s. f.* (*Columba*). All. *Taube;* angl. *dove pigeon;* ital. *colomba.* — Terme générique de la famille des pigeons dont la colombe est le type. Les Assyriens l'avaient prise comme emblème de leurs peuples; image de la pureté, de l'amour et de la fidélité. Le nom de *Sémiramis* (belle comme colombe) était donné à la reine fondatrice de Babylone (*Job*, XLII, 14). Les Athéniens, non moins courtois, portaient aux nouveaux époux une paire de colombes comme emblème de fidélité, d'affection et d'amour, légende qui se perpétua dans la mythologie chrétienne comme esprit divin (*Luc*, III, 22). Racine, en parlant de la Cour de Louis XIV, dit que :

C'est lui qui rassemble ces colombes timides,
Éparses en cent lieux sans secours et sans guides.

Voyons maintenant la colombe que l'on rôtit et que l'on savoure pour la satisfaction de l'estomac! Leurs variétés sont nombreuses; en Orient, elles nichent sur les arbres et dans le creux des rochers; elles vivent constamment en monogamie et ne pondent que deux œufs; mais leur ponte se renouvelle plusieurs fois l'an. La chair de la colombe a exactement les mêmes propriétés que celle du pigeon. (Voir PIGEON.)

COLOMBIÉ (AUGUSTE-HENRI).— Né à Castres (Tarn) le 21 novembre 1845. Fut l'un des fondateurs du *Cercle des cuisiniers*, dont il était le secrétaire et d'où est née la première Chambre syndicale des cuisiniers de Paris. Il fut également l'un des fondateurs de l'*Académie de cuisine*, où il remplit longtemps les fonctions de rédacteur en chef du journal l'*Académie culinaire*. A. Colombié a été l'un des cuisiniers les plus studieux, les plus savants de l'école scientifique.

COLOMBIER, *s. p.* (*Vin de*). — Dans la Dordogne (Périgord). Cru d'un vin de quatrième classe.

Se dit aussi des petits bâtiments où on élève les colombes, c'est-à-dire les pigeons.

COLOMBIN, *s. m.* — Variété de pigeons ramiers de petite taille, qui se nourrit de grains et émigre quelquefois.

COLORATION, *s. f.* All. *Fœrbung;* angl. *colouring;* esp. *coloracio;* ital. *colorazione.* — Action par laquelle on colore un aliment, un mets, un entremets, un socle, etc.

Coloration des liqueurs. — *Formule 1030.* — Pour colorer les liqueurs en rouge, outre le carmin, il y a aussi le rouge de *santal*. On fait infuser, pendant 24 heures, 15 grammes de bois de santal rouge dans 2 litres d'alcool à 85 degrés; filtrer et conserver, pour colorer les liqueurs, dans des bouteilles bouchées.

Coloration des sucres en grains. — *Formule 1031.* — On se sert, en pâtisserie, des sucres en grains pour garnir les petits-fours, les fonds-de-plat, les bas-reliefs des pièces montées, etc. Voici comment l'on procède:

Piler au mortier le sucre jusqu'à ce qu'il soit brisé, on le met au *tambour* et l'on tamise; on prend les grains restés dans le deuxième ou dans le troisième étage du tamis-tambour, selon la grosseur qu'on désire donner au sucre. On prépare alors dans une terrine la couleur légèrement liquéfiée et on y met les grains de sucre en remuant vivement avec la main, de manière

à ne pas les écraser. Quand la couleur est éga-
lisé partout, on étend les grains coloriés sur une
plaque pour les sécher.

COLORATION ARTIFICIELLE DES VINS. — Depuis
que l'art de faire du vin avec des raisins secs
est entré dans nos mœurs, depuis que l'on fait
du vin sans un atome de jus de raisin, la coloration artificielle des vins est devenue usuelle chez
les négociants en vins. Cette sophistication a
pris de telles proportions que, si l'on n'y met pas
ordre, la santé publique sera gravement compromise. Ces colorants, dont la plupart sont des
poisons, attaquent et ébranlent les santés les plus
robustes.

Les moyens les plus communs employés pour
colorer les vins sont, parmi les moins dangereux : les *baies d'hyèble*, les *baies de sureau* (sam-
bucus niger), que l'on mélange avec de l'alun,
ce qui rend les liquides purgatifs. Les *baies des
raisins d'Amérique* (Phytolacca), qui communiquent au vin un goût désagréable. Les *baies de
Troène*; les *baies de myrtilles ;* les *baies de framboises ;* le *suc de betterave ;* la *cochenille,* sont les
moyens usités par les propriétaires. Mais le négociant, tel que les grands fabricants de Bercy,
se sert de la décoction du *bois de campêche* avec
de l'alun; le *Fernambouc ;* la *fuchsine,* qui donne
une belle couleur, mais tous trois sont des poisons lents.

Moyens de les reconnaître. — Il existe peu
de moyens sur le recours de la chimie pour reconnaître les vins artificiellement colorés. Toutefois, voici l'un des seuls qui soit à la portée de
tout le monde.

Procédé. — Formule 1032. — Dissoudre dans
un verre de vin un morceau de soude; s'il ne se
forme pas de dépôt et si le vin prend une teinte
verdâtre il est indemne. Si, au contraire, il se produit un dépôt on doit en conclure que le vin est
fraudé. Si la couleur de ce dépôt est violacée, on
s'est servi de bois de sureau ou de mûres; si elle
est rouge, de jus de betteraves ou de bois de
Fernambouc; si elle est d'un rouge violacé, on a
usé du bois de campêche; enfin la couleur jaune
est due aux baies de phytolaque, la couleur bleu-
violet aux baies de Troène, et la couleur violet-
clair au tournesol.

Pour reconnaître la *fuchsine,* on met dans une
fiole de verre blanc d'une contenance d'environ
130 centimètres cubes, 50 grammes de vin sus-
pect et l'on y ajoute 10 grammes de sous-acétate
de plomb, puis 20 grammes d'alcool amylique;
s'il s'en sépare, apparaît incolore, cela prouve
que le vin n'a pas été coloré par la fuchsine; si,
au contraire, il se présente avec une teinte rouge,
c'est une preuve que le vin contient de la fuchsine.

COLORIS, *s. m.* — Se dit des fruits qui prennent de la couleur en mûrissant. Pour faire
prendre aux fruits un plus beau coloris, on les
dégarnit quelquefois des feuilles qui sont autour,
afin que le soleil les dore mieux en les frappant
plus vivement. Se dit aussi de la couleur des
fleurs, des sauces et des chaufroids; coloris du
décor.

COMBATTANT, *s. m.* All. *Kampfhahn.* — Se
dit d'une espèce de bécassine qui habite les côtes
de la mer du Nord, et dont la tête se garnit, à
une époque de l'année, de papilles rouges et
d'une collerette de plumes bigarrées; sa chair
est estimée et se traite culinairement comme
celle de la *bécassine*.

COMBRIÈRE, *s. f.* — Terme de pêche par lequel on désigne, dans la Méditerranée, un filet
pour prendre le thon et autres poissons de la
même grandeur.

COMBUGER, *v. a.* — Action de remplir d'eau
les futailles pour les imbiber avant de les employer.

COMESTIBLE, *s. m.* (*Comestibilis*). All. *Ess-
waaren;* angl. *comestible;* ital. *commestibile;* dont
l'étymologie vient de *cum,* avec, et *es,* radical du
verbe *edere, esse,* manger. — Substance alimentaire. Tous les produits de la nature bons à manger; champignons comestibles, fruits comestibles, etc. Marchand de comestibles, magasin de
comestibles; là où il y a tous les produits nécessaires à la nourriture de l'homme.

COMESTOR, *s. m.* (*Gâteau*). — Ce gâteau a
été créé à Troyes, en 1888, par Albert Coquin,
confiseur-pâtissier de cette ville.

Formule 1033. — Employer :

Sucre en poudre	grammes	350
Amandes blanchies	—	250
Angélique	—	100
Beurre fin manié	—	100
Arrow-root	—	90
Œufs frais	nombre	4
Crème double	décilitre	1
Vanille et kirsch		

Procédé. — Piler les amandes au mortier, avec les œufs, la crème, la vanille, le sucre, y ajouter l'angélique hachée et l'arrow-root, le beurre et le kirsch. Homogénéiser le tout. Beurrer grassement les parois d'un moule de fer-blanc carré-long, haut de 4 à 5 centimètres, le sabler d'amandes effilées qui s'attacheront au beurre; garnir le moule de l'appareil et cuire à four modéré. Une fois cuit et refroidi, l'abricoter et glacer avec une glace claire et transparente au kirsch, et semer dessus des pistaches effilées. (A. Coquin.)

COMÈTE, *s. m.* (*Gâteau de la*). — La pâtisserie, de même que les fabricants de vins mousseux qui gravent l'effigie de la comète sur leurs bouchons, a voulu apporter sa part de produits sacrifiés à cette planète.

Gâteau de la comète. — *Formule 1034.* — Employer :

Sucre en poudre	grammes	500
Noisettes	—	250
Beurre fondu	—	250
Farine fine	—	250
Œufs	nombre	15
Vieux rhum	décilitre	1

Procédé. — Piler les noisettes avec trois œufs entiers; travailler les 12 jaunes d'œufs avec le sucre en poudre; battre les blancs en neige. Lorsque les jaunes d'œufs sont parfaitement incorporés mousseux dans le sucre, on y ajoute les noisettes pilées, le rhum, la farine, et enfin les blancs d'œufs et le beurre. On doit, pour la réussite, ne pas écraser les blancs lorsqu'on les mélange en ayant soin de soulever la spatule du fond de la terrine en haut. On coule cette masse dans deux moules en forme d'étoile, on les fait cuire, on les glace et on les décore avec des fruits.

COMMERCY (*Produits de*). — Ville propre et bien bâtie, sise sur la rive gauche de la Meuse, à 291 kilomètres de Paris et 39 de Bar-le-Duc, renommée pour ses *Madeleines.*

COMON, *s. m.* (*Palma coccifira*). — Palmier commun dans l'île de Cayenne. On mange les jeunes pousses qu'on nomme *chou.* Le fruit, de la grosseur d'une prune, renferme un noyau dont l'amande a quelque analogie avec la fève de cacao.

COMPIÈGNE (*Produits de*). — Ville française, sise sur la rive gauche de l'Oise, à 84 kilomètres

de Paris, renommée pour son petit fromage, qui a une certaine analogie avec le Brie; sa croûte rougeâtre et un peu gluante renferme une pâte blanche, onctueuse et fine, dont la saveur est fort agréable, malgré sa légère pointe d'amertume. On lui doit aussi le gâteau dont la formule suit :

Gâteau de Compiègne. — *Formule 1035.* — Employer :

Sucre en poudre	grammes	100
Levure de bière	—	125
Farine	—	500
Beurre frais	—	500
Œufs frais	nombre	15
Une pincée de sel.		

Procédé. — Former le levain avec 125 grammes de farine fine et la levure de bière, laisser lever; faire la pâte avec le restant de la farine, le sel, le sucre et trois œufs entiers. On laisse reposer un instant, puis on ajoute quinze jaunes d'œufs, le beurre, le levain, et on pétrit le tout ensemble. On met cette pâte dans un des moules à biscuit de Savoie, on laisse lever et on cuit dans un four moyen.

Ce gâteau peut être servi au sirop ou glacé au kirsch, mais ceci étant une affaire de goût, je n'insisterai pas.

COMPOTE, *s. f.* All. *Compot;* angl. *stew;* étymologiquement du mot latin *compositus*, composé. — Fruits secs, ou frais, cuits avec cannelle, zeste de citron, sucre et clous de girofle. Plus les fruits sont acides, moins il faut du sucre. Lorsque les fruits sont très mûrs et tendres, on prépare le sirop aromatisé d'avance et on jette les fruits dans le sirop, et on retire au premier bouillon.

Les compotes sont traitées à chacun des noms des fruits mentionnés dans cet ouvrage.

HYGIÈNE. — Les compotes sont les aliments les mieux appropriés pour les convalescents, les enfants et les vieillards, qui demandent un régime anodin. Les différents fruits *acides, sucrés, farineux, huileux* et *astringents*, qui, en compote, conservent toutes leurs propriétés, permettent justement l'application d'un régime agréable et ne sont jamais repoussés ni par le malade, ni par l'enfant.

Les compotes doivent être mangées fraîches, c'est-à-dire dans les deux jours qui suivent leur cuisson.

CONCENTRÉ, *adj.* All. *verdichtet;* angl. *concentrated;* ital. *concentrare.* — Etat d'un liquide dont on a chassé, par évaporation, toutes les parties aqueuses. Concentrer dans le milieu, enfermer dans une boîte une substance quelconque. Concentrer sous un petit volume.

CONCERT, *s. m.* (*Influence du*). All. *Concert;* angl. *concert;* ital. *concerto.* — Nul n'ignore combien les accords d'une bonne musique ont d'influence sur l'esprit et comme le calme s'établit facilement dans toute l'organisation, quand cette distraction occupe les sens. Une observation attentive des conditions favorables à la digestion n'a pas tardé à démontrer son influence marquée. Aussi, un concert pendant le dessert d'un dîner ou immédiatement après, favorise plus la digestion que tous les stimulants inventés jusqu'à ce jour. Je n'hésite donc pas à déclarer le *concert* comme le meilleur et le plus agréable agent de la digestion.

CONCEVRIBE. — Arbre de la Guyane, appelé *oubarouna* au Brésil. Il porte une semence semblable au raisin, enveloppée d'une pulpe blanche, douce et bonne à manger.

CONCHY, *s. m.* (*Vin de*). — Béarn (Basses-Pyrénées). On récolte un vin blanc de troisième classe.

CONCHYLIFÈRE, *adj.* All. *Muschelthiere;* angl. *conchifere,* dont l'étymologie est formée de deux mots latins : *concha,* coque, et *ferre,* porter. — En terme d'histoire naturelle, qui porte une coquille à deux valves.

CONCHYLIOLOGIE, *s. f.* All. *Lehre der Muschelthiere;* angl. *conchyliology.* — Terme d'histoire naturelle désignant le traité d'histoire des coquillages, dont une partie a été éclaircie par le conchyliologiste Debegenville, vers le commencement du dix-huitième siècle.

CONCOMBRE, *s. m.* (*Cucumis sativus*). — All. *Kurkummer;* angl. *cucumber;* flam. et holl. *komkommer;* dan. *Agurken;* esp. *cohombro;* port. *pepino.* — Plante de la famille des *cucurbitacées,* originaire d'Orient.

On distingue le *C. brodé de Russie* (voir AGOUR. CI); le *C. blanc de Russie;* le *C. blanc hâtif;* le *C. blanc long* de Bonneuil; le *C. jaune hâtif* de Hollande; le *C. vert long;* le *vert long anglais;* le *C. Duke of Bedford;* le *C. bleu gown;* le *C. Hamilton's;* le *C. marquis of Lorne;* le *C. tender and*

true; le *C. long gun;* le *C. duke of Edinburgh Manchester prize;* le *C. Bedfordshire ridge cucumber;* le *C. Gladiator;* le *C. Pike's defiance;* le *C. Rollisson's telegraph;* le *C. vert Goliath;* le *C. vert de Toscane;* enfin le *C. extra-long white spine* et le *C. Quedlimbourg.*

Fig. 368. — Concombre blanc de Russie.

On cultive plus particulièrement en France pour les cornichons (voir ce mot) le *C. long de Chine;* le *C. vert d'Athènes;* le *C. à cornichon de Paris.* En Amérique, on distingue surtout le *C. de Russie* et *C. Boston pickling.* Dans l'Inde, on cultive le *C. serpent.*

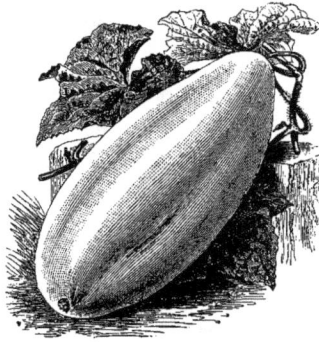

Fig. 369. — Concombre blanc de Bonneuil.

Aux Antilles et à la Jamaïque, on préfère le concombre dont la figure suit. Du nord au centre de l'Afrique, on cultive le *C. des prophètes,* à tige rampante et à fruits pendant en forme de melon. Enfin le *cucumis myriocarpus,* qui produit un fruit comme la groseille à maquereau. (Voir LAGENARIO et PEPPO.)

HYGIÈNE.— La chair du concombre est aqueuse et fade, elle rafraîchit et calme la soif; elle a des propriétés légèrement narcotiques. Mangé cru, lorsqu'il fait chaud, il est lourd, froid, indigeste, et partant dangereux, surtout en temps d'épidémie cholérique.

USAGE CULINAIRE. — Les propriétés nuisibles du concombre peuvent être modifiées par le traitement culinaire qui, en le condimentant avant la cuisson, le rend plus chaud et d'une digestion plus facile, et ses propriétés naturelles s'effacent devant la puissance de l'assimilation des condiments et du feu.

Fig. 370. — Concombre de Quedlimbourg.

Le concombre est, surtout au Nord, d'une grande ressource alimentaire et les cuisiniers, qui savent tirer avantage de tout, ont adroitement utilisé ce cucurbitacé pour garniture, entremets ou potage.

Potage de concombres aux petits pois. — *Formule 1036.* — Oter les pépins d'un concombre à l'aide d'une cuillère à légume; le tailler en petites lames; les faire blanchir; les

Fig. 371. — Concombre vert d'Athènes.

faire égoutter et les faire cuire dans un bon jus de veau réduit; les sortir à l'aide d'une écumoire, les déposer dans une soupière avec des petits pois; le consommé étant préparé dans la règle, on le verse bouillant sur les concombres et les petits pois.

Potage de concombres farcis. — *Formule 1037.* — Vider en tube des petits concombres, les éplucher, les faire blanchir et les égoutter. A l'état froid, les farcir de farce à quenelles de volaille, à l'aide d'une poche douillée; les faire braiser au jus dans un sautoir recouvert de papier. Les trancher de façon à obtenir de petits anneaux de six lignes de hauteur; les déposer à mesure dans la soupière sans les défaçonner; au moment de servir, verser dessus un consommé bouillant en y ajoutant du cerfeuil et des ciboules émincées.

Fig. 372. — Concombre long de Chine.

Concombres farcis (*Cuis. silésienne*). — *Formule 1038.* — Couper les deux extrémités pointues du concombre, les éplucher et les vider à l'aide d'un coupe-pâte ou d'une cuillère à légume; les faire blanchir trois minutes à l'eau bouillante; les garnir d'une farce de viandes hachées condimentées d'oignons, passés à la poêle, de ciboule, de noix muscade râpée, de poivre, de clous de girofle en poudre et d'une pointe de *paprika.* Les déposer dans un sautoir beurré, recouvert d'un papier également beurré, les arroser souvent avec du bouillon ou du jus réduit. On les accompagne d'une sauce au vin de Madère, ou aux fines herbes ou à l'italienne.

Fig. 373. — Concombre serpent d'Inde.

Concombre à la grecque (*Cuis. de restaurant*). — *Formule 1039.* — Préparer un pilaff de foies de volaille; vider les concombres par l'une des extrémités et les farcir avec ce pilaff. Faire revenir ces concombres à l'huile; mettre un peu de bon fond, ajouter le jus de plusieurs citrons, de manière à ce que ce soit très acidulé. Couvrir et laisser cuire très doucement.

Dresser les concombres sur un plat, verser le fond dessus et servir.

On peut aussi servir les concombres à la grecque, froids et dans leur fond. (L. MOURIER, chef des cuisines des restaurants Paillard.)

Ragoût de concombres *(Entremets)*. — *Formule 1040*. — Lorsqu'on a épluché et vidé les concombres dans la règle, on leur fait subir un bouillon dans l'eau salée, on les égoutte, on les taille en quartiers, en losanges ou en petits dés, selon le goût des convives ; on les saute avec du beurre frais dans la poêle, on les met dans une sauce tomate, sauce aux fines herbes, sauce italienne, sauce espagnole, ou dans une sauce allemande, veloutée ou suprême, comme on le désire, et on laisse achever la cuisson dans la sauce.

Remarque. — Lorsque ces ragoûts sont destinés à servir de garniture, la sauce doit être blanche et comporter des champignons. Cette garniture s'applique à certains poissons bouillis et à quelques viandes blanches.

On les sert également à la *Béchamelle*, ou frits dans une pâte à beignets.

Salade de concombres. — *Formule 1041*. — A cet effet, on choisit des concombres qui ne sont pas encore arrivés à leur complète maturité ; on

Fig. 374. — Concombre des Antilles.

les vide et on rejette ceux qui sont amers. On les coupe par tranches minces transversalement, on les sale, on les poivre et on les pose sur un tamis pour laisser couler l'eau qui s'en échappe ; on les presse dans un linge, s'il est nécessaire, on les assaisonne encore une fois en y ajoutant l'huile, le vinaigre et les fines herbes.

Conserve de concombres. — *Formule 1042*. — On doit les cueillir verts, pour les fendre longitudinalement ; en supprimer les graines aqueuses et les mettre dans un pot de grès avec du sel, du vinaigre, de l'estragon, du poivre en grains et un oignon clouté. Ils se conservent ainsi pendant quelques mois ; lorsqu'on désire s'en servir, on doit les laisser tremper dans l'eau tiède pour les dessaler. (Voir CORNICHON.)

CONCOURS CULINAIRES. — Il n'est pas sans intérêt de préciser à quelles époques se firent les premiers *concours culinaires*, et quels en furent les instigateurs.

La première exposition, ou concours culinaire, eut lieu à Francfort-sur-le-Mein, en 1878, à la suite d'un appel lancé à toutes les sociétés culinaires d'Europe par J. Favre, le principal promoteur.

Jules Cerf et Emile Lips, cuisiniers autorisés, artistes de talent, tous deux alors à Francfort, mirent en pratique les théories de leur ami, et firent alors cette première exposition qui eut un retentissement universel ; elle avait pour commissaire général Emile Lips, restaurateur du Jardin zoologique, et pour président, Drexel, propriétaire de l'hôtel de Russie, à Francfort. (Voir ÉCOLE DE CUISINE.)

Cet exemple fut suivi à New-York, par la Société des cuisiniers français, sous l'instigation de Fernand Fère, et à Berlin par les cuisiniers allemands.

En France, la première exposition culinaire eut lieu à Paris, le 13 août 1882, sous la direction de Joseph Favre, avec le concours de MM. Kannengieser, E. Genin et L. Hanni. Ce fut alors que M. Berte offrit à l'Union universelle le drapeau aux couleurs sidérales reçu par M. Joseph Favre.

Le succès enthousiaste de cette exposition a ouvert la série des concours culinaires qui se sont succédé depuis lors.

Le deuxième concours eut lieu quatre mois plus tard, c'est-à-dire le 14 décembre 1882. Il fut organisé par la *section de Paris* de « l'Union universelle pour le progrès de l'art culinaire », sous la présidence de M. Marius Berte.

Le troisième fut organisé par l'*Académie de cuisine*, sous la présidence de Corentin Pacos ; il forma une section spéciale à l'exposition alimentaire qui s'ouvrit le 5 mai 1883.

Depuis cette époque, il s'est fait une série de concours culinaires, comportant surtout des pièces froides. Celui qui a lieu au moment où j'écris (1890) est organisé avec le concours de toutes les sociétés culinaires de Paris, et a pour président M. Bérenger, pour commissaire général M. A. Suzanne et secrétaire M. A. Ozanne. (C. D.)

CONCRET. — Qui est solidifié. Substance réduite à l'état solide.

CONDÉ. — Les cuisiniers des princes de Condé ont fait à leurs maîtres tous les honneurs qu'ils pouvaient mériter en perpétuant leur souvenir par des mets de premier choix.

Il eût été plus juste que ces mets portassent les noms du *grand Vatel*, cuisinier du non moins *grand Condé*, pour lequel il est mort.

Filet de bœuf à la Condé. — *Formule 1043.* — Lorsque le filet de bœuf est piqué dans la règle, on le fait braiser très tendre; d'autre part, on prépare un ragoût de lapereau au vin blanc sec, dans lequel on a ajouté des fines herbes hachées et des pointes d'asperges. On dresse le filet en le garnissant du ragoût à la Condé.

Potage à la Condé. — *Formule 1044.* — Faire un appareil mirepoix, ajouter dans la casserole des haricots rouges et faire cuire avec du bouillon; passer le tout au tamis; y ajouter du vin rouge, de la demi-glace et du piment; ajouter du consommé à cette purée et des croûtons au moment de servir.

Abricots à la Condé (*Recette originale*). — — *Formule 1045.* — Employer :

Farine de maïs.	grammes	400
Sucre.	—	200
Abricots.	nombre	15
Crème fraîche.	litre	1
Œufs.	nombre	3
De la mie de pain, un grain de sel.		
De la friture fraîche.		

Procédé. — Fendre les abricots en deux pour en retirer les noyaux; les cuire en compote. D'autre part, mettre sur le feu les deux tiers de la crème, le sucre, le sel, la gousse de vanille et faire bouillir; ajouter alors la farine de maïs et tourner avec une spatule pour en faire une pâte ferme; retirer la spatule, couvercler la casserole et faire cuire pendant vingt minutes dans un four doux et sur les cendres chaudes. Le maïs étant cuit, on en retire un tiers dans lequel on incorpore les trois jaunes d'œufs; puis, avec cette pâte, on forme des croquettes de la grosseur de petits œufs de poule, que l'on aplatit avec la lame d'un couteau à une épaisseur de 2 centimètres.

Emousser les blancs d'œufs, paner les croquettes à la mie de pain blanc. Détendre le restant de pâte de maïs avec la crème restée pour en faire un appareil. Faire frire les croquettes et les sucrer chaudes.

Dresser au fond du plat une couronne de marmelade d'abricots ferme, sur laquelle on met deux rangées d'abricots; dresser, en chevauchant, les croquettes autour de la couronne, remplir l'appareil et servir chaud.

Remarque. — La couronne doit être petite pour laisser la place aux croquettes. On peut également former avec le maïs la couronne et dresser les abricots dans le puits de l'appareil et sur la couronne. Les pêches se traitent de la même manière.

Riz à la Condé, B. — *Formule 1046.* — Employer :

Riz.	grammes	300
Sucre en poudre.	—	125
Abricots.	nombre	20
Eau de noyau.	décilitre	1
Sirop à 30 degrés.	—	2
Amandes.	nombre	15
Crème fraîche.	litre	1
Une pincée de sel.		

Procédé. — Cuire les abricots en compote, ainsi que, d'autre part, la crème et le riz salé. Lorsque le tout est cuit, on met le riz en couronnes dans des moules que l'on renverse sur des plats ronds; on garnit la partie superficielle de ces couronnes de riz, d'un turban d'abricots, de cerises rouges, d'amandes, de raisins de Malaga, d'angélique, et on remplit le puits de marmelade d'abricots; on fait chauffer le sirop avec l'eau de noyaux, saucer et servir chaud.

Riz à la Condé, C. — *Formule 1047.* — Cuire le riz au sucre et à la vanille, ou à tout autre aromate; le mouler dans des moules à gâteau breton, c'est-à-dire de manière à obtenir des gradins en forme de pyramides. Dresser des fruits sur ces gradins de riz, en alternant les couleurs; décorer ces fruits avec de l'angélique et des amandes douces; saucer avec un sirop à 30 degrés et servir à part, dans une saucière, une sauce à la purée d'abricots.

Riz à la Condé, D. — *Formule 1048.* — On imite, avec le riz cuit dans la règle des fruits quelconques et dans le centre desquels on a eu soin d'introduire de la marmelade d'abricots; on passe ces fruits imités dans un appareil anglais, puis dans la chapelure, et on les fait frire. Lorsque les fruits sont petits, on imite les queues avec de l'angélique coupée en filet.

On peut ainsi faire de fort jolis entremets, un ananas par exemple; lorsque l'on a un moule à charnières, on nappe les deux coques d'une forte couche de riz, on met au centre la marmelade, on colle bien les parties qui s'adaptent et on ferme le moule préalablement beurré.

Démouler et dresser sur un plat, garnir la partie supérieure et saucer la base d'un sirop à la purée d'abricots.

Gâteau à la Condé. — *Formule 1049.* — Préparer un gâteau d'amandes (voir ce mot), en y ajoutant du zeste de citron; coucher sur le gâteau l'appareil à Condé, de l'épaisseur d'un demi-centimètre; glacer à la glace de sucre et le mettre un instant dans un four tiède.

Appareil à Condé. — *Formule 1050.* — Employer :

Amandes mondées et hachées... grammes		250
Sucre en poudre..........	—	200
Glace de sucre en poudre.....	—	100

Procédé. — Mettre le sucre et les amandes dans une terrine, et mouiller avec des œufs entiers en remuant de façon à en faire un appareil qui puisse s'étendre. On aromatise à la vanille, au rhum, au marasquin, etc.

Tartelettes d'abricots à la Condé (*Pâtisserie*). — *Formule 1051.* — Beurrer des moules à tartelettes, les foncer avec de la pâte brisée et abaissée à 4 millimètres d'épaisseur; mettre dans le centre une cuillerée à café de marmelade d'abricots en unissant superficiellement; recouvrir cette marmelade d'un appareil à la Condé et faire cuire dans un four moyen. On ne doit remplir les tartelettes qu'aux trois quarts.

Bâtons à la Condé (*Pâtisserie*). — *Formule 1052.* — Préparer avec des rognures de pâte brisée ou de feuilletage une bande large de 10 centimètres, sur laquelle on étend l'appareil à la Condé; couper par bâtons et cuire au four moyen.

Remarque. — Lorsqu'on se sert de pâte à feuilletage, on abaisse deux bandes d'une égale grandeur; on couvre la première de marmelade d'abricots, sur laquelle on place l'autre bande d'abaisse, que l'on masque avec l'appareil à la Condé. On cuit au four chaud dessous et on coupe par bâtons.

Corbeille de riz à la Condé. — (Voir COR-BEILLE).

CONDIMENT, *s. m.* (*Condimentum*). All. *Wurzestoff;* angl. *condiment;* ital. *condimente.* — Substance qui s'ajoute comme assaisonnement aux aliments composés, pour les aromatiser, les adoucir, les aciduler, les saler ou les graisser.

Les condiments sont le plus précieux arsenal du cuisinier savant; là il trouve toutes les armes de précision dont il a besoin, il n'a qu'à les choisir pour les appliquer aux aliments rebelles à la digestion, à la tendreté, à la saveur. Par le condiment, l'aliment âcre devient doux, le fade aromatique, l'acide sucré et l'indigeste facile à élaborer; par lui enfin, l'aliment naturel sans propriétés nutritives acquiert les richesses nécessaires à l'entretien de l'économie. C'est une puissance que la *cuisine scientifique* saura utiliser dosimétriquement selon les besoins de l'individu, de façon à trouver dans l'alimentation un régime approprié pour maintenir la santé et la longévité dont le moyen se trouve dans l'art de manger.

En effet, il n'est pas indifférent de composer ses repas d'aliments peu ou point relevés par les condiments? Ces agents ne sont pas seulement destinés à développer ou à produire la sapidité des mets, ils ont une action très puissante sur l'état dynamique de l'estomac : ils excitent l'appétit, sollicitent les sécrétions salivaires et gastriques, rendent assimilables des aliments qui ne le seraient pas, mais l'abus de condiments acides détermine dans la muqueuse même de l'estomac les plus terribles inflammations. On sait par Hippocrate, qui haïssait moins les cuisiniers que les doctes modernes, que la manière de faire digérer les aliments les plus lourds, en y ajoutant certains condiments aromatiques, était déjà pratiquée par les Orientaux et les Grecs.

Jusqu'à ce jour les condiments n'ayant pas été classés pour l'usage alimentaire et étant complètement abandonnés, même ignorés par certains cuisiniers, un classement complet était devenu indispensable dans l'intérêt de la santé publique et de l'art culinaire. (Voir pour la nomenclature les *Tableaux synoptiques* de chaque volume.)

CONDRIEUX, *s. p.* (*Vin de*). — On récolte dans le pays de ce nom (Rhône) un vin blanc doux de deuxième classe, qui d'ordinaire se sert à l'entremets.

CONE DORÉ. — Champignon très commun dans les bois des environs de Paris; d'une saveur fade, sans odeur et d'un goût aqueux. On en distingue quatre variétés : le *cône doré*, le *petit cône*, le *melon aurore* et l'*aiguille rouge*.

CONESTRALLO, *s. m. (Fromage de).* — Petit fromage de Sicile, qui ne s'emploie guère qu'en cuisine, il est de couleur brune, d'une saveur forte et extrêmement salé. On peut cependant le trouver à Paris, chez les épiciers italiens, au prix de 2 fr. 50 à 3 francs.

CONFIRE, *v. a.* All. *Einmachen;* angl. *to preserve;* ital. *confettare;* esp. *confitar;* port. *confeitar;* de *conficere*, qui signifie achever, digérer et *facere*, faire. — Terme générique des substances végétales subissant l'imprégnation du sucre ou du vinaigre pour les conserver. Action par laquelle on confit. Confire une viande, un poisson, le saler, le boucaner.

CONFISERIE, *s. f.* All. *Zuckerbæckerei;* angl. *swweet meats, confectionery;* ital. *l'arte del confettare.* — Laboratoire ou magasins de confiseur. Substances confites.

Il est sans doute intéressant de mettre sous les yeux du lecteur l'ordonnance de police du 21 mai 1885, concernant les couleurs interdites.

Nous, Préfet de police, ordonnons :

ARTICLE PREMIER.

Il est expressément défendu aux confiseurs, distillateurs, épiciers et à tous marchands en général, d'employer pour colorier les bonbons, pastillages, dragées, liqueurs et substances alimentaires quelconques, aucune des couleurs ci-dessous désignées :

Couleurs minérales.

Composés de cuivre. — Cendres bleues, bleu de montagne.

Composés de plomb. — Massicot, minium, mine orange; oxychlorure de plomb; jaune de Cassel; jaune de Turner; jaune de Paris. — Carbonate de plomb. — Blanc de plomb; céruse, blanc d'argent. — Antimoniate de plomb. — Jaune de Naples. — Sulfate de plomb. — Chromate de plomb. — Jaune de chrome, jaune de Cologne.

Chromate de baryte. — Outremer jaune.

Composés de l'arsenic. — Arsénite de cuivre, vert de Scheele, vert de Schweinfurt.

Sulfure de *mercure.* — Vermillon.

Couleurs organiques.

Gomme-gutte. — Aconit napel.

Matières colorantes dérivées de l'aniline et de ses homologues, telles que fuchsine, bleu de Lyon, flavaniline, bleu de méthyline.

Phtaléines et leurs dérivés substitués.

Eosine, erythrosine.

Matières colorantes renfermant au nombre de leurs éléments la vapeur nitreuse, telles que jaune de naphtol, jaune Victoria.

Matières colorantes préparées à l'aide de composés diazoïques, telles que tropéolines, rouges de xylidine.

ART. 2.

Il est interdit aux fabricants, ainsi qu'à tous marchands en général, de vendre et de mettre en vente des bonbons, pastillages, dragées, liqueurs et substances alimentaires quelconques, coloriés à l'aide des couleurs susmentionnées.

Il est également interdit d'employer, pour envelopper les substances alimentaires, des papiers coloriés au moyen de ces couleurs, et de mettre en vente des substances alimentaires ainsi enveloppées.

ART. 3.

Les ordonnances de police des 8 juin 1881 et 3 juillet 1883 sont rapportées.

L'ordonnance de police du 15 juin 1862 est maintenue dans celles de ses dispositions qui ne sont pas contraires à la présente ordonnance.

ART. 4.

Les contraventions seront poursuivies conformément à la loi devant les tribunaux compétents.

ART. 5.

Le chef de la police municipale, les commissaires de Paris, les maires et commissaires de police des communes du ressort de la Préfecture de police, le chef du laboratoire de chimie et les autres préposés de la Préfecture de police sont chargés, chacun en ce qui le concerne, de l'exécution de la présente ordonnance, qui sera imprimée, publiée et affichée.

CONFISEUR, EUSE, *s. m.* et *f.* All. *Zuckerbæcker;* angl. *confectionen;* ital. *confettatore.* — Celui, celle qui fait et vend des fruits confits, des substances confites, des sucreries à mille noms divers, ce qui a fait dire à Béranger :

Je fus bercé par des faiseurs
De vers, de chansons, de poèmes;
Ils sont comme les confiseurs,
Partisans de tous les baptêmes.

CONFITURE, *s. f.* All. *Eingemachtes;* angl. *preserved fruit;* ital. *confetture.* — Nom que l'on donne aux fruits cuits avec du sucre ou du miel pour les conserver et leur donner un goût plus agréable. De la confiture d'abricots, de la confiture de cerises, et non *des confitures* d'abricots, etc.

Les confitures sont les fruits cuits avec des condiments aromatiques, ce qu'il ne faut pas confondre avec *marmelade* ou *gelée* (voir ces mots), la marmelade étant une purée et la seconde le jus du fruit coagulé et transparent. Il y a trois sortes de confitures :

LA CONFITURE SÈCHE, faite avec les écorces des gros fruits;

LA CONFITURE DE PULPE, faite avec la pulpe des fruits épluchés;

LA CONFITURE DE BAIES, dans laquelle on conserve la peau; dans ce genre sont les confitures de cerises, de raisins, de prunes, de groseilles, etc.

Les fruits que l'on veut confire se cueillent généralement avant leur parfaite maturité.

Procédé général. — Formule 1053. — Pour tous les fruits, il est de première nécessité de faire réduire dans la bassine le fruit que l'on veut utiliser. Quand le suc est réduit sans qu'il se soit attaché, on y ajoute 1 kilogramme de sucre concassé par litre de jus de fruit cuit; selon la douceur, ou l'acidité du fruit, on modifie la quantité par 100 grammes de sucre en plus ou en moins. Si elles ne sont pas assez sucrées, elles se tournent; si elles le sont trop, elles se candissent; mais la proportion générale est celle plus haut mentionnée. (Pour les appareils voir EGROT et CUISINE.) Après l'adjonction du sucre, on fait réduire encore un instant la confiture en remuant constamment en appuyant au fond pour éviter qu'elle s'attache; lorsqu'elle prend une consistance homogène et ferme, on la retire du feu et on la laisse étuver; lorsqu'elle est froide, on la met dans des pots de verre ou autres, que l'on recouvre de papier imprégné de cognac, sur lequel, et sans qu'il le touche, on ficelle un parchemin mouillé.

Confiture de betterave. — *Formule 1054.* — Faire cuire des betteraves jaunes, à sucre, coupées par morceaux en les submergeant d'eau. Lorsqu'elles sont cuites, y ajouter des zestes de citron, quelques écorces d'oranges hachées et 1 kilo de sucre par litre de bette. Faire réduire en remuant et terminer selon l'usage.

Confiture sans sucre. — *Formule 1055.* — Faire réduire d'un tiers, dans une bassine, du moût de raisin blanc ou noir; ajouter les fruits (n'importe lesquels) préalablement blanchis et épluchés et faire cuire en remuant jusqu'à parfaite réduction. On termine selon la règle.

Les confitures étant traitées à chacun des mots respectifs, je prie le lecteur de s'y reporter.

CONFRIGUER, *v. a. (Confricare).* Ital. *confricare,* de *cum,* avec et *fricare,* frotter. — Terme de cuisine. Action de réduire en poudre, par le frottement entre les deux mains, les substances séchées. Presser avec les mains et les doigts des fruits contenus dans un linge pour en faire sortir le jus.

Confrigation, état des substances confriguées.

CONGE, *s. m.* — Bassine de cuivre dans laquelle les confiseurs font cuire le sucre.

CONGELER, *v. a. (Congelare).* All. *Zum Gefrieren bringen;* angl. *to congeal;* ital. *congelare,* de *cum,* avec, et *gelare,* geler. — Action par laquelle on fait passer une substance à l'état de *congélation.* Un jus, un bouillon *congelé;* un sirop congelable, qui peut se convertir en gelée. La groseille a des propriétés congélatives très prononcées et qu'il faut éviter dans le sirop.

CONGO, *s. m. (Thé du).* — Ce thé, du nom du pays où on le récolte, est de bonne qualité, mais inférieur au thé de *Péko.*

CONGRE, *s. m. (Murœna conger).* All. *Meeraal;* angl. *congereel;* ital. *grongo.* — Poisson de la Méditerranée, appelée aussi *anguille de mer,* ou vulgairement *serpent de mer.* On en distingue plusieurs variétés; le *congre* est le type le plus parfait de l'anguille. Il lui ressemble d'ailleurs tant par sa forme que par la disposition générale de ses nageoires, à l'exception de certains détails d'anatomie et de sa taille prodigieuse qui atteint jusqu'à 3 mètres de longueur. Sa chair feuilletée, blanche, est garnie de petites arêtes en forme de fil; peu succulente, elle sert aux restaurateurs de sixième ordre qui la font passer pour d'autres poissons. On le trouve invariablement dans les petites voitures qui circulent dans la capitale.

Il est sans doute intéressant d'en connaître la composition chimique:

Analyse chimique. — On a trouvé sur 100 parties:

Matières grasses.	8.02
Eau	79.62
Substances azotées	3.25
Matières ligneuses	9.11
	100.00

Ce poisson, pour qu'il soit bon, doit être préparé avec une sauce relevée.

CONSERVE ALIMENTAIRE, All. *Conserve;* angl. *conserve;* ital. *conservare,* de *cum* et *servare,* conserver. — Un des plus grands problèmes de la science économique à résoudre est sans doute les moyens à employer pour conserver les substances alimentaires avec le moins d'altération possible.

Le plus ancien, le plus primitif des moyens

de conservation est la dessiccation au soleil. Le *couscous* en pain fut l'une des premières conserves des peuples d'Orient.

Les grains, les fruits secs et la chair des animaux, d'abord séchée, puis fumée, furent pendant de longs siècles les seuls moyens de conservation connus. Sur quelques côtes des mers, on avait cependant déjà conservé par la salaison, et ce mode s'est perpétué jusqu'à nous.

Plus tard, on a commencé par la *coction* et la *graisse*, mais notre siècle est celui qui, sous ce rapport, a fait le plus de progrès.

Les moyens les plus usuels de conservation sont : la *dessiccation* des fruits, des végétaux et des viandes; le *boucanage;* la *cuisson* des fruits mis dans de *l'alcool;* la *réduction* des sucs des viandes et des fruits, tels que pains, tablettes, etc.; les *confitures*, les *marmelades* et les *gelées;* la *salaison* des viandes, des poissons, des végétaux et du beurre; les *confiseries* par le sucre, le vinaigre et les alcools; les *gelées*, les *graisses* et les *huiles* interceptant l'air; enfin la meilleure méthode, celle d'Appert, qui est l'ébullition des boîtes contenant les substances alimentaires; la *pression* et la *réfrigération* sont les moyens de conservation connus de nos jours.

RÉFRIGÉRATION. — Depuis quelque temps on nous a dotés de viandes gelées qui, mises en Amérique dans les réfrigérants des bateaux à vapeur, arrivent à Paris dans l'état de congélation. Cette viande, outre les dangers qu'elle présente par l'absence de contrôle sur l'animal ou la viande abattue, a l'inconvénient de ne pas se conserver; d'être privée de sang et de suc, qui étant dégelés remplissent les cellules ou tissus d'une eau insipide et désagréable.

Pour se servir de cette viande, on la fait préalablement dégeler en lieu tempéré ou dans l'eau chaude. Elle ne se conserve plus après être dégelée, on doit par conséquent la cuire aussitôt. Pour le système du *boucanage*, voir BŒUF FUMÉ.

Système Appert (*Procédé général*). — *Formule 1056.* — Faire cuire ou blanchir la viande, le légume ou le fruit; le mettre dans un flacon bouché et ficelé, le placer dans une marmite avec eau chaude ou froide, et le soumettre à l'ébullition pendant un temps variable de 10 à 30 minutes, selon le genre. Lorsque l'organisation le permet, on met les boîtes ou les flacons dans une armoire à vapeur et on ouvre progressivement le robinet. (Voir *Cuisine à vapeur* et *Distillation*.)

SUCS DE FRUITS CONSERVÉS. — En général, les confiseurs préparent un mélange de sucs de fruits pour la conservation en bouteilles.

Suc de groseilles conservé. — *Formule 1057.* — Mélanger les sucs des fruits suivants, après les avoir obtenus séparément.

Suc de groseilles acides cueillies du jour. kilogr.	10
Suc de cerises aigres. . . . . —	2
Suc de merises noires . . . . —	2
Suc de framboises . . . . —	1

Mélanger les sucs, les mettre en bouteilles, boucher et ficeler, et les soumettre 10 minutes à l'ébullition au bain-marie.

Suc de framboises conservé. — *Formule 1058.* — Employer :

Suc de framboises . . . . kilogr.	10
Suc de groseilles. . . . . —	2
Suc de cerises aigres. . . . . . . —	2
Suc de merises noires. . . . . . . —	1

Procédé. — Mélanger les sucs, les mettre en bouteilles et boucher, ficeler et faire passer dix minutes à l'ébullition au bain-marie.

Jus de citron conservé. — *Formule 1059.* — Lever le zeste des citrons et en exprimer le jus dans un saladier, le laisser reposer une nuit, le décanter, le mettre en bouteilles et passer au bain-marie.

Remarque. — Pour les conserves des substances animales, voir chacun des mots les concernant.

CONSERVE, *s. f.* (*Confiserie*). — La conserve est une substance qui joue un grand rôle dans la confiserie pour la confection des bonbons et certains petits fours. On distingue quatre sortes de conserves : la grande *conserve mate ordinaire;* la petite *conserve;* la *conserve en gâteau* et la *conserve soufflée.* La conserve ordinaire sert à couler des personnages, animaux et objets dans des moules qui reproduisent tout ce que l'on désire.

Grande conserve mate, A. — *Formule 1060.* — Faire cuire du sucre dans le *poêlon Landry,* ou tout autre poêlon; l'azurer et le parfumer, à la couleur et au parfum que l'on veut, l'amener au *gros boulé,* y mettre une goutte d'acide citrique, retirer le poêlon et le mettre dans de l'eau froide; après un instant, on le retire et on éponge les parois intérieures du poêlon, et on *masse le sucre;* opération qui consiste à lisser le sucre avec la spatule contre la paroi du poêlon jusqu'à ce qu'il commence à blanchir. On le *sable* alors en donnant un coup de spatule dans tout le poêlon. Cette opération est des plus délicates; si on le sable trop, la conserve graine et ne coule plus si bien. On doit aussi couler immédiatement.

Lorsque l'on veut maintenir la conserve blanche, on peut y ajouter avec l'acide citrique une pincée d'alun; s'il y en avait trop, il ferait graisser le sucre.

Petite conserve, B. — *Formule 1061.* — On procède comme pour la conserve A, mais le sucre n'est cuit qu'au *petit boulé.* Cette conserve sert également à couler dans des moules en étain ou en plâtre. Lorsque les sujets sont secs, on ratisse les rognures et on les colorie avec une préparation composée de couleur et de gomme arabique.

Lorsqu'il s'agit de fruits, la conserve est coulée:

En blanc, pour les radis, asperges, navets, choux-fleurs;

En rose, pour les pommes nouvelles, radis, cerises, fraises;

En orange, pour les carottes, abricots, ananas, orange;

En vert clair, pour les cornichons, les prunes, les glands;

En violet, pour les pruneaux et les prunes de Damas.

Lorsqu'il s'agit de gros fruits:

Conserve soufflée. — *Formule 1062.* — On prépare d'abord l'appareil que voici: Fouetter dans une terrine un blanc d'œuf avec du sucre à glace, de façon à obtenir une pâte lisse, homogène et blanche; on acquerra ce dernier résultat en y ajoutant un peu de jus de citron et un petit verre d'alcool. Cet appareil (glace royale) servira à faire souffler le sucre. Faire fondre sur le feu 1 kilogramme de sucre, le conduire au *petit cassé;* le retirer du feu et le laisser reposer une minute, y ajouter l'appareil, ou glace royale, et remuer vivement avec la spatule contre les parois du poêlon et dans l'intérieur, ce qui fait monter le sucre. Lorsqu'il est retombé, il remonte une seconde fois, c'est alors qu'on doit l'employer en le coulant dans les moules. Inutile de dire que l'on représente toutes sortes de fruits, d'animaux, d'objets et personnages avec la conserve, que l'on colorie et aromatise à volonté.

CONSERVE EN GATEAUX. — Les conserves en gâteaux sont une espèce de confiture sèche faite avec du sucre et de la pâte de végétaux. Ces compositions comportent les propriétés des substances et joignent à cela la qualité du beau.

Procédé général. — *Formule 1063.* — Préparer 250 grammes de pulpe de fruit, ou feuilles, bourgeons sommités blanchies, réduites ou simplement passées au tamis, selon l'espèce. Faire cuire 1 kilogr. de sucre au *gros cassé* sans acide; y ajouter les fruits et remuer. Couler dans des caisses en papier et découper les gâteaux à l'état froid par tablettes et les envelopper si on le désire dans du papier. On obtient par cette méthode une source inépuisable de variétés aussi remarquables par leur goût que par leur propriétés.

Exemples:

Cerises en gâteau (*Conserve de*). — *Formule 1064.* — Employer:

Sucre blanc	kilogr.	1
Framboises	grammes	500
Cerises sans noyaux	—	125

Procédé. — Passer les fruits au tamis, après les avoir fait cuire dans une bassine d'argent ou de cuivre. Faire recuire la purée jusqu'à ce qu'elle soit réduite à 250 grammes. Cuire le sucre au *gros cassé* et y ajouter la purée. Remuer et couler dans des caisses en papier.

Framboises en gâteau (*Conserve de*). — *Formule 1065.* — Employer:

Sucre concassé	kilogr.	1,050
Framboises	grammes	500
Cerises	—	125

Procédé. — Faire cuire un instant les fruits dans une bassine, les passer au tamis de crin; remettre la purée dans la bassine et la faire réduire de moitié. D'autre part, faire cuire le sucre au *gros cassé,* l'ajouter dans la bassine et remuer jusqu'à ce qu'il blanchisse. Le couler.

Epine-Vinette en gâteau (*Conserve d'*). — *Formule 1066.* — Employer:

Sucre concassé	kilogr.	1
Epinette-vinette fraîche	grammes	750
Fenouil en poudre	—	30

Procédé. — Faire cuire un instant dans une bassine argentée le fruit bien mûr avec le fenouil; passer au tamis de crin et remettre la purée dans la bassine préalablement nettoyée et la faire réduire; y ajouter le sucre cuit au cassé et remuer en la faisant cuire au *petit cassé.* La retirer du feu et la remuer avec la spatule dans la bassine, et la couler dans des moules.

Quatre-fruits en gâteau (*Conserve des*). — *Formule 1067.* — Employer :

Sucre concassé	kilogr.	1.500
Groseilles	grammes	125
Framboises	—	125
Cerises	—	125
Fraises	—	125

Procédé. — Passer les fruits au tamis et mettre la purée dans une bassine argentée sur un feu doux et faire réduire à moitié de son volume en remuant avec la spatule. Ajouter le sucre cuit au cassé et faire redonner un bouillon en remuant toujours jusqu'à ce que le sucre boursoufle. Couler la conserve selon l'usage.

Fleurs d'oranger en gâteau (*Conserve de*). — *Formule 1068.* — Employer :

Fleurs d'oranger épluchées et fraîches.	gram.	250
Sucre blanc concassé	kilogr.	1

Procédé. — Faire cuire le sucre au *petit cassé*, y ajouter les fleurs et remuer vivement avec la spatule, lorsque l'appareil boursoufle on le coule dans des caisses de papier.

Violettes en gâteau (*Conserve de*). — *Formule 1069.* — Employer :

Violettes de mars épluchées	grammes	125
Sucre blanc	kilogr.	1

Procédé. — Piler les violettes dans le mortier; faire cuire le sucre au *petit cassé* et ajouter les violettes; remuer jusqu'à ce que la masse monte et couler dans des caisses en papier.

Maté en gâteau (*Conserve de*). — *Formule 1070.* — Employer :

Maté en poudre	grammes	250
Sucre blanc	kilogr.	1

Procédé. — Faire cuire le tout avec deux litres d'eau, le faire réduire au *petit cassé*, remuer hors du feu et couler.

Dans les pays ou la feuille des *Ilex* ou *Yerba Matte* est commune on peut l'employer fraîche : on la pile dans un mortier et on l'ajoute au sucre cuit au *gros cassé* dans une proportion de 300 grammes par kilo de sucre.

HYGIÈNE. — Ces gâteaux, dont je revendique la création, possèdent toutes les propriétés du *maté* (voir ce mot).

Remarque. — L'aperçu que je viens de donner suffira au confiseur intelligent pour faire des gâteaux de conserve avec n'importe quel fruit et quel aromate.

CONSOMMÉ, *s. m.* All. *Kraftbrühe;* angl. *gravy sup;* ital. *consumato.* — Bouillon réduit à l'état de gelée.

Dans la cuisine moderne le consommé est un bouillon riche en viande, auquel on ajoute de la viande hachée pour en doubler les forces nutritives (voir BOUILLON). On fait du consommé de volaille, de bœuf, de veau et de gibier. Par la gélatine animale, la fibrine et l'albumine végétale qu'il contient, le consommé doit se congeler lorsqu'il est froid. On doit le faire cuire cinq heures et, dans ce but, on ne le sale pas.

Consommé (*Procédé général*). — *Formule 1071.* — Préparer un bouillon (voir ce mot) selon la règle. Ajouter, par litre de bouillon, 125 grammes de viande de jarret de bœuf hachée. Pour une capacité de quatre litres, on met dans une casserole un ou deux œufs frais, entiers, avec 500 grammes de viande hachée et de fines herbes, sans persil, également hachée; délayer en ajoutant peu à peu le consommé et mettre sur le feu en remuant toujours jusqu'à ébullition. Retirer sur l'angle du fourneau et laisser réduire d'un tiers de façon à retirer deux litres de consommé.

Décanter et passer à travers un linge.

Remarque. — Lorsque les bouillons sont faits de viandes blanches, et qu'ils sont troubles, on pourra ajouter à la viande hachée du consommé quelques cosses torréfiées de petits pois, dont le carbone et l'albumine végétale ont la propriété de coaguler les molécules en suspens.

Consommé à la viennoise (*Leberknödel*). — *Formule 1072.* — Préparer du consommé pour dix personnes et le maintenir au chaud. Faire les quenelles suivantes :

Foie de veau haché	grammes	125
Mie de pain trempée à l'eau et égouttée.	—	50
Beurre frais	—	75
Œufs frais	nombre	2
Chapelure	cuillerée	1
Persil haché, épices et sel.		

Procédé. — Passer au tamis la mie de pain et le foie; mettre dans une terrine, avec l'assaisonnement, le persil et le beurre, un œuf entier et un jaune d'œuf. Travailler le tout de façon à bien homogénéiser, y ajouter la chapelure et retravailler un instant. Préparer avec cet appareil des boules comme des petites billes; les essuyer si elles n'étaient pas assez fermes, y rajouter de la chapelure. Dix minutes avant de servir, faire pocher les *quenelles de foie* dans un sautoir; les égoutter et les mettre dans la soupière avec le consommé. (A. Landry.)

Remarque. — Le consommé prend le nom de la garniture qu'on lui adjoint : *Consommé à la royale* (voir ce mot). Pour que le menu comporte la variante réclamée par l'hygiène et l'art, les qualités et la couleur doivent varier entre les consommés et les garnitures. Ainsi on mettra le *consommé de volaille* aux *quenelles de perdreaux*, ou *consommé de faisan* aux *quenelles de volaille*, ce que l'on saura varier d'après la composition du menu.

CONSTANCE, *s. p.* (*Vins de*). — Aux environs de la ville de ce nom (Afrique), on récolte des vins assez bons, dont le blanc contient de 19 à 65 degrés d'alcool et le rouge de 19 à 92 degrés.

CONSTANTIN (*Gâteau*). — *Formule 1073.* — Employer :

Sucre en poudre.	grammes	250
Amandes douces mondées.	—	250
Avelines mondées.	—	125
Œufs frais.	nombre	24
Un petit verre de kirsch.		

Procédé. — Piler les amandes au mortier en y ajoutant trois œufs un à un. Travailler cette pâte dans une terrine avec le sucre. Piler les noisettes, les passer au tamis et les ajouter à la masse, avec 18 jaunes et 3 œufs entiers. Travailler de façon à faire mousser la masse. Foncer de pâte brisée, de petits cercles à flan; y coucher l'appareil, faire cuire et glacer au kirsch.

CONSTANTINOPLE (*Produits de*). — Cette ville possède une réputation ancienne et bien méritée pour ses langues de bœuf salées.

CONSTIPATION (*Régime alimentaire contre la*). — La constipation est une infirmité que l'on a trop de tendance à supporter et dont on oublie trop les moyens d'éviter. On ne naît pas constipé, on le devient, dit Fonssagrives, parce qu'on fait généralement tout ce qu'il faut pour en arriver là. L'une des causes qui contribuent le plus à produire la constipation est la vie sédentaire, le défaut de mouvement et d'exercice. Les fonctions expulsives de l'intestin ont besoin, en

effet, d'être stimulées. Cette stimulation, qui ne peut venir que par l'exercice et la marche, manque-t-elle à l'intestin, il tombe dans une inertie paresseuse et la constipation s'établit. Les hommes de lettres, qui ne savent ou ne veulent pas se soumettre au régime alimentaire et à l'exercice, sont, le plus souvent, dotés des importunités de la constipation.

Mais c'est surtout chez les femmes de classe élevée et chez les citadines que la sédentarité engendre cet état. C'est le lot de ces femmes qui, n'ayant ni les exigences ni le goût de l'activité extérieure, ne sortent que quand elles ne peuvent pas faire autrement, vivent chez elles à la chinoise et trouvent dans ce repos abusif des conditions de surexcitation nerveuse en même temps que des paresses intestinales. La constipation a désormais élu domicile et on a alors recours aux lavements et aux purgatifs, qui la rendent définitivement chronique. Le médecin d'abord et le pharmacien ensuite y trouvent largement leur compte, ce qui est une raison pour que l'on n'ait jamais prescrit le régime des constipés que je vais décrire :

Régime. — *Formule 1074.* — La régularité dans les fonctions intestinales est le premier soin à établir. On devra s'efforcer d'aller à la selle à heure fixe, provoquer au besoin l'évacuation par des lavements jusqu'à ce que l'organe en ait pris l'habitude. Un verre d'eau fraîche pris tous les matins suffit souvent pour guérir cette infirmité. Une tasse de lait chaud pris tous les matins avec du pain de seigle est un régime presque toujours souverain dans le traitement de la constipation. Mais comme il y a vingt sortes de constipations différentes, le traitement ne saurait être le même à tous les tempéraments; cependant tous se rapportent au manque de mouvement péristaltique de l'intestin qui en produit l'atonie.

On obtiendra toujours un bon résultat en abandonnant toute médication pharmaceutique et en se soumettant au régime suivant : exercice d'une demi-heure tous les matins, comme premier déjeuner, une soupe à l'oseille aux légumes, du lait chaud de vache et du pain de seigle. Pour le déjeuner et dîner, les viandes seront toujours accompagnées d'un plat d'épinards, de feuilles ou côtes de bette, d'oseille, d'asperges, de navets, chou, melon, potiron. On pourra se permettre des sauces blanches: fricassée, mayonnaise, hollandaise. Comme dessert, compote de fruits cuits, pruneaux, poires, pommes, gâteau à la rhubarbe, aux cerises, aux pêches, aux prunes, aux abricots, etc.

On évitera une alimentation épicée, les liqueurs, les vins blancs. On proscrira surtout de sa table : le riz, le gibier et les sauces brunes en général.

Les repas seront réglés à heure fixe, ainsi que l'exercice ou promenade du matin. Avec ce régime, les constipations les plus rebelles ne tardent pas à disparaître, mais elles réapparaîtront avec l'abus de la sédentarité, le manque d'exercice, la cuisine épicée et peu variée.

Pour le choix des aliments, se reporter au TABLEAU SYNOPTIQUE.

CONSUL (*Gâteau le*). — *Formule 1075.* — Préparer une pâte génoise (voir BISCUIT), fine, légère et la cuire dans un moule carré au four moyen; une fois cuit et froid le fourrer de deux couches de crème au beurre aux amandes, additionnée du quart de son volume de fruits confits hachés et broyés finement; masquer ensuite le tour et le dessus du gâteau avec la même crème, puis sabler le tour avec des amandes hachées à *trois-frères;* décorer le dessus avec une belle palme faite de fruits à couleurs vives coupés en tranches (Albert Coquin).

CONTREHATIER, *s. m.* — Anciennement se disait d'un chenet de cuisine qui se mettait devant les cheminées pour fortifier l'*hatier* ou broche; si cet ustensile était encore d'usage aujourd'hui, on devrait écrire *contreatier*. (Voir ATTELET.)

CONTREXÉVILLE. — Arrondissement de Mirecourt (Vosges), à 380 kilomètres de Paris. Trois sources *sulfatées calciques* froides. Le docteur Camuset nous a décrit en termes poétiques l'emploi de ces eaux :

> Le goutteux sensuel, farci de sels uriques;
> Le vieux rhumatisant; l'ami du fin bordeaux;
> Le sombre calculeux, aux affres néphrétiques,
> Implorent à l'envi le secours de tes eaux.
>
> Tous ces désespérés de l'humaine misère
> Se traînent lourdement, comme des limaçons,
> L'un râlant sa douleur, l'autre geignant sa pierre,
> Et viennent se grouper autour de tes griffons.
>
> Alors, la coupe en main, comme aux festins antiques,
> On les voit se gorger des eaux béatifiques,
> Que prescrit Esculape en termes solennels.
>
> Nymphe de cette source, amèneras-tu l'heure
> Où je pourrai suspendre, en quittant ta demeure,
> Parmi les *ex voto*, ma sonde à tes autels?

CONTUSER, *v. a.* — Action de piler des substances dans un mortier. Contuser des feuilles, des fruits, des graines. Pulvériser, réduire en pâte.

CONVALESCENCE, *s. f.* — État de celui qui relève de maladie.

Lorsque le malade prend une expression plus naturelle de la physionomie, que l'appétit se réveille, que le moral reprend sa normalité, ce sont des signes certains que le sujet entre en convalescence. La médecine doit alors faire place à l'hygiène et au régime alimentaire progressif et approprié, qui doit être conduit avec prudence. Hippocrate a porté dans cette question du régime des convalescents la lumière de son prodigieux génie que les médecins modernes peuvent admirer.

« Si un convalescent reste languissant et mange, c'est signe qu'il prend trop de nourriture; s'il reste languissant et ne mange pas, cela montre qu'il a besoin d'évacuations. »

« Il faut restaurer avec lenteur les corps amaigris lentement, et rapidement les corps amaigris en peu de temps. »

On pourra donc choisir (voir le TABLEAU SYNOPTIQUE) les aliments qui conviendront le mieux à chaque modalité analeptique, selon l'âge et la maladie.

CONVERSATIONS (*Pâtisserie*). — *Formule 1076.* — Les conversations se foncent dans des moules à mirliton avec de l'abaisse de feuilletage; on remplit l'intérieur d'une crème d'amande, on les recouvre de feuilletage, on les glace à la royale et on les décore avec des losanges de pâte. On fait cuire au four moyen.

CONVIVE, *s. m. et f.* (*Conviva*). All. *Mitgast;* angl. *guest;* ital. *convitato;* de deux mots latins : *cum*, avec, et *vivere*, vivre. — Personne qui assiste à un banquet, à un dîner; il est *convié;* il a été l'un des *convives* de la noce, etc.

> Au banquet de la vie, infortuné convive,
> J'apparus un jour; et je meurs,
> Je meurs, et sur ma tombe où lentement j'arrive,
> Nul ne viendra verser des pleurs.
> (GILBERT.)

Il y a deux sortes de convives : celui qui paye et celui qui ne paye pas; ce dernier est l'heureux mortel qui est invité, comme les *parasites* de l'antiquité, à assister à un bon dîner :

> Vous devez accueillir cet adroit parasite
> Qui chez vous quelquefois s'introduit et s'invite.
> (BERCHOUX.)

Le mot convive s'applique aussi aux amis qui ne doivent trouver que la *fortune du pot*.

L'un des plus curieux convives qu'on ait jamais connu, fut certainement celui de Grimod de la Reynière. Il avait apprivoisé un cochon qu'il faisait coucher sur un matelas, et un homme spécialement attaché à sa personne le lavait, le peignait chaque matin. Les jours de galas, assis sur un fauteuil, il avait la place d'honneur à la table du célèbre gastronome. L'histoire n'ajoute pas si ce singulier convive prenait une large part à la conversation, mais elle affirme qu'il se comportait avec décence.

C'était de l'art et du cochon.

Devoirs du convive. — De quelque nature que soient les invitations, il faut toujours être exact et arriver un quart d'heure avant l'heure indiquée. Plus tôt, on gênerait les maîtres de la maison dans leurs préparatifs et plus tard ce serait une impolitesse. L'honneur de l'amphitryon et du cuisinier peuvent dépendre de la rigoureuse exactitude des conviés, car un dîner qui attend perd la moitié de sa valeur, et souvenez-vous

Qu'un dîner réchauffé ne valut jamais rien.

Se faire attendre est non seulement un manque de savoir-vivre, mais on s'expose à la critique; il est rare que l'on ait des dispositions à la bienveillance pour celui qui est désagréable à tous.

Aussitôt assis à table, on met sur ses genoux sa serviette que l'on déplie à moitié, et quelque soit le potage on le mange sans bruit avec la cuillère de la main droite, que l'on approche de ses lèvres sans trop l'enfoncer dans sa bouche. Le potage mangé, on laisse la cuillère dans l'assiette.

Tous les entremets de douceurs se mangent avec la cuillère; les crevettes, les écrevisses, les homards, se prennent avec les doigts. La fourchette se tient de la main gauche, le pouce tourné en bas; le doigt indicateur s'appuie sur le dos étranglé de la fourchette, et le manche plat est pressé contre la paume de la main avec les deux derniers doigts. On se sert en même temps de son couteau de la main droite sans jamais le porter à sa bouche. Le pain doit être placé à gauche et se rompt avec les doigts. On ne mangera point avec avidité, comme le dit fort bien Berchoux :

Jouissez lentement, et que rien ne vous presse;
Gardez qu'en votre bouche un morceau trop hâté
Ne soit en son chemin par un autre heurté.

Il ne faut pas non plus refuser avec trop d'obstination de toucher aux mets que l'on vous offre, ce serait une impolitesse à l'égard de l'amphitryon. Si l'on mange des œufs à la coque, on en brisera la coquille vide.

Si le service se fait à la française, c'est-à-dire si l'on présente les pièces entières, que l'on découpe ensuite dans l'office ou sur une table voisine, et que ce soit le maître ou la maîtresse de la maison qui servent, un homme n'acceptera pas son assiette avant que ses voisines de droite et de gauche soient servies. Au contraire, si l'on sert à la ronde, c'est-à-dire à la russe, chacun se servira à son tour; lorsque le domestique chargé du service présente de la main gauche le plat à la gauche du convive, ce dernier se servira en prenant la fourchette de la main gauche et la cuillère de la main droite; choisira un morceau du regard sans les démolir ou les tourner les uns après les autres, le soulèvera pour le déposer sur son assiette et ne le fera point glisser sur le bord du plat, ce qui est un manque d'usage.

Le convive ne doit jamais demander d'un mets; encore moins faire passer son assiette sale pour se faire servir. Il doit tenir ses mains en évidence, le poignet appuyé sur le bord de la table; il serait de la dernière impolitesse d'y mettre les coudes.

Il ne faut jamais lever le verre lorsqu'on vous verse à boire, ni le vider entièrement pendant le repas; par contre, il serait impoli d'y laisser du vin à la fin du repas. S'extasier sur la beauté ou l'excellence d'un mets, serait de mauvais usage, à moins d'une grande intimité où la gourmandise peut produire ses impressions sans réserve.

Les fruits doivent être coupés avec le couteau; les petits-fours se prennent avec les doigts; les glaces s'avalent par petites cuillerées sans toucher les dents. Il ne faut jamais offrir à un autre convive de partager avec soi une pêche ou une pomme.

Les jeunes gens s'abstiennent complètement de boire des vins étrangers; en général, les femmes seront d'une grande sobriété, toutefois le vin de Champagne fait exception.

Pendant le cours du repas, on doit éviter tout mouvement, tout acte qui pourrait déplaire à ses voisins; en un mot, un dévouement réciproque, la courtoisie de la part des hommes assure la parfaite harmonie et doit être la préoccupation constante des personnes bien élevées qui composent une réunion.

On attendra pour se lever de table que le maître et la maîtresse de maison se lèvent les premiers pour conduire les invités au salon où l'on prend le café. Il ne faut jamais en laisser dans sa tasse ni les liqueurs dans le petit verre. Il serait impoli de prendre congé de l'amphitryon de suite après le dîner. Dans un cas de force majeure, on sera excusé d'avance auprès des maîtres de la maison dont on sera ainsi autorisé.

La reconnaissance d'un bon dîner se fait par une *bonne-main* ou *pourboire* aux valets et au cuisinier. Il est d'usage de rendre dans la huitaine sa visite de digestion. Il ne faut point accepter d'invitations chez les personnes qui ne découpent point tous les mets qu'elles ont fait servir; ce qui peut faire supposer qu'elles vous offrent ce dîner parce qu'elles s'y croient obligées, ou qu'une extrême avarice les porte à vous voir manger avec regret. Des amphitryons de ce genre ne sont point dignes de ce nom.

Voici, en d'autres termes, l'attitude à table :

Alternances de gilets ouverts
Et de toilettes décolletées.
Les invités et les invitées.
Symétriques comme leurs couverts,

S'asseyent aussi distants à droite
Qu'à gauche du voisin. Le maintien
Modeste et ferme, chacun se tient
Le buste souple, la tête droite,

Le geste discret, le regard doux,
Empressé, souriant, charitable,
Le poignet sur le bord de la table
Et la serviette sur les genoux.

De la main droite, pour les potages,
De la gauche pour tous les autres mets,
Non pas en gourmands, mais en gourmets.
Ils mangent sans bruits sans clapotages.

Poisson, gibier, entremets, rôti,
Et sans vider ou tendre les verres,
En gens de tact, ils veillent sévères
Sur leur voix et sur leur appétit.

Mais lorsque le petit couteau brise
La pièce montée et qu'on la sert,
A l'heure indulgente du dessert,
Un sobre assaut d'esprit s'autorise!

ENVOI

Mesdames, puisqu'on rit et discourt,
Puisqu'à présent la gaîté se gagne,
Permettez-vous un doigt de champagne.
Et permettez-nous deux doigts de cour.

Voilà pour le convive; il n'est point superflu de compléter l'instruction par les devoirs de l'amphitryon :

DEVOIRS DE L'AMPHITRYON. — Les maîtres de la maison doivent être prêts à recevoir leurs in-

vités un quart d'heure avant l'heure du dîner; et, quel que soit le convive, dit Lombard, par cela qu'il a été invité, l'amphitryon lui doit les égards que l'hospitalité réclame; il l'accueillera gracieusement, le sourire sur les lèvres, ou déléguera ce soin à un parent jeune et aimable si

Un banquet embelli des prestiges de l'art

réclame sa présence, ce qui dénote une maison où l'on sait bien vivre.

La même personne qui est chargée de recevoir les convives les présente les uns aux autres, afin d'établir entre eux les rapports nécessaires à une franche cordialité. On peut aussi présenter les convives à table en passant derrière chacun d'eux et en déclinant leurs noms et qualités.

Quelques minutes avant de faire ouvrir les portes de la salle à manger, le maître de la maison doit faire servir au salon un apéritif à ceux des convives qui en désirent, puis il les engagera à pénétrer dans la salle à manger en passant le premier pour couper court à toute cérémonie, ayant à son bras la femme qu'il veut le plus honorer ou la plus âgée de la société; la maîtresse de la maison donnera également le bras à l'homme le plus âgé ou le plus considéré. L'amphitryon se tiendra debout à sa place en attendant que chaque convive ait trouvé la sienne, qui sera inscrite sur une carte ou sur le menu.

Le placement des cartes réclame les soins les plus attentifs; l'amphitryon place à sa droite les deux dames les plus âgées ou les plus considérées de la société, et on procède de même pour les deux hommes placés à droite et à gauche de la maîtresse de maison, qui occupera l'autre extrémité de la table. Il faut, autant que possible, saisir les affinités des convives pour les placer convenablement les uns à côté des autres en alternant les sexes, et surtout :

Souvenez-vous toujours dans le cours de la vie,
Qu'un dîner sans façon est une perfidie.

Si les convives ne dépassent pas le nombre de douze, le service le plus magistral est le service à la française, qui permet de présenter les poissons, les relevés, les entrées, les rôts, entiers et bien garnis sur de vastes plats; puis on les découpe ensuite sur une table voisine de celle des convives ou dans l'office. Dans ce cas, le maître ou la maîtresse de maison peuvent servir eux-mêmes en mettant une pile d'assiettes devant eux.

Après le potage, on fait servir un verre de vin fin, de préférence un vin blanc tonique; mais ce n'est pas de rigueur. Il faut éviter en versant de toucher le bord du verre.

On changera d'assiettes à chaque passe d'un nouveau mets. L'amphitryon doit veiller sur les assiettes de ses hôtes et leur offrira quelque chose chaque fois qu'elles seront vides, en insistant deux ou trois fois avec gracieuseté, mais sans pousser au delà, ce qui serait une impolitesse.

Les vins doivent varier selon les services; à mesure que le dîner tend à sa fin ils doivent devenir plus fumeux; on n'offrira jamais du *Pomard*, du *Charbonnier*, du *bouilli*, du *rôti*, mais du vin de Pomard, du vin du *clos Charbonnier*, du bœuf bouilli, du poulet rôti, du dindon rôti, etc.

Lorsque le dîner est terminé, l'amphitryon se lève le premier, offre le bras à l'une de ses voisines de table et conduit ses hôtes dans les salons où l'on prend le café; il verse lui-même les liqueurs ou laisse les flacons à la discrétion de ses convives qui se servent à volonté.

On ne peut donner de règles absolues pour le luxe du service qui est subordonné à la fortune de l'amphitryon; mais il sera assez élégant pour faire honneur aux conviés. En un mot, les maîtres de maison doivent plaire à leur hôtes, satisfaire leurs goûts et ne point blesser leurs susceptibilités.

HYGIÈNE. — Il est contraire à l'hygiène de jouer aux cartes immédiatement après dîner, ou à tout autre jeu qui demande une tension d'esprit constante, qui, à la chaleur du gaz ou des lampes, peut occasionner des congestions ou des apoplexies. Une conversation gaie, la musique, sont des récréations qui ne coûtent ni attention gênante, ni fatigue, et laissent à chacun la liberté indispensable après un bon dîner.

Il n'est pas moins contraire à l'hygiène de boire de la bière, comme certaines personnes le font, après un bon dîner, où l'on a bu des vins fins et des liqueurs supérieures; cette conduite est anti-française et dénote une absence complète de savoir-vivre.

CONVIVIALITÉ, *s. f.* — Mot forgé par Brillat-Savarin, pour indiquer le goût des réunions joyeuses et des festins. « Un esprit général de *convivialité* s'est répandu dans toutes les classes de la société. — A l'époque dont nous nous occupons, la poésie *conviviable* subit une modifica-

tion nouvelle. — Souvent au milieu des festins les plus somptueux, le plaisir d'observer m'a sauvé des ennuis du *conviviat*. — Des esclaves étaient spécialement attachés à chaque fonction *conviviale*. Ce dernier mot est régulier. » (BESCHERELLE.)

CONVOITISE, *s. f.* All. *Lüsternheit;* angl. *covetousness;* ital. *cupidigia*. — Désir immodéré de posséder quelque chose. Regarder un aliment avec un œil de convoitise. L'endroit où furent ensevelis les Hébreux, lorsqu'ils firent un usage immodéré des cailles voyageuses, reçut le nom de *Sépulture de la convoitise*.

COORZA, *s. m.* — Espèce de poisson d'Amérique d'une grande analogie avec le maquereau et dont la chair est bonne à manger. Se traite culinairement comme le maquereau. (Voir ce mot.)

COPRAH, *s. m.* — Nom que l'on donne à la pulpe de la noix de coco, dont le lait raffermi forme l'amande qui sert à faire de l'huile.

COQ, *s. m.* (*Gallus*). All. *Hahn;* angl. *cock;* ital. *gallo*. — Le coq est le mâle de la poule et tous deux sont à l'état de domesticité dans toutes les parties du globe; le coq fait l'ornement de la basse-cour du riche et semble n'avoir d'autre destinée que d'égayer la ferme pendant sa vie et, après sa mort, de doter nos garde-manger et d'enrichir nos festins.

Le coq est originaire de l'Inde et fut propagé par les Israélites; Moïse ne connaissait pas le coq, mais le Nouveau Testament parle de son chant dans le reniement que saint Pierre fit du Christ.

Le coq a du feu dans le regard, de la fierté dans la démarche, de la liberté dans les mouvements, de la force dans les proportions et une tenue royale; ce qui l'a fait choisir par les Gaulois comme le symbole de la vigilance et de notre nation, dont l'étymologie est fondée sur l'homonymie latine de *gallus*, qui signifie à la fois *coq* et *gaulois*.

Le coq destiné à la reproduction sert rarement pour l'usage alimentaire, à l'exception de son bouillon, auquel Hippocrate attribuait des propriétés calmantes et nutritives, son usage n'a pas encore passé de mode. La cuisson doit être de trois ou quatre heures, lorsque ce gallinacé est âgé de plus d'un an. Sa chair dure et coriace est, comme son bouillon, huileuse et d'une digestion hasardeuse pour les vieillards et les malades.

COQ DES BOIS, *s. m.* (*Tetras urogallus*). All. *Waldhahn,* ou *Auerhahn;* angl. *heath-cock;* ital. *gallo di foresta.* — Le grand *Tetras*, qu'il ne faut pas confondre avec son congénère le coq de bruyère (voir ce mot), est le plus grand des gallinacés. Il habite les forêts de haute futaie du nord de l'Europe. De la grandeur d'un gros dindon à plumage noir bleuâtre, les ailes exceptées, qui sont rousses avec quelques plumes blanches. Son bec est fort et recourbé, ses yeux sont entourés d'une membrane rouge et ses jambes garnies jusqu'aux doigts. La queue fortement garnie se développe en éventail. La femelle porte un plumage d'un gris cendré.

La chair du coq des bois est d'autant plus estimée qu'il est excessivement rare; son âge se reconnaît dans sa chair, sur l'estomac, elle se divise par couches comme dans le bois, et il n'est pas rare de trouver dans la viande cuite de la poitrine, la partie dure et noirâtre adhérente aux os, sur laquelle s'étend une viande blanche tendre et parfumée, ayant l'odeur de la poix, du genièvre ou du pin, selon la saison et ce dont il s'est nourrit. Il se prépare comme le faisan.

COQ DE BRUYÈRE, *s. m.* (*Tetras tetrix*). All. *Birkhahn;* ital. *gallo de macchia.* — Le coq de bruyère abonde en Allemagne, en Pologne, en Belgique, en France, en Suisse et en Savoie. Sa taille est celle du faisan et son plumage est noir, quelquefois entremêlé de plumes blanches. Sa tête, de plus petite dimension que celle du coq des bois ou *Tetras*, porte exactement les mêmes signes, à l'exception de sa queue, qui est fourchue et garnie des deux côtés d'une plume recourbée.

Il est de toute nécessité de laisser attendrir ce gibier en le suspendant dans un endroit aéré deux ou trois jours avant de le plumer; trop faisandé, il perdrait cependant l'arome qui le caractérise et le fumet du salmis n'aurait plus l'attrait de son innocuité. Quand on veut le servir comme rôti, on le pique, et lorsqu'on désire le truffer, on a soin de le farcir quelques jours à l'avance pour imprégner sa chair de l'arome parfumé des truffes. Dans le Nord, on le fait macérer dans la crème trois jours avant de le cuire.

COQ-D'INDE, *s. m.* All. *Truthahn;* angl. *turkeycock.* — Se dit du mâle de la dinde; son pays d'origine est l'Inde, comme son nom l'indique.

COQUARD, *s. m.* All. *Bastardfasan.* — Se dit du *mulet* ou *métis* produit par le croisement du faisan avec la poule. Ce cas est rare.

COQUE, *s. f.* (*Concha*). All. *Schale;* angl. *shell.* — Enveloppe extérieure de l'œuf et de certains fruits, tels que la noix de coco, l'amande, etc.

COQUE, *s. f.* (*Œuf à la*). All. *Ei in der Schale;* angl. *soft egg;* ital. *uovo alla guscio.* — Œuf légèrement cuit dans sa coque.

Œuf à la coque. — *Formule 1077.* — Il y a deux manières de cuire les œufs à la coque : l'une consiste à mettre les œufs dans l'eau en ébullition pendant deux à trois minutes; l'autre, la meilleure manière selon moi, est de mettre les œufs dans un saladier plein d'eau bouillante et de les laisser ainsi loin du feu pendant vingt minutes.

COQUECIGRUE, *s. f.* — Nom que l'on donne à divers oiseaux aquatiques ressemblant à la cigogne et à la grue. Leurs propriétés alimentaires sont analogues à celles des autres grands gibiers d'eau.

COQUELICOT, *s. m.* — Pavot à fleur rouge commun dans les champs. Les Indiens mangent les feuilles de l'une des espèces cuites et assaisonnées. En Europe, on en fait un sirop et une tisane employés contre le rhume et comme calmant.

COQUEMAR, *s. m.* (*Cucuma*). All. *Flaschenkessel;* angl. *boiler;* ital. *cogoma.* — Pot de cuivre, de fer ou de terre vernissée à anse, servant de bouilloire.

COQUEMELLE, *s. m.* (*Agaricus*).— Se dit d'un champignon, bon à manger, de la variété des agarics.

COQUENOUILLE, *s. f.* — Se dit d'une plante originaire d'Amérique, dont les graines servent à faire du pain. On dit aussi *coquenouiller.*

COQUERET. — (Voir ALKEKENGE.)

COQUERIE, *s. f.* — Grande cuisine bâtie sur un quai. Cuisine de bord.

COQUETIER, *s. m.* All. *Eierhœndler, Eihalter;* angl. *egg-dealer; egg-cup.* — Marchand d'œufs, de volaille. Petit vase où l'on met l'œuf que l'on mange à la coque.

COQUETTE, *s. f.* — Se dit d'une variété de laitue et d'une sorte de poisson de mer, ainsi que de la boîte à herborisation.

COQUILLADE, *s. f.* — En terme de pêche, se dit du poisson du genre blenie. En terme de chasse, d'une espèce d'alouette huppée.

COQUILLAGE, *s. m.* All. *Muschelthier;* angl. *shell-fish;* ital. *conchigli.* — Animal aquatique revêtu d'une coquille et qu'on trouve en abondance sur les bords de la mer.

Le coquillage forme deux grandes séries : celle des conques, grande coquille concave formée de deux ou plusieurs espèces, et celle des limaçons, dont la coquille est d'une seule pièce et tournée ordinairement en spirale.

HYGIÈNE. — Ces mollusques fournissent un aliment chaud, mais souvent indigeste.

COQUILLE, *s. f.* (*Conchiglia*). All. *Muschel;* angl. *shell;* ital. *conchiglia.* — Les coquilles que je vais décrire n'ont rien de commun avec celles de mon *typo.* Ce sont des hors-d'œuvre succulents qui se servent dans des coquilles de ricardes ou bucardes. Les différentes préparations qui servent à remplir ces coquilles sont faites avec des ragoûts de viandes blanches, de poissons, d'huîtres, de moules ou de champignons.

Coquilles à la Richelieu. — *Formule 1078.* — Préparer un salpicon de volaille, de langue, de jambon, de champignons et de truffes, le mélanger dans une sauce réduite. En Allemagne, ce salpicon est appelé *ragoût fin.*

Coquilles de poisson (*Procédé général*). — *Formule 1079.* — Désosser le poisson qu'on veut utiliser en le brisant par petits morceaux, que l'on mélange avec une sauce béchamelle un peu relevée; on beurre les coquilles de ricardes et on les remplit de l'appareil que l'on saupoudre avec de la chapelure, sur laquelle on pose un petit morceau de beurre frais. On les fait gratiner, puis on les sert sur une serviette pliée.

Coquilles de homard. — *Formule 1080.* — Se fait également avec de la sauce béchamelle.

On taille les chairs d'un homard ou d'une langouste en salpicon, de même qu'une égale quantité de champignons blancs, que l'on mélange avec une quantité relative de sauce béchamelle pour amalgamer l'appareil qui doit être légèrement aromatisé d'essence de poisson et relevé d'un peu de piment. On remplit les coquilles après les avoir beurrées; on saupoudre avec de la chapelure, on y laisse couler un filet de beurre frais clarifié à l'aide d'un pinceau et on les fait gratiner.

Quelques cuisiniers y ajoutent des huîtres, mais je n'en vois pas la nécessité, d'autant moins que l'on fait également des coquilles d'huîtres. L'idée de mélanger ainsi les aliments est fausse, partant du principe du classement et de la variété.

Coquilles à la Lucullus. — *Formule 1081.* — Ce sont des coquilles de ricardes dont on se sert le plus souvent pour ce genre de hors-d'œuvre. Dans une sauce béchamelle très épaissie, on ajoute un coulis d'écrevisse, soit du beurre d'écrevisse ou simplement la purée réduite et passée au tamis de crin, d'un kilogramme de carapaces de crevettes; lorsque cette sauce est d'un goût parfait, homogène et d'une teinte rosée, on y mélange les crevettes, quelques truffes et champignons coupés en julienne. On beurre les coquilles, on les remplit de l'appareil, on saupoudre de chapelure, enfin on beurre superficiellement et on fait gratiner.

On les sert en buisson et on surmonte chacune d'elles d'une écrevisse en gymnastique, c'est-à-dire les pattes retroussées sur la bisque.

Coquilles d'huîtres à la marinière (*Procédé général*). — *Formule 1082.* — Faire macérer l'huître dans son eau, avec jus de citron et poivre. Faire une sauce avec l'eau et le jus de champignons frais; remettre dans la coquille avec la sauce légèrement relevée et recouverte de chapelure, mettre du beurre dessus et faire gratiner.

Coquilles d'huîtres au naturel. — *Formule 1083.* — Assaisonner l'eau des huîtres avec jus de citron et poivre, les saupoudrer de chapelure, y mettre gros comme une noisette de beurre frais et passer dans un four très chaud. Aussitôt chaudes, servir.

Coquilles d'huîtres à l'italienne. — *Formule 1084.* — Assaisonner les huîtres de poivre et de jus de citron, lier avec de la sauce à l'italienne réduite; mettre l'huître avec la sauce dans la coquille, saupoudrer de chapelure, mettre du beurre dessus et faire gratiner.

Remarque. — Lorsqu'on se sert de coquilles d'huîtres pour gratiner, on doit avoir soin de bien les nettoyer et de percer la nacre au centre pour laisser échapper l'eau.

HYGIÈNE. — L'huître cuite est plus indigeste que crue, elle ne possède plus les propriétés alibiles et rafraîchissantes si recherchées dans ce mollusque.

COQUILLES SAINT-JACQUES, *s. f.* (*Ostrea maxima*). — La coquille Saint-Jacques, aussi appelée *peigne à côtes rondes, pèlerine, palourde,* est un mollusque comestible dont la qualité ressort plus de la préparation culinaire que de ses propriétés naturelles. On les prépare comme les *coquilles d'huîtres* (voir ce mot).

COQ-VIERGE, *s. m.* — Comme son nom l'indique, ce coq est le célibataire des basses-cours. Sa chair a un goût agréable et un parfum qui le distinguent du chapon, du poulet ou du coq producteur. Il convient à tous les estomacs et est très recherché pour ses propriétés alibiles. C'est au pays de Caux que l'on élève plus particulièrement le coq-vierge; on ne lui connaît qu'une application culinaire, le rôtissage, qui est trouvée la meilleure.

CORB, *s. m.* — Poisson très connu dans la Méditerranée, dont la chair, d'un goût médiocre, est cependant usitée en alimentation. Il a une teinte brune sur le dos, le ventre est argenté, les nageoires sont noires et les côtés rougeâtres.

CORBEAU, *s. m.* (*Corvus*). All. *Rabe;* angl. *raven;* ital. *carvo;* sanscrit, *karava;* hébreu, *harab.* — Oiseau omnivore, c'est-à-dire qui se nourrit de toute espèce d'aliments : graines, fruits, insectes, vers, chair vivante, morte ou cuite.

Sa chair est filandreuse et dure; bouillie est la seule manière de l'utiliser; elle communique au bouillon une fadeur qui ne plaît pas à tout le monde, quoique longtemps employée par les Romains, qui lui attribuaient des propriétés encore à démontrer aujourd'hui.

Lorsqu'on désire mettre un corbeau dans le pot-au-feu, il est prudent de le dépouiller de sa peau, que les plumes ont imprégnée d'amertume.

CORBEILLE, *s. f.,* de *corbis,* panier. — Panier d'osier, de fil de fer, de forme et de couleur variées : corbeille à pain, corbeille à fruits, etc.

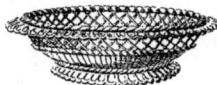

Fig. 375. — Corbeille à pain.

CORBEILLE EN FER FORGÉ. — Un industriel parisien, M. C. THIBAUDET, fait spécialement des corbeilles en fil de fer forgé et vernis au four pour l'usage des boulangers, ce qui en fait un ustensile propre, commode et inusable. Il fait aussi des petites corbeilles en fil de fer étamé, et même en fil de nickel, pour la pâtisserie. C'est très coquet et très propre.

Fig. 376. — Corbeille à levain ou à farine.

Fig. 377. — Corbeille à détourner.

Ces corbeilles contiennent à volonté des roulettes. La corbeille à levain est garnie de toile de chanvre blanchie. (Voir les *Produits recommandés* à la fin du volume.)

Corbeille d'orange. — *Formule 1085.* — Préparer une corbeille en pâte d'office (voir ces mots) selon la figure ci-après. D'autre part, ciseler et vider douze oranges régulières de gros-

Fig. 378. — Corbeille d'orange, d'après Carême.

seur et de grandeur. Préparer une gelée d'orange avec laquelle on garnit les écorces. Laisser congeler en lieu frais et, un instant avant de servir, en garnir la corbeille et la décorer de feuilles fraîches d'oranger.

Corbeille de riz à la Condé. — *Formule 1086.* — Employer :

Sucre concassé.	grammes	30
Riz lavé.	—	250
Lait frais.	litre	1
Vanille	gousse	1

Procédé. — Mettre le riz sur le feu avec le sucre, la vanille et le lait; remuer jusqu'à l'ébullition et retirer sur l'angle du fourneau; le laisser mijoter pendant vingt-cinq minutes. Pendant ce temps, on aura cuit une compote de pommes calvilles entières. Faire réduire le sirop à 20 degrés. Mouler le riz dans un moule évasé en forme de corbeille ; dresser dessus les pommes

Fig. 379. — Corbeille de riz à la Condé (d'après Gouffé).

en pyramide, boucher les trous avec des cerises très rouges. Décorer par rosace avec cerises et feuilles d'angélique, et surmonter le tout d'une fleur composée d'orangeat ou de citronat et d'angélique. Arroser légèrement du sirop et servir le restant du sirop dans la saucière.

Fig. 380. — Corbeille de violettes tricolores imitant un char romain.

Corbeille de violettes (*Confiserie*). — *Formule 1087.* — Cet entremets est d'un effet magnifique lorsque l'exécution est parfaite : Le chariot, ou corbeille, est fait de sucre tiré. (Voir FLEUR EN SUCRE.)

Les roues et l'amour sont moulés en sucre de conserve, le timon et le corps de la corbeille sont faits de sucre tiré, le tout en blanc.

Les violettes sont faites de sucre tiré, ainsi que les feuilles. On procède à la confection des pétales, on passe d'abord avec un pinceau de la gomme dissoute, et ensuite avec un autre pinceau, que l'on trempe dans de la couleur jaune pulvérisée, sèche et mélangée d'amidon avec une pincée de bicarbonate de soude. Le violet se prépare de la même façon. On garnit ensuite le fond de la corbeille de feuilles, puis on pique sur du sucre *filé*, ou mieux *tiré*, le pédoncule sur lequel on monte les pétales soutenues par un petit calice. On doit éviter d'introduire dans cet entremets tout corps non comestible.

Corbeille de sucre tiré (*Entremets*). — *Formule 1088.* — Préparer du sucre cuit au cassé et coloré en vert. Le mettre sur le marbre légèrement huilé. Relever les bords dans le centre jusqu'à ce qu'ils puissent être pris dans la main. Tirer le sucre et le mettre dans une plaque cannelée contenant des rainures disposées en éventail de façon à pouvoir former une corbeille. Préparer une compote de pommes d'api dont on aura enlevé l'arme avec un emporte-pièce. Glacer ces pommes sur un tamis avec de la gelée rose de pommes, en garnir le trou du milieu. Mettre la plaque de sucre à l'é-

Fig. 381. — Corbeille de sucre garnie de pommes d'api à la gelée.

tuve, une fois ramolli en former la corbeille, la souder avec du sucre et la laisser refroidir. La poser sur un fond de plat fait en pâte sèche; garnir la corbeille des pommes à la gelée; les décorer avec de l'angélique et des fruits confits.

CORBIJEAU, *s. m.* — Oiseau très commun à la Louisiane, de la grosseur de la bécasse; se prépare culinairement comme elle.

CORBILLON, *s. m.* — Petit panier d'osier.

CORBILLOT, *s. m.* All. *Junger Rabb;* angl. *young raven;* ital. *corvetto.* — Petit du corbeau, appelé aussi *corbillat.*

CORDIAL, ALE, *adj.* All. *Magen Herzstærkend;* angl. *cordial;* ital. *cordiale;* du latin *cor.* — Terme employé en médecine et en alimentation. Substances qui ont la propriété de ranimer les forces abattues, d'augmenter promptement la chaleur générale du corps, l'action du cœur et surtout de l'estomac. Les aliments très nourrissants : consommés, viandes saignantes et grillées, condiments stimulants et aromatiques, vins vieux de liqueurs et spiritueux sont des *cordiaux.*

Pour la nomenclature, je prie le lecteur de se reporter au *Tableau synoptique* contenu à la fin de chaque volume.

Les cordiaux préparés en cuisine, tels qu'aliments composés, fortifiants et légèrement condimentés, sont, pour le régime, préférables aux cordiaux de pharmacie; les liqueurs cordiales, les vins toniques, généreux, sont aussi préférables aux produits pharmaceutiques pour la faiblesse des personnes délicates. (Voir AMBRE.)

Voici deux formules de liqueurs cordiales :

Cordial d'or. — *Formule 1089.* — Employer :

Sucre	kiogram.	1
Racine d'angélique coupée	grammes	500
Raisins secs	—	200
Graines de coriandre	—	60
Graines de carvi	—	60
Cannelle	—	50
Figues coupées	—	150
Réglisse coupé	—	150
Clous de girofle	—	4
Alcool à 80 degrés	litres	10
Eau de roses	—	3/4

Procédé. — Faire infuser pendant deux jours dans les 10 litres d'alcool; ajouter ensuite 2 litres d'eau et distiller à une chaleur douce jusqu'à ce que les eaux faibles commencent à venir; sus-pendre dans un linge attaché au robinet 8 grammes de safran d'Angleterre. On ajoute à la liqueur, lorsqu'elle est distillée, la quantité d'eau de roses indiquée et dans laquelle on aura fait dissoudre le kilogramme de sucre. Mettre en bouteilles.

Cordial de Wisky. — *Formule 1090.* — Employer :

Coriandre	grammes	16
Cannelle	—	16
Gingembre	—	16
Macis	—	12
Clous de girofle	—	12
Piment	·	12
Raisins secs	—	560
Dattes	—	560
Réglisse	—	250
Sucre	kilogram.	1
Alcool à 80 degrés	litres	10

Procédé. — Faire infuser pendant 24 heures, dans les 10 litres d'alcool, la coriandre, la cannelle, le gingembre, les clous de girofle et le piment; ce temps écoulé, ajouter 1 litre d'eau et faire distiller à feu doux. D'autre part, faire macérer dans 2 litres d'eau pendant 12 heures les raisins secs, les dattes, le réglisse et ajouter le sucre. Mélanger ensemble ces deux liqueurs et filtrer. On colore au moyen d'une infusion de safran plus ou moins forte.

Cordial de coriandre. — *Formule 1091.* — Employer :

Graines de coriandre écrasées	grammes	250
Graines de carvi	—	8
Sucre	—	250
Esprit de vin	litres	2

Procédé. — Faire macérer pendant douze jours, dans l'esprit de vin, la coriandre et le carvi. Agiter régulièrement deux ou trois fois par jour; au bout de ce temps, faire fondre le sucre dans un litre d'eau et l'ajouter à la macération. Filtrer et parfumer avec quelques grammes d'huile de fleurs d'oranger.

CORÈTE POTAGÈRE (*Corchorius olitorius*, L.). — Plante des pays tropicaux, aussi appelée *Guimauve potagère, Mauve des juifs, Mélochie.* Cette plante, qui ne réussit pas facilement sous nos climats, est très appréciée dans les pays chauds, où elle croît sans aucun soin; les feuilles se mangent en salade lorsqu'elles sont encore tendres ou préparées comme les épinards.

CORIANDRE, *s. f.* (*Coriandrum sativum*, L.). All. *Koriander;* angl. *coriander;* ital. *coriandro.*

— Plante ombellifère à fleur blanche et rosée qui, fraîche, exhale une mauvaise odeur, mais dont la semence acquiert, par la dessiccation, un parfum très agréable.

Fig. 382. — Coriandre.

Les Orientaux s'en servaient pour condimenter les ragoûts et le pain; la Bible parle de la coriandre en comparant à sa blancheur la manne du désert (*Nom.*, XI, 7); ils mâchaient la coriandre pour se rendre l'haleine agréable. L'école de Salerne ajoute :

Confortat stomachum, ventum removet coriandrum.

Pour l'estomac vous pourrez prendre
De la graine de coriandre;
Les vents à son approche, ou par haut ou par bas,
Sortent à petit bruit ou même avec fracas.

La graine aurait en outre la propriété d'arrêter la menstruation. Elle avait une grande vogue chez les médecins anciens. Aujourd'hui elle est moins à la mode chez nous; par contre, les peuples du Nord en font un grand usage en cuisine comme condiment, et l'emploient surtout dans la confiserie. (Voir CORDIAL.)

CORINTHE, *s. m.* (*Raisins de*). — Corinthe est une ville de Grèce, aux alentours de laquelle croissent de petits raisins blancs et roses que l'on fait sécher pour l'exportation.

On s'en sert pour les entremets de douceur.

CORIVE, *s. f.* — Se dit d'une petite châtaigne qui se conserve longtemps séchée.

CORME, *s. f.* (*Sorbus domestica*). All. *Spierbirne;* angl. *sorb;* ital. *sorbo.* — Fruit du cormier, appelé aussi *sorbier domestique*, qui ressemble à une petite poire. Il doit mûrir sur la paille, par le blettissage, et devient ainsi bon à manger.

Ces fruits sont astringents.

CORMÉ, *s. f.* — Alcool obtenu par la fermentation et la distillation des *cormes* (voir ce mot). Cette eau-de-vie n'est consommée que dans certaines provinces et à la campagne. Par ce même nom on désigne aussi le cidre fait avec les cormes; mais, pour le rendre bon, on y mélange des pommes et des poires qui en adoucissent l'âpreté.

CORNARET SPATHACÉ (*Craniolaria annua*, L.). — Plante commune aux environs de Carthagène, où les habitants se servent de sa racine charnue cuite et dépouillée comme garniture du bœuf. On la confit aussi dans le sucre.

CORNAS, *s. p.* (*Vin de*). — Dans le Languedoc (Ardèche). Cru d'un vin rouge de troisième classe.

CORNE-DE-CERF (*Plantago coronopus*). All. *Hirschhorn;* angl. *buck shorn;* ital. *erba stella;* esp. *estrellamar.* — Plante de la famille des plan-

Fig. 383. — Corne-de-cerf.

taginées, dont les jeunes feuilles et pousses servent à faire des salades. Elle a un goût et des propriétés styptiques.

CORNE D'ABONDANCE. — Terme d'art culinaire, représenté par une corne en forme de coquille déversant des fruits ou comestibles quelconques. Ce terme dérive de la mythologie : Corne de la chèvre Amalthée, nourrice de Jupiter, de laquelle il sortait toutes sortes de bonnes choses.

Les premières cornes d'abondance de pâtisserie furent créées par CHIBOUST, célèbre pâtissier parisien. La corne était faite en nougat, déversant une macédoine de fruits glacés. Aujourd'hui on fait des cornes d'abondance double ou triple. On en fait des grandes et des petites, servant tantôt pour entremets, tantôt pour garniture de socle, de pièce montée de pâtisserie.

CORNE DE CERF, *s. f.* All. *Hirschhorn.* — Autrefois, les cornes de cerf jouissaient d'une grande estime alimentaire. On en faisait des gelées, des boissons émollientes et de la colle ou gélatine. L'analyse a, en effet, démontré une forte quantité de phosphate de chaux et de gélatine. Calcinée, elle entre dans la décoction blanche de Sydenham, souvent employée en médecine contre les diarrhées chroniques. Cuites dans le potage sauce tortue, les cornes de cerf lui donnent un gluant qui fait imiter parfaitement la vraie tortue.

Les cornes de cerf à l'âge de *daguet* sont les meilleures. (Voir CERF.)

Gelée de corne de cerf. — *Formule 1092.* — Employer :

Corne de cerf râpée	grammes	250
Jus de citron	—	125
Sucre	kilogram.	1

Procédé. — Laver la corne de cerf et la faire cuire doucement dans deux litres d'eau, jusqu'à réduction de moitié; passer à travers un linge et ajouter le sucre et le citron, et faire réduire jusqu'à ce qu'en prenant une goutte et la laissant tomber sur le marbre ou autre objet froid elle se coagule. On passe alors la gelée et on y ajoute le jus de citron et on laisse refroidir dans les vases spéciaux.

CORNEILLE, *s. f.* (*Cornicula*). All. *Kræhe;* angl. *crow;* ital. *cornacchia;* esp. *corneja.* — La corneille ressemble au corbeau, dont elle a les mœurs, la forme et les habitudes.

Comme le corbeau, elle peut se mettre au pot-au-feu pour faire du bouillon.

Au Cap, on donne le nom de *corneille de mer* à un oiseau qui ressemble à la corneille comme plumage, mais qui a une chair exquise.

CORNET, *s. m.* All. *Düte;* angl. *cup of paper;* ital. *cornetto.* — Terme de pâtisserie. Cornet de papier coupé triangulairement et roulé sur l'une des faces en forme de cône pointu, au bout duquel on laisse un trou de la grandeur et de la forme que l'on désire et dans lequel on met soit de la glace royale, beurre, ou toute autre pâte servant à décorer une tourte, un socle ou autres sujets. Décorer au cornet, travailler au cornet. Embellir avec le cornet.

Cornet de papier. — *Formule 1093.* — Découper un triangle de papier d'office de la grandeur que l'on désire et procéder de la façon suivante : prendre le papier de la main gauche en

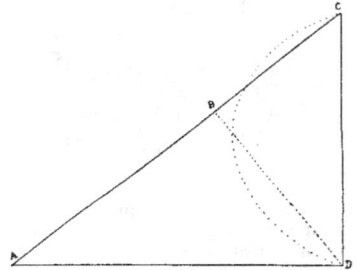

Fig. 384. — Triangle de papier pour cornet.

posant le pouce sur le point B, qui sera le côté pointu et faire rouler la pointe C sur le D, retirer alors le pouce et faire rouler la pointe A autour du cornet, et faire glisser du pouce et de l'index de la main droite les pointes réunies du même côté de façon à obtenir la fig. 385.

Doubler alors les pointes du papier pour fixer

Fig. 385. — Cornet vide.

Fig. 386. — Cornet rempli et prêt pour décorer.

le cornet et l'emplir de la substance à décorer. On le replie enfin, en solidifiant les jointures, sur le contenu du cornet afin d'obtenir la fig. 386.

Il ne reste plus qu'à couper l'extrémité pointue du cornet de façon à obtenir le fil du décor plus ou moins gros, selon les exigences du travail. Le papier pour cornet doit être glacé et solide.

Fig. 387. — Cornets à la glace.

Cornet en pâte. — *Formule 1094.* — On peut faire des cornets avec de la pâte à copeau ou langue de chat (voir ces mots), mais on obtiendra des cornets d'une plus grande finesse par la recette suivante :

Œufs frais.	nombre	4
Noisettes épluchées et torréfiées. .	grammes	125
Amandes douces.	—	125
Sucre en poudre.	—	250
Farine tamisée.	—	100

Procédé. — Moudre les noisettes et les amandes, les piler ensuite au mortier avec un blanc d'œuf, travailler ensuite le tout dans une terrine en y ajoutant le sucre et la farine, ajouter les blancs d'œufs un à un. Lorsque la pâte est suffisamment liquide on essuie l'appareil; lorsqu'elle est au point désiré on graisse légèrement une plaque et on y couche dessus la pâte et on la fait cuire. En la sortant du four on coupe le gâteau par morceaux carrés; les rouler vivement en forme de cornet et laisser refroidir.

Remarque. — Ces cornets sans aromates peuvent servir pour n'importe quel usage.

Cornets à la glace. — *Formule 1095.* — Faire des cornets selon la formule 1094 et préparer une croûte en pâte sèche que l'on fixe sur un plat rond au moment de servir; remplir vivement les cornets et les dresser dans la galerie en deux couches superposées et surmonter les cornets d'une fleur en sucre (voir la fig. 387).

Cornets en pâte de langue de chat. — *Formule 1096.* — Employer :

Sucre en poudre.	kilogr.	1
Beurre	grammes	500
Farine tamisée.	—	750
Vanille.		

Procédé. — Travailler le beurre en crème, ajouter le sucre, un peu de vanille, puis les blancs un à un en travaillant toujours, enfin la farine. Coucher avec la poche des ronds sur une plaque cirée. Aussitôt cuits, en former des cornets à l'aide d'une grosse douille unie ou d'un moule spécial. (E. Darenne. — Versailles.)

Cornets à la crème. — *Formule 1097.* — Faire les cornets en pâte et les emplir au moment de servir de crème fouettée, sucrée et aromatisée.

Remarque. — On peut varier les glaces et les crèmes à tous les fruits et à tous les aromates.

CORNICHON, *s. m.* (*Condiment*). — Le cornichon est un concombre confit au vinaigre avant maturité. (Voir CONCOMBRE et CUCUMIS.)

Cornichons, A. — *Formule 1098.* — Choisir des cornichons concombres de Paris; les laver, les égoutter sur un tamis et les mettre dans une terrine avec beaucoup de sel dessus; sauter souvent les concombres pour les imprégner de saumure; le lendemain, les ranger dans des bocaux ou dans un pot de grès vernisé alternés par couches d'estragon, de capucine, de petits oignons, d'ail, de quelques clous de girofle et de piment. Faire cuire du bon vinaigre de vin et le verser bouillant sur les cornichons et laisser en lieu frais.

Fig. 381. — Cornichons de Paris.

Le lendemain les cornichons seront jaunes; on ne s'en inquiètera pas; on décantera le vinaigre, on le fera cuire dans une bassine étamée et on le reversera bouillant sur les cornichons. On renouvellera cette opération pendant cinq à six jours en ayant soin d'ajouter du vinaigre chaque fois pour remplacer la perte. Le sixième jour on le remplacera par du vinaigre nouveau et froid. Fermer le pot avec un parchemin.

Cornichons, B. — *Formule 1099.* — Brosser les concombres à mesure qu'on en fait la cueillette, les déposer dans un vase vernissé avec du sel; ajouter les condiments aromatiques, comme il est indiqué dans la formule cornichon A. Après vingt-quatre heures, décanter la saumure et mettre les cornichons dans du bon vinaigre, que l'on aura soin de renouveler tous les mois.

Cornichons au sel, C. — *Formule 1100.* — Essuyer les cornichons, les saler, les faire égoutter comme pour la conserve au vinaigre et les mettre dans des bocaux. D'autre part, faire cuire une saumure composée de 1 kilogramme de sel, de 100 grammes de sucre pour 2 litres d'eau. Ajouter : poivre en grains, estragon, clous de girofle, laurier, raifort coupé en dés et ail. Faire bouillir le tout ensemble.

Verser cette saumure froide sur les cornichons et fermer hermétiquement les bocaux avec un parchemin ou un liège. Ces cornichons sont d'une plus longue conservation si on recouvre la saumure d'une couche d'huile ou de saindoux pour empêcher l'air de pénétrer. Placer les bocaux en lieu frais et sec. Ainsi préparés, les cornichons ne le cèdent en rien à ceux conservés au vinaigre et ils restent très verts.

HYGIÈNE. — Il faut éviter l'emploi des ustensiles en cuivre pour la cuisson du vinaigre, dont l'action corrosive dissout le métal des bassines et forme l'acétate de cuivre, ce qui rend les cornichons toxiques. Par les deux procédés ci-dessus les cornichons sont indemnes. Je pourrai citer d'autres formules plus ou moins toxiques qui rendent le cornichon d'un vert foncé, mais ces produits d'épiciers doivent être regardés comme dangereux.

CORNILLON, *s. m.* — Petit os qui se trouve dans l'intérieur des cornes du bœuf, du veau, etc., dont on tire une gélatine analogue à la corne de cerf (voir ce mot).

CORNOUILLE, *s. f.* (*Cornus mas*). All. *Kornelkirsch;* angl. *corneliam;* ital. *corniola.* — Fruit du *cornouiller*, qui est rouge et d'une saveur aigrelette; espèce de cerise à noyau. Ses propriétés sont astringentes.

CORNUE, *s. f.* — Vase de forme à peu près sphérique, se terminant par un long col coudé que l'on emploie pour distiller ou pour d'autres opérations chimiques.

COROSSOL (*Anona muricata*). — Fruit du corossolier hérissé de la famille des anonacées. Son nom lui vient d'une dégénération du mot espagnol coraçon, qui signifie *cœur*, et qui est en rapport avec sa forme un peu allongée et renflée à l'une de ses extrémités. La pulpe de ce fruit est d'un blanc mat et a un goût acide et aromatique. On en fait des compotes, des vins et des eaux-de-vie.

COROZO, *s. m.* — Palmier épineux, commun sur les bords de l'Orénoque. On abat le corozo pour lui faire rendre sa liqueur, qui reste douce pendant deux jours et fermente ensuite.

CORRENA, *s. m.* — En Toscane, on recherche beaucoup ce genre de champignon agaric qui croît aux pieds des peupliers. Il est blanc au-dessus et brun au-dessous.

CORRÈZE (*Produits de la*). — Le climat du département de la Corrèze est froid au nord, sur les plateaux; le sud, plus tempéré, renferme les terres les plus fertiles de cette région qui nourrissent de nombreuses bêtes à laine. Le commerce de ce département a aussi pour objets principaux la culture de la vigne, qui fournit un vin médiocre, l'huile de noix et les truffes.

CORSE (*Vins de l'île de*). — Les vins du Cap ou de la Corse sont généralement capiteux, fumeux et agréables. Vins de troisième classe.

CORTON (*Vins de*). — Dans le département de la Côte-d'Or. Vin classé en première tête des vins de Bourgogne (voir ce mot).

CORVINA, *s. m.* (*Sparus silensis*). — Poisson du Chili qui atteint jusqu'à deux mètres de longueur; sa tête est petite, son corps ovale, couvert de grandes écailles de couleur nacrée; sa queue est fourchue. Sa chair blanche et ferme se prépare : au court-bouillon, frite, au gratin et grillée.

COS-D'ESTOURNEL (*Vins de*). — Vins de Bordeaux, classé entre les deuxième et troisième crus. Le Cos-d'Estournel Martyn et le Mont-Rose sont les deux crus les plus estimés. Le Cos-d'Estournel se récolte dans la commune de Saint-Estèphe, canton de Pauillac.

COSPERON (*Vins de*). — Roussillon (Pyrénées-Orientales). Vin de troisième classe.

COTE, *s. f.* (*Costa*). All. *Rippe ;* angl. *rib ;* ital. *costa ;* esp. *cuesta*. — Os longs et plats placés latéralement sur la poitrine et formant par leur ensemble une cavité à parois osseuses destinée à protéger les poumons et les principaux organes situés au-dessus du diaphragme.

En cuisine et en boucherie, on distingue : les *côtes couvertes* du bœuf, morceau qui se trouve entre l'aloyau et le paleron des deux côtés de l'échine ; les *côtes découvertes,* situées sous le paleron ; les *côtes d'aloyau,* situées entre le filet et les côtes couvertes ; le *train de côtes,* la partie du bœuf qui contient les côtes à partir de la troisième côte de l'aloyau jusqu'à l'épaule ; les *plates-côtes découvertes,* la partie placée sous l'épaule et le paleron ; les *plates-côtes couvertes,* la partie inférieure de l'entre-côte et des côtes, près la poitrine ; la *côte de surlonge,* la partie qui se trouve sous le collier.

Se dit aussi des saillies longitudinales de la surface de beaucoup de tiges et de fruits. Pommes reinettes à côtes. Un melon à côtes, les côtes du coing, des laitues, ainsi que de tous les végétaux à côtes.

COTE-BOURG (*Vins de*). — Bordeaux rouge de troisième classe.

COTE DE BŒUF. — All. *Ochsrippe ;* angl. *ox rib*. — Pour la description, voir CÔTE et BŒUF. Voici quelques formules :

Côte de bœuf aux choux. — *Formule 1101.* — Tailler une côte dans le morceau du train de côtes, pour qu'elle soit marbrée de graisse ; la faire bouillir dans la marmite ; étant cuite, on la garnit de choux, de céleri et de carottes. On sert à part une sauce au raifort ou une sauce aux câpres.

Côte de bœuf à la bourgeoise. — *Formule 1102.* — La côte taillée dans l'aloyau doit être débarrassée de la graisse ; la piquer à l'instar du fricandeau et la faire braiser ; lorsqu'elle est parfaitement tendre et que son suc est réduit à glace, on la dresse ; dégraisser le fond et saucer.

Côte de bœuf à la flamande. — *Formule 1103.* — Braiser une côte de bœuf grasse ; lorsqu'elle est cuite, la dresser sur un grand plat en la garnissant d'une garniture à la flamande (voir ce mot).

Côte de bœuf à la fermière. — *Formule 1104.* — Lorsque les petites laitues commencent à paraître, on les lave entières ; on coupe l'extrémité de la racine et on les blanchigume. On les étend dans un sautoir richemement foncé et on les fait braiser.

On aura également fait braiser une belle côte de bœuf, et fait cuire séparément du petit lard et griller des petites saucisses.

On dresse la côte en la garnissant d'un turban alterné de laitues pliées, d'une tranche de lard maigre et d'une petite saucisse grillée. On sauce avec son fond dégraissé et réduit, et on sert le restant de la sauce à part.

Côte de bœuf à la julienne. — *Formule 1105.* — Tailler une belle côte de bœuf forte de deux doigts, la dépouiller de la graisse et n'en conserver que la noix. Foncer un sautoir avec des oignons émincés, du céleri et du lard ; faire bien étuver le tout. Poser la côte de bœuf sur ce fond, mouiller avec du vin blanc et du bouillon en y ajoutant du thym et du poivre en grain. Laisser cuire ainsi lentement pendant une heure et demie ; d'autre part, on préparera la julienne suivante : poireaux, carottes, racines et persil taillés en julienne ; faire blanchir et égoutter. Sortir la côte de bœuf, passer le fond et remettre le jus, la côte et la julienne dans le sautoir couvert ; faire braiser le tout jusqu'à parfaite cuisson, en ayant soin d'arroser ou de tourner souvent la côte, pour qu'elle se glace également des deux côtés. Lorsque la julienne est glacée, on dresse la côte ; lier la julienne avec du beurre frais et un verre de madère, saupoudrer de persil et, selon le goût, ajouter un jus de citron, puis en garnir la côte.

Côte de bœuf au vin de Malaga. — *Formule 1106.* — Tailler dans le train une belle côte de bœuf, la piquer avec de gros lardons, la faire braiser dans un sautoir préalablement foncé en la mouillant avec du bouillon, du vin blanc et du vin de Malaga ; faire tremper dans l'eau tiède des graines de raisins de Malaga, débarrassées de leur bois. Lever, avec la petite cuillère à légumes, des petites carottes que l'on fait glacer ; tourner des petites châtaignes et les glacer également. Un instant avant de servir, lorsque la côte est cuite, on mélange ce ragoût en y ajoutant un verre de vin vieux de Malaga. On dresse la côte, qui doit être tendre, et on la garnit du ragoût préparé.

Côte de bœuf à la provençale. — *Formule 1107.* — Barder la côte des deux côtés d'une large bande de lard, la mettre à la broche et, pendant qu'elle cuit, faire frire des oignons et quelques gousses d'ail dans un peu d'huile fine ; lorsque la côte est cuite saignante, on la dresse sur un plat, on ajoute aux oignons du persil haché et le jus de deux citrons et on en garnit la côte.

Les amateurs font cuire la côte dans l'huile.

Côte de bœuf à la bourguignonne. — *Formule 1108.* — Faire braiser la côte de bœuf et y ajouter du vin de Bourgogne ; d'autre part, faire glacer des petits oignons en y ajoutant du fond de la côte ; lorsqu'ils sont cuits en garnir la côte.

Côte de bœuf à la bordelaise. — *Formule 1109.* — Faire braiser une côte de bœuf dans un sautoir, la mouiller de bouillon et d'un verre de Bordeaux ; d'autre part, préparer une sauce bordelaise (voir ce mot) ; à cet effet, ayez quelques rondelles de moelle de bœuf pochées avec lesquelles la côte est garnie après avoir été saucée.

Côte de bœuf à la piémontaise. — *Formule 1110.* — Tailler une côte de bœuf dans un roast-beef tendre, foncer un sautoir et la faire braiser à moitié ; passer alors le fond, le dégraisser et le remettre avec la côte dans la casserole en y ajoutant du gésier, des cous et des ailerons de dindonneaux ou de poulets, le tout coupé par petits morceaux réguliers et préalablement lavés. Tailler des truffes blanches en morceaux réguliers, en arrondissant les coins en les épluchant ; les ajouter dans la casserole, mouiller d'un verre de vin blanc sec et laisser réduire à glace. Le tout étant très tendre, on dresse la côte en l'entourant du ragoût.

Remarque. — On ajoute à la côte un attelet, un manche en argent, selon les circonstances. On sert en outre la côte grillée avec une multitude de garnitures ou de sauces, qui en déterminent le nom, tels que : carottes, navets, risotto, macaronis, pommes de terre, fonds d'artichauts ou sauce italienne, tomate, anchois, *karic*, etc. ; n'ayant décrit que les formules les moins connues, je laisse aux cuisiniers le soin de choisir la garniture ou la sauce s'accordant à la pièce et au goût des convives.

La côte de bœuf se fait rarement cuire saignante, l'os empêcherait sa cuisson régulière. (Voir ENTRECÔTE.)

COTEAUX DE SAUMUR (*Vins de*). — Les vins des côteaux de Saumur sont généralement des vins blancs de deuxième classe. (Voir SAUMUR.)

COTE *ou* **CLOS CHARBONNIER** (*Vin de la*). — Dans le Beaujolais, sur le territoire des communes de *Chénas* et de *Moulin-à-Vent* (Rhône) ; clos établi par M. Paillard, propriétaire de la Maison Maire et du restaurant Paillard, boulevard des Italiens. Ce vin remarquable est un des meilleurs de deuxième classe parmi les vins français. (Voir CHARBONNIER.)

COTE-D'OR (*Vins de la*). — Département qui produit des vins très renommés. (Voir BOURGOGNE.)

COTELETTE, *s. f.* All. *Rippchen ;* angl. *chop, cutlet ;* ital. *costolina.* — Diminutif de côte. Côte de petits animaux de boucherie ; côtelette de veau, de mouton, d'agneau, de porc frais, de chevreuil, de volaille, etc. Les côtelettes de gibier à plume et de volaille sont des parties désossées de l'oiseau, quelquefois hachées et formées en côtelette.

Pour faciliter les recherches et afin de trouver immédiatement les recettes que l'on désire, je classe ici toutes les formules des côtelettes, laissant de côté les noms fantaisistes ou les amalgames hétérogènes de mauvais goût.

COTELETTE D'AGNEAU. All. *Lammcotelette ;* angl. *lam cutlet ;* ital. *costolina d'agnelo.* — Les côtelettes d'agneau sont taillées dans le carré (voir ce mot) et parées selon l'usage.

Côtelettes d'agneau aux petits pois. — *Formule 1111.* — Assaisonner et faire cuire les côtelettes sur le gril, et préparer d'autre part les petits pois à l'eau, égoutter et lier, avec du beurre fin et une pincée de sucre, en agitant la casserole. Dresser les côtelettes en couronne et mettre les petits pois au milieu. S'il n'y avait qu'une portion, on dressera les petits pois à côté des côtelettes.

Côtelettes d'agneau à la polonaise. — *Formule 1112.* — Assaisonner et passer les côtelettes, les coucher dans un sautoir préalablement beurré, les faire cuire saignantes et d'une couleur dorée. Les dresser en couronne sur un plat rond et verser dans le centre une sauce béarnaise un peu liquide. (Voir BÉARNAISE.)

Côtelettes d'agneau à l'allemande. — *Formule 1113.* — Aplatir et assaisonner les côtelettes, les paner à la mie de pain blanc, les coucher dans un sautoir beurré et les faire cuire en les maintenant blondes; les dresser en couronne et mettre dans le centre un ragoût de concombre aux champignons. (Voir la *Remarque* de la *Formule 1040.*)

Côtelettes d'agneau au foie gras (*Haute cuisine*). — *Formule 1114.* — C'est pour Son Excellence M. le comte de Eulenburg, *Ober President*, à Cassel, que j'ai préparé pour la première fois ce mets.

Procédé. — Tailler des côtelettes d'agneau, les aplatir et les assaisonner. Piler dans un mortier du foie gras frais, le passer au tamis, l'assaisonner d'épices à pâté, lui incorporer des truffes noires épluchées et hachées menu. Farcir alors les côtelettes des deux côtés d'une mince couche de cet appareil et les envelopper avec de la toile abdominale de porc. Les faire cuire dans un sautoir avec du beurre frais. Les dresser en turban et lier le fond avec de la glace de viande et du jus de citron. Saucer dessus les côtelettes.

Côtelettes d'agneau à la châtelaine. — *Formule 1115.* — Sauter les côtelettes d'un côté seulement, les laisser refroidir; les napper du côté cuit d'un appareil composé d'une crème de volaille réduite, avec une purée d'oignons frais. Placer les côtelettes dans un sautoir beurré, le côté cru en bas. Au moment de servir, mettre le sautoir en plein feu, aussitôt saisies, mettre le sautoir une minute dans le four pour pocher l'appareil. Les dresser en couronne autour d'une pyramide de purée de pois nouveaux, allongée d'un peu de purée d'oignons.

Lier le fond avec une sauce demi-glace, que l'on sert à part. (A. Landry. — *Londres.*)

Côtelettes d'agneau à la cévenolaise. — *Formule 1116.* — Dégager le haut des côtelettes d'un carré, de façon à mettre à nu les os d'environ 2 centimètres. Dégager aussi l'os de l'échine en conservant la peau. Faire une maître d'hôtel en y ajoutant de la glace de viande froide et du piment rouge; pétrir le tout et en farcir le

carré à la place de l'os de l'échine; recouvrir avec la peau et paner deux fois le carré. Envelopper les bouts des os de papier beurré et faire cuire dans un sautoir au four, en ayant soin d'arroser souvent. Préparer d'autre part une purée de châtaignes fraîches; l'assaisonner, la beurrer et la dresser en pyramide sur un plat rond. Tailler les côtelettes et les dresser en couronnes autour de la purée de marrons. Saucer légèrement le tour avec le jus.

Côtelettes d'agneau à l'Imam Bayeldi. — *Formule 1117.* — Couper une aubergine sans être épluchée par tronçons de 2 centimètres d'épaisseur; les assaisonner de sel et poivre et les faire cuire dans un mélange d'huile et de beurre. Procéder de même pour quelques tomates coupées par moitié, et ajouter du persil haché. Faire sauter au beurre les côtes d'agneau et, une fois cuites, les dresser sur les tronçons d'aubergine et mettre les tomates par-dessus.

Déglacer le plat à sauter avec un peu de vin blanc, un peu de bon fond, un jus de citron, un peu de beurre fondu, de façon à former un jus tourné. Arroser avec le tout les côtelettes. (L. Mourier, chef des cuisines des restaurants Paillard.)

Remarque. — Règle générale, on applique toutes les méthodes des côtelettes de mouton aux côtelettes d'agneau et réciproquement; il n'y a là qu'une question de choix et d'opportunité que je laisse aux soins des personnes chargées de rédiger le menu.

Côtelettes d'agneau à la Mourier (*Cuis. de restaurant*). — *Formule 1118.* — Faire sauter les côtelettes dans un sautoir beurré, étant cuites saignantes et d'une belle couleur les retirer. Mettre dans le sautoir des foies de volaille, bien gras, coupés en deux, des morilles fraîches, également coupées en deux (si elles étaient conservées, les faire préalablement tremper dans l'eau tiède); faire sauter vivement, retirer et mettre la garniture avec les côtelettes. Dans ce fond, faire une réduction de vin blanc, y ajouter de la demi-glace et lier au beurre fin. Remettre dans le sautoir la garniture et les côtelettes; laisser mijoter un instant et ajouter un filet de citron; dresser les côtelettes en couronne et mettre la garniture dans le centre.

Remarque. — Cette garniture, ainsi que le procédé, s'applique à toutes les côtelettes.

COTELETTE DE FARCE, *s. f.* All. *Farsecote-lette;* angl. *farce cutlet;* ital. *costelina de ripieno, farsa.* — Ce genre appartient à la catégorie des quenelles, boudins soufflés ou pain de gibier, veau, volaille et poisson.

Côtelettes de lièvre aux truffes. — *Formule 1119.* — Cuire le lièvre et enlever les viandes en écartant les nerfs, les os et la graisse; les piler, les passer au tamis de crin. Oter le fiel et cuire une égale quantité de foies de volaille et les passer également au tamis. Les déposer dans une casserole que l'on maintiendra tiède; ajouter à cette purée le tiers de son volume de sauce chaufroid brune et 200 grammes de beurre fin; remuer de façon à bien mélanger le tout et assaisonner; lorsque cet appareil est homogène, en verser dans un sautoir une couche qui sera forte de 2 ou 3 centimètres. Laisser glacer le pain et, à l'aide d'un emporte-pièce imitant la forme des côtelettes, tailler dans le pain en économisant l'espace.

Garnir le bout des côtelettes d'un petit os, auquel on pique une truffe, les glacer à la gelée, les dresser en turban sur socle ou sur un plat; remplir le centre et le tour de petites truffes également glacées.

Fig. 382. — Côtelettes de lièvre aux truffes.

Remarque. — Les côtelettes de pain de faisan et de tout autre gibier se traitent de la même façon et ne diffèrent que par la manière de faire les pains. (Voir PAIN.)

Côtelettes de quenelles de perdreaux. — *Formule 1120.* — Désosser des perdreaux, enlever les nerfs des chairs, piler et passer au tamis de crin.

Composer ensuite la farce suivante :

Chair de perdreaux.	grammes	300
Beurre fin.	—	200
Panade à la farine de riz	—	200
Œufs.	nombre	2
Crème fraîche.	décilitre	4
Epices et sel.		

Procédé. — Piler dans le mortier, en triturant la chair, le beurre, la panade et l'assaisonnement; ajouter les deux jaunes d'œufs et peu à peu de la crème. Essayer si cette farce a assez de consistance, et lorsque la douceur du corps, la succulence et le goût sont en parfait degré, la sortir du mortier; dans le cas contraire, pour raffermir ajouter des jaunes d'œufs, pour la mollesse, de la crème, pour le goût de l'assaisonnement.

Incorporer dans cette farce un salpicon taillé menu, de truffes, de langue écarlate et de filets de perdreaux froids.

Coucher cet appareil sur une plaque légèrement beurrée et le mettre en lieu froid pour le laisser raffermir.

Faire des quenelles en forme de côtelettes, les paner en couvrant d'une forte et régulière couche de mie de pain; ajouter l'os de la cuisse pour imiter les côtelettes et faire frire.

Dresser sur une serviette posée sur un plat rond et envoyer séparément un fumet qu'on aura fait avec les carcasses de perdreaux.

Remarque. — Un de nos amis, Ovide Bichot, a trouvé le moyen de faire ces excellentes quenelles sans panade, c'est-à-dire en assaisonnant la purée et en lui ajoutant, en triturant dans le mortier, de la crème double de premier choix. On comprend naturellement la supériorité de ces quenelles sur les quenelles ordinaires.

On fait également ainsi les côtelettes de brochets, de carpes, de perches, de rougets, c'est-à-dire avec une farce à quenelle moulée.

Des cuisiniers ont fait faire des moules en ferblanc en forme de côtelettes à quenelles et épigrammes; on n'a qu'à les remplir et les faire pocher, les démouler et les couper ensuite. C'est un perfectionnement apporté à la simplification qui active ce travail toujours long à exécuter. De cette manière se font les côtelettes de lièvre, de lapereau, etc.

COTELETTES DE GIBIERS A POILS. — Dans cet article je classe les côtelettes de chamois, chevreuil, daim, cerf, argali, sanglier, etc.

Côtelettes de chamois. — En allemand, *Gems-cotelette;* en anglais, *shamoy cutlet;* de l'italien, *costelina di camoscio.* — Les côtelettes du jeune chamois ont une grande analogie avec les côtelettes de chevreuil; on leur applique les mêmes formules culinaires. (Voir CHEVREUIL.)

Côtelettes de chevreuil. — En allemand, *Rehcotelette;* en anglais, *roebuck cutlet;* en italien, *costelina di capricuolo.*

Procédé général. — *Formule 1121.* — Tailler et parer les côtelettes, les assaisonner et les faire macérer avec du poivre concassé et du jus de citron. Les faire griller, ou les cuire à la poêle ou dans un sautoir selon la sauce ou garniture qu'on désire leur appliquer.

Côtelettes de chevreuil à la minute (*Cuis. de restaurant*). — *Formule 1122.* — Tailler, parer et assaisonner les côtelettes, et les faire cuire à la poêle. Préparer pendant ce temps un beurre à la maître d'hôtel dans lequel on aura mis du poivre de Cayenne. Le faire fondre dans une petite casserole avec de la glace de viande et du jus de citron, y ajouter les côtelettes pour les saucer. Les dresser sur un plat très chaud et les masquer de la sauce.

Côtelettes de chevreuil à la venaison. — (Voir CHEVREUIL.)

Côtelettes de chevreuil au genièvre. — *Formule 1123.* — Faire macérer les côtelettes avec de l'huile, du poivre en grains concassés et du genièvre en grains. Les faire sauter, y ajouter de la crème et de la sauce espagnole. Passer la sauce et dresser les côtelettes.

Côtelettes de chevreuil à la poivrade. — *Formule 1124.* — Faire cuire des côtelettes fraîches, et les saucer dans une sauce poivrade. (Voir CHEVREUIL.)

Côtelettes de chevreuil aux truffes. — *Formule 1125.* — Les côtelettes doivent être fraîches, de préférence macérées et non marinées. Les assaisonner et les faire cuire dans un sautoir, leur ajouter une sauce aux truffes. Les dresser en couronnes et poser sur chacune une tranche de truffes épluchées.

Côtelettes de chevreuil à la maréchale. — Procéder comme pour les filets de chevreuil. (Voir *Formule 910.*)

Côtelettes de cerf. — En anglais, *stagcutlet;* de l'italien, *costelina di cervo;* en allemand, *Hirschcotelette.*

Procédé général. — *Formule 1126.* — Les côtelettes du cerf jusqu'à l'âge d'*andouiller* sont bonnes, elles doivent être piquées fraîches et mises à macérer ou mariner ensuite. On les prépare à toutes les formules du chevreuil.

Côtelettes de daim. — En anglais, *deer cutlet;* en allemand, *Dammhirschcotelette;* en italien, *costelina di daino.*

Procédé général. — *Formule 1127.* — Comme les côtelettes du chamois ou du cerf, les côtelettes de daim doivent être piquées avant d'être macérées ou marinées, les côtes très grosses doivent être braisées. On les sert à la *crème aigre* (voir CHEVREUIL, *Formule 907*), à la *sauce poivrade*, aux *nouilles*, aux *truffes*, aux *champignons*, etc.; mais surtout au *genièvre* et à la *sauce raifort*, à la *sauce aux anchois* et quelquefois *froides*, garnies de *caviar* et de *mixed Pikles.*

Côtelettes de sanglier. — *Formule 1128.* — Parer les côtelettes et les faire mariner (voir MARINADE) pendant quelques jours. Au moment de les faire cuire, les essuyer et les faire revenir dans un sautoir avec du beurre frais. Ajouter un peu de sauce espagnole, à défaut faire un petit roux. Laisser braiser jusqu'à parfaite cuisson. Faire réduire à glace avec un peu de vin de Madère. Dresser les côtelettes et les arroser de leur jus. (Pour les autres préparations, voir CHEVREUIL.)

CÔTELETTES DE GIBIERS A PLUMES. All. *Wildpretcotelette;* angl. *game cutlet;* ital. *costelina di nuellagione.* — Mets composé en forme de côtelette.

Dans cet article je classe les formules des côtelettes de gibier à plume depuis le faisan à l'ortolan. On verra d'ailleurs que dans ce groupe le genre ne diffère pas sensiblement.

Côtelettes de perdreaux. — *Formule 1129.* — Flamber et vider dans la règle de jeunes perdreaux, les couper longitudinalement par le milieu; faire passer la patte dans le croupion de façon à imiter l'os de la côtelette; l'aplatir légèrement à l'aide de l'abatte; les assaisonner, les faire griller à point; étant cuites, les dresser sur un plat rond, les arroser avec une sauce maître d'hôtel fondue dans de la glace de perdreau.

Côtelettes de perdreaux à la chasseur. — *Formule 1130.* — Flamber, vider et tailler longitudinalement de jeunes perdreaux; passer la patte dans l'os du croupion, rabattre légèrement; leur donner la forme de côtelettes; les assaisonner, les paner en les trempant préalablement dans du beurre clarifié. Les poser dans un sautoir beurré et les faire cuire. Lorsqu'elles sont cuites à point, les dresser et poser dans le centre de la couronne une sauce maître d'hôtel à moitié fondue et composée de beurre frais, d'échalotes blanchies, de persil, de noix muscade râpée, de jus de citron, de sel, de poivre et de glace de viande; le tout trituré dans la casserole chaude, afin d'obtenir une sauce homogène et fondante.

Côtelettes de perdreaux à la Richelieu. — *Formule* 1131. — Après avoir flambé et vidé les jeunes perdreaux, on sépare la poitrine des cuisses; on coupe les poitrines par le milieu et on les aplatit légèrement; préparer un fumet des débris et des cuisses, c'est-à-dire un coulis ou purée; assaisonner les poitrines et les envelopper dans de la toile abdominale de porc frais; les faire griller, ôter la toile et les dresser en turban sur une couronne de farce de gibier pochée. Saucer avec le fumet, dans lequel on peut ajouter des truffes, si on le désire.

Remarque. — Pour la réussite du dressage, on choisit les côtelettes du côté gauche de l'estomac, puis celles de droite dressées sur un autre plat, lorsque le permet, et on figure l'os des côtelettes avec les jambes de perdreaux appareillées à cet effet.

Côtelettes de faisan (*Haute cuisine*). — *Formule* 1132. — Les côtelettes de faisan s'appliquent aux mêmes formules que celles de perdreaux; elles ont l'avantage d'être plus grosses et partant plus succulentes.

Procédé. — Enlever la peau de l'estomac du faisan et tailler sur chaque côté de la poitrine deux tranches auxquelles on donne la forme de côtelettes, les faire macérer dans de l'huile condimentée, les faire sauter dans un sautoir, soit en mouillant avec une sauce salmis que l'on a obtenue avec les carcasses pilées et réduites, soit simplement arrosées du beurre et de leur suc. On les pane au besoin en les servant avec une sauce Colbert ou une sauce maître-d'hôtel fondue avec de la glace de gibier.

Côtelettes de grives. — *Formule* 1133. — Les grives genièvrières, après quelques jours d'engrais dans les coteaux fertiles, sont les meilleures pour ce genre de mets.

Procédé. — Couper la tête et les pattes des grives après les avoir flambées et coupées par le milieu; passer la patte dans le flanc de façon à imiter la côtelette; les aplatir légèrement, les assaisonner, les envelopper dans de la toile abdominale de porc et les faire griller. Les dresser en turban sur un plat rond.

Remarque. — Les côtelettes de petits oiseaux: ortolans, becfigues, etc., se traitent de la même façon.

Côtelettes de pigeons à la Colbert. — *Formule* 1134. — Flamber et dégager du gésier, de l'estomac et des intestins les pigeons sans en sortir le foie et le cœur.

Procédé. — Tailler les pigeons longitudinalement par le milieu, couper la patte de chaque moitié au genou et la faire rentrer sous sa peau; les placer dans un sautoir beurré, les faire étuver un instant, les presser et les laisser refroidir. Leur donner la forme de côtelettes, les assaisonner et les paner en passant préalablement dans du beurre fondu ou de l'huile fine. Les griller sur un feu doux et les servir avec une sauce Colbert.

Côtelettes de pigeons en papillotes. — *Formule* 1135. — Procéder comme pour la formule précédente; lorsqu'elles sont pressées, leur appliquer la farce et la papillote comme il est indiqué dans la côtelette de veau papillote (voir ce mot).

Côtelettes de pigeons à la Cussy. — *Formule* 1136. — Préparer en forme de côtelettes les pigeons comme il est indiqué dans la *Formule* 1134, les coucher dans un sautoir beurré, les assaisonner préalablement et les saupoudrer de fines herbes assorties et mélangées avec des échalotes hachées. Les faire étuver au four, mouiller avec de la sauce suprême et un jus de citron; achever la cuisson; dresser les côtelettes, lier la sauce avec du beurre fin et lui ajouter un jus de citron. Saucer sur les côtelettes de pigeon.

Côtelettes de pigeons à la Luynes. — *Formule* 1137. — Flamber, tailler, assaisonner des pigeons auxquels on a donné la forme de côtelettes; hacher des champignons de préférence frais, les ajouter à une sauce allemande très réduite et refroidie, en farcir les pigeons d'un côté d'abord, puis de l'autre côté; enfin, les paner à l'œuf et à la mie de pain. Les faire frire, les dresser sur une serviette et les garnir d'un bouquet de persil frit.

Remarque. — Toutes ces différentes formules sont susceptibles de modifications selon les goûts et les usages.

Côtelettes de pigeons à la Victoria. — *Formule* 1138. — On a souvent confondu ce mode de préparation avec la sauce Victoria (voir ce mot), c'est la côtelette qui, servie avec cette sauce, en prend la dénomination. Or, il n'y a pas de genre exclusif et distinct pour ce genre de côtelettes; quelle que soit leur nature, elles peuvent être servies accompagnées de la sauce *Victoria* et s'écrire *à la Victoria*, comme *filet à la Béarnaise, côtelette à la Soubise.*

COTELETTE DE MOUTON, *s. f.* All. *Schaafscotelette;* angl. *mutton, sheep cutlet;* ital. *costelina di moutone.* — Partie du mouton taillée dans le carré dont chaque morceau comprend une côte. Côtelettes de filet; entre-côtelettes, tranche coupée entre deux côtes.

Lorsque le râble est partagé et qu'on a coupé le collet et le bout du filet, on enlève la peau sèche qui le recouvre, on dégarnit la noix de l'os dorsal avec le couteau on en enlève l'ossature avec l'abatte; on taille alors régulièrement les côtelettes, on les aplatit et on dégage au bout de l'os de la côte un espace long de 3 centimètres pour pouvoir mettre une papillote une fois les côtelettes cuites.

C. de mouton au naturel. — *Formule* 1139. — Saler et huiler légèrement les côtelettes et les mettre sur le gril; après cinq minutes, les tourner et achever ainsi la cuisson sans les retourner. On les dresse sur un plat très chaud.

Remarque. — La côtelette de mouton doit être saignante et chaude; trop cuite, elle perd sa sapidité et, froide, elle devient mauvaise, indigeste et sans succulence. Les côtes de filet, qui sont plus longues à la cuisson, doivent être mises sur le gril avant les autres pour ne pas les faire attendre, leur délicatesse dépendant surtout de l'activité du service.

C. de mouton à la polonaise. — *Formule* 1140. — Aplatir les côtelettes très minces, les saler, les poivrer et les passer à l'appareil anglais (voir APPAREIL) et à la chapelure; les huiler légèrement et les mettre sur le gril d'une chaleur douce, ou dans un sautoir avec du beurre très frais. On les sert à la demi-glace avec des garnitures, avec de la sauce raifort, Colbert ou autres sauces relevées.

C. de mouton à la Soubise. — *Formule* 1141. — Après avoir fait une sauce soubise (voir ce mot) griller les côtelettes, les mettre dans un sautoir avec de la glace de viande et les sauter pour les glacer complètement. Les dresser en couronne et verser dans le centre une sauce soubise; garnir les côtelettes de papillotes, de façon à former un turban régulier.

C. de mouton à la royale. — *Formule* 1142. — Dégarnir l'os dorsal d'un beau carré de mouton; ôter également l'épiderme nerveux qui le recouvre; le faire macérer dans un bon assaisonnement avec lequel on aura préalablement frotté le carré; faire entre la noix et le filet une petite ouverture dans laquelle on introduira, dans toute la longueur du carré, un assaisonnement composé d'ail, d'échalotes, d'oignons, de ciboules hachées; saupoudrer d'un sel mélangé de muscade, de clous de girofle en poudre, de poivre de Cayenne et d'épices. Fermer l'ouverture garnie, ficeler légèrement le carré et le faire cuire à la broche ou dans une lèchefrite; étant à moitié cuit, le sortir, préparer un appareil anglais, imbiber le carré dans l'appareil battu et le rouler dans la chapelure; étant passé deux fois, le remettre dans une lèchefrite pour achever la cuisson. Tailler alors des côtelettes dans le carré et les dresser sur un plat long en chevauchant les côtes. D'autre part, préparer une sauce maître d'hôtel fraîche, dans laquelle on ajoutera de la glace de viande fondue à moitié dans une casserole en remuant vivement avec le fouet; lorsqu'elle sera liée, on la versera sur les côtelettes très chaudes.

C. de mouton à la bruxelloise. — *Formule* 1143. — Tailler des côtelettes de filet dans la règle et les aplatir minces; les assaisonner et envelopper chacune d'elles dans une couche de chair à saucisses, dans laquelle on a ajouté des truffes hachées. Entourer le tout dans une toile abdominale de porc frais, en conservant une forme gracieuse aux côtelettes; faire griller les côtelettes et les servir, comme on les désire accompagnées, d'une sauce relevée ou de pommes frites.

C. de mouton à la bouchère. — *Formule* 1144. — Le défaut de certains cuisiniers est de dégager le bout de la côte pour pouvoir y adapter la papillote; son nom caractéristique indique mieux qu'un long discours le sens qu'on doit attacher à sa préparation.

Procédé. — Tailler dans le large carré des côtelettes qu'on aplatit simplement, qu'on assaisonne et fait griller ; puis on les dresse saignantes sur un plat chaud, entourées d'une barricade de pommes de terre soufflées (voir ces mots). Ce mode est simple, mais l'estime que lui portent les gourmets est suffisante pour en prouver la parfaite délicatesse.

C. de mouton à la victime. — *Formule* 1145. — Le baron de Brisse, qui n'était pas républicain, pastichant Dumas par son beefsteak, se servit d'un terme de la grande Révolution pour mieux distinguer la fantaisiste formule suivante, que je cite comme curiosité :

« On sacrifie trois victimes (côtelettes) pour une, les tailler et les lier ensemble, en plaçant la plus belle entre les deux autres ; mettez-les sur le gril et retournez-les souvent pour que le jus des deux côtelettes de dessus se concentre dans celle qui les sépare. Lorsque les côtelettes du dessus sont plus que cuites, retirez-les pour ne servir que celle du milieu. »

Pas de commentaires, M. le Baron !

C. de mouton sautées à la minute (*Cuis. de restaurant*). — *Formule* 1146. — Mettre dans une poêle avec du beurre frais, des oignons, des échalotes et des ciboules hachées ; faire sauter le tout, ajouter un peu de farine et laisser roussir.

D'autre part, griller les côtelettes de mouton saignantes ; les déposer dans un sautoir, les arroser de la sauce et y ajouter un jus de citron, du vin de Madère, des fines herbes hachées, du poivre de Cayenne et bien lier le tout. Dresser les côtelettes dans un plat rond et saucer dessus.

C. de mouton sautées aux tomates. — *Formule* 1147. — Emincer des oignons, une gousse d'ail et des tomates débarrassées de leurs pépins. Bien assaisonner le tout, ajouter une pointe de poivre de Cayenne et des fines herbes ; faire sauter dans une poêle jusqu'à parfaite cuisson et en garnir le centre où l'on a dressé les côtelettes préalablement grillées.

C. de mouton à l'italienne. — *Formule* 1148. — Préparer d'avance une sauce italienne (voir ce mot). Griller les côtelettes, les dresser et les couvrir de la sauce préalablement préparée.

C. de mouton à la bretonne. — *Formule* 1149. — Griller des côtelettes ; pendant ce temps, émincer des oignons, les faire roussir à la poêle, les

mettre dans une casserole avec l'assaisonnement nécessaire, de la glace de viande et une quantité suffisante de crème double pour faire lier l'appareil ; en garnir le centre des côtelettes dressées en couronne. Garnir au besoin de papillotes.

C. de mouton à la Zurlo. — *Formule* 1150. — Tailler autant de belles côtelettes qu'il y a de convives ; les parer, les faire revenir des deux côtés dans un plat à sauter et sur un feu vif ; les retirer.

D'autre part, faire blanchir, en les passant à l'eau bouillante, autant de tranches de lard maigre qu'il y a de côtelettes et de la même longueur que ces dernières ; les essuyer et les faire revenir également. Déglacer le plat à sauter avec du consommé. Eplucher des petits oignons et tourner des pommes de terre et des carottes en gousse d'ail ; faire blanchir le tout à l'eau bouillante.

Dresser dans une *cocotte* en *terre* les côtelettes alternées d'une tranche de lard et mettre au milieu : carottes, pommes de terre, petits oignons, un bouquet garni et une pointe d'ail. Couvrir hermétiquement et mettre au four le temps nécessaire à la cuisson. Aussitôt cuit, dégraisser un peu le fond et servir dans cette même cocotte. (*L. Mourier,* chef des cuisines des restaurants Paillard.)

C. de mouton à la poêle. — *Formule* 1151. — Râtisser un peu de lard avec la pointe du couteau, le faire fondre dans un poêlon, y mettre les côtelettes, les saler, leur faire prendre couleur et ajouter trois ou quatre gousses d'ail entières par personne ou par côtelette ; les retirer cuites saignantes et faire cuire dans leur jus une ou deux tomates épluchées et hachées avec les gousses d'ail, ajouter sel, poivre et un peu de persil haché. Dresser les côtelettes dans un plat arrosées de cette sauce (*M. Morard,* Marseille.)

C. de mouton à la Pompadour. — *Formule* 1152. — Faire braiser des côtelettes de mouton ; les laisser refroidir. Lier une sauce soubise (voir ce mot) avec des jaunes d'œufs et en masquer les côtelettes à chaud ; passer les côtelettes farcies à la mie de pain, dans un sautoir et les mouiller jusqu'à la hauteur de la farce avec leur cuisson primitive ; couvrir d'un papier beurré et faire gratiner.

Dresser les côtelettes en garnissant le centre

du plat d'une macédoine de petits pois et de pointes d'asperges fraîches.

C. de mouton à la Maintenon. — *Formule 1153.* — Griller ou faire braiser les côtelettes, les presser pour leur donner une forme plate et régulière. Lier et faire réduire une sauce suprême; lorsque cette sauce est tiède, on place les côtelettes sur une plaque de tôle beurrée et, à l'aide d'une cuillère, on verse sur chacune d'elles l'appareil. Mettre dans un lieu froid la plaque contenant les côtelettes; on en dégage les côtés sur lesquels la sauce a coulé et on opère de l'autre côté des côtelettes de la même manière, on les pane deux fois à la mie de pain et on les fait frire. On les dresse en couronne, on les garnit de persil frit et on envoie à part une sauce demi-glace.

C. de mouton à la Nelson. — *Formule 1154.* — Faire griller saignantes ou braiser complètement les côtelettes de mouton avant de les mettre en presse; préparer d'autre part une farce, légère, dans laquelle on introduira une purée d'oignons à la crème bien assaisonnée, farcir les côtelettes et les saupoudrer de mie de pain blanc; mettre avec chacune d'elles un peu de beurre frais et les placer dans un sautoir avec du jus réduit. Les faire chauffer par la cuisson, les dresser en couronne, saucer sur le plat, soit avec une sauce demi-glace, soit avec une sauce maître d'hôtel chaude, dans laquelle on a ajouté un peu de glace de viande et une pointe de couteau de poivre paprica.

Remarque. — Comme on le voit, les trois formules précédentes ne diffèrent que peu ou point entre elles, et il y a même lieu de croire qu'un grand nombre d'artistes écrivent seulement pour la variété des différents noms et servent toujours les côtelettes de la même façon; il importe donc avant tout de s'entendre sur les noms et les formules, de suivre une règle adoptée par nos maîtres et non de créer des noms nouveaux et de servir des mets anciens. Que tel ou tel convive préfère le rôle politique ou le génie de Mme de Pompadour, de Mme de Maintenon, de Mme de Sévigné, ou les exploits de Nelson ou de Villeroy, c'est affaire de goût et je n'y toucherai pas; mais que l'on fasse de ces noms de circonstance une amphibologie, je proteste; c'est conduire l'art culinaire dans le plus sombre labyrinthe. En citant les créations de Carême, je fais mon devoir dans le but que je poursuis : *la classification des noms et des aliments.*

C. de mouton à la Fulbert Dumonteil. — *Formule 1155.* — Faire sauter des côtelettes de mouton bien parées et les laisser refroidir. Faire réduire deux tiers de sauce béchamelle avec un tiers de purée d'oignons cuits et passés au tamis fin; assaisonner de bon goût et lier avec des jaunes d'œufs pour obtenir un appareil consistant. Laisser refroidir tiède et masquer les côtelettes des deux côtés, les saupoudrer de chapelure blanche et les poser sur une plaque beurrée. Les laisser refroidir. Les paner deux fois à l'appareil anglais (œufs battus avec une goutte d'huile fine), et leur donner une forme élégante. Les faire frire dans du beurre clarifié; les égoutter.

Les dresser en couronne dans un plat rond, sur une purée de topinambours à la crème (même procédé que pour la purée de pommes de terre); papilloter les côtelettes et servir le jus dans une saucière à part. (*A. Landry*, Londres.)

COTELETTES DE PORC FRAIS, *s. f.* All. *Schweinscotelette;* angl. *pig cutlet;* ital. *costelina di porco.* — Les côtelettes de porc frais ont été peu ou point étudiées par les artistes culinaires au point de vue de la variété des formules, pour la bonne raison que c'est un aliment secondaire et que son usage fréquent ne satisferait pas les conditions hygiéniques d'une cuisine saine. Je ne citerai donc que les deux formules les plus usuelles. Inutile de dire qu'elles peuvent se servir à la sauce piquante, sauce madère, aux truffes, etc.

C. de porc frais sauce Robert. — *Formule 1156.* — Tailler des côtelettes dans un carré rassis de deux jours, les aplatir légèrement, les placer dans un sautoir beurré après les avoir assaisonnées et les faire cuire à petit feu. Dresser sur un plat long et saucer d'une sauce Robert (voir ce mot).

C. de porc frais panées. — *Formule 1157.* — Tailler, aplatir, assaisonner les côtelettes; les paner et les faire cuire comme les côtelettes de veau panées; les accompagner d'une sauce relevée.

C. de porc frais braisées. — *Formule 1158.* — Dégager les sommets des côtes d'un carré de porc frais, couper l'os dorsal. Faire braiser le carré dans une braisière fortement foncée de légumes; étant cuit à moitié, on y ajoute des choux taillés en julienne, que l'on a préalablement fait égoutter sur un tamis. On achève la cuisson en ajoutant du bouillon s'il était nécessaire; étant cuit, on taille les côtelettes et on les dresse autour des choux que l'on a dressés sur un plat rond.

Remarque. — Dans le Nord on sert les côtelettes accompagnées de plusieurs sauces relevées, telles que sauce raifort, gingembre, paprica, et quelquefois sucrées, ou garnies de diverses purées de légumes.

COTELETTE DE VEAU, *s. f.* All. *Kalbsrippchen;* angl. *veal cutlet;* ital. *costelina de vitelo.* — La série des côtelettes présente une grande nomenclature que je divise en cinq genres : *froides* et *glacées; braisées;* au *naturel; panées* et *garnies.*

CÔTELETTES DE VEAU GLACÉES. — C. glacée. — C. à la gelée. — C. en belle vue — C. farcie.

C. de veau à la gelée. — *Formule* 1159. — Piquer une ou plusieurs côtelettes de veau avec du lard et du jambon cru; la cuire, la presser et lui donner une forme élégante; la placer dans un petit moule en forme de côtelette et y couler de la gelée dessus; démouler et placer une papillote à l'os de la côte.

Remarque. — Il existe plusieurs manières de faire ces côtelettes, on choisit le mode selon le nombre de personnes que l'on a à servir ou selon le goût ou les ressources dont on dispose.

C. de veau en belle vue. — *Formule* 1160. — Tailler et piquer de lardons et de jambon douze côtelettes de veau, les faire braiser dans un sautoir en réduisant le fond à demi-glace; presser les côtelettes et les mettre dans un lieu froid; pendant ce temps, passer et ajouter à la demi-glace de la gelée; faire réduire et, étant à peu près froides, poser les côtelettes sur un tamis, la noix en l'air ou debout de façon à pouvoir les glacer avec la gelée réduite. Lorsque la partie superficielle et le bord extérieur sont d'un beau brillant, on les dresse sur un socle au milieu duquel s'élève un sujet. On garnit sa base de truffes glacées, on papillote les côtes au bout desquelles on applique une petite truffe également glacée.

Remarque. — Les garnitures et le dressage sont une affaire de goût, de convenance ou de ressources, que je ne puis déterminer ici; mais la forme ne doit pas trahir son titre de *belle vue.*

C. de veau farcies. — *Formule* 1161. — Faire cuire des côtelettes de veau dans la règle, les presser; étant froides, les couper en deux lames. Faire sauter dans l'huile des oignons, des échalotes hachées et une gousse d'ail, que l'on incorpore dans du foie gras frais, cuit à la poêle, ou dans du foie gras de terrine, en y ajoutant quelques truffes hachées, avec lequel on farcit le centre des deux lames de côtelettes et qu'on repose à sa juxtaposition primitive. On les glace avec une sauce chaufroid.

C. de veau au naturel. — *Formule* 1162. — On les grille de préférence, mais, en cas d'impossibilité, on devra les faire cuire dans un sautoir, la poêle donnant un petit goût de fer qui ne plaît pas à tout le monde. Il est bien convenu que la côtelette au naturel se cuit et se sert tout à fait naturelle.

CÔTELETTES PANÉES. — Dans cette série, je classe les côtelettes panées garnies ou non :

C. de veau panées froides. — *Formule* 1163. — Les côtelettes panées et froides, quoique simples, ne sont pas à dédaigner par leur goût, à la condition toutefois qu'elles ne soient pas trop minces et qu'elles soient cuites à point en conservant leur succulence, qui disparaît lorsqu'elles sont légèrement trop cuites.

Ces côtelettes se servent plus particulièrement pour le voyage, la chasse ou autres courses récréatives.

En ouvrant la série des côtelettes panées et chaudes, je commence par une formule de Rouyer, qui l'a intitulée :

C. à la gendarme. — *Formule* 1164. — Choisir un beau carré;

> Car c'est pour offrir aux gens les plus honnêtes,
> Qu'ici je taille du *veau* de larges *côtelettes :*
> J'assaisonne de : *sel, poivre;* et de *beurre frais*
> J'enduis chaque *morceau*, puis je le roule après
> Dans une *chapelure.* Ainsi qu'une *croûte*
>   La *côtelette* est mise toute;
> Cuire, en les retournant, ces *pains* aux beaux tons roux,
>   Qu'il faut servir sur *sauce citronnée.*

C. de veau à la milanaise. — C'est une contradiction flagrante que d'appeler à Paris *côtelette à la milanaise* ce qu'à Milan on appelle *côtelette à la parisienne;* s'il s'agit de nommer *à la milanaise* la côtelette telle qu'on la fait à Milan, on se demande pourquoi on ne la prépare pas à Paris comme à Milan? C'est le manque de pénétration et d'étude qui laisse à l'esprit la fausse idée que ce qui est *à la milanaise* doit être aux macaronis.

Formule 1165. — Tailler une belle côtelette de veau, l'aplatir très mince, devenant par conséquent très large, la saler légèrement; battre deux œufs dans lesquels on aura ajouté un peu d'huile fine, de la muscade râpée, du poivre et du sel; passer la côtelette dans cet appareil, vivement, dans de la chapelure blanche. Mettre du beurre très frais dans un sautoir, y déposer la côtelette et la faire cuire en versant un peu de son beurre dans un plat très chaud; servir la moitié d'un citron à côté de la côtelette. Telle est la côtelette *à la milanaise.*

C. milanaises à Paris. — *Formule* 1166. — Tailler, aplatir, assaisonner et passer les côtelettes dans du beurre fondu, puis dans du fromage parmesan râpé, dans un appareil d'œuf et enfin dans la chapelure. Faire cuire les côtelettes dans un sautoir avec du beurre frais, pendant que d'autre part on aura préparé une garniture composée de macaronis, de langue, de truffes, de jambon, le tout taillé en forme de julienne et sauté avec de la tomate; assaisonner d'un peu de poivre de Cayenne et lier avec du fromage parmesan râpé. Dresser les côtelettes en turban, remplir le centre avec la garniture et saucer avec une sauce demi-glace.

C. de veau à la francfortoise. — *Formule* 1167. — Ce mode a pris naissance à Francfort et ces côtelettes ont l'avantage de pouvoir être faites avec du filet ou de la noix de veau, elles sont toujours tendres, à la condition toutefois que le veau soit de première qualité et que la cuisson soit parfaite.

Procédé. — Hacher deux filets mignons de veau ou une côtelette de filet, la former en côtelette, l'assaisonner dans la règle, la passer dans l'appareil usité pour les côtelettes, la paner, la canneler avec le dos du couteau, la placer dans un sautoir beurré et la faire cuire ainsi en la servant avec son beurre et un morceau de citron.

C. de veau à la lyonnaise. — *Formule* 1168. — Piquer des côtelettes de veau de trois lignées, l'une de cornichons, la seconde de lardons et la troisième de filets d'anchois. Les faire macérer dans de l'huile assaisonnée de citron, de poivre concassé, de fragments de thym, d'échalotes, de

ciboule et d'estragon finement hachés. Enfermer les côtelettes dans deux bandes de lard suffisamment grandes pour envelopper les deux faces. Faire cuire doucement dans l'huile de la macération avec les condiments et le sel sans mouiller la cuisson. D'autre part, avec 60 grammes de beurre, une cuillerée de farine et du bouillon, faire une sauce avec laquelle on mouille les côtelettes; lorsqu'elles sont cuites, on dégraisse la sauce, on la passe au tamis et, au moment de servir, on y ajoute un jus de citron et des fines herbes hachées, mais pas de persil. (Carême.)

C. de veau à la Dreux. — *Formule* 1169. — Tailler dans la règle un nombre suffisant de côtelettes de veau, les piquer de lardons, de truffes et de langue de bœuf. Foncer un sautoir de lard, de carottes, d'oignons, de poivre en grain, de thym, de débris de veau, d'un bouquet de persil et enfin du sel nécessaire; après avoir fait légèrement roussir, mouiller avec du bouillon et un verre de vin de Madère. Faire braiser ainsi les côtelettes jusqu'à parfaite cuisson; sortir les côtelettes, passer la sauce, la remettre dans le sautoir, réduire à glace, remettre les côtelettes et, au moment de servir, ajouter un petit verre de vin de Madère. Saucer sur les côtelettes dressées en turban sur un plat rond.

C. de veau Zingara. — *Formule* 1170. — Faire roussir à la poêle les côtelettes pendant que dans un sautoir on fait cuire à l'étouffée un fonçage bien assaisonné. On place les côtelettes dans le sautoir, on les mouille de vin blanc et de bouillon; faire braiser par cuisson lente et régulière; lorsqu'elles sont cuites, faire griller des tranches de jambon cru dont on alterne les côtelettes dans le dressage; on ajoute au fond une cuillerée de sauce espagnole, un verre de vin de Madère, un jus de citron, puis on passe la sauce au tamis et on en arrose les côtelettes.

C. de veau aux champignons (*Procédé général*). — *Formule* 1171. — Dans les grandes maisons ou restaurants où les sauces réduites sont abondantes, on fait griller ou cuire les côtelettes dans un sautoir et on les sauce d'une sauce au vin de Madère et aux champignons.

Dans les maisons privées, on peut les faire comme ci-dessus; cependant, sautées au beurre jusqu'à ce quelles soient roussies, dégraissées, mouillées avec un verre de vin blanc et de sauce espagnole, dans laquelle on ajoute des champignons frais de couche qu'on a eu soin de tourner et de jeter dans du jus de citron après avoir été émincés sans être blanchis et cuits ainsi avec la sauce, ce mode de cuisson est préférable et communique aux côtelettes le suc et l'arome des champignons, qui les rendent d'une délicatesse caractéristique.

Dans les cuisines restreintes, on fait un petit roux que l'on mouille avec du bouillon, auquel on ajoute un appareil mirepoix sauté et un verre de vin blanc; on fait réduire en dégraissant; on fait roussir la côte à la poêle et on la met dans un petit sautoir avec la sauce qu'on vient de faire; on y ajoute du jus de champignons s'il y en a et l'on achève ainsi la cuisson; au moment de servir on y met un verre de vin de Madère et les champignons. On dresse les côtelettes en turban et on sauce en groupant les champignons dans le centre (1).

Remarque. — Les côtelettes aux truffes, aux morilles, aux ceps et à divers autres champignons, se traitent de la même manière quant au fond, et ne diffèrent que par le genre de cryptogames qu'on y ajoute.

C. de veau à la provençale. — *Formule* 1172. — Deux manières sont usitées pour ce mode; l'une, la plus simple, consiste à faire braiser la côtelette après l'avoir roussie sur le gril ou dans la poêle, dans une sauce provençale (voir ce mot), en mouillant à mesure que la réduction s'effectue. Etant cuite, on dresse la côte et on sauce.

L'autre manière consiste à piquer les côtelettes de lardons, de cornichons et de langue de bœuf; à les assaisonner de poivre, de sel; à les envelopper de larges et minces bandes de lard; à les faire cuire à l'étouffée dans un sautoir fortement foncé de lard, d'oignons, d'ail et d'échalotes. Lorsqu'elles sont cuites, passer le fond à travers un tamis; recueillir la purée et la remettre dans le sautoir avec les côtelettes; faire recuire un instant et, au moment de servir, y ajouter un jus de citron, du poivre de Cayenne, des ciboules et du cerfeuil haché. Dresser les côtelettes et saucer.

C. papillote à la papale. — L'idée d'envelopper la côtelette dans du parchemin appartient au cuisinier du pape Léon III, lors du sacre à Rome de Charlemagne, empereur d'Occident, l'an 800.

(1) A Berlin, j'ai vu avec indignation des cuisiniers allemands, se disant de premier ordre, saucer sur des côtes panées. Ce crime est digne d'eux.
J. F.

C'est dans ce festin, réunissant les deux hommes les plus puissants de la terre à cette époque, que furent servies pour la première fois les côtelettes de veau enveloppées dans du parchemin huilé. Ce ne fut que longtemps après, lors de l'invention du papier, que l'on commença à dire *côtelette en papillote*. Voici donc la recette primitive trouvée dans un vieux parchemin latin et que je traduis pour mes lecteurs :

Formule 1173. — Tailler la côtelette dans le filet de veau, en ôter l'os, hacher la côtelette, l'assaisonner de poivre, de sel, de noix muscade râpée et la reformer en côtelette. D'autre part, hacher des échalotes, des oignons, une gousse d'ail, des civettes, du cerfeuil et de la graisse abdominale de porc frais; pétrir le tout avec de la mie de pain, de façon à faire une pâte homogène; doubler en deux une feuille de parchemin et en tailler un demi-cœur; ouvrir la feuille et l'huiler fortement. Envelopper la côtelette de la pâte en lui donnant une forme convenable; rouler dans un appareil d'œuf et ensuite dans de la mie de pain, à laquelle on ajoute des fines herbes hachées; la poser dans le parchemin, en redoubler les bords et la déposer dans une tourtière en terre; on la cuit doucement pendant une heure à l'étouffée en faisant du feu dessous et dessus. Telle était la côtelette en papillote.

Remarque. — Les ouvrages français ou formulaires de cuisine anciens ne parlent pas de la côtelette en papillote; ce n'est qu'au dix-huitième siècle qu'il en est fait mention; Carême fait sauter, pendant vingt minutes, les côtelettes dans un plat à sauter, avant de les garnir et de les envelopper, et les fait ensuite griller sur les cendres rouges. La modification des fourneaux a également modifié le mode de faire ces côtelettes, et il est aujourd'hui plus expéditif de les griller avant de les farcir pour les mettre ensuite au four pour achever la cuisson et les souffler; mode plus simple sans doute, mais les côtelettes braisées conviennent mieux aux vieillards et les côtelettes hachées et enveloppées crues donnent plus de succulence, ce qui est une affaire de goût et partant hors de prescription.

C. de veau en papillotte. — *Formule* 1174. — Lorsque l'on n'a pas à sa disposition de l'appareil à la Duxelle, pendant que la côtelette se braise dans un sautoir préalablement foncé, on procède à la sauce suivante :

Hacher finement et séparément des échalotes, des champignons et du jambon maigre, que l'on fait passer sur le feu dans une casserole, dans laquelle on aura ajouté un peu d'huile; après un instant de cuisson, on y ajoute une petite dose de vin de Madère, du bouillon et l'assaisonnement nécessaire.

Lorsque la côtelette est entièrement cuite, on coupe une feuille de papier doublé en forme d'un demi-cœur, on la beurre et on garnit en posant sur l'un des côtés de la feuille une large et mince bande de lard maigre, sur laquelle on met la farce, on y ajoute la côtelette, sur la côtelette la farce et sur celle-ci la barde de lard. On enveloppe alors la côtelette du papier en redoublant le bord de façon à ne pas laisser d'issue à l'air. On la place dans un sautoir arrosé d'huile fine et on la met dans le four; dix minutes après, lorsqu'elle est soufflée, on la sert sur un plat à sec avec une papillote à la pointe du papier.

C. au four. — *Formule* 1175. — Faire griller les côtelettes; préparer, d'autre part, une sauce allemande très réduite, la relever par la condimention, y ajouter un fin salpicon de truffes, de champignons et deux jaunes d'œufs, de façon que l'appareil se gratine sur les côtelettes, que l'on a farcies d'un côté. On les met alors dans un sautoir en saupoudrant avec de la mie de pain ou de la chapelure et en arrosant d'un peu de beurre fondu.

Il est à remarquer que l'on fait des appareils sans salpicon, et avec l'adjonction d'autres garnitures.

C. à la Morland (*Haute cuisine*). — *Formule* 1176. — Tailler d'égale grandeur des côtelettes, les assaisonner, les passer dans des truffes finement hachées et dans des œufs battus, puis encore une fois dans les truffes. On les fait ensuite cuire dans un sautoir; on les dresse en turban et on dresse dans le centre une purée de champignons; saucer d'une demi-glace. (Carême.)

C. de veau à la dauphine. — *Formule* 1177. — Piquer et faire braiser des côtelettes de veau, les presser et les tailler de façon à ne leur laisser que la noix; faire un salpicon avec les débris des côtelettes en y ajoutant : champignons, truffes et langue écarlate; on jette le tout dans une sauce béchamelle, dont on farcit d'un côté les côtelettes; les paner et les faire légèrement gratiner au four. On les dresse en couronne et l'on sauce avec leur fond réduit.

C. de veau aux fines herbes. — *Formule* 1178.— Préparer une duxelle claire et allongée avec du jus réduit sans sauce espagnole; y ajouter, au moment de servir, de l'estragon, des ciboules et du cerfeuil hachés. Faire griller la côtelette et saucer.

C. de veau au beurre de Marseille. — *Formule* 1179. — Faire griller une côte de veau sans être saignante et la servir avec la sauce suivante :

Broyer dans un mortier une gousse d'ail, quelques branches de persil, deux filets d'anchois et un jaune d'œuf durci. D'autre part, fouetter dans une petite terrine un verre de crème de lait jusqu'à ce qu'elle tourne en beurre; le presser légèrement dans un linge pour faire sortir le liquide. Mettre le beurre dans le mortier, assaisonner de sel, de poivre et de jus de citron; bien mélanger le tout et passer au tamis; dresser la côte et étendre le beurre dessus.

Le beurre très frais peut remplacer la crème. (M. Morard, Marseille.)

Remarque. — Il existe un grand nombre d'autres formules pour les côtelettes de veau, mais comme elles prennent le nom du genre de garniture qu'on leur applique, je ne m'étendrai pas plus loin.

COTELETTE DE VOLAILLE, *s. f.* All. *Geflü-gelcotelette;* angl. *poultry cutlet;* ital. *costelina di pollame.* — On prépare les côtelettes de volaille soit avec des jeunes chapons, des petits poulets d'Italie, de Hambourg ou de grain. La volaille doit être jeune et tendre, condition d'où dépend toute délicatesse des côtelettes.

C. de poulet. — *Formule* 1180. — Couper le poulet par le milieu, enlever les cuisses, l'os de l'estomac et des côtes, de façon à ne conserver que l'os des ailes; casser également l'os de la hanche avec le dos du couteau pour l'enlever; passer la pointe de la chair de la hanche dans l'os de la cuisse dont on a légèrement dégarni le bout. Faire macérer dans du poivre, du sel, de la ciboule et de l'estragon haché; ajouter un jus de citron et de l'huile fine.

Paner à la mie de pain, et faire cuire dans un sautoir. Envoyer en même temps une sauce béarnaise, Colbert, ou toute autre sauce relevée déterminant le nom des côtelettes.

C. de volaille à la Bagration. — *Formule* 1181. — Incorporer dans de la farce de veau un salpicon de volaille, de champignons, de langue et de truffes. Donner la forme de côtelettes, les paner, les placer dans un sautoir et les faire cuire. Servir en sauçant d'une sauce à la *Victoria*.

C. de volaille à la Périgueux. — *Formule* 1182. — Hacher des truffes après les avoir épluchées, les incorporer dans de la farce de volaille à la crème, dans laquelle on aura ajouté du foie gras, frais si possible. Les faire pocher dans le moule à côtelettes ou, à défaut de moule, les former en côtelettes, leur ajouter l'os figurant; les dresser en turban et garnir le centre d'un ragoût de truffes à la financière.

Remarque. — A la Polonaise, à la Béarnaise, etc., sont des sauces accompagnant les côtelettes de volaille; je ne m'étendrai pas plus loin sur ce sujet.

COTELETTE DE PATISSERIE, *s. f.* All. *Backwerkcotelette;* angl. *pastry cutlet;* ital. *costelina di pasticceria.* — La pâtisserie n'a pas voulu rester en arrière dans l'art d'imitation et, comme la confiserie, elle forme des côtelettes avec différentes pâtes dont la ressemblance est parfaite; mais ces côtelettes entrant dans le domaine des entremets de fantaisie, elles ne se servent que très rarement.

COTELETTE DE POISSON, *s. f.* All. *Fischcotelette;* angl. *fish cutlet;* ital. *costelina di pesce.* — Pour ce genre de mets, on doit de préférence se servir de poisson ne contenant que peu ou point d'arêtes, car il n'est rien de plus désagréable que la crainte de rencontrer dans la mastication ces épines étranglantes.

C. de saumon à l'italienne. — *Formule* 1183. — Lever de belles tranches sur un saumon du Rhin, de préférence, les aplatir et les tailler en forme de côtelettes, en ôtant toutes les arêtes: les assaisonner, les passer à l'appareil anglais, dans le fromage de parmesan râpé; les passer une seconde fois dans l'appareil, puis enfin dans la chapelure. Ajouter aussitôt un os dorsal dans le bout de la côtelette; laisser raffermir. Les poser dans un plat à sauter en les recouvrant d'une feuille de papier beurrée. Les faire cuire.

On les sert dressées autour d'une pyramide de pommes de terre ou de risotto, accompagnées d'une sauce tomate relevée, soit encore simplement dans le beurre où elles ont cuit, avec du citron. D'autres fois, avec une sauce à la maître

d'hôtel chaude, dans laquelle on a ajouté de la glace de viande, du jus de citron et une tombée de poivre de paprica.

Fig. 390. — Côtelettes de saumon.

C. de thon. — *Formule* 1184. — Tailler dans le thon des tranches dont on aplatira et taillera des morceaux, pour leur donner ensuite la forme de côtelettes en leur appliquant immédiatement les os faisant le râtelier de l'os dorsal. Assaisonner et, d'autre part, préparer une sauce allemande dans laquelle on aura ajouté des champignons frais hachés; avec cette sauce, on masquera les deux côtés des tranches, des côtelettes. Laisser raffermir. Passer les côtelettes à l'appareil anglais, puis dans la chapelure; les poser sur un sautoir beurré et les faire cuire.

On les sert comme relevé de poisson ou comme entrée maigre; dans ce dernier cas, on peut garnir le centre d'une purée de marrons, d'une macédoine de légumes ou d'épinards.

Remarque. — J'ai dit plus haut, au mot *Côtelettes de quenelles*, que les genres de préparation ne diffèrent que dans la farce dont on les accompagne. Or, pour éviter des répétitions, je prie le lecteur de se reporter aux mots *Pain de poisson* et *Farce*.

On peut d'ailleurs former des côtelettes avec les tranches de tous les poissons ne contenant pas trop d'arêtes.

C. de langouste. — *Formule* 1185. — Tailler des tranches de langouste en forme de côtelettes, leur piquer un os de langouste, les farcir avec un coulis froid d'écrevisses, réduit avec un salpicon de champignons et de queues d'écrevisses, lié avec un jaune d'œuf.

Faire gratiner au four et dresser en turban sur un plat rond, garnir de papillotes et servir un coulis d'écrevisses à part.

Remarque. — J'ai quelquefois servi un coulis fait de l'estomac de la langouste. D'autres fois, j'ai introduit des truffes dans la farce et remplacé la papillote par une truffe, je l'appelais alors *Côtelette de homard à la Lucullus*.

COTELETTIÈRE, *s. f.* — Se dit des grillades portatives ou fixées qui servent à faire cuire les côtelettes.

La cuisinière à griller est une espèce de côtelettière. On dit aussi *côtière*, qui a rapport à la côte.

COTE-ROTIE (*Vins de*). — Dans le Beaujolais. Vins renommés.

COTE-SAINT-ANDRÉ (*Produit de la*). — Isère. Les liqueurs distillées dans ce pays jouissent d'une réputation méritée.

COTE-SAINT-JACQUES (*Vins de la*). — Dans la Basse-Bourgogne, vin rouge de la première série. Se vend, selon les années, de 250 à 350 francs les 136 litres.

COTIGNAC, *s. p.* (*Gelée de coing de*). — Se dit d'une gelée double et ferme qui a pris son origine à Cotignac, département du Var, arrondissement de Brignole. Aujourd'hui, Orléans lui dispute la renommée et l'emporte sur la fabrication des *cotignacs*.

Cotignac. — *Formule 1186.* — Prendre des coings bien mûrs et de belle qualité, leur enlever le duvet à l'aide d'un linge, les couper en quatre ou en six pour en extraire les pépins. Les déposer dans une bassine pour les peler et mettre assez d'eau pour qu'ils baignent; les faire cuire et, lorsqu'ils sont cuits, les égoutter sur un tamis pour en recevoir le jus dans une terrine. Dans le jus recueilli, remettre d'autres coings préparés de la même manière; faire cuire de façon à obtenir un double suc gélatineux; égoutter sur un tamis sans les presser et recueillir le jus.

Peser le jus obtenu et ajouter un poids égal de sucre que l'on fait mettre en ébullition dans la bassine; faire cuire jusqu'à ce que, en trempant une cuillère dans le sirop, puis dans l'eau, il présente une certaine consistance semblable au sucre au soufflé; le *cotignac* est alors à point; il doit être clair et limpide. On le coule, après l'avoir laissé étuver un instant, dans des petits moules de porcelaine ou de verre faits à cet effet et qui donnent au jus ainsi coulé la forme de petits pains transparents. On peut également couler les cotignacs dans des moules carrés longs et les tailler par tablettes; mais, la manière de couler dans les petits moules étoilés pour les conserver dans de petites boîtes préparées à cet usage est préférable, parce qu'ils présentent plus d'attraits.

Le cotignac, qui est un des meilleurs adoucissants pour le rhume, se prend aussi pour combattre les dérangements du ventre.

COTINGA, *s. m.* All. *brasilianischer Seidenschwanz.* — Dans l'Amérique méridionale, on appelle ainsi un genre d'oiseaux de l'ordre des passereaux. Ils ont la taille du merle et le plumage bleu, violet et jaune. Ils se nourrissent de raisins et, lorsqu'ils sont gras, leur chair est délicate.

Culinairement, ils se préparent comme les grives, de préférence rôtis.

COTRET, *s. m.* — Nom que l'on donne à Paris à un petit fagot composé de morceaux de bois courts et servant à allumer le feu.

COTRIADE, *s. f.* — Sur nos côtes de l'Ouest les pêcheurs appellent ainsi le poisson cuit à l'eau de mer avec un peu de sel.

COUAQUE, *s. f.* — Farine préparée avec la racine de manioc, desséchée et boucanée. Le manioc est un aliment des plus utiles, des plus nourrissants et des plus sains. Il est d'une grande ressource au Brésil, où l'on en prépare non seulement des aliments solides (voir CIPIPA), mais différentes boissons nommées *paya*, *vicou*, etc. (Voir ces mots.)

COUCHER, *v. a.* (*Terme culinaire*). — Étendre de la pâte sur une plaque. Foncer un sautoir, y allonger dessus des substances alimentaires : coucher des filets de sole. *Couche par couche :* alterner les lits par différents produits, etc.

COUCHOISE, *s. f.* (*Pâtisserie en forme de tartelettes*). — *Formule 1187.* — Foncer un moule cannelé à tartelette avec de la pâte brisée, mettre dans le moule de la marmelade ferme d'abricots, couvrir avec une petite rosette et faire cuire dans un four de chaleur moyenne. En le sortant du four, couler de la glace au rhum sur chaque tartelette.

COUCOU, *s. m.* (*Cuculus*). All. *Kukuk;* angl. *cuckoo;* ital. *cucolo.* — Oiseau du genre pie et de l'ordre des grimpeurs, remarquable par ses mœurs; la femelle dépose ses œufs dans les nids d'autres oiseaux. Le coucou voyage; il arrive en

Europe pour annoncer le printemps et repart à l'automne pour les pays chauds. Sa chair est bonne à manger et est d'une digestion facile.

COUCOU DE MER, *s. m.* (*Tria cuculos*).— Poisson qu'on appelle aussi *grondin*, de couleur rouge à chair blanche et ferme, de saveur délicate et de facile digestion.

COUCOURELLE, *s. f.* — Nom vulgaire d'une variété de figue.

COU-DE-GIN DE MODÈNE (*Charcuterie*). — Jambon farci auquel on a laissé la jambe.

Formule 1188. — Procédé. — Lever la couenne d'un jambon frais, sans la blesser, jusqu'aux phalanges du pied en conservant celui-ci. Préparer de la chair à *saucisson de Lyon* (voir ces mots), en farcir la jambe, ce qui lui donne l'aspect d'une énorme cuisse. Coudre l'ouverture et ficeler le *cou-de-gin*, le faire fumer au genièvre et le placer à l'air.

Remarque. — On peut remplacer la chair de saucisson par des couennes, des oreilles et autres parties du porc; dans ce cas, on fait cuire le *cou-de-gin* et on le sert comme la tête marbrée.

COUDRIER, *s. m.* (*Corylus*). All. *Haselstrauch;* angl. *hazel-hut;* ital. *noccinolo.* — Arbre et arbrisseau de la famille des amentacées et de la monœcie polyandrie, qui croissent en Europe et dans l'Amérique septentrionale. Ce genre fournit le noisetier *avellana*, qui croît naturellement dans les ravins d'Europe et dont le fruit, nommé *noisette*, contient une amande agréable au goût et fort huileuse. C'est cette variété qui, étant cultivée, fournit l'aveline (voir ce mot), dont on fait grand usage dans les cuisines.

COUENNE, *s. f.* (*Cutis*). All. *Schwarte;* angl. *pig skin;* ital. *cotena.* — Peau qui recouvre le lard; couche épaisse et grisâtre où sont adhérentes les soies que l'on racle en échaudant; couenne de lard.

USAGE CULINAIRE. — Légèrement salée et cuite avec des légumes, ou dans du bouillon, la couenne est un mets excellent. Elle est une ressource importante pour la fabrication des gelées, auxquelles elle a la propriété de donner beaucoup de consistance. La couenne qu'on laisse sur les salaisons est un préservatif contre les miasmes de l'air ambiant.

COUI, *s. m.* — Fruit d'une variété de calebassier (voir ce mot), dont l'écorce sert à faire des ustensiles usités en cuisine dans certains pays.

COUGLOF (Voir KOUGLOF).

COUKES, *s. m.* (*Gâteau d'Alost*). — Se dit d'un gâteau qui se fait en Flandre.

Formule 1189. — Pétrir ensemble de la farine, de l'eau, de la levure de bière, du beurre et un peu de sel; on fait lever cette pâte comme pour le savarin et on la cuit en dorant et saupoudrant de sucre.

COULANGE (*Vins de*). — Bourgogne (Yonne). Vin rouge de troisième classe, mais excellent.

COULEUR, *s. f.* (*Color*). All. *Farbe;* angl. *colour;* ital. *colore;* esp. *color.* — Effet que produit sur l'organe de la vue la lumière réfléchie par les corps. Substance ou matière colorante.

En pâtisserie, confiserie et cuisine, l'alliage des couleurs a toujours été un art. Les couleurs ne doivent jamais être plus de deux sur un socle ou su un gâteau.

Il est cependant d'usage, lorsqu'on veut faire une garniture ou un décor avec des fruits, d'en varier les couleurs; mais restreindre leur nombre est de meilleur goût.

Nous connaissons des industriels qui ont fait leur fortune en vendant aux cuisiniers quatre fois au-dessus de leur valeur, sans jamais les indemniser, des couleurs en pâtes, et qui ont la prétention d'en avoir le monopole.

Voici comment on obtiendra ces couleurs, aussi belles qu'inoffensives (voir CARMIN et COCHENILLE).

Nous les mettons sous les yeux de nos lecteurs pour être agréable à ceux qui voudront se dispenser du *Breton*.

Carmin en pâte. — *Formule 1190.* — Employer :

Bois de Fernambouc	grammes	500
Cochenille pulvérisée	—	30
Alun de Rome	—	24
Sel ammoniac	—	24
Sel marin	—	120
Étain de Malacca	—	120
Acide nitrique concentré	—	300

Procédé général. — Faire cuire le bois dans quatre litres d'eau, jusqu'à ce qu'il soit réduit à deux litres; y joindre la cochenille, faire donner un bouillon et laisser refroidir. Ajouter l'alun, après l'avoir passé au tamis fin, et 12 grammes de sel ammoniac (la moitié), puis faire préalablement dissoudre dans un verre, ballon ou *matras*, l'acide nitrique, le sel marin et le restant du sel ammoniac, enfin l'étain par petites parties, et mélanger cette dissolution à la décoction et laver pendant huit à dix jours.

Le lavage. — Le lavage de toutes les couleurs animales et végétales se fait comme suit : Mettre le mélange de la dissolution et de la décoction dans un vase de porcelaine ou de verre de la contenance de 20 litres, la remplir d'eau et l'agiter. Le lendemain, décanter l'eau claire et la remplacer par une nouvelle eau en agitant et laisser reposer 24 heures. Continuer ce travail jusqu'à ce que l'eau n'ait plus le goût acide. Ce résultat obtenu, décanter doucement à sec et mettre la pâte en flacon. (E. LACOMME.)

Violet en pâte.—*Formule 1191.*— Employer :

Bois d'Inde coupé	kilogr.	1
Bois de Fernambouc	grammes	450
Alun de Rome	—	48
Sel marin	—	30
Sel ammoniac	—	40
Acide nitrique	—	620
Etain de Malacca	—	280

Procéder selon le *Procédé général* du carmin en pâte.

Jaune en pâte.— *Formule 1192.* — Employer :

Ecorce de quercitron	grammes	500
Safran Gâtinais	—	60
Graine de Perse pulvérisée	—	30
Alun de Roche	—	24
Sel marin	—	40
Sel ammoniac	—	20
Acide nitrique	—	300
Etain de Malacca	—	120

Procéder selon la *formule 1190. Procédé général.*

Vert en pâte. — *Formule 1193.* — Employer :

Epinards ou orties blanches	kilogr.	4
Alun de Roche	grammes	24
Sel marin	—	40
Sel ammoniac	—	20
Acide citrique	—	300
Etain de Malacca	—	120

Procédé. — Piler les épinards ou les orties dans le mortier ; les jeter dans 10 litres d'eau bouillante, sans laisser cuire ; les rafraîchir. Passer au tamis.

Procéder comme il est indiqué à la *Formule 1190 : Procédé général.* — (E. Lacomme, confiseur).

Remarque. — Lorsqu'il s'agit d'obtenir des couleurs pour les socles de stéarine, à base de graisse, enfin toute pièce de cuisine, on incorpore à ces couleurs une petite quantité de saindoux ; au contraire, pour les sucres, la moindre petite quantité de matière grasse en empêcherait la cuisson.

Bleu en écaille. — *Formule 1194.* — Employer :

Bleu d'indigo	grammes	100
Gomme du Sénégal	—	20

Procédé général. — Faire dissoudre les couleurs avec le moins possible d'eau bouillie ; les réunir en y ajoutant un filet d'acide acétique, agiter fortement et étaler cette composition sur un plateau et faire évaporer dans une étuve jusqu'à complète dessiccation. La substance se boursoufle et prend un aspect d'écaille.

Jaune en écaille. — *Formule 1195.* — Employer :

Jaune en pâte	grammes	100
Gomme du Sénégal	—	20

Procédé. — Comme pour la *Formule 1190.*

Couleur violette pour dragées. — *Formule 1196.* — Dissoudre du *bleu en écaille* avec un peu d'eau bouillie et du carmin clarifié ; ajouter un filet d'acide acétique.

Couleur verte pour dragées.— *Formule 1197.* — La couleur verte pour dragées se compose de bleu en écaille et de jaune en écaille dissous séparément et mélangés ensuite en y ajoutant quelques gouttes d'acide acétique.

Remarque. — Le praticien trouvera là des couleurs d'un ton vif et beau en suivant exactement les formules. (*E. Lacomme, confiseur, membre de l'Académie de cuisine.*)

COULEURS LIQUIDES. — Il est utile de donner ici d'autres formules simplifiées des couleurs liquides.

Carmin quarante. — *Formule 1198.* — Employer :

Cochenille pulvérisée	grammes	125
Alun de Rome	—	24
Sel ammoniac	—	20
Sel marin	—	120
Acide nitrique concentré	—	300
Argent en branche ou filé	—	125

Procédé. — Faire bouillir 10 minutes la cochenille avec 4 litres d'eau. Laisser refroidir, et procéder selon la *Formule 1190 (Procédé général)*.

Carmin clarifié. — *Formule 1199*. — Employer :

Carmin *quarante*.	grammes	200
Alcali volatil.	—	100
Eau	litre	1,6

Procédé. — Délayer le carmin avec soin en ajoutant l'eau par petites quantités, quand la dissolution est complète, y ajouter l'alcali, mettre en flacon et agiter de temps en temps pendant quelques jours.

Remarque. — Il faut juste 28 centilitres d'eau prise sur la quantité d'eau ci-dessus pour délayer les 200 grammes de carmin en forme de pâte pour éviter les grumeaux. Le reste de l'eau est ajoutée soit en entier, soit par petites doses. (E. Lacomme, de l'*Académie de cuisine*.)

On obtient aussi des couleurs qui peuvent servir pour la confiserie ou la distillerie de la façon suivante :

Rouge pour liqueur. — *Formule 1200.* — Faire infuser, pendant trois jours, 375 grammes de bois de Fernambouc en poudre dans 2 litres d'alcool à 80 degrés centigrades; filtrer et mettre en bouteilles.

Rouge aux baies de myrtilles. — *Formule 1201.* — Faire infuser, pendant 24 heures, 500 grammes de myrtilles bien mûres dans 2 litres d'alcool à 85 degrés. On presse les myrtilles pour en extraire le suc, on filtre et l'on met en bouteilles.

Jaune au safran. — *Formule 1202.* — Faire infuser dans 2 litres d'alcool, à 85 degrés, 33 gr. de safran du Gâtinais. Après 48 heures, exprimer, filtrer et mettre en bouteilles.

Jaune au gingembre. — *Formule 1203.* — Faire macérer 250 grammes de gingembre broyé dans 1 litre 1/2 d'alcool à 80 degrés centigrades, pendant 8 jours, après lesquels on décante la liqueur au clair. Le caramel joue également sa part de rôle dans la coloration.

Orange. — *Formule 1204.* — On mélange du rouge liquide à du jaune; il faut que le rouge domine.

Aurore. — *Formule 1205.* — Mélanger du rouge et du jaune de façon à ce que le jaune soit la partie dominante.

Remarque. — Le rouge et le bleu selon la dose de l'un ou de l'autre produisent depuis le violet d'évêque jusqu'au lilas clair.

Les couleurs préparées d'après les formules qui précèdent sont belles et de parfaite innocuité.

COULEUVRE, *s. f.* (*Colubra*). All. *Natter;* angl. *snake;* ital. *colubro;* esp. *colebra;* port. *cobra.* — Reptile de la famille des serpents. Couleuvre des buissons ou *anguille des haies*, dépourvue de glandes à venin et de crochets mobiles venimeux. On distingue, dans cette famille, la couleuvre ou serpent d'eau, qui est le nom vulgaire du *coluber natrix*.

La couleuvre est comestible, c'est-à-dire qu'elle a une grande analogie avec l'anguille; sa chair est plus grasse et plus tendre, et partant plus délicate, mais elle est très peu usitée dans l'alimentation. Seules, les peuplades nomades en font leur régal en les rôtissant sur la braise.

Lorsque la couleuvre est tuée, on lui coupe la tête à 3 centimètres du cou, de façon à ne pas crever le fiel qui se trouve près de la gorge; on détache alors la peau autour de la chair en la retournant. On la vide et on la prépare en matelotte, à la tartare, enfin à toutes les formules applicables à l'anguille.

COULEUVRÉE, *s. f.* (*Tamnus communis*). All. *Zaunrübe;* angl. *bryony;* ital. *vitalba, brionia.* — Cette plante, que la médecine populaire emploie depuis longtemps pour dissiper les traces des contusions, et connue sous le nom peu galant d'*herbe aux femmes battues*, est aussi utilisée comme aliment en Italie et dans certaines provinces du Midi. Au printemps, on récolte les jeunes pousses dans les haies, où elles abondent, et, après les avoir cuites, on les mange comme les asperges, accompagnées d'une sauce.

HYGIÈNE. — La couleuvrée est diurétique, mais les propriétés fébrifuges qu'on lui attribue sont moins démontrées. Le fruit rouge que porte cette plante grimpante et que les paysans appellent *raisin de chien*, ne paraît pas être sans danger.

COULIBIAC, *s. m.* (*Cuis. russe*). — Dans le Nord, on prépare des coulibiacs avec du sterlet, de la truite, du saumon, etc.

Coulibiac de saumon. — *Formule 1206.* — Hacher des oignons et des champignons (dans une proportion de deux tiers de champignons pour un tiers d'oignons), les passer au beurre frais dans un sautoir; y ajouter des filets de saumon cru, les faire roussir; lier le tout avec un peu de sauce; assaisonner de haut goût, le cuire à point et laisser refroidir.

D'autre part, faire blanchir à l'eau bouillante et salée du *visigha* (moelle épinière de l'esturgeon) et cuire durs quelques œufs. Hacher les œufs durs, le *visigha* et des fines herbes; le tout séparément et réservé sur leurs assiettes respectives. Pendant ce temps, on aura fait cuire une quantité relative de *kasche* (blé de sarrasin) et procéder à la confection de la pâte à coulibiac :

Pâte à coulibiac. — *Formule 1207. —* Dans une proportion de 2 décilitres de lait tiède, délayer 20 grammes de levure de bière et déposer dans une terrine en ajoutant une pincée de sel et une quantité relative de farine pour former un levain; le saupoudrer de farine, le couvrir d'un linge et le faire lever.

Former la fontaine sur une table avec 300 gr. de farine, faire dissoudre le levain en ajoutant progressivement 6 œufs, remettre cette pâte dans la terrine et la *briocher*, c'est-à-dire la travailler jusqu'à ce qu'elle se décolle des doigts; la laisser relever pour s'en servir.

Procédé. — Fariner une serviette sur laquelle on abaisse en forme de carré long une couche de pâte à *coulibiac;* mouiller les bords de la pâte et placer une couche de *kasche*, en laissant assez de marge pour pouvoir plus tard envelopper le contenu; ajouter sur le *kasche* une couche de *visigha* et saupoudrer avec les œufs hachés, puis avec les fines herbes, et enfin avec une couche de tranches de saumon recouverte de champignons.

Continuer à garnir en alternant les couches, relever les bords des quatre faces et les coller en soudant les ouvertures. Renverser le pâté sur une plaque de tôle, de façon à ce que la partie soudée vienne sur la plaque; donner une forme oblongue, décorer légèrement la partie superficielle et pratiquer une cheminée au milieu. Le laisser reposer pendant une demi-heure en lieu un peu chaud, dorer avec du beurre fondu, saupoudrer de chapelure ou de mie de pain.

Le faire cuire dans un four moyen pendant trois quarts d'heure environ, selon la grosseur; le couper par tranches et envoyer séparément une saucière de beurre fondu. Le tout doit être très chaud. Les coulibiacs de sterlet se font de la même manière.

Coulibiac de truites. — *Formule 1208. —* Lever les filets de quelques truites de rivière et un égal volume de filets de *ierschis* (voir ce mot), pour une proportion de 500 grammes de chair à poisson; ajouter 3 douzaines de bisques d'écrevisses fraîches; assaisonner et tenir en lieu froid. Faire une farce à quenelles avec 500 grammes de chair de *soudac* (voir ce mot), dans laquelle on ajoutera des fines herbes blanchies, égouttées, pressées et hachées.

Laver 300 grammes de riz de la Caroline, lui ajouter du sel et les deux tiers de hauteur de bouillon de volaille ou simplement d'eau; le faire cuire en le conservant entier; étant cuit, le beurrer en le remuant légèrement, de façon à ne pas le briser; le beurre étant absorbé, l'étendre sur un sautoir pour le faire refroidir.

Fariner une serviette, sur laquelle on couche une abaisse de pâte à coulibiac de forme oblongue, puis une couche de farce à quenelles; une de riz froid; une autre de filet de poisson, en ayant soin de saupoudrer chaque couche de fines herbes hachées. Procéder de façon à ce que la dernière couche soit de farce.

Procéder pour finir comme il est indiqué plus haut pour le coulibiac de saumon.

On sert ordinairement avec ce mets une sauce madère ou une demi-glace au vin blanc.

Coulibiac à la polonaise. — *Formule 1209. —* Employer :

Pâte à brioche	kilogr.	1
Poisson	—	2
Œufs durs hachés	nombre	5
Oignons hachés et blanchis	—	3
Visigha haché	grammes	500
Fines herbes		

Procédé. — Lever les filets, soit de *sandre*, de *siguis*, de *soudac*, de *carpe*, de *truite* de rivière ou autre poisson; les assaisonner et les faire sauter vert-cuit. Faire cuire du *visigha* (moelle épinière de l'esturgeon et qui peut être remplacée par les amourettes du bœuf lorsque le *coulibiac* est de viande), le laisser refroidir et le hacher.

Abaisser la pâte sur un torchon fariné sur lequel on couche un lit de poisson, de *visigha*, d'œufs hachés et des fines herbes; le pâté doit avoir environ 7 centimètres de hauteur sur 30 de longueur. Souder les ouvertures après avoir enveloppé la garniture avec la pâte et le tourner de

façon à ce que les soudures se trouvent en dedans. Dorer, couvrir d'un papier beurré et faire
cuire dans un four doux pendant environ une
heure et demie. Servir très chaud.

Remarque. — Lorsque les coulibiacs se font
avec du gibier ou de la volaille, on remplace le
poisson par des filets de gibier ou de volaille et
on procède de la même manière quant au fond.
On lie légèrement les viandes avec de la sauce
réduite au vin blanc, dont on accompagne le coulibiac.

COULIS, *s. m. pl.* All. *durchgeseihte Kraftbrühe;*
angl. *cullis;* ital. *sugo spremuto.* — Terme générique employé pour désigner une purée liquide.

Les anciens grimoires de la cuisine appelaient
coulis les sauces que Carême a dénommées *espagnole, allemande, velouté,* ce qui a complètement
dérouté la classification de la cuisine française.

En effet, les coulis ne contiennent ni fécule, ni
farine et ne sont que la purée de la substance
passée à l'étamine avec sa propre coction.

Fonssagrives, le savant professeur de la Faculté de Montpellier, auteur du *Dictionnaire de
la santé* que j'ai souvent cité avec éloge dans
cet ouvrage, ne peut avoir la même autorité dans
l'article confus qu'il a consacré aux coulis. « Les
coulis, dit-il, ne sont que des jus plus liquides;
ils se préparent tantôt avec de la viande et en
particulier du bœuf, tantôt avec des écrevisses;
ils constituent une sauce qui sert à rehausser le
goût des viandes fades et du poisson, mais, de
même que le *velouté,* leur expression la plus
succulente intéresse bien plus la gastronomie
que l'hygiène. »

Voilà comment un professeur trop rhéteur en
suivant l'étymologie peut ignorer jusqu'aux plus
simples notions pratiques des sujets qu'il prétend
connaître.

Les coulis ne sont que des jus plus liquides? Ne
vous déplaise, maitre! Ce sont des purées. *De
même que les veloutés* sont des sauces ou des appareils.

Il est à présumer que le professeur avait une
bien piètre ménagère et qu'il n'a jamais consulté
d'autres cuisiniers que les *gargouilleux* du « mastroquet du coin. »

Grâce à la vulgarisation de l'hygiène alimentaire à laquelle ont puissamment contribué le
« Conseil d'hygiène publique » d'une part, la *Société française d'hygiène* de l'autre, et les spécialistes culinaires aidant, la cuisine est aujour-
d'hui étudiée, ses formules précisées, classées et
mises à la portée de tous.

HYGIÈNE. — Les propriétés des coulis, tels que
je les traite, dépendent, bien entendu, de la nature des aliments naturels avec lesquels on les
prépare; ils sont décrits pour le médecin qui
trouvera un choix complet selon l'opportunité.

Sous forme de coulis, les aliments les plus
substantiels peuvent être acceptés par les estomacs les plus rebelles. On trouvera des coulis
très réparateurs, émollients, laxatifs, astringents
et toniques.

Pour la lucidité de l'ouvrage, la facilité de l'application, et surtout pour bien distinguer les
genres de coulis, je les divise en quatre classes :

Les coulis de viandes blanches; les coulis de
gibiers; les coulis de poissons et les coulis de végétaux.

COULIS DE VIANDES BLANCHES. — Dans cette
classe je mentionne les :

Coulis de veau (*Gélatineux. Cuis. de régime*).
— *Formule 1210.* — Prendre les jarrets de derrière, l'os du quasi et la queue d'un veau; les tailler et les mettre dans une casserole avec le museau, ou les cornes taillées dans la tête et un
oignon. Submerger d'eau en ajoutant une poignée
de gruau d'avoine et, lorsque la cuisson s'est
opérée pendant deux heures, on passe le liquide
à travers un tamis de crin et on continue à faire
réduire jusqu'à ce que le liquide devienne gluant.

Coulis de poulet (*Emollient. Cuis. de régime*).
— *Formule 1211.* — Flamber et vider un jeune
poulet, le mettre avec ses abatis dans une casserole étroite et haute avec le blanc d'un poireau
et deux cuillerées de gruau d'orge préalablement lavé; remplir d'eau jusqu'à parfaite sub-
mersion, c'est-à-dire un litre et demi. Soumettre
à l'ébullition, écumer et laisser cuire doucement
jusqu'à ce que le poulet ait atteint sa cuisson; on
le sort alors pour le désosser, piler les viandes
et les remettre dans la casserole. On continue la
cuisson pendant une heure, et enfin on passe le
tout à travers un tamis de crin. On met alors le
sel nécessaire, car les coulis ne doivent jamais
être salés avant la réduction.

Coulis pectoral (*Cuis. pour régime*). — *Formule 1212.* — Mettre dans une casserole de terre
dix escargots décoquillés, les cuisses de deux
douzaines de grenouilles, deux jarrets de veau,

une laitue verte, le blanc d'un poireau, deux feuilles de pourpier, une carotte, six dattes; faire cuire le tout, l'écumer et le retirer sur l'angle du fourneau pour lui faire subir deux heures de douce ébullition. On le décante à travers un linge fin et on ajoute une pincée de sel pour le rendre agréable à boire, et on le maintient dans un pot de terre au chaud pour le service de la journée.

Ce coulis est avantageusement employé contre les rhumes et pour les maladies de poitrine.

Coulis laxatif (*Cuis. pour régime*). — *Formule 1213*. — Mettre une égale quantité de chevreau et de lapereau dans une casserole avec deux côtes de rhubarbe et un oignon; faire cuire, désosser les viandes, les piler et les faire réduire; passer à travers un tamis de crin, y ajouter une pincée de sel et servir comme un potage dans une tasse.

Coulis à la reine (*Cuis. pour régime*). — *Formule 1214*. — Le coulis à la reine se compose de riz et de poulet, coq ou poule, et n'est autre que le potage déjà connu sous cette dénomination; je prie le lecteur de se reporter au mot REINE.

COULIS DE GIBIERS. — Dans ce genre, je classe tous les coulis de gibiers à plumes et à poils. En voici quelques formules :

Coulis de perdreaux (*Cuis. réparatrice*). — *Formule 1215*. — Faire rôtir trois perdreaux, lever les filets des poitrines; piler dans un mortier le restant des perdreaux avec le fond, s'ils ont été cuits au four. Mettre les perdreaux pilés dans une casserole avec un mirepoix et mouiller d'eau; saler légèrement si les perdreaux ne l'ont pas été avant le rôtissage. Faire réduire pendant quelques heures; passer au tamis de crin d'abord, puis à l'étamine; remettre dans la casserole et servir avec les filets des poitrines.

Remarque. — Comme on le voit, il n'y a rien de moins hétérogène qu'un coulis, qui n'est autre que l'aliment réduit dans son expression la plus essentielle. Tels sont d'ailleurs les salmis, avec cette différence qu'ils sont légèrent relevés par les condiments.

Coulis de bécasses (*Cuis. pour régime*). — *Formule 1216*. — On procède de la même manière pour tous les gibiers à plumes, c'est-à-dire comme il est indiqué plus haut pour les perdreaux, à l'exception des grives et des bécasses dont on laisse les intestins; on enlève simple-

ment le sac et le gros boyau. On relève à volonté le goût par l'adjonction de baies de genièvre pour les grives et d'autres condiments pour les bécasses.

Ce sont des coulis excessivement chauds et stimulants.

Coulis de chevreuil (*Cuis. pour régime*). — *Formule 1217*. — Choisir les bas morceaux de chevreuil, cou, tête, jarrets, poitrine, épaules, etc.; faire roussir au four et faire cuire pendant quelques heures. Désosser les viandes et les mettre dans le mortier avec la cervelle; les piler, les remettre dans le bouillon avec un appareil mirepoix; faire cuire une heure à petit feu et passer la purée au tamis, puis à l'étamine. Faire réduire le coulis selon le degré plus ou moins fort que l'on désire obtenir.

COULIS DE POISSONS, All. *Fischkraftbrühe;* angl. *fish cullis.* — Dans cet article, je classe aussi les crustacés qui forment la principale base des coulis.

Coulis de homards (*Cuis. aphrodisiaque*). — *Formule 1218*. — Cuire les homards vivants dans du vin blanc allongé d'eau, le jus de quelques citrons, quelques grains de poivre et de sel, du thym et du céleri. Couvercler et les faire rougir. Les tailler en deux pièces longitudinales et sortir les chairs cuites des bisques; ôter également les parties noirâtres et amères qui pourraient se trouver dans les coquilles près de l'organe buccal; piler dans un mortier les carapaces, en ayant soin d'y ajouter le corail ainsi que le contenu de l'estomac et sa cuisson.

Recueillir le tout, le mettre dans une casserole avec un peu de sauce suprème ou sauce allemande, faire cuire pendant quelques heures en dégraissant à mesure que la graisse apparaît; passer au tamis de crin et ensuite à l'étamine.

Ce coulis doit être d'un rouge pâle, homogène et succulent. Ce serait un crime d'y ajouter de la couleur, rien n'étant plus appétissant que les teintes naturelles.

Remarque. — Lorsque le coulis doit être servi seul, on taille en dés les chairs cuites des bisques et on les ajoute dans le coulis, soit qu'on les échauffe et qu'on les place taillées et remises à leur juxtaposition sur un plat; on sert le coulis à part.

Coulis de crevettes (*Cuis. aphrodisiaque*). — *Formule 1219*. — Les crevettes, lavées crues, sont jetées dans une casserole avec du vin blanc sec, du sel, du poivre en grain, du thym, du blanc de céleri et le blanc d'un poireau. Faire cuire; les piler dans un mortier avec la cuisson, remettre dans la casserole, y ajouter un peu d'eau, de la sauce allemande et faire réduire. Passer le coulis à travers un tamis de crin, puis à l'étamine.

S'il est trop clair, on fait réduire. En général, ces coulis ne se lient pas avec des œufs, mais simplement avec du beurre frais ou du beurre d'écrevisses.

Coulis de crabes (*Cuis. aphrodisiaque*). — *Formule 1220.* — De préférence on se sert de crabes vulgairement appelés *pouparts* ou *tourteaux*, contenant davantage d'œufs et de laitance que les autres variétés.

Choisir de jeunes crabes, vivants si possible, sinon très frais et crus; les mettre dans une casserole avec du sel, du poivre en grain, du thym, du céleri et un oignon émincé; mouiller avec du vin blanc sec, de l'eau et le jus de quelques citrons. Faire cuire. Piler les crabes dans un mortier avec leur cuisson, les mettre dans une casserole, les faire cuire pendant quelques heures, y ajouter de la sauce allemande pour la lier; la passer au tamis de crin, puis à l'étamine.

Remarque. — Lorsqu'on ne veut pas ajouter de la sauce blanche pour la liaison du coulis, on doit avoir soin de mettre dans la cuisson une quantité relative de riz ou de gruau d'orge entier, pour y donner du corps. Il ne reste alors qu'à conduire la cuisson de manière à obtenir une purée lisse et coulante, la condimentation se réglant à volonté.

Coulis d'écrevisses (*Cuis. aphrodisiaque*). — *Formule 1221.* — Châtrer les écrevisses en leur enlevant le *telson*: dans ce but, on pince près du corps, avec l'ongle du pouce et du doigt indicateur, l'écaille centrale qui se trouve au milieu et à l'extrémité de la bisque; on l'arrache; elle entraîne alors le boyau abdominal plein de matière amère. On les cuit dans du vin blanc sec condimenté de poivre en grains, de sel, d'oignons, de thym, de céleri, de blanc de poireau et du jus d'un ou plusieurs citrons. On pile alors le tout dans un mortier, on remet dans la casserole en y ajoutant du velouté et du bouillon blanc ou simplement de l'eau, et on fait réduire. On passe au tamis de crin, puis à l'étamine.

On beurre en dernier lieu et on ajoute, si on le désire, quelques queues que l'on aura préalablement prélevées.

Coulis de saumons (*Cuis. réparatrice*). — *Formule 1222.* — Prendre les têtes, avec une tranche du tronc, à trois saumons très frais et les laver. Faire un mirepoix composé de carottes, d'oignons, de persil, de thym, de poivre en grains et de céleri. Faire roussir le mirepoix, le mettre avec les têtes dans une casserole de forme haute et mouiller avec du vin blanc sec, de l'eau et le jus de quelques citrons. Soumettre à l'ébullition, écumer et laisser cuire doucement pendant quelques heures. Sortir les os de la tête, passer le coulis à travers un tamis de crin et en un à l'étamine. Remettre dans la casserole et faire réduire.

Remarque. — La difficulté de ce coulis est de le maintenir blanc; on peut le faire au vin rouge, de la qualité duquel dépend sa délicatesse. C'est ce changement de vin qui a fait faire la sauce à la *genevoise, rouge* en France, lorsqu'elle doit être blanche comme dans son pays d'origine où elle ne se fait qu'avec du vin blanc. J'estime donc que la conservation intégrale de chaque mets est du devoir de tout praticien aimant la classification distincte des mets qu'il doit savoir distinguer; et c'est de la précision apportée par le cuisinier à cette classification que dépend l'ordre de l'alimentation à venir.

Coulis de lottes (*Cuis. aphrodisiaque*). — *Formule 1223.* — La lotte offre pour le coulis des avantages que l'on ne trouve pas dans les autres poissons; sa chair, sa laitance douce et succulente, forment, par le seul moyen de la cuisson, une sauce gélatineuse et homogène:

Vider des lottes fraîches, les mettre dans une casserole avec du vin blanc sec allongé d'eau et aromatisé d'un jus de citron; condimenter de sel, de poivre en grains, de thym, d'oignons émincés et enfin d'un blanc de poireau. Faire cuire pendant une heure; sortir le poisson à l'aide d'une écumoire et retirer les arêtes; passer le coulis à travers un tamis de crin. S'il n'était pas assez lié, lui ajouter de la fécule délayée dans de l'eau froide, ou de la crème de riz.

Remarque. — Le hareng frais, comme tous les poissons fournissant des laitances blanches, est susceptible d'être mis en coulis. Le cuisinier saura lui-même le profit qu'il peut tirer de ces différents coulis, et les appropriera aux exigences que réclame le service.

COULIS DE VÉGÉTAUX. — Toutes les pulpes, les légumineuses, les graminées peuvent servir à faire des coulis. Je ne donnerai donc que quelques formules comme modèle servant de base pour toute la nomenclature.

Coulis au gluten (*Cuis. antidiabétique*). — J'entends parler ici du gluten qui se trouve dans le blé *froment*, les lentilles, etc., qui, entre les graminées et les légumineuses, en contiennent la plus grande proportion.

Formule 1224. — Deux décilitres de lentilles décortiquées et un décilitre de froment, quelques tranches de jambon cru, un oignon, une queue de bœuf taillée par tronçons, un kilogr. de bœuf maigre haché et un jarret de veau.

Mettre du beurre dans une casserole et faire prendre couleur à la queue de bœuf et au jambon; ajouter les lentilles et le blé; lorsqu'ils sont tendres, submerger d'eau le tout en ajoutant l'oignon, le bœuf haché et le jarret de veau. Mettre en ébullition, écumer et retirer sur l'angle du fourneau pour lui faire subir cinq heures de cuisson lente; désosser la queue de bœuf et passer les viandes avec la purée à travers un tamis. Ce coulis doit être lié, homogène et gélatineux.

Se sert comme un potage.

Coulis de céleri (*Cuis. aphrodisiaque*). — *Formule 1225.* — Éplucher des têtes de céleris, les tailler en quatre, y joindre la tige blanche; mettre le tout dans une casserole, avec la quantité relative d'un verre de farine d'avoine pour 3 kilogrammes de céleri. Submerger d'eau, faire bouillir jusqu'à dissolution du céleri; le passer à travers un tamis, faire réduire: le saler, s'il était nécessaire, et le lier avec du beurre fin.

Tels se font les coulis aux navets, aux ignames, aux choux-raves, aux citrouilles, etc., qui ne sont autres que des purées pouvant servir de soupe.

Coulis d'asperges (*Cuis. pour régime*). — *Formule 1226.* — Pour maintenir la couleur verte, ajouter un tiers de volume de petits pois avec les pointes d'asperges vertes et tendres que l'on aura soumises à l'ébullition avec une petite dose d'eau salée. Étant cuites à grand feu, passer le tout au tamis; le saler alors au besoin et le lier avec du beurre frais.

Remarque. — Tous les coulis verts, seigle, avoine, petits pois, épinards, etc., doivent cuire promptement et, aussitôt passés, remis dans une casserole étamée. Les coulis blancs, au contraire, ont besoin d'être cuits avec de la farine de riz pour les maintenir blancs. Toute adjonction de condiments ou d'autres végétaux ferait perdre au coulis le caractère spécial qui doit le distinguer.

COULOMMIERS, *s. p.* (*Fromage de*). — Sous-préfecture du département de Seine-et-Marne.

Ce fromage, bien connu à Paris, est fait avec du lait de vache; il est plus ou moins bon selon qu'il est fabriqué avec du lait gras ou écrémé. La pâte est blanche et peu salée et a une petite saveur aigrelette qui rafraîchit le palais. Il s'importe à Paris deux fois par semaine et se mange de préférence frais; cependant, il est des personnes qui le préfèrent raffiné. Il a la forme d'un disque de 18 à 20 centimètres sur 4 à 5 d'épaisseur.

COUMAROU, *s. m.* — Arbre de la Guyane, dont le fruit ou noix a une odeur aromatique et est vendu en Europe sous le nom de *fève du Tonka*.

COUMIER, *s. m.* — Arbre de la Guyane, dont l'écorce distille un suc laiteux qui forme une résine analogue à l'ambre gris; son fruit doux est comestible et se vend à la Guyane sous le nom de *poire de Couma*.

COUPAGE, *s. m.* (*Des liquides*). All. *Mischung;* angl. *mixing.* — Action d'atténuer une liqueur forte par une plus faible; l'esprit par l'eau, les vins chargés de couleur et spiritueux du Midi par des petits vins blancs légers. Mélange des liquides de même nature, mais de force différente.

COUP-D'AVANT, *s. m.* — Cette expression explique par elle-même que la dose doit être petite et peut être prise d'un coup. Le coup d'avant le repas consiste en un verre d'apéritif pris au moins vingt minutes avant le repas. Le meilleur apéritif que je connaisse est l'air, cependant puisque la mode veut que l'on prenne quelques liqueurs, j'indiquerai celles qui peuvent être prises sans inconvénient.

Ce sont : le *Bitter hollandais*, l'*Amer Mourget* et l'*Amer Lacaux*, de Limoges; l'*Absinthe Edouard Pernod*, de Couvet (Suisse) et le *Byrrh*, de la maison Violet aîné (Thuir).

Dans les pays du Nord, on a l'habitude de prendre un petit verre d'alcool quelconque; ce mode est contraire au but que l'on veut obtenir, car toute liqueur spiritueuse prise dans un moment où l'estomac est en état de vacuité, crispe et resserre ce viscère plutôt qu'il ne le dispose à l'appétit. L'on doit d'ailleurs bien se pénétrer que l'appétit est un effet naturel des fonctions organiques et qu'en habituant l'estomac aux stimulants on diminue et paralyse l'énergie de sa fonction.

COUP-D'APRÈS, *s. m.* — Se dit d'un verre de vin que l'on boit immédiatement après le potage et qu'on appelle aussi le *coup du médecin;* il dispose l'estomac en aidant à faire évacuer le potage qui gonfle ce viscère au lieu de le remplir, donne du ton aux fibres, de la force aux sucs gastriques et de l'activité au mouvement péristaltique.

COUP-DU-MILIEU, *s. m.* — Le coup-du-milieu se prend après l'entrée froide, c'est-à-dire au milieu du dîner, avant les rôtis, les végétaux et les entremets. Il consiste généralement en un *punch à la romaine*, un verre de marasquin, de rhum, etc. En Normandie, où on en abuse, il a pour but, disent les Normands, d'activer la digestion et de provoquer un nouvel appétit. C'est l'eau-de-vie de cidre, le cognac et le marc qui en font les frais; ils sont répétés trois ou quatre fois pendant le repas.

COUPE, *s. f. (Cupa).* All. *Becher;* angl. *cup;* ital. *coppa;* esp. *copa.* — Vase à boire, de forme évasée et à pied. La coupe était le vase servant à la boisson des Assyriens, des Grecs et des Ro-

Fig. 391. — Variété de coupes antiques.

mains. Les modèles en étaient variés, le service des vins était toujours accompagné de vases spéciaux contenant du miel aromatisé. L'histoire

nous enseigne qu'après avoir distribué des coupes aux convives et fait des libations, on apportait le premier service, qui se composait généralement d'œufs frais, ce qui avait fait dire *ab ovo usque ad mala,* pour dire des œufs au dessert, c'est-à-dire du commencement à la fin.

La poésie a chanté la coupe et la cuisine l'a imitée, en en faisant le symbole de la volupté et l'ornement des plus somptueuses tables. Aussi fait-on des coupes en pâte d'amande, en nougat, en pastillage, en sucre filé, etc.

Coupe en nougat (*Garnie de crème aux fraises*). — *Formule 1227.* — Préparer un nougat avec des amandes effilées et en faire une coupe, en procédant d'abord par la moité supérieure. Le pied doit contenir deux gradins; sur le premier, on posera de grosses fraises coupées par le milieu;

Fig. 392. — Coupe en nougat garnie de crème aux fraises.

sur le second des petites fraises blanches, Constante ou Sedling (voir FRAISE). Glacer les grosses moitiés au sucre rouge cuit au cassé. Les autres au sucre naturel cuit au cassé. Garnir les gradins avec les fraises, en les sortant du sucre de façon à les fixer sur le socle. Au moment de servir, fouetter la crème, lui incorporer une purée de fraises et garnir en pyramide la coupe. Décorer la crème avec de belles fraises rouges et bien mûres.

Coupe à la chinoise (*Entremets*). — *Formule 1228.* — On procède d'abord à la confection du pavillon chinois, avec de la pâte d'office ou d'amandes. Ce pavillon est à six colonnes rayées jaune et blanc; sa forme est polygone. L'entre-colonnement est garni d'un châssis avec treillage, le tout est couvert de sucre filé; les petits œufs sont en pastillage blanc et suspendus avec de petits bouts de soie. La base est blanche. L'in-

Fig. 393. — Coupe garnie d'un pavillon chinois, d'après Carême.

térieur du pavillon est garni de duchesse à la crème et le tour de grosses meringues blanches à la crème. Le tout est dressé sur une coupe d'argent.

COUPERET, *s. m.* All. *Hackmesser;* angl. *chopper;* ital. *cultelaccio.* — Se dit d'une sorte d'abatte à large et lourde lame à un tranchant; à l'extrémité du dos est un trou destiné à le suspendre.

Dans les boucheries et les cuisines, le couperet sert à couper les os et à aplatir les viandes.

COUR, *s. f. (Curtis).* All. *Hof;* angl. *court;* ital. et esp. *corte;* dérivé du mot latin *cohors,* basse-cour, dont on trouve la même signification en grec, comme dans le radical allemand *Garten* et le latin *hortus,* enclos ou jardin; lieu de plaisance, de là *faire la cour, être courtois.* — L'étymologie demandait une synthèse entre cour rurale et cour royale, de justice, etc.; de là *basse-cour* et *haute cour.*

La haute et la basse sont du domaine culinaire, car si l'artiste transforme en mets succulents les habitants de la basse-cour pour les servir aux gens de haute cour (dont un chef de bouche fait naturellement partie), il a le double mérite d'être à la fois bon cuisinier et homme de cour, avec cette différence qu'il est moins esclave que les gens de cour proprement dits, qui passent leur vie à faire des espiègleries, des louanges et des révérences systématiques.

La cour offre à nos yeux de superbes esclaves,
Amoureux de leur chaîne et fiers de leurs entraves,
Qui, toujours accablés sous des riens importants,
Perdent les plus beaux jours pour saisir des instants,

a judicieusement dit Bernis, et Lafontaine ajoute

Messieurs les courtisans, cessez de vous détruire;
Faites, si vous pouvez, votre cour sans vous nuire.

Rien ne se distingue plus que les manières, le sourire, la prestance et le dévouement apparent d'un être dont le cœur est très loin d'obéir à la volonté intellectuelle qui dirige l'organisme. L'expansion, la franche gaîté, les élans du cœur sont inconnus des gens de cour; même dans les délices des plus somptueuses fêtes, comme dans le plus grand éclat de la gloire, la froideur magistrale détruit jusqu'à sa dernière étincelle la joie qui allume un cœur généreux.

Par contre, rien n'est plus étudié que l'art d'imposer, d'ordonner; le moindre geste est observé, le regard, l'accent, la démarche, la tenue, les révérences, la correction de style, la sagacité de lire sur le visage et la pénétration forment un ensemble qui distingue les gens de cour.

COURBARIL, *s. p. (Hymenea courbaril).* — Arbre résineux de l'Amérique méridionale. De son tronc et de ses branches coule une résine jaunâtre, très abondante, difficile à fondre, inflammable et d'une odeur agréable. Il porte un fruit ou gousse très farineuse, aromatique et d'un goût qui rappelle le pain d'épice. Cette gousse est un régal pour les Indiens et ils emploient sa résine comme masticatoire.

COURCOUÇON, *s. m.* — Nom que les Maures donnent au grain de blé écrasé entre deux pierres et réduit à l'état de polenta; ils la préparent en mettant cette semoule dans un vase de terre percé de petits trous et le placent en forme de couvercle sur la marmite où cuit la viande. Les vapeurs pénètrent dans le blé et le gonflent, ce qui constitue leur pain.

COURGE, *s. f. (Cucurbita).* All. *Speise-Kürbiss;* angl. *gourd, squash;* holl. et flam. *pompoen,* dan. *græskar;* ital. *zucca, cuenzra;* esp. *calabaza;* port.

gabafa. — Terme générique d'un genre de cucurbitacées, dont les principales variétés sont : la *citrouille*, le *potiron*, le *patisson*, le *pepo* et le *giraumon*, qui forment elles-mêmes un grand nombre de sous-variétés.

La courge était connue des Romains, mais il ne paraît pas qu'elle ait été cultivée en France avant Rabelais, auquel on devrait l'innovation à Paris du couronnement annuel du plus gros des potirons.

On a réuni ce genre en trois groupes, qui sont : la *C. maxima*, la *C. moschata* et la *C. pepo*. Dans le premier groupe on distingue :

Le POTIRON (voir ce mot).

LA C. BRODÉE GALEUSE. — D'origine bordelaise, est très voisine du giraumon. Sa chair est d'un jaune orange, un peu sucrée et de qualité supérieure.

LA C. MARRON, aussi appelé *courge châtaigne, courge pain des pauvres, potiron de Corfou.* — Elle se distingue par sa forme déprimée, par la couleur de sa peau lisse, d'un jaune foncé, très épaisse, sucrée et farineuse.

LA C. DE VALPARAISO, dont le fruit oblong est aminci aux deux extrémités. — L'écorce

Fig. 394. — Courge marron.

d'un blanc grisâtre est sillonnée à sa maturité d'un très grand nombre de petites fentes aux broderies très fines; sa chair d'une couleur orangée est sucrée et fine. Le poids de la courge de Valparaiso atteint jusqu'à 15 kilogrammes.

LA C. DE L'OHIO. — Variété américaine appelée *Ohio squash* et *Californian marrow;* sa forme est pointue, avec des côtes et une peau presque lisse. Sa chair farineuse est très estimée des campagnards des Etats-Unis.

Fig. 395. — Courge de l'Ohio.   Fig. 396. — Courge olive.

LA C. OLIVE. — Se distingue surtout par sa forme et la couleur d'une olive verte; le fruit atteint le poids de 4 à 5 kilogrammes; la peau est lisse, l'écorce mince et la chair jaune, ferme et bonne.

LA C. GIRAUMON (voir ce mot).

Dans le groupe *moschata*, on classe :

LA C. PLEINE DE NAPLES, aussi appelée *C. d'Afrique, C. de la Floride, C. portemanteau, C. valise*, et que les Allemands nomment *Grosser Neapolitanischer Mantelsack Kürbiss.* — La forme de cette courge volumineuse est renflée au fond, légèrement déprimée au milieu et plus petite vers le pédoncule. L'écorce est lisse d'un vert foncé, pâlissant à la maturité. La chair est jaune très épaisse, douce et parfumée; d'une grande production. En Italie, on cultive l'une de ces variétés qui est vraiment gigantesque.

LA C. COU TORS DU CANADA, que les Anglais dénomment *Canada crook-neck gourd.* — Jolie petite race dont nous donnons la figure.

Fig. 397. — Cou tors du Canada.

LA C. MELONETTE DE BORDEAUX. — A fruits nombreux, presque cylindriques et aplatis aux deux extrémités. Variété tardive.

On distingue encore la *C. violette du Midi* et la *C. pascale.*

LA C. DE YOKOHAMA. — Magnifique variété japonaise, race coureuse, à fruit aplatie, rugueuse et d'une couleur vert-noir.

Dans le troisième groupe, *Cucurbita pepo*, nous citerons parmi les courges blanches :

LA C. BLANCHE NON COUREUSE, ou *courge de Virginie*, que les Anglais appellent *long white gourd* et les Allemands *Weisse Kürbiss.* — Son fruit long cannelé, d'une couleur blanche, se cueille presque toujours avant maturité pour être mis en marinade.

La C. à la moelle, aussi appelée *moelle végétale, souki blanc des Indes;* anglais, *vegetable marrow;* allemand, *Englischer Schmeer-Kürbiss;* flamand, *Mergpompoen,* et danois, *Mandel-Groeskar.* — Les fruits se consomment habituellement lorsqu'ils ont atteint la moitié de leur développement : la chair en est alors tendre et moelleuse.

Fig. 398. — Courge blanche à la moelle.

La C. citrouille. — La courge de Touraine est la variété type de ce genre; elle atteint jusqu'à 60 kilogrammes. Le fruit, tantôt arrondi, tantôt allongé, contient une chair jaune et épaisse; elle réussit assez bien pour faire des confitures.

La C. crochue, ou *cou tors hâtive,* que les Anglais dénomment *summer crook-neck gourd,* porte un fruit couleur orange, mais peu usité en alimentation.

La C. des Patagons. — Remarquable par sa forme côtelée et sa couleur d'un vert foncé, sa chair jaune et la rusticité du fruit en général.

Fig. 399. — Courge des Patagons.

La C. sucrière du Brésil, que les Allemands appellent *Brasilianischer Zucker-Kürbiss,* remarquable par son fruit oblong, cloqué, d'un vert foncé, à chair jaune, épaisse et sucrée.

La coucourzelle, ou *C. d'Italie,* que les Italiens appellent *cocozella di Napoli;* les Allemands, *Italiænische Kürbiss;* les Anglais, *italian vegetable marrow.* — Fruit très allongé, quelquefois en

Fig. 400. — Coucourzelle d'Italie.

forme de massue. On cueille le fruit avant maturité lorsqu'il a atteint la dimension d'un petit concombre, sa chair blanche est alors délicate.

La C. patisson (voir ce mot).

Le courgeron de Genève. — Plante coureuse, à fruits nombreux, petits, très déprimés, à écorce lisse, d'un vert brun, devenant orange à la ma-

Fig. 401. — Courgeron de Genève.

turité, sa chair jaune, peu épaisse. On doit cueillir ce fruit avant complète maturité.

Enfin les *courges bouteilles,* qui servent très peu en alimentation, bien que comestibles, et dont on distingue la *C. massue,* la *C. siphon,* la *C. plate de Corse.*

La C. pèlerine. — Ce fruit présente la forme d'une mariejeanne des temps anciens, il y en a de toutes les formes et de toutes les grandeurs.

Fig. 402. — Courge pèlerine.

La C. poire. — Aussi appelée *C. à poudre* parce que les chasseurs en font des gourdes pour la poudre. On s'en sert quelquefois pour garnir les grandes corbeilles de fruits qui ne servent pas au dessert, dont elle imite très bien les poires.

Hygiène. — La chair des courges possède des propriétés rafraîchissantes. La médecine a classé la semence des courges parmi les drogues of-

Fig. 403. — Courge poire.

ficinales. Elle a des propriétés certaines contre le *tænia.*

USAGE CULINAIRE. — Dans toutes les cuisines dirigées par des personnes intelligentes, on sait que le potage de courge (voir POTIRON) ou citrouille est rafraîchissant et tient le ventre libre; le potiron est un aliment froid qui a besoin d'être relevé par des condiments stimulants. Il est peu nutritif, mais d'une digestion facile. Ne convient pas aux tempéraments bilieux et sanguins.

Graines de courge contre le ver solitaire (*Tænia*). — *Formule 1229.* — Employer :

Graines de courge décortiquées . . grammes 60
Sucre en poudre . . . . — 25

Procédé. — Piler au mortier les amandes de courge avec le sucre. En faire une pâte que l'on fait prendre après douze heures de diète, et on administre après 30 grammes d'huile de ricin.

Courgeron frit (*Cuis. italienne*). — *Formule 1230.* — Les courgerons, ou *coucourzelle*, *zuchetti*, ne doivent pas être pelés, mais seulement râclés légèrement, puis taillés en pommes paille et macérés une heure au sel, ensuite épongés, farinés et plongés dans une grande friture d'huile bien chaude, égoutter et dresser aussitôt sur serviette avec bouquets de persil frit. (Charles DIETRICH, *Hôtel du Quirinal, à Rome.*)

Courge au gratin. — *Formule 1231.* — Eplucher la courge, la faire cuire à l'eau salée; l'égoutter, la presser, la passer au tamis. Faire fondre un bon morceau de beurre frais dans un plat à gratiner, de préférence en terre; y ajouter la courge, la saupoudrer de fécule, de pommes de terre, et éclaircir avec du lait ou de la crème. Battre quelques œufs entiers, les ajouter ainsi que du gruyère râpé; bien opérer le mélange et assaisonner de poivre, de sel et d'un peu de muscade; mettre dessus quelques petits morceaux de beurre frais et faire prendre couleur au four. On peut saupoudrer de sucre si on le désire.

Soupe à la courge. — *Formule 1232.* — Faire cuire dans de l'eau salée de la courge coupée en dés; laisser réduire jusqu'à consistance de bouillie et écraser. Ajouter un peu de fécule de pommes de terre, éclaircir avec du lait, bien mélanger et ajouter un morceau de beurre frais. Mettre dans la soupière un des croûtons frits ou simplement du pain. (Voir POTIRON.)

Remarque. — La courge sert avantageusement pour la confection des confitures. Les grandes fabriques de confiture s'en servent surtout pour les mélanger aux coings, aux abricots, qu'ils vendent sous ces noms à un prix très élevé. La plupart des confitures vendues par les épiciers à la mode sont mélangées de betterave ou de courge. Dans ces conditions, il est préférable de les préparer soi-même.

Courgette à la provençale. — *Formule 1233.* — Peler des petites courges, cueillies avant maturité, les vider avec la cuillère à légumes; les mettre dans un sautoir avec huile, sel, poivre, ail et fines herbes hachées. Chauffer le sautoir sur le feu et le mettre dans un four très chaud. Un instant avant de servir, saupoudrer avec de la chapelure et arroser d'huile et faire gratiner. Servir en arrosant de son fond.

Confiture de courge. — *Formule 1234.* — Faire fondre de la chair de courge coupée en morceaux, dans une bassine avec un peu d'eau; y ajouter un tiers de son volume de coings, ou d'abricots, aromatiser avec du zeste de citron ou d'orange. Lorsque le tout est à moitié cuit, y ajouter *un kilo* de sucre par *litre* de marmelade. Achever la cuisson jusqu'à consistance de confiture.

COURLIS, *s. m.* (*Scolopax arquata*). — Oiseau de l'ordre des échassiers appelé aussi *courlieu*, de la grosseur d'un gros dindon. Sa chair est d'une qualité secondaire.

COURONNE, *s. f.* (*Corona*). All. *Krone;* angl. *crown;* ital. *corona;* port. *coroa.* — En terme culinaire, tout mets, tout entremets ayant la forme d'un cercle : couronne de brioche, de fleurs en sucre, etc.

On sait que Frédéric le Grand faisait des vers à son cuisiner Noël et qu'il lui donna une couronne de laurier-sauce en reconnaissance de sa bonne cuisine. Voici comment le raconte Berchoux :

Poursuis, et je prétends, dans ma reconnaissance,
Dérobant les lauriers d'un jambon de Mayence,
D'une *couronne* un jour décorer ton bonnet.
Puisse la récompense égaler le bienfait!

C'est ainsi qu'un héros célèbre à plus d'un titre
A daigné dans Potsdam adresser une épître
A l'illustre Noël, digne du noble emploi
De commander en chef les cuisines d'un roi.

Potsdam est toujours le Versailles allemand, mais les cuisiniers n'y reçoivent plus de couronnes. On les garde; qu'à cela ne tienne, continuons à en faire et servons-les généreusement aux princes qui en sont friands.

Voici d'abord, pour les artistes culinaires, différentes couronnes qu'ils pourront imiter en sucre ou en pâte :

Fig. 434.
Couronne de Marquis.

Fig. 435.
Couronne de Prince.

Fig. 436.
Couronne de Duc.

Fig. 437.
Couronne de Vicomte.

Fig. 438.
Couronne de Comte.

Fig. 439.
Couronne de Baron.

Mais les meilleures couronnes, les plus appétissantes, sont celles que je vais décrire.

Couronnes de choux à la marmelade d'abricots (*Entremets*). — *Formule 1235.* — Préparer une pâte à choux (voir ce mot); d'autre part, faire une pâte à feuilletage composée de 1 kilo 500 grammes de farine pour 1 kilo de beurre; procéder comme pour le feuilletage ordinaire en donnant six tours. Abaisser la pâte à 3 millimètres avec un moule rond et uni, grand de 5 centimètres; couper des rondelles comme pour les petits pâtés; les déposer sur des plaques légèrement mouillées et distantes de 2 centimètres. Coucher avec le cornet une petite couronne de pâte à choux sur les abaisses. Dorer la couronne et saupoudrer de sucre en grains. Faire cuire dans un four moyen et, lorsqu'elle est refroidie, en garnir le centre avec de la marmelade d'abricots.

Couronne de brioche (voir BRIOCHE).

Couronnes de meringue glacée (*Entremets*) — *Formule 1236.* — Faire six blancs d'œufs pour meringue, coucher en couronne sur papier six couronnes de 10 à 12 centimètres de diamètre, les saupoudrer de sucre et les cuire à l'étuve, de façon à obtenir les couronnes d'une belle couleur et les laisser refroidir. Poser les couronnes sur un fond de pâte d'amande, garnir entre chaque couronne d'un cordon de sucre blanc filé et 1 intérieur d'un fromage à la Chantilly glacé; aromatiser de vanille, de chocolat ou de toute autre essence. Couronner en dernier lieu d'un turban de sucre filé.

Couronnes de choux aux cerises (*Entremets*). — *Formule 1237.* — Procéder comme ci-dessus et avec les mêmes pâtes; lorsqu'elles sont cuites, les garnir avec des cerises cuites bien égouttées. Gommer et saupoudrer de sucre rouge grené.

Couronnes au verjus. — *Formule 1238.* — Faire de petites couronnes comme il est indiqué plus haut; lorsqu'elles sont cuites, les garnir de verjus confits et bien égouttés; gommer et saupoudrer de sucre colorié.

Remarque. — On fait ainsi des couronnes à tous les fruits, à toutes les marmelades, gelées ou confitures. Mais pour que toutes ces petites couronnes soient appétissantes, les garnitures doivent être selon le genre égouttées ou fermes, car rien n'est plus désagréable à la vue que le sirop, fondu avec le sucre en couleur, coulant sur les bords.

Couronnes de salsifis (*Entremets*).—*Formule 1239.* — Eplucher et cuire six bottes de salsifis dans de l'eau blanchie et salée. Les couper de 5 à 6 centimètres de hauteur, les glacer à la gelée. Les mettre debout en rond sur un plat où on aura fait couler un peu de gelée, de façon à tenir les bottes que l'on aura attachées étant cuites; les garnir des filets d'anchois. Décorer le bord superficiel avec des carottes et des navets; emplir le centre d'une sauce ravigotte.

Remarque. — On fait en outre des couronnes moulées avec du riz, des épinards et des pommes de terre en purée, etc., que l'on appelle aussi *fond-de-plat*, *turban* ou *bordure.*

COUROUPITA DE LA GUYANE (*Couroupita Guianensis*). — Arbre de la Guyane qui porte un fruit en forme de capsule brune, sphérique, raboteuse en dehors, munie à sa partie supérieure d'un rebord circulaire contenant une pulpe fibreuse et un noyau en forme de seconde capsule globuleuse, mince, cassante, ayant dans chaque loge plusieurs semences comprimées, arrondies, nichées dans une pulpe succulente, de saveur acide-agréable et rafraîchissante.

COURSEULLES, *s. p.* (*Huitres de*). — On réserve dans les nombreux parcs de Courseulles des huîtres de moyenne grandeur, grasses et savoureuses.

COURT-BOUILLON, *s. m.* All. *kurze Brühe;* angl. *court-bouillon;* ital. *inzimino marinato;* l'étymologie vient de ce que la cuisson des assaisonnements ayant eu lieu avant la cuisson du poisson, elle ne doit faire qu'un court bouillon.

Court-bouillon. — *Formule 1240.* — Le court-bouillon est composé de vin blanc, d'eau, de poivre en grains concassés, de sel, d'un bouquet de persil garni, de carottes et d'oignons émincés. On le fait aussi avec de l'eau et du vinaigre, qui remplace le vin; dans ce cas, il est bon d'ajouter quelques tranches de citron.

Remarque. — Le court-bouillon a l'avantage de pouvoir servir plusieurs fois pour la même espèce de poisson; il doit alors être décanté et on n'utilise que sa partie claire, mais il est préférable de se servir du court-bouillon frais. On fait cuire le court-bouillon pour condimenter l'eau et on met alors le poisson qui demande à être relevé par un assaisonnement de haut goût. Certains poissons se cuisent simplement à l'eau salée et acidulée. Le court-bouillon au bleu ne contient que sel, citron, vinaigre et poivre concassé, dont on règle la dose d'après le genre de poisson, l'état, l'âge ou le goût du convive.

COURTOISIE, *s. m.* (*Influence de la cuisine sur la*). All. *Hœflichkeit;* angl. *courtesy;* ital. *cortesia.* — Civilité relevée d'élégance et d'amabilité.

La courtoisie et la gaieté dépendent plus souvent de la cuisine et de la boisson que de l'éducation et du tempérament, d'où je conclus à cet aphorisme :

Dis-moi ce que tu bois, je te dirai ce que tu penses.

En effet, quel est le savant qui, de nos jours, oserait contester l'influence de l'alimentation et principalement des boissons sur la pensée? Que l'on mette deux individus ayant la même éducation et le même âge (18 ans par exemple), l'un dans le Nord et nourri de choucroute, d'eau-de-vie et de bière; l'autre dans un pays fertile et relativement chaud, en le nourrissant de vin de Bourgogne, de gibier, enfin d'une cuisine savamment traitée; après deux ans de ce régime, que l'on réunisse ces deux jeunes hommes dans un salon, au milieu d'une société, en présence du beau sexe : on sera frappé du contraste! Que l'on fasse improviser à ces deux êtres, qui auparavant étaient d'une égale instruction, on sera étonné de voir la finesse de l'esprit fécond de l'un, dont les vins auront développé la fonction des facultés intellectuelles jusqu'au génie; tandis que l'autre restera froid, peu expansif et morose; l'eau-de-

vie, la bière et la choucroute en auront fait un taciturne peu courtois et d'une puissance intellectuelle très secondaire.

Rien n'est donc plus important, pour l'homme qui veut conserver sa jeunesse, que de savoir alimenter le foyer qui nourrit les facultés intellectuelles.

COUSCOUS, *s. m.* (*Cuis. indienne*). — De l'arabe *kouskous*, qui lui-même vient d'un autre mot : *kouskou*, qui est la graine de houlque en forme d'épi de maïs (voir MILLET), dont les Orientaux se servent pour la confection du *couscous* ou *kouskoussou*.

Le couscous est un aliment primitif de cette grande civilisation arabe; modifié par les Assyriens longtemps avant les Grecs de Sparte et les Grecs d'Athènes, il fut comme le *brouet-noir* un mets national des Orientaux; cependant les peuples qui modifièrent le plus ce mets furent les Carthaginois, ils l'élevèrent à la dignité de mets national, dont je trouve la recette dans un ouvrage de Caton : *De Re rustica;* ils en faisaient leur délice journalier, ce qui leur a valu de la part des Athéniens le nom de *pultophage.*

Le couscous primitif est loin de ressembler à celui que l'on fait aujourd'hui, modifié en aliment que les Européens accepteraient sur leurs tables, tandis qu'il y a lieu de croire que la plupart de mes lectrices feraient une moue dédaigneuse en voyant apparaître le gâteau que je vais décrire.

Couscous indien (*Cuis.' primitive*). — *Formule 1241.* — Lorsque les sauterelles affamées ont envahi un champ de céréales ou une vaste prairie, on les recueille quand elles se sont repues; on leur ôte la tête, les jambes et les ailes; on les met dans un grand vase de terre pour les piler, les saler, les condimenter et ajouter, pour épaissir la bouillie, une quantité relative de farine de *couscous*. On expose le vase de terre au soleil brûlant et on laisse cuire en remuant de temps en temps; après quelques heures, la fermentation commence, provoquée par l'herbe qui leur a servi de nourriture; il se produit une espèce d'ébullition et la bouillie exhale alors une odeur fétide, qui s'échappe bientôt. Lorsqu'elle s'est épaissie, que la fermentation a cessé et l'odeur s'est évaporée, on sort cette pâte que l'on étend sur des nattes de joncs. Mais comme cette pluie de sauterelles n'est heureusement que momentanée, on conserve ainsi cette pâte en forme de gâteaux ou pains; ils se durcissent et lorsqu'on veut les employer pour l'alimentation, on doit les faire tremper dans l'eau. Tel est le couscous des premières civilisations arabes.

Mais, de nos jours, le mode de préparation du couscous varie selon la contrée; les peuples les plus raffinés dans leur genre suppriment les sauterelles, c'est ainsi que les préparent les nègres de la Sénégambie. Il en est de même actuellement en Algérie, les sauterelles sont imitées par des raisins de Malaga; mais le plus souvent le couscous se fait simplement avec de la farine de *couscous* ou avec du maïs.

Couscous (*Cuis. des Colonies*). — *Formule 1242.* — Les grains de millet étant proprement vannés, on les concasse entre deux meules et on mouille de façon à faire une pâte, que l'on met ensuite à la fermentation du soleil, et assaisonnée de haut goût, ou par des condiments sucrés. Cette pâte est mise sur un linge dans une espèce de passoire ou tamis servant de couvert à une marmite de terre contenant le plus souvent du mouton fortement aromatisé et en ébullition; on conduit la cuisson de façon à ce que la viande et le couscous soient cuits en même temps; lorsqu'il est cuit, on le sert avec le potage ou bouillon du mouton et la viande bouillie.

Remarque. — Dans le Sénégal, on se sert du millet commun pour le genre de mets, qui est souvent fait avec des raisins, ce qui lui donne l'aspect d'un plum-pudding.

COUSSE-COUCHE. — Racine potagère, très commune aux Antilles, de la grosseur et de la couleur d'un radis noir; mais sa chair étant cuite a le goût d'une châtaigne bouillie; sa couleur est blanche, quelquefois violacée. C'est un aliment qui manque en Europe.

COUTEAU, *s. m.* (*Cultellus*). All. *Messer;* angl. *knife;* ital. *cultello;* esp. *cuchillo.* — Instrument en acier tranchant et emmanché dans une poignée de bois dur, de métal ou d'ivoire.

Le couteau est l'arme indispensable du cuisinier et il constitue son plus bel ornement. Et si

Mille instruments divers, dont s'entoure l'artiste,
Lui donnent l'importance et l'orgueil d'un chimiste,

c'est aussi la marque distinctive de sa dignité.

Un cuisinier sans couteau est un soldat sans arme. Méfions-nous de la capacité culinaire d'un *chef* qui, dans une cuisine où il y a plusieurs cui-

siniers, n'est pas armé de sa gaine; avec celui-là, on ne deviendra ni artiste, ni cuisinier.

Les couteaux indispensables pour un cuisinier sont : le tranche-lard, mince et long; le couteau à volaille, à lame large, un peu forte et pouvant couper les os; le couteau à découper, qui doit être long à lame fine, mais inflexible, qualités indispensables pour donner à la galantine, au pâté, au saucisson un profil régulier et une surface unie; le couteau à désosser ou couteau de boucher fort, pointu et tranchant; le couteau abatte, servant à tailler les côtelettes, dont l'un des plus utiles perfectionnement est certainement celui apporté par M. Landry dans son nouveau couteau demi-abatte.

Fig. 410. — Couteau demi-abatte, système Landry.

Citons encore le petit couteau servant à tourner les champignons, les fruits et les racines tubéreuses et bulbeuses.

C'est avec le petit couteau que l'artiste fait jaillir, d'une carotte ou d'un navet, une rose ou toute autre fleur et fait ainsi de ces vulgaires légumes le plus attrayant ornement de la table.

Dans les hautes cuisines, les couteaux sont essuyés par l'aide à mesure que l'on s'en sert et remis propres et brillants sur la nappe.

Couteau de table (voir COUVERT), couteaux à dessert; ces derniers sont petits, quelquefois ciselés, en argent ou en or.

Fig. 411. — Couteau d'argent.

Couteau de boulanger. — Un industriel parisien, M. C. THIBAUDET, a perfectionné cet instrument, indispensable dans toutes les boulangeries. Le couteau de boulanger, *système Thibaudet*, est à lame droite, en acier fondu de première qualité. Ce couteau est coquet et solide. (Voir BOULANGERIE.)

Couteau. — Se dit aussi d'un coquillage long, plat et à coquille bivalve.

COUVAIN, *s. m.* — Amas d'œufs, d'insecte; rayon de cire des ruches où se trouvent les œufs et les larves.

COUVAISON, *s. f.* All. *Brühzeit;* angl. *broo-ding-time.* — Temps pendant lequel couvent les oiseaux libres et les volailles de basse-cour.

COUVERCLE, *s. m. (Cooperculum).* All. *Deckel;* angl. *cover;* ital. *coperchio.* — Pièce servant à couvrir un vase, une marmite, une casserole, du même métal.

Dans les cuisines, il est de toute nécessité de se servir des couvercles, tant pour maintenir chauds les aliments que pour les préserver des insectes qui pourraient tomber dans les casseroles.

COUVERT, *s. m.* — Tout ce dont on couvre la table à manger, tout particulièrement la cuillère, la fourchette. Mais au propre, le couvert comprend les verres, couteaux, fourchettes, cuillères, assiettes, serviettes et les accessoires de service.

COUVET (*Produit de*). — Couvet, le berceau de l'absinthe, est un joli petit village situé dans le Val-de-Travers, Neuchâtel (Suisse), à 734 mètres d'altitude.

Bien que le nombre de ses habitants ne dépasse guère 2,000, cette localité jouit dans le monde civilisé tout entier d'une renommée connue pour être le siège de la *véritable absinthe suisse* (voir ABSINTHE). Cette industrie y occupe en effet plusieurs maisons de commerce, et nombre de personnes des villages environnants font de la culture des herbes d'absinthe une spécialité.

L'origine de la fabrication de l'absinthe remonte en 1789, époque à laquelle un médecin français, le docteur Ordinaire, échappant à la furie révolutionnaire, alla se réfugier en Suisse et y exerça en même temps la médecine et la pharmacie. Définitivement fixé à Couvet, il eut connaissance d'un élixir renommé que les moines de l'abbaye de Mont-Benoît fabriquaient avec une variété spéciale d'absinthe du Jura. Intrigué du succès de cette liqueur, il se mit à en composer une qu'il vendit sous la dénomination d'*Elixir d'absinthe*, qui prit bientôt la renommée d'une panacée contre les embarras gastriques et les maladies qui en dérivent. Il avait surtout la propriété de rétablir la fonction menstruelle et d'exciter les facultés intellectuelles.

Le succès de cet élixir, dû à ses propriétés et à son goût agréable, en fit la spécialité de sa pharmacie. Après la mort du docteur Ordinaire,

le « secret » de sa fabrication, qui avait été soigneusement gardé, passa dans les mains de sa jeune gouvernante, qui le transmit aux demoiselles Henriod, qui l'exploitèrent en commun, et, colporté de maison en maison, de village en village, l'élixir d'absinthe se fit partout de nouveaux amis.

En 1797, le secret de sa fabrication devint la propriété d'un industriel suisse, M. Henri-Louis Pernod, de Couvet, qui se voua avec l'aîné de ses fils, Edouard Pernod, à l'exploitation commerciale de cette nouvelle industrie, dont ils furent les premiers vulgarisateurs.

Ami de la France, Henri-Louis Pernod pressentit que cette liqueur aurait un succès certain chez nous; il fonda en 1805 une fabrique à Pontarlier qui, plus tard, passa à ses petits-fils et fut exploitée sous la raison commerciale de « Pernod fils », tandis que l'aîné des fils, le vrai collaborateur, prit la succession de son père et y fonda la maison EDOUARD PERNOD, qui existe encore à l'heure où j'écris ces lignes. Successivement agrandi, transformé et rebâti, l'établissement d'*Edouard Pernod* est devenu une installation modèle pour la distillation de l'absinthe suisse, qui transporta dans tous les continents le nom de ce village ignoré, situé dans le canton du révolutionnaire Marat.

Grâce à Pernod, le développement de cette industrie créa une certaine aisance aux campagnards de ce village du Jura Neuchatelois, dont il en est aujourd'hui l'ornement.

COUVEUSE, *s. f.* All. *Brüthenire;* angl. *brooder;* ital. *chioccia.* — Se dit de la poule qui couve ses œufs. Four hydraulique où se font les couvaisons artificielles.

COWPOX, *s. m.* — Terme anglais composé de deux mots : *cow*, vache, et *pox*, bouton.

Se dit des boutons qui se manifestent sur les trayons des vaches et qui contiennent le virus vaccinal.

CRABE, *s. m. (Cancer).* All. *Krabe;* angl. *crab;* ital. *granchio di mare;* de *carabus.* — Terme générique désignant le genre des crustacées décapodes branchyures, famille des ciclomépodes, tribu des cancériens, dont on distingue plusieurs variétés.

Celui qui nous occupe, le crabe ordinaire, *cancer pagurus*, fournit plusieurs espèces que l'on appelle vulgairement *poupart, point-clos, tourtau* et *gourballe*. Le crabe se remarque par son corps très développé sous une carapace forte, une queue courte, des serres aux premières pattes qui peuvent embrasser tout le corps. Il varie de couleur et de grosseur selon les mers où il a été pêché,

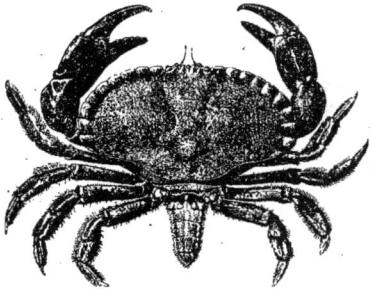

Fig. 412. — Crabe (*Cancer pagurus*).

tantôt la carapace est verdâtre, ou d'un gris sale et de forme cloquée (voir CALAPE). La voracité du crabe est extrême, il s'attaque même à l'homme; s'il faut en croire l'amiral anglais François Drake qui débarqua en 1605 sur une île déserte des côtes de l'Amérique et y trouva une multitude ef-

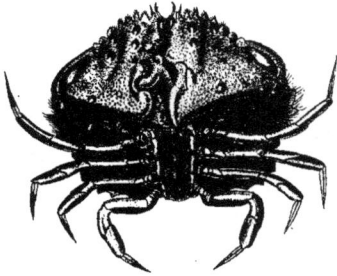

Fig. 413. — Crabe, calape vu de dessous.

froyable de crabes énormes qui attaquèrent les matelots et, malgré leur résistance, s'accrochèrent à eux, les accablèrent de fatigue par leur nombre et finirent par les dévorer.

HYGIÈNE. — On doit se méfier des crabes que l'on tire des eaux marécageuses, dont l'intoxication a souvent déterminé des empoisonnements;

leur goût prononcé pour les animaux morts et en décomposition, pour les fruits et amphibies vénéneux, explique d'ailleurs le danger qu'il y a à manger les crabes des eaux stagnantes.

Les crabes de mer seuls devraient paraître sur les marchés et l'on devrait interdire ceux de provenance marécageuse. La chair du crabe de mer est blanche et d'un goût délicat lorsque la cuisson en a été faite selon la formule culinaire, mais indigeste lorsqu'il a été cuit à l'eau salée, tel que le pratiquent les marchands de marée. L'eau simplement salée et acidulée ne suffit pas pour annihiler l'intoxication. Les Caraïbes qui font du crabe la base de leur alimentation le savent très bien.

USAGE CULINAIRE. — Le crabe s'applique aux mêmes sauces que le homard et les écrevisses : on en fait des coulis (voir ce mot), des salades, des mayonnaises et on le sert en outre à la bordelaise, à la cardinale, etc.

La cuisson du crabe. — *Formule 1243.* — Faire cuire un court-bouillon très salé, une demi-saumure; avec carottes, oignons cloutés, ails, thym, laurier, piment, poivre concassé, basilic, estragon, sauge, céleris et vinaigre. Plonger le crabe vivant dans ce court-bouillon et le laisser cuire. Ce court-bouillon aromatique doit être fragrant et fort, condition indispensable pour pénétrer les chairs à travers la carapace.

CRAGON, *s. m.* (*Crago vulgaris*). — Variété de crevette, à corps très déprimé, incolore ou tirant sur le vert, et qu'on mange sous le nom vulgaire de *crevette de mer*.

CRAM. — Voir RAIFORT et COCHLÉARIA.

CRAMANT, *s. p.* (*Vin de*). — Vin blanc de Champagne, classé en deuxième rang et contenant de 12 à 13 degrés d'alcool.

CRAMBÉ, *s. m.* — Chou de colza ou *chou marin* (voir ce mot), qui est un genre de plante appartenant à la tribu des raphanées, famille des crucifères à fleurs blanches, dont une espèce commune est cultivée sur les bords de la Méditerranée pour ses rejetons ou jeunes pousses, que l'on mange en salade, à l'instar des choux de Bruxelles ou comme les asperges.

CRANIC, *s. f.* — La cranic est le type d'un genre très étendu de la famille des branchiopodes, à coquille bivalve, et qu'on mange comme les moules, les huîtres et les autres craniacés.

CRAPAUD, *s. m.* — Outre l'animal immonde que nous connaissons en Europe, il y a aux Antilles un crapaud remarquable par sa grosseur et qu'on mange comme les grenouilles.

Crapaud de mer. — Se dit aussi du *scorpène*, connu dans la Havane sous le nom de *rascacio* et à Marseille sous celui de *rascasse*. Ce poisson est de couleur brunâtre mélangé de brun plus foncé, blanchâtre sous le ventre et parsemé de petites taches brunes à l'origine de la nageoire dorsale, portant un appendice ou lambeau de peau et remarquable par sa longueur; d'un aspect hideux dans ses formes.

CRAPAUDINE, *adj.* — A la façon du crapaud; qui a la forme et l'aspect du crapaud. Pigeon, colombe, tourterelle à la crapaudine. (Voir PIGEON.)

CRAQUELIN, *s. m.* (*Pâtisserie*). — Genre de pâtisserie appelée ainsi parce qu'elle craque sous la dent; ses formules sont variées; elle se fait tantôt avec la pâte à *échaudés*, tantôt comme les biscuits de Reims, etc.

CRAQUELOT. — Hareng-saur nouveau, légèrement fumé, que l'on consomme dans les deux ou trois jours après qu'il a été pêché.

CRASIOLOGIE, *s. f.* — Partie de l'hygiène concernant les tempéraments.

CRASSANE, *s. f.* — Variété de poire d'hiver très estimée, remarquable par sa grosseur, sa robe jaune terne, sale, maculée de fauve, et son pédoncule recourbé; elle mûrit en hiver et se conserve jusqu'au printemps; sa chair est tendre, succulente, d'un goût légèrement acidulé, sucré et parfumé.

CRATELAIN, *s. m.* (*Pâtisserie pour thé*). — *Formule 1244.* — Faire dissoudre 50 grammes de levure de bière dans un quart de litre d'eau tiède à 26 degrés. Passer sur une table 500 grammes de farine fine, former la fontaine, au centre de laquelle on met l'eau de la levure avec un grain de sel. Travailler en soulevant avec les doigts de façon à ce que la farine s'imbibe également partout en même temps; pétrir en rompant avec le talon de la main; la déposer dans une terrine recouverte et la tenir en lieu chaud. Lorsque la pâte est levée, on en prend des morceaux d'égale grandeur que l'on forme en petits anneaux et que l'on pose sur une plaque; on les dore et on les met au four; en les sortant, les dorer une seconde fois pour faire adhérer le cumin et le sel avec lesquels on les saupoudre.

Se servent sur les tables des brasseries, à disposition du consommateur.

CRAVAN, *s. m.* (*Anas bernicla*). — Espèce de palmipède du genre canard, de passage pendant l'hiver; sa chair huileuse est d'une qualité secondaire.

CRÉATINE, *s. f.* — Substance cristallisable découverte dans la viande; elle renferme du carbone, de l'hydrogène, de l'oxygène et de l'azote.

CRÉCY (*Produits de*). — Arrondissement de Meaux (Seine-et-Marne), renommé pour une variété de carotte (voir ce mot), aussi connue par les maraîchers sous le nom de *carotte de Meaux*.

Purée à la Crécy. — Le vrai nom serait tout simplement *purée de carottes*.

Procédé général. — *Formule 1245.* — Râcler des carottes rouges de Meaux ou de Crécy; en tailler les chairs par lames minces jusqu'au bois, sans toucher à celui-ci. Saupoudrer de sel et de sucre. Faire étuver dans une casserole avec du beurre; lorsqu'elle est cuite, y ajouter quelques tomates rouges bien mûres et égrenées; mouiller avec un peu de bouillon, faire recuire encore et passer au tamis de crin.

Cette purée sert à garnir les viandes ou à faire des potages.

Crécy au riz (*Potage*). — *Formule 1246.* — Préparer une purée de carottes selon la *formule 1245*, et y ajouter du consommé. Laver du riz et le faire cuire avec le potage.

Crécy au riz conservé. — F. CHEVET (voir ce mot), de la maison universellement connue, a merveilleusement conservé en forme de tablettes cet excellent potage. On évite par ce moyen un travail toujours long et difficile à obtenir. Le potage Chevet est prêt en six minutes de cuisson. On le trouve dans toutes les meilleures maisons d'épicerie.

Crécy au sagou (*Potage*). — *Formule 1247.*
— Préparer une purée de carottes selon la *formule* 1245; y ajouter du consommé et du sagou. Faire cuire.

Crécy au tapioca (*Potage*). — *Formule 1248.* Préparer une purée de carottes selon la *formule 1245*; y ajouter du consommé et faire tomber dans le potage en ébullition une pluie de tapioca. Laisser cuire.

Crécy aux petits pois (*Potage*). — *Formule 1249.* — Faire cuire à l'étouffée de petites carottes nouvelles et les passer au tamis fin; y ajouter des petits pois nouveaux cuits à l'eau et du consommé.

Crécy aux pointes d'asperges (*Potage*). — *Formule 1250.* — Faire cuire à l'étouffée de petites carottes nouvelles; d'autre part, faire cuire à l'eau des épinards très verts; les passer au tamis de métal, les ajouter aux carottes et passer le tout au tamis de crin. Ajouter à cette purée verte du consommé de volaille, des pointes vertes d'asperges préalablement cuites.

CRÉMAILLÈRE, *s. f.* — Appareil culinaire servant à suspendre les chaudières dans la cheminée. Pendre *la crémaillère;* donner un repas à ses amis pour fêter son installation dans un nouveau logement.

CRÈME, *s. f.* (*Crémor*). All. *Milch rahm;* angl. *cream;* esp. *nato de leche;* suéd. *graedda,* de *cremum,* dérivé de deux mots grecs *aphro,* mousse et *gala,* lait. — Substance onctueuse, épaisse, de saveur agréable, qui remonte sur le lait et de couleur blanche ou jaune, selon sa qualité.

La crème contient du *serum,* du *butyrum* et du *caseum;* le *butyrum* est le principe du beurre, le *caseum* celui du fromage, et le *serum* celui du sérac ou fromage blanc. La crème remonte d'elle-même à la surface du lait lorsqu'on le laisse reposer chaud au sortir des trayons de la vache, pendant vingt-quatre heures.

On peut activer la montée de la crème en additionnant une petite quantité d'eau au lait mis chaud en repos. On retardera la séparation du corps gras par l'adjonction d'une faible dose de carbonate alcalin qui a la propriété d'empêcher la coagulation de la caséine. L'ébullition neutralise complètement la séparation de la crème.

La bonne crème contient jusqu'à deux tiers de beurre; elle est excessivement variable et sa qualité dépend non seulement de la manière de la laisser former, de la qualité et de l'âge du lait de la laitière, mais encore de la qualité du fourrage qu'elle broute, vert ou sec, du foin ou retoin, de la paille ou du foin des marais; de toutes ces causes dépendent la finesse de son arome, l'exquisité de son goût, sa couleur et sa consistance.

La crème produite par le lait d'une annolière (1) d'octobre est plus grasse, plus aromatique et d'une couleur plus jaune que celle résultant du lait d'une laitière d'un mois pendant l'hiver, la saison contribuant aussi pour sa part aux propriétés et à la délicatesse de cet aliment. Les pâturages élevés sont ceux qui contribuent à fournir les crèmes les plus colorées et les plus aromatiques. Les montagnes des Alpes suisses, la vallée du Rhône, le versant qui sert de contrefort au Mont-Blanc, la vallée gauche d'Hérens, les montagnes couronnant les cimes élevées de *Méribé* à *Closon,* la vallée de Conche (Valais). La Norvège, le Luxembourg, l'Angleterre. En France, les Alpes-Maritimes, les plateaux de la Normandie et de la Bretagne, de Flandre, le Gâtinais, la Touraine, les Ardennes et l'Alsace, fournissent les meilleures crèmes d'Europe.

Au détriment de l'art culinaire, on obtient difficilement de la bonne crème dans les grandes villes, ce qui rend impossible la confection de certains mets et entremets dont lesquels il faut de la crème naturelle et de première qualité. Dans les vacheries parisiennes, on recueille d'abord la première couche de crème pour le beurre fin; le plus souvent avant de lever la deuxième crème, les producteurs ne se font aucun scrupule d'additionner de l'eau au lait et lèvent ensuite le lendemain cette crème sans consistance (à laquelle ils ajoutent encore quelquefois d'autres ingrédients) qui est débitée aux pâtissiers et restaurateurs et dont tout le public parisien fait une si grande consommation. En laissant former entièrement la crème, on obtient la crème double.

HYGIÈNE. — La crème pure et fraîche est un prophylactique de la phthisie pulmonaire et sert même de traitement en Angleterre. Certains médecins l'ordonnent comme succédané de l'huile

(1) Terme que je ne trouve dans aucun ouvrage, mais qui a sa raison d'être; il était déjà employé au temps de Tacite, par les campagnards de la rive gauche du Valais (Suisse). En remontant l'histoire de ce peuple, ou en étudiant la linguistique, on ne tarde pas à trouver que ce mot est formé de deux mots *anno,* année, et *liere,* dérivé d'*alie,* d'*annus, annalis,* annuel. Ainsi formé par diffusion du latin et du patois celtique et romand *annolière,* vache qui n'a pas été fécondée et fournissant depuis un an le même lait. J. F.

de morue, toujours difficile à prendre; dans ce cas, on l'aromatise avec un peu de vanille, on la sucre et on l'additionne d'un peu de rhum vieux.

USAGE CULINAIRE. — La crème de lait, bonne et de premier choix, est une des plus riches ressources de l'entremétier. Que de choses excellentes et engageantes ne fait-on pas avec la crème? Mais quelle affreuse galimafrée lorsque le blanc d'œuf et le bicarbonate de soude viennent tromper et annihiler jusque dans ses moindres éléments les propriétés délicates de la crème!

Remarque. — En abordant les séries des crèmes alimentaires que j'ai classées dans un ordre nouveau et méthodique, je dois au lecteur quelques lignes explicatives pour justifier l'utilité de ce classement en lui démontrant dans quel état se trouve la cuisine contemporaine avec ces fatras d'ouvrages à pièces montées confondant tout et ne distinguant rien. En effet, les Traités de cuisine les plus autorisés sont peu ou point lucides et confondent *crème à la Colbert, à l'anglaise, à la française* et *crème* pour *glaces;* cela parce que certains auteurs voulant s'attribuer le mérite qui ne leur appartient pas, n'ont pas voulu suivre les données établies par Carême en lui reconnaissant sa propriété. Pour ne pas le citer, on devait nécessairement tronquer ses formules et changer les noms; ce qui a été le point de départ des plus étranges interprétations par une foule d'ouvrages qui constituent les types de grimoires. Sur ces contradictions ont été publiés plusieurs ouvrages par des auteurs d'ailleurs d'une grande valeur littéraire, mais d'une ridicule ignorance sur les sujets culinaires qu'ils ont prétendu traiter de main de maître. Tous, jusqu'au *Grand dictionnaire Larousse*, se sont faits les éditeurs complaisants de compilations amphibologiques, qui ont complètement dérouté le praticien du progrès dont la voie avait été ouverte par Carême.

Pour ne parler que des ouvrages des cuisiniers, je trouve Carême faisant la *crème française* avec des jaunes d'œufs, du lait aromatisé, du sucre, de la gélatine et refroidie comme un *bavarois*. Cette même crème, je la trouve dans Gouffé sous le nom de *Colbert*, en y ajoutant de la crème fraîche. Ce n'est pas tout, on trouve dans les ouvrages de Dubois, sous la rubrique *anglaise*, la crème ou appareil pour glaces! On se demande quel titre on donnerait à la crème que l'on sert comme entremets accompagnée de pâtisserie et qu'un ouvrage récent dénomme

aussi à *l'anglaise?* Il n'est d'ailleurs pas rare d'appeler à *l'anglaise* ce qu'à Londres on nomme à la *française*, mais l'Art n'a pas de patrie. En d'autres termes, la cuisine française est la cuisine de toutes les nations civilisées et il importe surtout pour le cuisinier français de se faire comprendre, et qu'il soit compris dans tous les pays du monde.

Pour la lucidité de l'ouvrage et la facilité de l'opération, je les classe en dix genres, comprenant plusieurs variétés chacun:

Les *crèmes fouettées* ou à la *Chantilly;*
Les *crèmes mousselines;*
Les *crèmes d'office;*
Les *crèmes pâtissières;*
Les *crèmes françaises;*
Les *crèmes prises;*
Les *crèmes à glaces;*
Les *crèmes liqueurs;*
Les *crèmes végétales* } servant de potages.
Les *crèmes animales* }

CRÈME FOUETTÉE, *s. f.* All. *Rahm-Schaum;* angl. *whipped cream;* ital. *crema frus tava.* — Crème mousseuse mise en état d'émulsion au moyen d'un fouet.

Ce genre de crème était déjà connu des Romains, qui la mélangeaient avec du miel et des aromates.

L'émulsion mousseuse de la crème a lieu lorsque la caséine, qui en est l'un des principes, se coagule par agitation avec les globules gonflés du butyrum et du serum, dont l'un en augmente le volume et l'autre le solidifie. Mais si l'on continue à fouetter la crème, elle commence à grener, enfin les corps se séparent et le principe butyrique se transforme en beurre, tandis que la caséine et le serum encore assimilés restent dans le lait battu.

A Paris, cette crème est connue sous la dénomination de *crème à la Chantilly.*

Crème à la Chantilly. — *Formule 1251.* — Fouetter la crème dans une bassine étamée, ou dans une terrine en grès posée sur la glace; au moment de servir, la saupoudrer de sucre vanillé.

Crème au café. — *Formule 1252.* — Fouetter la crème de préférence avec un fouet de bois, dans une terrine en grès, ou autre vase vernissé; étant ferme, lui mélanger une quantité suffisante de sucre et d'essence de café qui se vend en petite bouteille. Dans le cas où l'on ne pourrait se procurer cette essence (voir ce mot), en faire une soi-même. On ajoute l'essence froide en même temps que le sucre en poudre, opération qui ne doit avoir lieu qu'au dernier moment.

Crème au chocolat. — *Formule 1253.* -- La crème étant ferme, on fait dissoudre du chocolat à la vanille de première qualité dans un peu de lait chaud; étant bien lisse, l'homogénéiser avec un peu de crème fouettée afin de le rendre plus léger, et l'incorporer froid dans la crème fouettée en y ajoutant du sucre s'il est nécessaire.

Crème à la fraise. — *Formule 1254.* — Choisir de petites fraises rouges de montagne et d'égale maturité, les passer au tamis de crin, sucrer légèrement la purée et la mélanger dans de la crème fouettée très ferme. (Voir COUPE.)

Crème à la framboise. — *Formule 1255.* — Fouetter la crème, passer des framboises au tamis de crin et incorporer la purée dans la crème au moment de servir.

Crème au marasquin. — *Formule 1256.* — Fouetter la crème sur la glace et, si l'on craint qu'elle ne devienne suffisamment ferme, ajouter deux pincées de gomme adragante pulvérisée; lorsqu'elle est ferme, la faire égoutter sur un tamis, lui mélanger dans une terrine le sucre nécessaire et une quantité suffisante de marasquin pour lui donner un goût prononcé. Elle se sert sur le compotier, dans des coupes en pâte d'amandes, des croûtes, des turbans, etc., ou simplement dans une timbale d'argent.

Crème à l'orange. — *Formule 1257.* — Râper des oranges rouges et à peau lisse avec du sucre en morceaux; laisser sécher le sucre, le piler et le tamiser; fouetter la crème selon la règle et la sucrer avec le sucre à l'orange. On procède de même pour les crèmes à la bigarade, au citron comme au cédrat.

Crème aux quatre zestes. — *Formule 1258.* — Râper le zeste d'une orange, d'un citron, d'une bigarade et d'un cédrat avec du sucre en morceaux; réduire le sucre en poudre et en sucrer la crème fouettée selon la règle.

Crème à la rose. — *Formule 1259.* — Fouetter la crème selon la règle; lorsqu'il est possible d'avoir des roses, émincer quelques feuilles que l'on mélange dans la crème en ajoutant un peu de carmin, pour lui donner une teinte à peine perceptible et de l'essence de rose pour la parfumer.

Crème au caramel. — *Formule 1260.* — Procéder à un sirop caramélisé, un peu épais et d'une teinte noisette brune, dans lequel on aura ajouté un peu d'anis étoilé; passer le caramel à travers un tamis, y ajouter de la crème par petites cuillerées et l'incorporer ensuite dans la masse de la crème.

Crème à la fleur d'oranger. — *Formule 1261.* — Prendre des fleurs d'oranger, les praliner dans du sucre cuit au caramel, laisser refroidir, mouiller et faire réduire en sirop épais; passer le sirop à travers le tamis et le mélanger à la crème fouettée en ajoutant, s'il était nécessaire, un peu d'eau de fleur d'oranger.

Crème à la pistache. — *Formule 1262.* — Râper les zestes d'une orange, d'un citron et d'un cédrat. Faire sécher des pistaches et les piler avec le sucre aux zestes; tamiser. La crème étant fouettée dans la règle, lui ajouter ce sucre en lui mélangeant un peu de vert breton (voir COULEUR), en ayant soin d'obtenir une teinte vert-pâle. Dresser la crème en pyramide et la piquer avec des pistaches émincées en long, de façon à ce qu'elle forme le hérisson.

Crème à l'anisette. — *Formule 1263.* — Fouetter la crème selon la règle et l'aromatiser avec de l'essence d'anisette et du sucre en poudre.

Crème à l'abricot. — *Formule 1264.* — On doit choisir de petits abricots rouges, parfumés et de bonne maturité; on les passe au tamis fin et on mélange du sucre en poudre à la purée que l'on incorpore dans la crème fouettée.

Remarque. — Pour toutes ces différentes préparations qui ne varient que dans les aromates, la crème fouettée qui en est la base doit être de première fraîcheur et très ferme, car le moindre goût d'aigreur annihilerait l'arome délicat des fruits et des essences; si elle n'était pas très ferme, on obtiendrait un liquide coulant au lieu d'une mousse neigeuse engageante et résistante. Comme la variété des fruits et des essences est inépuisable, la qualité de la crème étant obtenue, cet entremets offre un choix infini.

CRÈME MOUSSELINE, *s. f.* All. *Musselin-Rahm;* angl. *muselin cream;* ital. *crema mossalina.*

— Les crèmes mousselines se distinguent des crèmes fouettées par le glaçage, qui les fait classer dans un ordre autre que les crèmes collées. Ce sont des crèmes fouettées, aromatisées et sanglées au naturel sans gélatine, ce qui constitue un entremets aussi riche, aussi sain qu'agréable. Cet entremets exquis, dont je revendique la création, réclame une crème fraîche et ferme.

Crème mousseline aux fraises. — *Formule 1265.* — Préparer une purée de fraises très rouges, la mélanger dans la crème très fraîche et ferme. Sangler un moule dans la glace et l'emplir de la crème préparée; après trois heures, selon le moule, sa grosseur et sa manière de sangler (deux heures suffisent généralement), démouler en trempant le moule dans l'eau chaude; poser la crème sur un plat rond ou sur un compotier couvert d'une serviette à franges et en garnir les quatre coins de petits bouquets de fraises sur tiges.

Crème mousseline aux violetttes. — *Formule 1266.* — Cueillir trois forts bouquets de violettes de montagne, en mettre un dans un vase contenant de l'eau pour le conserver frais; avec les deux autres, procéder à l'essence suivante : faire cuire au soufflé 500 grammes de sucre dans lequel on jette les deux bouquets de violettes; laisser refroidir ainsi; passer le sirop au tamis et le mélanger ensuite à la crème fouettée; effeuiller la moitié du bouquet conservé et mélanger les feuilles à la crème. Sangler la crème dans un moule à bombe. Démouler et garnir les coins de la serviette à franges avec de petits bouquets de violettes parfumées.

C'est un des entremets les plus agréables et qui offrent le plus de variété, surtout sur les montagnes, où toutes les ressources ne sont pas à disposition.

J'ai également obtenu du sucre de violettes, comme l'on obtient le sucre vanillé, c'est-à-dire en mettant une forte proportion de violettes fraîches avec du sucre en poudre dans un bocal fermé; ce qui est facile avec les violettes parfumées qui croissent dans les lieux élevés.

Crème mousseline à l'abricot. — *Formule 1267.* — Choisir des abricots bien mûrs et parfumés, les passer au tamis fin de façon à obtenir une purée lisse et liée que l'on mélange dans la crème fouettée et qu'on sangle dans un moule à glace selon la règle.

Remarque. — Tous les fruits aromatiques et toutes les essences provenant de végétaux comestibles s'accordant avec la crème, peuvent entrer dans la nomenclature des crèmes mousselines. La bonne qualité de la crème fouettée, comme celle des fruits qui l'aromatisent, étant de rigueur absolue, j'engage les artistes à y renoncer lorsqu'il leur serait impossible de s'en procurer de premier choix.

CRÈME D'OFFICE, *s. f.* All. *Anrichtzimmer-Rahm;* angl. *office cream;* ital. *cremo d'officio.* — J'ai classé sous cette dénomination les crèmes qui se servent comme entremets et accompagnées de pâtisserie; n'étant pas des crèmes pâtissières proprement dites, ni des crèmes fouettées, et se traitant de différentes manières. Voici les trois principales bases de ces diverses crèmes :

Crème d'office, A (*Procédé général*). — *Formule 1268.* — Un litre de lait cuit et une cuillerée de farine fine délayée dans une terrine avec cinq jaunes d'œufs; ajouter peu à peu le lait ainsi que le sucre, selon qu'on désire la crème douce ou peu sucrée. Remettre dans la casserole sur un feux doux, et remuer constamment sans laisser bouillir. On reconnaît que la cuisson est achevée lorsque la crème blanchit et couvre la cuillère quand on la retire. Il faut éviter de la mettre à grand feu et veiller à ce qu'elle ne cuise pas; un seul bouillon suffit pour la grener. On la passe de suite à travers un tamis fin et on la remue pour empêcher la formation de la peau. L'arome étant au choix, je n'en mentionnerai que quelques-uns comme types.

Crème d'office, B. (*Procédé général*). — *Formule 1269.* — Sucrer et aromatiser un litre de lait, le faire cuire et le laisser refroidir; casser dans une terrine quatre œufs entiers et deux jaunes; ajouter par petites doses le lait et fouetter vivement pour commencer, en continuant ainsi jusqu'à ce que le tout présente un aspect mousseux; la mettre dans une casserole sur un feu doux en fouettant toujours comme lorsqu'on bat les œufs.

On doit attentivement observer que la cuisson n'ait pas lieu, car cette crème présente un aspect mousseux et lisse quand elle n'a pas cuit; devant. cependant atteindre son degré de cuisson, qui se reconnaît lorsqu'elle est filante. On la passe au tamis fin et on la remue jusqu'à ce qu'elle soit froide.

Crème d'office, C. (*Procédé général*). — *Formule 1270*. — Un litre de lait cuit avec le sucre et l'arome, mettre dans une terrine huit ou dix jaunes d'œufs, y verser peu à peu le lait et remettre dans la casserole, remuer sur un feu doux jusqu'à parfaite liaison sans laisser cuire; passer au tamis fin et remuer jusqu'à parfait refroidissement. On règle la consistance en augmentant ou en diminuant la quantité de jaunes d'œufs et on varie la qualité par les aromes, dont voici quelques procédés qui donneront la clef pour tous les autres :

C. d'office au chocolat. — *Formule 1271*. — Faire dissoudre 300 grammes de chocolat dans un peu de lait, y ajouter une gousse de vanille et faire cuire avec le lait avant de faire cuire la crème. Dresser sur un compotier et décorer avec de la crème blanche fouettée, une fois froide.

C. d'office à la vanille. — *Formule 1272*. — On fait cuire la vanille dans le lait et on la laisse dans la crème jusqu'au moment de servir, afin de l'aromatiser. On la décore au chocolat.

C. d'office au caramel. — *Formule 1273*. — On fait caraméliser d'une couleur brune, sans le laisser brûler, 250 grammes de sucre; on le mouille avec de l'eau et on le laisse réduire en sirop épais; on l'ajoute à la crème avant de la faire cuire.

C. d'office au café. — *Formule 1274*. — Torréfier 125 grammes de café de la Martinique et 150 grammes de moka; le concasser et le mettre dans le lait pour cuire, le passer avant de procéder à la cuisson de la crème. On fait aussi une infusion très forte dont on prend l'essence, le café peut alors être utilisé de nouveau, mais je préfère mettre le café dans le lait, la finesse de l'arome étant plus prononcée.

C. d'office d'amande prâlinée. — *Formule 1275*. — 250 grammes d'amandes mondées que l'on jette dans 250 grammes de sucre cuit au soufflé; on laisse cuire un instant et, lorsqu'il se cristallise et se graine, on le met sur le marbre; étant froid, on pile le tout au mortier et on le met dans le lait en opérant la liaison.

C. d'office à la noisette. — *Formule 1276*. — Les noisettes doivent être mondées et l'on procède de même que pour les amandes, comme il est indiqué plus haut.

C. d'office au céleri. — *Formule 1277*. — Tailler en dés les têtes de deux céleris et les mettre dans 500 grammes de sucre cuit au soufflé; continuer la cuisson jusqu'à cristallisation; lorsque le sucre est prâliné, on sort le tout sur le marbre, on le laisse refroidir, on le pile et on s'en sert pour sucrer l'appareil. La crème étant liée sur le feu, on la passe à travers un tamis.

CRÈME PATISSIÈRE, *s. f.* All. *Backwerk-Rahm*; angl. *pastry cream*; ital. *crema pasticciere*. — Terme générique embrassant toutes les crèmes liées sur le feu et usitées pour les entremets et les pâtisseries.

Crème à frangipane. — *Formule 1278*. — Employer :

Farine	grammes	250
Beurre fin	—	60
Sucre	—	150
Lait	litre	1
Œufs	nombre	10
Une pincée de sel.		

Procédé. — Mettre dans une casserole quatre œufs entiers et six jaunes; la farine, le sucre, le sel; travailler le tout avec la cuillère en bois jusqu'à mélange parfait; ajouter alors à petites doses le lait en continuant de remuer pour éviter la formation des grumeaux. Ajouter le beurre et mettre la casserole sur un feu doux; remuer constamment la crème en appuyant sur le fond pour empêcher qu'elle ne s'attache. Lorsqu'elle est liée, sans bouillir, on la remue dans une terrine pour éviter la formation de la peau. Si elle était trop épaisse, il faudrait la liquéfier dans la casserole.

Crème à gâteau de Pithiviers. — *Formule 1279*. — Employer :

Sucre en poudre	grammes	500
Beurre fin	—	500
Amandes douces mondées	—	500
Œufs	nombre	8
Crème double très fraiche	litre	1/2

Procédé. — Piler les amandes avec le sucre et deux œufs mis par intervalles. Lorsque les amandes auront formé la pâte, ajouter les œufs, l'un après l'autre, en continuant la trituration, et mettre la crème en dernier lieu.

Crème à gâteau fourré. — *Formule 1280*. — Employer :

Sucre en poudre	grammes	200
Amandes douces mondées	—	200
Beurre fin	—	200

Procédé. — Piler les amandes avec le sucre; étant réduites en pâte, mettre cette pâte dans une terrine, y ajouter le beurre et travailler le tout; y ajouter une égale quantité de crème frangipane. Homogénéiser le tout et conserver dans une terrine.

Crème à choux. --- *Formule 1281.* — Employer :

Sucre en poudre	grammes	500
Farine fine	—	60
Jaunes d'œufs frais	nombre	16
Gousses de vanille	—	2
Lait	litre	1 1/2

Procédé. — Mettre le sucre, les jaunes d'œufs et la farine dans une casserole; délayer le tout en ajoutant le lait par petites doses, mettre la vanille et mettre sur un feu doux pour faire lier selon la règle.

Crème à Saint-Honoré. — *Formule 1282.* -- Dans l'origine, la crème Saint-Honoré n'était autre que de la crème à la Chantilly à la vanille; mais, devant l'impossibilité de se procurer de la crème fraîche, les pâtissiers parisiens ont confectionné la crème suivante :

Procédé. — Faire une crème à choux (voir la *formule 1281*, et la laisser refroidir. Lui mélanger légèrement seize blancs d'œufs en neige. La substitution d'une crème fouettée à la vanille, aux blancs d'œufs la rend plus délicate.

Crème à flan et à Saint-Honoré. -- *Formule 1283.* -- Employer :

Beurre fin	grammes	90
Sucre en poudre	—	250
Farine fine	—	250
Jaunes d'œufs	nombre	6
Vanille	gousse	1
Lait bouillant	litre	1

Procédé. — Délayer le sucre, les jaunes d'œufs, la farine en ajoutant le lait à petites doses; faire lier la crème sur le feu, aussitôt prise y ajouter dans la terrine le beurre fin et remuer. Si cette crème devait servir pour le Saint-Honoré, ajouter à la crème froide six blancs d'œufs battus en neige.

Crème à fanchonnettes. — *Formule 1284.* — Employer :

Farine tamisée	grammes	100
Sucre en poudre	—	100
Jaunes d'œufs	nombre	12
Crème double	litre	1/2
Une pincée de sel.		

Procédé. — Mélanger les jaunes d'œufs avec le sucre, puis ajouter le sel et la crème; faire lier sur le feu, sans ébullition, et remuer de temps à autre pour la faire refroidir.

Crème à Breton. --- *Formule 1285.* — Employer :

Beurre fin	grammes	200
Glace royale	—	500
Arome au choix.		

Procédé. — Travailler le beurre et l'arome avec les mains dans une terrine pour le rendre moux; lui incorporer peu à peu la glace. Cette crème doit être homogène et lisse, qualités indispensables pour bien décorer.

Crème au Moka. — *Formule 1286.* — Employer :

Sucre en poudre	grammes	500
Beurre fin	—	500
Jaunes d'œufs	nombre	16
Forte infusion de café	litre	1/2
Lait cuit	—	1/2

Procédé. — Travailler ensemble dans une casserole le sucre en poudre et les jaunes d'œufs; ajouter peu à peu le lait et le café; faire lier sur un feu doux et ôter avant l'ébullition. Laisser refroidir; incorporer alors le beurre et travailler de façon à en faire une pâte homogène et lisse dont on se sert pour garnir et décorer le gâteau Quillet (voir ce mot). Lorsqu'on a de l'essence de café, on remplace le café par la même proportion de lait, c'est-à-dire un litre au lieu d'un demi-litre, l'essence n'augmentant la dose qu'imperceptiblement. On la conserve dans une température propre à faciliter le maintien de sa mollesse.

Crème à Quillet. — *Formule 1287.* --- Employer :

Sirop vanillé à 28 degrés	litre	1/2
Sirop d'orgeat	décilitre	1
Jaunes d'œufs	nombre	16
Beurre fin	grammes	500

Procédé. — Mélanger le tout ensemble, lier sur le feu sans laisser bouillir; le déposer dans une terrine en remuant toujours; la crème étant à peu près froide, lui ajouter le beurre par morceaux. Remuer et conserver dans un lieu de température moyenne.

Crème à tartelettes. — *Formule 1288.* --- Employer :

Sucre en poudre	grammes	250
Beurre fin	—	250
Farine tamisée	—	375
Œufs frais	nombre	10
Eau	litre	1/2
Eau de fleurs d'oranger.		

Procédé. — Mettre le sucre, l'eau et le sel dans une casserole; faire bouillir; ajouter alors la farine et faire dessécher comme une pâte à choux; ajouter les œufs un à un en remuant jusqu'à absorption, et enfin l'eau de fleur d'oranger. On en garnit les tartelettes ou des flans; on la rend meilleure en y ajoutant un demi-litre de crème fouettée, dans laquelle on a mis un quart de livre d'amandes pilées.

Crème à l'amande. — *Formule 1289.* — Employer :

Amandes douces mondées	grammes	250
Sucre en poudre	—	250

Procédé. — Piler les amandes avec le sucre de façon à obtenir une poudre fine passée au tamis. D'autre part, faire une crème cuite dans les proportions suivantes :

Sucre en poudre	—	250
Farine tamisée	—	60
Vanille	bâton	1
Lait	litre	1/2

Faire lier cette composition sur le feu en remuant constamment et, lorsqu'elle a de la consistance, lui ajouter la poudre d'amandes.

CRÈME A LA FRANÇAISE, *s. f.* All. *Französischer-Rahm;* angl. *french cream;* ital. *crema alla francese.* — Sous ce titre, je classe les crèmes cuites contenant de la gélatine et servant à former des entremets froids. Cette crème avait été improprement appelée *à la Colbert* par Gouffé.

Crème française au marasquin (*Procédé général*). — *Formule 1290.* — Employer :

Sucre en poudre	grammes	250
Jaunes d'œufs	nombre	10
Gélatine	feuilles	6
Lait frais	litre	1

Procédé. — Faire lier la crème sur le feu, lui ajouter la gélatine trempée; lorsque le tout est fondu et homogène, la passer au tamis de crin; y ajouter le marasquin et faire refroidir en remuant dans une terrine de grès. Avant qu'elle soit coagulée la verser dans des moules légèrement huilés, et mettre en lieu froid. Démouler après deux heures au moins sur une serviette posée sur un compotier ou sur un plat rond.

Remarque. — Toutes les crèmes à la française aromatisées avec des liqueurs se traitent de la même manière.

Crème à l'abricot. — *Formule 1291.* — Choisir des abricots de parfaite maturité, les faire cuire avec du sucre et une goutte d'eau; passer la purée au tamis fin. Sur un litre de cette purée ajouter dix jaunes d'œufs, un demi-litre de lait frais et six feuilles de gélatine préalablement trempées; passer la crème au tamis fin et la mettre dans les moules à mi-froide.

Crème à la fraise. — *Formule 1292.* — Procéder à froid à la purée de fraises parfumées et rouges de façon à en obtenir un demi-litre et la sucrer; mélanger à un demi-litre de lait dix jaunes d'œufs, un grain de sel et faire lier sur le feu; la passer et y ajouter la purée de fraises. La mettre dans des moules.

Crème à la vanille. — *Formule 1293.* — Faire cuire un litre de lait, dans lequel on met 2 gousses de vanille et 200 grammes de sucre concassé. Le laisser réduire doucement pendant un quart d'heure pour effectuer l'infusion; verser le lait à petites doses, pour commencer, sur dix jaunes d'œufs déposés dans une terrine. Mettre à feu en remuant pour la faire lier, sans ébullition, et ajouter six feuilles de gélatine trempées. La passer au tamis fin.

Crème à l'aveline. — *Formule 1294.* — Monder 25 gr. d'avelines, les faire sécher et les passer dans un poêlon avec 250 gr. de sucre en poudre cuit au caramel; le laisser rafermir sur le marbre, le piler et le faire cuire dans un litre de lait. Passer le lait à travers un tamis et délayer dans une terrine dix jaunes d'œufs avec le lait, puis lier sur le feu; y ajouter six feuilles de gélatine préalablement trempées. Passer la crème au tamis fin, remuer un instant pour la faire tiédir avant de la mettre dans le moule.

Remarque. — On procède de la même manière pour la crème d'amande. Quant aux crèmes au café, au chocolat et au cacao, la base de gélatine, d'œufs et de lait est la même; on n'a qu'à y ajouter l'arome que l'on désire.

CRÈME PRISE (*Au bain-marie*). — Aussi appelées : *crème renversée; crème en pot; pudding Saint-Clair* et *flan.* — Appareil composé d'œufs, de lait, de sucre, d'arome et cuit au bain-marie.

La cuisson (*Procédé général*). — *Formule 1295.* — La réussite de cette crème dépend essentiellement de la cuisson.

Un corps ferme et uni, sans globules d'air, sont les qualités que l'on doit obtenir; le moyen est simple, mais il demande beaucoup d'attention et consiste à ne pas laisser bouillir l'eau dans laquelle est placé le moule ou le pot contenant la crème. On fait d'abord bouillir l'eau et on place au fond de la casserole un objet de fer quelconque pour maintenir l'espace d'un centimètre entre le moule et le fond de la casserole. On place la casserole contenant le moule dans l'étuve chaude ou dans un four tiède-chaud, puis on couvre. Après une heure et demie, la crème doit être prise, c'est-à-dire ferme.

Lorsque ces crèmes se font dans des moules unis, on met dans le fond un papier coupé de même dimension et imbibé d'huile fine; on passe la pointe d'une lame fine autour de la crème en appuyant contre le moule pour la détacher; elle doit alors sortir d'un seul pain.

Lorsque les crèmes sont au caramel, au nougat, etc., on caramélise le moule, afin que le sucre, se fondant autour du pain, en facilite le démoulage. Mais l'essentiel est de ne point laisser bouillir l'eau et, cas échéant, on devrait procéder à une crème mousseuse pour masquer le pain. Dans les restaurants, ces crèmes se servent dans les petits pots où elles ont cuit.

Crème au caramel. — *Formule 1296.* — Faire cuire au caramel 200 grammes de sucre, en masquer légèrement le moule, mouiller le restant avec un peu d'eau et 50 grammes de sucre blanc et faire cuire à consistance d'un sirop. Le mettre dans un litre de lait cuit. Casser dans une terrine 5 œufs entiers, auxquels on ajoute 5 jaunes d'œufs; soit le volume de 8 œufs entiers par litre de lait. Ajouter du sucre à volonté. Battre les œufs avec le sirop, y ajouter à petites doses le lait et passer au tamis; mettre dans deux moules à timbales unis, préalablement caramélisés et cuire selon la prescription.

Crème à la vanille. — *Formule 1297.* — Faire cuire dans un litre de lait une gousse de vanille avec 200 grammes de sucre, 5 œufs entiers et 5 jaunes, soit le volume de 8 œufs entiers; battre le tout ensemble, passer au tamis et mettre au bain-marie à l'étuve. Le moule doit être légèrement beurré ou huilé et foncé d'un papier.

Crèmes à liqueurs. — *Formule 1298.* — Toutes les liqueurs aromatiques : marasquin, menthe, curaçao, crème de myrtilles, de cacao, de moka, etc., qui peuvent entrer dans la composition des *crèmes prises au bain-marie*, se mettent selon la quantité d'un à deux tiers de verre par litre de lait composant l'appareil plus haut mentionné et se traitent par la même méthode.

Crème aux quatre zestes. — *Formule 1299.* — A l'aide de sucre en morceaux ou d'une râpe fine, lever les zestes d'un citron, d'une orange, d'une bigarade et d'un cédrat. Ces zestes doivent être levés très superficiellement; les mettre dans un litre de lait en ébullition, avec le sucre nécessaire; ajouter les œufs et achever selon la règle. On fait ainsi des crèmes au zeste de chacun de ces fruits.

Remarque. — On étend la variété à une foule d'essences, de fruits ou liqueurs. Par cet aperçu, le praticien utilisera tout ce qui présente une ressource économique et variable.

CRÈME A GLACE, *s. f.* All. *Eis-Rahm;* angl. *icecream;* ital. *crema a diacciare.* — Appareil à la crème servant à faire les glaces.

La nomenclature des crèmes à glaces que l'on a improprement appelées *anglaises,* étant d'une étendue très variée, je ne traite ici que des *crèmes à glaces* à base de lait, en donnant les proportions exactes de chacunes d'elles; traitant d'ailleurs, à leur nom alphabétique, des appareils à glaces à base de sirop et de fruits. (Voir GLACES.)

Crème à la vanille (*Pour glace*). — *Formule 1300.* — Employer :

Lait frais.	litres	3
Belle vanille	gousses	2
Jaunes d'œufs	nombre	18
Sucre	grammes	700

Procédé général. — Faire cuire la vanille, le sucre et le lait, laisser refroidir la vanille dans le lait de façon à lui donner le plus d'arome possible; lier avec les jaunes d'œufs et mettre sur un feu doux sans laisser bouillir, en remuant toujours et en appuyant sur le fond. Passer au tamis fin et remuer dans une terrine jusqu'à ce qu'elle soit froide. Mettre dans la sorbetière et glacer.

Il est évident qu'on pourra diminuer la quantité à volonté, en suivant toutefois les proportions indiquées.

Crème au chocolat (*Pour glace*). — *Formule 1301.* — Employer :

Sucre en poudre	grammes	375
Chocolat de premier choix	—	125
Jaunes d'œufs	nombre	9
Vanille	gousse	1
Lait frais.	litre	1 1/2

Procédé. — Travailler ensemble le sucre et les jaunes d'œufs; faire dissoudre le chocolat dans 2 décilitres de lait, l'ajouter aux jaunes d'œufs, mélanger le tout avec le lait dans une casserole et faire lier sur le feu sans laisser cuire. Passer au tamis de crin.

Crème à la pistache (*Pour glace*). — *Formule* 1302. — Employer :

Sucre en poudre	grammes	375
Amandes douces moudées	—	65
Pistaches mondées	—	70
Jaunes d'œufs	nombre	9
Vanille	gousse	1/2
Lait	litre	1 1/2

Procédé. — Travailler le sucre, la vanille avec les jaunes d'œufs; d'autre part, piler les amandes et les pistaches dans le mortier, les triturer avec un peu de lait; colorer légèrement en vert. Mettre le tout dans une casserole sur un feu doux; faire lier et passer au tamis.

Crème au café (*Pour glace*). — *Formule* 1303. — Employer :

Café de choix	grammes	750
Sucre	—	500
Jaunes d'œufs	nombre	18
Lait frais	litres	3

Procédé. — Concasser ou moudre grossièrement le café et le cuire avec le lait; filtrer ou passer à travers un linge et y ajouter un peu de caramel pour colorer; faire lier sur le feu avec les jaunes d'œufs et passer au tamis.

Remarque. — On peut faire cette crème d'une qualité secondaire et résistant plus longtemps glacée, étant plus maigre : en substituant 1 litre de fort café à 1 litre de lait, c'est-à-dire 2 litres de lait et 1 de café dans la proportion égale de 18 œufs et 775 grammes de sucre.

Crème blanche à la noisette (*Pour glace*). — *Formule* 1304. — Employer :

Noisettes mondées des champs	grammes	250
Sucre en poudre	—	375
Jaunes d'œufs	nombre	18

Procédé. — Piler les noisettes dans le mortier en humectant avec du lait; les faire cuire avec le lait et laisser tiédir; mettre avec les jaunes d'œufs et le sucre préalablement travaillés ensemble et faire lier sur le feu. Passer au tamis.

Remarque. — Ce mode présente une glace blanche d'un goût très délicat, mais moins fragrant que celui que l'on a l'habitude d'avoir dans les glaces aux avelines torréfiées; par contre, il convient justement pour la composition de certaines glaces panachées.

Crème à l'aveline (*Pour glace*). — *Formule* 1305. — Employer :

Avelines	grammes	250
Sucre	—	500
Lait	litres	3
Jaunes d'œufs	nombre	18

Procédé. — Torréfier les avelines, les ajouter dans la moitié du sucre que l'on aura cuit au caramel; le faire cristalliser et sortir le tout sur un marbre pour faire refroidir. Lorsque cet appareil sera froid, le piler dans un mortier et le mettre dans une casserole avec le restant du sucre, les jaunes d'œufs et le lait. Faire lier sur le feu selon le procédé général.

Crème à l'amande (*Pour glace*). — *Formule* 1306. — Employer :

Amandes douces mondées	grammes	250
Sucre en poudre	—	775
Jaunes d'œufs	nombre	18
(Ou à volonté 8 œufs entiers et 5 jaunes).		

Procédé. — Travailler le sucre avec les jaunes d'œufs, en y ajoutant une goutte de lait. Piler les amandes dans le mortier en les humectant avec du lait, enfin mettre les amandes et le lait sur le feu et faire cuire; verser pour commencer par petites doses dans la terrine aux jaunes d'œufs (œufs bien battus s'il y en a d'entiers) et faire lier sans laisser cuire. Passer au tamis.

Crème à la truffe du Piémont (*Pour glace*). — *Formule* 1307. — Employer :

Truffes bl. épluchées et à maturité	grammes	500
Sucre	—	775
Jaunes d'œufs	nombre	18
Lait	litres	3

Procédé. — Piler les truffes crues dans le mortier, les passer au tamis de métal, les cuire dans un litre de lait pendant une heure à petit feu. Ajouter les jaunes, le sucre, le restant du lait et faire lier; passer par pression à l'étamine et remuer. On peut cuire les truffes épluchées dans une partie du sucre en forme de sirop.

Crème de noix fraîches (*Pour glace*). — *Formule* 1308. — Employer :

Noix fraîches sans épiderme	grammes	200
Amandes douces mondées	—	100
Sucre	—	500
Lait frais	litres	3
Jaunes d'œufs	nombre	18

Procédé. — Piler les pulpes des noix avec les

amandes en les humectant avec du lait; faire cuire avec le lait; lier avec les jaunes d'œufs et le sucre sur le feu sans ébullition.

Crème Sicilienne (*Pour glace*). — *Formule* 1309. — Employer :

Amandes douces	grammes	50
— amères	—	50
Coriandre	—	50
Pistaches mondées	—	150
Sucre	—	775
Jaunes d'œufs	nombre	16
Crème fraîche	litres	2 1/2
Lait	—	1/2

Procédé. — Piler les amandes et la coriandre dans le mortier en humectant avec le lait; le faire cuire, passer au tamis. Mettre cette purée dans une casserole avec les jaunes d'œufs, le sucre et la crème; faire lier sur le feu sans laisser cuire, passer au tamis. Émincer les pistaches et les mettre dans la crème en colorant d'un rose pâle.

Crème à la portugaise (*Pour glace*). — *Formule* 1310. — Employer :

Sucre	grammes	375
Crème fraîche	litres	2
Lait frais	—	1
Zeste d'oranges	nombre	3
Jaunes d'œufs	—	18
Eau de fleur d'oranger		

Procédé. — Faire lier le tout sur le feu, à l'exception de l'eau de fleur d'oranger, qui sera ajoutée lorsque la crème sera passée.

Crème aux Diavoli (*Pour glace*). — *Formule* 1311. — Employer :

Sucre	grammes	185
Diavoli (voir ce mot)	—	75
Crème fraîche	litre	1/2
Lait	—	1
Jaunes d'œufs frais	nombre	9
Cannelle	bâton	1

Procédé. — Mettre dans une casserole la crème, le lait, la cannelle, le sucre et les jaunes d'œufs; faire lier sur le feu, passer et ajouter les *diavoli*.

Crème au gingembre (*Pour glace*). — *Formule* 1312. — Employer :

Sucre	grammes	185
Gingembre blanc en poudre	—	15
Crème fraîche	litres	1 1/2
Jaunes d'œufs	nombre	9

Procédé. — Mettre le tout dans une casserole et faire lier sur le feu; passer à travers un tamis et faire refroidir en remuant.

Crème d'asperges (*Pour glace*). — *Formule* 1313. — Piler des pointes vertes d'asperges crues

en quantité suffisante pour donner un fort arome à 3 litres de lait; ajouter 18 jaunes d'œufs et 775 grammes de sucre. Faire lier sur le feu; colorer légèrement en vert après l'avoir retirée; la passer au tamis fin.

Crème au maté (*Pour glace*). — *Formule* 1314. — Employer :

Maté en feuille	grammes	150
Noisettes mondées	—	150
Sucre	—	550
Lait frais	litres	2
Jaunes d'œufs	nombre	12

Procédé. — Faire cuire le lait avec le maté. D'autre part, faire torréfier les noisettes et les jeter dans 200 grammes de sucre cuit au caramel; le faire refroidir sur le marbre. Piler les noisettes avec le sucre, mettre cette poudre dans la casserole du lait avec les jaunes d'œufs, faire lier sur le feu en remuant, sans laisser cuire. Passer au tamis fin.

Crème au thé (*Pour glace*). — *Formule* 1315 — Obtenir une forte infusion de thé vert et employer :

Infusion de thé	litre	1 1/2
Crème double fraîche	—	1 1/2
Jaunes d'œufs	nombre	18
Sucre	grammes	375

Procédé. — Lier la crème sur le feu et passer au tamis fin.

Crème au pain d'épice (*Pour glace*). — *Formule* 1316. — Employer :

Pain d'épice	grammes	500
Sucre	—	375
Vanille, gousses	nombre	3
Jaunes d'œufs	—	18
Lait	litres	3

Procédé. — Faire lier sur le feu, le lait, les jaunes d'œufs, la vanille et le sucre. Confriguer le pain d'épice, le passer au tamis grossier et l'ajouter dans la crème refroidissante.

Crème au pumpernikel (*Pour glace*). — *Formule* 1317. — Même proportion et même procédé que pour la crème au pain d'épice, que l'on remplace par du pain *pumpernikel*.

Crème au candi d'œufs (*Pour glace*). — *Formule* 1318. — Obtenir dans un litre d'eau l'arome que l'on désire donner à la crème avec la couleur que l'on veut, chocolat, café, fraises, vanille, thé, citron, orange, etc. et employer :

Eau aromatisée	litre	1
Crème double très fraîche	—	2
Sucre	grammes	375
Jaunes d'œufs	nombre	18

Procédé général. — Lier sur le feu l'eau, le sucre et la crème fraîche naturelle; remuer et passer au tamis. La crème, d'où dépend surtout la délicatesse de ces glaces, doit être de premier choix.

Remarque. — On peut faire des crèmes à glaces à tous les fruits et à un grand nombre de végétaux, tels qu'aux *asperges, melon, potiron, cacao, lait de végétaux* (arbre de la vache, etc.), *blé vert* et certaines racines tubéreuses.

CRÈME LIQUEUR, *s. f.* All. *Liqueur Rahm;* ital. *crema liquore.* — On classe sous ce titre les liqueurs siropeuses à différentes bases, dont en voici quelques-unes :

Crème de cassis (*Par macération*). — *Formule* 1319. — Faire macérer, pendant deux mois, 1 kilo 500 gr. de cassis dans 3 litres d'esprit-de-vin à 60 degrés; filtrer et ajouter au liquide 750 grammes de sucre fondu dans 1/4 de litre d'eau; mélanger, filtrer et mettre en bouteille.

Crème d'œillet (*Par infusion*). — *Formule* 1320. — Employer :

Pétales d'œillets rouges	grammes	25
Feuilles de cassis	—	20
Cassis	—	300
Cerises noires	—	300
Alcool à 60 degrés	litres	2

Procédé. — Faire infuser le tout ensemble pendant deux mois, sucrer à volonté et filtrer.

Crème pectorale. — *Formule* 1321. — Mélanger à parties égales du sucre clarifié, du sirop de Tolu ou du sirop capillaire, dont on modifie la douceur, selon le désir, par une certaine quantité de sucre et d'eau.

Ce sirop est efficace contre les bronchites; il se prend par cuillerée matin et soir.

Crème de noyau. — *Formule* 1322. — Employer :

Noyaux de pêches cassés et mondés	grammes	200
Sucre	—	500
Alcool à 70 degrés	litres	2

Procédé. — Concaser les noyaux, les faire macérer pendant douze jours dans l'alcool. Faire fondre le sucre dans un décilitre d'eau; mélanger et filtrer.

Crème de vanille. — *Formule* 1323. — Employer :

Alcool à 75 degrés	litre	1
Vanille	gousses	4
Sucre	grammes	300

Procédé. — Faire infuser la vanille coupée par le milieu en long, avec l'alcool, pendant quarante-huit heures. Faire fondre le sucre avec un peu d'eau et le mélanger à l'infusion. Filtrer et mettre en bouteilles.

Remarque. — On fait des crèmes à liqueur (voir ce mot) à tous les aromates et à tous les condiments. Les meilleures sont obtenues par distillation.

CRÈME, *s. f.* (*Potages à la*). — Terme générique des potages rendus en purée, passés à l'étamine et liés avec de la crème ou du lait et des jaunes d'œufs.

Crème d'avoine (*Potage à la*). — En allemand, *Hafer-Rahm;* en anglais, *oath cream;* en italien, *crema d'avena.*

Formule 1324. — Choisir de l'avoine décortiquée, la laver, la mettre dans une casserole avec un jarret de veau, un oignon clouté et submerger de bouillon jusqu'aux deux tiers de hauteur; faire cuire lentement pendant quatre heures; sortir alors les os et passer le restant à travers un tamis; recueillir la crème, la mettre dans une casserole et lui faire donner un bouillon en l'allongeant, s'il y a lieu, avec du consommé, du bouillon ou du lait, selon qu'on veut l'obtenir plus ou moins consistante.

Préparer une liaison avec des jaunes d'œufs, du lait, de la crème fraîche et opérer le mélange dans la soupière.

Remarque. — On met à volonté des croûtons grillés, de l'avoine perlée et cuite, ou des macaronis coupés en petits morceaux; dans ce cas, elle se nomme *crème d'avoine à l'italienne,* ou d'orge, selon la céréale avec laquelle on l'a faite. S'il s'agit de crème pour les bébés, on cuit l'avoine avec un jarret de veau et on mouille moitié eau et moitié lait, on sucre légèrement la liaison à la crème ou à l'œuf, on la passe à la passoire. Les crèmes de riz, d'orge, de seigle, se traitant de la même manière, le lecteur s'y reportera.

HYGIÈNE. — Dans les restaurants, on emploie communément de la farine d'avoine, prête à être délayée dans le lait et jetée dans le liquide bouillant, ce qui active la préparation; mais rien n'est moins justifiable que l'étiquette garantissant la pureté de son contenu. En supposant même qu'elle fut vraie, l'innocuité de cette farine tassée dans des paquets et emmagasinée tantôt à l'humidité, tantôt au chaud et de date incertaine, est-elle sans reproches? Deux fois sur trois elle est échauffée et aigre, et donne un potage délétère.

Ces mêmes doutes s'appliquant également à toutes les farines en paquets : crèmes de riz, d'orge, de châtaigne, etc., je conseille donc de suivre les moyens les plus simples, qui sont aussi moins coûteux; on sera certain d'avoir ce que l'on désire et on sera largement récompensé de sa peine.

Crème d'asperge (*Potage à la*). — *Formule* 1325. — Faire blanchigumer des pointes vertes d'asperges, les passer au tamis fin; avec cette purée, procéder à la confection d'un appareil à la royale légèrement vert; le faire cuire. Pendant ce temps, on aura fait un fond blanc de volaille, de veau et d'asperge. Lier la crème avec des jaunes d'œufs et du beurre fin, couper l'appareil en losanges et le mettre dans la soupière en guise de croûtons. (Voir aussi ASPERGE.)

Crème de céleri (*Potage à la*). — *Formule* 1326. — Cuire des têtes de céleri dans un fond blanc de volaille, d'abatis ou de veau; les passer au tamis fin, puis à l'étamine. Lier la crème au moment de servir avec des jaunes d'œufs et du beurre fin, ou bien avec de la crème fraîche. Garnir le potage à la crème avec des petits pois, des pointes d'asperges ou de la royale à l'asperge, de croûtons ou de quenelles de volaille.

HYGIÈNE. — Ce potage jouit de propriétés réparatrices, génésiques et convient surtout aux convalescents affaiblis, aux épuisés et aux vieillards.

Crème de volaille (*Potage à la*). — *Formule* 1327. — En général, pour obtenir une bonne crème de volaille, il faut faire cuire avec les abatis, le veau et les garnitures une quantité relative d'orge perlé et de riz. Lorsque le tout a cuit pendant trois ou quatre heures, on désosse les viandes et on les passe avec le liquide, l'orge et le riz à travers le tamis. On prélève un peu de purée de viande de volaille pour en faire un appareil à la royale, que l'on fait pocher dans des moules à darioles. On ajoute à la purée obtenue du consommé et du lait, on la fait recuire et on l'amène à point.

Au moment de servir, on lie avec de la crème fraîche, ou du beurre, du lait et des jaunes d'œufs; on coupe des rondelles de *pains de volaille à la royale*, que l'on dépose dans la soupière en guise de croûtons.

HYGIÈNE. — Ce potage est rafraîchissant et convient aux enfants et aux convalescents.

Remarque. — Pour les potages crème de gibier, crème de poisson, voir le mot COULIS. On obtiendra ces crèmes en allongeant les coulis par des bouillons qui leur sont propres.

CRÈME DE TARTRE, *s. f.* — Le tartre de potasse épuré porte le nom de *crème de tartre* en cuisine et en pâtisserie où elle est d'un usage commun. Elle est chimiquement composée :

D'acide tartrique	73.85
Potasse	26.15
	100.00

CRÉMOMÈTRE, *s. m.* (*Krémomètre*). — Éprouvette en verre, destinée à faire apprécier la quantité de crème que renferme le lait.

CRÊPE, *s. f.* (*Entremets*). All. *Krauskuchen;* angl. *pancake,* étymologiquement de *crispus frisu,* parce que cette galette se crêpe en cuisant.

La pâte (*Entremets*). — *Formule* 1328. — Employer :

Farine tamisée	grammes	250
Œufs frais	nombre	5
Lait frais	litre	1
Sel.		

Procédé. — Mettre dans une terrine le sel, le mouiller avec du lait et délayer peu à peu la farine pour éviter la formation des grumeaux; la travailler en ajoutant du lait par petites doses, jusqu'à ce que la pâte soit filante.

Dans le Midi, on y ajoute de l'huile d'olive, et, dans le Nord, on remplace le lait par de la crème.

La cuisson. — Affriter deux petites poêles à omelettes, dans lesquelles on met une cuillerée de beurre fondu et tenu à disposition dans une petite casserole; reverser le beurre dans la casserole de façon à ne laisser que très peu de beurre; coucher une nappe mince de crème à crêpe et, après un instant, par un mouvement brusque que l'on imprime à la poêle, la crêpe doit faire complaisamment le demi-tour pour se cuire de l'autre côté; pendant ce temps, on met sur le feu la seconde crêpe, quand celle-ci est sur le feu on fait glisser la première sur un plat rond et on la saupoudre de sucre, et ainsi de suite. Les crêpes doivent être servies très chaudes.

Achille Ozanne dédie ainsi à sa cousine les crêpes de sa grand' mère :

> Te rappelle-tu chez grand' mère,
> Les bonnes crêpes qu'on faisait
> Et comme de sa figure austère
> Un sourire s'épanouissait;
>
> Quand le jour de la mi-carême
> Chez elle, arrivant tout joyeux,
> Nous guettions ce régal suprême,
> Avec des éclairs dans les yeux.
>
> Puis j'en ai gardé, précieux gage
> D'un estomac reconnaissant,
> Sa recette; et je vous engage,
> Goûtez ce mets appétissant :

RECETTE

> Je la revois encor, notre grande terrine.
> La grand' mère y versait un kilog de farine
> Et commençait en faisant tout d'abord
> Remonter la farine, autour jusques au bord.
> De manière à former un semblant de fontaine.
> Alors, pour opérer d'une façon certaine,
> Dans le milieu mettant, huit œufs, un tas de sel.
> A nos tout jeunes bras, elle faisait appel,
> Pour faire en remuant une pâte bien lisse.
> Quand nous avions fini ce petit exercice,
> D'un bon litre de crème, alors elle étoffait
> Cette pâte — et c'est tout, l'appareil était fait.
>
> Quelle joie et quels cris, et quels enchantements,
> Quand la poêle rendait ses gais crépitements.
> D'où les crêpes sortaient frissonnantes et belles
> Comme des lunes d'or aux rebords de dentelles!

Crêpe à la Dugniol. — *Formule 1329.* — Dugniol, le célèbre gérant du restaurant Paillard de la chaussée d'Antin, est l'auteur de l'appareil d'un genre de crêpe qu'il appelle *Crêpe du Diable boiteux*, et que je classe sous son patronage.

Procédé. — Faire une pâte à crêpe, dans laquelle on aura introduit deux blancs d'œufs et faire les crêpes; pendant ce temps, procéder à l'appareil suivant :

Prendre deux ronds de beurre fin; deux cuillerées de sucre en poudre et bien mélanger jusqu'à ce qu'il soit très crémeux; y incorporer un filet de jus de citron et trois petits verres de vieille fine-champagne.

Etendre de cet appareil sur chaque crêpe et les plier vivement en quatre. Les servir très chaudes.

HYGIÈNE. — Les crêpes de cette dernière formule sont plus digestives et bien plus exquises que les premières qui ne peuvent être digérées que par les estomacs robustes.

CRÉPINETTE, *s. f.* All. *Harnwurst ;* ital. *trina di porco,* de *crépine,* toile abdominale de l'agneau.

— Aliment composé de porc frais haché, assaisonné et enveloppé dans la *crépinette.*

Crépinettes (*Charcuterie*). — *Formule 1330.* — Rouler de la chair à saucisse par boules du poids de 50 grammes; donner à ces boules une forme allongée; les envelopper de crépine et les aplatir légèrement.

Crépinettes frites. — *Formule 1331.* — Rouler de la chair à saucisse du poids de 50 grammes; leur donner la forme longue; les passer à la mie de pain; les faire frire et les dresser sur une serviette garnie de persil frit.

Remarque. — Depuis Napoléon Ier on a fait des crépinettes de perdreaux, et voici comment :

Un jour, l'Empereur demanda pourquoi on ne servait jamais sur sa table des crépinettes de porc.

Dunand, — le maître d'hôtel de l'Empereur, — resta un instant ébahi de la question et répondit :

« Sire, ce qui est indigeste n'est pas gastronomique. »

Un officier qui était présent ajouta :

« Votre Majesté ne pourrait pas manger de crépinettes et travailler aussitôt.

« — Ah! bah! ce sont des contes. Je travaillerai malgré ça.

« — Sire, dit alors Dunand, Votre Majesté sera obéie; demain à déjeuner je lui servirai des crépinettes. »

Et le lendemain, le premier maître d'hôtel des Tuileries servit le mets demandé. Mais l'on avait adroitement substitué à la chair de porc celle de jeunes perdreaux (voir la *formule 1330*).

L'Empereur en mangea avec délices.

« Votre plat est excellent, lui dit-il, je vous en fais mon compliment. »

Un mois après, c'était vers l'époque de la rupture avec la cour de Prusse, Dunand inscrivit des crépinettes sur le menu et les présenta au déjeuner.

Ce jour-là, Murat et Bessières devaient déjeuner au palais; mais des affaires importantes les avaient éloignés de Paris. L'Empereur, qui déjeunait seul, se mit à table d'un air distrait, avala à sa manière et en une seconde quelques cuillerées de consommé. Dunand déclocha vivement son mets favori; la figure de Napoléon se contracta; il se leva brusquement, repoussa la table et la renversa avec tout ce qui était dessus, sur un magnifique tapis d'Ispahan; il s'éloigna en agitant les bras, en élevant la voix et en jetant les unes sur les autres les portes de son cabinet.

Dunand se crut foudroyé et resta sur le plancher, immobile et brisé comme les belles porcelaines de service : quel souffle avait donc traversé le palais? Les écuyers étaient tremblants, les gardes pâlissants, les valets de pieds éffarés s'étaient enfuis, le maître d'hôtel s'était rendu chez le grand maréchal du palais pour invoquer ses conseils et en appeler à ses bontés.

Duroc, dans sa parfaite tenue, paraissait froid et fier; mais il n'était ni l'un ni l'autre au fond; il écouta donc le récit de la scène. Quand il la connut, il sourit et dit à Dunand :

« Vous ne connaissez pas l'Empereur; si vous voulez m'en croire, vous irez sur-le-champ faire recommencer son déjeuner et surtout les crépinettes; vous n'êtes pour rien dans cet éclat; les affaires seules en sont cause. Quand l'Empereur aura fini, il vous demandera son déjeuner. »

Le pauvre chef de bouche ne se fit pas prier et courut faire exécuter ce second déjeuner; Dunand le porta jusqu'à l'appartement et Roustant le présenta. Ne voyant pas à ses côtés son affectionné serviteur, Napoléon demanda avec vivacité où il était et pourquoi il ne le servait pas.

On l'appela.

Il reparut, la figure encore toute pâle, portant dans ses mains tremblantes un splendide plateau chargé de l'impérial déjeuner.

L'Empereur lui sourit gracieusement et mangea une aile de poulet et un peu de crépinettes, ensuite il fit l'éloge du déjeuner; puis, faisant signe à Dunand d'approcher, il lui toucha la joue à plusieurs reprises, en lui disant d'un accent ému : « Mon cher Dunand, vous êtes plus heureux d'être mon maître d'hôtel que moi d'être empereur. » (Confidences faites à CARÊME par DUNAND, chef de bouche de Napoléon Ier, le 20 mars 1830.)

Je suis donc heureux de pouvoir donner ci-après la formule authentique des fameuses crépinettes que Dunand servit à Napoléon Ier :

Crépinettes de perdreaux. — *Formule 1332.* — Hacher les chairs de deux beaux perdreaux rouges avec des truffes épluchées et un quart de son volume de lard frais. Assaisonner le tout de haut goût avec muscade, poivre fraîchement moulu, sel et un demi-petit verre de vieille eau-de-vie d'Armagnac, et autant de vin de Madère. Envelopper le tout de toile abdominale, les former et les cuire à la poêle avec une poignée de baies de genièvre récentes. Les dresser au naturel.

Crépinettes de caille. — *Formule 1333.* — Les cailles étant plus grasses, il suffit de hacher les chairs avec leur graisse, de les assaisonner, de les envelopper de panne et de les faire cuire avec du genièvre.

Remarque. — Par les mêmes procédés on peut faire des crépinettes avec toute espèce de gibier; il est donc superflu d'en répéter les formules.

HYGIÈNE. — Les crépinettes de porc sont lourdes et ne conviennent qu'aux estomacs robustes, par contre, les crépinettes de perdreaux et d'autres gibiers possèdent toutes les propriétés du gibier avec lesquels on les a faites; c'est-à-dire chaudes et stimulantes.

CRESSON, *s. m.* (*Sisymbrium Naxturtium,* L.). All. *Kresse;* angl. *cress;* esp. *bero;* ital. *crescione;* port. *agroiâo,* flam. et holl. *kers.* — Plante de la famille des crucifères, dont on distingue quatre principales espèces :

LE C. ALÉNOIS (voir ce mot).

LE C. EN PLEINE TERRE se distingue surtout des autres cressons par la forme étoilée de sa plante à plat de terre dont elle aime la fraîcheur.

Fig. 111. — Cresson de terre.

Il y a dans cette espèce une variété connue en Angleterre sous le nom de *C. d'hiver* (*winter-cress*), dont on se sert pour garniture et comme salade.

Le *C. des prés* ou *cardamine* (voir ce mot) doit être classé dans ce groupe.

LE C. DE PARA. — Genre de la famille des composées, que l'on appelle aussi *spilanthes oleracea,* originaire des Antilles; plante presque rampante.

Les feuilles mélangées à de la salade ou utilisées comme garniture agissent sur les gencives et sur les glandes salivaires par une action piquante très forte. On ne doit en mettre que très peu dans une garniture ou dans une salade. Dans ce genre il y a encore :

Le C. du Brésil, qui a une grande analogie avec le *C. du Para*, ne se distingue de celui-ci

Fig. 415. — Cresson du Brésil.

que par la teinte brune de ses feuilles et de ses tiges. Ses propriétés sont les mêmes que celle du cresson de Para.

LE C. DE FONTAINE. — Plante vivace, aquatique et indigène; elle croît sur les bords des

Fig. 416. — Cresson de fontaine.

ruisseaux, se baignant dans les fontaines d'eau fraîche et limpide. La réputation du cresson de fontaine a suscité à un maraîcher l'idée de créer une cressonnière artificielle pour la vente de ce crucifère renommé. En 1811, il établit à Saint-Léonard, dans la vallée de la Nonette, entre Senlis et Chantilly, en raison des sources qui y abondent, la première cressonnière française.

Le succès en fut tel qu'il fit sa fortune en peu de temps; dès lors, de nombreux imitateurs se sont établis dans toute la France et, aujourd'hui, on se figurerait difficilement la quantité de cresson qui entre à Paris dans un an.

Poussé par la curiosité de voir ces cressonnières, je me présentai chez l'un des producteurs et l'interrogeai sur tous les détails de cette industrie afin d'en connaître à fond les mystères. Je fus fort bien accueilli et, après avoir pris toutes mes notes, le soir au soleil couchant je me disposai à rentrer à Paris avec une botte de cresson cueilli de mes mains et dont j'allais me régaler à mon déjeuner du lendemain.

— Vous voulez vous embarrasser de cela? me dit-il, avant dix heures demain matin il s'en trouvera à Paris devant votre porte.

— Comment cela?

— C'est bien simple; les trois plus fortes maisons d'approvisionnement des halles viennent de nous commander en tout 4,000 mannes de cresson pour demain et, dans un instant, nous allons commencer à le couper.

— Je veux voir cela, je suis de la partie et veux suivre ma botte de cresson, m'écriai-je.

— C'est bien facile, mais vous ne dormirez guère, me dit le cressonnier.

Dix minutes après, une trentaine d'hommes, femmes et enfants, enjambaient les fossés sur des planches, coupaient, empaquetaient et liaient les bottes de cresson; et, à huit heures du soir, à la nuit tombante (juillet 1889), les 4,000 mannes de 25 grosses bottes chacune étaient prêtes et les planches de cresson rasées comme un champ vert après l'invasion des sauterelles.

Dormant en plein air, couché sur l'un des lourds véhicules, emportant ces montagnes de cresson, nous arrivâmes à trois heures du matin aux halles où l'on déballa les 4,000 mannes, aussitôt après vendues aux maisons d'approvisionnement à raison de 2 francs la manne, soit 8.000 francs, et revendues par ceux-ci aux gros détaillants commissionnaires à raison de 2 fr. 50 la manne, soit 10.000 francs. Au premier coup de cloche de huit heures du matin tout était vendu à une moyenne de 3 francs la manne, soit 12.000 francs les 4,000 mannes, et les marchandes des quatre saisons dédoublant les bottes en firent 200,000 et se dispersèrent dans les rues de la capitale en criant :

J'ai du bon cresson de fontaine, *la santé du corps*,
A deux sous la botte! A deux sous la botte!

Si bien qu'à 11 heures du matin, hôtels, restaurants et ménagères possédaient une parcelle de ce cresson et le ventre de Paris avait avalé 200,000 bottes, soit pour 20.000 francs de cresson dans une journée.

Voilà comment une botte de cresson, coupée la veille au soir, peut être vendue à neuf heures du matin 10 centimes devant votre porte, à meilleur marché et rendue plus vite qu'une lettre à la poste.

Analyse chimique. — D'après Chatin, dit le docteur Vigouroux, une huile essentielle sulfoazotée, un extrait amer, de l'iode, du fer, des phosphates, quelques autres sels et de l'eau de végétation, tous ces principes sont plus prononcés dans la plante fleurie que dans la plante avant sa floraison.

HYGIÈNE. — Selon l'analyse chimique le cresson est donc excitant, amer, tonique et dépuratif. Les propriétés du cresson varient selon qu'il est sauvage ou cultivé. Le cresson des fontaines qui sourdent sur les hautes montagnes possède des propriétés plus actives que le cresson cultivé qui est en quelque sorte *falsifié*. La médecine lui a attribué des propriétés antiphtisiques, qui certes passeront de mode. On l'utilise encore dans le régime des scrofuleux et des scorbutiques; mais la réputation populaire, cette reine de la rue, ne s'est point arrêtée là, c'est *la santé du corps*, et partant celle de l'âme. Le cresson cultivé est rebelle à plus d'un estomac, tandis que cueilli à la fontaine naturelle il excite l'appétit et fouette le sang; d'après Pline, il est anaphrodisiaque, sa graine est bonne contre l'asthme et la toux. Il dissipe les tumeurs et fait sortir les épines. Cette propriété de stimuler le sang (sans doute la plus certaine), était formulée ainsi par l'école de Salerne :

Prenez jus de cresson, frottez-en vos cheveux;
Ce remède les rend plus forts et plus nombreux,
Apaise la douleur des dents et des gencives.
Dartres farineuses ou vives
S'en vont quand par son suc, avec miel apprêté,
On corrige leur âcreté.

En résumé, le cresson est un aliment ou condiment échauffant très actif, analogue au raifort, à la moutarde et au poivre. Les personnes qui ont la digestion pénible doivent rigoureusement s'en abstenir, ainsi que celles qui ont des dispositions aux congestions sanguines ou hémorrhagiques.

USAGE CULINAIRE. — Pour qu'il soit bon et conserve toutes ses propriétés, le cresson doit être mangé cru; cuit il perd sa succulence et ses vertus. Aussi lorsqu'on le fait entrer dans les potages ou soupes comme garniture, on doit en jeter les feuilles hachées dans la soupière sans le faire bouillir.

La salade de cresson ne doit être assaisonnée qu'au moment de la manger. Les amateurs le mangent au naturel autour des grillades qui ont le plus grand succès dans les restaurants de Paris. Qui n'a entendu résonner les voûtes des tavernes par l'écho du *bifteck au cresson, buom!* et le gavroche ajouter : *un idem au cresson avec bifteck autour!*

CRÊTE DE COQ, *s. f.* (*Gallus crista*). All. *Hahnenkamm;* angl. *cock's comb;* ital. *cresta di gallo.* — Excroissance charnue de forme dentelée et de couleur rouge que le coq et autres gallinacés ont sur la tête.

Les crêtes et les rognons de coq constituent une garniture des plus luxuriantes.

Préparation des crêtes de coq. — *Formule 1334.* — Faire blanchir les crêtes de coq en les laissant dégorger dans l'eau fraîche pendant une demi-journée; les jeter dans l'eau tiède, puis dans l'eau bouillante pour les échauder, de façon à leur enlever l'épiderme avec un linge. On les pare en rognant les parties noires et on les fait cuire dans le ragoût, ou bien on les met dans un flacon pour les conserver en leur donnant dix minutes d'ébullition.

Crêtes imitées. — *Formule 1335.* — On peut imiter les crêtes de coq avec du palais de bœuf blanchi, émincé et artistement taillé à l'emporte-pièce. On les distingue des crêtes naturelles de coq par les dentelles à faces vives et carrées. Quant à leur valeur nutritive, elle ne diffère que par la confiance accordée à la vraie crête, et dont le prix élevé en fait tous les frais.

Crêtes rougies pour attelet. — *Formule 1336.* — L'une des plus agréables trouvailles que j'aie faites dans le cours de ma pratique culinaire est certainement celle de la coloration des crêtes de coq pour attelet, que tous mes élèves n'ont pas manqué d'utiliser à l'occasion.

Procédé. — Se procurer des crêtes crues et les mettre quelques heures dans l'eau froide; après parfait dégorgement, les parer en rognant les parties difformes. Faire bouillir de l'eau dans une petite casserole et y jeter trois ou quatre crêtes à la fois, les ressortir aussitôt; à l'aide d'un linge et d'un peu de sel fin, enlever l'épiderme sur toute la surface. Ce travail doit être exécuté promptement pendant que la crête est chaude; il importe également de ne pas laisser cuire les crêtes, un bouillon suffit à cette opération; si elles étaient cuites, les jeunes et petites se fondraient et l'épiderme adhèrerait à la chair et la coloration deviendrait impossible.

On met ensuite les crêtes dans beaucoup d'eau fraîche pour les faire dégorger encore; puis, étant bien blanches, on les sort sur un linge.

Dans une petite casserole, on aura mis du carmin liquide avec une pincée d'alun ou bien un jus de citron; ajouter les crêtes, mettre sur le feu et retirer au premier bouillon. Les sauter pour que la coloration soit uniforme; leur donner une couleur rouge-foncé, en les laissant à froid dans la casserole, le temps nécessaire pour que la couleur adhère aux chairs. Les sortir de la casserole et les jeter dans beaucoup d'eau fraîche, pour leur enlever la couleur qui n'a pas adhéré, et lorsqu'elles auront acquis la teinte rose pâle, on les sortira sur un linge pour les essuyer.

Le glaçage. — Piquer les crêtes, les dentelles en haut debout sur un tamis, avec une petite buche de bois que l'on aura légèrement fait pénétrer du gros côté. Poser le tamis sur un grand plateau ou sur un grand plat rond sur la glace; arroser plusieurs fois les crêtes avec une très forte gelée au moment où elle va se coaguler. On les laisse en lieu froid jusqu'au moment de dresser. On coupe légèrement le bout de la dentelle du milieu et on y enfile l'attelet, puis une truffe glacée. Les crêtes doubles sont celles qui font meilleur effet.

La teinte vive et brillante de la crête et de la truffe font de ce nouveau genre d'attelet l'un des plus jolis et des plus appétissants ornements des mets froids.

CRETONS, *s. m. pl.* All. *Grieben;* angl. *graves.* — Résidu de la fonte du suif et de la graisse des viandes de boucherie, qui sert principalement à faire des pains pour la nourriture des animaux.

CREUZE (*Produits de la*). — La production gastronomique de ce département est celle des bœufs, des porcs gras, des agneaux, du beurre, du seigle et du miel.

CREVER, *v. n.* All. *Aufsprengen;* angl. *toburst.* — Action par laquelle on fait gonfler les graminées ou céréales dans l'eau : crever du riz, le faire imbiber dans l'eau en lui faisant donner un bouillon : crever de l'orge, de l'avoine, etc.

CREVETTE, *s. f.* (*Gammerus fluvialitis*). All. *Flohkrebs;* angl. *prawn;* ital. *scavamento;* esp. *langostino,* de *carabus,* d'où s'est formé l'ancien français *escrevette,* petite écrevisse. — Crustacé du genre des décapodes, *palœmon squilla,* qui forme deux espèces, celle de mer et celle de fleuve, ainsi que deux principales variétés, la *blanche* et la *rose.*

La plus estimée est celle appelée *cragon,* qui devient rouge en cuisant; la *salicoque* reste

Fig. 447. — Crevette cragon.

blanche. Les unes comme les autres ont l'aspect grisâtre étant en vie et se cuisent au court-bouillon. (Voir CRABE.)

HYGIÈNE. — La chair des crevettes est fine et blanche, quelquefois superficiellement rosée; d'un goût agréable, possédant des propriétés aphrodisiaques et nutritives; de digestion moyenne, que l'art culinaire modifie à volonté par la condimentation et en les servant très fraîche, la même journée qu'elles ont été cuites.

USAGE CULINAIRE. — Les crevettes entrent dans une foule de hors-d'œuvre, et quand elles sont traitées comme je l'indique aux mots : *Buisson, Bouchée, Beurre* et *Coulis,* auxquels je prie le lecteur de se reporter, elles constituent un aliment exquis à prendre en petite quantité comme hors-d'œuvre. Les dames, quel que soit leur goût pour certains aliments, acceptent volontiers de grignoter ce petit crustacé rose pour attaquer ensuite le châteaubriand aux truffes qu'elles avaient bien juré de laisser intact.

Comme les écrevisses, les crevettes jouissent d'une réputation populaire chez le parisien, cet enfant, qu'un rien, un cri met en mouvement.

A la crevette!... Toute fraîche!
Elle est bonne, la crevette!
A la crevette.

Et voilà cent mille personnes demandant des crevettes dans vingt mille restaurants de tout ordre; cela suffit pour que les Halles en regorgent et qu'elles ne soient pas toujours en odeur de sainteté auprès des gourmets et des hygiénistes.

CREYSSE, *s. p.* (*Vin de*). — Dans le Périgord (Dordogne), il s'y récolte un vin rouge de troisième classe.

CRIÉE, *s. f.* All. *Ausruf;* angl. *public announcement;* ital. *pubblicazione bando.* — Terme de commerce. Publication vocale pour la vente aux enchères publiques et au comptant.

Poisson vendu à la criée, etc.; mode usité dans les halles.

CRISSINS, *sm. pl.* (*Entremets*). — Pâtisserie dont la formule est la suivante :

Formule 1337. — Préparer une pâte feuilletée, lui donner quatre tours, en ayant soin de saupoudrer à chaque tour avec du parmesan sec râpé en guise de farine. L'abaisser et en tailler de petits bâtons de la largeur d'un centimètre. Faire cuire dans un four chaud et servir de suite.

CRISTALLERIE, *s. f.* — Lieu où l'on fabrique les cristaux. Le cristal est plus brillant, plus transparent et plus lourd que le verre. La verrerie de

Flut. Champagne   Verres à Eau   à Bordeaux   à Madère
Fig. 418.   Fig. 419.   Fig. 420.   Fig. 421.

luxe se compose de cristaux : ils sont indispensables à l'ornement et à la richesse d'une table correctement dressée; ils comprennent les verres

et les coupes, les carafes à eau et à vin, les sallières, les huilliers, caves à liqueurs, etc. Il y en a de toutes les formes et de tous les prix; pour se rendre un compte exact de la variété infini qu'offrent les cristaux de table, il n'y a qu'à faire une visite à la cristallerie de M. E. BOURGEOIS, au Grand Dépôt, rue Drouot, à Paris.

Avec les cristaux qui nous occupent, la faïence et la porcelaine sont les trois grandes spécialités de cette Maison.

Nulle autre, à Paris, n'est à même d'offrir un choix semblable en services de table en cristal, taillés, gravés et dorés; fabriqués spécialement pour elle; services à liqueur, garniture de toi-

Carafe à Eau   Carafe à Vin
Fig. 422.   Fig. 423.

lette, verres d'eau, broc de style avec monture en argent, lustres et candélabres, vrais chefs-d'œuvre d'art.

Il serait trop long d'énumérer toutes les merveilles contenues dans ces vastes magasins uniques au monde. En un mot, on n'a pas offert jusqu'à ce jour au regard ébloui du visiteur une collection plus variée de cristaux, pour satisfaire dans ce genre les caprices les plus ambitieux, comme pour résoudre le problème difficile du bon marché; il fallait disposer des innombrables ressources qu'offre seule cette Maison, pour laquelle plus de cent fabriques maintiennent haut la réputation au prix des plus grands efforts et des plus grands sacrifices. Du reste, cette réputation est si ancienne que l'éloge de cet établissement n'est plus à faire.

Le jugement des nombreux acheteurs, ou simples curieux, visitant chaque jour cette exposition permanente est la sanction la plus autorisée

Fig. 424. — Magasin du Grand Dépôt.

et bien au-dessus de la plus haute des récompenses de jury.

CRISTALLISATION, *s. f.* All. *Krystallisirung;* angl. *crystallyzation ;* ital. *cristallizzazione.* — En cuisine, se dit de la transformation du sucre cuit en sirop, en corps solide et se divisant de l'eau. Qui redevient solide : liqueurs cristallisées.

CROCODILE, *s. m.* (*Crocodilus*). All. *Krokodill;* angl. *crocodile ;* ital. *coccodrillo ;* esp. *cocodrilo.* *Gavial* en Asie, *alligator* ou *caïman* en Amérique, *crocodile* dans les fleuves africains. — Grand lézard amphibie, très commun dans les grands fleuves de l'Inde, de l'Amérique et de l'Afrique; d'une voracité extrême ; ovipare et pond dans le sable. Crocodile est le nom général du genre monstrueux de ces sauriens énormes.

On savait que pour l'indigène des Tropiques la chair du crocodile est un aliment de haut luxe, mais on ignorait les propriétés excitantes de cet étrange aliment.

Vers la fin de 1881, je reçus une pressante invitation de Fulbert-Dumonteil pour une affaire urgente ; j'arrive et, me tendant la main avec une cordialité joyeuse :

— Vous ne savez pas, dit-il, la grande nouvelle ?

— De quoi s'agit-il ?

— Affaire superbe, mon cher: les dix africains du Jardin d'acclimatation s'en vont à Paris,

demain. Et l'exécution sera faite par le Ministre lui-même.

— Ce sont des criminels étrangers que l'on exécute à Paris ?

— Occasion magnifique et rare, cher ami ! vous qui avez des docteurs dans votre manche, tâchez d'obtenir une tête et une queue des suppliciés. Nous les mangerons.

— Comment ! Manger une tête d'Africain !

— Parfaitement ; une tête et une queue de crocodile.

— Une agape exotique? J'y suis maintenant et j'en suis !

Paul Bert avait reçu d'Egypte dix crocodiles, placés en villégiature au Jardin d'acclimatation, en attendant les expériences auxquelles ils devaient servir dans l'amphithéâtre de la Sorbonne. Fulbert-Dumonteil, le poète naturaliste qui habite Neuilly, eut vent de l'affaire et, aussitôt, m'en informa. Il fut convenu que je me procurerai les plus succulents morceaux des condamnés à mort et que nous inviterions Charles Monselet à déjeûner.

Tout réussit à souhait. Assisté du docteur Blanchard, Paul Bert étudia les organes respiratoires et le système nerveux des crocodiles. La masse encéphalique, sur laquelle je comptais particulièrement pour notre déjeuner, était insignifiante — preuve inéluctable de la stupidité et de la gloutonnerie du crocodile.

Paul Bert se réserva un morceau de queue et deux cervelles. Je fus assez heureux pour obtenir une queue, six cervelles et dix œufs presque à maturité. Aussitôt, j'adressai à Monselet ce télégramme :

« Cher maître, demain fine partie de fourchette avec notre ami Fulbert-Dumonteil, 5, rue d'Orléans, Neuilly. C'est moi qui ferai la cuisine. »

Charles Monselet faisait alors la chronique théâtrale ; il écrivait la nuit, tandis que Fulbert-Dumonteil travaille le matin.

A dix heures, j'arrive à Neuilly avec mes provisions d'un nouveau genre et j'inscris mon menu :

Foie de lotte en caisse.
Saucisson de Lyon.
Beurre d'Isigny.
Escalopes de saumon sauce tartare.
Pommes nouvelles.
Omelette à l'ambre gris.
Salade de légumes.
Dessert.

Dumonteil offrait le vin, moi la sauce, Monselet son esprit. J'avais, à dessein, acheté du saucisson de cheval et de la margarine, produits assez discrédités, comme on sait.

A midi, à une heure, pas de Monselet. Nous voici à table, déjeunant comme des princes, que dis-je? comme des Lucullus! Vers quatre heures, Monselet arrive le teint frais et l'œil brillant, une rosette toute neuve à sa boutonnière. Il vient de se lever. Je me remets aussitôt à l'œuvre, recommençant le... déjeûner pour Monselet, le... dîner pour nous. A six heures tout est prêt : Monselet juge le foie de lotte délicieux, les escalopes excellentes, l'omelette exquise. Est-il besoin d'ajouter que toute la conversation roule sur la gastronomie, en s'arrosant des meilleurs vins.

Au moment où Monselet croit nous avoir prouvé son infaillibilité culinaire, je lui dis en souriant : « Eh bien! cher maître, apprenez que ce dîner, comblé de vos éloges, est une mystification des plus originales », et je tire de ma poche le vrai menu :

Cervelle d'alligator.
Saucisson de cheval.
Margarine.
Escalopes de queue de crocodile.
Omelette d'œufs de caïman.
Etc., etc.

Monselet proteste, nie, s'emporte, mais il est bien forcé de se rendre à l'évidence, quand nous lui mettons sous les yeux les débris de la queue du lézard.

Ah! les brigands! s'écrie l'auteur de *Monsieur Cupidon*, en cachant sa confusion derrière sa serviette; ils ont voulu me déshonorer!...

Puis, revenu de son émotion, il ajoute avec son fin sourire : « C'est bien. Je ne serai pas le seul mystifié. Je sais une bouche charmante qui, à la sortie du théâtre, sera aussi surprise que ravie de se délecter de la chair de ce monstre. » Et il me prie de lui disposer un paquet d'escalopes de crocodile, qu'il emporte précieusement, avec la fierté d'un Pharaon. A dix heures, nous échangions la poignée de main de la séparation...

Etranges et doux effets de ce règne exotique, aimé du bel Antoine et de sa reine, Cléopâtre !

Le lendemain, la chronique gourmande de Fulbert-Dumonteil avait pour titre *Amour et fourchette*, et faisait venir l'eau à la bouche de tous les célibataires. Une indiscrétion légère nous apprit qu'il se trouva redevable de tendresses irrésistibles au grand saurien du Nil. Plus tard, il nous avoua qu'en longeant le bois de Boulogne, après nous avoir quittés, il prenait

les chênes pour des myrtes, entendait chanter dans sa tête rajeunie les fauvettes et les pinsons, se croyait en avril quand nous étions en décembre.

Quant à Charles Monselet, sa chronique théâtrale ne parut pas : l'éloquence de l'alcôve avait remplacé le génie de la plume !

Le crocodile était jugé.

CROCUS, *s. m.* (*Crocus vernus*). — Le *crocus vernus* est l'espèce sauvage de safran indigène la plus répandue, celle qui fournit le plus de variétés. Sa floraison a lieu au printemps, les feuilles

Fig. 400. — Bouquet varié de crocus ou safran sauvage.

apparaissent à peu près en même temps que les fleurs; elles sont planes, un peu plus large que celles du safran ordinaire; le style est à peine plus long que les étamines, en y comprenant les stigmates qui sont courts, droits, de couleur orangé, divisés en trois lobes, quelquefois un peu découpés; la corolle est blanche, violette, purpurine ou lilas, quelquefois agréablement panachée, selon les variétés. Cette plante croit dans les prairies des Alpes, du Jura, des Pyrénées, en Hongrie, en Suisse où on l'appelle aussi *veillerette*.

USAGE ALIMENTAIRE (*Hygiène*). — Cette plante possède des propriétés emménagogues actives; à cet effet, on en fait des tisanes ou bien on mélange ses fleurs à la salade.

CROISSANT, *s. m.* (*Pâtisserie*). All. *Halbmond*; angl. *crescent;* de l'italien, *mezzaluna*, d'où vient son étymologie. — Petit pain, ou pâtisserie en forme de croissant. L'histoire nous enseigne que Mahomet II arbora le croissant sur les murs de

Constantinople. Les pâtissiers et les boulangers eux arborent des monceaux de croissant sur la devanture de leur magasin. Eh bien! si je devais choisir, j'obterais pour le croissant à un sou.

Passons sur la formule du croissant des boulangers, qui est une pâte fine tordue et formée en croissant et cuite.

Croissant de pâtisserie. — *Formule 1338.* — Employer :

Sucre en poudre	grammes	375
Amandes mondées	—	200
Blancs d'œufs	nombre	3
Orangeat	—	3

Procédé. — Piler les amandes avec l'orangeat en mouillant progressivement avec les blancs d'œufs; ajouter par petites doses le sucre et triturer jusqu'à ce que l'on ait obtenu une pâte homogène.

Coucher sur une plaque cette pâte; en forme de croissants très réguliers. Saupoudrer d'amandes effilées; les cuire dans un four de chaleur moyenne; en les sortant du four, les glacer avec une glace à la vanille.

CROIX DE MALTE, *s. f.* (*Gâteau*). All. *Malta-Kreuz;* angl. *Malthe cross.* — Se dit d'un gâteau d'amandes garni de pommes et dont on a formé une croix dessus.

CROMESQUIS, *s. m. pl.* (*Cuis. polonaise*). — Sorte de petits boudins ou croquettes dont voici quelques formules générales :

Cromesquis de homard (*Procédé général*). — *Formule 1339.* — Tailler du homard en petits dés ainsi que des champignons, frais de préférence; faire réduire de la sauce allemande avec le jus de champignons. Mélanger ce salpicon avec la sauce en procédant comme pour les croquettes. Beurrer une plaque de cuivre étamée, y coucher l'appareil fort de 2 centimètres et laisser refroidir. Pendant ce temps, préparer des pannequets (voir ce mot) minces et sans sucre, en tailler des morceaux carrés-longs et réguliers, comme des petits sandwichs; humecter ensuite les bords pour les dorer. Entre deux feuilles de pannequets, mettre une couche de l'appareil et faire souder les bords en laissant raffermir un instant. Paner les cromesquis à l'œuf et à la chapelure, puis les frire dans une friture fraîche. Les dresser sur un plat rond contenant une serviette.

Remarque. — Les cromesquis d'écrevisses, de crevettes et de crabes se font de la même ma-

nière. Les cromesquis d'huîtres et de moules ne diffèrent qu'en les blanchissant et en substituant la sauce béchamelle à la sauce allemande. On les enveloppe aussi dans de l'hostie que l'on fait ramollir entre deux linges humides.

Cromesquis d'amourettes. — *Formule 1340.* — Faire cuire des cervelles de veau, de la moelle épinière et couper le tout en petit dés avec des champignons. Lier ce salpicon avec une sauce demi-glace très réduite; étendre l'appareil sur une plaque beurrée et le laisser refroidir; préparer pendant ce temps des pannequets sur lesquels on met des petits tas d'appareil que l'on dore autour, recouvrir d'un autre pannequet et, à l'aide d'un emporte-pièce, enlever les cromesquis comme les petits pâtés chauds. Les paner et les frire. On peut à volonté les envelopper entre deux grosses hosties, et on prépare une pâte à frire dans laquelle on les plonge un à un pour les mettre dans la friture chaude.

Cromesquis de ris de veau. — *Formule 1341.* — Tailler un salpicon de ris de veau, de champignons, de jambon et de langue de bœuf; d'autre part, réduire une demi-glace dans laquelle on aura ajouté des oignons hachés et sautés à la poêle; incorporer le salpicon dans la sauce, de façon à obtenir un appareil ferme. Rouler l'appareil dans une tranche mince de jambon *genuine* cru, de manière à former des petites croquettes d'égale grandeur; les passer à la pâte à frire et les plonger ensuite dans la friture.

Cromesquis de gibier. — *Formule 1342.* — On compose un appareil avec du foie gras frais, des champignons, des truffes et des viandes de gibier; le tout coupé en dés et relevé par un assaisonnement, puis lié avec une sauce espagnole réduite et refroidie avec l'appareil. Former de petits carrés-longs de la grandeur d'un domino, les envelopper dans de l'hostie ramollie, les paner et les frire.

Remarque. — On fait avec n'importe quelle viande des cromesquis, de forme carré-long ou rond, selon ce qu'on désire, bien que la forme réglementaire soit celle d'un domino enveloppé dans des pannequets; on peut indifféremment, selon l'espèce, les entourer de pain azyme ou hosties; dans ce cas, ils doivent être frits dans une pâte à frire.

CROQUANTS, *s. m. pl.* (*Petits-fours*). All. *harte Torte;* angl. *crisp tarts;* ital. *che strido.* — Se dit des gâteaux qui croquent sous la dent, mais plus spécialement des petits-fours suivants :

Formule 1343. — Employer :

Amandes	grammes	250
Sucre	—	500
Blancs d'œufs	nombre	4
Vanille	gousse	1
Cassonade.		

Procédé. — Piler les amandes et ajouter au fur et à mesure les blancs d'œufs, la vanille et le sucre; passer au tamis, former des petites navettes roulées dans la main et d'égale grandeur. Les rouler dans de la cassonade, les aligner sur une plaque de tôle beurrée et les cuire dans un four très doux.

Croquant au chocolat (*Procédé*). — *Formule 1344.* — Préparer une pâte avec amandes, sucre, blancs d'œufs, ayant les mêmes proportions que dans la formule précédente, et y ajouter 250 gr. de chocolat fin à la vanille, préalablement fondu; triturer dans le mortier afin de rendre la pâte homogène; la passer au tamis et en former des petits-fours que l'on roule dans le sucre. Cuire dans un four très doux.

CROQUANTE, *s. f.* (*Grosse pièce de pâtisserie*). All. *Krachtorte;* angl. *crisp tart.* — Pièce montée de pâtisserie qui se fait de diverses manières; créée par Tiroloy, célèbre pâtissier parisien du xviiᵉ siècle.

Depuis quelques années, les croquantes ont été singulièrement modifiées comme travail et améliorées comme élégance et beauté.

Croquante aux fruits confits. — *Formule 1345.* — Préparer des anneaux ou gimblette en pâte d'amande pour abaisse (voir la *form. 101*), glacer la moitié au kirsch rose et l'autre au kirsch blanc. Les laisser sécher. Huiler un grand moule à dôme et monter intérieurement en spirale en alternant les couleurs de la croquante, en fixant les rondelles avec du sucre cuit au *gros cassé.* Laisser refroidir en mettant le moule dans l'eau et enfin sortir la croquante. Préparer un fond vert bordé dans la règle. Garnir les vides des anneaux avec des ronds levés à l'emporte-pièce sur de l'angélique et des pains d'abricots; on met l'angélique dans les roses et l'abricot dans les blanches. Garnir la croquante à sa base d'un turban de fruits confits en alternant les couleurs et en la surmontant d'un sujet.

Croquante à la moderne. — *Formule 1346.* — Faire de la pâte d'amande selon la formule

101 et l'abaisser à cinq millimètres d'épaisseur ; avec un coupe-pâte rond de trois centimètres, en couper des rondelles, que l'on vide avec un autre emporte-pièce, grand d'un centimètre et demi et en ayant soin de tailler juste dans le milieu. Les faire sécher sur une plaque farinée. Lorsqu'ils sont séchés, les glacer à la glace royale, les saupoudrer de sucre granit et les faire sécher de nouveau.

Préparer une colle, qui servira à souder les rondelles, avec de la pâte d'amande, du blanc d'œuf et un peu de gomme adragante dissoute dans l'eau.

Huiler légèrement l'intérieur d'un moule à grosse pièce et coller dans le moule, les uns contre les autres, les anneaux en spirale. Cette opération demande du soin et de la justesse dans le premier rang, lequel guide tous les autres. Faire sécher et démouler. Garnir les vides des ronds avec des cerises confites et du verjus, en alternant les lignes.

Faire avec de la pâte d'amande une timbale de la même forme que la croquante, mais d'un tiers plus petite ; la faire sécher à blanc et la réserver. Faire un fond en pâte d'office au sucre rose.

Poser la croquante sur le fond pour en garnir le tour d'une rangée de croûtons de nougat aux pistaches, mais de manière à ce que l'on puisse retirer la croustade sans déranger la garniture. Surmonter la croquante d'un sujet ou de sucre filé, en préparer un autre très petit pour la timbale.

Au moment de servir, remplir la timbale d'amandes, d'une glace aux fraises, la poser sur le fond, la surmonter de son sujet et enfin la couvrir par la croquante.

C'est un entremets de surprise agréable.

Croquante nouvelle. — *Formule 1347.* Préparer une pâte à cornet (voir ce mot) en quantité suffisante pour faire une plaque de 40 centimètres sur 50. Colorer cette pâte en rose clair; la cuire et la rouler chaude du côté le plus large, autour d'un moule en fer-blanc en forme de tambour, souder les jointures et laisser refroidir. Avec la même pâte, préparer deux raccords en forme de trompette, de façon à ce que le tambour s'emboîte du côté le plus étroit; pour obtenir cette forme, on se sert d'un moule spécialement évasé. On soude les deux raccords et on décore les jointures avec de la pâte d'amande blanche (*formule 101*), coupée à l'emporte-pièce; les rosaces sont rouges, de même que les deux croissants, les garnitures ornementales et les statuettes. Les pavillons, les tourelles et la flèche sont en pâte d'amande rose et peints en jaune à l'intérieur.

On procédera à la confection du dôme de façon à pouvoir servir de couvercle au tambour; à cet effet, les sommets des tourelles seront séparées et fixées au dôme par un fil de fer, auquel seront également adhérents les épis des pointes supportant la flèche. Au raccord du bas seront fixés les deux pavillons gothiques et collés sur une abaisse de pâte d'office sèche, qui elle-même, sera soudée sur un socle de métal posé sur un plat. Les fleurons suspendus au-dessous des pavillons, ainsi que la guirlande du centre, sont collés après avoir adapté la pièce sur le socle. Les suspensions du dôme, soutenues par un fil jaune, sont rouge et jaune. L'intérieur de la croquante est rempli de petits fours, caramel à la crème, fondants au chocolat, marrons, pastilles, pralines, pâtes de fruits, le tout en-

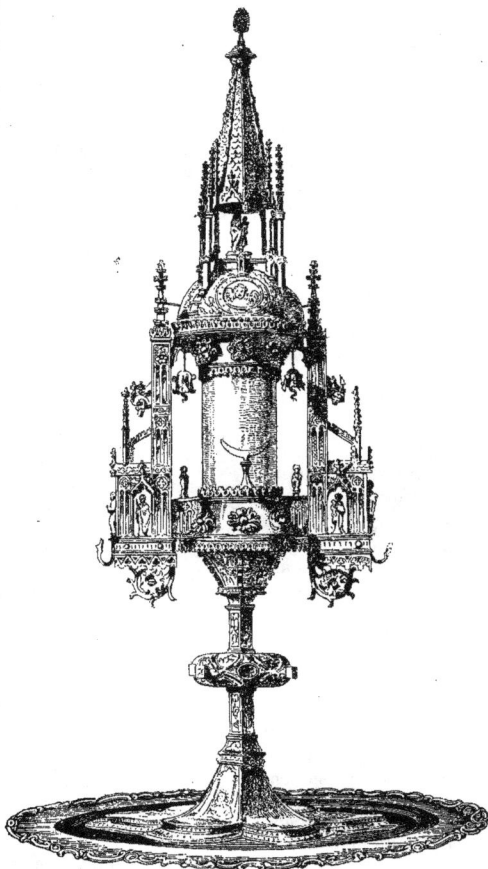

Fig. 425. — Nouvelle croquante représentant un ciboire russe.

veloppé de papier de devises, de pétards à surprises, à franges d'or. Le tout par couches alternées. La hauteur totale de cette pièce est de 1ᵐ,20. Il est important pour la réussite du coup-d'œil,

de n'y mettre que du rose, du rouge, du jaune et du blanc. Le *rouge* pour les rosaces, le *jaune* pour l'intérieur, le *rose* pour le corps de la pièce et le *blanc* pour les fleurons et les sujets, couleurs qui se rapportent aux couleurs nationales russes.

CROQUEMBOUCHE, *s. m. (Pièce de pâtisserie)* de *croque en bouche.* — Selon l'Académie, terme générique de *toute pâtisserie croquante*; et d'après Littré, ce serait une *tourte* (sic).

Erreur d'un côté comme de l'autre : les pralines et les langues de chat croquent dans la bouche, mais elles ne sont pas plus des croquembouches qu'elles ne sont des tourtes.

Il serait donc à désirer que les quarante princes des lettres veuillent bien distinguer à la prochaine réédition, la *tourte* des *petits-fours* et des *croquembouches*. Le croquembouche est le congénère de la croquante, exécutée pour la première fois par Carême, pour le prince Berthier, mais très modifié depuis.

Croquembouche (*Procédé général*). — *Formule 1348.* — Faire de la pâte à choux (voir ce mot), la coucher à la poche ou bien la rouler sur une table farinée, l'allonger et en former de petites boulettes que l'on range sur une plaque de tôle beurrée et que l'on fait cuire. Faire cuire 800 grammes de sucre au gros cassé et le maintenir chaud. Huiler légèrement un moule; tremper les petits choux dans le sucre et monter une paroi dans l'intérieur du moule, que l'on tient dans une terrine avec de la glace et du sel pour en activer le refroidissement. Garnir le dessus avec du sucre filé.

Croquembouche à la crème. — *Formule 1349.* — Faire de petits choux auxquels on pratique, lorsqu'ils sont froids, un petit trou afin de pouvoir leur introduire, à l'aide d'une poche, de la crème Saint-Honoré vanillée (voir ce mot). Hacher des pistaches très vertes; faire cuire du sucre au gros cassé. Huiler le moule à croquembouche; tremper les petits choux un à un dans le sucre, puis dans les pistaches, et former la paroi en commençant par le fond. Cette opération doit être faite vivement. On alterne à volonté les rangs de choux, les uns trempés dans des pistaches, les autres trempés dans du sucre rose, la couleur se variant à volonté. Faire un fond en pâte d'office ou le servir simplement sur une serviette posée sur un plat.

Croquembouche à la Chantilly. — *Formule 1350.* — Garnir l'intérieur du croquembouche à la crème, d'une crème à la Chantilly.

Croquembouche de gimblettes aux choux. — *Formule 1351.* — Coucher avec la poche des petits anneaux de trois centimètres, sur une plaque légèrement beurrée; les cuire et les faire refroidir; garnir la moitié de ces gimblettes avec des cerises confites et l'autre moitié avec des verjus. Cuire le sucre au cassé, selon la règle; huiler le moule et dresser en dedans le croquembouche, en alternant les gimblettes garnies.

Croquembouche d'abricots. — *Formule 1352.* — Coucher sur une plaque légèrement beurrée de petits choux de 4 centimètres de long sur un de large; les faire cuire, les laisser refroidir; leur pratiquer un petit trou et, à l'aide d'un cornet, les farcir d'une marmelade d'abricots. Préparer des amandes hachées et colorées en rose, et du sucre en grains blancs. Faire cuire du sucre au *gros cassé* et, après avoir huilé le moule, monter dans l'intérieur le croquembouche en trempant les choux dans le sucre et dans les amandes, en alternant les rangs par d'autres choux trempés dans le sucre rose et enfin avec des choux simplement glacés.

Croquembouche de génois. — *Formule 1353.* — Préparer un biscuit génois dans les proportions suivantes :

Sucre en poudre	grammes	500
Farine tamisée	—	500
Beurre fin	—	225
Œufs frais	nombre	10

Procédé. — Mettre le sucre dans une bassine et ajouter d'abord les œufs et la farine, puis fouetter sur l'angle du fourneau chaud-tiède jusqu'à ce que la masse ait doublé de volume. Beurrer une plaque d'office, la foncer de papier également beurré et y coucher la pâte d'une épaisseur d'un centimètre. Faire cuire à point, c'est-à-dire jusqu'à parfaite cuisson partout, et la laisser raffermir jusqu'au lendemain.

À l'aide d'un coupe-pâte en forme de losange, couper la génoise, qui sera posée sur un plique. Glacer la moitié de ces losanges au chocolat et l'autre moitié à la glace royale au kirsch, coloriée en rouge vif; les laisser sécher; pendant ce temps, coucher une douzaine de petits choux que l'on glacera lorsqu'ils seront cuits, la moitié au chocolat et l'autre moitié à la glace rose. Coucher de petits demi-cercles que l'on glacera également comme les petits choux.

Huiler légèrement un moule cylindrique comme un bain-marie. Couper un nombre suffisant de losanges rouges pour faire le tour intérieur du moule en posant les pointes en haut; entre ces pointes, coller avec le sucre cuit au cassé les losanges roses, la partie glacée contre le moule, bien entendu. Tâcher de finir par des roses, dont on coupe également les pointes dépassant le moule. Démouler.

Au bord supérieur, coller avec le sucre les demi-cercles en alternant les couleurs sur lesquels on colle également les choux; un rouge sur un demi-cercle au chocolat, etc., en ayant soin de faire pencher cette couronne un peu en dehors. Faire un dôme en forme de demi-sphère, en sucre filé blanc, que l'on place dans l'intérieur de la couronne et sur lequel on dresse un panache de sucre filé.

Croquembouche de gimblettes. — *Formule 1354.* — Faire une pâte génoise pour biscuit, comme la précédente et, lorsqu'elle est raffermie, tailler des gimblettes ou petits anneaux de la grandeur de 3 centimètres et d'un vide intérieur de 1 centimètre. Glacer la moitié blanc et l'autre moitié rose; sur le blanc, saupoudrer du sucre rose et sur le rose du sucre vert en grains. Laisser sécher. Huiler le moule à croquembouche et avec du sucre cuit au cassé, coller les gimblettes en alternant les couleurs par rangs réguliers ; lorsque le croquembouche est froid, le démouler et garnir les trous avec des cerises et du verjus bien égouttés. Faire cinq montants en forme d'arc couronnant le croquembouche et les surmonter d'une boule de sucre filé.

Croquembouche de pâte d'amande. — *Formule 1355.* —

Faire de la pâte d'amande pour abaisse ; l'abaisser à 3 millimètres d'épaisseur et en tailler des gimblettes ou anneaux de 5 centimètres ; les glacer à la glace royale, la moitié

Fig. 397. — Croquembouche de pâte d'amande.

blanches et saupoudrées de sucre rose et l'autre moitié à la couleur rose, saupoudrées de sucre vert. Laisser raffermir. Huiler légèrement un moule à grosse pièce ; cuire du sucre au gros cassé et monter le croquembouche en alternant les rangées ; la seconde rangée sera commencée entre deux gimblettes de façon à ce que les lignes forment un spiral régulier.

Pendant l'opération, on tient de préférence le moule dans une casserole avec de la glace, de manière à solidifier immédiatement le collage des anneaux ; lorsque le moule est froid, on garnit l'intérieur des gimblettes blanches avec de l'angélique coupée à l'emporte-pièce et les gimblettes roses avec de l'abricot confit, également taillé pour être ajusté dans l'intérieur.

Le haut du croquembouche se décore d'une couronne en bordure ou d'une gerbe de sucre filé.

Remarque. — Avec le nouveau système Landry on peut désormais faire ces croquembouches en coulant la pâte d'amande dans les plaques à couler le sucre, ce qui gagne du temps et facilite l'opération.

Croquembouche de meringue italienne. — *Formule 1356.* —

Beurrer des plaques d'office, les saupoudrer de sucre à glace ; avec le dos d'un coupe-pâte uni, grand de 5 centimètres, marquer des ronds sur lesquels on couche des anneaux de meringue italienne (voir ce mot) à proportion de quatre œufs ; les saupoudrer de sucre blanc en grains et les faire cuire dans un four chaud-tiède ; les déposer sur deux feuilles de papier. Faire du fondant ferme aux fraises et aux pistaches, à l'aide du cornet. Garnir l'intérieur des cercles à trois quarts pleins, dont la moité aux fraises et l'autre au fondant aux pistaches ; laisser raffermir le fondant, de manière qu'il soit solidifié à la meringue. Huiler le moule et dresser dans l'intérieur (en fixant les meringues avec de la glace royale au marasquin) les meringues en alternant les couleurs, de façon à ce qu'elles fassent des lignes en spirales.

Ce croquembouche étant très fragile, tous les soins doivent être pris pour ne pas le laisser s'attacher au moule, il demande à être monté par un habile praticien, car il doit être d'une parfaite exécution et réunir les qualités de régularité et de propreté.

Petit croquembouche de noix vertes. — *Formule 1357.* —

Éplucher de belles noix vertes, aussi régulières que possible, en ayant soin de

Fig. 436. — Petit croquembouche de noix vertes, d'après Carême.

les conserver entières. Les passer au four [un instant, puis dans le sucre cuit au *cassé* au moment où il passe au caramel. Monter aussitôt le croquembouche dans un moule uni et préalablement huilé.

Ce croquembouche ne doit être monté qu'au dernier moment, en raison de l'humidité des fruits qui fait promptement ramolir le sucre.

Croquembouche de fruits. — *Formule 1358.* — Couper en deux des reines-claude et des abricots de la même grosseur; éplucher des oranges sans enlever la petite peau blanche qui recouvre la pulpe, les embrocher avec de petites brochettes de bois. Faire cuire du sucre au cassé et glacer tous les fruits. Huiler le moule avec de l'huile d'amande douce, commencer le croquembouche par un rang de quartiers d'orange, un d'abricots et un de prunes et ainsi de suite. Ce croquembouche doit être servi aussitôt terminé.

Croquembouche d'abricots. — *Formule 1359.* — Tailler des rondelles dans la pâte d'abricots avec un moule uni et grand de 3 à 4 centimètres; glacer la moitié au sucre cuit au cassé et coloré en rose, et l'autre moitié au sucre cuit au cassé sans couleur. Huiler le moule et dresser le croquembouche en faisant faire le spiral aux lignes de couleur. Démouler; d'autre part, on aura taillé et glacé des losanges d'angélique, avec lesquels on couronne le tour supérieur. Former un dôme en sucre filé, surmonté d'un pompon.

Croquembouche de marrons. — *Formule 1360.* — Faire torréfier des marrons à blancs; lorsqu'ils sont cuits, les décortiquer en ayant soin de les conserver entiers; les glacer au sucre

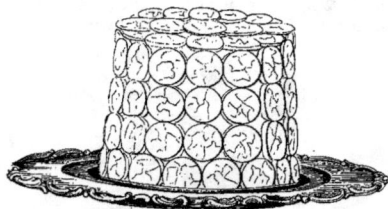

Fig. 437. — Croquembouche de marrons, d'après Carême.

cuit au gros cassé, les laisser refroidir et monter le croquembouche dans un moule huilé comme d'habitude. Ce croquembouche est très goûté.

Croquembouche de cerises. — *Formule 1361.* — Oter le pédoncule à de belles cerises; les gla-

cer au sucre cuit au cassé, les laisser refroidir; pendant ce temps, faire de petits choux, les glacer et les saupoudrer de sucre vert; laisser sécher le tout et monter le croquembouche dans un moule huilé en alternant les cerises et les choux. Etant froid, démouler et servir sur serviette à franges.

Croquembouche sultane. — *Formule 1362.* — Faire cuire du sucre au *gros cassé* (voir CASSÉ) dans un poêlon système Landry; se procurer une planche à couler le sucre. L'huiler légèrement et mettre le sucre dans un poêlon à couler le sucre; quand il est au point désiré pour couler, on fait d'abord un petit filet sur les bords de la planche et on procède ensuite au treillage en montant de *b* à *c* sans interruption, tel qu'il est démontré par la figure 428. Lorsque le treillage est fait en deux sens inverses de *d* à *a*, on recoule

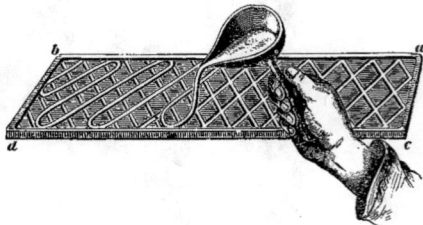

Fig. 428. — Coulage du sucre sur la planche, système A. Landry.

un filet sur les bords pour bien le souder. Ce travail terminé, on rogne les excédents sur chaque bout de la planche, ainsi que les bavures qu'il pourrait y avoir. On présente alors la planche à la bouche du four pendant deux à trois secondes et en tournant pour la chauffer régulièrement. Lorsque le sucre est ramolli, on s'assure s'il se détache bien de la planche en levant chaque bout l'un après l'autre et en les laissant retomber à leur juxtaposition.

Assuré que tout est parfaitement soudé, poser sur le milieu de la planche, sur le sucre même, un moule cylindrique comme l'indique la fig. 429, et prenant les coins *b* et *d*, on les rapporte dans le moule que l'on fait rouler pour que le treillage se joigne à *a* et *c* où doit se faire la soudure. Après un instant, dresser le moule et couler dessus un treillage s'adaptant au corps de la pièce. Laisser refroidir.

Glacer des quartiers d'orange et coller au milieu du croissant une cerise rouge glacée; glacer également des petits choux aux abricots, de l'angélique en feuille et des raisins.

Monter les quartiers d'oranges sur un plateau

Fig. 429. — Lavage du sucre et mise autour du moule, système Landry.

posé sur une corbeille de métal, de façon à former un soubassement un peu plus haut que la cage de sucre. Garnir de verdure avec l'angé

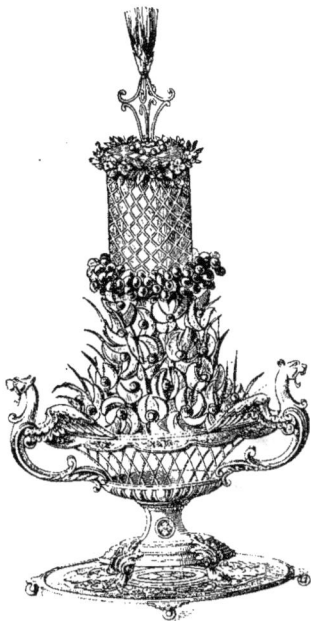

Fig. 430. — Croquembouche sultane, par A. Landry.

lique et former dans le haut un turban de raisin; poser dessus, la cage de sucre et décorer le haut d'une couronne de fleurs.

Dresser sur le tout une gerbe de sucre filé supportée par un porte-bouquet en sucre tiré.

Remarque. — On tirera un grand avantage en employant cette méthode pour faire toutes sortes de croquembouches. Les pâtissiers, confiseurs, etc., pourront couler la sultane la veille et la garnir le lendemain.

Pour tous les croquembouches il est une règle : celle de ne pas laisser apparaître le collage qui enlève toute la grâce et l'élégance pour ne donner qu'un aspect désagréable; la correction du style, la propreté dans la distinction des variétés des couleurs, sont les conditions nécessaires et indispensables à ces pièces montées qui ont alors le double mérite d'être un fort joli ornement comestible.

CROQUET, *s. m. (Pâtiss. sèche).* All. *Harter-Honigkuchen;* angl. *crip biscuit;* ital. *ciambella.* — Groupe de pâtisserie de dessert. Je commence la série des croquets par la plus aimable formule.

Croquets de dame. — *Formule 1363.* — Employer :

Farine tamisée	grammes	250
Sucre en poudre	—	125
Amandes blanchies et hachées. . .	—	125
Beurre fin	—	125
Œufs très frais	nombre	2
Rhum, verre à bordeaux	—	1

Procédé général. — Former la fontaine avec la farine; mettre dans le centre le beurre, les amandes, les œufs et le rhum. Pétrir et former une pâte malléable, la laisser reposer dix minutes et former de petites navettes en les roulant dans la main. Les dorer, les rouler dans du petit sucre grené et les aligner sur une plaque beurrée pour les cuire dans un four très doux.

Croquets de Paris. — *Formule 1364.* — Employer :

Farine tamisée.	grammes	500
Amandes hachées.	—	250
Sucre en poudre	—	250
Œufs frais	nombre	8

Procédé. — Former la fontaine et mettre dans le centre les œufs, le sucre, l'eau de fleurs d'oranger et pétrir; ajouter les amandes hachées et travailler de manière à faire une pâte homogène. L'abaisser et former des bandes de façon à pouvoir couper de petits carrés; les rayer avec le dos du couteau, les dorer, les saupoudrer de sucre et les cuire dans un four chaud. On peut à volonté faire cuire les bandes et les couper en sortant du four; c'est ainsi que procèdent les pâtissiers parisiens.

Croquets de Nantes. — *Formule* 1365. — Employer :

Sucre en poudre	grammes	500
Amandes blanchies et hachées.	—	500
Blancs d'œufs.	nombre	6

Procédé. — Former la fontaine et mettre dans le centre les blancs d'œufs, le sucre et les amandes; pétrir le tout de façon à former une pâte ferme. Après un instant de repos, abaisser la pâte, en tailler des bandes. Le lendemain les cuire, en les saupoudrant de sucre après avoir été préalablement dorées. En les sortant du four, les tailler en losanges.

Croquets de Bordeaux. — *Formule* 1366. — Employer :

Sucre en poudre	grammes	500
Farine tamisée.	—	500
Amandes blanchies et hachées.	—	375
Œufs frais	nombre	3
Une prise de carbonate de soude.		

Procédé. — Former la fontaine et mettre dans le centre le sucre, les œufs et les amandes. Pétrir le tout et abaisser la pâte, en tailler des bandes qu'on laisse reposer pour les cuire le lendemain, après avoir été dorées. En les sortant du four, les dorer une seconde fois, les saupoudrer de sucre et les tailler en carrés.

Croquets suisse. — *Formule* 1367. — Employer :

Sucre en poudre	grammes	200
Amandes effilées ou hachées.	—	250
Farine tamisée.	—	100
Sucre de cannelle.	—	50
Citronnat haché	—	30
Petit sucre en grains	—	50
Blancs d'œufs.		
Une pincée de sel.		

Procédé. — Mettre le sucre, le sel, la farine et le citronnat dans une terrine, en mouillant avec des blancs d'œufs jusqu'à ce que la pâte soit homogène, sans être trop molle; ajouter les amandes et si elles sont effilées éviter de les briser. Coucher de petits bâtons longs de 7 centimètres et gros de 1 centim. 1/2 sur une plaque d'office légèrement cirée; les dorer et les faire cuire dans un four chaud; en les sortant du four, les siroter avec un sirop cuit à 30 degrés et saupoudrer avec le sucre en grain.

Croquets de Port-Mahon. — *Formule* 1368. — Employer :

Farine tamisée.	grammes	500
Sucre en poudre	—	250
Amandes hachées.	—	250
Œufs frais	nombre	2
Zeste de citron râpé.	—	1
Une pincée de sel.		

Procédé. — Former la fontaine avec la farine; mettre dans le centre, les œufs, le sel, le sucre, le zeste de citron et les amandes hachées; pétrir pour en former une pâte un peu molle, mais résistant en tas. Laisser reposer et l'abaisser à 2 centimètres de hauteur; on taille dans la pâte des bandes de 10 centimètres de largeur. Rayer en long avec le dos du couteau et dorer à l'œuf. Faire cuire dans un four moyen et les couper en les sortant du four.

Croquets de Lyon. — *Formule* 1369. — Employer :

Amandes hachées.	grammes	250
Sucre en poudre	—	250
Zeste de citron râpé.	nombre	1
Zeste d'orange râpée.	—	1
Un grain de sel et des blancs d'œufs.		

Procédé. — Tailler les amandes en filets, mettre dans une terrine, le sucre, les zestes et le sel; mouiller avec deux blancs d'œufs, et travailler un instant; ajouter la farine et travailler de nouveau en ajoutant encore des blancs d'œufs si cela est nécessaire; cette pâte doit être mollette de façon à pouvoir être couchée à la poche par des bandes sur des plaques cirées à la cire vierge; laisser un intervalle entre chaque bande. Les cuire dans un four moyen, les glacer en les sortant du four, et les tailler par morceaux longs de 4 ou 5 centimètres.

Croquets glacés. — *Formule* 1370. — Employer :

Farine tamisée.	grammes	375
Sucre en poudre	—	625
Amandes blanchies et hachées.	—	375
Vanille fendue.	gousse	1
Blancs d'œufs.	nombre	5

Procédé. — Former la fontaine avec la farine et mettre dans le centre quatre blancs d'œufs, la vanille, une prise de sel, le sucre et les amandes hachées. Pétrir pour faire une pâte ferme, ce que l'on a à volonté par la quantité de blancs d'œufs. L'abaisser mince et mettre l'abaisse sur une plaque légèrement cirée, glacée à la glace royale. Couper des bandelettes que l'on sépare à petites distances et que l'on taille en petits losanges que l'on distance également. Faire cuire dans un four moyen.

Croquets d'ananas. — — *Formule 1371.* — Employer :

Amandes mondées	grammes	500
Sucre	—	500
Blancs d'œufs.	nombre	6

Procédé. — Broyer les amandes et le sucre avec les blancs d'œufs, donner du corps à la pâte. Diviser cette pâte en deux parties égales pour en faire deux abaisses longues de la largeur d'une tranche d'ananas et de 5 millimètres d'épaisseur; placer entre ces abaisses des tranches d'ananas confit, parées et de l'épaisseur ordinaire, donner un coup de rouleau pour bien coller le tout, mouiller des deux côtés avec du blanc d'œuf, poudrer également des deux côtés de pistaches et d'amandes hachées; couper en carrés que l'on place sur une plaque garnie de papier fort. Cuire à four chaud après avoir laissé étuver pendant quelques heures; gommer en sortant du four. (E. Lacomme, de *l'Académie de Cuisine.*)

Croquets à bière. — *Formule 1372.* — Employer :

Amandes mondées	grammes	500
Sucre pilé	—	500

Procédé. — Piler les amandes avec de l'eau de fleurs d'oranger et ajouter le sucre; dessécher la pâte sur un feux doux, jusqu'à ce qu'elle soit malléable pour pouvoir l'étendre en abaisses très minces, et la découper ensuite à l'emporte-pièce de différentes formes; placer ces croquets sur plaques garnies de papier et les cuire à four modéré chaud en dessous, après avoir doré à l'eau. (E. Lacomme, confiseur.)

Croquets pralinés. — *Formule 1373.* — Employer :

Farine	kilogr.	1
Sucre	grammes	500
Beurre	—	400
Jaunes d'œufs	nombre	20

Procédé. — Tamiser la farine sur le tour, faire une fontaine dans laquelle on met les jaunes d'œufs et le sucre; travailler le tout ensemble pour blanchir; faire ensuite entrer le beurre et la farine, fraiser la pâte et faire des abaisses de 5 millimètres d'épaisseur sur 5 centimètres de largeur; garnir la surface d'une légère couche de pâte d'amandes ramollie avec du rhum, en-

suite d'une couche de fruits confits hachés (orangeat, angélique, ananas, etc.), saupoudrer d'amandes hachées, de sucre blanc grainé; cuire à four modéré. Lorsque le tout est cuit et froid, couper en petits bâtons. (E. Lacomme.)

Croquets aux amandes. — *Formule 1374.* — Employer :

Farine	grammes	500
Sucre	—	250
Beurre	—	200
Jaunes d'œufs	nombre	8

Procédé. — Passer la farine sur le tour; faire la fontaine et mettre dans le centre les jaunes d'œufs et le sucre; travailler et faire entrer au fur et à mesure le beurre et la farine. Fraiser la pâte et en faire des abaisses de 5 centimètres de large sur plaque légèrement cirées et mouillées. Relever les bords de chaque abaisse, de façon à former un canal que l'on remplira, après l'avoir laissé essorer au frais pendant deux heures d'un appareil composé comme suit :

Amandes mondées	grammes	500
Sucre	—	500
Fruits confits : angélique, cerises, orangeat, poires, etc.	—	200
Blancs d'œufs	nombre	6
Rhum	centilitr.	5

Procédé. — Broyer, le plus fin possible, les amandes avec le sucre et les blancs d'œufs; ajouter le rhum et les fruits coupés en dés. Mettre cet appareil dans une poche à douille et emplir les abaisses formant canaux; les dorer, les saupoudrer de sucre en grains et cuire à four chaud. Lorsque le tout est cuit et froid en couper des bâtons de la largeur de 2 centimètres. (E. Lacomme, de *l'Académie de cuisine.*)

CROQUETTE, *s. f.* (*Mets composé*). — All. *Krustgebackenes ;* angl. *croquette.* — Terme générique d'une petite masse de salpicon de différentes viandes, que l'on a réuni avec une sauce allemande, panée et frite, de la forme d'un bouchon.

Je divise les croquettes en quatre genres : les *C. de viandes ;* les *C. de poisson ;* les *C. de fruits* et les *C. de pâtisserie.*

Croquettes de volaille. — *Formule 1375.* —

Procédé général. — Tailler un salpicon composé de poulet, de truffes, de langue de bœuf et de champignons. Mettre cette garniture dans un blanc de volaille (voir ce mot) ou dans une sauce suprême très réduite, en quantité suffisante pour produire un corps solide en refroidissant dans une terrine ; on obtient cela facilement, lorsque les appareils sont très réduits et gélatineux. Former alors de petites boules très régulières, en forme de bouchons (mais plus grandes), en les passant d'abord dans la chapelure aussi blanche que possible, en les façonnant sans y laisser de crevasses ; les laisser raffermir et les passer dans un appareil d'œufs, d'huile, de sel, d'une pointe de piment et de muscade râpée, le tout battu ensemble, et enfin les rouler dans la chapelure, en ayant soin que l'appareil ait masqué toute la croûte, principalement dans les deux bouts. Les aligner alors dans un linge étendu sur une plaque et les frire (peu à la fois), les dresser sur une serviette et les garnir de persil frit.

Remarque. — On fait des croquettes avec toutes les viandes qui en déterminent le nom ; on supprime à volonté les truffes, mais toutes ces différentes croquettes demandent une sauce exquise pour en former la pâte des salpicons, d'où dépend la succulence que l'on ne peut attendre des viandes cuites. Certains cuisiniers et cuisinières substituent à la sauce suprême la sauce béchamelle, ce que font aussi les cuisiniers allemands ; ce ne sont plus des croquettes, mais des boulettes que les menus allemands décorent du nom de croquettes, au détriment de la bonne cuisine : la cuisine française. Je crois donc superflu de citer tous les différents noms, l'opération étant la même, je ne m'étendrai pas plus loin, les autres formes étant fantaisistes.

Croquettes de homard. — *Formule 1376.* — Ici la sauce béchamelle bien assaisonnée remplace la sauce suprême. On joint au salpicon de homard des champignons taillés en dés. Même procédé que pour les croquettes de volaille. De cette manière se font aussi les croquettes d'huîtres.

Croquettes de crevettes. — *Formule 1377.* — Ajouter dans une sauce suprême, allemande ou béchamelle très réduite, la moitié de son volume de coulis d'écrevisses ou d'autres crustacés très rouges ; y ajouter les crevettes et les champignons et procéder comme pour les croquettes de volaille.

Inutile d'ajouter que l'on peut faire des croquettes avec tous les crustacés.

Croquettes de pommes (*Entremets sucré*). — *Formule 1378.* — Tailler des pommes en petits dés, les sauter au beurre dans une poêle à feu vif, pour les attendrir seulement ; les mettre dans une terrine avec de la marmelade de pommes et un petit verre de marasquin ; mélanger le tout, former des boulettes régulières en forme de poires ; les passer et leur ajouter un filet d'angélique, pour imiter le pédoncule. Les frire, en les posant debout sur une large écumoire. Les saupoudrer en les sortant, avec du sucre de cannelle. Les dresser sur une serviette, en les entourant de cerfeuil frit et saupoudré de sucre.

Croquettes de riz (*Entremets sucré*). — *Formule 1379.* — Cuire du riz dans du lait avec une ou deux gousses de vanille et du sucre. Quand il est cuit et encore entier, lui ajouter de la crème cuite et chaude ; laisser donner un bouillon, sortir le riz sur un plateau et le laisser refroidir. Former des croquettes dans la règle, en les passant à l'œuf, puis à la chapelure. Les cuire et les saupoudrer de sucre en les sortant, les dresser sur une serviette.

Le riz doit être un peu liquide et parfaitement cuit, pour que les croquettes restent moelleuses.

Croquettes à la moelle (*Entremets sucré*). — *Formule 1380.* — Employer :

Moelle de bœuf	grammes	500
Beurre frais	—	250
Sucre en poudre	—	250
Noisettes torréfiées et pelées	—	175
Amandes douces mondées	—	175
Œufs frais	nombre	10

Procédé. — Hacher la moelle avec du sucre en saupoudrant de farine pour empêcher la formation des grumaux. Mettre dans un mortier les noisettes, les amandes, le sucre et la moelle ; piler en ajoutant deux œufs entiers, puis quatre jaunes, et plus si cela est nécessaire. Lorsque la pâte est homogène sans être trop molle, on forme des croquettes que l'on passe deux fois à l'œuf et à la chapelure, de façon à former une croûte sans ouverture. Les frire et les dresser sur une serviette en les accompagnant d'une saucière de sabayon aux noisettes.

Cet entremets que j'ai composé dans le Nord est exquis, surtout dans la saison froide, époque à laquelle l'organisme réclame des aliments respiratoires.

Croquettes vanillées (*Pâtisserie*). — *Formule 1381.* — Employer :

Amandes mondées	grammes	250
Sucre concassé	—	200
Sucre vanillé	—	50

Procédé. — Piler les amandes avec le sucre en morceaux et le sucre vanillé, en mouillant avec des blancs d'œufs, de façon à faire une pâte que l'on puisse abaisser au rouleau. Laisser reposer la pâte, l'abaisser ensuite et y tailler des bandes de 7 centimètres de largeur. Coucher sur les bandes une nappe de glace royale forte de 2 millimètres et y tailler transversalement des bâtons larges de 2 centimètres. Beurrer et fariner des plaques d'office, sur lesquelles on aligne les croquettes que l'on cuit dans un four de chaleur moyenne.

Croquettes grillées au citron. — *Formule 1382.* — Même procédé que pour la formule précédente, sauf que l'on remplace la vanille par le citron, et la glace royale par des amandes hachées et pralinées.

Croquettes au petit sucre (*Pâtisserie*). — *Formule 1383.* — Employer :

Farine tamisée.	grammes	200
Sucre en poudre	—	100
Beurre.	—	50
Sucre d'anis	—	25

Procédé. — Former la fontaine avec la farine et mettre dans le centre le beurre, le sucre, le sel et le sucre d'anis, ajouter un œuf et mouiller avec de la crème double. Pétrir de façon à obtenir une pâte ferme. La laisser reposer; abaisser la pâte à 4 millimètres de hauteur et à l'aide d'un coupe-pâte ovale long, de 6 à 7 centimètres de long sur 3 à 4 de large; y couper des croquettes que l'on aligne sur des plaques beurrées; mouiller légèrement le dessus avec des blancs d'œufs mousseux, saupoudrer de sucre en grains au moment de mettre au four; on les retire aussitôt qu'elles ont acquis une belle couleur blonde.

Croquettes de marrons. — *Formule 1384.* — Faire une purée avec des marrons glacés, la passer au tamis et la tenir un peu ferme. Donner à chaque croquette la forme que l'on désire et mettre dans le milieu de chacune un demi-marron glacé et paner à l'anglaise. Faire frire, glacer à la glacière et servir chaud sur une serviette. (E. Darenne, de *l'Académie de cuisine.*)

CROQUIGNOLES, *s. f. pl.* (*Pâtisserie sèche*). All. *Krachgebackenes;* angl. *craknel;* ital. *buffeto;* de deux termes de pâtisserie : *croqui de croquette* et *gnole,* d'un terme de mépris pour les pâtissiers, *gnoleux;* qui fait de la *gnole,* de là, croquette de gnoleux, *croquignole.* — On fait des croquignoles

de différentes manières, mais ne variant que dans les détails de la forme et des aromates; je me bornerai à donner la recette la plus usitée à Paris.

Formule 1385. — Employer :

Farine.	grammes	500
Glace royale à la vanille	—	600
Œufs frais	nombre	10

Procédé. — Mélanger d'abord une partie des blancs d'œufs avec la glace royale, ajouter la farine, et enfin le restant des blancs d'œufs. Dresser sur des plaques légèrement beurrées et laisser étuver quelques heures. Les cuire dans un four de moyenne chaleur.

CROSES (*Vin de*). — Dans le Dauphiné; on y récolte un vin rouge de troisième classe.

CROSS-BUNS (*Pâtiss. anglaise*). — En Angleterre, le Vendredi-Saint, on voit dans toutes les pâtisseries des gâteaux en forme de croix, qui ne sont autre que des *cross-buns.*

Cross-Buns. — *Formule 1386.* — Préparer une pâte à Buns (voir ce mot) et lui ajouter 15 grammes d'épices par kilogramme de farine. Pétrir et former des croix régulières et cuire dans un four moyen.

CROTALE, *s. m.* (*Crotalus*). — Depuis la découverte de l'Amérique, ce serpent est resté fameux par le danger de sa morsure, qui entraîne la mort au bout de cinq à dix minutes dans une agonie terrible, et les espèces de grelots écailleux dont sa queue est garnie à l'extrémité et qui raisonnent quand il rampe, ce qui l'a fait dénommer *serpent à sonnettes.* Le crotale ne mord que lorsqu'il est attaqué; il répand au loin une odeur fétide; cependant les Indiens et les naturels du Mexique en mangent l'extrémité. Ils font cuire cette chair sous les cendres chaudes et la dépouillent ensuite, ou bien d'abord, et la font bouillir; mais ils jettent le bouillon à cause de l'odeur fétide qu'il répand.

CROUCHKA, *s. f.* — Mesure de capacité pour les liquides, employée en Russie, et valant un peu plus d'un litre.

CROUPION, *s. m.* All. *Steiss;* angl. *rump;* ital. *groppone.* — Se dit de la partie inférieure du tronc des oiseaux, composée des dernières vertèbres dorsales; éminence visqueuse à laquelle sont adhérentes les plumes de la queue.

CROUSTADE, *s. f.* — Terme générique des croûtes servant à contenir un ragoût fin.

Croustades. — *Formule 1387.* — Beurrer, décorer et paner intérieurement des moules à darioles. Abaisser de la pâte brisée sèche ou de la pâte à timbale (voir *pâte*) et en foncer les moules; les remplir de chapelure ou de noyaux de cerises et les faire cuire d'une belle couleur. D'autre

Fig. 433. — Croustades variées (Carême).

part, faire des couvercles avec de la pâte feuilletée, les décorer, les dorer et les faire cuire d'une belle couleur. Ce travail peut être évité en employant les *croustades Astruc*.

On les garnit avec un ragoût *à la financière* ou coulis de *crevettes*, de *homard*, d'*huîtres*. Ces garnitures déterminent toujours la qualification : *Croustades à la reine; aux crevettes*, etc., dont les garnitures sont les mêmes que pour les bouchées (voir ce mot).

Croustades à l'ambassadrice. — *Formule 1388.* — Procéder à la confection des croustades comme il est indiqué plus haut et employer :

Beurre fin	grammes	100
Foies de volailles.	nombre	3
Truffe blanche (belle).	—	1
Sauce suprême.	cuillerées	6

Procédé. — Assaisonner les foies de poivre et de sel et les faire sauter dans une casserole avec le beurre et la truffe émincée par lames. Lorsque le tout est cuit, le mettre dans le mortier et piler; y mélanger la sauce et passer au tamis de crin; ajouter un peu de beurre fin, remplir les croustades et les mettre dix minutes au four.

Croustades à la Saint-Cloud. — *Formule 1389.* — La garniture se compose de poulet, champignons, langue écarlate, le tout taillé en julienne et mélangé avec une sauce suprême, à laquelle on a additionné une purée de champignons.

Croustades à l'italienne. — *Formule 1390.* — Préparer une polenta à l'eau, au sel et un peu de beurre; pendant qu'elle est chaude, en mouler de petites timbales. D'autre part, préparer des petits oiseaux rôtis, en mettre un dans chaque timbale, ainsi que du riz cuit avec le jus et la graisse des petits oiseaux. Au moment de servir, beurrer les moules, dans lesquels on mettra les timbales ou croustades et les mettre dix minutes dans un four très chaud.

Remarque. — Les grandes croustades se font avec de la pâte brisée, d'autrefois avec de la polenta de semoule cuite ou du pain anglais. Lorsque la dimension dépasse celle du moule à darioles, elles prennent généralement le nom de timbales.

CROUSTILLER, *v. n.* All. *Brodkrüstchen essen;* angl. *to nibble crusts;* ital. *mangiar crustini.* — Action de manger quelque chose de croustillant pour aiguiser l'appétit ou faire boire.

Croustille, petite croûte.

CROUTE, *s. f.* All. *Rinde, Kruste;* angl. *crust;* ital. *crosta;* esp. *costra.* Etymologiquement du latin *crusta,* qui signifie tout ce qui enveloppe. Terme générique des croûtes servant à contenir un aliment quelconque.

Croûte-au-pot. — *Formule 1391.* — Dans l'origine, le potage *croûte-au-pot* se préparait ainsi: On employait une poule et une quantité relative de viande et une queue de bœuf pour faire un fort bouillon. Ce pot-au-feu était garni selon la règle, avec poireaux, navets, carottes, céleri.

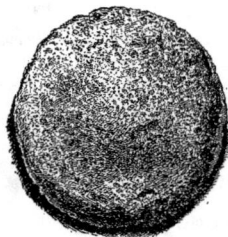

Fig. 434. — Croûton pour le potage.

D'autre part, des choux et des laitues étaient braisés séparément et on glaçait également à part des légumes après les avoir tournés en for-

mes régulières. Des croûtes de pain étaient taillés dans des pains ovales (*flûte*), on les grillait et
on les mettait dans la soupière avec le bouillon
dégraissé et le blanc des poireaux coupé en rondelles, tandis que sur un légumier on dressait les
légumes glacés et groupés que l'on servait en
même temps, pour que le convive pût choisir à
volonté ceux qui lui convenaient pour les mettre
dans son assiette à potage.

Aujourd'hui le potage *croûte-au-pot* se fait à
peu près de la même façon, excepté que les légumes sont mis dans la soupière; dans les restaurants on les sort du pot-au-feu pour les tamiser, les glacer et les tenir dans une petite
casserole au chaud, à la disposition du service.

Croûte à pâté chaud. — *Formule 1392.* — Le
premier soin doit s'appliquer à la parfaite propreté du moule qui autrement dénaturerait le
coloris engageant de la croûte. Abaisser 500 gr.
de pâte à timbale (voir ce mot), et la laisser reposer; beurrer un plafond, mettre la pâte dans
le moule en l'appuyant dans le fond et contre les

Fig. 435. — Croûte à pâté chaud.

parois, en évitant de laisser plisser la pâte; laisser reposer de temps en temps pendant l'opération. Lorsque la croûte est bien formée dans l'intérieur du moule, on laisse dépasser la pâte de
2 centimètres au-dessus du bord et on la remplit
de chapelure de pain en pyramide, sur laquelle
on forme un couvercle en pâte.

Décorer le couvercle et faire cuire dans un
four moyen; une fois la croûte cuite, démouler,
sortir la chapelure et dorer la croûte en dehors
et en dedans, lui faire prendre couleur au four et
la réserver pour l'usage.

Remarque. — On fait aussi des croûtes dressées à la main, mais pour cela il faut être spé-
cialiste; le temps et le soin que réclame ce genre
de croûte n'étant jamais appréciés, il est presque
abandonné de nos jours, les croûtes en moule
rendant le même service.

Croûte à timbale. — *Formule 1393.* — Choisir de petits moules un peu plus grands que les
moules à nougats, les beurrer, les saupoudrer de
chapelure et les foncer d'une pâte à timbale
abaissée et reposée; remplir ces petites croûtes
de chapelure pour les faire cuire. On fait de petits couvercles en feuilletage gracieusement décorés et cuits séparément.

Croûte aux champignons. — *Formule 1394.*
— Couper un petit pain horizontalement au trois
quarts de sa hauteur; en sortir la mie et le frire
dans le beurre frais dans une poêle ou un four.
Le remplir du ragoût de champignons suivant: à
mesure que les champignons sont tournés et sautés
aussitôt dans du jus de citron, on les met dans
une casserole couverte, avec du sel et du beurre
frais, et après cinq minutes d'ébullition on les retire. On procède alors dans une casserole à un
petit roux que l'on mouille avec le jus des champignons, un peu de consommé ou de bouillon et
un peu de vin blanc sec; on laisse réduire, on dégraisse et l'on passe à travers un tamis; on ajoute
les champignons et on en garnit la croustade.
Cet entremets doit être d'un goût délicat et contenir beaucoup de champignons très frais.

Dans les restaurants on met des champignons
dans de la sauce demi-glace dont on garnit la
croûte. Ces croûtes se garnissent également avec
un ragoût à blanc.

Croûte au fromage (*Hors-d'œuvre*). En allemand *Kækruste*. Tranche de pain au fromage et
grillée.

Formule 1395. — *Procédé.* — Tailler une tranche de pain blanc, la faire griller légèrement,
émincer du fromage gras, de l'Emmenthal ou du
bon Gruyère, dont on met une couche épaisse
de 2 centimètres; râper dessus un peu de noix
muscade et la valeur de deux tours de moulin
de poivre en grains moulu à l'instant; mettre la
croûte au four dans un poêle. Servir sur une
assiette très chaude.

Remarque. — Les croûtes au fromage de Hollande, de Chester se font avec du pain noir grillé;
le fromage fondu et assaisonné séparément est
coulé sur les croûtes chaudes au moment de servir. En Allemagne et en Russie on abaisse de la
pâte brisée et on forme un four en feuilletage
dans un appareil composé d'œufs, de crème ou
de lait. On râpe du fromage de Gruyère dont on
remplit l'abaisse. On le fait cuire dans un four
relativement chaud.

Croûte au madère (*Cuis. de restaurant. Entremets sucré*). — *Formule 1396.* — Tailler de petites tranches de pain anglais, régulières et les frire dans du beurre frais; préparer d'autre part une purée d'abricots au vin de Madère et au kirsch; masquer les croûtes. Allonger le restant de la sauce avec du sucre, du kirsch et du vin de Madère, de façon à en faire une sauce aromatisée et chaude. Dresser les croûtes en turban sur un plat ou à volonté debout autour d'un croûton collé sur le plat et masqué de marmelade d'abricots; surmonter le croûton d'un attelet et saucer avec la sauce d'abricots au vin de Madère.

Remarque. — On peut aussi saupoudrer ou garnir les croûtons avec des fruits hachés, et remplacer le pain par des *zwibacks* ou des tranches de savarin; je n'insisterai pas sur ces divers modes qui dépendent exclusivement des goûts ou des ressources dont on dispose.

Croûte aux fruits (*Cuis. de restaurant. Entremets sucré*). All. *Fruchtkruste;* angl. *fruit crust;* ital. *crosta di frutto.*

Formule 1397. — *Procédé général.* — Tailler une croustade de pain anglais en forme de calice ou de coupe évasée; la faire griller dans le four avec du beurre frais; quand elle est de belle couleur et ferme, la laisser au chaud. Tailler d'autre part des croûtes de forme légèrement oblique, soit de pain, soit de *savarin, brioche* ou *zwiback.* En garnir une partie d'ananas et l'autre

Fig. 436. — Croûte aux fruits (Carême).

de fraises, c'est-à-dire sept pièces de chacune, comme il est indiqué plus haut. Préparer d'autre part des fruits confits ou frais au sirop; soit verjus, cerises, prunes, abricots chinois et de l'angélique taillée en losange. Garnir le centre de la croûte avec les fruits et décorer avec des quartiers d'ananas et d'angélique. On colle préala-

blement cette coupe au milieu d'un plat; on tient le plat à l'étuve et on sauce légèrement les fruits de la coupe avec un sirop de fruits au marasquin et au kirsch. On sert chaud et on envoie une saucière de sirop à part.

Croûtes aux fraises. — *Formule 1398.* — Tailler des tranches régulières dans un savarin fait la veille, les griller légèrement. Passer à travers un tamis la moitié des fraises destinées à cet effet; mettre dans la purée du sucre ainsi que les autres fraises entières, en garnir les croûtes et les servir sur des serviettes. On peut aussi employer de petits pains longs que l'on partage en deux et que l'on frit dans le beurre frais.

Croûtes à l'ananas. — *Formule 1399.* — Préparer les croûtes comme ci-dessus; les garnir d'une couche de marmelade d'abricots sur laquelle on met une forte couche d'ananas taillé en salpicon ou tout bonnement haché menu. Saucer avec le sirop d'ananas aromatisé de kirch ou de marasquin.

Croûtes au gingembre. — *Formule 1400.* — Pour ce genre de croûte, il faut avoir du gingembre confit et conservé dans le sirop; on prend la moitié du gingembre, on le pile au mortier et on le passe à travers un tamis, on mélange cette purée avec un peu de son sirop, et l'on masque les croûtes que l'on a préparées dans la règle; on taille l'autre moitié du gingembre en salpicon fin, avec lequel on garnit les croûtes. Chauffer le sirop avec du vin de Porto en y joignant du cognac vieux. Saucer chaud et servir.

Croûtes gratinées (*Potage aux*). — *Formule 1401.* — Carême mentionne plusieurs potages de croûtes gratinées dont les bases sont toutes à peu près les mêmes que celle du potage croûte-au-pot (voir ce mot). Quant au bouillon et aux garnitures, on les met dans une casserole d'argent, sur laquelle on étend une grande croûte de pain qui doit gratiner au four sur le potage. Ici la variété est naturellement facile et s'étend de la soupe à la farine et au fromage, jusqu'aux primeurs. La condition indispensable est de faire gratiner la croûte dans le potage.

CROUTON, *s. m.* All. *Brodkrüstchen;* angl. *sippet;* ital. *Corteccia di pano.* — En cuisine on distingue :

Les *croûtons de potages,* taillés en petits dés

ou en rondelles; les *croûtons de garniture d'entrée*, taillés en cœur, en losange ou en triangle; les *croûtons de garniture pour gibiers*, farcis; les

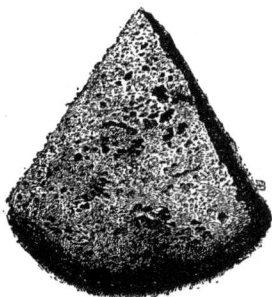

Fig. 437. — Croûton en cœur grandeur naturelle.

croûtons de gelée, servant à garnir les mets froids.

Croûtons pour gibier (*Garniture*). — *Formule 1402.* — Tailler des croûtons ayant la forme de la fig. 436, les frire à la poêle d'un côté seulement. D'autre part, faire sauter à la poêle des foies de volaille, quelques baies de genièvre récentes, les entrailles du gibier que l'on veut garnir, le tout assaisonné de poivre et de sel. Étant cuit, passer au tamis de crin et mélanger à la purée un ou deux jaunes d'œufs et en farcir les croûtons du côté frit. Les poser sur une plaque beurrée et au moment de servir mettre la plaque dans un four chaud.

Découper le gibier et le garnir de croûtons farcis.

Croûtons de gelée (*Garniture*). — *Formule 1403.* — Les croûtons de gelée pour qu'ils soient beaux doivent être aussi simples que possible. Pour obtenir ce résultat, on doit se servir du couteau et nom de l'emporte-pièce.

On colore généralement une partie de la gelée

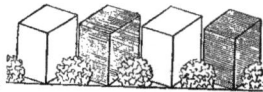

Fig. 438 — Croûtons de gelée en dés.

avec un jus foncé, tandis que tous les soins doivent tendre à conserver claire l'autre moitié; on les fait refroidir séparément dans une terrine

ou dans un sautoir. Pour les tailler, démouler sur un linge et avec le tranchelard en découper des croûtons très réguliers; et, pour éviter de les ternir, les mettre aussitôt taillés sur le plat qui sera froid, mais non glacé, ce qui ne manquerait pas de faire produire la buée aussitôt au chaud.

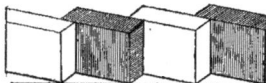

Fig. 439. — Croûtons de gelée en dominos.

On peut garnir un plat de la même gelée, dans ce cas la gelée hachée qui sert à garnir doit être plus foncée. On peut aussi alterner les couleurs et dresser entre chaque croûton une pyramide de gelée hachée. Il est d'un bon effet de hacher

Fig. 440. — Croûtons de gelée triangulaires.

très menu et séparément une ou deux truffes noires, que l'on mélange à la gelée; on met alors la gelée dans une poche à douille. Les débris des croûtons servent à cette opération, qui doit se faire vivement et en lieu froid. (Voir BORDURE.)

CROUTONNER, *v. a.* — Action par laquelle on garnit un plat, un mets, un potage de croûtons. Croûtonner le gibier, mettre les croûtons farcis autour du gibier rôti.

Fig. 441. — Plat garni de croûtons.

CRUCHE, *s. f.* All. *Krug;* angl. *pitcher;* ital. *brocca mezzina.* — Vase en poterie à large panse et à anses, servant à porter l'eau et à la contenir. Comme on le voit par ces vers de Boileau, les anciens s'en servaient pour mettre le vin sur la table; tout le monde s'y abreuvait :

D'un vin pur et vermeil il fait remplir sa coupe;
il l'avale d'un trait, et, chacun l'imitant,
La cruche au large ventre est vide en un instant.

CRUCHON, *s. m.* — Diminutif de cruche; petite cruche.

CRUCIFÈRE, *adj.* All. *Kreuzpflanzen;* angl. *cruciferous;* ital. *crucifero;* de deux mots latins, *crux,* croix et *ferre,* porter. — Terme générique de toutes les plantes qui ont leurs pétales en croix. Famille immense qui forme la classe des crucifères.

CRUDIVORE, *adj.* — De *crudus,* cru, et *vorare,* manger. — Les populations crudivores sont dans l'échelle zoologique d'un degré inférieur aux populations dont la cuisine est civilisée et se sert du feu.

CRUSTACÉ, *adj.* All. *Schalthiere;* angl. *crustaceous;* ital. *crustacco.* — En histoire naturelle, classe d'animaux à pattes articulées, dont le corps est recouvert d'une enveloppe dure et consistante, et qui vivent en général dans l'eau; le crabe, l'écrevisse, la crevette, le homard et la langouste sont du nombre.

Moyen d'en connaître la fraîcheur. — Un phénomène curieux chez les crustacés de cette espèce, c'est la communication des yeux avec les muscles des pinces. L'action musculaire persistant assez longtemps on peut, par cela même, se rendre compte de leur fraîcheur en utilisant ce principe : si la pression du doigt sur les yeux ne communique aucun mouvement aux pinces, c'est que le crustacé n'est pas frais; et, plus le mouvement est accentué, plus il est frais. Après la cuisson, la queue doit conserver son élasticité, sinon il faut en conclure qu'il y a longtemps que l'écrevisse ou le homard est sorti de l'eau.

HYGIÈNE. — En général, les crustacés sont de digestion assez difficile, mais ils ont des propriétés sympathiques que nul n'ignore, cela en raison de la grande quantité de soufre qu'ils contiennent.

Pourquoi les crustacés rougissent. — L'enveloppe des crustacés est formé de carbonate de chaux, de matière animale, et d'une quantité moindre de phosphate calcaire.

La couleur carminée, qui est toute contenue dans ces animaux, ne fait que se répandre dans la carapace, par le simple fait de la cuisson, dont la composition est particulièrement propre à la transformation de la couleur.

CRYPTOGAME, *adj.* All. *geschlechtslos;* angl. *cryptogamie;* de deux mots grecs, qui signifient *mariage caché.* — Terme générique de botanique, désignant les plantes dont les organes sexuels sont peu apparents ou cachés : les champignons, le lichen, les fougères et les mousses; tandis que l'on appelle *agames* les plantes dont les organes sexuels sont inconnus. Au pluriel s. m.: les cryptogames; classe distincte dans l'histoire naturelle.

CUBÈBE, *s. m. (Piper Cubeba).* — Arbre asiatique, qui croit en Amérique et aussi en Océanie, qui porte un fruit en forme de baie à pédoncule. D'un goût âcre et aromatique, moins fort que le poivre. Les Indiens le font macérer dans le vin des repas de noce, lorsque l'âge du mari dépasse quarante ans; il est très recherché pour ses merveilleuses propriétés sympathiques.

Outre ces divines vertus, si appréciées des Indiens, il possède celle, non moins utile, de combattre efficacement la *spermatorrhée.*

CUBILOSE, *s. f.* — Substance muqueuse, qui forme les nids d'hirondelles, et que la salangane sécrète de son bec.

CUCHIRI, *s. m.* — Arbre très abondant sur les bords du fleuve des Amazones, dont le fruit, de la grosseur d'une noix muscade, est aromatique et sert de condiment, ainsi que son écorce. Les Français de Cayenne la dénomment *bois de crabe.*

CUCI, *s. m.* — Fruit de la forme d'une mandarine, mais renfermant un noyau, produit par une sorte de palmier d'Éthiopie et des Indes-Orientales. Ce fruit est rafraîchissant, cordial et nutritif.

CUCIDO, *s. m. (Cuis. portugaise. Potage).* — *Formule 1404.* — Faire un pot-au-feu composé de jambon, de mouton, de bœuf, le tout garni de légumes et traité suivant l'ensemble. Lorsque les viandes sont aux trois quarts cuites, y ajouter quelques poignées de *garbaços* et deux ou trois saucisses fumées. Achever la cuisson; préparer d'autre part, avec le bouillon, un potage au tapioca et, dans une petite casserole, un riz cuit à point. Servir le potage, accompagné des viandes garnies des légumes, et envoyer le riz en même temps.

CUCURBITACÉ, *adj.* All. *Kürbissgewæchse;* angl. *cucurbiceous;* ital. *cucurbiceons.* — Famille de plantes à tiges rampantes et à fruit sphérique et aqueux ; tels sont la *courge*, le *melon* et le *concombre*, etc., qui en sont les types.

CUEILLETTE, *s. f.* — Récolte des fruits ; c'est leur point de maturité qui en décide. Celle des fruits rouges, comme les cerises, les fraises, etc., se reconnaît à leur couleur et les autres lorsqu'ils se détachent de l'arbre. La cueillette des fruits doit se faire par un temps sec, en ayant soin de conserver le pédoncule aux poires et aux pommes et éviter soigneusement de les meurtrir.

Les fruits cueillis trop tôt se flétrissent et n'ont plus aucune saveur.

La maturité de la pêche, de l'abricot et de la poire se reconnaît en tâtonnant légèrement auprès du pédoncule ; si le fruit fléchit sous le pouce, il est temps de le cueillir. En général, les fruits d'été ne doivent pas être cueillis trop mûrs, ils deviennent mous et cotonneux, et, partant, perdent toute leur succulence. On peut cueillir quelques poires beurrées un peu sur le vert, pour en manger longtemps ; elles mûrissent parfaitement dans la fruiterie.

CUILLER, ÈRE, *s. f.* All. *Lœffel ;* angl. *spoon ;* ital. *cucchiajo.* — Ustensile de table et de cuisine, servant à contenir du liquide. Palette de bois ou de métal creux à l'une des extrémités et aplati de l'autre, dont on se sert pour porter à la bouche les aliments liquides ou peu consistants. Cuiller à *potage*, à *ragoût*, à *café ;* il ne faut pas confondre *cuiller* avec *louche* (voir ce mot). Une *cuillerée* est ce que peut contenir une cuiller.

> De la main droite, c'est l'usage,
> On mange un coulis parfumé,
> La soupe ainsi que le potage,
> Le bouillon et le consommé.

CUISINE, *s. f.* All. *Küche ;* angl. *Kitche ;* ital. *Cucina ;* esp. *Cocina ;* port. *Cozinka*, dérivant du latin *Cozina*, de *Cozuere*, provenant du grec, qui vient de l'hébreu et signifie *lieu où l'on cuit.* — Pièce d'un palais, d'une maison où l'on fait la cuisine.

Pour qu'une cuisine d'établissement public réunisse à la fois les conditions hygiéniques et pratiques, elle devra être installée au rez-de-chaussée, et former une vaste salle haute, claire et bien aérée ; là seulement, on pourra préparer des aliments sains, d'une forme attrayante et d'un goût exquis.

La cuisine modèle est encore à faire, et cela parce qu'il n'y a pas d'architecte qui sache :

> Que la cuisine est un temple
> Dont les fourneaux sont l'autel.

Et il en sera ainsi tant qu'on ne consultera un maître en l'art culinaire ; avant que la prétentieuse routine de la plupart des architectes veuille en venir là, on aura encore longtemps à lutter pour faire des cuisines hygiéniques. Comme complément de leur instruction, il ne serait point superflu qu'ils se familiarisassent avec des traités spéciaux d'hygiène, appliquée à la cuisine ; cela leur réveillerait peut-être l'idée que le local où l'on prépare les aliments, d'où dépendent la santé, la vie même du public, ne devrait avoir sa place dans de sombres et humides catacombes, où la spéculation le relègue. Il y va d'ailleurs de l'intérêt public, de faire disparaître ces foyers d'infirmités, pour établir l'hygiène du cuisinier et si l'on veut que le chef,

> Auprès de son fourneau que la flamme illumine,
> Donne avec dignité des lois dans sa cuisine,

il faut lui donner un local conforme aux exigences du travail.

Dans une cuisine d'établissement public parfaitement installée, les parois seront en briques blanches et vernissées ; le plancher en ciment blanc ou noir et carrelé. Au plafond, droit au-dessus des fourneaux placés au centre de la cuisine, doit être un immense ventilateur à large embouchure, aspirant la chaleur et les vapeurs qui s'échappent des diverses ébullitions. Dans l'un des murs, à proximité de la table de service, doit se trouver une étuve pour chauffer les plats et les cloches destinées à les recouvrir, ainsi que des armoires vitrées contenant l'argenterie et la porcelaine, tandis que les autres parois seront tapissées par le cuivre. Entre la table de service et le mur où se trouve l'étuve, sera placée une table de tôle en forme de caisse plate, contenant de l'eau en ébullition, et alimentée par la chaudière du fourneau. Plus loin, des caisses de cuivre entièrement étamé, avec des tuyaux, conduisant à volonté la vapeur, pour y cuire certains poissons, tubercules et puddings. Ailleurs un fourneau à vapeur ou à gaz, pour la cuisson lente des bouillons et des grandes sauces. Un *ascenseur* chaud et mu par un mécanisme, pour transporter les aliments. Une estrade, munie des principaux ouvrages de cuisine, où arrivent les *bons* et correspondent les téléphones et la sonnerie électrique, et d'où le chef annonce les ordres à ses chefs de partie. Une des pièces attenantes à la grande cuisine doit être la *blanchigumerie* (voir ce mot), où l'on blanchigume les végétaux verts et où l'on échaude les abatis; cette pièce doit être munie de bassins et de fontaines, de chaudières et de bassines.

Du côté le plus froid, et dans un lieu très aéré, doit se trouver le grand *garde-manger* ou boucherie, où l'on désosse ou taille les viandes de boucherie, muni de réfrigérents et de timbres à glace, pour la conservation des viandes et des poissons. Un autre garde-manger, le *salon culinaire*, l'atelier de l'artiste, sera près du grand garde-manger; il sera destiné au travail des pièces froides et à leur conservation; là il pourra

Mettre au rang des beaux arts celui de la cuisine.

Ailleurs enfin, le réfrigérant pour la conservation des viandes, et dans des pièces séparées, seront installés la *Pâtisserie*, la *Confiserie*, la *Glacerie* et l'*Office*, contenant des fourneaux appropriés au genre de travail qu'on y fait. Toutes ces pièces de cuisine doivent être divisées avec ordre, de façon à faciliter le service.

Voici, en d'autres termes, comment s'exprime le docteur ès-culinaire A. Laurent, de Rouen.

Le local où chacun doit apprêter les mets
Sera grand, aéré, propre comme un palais.
La stricte propreté marche en première ligne
Et je dois insister sur cette règle insigne.
Nettoyez le carreau, lavez-le; tous les jours,
De sciure de bois adjoignez le concours.
Les fourneaux, chaque soir, seront au nettoyage
Soumis assidûment; la brosse et le grattage
Complèteront ces soins. Autre point capital :
L'ordre dans l'outillage aura droit principal.
Casseroles et plats, bassines et marmites,
Écumoires et grils, poêles et lèchefrites,
Balances, moules, brocs, couperets, entonnoirs,
La planche à découper, les couteaux, les hachoirs,
Carafes, verres, bols, couverts et poterie,
En un mot l'attirail qu'on nomme batterie;
Tous ces objets seront votre souci constant,
Bien placés, bien soignés, propre pour tout instant.
Un pot salé suffit pour gâter une sauce,
Faire tourner du lait. Aussi rien ne rehausse
La femme cuisinière autant que ces deux mots :
Elle est PROPRE SURTOUT. Lavez donc, même à flots,
Et de plus récurez les nombreux ustensiles.
Plus la pièce est petite et plus ces soins utiles,
Multiples, détaillés, ont de nécessité.
Ce sont les vrais gardiens de notre sûreté.
Je rappelle *aéré;* car l'air qui nous entoure
Agit sur notre corps et les mets qu'on savoure.
Altéré par l'odeur et les gaz malfaisants,
Il altère à son tour bon nombre d'aliments.

C'est pourquoi, très souvent ouvrez votre cuisine.
Ventilez et chassez l'air qu'elle emmagasine.
Songez à la clarté. Plus règne le jour,
Mieux vos yeux bien guidés combattront le séjour
Des poudres et des corps ténus et peu visibles,
Sales ou salissant, à la santé nuisibles.
N'oublions pas l'évier ou la pierre à laver;
Armé du savon noir, vous devez enlever
Par l'eau chaude et non moins par un fréquent rinçage
Les restes et débris devenus hors d'usage.
De l'évier négligé des fluides impurs
S'exhalent lentement, sources de maux futurs.
Quant aux divers objets jugés indispensables
Que j'ai déjà cités, choisissez-les durables,
De cuivre, ou fer battu. Le cuivre bien tenu
N'offre pas le danger qu'on prétend reconnu.
La faïence à bas prix n'est pas économique
Par sa fragilité. Puis son vernis plombique
Se dissout aisément. Je prise peu l'émail;
Je redoute son grain usé par le travail:
Enfin, c'est dans du bois qu'on lave la vaisselle,
De peur d'un choc trop prompt qui raie et qui morcelle.

Cuisine à vapeur. — Les premières tentatives de cuisson des aliments, par la vapeur, remontent à 1829, époque à laquelle une Société dite « Compagnie hollandaise » a fait construire des appareils à bain-marie, chauffés par la vapeur, pour la fabrication en grand du bouillon.

Les appareils à double fond, chauffés par la vapeur même, firent leur apparition à la Maison de Force de Gand; puis, plus tard, un essai coûteux et infructueux fut fait par M. Duval à Paris. Enfin un frère des Écoles chrétiennes, le frère Pierre Célestin, frappé de ne pas voir se réaliser pratiquement la cuisine par la vapeur, s'adressa à M. Egrot père, et combina avec lui un appareil nouveau installé, en 1862, dans la Maison Mère, rue Oudinot, où il fonctionne encore aujourd'hui.

Le succès couronna cette tentative et une deuxième cuisine à vapeur fut mise en marche dans l'établissement de Saint-Nicolas, rue de Vaugirard. La qualité des aliments obtenus, ainsi que la facilité d'emploi et l'économie réalisé, firent remarquer ces nouveaux appareils, qui ne tardèrent pas à se répandre en assez grand nombre.

L'Assistance publique les adopta pour l'Hôtel-Dieu, l'hôpital Tenon, l'hospice des Incurables à Ivry. L'Administration départementale en pourvut ses nouveaux asiles de Sainte-Anne, de Ville-Evrard, de Vaucluse (Seine-et-Oise) et de Ville-juif. Les frères firent construire de nouvelles cuisines à vapeur à leur établissement de Saint-Nicolas à Issy, à l'asile Ecole Fénélon à Vaujours et à l'Internat de la rue Vaugirard à Paris

Un grand nombre d'établissements particuliers s'en sont pourvus, tels que les Dames de Sion, l'Œuvre du Saint-Cœur de Marie, la Crèche de Plaisance, la Colonie de Citeaux (Côte-d'Or), etc.

Enfin, en 1876, sur un rapport du capitaine du Génie Corbin, la cuisine à vapeur, mise en essai d'abord, à la caserne de la Pépinière à Paris, M. le Ministre de la Guerre en prescrivit l'emploi dans les casernes et hôpitaux militaires. On installa depuis la cuisine à vapeur dans les casernes de la Pépinière à Paris, de Châlons-sur-Marne, Saint-Quentin, Orléans, Angers, Cholet, Bordeaux, Lodève, Alger, etc., et les hôpitaux militaires de Bourges, de Bourbonne-les-Bains, de Saïgon en Indo-Chine.

La cuisine à vapeur transformée entre dans une phase nouvelle, marquée par son adoption dans les yachts de plaisance et dans les grands hôtels et restaurants de luxe. Ce n'est plus seulement la cuisine des malades ou des soldats, mais la cuisine élégante, grandiose et scientifique, qui permet de procéder en grande quantité et d'une

Fig. 412. — Cuisine d'un restaurant de la Tour Eiffel.

façon très précise. Ainsi le banquet des Maires de 1889 (13,000 couverts), doit pour la qualité des mets et surtout pour la rapidité du service, une bonne part de son succès à la *cuisine à vapeur* installée par Egrot. Nos illustrations représentent une installation moderne de cuisine à vapeur, telle qu'elle a fonctionné dans un restaurant de la Tour Eiffel, pendant toute la durée de l'Exposition de 1889.

Le principe de la cuisine à vapeur est des plus simples. Une chaudière à vapeur et des marmites à double fond en forment les organes essentiels.

Les marmites où s'effectue la cuisson des aliments sont en fonte, venues d'une pièce et entourées d'une enveloppe en tôle, qui les préserve des chocs, aussi bien que des refroidissements. Selon leur destination les marmites sont à fond bombé pour le lait, le bouillon, les pommes de terre, les légumes, les ragoûts, les poissons, et à fond plat pour les fritures et les rôtis.

Les marmites reposent sur des pieds en fonte au moyen de tourillons.

Mobiles autour d'un axe horizontal, le basculement, qui rend la vidange et le nettoyage très faciles, est obtenu par des mécanismes, variant avec leur capacité.

Pour les petits calibres un levier à main suffit; pour les moyens, on emploie un volant, qui, par une vis sans fin, agit sur une bielle; tandis que pour les marmites de très grandes dimensions, comme celles à bouillon de 800 litres et celles à ragoûts de 400 litres, à l'établissement de Saint-Nicolas à Issy, à l'asile hospice de Villejuif et dans les grands magasins de nouveautés à Paris; pour ces dimensions un appareil basculeur hydraulique permet, au moyen d'un seul robinet de distribution, d'utiliser à leur basculement la pression ordinaire de l'eau de conduite des villes. Les couvercles des marmites sont montés à charnières et chacun se trouve équilibré par un contre-poids, qui lui permet de se maintenir dans une position voulue.

La vapeur arrive par un des tourillons, supportant la marmite, pénètre par un tuyau en cuivre dans la spirale, en suivant le serpentin formé par les cloisons du double fond; l'eau de condensation, s'écoulant vers le centre, est refoulée dans un tuyau qui traverse le tourillon opposé. Cette construction écarte tout danger d'explosion; elle offre la plus grande surface de chauffe et réduit au minimum le temps nécessaire pour porter à l'ébullition le liquide contenu dans les marmites.

Les tuyauteries, disposées d'une façon apparente le long des murs ou au plafond des soussols, conduisent la vapeur du générateur dans les doubles fonds et déversent les eaux de condensation dans le réservoir des retours, d'où elles descendent dans la bouteille alimentaire, qui les introduit presque bouillantes dans la chaudière. Ce système a l'avantage de réaliser une économie de combustible et surtout d'éviter l'incrustation de la chaudière.

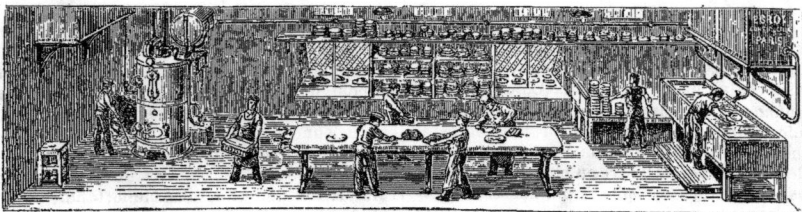

Fig. 447. — Cuisine avec moteur, cylindre, table chaude et étuves.

Le *générateur* est habituellement du type vertical, avec foyer intérieur et à flamme renversée, disposition peu encombrante, qui permet de l'installer dans un coin de la cuisine, ou mieux dans une pièce voisine ou en sous-sol, afin d'en éloigner le charbon et les cendres, causes principales de la malpropreté dans une cuisine. Ce générateur, souvent conduit par le cuisinier lui-même, produit la vapeur nécessaire aux marmites, au réservoir à eau chaude et quelquefois aux bains. Lorsqu'il y a lieu de fournir de la vapeur, non seulement pour la cuisine, mais aussi pour les bains, les étuves à linge, pour la buanderie, pour la pharmacie et la tisanerie, pour pomper et élever l'eau et souvent pour le chauffage des locaux, il est nécessaire d'employer des chaudières à vapeur de grande puissance et de les installer d'une façon toute spéciale.

Les installations modernes de cuisine à vapeur comprennent encore, en plus des marmites à usages variés, une série d'appareils nouveaux d'une grande utilité qui sont :

Le *four à rôtir*, se chauffant partie par les gaz de la combustion, partie par la vapeur du générateur, soit uniquement à la vapeur, là où l'on emploie les gaz s'échappant du foyer pour chauffer une *étuve chauffe-plats*.

Les *tables chaudes* à circulation de vapeur, pour le découpage des viandes, et servant également à tenir les plats et les aliments au chaud.

La *marmite cafetière à vapeur* se compose d'une marmite à vapeur, absolument semblable à celles de la cuisine, munie seulement d'un robinet pour l'extraction du café. Dans cette marmite, on place le petit appareil qui la transforme en cafetière à circulation. Le café moulu, placé dans un panier métallique au-dessus de l'eau, est épuisé par l'écoulement en nappe mince, de l'eau qui s'élève par un tube central et puis retombe en pluie sous un chapeau. Il suffit de retirer l'appareil intérieur pour avoir une marmite à vapeur, propre à tout usage culinaire et qui en tous cas rendrait un grand service, comme marmite de secours.

Enfin les *laveries* et *réservoirs à eau chaude* peuvent se chauffer presque sans dépense si le chauffeur a soin d'employer à cela l'excédent de vapeur produit par le générateur dans les instants où les marmites sont ralenties ou arrêtées.

Les marmites à vapeur peuvent être disposées le long des murs, en laissant le milieu de la cuisine aux tables chaudes de découpage et de service, ou bien réunies autour d'un pied central surmonté d'une colonnette creuse, qui reçoit les différentes conduites, amenant aux marmites la vapeur, l'eau froide, et emmenant la vapeur condensée. Cette colonnette centrale sert aussi de support, soit à une hutte en tôle et à la cheminée d'appel, qui empêchent les vapeurs de l'ébullition de se répandre dans la pièce, soit aux appareils d'éclairage de la cuisine. Cet ensemble, d'un fort bel effet, a le grand avantage de permettre ainsi la mise en place de plusieurs marmites, sans nécessiter la moindre fondation, ni le moindre scellement. Le tout arrive entièrement monté, les joints faits, et constitue une disposition très élégante et avantageuse, comme économie d'installation, en présentant une grande facilité de service.

Les cuisines à vapeur ont un inconvénient: leur prix est plus élevé que celui des appareils à feu direct. Mais hâtons-nous de dire que cette légère dépense supplémentaire se trouve, de fait, amortie dans les premières années, par les économies réalisées. L'économie de combustible varie de 30 à 60 0/0, suivant l'importance de l'établissement.

L'économie du personnel surtout est très notable. Dans l'établissement des Dames de Sion, qui comporte environ 500 personnes, une sœur conduit elle-même le générateur et les marmites. Chez les frères de Saint-Nicolas, à Issy, où l'on nourrit environ 1,500 personnes, le service des repas étant très varié, les générateurs et la cuisine sont conduits par un frère, aidé de deux garçons, qui en soignent eux-mêmes l'entretien.

Il y a enfin économie de linge de cuisine, en ce qu'il n'est plus détruit au contact des fourneaux brûlants. La grande propreté est aussi considérée que la suppression de la température élevée des fourneaux ordinaires, qui en rendent l'approche si pénible. Les frais d'entretien, si coûteux pour les fourneaux en tôle et surtout pour les fourneaux en maçonnerie, sont à peu près nuls dans les cuisines à vapeur. Dans les installations importantes, il suffit de décrasser la grille du générateur tous les jours, de faire le graissage des robinets toutes les semaines et de nettoyer l'intérieur de la chaudière tous les trois mois. Ce

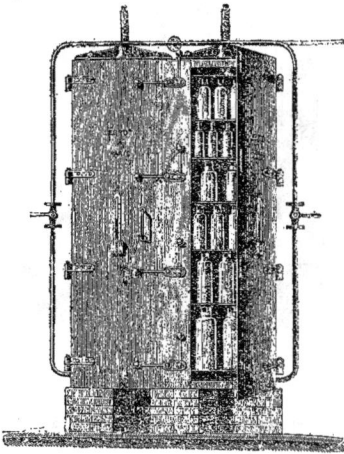

Fig. 444. — Armoire à vapeur pour conserves alimentaires.

travail est fait par le chauffeur. — En 1874, le capitaine du génie Corbin, dit : « Nous n'avons « aucune donnée sur la durée probable de ces « cuisines ; toutes celles qui fonctionnent à Paris « ont plus de dix ans d'existence et aucune d'elles « n'a exigé jusqu'à ce jour, de réparation sé- « rieuse, surtout si les marmites sont en fonte ; « on ne voit pas, en effet, de limite à leur durée,

« car elles ne peuvent se casser ni par le feu, ni « par les chocs ; le générateur seul semble sus- « ceptible d'usure. » (Mémoires sur les *Cuisines à vapeur*, par M. A. CORBIN, capitaine du génie.)

Cuisine au gaz. — Les Anglais furent les premiers qui appliquèrent le gaz pour la cuisson des aliments. La cuisine des fils d'Albion se prête plus particulièrement à ce genre de combustible que

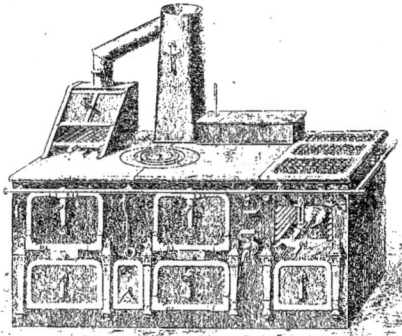

Fig. 445. — Fourneau de cuisine mixte, gaz et coke.

la cuisine française. Cependant, elle rend de grands services, ayant pour avantage le chauffage immédiat et la cuisson régulière des aliments.

Un seul point m'a fait douter du succès pratique de la cuisine au gaz dans notre pays : c'est que les fours n'étant pas isolés des flammes, les entremets contenant des essences volatiles et inflammables peuvent prendre feu. Sur mes indications, la Compagnie parisienne du gaz a promis d'en faire la modification; de sorte que le problème de la cuisine au gaz appliquée à la haute cuisine française serait résolu. (Voir FOURNEAUX DE CUISINE.)

CUISINIER, s. p. All. *Koch;* angl. *cook;* ital. *cucinière;* esp. *cucinero;* port. *cozinhero.* — Celui qui cuit et prépare les aliments de l'homme.

Qui fut le premier cuisinier? Si nous remontons aux premiers degrés de l'échelle anthropologique, nous trouvons l'homme quaternaire n'ayant qu'un faible degré de relations sociales et d'autres nourritures que les algues, les racines et les fruits. Ce n'est que des milliers de siècles après, lorsqu'on su utiliser le feu pour griller les vers, les reptiles et les fruits, que la préparation des aliments prit une forme culinaire (voir BANQUET). Cette cuisine primitive traversa la période préhistorique où l'homme cuisinier se distingua des autres animaux. L'expérience démontra peu à peu les différentes propriétés des végétaux, il s'attaqua à son ennemi même et devint omnivore, les hommes les plus expérimentés, les plus intelligents furent les premiers cuisiniers; c'est eux qui apprirent à connaître les aliments, les condiments et qui établirent la *cuisine à effets*, d'où a pris naissance l'officine de la pharmacopée. La cuisine est la première des sciences et le premier cuisinier a été le premier homme.

Les plus anciens moralistes que l'histoire connaise, Moïse, Brahma, donnèrent en leur qualité de demi-dieu les premières notions de cuisine hygiénique. Plus tard, les grecs, Solon, Bias, Pittacus, Thalès de Milet, Esope, esclave et cuisinier de Xantus, Cadmus, ancien cuisinier du roi de Sidon, qui apporta l'écriture en Grèce, s'occupèrent de cuisine comme de la plus haute nécessité sociale, et la pratique de cet art avait chez eux les premiers titres d'honneurs.

Il n'y a pas bien longtemps que la noblesse française et les cuisiniers n'avaient guère de distinction entre eux. Les *Annales* de Saint-Denis mentionnent que Thibaut de Montmorency, chevalier de l'ordre et seigneur de Boury, avait été chef de cuisine (grand queux) du roi Philippe de Valois.

On trouve un arrêté, datant du règne de Louis IX (saint Louis), qui maintient dans sa noblesse et les privilèges d'icelle, Cyrant des Bartas, ancien cuisinier de Mme de Beaujeu. Le célèbre Montesquieu, descendait de Robin, second cuisinier du connétable de Bourbon, annobli par ce prince. Henri IV annoblit Nicolas Fouquet, premier cuisinier de la reine Marguerite et en fit le seigneur de la Varenne. C'est en parlant de cette époque que Molière dit :

> Que de son cuisinier il s'est fait un mérite,
> Et que c'est à sa table à qui l'on rend visite.

Carême en parlant des grands cuisiniers, cite plusieurs noms et regrette qu'ils ne nous aient rien laissés, puis il ajoute :

« Ces Messieurs étaient trop heureux pour s'occuper d'un ouvrage qui eût réclamé leurs loisirs et leur application; cela ne pouvait leur convenir en aucune manière, et aussitôt que leur travaux de table étaient faits, ils ne pensaient plus qu'aux plaisirs de la société, où ils jouaient un grand rôle : partout ils étaient estimés, recherchés même par leur amabilité et leur bonne tenue. Cela n'est pas étonnant, l'extrême bon ton de la cour de Louis XV a singulièrement influé sur la civilisation de toutes les classes de la société, mais particulièrement sur les hommes de bouche, qui, à cette époque, étaient justement considérés des grands : aussi il n'existait pas un

Fig. 446 — Costume de cuisinier   Fig. 447. — Costume de cuisinier
du XVIIe siècle.   du XVIIIe siècle.

cuisinier de seigneur qui n'eût lui-même la tournure et les manières d'un homme de cour : l'habit brodé, les manchettes de dentelles et les boucles à diamants étaient leur parure; l'épée était leur armement, et ils savaient la porter. » (CARÊME, *Pâtissier royal.*)

Aujourd'hui les titres de noblesse ne nous sont plus gratifiés, c'est de l'étranger que nous viennent les récompenses : Louis Bérenger a été décoré par l'empereur de Russie, Alexandre III; A. Lescarboura, par la reine Isabelle d'Espagne; et Isidore Grimbod, cuisinier du duc de Fernan-Nuñez, par le roi d'Espagne Alphonse XII.

Si le cuisinier de maison bourgeoise est aujourd'hui moins récompensé de son talent qu'autrefois, c'est qu'il est aussi plus libre et plus instruit. Mais la cause précise de la méconnaissance du talent des grands cuisiniers par nos gouvernants, c'est que nous assistons aux convulsions de la phase évolutionnaire de la cuisine prodigue de somptuosité, à laquelle succédera, avant qu'il soit longtemps, la cuisine scientifique rationnelle, démocratisée, vulgarisée et mise à la disposition des masses.

La transformation est douloureuse parce qu'elle est lente, et le cuisinier d'aujourd'hui vit entre l'alternative de grandeurs du passé et la perspective de l'avenir; entre le privilège particulier et l'harmonie universelle. Qu'on ne l'oublie pas, c'est vers la cuisine scientifique, qui est la loi du progrès, que le cuisinier et la société trouveront leur salut dans le nouvel horizon qui s'ouvre.

On a dit avec raison que les cuisiniers étaient les agents les plus actifs de la vie des peuples, surtout de notre temps où la vie des affaires se passe dans les cafés, les restaurants et les marchands de vins.

Sachons donc honorer comme il convient une profession sans laquelle aucune des autres n'existerait. Tirons-la de l'oubli où l'indifférence et l'ingratitude de la plupart des hommes parait l'avoir plongée; rappelons-nous que d'elle dépend l'humeur des masses, faisons-en une affaire publique intéressant au plus haut point le gouvernement soucieux de l'avenir d'une nation. Accordons une considération méritée aux cuisiniers, à leurs talents dévoués que tout l'or du monde ne suffirait pas pour récompenser dignement.

En effet, les grands artistes culinaires ne sont point des hommes ordinaires. De tout temps la corporation des cuisiniers a eu ses écrivains, et nous pouvons citer parmi les contemporains : *Jules Barafort; Philéas Gilbert*, le fécond prosateur; le cuisinier poète *Achille Ozanne*, et j'en passe de non moindre. Espérons qu'à cette liste de spécialistes notre époque pourra ajouter des écrivains scientifiques. D'ailleurs l'étude des lettres est parfaitement en harmonie avec la pratique culinaire.

Un petit grain de poésie
Ne gâte rien dans cette vie,
Même en cuisine; et la saveur
Provient de l'esprit et du cœur.

Continuez dans cette voie,
Rimez, cuisinez avec joie;
Les littérateurs vous liront
Et les gourmets vous mangeront.

Voilà comment s'exprimait un poète genevois, L. Rœhrich, pour me féliciter d'un dîner.

Allard Pestel a broché en poésie *l'Écrivain et le Cuisinier*, inspiré par l'intéressant aphorisme suivant de Jules Janin : « Il y a beaucoup d'analogie entre le cuisinier et l'écrivain, mais le cuisinier est bien mieux partagé en fait d'épices. »

D'un bon dîner, quand l'on sert le potage,
Un bon fumet dispose un bon gourmand;
Pour l'écrivain c'est la première page,
L'avant-propos qui présage un talent.

Dans un *menu*, comme dans une histoire,
On peut citer Richelieu, Pompadour.
Villars, Soubise, ou cent noms pleins de gloire,
Un nom parfois vous garantit d'un four.

Trop de lenteur rend le public morose,
Tout doit marcher avec beaucoup d'entrain;
C'est avec feu qu'il faut traiter la chose,
En veste blanche ou la plume à la main.

Savante entrée est le fruit de l'étude;
Il faut mêler bon goût, parfum, couleur;
Des liaisons avoir grande habitude,
Quant au beau sexe on offre une douceur.

Si le public, en sa toute-puissance,
Veut du nouveau, toujours de la primeur,
Tous deux alors, adroits en leur science,
Doivent chercher sujets plein de fraîcheur.

Quand l'écrivain, d'une page brillante
Nourrit l'esprit et captive un lecteur,
Un cuisinier, par sa verve bouillante,
Saura doubler l'appétit et l'ardeur.

L'historien des exploits de nos aigles,
Pour nos neveux retrace les hauts faits;
Un cuisinier inscrivit dans ses règles
De Marengo les glorieux poulets.

Si la critique à la pointe de flamme,
Par des bons mots rend le public friand,
Le cuisinier tourne bien l'épigramme,
Et sans effort fait du Châteaubriand.

Lorsque sa prose encore n'est pas lancée,
L'écrivain gèle en un pauvre grenier
Pour bien donner l'essor à sa pensée,
C'est un palais qu'il faut au cuisinier.

Certain journal permet, c'est sa coutume,
A l'écrivain d'illustrer un canard;
Et c'est alors que notre homme de plume
Ressemble plus à notre homme de l'art.

Quand l'écrivain peut, grâce à son génie,
Chez plus d'un grand mettre un pied triomphant,
L'ambitieux cuisinier s'ingénie
A mettre un pied dans la bouche d'un grand.

Si quelquefois tous deux font des boulettes,
Du cuisinier ne plaignez pas le sort;
Car en ce genre il a dans ses recettes
De quoi, Messieurs, ressusciter un mort.

Bon écrivain a du goût et du style,
Bon cuisinier a du goût et du fond,
Et pour tous deux, si l'art est difficile,
Avec plaisir on mord sur ce qu'ils font.

La Presse culinaire. — Le premier journal culinaire, rédigé par un cuisinier, paru en 1877 et avait pour titre : *La Science culinaire*. Il cessa de paraître en janvier 1884. Pendant sept ans il fut soutenu par son fondateur et directeur, M. Joseph Favre, à l'aide duquel il stimula les cuisiniers du monde entier. Il fut succédé par *L'Académie culinaire* (?), organe de « l'Académie de cuisine », qui paru du 15 janvier 1883 jusqu'en 1886.

La même année, en février 1886, parut le premier numéro du *Progrès des cuisiniers*, organe de la Chambre syndicale des cuisiniers. — Principaux rédacteurs : MM. Jules Barafort, Philéas Gilbert, Kannengieser, Cavé, etc. C'est à l'aide de cet organe que la Chambre syndicale organisa la *Fédération des cuisiniers de France*.

Ces trois journaux furent les seuls rédigés par les cuisiniers eux-mêmes.

Plusieurs autres journaux furent créés dans différents pays, notamment à Paris, par des journalistes, dans un but tout autre que celui de soutenir la corporation.

SOCIÉTÉS DE CUISINIERS. — Il existe à Paris plusieurs sociétés de cuisiniers, dont le plus grand nombre sont de secours mutuels, tels sont la *Société des cuisiniers de Paris*, la *Saint-Laurent*, la *Persévérance*, la *Saint-Michel*. La première comprend surtout les cuisiniers d'hôtels et de restaurants; la deuxième et la troisième, les cuisiniers de maisons particulières; la quatrième, les pâtissiers et confiseurs. Il existe encore trois autres sociétés dont le but est tout différent, ce sont : l'*Académie de cuisine*, la *Chambre syndicale des cuisiniers de Paris*, et la Société dite des *Cuisiniers français*.

L'Académie de cuisine. — Sur la proposition de M. Joseph Favre, dans l'assemblée générale du 18 février 1883, la section générale de Paris de l'*Union universelle pour le progrès de l'art culinaire*, prit le titre d'ACADÉMIE DE CUISINE.

Ses statuts furent ratifiés par une ordonnance de la Préfecture de police, en date du 18 mai de la même année. Le bureau était composé de : MM. Corentin Pacos, A. Cocquelet, A. Colombié, W. Hansjacob, J. Favre, L. Hanni, A. Holl et L. Lallemant.

Président : M. *C. Pacos*.

Secrétaire général : M. *J. Favre;* secrétaire de séance : M. *A. Colombié*.

Le secrétaire général, M. J. Favre, donna sa démission dans une lettre publiée dans *la Science culinaire* du 1er au 15 octobre 1883.

Plusieurs autres membres firent depuis partie du secrétariat, entre autres : MM. E. Lacomme et A. Durand.

En 1888, sur l'insistance de ses confrères, M. J. Favre consentit à rentrer dans le mouvement. On réorganisa l'*Académie de cuisine* en lui donnant un caractère plus spécial et plus scientifique. Son président, élu pour deux ans, fut M. Léopold Hanni, et son secrétaire général, M. J. Favre. C'est dans cette dernière phase que cette Société s'est réellement affirmée.

« L'*Académie de cuisine* a pour but de donner le plus grand essor possible au développement de l'Art culinaire, par l'étude de toutes les sciences qui se rattachent à l'alimentation; de faire de cet art une science, basée sur les propriétés analeptiques que réclame, d'après les individus, la répartition légale de la nutrition. En un mot, d'établir la cuisine hygiénique dans l'intérêt de la santé publique.

« Comme moyen, elle utilise les trois règnes de la nature qui sont tributaires de l'art culinaire, auquel elle applique les théories scientifiques. Elle encourage par son concours artistique et scientifique toutes les entreprises, telles que les expositions d'aliments naturels, expositions culinaires, écoles de cuisine; enfin, toutes les institutions n'allant pas à l'encontre du but de ses statuts.

« L'*Académie de cuisine* donne des cours oraux et pratiques sur toutes les branches de la science alimentaire.

« Elle enregistre, dans le *Dictionnaire universel de Cuisine et d'Hygiène alimentaire*, en cours de publication, toutes les nouvelles connaissances culinaires qui lui sont communiquées, et qui méritent d'être mentionnées. Enfin, elle groupe dans sa bibliothèque tous les ouvrages culinaires, artistiques et scientifiques pouvant étendre la connaissance des substances propres à la nourriture de l'homme. »

« L'*Académie de cuisine* se compose de trente membres titulaires;

« D'un nombre illimité de membres associés;

« D'un nombre illimité de membres correspondants.

« Les membres titulaires et correspondants sont élus à vie. »

Au moment où j'écris (1890), la direction est confiée à un comité d'études ainsi composé :

MM. A. PAILLARD, président d'honneur;
CASIMIR MOISSON, président;
LÉOPOLD MOURIER ⎱ vice-présidents;
LÉOPOLD HANNI ⎰
JOSEPH FAVRE, secrétaire général;
EMILE DARENNE ⎱ secrétaires de séance;
AUGUSTE COLOMBIÉ ⎰
EDOUARD LACOMME, trésorier;
JULES GARDE, trésorier adjoint.
AUGUSTE RIPOUTEAU, bibliothécaire;
AUGUSTE PIERDON, questeur.

Membres titulaires

MM. Alfred Bastien.	MM. J. Baptiste Haas.
Ernest Bourgeois.	Henri Lafont.
Auguste Colombié.	Jules Lépy.
Joseph Dugniol.	Ernest Mourier.
Victor Elembert.	Jules Garde.

Correspondants

États-Unis. — M. Edouard Bénard.
Madrid. — M. Charles Le Sénéchal.
Rome. — M. Gaston Fées.
Londres. — M. Alphonse Landry.

La Société des cuisiniers de Paris. — Cette Société a été fondée le 26 mai 1840, mais elle n'a fonctionné régulièrement que depuis le 26 juin 1856, époque à laquelle un décret en sanctionna les statuts. Avant la nomination de Verdugardin comme président, il n'y avait pas de président; le conseil nommait son président à chaque séance.

PRÉSIDENTS	DATES DE L'ÉLECTION
MM.	
Ed. Verdugadin	Le 4 mars 1853.
Réélu 4 fois.	
E. Leclerc	Le 4 mars 1873.
R. Dubusc	Le 23 mars 1873.
C. Denis.	Le 23 octobre 1882.
P. Ruellan	Le 27 octobre 1888.
GÉRANTS	
A. Duvernois.	Le 28 octobre 1840.
J. Duchêne	Le 26 juin 1847.
L. Lourdault.	Le 18 septemb. 1859.
Réélu 2 fois.	
Aug. Corbière	Le 16 novemb. 1872.
J.-B. Frémiot	Le 1er avril 1876.
Aug. Voisinot	Le 27 novemb. 1876.
Réélu	Le 28 septemb. 1890.
F. Lacrose	Le 26 novemb. 1883.
Réélu	Le 28 octobre 1886.
Réélu	Le 29 octobre 1889.
SECRÉTAIRES	
Aug. Gaillot	En 1871 et août 1884.
Er. Chardon (Er.).	Trois mois en 1884.
F. Fiscalini.	Le 26 novemb. 1884.
E. Contat	Le 1er mai 1890.

Cette Société de secours mutuels donne chaque année un bal au profit de la caisse des orphelins. Elle est administrée par un conseil de 25 membres et un comité d'administration, dont la composition est, au moment où j'écris, de :

MM. P. RUELLAN, président;
Ch. BROBEK ⎱ vice-présidents ;
E. GIRARD ⎰
F. ROUSSELLE, vérificateur;
F. LACROSE, gérant.

La Chambre syndicale des cuisiniers de Paris. — Conformément à la loi qui permettait aux corporations ouvrières de se syndiquer pour défendre les intérêts des travailleurs, il s'est fondé le 1er août 1879 la Chambre syndicale ouvrière des cuisiniers de Paris, sous la présidence de M. Bienfait et M. A. Ripouteau, secrétaire. Plus tard, nous retrouvons cette même Chambre syndicale sous la présidence de M. Caze et M. A. Colombié, secrétaire. Mais ce n'est qu'en 1885, lors de la promulgation de la loi sur les syndicats professionnels, que la Chambre syndicale a commencé de s'affirmer. C'est elle qui organisa le premier Congrès des cuisiniers, d'où est née la *Fédération ouvrière des cuisiniers de France*.

Réorganisée sur l'initiative des membres du Cercle « la Fraternité » le 24 décembre 1884. — Cinq délégués mandatés à cet effet par le Cercle, les citoyens C. Grehwind, Eugène Boury et C. Cavé, Louis Rava et L. Barafort, furent reçus rue Quincampoix par ceux des membres qui composent toute la Chambre syndicale et en sont les adhérents : Perreux, président; Bienfait, Ripouteau, Genin, Bernier, Girot, Leclerc, Raff, Pierquin. Il fut décidé dans cette séance qu'un appel serait adressé à toutes les sociétés ou groupes de cuisiniers organisés.

La *Société de secours mutuels des cuisiniers de Paris*, la *Société des cuisiniers français*, répondirent à l'appel par l'envoi de cinq délégués chacune.

C'est de cette époque que commence le travail de complète réorganisation (1er février 1885), et c'est le 16 mars 1885 que fut élu le premier conseil de vingt membres, dans une première assemblée tenue salle de la Redoute, devenue plus tard l'annexe de la Bourse du travail. Le premier bureau fut ainsi composé : président, *Marius Berte*; vice-président, *Perreux*; secrétaire, *Barafort*; secrétaire adjoint, *V. Cornut;* trésorier, *Pierquin*; adjoint, *Ripouteau*. Elle comptait alors 400 adhérents.

Ce premier conseil élabora les premiers statuts (peu modifiés depuis). Au premier renouvellement d'octobre 1885, par le fait de la démission de M. Berte, M. Louis Kannengieser fut élu président. Le restant du précédent bureau demeura en fonctions jusqu'en avril 1886. A cette époque, il fut modifié de la façon suivante : *Louis Kannengieser*, président; *Louis Guittoneau*, vice-président; *Barafort*, secrétaire; *Allier*, adjoint; *Jean Gadin*, trésorier. C'est sous ce bureau que fut fondé le journal *le Progrès des cuisiniers.*

M. Louis Kannengieser fut démissionnaire pendant quelques mois et fut remplacé à ce poste par M. *Louis Guittoneau.*

Après les élections semestrielles d'avril 1887, le placement ayant pris une très grande importance, une modification fut apportée aux statuts et, en raison aussi du Congrès qui venait d'être tenu, on décida de conserver la forme fédérative.

Composèrent le bureau de cette dernière période : MM. Plée et L. Kannengieser, présidents; A. Frémont et L. Rada, vice-présidents; Barafort et Allier, secrétaires; Clément, Privé, Chopin, trésoriers; Dupuis. M. Chopin, élu président, a conservé ses fonctions, de même que M. A. Frémont, comme vice-président. Les autres vice-présidents qui se sont succédé sont : MM. Arbault, C. Cavé et Bernier. Le secrétaire est toujours resté le même (Barafort); les secrétaires adjoints sont : MM. Charvay, Dubuisson et Jacquin. Le trésorier, M. Mavré; les trésoriers adjoints, MM. Prudon et Charvay.

Les délégués chargés du travail et rétribués ont été les citoyens Remy Dupouy (deux fois), C. Cavé, Abbat, Dubois, Léon Livenais, Lahaye. Les délégués chargés de la permanence au siège ont été : Remy Dupouy, Barafort, M. Mavré et Lahaye.

Depuis la réorganisation, la Chambre syndicale a atteint le chiffre de près de 1,500 inscriptions. Par sa participation constante à la ligue pour la suppression des bureaux de placement, elle a contribué à obtenir la création de la Bourse du travail. Par ses démarches, elle a obtenu l inscription de la corporation dans la nouvelle loi réorganisant le conseil des Prud'hommes dans la deuxième catégorie des produits chimiques; a obtenu du Conseil municipal un projet établissant les conditions d'hygiène des cuisines; a fondé une caisse de secours en faveur des ouvriers victimes du chômage, ayant jusqu'à ce jour distribué plus de 4,000 francs; a pris l'initiative des pétitions en faveur des jours de repos; a donné par son journal le développement de la fédération; a donné naissance aux syndicats de Marseille, Lyon, Saint-Etienne, Béziers, Constantine, Angers, Narbonne. (J. BARAFORT.)

La Chambre syndicale des cuisiniers est administrée par un conseil de trente membres, dont le comité est ainsi composé, au moment où j'écris ces lignes :

MM. PIERRE CHOPIN, président;
ARISTIDE FRÉMONT ⎰ vice-présidents;
AUGUSTE BERNIER ⎱
JULES BARAFORT, secrétaire;
FRÉMONT, secrétaire adjoint;
MARIUS MAVRÉ, trésorier;
CHARVAY, trésorier adjoint;
PAUL LAHAYE, gérant délégué.

La vulgarisation de la cuisine française. — Après les désastres de Sedan, les fourneaux des cuisines princières s'éteignirent, et le souffle démocratique qui traversa la France inspira à notre savant collègue, J. Favre, l'idée de vulgariser la cuisine française et de la mettre à la disposition des masses; il élabora un programme de cours de cuisine pratique et publique qui, plus tard, fut appliqué et fonctionne aujourd'hui avec succès en Angleterre et en Suisse.

A l'aide de son organe, *la Science culinaire*, il forma une ligue des cuisiniers français répandus dans le monde entier (voir CONCOURS). La ville de Paris ne pouvait rester étrangère à ce mouvement, qui pouvait profiter aux enfants de ses écoles. Le Conseil municipal, sur un intéressant rapport de M. Strauss, décida que des classes ménagères où l'on enseignerait la cuisine seraient ouvertes dans les écoles primaires de filles. A la suite d'une circulaire en date du 27 janvier 1887, signée E. Carriot, directeur de l'Enseignement primaire à la préfecture de la Seine, les essais eurent lieu dans la plupart des écoles d'après un programme élaboré par Mme Schéfer, inspectrice des écoles, officier de l'Instruction publique, auteur de plusieurs ouvrages scolaires; et, bien que le résultat en fût excellent, nous ne pensons pas que le dernier mot soit dit sur cette organisation nouvelle.

Nous ne doutons pas non plus que nos Conseillers municipaux veuillent bien accorder les capitaux nécessaires pour modifier et perfectionner l'enseignement de cette science, aussi utile à la femme pour resserrer les liens de famille qu'à la santé publique. (C. D.)

CÉLÉBRITÉS CULINAIRES. — Parmi les cuisiniers des plus célèbres amphitryons contemporains, nous citerons :

MM. Louis Tabernat, chef des cuisines de M. Carnot, président de la République; Louis Fauvet, fils et frère de cuisiniers, chez le baron de Mohrenheim, ambassadeur de Russie à Paris. Fauvet est un cuisinier de race, réunissant au bon goût le génie de la création qui s'est encore développé sous l'impulsion inspirée de Mme la baronne de Mohrenheim dans les remarquables et splendides dîners de réception qu'elle offrit l'hiver de 89-90. M. Goulette, au Jockey-Club, qui maintient haut la renommée gastronomique de cette maison. Citons encore : MM. A. Soner, l'habile cuisinier de M. Drexel; Casimir Moisson, chef à la Maison Dorée, le doyen des grands cuisiniers des Boulevards; Landry, le savant travailleur du sucre, etc. Enfin les hommes du jour suivant :

Le Sénéchal (CHARLES). — Né à Pontivy (Morbihan), le 31 janvier 1851, descendant de Le Sénéchal, intendant général de François II, duc de Bretagne, redevenu vassal après le mariage d'Anne de Bretagne avec Charles VIII. La famille des Le Sénéchal est l'un des derniers vestiges des Celtes.

Muni d'une bonne instruction primaire, Charles Le Sénéchal fut mis en apprentissage en pâtisserie et en cuisine dans les premières maisons de Paris. Son début comme ouvrier fut chez le vice-président du Sénat, où il resta deux ans en qualité d'aide; il entra ensuite à l'hôtel Bristol, à Paris, où il occupa successivement les fonctions de pâtissier-entremétier et de rôtisseur, puis nous le voyons chez le roi de Hanovre comme premier aide à la tête d'une brigade de douze cuisiniers.

Travailleur sérieux, intelligent et actif, partout où il passa il sut se faire estimer et aimer.

Le Sénéchal quitta les cuisines royales en 1875 pour entrer, où il est encore au moment où nous écrivons, chez M. le duc de Fernan-Nuñez, alors ambassadeur d'Espagne à Paris; il travaillait sous les ordres de M. Grimbot, bien que par ses capacités il fût depuis longtemps à même de diriger une grande cuisine. Enfin, il devint chef des cuisines du duc en 1883, M. Grimbot se retirant fatigué par l'âge.

Ce fut dans ces palais que notre ami put donner l'essor à son talent, et, s'il est honoré de remplir les fonctions de son art chez le plus digne amphitryon de ce siècle, on peut dire que ce travailleur modeste est à la hauteur du poste qu'il occupe.

Ses débuts dans les travaux importants où il s'est signalé eurent lieu à l'occasion du grand bal costumé que le duc de Fernan-Nuñez donna en 1884, à sa rentrée en Espagne, et auquel assistaient le roi Alphonse XII, la reine Isabelle, les infantes, l'archiduchesse d'Autriche, le duc d'Edimbourg, les ambassadeurs, toute la haute noblesse madrilène et parisienne arrivée de France tout exprès.

Paris se souvient, du reste, de cette fête sans pareille qui fit travailler des centaines d'artistes de tous métiers : modistes, couturiers, cordonniers, perruquiers, s'ingéniaient à qui mieux mieux à confectionner les toilettes princières qui devaient concourir à la splendeur de ce bal et de ce festin grandiose pour lesquels une fortune fut dépensée.

Tout était majestueusement ordonné et digne des royaux invités; le menu était savamment composé et artistement exécuté. La table royale comprenait environ 40 couverts, celles des autres convives environ 800; le service fut fait avec un ordre et une exactitude méthodiques et classiques. Ce dîner, pour l'excellence duquel rien ne fut négligé, fut trouvé exquis; la direction la plus correcte et la plus sûre n'abandonna pas un instant notre ami; malgré des nuits passées au travail, il sortit triomphant de cette première épreuve qui fut le prélude de ses succès.

Les félicitations bienveillantes dont l'honorèrent son noble amphitryon et Mme la duchesse furent bien faits pour redoubler son zèle et son dévouement. Juges compétents du travail de leur cuisinier, ils savent combien il faut de vigilance, d'activité, d'intelligence et surtout de sang-froid, pour conduire à bonne fin ces dîners où se déploie la plus grande magnificence; car rien ne peut égaler le spectacle grandiose et magnifique qu'a présenté cette fête unique dans les annales gastronomiques de notre époque.

S'il est misère à soulager, les salons de ces princes s'ouvrent avec la même générosité. Le 27 janvier 1885, le duc et la duchesse de Fernan-Nuñez donnèrent, en faveur des victimes du tremblement de terre de Murcie, une de ces fêtes comme eux seuls en ont la conception. Elle fut organisée dans une vaste serre de leur palais, merveilleusement illuminée et garnie de plantes exotiques les plus recherchées; l'effet de ce décor était féerique, les yeux étaient éblouis et les oreilles étaient charmées par la musique la plus exquise. Le roi Alphonse XII, qui assistait à cette fête, paya une tasse de chocolat 300 francs. Le résultat de cette matinée, où chacun payait son déjeuner, produisit 70,000 francs. Ces chiffres sont assez éloquents par eux-mêmes pour nous dispenser de plus d'éloges.

Le souper fut servi gracieusement aux invités et coûta peut-être la même somme à l'heureux initiateur de cette brillante réunion.

La table du roi comprenait quarante couverts; le menu était élégamment gravé en français; sept cents couverts étaient dressés pour les autres convives.

En 1889 eut lieu également un grand bal, suivi d'un souper de mille personnes, toujours ordonné avec la même somptuosité; et elles se renouvellent chaque année, ces fêtes splendides, dont Mme la duchesse de Fernan-Nuñez fait les honneurs avec une grâce inimitable. Tout dernièrement encore (5 mai 1890), Le Sénéchal servit avec un succès qui lui fait honneur, et plus encore à l'amphitryon, un déjeuner de *huit cents* couverts qui eut lieu dans le magnifique château *La Flamenca*, à la suite des courses données par le duc de Fernan-Nuñez; qui acheta de la reine Christine ce château historique, situé à *dix-huit* lieues de Madrid, près d'Aranjuez, où se trouve le célèbre palais Laboureur *Casa Labrador*, résidence royale d'Espagne.

Cette réception, qui fit grand bruit dans la haute presse espagnole, n'a cédé en rien aux précédentes sous tous les rapports.

C'est un volume entier qu'il faudrait pour enregistrer les splendides délices du goût de ce célèbre gourmet, entouré de Mme la duchesse de Fernan-Nuñez, du duc et de la duchesse d'Albe, des marquis de la Mina et de Castel-Moncayo, leurs fils et leur fille.

Cette impulsion généreuse de convivialité a largement contribué au succès diplomatique de l'illustre ambassadeur d'Espagne, que Paris regrette encore.

Dans toutes ces fêtes mémorables, Le Sénéchal ne s'est jamais départi de son sang-froid et de son énergie. Plein de discernement, soucieux de la réputation gastronomique de cette noble maison, autant que de sa propre renommée, il tient à honneur de ne jamais faillir à l'œuvre.

Nous sommes donc heureux de rendre un hommage public à notre ami, digne d'exercer ses talents chez le plus généreux des princes.

Le Sénéchal, membre de l'*Académie de cuisine* depuis sa fondation, est un bon camarade, et il serait difficile de soupçonner la bonté de cœur qui se cache sous son regard sévère et son abord froid.

L'Héritier (VICTOR-ALPHONSE), né à Courgivaux (Marne), le 21 janvier 1854; fils d'entrepreneur des hospices de l'Assistance publique. Le jeune Victor manifesta de bonne heure des aptitudes spéciales pour la profession de cuisinier. Après avoir reçu une bonne instruction, il fut placé en apprentissage, en pâtisserie d'abord et en cuisine ensuite dans les premières maisons de Paris. Intelligent et sérieux, il sut profiter des leçons et des conseils de ses maîtres et devint bientôt un bon ouvrier.

Son apprentissage terminé, il débuta en cuisine sous les ordres de M. Montoit, chef chez le baron Séguet, préfet de Lille; ensuite, il entra chez le duc de Talleyrand-Périgord, qui soutenait dignement la noble réputation gastronomique de son illustre père, le prince de Talleyrand-Périgord, dont les grandes réceptions diplomatiques sont justement restées célèbres. Le stage que L'Héritier fit dans cette maison eut une heureuse influence sur ses aptitudes culinaires qui se développèrent d'une façon remarquable.

De là, nous le suivons chez la comtesse de Maupeou, nièce du chancelier de France de ce nom, où il travailla douze années consécutives. Fidèle à l'ancienne tradition française, la comtesse de Maupeou s'occupait elle-même avec le plus grand tact de l'organisation de sa maison; et, en juste appréciatrice de la valeur de son *chef*, elle ne dédaignait point de s'entretenir avec lui des mystères de la cuisine; L'Héritier méritait bien l'estime que lui montrait la comtesse, car ses talents distingués servaient admirablement la réputation gastronomique que cette famille s'était acquise depuis longtemps dans le faubourg Saint-Germain.

A la mort de la comtesse, survenue le 4 avril 1888, L'Héritier entra, où il est actuellement, chez le duc de La Rochefoucauld-Doudeauville, fils de l'illustre philanthrope, ministre sous Charles X, dont le descendant, François, duc de La Rochefoucauld, fit des *Maximes* remarquables qui parurent en 1665.

Certes, il faut être artiste dans son art pour avoir l'honneur de le professer chez des gourmets de race; nous avons déjà résumé plus haut les qualités dont il faut faire preuve et L'Héritier les possède.

En nobles amphitryons qu'ils sont, le duc et la duchesse de Doudeauville tiennent haut la bonne réputation de la cuisine française et tout dans leurs réceptions, dont ils connaissent au suprême degré la science, révèle la sublimité et la dignité. Ces fêtes élégantes et grandioses dont le splendide hôtel de la rue de Varenne est si souvent le théâtre le prouvent suffisamment; jamais l'hiver n'entre dans les salons où se dressent les tables somptueuses transformées en parterres et en vergers. Nous ne parlerons que de la plus récente de ces fêtes, qui vient d'avoir lieu à la fin de cette saison (juin 1890), et dont la Presse parisienne a fait l'éloge bien mérité.

Ce dîner, d'une magnificence sans égale, réunissait la fine fleur de la noblesse et de l'élégance. Mme la duchesse de Doudeauville, née princesse de Ligne, en faisait les honneurs avec une grâce et une distinction toute courtoises, admirablement secondée, du reste, par sa fille, Mlle de La Rochefoucauld, et par ses fils, les ducs de La Rochefoucauld.

Le dîner comprenait environ cent trente invitations et la réception ouverte trois cents. Le service était divisé par tables de douze couverts, numérotées, et chaque convive recevait en entrant le numéro de la table qu'il devait occuper et le nom de la dame qu'il devait accompagner. Ce nouveau système de service divisé par groupes est des plus ingénieux, et prouve que c'est surtout dans cet art difficile qui consiste à placer les convives selon leurs goûts et leurs préférences que ces nobles amphitryons ont fait preuve d'un jugement délicat. Le menu était savamment composé; L'Héritier déploya pour son exécution le plus grand savoir-faire, et la façon délicieuse avec laquelle les convives se délectèrent des mets les plus délicats prouve éloquemment, à l'honneur de l'amphitryon et de l'artiste qui les a confectionnés, que tout fut trouvé exquis. De plus, le service fut exécuté d'une façon prompte et irréprochable. L'Héritier fit preuve du sang-froid, de la direction, de l'exactitude si indispensables pour la parfaite réussite d'un dîner qui n'est pas la chose la moins importante d'une réception; en effet, le cuisinier en est absolument l'auteur et l'entrepreneur responsable, et le moindre défaut suffirait pour ternir une réputation gastronomique.

Ces dignes amphitryons, gourmets de race et juges compétents des délices du goût, en félicitant L'Héritier du parfait résultat obtenu, acquièrent en retour en attentions et dévouement ce qu'ils donnent en cordialité.

Les invités conserveront un brillant souvenir de cette merveilleuse soirée qui rappelle en leur mémoire la splendide fête japonaise que le duc et la duchesse de Doudeauville donnèrent en 1833, et qui est demeurée comme l'une des plus belles fêtes qu'ait vu le Paris élégant.

Victor L'Héritier, reçu membre titulaire de l' « Académie de cuisine » en 1890, est un cuisinier probe, dévoué, intelligent, énergique et l'un des plus remarquables de notre époque.

Darenne (EMILE). — Né à Paris, le 27 mars 1861. Le jeune Emile fut un élève studieux et intelligent; il subit avec succès l'examen du diplôme d'études de l'Enseignement secondaire spécial devant la Faculté des sciences de Poitiers. Ce diplôme a été plus tard remplacé par celui du baccalauréat de l'Enseignement spécial, équivalent au baccalauréat ès sciences et donnant accès aux études médicales.

Darenne, en effet, se destinait à la médecine ou à la pharmacie; mais la situation de fortune de ses parents l'empêcha de réaliser cette vocation. Il embrassa la profession paternelle, qui était du reste celle de sa famille; profession dans laquelle se sont illustrés son père d'abord, et son oncle, M. Cintract, universellement connu et estimé du monde de la pâtisserie et fondateur de la maison Frascati.

Darenne fit son apprentissage en pâtisserie dans la maison Sureau, plus tard maison Debain, qui est une des bonnes maisons de pâtisserie de Paris.

Doué de beaucoup d'intelligence, armé d'une bonne instruction et d'une éducation disciplinée, Darenne ne tarda pas à se faire remarquer par ses aptitudes et son goût particulier pour la cuisine. Les mystères de la chimie culinaire l'intéressaient surtout. Il travailla trois saisons consécutives à l'hôtel de l'Europe au Tréport, puis successivement dans différentes maisons, entre autres au Jockey-Club, sous la direction de M. Dessouches. De là nous le voyons au casino de Pourville (immortalisé par Paul Graff, une des célébrités culinaires de France); il y resta deux ans et entra ensuite dans la maison Carnet-Saussier, où trois années durant, il se consacra à l'art des conserves alimentaires sous toutes les formes; là le savant cuisinier se trouvait dans son élément favori. Nous le retrouvons ensuite à l'hôtel Bristol, à Dieppe, époque à laquelle un comité républicain lui offrit la candidature ouvrière à la députation, qu'il refusa, préférant aux péripéties politiques un travail tranquille, plus propre à ses chères études. Chef chez Frontin, à Paris, puis chez Laurent, aux Champs-Élysées, qu'il quitta après avoir refusé la direction culinaire d'une importante maison de comestibles d'Alexandrie (Egypte), pour aller s'établir en 1887 à Versailles, où il dirige, à l'époque où nous écrivons, une des plus importantes maisons de pâtisserie et fait aussi la haute cuisine pour le service en ville. Dans cette manière de pratiquer son art, il s'est acquis une réputation d'habileté des plus méritées.

Darenne est un homme sérieux, sympathique, qui s'est toujours préoccupé de relever le niveau de l'art français, aujourd'hui menacé. Aimant au plus haut point la science culinaire, ses connaissances spéciales l'ont amené à étudier avec ardeur les questions qui se rattachent à la chimie alimentaire et les falsifications; il est l'auteur d'un intéressant traité de *Chimie alimentaire à l'usage des cuisiniers*. Nommé membre titulaire de « l'Académie de cuisine », il fut élu secrétaire le 6 juillet 1889, et plus tard chargé du cours de chimie alimentaire de cette Académie. Darenne est l'un des cuisiniers les plus savants de notre époque, il a su par son travail et sa persévérance arriver à cette supériorité qui le distingue de la classe ordinaire des hommes de son métier.

Mourier (ÉTIENNE-LÉOPOLD). — Né à Dieulefit (Drôme), le 30 mai 1862, de parents hôteliers. Après avoir fait ses études primaires avec succès, le jeune Léopold entra en apprentissage en 1875 à Avignon, chez M. Campé, très connu dans les Bouches-du-Rhône et la Vaucluse par ses restaurants de chemins de fer et ses dîners en ville.

Doux, dévoué et travailleur, ce jeune homme sut s'attirer l'estime de son patron et mettre à profit ses conseils; au bout de deux ans, son apprentissage terminé, il demeura encore en qualité d'aide sous l'habile direction de ce maître, si avantageusement connu, homme à la fois sévère et bon. Ayant remarqué les bonnes dispositions de son élève, il ne lui ménagea ni les conseils ni les encouragements. Voyant que celui-ci savait les mettre à profit, il le fit entrer chez son frère, qui tenait le buffet de Marseille. Nous le voyons

ensuite au café-restaurant Bonfils, à Lyon, l'un des premiers de l'époque.

En 1878, alors que la cuisine de province n'avait plus de secret pour lui, avec cette intuition et cette soif d'acquérir des connaissances nouvelles qui sont la marque distinctive de tous les hommes appelés à réussir, Léopold Mourier fut attiré vers Paris. Il arriva dans la capitale porteur d'une lettre pour M. Marguery, restaurateur, chez lequel il travailla pendant un an comme aide dans toutes les parties culinaires.

Par la patience et une persévérance qui ne se sont jamais démenties, Mourier a su s'attirer la sympathie et se créer une renommée qui grandit progressivement. Voulant pénétrer tous les mystères de la science culinaire, nous le voyons ensuite au restaurant Notta, où l'art décoratif l'avait attiré par la renommée d'un cuisinier célèbre, M. Conus, artiste bien connu par ses chefs-d'œuvre.

Après avoir vaincu les difficultés de la partie esthétique de son art, il entra chez Bignon, au café Riche, où il travailla dans toutes les parties; et redemandé par Notta il rentra dans ses restaurants une deuxième fois. Chef saucier à la maison Maire de 1880 à 1884, il y acquit une renommée d'excellent cuisinier; de là nous le voyons en qualité de chef au café Napolitain, où M. Paillard, qui venait d'acheter le café Bignon, le fit demander pour occuper la fonction de chef de cuisine dans son restaurant de la Chaussée-d'Antin.

Pendant deux ans, Mourier dirigea avec succès les cuisines du *restaurant Paillard*, dont la gérance était confiée à Joseph Dugniol, le futur chef de bouche de W. K. Vanderbilt. M. Paillard, reconnaissant les qualités de son chef, lui confia la direction des cuisines de la *maison Maire;* Joseph Dugniol, qui n'appréciait pas moins la valeur de Mourier, qui le secondait d'autant mieux dans son emploi de maître d'hôtel qu'il l'avait initié pendant deux ans aux caprices de tous ses clients, tenait aussi à conserver sa collaboration; mais comme de coutume la victoire resta au pot de fer et Mourier entra à la *maison Maire,* et ce fut là que, par les sages conseils de M. Paillard, il devint réellement administrateur. En un mot, grâce à lui, Mourier est aujourd'hui un des premiers cuisiniers qui ait mis en pratique et fait accorder le contrôle et le rendement avec la science plus difficile du bon goût.

Une remarque digne d'intérêt, c'est que Léopold Mourier n'a pas été trois jours sans place depuis qu'il est à Paris, et que partout où il a été il sut s'acquérir l'estime de ses chefs.

Travaillant avec facilité et n'aimant point la routine, toujours désireux d'étendre ses connaissances, il profite de toutes les idées nouvelles, les étudie et les met en pratique s'il y a lieu.

Nommé membre titulaire de l'*Académie de cuisine*, en 1889 et vice-président en 1890, Léopold Mourier est l'un des plus jeunes et des plus habiles représentants de la cuisine des grands restaurants parisiens.

Dugniol (JOSEPH). — Né le 22 juin 1851. Son père, Jules Dugniol, fut restaurateur et concessionnaire de la pêche du canal de Saint-Denis pendant vingt ans; cette maison est tenue, au moment où j'écris, par le fils aîné Alphonse Dugniol. Très renommée pour la fraîcheur du poisson, l'excellence de la matelote, les fritures et sa bonne cuisine en général, elle est très fréquentée par les grands négociants de bois et de bétail.

Pendant les premières années de sa vie, Joseph étudia le français, et successivement l'anglais et l'allemand, qu'il apprit avec goût; mais la renommée de la maison paternelle l'obligea à prendre part au travail. C'est à la cuisine, sous les ordres d'un chef, que Joseph se plaça et où il fit pendant deux ans son apprentissage, et suppléa pendant un an le chef de cuisine aidé d'un *extra*, le dimanche seulement.

Mais le cabaret de son père ne répondait plus aux aspirations du jeune homme et, malgré ses parents, il poursuivit seul sa carrière.

Brébant avait la grande vogue du jour. Joseph, frappé de sa gloire, jura d'entrer dans cette maison; quelques jours après la conception de son projet, Joseph remplissait chez Brébant les fonctions de fournier, puis de glacier, et passa successivement à l'entremets, au garde-manger, aux rôtis et aux sauces sous les ordres de l'un des premiers gros bonnets de l'époque, M. Berthoud.

Après un stage de trois ans fait dans toutes les parties de la cuisine de cette importante maison, alors qu'il était déjà l'un des meilleurs aides de sa cuisine, M. Brébant, qui avait apprécié les aptitudes du jeune homme, lui proposa de passer à la salle en qualité d'omnibus où il ne tarda pas à se faire remarquer par M. Désiré, le plus fameux maître d'hôtel de l'époque. C'est sous l'impulsion de ce maître que cette nouvelle partie gastronomique intéressa au plus haut point

le jeune cuisinier, qui comprit bientôt tout le parti qu'on pouvait tirer de cette nouvelle profession.

Bon cuisinier, actif, intelligent et armé de trois langues, il acquit promptement l'affection de ses supérieurs et l'estime de sa clientèle, sachant par une remarquable sagacité d'esprit prévenir et satisfaire les goûts variés de ses nombreux convives.

Il avait sept ans de stage dans cette première maison de Paris quand la guerre éclata. D'une nature ardente, impressionable, au bruit des armes il ne tint plus; il jeta son habit et s'engagea volontaire, fut promu au grade de sergent; après la défaite, il fit le siège de Paris.

La paix rétablie, Brébant, qui ne l'avait pas perdu de vue, l'envoya en qualité de maître d'hôtel chez sa belle-mère, Mme Bouricart, au buffet de Creil. Voulant se perfectionner dans la langue allemande, nous le voyons en 1872 faire une saison thermale sur le Rhin. Rentré à Paris, ses parents firent tout pour le mettre à la tête de leur établissement, mais c'était un palais et des seigneurs à servir qu'il fallait à Joseph, il le sentait et réalisa tous ses rêves.

— Il y a l'Exposition à Vienne, disait-il à sa mère en 1873, et je veux voir ça; je veux y travailler et dans l'une des premières maisons.

— Tu ne partiras pas, répétait sa mère.

Joseph Dugniol avait passé un engagement en qualité de maître d'hôtel au grand hôtel du Danube, qui devait s'ouvrir le 1er avril sous la direction de M. Charles Traut, ex-chef des cuisines de l'empereur d'Autriche.

Au moment de partir, sa mère lui avait caché sa malle contenant ses habits de service et une partie de ses économies. Joseph n'insista pas. Il lui restait encore quelque argent de poche, juste le nécessaire pour le voyage et l'acquisition d'un habit de travail; sans rien dire, il prit le train express de façon à travailler aussitôt arrivé. Joseph se présenta le matin en habit de service à M. Traut, mais l'hôtel construit pour l'Exposition n'était pas achevé.

— Vous allez vous promener un mois, lui dit son patron, vous verrez la ville en attendant l'inauguration de l'hôtel.

Comment faire, il ne lui restait plus qu'un louis. Expliquer sa position à M. Traut? Il ne le croirait pas et il perdrait toute considération. Ecrire à ses parents, il ne fallait pas y songer; aller travailler chez un gargotier, dans une brasserie, ce serait ternir la réputation de la maison et compromettre sa renommée. Cependant il fallait une solution au quart d'heure de Rabelais. Il se présenta au directeur d'un chantier et expliqua l'affaire.

— Allons donc! lui dit celui-ci, que voulez-vous que je fasse d'un muscadin en habit noir comme vous?

Joseph insista, et le lendemain matin le maître d'hôtel, transformé en terrassier, était vêtu d'une blouse et avait une brouette à la main. Etonné de l'entendre parler plusieurs langues, au bout d'une semaine le chef de chantier le fit passer à la correspondance de son bureau aux appointements de huit florins par jour; à la fin du mois Joseph avait économisé 150 francs. Mais voilà que le chef de chantier ne voulait plus le lâcher, il eut toutes les peines du monde à faire comprendre qu'il était engagé en qualité de maître d'hôtel.

Enfin, il passa l'année de l'Exposition à Vienne; là encore son activité, son énergie infatigables le firent remarquer par M. Traut, qui le maintint dans ses fonctions. Nommé directeur du Kaiserhof à Berlin en 1875, M. Traut lui fit signer avant de partir un engagement en qualité de gérant du restaurant de l'hôtel, et Dugniol tint ses fonctions au Kaiserhof pendant deux ans et demi, où il se créa une réputation méritée et une clientèle parmi le monde d'ambassade. Il avait déjà acquis la réputation d'un maître d'hôtel hors ligne, mais cette renommée devait encore grandir plus tard.

Pris de nostalgie, il rentra à Paris et fut immédiatement engagé comme maître d'hôtel au restaurant Bignon, avenue de l'Opéra, où il resta pendant cinq années; là il se fit une clientèle étrangère, surtout, qui s'augmentait de jour en jour.

Polyglotte, doublé d'un bon cuisinier et possédant d'une façon innée l'art de deviner et de satisfaire au premier coup d'œil les différentes appétences, Joseph Dugniol poussa cet art à un point où nul plus que lui n'en connaît le secret. D'un abord sympathique, empressé, il scrute d'un regard expert l'état physique du convive, pénètre jusque dans son estomac et d'un seul coup il en établit le diagnostic. Dugniol ne se trompe pas et, s'il reste des doutes, il sait par des ressources infinies mettre tous les sens du convive à l'épreuve, il devient le tentateur, le conseil, il sait dissimuler le côté commercial

pour se styler dans l'art de bien dire afin de colorier le projet de repas qu'il soumet à son convive et agir sur l'imagination pour oublier un instant la machine qu'il va alimenter. Après avoir préparé l'ouïe, disposé l'imagination, Dugniol devient le metteur en scène : il séduit le regard par une exposition de hors-d'œuvre, de crustacés, de primeurs et de fruits dont la fraîcheur le dispute à la beauté. Le premier mets arrivant, il se pose devant le convive de façon que celui-ci voie découper avec agilité et élégance, et replacer sur le plat le mets d'où s'exhale le fumet qui va caresser ses narines qui tressaillent de désir; aussitôt on le voit faire un léger mouvement de déglutition : il a *l'eau à la bouche*, il mangera avec appétit; le charmeur sourit, satisfait, il est maître du convive.

Cette suggestion du consommateur n'est point passagère, elle persiste pendant des mois, des années; aussitôt que son estomac est fatigué par des excès, qu'il ne sait plus quoi manger, l'idée se reporte vers ce maître d'hôtel de restaurant qui, à certains jours, lui a servi de si bonnes choses. Il se représente devant lui sans savoir pourquoi, attiré par le tentateur qui, semblable au cavalier sur une monture essoufflée, sait encore lui faire faire quelques foulées prodigieuses qui décident de la victoire.

Ce maître d'hôtel n'est plus un artiste, c'est un psychologiste, un hypnotiseur. Telle est la puissance de Joseph Dugniol.

C'est ainsi qu'il emmena à sa suite une partie de la clientèle du café Bignon, en prenant la direction du restaurant Paillard de la chaussée d'Antin en 1883.

Frappé de l'impossibilité, du moins de l'insuffisance de contrôle dans les restaurants, il l'étudia et finit par établir un système de contrôle simple, mais des plus exacts et des plus faciles. C'est un tableau mensuel très ingénieusement combiné, qui permet de se rendre un compte exact du nombre, de la qualité des produits entrés, restants, vendus dans la maison, de même que le bénéfice que ces produits ont réalisé. C'est à la maison Paillard qu'il mit ce système en pratique et les résultats ont été d'une exactitude inattendue. Cette œuvre ne pouvait être conçue que par un praticien, un administrateur du mérite de Joseph Dugniol qui avait entrevu la possibilité, pour un restaurateur habile, de faire la balance des produits destinés à l'alimentation comme à un caissier de faire la balance de son encaisse.

I. C. Le Sénéchal.
II. V. L'Héritier.
III. J. Dugniol.
IV. E. Darenne.
V. L. Mourier.

Cette œuvre est appelée à révolutionner le monde des hôtels, cafés et restaurants dont les contrôles ont été jusqu'ici incomplets.

Toujours recherché par ses clients, en 1886 le richissime américain W. K. Vanderbilt lui offrit une somme importante pour le suivre aux Etats-Unis, mais Dugniol préférait rester au milieu de sa clientèle à Paris et refusa. M. W. K. Vanderbilt revint l'année suivante et offrit à Joseph Dugniol 10,000 dollars (50,000 francs) par an, d'appointements pour le servir. Il accepta alors un engagement et alla en Amérique pour deux années. Rentré à Paris à la fin de 1889, M. Paillard lui rendit la direction de son restaurant de la Chaussée-d'Antin.

Ce maître d'hôtel eut un moment de gloire universelle, la Presse des deux mondes ne parlait que de lui et de son célèbre amphitryon.

Nommé membre titulaire de l'*Académie de cuisine* en 1890, Joseph Dugniol est un maître inimitable dans l'art de provoquer l'appétit, le type le plus parfait et le plus accompli du maître d'hôtel français.

CUISSE, *s. f.* (*Coxa*). All. *Schenkel;* angl. *thigh;* ital. *coscia;* port. *coxa.* — Terme générique désignant la partie des animaux qui s'étend de la hanche jusqu'au genou. Mais ce terme n'est usité que pour les batraciens et les gallinacés; cuisse de grenouille, de poulet et de perdreaux.

CUISSEAU, *s. m.* — Partie du veau, du daim, du chevreuil, du renne et du chamois, comprenant le dessous de la queue et allant en circonférence jusqu'aux rognons. (Voir VEAU.)

CUISSE-MADAME, *s. f.* — Je ne chercherai pas l'étymologie de cette galante dénomination. Il me suffira de dire que c'est le nom d'une poire de forme allongée et de couleur fauve. Elle mûrit en août et septembre; sa chair, demi-cassante, juteuse, acidule, est légèrement musquée.

CUISSON, *s. m.* (*Coquere*). All. *Kochen;* angl. *cooking;* ital. *cocitura.* — Action de cuire les substances organiques solides ou dissoutes en les soumettant, pendant un temps plus ou moins long, à une température de 100 degrés. Liquide qui reste après la coction des végétaux et des poissons cuits dans l'eau : cuisson du poisson, des asperges, du jambon. Le liquide dans lequel ont cuit les viandes fraîches prend le nom de *bouillon.*

La cuisson à l'eau est certainement l'une des plus anciennes et des plus simples préparations culinaires; il suffit de soumettre à l'action du feu le vase contenant les substances alimentaires avec l'eau pour obtenir la parfaite cuisson dans un temps variable.

On traite par la cuisson à l'eau les viandes, les poissons, les fruits et tous les végétaux. Ces mêmes substances peuvent également se cuire par la vapeur. La cuisson à l'eau a pour but de dissoudre les mucilages et d'augmenter la sapidité; elle développe les aromes, dilate et ramollit les parties fibreuses, rompt les petites cavités qu'elles circonscrivent, fait couler les sucs qui s'y trouvent incarcérés, dissipe le principe volatil âcre de certains d'entre eux, détruit les poisons fugaces de quelques autres, et livre à l'action des forces digestives des herbes potagères qui, sans cette préparation, ne feraient que traverser le canal gastro-intestinal.

La cuisson dans l'opération du blanchissage des végétaux doit être rapide; au contraire la cuisson culinaire d'un mets, d'un entremets assaisonné, doit être lente et continue; l'irrégularité décompose et déforme la plus grande partie des substances qui sont soumises à l'ébullition précipitée.

TEMPS NÉCESSAIRE A LA CUISSON. — Il est impossible de déterminer exactement le temps nécessaire pour la cuisson des aliments. Cette durée dépend d'une foule de cas imprévus qu'il serait puéril de vouloir préciser. Une viande qui a quelques jours est plus tendre et partant plus vite cuite qu'une viande fraîche; la viande des jeunes animaux est plus tôt cuite que celle des vieux; il en est de même des végétaux qui varient à ce point, selon la récolte et la saison; de même que les mets, entremets et pâtisseries, selon leur grosseur et leur composition.

La cuisson des aliments est soumise à la vigilance attentive et intelligente du cuisinier, et le tact ne s'acquiert qu'après une longue expérience dans la pratique de cet art.

Cuisson du sucre. — Autrefois, on cuisait le sucre dans des poêlons en cuivre et à l'aide d'une éponge où des doigts en essuyaient l'écume qui se portait sur les parois. Par ce mode, le sucre avait l'inconvénient de s'attacher et de brûler sur les bords.

M. A. Landry a imaginé un poêlon d'argent avec couvercle percé au milieu pour condenser la vapeur et la faire retomber sur les parois. Ce poêlon a l'avantage d'être promptement nettoyé, il suffit d'y mettre un verre d'eau et de le faire cuire, le sucre attaché aux parois se fond; on rince et on peut recommencer l'opération. Ce poêlon argenté permet de colorer juste au degré

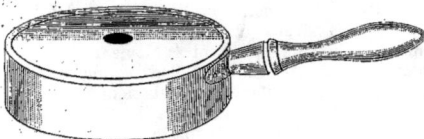

Fig. 418. — Poêlon Landry.

désiré le sucre qui se présente transparent et limpide; l'intérieur argenté permet aussi de le cuire le soir à la lumière.

La cuisson du sucre se divise en treize degrés, qui sont :

A. Le petit \
B. Le grand } PERLÉ.

C. Le petit \
D. Le grand } SOUFFLÉ.

E. La petite \
F. La grande } GLU.

G. Le petit \
H. Le grand } BOULÉ.

I. Le petit \
J. Le grand } CASSÉ.

K. L'extrémité, CRISTALLIN

L. Le brun \
M. Le noir } CARAMEL.

Clarification du sucre. — *Formule 1405.* — Mettre dans un poêlon ordinaire un quart de litre d'eau, la valeur d'un décigramme d'acide citrique et faire bouillir; on reconnaîtra si l'eau contient assez d'acide en trempant dedans un papier bleu de tournesol, qui deviendra d'une couleur mauve. Verser ensuite cette eau acidulée sur 500 grammes de sucre et faire bouillir pour l'écumer. Passer le liquide à travers un tamis de soie ou de la gaze dans un poêlon de mon système. (A. Landry, corr. de l'*Académie de cuisine*.)

Le petit perlé. — *Formule 1406.* — Faire cuire du sucre clarifié et acidulé dans un poêlon Landry; après quelques minutes d'ébullition, on trempe vivement le doigt dans le sucre et on frotte sur le pouce le peu de sucre qui reste attaché; séparer les deux doigts, s'il forme un filet qui se rompt aussitôt il est au *petit perlé*.

Le grand perlé. — *Formule 1407.* — Le sucre étant cuit au petit perlé, on est arrivé bien près du grand : on le reconnaîtra lorsqu'en procédant comme pour le petit perlé le filet restera plus solide et le sucre blanchira plus vite. On reconnaît aussi le degré en trempant une grosse épingle : si le sucre forme la perle, il est au degré désiré.

Le petit soufflé. — *Formule 1408.* — Cuire le sucre et tremper une aiguille bouclée à l'un des bouts, et souffler au travers de l'anneau; s'il se forme un petit globule sans se détacher, le sucre est au *petit soufflé*.

Le grand soufflé. — *Formule 1409.* — On reconnaîtra ce degré en trempant dans le sucre une aiguille courbée en anneau dans l'un des bouts et en soufflant dans l'anneau: si le globule se détache en ballon, le sucre est au *grand soufflé*.

La petite glu. — *Formule 1410.* — Faire cuire le sucre selon la règle, tremper vivement le doigt dans le sucre et aussitôt dans l'eau froide, s'il se transforme en corps gluant et mou, il est à la *petite glu*.

La grande glu. — *Formule 1411.* — On reconnaît la grande glu lorsqu'en trempant vivement le doigt dans le sucre, puis dans l'eau, il devient gluant, mais ne permet pas de former une boule.

Le petit boulé. — *Formule 1412.* — Procéder à la cuisson du sucre et tremper le doigt dans le sucre, puis dans l'eau froide : lorsqu'on pourra former une boule très molle, le sucre sera au *petit boulé*.

Le grand boulé. — *Formule 1413.* — On reconnaîtra ce degré en trempant une cuillère dans le sucre, puis dans l'eau froide; si le sucre permet la formation d'une boule plus ferme, le sucre est au *grand boulé*.

Le petit cassé. — *Formule 1414.* — Faire cuire le sucre acidulé selon la règle. On reconnaîtra ce degré lorsqu'en trempant le sucre dans l'eau froide il se cassera, mais restera un peu collant si on le met sous la dent. C'est alors qu'on doit additionner 2 ou 3 grammes d'acide acétique.

Le grand cassé. — *Formule 1415.* — Ce degré se reconnaît lorsqu'en le mettant sous la dent il ne se colle pas et se casse net comme du verre.

L'extrémité. — *Formule 1416.* — Ce degré cristallin a été classé par A. Landry; il ne se reconnaît qu'à la vue. « Je dois dire d'abord que le poêlon argenté seul permet par sa transparence de reconnaître le juste point de l'extrémité. Le sucre étant au *grand cassé*, je lui laisse faire encore quelques bouillons jusqu'au moment où il prend une teinte vert d'eau. A ce point, je le jette sur un marbre qui aura été huilé pour le recevoir; je le verse en couronne pour qu'il refroidisse plus vite.

« S'il doit être employé immédiatement, il faut tremper le fond du poêlon dans l'eau fraîche, puis diviser la masse dans deux ou trois poêlons à couler, ou maintenir le tout au bain-marie; si au contraire on veut le conserver, après que le sucre a été refroidi sur le marbre, on le retourne, on l'essuie en-dessous pour enlever l'huile, puis on le renferme dans une boîte en fer-blanc. » (A. Landry, *l'Art de filer le sucre*.)

Le caramel brun. — *Formule 1417.* — Le caramel se déclare aussitôt après le dernier degré qui est l'extrémité ou cristallin, il prend une teinte brune et une odeur de noisette agréable.

Le caramel noir. — *Formule 1418.* — Il devient noir et d'un goût amer aussitôt que la cuisson dépasse le degré de noisette. (Voir CARAMEL.)

CUIVRE, *s. m.* All. *Kupfer;* angl. *copper;* ital. *rame.* — Métal rougeâtre, moins dur que le fer et tirant sur le jaune. Ce nom lui vient de *cuprum,* qui en grec signifie *Chypre,* ainsi nommé à cause des mines situées dans cette île et que les Grecs exploitèrent les premiers.

HYGIÈNE. — Si la batterie de cuisine en cuivre est la plus brillante, la plus commode et la plus luxueuse, elle est aussi la moins hygiénique et la plus dangereuse. La crème, le lait, les bouillons, enfin les liquides salés et gras ne doivent pas être en contact avec le cuivre. Un séjour de quelques heures seulement suffit aux aliments gras, salins, acidulés, pour faire oxyder. La crème devient noirâtre, le bouillon verdâtre. L'assaisonnement de la salade, sel et vinaigre, dissout le cuivre à froid, qui forme immédiatement avec le corps gras le vert-de-gris. Le danger peut être alors imminent.

Cependant il ne faudrait pas trop s'épouvanter sur la nocivité du cuivre. On se rappelle les expériences du docteur Galippe : pendant un mois ce savant s'est soumis à une alimentation à base de vert-de-gris. Aucun accident ne lui est survenu, pas même à la charmante artiste gagnée à ses convictions et qui a partagé son régime. Mais le docteur Galippe ne nous a pas dit quelle quantité de sels de cuivre il a absorbée dans un mois. Là-dessus l'*Académie de médecine* de Bel-

gique, étudiant la question, a déclaré que les sels de cuivre dans l'alimentation n'étaient point nocifs et constituaient un prophylactique du choléra.

Le vrai danger du vert-de-gris formé dans des vases de cuisine étamés proviendrait non du cuivre, mais des sels de plomb renfermés dans l'étamage et que l'on emploie en guise d'étain fin.

Le sucre, les compotes, les confitures sont des aliments qui peuvent sans danger être cuits dans des vases de cuivre. (Voir BATTERIE.)

Nettoyage du cuivre. — *Formule 1419.* — Les garçons de cuisine experts dans le métier savent fort bien que l'eau de cuivre est un corrosif puissant; aussi on les voit laver les casseroles dans l'eau du cylindre, qu'ils ne changent que tous les six mois et plus; plongées dans l'eau froide et bien essuyées, elles restent brillantes, mais si l'eau fraîche manque, le cuivre qui paraît brillant en sortant du cylindre se ternit aussitôt et devient noir. Il importe donc de bien laver les casseroles, après les avoir récurées, si on désire obtenir ce brillant qui fait honneur à une cuisine. (Voir *Formule 271.*)

Eau de cuivre. — *Formule 1420.* — Employer :

Eau	grammes	100
Acide sulfurique	—	60
Alun.	—	15

Procédé. — Mettre le tout dans une bouteille et agiter avant de s'en servir.

CUJELIER, *s. m.* (*Alauda cujelier*). — Se dit vulgairement de l'alouette des bois, appelée aussi *cochelerieu, cochelevier, turlut* et *turlutoir.*

CULACHE (*Cuis. allemande*). Voir KOULACHE.

CUL-BLANC, *s. m.* — Se dit de la bécassine et d'un autre oiseau appartenant au genre chevalier.

CULILAWAN, *s. m.* — Se dit d'une écorce d'arbre des îles Philippines, qu'on traite comme la cannelle et qu'on emploie aux mêmes usages.

CULINAIRE, *adj.* (*La science*). All. *Kochkunst;* angl. *culinary;* étymologiquement du latin *culinario,* de *culina,* cuisine. — Science, art qui a pour but la cuisine. *Science culinaire,* connaissance approfondie dans toutes les sciences qui se rattachent à l'alimentation; *art culinaire,* faculté de composer et d'embellir les aliments composés; cuisine artistique, cuisine scientifique. L'art et la science culinaires unis obtiennent le plus heureux des résultats, et placent ceux qui les possèdent au rang du professorat.

A côté de l'art de rendre beau, engageant et bon, il y a des choses plus vastes, de plus importantes, ce sont les sciences naturelles, l'hygiène, la chimie, appliqués à chaque substance pour en connaître les principes, de façon à donner aux mets les propriétés hygiéniques que l'on veut obtenir selon l'état, l'âge et le tempérament du convive ou du régimaire.

Je tiens à le dire, la *Science culinaire*, telle que je la comprends et telle que je la préconise dans cet ouvrage, et comme les artistes que nous représentons ici la pratiquent, nécessite des connaissances beaucoup plus étendues que ne l'ont réclamé les auteurs qui ont écrit avant moi. Cette science demande des connaissances plus étendues qu'il n'en faut pour d'autres professions, que le vulgaire place beaucoup plus haut dans l'échelle sociale.

Pour être cuisinier, artiste et savant, il faut être à la fois chimiste, botaniste, dessinateur, modeleur, architecte, peintre, et, de plus, il faut connaître l'anatomie animale pour la dissection des viandes; posséder un goût exquis, un tact parfait, une ouïe exercée et prompte, un coup d'œil profond qui embrasse à la fois tout ce qui vous entoure, une activité, une exactitude constante, les plus grandes capacités d'administration et de direction, et une force physique et morale des plus rares.

En un mot, la science culinaire exige des connaissances profondes, s'exerçant sur le vaste domaine dont les trois règnes de la nature sont tributaires; maître de ces trésors, l'artiste les réunit, les amalgame, les divise ou les assimile au gré des circonstances et leur fait prendre des formes nouvelles, en appelant à son aide les puissants auxiliaires dont dispose la chimie. Avec ces connaissances seulement, on peut modifier les aliments et obtenir des effets différents selon leur mode de préparation, et composer un menu remplissant toutes les conditions d'hygiène, favorables à la répartition égale que réclame la nutrition, et cela selon les âges ou l'opportunité.

C'est donc à l'aide des sciences naturelles et par l'application immédiate des théories de l'hygiène à la pratique culinaire qu'il faut chercher la conservation de la santé, de là mon aphorisme :

La cuisine prime la médecine.

C'est-à-dire que la médecine doit rester dans le rôle qui lui est dévolu : guérir les malades; tandis que la science qui nous occupe a pour but de maintenir l'intégrité physique et intellectuelle.

En effet, il ne faut pas confondre la science culinaire et la cuisine barbare; la cuisine savante et raisonnée et la gastronomie gloutonne; ce que certains médecins et pères de l'église semblent ne pas savoir distinguer. Écoutons-les plutôt : « La variété des mets est cause de toutes nos maladies », dit saint Clément, d'Alexandrie. De telles absurdités se réfutent d'elles-mêmes, puisqu'il est sciemment démontré que la variété des aliments naturels est indispensable à la formation de nos tissus. Et saint Grégoire : « Il faut éviter d'ensevelir son âme dans la graisse d'un corps auquel on accorde toutes ses aises. » Comme on le voit, on était déjà « gras comme un moine ». Mais poursuivons. Franklin ajoute : « Le velours et la soie éteignent le feu de la cuisine. Cuisine raffinée, même à la pharmacie. » Diderot est plus précis : « Les médecins travaillent à détruire le mal que font les cuisiniers, mais il y a entre eux cette différence, que les premiers opèrent avec infiniment moins de certitude. » Foussagrives blessé ajoute cette jolie phrase : « C'est incontestable, on se fracture plus aisément la jambe qu'on n'en consolide les fragments »; puis il s'écrie : « Mais pourquoi se livre-t-on aux cuisiniers, dont les coups sont si sûrs et qui, suivant un mot incisif et peu exagéré, ne diffèrent des empoisonneurs que par l'intention? »

Voyons, maître, pourquoi tant d'anathèmes contre l'indigestion, puisque la mauvaise cuisine est un des plus beaux fleurons de la couronne du médecin? Et ne pourrait-on pas vous dire avec plus de raison : *que le diplôme de docteur en médecine est une permission d'empoisonner impunément?*

En effet, les personnes que la bonne chère a indisposées, on les entend, on les connaît; mais celles que la médecine a frappées de mort se taisent et leur nombre est inconnu.

La jalousie d'art, entre la cuisine et la médecine semble caractérisée; cependant le but des deux est le même : *la vie*, avec cette différence de moyens que la cuisine saine et hygiénique veut dispenser son hôte d'avoir recours à la drogue, en lui accordant la variété alimentaire qui entretient la plus chère des libertés; tandis que la médecine entend dogmatiser sous sa rigidité doctorale la vie de l'homme en le rendant esclave de sa santé. Et cependant, malgré toutes les ressources de la pharmacopée, elle est impuissante le plus souvent à guérir les affections morbides. Elle est encore moins capable de prévenir les troubles des deux périodes extrêmes de la vie dont tous les soins sont du domaine de la cuisine hygiénique, seule capable de soustraire ces adolescents aux potions pharmaceutiques.

D'ailleurs, pourquoi tant de foudres pontificales, puisque c'est de la cuisine qu'est née la médecine ?

Tout est d'ailleurs soumis à l'alimentation; elle tient dans la vie une place plus élevée que ne le pense le monde superficiel qui hausse les épaules au seul mot de cuisine, parce qu'il en ignore la valeur et les charmes. Tous les agissements de ce monde sont subordonnés à cette chose si simple pourtant, le dîner, mais indispensable à la vie.

La richesse et la somptuosité se jugent par la cuisine à l'excellence de laquelle aspirent toutes les forces de l'humanité.

CULOTTE, *s. f.* All. *Schwanzstück;* angl. *rump.* — Partie du bœuf qui forme le cimier avec le bout de l'aloyau; elle prend ce nom lorsqu'elle est taillée entre l'os enragé et la queue; elle s'étend jusqu'au filet et se termine en pointe dans l'intérieur de la cuisse.

La culotte de bœuf est avec l'aloyau le morceau de première qualité après le filet. On en fait des tranches pour griller qui conservent une succulence bien supérieure aux autres morceaux de bœuf. (Voir ce mot.)

CUL-ROUX, *s. m.* — Terme vulgaire d'une variété de fauvette, qui se prépare culinairement comme elle.

CUMBERLAND, *adj.* — Mode de préparation culinaire qui s'applique aux fricandeaux, aux côtelettes de veau et surtout aux poulets.

Poulet à la Cumberland. — *Formule 1421.* — Couper le poulet dans la règle. On couche dans un sautoir beurré des oignons émincés et du poivre concassé, sur lesquels on met le poulet assaisonné et recouvert d'un papier beurré; on fait étuver le tout au four sans laisser prendre

couleur; le poulet étant cuit, on le sort; passer les oignons à travers un tamis fin, mélanger cette purée avec de la sauce béchamelle fraîche, lier avec de la crème et du beurre frais. Dresser le poulet et saucer dessus.

HYGIÈNE. — Ce poulet est excellent et convient aux estomacs faibles.

Cumberland. — Se dit aussi d'une poire d'automne à chair fondante et parfumée, elle mûrit en septembre et octobre.

CUMIÈRES, *s. p.* (*Vins de*). — Champagne, Marne, rouge de troisième classe.

CUMIN, *s. m.* (*Cuminum, Cyminum*). All. *Kümmel;* angl. *cumin;* ital. *comino*, dérivé du mot hébreux *kamon.* — Plante crucifère de la famille des ombellifères et de la tribu des cuminées, dont le cumin est le type.

Le cumin est originaire d'Orient, où on le cultivait pour ses graines verdâtres semblables à celles du fenouil; elles ont une odeur *fragrante*, une saveur agréable et des propriétés stimulantes et digestives. L'un des écrivains de la Bible dit « que les Orientaux en mettaient dans leur soupe, dans leurs ragoûts et dans le pain; que le laboureur, avant de répandre la semence du cumin sur la terre, commençait par niveler celle-ci, et que, lorsque les tiges étaient mûres, il ne faisait pas tourner la roue du chariot sur elles, mais qu'il les battait avec le fléau. » (*Isaïe*, XXVIII, 25, 27). On distingue plusieurs variétés de cumin, entre autres, le *carvi*, la *nigelle* (voir ces mots), et le vulgaire dont nous nous entretenons.

On s'en sert pour le pain dans quelques contrées de l'Europe, principalement dans le Nord, où il entre dans presque toutes les préparations culinaires. On en fait des liqueurs, des essences. C'est en outre un excellent moyen de retenir les pigeons dans le colombier; pour cela on pétrit une forte quantité de cumin dans la terre glaise, ils y picotent avec avidité.

On distingue encore le cumin sauvage (*Lagœcia cuminoïde*), qui croît spontanément dans l'île de Crète, de Lemnos et dans la plupart des îles de l'Archipel, dans les Vosges, dont les montagnards mélangent la graine au fromage blanc lui donner du goût.

HYGIÈNE. — Le cumin torréfié, pilé et macéré dans l'alcool, s'emploie contre les affections du foie; et, à l'état frais, on s'en sert contre le saignement du nez. En boisson, il dissipe les col-liques, une pincée dans du vin arrête les vomis-sements. Macéré dans du vin à la dose de 100 gr. par litre, il dissipe les suffocations hystériques, stimule et fouette le sang. Ses propriétés sont à peu près celle de l'anis.

CUNAMA. — Fruit très répandu dans l'Oré-noque, appelé par les Indiens *Abay*. On en tire une huile comestible très estimée.

CUP *ou* **NÉGUS** (*Limonade anglaise*). — Bois-son très employée aux iles Britanniques.

Formule 1422. — Employer :

Vin de Xérès ou de Madère	litres	2
Cidre	—	4
Poiré	—	2
Jus de citrons	nombre	2
Muscade râpée	grammes	30
Sucre en poudre : quantité suffisante.		

Procédé. — Mélanger les liquides, faire fondre le sucre et y mélanger des croûtes de pain gril-lées et chaudes. Servir dans une bichopière.

CUPANI (*Cupania Americana*). — Vulgaire-ment châtaignier d'Amérique. Son fruit, de la grosseur d'une châtaigne, a une pulpe de gland doux sucré.

CURAÇAO, *s. m.* (*Liqueur tonique*). Se pro-nonce *cu-ra-so*. All. *Cürassao;* angl. *curacaçoa;* ital. *curaçoa.* — Ile des Antilles où croit en abon-dance l'orange amère, avec l'écorce de laquelle on fit la première liqueur de ce nom. Liqueur ob-tenue par distillation ou par macération.

Ce sont les Hollandais qui sont le plus renom-més pour la fabrication du curaçao. Ils récoltent dans cette ile une grande quantité d'oranges, dont ils font sécher l'écorce pour la livrer, dans le commerce, aux droguistes et aux distilla-teurs. C'est une des meilleures liqueurs de table, lorsqu'elle est de provenance certaine, lors-qu'elle sort des grandes maisons hollandaises qui en font une spécialité; elle est parfumée, douce et relevée d'une légère amertume qui excite l'appétit et stimule les organes de la di-gestion.

Curaçao, A (*Par macération*). — *Formule 1423.* — Employer :

Ecorces d'oranges amères	grammes	50
Cannelle en bâton	—	3
Bois de Fernambouc	—	50
Clou de girofle	nombre	1

Procédé. — Faire macérer le tout pendant quinze jours dans un litre d'alcool à 28 degrés. Faire un sirop avec 500 grammes de sucre en pain et un demi-litre d'eau; verser le sirop dans la macération et filtrer. S'il n'avait pas assez de couleur, on le colorerait avec du caramel et un peu de carmin.

Curaçao, B. (*Par infusion*). — *Formule 1424.* — Employer :

Sucre	kilogr.	1
Ecorce d'oranges sèches	grammes	101
Ecorce de bigarade fraîche	nombre	1
Eau-de-vie	litre	1

Procédé. — Tailler en julienne les écorces et les faire infuser pendant trente heures dans un litre d'alcool à 90 degrés. Clarifier et réduire en sirop le sucre; mélanger le sirop à l'infusion, co-lorer et filtrer.

CURAMA, *s. m.* — Genre de poisson analogue à la truite qui vit dans les fleuves du Brésil. Il se prépare, en cuisine, comme la truite de rivière dont il a la saveur.

CURCUMA, *s. m.* (*Safran des Indes*). All. *Gilb-wurzel;* angl. *curcuma;* arabe *courcoum;* du sans-crit *kunkuma.* On doit remarquer que c'est de l'altération du sanscrit que provient *kulcuma*, mauvaise orthographe. — Plante d'Asie sup-posée originaire des Indes orientales, à bulbe rond ou long, selon la variété. Séchées et réduites en poudre, ces racines sont amères, excitantes, d'une odeur fragrante, et sont laxatives.

Cette poudre donne une matière colorante jaune dont on se sert pour la coloration des bon-bons et de certains entremets. En y additionnant des alcalis, puis de l'eau, on obtient un rouge de sang.

CURE, *s. f.* (*Cura*). All. *Kur;* angl. *cure;* esp. et ital. *cura*, de *cavere*, avoir soin. — En méde-cine, il serait le synonyme de guérison : *une cure merveilleuse;* cependant, ce mot s'applique aussi au traitement thermal, qui prend alors le sens primitif *cure d'eaux*, traitement contre telle ou telle affection par certains moyens indiqués.

C'est dans ce sens que ce mot est compris en alimentation : cure de bouillon d'herbes, cure d'escargots; cure de raisins; cure de petit lait, etc. J'ajouterai que ce terme est plus concis que le mot *saison*, employé pour indiquer un séjour de santé concomitant avec un régime quelconque dans une contrée ou dans des thermes spéciaux.

CURÉ, *s. f.* — Poire qui mûrit en décembre et se conserve tout l'hiver. Sa forme est allongée; sa peau jaune verdâtre est d'un rouge éclatant du côté du soleil, son pédoncule oblique. Sa chair, sans parfum, est juteuse, tendre et d'un goût agréable.

CURE-DENT, *s. m.* All. *Zahnstocher;* angl. *toothpich;* ital. *stuzricadenti.* — Petit instrument de bois, de plume ou de baleine, pointu et destiné à dégager les dents des restes d'aliments qui y demeurent attachés.

L'homme se sert du cure-dent comme ses congénères du même ordre qui, par un merveilleux instinct naturel, se nettoient la bouche. On peut dire que son usage est aussi vieux que le monde, et a le double but de conserver l'haleine pure et les dents en bon état; on sait que le séjour des viandes saignantes pendant quelques heures seulement dans les interstices des dents suffit pour les attaquer. On doit se servir de cure-dents de plume, de bois ou de paille; les métaux sont dangereux, et il est de mauvaise éducation d'introduire dans la bouche des épingles, des couteaux, la fourchette ou tout autre instrument de métal, aussi bien que le doigt. On ne doit pas non plus, et cela d'après la règle de l'hygiène, introduire des allumettes dans la bouche : le phosphore ne manque pas de produire son action toxique au contact des gencives ou des dents. On ne doit se servir des cure-dents qu'avec décence et de manière à ne pas choquer la société; le sifflement d'air entre les dents, le soufflement pour en rejeter les matières dégagées n'est pas convenable dans une bonne société; on doit donc se servir du cure-dent avec discrétion.

CURIMATA, *s. m.* — Poisson d'eau douce qui habite les fleuves de l'Amérique du Sud. Sa chair est blanche, feuilletée comme celle du brochet.

CURIMATE, *s. m.* (*Palma cyprinoïdes*). — Poisson de Surinan, très recherché pour la délicatesse de sa chair.

CURRANT-WINE, *s. m.* (*Vin de groseille*). — Terme anglais, désignant le vin de groseille. On connaît en Angleterre deux espèces de ce vin : l'un fait avec le *red currant*, groseille rouge; l'autre avec le *white currant*, qui est le cassis; c'est une boisson rafraîchissante.

CARVI, *s. m.* — Genre de poisson sans écailles, qui vit dans les fleuves et les rivières des Indes orientales. Il se distingue par sa tête plate et ses six cornes flexibles, dont deux à sa mâchoire supérieure et quatre à l'inférieure. Les Indiens préfèrent ce poisson à tout autre pour la délicatesse de sa chair.

CUSSY (*Marquis de*). — Le marquis de Cussy était un gourmet délicat, un esprit fin et courtois. Né avec une belle fortune, sa table était ouverte deux fois par semaine; ces jours-là, il se transportait aux Halles à six heures du matin. Il savourait son dîner sans trop causer, et professait ensuite; c'est surtout au dessert qu'il commençait sa causerie fine, facile, polie, spirituelle et pleine de saveur. Il ne croyait pas trop aux splendeurs gastronomiques du passé, et il lui est arrivé de dire qu'il valait mieux dîner à un louis dans un grand restaurant de Paris que chez Lucullus au salon d'Apollon.

M. de Cussy fut préfet du Palais sous Napoléon Ier, et c'est lui qui reconduisit Marie-Louise à Vienne. Il revint à Paris après le 20 mars, mais cette restauration ne fut que de quelques mois : il perdit sa fortune et sa haute position, ce qui le força d'accepter la place d'intendant de la maison de M. Lariston, dont il était une ancienne connaissance; c'est là qu'il écrivit sa brochure : *l'Art culinaire* (voir les *Classiques de la table*), trop courte, mais concise et nette. Il a d'ailleurs plus parlé qu'écrit, sa position d'homme de cour l'explique.

Gâteau à la Cussy. — *Formule 1425.* — Employer :

Sucre en poudre	grammes	500
Farine de riz	—	300
Sucre vanillé	—	25
Beurre frais	—	125
Œuf frais	nombre	14

Procédé. — Battre dans une bassine, sur le feu doux, le sucre et les œufs, et, lorsque cette masse a augmenté d'un tiers de son volume, on y ajoute le beurre fondu et la farine de riz en pluie pour éviter la formation de grumeaux. On coule cette pâte dans des moules plats. (Voir aussi BISCUIT, *formule 443*.)

CUVE, *s. f.* All. *Kufe;* angl. *tub*, *vat;* ital. *tino;* esp. *cuba*, d'incuber. — Vase pour cuver le vin : cuve-vinaire.

Les grands propriétaires de vins ont imaginé

de faire des cuves murées, mais il est démontré que les cuves de bois sont les meilleures; la conservation du vin cuvé dans les vaisseaux de bois est connue, tandis qu'il est rare que l'on puisse garder longtemps les vins cuvés dans les cuves de maçonnerie, dont les matériaux sont attaqués par les acides des vins.

Il est un autre danger contre lequel il faut se prémunir: je veux parler de l'asphyxie à laquelle sont exposés les cavistes traitant les vins. On sait, en effet, qu'une cave close peut, en peu de temps, être remplie par le gaz acide carbonique et déterminer l'asphyxie. La chandelle est à ce sujet l'avant-garde qui vous prévient en s'éteignant au moment où apparaît le danger; il faut alors de l'air; l'usage de la chaux n'est pas non plus à dédaigner dans ces moments. Il existe un appareil qui porte le nom de son inventeur, *Galibert*, qui permet aux ouvriers de respirer librement et sans danger dans une atmosphère viciée. C'est une sage précaution que les grands fabricants de vin doivent prendre.

CUY, *s. m.* (*Lepus mininus*). — Espèce de petit lapin domestique qui se trouve au Chili; il y en a de plusieurs couleurs. Il fuit le lapin malgré sa parenté zoologique; il craint le chat et les souris. Sa chair est très blanche et d'un goût qui rappelle le poulet.

CYCADÉES, *s. f. pl.* — Genre de plantes dont le *cycas* est le type. La plupart sont exotiques, de l'aspect des dattiers ou des fougères colapales. Elles contiennent de la gomme et une moelle alimentaire très farineuse.

CYCÉON, *s. m.* (*Cuis. anc. Entremets composé*). — Le cycéon était un aliment très usité parmi les Grecs; il y en avait de deux sortes : l'un plus grossier, en forme de bouillie, et l'autre consistant; je ne trouve pas à son sujet de formule exacte : et le mot même κυκεων vient de κυκαν, qui signifie remuer, brouiller. Les ouvrages que j'ai sous les yeux disent que le meilleur cicéon était celui fait avec de la farine d'orge grillée, du vin de Chypre, de l'eau, du miel et du fromage; c'était l'aliment consistant. La bouillie se faisait avec de la farine d'orge également grillée, de l'eau et du miel.

CYGNE, *s. m.* (*Cygnus*). All. *Schwan;* angl. *swan;* ital. *cygno;* esp. *cisne.* — Selon Buffon, le cygne appartiendrait au genre de l'oie et du canard; au contraire, Cuvier dit qu'il forme un genre distinct de l'ordre des palmipèdes.

Le cygne est l'emblème de l'amour et de la poésie; sa forme est élégante, ses mouvements pleins de grâce, de majesté et de douceur. Il a été pris comme le symbole de la tranquillité et de la paix. Il se plaît sur les bassins des promenades publiques; son cou est aussi nerveux que flexible; ses ailes ont une vigueur surprenante. C'est une erreur proverbiale « le chant du cygne mourant, » cependant poétisé par Malherbe :

> Ce sera là que ma lyre
> Faisant son dernier effort
> Entreprendra de mieux dire
> Qu'un cygne près de sa mort...

et l'ingénieux La Fontaine ajoute :

> Un jour le cuisinier, ayant trop bu d'un coup,
> Prit pour oison le cygne, et, le tenant au cou,
> Il allait l'égorger, puis le mettre en potage;
> L'autre, prêt à mourir, se plaint en son ramage,

Mais tous ces chants vibrants et mourants ne suffiraient point pour prendre place ici, sans la qualité plus douce encore de la chair du *cygneau*, que l'on traite culinairement comme tous les autres oiseaux aquatiques.

La Seine était, autrefois, couverte de cygnes; ils avaient élu domicile dans les îlots du fleuve, notamment dans l'île *Maquerelle*, appelée plus tard *île aux Cygnes;* mais les pêcheurs et les braconniers leur firent une guerre acharnée sous prétexte qu'ils leur mangeaient les poissons.

Les gourmets et les amateurs étaient heureux et considéraient comme une fortune rare de pouvoir trouver des cygneaux au nid, dont les propriétés génésiques sont reconnues. C'est surtout les vieux garçons, les petites dames et les grandes maîtresses qui pourchassaient les cygneaux. Un usage tout particulier avait été observé pour le service de ce mets rare. La veille d'une réception intime, les vieux messieurs étaient invités à souper, et on leur servait des cygneaux rôtis et des œufs de cygne brouillés aux truffes. Le menu était invariable et le lendemain, jour de la réception, on répétait ces deux mets dans le menu des convives, mais seuls les privilégiés bénéficiaient par ce court, mais puissant régime, des effets sympathiques des propriétés des cygneaux.

Louis XIV avait lui-même des braconniers, à qui il avait fait grâce de plusieurs condamnations, qui devaient lui apporter tous les huit jours, d'avril au 1er août, des œufs de cygne ou des cygneaux; ce mets, considéré comme remède par son médecin, qui en faisait un mystérieux secret, n'était autre qu'un puissant aphrodisiaque.

Cygneau à la Louis XIV (*Cuis. aphrodisiaque*). — *Formule 1426.* — Voici donc la célèbre formule traduite en français moderne.

Plumer le *cygneau* lorsqu'il a encore le duvet, le flamber, le vider; dépouiller le cou, lui sortir les yeux, lui couper le bec, les jambes et l'extrémité des ailes. Le dégager de ses abatis en coupant le cou et les ailes près du corps. Le faire rôtir dans une cocotte ou casserole en terre avec les abatis. Hacher et piler les abatis au mortier, les faire recuire avec un décilitre d'eau assaisonné de sauge et de céleri. Passer la purée au tamis de crin, l'ajouter dans la casserole au cygneau. Faire sauter le foie dans la poêle, le passer au tamis, lui mélanger du foie gras frais et de la crème; assaisonner et farcir un croûton de pain frit au beurre. Passer le croûton une minute au four et dresser dessus le cygneau, entouré d une tresse de céleri taillé en demi-lune, cuit, sauté au beurre frais.

Cygne moulé en glace. — *Formule 1427.* — Se procurer un moule représentant un cygne et le remplir de glace. Remettre sangler le moule

Fig. 451. — Cygne en glace.

pendant une heure et le démouler sur une serviette; garnir le tour avec de la glace verte représentant des feuilles.

CYLINDRE, *s. m.* — Culinairement, chaudière ronde et murée dans un four, dans laquelle les casseroliers plongent les casseroles pour les soumettre à l'action corrosive de l'eau cuivrée. Plonger dans le cylindre, sortir la batterie ou la mettre dans le cylindre.

CYMETTE, *s. f.* — En terme de jardinage, se dit des rejetons d'une variété de chou appelé *chou de Bruxelles*.

CYNORRHODON, *s. m.* — Fruit du rosier sauvage ou églantier, vulgairement appelé *gratte cul*; il jouit de propriétés astringentes; sa saveur aigrelette le fait rechercher par les enfants à la campagne, qui le mangent sans en être incommodés.

CYNOSURE KORAKAN. — Plante de la famille des graminées, dont il y a plusieurs espèces; celle-ci est la seule qui mérite d'être connue, à cause de son utilité dans l'alimentation. Elle est indigène des Indes orientales; sa racine est annuelle; ses tiges ressemblent un peu à celles du *panic vert*. On la connaît en Bohême, en Allemagne, etc., sous le nom de *manne;* elle s'élève à la hauteur d'un pied et demi; forme une touffe arrondie, avec un vide dans le milieu, assez ressemblant à un nid d'oiseau. Ses tiges sont lisses, comprimées et divisées dans leur longueur par quatre ou cinq nœuds; les feuilles sont opposées, longues, lisses et parsemées, ayant sur leur plan supérieur des poils longs, très fins; au sommet de chaque tige sortent d'un seul point des épillets droits, de la longueur d'environ deux doigts. A leur maturité ils se gonflent, se recourbent et ressemblent assez à une très petite queue de chien. On croit que c'est à cause de cette ressemblance que la plante a reçu le nom grec de *cynosure*.

C'est au commencement d'octobre que les épis commencent à jaunir; on les coupe alors et on les porte sur l'aire; lorsqu'ils sont suffisamment secs, on les bat et on serre le grain. Les peuples de plusieurs régions de l'Inde orientale, et notamment ceux de Ceylan et du Malabar, au rapport de Rhéad et de Rumphe, cultivent le cynosure à côté du riz et font entrer ce grain dans l'alimentation, en potages, qu'on prépare avec sa farine, ce qui leur est d'un grand secours quand le riz vient à manquer. Le docteur Arduino, Italien, l'a employé comme aliment préparé de diverses façons; il en a fait d'excellents potages au gras, nourrissant bien, de facile digestion et très certainement, préférable à celui fait avec le panic; il l'a fait aussi cuire dans le lait, et l'a trouvé plus délicat encore et plus savoureux. Enfin il mêla la farine de cynosure par égale quantité avec celle de froment, et en fit un pain qu'il trouva léger et de bonne qualité. Il obtint un résultat tout aussi satisfaisant en mêlant dans la même proportion la farine de cynosure avec celle de maïs. Cette espèce de grain peut être employée, non seulement aux mêmes usages que le panic, le millet, le sarrasin et le sorgho; mais il peut encore fournir aux habitants des campagnes, surtout dans le temps de disette, une nourriture capable de remplacer le froment. (Olag., *Dict. des aliments*.)

CYPRIN, *s. m.* (*Cyprinus*). All. *Karpfen.* — Terme de zoologie. Genre de poisson d'eau douce qui a pour type la carpe.

CYTISE, *s. m.* — Genre de plantes légumineuses, dont le *Cytisus Laburnums* est le type.

CZERNA (*Czerna Okrugla ranka, Hongrie*). — Cépage de Hongrie, aussi appelé en Allemagne *Edel-Hungar-Traube*, et *raisin noir de Scutari* dans les pays de langue française. Il porte un raisin noir, grain rond, précoce et donne un excellent vin de belle couleur.

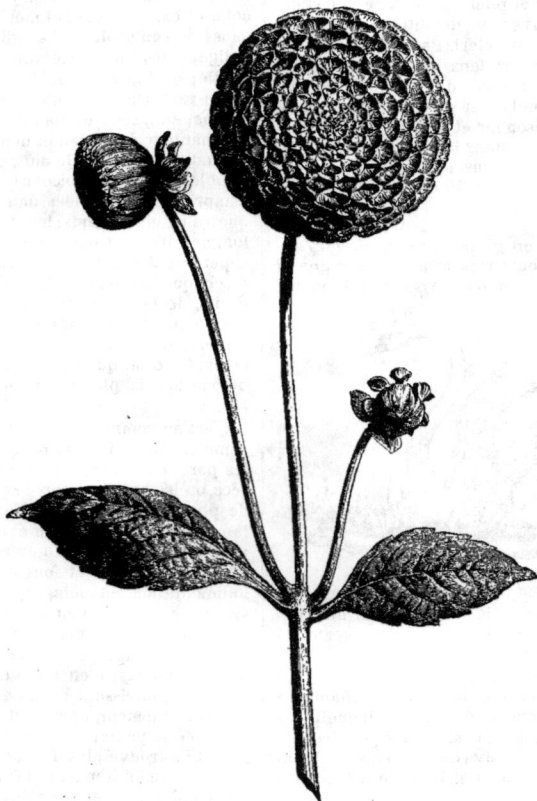

Fig. 454. — Dahlia naturel.

D

DACTILIFERE, *adj.* — Terme d'histoire naturelle. Qui porte des dattes; de *dacty*, datte, et *fere*, porter.

DACTYLOPTÈRE, *s. m.* — Se dit d'un poisson de mer acanthoptérigien, dont la chair est estimée; ses nageoires pectorales, très larges, s'étendent comme des ailes et lui servent à s'élever au-dessus de l'eau; il peut parcourir ainsi un espace de 30 à 40 mètres, ce qui lui a donné le nom vulgaire de *poisson volant*.

DÆDALÉA, *s. m.* — Genre de champignons à odeur d'anis, dont une espèce, qui pousse sur les vieux saules, est employée, réduite en poudre, contre la phtisie pulmonaire.

DAGUET, *s. m.* All. *Spiesshirsch;* angl. *young stag.* — Nom du jeune cerf qui a les cornes en forme de dague. Selon les pays, il a un an, dix-huit mois ou deux ans. On le traite culinairement comme le chevreuil.

DAHLIA, *s. m.* — Plante originaire du Mexique, importée par les Espagnols qui lui donnèrent le nom d'un savant Suédois, André Dahly. Décrite pour la première fois en 1791 par Cavanilles.

Les fleurs de l'une des variétés, *D. variabilis*, sont imitées dans les cuisines pour l'ornement des socles.

Au contraire de ce qui se passe pour la généralité des fleurs en cire, pour l'opération du dahlia on commence à poser les feuilles du bord sur une rondelle de cire préalablement fixée sur le pédon-

Fig. 455. — Dahlia en cire.

cule. Les feuilles doublées en forme de cornets arrondis doivent être préalablement coloriées. La grandeur de ces feuilles doit diminuer avec

une progressive régularité. On en fait des rouges-sang, des panachés, des jaunes et des blancs. On peut aussi les imiter en navet à l'aide d'un emporte-pièce.

Fig. 458.
Feuille de dahlia.

Dahlia tubéreux. — En Europe, on ne connaît que la fleur et on dédaigne sa racine tubéreuse bonne à manger. Les *D. tubéreux* ont une grande analogie de propriétés et de goût avec le topinambour. Au Mexique, on le soumet aux mêmes préparations culinaires que ce dernier.

Fig. 457. — Dahlia tubéreux.

DAIDSU. — Fève très commune dans le Japon et de la grosseur d'un gros grain de maïs. Les indigènes la réduisent en farine et en font une espèce de bouillie qu'ils utilisent avec les viandes en guise de sauce. Ils en font aussi une espèce d'embamma, appelé *sœja*, qu'ils mangent comme hors-d'œuvre pour exciter l'appétit.

DAIM, *s. m.* All. *Damhirsch;* angl. *deer;* ital. *damma;* esp. *dama.* — Quadrupède fauve du genre cerf, avec lequel il a une grande analogie par l'élégance de sa forme, bien qu'un peu plus petit; il aime les terrains élevés, comme le chamois, il marche en troupes à la tête desquelles est un chef, faisant la sentinelle; c'est d'habitude le plus vieux de la troupe qui donne le signal du danger par un sifflement perçant des narines et en frappant le sol avec ses pieds de devant pendant que sa tête indique la direction de la fuite, qui s'effectue aussi prompte que la foudre.

Le daim a la tête d'un gris fauve, un peu plus foncé sur la ligne du chanfrein et plus pâle autour des yeux. Au-dessous et en dehors des narines se trouve la tache blanche qu'on voit généralement chez le cerf. Le *faon* porte deux petites dagues revêtues de poil jusqu'à un an; alors le *daguet* porte deux andouillers dirigés en avant, et cela souvent pendant deux ans, au bout desquels les andouillers commencent à s'élargir au sommet pour former la palmature. Le *palmate* change ensuite les années suivantes l'ornement de sa tête; la palmature se dentelle à ses bords

supérieurs et postérieurs; quelquefois même les crêtes qui bordent les échancrures se convertissent en de vrais andouillers récurrents. Son rut et sa mue sont de quinze jours plus tardifs que ceux du cerf d'Europe. La femelle porte huit mois, et c'est ordinairement vers le milieu du mois de juin qu'elle met bas deux faons.

Les Orientaux estimaient beaucoup la chair du daim, qui formait une des plus délicates nourritures des Israélites. (*Deut.* XII, 15.) Les Grecs, les Romains surtout, avaient en grande estime la chair du daim; avec l'invasion des barbares, cet animal fut importé dans toute l'Europe; mais, comme les autres genres de son espèce, il tend à disparaître complètement de cette partie de la terre. Comme le cerf et le chamois, le vieux daim ne vaut pas grand'chose pour la cuisine; par contre, le *daguet* et le *palmate* tués vers le mois de décembre sont excellents, de beaucoup supérieurs au daguet-cerf et aussi bons que le chevreuil; ils se distinguent de celui-ci par une succulence plus abondante.

On traite le daim comme le cerf, le chevreuil et le chamois. (Voir ces mots.)

DAINE, *s. f.* (*Dama*). All. *Hirschkuh;* angl. *doe;* ital. *daina.* — La femelle du daim, qui se nomme *dine* avant la première fécondation. La chair de la dine, vulgairement appelée *dinette,* est meilleure que celle du daguet.

DALBERGE, *s. f.* — Arbrisseau des pays chauds; on tire, par incision de son écorce au moment de la circulation de la sève, une gomme employée pour l'usage alimentaire et dont l'une des espèces fournit la *gomme laque.*

DALMATINE, *s. f.* (*Entremets glacé*). — La dalmatine se sert en place du punch à la romaine comme coup du milieu.

Formule 1428. — Faire une glace aux cerises dans une proportion de 2 litres; joindre 6 blancs d'œufs fouettés et sucrés dans la règle des meringues; 3 décilitres de marasquin et 4 de vin de Champagne. Couper à l'emporte-pièce rond des lames d'ananas et les mélanger avec des cerises divisées en deux; mêler le tout après l'avoir coloré d'un rose tendre.

DAMAS, *s. p.* (*Géographie gastronomique*). — Dans la Turquie d'Asie, derrière les montagnes de l'Anti-Liban, se trouve la plaine de Damas, d'une fertilité incomparable en arbres fruitiers de toute espèce. Des raisins, prunes, pêches, abricots, cerises, poires et pommes; les variétés les meilleures nous viennent de Damas, d'où ces fruits furent importés en Grèce, en Italie, et, avec l'invasion des Barbares, dans toute l'Europe; ce pays avait aussi des fruits indigènes, mais inférieurs comme qualité.

DAME-BLANCHE, *s. f. (Glace plombière).* — — *Formule 1429.* — Moudre 250 grammes d'amandes douces, les piler dans le mortier en mouillant graduellement jusqu'à absorption d'un litre d'eau. Passer à l'étamine; ajouter 500 gr. de sucre à ce lait, pour faire un sirop à 20 degrés; ajouter alors deux petits verres de kirsch et glacer. D'autre part, faire tremper dans du kirsch des fruits confits et hachés. Sangler un moule à plombière et le remplir par couches alternées de glace et de fruits. Une heure après, démouler le tout et le surmonter d'un attelet aux fruits.

DAME (*Palais de*). — Petits-fours. — *Formule 1430.* — Employer :

Sucre en poudre	grammes	250
Farine	—	000
Œufs	nombre	4
Rhum, petit verre	—	1

Procédé. — Travailler avec le fouet, dans une terrine, les œufs, le sucre, puis ajouter la farine et le rhum.

Lorsqu'on désire faire ces palais-de-dame aux raisins, il faut ajouter à la formule 125 grammes de raisins de Corinthe.

DAMPFNUDELN, *s. m. (Cuis. allemande).* — Entremets qui se fait de plusieurs manières, selon les villes ou les ressources dont on dispose. A Munich, la formule suivante se nomme *Dukatennudeln*.

Dampfnudeln à la munichoise (*Procédé général*). — *Formule 1431.* — Employer :

Farine tamisée	grammes	500
Levure de bière	—	25
Beurre fondu	—	100
Sucre en poudre	—	100
Lait	décilitres	2
Jaunes d'œufs	nombre	5
Zeste de citron	—	1
Une pincée de sel.		

Procédé. — Faire tiédir le lait et le délayer avec la levure et un quart de la farine préalablement chauffée, pour en faire un levain, que l'on maintient dans une température douce.

Lorsque le levain a doublé de volume on lui incorpore peu à peu le beurre fondu, le sel, le zeste de citron, les jaunes d'œufs, le sucre et la farine. Fouetter la pâte avec la main et la laisser lever de nouveau. La sortir sur le tour et la fariner.

La pâte est alors terminée.

On l'abaisse et, après un repos de cinq minutes, on en coupe des rondelles que l'on pose sur un linge fariné, et faire légèrement lever les rondelles à température douce. Humecter les rondelles les unes après les autres dans du beurre d'écrevisse, les plier en deux et les dresser en chevauchant dans un moule uni à cheminée. Couvrir le moule d'un papier beurré et faire cuire pendant 35 minutes dans un four moyen.

Démouler l'entremets sur un plat rond et envoyer séparément une crème d'office (voir ces mots).

Dampfnudeln à la polonaise. — *Formule 1432.* — Abaisser la pâte à *Dampfnudeln* (voir la *formule 1431*), en couper de petites rondelles, sur les unes desquelles on pose de la marmelade d'abricots très ferme et humectée en rhum. Ramener les bords des abaisses sur la marmelade de façon à souder la boulette. Les placer à mesure sur un plafond beurré, le côté soudé en bas; faire lever pendant une petite heure; beurrer les boulettes avec le pinceau, les saupoudrer de sucre fin et les cuire.

Les dresser en buisson sur une serviette à franges.

Dampfnudeln à la crème. — *Formule 1433.* — Faire la pâte selon la *formule 1431*, la pétrir pour la raffermir; l'abaisser en tailler des bâtons pour pouvoir en tailler des dés de la même grosseur, qui puissent être roulés en petites boulettes. Les placer sur une plaque farinée et les laisser lever une heure environ; elles devront être alors de la grosseur d'une grosse noix.

Faire cuire une quantité suffisante de lait sucré et vanillé. Lorsque le lait est en ébullition, on y jette les boulettes; après dix minutes de cuisson, les sortir avec l'écumoir sur un compotier. Lier tout ou partie du lait avec des jaunes d'œufs sans laisser cuire et masquer avec cette crème les *Dampfnudeln*.

Remarque. — Je ne m'étendrai pas sur les différents modes de cuisson, à sec ou par ébullition, ni sur celui du dressage, qui doit être abandonné à l'opportunité du travail.

DAMPIERRE (*Gâteau*). — Cet entremets a été créé à Troyes en janvier 1889.

Formule 1434. — Employer :

Amandes fraîchement mondées . .	grammes	125
Sucre en poudre	—	200
Beurre fin	—	30
Poires blanches confites hachées. .	—	60
Blancs d'œufs	nombre	3
Vanille.		

Procédé. — Piler les amandes en ajoutant peu à peu les blancs d'œufs, puis le sucre et la vanille. Travailler dans une terrine le tout avec les poires et le beurre. Coucher la pâte dans un moule carré, foncé de papier et cuire à four moyen.

Abricoter et glacer à la vanille; le décorer avec des tranches de poire blanches et roses. (Albert Coquin.)

DAMSON-PUDDING, *s. m.* — Terme de cuisine anglais, désignant le pouding aux prunes de Damas. (Pour la formule voir *apricot-pudding* et *Damson-Tart*).

DANIEL-ROCHAT, *s. p.* (*Glace à la*). — Nom du créateur de la glace suivante :

Formule 1435. — 1° Faire une glace aux noisettes pralinées, dont on conservera quelques noisettes;

2° Une glace aux pistaches avec quelques pistaches émincées;

3° Une glace d'abricots avec quelques pêches parfumées au marasquin.

Procédé. — Chemiser un moule avec la glace aux noisettes en les décorant avec les noisettes que l'on a gardées. Napper cette couche d'une autre de glace aux pistaches. Remplir l'intérieur avec la glace d'abricots, des pêches au marasquin coupées en petits dés.

Sangler et démouler, selon la règle, après une heure.

DANNEMOINE, *s. p.* (*Vin de*). — Bourgogne, Côte-d'Or. On y récolte un bon vin rouge de troisième classe, contenant de 11 à 12 degrés d'alcool.

DANSE. — Hygiène et alimentation de la danse. (Voir BAL.)

DANTE. — Quadrupède à pieds fourchus commun dans les déserts de Numidie et de la Libye. De la grandeur d'un petit taureau à poil d'un bleu violacé, remarquable par ses oreilles droites et petites comme celles des chèvres, et par sa seule corne en forme d'anneau au milieu de sa tête.

Sa chair exquise, fine, parfumée, tenant entre le gibier à plume et l'âne, est très recherchée des Maures. On la conserve par le boucanage. Culinairement, elle se traite comme le veau.

DANZIG (*Eau de*). — *Formule 1436.* — Employer :

Alcool à 32 degrés	litres	2
Essence de Macis	gouttes	5
Essence de cannelle	—	3
Essence de citron.	—	2
Sucre	kilogr.	2

Procédé. — Faire un sirop avec le sucre et 2 litres 1/2 d'eau, mélanger le tout une fois bien clarifié et filtrer au papier; laisser refroidir et mettre en bouteille.

DARD, *s. m.* (*Lenciens vulgaris*). — Poisson du genre carpe, aussi appelée *Vaudoise*, armé de fortes arrêtes sur le dos, en forme de dard, d'où vient son nom. Sa chair tendre, blanche, est d'une médiocre délicatesse. Dans le Languedoc, on lui donne le nom de *Sophie* et à Lyon celui de *Saïffe*.

DARENNE (EMILE). — Célèbre cuisinier-pâtissier, né à Paris, le 27 mars 1861, membre de l'*Académie de cuisine*, et auteur d'un *Traité élémentaire de Chimie à l'usage des cuisiniers*. (Voir CUISINIER.)

DARIOLE, *s. f.* (*Pâtisserie*). — Nom d'une confidente qui, en introduisant la correspondance galante dans de petites pâtisseries, favorisa les amours de Perion, roi des Gaules, et d'Elisène.

Ce genre de pâtisserie fut d'abord appelé *dariolette*, nom qui faisait allusion à mademoiselle Dariole, et s'est ainsi conservé au féminin. Cette pâtisserie avait pris le sens d'amour par les poètes qui s'en servaient au figuré. Mais laissons là l'étymologie et faisons des darioles d'une autre douceur.

Darioles. — *Formule 1437.* — Foncer des moules à darioles, ou à nougats, avec de la pâte à gâteau de roi à six tours (voir ce mot), ou facultativement avec de l'abaisse de feuilletage rebeurré. D'autre part, préparer l'appareil avec un moule plein de sucre et un autre plein de farine,

un grain de sel, trois macarons, trois et deux décilitres de lait aromatisé au chocolat, aux amandes, au marasquin, au citron ou à la vanille.

On met le tout sur le feu et on fouette jusqu'à
consistance de crème; on remplit les moules au
trois quarts et on les cuit dans un four chaud;
saupoudrer de sucre en sortant du four.

DARCET, *s. p. (Garniture à la). — Formule
1438.* — Ce sont les viandes noires que l'on sert
de préférence avec cette garniture, le plus souvent le filet de bœuf : Piquer dans la règle, le
faire cuire; d'autre part, piquer et faire glacer
des filets de veau coupés longitudinalement en
deux; glacer également des ris d'agneau (ou à
défaut des ris de veau) garnir le filet par groupes;
le saucer, le surmonter d'attelets garnis de crêtes
de coq, et servir séparément une sauce Soubise
claire.

DARNE, *s. f.* All. *Schnitte;* angl. *slice;* ital. *fetta
di pesce,* sans. *darana.* Terminologie très ancienne
qui signifie *portion.* — Forte tranche d'un gros
poisson, tel que le saumon, l'esturgeon, le cabillaud. La grosseur de la darne varie de 4 à 10 centimètres d'épaisseur.

Darne de saumon au beurre de Montpellier. — *Formule 1439.* — Tailler une forte darne
dans un saumon gros et frais, la laver dans la
règle, lui donner la forme ronde ou ovale, selon
qu'on le désire, à l'aide de la ficelle et en ajoutant à l'intérieur un oignon ou un navet pour
maintenir la correction de sa forme. De préférence, on la cuit dans un court bouillon froid, ce
qui conserve la couleur d'un rose plus clair, lui
permettant ainsi d'écumer. Quand elle est froide,
l'égoutter, la glacer à la gelée; garnir le tour de
beurre d'anchois décoré avec des filets d'anchois,
des olives, des œufs, au besoin des truffes et du
beurre de Montpellier.

Poser la darne sur un fond de plat au beurre
de Montpellier sur un petit socle. Faire une
couronne de salade et d'œufs, ou d'autres végétaux autour de la darne, ou simplement une bordure de crevettes et envoyer une sauce ravi-
gote à part.

Remarque. — S'il s'agit de grands socles où doivent prendre place plusieurs darnes, le saumon
moyen du Rhin est préférable, il donne des tranches roses et fermes, d'un goût préférable au
saumon d'autres fleuves. Quant à la manière de

dresser, elle appartient à l'artiste, qui selon l'opportunité du service, ses moyens ou son goût,
la variera, ainsi que la forme de ses socles. Les
darnes d'esturgeon se traitent de la même manière, ainsi que les tranches d'autres gros poissons pouvant se servir froids.

Darne d'esturgeon à la provençale (*Chaude*).
— *Formule 1440.* — Tailler la darne, la laver et
la piquer de filets d'anchois; passer à l'huile d'o-
lives dans un sautoir de haute forme, en y ajoutant une gousse d'ail, quelques grains de poivre
concassés, une pincée de sel et un bouquet de
persil. Mettre dessus la darne d'esturgeon; lui
faire prendre couleur des deux côtés, et mouiller
avec du vin blanc sec; couvrir et faire cuire, la
tourner une fois. Lorsque la darne est cuite et
que les oignons sont en purée, on les passe au
tamis de crin et on y ajoute de la glace de viande,
un jus de citron et une légère pointe de piment,
s'il y a lieu. On beurre et on masque la darne
avec la sauce.

Darne de saumon du Rhin à la Bâloise. —
Formule 1441. — Tailler la darne, la laver, l'assaisonner, et la faire cuire dans un sautoir avec
du beurre frais et des oignons émincés; le poisson étant cuit et les oignons d'une couleur dorée,
on dresse la darne entourée des oignons.

Darne de truite saumonée à la genevoise.
— *Formule 1442.* — Lorsque les pêcheurs des
bords du Léman ont la bonne fortune de rencontrer un de ces trésors qui font le délice des gourmets, leur premier soin est de l'envoyer à Genève où il ne manque jamais d'amateurs. On
taille le petit saumon par tranches et on le lave.
On couche dans un sautoir beurré des oignons,
une carotte, du poivre en grain concassé, une
branche de thym; on fait prendre couleur et on
y ajoute la tête du saumon frais. On mouille le
tout avec une bouteille de vin de Bossay et on
fait cuire jusqu'à réduction des deux tiers; on
passe à travers un tamis fin, puis à l'étamine, et
l'on met cette purée dans un bain-marie. D'autre
part, on fait cuire les darnes dans le même vin
(à moins que ce ne soit du vin vaudois, ce qui serait d'un mauvais goût à Genève), assaisonné
dans la règle.

Les darnes cuites, on ajoute *un peu de leur
cuisson dans la purée,* de la glace de viande et
du beurre très frais, on lie en fouettant comme
une sauce hollandaise en relevant d'un jus de

citron et d'une pointe de poivre de Cayenne, s'il y a lieu. On dresse les darnes entourées d'écrevisses et l'on sert séparément. Voilà comment les aime M. Enard, l'heureux possesseur du château de Calvin.

Darne de Cabillaud à la flamande. — *Formule 1443.* — Les darnes cuites dans la règle, on les dresse et on les sert accompagnées d'une sauce composée de beurre fondu, dans lequel on a ajouté sel, jus de citron, persil haché et de la moutarde française; on lui donne un bon coup de fouet pour la lier avant de servir.

Il est à remarquer que l'on ne varie *sensiblement* le mode de préparation des darnes que dans la cuisson, les différents noms étant déterminés par les sauces qui les accompagnent. (Voir DAUMONT.)

DARTOIS, *s. p. (A la).* — De *Artois*, province française, et par abréviation du titre nobiliaire de Artois, *d'Artois*, puis par altération *dartois*.

Filets de saumon à la Dartois. — *Formule 1444.* — Lever des filets dans un saumon en suivant les fils de la chaire, de façon à former de petites escalopes. Les assaisonner et les farcir des deux côtés d'une farce à quenelles de poisson blanc, merlan, perche ou brochet; saupoudrer les filets, ainsi préparés, avec des truffes crues et hachées menues, les rouler de manière à incruster les truffes dans la farce; puis, pour les fixer, passer un pinceau trempé dans du blanc d'œuf mousseux. Aligner les filets dans un sautoir beurré recouvert d'un papier, et les cuire au four. Les dresser en turban, et garnir le centre d'une garniture d'huîtres pochées et de champignons liés d'un fumet de poisson.

Saupelis à la Dartois. — *Formule 1445.* — Composer un salpicon d'écrevisses ou de homards, de foies de lottes et d'huîtres blanchies. Incorporer dans une farce de poisson crue et l'assaisonner de haut goût. Abaisser du feuilletage à gâteau de roi, couper deux bandes, l'une de 6 centimètres de large et l'autre de quatre; coucher sur la plus large une nappe d'appareil, haute de 1 centimètre, jusqu'à 2 centimètres du bord. Unir le dessus, mouiller le bord et recouvrir avec la petite bande; souder le bord, canneler le dessus, dorer et faire cuire dans un four; puis tailler la bande, en la sortant des bâtons longs, de 4 centimètres de large. Servir chaud sur serviette.

Gâteau Dartois. — *Formule 1446.* — Abaisser des rognures de feuilletage, ou faire de la pâte à gâteau de roi et l'abaisser en la divisant en deux parties; garnir l'une de ces bandes de crème à la frangipane, crème d'amandes, moelle ou marmelade d'abricots, soit d'autres confitures. Couvrir avec l'autre abaisse et en souder les bords; calquer sur le gâteau des carrés longs de 8 centimètres sur 4 de large; verger le tout de petits losanges à l'aide du dos du couteau. Dorer et faire cuire aux trois quarts; saupoudrer de sucre en grains; achever la cuisson et, en sortant du four, diviser les dartois suivant des lignes indiquant les carrés. Servir chauds, s'ils sont à la moelle ou à la crème pâtissière; ils sont, au contraire, préférables froids s'ils sont aux confitures.

DATHIS (LÉON), ingénieur civil à Paris. — Dathis est le créateur du système de panification qui porte son nom.

Il avait d'abord créé pour ses besoins personnels le four et le pétrin mécaniques, et, frappé des avantages de ce nouveau système de boulangerie (voir ce mot), il en étudia et perfectionna les détails au point de vue industriel, et en peu de temps il arriva à obtenir un ensemble complet de panification.

Ce système, appelé à révolutionner l'ancienne boulangerie, outre qu'il donne un produit tout à fait supérieur à ce qui a été fait jusqu'à ce jour, apporte dans la fabrication des économies et des facilités remarquables : pour en donner une idée, ainsi qu'on peut le voir par la figure de l'installation industrielle que nous reproduisons ci-après, en 12 heures de travail, 10 manœuvres guidés par un contre-maître convertissent en pain de luxe 2,000 kilos de farine avec un rendement et une qualité bien supérieurs à tout ce qui a pu être obtenu jusqu'à ce jour.

Au mot *Boulangerie*, nous avons résumé les avantages hygiéniques qu'il y a dans ce nouveau système mécanique, qui a atteint le plus haut point de propreté rêvé par les délicats.

M. Dathis est aussi l'inventeur d'un *pain sans mie* (voir ce mot), très apprécié par les médecins contre l'*obésité*, la *dyspepsie*, le *diabète* (voir ces mots). Le vif intérêt du public et le jugement des nombreux acheteurs, ou simples curieux, visitant chaque jour cette exposition permanente de l'avenue de l'Opéra, est la sanction la plus impartiale, la plus autorisée, et bien au-dessus de la plus haute des récompenses de jury.

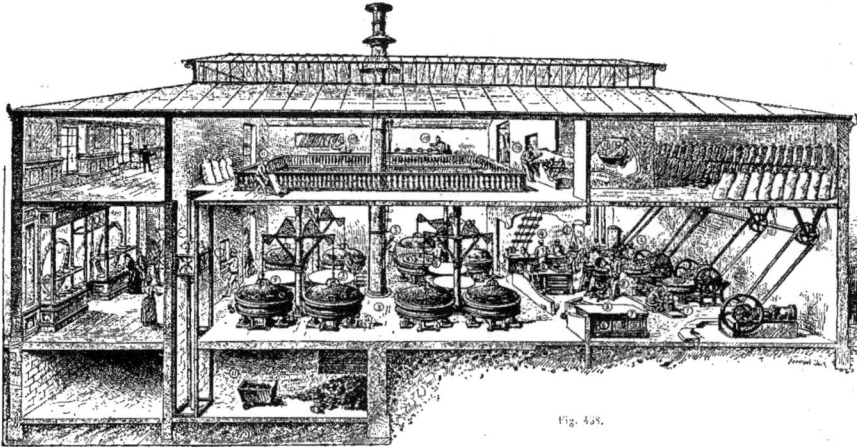

Fig. 458.

INSTALLATION INDUSTRIELLE, SYSTÈME DATHIS
25 mètres de longueur sur 10 de largeur
Les personnages et les cercles portant les mêmes numéros indiquent les différents services d'un seul ouvrier.

1. l'usage des matières.
Pétrissages.
Pousse des pâtes.
2. Pesage des pâtes.
Découpage des pâtes.

Service des pâtes façonnées :
3. Aux armoires de pousse.
Aux armoires de ventillation.
A la salle des fours. [périeure.
Envoi des banneteaux à la galerie su-

4. Aide-tourneur des pâtes.
5. Tourneur des pâtes.
6. Aide-tourneur des pâtes.
7. Tourneur des pâtes.
8. Cuiseur des pains.

9. Chauffeur des fours.
10. Nettoyage des banneteaux à la galerie supérieure et leur renvoi
aux tourneurs des pâtes. [rines.
11. Service des combustibles et des fa-

DATTE, *s. f.* (*Phœnis dactylifera*). All. *Dattel;* angl. *date;* ital. *dattere.* — Fruit du dattier, *Elœis guineensis,* arbre de la famille des palmiers.

Originaire d'Orient, il croît dans les régions chaudes de l'Afrique et de l'Amérique; mais c'est surtout dans le Brésil, dont il paraît originaire, et sous l'Equateur, qu'il atteint son plus complet développement.

De vastes forêts de dattiers s'étendent, dans la Guinée, depuis la Gambie jusqu'au Congo, et pénètrent de plusieurs lieues dans l'intérieur. Comme tous ceux de son espèce, il s'élève droit, sur une seule tige, élancée et flexible, appelée *stipi,* jusqu'à une hauteur de 15 à 20 mètres. Ses fleurs sont *monoïques,* ou *polygames,* c'est-à-dire que le même pied porte à la fois des fleurs mâles et femelles enveloppées dans une *spathe* ou enveloppe double; elles sortent sous l'aisselle des feuilles. Les fruits ou dattes de couleur verdâtre d'abord, puis dorée, et atteignant la grosseur d'une noix, se groupent et forment un seul *régime* atteignant un poids d'une dizaine de kilos. Un *sarcocarpe* entoure un noyau très dur et presque

Fig. 459. — Dattier palmiste.

rond, dans l'intérieur duquel se trouve une amande blanche et huileuse.

USAGE ALIMENTAIRE. — Les dattes se mangent fraîches de préférence, elles sont alors d'une agréable douceur et facile à la digestion. Ces qualités, un peu diminuées lorsqu'elles sont sèches, n'en restent pas moins très agréables.

Sa composition chimique : sucre, matières azotées, amidon, sels minéraux, etc., montre comment les Indiens et les Arabes des oasis algériennes peuvent en faire leur principale nourriture. Avec les dattes mises en fermentation, on prépare une *cervoise* analogue à la bière, aussi appelée *vin de dattes.* Par la distillation de ce vin fermenté, des dattes fraîches et de quelques feuilles du bouquet, on obtient un alcool qui n'est pas sans valeur. On prépare aussi, en cuisant les dattes fraîches, en les submergeant d'eau à la hauteur nécessaire et en les égouttant sur un tamis, une gelée fort agréable, d'une couleur limpide et transparente.

Les Arabes les réduisent aussi en farine pour en faire des tartes, qui n'auraient pas grand attrait pour nous si elles ne servaient pas à remplacer le pain dans ces pays et que l'on ne fût tout heureux de les y rencontrer. Le commerce des dattes est considérable : après la récolte qui, en Algérie, se fait en septembre, on suspend les régimes ou *spadices* sous des hangars où ils achèvent de mûrir; ils deviennent alors transparents. Vers le mois de février, on les emballe dans des coffins de sparterie pour les envoyer en Europe. C'est ainsi que les grands marchands les reçoivent; ils dégagent et trient les régimes, et les dattes sont alors prêtes à être livrées pour le dessert de nos tables.

HYGIÈNE. — La datte entre dans la catégorie des pectoraux. Le dattier sécrète une liqueur blanche aussi bienfaisante que le lait; les Arabes prétendent que ses fleurs sont aphrodisiaques. Les jeunes pousses sont très rafraîchissantes et se préparent comme les épinards. La datte mangée verte en quantité produit des accidents mortels.

DAUBE, s. f. All. *Dœmpfen;* angl. *stew with spices;* ital. *stufato.* De *dauber,* frapper, mortifier, sens plus exact dans l'ancien allemand *dubban.* — La daube se fait avec du bœuf, du mouton, du porc ou de la volaille. Les viandes de boucherie doivent être frappées, piquées, condimentées et mises dans la daubière avec garnitures de légumes, vin, eau-de-vie et de l'eau; on la cuit à l'étouffée. C'est un mets de l'ancienne cuisine qui n'est plus guère usité de nos jours; il a fait place au *bœuf à la mode* et au *bœuf braisé,* qui, du reste, sont synonymes. Anciennement il se servait indifféremment *froid* ou *chaud,* ce qui l'avait fait appeler par les Romains *calidus-frigidus,* mot à mot *chaud-froid* (voir ce mot), en raison de la grande chaleur qu'on lui appliquait pour obtenir la gelée qu'ils mangeaient froide.

DAUBIÈRE, s. f. All. *Dampfkessel;* angl. *oval stew pan.* — Vase de grès ou de terre cuite servant à faire cuire la daube. (Voir BRAISIÈRE).

DAUJAT, s. m. (*Aurata*). — Poisson des mers de la Chine, du genre cyprin; sa forme et sa chair ont une grande analogie avec la carpe d'Europe.

DAUMONT. — Nom d'un amphitryon auquel plusieurs cuisiniers dédièrent des mets.

Punch à la Daumont. — *Formule 1447.* — Incorporer dans 2 litres de glace de fraise forte en fruits, six blancs d'œufs fouettés et sucrés, et 3 décilitres de vin de Champagne; mélanger le tout en agitant et servir dans les verres.

Garniture à la Daumont. — *Formule 1448.* — Préparer deux douzaines d'écrevisses, les décarapacer et conserver les pinces; vider l'estomac et remplir la carapace d'une farce à quenelles de poisson coloriée en rose avec du corail d'écrevisse. Cette opération se fait sur du papier beurré avec une poche à douille; on aura soin, en remplissant l'estomac, de former la queue et de piquer les pattes à pinces de façon à imiter l'écrevisse. Mettre les feuilles de papier contenant les écrevisses dans un sautoir ayant un court-bouillon de poisson en ébullition. Les laisser pocher.

D'autre part, préparer des quenelles de poisson décorées de truffes; les pocher en les maintenant très blanches. Préparer un coulis d'écrevisses au jus de champignons frais, y joindre les champignons. Dresser la darne de poisson chaude sur un fond de riz très cuit, préalablement modelé sur un plat long; l'entourer de la garniture en décorant les deux extrémités du plat avec les quenelles blanches et les écrevisses imitées. Laisser la darne nue, et la surmonter d'attelets si elle est belle, et la masquer de sauce si elle présentait quelques défectuosités.

On sert aussi *à la Daumont* des filets ou escalopes de poisson, sans arêtes. (L. Hanni, président de l'*Académie de cuisine.*)

DAUPHIN, s. m. (*Delphinus*). All. *Delphin;* angl. *dolphin;* ital. *delphino;* esp. *delfin;* port. *delphins.* — Dérivant d'un mot grec qui signifie *grosse tête.* — Mammifères de l'ordre des cétacés et de la famille de l'ordre des souffleurs, qui voyagent en troupes dans toutes les mers.

Le dauphin est remarquable par sa forme extérieure de poisson et son organisation intérieure qui est comme celle des animaux mammifères terrestres. Les légendes à son sujet sont nombreuses et pas moins incroyables. Sa chair a une grande analogie avec celle de la baleine (voir ce mot) : grasse, lourde et d'un goût rappelant le thon. On en tire une huile d'une grande renommée, déchue aujourd'hui. Le dauphin est souvent représenté dans les pièces montées de cuisine et de pâtisserie, en stéarine, nougat ou autres pâtes.

Ce nom fut donné, depuis Philippe de Valois, aux fils aînés des rois de France, après la réunion du Dauphiné au royaume français, en 1343, suivant une clause insérée dans son traité. Le Dauphiné avait trois dauphins dans son écusson ; de là s'est perpétué le mode de représentation du dauphin dans les allégories culinaires.

Quenelles à la dauphine. — *Formule 1449.* — Faire une farce avec de la volaille ou du gibier à plumes, en la maintenant grasse et légère ; en coucher de petites quenelles et les pocher sans les laisser complètement cuire ; les sortir et les laisser refroidir dans une sauce à la Villeroi ou une sauce suprême ; étant

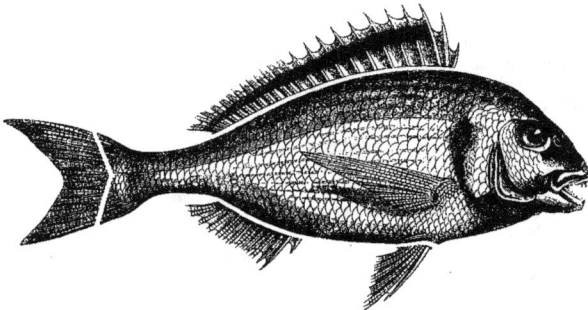

Fig. 460. — Daurade.

froides, les sortir une à une, les passer à la mie de pain en leur donnant une forme régulière et ovale. Les frire et s'en servir pour garniture, ou les servir ainsi sur une serviette comme hors-d'œuvre.

Garniture à la dauphinoise. — *Formule 1450.* — Ragoût de quenelles de poisson, de champignons et de homard en dés, liés au coulis d'écrevisses ; il sert à garnir les poissons, soles, rougets, saumons, de même que des croustades ou bouchées.

Pommes de terre à la dauphine. — *Formule 1451.* — Faire une purée de pommes de terre en y ajoutant du beurre seulement et une petite dose de crème fraiche ; ajouter à la purée un quart de son volume de pâte à choux (voir ce mot), assaisonner et remuer fortement avec une cuillère de bois. Saupoudrer la table de farine et y renverser la casserole de pommes de terre ; en

rouler des morceaux, dont on fait des boulettes qu'on passe à l'appareil anglais et dans la chapelure. On fait frire les croquettes et on les sert soit en garniture, soit sur une serviette pliée.

On peut supprimer la pâte à choux en lui substituant des jaunes d'œufs.

Gâteau dauphinois. — *Formule 1452.* — Faire cuire un appareil à gâteau Lacam dans un moule à gâteau Solferino-feuilles dans un four modéré. Le coller sur un fond et glacer d'une glace à la pistache d'un vert tendre, et saupoudrer le gâteau de pistaches hachées et le fond d'amandes grillées. Garnir le creux d'une bonne purée de marrons glacés, légèrement beurrée et montée en pyramide en la poussant au travers d'une douille étoilée. (*A. Coquin*, pâtissier à Troyes.)

DAUPHINÉ (*Vins du*). — Dans le département de la [Drôme on distingue : en *première classe*, les crus de l'Hermitage, Meal - Greffieux, Bessas, Baune, Raucoulé, Maret Guiognières, les Burges et les Lands, d'une spirituosité de 16 à 17 degrés ; en *deuxième et troisième classe*, viennent le Crôssus, le Mercuval, Gervant dans le Lyonnais, Verinay, de 11 à 12 degrés d'alcool.

Les Bartavelles du Dauphiné jouissent d'une bonne réputation.

DAURADE, *s. f.* (*Crysophrys aurata*). All. *Dorade*. — Poisson de la famille des sparoïdes, qu'il ne faut pas confondre avec le *daurat cyprin* de la Chine. La daurade habite la Méditerranée et passe dans les étangs où elle vient s'engraisser. On en distingue plusieurs variétés, ce qui a donné lieu à une certaine confusion parmi les naturalistes ; les plus estimées sont celles des côtes du Languedoc. Les Romains appréciaient sa chair, puisque *Sergius*, le grand inventeur des viviers de poissons, à Rome, a tiré le surnom d'*orata* de ce poisson, qu'il a le premier conservé.

La chair blanche de la daurade est d'une facile digestion; on la prépare comme la carpe ou la sandre. Apicius en donne la recette suivante :

Daurade au vin. — *Formule 1453.* — Vider le poisson, le tremper dans l'eau bouillante, ôter la peau écaillée, le mettre dans un vase avec du vin de Chypre, de la farine et des queues de crevettes, saler et aromatiser le tout. (*Apicius.*)

DAURADON, *s. m.* (*Coryphœna acquiselis*). — Ce poisson, variété de la daurade, se distingue d'elle par des taches noires sur le dos; sa chair n'est pas aussi bonne.

DAVAYÉ, *s. p.* (*Vin de*). — Vin rouge ordinaire du Mâconnais, 16 à 17 degrés d'alcool.

DÉ, *s. m.* — Petit morceau de viande cuite coupée en carré, servant de garniture : de la langue coupée en *petits dés.* Des champignons et des truffes coupés en petit dés, etc.

DÉBARDER, *v. a.* — Action d'ôter le lard sur les gibiers ou viandes rôties.

DÉBARRASSER, *v. a.* — Action de remettre à sa place la vaisselle desservie. Malheur au cuisinier qui, après le service, ne sait pas rétablir l'ordre et la propreté, qui laisse épars çà et là des mets desservis; ce désordre est le signe le plus certain de son inaction, de son mauvais goût : celui-là n'est ni cuisinier, ni rôtisseur, il *gargouille.* Or donc,

A cet ingrat travail, que tout le monde arrive,
Que chacun y mette du sien;
Bientôt du débarras, la propreté s'active;
Qui choque l'œil, il n'est plus rien.
Tout est déjà brillant, filles à l'air affables,
D'accord avec le marmiton,
Ont fermé les buffets, débarrassé les tables,
Et la cuisine est un salon.

DÉBILITANT, *adj.* All. *schwæchen;* angl. *débiliting.* — Toute substance alimentaire et médicale tendant à affaiblir les muscles. Tout ce qui est propre à rendre *débile,* à *débiliter;* la diète est un des plus favorables débilitants contre les maladies aiguës.

DÉBIT, *s. m.* All. *Laden;* angl. *retail shop;* ital. *vendita.* — Se dit des maisons qui débitent des boissons ou toute autre marchandise au détail, débit de vin, de café, etc. Se dit aussi de la quan-

tité de litres ou de mètres cubes qu'une source minérale *débite* dans vingt-quatre heures, une heure ou une minute.

DÉBONDER, *v. a.* All. *aufspunder;* angl. *to take out the bung.* — Action d'ôter la bonde d'un tonneau, d'une pièce de vin, de bière ou d'eau.

DÉBOTTER, *v. a.* — Culinairement, détacher une botte d'asperges, de salsifis, etc., défaire les bottes préparées.

DÉBRIDER, *v. a.* All. *durchschneiden;* angl. *to uncork;* étymologiquement de l italien *debucarre.* — Action de sortir le bouchon d une bouteille.

DÉBRIS, *s. m.* All. *Ueberrest;* angl. *remains.* — Morceaux ou miettes qui restent après la préparation d'un mets, entremets ou le décor d'un aliment sculpté. Débris de viande après avoir paré un filet, un chateaubriand. Terme qui doit être usité à la place de *parure,* qui est un non-sens. Parer, embellir une viande, un légume, une pâtisserie, et en recueillir les débris. Débris de table, d'un repas, choses cassées, brisées. D'après Boël :

Aussitôt sous leurs pieds les tables renversées
Font voir un long débris de bouteilles cassées.

DÉBROCHER, *v. a.* — Culinairement, action d'ôter les viandes de la broche. Retirer les brochettes qui traversent les viandes.

DÉCA. — Préfixe qui, joint au nom de mesures du système métrique, désigne une unité dix fois plus grande que l'unité génératrice; ainsi : décalitre, dix litres; décamètre, dix mètres; décagramme, dix grammes.

DÉCANTER, *v. a.* All. *abgiessen;* angl. *to decant;* ital. *decantare;* esp. *decantar.* — Action de transvaser doucement un liquide, pour laisser au fond du vase le dépôt ou précipité qui s'est formé.

DÉCAPODE, *s. m.* All. *Zehnfüsser;* angl. *tenfooted.* — Ordre de crustacés dont le homard, la langouste, le crabe et l'écrevisse sont les types. Etymologie de deux mots grecs signifiant *dix* et *pieds.*

DÉCEMBRE, *s. m.* (*December*). All. *Dezember;* angl. *december;* ital. *dicembre.* — Douzième et dernier mois de l'année, ainsi appelé parce que l'année latine était composée de dix mois, elle commençait au mois de mars et finissait au dixième *decem*.

Après la douceur et les plaisirs des climats, des bains, de la campagne folâtre où tant d'attraits font oublier le salon, après les vendanges, les moissons et les récoltes de tout genre, la nature semble retirer ses charmes pour dire à l'homme : « J'ai produit; maintenant c'est à t i d'utiliser, d'embellir, d'assimiler, de composer par ton génie des mets exquis pour continuer sans interruption les jouissances variées de la nature. » En effet, on commence à penser à la cuisine élégante, et décembre voit fleurir sur table par la main de l'artiste, la graisse, les légumes, le sucre et mille pâtisseries, socles, pièces montées de pâtisseries, chaufroids, légumes transformés en fleurs, offrent le plus brillant coup d'œil et ne cédant en rien aux produits naturels. C'est l'art culinaire qui apparaît triomphant avec la science de bien vivre :

Nous rappelle des charmes et provoque l'envie
Des potages savants, riches et stimulants,
Qui réchauffent le cœur et raniment la vie,
Font éclater des yeux brillants.

Et le chapon truffé qui fait notre délice,
L'arbenne, le vanneau, le foie en cromesquis,
Et ce nectar fumeux qui remplit le calice
Nous font un caractère exquis.

Le printemps est à table, épanoui convive,
En dépit de l'hiver, de neige, de verglas,
Préside le homard, caviar, l'huître *native*,
Et la bouchée à la Montglas.

Dans ces savants festins l'homme fait la nature :
Des châteaux, des vaisseaux, des vergers et des tours,
Des oiseaux gais, des fleurs, le soleil, la verdure
Qui font éclore des amours....

Rien ne résiste devant le génie culinaire; la forme, le goût, les propriétés, la couleur sont appropriés au désir du convive dont on guide la puissance alimentaire comme on guide le feu d'une locomotive à vapeur. Il ne s'agit que de connaître, de s'approprier et d'utiliser les produits de la nature pour transformer un banquet d'été en un festin d'hiver ou un repas d'hiver en un dîner d'été. Malgré la chaleur, la glace abonde, et malgré le froid, l'art entretient la chaleur et réchauffe l'économie. Pour cela, il faut suivre les saisons, recueillir et utiliser les produits de chaque mois de l'année, et, selon la température ou l'âge de l'individu, l'art pourra modifier le calorique.

Le mois de décembre est celui qui produit les foies gras frais; on fait alors les pâtés de foies d'oies; le dindon apparaît, avec les ramiers, les gros pigeons, les poulets, les chapons, les lapereaux, les levrauts, les gelinottes, les perdrix, les arbennes, les vanneaux, les faisans, les coqs de bruyère, les outardes, le chevreuil, le renne et le daim. Les viandes de boucherie sont au choix, excepté l'agneau. Les légumes sont les choux de toutes variétés (voir ce mot), les cardons, les céleris, les salsifis, les cardes, les betteraves, les laitues, les chicorées, la mâche, les carottes, les épinards, etc. Les fruits sont abondants et variés; il est de plus nécessaire d'utiliser celles des espèces qui ne se conservent pas longtemps en hiver.

Le philosophe riche, comme l'ouvrier, doit finir l'année comme il l'a commencée, sans privation, et laisser à l'avare la joie de l'or avec la peur de ne pas finir l'année ou de ne pouvoir en recommencer une nouvelle. A chaque fin décembre l'homme doit se pénétrer du juste sentiment que toute chose finit et que peut-être il ne verra pas l'an prochain; il doit adoucir les maux de la vie par les plaisirs de la table.

DÉCHET, *s. m.* All. *Abfall;* angl. *loss.* — Se dit de la perte qu'éprouve une substance alimentaire ou autre dans sa quantité comme dans sa qualité.

DÉCOCTION, *s. f.* All. *Abgekochter Trank;* angl. *decoction;* ital. *decozione;* esp. *decoccione;* étymologiquement de *coquere*, cuire. — Opération par laquelle on extrait d'une viande ou d'un végétal les principes solubles. La cuisson des asperges est un *décocté*, ainsi que l'eau de riz, le jus du rôti en gelée, etc.

DÉCOLLETAGE, *s. m.* — Alimentairement se dit de l'action de couper le cou aux betteraves et autres végétaux à bulbes.

DÉCOR, *s. m.* — Ce qui constitue l'embellissement d'une garniture, d'une tourte, d'un gâteau, d'une pièce montée, d'un socle ou d'un petit-four. Décorer au cornet, aux fruits, à la glace royale. Rien n'est plus beau qu'un décor régulier, correct et d'une seule ou de deux couleurs au plus. Le décor bigarré est à jamais passé de mode, le décor coloriste imitateur de la nature est le plus frappant, et jamais l'aphorisme : *Le style, c'est l'homme*, n'a été aussi vrai qu'ici, car rien ne relève l'esprit de génie artistique comme le style de correction du décor, et il faut une longue pratique pour devenir maître de cette seule partie de l'art culinaire.

DÉCORTICATION, *s. f.* (*Decorticatio*). All. *Abrinden;* angl. *decortication;* ital. *scorticamento.* — Action de *décortiquer.* Enlever l'écorce des racines ou des branches d'arbre, des fruits à pulpes, des grains et des légumes. Décortiquer des lentilles, de l'avoine, etc. Etymologie : de *cortix*, écorce, enveloppe.

DÉCOUPER, *v. a.* All. *Verchneiden;* angl. *to pink;* ital. *frastagliare.* — Action de diviser selon la règle une pièce de volaille, de gibier ou de viande de boucherie.

On a comparé un amphitryon qui ne sait ni découper ni servir au possesseur d'une bibliothèque qui ne saurait pas lire. En effet, l'un est aussi honteux que l'autre. Cet art de bien découper était regardé par nos pères comme si essentiel, qu'il faisait, chez les hommes bien nés et chez les gens riches, le complément d'une bonne éducation. Le dernier instituteur qu'on donnait aux jeunes gens, c'était un maître découpeur qui les faisait journellement opérer, et, joignant ainsi la pratique, l'exemple aux préceptes, ne les quittait pas sans leur avoir fait achever un cours complet dans cet art difficile, et les avoir familiarisés avec l'anatomie animale.

Forts de cette science et doués d'une adresse, d'une force et d'une agilité particulières pour bien pratiquer, nos anciens faisaient presque toujours honneur à leur maître, et tel qui n'aurait pu expliquer à livre ouvert un vers de Virgile ou une période de Cicéron connaissait toutes les sinuosités d'un canard, d'une oie ou d'une outarde. C'est surtout à la pratique de cet art que l'on reconnaissait le possesseur d'une fortune héréditaire. Jamais embarrassé pour faire les honneurs de sa table et même de celle des autres, il tenait à honneur de diviser et de servir lui-même les pièces les plus grosses et les plus difficiles, et il s'en acquittait avec une liberté, une dextérité qui prouvait que, né dans la classe opulente, il était depuis son enfance familiarisé avec les bons morceaux.

L'art de l'écuyer tranchant était autrefois très en honneur : il était exercé par un homme *ad hoc*, qui tenait le premier rang parmi les serviteurs d'une grande maison, et qui ne remplissait ses fonctions que l'épée au côté.

Cette charge, disparut avec la royauté, et les amphitryons se sont faits depuis un honneur de remplir eux-mêmes ce devoir en découpant de leurs propres mains les pièces les plus honorables de leur table.

Mais le service à la russe a détruit cette partie élégante de la table française, et elles sont rares aujourd'hui les maisons conviviales qui peuvent s'acquitter, aux applaudissements de l'assemblée, de cet art difficile, les maîtres d'hôtels, eux-mêmes, capables d'opérer avec agilité et élégance, sont clairsemés.

Les Anglais seuls ont eu le bon sens de conserver leur écuyer tranchant (*carver*), et jamais chez eux le service à la russe n'a prévalu sur le magistral roastbeef d'où l'on découpe la succulente tranche saignante. Même dans les tavernes anglaises, le découpeur remplit les fonctions du maître-queux.

Combien en est-il aujourd'hui qui peuvent se dire maîtres dans cette partie de la science culinaire ? Pressé par des collègues qui voulaient connaître *de visu* si ma réputation n'était pas surfaite en matière d'anatomie, je procédais à la dissection d'un poulet sans en attaquer les viandes ailleurs que sur les jointures, de façon qu'il se maintint dans sa position entière sans paraître découpé. Un simple coup de fourchette suffisait pour détacher son morceau.

J'ai vu un rival étonnant dans cet art. Dans un dîner offert par M. Paillard aux rédacteurs de la haute presse parisienne, Joseph Dugniol découpa un canard sauvage en l'air, au bout de la fourchette, avec une grâce et une agilité admirables, et cela en moins de temps que j'en mets pour le dire.

Mais puisque les écuyers tranchants n'existent plus que dans l'histoire, j'invite l'amphitryon à découper lui-même.

Une volaille doit être attaquée avec la pointe du couteau à la jointure de l'aile d'abord, et ensuite on lève les cuisses. La dissection doit se faire sans efforts et non par des manœuvres brusques des épaules et du corps, qui peuvent éclabousser le jus hors du plat. Quand on se sent incapable de s'en acquitter honorablement, il vaut mieux renvoyer la volaille à la cuisine ou à l'office pour la faire découper.

Très bien, me dira-t-on, mais comment procédera-t-on là où il n'y a ni office ni un chef dans la cuisine, là où la cuisinière est la maîtresse de maison et prend place à table, à côté des convives ?

Oh ! alors, j'applaudis ; tout sera bon, et je défie

le plus grognon de n'être pas satisfait. Je ne vous oublie pas, aimables lectrices, et voici comment vous procéderez :

Faites d'abord de la place devant vous, pour ne pas être gênée; sortez la volaille du plat chaud où elle a été servie avec ses garnitures (cresson, croûton ou jus), pour la placer devant vous sur un tranchoir ou crédence en bois, ou à défaut sur un plat sans jus, et vos petites mains armées d'une énorme fourchette et d'un couteau pointu et tranchant à faire reculer un boucher, vous commencez l'opération par les filets, puis par les ailes, parce que ce mode à l'avantage de laisser les cuisses maintenir l'équilibre de la volaille; les deux ailes emportées, vous les placez sur le plat à servir; lever ensuite les cuisses que vous partagerez en deux, et vous les posez symétriquement sur le plat chaud; vous enlevez le *bonnet d'évêque*, et tranchez ensuite la poitrine; tournez la carcasse pour en sortir le *sot-l'y-laisse* et placez le tout dans le plat à servir, que vous ferez circuler. Si quelqu'un réclamait la carcasse on la servirait; dans le cas contraire, elle resterait sur le plat à découper.

Pour cette opération, vous vous y prendrez un moment d'avance, c'est-à-dire pendant que l'on change les assiettes et que l'on assaisonne la salade, qui arrivera prête en même temps que la volaille sera découpée.

Vous serez alors radieuse et triomphante, et admirée de tous.

DÉCRÉPITUDE, *s. f.* All. *hohes Alter;* angl. *decrepitude;* ital. *decrepita.* — Dernier terme de la vieillesse qui, dans le classement physiologique des âges, commence vers 80 ans et s'annonce par une profonde altération de la forme humaine. (Voir AGE.)

DÉCUIRE, *v. a.* — Action qu'on fait subir aux sirops, aux confitures pour les corriger de l'excès de cuisson. Cuire de nouveau avec de l'eau pour en abaisser les degrés ou la consistance.

DEDRICHE (CHARLES), dit *Dietrich,* né à Blamont (Meurthe-et-Moselle), le 14 juin 1850. Issu de parents pauvres, fut mis en apprentissage à l'âge de douze ans dans une maison de Nancy. Actif, intelligent, il s'instruisit lui-même et sut tirer partie des conseils de ses maîtres. Vers la fin de 1869, nous le trouvons comme aide au restaurant Dubocq (carrefour Gaillon), à Paris, où il

se fit remarquer par les soins et le bon goût apportés à son travail. Quand la guerre éclata, Dedriche fut ému et enflammé à la lecture de la proclamation du général Ducros et il s'engagea dans un des bataillons de mobiles de la Seine; il assista à l'affaire du Bourget et eut le bonheur de revenir sans blessure. La paix signée, il reprit ses fonctions. Nous le voyons au café Riche, passant comme aide dans toutes les parties. Les progrès qu'il fit dans cette maison de premier ordre furent tels qu'il y devint chef entremetier avant l'âge de 22 ans.

Dedriche réunissait à l'agilité l'esprit du beau et du bon et une remarquable facilité de création; bon administrateur et ne craignant pas les sacrifices du voyage pour s'instruire, il était à cette époque le plus remarqué et le plus en vue des cuisiniers de la nouvelle école. Nous le retrouvons successivement au *Splendide Hôtel;* au *Schweizerhoff,* à Lucerne; chez le ministre d'Espagne, à Berne; au *Grand-Hôtel,* à Turin; et enfin à *l'Hôtel du Quirinal,* à Rome.

Charles Dedriche fut l'un des plus actifs vulgarisateurs de l'idée de l'union universelle des cuisiniers français; membre correspondant de *l'Académie de cuisine,* il est l'un des membres les plus studieux, le plus instruits de l'école scientifique.

Potage à la Dedriche. — *Formule 1453.* — Prendre le rouge d'une certaine quantité de bonnes carottes. Autant de haricots verts bien frais. Autant de pâte à nouilles abaissée bien mince. Tailler le tout séparément en julienne très fine, d'une égale longueur. Faire revenir les carottes au beurre en les assaisonnant de sel et de sucre. Les mouiller à hauteur avec du consommé et faire tomber à glace. Remouiller ensuite largement avec du consommé et faire bouillir lentement sur le coin du fourneau, jusqu'à cuisson des carottes, en dégraissant souvent.

Il faut que le potage reste très limpide.

Au moment de servir, joindre au consommé les haricots verts, blanchis à l'eau salée juste au point de cuisson, ainsi que les nouilles, aussi blanchies et pochées à part bien égouttées.

L'envoyer accompagné de croûtes au fromage gratinées au moment. (*Académie de cuisine,* séance du 23 mars 1883.)

DÉFÉCATION, *s.f.* (*Defecatio*). All. *Abklærung;* angl. *defecation;* ital. *lo schiarirsi d' un liquoro;*

étymologiquement de *de*, hors, et *fœcare*, de *fœx*, lie. — Action de déféquer.

En alimentation, clarifier une liqueur soit par l'ébullition, soit en la soumettant à l'évaporation pour faire précipiter au fond les matières tenues en suspension. En physiologie, ce terme s'étend non seulement aux animaux qui doivent déféquer par les voies naturelles, mais aussi aux végétaux, c'est-à-dire à tous les êtres vivants, qui rejettent ce que le corps, la plante n'a pu absorber au profit de sa croissance ou de son entretien : tels sont les excréments des animaux, et les gommes, résines et baumes des végétaux.

DÉGARNIR, *v. a.* All. *entblœssen;* angl. *to degarnish;* ital. *sguerire;* esp. *deguarnier;* rus. *sniate.* — Action d'ôter ce qui garnit. Enlever les attelets d'un chaufroid, d'une galantine, dégarnir un vol-au-vent, sortir le ragoût, retirer les légumes qui entourent un relevé, etc.

DÉGELER, *v. a.* — Action de rendre une substance au degré au-dessous de *zéro.*

Les viandes réfrigérées, les poissons congelés, comme les légumes ayant subi l'influence de la gelée, doivent être *dégelés* dans l'eau froide et salée avant toute opération culinaire. Quelques heures d'immersion pour les grosses pièces et une demi-heure pour les végétaux suffisent pour les ramener à leur état de fraîcheur.

DÉGLUTITION, *s. f.* (*Deglutitio*). All. *verschlucken;* angl. *deglutition.* — Action par laquelle les substances alimentaires solides ou liquides sont portées de la bouche à l'estomac.

Après la mastication des aliments et à l'aide de la salive qui, avec la ptyaline, vient favoriser le glissement et la première élaboration, ils se forment en pâte molle et ductile sur la langue entre les parois des joues et la voûte palatine ; cette pâte est réunie et pressée en une masse, et alors une sensation générale dans les organes buccaux annonce qu'elle est prête à être soumise à une nouvelle élaboration ; par un mouvement nerveux de ces organes, elle passe alors le pharynx et, de l'œsophage, est transmise à l'estomac.

Il est à remarquer que les aliments liquides exigent dans cette opération des efforts plus grands de la part des muscles que les aliments solides qui, étant humectés, semblent être soumis à un effet d'attraction vers l'estomac.

DÉGORGER, *v. a.* All. *ausrœumen;* rus. *prapoustite wodou;* angl. *to clear;* ital. *guarzrare;* de *dé,* hors, et *gorge,* sortir de la gorge. — En cuisine, action de faire sortir le sang des viandes que l'on veut rendre blanches, on les laissant dans l'eau tiède, puis dans l'eau fraîche, pendant un temps suffisant pour qu'elles rendent complètement le sang dont elles sont imprégnées.

DÉGOUT, *s. m.* (*Clifastidlus*). All. *Eckel;* angl. *disgust.* — Aversion pour les aliments. L'usage immodéré de certains aliments ne contenant pas tous les principes nécessaires à la réparation de l'organisme, provoque souvent le dégoût, comme le régime prolongé d'un même mets. Ainsi on ne se dégoûte pas du pain noir, mais bien du pain blanc ou pain de fantaisie. Perdre le goût, se dit des aversions à l'égard des personnes et des choses :

> Il ne faut qu'un soupçon, un dégoût, un caprice,
> Pour en faire à sa haine un soudain sacrifice.

Il ne faut pas confondre le *dégoût* avec l'*anorexie* (voir ce mot), qui est une maladie caractérisée par un manque général d'appétit.

DÉGRAISSER, *v. a.* Angl. *to take of grease;* ital. *disgrassare;* rus. *sniate jire ili sale.* — Dégraisser un bouillon, un jus ; ôter à la surface du liquide la graisse d'une viande.

DÉGUSTATION, *s. f.* (*Degustatio*). All. *kosten;* angl. *degustation.* — Sensation produite sur les organes de la dégustation par la dissolution du fluide des molécules sapides, qui sont absorbées par les houppes nerveuses, lesquelles font distinguer le caractère du goût ; elle permet ainsi d'apprécier la qualité des substances liquides ou solides, lorsque ces dernières ont subi la mastication et sont humectées par la salive.

Chaque fois que l'on met dans la bouche un aliment quelconque pour le déguster, la plus grande attention doit être portée sur lui et on doit le suivre dans les divers mouvements que la langue lui fait subir. Les nuances les plus délicates sont d'autant mieux perçues que la pensée est plus attentive. On doit tourner et retourner la substance dans la bouche pour mieux la broyer, et l'imprégner de salive jusqu'à ce qu'elle soit réduite en purée ; pendant ce contact avec les papilles nerveuses de la langue et du palais, les sucs savoureux de l'aliment se répandent dans tout l'intérieur de la bouche et, au moment où il est prêt à franchir le gosier, le fumet, l'arome de l'aliment que l'on déguste monte dans les fosses nasales postérieures, et on perçoit alors la double sensation de la saveur et de l'odeur.

Les sensations varient selon l'âge, la finesse de l'odorat et la sensibilité des organes buccaux, qui s'émoussent d'autant plus qu'ils ont été plus stimulés. Un dégustateur expérimenté doit s'abstenir de tout ce qui est capable d'irriter ou d'altérer les organes du goût. (Voir ce mot.)

DÉJEUNER, *s. m.* All. *Frühstück;* rus. *zactrak;* angl. *to breakfast;* ital. *colazione;* cessation du jeûne. — Autrefois, premier repas de la journée composé de café au lait, de thé, de chocolat ou de cacao. Aujourd'hui c'est le deuxième repas, connu sous le nom de *déjeuner à la fourchette;* il doit se prendre entre dix heures et midi.

Ce repas, qui paraît sans importance parce qu'il permet d'être présenté d'une manière simple et sans étiquette, mérite de l'hygiène une attention toute spéciale. L'état physiologique dans lequel se trouve l'homme à cette heure, la composition du menu, qui varie selon la fortune, depuis le *chapon provençal,* la *minestra à la milanaise,* au succulent déjeuner d'un gourmet, sont autant de causes qui influeront sur le restant de la journée.

Un déjeuner bien ordonné doit comprendre dans son menu un consommé, des œufs, poisson, crustacés ou mollusques; une grillade aux pommes de terre; un légume vert, viandes froides ou rôti et salade, et des fruits en compote ou au couteau; pour les vieillards, les adolescents et les personnes nerveuses, des vins rouges de grands crus; les obèses, les gens apathiques se trouveront mieux avec du vin blanc.

Le déjeuner à la fourchette, que le monde entier doit à la France, a le double avantage de remplir un but tout à fait hygiénique et de permettre à l'homme de pourvoir à ses affaires avec plus d'énergie, tout en lui donnant un temps plus grand de midi à six ou sept heures du soir, moment où les affaires sérieuses sont interrompues. Il peut alors s'abandonner franchement aux jouissances de la table et donner cours aux soins que la physiologie de la digestion réclame pendant et après le repas.

Il ne faut pas se le dissimuler, l'ordre des repas et la qualité des aliments ont, sur les actes de la vie et les relations sociales, une influence

bien supérieure à ce que l'on pense vulgairement. Il faut avoir été à la tête d'une brigade culinaire de vingt-cinq artistes et avoir l'esprit d'observation pour être convaincu de la puissance culinaire exercée sur le caractère des hommes; observation qui échapperait, faite sur un individu isolé, que l'on se contenterait de traiter de mauvais caractère, sans penser que c'est aux effets des aliments et du service qu'il faut attribuer la cause de cette aspérité. Rien n'est plus nuisible, plus dangereux que les vins livrés aux préparations culinaires, vins dans lesquels, trop souvent, la drogue a fait merveille, pour certains industriels surtout prétendant que tout est trop bon ou, disons le mot, tout est trop cher pour la cuisine.

De telles boissons de *mastroquet,* prises dans un moment où l'estomac se trouve en état de vacuité, produisent des ravages inouïs : l'effervescence arrive, le système nerveux, agité au plus haut degré, porte sur tout l'organisme l'exaltation la plus déplorable. Mais il ne faut pas boire! me dira l'ignorant. Conseil ridicule s'il en fut un, équivalant à la recommandation de n'avoir pas chaud dans une fournaise.

Il faut savoir que le cuisinier transpire dans une cuisine chauffée à 40 degrés Réaumur, et que, lorsque le réservoir d'absorption est épuisé, il faut réalimenter le corps par de nouveaux liquides pour en réparer les pertes.

Un fait entre mille sera suffisant. En 1880-81, je remplissai, en qualité de chef, les fonctions de mon art dans l'un des plus grands, des plus vastes établissements d'Europe; à mon arrivée dans cette maison, le personnel de la cuisine prenait le café traditionnel à huit heures du matin, et dînait irrégulièrement vers les trois heures de l'après-midi, c'est-à-dire après un service écrasant, après avoir absorbé plusieurs chopes de bière, goûté quelques mets, et, fatigués, ils se mettaient à table pour s'asseoir et non pour manger.

A cinq heures, le service recommençait plus fort que jamais; mais alors que de difficultés pour calmer la fièvre de ce monde agité; que de patience, que de colère, que de moyens furent inutilement employés pour me faire comprendre; je défie bien le plus profond, le plus éloquent des moralistes d'en pouvoir faire davantage.

« *Vous êtes trop bon,* » me disait le président du Conseil d'administration; aussi, las d'entendre parler de force et de répression, j'essayai d'en user, moi aussi, faisant sonner le *je,* et les menaces étaient mises à exécution; dans la cité du prince de fer, les actes oppressifs me paraissaient moins inhumains; je mis ma cuisine en état de siège sous la discipline la plus absolue; cela contrairement à ma conviction, qu'il y a incompatibilité pour la cuisine française entre la discipline forcée et les difficultés du travail culinaire, que l'autorité du chef et la bonne volonté des artistes seules peuvent vaincre.

En effet, dans cette nouvelle bastille culinaire je suis arrivé à faire des taciturnes, des hommes mécaniques, obéissant par crainte et non par volonté, complotant ensemble et ne me parlant plus. Emu de ce spectacle contraire aux lois naturelles et à la mansuétude, je résolus à mon détriment de prendre la défense de mes collègues : je réclamai à l'administration de l'air par de nouvelles ventilations; du vin pour tous les cuisiniers à la place de la bière, et je changeai l'heure du repas; je mis le déjeuner à dix heures du matin, heure à laquelle je faisais livrer les vins. Ce déjeuner était composé d'une viande, d'un légume vert et pommes de terre, suivi d'une soupe, jamais de potage; très variés, ces déjeuners ont toujours été bien acceptés par les cuisiniers, qui pouvaient ainsi boire leur demi-bouteille et prendre une demi-tasse de café sans nuire à leur estomac. J'exigeai que tout le monde fût *en ligne* à cette heure et, moins un aide de garde par partie, que tout le monde fût à table. Le soir, notre dîner était à cinq heures, avant le service des dîners. Ce régime permettait aux artistes d'*attaquer* avec courage le *coup de feu* qui se prolongeait fort avant dans la nuit.

— Vous dînez en seigneur! me dit un jour l'un des administrateurs avec un accent de reproche.

— Nous sommes les princes de la table, c'est aux seigneurs à nous imiter, lui répondis-je.

En effet, on m'avait appelé dans cette maison étrangère et investi de la direction des cuisines pour leur apprendre à manger.

Quel changement se fit en moins de huit jours! Ces hommes contradicteurs, colériques, emportés et chagrins, adoucirent leurs mœurs; les réponses aux annonces, qui étaient maussades et inintelligibles, devinrent courtoises et correctes; la joie, le courage et le devoir imposé par la bonne volonté et le respect, furent pour moi des lois vingt fois plus puissantes que tous les règlements imaginables.

Ce n'est là qu'un fait qui s'approprie aux cuisiniers et aux employés de fabriques, me dira-t-on!

Que l'on se détrompe bien! Tout homme qui fume ou qui boit avant le déjeuner est invariablement soumis à la même loi, aux mêmes effets. Que l'homme de lettres, le bureaucrate, l'homme d'Etat, le diplomate, ou le savant, prenne le matin un ou deux apéritis, qu'il fume et boive du vin, il verra ses actes de la journée empreints d'un caractère de passion, et le lendemain lui-même sera étonné de ses œuvres.

En conséquence, le déjeuner à la fourchette pris à onze heures du matin, avant toute boisson alcoolique, doit être considéré comme la meilleure cause pour favoriser les bonnes relations sociales.

Mais le déjeuner le plus hygiénique et le plus recherché des Parisiens serait le *déjeuner à la campagne,* si bien décrit par le cuisinier poète Achille Ozanne :

LA SALLE

De la salle à manger le décor est superbe.
La terrasse domine un splendide horizon,
Sous la table, un tapis fait tout de mousse et d'herbe
Où surgissent les fleurs que produit la saison.

Tout près de nous dans la verdure
L'orchestre est composé d'oiseaux;
La brise apporte le murmure
De la source dans les roseaux.

Apollon pour nous plaire,
En ce beau jour d'été,
Donne au lustre solaire
Sa plus belle clarté.

MENU

Et voici le menu dans sa simple éloquence :
Sur table, à chaque bout, beurre frais et radis.
Au centre un cantaloup, de robuste apparence,
Aux tons d'or chatoyants, aux contours arrondis
Comme un ventre de moine!
Côtelettes d'agneau avec la macédoine
En légumes divers
Des rouges, blancs et verts;
Puis le poulet sauté entouré de tomates
Formant autour du plat des remparts écarlates!
Sur un lit de persil semblant dormir à l'aise,
Le homard, sauce mayonnaise,
Naturel accompagnement,
Où se mêlent diversement
Le cerfeuil, l'estragon, aussi la pimprenelle;
Comme légumes, petits pois.
Ainsi qu'haricots verts — au choix.

Avec les fruits, dessert que le jardin recèle,
Nous aurons fait, je crois,
Un déjeuner, ma toute belle,
Que nous envieraient bien des rois!

DÉLAYANT, adj. (*Deluentia*). All. *verdünnend;* angl. *diluent;* ital. *deluente.* — Substances alimentaires ou médicinales, qui ont la propriété d'augmenter la liqueur du sang par l'introduction d'une plus grande quantité d'eau ou de particules aqueuses. Les boissons aqueuses et les vins rouges sont des délayants.

DÉLECTABLE, adj. (*Delectabilis*). All. *ergœtzlich;* angl. *delectable;* ital. *dilettabile;* esp. *deleytable;* port. *deleytavel.* En cuisine, substance qui produit une sensation agréable au goût et aux sens. On peut donc dire :

Le beau sexe paré de fleurs, de diamants,
Encadre avec éclat de longues blanches tables,
Où les soins empressés de tous les fous amants
Allument les désirs de ces fruits délectables.

DELESSERIA, s. m. (*Fagus palmata*).— Plante de la famille des algues dédiée au botaniste Delessert.

Les Écossais mangent le *fagus* comme le lichen des Alpes, cuit dans du lait sucré ou du bouillon salé.

DÉLICES, s. f. pl. (*Petits-fours*). Mot

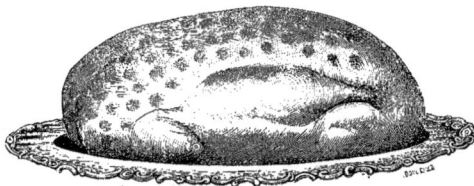

Fig. 464. — Dindonneau en demi-deuil.

hétéroclite, c'est-à-dire masculin au singulier et féminin au pluriel. — Confiserie ou pâtisserie pour dessert.

Délices. — *Formule 1454.* — Employer :

Farine tamisée	grammes	500
Beurre fin	—	300
Sucre en poudre	—	125
Œufs frais	nombre	4
Amandes amères	—	10

Procédé. — Piler les amandes et former la fontaine sur la table; pétrir le tout et en faire une pâte un peu ferme. Abaisser la pâte après un instant de repos; en couper des ronds avec l'emporte-pièce, les cuire dans les fers. En les sortant, les abricoter d'un côté et coler la partie abricotée de l'un contre l'autre. Garnir les bords et les rouler dans du sucre en grains colorié.

DELPHINE, adj. (*A la*).— Garniture de relevé, composée de petits macaronis liés avec une purée de gibier aux truffes. On sert ordinairement séparément du fromage parmesan râpé.

DEMI-BEC, adj. (*Hemiramphus*). — Sousgenre de poissons osseux, de l'ordre des malancoptérygiens abdominaux, classé par Cuvier aux dépens du genre brochet, pour distinguer les poissons qui ont une grande analogie avec les *orchis* et qui habitent les mers des deux hémisphères. La chair grasse et feuilletée de ce poisson est semblable à celle de l'aigrefin et se traite comme ce dernier.

DEMI-LUNE, s. f. — En général, tailler en forme de croissant; navets, pommes de terre en forme de demi-lune.

DEMIDEUIL, adj. (*A la*). — Mode de préparation que l'on applique surtout aux chapons et aux dindonneaux farcis :

Formule 1455. — Sortir le bréchet du chapon ou de la dinde, en ayant soin de laisser intact les orifices. Lever adroitement la peau de la poitrine en introduisant entre la chair et la peau des lames de belles truffes noires, de façon à garnir tout l'estomac. Farcir la volaille d'une farce aux truffes et fermer les ouvertures. Barder et faire cuire en conservant blanche la peau qui représentera une mosaïque noire et parfumée.

DEMIDOFF (*A la*).— Terme désignant un mode spécial de préparation de poulet :

Poulet à la Demidoff. — *Formule 1456.* — Faire sauter des poulets de grains; étant cuits, les mettre dans une casserole avec une demiglace. Mouler une bordure de riz cuit avec un salpicon de jambon ou de lard maigre. Démouler le riz et dresser le poulet dans le centre et envoyer séparément une saucière de demi-glace, liée au beurre et assaisonnée de jus de citron et d'une pointe de piment.

DEMI-ŒUF, s. m. (*Entremets glacé*). — *Formule 1457.* — Faire des meringues à l'italienne, de la grandeur d'un demi-œuf de forme ovale, les vider dans la règle, les remplir de glace à la vanille; vider le centre avec une cuillère à café et le remplir avec une glace aux fruits d'un jaune prononcé pour imiter l'œuf.

DÉNERVER, *v. a.* — Action d'ôter les tendons, les nerfs des chairs d'animaux, non cuits.

DENRÉES, *s. f.* All. *Lebensmittel;* rus. *siestnye pripasse;* angl. *provisions;* ital. *derata;* de *denarius,* qui vient du mot *denier,* parce que les denrées se vendent au détail. — Denrées alimentaires; tout ce qui est comestible et se conserve pour l'entretien de l'homme.

DENSE, *adj.* All. *dicht;* angl. *compact;* ital. *denso;* de *densus,* qui signifie *épais.* — Etat de ce qui est lié, épais, compacte, contenant beaucoup de matière dans un petit volume. La densité de l'eau est plus grande que celle de l'alcool. La densité d'un sirop, d'une sauce, etc.

DENT, *s. f.* (*Dens*). All. *Zahn;* angl. *tooth;* ital. *dente;* esp. *diente.* — Os recouvert d'émail, enclavé dans la mâchoire et servant à la mastication des aliments.

L'homme a trente-deux dents, seize à chaque mâchoire, dont quatre incisives, deux canines et dix molaires; elles ont toutes des dispositions spéciales pour aider l'homme à se nourrir; les unes pour déchirer les viandes, les autres pour rompre les fruits et les troisièmes pour broyer les graines. Le rôle important que les dents jouent dans la santé de l'homme n'a pas besoin d'être démontré. L'odeur repoussante qu'exhalent les dents creuses, où vont se corrompre les aliments, et l'élaboration pénible des aliments dans l'estomac par suite d'une mastication insuffisante, devraient fortement engager toute personne à donner les plus grands soins à l'entretien des dents et à recourir promptement à l'art en cas de maladie. (Voir ÉDENTÉ, BOUCHE, HYGIÈNE DE LA BOUCHE, RATELIER.)

DENTÉ, *s. m.* (*Sparus dentex*, L.). — Poisson du genre spares, appelé *dente* dans le Midi, qui habite les roches et les herbes marines de l'Océan. Il arrive au poids de 20 kilos. Il change de couleur avec l'âge.

USAGE CULINAIRE. — A Narbonne, où il jouit d'une certaine renommée, on le cuit au court-bouillon avec du safran. Il est gras et ne convient qu'aux estomacs robustes.

Denté à la purée d'oursin. — *Formule 1458.* — Cuire le denté au court-bouillon (voir ce mot), faire une petite sauce avec la cuisson et y ajouter une égale quantité de purée d'oursin; lier la sauce avec un jaune d'œuf et du beurré frais, et la passer à l'étamine. La servir dans une saucière accompagnée du denté garni de pommes de terre à l'anglaise.

DENTS-DE-LOUP, *s. f.* (*Petits-fours*). — Pâtisserie pour dessert.

Formule 1459. — Employer :

Farine	grammes	200
Anis vert	—	30
Sucre en poudre	—	200
Jaunes d'œufs	nombre	7
Blancs d'œufs	—	2
Un grain de sel.		

Procédé. — Travailler ensemble, dans une terrine, le sucre, les jaunes d'œufs, le sel, l'anis; étant mousseux, ajouter la farine et remuer. Plier un papier d'office en forme d'éventail, mais droit, le presser, puis l'élargir; coucher avec la poche la pâte dans les sillons et faire cuire dans un four modéré. On les couche aussi sur des plaques; mais on a fait récemment des moules ovales, longs qui sont très pratiques pour cet usage.

DENT-DE-LION, *s. f.* — Nom commun du *pissenlit,* qui est une salade du genre chicorée.

DENTIFRICE. — (Voir BOUCHE).

DÉPECER, *v. tr.* — Mettre en pièce, diviser les chairs d'un cuisseau de veau selon les règles de l'anatomie; suivre les tendons, les fibres de la chair sans les couper.

DÉPLÉTION, *s. f.* — Traitement, régime alimentaire qui a pour but de diminuer successivement la qualité des liquides du corps. Ce traitement consiste en un régime de substances alimentaires *déplétives,* ou par des remèdes *déplétifs.*

DÉPLUMER, *v. a.* All. *entfiedern;* angl. *to unplume;* ital. *spennare.* — Action d'arracher les plumes aux oiseaux.

DÉPOTER, *v. a.* — Action de pratiquer le jaugeage des liquides, particulièrement des eaux-de-vie, certifiés par les préposés nommés à cet effet.

DÉPOT, *s. m.* All. *Ablagerung;* angl. *depositing;* ital. *deposito.* — Se dit des matières solides, tenues d'abord en suspension dans les liquides impurs, ou hérétogènes, puis précipitées au fond du vase. (Voir CLARIFICATION.)

DÉPURATIF, IVE, *adj.* — Se dit des aliments herbacés, amers, sudorifiques et diurétiques; employés en régime pour combattre les humeurs en faisant passer les principes qui les corrompent dans les sécrétions et les ex rétions naturelles.

DERBIO, *s. m. (Licha glunea).* — Nom vulgairement donné à une famille de poissons dont la chair est blanche, mais de valeur moyenne. On l'appelle aussi *derbis*.

DÉROBER, *v. a.* — Action d'enlever la peau aux pommes de terre, aux fèves et de toutes substances à peau molle.

DERRIS, *s. m. (Derris pinnata).* — Arbrisseau très commun et formant des forêts en Cochinchine. Les habitants mêlent ses feuilles à celles du bétel et les mâchent pour rendre leur haleine agréable.

DÉSAGRÉGER, *v. a.* — Action de diviser les molécules ou les parties dont l'ensemble constitue un corps.

DÉSAUGIERS, *s. p.* — Poète gastronome français, né à Fréjus en 1772, et mort à Paris en 1827, auteur de plusieurs chansons sur l'art de bien vivre, entre autres de : *la Table; Quand on est mort, c'est pour longtemps; Il faut boire et manger; la Manière de vivre cent ans; l'Épicurien; les Repas de nos pères; le Sexagénaire; Ma Tactique; Plus on est de fous, plus on rit; le Code épicurien*, faites pour la Société des membres du « *Caveau moderne* », dont il était le secrétaire, et qui se réunissait au *Rocher de Cancale;* enfin, la *Chanson à manger*, où il fait sa profession de foi en concluant par ce couplet :

> Je veux que la mort me frappe
> Au milieu d'un grand repas;
> Qu'on m'enterre sous la nappe
> Entre quatre larges plats,
> Et que sur ma tombe on mette
> Cette courte inscription :
> « Ci-gît le premier poète
> Mort d'une indigestion. »

Désaugiers était d'une fécondité et d'une fa-

conde remarquables, spirituel, aimable, courtois et plein de bienveillance.

DESCARTES (*A la*). — Garniture de grosse pièce, composée de *cailles aux truffes à la sauce allemande* et servie dans des croustades.

DÉSESSARTZ, *s. m. (Sirop).* — *Formule 1460.* — Employer :

Vin blanc sec et vieux	litre	3/4
Feuille de séné	grammes	100
Ipécacuanha concassé	—	30

Faire infuser pendant douze heures et passer par expression. Ajouter dans le résidu :

Serpolet	grammes	30
Fleurs de coquelicot	—	125
Eau bouillante	litres	3

Laisser infuser pendant cinq heures et passer par expression. A ce liquide ajouter :

Sulfate de magnésie	grammes	100
Eau de fleurs d'oranger	—	750

Réunir les deux liquides dans un bain-marie et y ajouter 95 grammes de sucre par litre de liquide. Filtrer et mettre en bouteille.

DÉSINFECTANT, *s. m.* All. *luftreinigend;* angl. *desinfecting.* — Substances chimiques qui détruisent les mauvaises odeurs.

On confond trop souvent les *désinfectants* avec les *désodorants*. Les premiers décomposent ou neutralisent les miasmes; les seconds ne font que masquer ou remplacer les odeurs; tels sont le vinaigre et le sucre brûlé qui dominent les odeurs. Les miasmes dangereux ne sentent pas toujours mauvais, comme il y a des odeurs agréables qui sont nocives; celle des fleurs en est un exemple.

Les désinfectants sont nombreux : le *chlore*, les hypochorites alcalins, l'hypermanganate de potasse, le charbon, le coaltar, l'acide phénique et le café torréfié, moulu et mouillé.

DÉSOSSER, *v. a.* All. *ausknœchneln;* angl. *to take;* ital. *desourdir.* — Action d'ôter les os de la chair crue ou des viandes cuites. Pour désosser une volaille, il faut une pratique exercée dans l'art culinaire. Pour désosser, il faut enlever les os sans chair et sans endommager celle-ci par des coups de tranchet.

DES PERRIERS, *s. m. (Gâteau).* — *Formule 1461.* — Pâte génoise fine, légère, cuite dans un moule rond uni-très plat, 1 cent. 1/2 d'épaisseur, et dans un moule à savarin de même diamètre, moitié plein. Les cuire à four moyen. Coller la couronne sur la plate-forme de génoise, remplir le creux avec une crème frangipane à la farine de riz vanillée et un peu beurrée, à laquelle on ajoute une poignée d'amandes effilées ; bien lisser cette crème, puis couvrir tout le gâteau avec de la meringue italienne à 8 blancs, de façon à former un dôme peu élevé ; faire sécher à l'étuve douce, puis abricoter et glacer d'une glace fondante à l'orange, pistaches effilées sur la surface. (Albert Coquin.)

DESSALER, *v. a.* — Action qui consiste à séparer des matières solides ou liquides, le sel dont elles sont imprégnées. Les principaux agents de cette opération sont l'eau et la distillation.

En étendant un linge mouillé sur un liquide trop salé on en atténue légèrement la salaison.

DESSÉCHER, *v. a.* All. *austrocknen ;* angl. *to dry ;* ital. *disseccare.* — Action de faire évaporer l'eau d'un corps composé. Dessécher la pâte à choux. Faire sécher.

DESSERRER, *v. a.* All. *loser machen ;* angl. *to loosen ;* ital. *dissesserrare.* — Action de ramolir une pâte, allonger une sauce en la rendant plus liquide.

DESSERT, *s. m.* All. *Nachtisch ;* angl. *dessert.* — Dernière période du repas. Lorsque les mets et les entremets sont servis, on passe en dernier lieu le dessert.

Le dessert du confiseur nous vient des Romains, le dessert parfumé des Egyptiens, le dessert mythologique ou pièces montées des Grecs, les fruits sont indigènes à la France.

A l'époque où les discours politiques n'étaient pas encore considérés comme le complément indispensable, on s'efforçait de rendre le dessert amusant.

Au banquet auquel Charles V invita, en 1378, l'empereur Charles IV, les entremets représentaient la Conquête de Jérusalem, par Godefroy de Bouillon. (*Christine de Pison*, Ed. Michaud, p. 941.)

A l'entrée à Paris, 1389, d'Isabeau de Bavière, un festin lui fut servi dans la grande salle du Palais, et les pièces de dessert représentaient le Siège de Troie par les Grecs. (*Froissart*, liv. IV.)

Dans un banquet que Philippe le Bon donna à Lille, le 17 février 1453, on voyait entre autres : « Un grand navire, muni de tout son gréement et monté par de nombreux matelots. Une prairie émaillée de fleurs, avec des rochers de saphirs, du centre desquels coulait un ruisseau qui allait se perdre on ne sait où. Une statue d'enfant nu, qui, du haut d'une roche, *pissoit eau rose continuellement*. Le château de Lusignan, avec les fossés remplis d'eau de fleurs d'oranger. » (*Mémoires d'Olivier de la Marche*, Ed. Michaud, t. III, p. 480.)

Au quatorzième siècle, on garnissait un plateau de sable de différentes couleurs sur lequel on dessinait des fleurs, et l'on complétait l'illusion par des personnages en sucre, auquel on donnait leur véritable couleur ; de sorte que l'on croyait voir une société élégante et choisie sur un boulingrin émaillé de fleurs. Mais ce nouveau luxe n'était même pas connu en France sous Louis XIV. Les descriptions si bien faites par Molière des fêtes magnifiques de Versailles, 1664-1666, n'en parlent pas. Le premier plateau sablé parut au mariage de Louis XV en 1725, ce fut pour la reine Marie de Pologne, son épouse, qu'ils furent faits ; mais cette princesse élevée dans l'obscurité, qui passa de la petite ville de Wissembourg sur le premier trône du monde, dut être aussi surprise que frappée de cette nouvelle décoration.

Au plateau sablé succéda la verdure feinte ; ce fut Desforges, père du célèbre auteur de *la Femme jalouse*, de *Tom Sones*, à Londres, etc., qui était le premier décorateur de Paris qui eut cette idée ; il sut lui donner un si grand air de naturel et de vérité que ce genre de décoration fut adopté et lui mérita une réputation qui survécut à sa personne et à ses ouvrages. Delorme fut le continuateur, et modifia la verdure en y ajoutant la fleur, ce qui lui avait valu le nom de *fleuriste de la table royale*.

Sous Louis XVI et après la Révolution, il fut un homme, trop oublié, qui mérite d'être mentionné ici pour la transformation qu'il fit faire au dessert, c'est Dutfoy, qui, le premier, introduisit l'architecture dans la cuisine et qui eut une si grande influence sur Carême. Ses prédécesseurs offraient des vergers, des gazons, des parterres et des tours en ciment ; lui voulut que ces imitations fussent en pâte comestible ; il poussa cet art à un point, que les artistes et les architectes eux-mêmes furent étonnés de voir une telle élégance, une telle précision dans une pièce de pâtisserie. Carême poussa cet art au summum de la perfection.

Chevet remplaça les parterres de verdure par des parterres de fleurs, les arbres imités par des arbres fruitiers. .

Avant Dutfoy et Carême, on n'avait trouvé d'autres arrangements que dans la grandeur des pièces, la forme des vases d'argent ciselés et dorés, et la profusion qui révélait une richesse lourde.

Cette somptuosité opulente dénonçait la gourmandise, période qui précéda les festins gourmets et savants de notre époque, où la délicatesse ne le cède qu'au bon goût.

cés, gâteaux secs et décorés. Des vins doux, des vins secs et fumeux, du vin mousseux de Champagne, sont aussi indispensables pour un dessert complet, auquel doit succéder un café délectable.

Dans un dessert de luxe moderne, on ne se contente plus de dresser les fruits les plus beaux, les plus rares, on dresse sur table les ceps de vigne chargés de raisin; les pêches sont sur pied et les merises sur mérisier.

Jamais l'hiver ne paraît sur une table de luxe, l'instant du desesrt présente en janvier l'abondance de fruits du mois de septembre. C'est là une preuve que la cuisine française sera encore pour longtemps la première du monde.

HYGIÈNE. — Le dessert arrivant au moment où l'appétit est satisfait, on ne doit pas en abuser; à part le fromage et un fruit très mûr, les estomacs faibles doivent s'abstenir, en général, de toute autre friandise, certains gâteaux et petits-fours étant généralement très lourds. La plupart des indigestions qui surviennent après un bon dîner n'ont d'autre origine que l'abus du dessert.

Fig. 463. — Un dessert sous Napoléon Iᵉʳ.

Autrefois les grands vins rouges français, le champagne, le bordeaux et le bourgogne étaient servis après l'entremets sucré; ces vins fins apparaissaient à l'heure des confidences,

Entre la poire et le fromage,

et clôturaient le repas avec les meilleurs fromages. Depuis que le vin de Champagne a été rendu mousseux, il se prend avant les fruits ou le plus souvent il termine le dîner, et le proverbe n'est plus de mode, il ne représente plus l'idée qu'on lui prêtait.

Un dessert bien ordonné comprend deux ou trois variétés de fromage, noix, noisettes, amandes, figues, dattes, raisins, fruits, marmelade, confiture, petits-fours, fondants glacés, marrons glacés, cerises, amandes d'Aboukir, fruits gla-

DESSICATION, *s. f.* (*Deciccatio*). All. *Austrocknung;* angl. *dessiccation;* ital. *desseccazione;* esp. *dessecacion.* — Action d'enlever l'eau des substances alimentaires pour les conserver.

Ce mode est l'un des plus anciens dont l'homme se soit servi avec succès pour la conservation des fruits, des poissons et des viandes. On peut faire sécher au soleil, au four, ou par un appareil spécial qui opère par aspiration de l'air.

Dessication des haricots verts (*Conserve par*). — *Formule 1462.* — Faire bouillir de l'eau salée dans une bassine de cuivre; aussitôt en ébullition, y plonger les haricots à grande eau, après 30 secondes les sortir à l'aide de l'écumoire et les égouter sur une corbeille. On les étend ensuite dans une étuve. Lorsqu'ils sont à peu près secs, on les retire pour les étendre de nouveau sur des planches dans le grenier, au courant d'air.

Cette même opération peut s'appliquer pour les épinards. Aussitôt qu'ils sont secs, on les réduit en poudre que l'on conserve dans des bocaux. Quand on veut s'en servir, on mouille cette poudre avec du bouillon chaud; on fait un petit roux et on y met les épinards; on mouille avec du bouillon ou de la crème; on assaisonne de poivre, de sel, de noix muscade et enfin on beurre les épinards.

On peut par ce procédé conserver tous les végétaux verts. Ce sont des ressources commodes pour les maisons de campagne qui, ainsi approvisionnées, trouvent en hiver le moyen de faire un repas printanier.

Le poisson, avant d'être soumis à la dessication, est toujours salé. La viande est également salée et le plus souvent fumée avant d'être mise à l'air.

DÉTENDRE, *v. a.* All. *verdünnen;* angl. *to unbend;* ital. *distendare.* — En pâtisserie, action de rendre tendre une pâte en y ajoutant du lait, des œufs ou autres liquides.

DÉTREMPE, *s. f.* All. *anmachen;* angl. *distemper.* — Action de mélanger l'eau, la farine et, suivant le genre, les œufs et le beurre : Détremper de la pâte brisée.

On a fait beaucoup de bruit au sujet de la détrempe de la pâte, notamment de la pâte à feuilletage, sans que l'on ait, à mon avis, trouvé la cause de l'insuccès. Cependant il n'y a là aucun mystère, puisqu'il est démontré qu'on ne saurait obtenir un bon résultat avec une détrempe échauffée ou brûlée par le pétrissage.

La cause de l'insuccès est qu'il y a des personnes qui ont les mains sanguines et chaudes; ces personnes n'arrivent pas à faire une bonne détrempe. Par contre, j'ai remarqué que les personnes douées de mains maigres et froides ne manquaient jamais de réussir l'opération. Or, les premières doivent travailler du bout des doigts, le plus vivement possible, et manier la pâte le moins qu'elles pourront le faire, afin de ne pas chauffer la pâte. Il y a là une question de dextérité qu'il ne faut pas perdre de vue, et dans laquelle repose toute la difficulté de la détrempe.

Détrempe. — *Formule 1463.* — Former la fontaine (Voir ce mot.) avec la farine et mettre au milieu l'eau, le sel et le beurre, et les œufs pour les pâtes brisées. Amalgamer vivement avec la pointe des doigts; aussitôt qu'elle est en pâte la laisser reposer sous le pétrin. S'il s'agit de la pâte à feuilletage, on évitera de la briser avec les mains, on l'abaissera avec le rouleau.

DEVRILLER, *v. a.* — Terme de pêche. Détordre la ficelle qui se vrille.

DEXTRINE, *s. f.* All. *Dextrin;* angl. *dextrine;* du latin, *dextra;* du radical, *dex,* droite. — Substance de nature gommeuse, fournie par la fécule portée à 110 degrés ou soumise à l'action des oxydes de la diastase, ou d'acide azotique étendu.

C'est la dextrine qui, par le frottement, fait coller la pomme de terre passée froide au tamis; c'est pour cette raison que la purée de pommes de terre doit être écrasée avec des fourchettes, et non pelée aussitôt égouttée, et ensuite travaillée avec une spatule, puis avec un fouet à mesure qu'on ajoute le lait. On obtiendra ainsi une purée blanche et mousseuse; la dextrine n'étant pas échauffée ou la fécule s'y mélange et présente un corps blanc et léger.

DIABÈTE, *s. m.* (*Régime alimentaire*). — Maladie caractérisée par les urines sucrées et abondantes, accompagnée de soif et d'une altération générale du malade, qui ne tarderait pas à succomber si on ne s'y prenait à temps.

Régime. — L'usage des produits pharmaceutiques étant resté impuissant devant le *glycosurique,* c'est à la cuisine hygiénique qu'est dévolu de préciser le choix des aliments qui seuls pourront enrayer la maladie en guérissant le malade.

L'expérience a démontré que ce traitement doit être le régime *carné* et *ichthyophagique,* et peu étendu sur les *végétaux.* On doit bannir parmi les viandes de boucherie les intestins et les foies; ne pas faire abus de viandes grasses; l'ingestion des corps gras restreint la glycogenèse hépatique. (Cl. Bernard.)

Il est préférable de choisir les muscles saignants de viande noire. Le dindon, la poule, parmi les volailles; tous les gibiers peuvent être à la disposition de la cuisine du diabétique. Dans le but d'empêcher l'amaigrissement des malades, M. Dujardin-Beaumetz recommande de leur donner des aliments gras choisis parmi les poissons: les sardines, le thon à l'huile et tolérer la charcuterie, le foie gras, le caviar, les soupes aux choux et au lard, aux oignons, et enfin la choucroute garnie. L'oseille, la tomate conviennent surtout au diabétique.

Le pain au gluten semble avoir passé de mode pour l'usage de pain sans mie, la légumine, la fromentine et les préparations obtenues avec les graines de *Soya*.

Parmi les pains sans mie, nous recommandons surtout la création de Dathis, avenue de l'Opéra, à Paris. Par une combinaison ingénieuse, ce pain comme soufflé ne possède que les deux croûtes torréfiées et ne peut se transformer en glucose.

Le pain sans mie de Dathis n'a pas le goût désagréable du gluten; contrairement aux pains grillés et séchés après cuisson, il est très assimilable et possède toutes les propriétés nutritives du pain ordinaire, dont il ne diffère que par l'absence de mie et d'élément féculent.

Le pain sans mie est généralement employé, pour l'usage culinaire, comme croûte à potage.

Les fruits offrent presque tous des propriétés contraires au régime du diabétique. On pourra cependant se permettre quelquefois des cerises et des framboises. Parmi les boissons, des vins rouges de grands crus, de l'eau de Seltz, des eaux minérales de Vichy, de Spa, etc. Plus récemment, on a recommandé le *maté* comme le meilleur prophylactique du diabète.

Pour que le régime ait une action certaine, il faut en outre que le cuisinier, la cuisinière chargés de la préparation des aliments se pénètrent bien qu'ils doivent faire une cuisine sans farine. D'ailleurs la variété des aliments est indispensable pour faire bien digérer. Les poissons offrent une ressource précieuse pour les menus du malade. L'exercice sera le seul apéritif du glycosurique.

D'autre part, le médecin saura par la médication compléter ce traitement selon l'opportunité et les modalités propices pour vaincre la maladie.

DIABLE, *s. m.* All. *Grille;* ital. *diavolo;* du lat. *dia bolus,* qui vient du grec et signifie *calomnie.* Il y a loin de l'étymologie au sens fantastique que lui prête la théologie élevée contraire à la science, aussi là n'est pas mon sujet. — Genre d'oiseau de l'ordre des paresseux, très commun à la Guadeloupe et à Saint-Domingue; la chair de ces oiseaux est excellente et d'une digestion facile.

Diable de mer. — Se dit aussi d'un poisson dont les piqûres des arêtes sont dangereuses.

Poulet à la diable. — *Formule 1464.* — Nous donnons la parole au cuisinier poète Achille Ozanne, en extrayant le passage suivant d'une de ses charmantes poésies:

— Pauvres petits. —

. . . .
Vous voir libres est ce que j'aime.
Si je vous plains,
C'est qu'il vous faut tomber quand même
Entre nos mains.

Mais c'est un trépas enviable,
Je vous promets,
Que de vous servir à la diable
A nos gourmets.

RECETTE

Prenez un poulet jeune, où faibles sont les os,
Ensuite adroitement fendez-le par le dos,
Croisez les ailerons, — les pattes on les rentre,
En un trou que l'on fait sur le côté du ventre;
Alors vous l'ouvrez bien, puis vous l'aplatissez,
Au beurre ou sur le gril, là vous le raidissez.
Ceci fait — pour mener à bien votre entreprise,
Enduisez le poulet de moutarde. — Une prise
De poivre de Cayenne, avec soin sur le tout,
Mise par-ci, par-là, pour rehausser le goût.
Maintenant c'est fini — vous le passez au beurre,
Et faites, doucement, griller un bon quart d'heure!

Pourtant j'aimais vous voir courir,
Petits et frêles,
Quand la poule, pour vous couvrir,
Ouvrait ses ailes!

DIABLOTINS, *s. m. pl. (Confiserie).* — Genre de dragées ou de pastilles spéciales.

En cuisine, se dit d'un genre de beignet de forme ronde ou carré-long.

Diablotins d'amandes. — *Formule 1465.* — Employer:

Amandes mondées	grammes	250
Noisettes mondées	—	250
Sucre en poudre	—	300
Avelines mondées	—	100
Farine de riz	cuillerée	1
Crème fraîche	litre	1/2

Procédé. — Piler ensemble les amandes, les noisettes, y ajouter par petites doses la crème et passer le lait à l'étamine à l'aide de deux cuillères de bois. Délayer dans ce liquide la farine de riz et le sucre, et mettre le tout dans une casserole et le faire réduire en forme de crème épaisse; y ajouter alors les avelines pilées, remuer et coucher cette pâte épaisse sur une plaque beurrée. Laisser refroidir.

Tailler dans la pâte des diablotins gros comme une aveline qu'on roule sur une table farinée. On les dépose dans une passoire et on les plonge dans une friture chaude pour leur faire prendre couleur; on les sert sur de petites assiettes garnies de serviettes à frange. (Voir DIAVOLI).

DIACODE, *s. m. (Sirop)*. — Autrefois, c'était une préparation pharmaceutique dans laquelle entrait du pavot blanc. Aujourd'hui, ce sirop se fait encore avec des têtes de pavot, mais en modérant la dose on obtient un sirop hygiénique. On l'emploie pour calmer la toux nerveuse et pour provoquer le sommeil.

Sirop diacode. — *Formule 1466.* — 500 grammes de têtes de pavot dont on a retiré les graines, cuire à petit feu, pendant 10 heures, dans une capacité d'eau relative, et laisser reposer le liquide; on ajoute le sucre nécessaire pour en faire un sirop à 30 degrés, on le passe au papier et on le met en bouteille.

On s'en sert pour les adultes à la dose de 16 à 32 grammes et 10 à 12 pour les enfants.

DIACOPE, *s. f.* — Poisson de l'ordre des acanthoptérygiens de forme ovale, et à écailles brillantes, dont on distingue plusieurs variétés. Il habite les mers des Indes et fait les délices des tables indiennes.

DIADÈME (*Gâteaux*). — *Formule 1467.* — Foncer un moule à manqué en pâte sèche et garnir avec l'appareil suivant : Employer :

Raisin de Malaga pilé sans pépins.. grammes	—	125
Amandes pilées.	—	200
Sucre en poudre	—	180
Beurre fondu.	—	125
Marasquin . . . . moule à baba		1
Œufs . . . . nombre		2
Jaunes d'œufs	—	6
Blancs d'œufs, montés.	—	6

Procédé. — Faire comme pour le biscuit aux amandes; une fois le gâteau cuit à tour doux et refroidi, le mettre sur le four et sur le côté le plus large; élever un dôme rond en meringue italienne, à l'abricot; glacer le tout à l'abricot bien doré et limpide; semer au centre quelques pistaches hachées et coller autour du fond du sucre cuit, de petits palmiers que l'on a préparés d'avance en leur tenant les pointes en haut. Ce gâteau ressemble beaucoup à un diadème. (Darenne, de l'*Académie de cuisine*.)

DIAGRÈDE, *s. f.* — Autrefois se disait du suc de scammonée préparé avec du jus de coing.

DIASTASE, *s. f.* All. *Diastasis;* angl. *diastasis;* dont l'étymologie du grec signifie *écartement*. — En chimie, se dit du principe azoté, de couleur blanche, que l'on extrait des grains de blés et des pommes de terre, et qui se développe par germination, et fait gonfler l'amidon, le distend en séparant la partie tégumentaire.

DIAVOLI, *s. m. pl.* — Ce terme de langue italienne indique l'origine des *diablotins* (Voir ce mot.) de confiserie dont j'ai parlé, qui nous viennent de Naples.

Diavoli. — *Formule 1468.* — Faire imbiber, pendant un jour, 30 grammes de gomme adragante dans une tasse, en la recouvrant d'une couche d'eau. Passer la gomme à travers une serviette, en la tordant de façon à exprimer le tout sur un marbre; la travailler avec la paume de la main jusqu'à ce qu'elle sera devenue blanche; ajouter alors du sucre à glace autant que la gomme pourra en absorber et la travailler jusqu'à ce qu'elle devienne cassante, ce dont on s'assure en la tirant. On ajoute en dernier lieu de l'essence de cannelle en quantité suffisante pour obtenir un goût très prononcé et sans amertume. On roule alors les diavolis de la main; leur grosseur sera celle d'un grain de seigle, très régulier et lisse, ce que l'on obtient en ayant les mains d'une propreté absolue. Pendant le travail, on tient la pâte dans une terrine couverte d'un linge humide pour en empêcher la dessication. Ces petites dragées servent pour les glaces ou comme petits-fours.

DIEPPOISE, *s. f.* (*Garniture à la*). — Comme on sert principalement les poissons en filet, la sauce se fait à l'essence ou avec la cuisson même des filets, à laquelle on ajoute, après l'avoir réduite, liée et passée, des champignons blancs et des huîtres pochées. Lorsque les champignons sont frais, un peu de jus de champignons au jus de citron relève par un goût très agréable cette garniture maigre qui peut aussi être liée avec la sauce allemande. Au choix, on peut y ajouter des truffes, mais ce mélange est discordant.

DIÈTE, *s. f.* (*Diæta*). — All. *Gesundheitspflege;* angl. *diet;* ital. et esp. *dieta*. — Abstinence de certains aliments, et adoption exclusive d'autres, dont on forme son régime de vie *diététique*. Partie de l'hygiène la plus rapprochée de la médecine. Diète grassse, sèche, lactée, etc., mais toujours restreinte.

DIGESTION, *s.f.* (*Digestionem*). All. *Verdauung;* angl. *digestion;* ital. *digestione;* esp. *digestion.* — La digestion est cette importante fonction qui a pour but de transformer les aliments en substances assimilables propres à la répartition que réclame l'entretien et l'accroissement de l'économie.

On doit diviser l'acte de la digestion en deux grandes phases : l'*élaboration extérieure* et l'*élaboration intérieure*, se subdivisant chacune en deux parties distinctes. Je classerai en première phase la cuisine et la mastication; à la seconde, qui est intérieure, l'acte de la chymification et de la chylification et les différents degrés que l'aliment doit subir avant sa complète décomposition. Personne encore jusqu'ici n'a considéré l'art culinaire comme le premier acte de la digestibilité des aliments; cependant il est arrivé, avec le concours de la chimie, à digérer artificiellement les aliments, ce que la médecine s'est empressée de mettre à profit sous la dénomination d'aliments *peptonisés*, pour servir aux malades dont les organes de la digestion se refusent de fonctionner.

N'en déplaise aux végétariens du régime naturel, la cuisson des aliments que, bien entendu, ils n'accepteraient nullement dans leur doctrine, est un moyen tout aussi étranger aux procédés employés par la nature que peut l'être la digestion artificielle. Parmi les nombreuses espèces d'animaux, l'homme susceptible d'éducation est le seul qui soit arrivé à savoir cuire les aliments et ce n'est pas sans raison qu'on l'a défini animal cuisinier. La cuisine, en effet, outre l'avantage qu'elle a de donner plus de saveur aux aliments, a un but bien plus important même que la désintégration mécanique qui l'accompagne en général. Elle provoque, dans plusieurs des principes alimentaires des plus importants, des transformations chimiques qui les rendent bien plus sensibles à l'action des ferments digestifs qu'ils ne le seraient à l'état cru.

La découverte et l'emploi du feu dans la préparation de sa nourriture a constitué pour l'homme un des premiers et des plus puissants leviers grâce auxquels il s'est dégagé de l'animalité. Les provisions de nourriture albuminoïde et farineuse, les tubercules, les racines et les tiges succulentes de certains végétaux sont, à l'état cru, presque inaccessibles à l'action digestive des races humaines.

Grâce au développement de l'art culinaire, ces immenses provisions furent d'un coup mises à leur portée; c'est encore à cette science culinaire que l'homme doit d'avoir pu faire des repas réglés, ce qui l'a délivré de la nécessité, imposée à tous les animaux vivant à l'état sauvage, de consacrer toutes les heures de leur veille, soit à chercher leur nourriture, comme les carnivores, soit à la dévorer à la façon des herbivores.

En modifiant l'organisation de l'homme, cette immensité lui assura un avantage notable en lui laissant le loisir nécessaire à la culture des facultés supérieures.

Voilà le vaste rôle que l'art culinaire exerce sur la digestibilité des aliments et sur le perfectionnement de l'espèce humaine.

La seconde partie de la première phase de la digestion est la mastication qui broie les aliments, les divise, les humecte par la salive qui ne se borne pas, comme on le croyait autrefois, à dissoudre certaines substances; elle renferme en elle une matière spéciale appelée *ptyaline*, qui est un ferment analogue à la diastase qui transforme les aliments féculents en glucose ou sucre d'amidon, comme le fait la diastase des céréales. Telle est la première phase.

Comme tout le monde le sait, après la mastication s'opère la déglutition (Voir ce mot.), qui transporte les aliments dans l'estomac où ils sont soumis à une autre modification : une foule de petites glandes y déversent sur le bol alimentaire « le suc gastrique »,qui est un liquide d'une couleur légèrement citrique, transparent, d'une saveur acide et salée (cette acidité est appelée *acide lactique*); il contient en outre plusieurs sels, comme chlorhydrate et phosphate de chaux, d'ammoniaque, chlorure de calcium et un principe amer appelé *pepsine*, le principal agent de la transformation des aliments en chyme, et dissout en rendant assimilable la fibrine, l'albumine coagulée et toutes les substances azotées; pendant que le rôle de l'acide lactique est de gonfler et de ramollir les matières alimentaires et de favoriser l'action de la pepsine.

De sorte que l'acte de la chymification est dû à deux principales actions de transformation : l'une, celle de la diastase salivaire des aliments féculents en une substance sucrée, soluble et assimilable, appelée *glucose*, et l'autre la transformation par la *pepsine* des aliments azotés, albumine, fibrine, etc., en une autre substance également soluble et assimilable nommée *albuminose*.

De récentes recherches du docteur Béchamp, et qu'il a communiquées à l'Académie de médecine de Paris (avril 1882), ont établi que les corps figurés du pancréas, nommés *microzymas*, n'agissent pas, comme les microzas pancréatiques, sur les matières albuminoïdes dans un milieu neutre ou alcalin, il leur faut la présence de l'acide chlorhydrique de l'estomac. Si la muqueuse de cet organe n'est pas détruite, c'est qu'elle se reproduit au fur et à mesure, les glandes qu'elle contient devenant turgescents et s'organisant tout en produisant de nouveaux microzymas.

Ces corpuscules sont vivants, et ce sont eux qui produise la *pepsine* pour la digestion. Leurs dimensions sont si petites qu'il en faut quinze milliards pour former le volume d'un millimètre cube. Je laisse bien entendu à M. Béchamp ces données, qui méritent d'être encore plus sérieusement démontrées.

Ainsi sous l'influence des deux ferments : la pepsine et la diastase, les animaux peuvent digérer les aliments féculents et albumineux.

Cette opération se fait selon l'énergie de ces ferments, l'activité des viscères de la digestion, des dispositions de l'individu, ou selon que les aliments ont été condimentés, cuits, bien mâchés et selon leur nature, qui sont autant de causes facilitant ou retardant l'acte de la chymification (Voir ce mot.), d'où la fausse idée populaires d'après laquelle certains aliments sont plus nourrissants parce qu'ils sont plus difficilement attaqués par les ferments digestifs. En général, chez l'homme bien portant, il faut quatre heures pour cette transformation.

Après la formation du chyme s'opère la chylification (Voir ce mot.) dans le duodénum, en se divisant d'abord en deux parties fournissant elles-mêmes plusieurs substances; l'une de ces deux parties est pompée par les vaisseaux chylifères pour la formation du sang, des muscles, de la graisse, des os, et l'autre, en se dépouillant de tout ce qui peut être utile, suit l'intestin grêle, subissant quelques modifications, pour être enfin expulsée.

Le phénomène de la chylification est dû à l'effet de deux liquides que reçoit cette partie de l'intestin : la bile sécrétée par le foie et le *fluide pancréatique* fourni par le pancréas. De nombreuses hypothèses ont été émises sur le rôle que joue la bile dans cette opération; n'ayant pas eu l'occasion d'étudier pratiquement cette partie, je ne puis que me rapporter, comme d'autres savants d'ailleurs, aux observations minutieuses des plus récentes études du professeur Claude Bernard, desquelles il résulte que la bile n'agit pas comme on le croyait autrefois à la manière d'un savon, se bornant à émulsionner les matières grasses; ce ferment émulsif appartient particulièrement au fluide pancréatique; la bile le possède aussi, mais dans un autre but : celui d'achever la dissolution des substances azotées qui ont déjà été attaquées par le suc gastrique. Le ferment commence par émulsionner les corps gras dans l'intestin grêle et, dans cet état, se présente dans les vaisseaux chylifères, tandis que la saponisation ne commence que plus tard, [pour s'achever dans le sang.

Absorbées par les vaisseaux chylifères et les radicules des veines mésentériques, les parties nutritives des aliments passent dans les glandes et deviennent sang elles-mêmes, pour alimenter les différents appareils excréteurs et sécréteurs.

Il est inutile de dire que la variété des aliments est absolument nécessaire pour l'entretien normal du sang, qui doit peu à peu changer toutes les parties de notre corps. Des chimistes ont cru voir dans quelques végétaux toutes les substances nécessaires à l'entretien de l'économie : matières grasses, minérales, azotées et amylacées; c'est sur ces principes que s'est fondée la doctrine du végétarisme, erreur sacrifiant l'énergie vitale dans le but de la longévité, quand l'hygiène alimentaire et la tempérance doivent être les seuls guides de la santé.

Un régime restreint à quelques aliments seulement, outre les maladies qu'il engendre, résultant d'un usage prolongé de viande seule ou uniquement de végétaux et de farineux sucrés (le diabète naît de ces derniers par exemple), ne donne non plus aux molécules du sang tous les principes de composition nécessaire au renouvellement du corps, aux moyens de solution, de perfectibilité humaine qui réclame un régime mixte et varié. La loi de la variété alimentaire se fait d'ailleurs sentir par une sensation irrésistible de désir chez les individus qui en sont privés; cette preuve naturelle est irréfutable.

La digestion étant accomplie, il me reste à

dire que des sels, les eaux, les parties colorantes des végétaux, les ligneux, ainsi que toutes les matières réfractaires aux actes de la digestion, sont expulsés, selon le genre, après dix-huit ou vingt-quatre heures, ou plus tôt. Une partie se perd par l'air expiré, une autre par les voies urinaires, une troisième par la défécation, et d'autres enfin sont rejetées sous forme de sueur, de transpiration cutanée, d'écailles épidermiques et de larmes. Les phénomènes qui précèdent la digestion, comme la faim, la soif, étant traités ailleurs, je prie le lecteur de s'y reporter.

La médecine de l'école officielle a dressé une table classant les aliments par degré d'indigestibilité, comparant ainsi le corps humain à un mécanisme dont le fonctionnement accepte certaines matières et refuse d'autres. En réalité, cette classification n'est peut-être appliquée qu'aux aliments naturels et croqués ou broutés à la manière des frugivores ou des herbivores, et constitue une erreur grossière si l'on considère le degré de perfection où en est arrivée l'alimentation de l'homme civilisé et la modalité même de notre organisme.

Oui, je soutiens ici qu'il n'y a pas d'aliments indigestes lorsque l'art culinaire les a modifiés. L'habitude, l'exercice, les émotions, la colère, le genre de travail, l'âge, certaines indispositions, sont autant de causes que la science alimentaire doit connaître, réparer et guider par l'art culinaire pour rendre tous les aliments faciles à la digestion.

Voilà où doit s'appliquer l'idée de la conservation de l'être soucieux de bien digérer pour bien penser.

DIJON, *s. p. (Produits de).* — Ville française, chef-lieu de la Côte-d'Or, situé à 315 kilomètres de Paris, sur l'Ouche et le Suzon; entourée de vignobles dont le produit est classé parmi les vins rouges ordinaires de première classe.

La moutarde, le pain d'épices, les nonnettes ont une réputation universelle, ainsi que certaines spécialités de distillation. (Voir les mots MEURETTE, ESCARGOTS, GRAS-DOUBLE et JAMBON A LA DIJONNAISE.)

DILLÉNIE, *s. m. (Dillenia speciosa).* — Plante originaire de l'Inde, de la famille des *dilléniacées*, qui porte un fruit très acide et qui sert comme condiment. Dans la Java, on en fait un vin-cidre et un sirop rafraîchissant très estimé des indigènes de ce pays.

DINANDERIE, *s. f.* — Terme générique par lequel on désignait autrefois les ustensiles en cuivre : poêlon, bassine, ainsi que les plats ciselés à l'ancienne, très recherchés par les antiquaires.

DINATOIRE, *adj.* — Se dit d'un repas qui en même temps sert de déjeuner et de dîner, ou de dîner et de souper.

DINDE, *s. f. (Meleagris).* All. *Truthahn;* angl. *turkey-hen;* ital. *pollanca d'India.* — Femelle du coq d'Inde ou dindon. (Voir ce mot.)

DINDON, *s. m. (Meleagris).* All. *Truthahn;* angl. *turkey-kock;* ital. *gallo d'India.* — Gallinacé de la famille des *alectrides*, dont on distingue deux variétés : le *Meleagris gallopavo*, qui vit à l'état libre dans l'Amérique du Nord, et le dindon ocelé, *Meleagris ocellata*.

L'opinion des naturalistes est très divisée sur l'origine de cet oiseau et de son introduction en Europe. Les uns disent qu'il vient du dindon sauvage des Bermudes; d'autres affirment que ce n'étaient que des pintades, et que le dindon que nous avons actuellement en Europe nous vient d'Amérique, importé par les Jésuites.

En présence de ces chicanes scientifiques, il ne me restait qu'à étudier, et voici ce que m'ont démontré mes recherches :

L'Asie a eu ses dindons comme l'Amérique du Nord; ils ont été introduits en Grèce par Méléagre, roi de Macédoine, vers 3559 avant J.-C., et furent en grand honneur chez les Romains. Le dindon figura sur la table des noces de Charlemagne.

Comment ils disparurent? Par quelle épidémie? On l'ignore. Mais il serait insensé de nier leur existence chez les Romains. Pline en donne la description frappante dans son trente-septième livre, au chapitre 11; on sait aussi que Sophocle, dans l'une de ses tragédies, introduisit un chœur de dindons qui pleuraient sur la mort de Méléagre.

La Bible parle de ces oiseaux vivant à l'état sauvage, se tenant dans les fourrés les plus épais; les flottes de Tarsis en apportaient à Salomon. (I, *Rois,* x, 22.)

D'autre part, l'histoire nous dit que les vaisseaux de Jacques Cœur rapportèrent les premiers dindons de l'Inde en 1432, tandis que Loyola, né en 1481, ne fonda la secte jésuitique qu'en 1534, définitivement approuvée par le pape, Paul III, en 1540.

La découverte de l'Amérique par Christophe Colomb en 1492, c'est-à-dire quarante-deux ans après l'introduction en France des dindons par Jacques Cœur, ne laisse aucun doute sur l'origine primitive du dindon, et cela en tenant compte que l'Amérique était primitivement appelée Indes occidentales. Les Anglais le nomment *turkey cock*, coq de Turquie.

D'après ces faits historiquement démontrés, il est acquis que le dindon venant d'Inde a été introduit en Grèce par Méléagre, et en France par Jacques Cœur, longtemps avant la variété importée par les Jésuites. Par contre, il est prouvé que les races apportées par les missionnaires se sont mieux acclimatées chez nous; ce sont elles qui se sont vulgarisées en Europe.

L'opinion généralement admise en France que ce sont les Jésuites qui nous ont apporté le dindon l'a fait appeler « oiseau des Jésuites » que de mauvais plaisant ont dénommé *jésuite* tout court.

Les dindons ont autant le droit de se fâcher de ce changement de nom qu'en auraient les Jésuites si on les appelait dindons!

« Se fâcher rouge comme dindon » est un proverbe qui s'applique à une humeur querelleuse, colérique, dénotant un orgueil stupide.

AGE DU DINDON. — On connaît l'âge du dindon aux pattes, dont la couleur est noire jusqu'à deux ans; la troisième année, elles deviennent rougeâtres et ensuite écailleuses : il n'y a pas à se tromper, la chair en est dès lors coriace.

La femelle, ou dinde, est plus petite que le mâle, mais sa chair est plus fine.

INFLUENCE DE LA NOURRITURE. — La nourriture influe beaucoup sur la qualité de la chair de ce gallinacé; les noix, la chicorée le rendent amer; les insectes, le maïs, les baies de genièvre, les pommes de terre cuites, sont la meilleure nourriture, avec la liberté qu'il faut absolument lui accorder.

Les indigènes de l'Indoustan et des Bermudes ne songent pas à domestiquer le dindon, et avec raison; la chair de cet oiseau est, chez eux, parfumée et rappelle le gibier, tandis que chez nous elle a perdu une grande partie de ses qualités.

La dinde de Noël. — Pourquoi cette vieille et douce coutume de célébrer l'avènement de l'enfant Jésus par une dinde rôtie? Je vais vous le dire.

C'est un jour de Noël, alors fêté par des agapes religieuses, que cette volaille d'élite fut servie pour la première fois en France dans un souper de Charles VII. Cette date, je pense, vaut bien celle d'une victoire oubliée, d'une conquête perdue. La dinde, dès ce jour, prit dans sa patte noire le sceptre des festins, que l'oie des vieilles Gaules tenait dans la sienne depuis Charlemagne et César.

En embrochant la dinde de Noël, nous célébrons un grand anniversaire de conquête gastronomique.

HYGIÈNE. — La chair du dindon, de la dinde, au-dessous de dix-huit mois, est saine, d'une digestion facile, est sans propriété spéciale autre que celle de nourrir. Elle convient aux diabétiques, aux valétudinaires et aux convalescents.

USAGE CULINAIRE. — La dinde et le dindon subissent les mêmes préparations culinaires. La science du cuisinier consiste à connaître l'âge, la qualité de la chair de l'oiseau pour lui appliquer la formule culinaire qui lui convient; un maître de l'art ne rôtira pas un vieux dindon, il le fera braiser. Le coq d'Inde vierge à l'état sauvage est celui qui fournit la meilleure chair.

Rôti est la formule la plus naturelle du jeune dindon. Cependant l'art ne s'arrête pas là, il varie ses formules comme ses garnitures, ses formes et son goût.

Dinde rôtie. — *Formule 1469.* — Je répète ici ce que j'ai dit plus haut, que c'est un crime culinaire de faire le jus de rôti avec du bouillon de bœuf ou autre; son seul jus doit être son suc allongé d'eau. On doit, pour le rôti, choisir des dindes jeunes; un dindon, ou même une dinde, qui aurait plus de deux ans doit être servie comme relevé, braisée, farcie ou garnie. La seule garniture que l'on peut appliquer à la dinde rôtie est le cresson; tout autre adjonction sort du bon goût, de la vraie élégance, de la science de bien vivre.

Remarque. — On peut appliquer différentes garnitures, qui en déterminent la dénomination; tel, par exemple : aux navets, aux nouilles, à différentes purées, je trouve même : au coulis d'écrevisses, ce qui est de la plus choquante contradiction; je n'ai dès lors pas à m'en occuper. Les galantines, ou dindes froides, s'appliquent aux formules des poulardes, poulets et chapons.

Dinde à la crème. — *Formule 1470.* — Après avoir flambé, vidé et enlevé le bréchet d'une jeune dinde, on enlève les deux filets, on les cloute de truffes noires, taillées en clous, on dépose ces filets dans un sautoir beurré, on fait couler dessus une nappe de beurre fondu pour les maintenir blancs; on les saupoudre, on les recouvre d'un papier blanc beurré et, au moment de les faire cuire, on mouille légèrement avec du bouillon de volaille, si possible, ou de l'eau.

D'autre part, découper la dinde comme un poulet pour sauter. Foncer alors un sautoir beurré d'une forte couche d'oignons, d'une gousse d'ail, d'une quinzaine de grains de poivre blanc concassé et d'un fragment de thym. Sur ce lit, on range les morceaux de dinde et on mouille les oignons, seulement avec de la crème double de première qualité, et on soumet la casserole à l'ébullition; puis, couverclée dans le four, en ayant soin de ne pas laisser attacher les oignons. La dinde cuite, on sort les morceaux dans une casserole, que l'on maintient au chaud; on passe les oignons à travers un tamis et l'on fait réduire cette sauce.

Pendant ce temps, on aura fait cuire les filets à blanc et, au moment de servir, on dresse d'abord les carcasses au fond du plat rond et appuyer debout les autres morceaux; on masque avec la sauce liée en dernier lieu, avec du beurre frais, de la crème et des jaunes d'œufs, et l'on met enfin les filets blancs et truffés en pyramide.

La sauce doit être blanche, ainsi que les filets, condition indispensable d'où dépend tout son attrait. C'est la recette qui, avec le rôtissage, convient le mieux aux dindons sauvages d'Amérique.

Dinde à la lyonnaise. — *Formule 1471.* — Plumer, flamber et vider la jeune dinde, en ayant soin de sortir aussi les poumons et l'os de la poitrine.

Préparer, d'autre part, une farce avec 250 gr. de lard frais, autant de veau, de la crème double, une trentaine de beaux marrons de Lyon décortiqués, cuits et pelés; assaisonner le tout avec de l'épice à pâté; ôter le fiel et piler le foie dans la farce, le tout d'un bon goût; mélanger cette farce avec une dizaine de marrons cuits en entier et quelques petites saucisses à griller, longues de 2 à 3 centimètres; en farcir la dinde; la faire cuire à la broche ou dans le four en l'arrosant souvent.

La cuisson dure, selon l'âge, de trois quarts

Fig. 463. — Groupe du dindonneaux à la française. (Voir la formule 1476.)

d'heure à une heure vingt. Etant cuite, on dégraisse le fond, on le mouille avec de l'eau; on sale, on fait réduire le jus, on le passe et on le sert dans une saucière chaude.

Remarque. — Dans une maison particulière, comme pour le service d'une table d'hôte, c'est un grand inconvénient de servir la pièce farcie entière, c'est-à-dire qu'après être présentée elle doit retourner dans la cuisine, et là, sur une large planche et avec des couteaux appropriés, on détache et coupe les cuisses, l'estomac, le *bonnet-d'évêque*, la carcasse, en ayant soin de séparer en deux le *sot-l'y-laisse*, et on range le tout systématiquement sur le plat; on pose la farce dessus et on la recouvre avec les filets de la poitrine taillés en lames. Cette opération doit se faire promptement, pour que le tout reste chaud. On fait chauffer le suc qui s'en est écoulé et on l'arrose au moment de servir.

Dinde à la bourgeoise. — *Formule 1472.* — Dresser la dinde dans la règle, foncer une braisière de carottes, d'oignons, de lard, d'un bouquet de persil, de poivre en grains concassés. Echauder les ailerons et les couper par tronçons, ainsi que le cou, le foie et le gésier, que l'on fait braiser avec la dinde.

D'autre part, on coupe en dés 200 grammes de lard maigre et on le fait cuire dans de l'eau; ailleurs, on fait braiser de petites carottes de préférence, ainsi que de petits oignons; on mélange ces garnitures avec les abatis et on arrose avec le fond dégraissé de la dinde. On coupe la dinde et on la garnit du ragoût ainsi préparé.

Remarque. — Dans une maison particulière, dont le nombre des personnes ne dépasse pas cinq, on peut servir la dinde entière en ne découpant que les filets, les cuisses pouvant servir pour le déjeuner comme viande froide. Si la dinde était cuite à la broche, on devra faire braiser les abatis à part dans une petite casserole.

Dinde aux châtaignes. — *Formule 1473.* — Décortiquer des châtaignes d'Italie et les plonger à l'eau bouillante pour les peler; les assaisonner et en remplir une dinde préalablement piquée de lard; mettre dans une petite braisière du beurre frais et faire prendre couleur à la dinde sur toutes ses faces. Submerger la dinde de bouillon en ajoutant une carotte, un oignon clouté et un bouquet de persil; faire cuire au four ou sur un feu de chaleur régulière. Si la dinde était

cuite avant la réduction à trois quarts de son jus, on devrait la sortir et la maintenir au chaud dans une casserole pendant que l'on fait réduire son jus; le lier avec un peu de sauce demi-glace. Découper la dinde en levant la poitrine de manière à conserver les châtaignes entières et les recouvrir avec les filets.

Si le nombre des personnes dépassait cinq ou six pour le service d'une table d'hôte, on aura soin de faire braiser les châtaignes en les conservant entières pour en border la dinde coupée et dressée en pyramide. Saucez légèrement et servir de sa sauce à part. Ce mode peut s'appliquer aux vieilles dindes et se sert comme relevé.

Remarque. — On sert aussi de cette façon la dinde à la purée de marrons, ce que je n'ai jamais fait; lors même que cette recette s'est traduite depuis Carême dans tous les livres de cuisine; et cela pour l'inconvénient qu'offre un morceau de viande plongé dans une purée, qui, étant sur l'assiette du convive, a plus d'une fois laissé indifférente une élégante dans la crainte de souiller ses lèvres.

Dindon à la Brillat-Savarin. — *Formule 1474.* — Le marquis de Cussy, Brillat-Savarin et autres gourmands qui se sont mêlés un peu de cuisine, ont décrété que le dindon et le faisan ne devaient pas être plumés pour les truffer, c'est-à-dire qu'on les vidait simplement et on les remplissait d'une farce richement truffée, on en fermait l'ouverture, et, après cinq à six jours, on plumait l'oiseau; on remplaçait la première farce de truffes, qui était destinée à parfumer les chairs, par une nouvelle farce également truffée.

Je n'hésite pas un instant à déclarer hautement ici que c'est un crime de dépenser pour 80 francs de truffes pour un dindon, lorsqu'il n'y a pas d'amélioration et qu'il y a tant de personnes de par le monde qui n'en connaissent ni la couleur, ni le goût, ni l'arome.

Les artistes les plus autorisés de notre époque ont simplement fait fi de cette fantaisie, et ils se sont contentés, avec raison, de plumer l'oiseau aussitôt tué; de le vider, le truffer, le brider et enfin le barder pour le laisser deux ou trois jours dans le garde-manger avant de le cuire. Ainsi traité, le dindon prend un goût de truffe qui pénètre les chairs, et la cuisson l'embaume de ce délicieux parfum qui vient s'ajouter à sa succulence.

Remarque. — Le dindon truffé, comme le gibier

doit être arrosé avec sa propre graisse et, s'il est au four, mouillé avec de l'eau. Un cuisinier qui commet le délit de mouiller avec du jus ou du bouillon un de ces trésors de la cuisine mérite d'être dégradé de son titre et, à sa honte, signalé à tous les artistes de l'univers.

Dindon à la Godard. — *Formule 1475.* — Plumer, flamber et vider le dindon, échauder les ailerons, les farcir avec son foie haché avec du lard frais et quelques truffes hachées; assaisonner à point. Couper le gésier et le cou par petits morceaux d'égale grosseur; faire braiser le dindon dans une braisière foncée dans la règle avec ses abatis. Lorsqu'elle est cuite, dégraisser le fond et l'allonger avec une cuillerée de sauce espagnole et autant de sauce tomate; passer la sauce à travers un tamis et mettre les abatis dans une petite casserole avec une garniture à la Godard et la sauce nécessaire pour la submerger; la mettre sur le feu pendant que l'on découpe le dindon et qu'on dresse dans un plat creux et long. On borde le dindon, ainsi détaillé, de la garniture chaude et on envoie une saucière à part. Se sert comme relevé.

Abatis de dinde à l'italienne. — (Voir ce mot.)

Abatis de dindon à la chipolata. — (Voir ce mot.)

Abatis de dinde à la bourgeoise. — (Voir ce mot.)

Ailerons de dinde farcis. — (Voir la *Formule 37*).

DINDONNEAU, *s. m. (Meleagris).* All. *Junger Puter;* angl. *Young Turkey;* ital. *giovine polio d'India.* — Nom du petit dindon jusqu'à l'âge de six mois; après cet âge, les sexes se distinguent et on les appelle désormais *dinde* ou *dindon.*

Le dindonneau s'applique à toutes les formules du chapon et du poulet, il est exquis rôti et succulent truffé.

Sa chair crue, pilée avec de la crème fraîche et passée au tamis, constitue une farce délicate et hygiénique.

Dindonneau en demi-deuil. — Voir la *Formule 1455* et la fig. 461.)

Dindonneau à la française. — *Formule 1476.* — Désosser, farcir et piquer deux dindonneaux; les cuire en ayant soin de conserver intacts les lardillons. Braiser à blanc deux dindonneaux et laisser refroidir le tout. Dresser les dindonneaux entiers sur un socle, dont le sujet représentera *la France,* en les alternant de langues écarlates entières. On pourra décorer les intervalles avec de grosses truffes, mais l'état naturel est le mode qui convient le mieux à cette grosse pièce. Le socle est en bronze et le sujet du haut en stéarine. (Voir la fig. 463, p. 733.)

Ce groupe a l'avantage d'être vu à grande distance, de coûter peu de travail et de produire un bel effet.

DINER, *s. m.* All. *Mittagessen;* rus. *abètte, abédouïte;* angl. *dinner;* ital. *prinzo, desinare.* — Principal repas de la journée.

Repas pour lequel se jouent tous les actes de la grande comédie humaine.

En effet, pour le dîner, les hommes de toutes conditions font trêve aux affaires; empereur, roi, pape, diplomate et philosophe sont astreints au plaisir ou à la nécessité de la table. Pour dîner, le banquier retire ses mains de l'or pour prendre la fourchette; c'est pour le dîner que le musicien fait vibrer des sons harmonieux; pour le dîner, le poète rime; c'est pour dîner que le médecin guérit et, pour mieux dîner lui-même, certain tartufe nous prêche l'abstinence; c'est pour le dîner que l'orateur fascine, et pour dîner lui-même le cuisinier fricote; c'est pour le dîner que le mendiant prie, et pour dîner que le charlatan s'agite, que le capitaine commande et que le soldat se bat. Tous ces maux, toutes ces nécessités fictives de l'organisation sociale ont un seul but : le dîner.

Le dîner est impérieux et nécessaire à tous les hommes, et la privation de ce repas altère et diminue les forces physiques. Et de la qualité du dîner dépendent également les facultés mentales. Aussi :

L'homme d'esprit seul sait manger.

EFFETS INTELLECTUELS D'UN BON DINER. — Si l'on étudie la physionomie d'une salle de convives avant le dîner, on verra que la conversation est peu animée, froide même; les yeux rêveurs et sans expression; les figures pâles et la bouche serrée par les muscles zygomatiques paralysés.

Mais en se mettant à table un effort de sociabilité se produit, et après le *potage,* aux premières exclamations de contentement que laissent échapper les plus gais, survient une sorte d'accalmie : c'est l'estomac qui parle. On croirait que les convives ne sont pas en veine de gaieté.

L'un cherche à rompre la glace, mais on reste froid à ses provocations; on sent que la conversation est forcée, que la parole n'arrive pas facilement, qu'il manque de l'entrain. Mais après le *poisson* et le vin blanc, les langues semblent se délier, et au *relevé* il se produit un bruit sourd, un ronflement analogue à celui qui précède l'accord des instruments d'un orchestre; avec l'*entrée*, ces sons vont croissant avec une intonation toujours plus élevée et plus harmonieuse; au *rôti*, les convives semblent se surpasser en courtoisie mutuelle, le bruit est plus distinct, les voix sont vibrantes et les sons justes, il semble que la symphonie va commencer.

Au *dessert*, les plus taciturnes même s'en mêlent, et se mettent à boire et à bavarder. Les personnes sombres sont devenues souriantes, les visages mélancoliques sont gais, le désordre de la conversation, les discussions animées, les fréquents éclats de rire, les vives contractions de la face, les interruptions bruyantes, les gestes provocants, l'agitation des bras, tout démontre que l'activité de la vie est centuplée.

A l'animation du visage, aux yeux scintillants, nous devinons que le sang ruisselle impétueux et à flots dans le cerveau. Le filet de la langue est rompu, les idées affluent comme si une main généreuse fût venue mouvoir les organes rouillés de la pensée, et verser l'huile sur les pivots et les rouages du mécanisme de la parole.

Et chaque tête est un flambeau.

Inutile d'insister : nous avons tous éprouvé cette transformation qui résulte du travail cérébral. — C'est un vent différent de celui qui soufflait quand nous nous sommes assis.

Des hommes qu'on avait toujours cru taciturnes et d'un caractère froid, on les trouve étourdis, entamant avec une parole abondante et chaude les discussions les plus ardues, argumentant avec une promptitude et un succès qui leur valent des applaudissements.

Au *champagne*, les convives sont transformés en une société d'élite où les sciences, les arts n'ont plus de secret pour personne, et chacun rivalise d'empressement, de cordialité et de courtoisie.

Alors il se produit un effet magique; l'imagination abondante arrive au comble : le président ou le héros du festin, qui s'était promis de ne rien

dire, se lève, remercie les convives de leur présence et le discours se déroule émaillé des plus fines perles de rhétorique; ses rivaux, ses ennemis même sont encensés d'éloges.

Un deuxième convive se lève à son tour et redouble d'arguments improvisés qui débordent sur tous les assistants, les charment et les fascinent.

Enfin un troisième éclipse les précédents orateurs par l'organe vibrant de son intonation, sa voix fait tressaillir, il semble qu'un fluide magnétique sort de sa bouche, que ses regards projettent le feu, et comme un volcan en éruption la péroraison devient plus intense, la pensée puissante et féconde poussée au parnasse par le foyer phosphorescent, s'élève, sublime, dans les régions infinies.

La salle, paralysée jusqu'alors, éclate frémissante.

L'orateur se rassied, satisfait, mais troublé comme s'il venait de recevoir une décharge électrique.

Le dîner a produit ses effets intellectuels.

DINETTE, *s. f.* All. *Kleines Mahl;* angl. *play dinner.* — Petit repas frugal et champêtre.

DINIAS. — Célèbre financier grec, de naissance obscure et enrichi par l'usure; avide de célébrité, il organisa un festin monstre, où assistaient toutes les classes de la société et dans lequel il s'empoisonna.

DINO, *adj.* (*Hors-d'œuvre chaud*). — *Formule 1477.* — Tailler en petits dés des truffes blanches du Piémont et des ris de veau, les mélanger dans un appareil, composé de sauce suprême et de purée de champignons. Procéder comme pour les croquettes de volaille. (Voir ce mot.)

DIOSCORÉE, *s. f.* — Terme générique par lequel on désigne les deux variétés de l'igname. (Voir ce mot.)

DIPLOMATE, *adj.* (*A la*). — On distingue deux entremets sucrés, un gâteau et une pâtisserie sous cette dénomination :

Pouding glacé à la diplomate (*Surprise*). — *Formule 1478.* — (*Procédé général.*) — Employer :

Amandes douces mondées	grammes	250
Sucre en poudre	—	225
Farine tamisée	—	60
Œufs frais	nombre	2

Procédé. — Piler les amandes et travailler dans une terrine avec le sucre, la farine et les œufs, de façon que la pâte reste coulante. La coucher par bandes larges de 20 centimètres sur une plaque beurrée. Les cuire au four chaud; en les sortant du four, les rogner de la hauteur d'une timbale unie et rouler la pâte dans l'intérieur de la timbale pendant qu'elle est chaude; pratiquer sur une bande de pâte une rondelle de la grandeur du fond du moule, et l'y adopter de façon qu'il ne reste aucune ouverture.

D'autre part, on aura fait imbiber des fruits confits cuits, ou frais également cuits, dans du marasquin. Chemiser la croûte intérieurement d'une couche de glace d'abricot, puis de vanille. Mettre dans le milieu les fruits égouttés et mélangés avec de la glace à la fraise; le couvrir d'une rondelle de pâte et sangler pendant une heure. Au moment de servir, renverser le pouding sur un compotier, le saucer du sirop de marasquin et le décorer de fruits pour lui donner l'apparence d'un pouding.

Pouding chaud, à la diplomate. — *Formule 1479.* — Foncer le moule avec la pâte indiquée plus haut; préparer un second cylindre en pâte plus petit pour être placé au centre du moule, foncé; garnir l'espace qui reste autour du petit cylindre avec des raisins de Malaga et autres fruits trempés au marasquin; garnir l'intérieur du petit rond du milieu avec de la marmelade d'abricots. Casser deux œufs dans une tasse de lait cuit sucré et aromatisé de marasquin; fouetter cet appareil et le verser sur les fruits autour de la marmelade d'abricots jusqu'à hauteur, en observant que la marmelade d'abricots reste pure dans le petit moule du milieu. Couvrir le tout d'une légère couche d'appareil à souffler, c'est-à-dire d'un jaune d'œuf travaillé avec une quantité relative de sucre et mélangé avec son blanc fouetté en neige. Faire cuire dans le bain-marie au four. Dresser et saucer d'un sirop, allongé de marasquin et de marmelade d'abricots.

Diplomate à la crème (*Pâtisserie*). — *Formule 1480.* — Beurrer et foncer des moules à tartelettes ou à nougat d'une pâte brisée et sucrée; y mettre une couche de marmelade d'abricots, puis remplir aux trois quarts de fruits hachés et remplir définitivement avec un appareil à darioles. (Voir la *formule 1437.*) Les cuire dans un four moyen et les glacer à la vanille en les sortant du four.

Gâteau à la diplomate. — *Formule 1481.* — Pâte à biscuit de Savoie, moule Solferino à boules, four doux, coller sur fond de pâte sèche, mettre à l'intérieur de la douille une rondelle de biscuit; glacer au fondant au kirsch. Faire macérer au kirsch une petite macédoine de fruits coupés en dés, les bien égoutter et les joindre à une bonne gelée aux abricots, emplir le puits de l'entremets avec cette macédoine quand elle est mi-prise; mettre une moitié de cerise confite sur chaque pointe du moule. (A. Coquin.)

DIPLOME, *s. m.* (*Pâtisserie*). — Il ne s'agit pas ici du parchemin qui donne tant d'autorité aux médecins et tant de droits aux avocats, mais du diplôme du pâtissier, qui réclame autant d'intelligence que celui de la faculté.

Diplôme. — *Formule 1482.* — Faire une pâte brisée et sucrée; l'abaisser et en foncer des tartelettes préalablement beurrées. Mettre sur la pâte une couche de marmelade d'abricots et faire l'appareil suivant :

Employer :

Amandes douces	grammes	20
Amandes amères	—	10
Beurre fondu	—	180
Farine tamisée	—	180
Sucre en poudre	—	500
Blancs d'œufs	nombre	8
Vanille	bâton	1

Procédé. — Piler les amandes et travailler dans une terrine, la vanille, le sucre, les amandes et les blancs d'œufs, et, la masse étant mousseuse, y ajouter le beurre fondu et la farine.

Garnir les tartelettes et les cuire. Pour leur donner le vernis doctoral, les glacer à la vanille en les sortant du four.

DISSECTION, *s. f.* All. *Zergliederung;* angl. *dissection;* ital. *dissecazione,* dont l'étymologie vient de *dis,* préfixe et *secare,* couper. (Voir DÉCOUPER.)

DISSOLVANT, ANTE, *adj.* All. *auflœsend;* angl. *dissolvant;* ital. *dissolutivo.* — Qui a la propriété de dissoudre, de faire passer un corps à l'état liquide. En cuisine, l'eau, l'alcool, la vapeur sont les principaux dissolvants.

DISTILLATION, *s. f.* All. *Destillation;* angl. *distillation;* ital. *distillazione;* esp. *distilacion.* — Action de séparer les parties volatiles d'une substance d'avec les parties fixes. Cette opération se fait à l'aide du feu qui met les substances en ébullition dans un vase clos; dilatées en vapeur, elles redeviennent liquides; ce sont les esprits obtenus par la distillation. On appelle distillations sèches celles qui s'opèrent sans addition d'eau.

Fig. 464. — Alambic brûleur à bascule, système Egrot.

La distillation remonte à la plus haute antiquité, mais il n'y a que peu d'années que les inventeurs se sont ingéniés à perfectionner les procédés anciens en donnant le jour à de nouveaux appareils.

La distillation est employée pour l'extraction ou la purification d'un grand nombre de liquides : huiles, éthers, acides, essences, et principalement pour l'extraction de l'alcool.

Les appareils les plus simples sont ceux employés dans les campagnes pour la fabrication de l'eau-de-vie, que la nature forme elle-même par la fermentation du vin, du cidre et d'un grand nombre de fruits.

La fig. 464 représente le type le plus perfectionné de ces alambics simples, l'*Alambic brûleur à bascule, système Egrot.*

Il se compose d'une chaudière en cuivre dans laquelle on verse le produit à distiller.

Cette chaudière est placée dans un fourneau qui est construit de telle façon que l'alambic peut être renversé en avant, pour en effectuer la vidange et le nettoyage facilement.

Le couvercle-chapiteau étant mis en place et le petit réservoir placé au-dessus du serpentin étant rempli d'eau, on allume le feu dans le fourneau et, au bout de peu de temps, le liquide entre en ébullition, les vapeurs s'en dégagent, s'élèvent dans le col de cygne et entrent dans le réfrigérant, sur lequel on laisse couler par un robinet l'eau contenue dans le réservoir supérieur.

Ce serpentin réfrigérant est disposé de telle façon que les vapeurs alcooliques à trop faible degré retournent dans la chaudière de l'alambic, tandis que seule l'eau-de-vie rectifiée se rend à la sortie.

Les produits qui s'écoulent à la fin de l'opération ont un degré moins élevé; quand ils marquent moins de 40° à 45°, on les met à part pour les redistiller dans une opération suivante.

Cet alambic fonctionne avec une très faible quantité d'eau, avantage très important dans les campagnes où l'eau doit être généralement apportée à bras d'homme.

La distillation des fleurs, des graines, pour obtenir des essences ou des eaux aromatiques, s'effectue aussi très facilement dans l'alambic Egrot.

La description des grands appareils de distillation industriels sort du cadre de cet article. Cependant l'industrie des liqueurs qui nous intéresse emploie des appareils de distillation simples, chauffés, soit à feu, soit à vapeur, qui servent à la préparation des esprits parfumés qui, lorsqu'ils sont mélangés avec le sucre, constituent la plupart des liqueurs de table.

La fig. 465 représente l'alambic à vapeur construit par M. Egrot, communément employé par

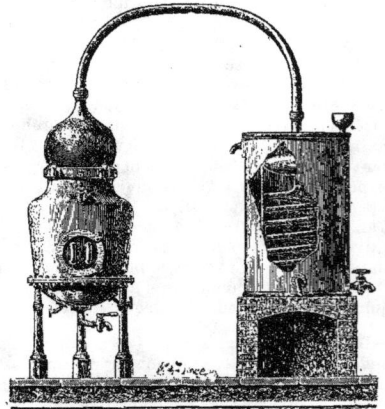

Fig. 465. — Alambic à vapeur Egrot.

nos fabricants de liqueurs. Il se compose essentiellement de la cucurbite en cuivre, où l'on place les matières à distiller, plantes, graines, avec une certaine quantité de liquide.

Fig. 466. — Vue du laboratoire de distillerie qui a obtenu le grand prix à l'Exposition de 1889, installé par Egrot pour le Syndicat des distillateurs.

Le fond inférieur est chauffé sur toute sa surface, par la vapeur qui est enfermée dans l'espace compris entre ce fond et le double fond extérieur en fonte. Des robinets permettent de régler l'entrée et la sortie de la vapeur, et un robinet de vidange, traversant les deux fonds, est destiné à l'extraction des liquides qui restent après la distillation dans l'alambic, et aussi à celle des eaux de lavage.

La cucurbite est recouverte par le chapeau, l'introduction des plantes dans la cucurbite se fait par l'orifice laissé ouvert par l'enlèvement du chapeau, et leur extraction se fait par un large tampon placé sur le côté de l'alambic.

Les vapeurs de la distillation sont conduites par un col de cygne dans le réfrigérant, formé par un tube de cuivre ou d'étain enroulé en serpentin et plongé dans une bâche remplie d'eau.

Le produit obtenu par une première distillation est généralement *rectifié*, c'est-à-dire distillé une deuxième fois dans un alambic analogue à celui décrit. Cette rectification a pour but de concentrer l'esprit parfumé, en *améliorant* ses qualités.

Lorsque les alcools de riz, de grains, de maïs, de pommes de terre sont rectifiés, ils deviennent d'un goût neutre, c'est-à-dire qu'ils se débarrassent d'alcool supérieur, *amylique, propylique, bu-tilique,* et des acides gras, volatils; ils deviennent, au point de vue chimique, identiques à l'alcool retiré du vin, moins l'arome.

Les distillateurs soucieux de la santé publique le savent, aussi rares sont ceux qui sacrifient de gros bénéfices à l'intérêt du consommateur.

Parmi les maisons de premier ordre qui s'occupent de la distillation des esprits parfumés et de la fabrication des liqueurs, il convient de citer la maison JACQUES, *rue de Vanves, à Paris.*

Toutes les constatations que nous avons faites nous permettent d'affirmer que les produits de cet établissement, très soignés au point de vue du goût, sont irréprochables au point de vue de l'hygiène; ils réunissent ainsi les conditions primordiales de toute préparation alimentaire.

Dans le nombre des maisons respectables au point de vue de l'excellence des produits, citons encore la maison BUFFIÈRE-MOURGET, *de Limoges* dont la réputation n'est plus à faire. (Voir LIQUEURS et LIQUORISTES.)

DIURÉTIQUE, *adj.* All. *harntreibend;* angl. *diuretic;* ital. *diuretico.* — En hygiène alimentaire, se dit des substances qui ont la propriété d'augmenter la secrétion des urines. (Voir le TABLEAU SYNOPTIQUE.)

Vin diurétique. — *Formule 1483.* — Employer :

Feuilles sèches de digitale.	. . . .	grammes	60
Bois de genièvre.	. . . .	—	300
Squames de seigle	. . . .	—	30
Alcool à 90 degrés	. . . . . .	litre	1/2
Vin blanc sec à 10 degrés.	. . . .	—	1
Acétate de potasse.	. . . . . .	grammes	200

Procédé. — Faire macérer le tout pendant quinze jours (à l'exception de l'acétate), et agiter une fois par jour; le quinzième jour ajouter l'acétate de potasse et filtrer. Il se prend comme diurétique et contre l'hydropisie, à la dose de *une à trois* cuillerées par jour.

DIZY (*Vins de*). — Champagne, vin blanc de première classe, de 13 à 14 degrés alcoolique; le rouge de troisième classe en contient de 11 à 12 degrés.

DOBULE, *s. m.* — Poisson du genre cyprin qui habite les lacs, les étangs et les rivières; on en distingue plusieurs variétés, le *rosse*, le *biponctué*, l'*ablette* sont les espèces qui se ressemblent le plus.

Sa chair ressemble à celle de la sandre ou de la féra. (Voir ces mots.) On le soumet aux mêmes préparations culinaires que ces derniers. Il est facile à la digestion.

DOLABELLE, *s. f.* — Mollusque à coquille triangulaire qui habite les côtes de l'Inde et de l'Océanie; il répand autour de lui une liqueur pourprée pour se dérober aux naturels du pays qui la recherchent pour s'en nourrir. Ils le font cuire dans la braise.

DOLI, *s. m.* — En Russie, fraction de poids équivalant à 4 grammes.

DOLIC, *s. m.* (*Dolichos*). — Plante de la famille des légumineuses, très commune dans l'Inde et l'Amérique du Nord; il en existe un grand nombre de variétés; comme les pois.

On distingue le *cutang*, le *soja*, le *lignosus*, l'*ensiformis*, le *dissensis*, le *lablat*, le *unguiculatus*, le *sesqui pedalis*. Il y en a aussi des bulbeux et des tubéreux.

DOLGOROUKI, *s. f.* (*Cuis. russe; soupe à la*). — *Formule 1484.* — Mettre dans une marmite ou casserole des abatis de volaille, des jarrets et débris de veau, des légumes du pot-au-feu, quelques poignées d'orge perlé et un morceau de jambon. Faire cuire de façon à faire un bouillon riche et relativement fort. Emincer des oignons, les faire cuire dans la crème avec du jambon GENUINE (Voir ce mot.), passer au tamis après avoir retiré le maigre du jambon et la couenne. On ajoute cette purée d'oignons au bouillon, on le rehausse d'une pointe de piment; on le lie et on taille le maigre de jambon en petits dés, qu'on ajoute au moment de servir.

Remarque. — Dans les restaurants russes, on met les oignons émincés dans une sauce bécha-

Fig. 467. — Dobule (Cyprin).

melle, qu'on allonge avec du bouillon et garnit de croûtons de jambon au moment de servir. Cette soupe doit être relevée, quoique blanche.

DOLMAS, *s. m. pl.* (*Cuis. turque*). — *Formule 1485.* — Hacher du mouton maigre avec un peu de graisse de la queue. Faire blanchir du riz et en ajouter un tiers du volume de la farce; assaisonner de haut goût; envelopper un peu de farce dans une feuille de vigne, de figuier, de chou ou de jeune pousse de houblon, de façon à faire des boulettes de bon goût et bien arrondies. Les cuire à l'étouffée dans une casserole de terre, foncée d'oignons et de graisse de queue de mouton, et alternées par couche de dolmas, de graisse et de feuilles de vigne ou de pousses de houblon.

Dolmas à la caucasienne (*Cuis. ménagère*). — *Formule 1486.* — Les Caucasiennes qui, à la beauté physique, joignent la qualité d'être bonnes ménagères, préparent le dolmas de la façon suivante : Faire un hachis de viande froide, l'assaisonner de bon goût, lui ajouter de la graisse de queue de mouton cuite, à défaut un peu de graisse de rôti ou de moelle de domey (V. ce mot.); y mélanger de la *polenta*, *gaudes* ou *maïs* cuit à l'eau, et des oignons, ail, hachés et sautés à la poêle avec du piment jaune. Faire des boulettes enveloppées dans des feuilles de vigne et les placer dans une casserole de terre sur un lit d'oignons, de graisse, d'assaisonnement et de jambon ou de lard maigre.

On mouille au fur et à mesure de la réduction du jus avec du bouillon de mouton, que l'on a préalablement passé.

On dresse les dolmas en pyramides sur un plat rond et on les garnit des pousses de houblon, de jambon ou du lard, le tout arrosé de son jus.

Remarque. — Les Européens peuvent faire les dolmas en enveloppant le hachis dans des feuilles de chou frisé et en les faisant braiser au four.

DOMEY, *s. m.* — Nom que l'on donne, au Caucase, au bœuf sauvage qui habite les forêts de ces montagnes.

DOMINICAIN. — Nom générique que l'on donne à une sorte de timbale chemisée et garnie intérieurement avec un ragoût désossé et préparé en forme de chaufroid. On fait glacer la timbale et on la garnit de gelée et d'attelets : *dominicain de perdreaux*, de *faisan*, de *lapereaux*, etc.

DOM PÉRIGNON. — Moine cellérier de l'abbaye d'Hautvillers, près Epernay; essaya le premier de faire mousser le vin de Champagne; ses essais furent couronnés de succès en 1730. (Voir CHAMPAGNE.)

DONACE, *s. f.* — Mollusque ou coquillage testacé qui vit dans le sable du littoral; il bondit jusqu'à 20 et 30 centimètres sur la plage. La donace est très recherchée comme comestible.

Dans la Normandie on l'appelle *flion*.

DONG, *s. m.* — Poids en usage à Siam et en Cochinchine, équivalant à 4 grammes.

DON-PEDRO-XIMENÈS, *s. p.* (*Vins de*). — A Don-Pedro-Ximenès, on récolte un excellent vin de dessert, fumeux, agréable, d'une force alcoolique de 18 à 19 degrés.

DONZELLE, *s. f.* — Poisson osseux du genre

ophidium barbatum, qui se pêche dans la Méditerranée. On l'appelle aussi *demoiselle* et *girelle;* sa chair blanche est délicate.

On distingue sous le nom de *donzelle* un autre poisson commun dans les rochers de la côte de Marseille et de Nice, vulgairement appelé sur les côtes *donzella;* ce n'est autre que la *donzelle Vassali*.

DORADE, *s. f.* — Petit poisson du genre cyprin, qu'il ne faut pas confondre avec la daurade (Voir ce mot.), à écaille d'un rouge doré, que l'on conserve dans les aquariums. On l'appelle aussi *dorade de Chine*.

DORAS, *s. m.* (*Doras*). — Poisson qui habite les eaux douces d'Amérique, de l'ordre des malacoptérygiens abdominaux et de la famille des silaroïdes. Sa structure osseuse et sa chair d'une délicatesse secondaire sont les motifs pour lesquels ce poisson n'est pas recherché pour l'alimentation.

DORDOGNE (*Géogr. gastronomique*). — Département formé du Périgord, pays appartenant à la Guyenne, situé dans le sud-ouest de la France. Périgueux, chef-lieu.

Les principales productions de ce département sont le bétail et la vigne; mais, au point de vue *gourmet*, sa meilleure production est la truffe que nous fournissent les vastes forêts de chênes.

DORÉE, *s. f.* (*Zeus faber*, L.). — Poisson de l'Océan et de la Méditerranée. On l'appelle aussi

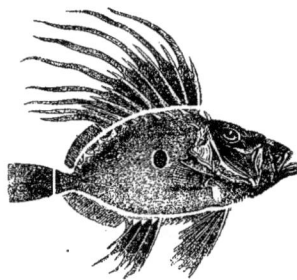

Fig. 468. — Dorée.

poisson de Saint-Pierre, parce que la légende ou mythologie chrétienne raconte que saint Pierre, ayant pris un poisson de cette espèce, lui aurait retiré un *cycle* pour payer le tribut à César, d'où la marque par une tache noire.

La chair de la dorée est délicate et de digestion facile; c'est pour ces propriétés que les Grecs l'appelaient *zeus*, qui signifie *monarque des dieux.*

Elle se prête aux mêmes préparations culinaires que la barbue et le turbot. (Voir ces mots.)·

DORIS, *s. m.* — Petit mollusque comestible qu'on pêche sur les côtes de France et qu'on peut faire multiplier dans les viviers.

DORMANTS, *adj.* (*Aliments*). — Les aliments dormants sont ceux que l'on dresse dans les repas pour figurer sans être entamés lorsqu'il y a suffisamment d'autres mets. Ils se servent dans les buffets froids, pour les thés et les soupers. Les hures de sangliers, les pièces montées sont des dormants.

DORSCH, *s. m.* (*Gadus callarias*). — Poisson de la famille des *gades* et dont la chair est analogue à celle de l'aigrefin ou du merlan. On lui fait subir les mêmes préparations culinaires qu'à ces derniers.

DORURE, *s. f.* All. *mit Eigelb bestreichen;* angl. *colouring with the yolk of eggs;* ital. *doratura;* esp. *doradura.* — En cuisine et en pâtisserie, la dorure n'est autre chose que des œufs battus et passés au tamis, et dont on se sert pour lustrer les pâtisseries. La singulière habitude de laisser corrompre la dorure n'est que résultat de l'ignorance ou du désordre.

Il est insensé de dire que les œufs d'une odeur à asphyxier les Zoulous soient meilleurs pour la dorure que des œufs frais. Battons les œufs, messieurs les artistes, passons-les à travers un tamis et lavons souvent le vase qui sert à les contenir, et nous n'aurons pas le désagrément d'entendre sonner à nos oreilles l'épithète malsonnante que nous connaissons à l'égard des pâtissiers.

Remarque. — Lorsque l'on désire obtenir une dorure plus éclatante, on peut y ajouter du safran en poudre avant de la passer au tamis, mais cette dorure ne s'emploie que rarement. A défaut d'œufs, on peut aussi faire de la dorure en faisant dissoudre du sagou jaune et des fleurs de souci dans un peu d'eau; lorsque le tout est devenu un liquide gluant et d'une couleur jaune, on le passe au tamis de crin.

DOS-GRAS, *s. m.* — Dans la Caroline, il se trouve, parmi les harengs, un petit poisson appelé *dos-gras*, qui ressemble au mulet. Sa graisse est tellement abondante qu'il suffit de le mettre à la poêle, après l'avoir ciselé, pour le faire cuire dans sa propre graisse. Il constitue un aliment de digestion difficile.

DOUBLE-D'AGNEAU. — (Voir BARON D'A-GNEAU).

DOUBLE-DE-TROYES, *s. f.* — Variété de pêche très fendue et appelée aussi *Madeleine rouge.*

DOUBLE-FLEUR, *s. m.* — Belle poire d'hiver que l'on mange de préférence en compote ou en marmelade, en gâteau ou en charlotte.

DOUBLER, *v. a.* All. *doppeln;* angl. *to double;* ital. *doppiare.* — Action d'ajouter une chose à une autre. En pâtisserie : doubler une pâte, doubler une plaque en y ajoutant une deuxième pour empêcher de brûler.

DOUBS (*Géographie gastronomique*). — Département formé d'une partie de la Franche-Comté et d'un département frontière, à l'est de la France. Les principaux produits gastronomiques sont : les huiles, la bière, le bétail, les vins et les légumes. Ville principale et chef-lieu, Besançon.

DOUÇATRE, *adj.* All. *süsslich;* angl. *sweetish.* — Qui est d'une saveur fade.

DOUCETTE, *s. f.* All. *Wingersalat;* angl. *lamb'-slettuce;* ital. *civettina.* — Nom commun de la salade *mâche* (Voir ce mot.), appelée aussi *varianelle;* sa racine prend quelquefois le nom de *doucette* ou réglisse des montagnes.

DOUCE-AMÈRE. — Arbrisseau de la famille des solanées, grimpant spontanément dans les haies; sa tige, d'une saveur sucrée avec arrière-goût amer, est considérée comme dépuratif et sudorifique.

DOUDEAUVILLE. — (Voir FAISAN A LA).

DOUILLE, *s. f.* — Tube de fer-blanc en forme d'entonnoir, dont on se sert en pâtisserie et en cuisine pour décorer et qu'on met dans une poche de toile. (Voir POCHE.)

DOUILLET (*A la*) (*Cochon au bleu ou au père*). — *Formule 1487.* — Coupe-le en morceaux, fais-les blanchir dans l'eau, les larde de moyen lard, mets-les dedans un linge assaisonnés de sel, poivre, clous entiers, muscade, laurier, citrons verts, ciboules. Cuire dans un pot avec bouillon et un peu de vin blanc; fais qu'il soit de haut goût, laisse refroidir à demi et sers sur une serviette avec tranches de citron. (*Darenne*, d'après Pierre de Lune, escuyer de bouche du prince de Rohan.)

DOUM, *s. m.* (*Crucifera*). — Arbre de la variété des palmiers, qui croît sur les bords du Nil. Son fruit est une noix appelée *cuci;* pelé comme les noisettes, le cuci entre dans la composition d'un pain d'épices que l'on fait en Égypte. Au Caire, on en fait aussi des glaces, en procédant comme pour la glace de noix fraîche. (Voir CRÈME.)

DOUX, CE, *adj.* (*Dulcis*). All. *mild, süss;* angl. *swet;* ital. *dolce;* esp. *dulu;* port. *doce.* — Qui est d'une saveur agréable, légèrement sucrée : des fruits doux, un entremets doux, par opposition aux entremets de végétaux. Littré dit : « Mets trop doux, mets trop sucré »; c'est une erreur, les aliments doux et sucrés prennent le nom d'*entremets*. On doit dire : entremets trop sucré, trop doux.

DOYENNÉ, *s. m.* — Variété de poire de grosseur moyenne, à robe jaune vif et rouge du côté qu'elle a reçu les rayons du soleil, cernée de brun autour du pédoncule. La chair en est blanche, fine, succulente, fondante, douce et relevée d'une légère acidité parfumée. C'est l'une des meilleures poires de dessert.

DRAGÉE. *s. f.* All. *Zuckermandel;* ang. *sugarplum;* ital. *treggea, pallini;* esp. *gragea;* portug. *drangea;* étymologie du bas-latin *dragata.* — Amande ou graine recouverte de plusieurs couches de pâte de sucre.

La dragée est un des bonbons que nous devons aux Romains; les Grecs ne la connaissaient pas; leurs *friandises* se composaient de toute sorte de fruits cuits, séchés, imbibés de miel, d'aromates et généralement enveloppés. Les Romains furent les premiers qui songèrent à recouvrir l'amande dans le sucre de canne cristallisé; la perfection est arrivée jusqu'à produire des dragées analogues aux pralines modernes.

On sait que l'illustre famille patricienne de Rome *Fabius* (177 ans av. J.-C.) avait l'habitude de distribuer des *dragati* à la naissance et aux mariages des siens. Cette coutume a été innovée à la naissance de *Quintus Fabius* en signe de réjouissance. Voilà un usage qui a fait du chemin.

FABRICATION DES DRAGÉES. — Les dragées sont constituées par une amande huileuse, *amande-flot, noisette, pistache* etc. etc., ou bien par un noyau *à liqueur ou gelée, un noyau-nougat forme amande et aussi par un noyau-chocolat, soit forme amande soit forme olive* recouverte d'une enveloppe de sucre dont je donne plus bas les procédés.

Il existe deux systèmes pour la fabrication générale des dragées :

Les dragées faites à la main, c'est-à-dire, que la bassine *branlante* est mue par la main de l'homme; ce système est religieusement conservé par les maisons de détail de Paris et même de province, et est, par conséquent reconnu le meilleur, puisque les dragées fabriquées dans ces conditions sont d'une qualité bien supérieure à celles fabriquées par le système de la *turbine,* bien que les mêmes proportions soient gardées pour l'un et l'autre procédé.

Je donnerai ici seulement les procédés de fabrication des dragées surfines, attendu que la concurrence d'une part et la mauvaise foi de certains fabricants, de l'autre, fourniront toujours trop de procédés capables de dénaturer la fabrication des dragées.

Dragées d'amandes à la vanille. (*Procédé général.*) — *Formule 1488.*— On prend 12 kil. d'amandes-flots que l'on met sécher pendant plusieurs jours dans une étuve à 40° environ; on les retire pour les déposer dans une bassine à dragées et, tandis qu'elles sont chaudes, on leur donne une forte charge de gomme pure fondue à deux litres d'eau pour un kilo de gomme blanche; on passe convenablement la main afin que la gomme mouille régulièrement les amandes, que l'on verse dans une manne, et on les remue à chaque instant jusqu'à ce qu'elles soient sèches puis on les remet à l'étuve jusqu'au lendemain pour procéder au grossissage.

Le grossissage. — Faire fondre dans une bassine 10 kilos de sucre, 4 litres d'eau filtrée, de façon à obtenir un sirop à 35°, en ayant soin que ce sucre ne cuise pas; on ajoute un filet d'acide acétique et douze gousses de vanille fendue en deux qu'on laisse dans la fonte pendant tout le cours du grossissage. Cette fonte doit être tenue très chaude, mais sans bouillir, sur un fourneau à gaz placé à la gauche du dragiste et bien à proximité de la bassine. A ce moment on retire les amandes de l'étuve pour les placer dans cette bassine qui est chauffée en dessous par une couronne de gaz, conditionnée pour cet usage. Le dragiste donne une charge avec le sucre fondu (la cuillère employée doit contenir de 40 à 45 centilitres de la fonte préparée). La seconde charge doit être mise avec de la gomme fondue, pure ou mélangée de sucre de la fonte, suivant l'habitude du praticien; ensuite, au fur et à mesure que l'on grossit, on doit gommer à toutes les trois ou quatre charges (inutile de dire qu'il faut qu'après chaque charge la dragée soit bien séchée et rendue poudreuse). Lorsqu'on arrive aux trois quarts du grossissage, on modère un peu le feu sous la bassine afin d'obtenir des dragées bien remplies. Le grossissage terminé, on retire les dragées de la bassine, à l'aide d'un crible, afin qu'il ne reste pas de petits grains qui sont susceptibles de se former dans le cours du travail; on les remet à l'étuve pour les reprendre le lendemain afin de les blanchir.

Le blanchissage. — On fait fondre 5 kilos de sucre avec deux litres d'eau filtrée, pour obtenir un sirop à 35 degrés; on ajoute un filet d'acide acétique et quatre grosses gousses de vanille qu'on a bien soin de ne pas fendre cette fois. On retire les dragées de l'étuve et on les charge comme pour les grossir jusqu'à ce que toute la fonte soit employée; on sèche bien entre chaque charge et on donne deux charges de gomme pure ou mélangée, du sirop de la fonte, pendant tout le cours du blanchissage. On remet les dragées à l'étuve jusqu'au lendemain où on les reprend pour les remplir.

Le remplissage. — On fait fondre 3 kilos de sucre avec 1 litre 50 centilitres d'eau filtrée; on ajoute un filet d'acide acétique et deux gousses de vanille, sans être fendues, bien entendu (33 degrés); on reprend les dragées dans la bassine et on arrose avec une cuillère plus petite, de la contenance d'environ 20 centilitres; on doit aussi ne tenir la dragée que très peu chaude, et au fur et à mesure qu'on remplit on doit modérer le feu et diminuer, à chaque charge, la quantité du sirop et bien sécher les dragées; cette opération terminée, on laisse reposer pendant deux ou trois heures, puis on reprend les dragées pour procéder au lissage.

Le lissage. — On reprend les dragées auxquelles on fait subir le lissage, qui consiste en une douzaine de charges à froid avec du sirop également froid à 32 degrés. On doit cependant faire tiédir le fond de la bassine toutes les quatre ou cinq charges, afin de maintenir la blancheur de la dragée. Le lissage terminé, on chauffe le fond de ladite bassine, on remue quelques minutes pour faire poudrer et tirer au blanc, et on verse les dragées dans une manne garnie de linge blanc de lessive. Cette poudre disparaît deux jours après.

Le fixage. — On appelle fixage des dragées, l'opération que l'on fait subir à ces dernières pour les mettre en couleur. Cette opération consiste à colorer le remplissage quand sa fonte est à moitié employée sur les dragées; pendant cette mise en couleur il est essentiel de bien sécher, pour éviter de marbrer. Ce fixage est continué, après quelques heures de repos par le lissage, que l'on colore également; il faut avoir soin de bien sécher à froid, car on ne chauffe pas du tout le fond de la bassine pour lisser les dragées de couleur. Bien mieux, on ne sèche pas du tout la dernière charge, et aussitôt que les dragées sont toutes mouillées par cette dernière, on couvre la bassine d'un grand linge, on remue de cinq en cinq minutes par un coup sec pour les décoller (sans enlever le linge et sans leur donner d'air), une heure après, on les verse dans une manne garnie de linge comme les dragées blanches.

Remarque. — Toutes les dragées se font de la même manière, et à peu près dans les mêmes proportions que celles que je viens de donner; elles ne diffèrent que par les couleurs et les parfums.

Je dois cependant faire observer que certaines dragées doivent être moins chauffées pendant le cours du travail et surtout du grossissage; ainsi les pistaches et les avelines, et quelquefois les nougats, demandent à être grossis avec un feu un peu plus modéré que les amandes, sans quoi la chaleur fait ressortir l'huile et la dragée est tachée, soit en partie, soit en entier.

Dragées à liqueur; Dragées fondantes; Dragées au chocolat mou (*Procédé général*). — — *Formule 1489.* — Pour ces sortes de dragées, on coule des noyaux à liqueur, comme les bonbons à liqueur ; des noyaux fondants comme on coule les bonbons fondants et les noyaux chocolat; chaque maison a à peu près sa composition. Ces noyaux, les uns sortis de l'amidon, les autres roulés à la main, sont mis au candi, puis passés à la gomme en poudre mélangée ou non de sucre également en poudre. Après les avoir laissés essorer pendant plusieurs jours à l'air ou dans une étuve excessivement douce, on procède au grossissage qui doit se faire en deux ou trois fois, attendu qu'on est forcé de chauffer très peu et par conséquent il serait impossible de grossir en une seule fois et obtenir une dragée sèche.

Le grossissage terminé, le reste peut être continué comme les dragées-amandes; cependant, on doit se dispenser de chauffer autant.

Dragées argentées. — *Formule 1490.* — Employer :

Sirop de sucre cristallisé à 30 degrés.	grammes	15
Gomme pulvérisée impalpable . . .	—	10
Eau commune filtrée.	—	80

Procédé. — Il faut délayer la gomme avec l'eau filtrée, y joindre le sirop de sucre, mettre le tout dans une bouteille que l'on agite souvent (*on n'emploie ce mélange que le lendemain*). Ce produit mouille environ 60 kilos de dragées de moyenne grosseur, bien qu'on n'argente jamais plus de 10 kilos à la fois. On mouille les dragées pour les argenter, comme on donne une charge de gomme; aussitôt la charge à peine essorée, on met l'argent fin en feuille (6 grammes par kilo) dans la boule et on roule jusqu'à lissage complet.

Si on argente des dragées moyennes, des avelines, par exemple, aussitôt l'argent pris on ajoute de petites dragées déjà argentées, sans cela on risque de faire pelotonner les moyennes.

Autre mode. — *Formule 1491.* — Employer :

Gélatine fine	grammes	10
Acide acétique	—	12 à 15

Procédé. — Faire dissoudre la gélatine avec l'acide acétique. Prendre une cuillère à bouche de cette composition pour mouiller 10 kilos de dragées; on procède ensuite comme ci-dessus.

Ce procédé s'applique très bien et facilement, mais il arrive le plus souvent qu'au bout d'un certain temps l'argenture noircit. Pour argenter il faut prendre des dragées bien lisses. (Voir ANIS.)

Dragées vernies. — *Formule 1492.* — Autrefois on vernissait beaucoup les dragées, il n'en est pas ainsi aujourd'hui, si ce n'est certaines dragées à liqueur de la forme de fruits et de légumes, et pour cela même justement appelées : Fruits et Légumes. (Voir BONBON.)

Pour vernir les dragées, on procède de la manière suivante : On prend environ 6 kilos de dragées bien lissées que l'on place dans un sac de molleton avec une dizaine de morceaux de blanc de baleine fondus au bain-marie et coulés en forme de dés ; on secoue le tout pendant quelques minutes, pour que les dragées, par le frottement, prennent une petite quantité de blanc de baleine ; on enlève ce dernier du sac et on continue à secouer les dragées qui, par un frottement continuel et doux deviennent parfaitement vernies.

Sophistication. — Lorsque les dragées sont fabriquées dans de mauvaises conditions, de qualité inférieure et vendues à bas prix, elles sont toujours adultérées par l'addition au sucre, soit d'amidon, soit de farine et même d'albâtre ou de plâtre réduits en poudre très fine. D'autre part, on utilise pour cette honteuse fabrication des amandes anciennes et rancies, et des sucres usés qui n'ont plus aucun principe de cristallisation.

La présence de l'amidon et de la farine, du plâtre et de l'albâtre, est facile à constater en dissolvant l'enveloppe sucrée dans de l'eau distillée, qui laisse en suspension, ou à l'état de dépôt, les matières étrangères qui y étaient mélangées. En recueillant ce dépôt, il est facile d'en déterminer la nature soit par l'incinération qui détruit l'amidon et laisse le sulfate de chaux, soit par l'eau bouillante, qui dissout le premier et laisse le dernier. (Édouard Lacomme, confiseur, membre de l'*Académie de cuisine*.)

DRAGONNE, *s. f.* (*Dracœna Guianensis*). — La dragonne est un saurien qui habite plusieurs régions de l'Amérique méridionale, surtout la Guyane. Il ressemble au crocodile amphibie, plus souvent au soleil marécageux que dans l'eau. A Cayenne, on lui fait la chasse pour sa chair et ses œufs, qui jouissent de propriétés aphrodisiaques marquées.

DRAINE, *s. f.* — Variété de grive à plumage plus foncé que celui de la grive commune.

DRAMME, *s. f.* — Mesure de poids usité chez les Grecs modernes équivalant à *trois grammes.*

DRECHE, *s. f.* All. *Malz;* angl. *malt;* ital. *orza da far birra.* — Orge fermentée, dont on a arrêté la germination en la soumettant à une légère dessication et qui sert ensuite à faire la bière.

DRESSAGE, *s. m.* All. *Dressiren;* angl. *breaking;* ital. *dirizeare.* — Action de mettre les mets sur plats, sur socle, de les embellir en leur donnant un aspect agréable à la vue.

Le dressage des mets dans une cuisine est le fini d'un tableau, le vernis d'une toile, l'encadrement de l'œuvre. Il ne suffit pas pour un artiste culinaire français de faire bon, exquis, il faut que les mets qu'il prépare soient attrayants, appétissants et qu'ils charment au triple point, de la vue, du goût et de l'odorat.

Le dressage est la partie esthétique qui révèle le caractère artistique du cuisinier.

Contrairement à certaines formules, je n'ai jamais compris que l'on garnisse un poulet sauté avec des crustacés; que l'on sillonne toutes les sauces blanches avec du beurre d'écrevisse, comme le font certains cuisiniers, auxquels une sauce *blanche* et une sauce *brune* servent seules de panacée, sorte de soupe à la farine que l'on a justement appelé *jus fédéral*, et qui prend telle dénomination qu'il plaira.

Là n'est pas la grande cuisine française, et encore moins la cuisine scientifique ou naturaliste, qui consistent à diviser les aromes, les propriétés de chaque substance alimentaire. Il n'est rien de moins élégant, de plus monotone, de plus contraire au bon goût que de mettre des truffes dans chaque mets, de joindre des petits pois aux huîtres, et de mettre des écrevisses et du citron à tous les attelets.

Dressage des hors-d'œuvre. — *Formule 1493.* — Les hors-d'œuvre offrent un vaste champ à la variété du dessin, au mode de dresser. On ne doit dresser trop longtemps d'avance certains aliments comme les huîtres, le caviar, les olives qui demandent la plus grande fraîcheur. Lorsque le nombre des convives ne dépasse pas dix ou douze, le buisson est le plus élégant, c'est le mode que j'ai adopté pour les dîners soignés. On confectionne un petit socle à deux gradins, sur lesquels s'élève un sujet quelconque, que l'on peut surmonter d'un attelet. Dans des coquilles de ricardes ou dans des écailles d'huîtres que l'on a appropriées à cet effet, et que l'on a maintenues sur la glace, on dresse au moment de servir le caviar et les huîtres, tandis que le gradin supérieur peut être garni, soit de canapés d'anchois, de sardines, de homard, de saumon fumé ou de crevettes. Le plus souvent les assiettes volantes sont plus commodes; ce qui n'est pas moins agréable, ce sont les hors-d'œuvre à la diplomate ou à la russe, qui consistent à dresser toute sorte de petites assiettes posées sur un même plateau. Il est évident que, dans tous ces différents modes, les hors-d'œuvre chauds se servent séparément.

Dressage des poissons (*Procédé général*). — *Formule 1494.* — Le poisson au court-bouillon est celui qui demande le moins de connaissances; néanmoins il faut qu'il soit dressé avec vivacité au dernier moment, pour qu'il paraisse encore fumant sur la table; ici je comprends que pour un beau saumon on le garnisse d'attelets aux crevettes et qu'on l'entoure d'écrevisses, en servant les pommes de terre à part; qu'on entrelasse les écrevisses de quelques grandes branches de persil, il n'est rien de mieux; mais que l'on flanque ensemble les pommes de terre, le poisson et quelques poignées de persil, c'est absolument de mauvais goût.

Le poisson est l'un des aliments qui demandent à être servis chauds; si on devait le dresser longtemps d'avance, on le recouvrirait d'une serviette mouillée à l'eau bouillante et on la retire au moment de servir, en y ajoutant le persil, qui doit rester frais. J'ajouterai, en outre, que les saussières doivent être chaudes; rien n'est plus désagréable qu'une sauce qui se fige sur l'assiette.

Les poissons qui demandent le plus de soin, d'exactitude, d'adresse et d'énergie, ce sont les filets qui doivent être dressés sur un fond-de-plat comestible; il faut tenir les garnitures chaudes et travailler excessivement vite pour arriver à décorer sans les laisser refroidir.

Lorsqu'on doit servir quelques centaines de services, il est préférable de faire la chaîne, et voici comment je m'y prends dans ce cas : je fais débarrasser les tables; les plats chauds, en pile et comptés d'avance, sont sur la table chaude à côté de la poissonnière; je dresse; une deuxième personne garnit, les glisse plus loin, une troisième ajoute la seconde garniture, les écrevisses; une quatrième ajoute le persil pendant que d'autres passent les saucières, qui arrivent au bout de la table en même temps que le plat qui est livré chaud aux garçons de salle, que l'on habitue à passer à tour de rôle dans un endroit déterminé pour prendre leur plat et leur saucière.

Il est évident que l'on peut être plusieurs personnes dans chaque poste.

Nous avons servi de cette façon 80 à 100 services sans que l'on ait entendu plus de bruit que si l'on servait dix personnes. Il s'agit aussi d'habituer les artistes à ce genre de travail; rien n'est plus désordonné qu'une foule de cuisiniers courant, se heurtant, allant deux ou quelquefois trois pour faire une même chose et laissant ailleurs des ouvrages en retard.

Ce mode a aussi l'avantage d'obvier aux tiraillements de plats par les garçons, chacun voulant être servi le premier; il a en outre celui de ne pas permettre l'invasion de la cuisine par la gente que l'on a plaisamment appelée *bande noire*, par opposition à la *brigade blanche*. En effet, rien n'est plus désagréable que l'entrée précipitée de dix ou cinquante maîtres d'hôtel criant et sautant sur les plats à la façon des éperviers et s'enfuyant sans s'inquiéter s'il est prêt à être servi.

Fig. 469. — Truite froide garnie de gelée.

J'entends parler ici des grandes maisons de commerce où se donnent des festins gigantesques; les maisons particulières n'offrent pas cet inconvénient.

Dressage des relevés. — *Formule 1495*. — Dans les maisons particulières comme dans les hôtels, il est agréable de voir paraître la grosse pièce entière, c'est-à-dire coupée en partie et remise à sa juxtaposition de manière que le morceau puisse être surmonté d'un attelet. Lorsque l'on sert des râbles ou selles, on ne doit pas saucer dans le plat; les garnitures doivent être légères : si elles sortaient sur le bord du plat, elles seraient de mauvais goût.

Dressage des entrées. — *Formule 1496*. — Les entrées chaudes demandent un soin tout particulier dans le dressage; ces mets étant le plus souvent taillés avant d'être cuits, il s'agit de les ranger avec ordre. Dans le service de table d'hôte, de banquet et même pour le service des grands restaurants, depuis que la maison *Chéron et Cie, successeur d'Halphen*, a mis en vente des bordures en argent, j'ai pour mon compte totalement changé le mode de dressage des entrées chaudes. L'ancien système consistait à murer les morceaux les uns sur les autres, ou à mettre des papillotes aux poulets sautés, ou à dresser en forme de ragoût dans des timbales.

Avec mon système, il n'y a plus de papillotes dans la sauce, plus de sauce sur le bord du plat. Voici comment je procède :

Lorsque ce ne sont pas des escalopes, des côtelettes ou des filets, qui doivent être dressés en turban, je taille les poulets comme à l'ordinaire, à l'exception du filet que je coupe en long au lieu de couper la poitrine en travers, je taille dans du pain de mie un petit croûton de forme pyramidale que je fais frire très dur dans la graisse et que je colle au milieu d'un plat rond creux avec des blancs d'œufs et de la farine. Je fais sécher en lieu tiède et, au moment de servir, je place la bordure. (Voir la fig. 470.)

Je prépare les attelets, conformes à la garniture qui compose l'entrée, et je dresse en commençant par les moindres morceaux, les plus courts d'abord et ensuite par les filets et les garnitures. Je sauce très peu en dernier lieu et je sers la sauce chaude avec la garniture dans une timbale d'argent. (Voir la fig. 471.)

S'il s'agit d'entrée à quenelles décorées, j'ai également modifié le décor fin par un décor plus voyant, parce que ce décor extra-fin a l'inconvénient de tomber dans la sauce, et celui de n'être pas apprécié parce qu'il n'est pas assez en vue. L'entrée doit faire tableau sur plat; car, lorsqu'elle est sur l'assiette, le convive s'abandonne à la sensation du goût.

Il faut donc que l'on voie le décor sur le plat et à une certaine distance. Ainsi, l'attelet solidement piqué dans le croûton reste debout sans aucun obstacle pour le service.

L'idée de mettre partout des croûtons autour du plat est également fausse; on ne peut l'admettre que dans certains cas, mais il importe surtout en cas d'usage que les croûtons soient frits dans le beurre ou l'huile fine et non dans la

Fig. 470. — Plat avec croûton et bordure, prêt pour dresser.

friture; on doit aussi éviter qu'il n'y ait deux fois des croûtons dans le même menu. Envoyer les garnitures saucées, chaudes, dans un bain-marie, de façon à pouvoir servir promptement le convive sans le faire attendre.

Fig. 471. — Suprêmes de volaille aux truffes.

Dressage des végétaux. — *Formule 1497.* — J'ai souvent écrit *végétaux* sur les menus au lieu de *légumes*, la logique se refusant de dénommer légumes les herbes. Ce dressage est le plus facile et le plus simple, cependant il faut du bon goût et de l'esprit ici comme ailleurs; il en faut surtout pour les plus minutieux détails.

On garnit le plus souvent les végétaux hachés: oseille, épinards, bette, chicorée, laitue, de croûtons, d'œufs durs, de fleurons, de rissoles ou

de bouchées; tandis qu'il est préférable, lorsqu'il s'agit de légumes ou farineux, de garnir avec des garnitures grasses et salées, comme saucisse, jambon, lard. Il est des cuisiniers qui dressent des entrées sur des végétaux verts; je comprends ce mode dans les restaurants où les portions ne dépassent pas le nombre de clients; mais dans une maison particulière, dans un dîner d'hôtel, dans une table d'hôte ou dans un banquet, il est de mauvais goût de servir sur le même plat des ris de veau à l'oseille ou des grenadins à la purée de petits pois, etc.

J'y ai renoncé parce que ce n'est pas élégant; parce que ce qui reste n'est plus propre; parce que ce mélange déplaît aux derniers servis; enfin parce qu'en servant séparément j'obtiens un plat de plus.

Dressage des rôtis. — *Formule 1498.* — Les gibiers rôtis doivent être découpés entièrement, sinon disloqués dans les jointures pour faciliter le découpage à l'amphitryon. On garnit les gibiers de petits croûtons frits dans le beurre frais et farcis. Ce mode est préférable à celui de mettre de gros croûtons de pain qui absorbent tout le jus du gibier. Si les gibiers sont rôtis à la broche, ces croûtons seront frits dans la graisse de la lèchefrite et il ne doit y avoir d'autre addition au jus du gibier que de l'eau et du sel.

S'il s'agit de volaille à viande blanche, on pourra se permettre une petite garniture de cresson en bouquet. Mais le jus doit être rigoureusement pur.

Dressage des glaces. — *Formule 1499.* — L'exigence du service m'a fait découvrir un mode rapide de dresser les glaces :

Au moment de servir, je fais placer près de la sorbetière une terrine d'eau chaude; je fais homogénéiser la glace en la travaillant avec la spatule; on saisit vivement la glace avec les mains et on élève une pyramide en forme de rocher; on la flanque de trois autres petites pyramides de glaces diverses, en ayant soin de tremper les mains après chaque opération dans l'eau chaude. Une seule personne dresse ainsi en quelques minutes vingt à trente services. L'aspect en est très engageant.

DROMADAIRE. — (Voir CHAMEAU.)

DROME (*Géogr. gastronomique. Produit de la*). — Département du S.-E. de la France; il produit surtout les noix, les amandes, le maïs, les olives C'est dans ce département que se trouve le célèbre vignoble l'Hermitage, dont les meilleures crus sont *Méal* et *Greffieux* pour les vins rouge; *Beaume, Réaucoule* et *Muret* pour les vins blancs. Citons encore les vignobles de la *Rochegude*, de la *Rolière*, de *Douzère*, de *Roussas*, qui donnent des vins estimés, plus connu sous le nom commercial de *vin du Rhône.*

DRONNE (LOUIS-FRANÇOIS). — Célèbre charcutier parisien, né le 8 juin 1825 dans le hameau de la Maison-Neuve (Sarthe). S'établit pour la première fois en 1850 et une seconde fois en 1858 dans l'une des plus anciennes maisons de charcuterie de Paris, la maison Breton, fondée en 1777 par Cailloux. Dronne s'appliqua surtout à la perfection de son art, qu'il développa, et fit faire un grand progrès à la charcuterie française; c'est là en pratiquant qu'il rédigea dans ses instants de loisir la *Charcuterie ancienne et moderne*, l'un des meilleurs traités de la charcuterie.

DROP, *s. m. (Confiserie).* — Se dit d'un petit bonbon qui, dans l'origine, était fait de sucre cuit au cassé et coulé dans un petit globe, de sorte que l'on retirait du moule une petite boule transparente ou colorée à volonté. Aujourd'hui, les drops ont été modifiés par un composé moins susceptible de se fondre; on appelle aussi l'une des variétés *bonbons anglais*. (Voir BONBON.)

DROUET. — Cuisinier de la duchesse de Berry, après la mort du duc assassiné par Louvel en 1820. Drouet se distingua surtout dans les réceptions royales et les fêtes données à Rosny dans le but de vulgariser le bon ton et les réceptions.

DRUPE, *s. m. (drupa).* All. *Steinfrucht;* angl. *drupe.* — Terme générique des fruits charnus renfermant un seul noyau, comme les cerises, les pêches, etc. Ces drupes changent de nom selon leur forme; on appelle *drupes pulpeux* les prunes; *drupes filandreux* les cocos; *drupes arrondis* dans les cerises, et *drupe ellipsoïde* dans l'olivier. *Drupacé.* — S'emploie quelquefois pour désigner la forme des fruits.

DRUPÉOLE, *adj.* — Se dit des fruits qui ont la forme des drupes en général, ne dépassant pas la grosseur d'un pois; succulent en dehors et ligneux en dedans.

DUBOIS (URBAIN). — Chef de bouche de S. M Guillaume Ier, empereur d'Allemagne. Occupa alternativement et mensuellement le service avec Emile Bernard; les deux ensemble ont collaboré à *la Cuisine classique;* M. Dubois est en outre l'auteur de *la Cuisine artistique*, ouvrage remarquable par ses planches, et de trois autres recueils de recettes de cuisine : *la Cuisine de tous les pays, l'Ecole des cuisinières* et *la Cuisine d'aujourd'hui.*

DUCHESSE, *s. f. (Petit pain à la).* — Anciennement on appelait ainsi une pâtisserie qui est connue aujourd'hui sous la dénomination d'*éclair.* (Voir ce mot.)

On appelle *petite duchesse*, ou *choux à la duchesse*, de petits choux couchés avec la pâte à choux de la *formule 961*, que l'on remplit avec de la crème pâtissière (Voir ce mot.) et que l'on glace ensuite.

Petites duchesses (*Petits-fours*). — *Formule 1500.* — Employer :

Amandes douces	grammes	62
Noisettes mondées	—	62
Sucre vanillé.	—	50
Sucre en poudre	—	300
Chocolat sans sucre.	—	50
Blancs d'œufs.	nombre	4

Procédé. — Piler les amandes et les noisettes avec un blanc d'œuf; y ajouter les sucres et le chocolat, enfin les blancs d'œufs. Les coucher à la poche sur une plaque cirée.

Petites duchesses aux fraises. — *Formule 1501.* — Foncer de petits moules à bateaux avec une pâte d'amande; cuire à four chaud. Quand la cuisson est terminée, garnir intérieurement de fraises; recouvrir en dôme de meringue italienne parfumée à la vanille et garnir cette meringue de petites fraises. Glacer le tout avec une gelée de framboise.

Timbale à la duchesse (*Entremets glacé*). — *Formule 1502.* — Coucher avec la poche de la pâte à choux sur une plaque d'office en bâtons longs de 10 à 12 centimètres et larges de 1 1/2; les cuire au four moyen ; étant froids, les glacer au sucre cuit au cassé. Faire un fond en pâte sèche et saupoudrer de sucre vert. Dresser les bâtons dans une timbale unie en appuyant le côté glacé contre le moule et en soudant avec du sucre cuit au cassé; lorsqu'ils sont soudés, sortir du moule et fixer cette timbale sur le fond vert.

Coller une cerise glacée à la base et entre tous les bâtons sur le fond et des pistaches entre les bâtons dans le haut de la timbale. Faire sécher des amandes après les avoir mondées et séparées par le milieu; en garnir le haut de la timbale en collant quatre moitiés de façon à imiter les fleurs d'oranger; on colle au milieu une cerise bien égouttée. Au moment de servir, on remplit la timbale avec de la glace de fruit quelconque, saupoudrer le dessus avec du sucre vert et rouge.

Pommes de terre à la duchesse. — *Formule 1503.* — A l'origine, les pommes de terre à la *duchesse* étaient de petites tartelettes sucrées; mais, aujourd'hui, on n'en fait plus et on n'en a conservé que la forme.

Procédé. — Préparer une purée de pommes de terre farineuse et mousseuse mouillée avec de la crème fraîche, y ajouter des œufs et l'assaisonnement nécessaire ou, mieux, les jaunes d'œufs d'abord et les blancs battus en dernier lieu. Bien travailler le tout, le modeler sur une table farinée en lui donnant la forme que l'on désire obtenir, losange, demi-lune, ronde, ovale, mais généralement cannelée avec le dos de la lame du couteau; poser ensuite sur une plaque beurrée et dorer. (Voir DORURE.) On fait cuire dans un four de chaleur moyenne.

Ces pommes de terre servent surtout à garnir les grosses pièces de relevés.

DUGONG, *s. m.* — Cétacé du genre *morse*, appelé aussi *ours marin*. Il habite les mers de l'Océanie. Les Malais utilisent sa graisse dans les préparations culinaires et se servent de sa chair comme de celle du thon ou de la baleine.

DUGNIOL (JOSEPH). — Célèbre cuisinier et maître d'hôtel français, né en 1851. Il créa le contrôle des substances alimentaires dans les cuisines. Reçu membre titulaire de l'*Académie de cuisine* en 1890. (Voir CUISINIER.)

DULCIFIER, *v. a.* — Adoucir, tempérer un liquide acide par quelque mélange.

DUMPLING (*Cuis. anglaise*). — Genre de gâteau anglais.

Formule 1504. — Faire une pâte avec de la farine, de l'eau et un peu de sel; la laisser reposer et l'abaisser à 3 millimètres; la couper en pe-

tits carrés et mettre au milieu des raisins de Corinthe épluchés; doubler les coins de la pâte en enveloppant les raisins de façon à former une boule comme une petite bille de billard. Envelopper la boule dans un linge fariné, cuire dans l'eau pendant une heure et demie au moins, et servir avec une sauce au rhum et au vin de Xérès sucré.

HYGIÈNE. — Cet entremets est indigeste et ne convient qu'aux campagnards d'Ecosse et d'Irlande.

DUNAND (*Père et Fils*). — Dunand, cuisinier d'origine suisse, s'engagea dans l'armée française et fut le cuisinier du prince de Condé. Son fils lui succéda et devint le contrôleur de cette importante maison. Mais la révolution de 1793 fit émigrer le prince; Dunand le suivit en qualité de cuisinier et partagea pendant douze ans son exil; malade de nostalgie, il rentra à Paris. Rétabli, il entra au service de Napoléon Ier en qualité de cuisinier. Le dévouement et l'intrépidité qu'il montra dans les différentes campagnes (c'est à lui que nous devons le poulet à la Marengo) lui attira les sympathies de Napoléon qui en fit son maître d'hôtel. Il resta à son service jusqu'au moment du départ de l'Empereur pour l'île Sainte-Hélène, qu'il ne put accompagner, sa santé étant déjà compromise. Après le départ de Napoléon, Dunand se retira en Suisse où il légua au Musée de Lausanne le service personnel de Napoléon, dont celui-ci lui fit cadeau. Les cuisiniers de Napoléon à l'île Sainte-Hélène furent Lepage, Piéron, Lafosse, et enfin Chandelier, qui partit de Rome en chantant pour aller mourir à Sainte-Hélène.

DUNLOP. — Fromage d'Écosse, appelé *Ayshire*, d'une réputation méritée. Les lecteurs de Walter Scott connaissent ce fromage, mais peu ont été, j'en suis convaincu, à même d'en apprécier la qualité qui est en grande estime dans la vallée d'Edimbourg. On sait que Jeannie ne trouve d'autres preuves de reconnaissance envers le duc d'Argyle, qui a sauvé la vie de sa sœur, qu'en lui offrant un fromage de *Dunlop* fait de ses mains. Ce fromage ressemble par ses qualités au Gloucester et au Chester, mais il leur est supérieur.

DUODÉNUM, *s. m.* — Terme d'anatomie qui provient du latin et signifie *douze*, à cause de la longueur de douze travers de doigts qu'a l'intestin grêle, qui reçoit les aliments au sortir de l'estomac et dans lequel ils subissent une nouvelle élaboration. On appelle *duodénite* l'inflammation de cet organe.

DUPERRÉ, *s. m.* (*Garniture à la*). — *Formule 1505.* — On soumet à cette préparation culinaire le saumon ou toute autre grosse pièce de poisson; elle consiste à la garnir d'un turban d'escalopes de turbot saucées d'un ragoût composé d'huîtres, de bisques d'écrevisses et de champignons. Le garnir d'attelets.

DURHAM (*Géographie gastronomique*). — Contrée d'Angleterre où, par le moyen de sélection, on a obtenu une race bovine remarquable par la petitesse des os, la précocité du développement et sa chair marbrée, ce qui en fait une des meilleures races bovines pour l'alimentation. Race de de Durham. (Voir BŒUF.)

DURION, *s. m.* (*Durio*). — Plante de la famille des sterculiacées bombacées, originaire des Indes Orientales où elle croit spontanément. Son fruit, analogue à la châtaigne, est très estimé des Siamois qui le décortiquent et le font cuire dans de la crème, du lait et du sucre, pour le conserver dans de petits pots comme les marmelades. Ce fruit, qu'on appelle aussi *durion* ou *duriaon*, est de la grosseur d'un coco, épineux et à pulpe savoureuse d'un goût fade; l'amande, qui ressemble à la châtaigne, est de la grosseur d'une fève.

DUROC (*Poulet farci à la*). — *Formule 1506.* — Passer à la poêle un mirepoix composé d'oignons, de carottes, de thym, de laurier, de lard gras; le tout assaisonné, cuit et coloré, on y ajoute 500 grammes de veau dénervé, autant de foie de veau très blanc, quelques foies de volaille et une même quantité de lard; le tout coupé en dés.

Assaisonner de haut goût. Faire cuire en mouillant avec un peu d'eau. Etant cuit et réduit, égoutter la graisse sur une assiette, piler les viandes chaudes dans un mortier et passer dans un tamis de crin; recueillir la farce et y ajouter la graisse de l'assiette; homogénéiser cette farce et y ajouter un salpicon de truffes et de langue écarlate.

Oter intérieurement le bréchet à une volaille, la farcir, la trousser en entrée et la border. La faire cuire au vin de Madère et la servir entière après en avoir désarticulé les jointures et l'avoir

garnie de truffes. Servir à part une sauce à la Périgueux. (*Joseph Voiron*, chef au restaurant Bonvalet, Paris.)

DUTROA, *s. m.* — Plante d'origine américaine, genre *datura;* on fait macérer ses grains dans le vin pour en obtenir une liqueur stimulante.

DUXEL, *s. m.* (*Appareil*), de *Uxel*, ville des Côtes-du-Nord, et par la particule nobiliaire d'*Uxel*, et par altération *duxel*. Certains auteurs de livres de cuisine ont écrit *duxelle :* c'est une faute. — Appareil servant à faire une foule de mets, ou sauces qui doivent être préparées à la minute.

Duxel. — *Formule 1507.* — Hacher menu dans une proportion de trois quarts d'oignons pour un quart d'échalotes et de champignons crus; ajouter une ou deux gousses d'ail selon la quantité; passer le tout dans un sautoir à l'huile fine, sur le feu. Mouiller de vin blanc et de bon jus de bœuf ou de veau, jamais de mouton; faire réduire en demi-glace, et ajouter une pointe de poivre de Cayenne ou du poivre du moulin. Conserver cet appareil dans une terrine émaillée ou vernissée pour s'en servir au besoin.

DYSOREXIE, *s. f.* — Dégoût, perte de l'appétit causée en général par des souffrances morales.

DYSPEPSIE, *s. f.* All. *Verdauungsschwœche;* angl. *dyspepsy.* — Digestion difficile. La dyspepsie est le résultat d'une agitation nerveuse des organes de la digestion; elle se présente sous diverses formes qui changent de nom selon l'organe qu'elle affecte. Elle se manifeste par suite de l'irrégularité des repas, par une continuation d'aliments de mauvaise nature, sans variation; par les troubles ou le surmenage intellectuel, et surtout pour avoir mangé à toute heure de la journée et par suite d'abus des acides; par abus d'aliments trop riches qui finissent par réduire à l'état d'atonie les organes de la digestion; par insuffisance de fonction, de mastication ou de salivation. Indiquer les causes, c'est en indiquer les remèdes : varier et régler ses repas, prendre un exercice modéré et ne jamais se remettre à table avant d'avoir complètement digéré le précédent repas; se maintenir l'organe dentaire ou de la mastication au complet et en bon état.

Le traitement de la dyspepsie, qui est du domaine de l'hygiène alimentaire, doit comprendre un régime herbacé, rafraîchissant et varié dans lequel entreront les herbes amères. On pourra se permettre des eaux minérales riches en acide carbonique. On pourra aussi combattre la dyspepsie en commençant par un régime lacté et des œufs frais. Si la dyspepsie est occasionnée par le travail intellectuel, on joindra au régime des poissons de mer légers; on se reposera l'esprit et on abandonnera toute lecture. On prendra un petit verre de la liqueur suivante :

Liqueur antidyspeptique. — *Formule 1508.* — Employer :

Quinquina pulvérisé	grammes	15
Rhubarbe pulvérisée	—	5
Quassia-amara pulvérisé	—	15
Bois de genièvre concassé	—	15
Vin de Xérès ou de Madère	litre	1

Procédé. — Faire macérer le tout pendant deux ou trois jours et filtrer. D'autre part, faire un sirop d'écorces d'oranges amères en les faisant macérer dans un litre d'eau. Ajouter un kilogr. de sucre, clarifier sur le feu, le passer, le laisser refroidir; mélanger les deux liqueurs et mettre en bouteille.

DZIGGUETAI, *s. m.* — Mot tartare employé pour désigner un quadrupède du genre cheval, qui vit en troupes libres dans le désert de la Tartarie et en Perse; il tient le milieu entre l'âne et le cheval par ses aptitudes et ses forces en général; son poil est gris clair, avec une bande noire le long du dos; sa chair est recherchée par les habitants de la Tartarie qui la traitent culinairement comme le bœuf.

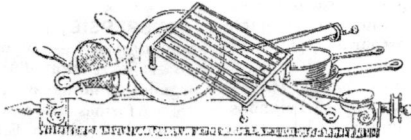

EAU, *s. f.* (*Aqua*). All. *Wasser;* angl. *water;* ital. *aqua;* du sanscrit, *àpas*. La forme littéraire actuelle dérive du latin, et par diffusion avec la langue picarde *iaue*, et de là *eau*. — Substance liquide, transparente, sans saveur ni odeur, réfractant la lumière, susceptible de dissoudre un grand nombre de corps et formant environ les trois quarts de notre globe.

Les Anciens considéraient l'eau comme l'un des quatre éléments de la nature, et les chimistes de l'époque l'appelaient *oxyde d'hydrogène*. A la fin du dix-huitième siècle, M. Thénard y découvrit un deutoxyde qu'on nomma désormais *protoxyde d'hydrogène*. C'est un composé de 88,91 parties d'oxygène avec 11,09 d'hydrogène; ou, dans la proportion de poids 100,00 parties d'oxygène sur 12,50 d'hydrogène, soit en volume d'une partie d'oxygène pour deux d'hydrogène. Un centimètre cube d'eau pèse un gramme. Newton avait déjà entrevu l'existence d'un corps combustible dans l'eau, en raison du grand pouvoir réfringent dont elle est douée; mais ce n'est qu'ensuite de la découverte de Thénard que Monge et Cavendish constatèrent en 1781 que l'eau n'était autre que le résultat de la combinaison de deux gaz, l'hydrogène et l'oxygène. Quatre ans plus tard, Lavoisier et Meunier répétèrent ces expériences et démontrèrent définitivement que le poids de l'eau produite par la combinaison de ces deux gaz est exactement égal à celui des deux gaz réunis, et que ces mêmes gaz, pour produire cette eau, se combinent toujours dans des proportions fixes.

L'eau existe dans la nature sous les trois états de la matière : *solide, liquide* et *gazeux*. L'eau solide reçoit le nom de *glace*, et se présente sous forme de *grêle, givre, neige, genevais;* elle prend naissance par l'abaissement de température ou le froid, se congèle et se maintient dans cet état jusqu'à zéro. Une température plus élevée la convertit en eau. Contrairement aux autres liquides, l'eau se contracte quand la température s'élève de zéro à 4 degrés où elle a atteint son maximum de densité, et à partir de cette température elle se dilate, et à 100 degrés, c'est-à-dire à l'ébullition, elle s'évaporise en état *gazeux*.

L'eau possède une chaleur spécifique très grande et absorbe, pour passer de l'état liquide à l'état de gaz, une quantité de chaleur considérable représentée par 540 calories. L'eau solide est plus légère que l'eau liquide : 14 litres d'eau, en se congelant forment 15 litres de glace.

La force que possède l'eau en se congelant est remarquable; moins prompte que la poudre et la dynamite, elle n'en a pas moins les mêmes propriétés. La glace est ce mineur infatigable, cet ouvrier de la nature qui travaille sans interruption au nivellement de la terre; l'eau transportée en état gazeux ou de brouillard se décompose par des courants atmosphériques et tombe sous forme de pluie; elle s'infiltre dans les crevasses des rochers et, lorsque l'hiver arrive, la gelée s'effectue et sa puissance à étendre le domaine de sa place fait rompre les montagnes. Les Suisses qui passent l'hiver avec leur bétail sur les hautes montagnes sont fréquemment témoins de bruits sourds semblables à des coups de canon, accompagnés de craquements souterrains qui viennent interrompre le silence de ces vastes mers de neiges glacées. Ces bruits sont occasionnés par la glace qui fait éclater d'énormes blocs de rochers formant les pics les plus élevés.

Au printemps à la fonte des neiges et des glaces, l'eau s'infiltre à travers les fentes, entraînant avec elle les graviers qui viennent les élargir, et détachant finalement par un éboulement formidable une partie de la montagne qui est entraînée par les fleuves dans la mer sous forme de gravier.

Dans les régions polaires, où la glace se lie éternellement avec le granit et autres roches, elle se meut en abaissant ou en élevant la croûte terrestre de laquelle elle fait partie.

Les Romains connaissaient la puissance de l'eau glacée, aussi s'en servaient-ils pour détacher des blocs monstrueux, servant pour la construction des ponts, des aqueducs et des châteaux magnifiques dont les ruines sont aujourd'hui les derniers témoins de leur puissante civilisation.

POURQUOI L'EAU ÉTEINT LE FEU. — Pour qu'un corps puisse prendre feu, il faut qu'il possède l'élément combustible qui est le carbone; et pour que le carbone puisse s'allumer, il faut qu'il soit mis en contact avec l'oxygène de l'air; la combi-

naison de ces deux corps commence aussitôt et le feu brûle. L'eau jetée sur le feu ne supprime pas le corps combustible, mais elle supprime la combinaison du carbone avec l'oxygène de l'air; elle sépare l'air et détruit la combinaison des corps; elle agit donc comme le verre qui emprisonne la bougie, comme la trappe qui bouche la cheminée : elle isole les corps combustibles par une couche liquide qui les met dans l'impossibilité de se combiner. Il y a un proverbe qui dit : Il n'y a pas de feu sans fumée; il serait plus juste de dire : *Il n'y a pas de feu sans air.*

BROUILLARD, GIVRE, NEIGE. — L'évaporation de l'eau de la mer se présente sous forme de gaz épais appelé *brouillard*, qui, plus léger que l'air se forme sur la mer, les fleuves, les rivières, s'élève jusqu'aux sommets des montagnes en suivant de préférence les cours d'eau, et s'étend en nappe au-dessus d'une couche atmosphérique plus ou moins haute, selon sa densité; il prend dès lors le nom de *nuage*.

Lorsque le brouillard traverse des zones d'air froid, il se dépose sur les plantes en forme de *givre*, qui n'est autre que de l'eau dilatée et gelée en forme cristalline. Lorsque l'atmosphère est moins froide, les molécules du nuage congelé se réunissent et tombent en forme de flocons, connus sous la dénomination de *neige*.

LA GRÊLE, LA GLACE ARTIFICIELLE. — Nous venons de voir que l'eau se transporte dans l'air sous forme de nuage plus ou moins dense dans les couches atmosphériques; là, sous leur pression, il se produit les plus curieux phénomènes : lorsque les courants tempérés sont rencontrés par des couches froides et que le nuage s'y trouve, il se produit le phénomène électrique que l'on connaît : le bruit se nomme *tonnerre*, l'étincelle électrique *éclair;* dans cette métamorphose, si la température est de 5 degrés au-dessous de zéro, les gouttes résultant de la décomposition du nuage seront, grâce à la rapidité avec laquelle elles sont précipitées, instantanément congelées. Si, au contraire, le degré reste au-dessus de zéro les gouttes tomberont en état liquide, la vitesse tempérant le calorique.

Etudiant la qualité chimique des couches atmosphériques, on s'est rendu compte qu'en soumettant de l'eau à 5 degrés au-dessous de zéro dans un bain d'azotate de potasse ou d'azotate d'ammoniaque, et en tournant avec rapidité, on obtiendrait un résultat analogue à celui qui se passe en temps d'orage pour la grêle. Quelques industriels ont mit cette théorie en pratique et aujourd'hui nous trouvons des appareils à vapeur produisant la glace en toute saison. La glace artificielle se présente blanche comme la grêle, tandis que la glace formée naturellement audessus des lacs et des fleuves est limpide et transparente.

L'EAU DISTILLÉE, L'EAU DE PLUIE. — Lorsque l'on veut obtenir de l'eau pure, on la distille en la chauffant dans l'alambic; les matières salines qui existent dans l'eau soumise à la distillation, n'étant pas volatiles, restent dans la chaudière et l'eau condensée est du *protoxyde d'hydrogène pur*.

L'eau de pluie, l'eau qui coule à la surface du sol s'y forment par une vraie distillation, dont l'alambic nous donne une vue exacte en miniature. La chaudière de l'alambic de la nature est l'océan et son foyer le soleil; l'eau, sous forme de brouillard, monte dans les régions élevées de l'atmosphère et, comme elles sont plus froides que les couches inférieures, une partie de cette vapeur se dissout en pluie. L'air froid des montagnes est le réfrigérant de cet alambic gigantesque dont le ciel est l'immense chapiteau, qui débite le volume d'eau que tous les fleuves réunis de la terre jettent dans les mers.

L'eau de pluie est donc de l'eau distillée; celle-ci, en sillonnant l'atmosphère, balaie et entraîne avec elle les poussières et les corpuscules qui y flottent et dissout les principes de l'air, l'oxygène, l'azote et l'acide carbonique.

L'eau de neige est également distillée, mais elle ne renferme pas les éléments de l'air si nécessaire à l'homme. Il est prouvé que le goître, cette affreuse difformité, n'est due qu'à l'absence de l'iode et des principes aériens dans l'eau des glaciers dont on fait usage.

L'eau pluviale pénètre dans la terre et se charge nécessairement des principes solubles que cette terre contient, elle devient alors *minérale* et *chaude* lorsqu'elle passe près des volcans souterrains. L'eau, après avoir pénétré dans le sol, sourd sous forme de fontaine et alimente les ruisseaux, les rivières et les fleuves. Cet ordre admirable, par lequel chaque chose retourne à sa source, fait de notre planète un vaste appareil mu par des lois physiques auxquelles nul ne peut se soustraire : sortir de la terre, s'organiser, vivre et retourner à la matière, en prenant successivement les forme liquide, végétale, animale et solide.

L'EAU POTABLE. — L'influence que l'eau joue sur la santé et la beauté physique des populations est considérable. Nous venons de voir que l'eau de neige donne naissance au goître et prédispose au crétinisme. Les eaux calcaires prédisposent à la pierre, à la goutte et carrient les dents. Les eaux des fleuves dans lesquels s'écoulent les égouts des grandes villes deviennent de vraies sources pestilentielles, où les infusoires, microbes, bactéries, anguillules, etc., sont en nombre compact avec ceux fournis par l'air vicié des villes. Je passe sous silence les déjections virulentes chargées de ptomaïnes qui viennent achever de les contaminer et d'en faire des fleuves empoisonnés. Telle est l'eau de Seine que nous buvons à Paris et en aval de Paris.

La présence de l'air, qui est absolument nécessaire dans l'eau, empêche de trouver dans l'eau filtrée toutes les qualités de l'eau potable, cette eau, alors même qu'elle serait filtrée, contient toujours, à Paris, des sels de plomb provenant des tuyaux, si nuisibles à la santé.

Les meilleures eaux de Paris seraient celles des puits artésiens de Passy et de Grenelle qui jaillissent de 600 mètres de profondeur, et encore ne sont pas exemptes de microbes.

Comme nous l'avons vu plus haut, l'eau de pluie est une eau distillée naturelle dépourvue des sels nécessaires pour alimenter l'économie; si elle a l'avantage d'être saturée d'air, elle a l'inconvénient d'être chargée de bactéries atmosphériques; l'eau de pluie la meilleure est celle qui tombe après le premier orage alors que l'air est épuré. L'eau cuite a pour effet de tuer une partie des microbes, mais elle a l'inconvénient de précipiter les sels, d'évaporiser l'air.

Lorsque l'eau est potable, le moyen le plus simple et le moins coûteux pour là conserver est d'y ajouter du charbon de bois; c'est ainsi que procèdent les viniculteurs de Thomery pour conserver saine dans des flacons, pendant trois ans, la même eau qui maintient frais le célèbre chasselas dit de Fontainebleau.

L'eau la meilleure est l'eau de source traversant en forme de ruisseau une forêt de mélèzes ou de sapins, sur un sol granitique; l'air ambiant est épuré et frais, l'eau en est légère et agréable.

C'est à la qualité de l'eau que nous devons attribuer la force physique et la vigueur inttellectuelle des riverains de la Garonne et du Rhône.

Toutes les eaux de source ne sont pas recommandables; celles qui traversent des terrains schisteux, tourbeux, calcaires acquièrent les propriétés du terrain et ne sont pas potables. J'ai vu des eaux de source calcaires dans lesquelles il était impossible de cuire des légumes; les pommes de terre restaient dures, et la combinaison du calcaire avec les principes de certains végétaux forme des composés insolubles qui les empêchent de s'attendrir.

Les Romains avaient poussé l'étude des eaux au plus haut degré : ils savaient mieux que nous l'influence que ce liquide naturel a sur la vie des peuples. Les thermes grandioses disséminés dans tout leur empire et les aqueducs gigantesques, conduisant l'eau la plus saine à des centaines de lieues, dont nous voyons encore les ruines imposantes, attestent de leur mâle vigueur et de leur préoccupation de la santé publique. Ces aqueducs murés, garnis de ciment, étaient recouverts intérieurement d'une couche d'enduit rouge resté inconnu. Que diraient-ils s'ils voyaient leurs premiers descendants civilisés, la *capitale du monde*, abreuvée par de l'eau impure avec un Sénat composé de savants et une Chambre élue par le peuple, occupés à toute autre chose qu'à l'hygiène et à la santé publique?

Mais inutile d'insister; Paris est bonne fille, elle attendra un fléau terrifiant, une leçon qui lui coûtera cher et, ensuite, elle *exigera* de l'eau potable. En attendant, voici d'après *Van de Vyvire* ce que doit être l'eau potable :

1. L'eau potable doit être limpide, transparente, incolore, sans odeur, exempte de matières en suspension.

2. Elle doit être fraîche, d'une saveur agréable; sa température ne doit pas varier sensiblement et ne pas dépasser 15 degrés centigrades.

3. Elle doit être aérée et tenir en solution une certaine quantité d'acide carbonique. L'air qu'elle renferme doit contenir plus d'oxygène que l'air ambiant.

4. La quantité de matière organique ne doit pas dépasser 20 milligrammes par litre et évaluée en acide oxalique; elle ne doit pas être azotée.

5. La matière organique azotée, brûlée par une solution alcaline de permanganate de potassium, ne doit pas fournir plus de 0 milligr. 1 d'azote albuminoïde par litre d'eau.

6. Elle ne doit pas contenir plus de 5 dixièmes de milligramme d'ammoniaque par litre.

7. L'eau potable ne doit renfermer ni nitrite, ni hydrogène sulfuré, ni sulfures, ni sels métalliques précipitables par l'acide sulfhydrique ou le sulfhydrate d'ammoniaque, à l'exception de traces de fer, d'aluminium ou de manganèse.

8. Elle ne peut acquérir une odeur désagréable, après avoir été conservée dans un vase fermé ou ouvert.

9. Elle ne doit pas contenir de *saprophytes*, de *leptotrix*, de *leptonites*, d'*hyphéotrix* et autres *algues blanches*, de nombreux *infusoires*, de *bactéries*.

10. L'addition du sucre blanc pur ne doit pas y développer de *fungus*.

11. Un litre d'eau ne doit pas contenir plus de :

Sels minéraux	milligr.	5
Anhydride sulfurique	—	60
Chlore	—	8
Anhydride azotique	—	2
Oxydes alcalino-ferreux	—	200
Silice	—	30
Fer	—	3

Enfin, on sera certain que l'eau est potable quand elle sera limpide, fraîche, franche de goût, et qu'elle restera claire après la cuisson des légumes; qu'elle sera facile à bouillir et ne déposera pas de corps étrangers; qu'elle se refroidit et se chauffe promptement; elle doit dégager beaucoup de bulles d'air étant agitée; elle doit extraire avec facilité et promptement les aromes des boissons théiformes. Et enfin, ne pas carrier les dents, être facilement digérée et avoir une température moyenne.

HYGIÈNE. — L'eau froide ou glacée prise l'été active la digestion, mais il est prudent de ne pas la boire lorsque l'on est en état de transpiration.

L'eau tiède est mousseuse, elle provoque les vomissements. L'eau très chaude, légèrement salée, acidulée ou sucrée, agit aussi l'été contre l'atonie des organes de la digestion en tuant les bacilles. Mais quelle que soit la forme dans laquelle on la prend, l'eau devra être potable.

Dans une note communiquée par le docteur Grellety à la Société française d'hygiène, il émet le vœu que les restaurateurs de Paris établissent des filtres et qu'il leur soit interdit de servir de l'eau non filtrée; espérons qu'il suffira de signaler le *desideratum* pour le voir réalisé.

Clarification de l'eau trouble. — *Formule 1509.* — En l'absence de filtre, on peut clarifier l'eau trouble en additionnant 15 grammes d'alun par 100 litres d'eau; les matières terreuses sont après quelques instants précipitées au fond.

EAUX ARTIFICIELLES. — On désigne ainsi des eaux minérales que l'on a préparées en faisant dissoudre dans l'eau des substances salines et gazeuses, pour imiter les eaux de différentes sources.

EAU DE MÉLISSE. — *Formule 1510.* — Cette eau stimulante et tonique est composée de :

Alcool de mélisse.	décilitres	8
Alcool de romarin.	—	1
Alcool de muscade	—	2
Alcool d'anis vert.	—	1
Alcool d'écorce de citrons.	—	4
Alcool de coriandre.	—	2
Alcoolat de thym, de girofle, de canelle, de marjolaine, d'hysope, de sauge, d'angélique.	—	2

Procédé. — Décanter l'alcoolat et le mélanger avec les différents alcools.

EAU MINÉRALE. — On a divisé en cinq classes les eaux minérales, qui sont :

Les SULFURÉES.	{ Sodiques. / Calciques.
Les CHLORURÉES.	{ Sodiques. / Sodiques bicarbonatées.
Les BICARBONATÉES.	{ Sodiques. / Calciques. / Mixtes.
Les SULFATÉES.	{ Sodiques. / Calciques. / Magnésiques.
Les FERRUGINEUSES.	{ Bicarbonatées. / Sulfatées. / Magnésiennes.

Enfin les eaux non classées : *alcalines, gazeuses, salines, iodurées.* Il existe un nombre considérable de sources non classées dans lesquelles ces principes sont reconnus à une dose plus ou moins grande. (Voir le TABLEAU SYNOPTIQUE.)

EAUX DE PLANTES (*Distillée*). — On appelle *eau distillée de plantes* les eaux essentielles obtenues par distillation. (Voir ESSENCE.)

EAU DE SELTZ. — Dans le duché de Nassau sourd une eau de Seltz naturelle. Mais on est arrivé à faire une eau artificielle aussi agréable que l'eau naturelle. Comme l'eau de Seltz doit son goût agréable et ses propriétés au *gaz acide carbonique* qu'elle renferme, l'art a su préparer depuis quelque vingt ans une eau gazeuse nommée *eau de Seltz factice*, aussi agréable et rendant les mêmes services que l'eau de la source Nassau. Pour l'obtenir en grand, on décompose le carbonate de chaux par l'acide sulfurique ou l'acide chlorhydrique ; on lave le gaz qui s'en échappe et on le fait entrer dans l'eau sous une forte pression. On obtient alors des flacons connus, dans le commerce de marchands de vins, sous le nom de *siphon.*

Eau de Seltz factice (*Procédé général*). — *Formule 1511.* — Dans les maisons particulières on peut faire de l'eau de Seltz en employant :

Acide tartrique.	grammes	15
Bicarbonate de soude.	—	10

Procédé. — Lorsque ces deux produits sont mélangés, on dévisse la tête du *seltzogène* ou *seltzateur* pour la retirer de la carafe, on remplit la boule inférieure d'eau ; on retire l'entonnoir et on bouche le tube avec le bouchon. On introduit alors les poudres dans les petites boules, on revisse la tête fortement sur la carafe et on incline la carafe jusqu'à ce que la petite boule soit au tiers plein ; la redresser et la mettre dans un lieu frais. Plus l'eau est fraîche, plus elle se charge de gaz ; on doit préparer l'eau de Seltz de quatre à dix heures avant de s'en servir.

Eau de Vichy. — *Formule 1512.* — Introduire dans la boule inférieure avant d'y mettre l'eau, 6 grammes de sel de Vichy. Procéder comme pour l'eau de Seltz.

Vin champagnisé. — *Formule 1513.* — Remplacer l'eau par du vin blanc, dans lequel on a mis 40 grammes par bouteille de sucre candi. Ajouter les poudres et procéder comme pour l'eau de Seltz.

Limonade gazeuse. — *Formule 1514.* — Procéder comme pour l'eau de Seltz ; y ajouter de l'essence de citron. Faire couler l'eau de Seltz dans des verres contenant du sirop.

HYGIÈNE. — S'il est agréable de prendre quelque fois de l'eau de *Seltz artificielle*, il n'en est pas moins dangereux de s'en faire un régime ; l'abus de l'eau gazeuse émousse les organes de la digestion et ne tarde pas à les mettre en état d'atonie.

EAU-DE-VIE. — (Voir ALCOOL.)

EAU SUCRÉE (*Hygiène*). — L'abus de l'eau sucrée est chose mauvaise : prise immédiatement après le repas, elle peut arrêter la digestion ; prise pendant la digestion, elle en trouble la fonction. L'eau froide est surtout dangereuse. Une légère infusion de thé ou de maté, froide, additionnée à de l'eau, est préférable à l'eau sucrée.

EAU DE GOUDRON (*Hygiène*). — Dans les grandes villes, à Paris surtout, on avait autrefois dans les restaurants l'excellente habitude de mettre à la disposition du client de l'eau goudronnée.

Eau de goudron de table. — *Formule 1515.* — Employer :

Eau filtrée.	litre	1
Goudron	décilitre	1

Procédé. — Laisser reposer une nuit le mélange, jeter la première eau et la remplacer par de la nouvelle. On renouvelle le goudron après quinze à vingt jours.

EAU FERRÉE (*Hygiène*). — *Formule 1516.* — On l'obtient en plongeant, à plusieurs reprises, un morceau de fer rougi au feu ; elle devient alors noirâtre et renferme en suspension de l'oxyde noir et du carbone de fer. On peut aussi l'obtenir en mettant des clous rouillés dans une carafe et en l'agitant avant de s'en servir. On renouvelle ainsi l'eau à mesure qu'on la boit.

ÉBAUCHOIR, *s. m.* — Petit instrument de bois ou de fer qui sert aux sculpteurs pour modeler la terre glaise ; aux artistes culinaires, pour modeler la cire et la stéarine. L'ébauchoir est à l'artiste ce que la plume est à l'écrivain ; c'est-à-dire rien si l'instrument n'est pas sous l'impression d'un génie qui le guide.

ÉBERGUER, *v. a.* (*Terme de pêche*). Dérivé de *Bergen*, ville de Hollande, où l'on vide les morues. — Pour éberguer les morues vivantes, on leur ouvre le ventre pour en extraire les entrailles ; on leur arrache les yeux, on leur coupe la queue et on pratique une incision annulaire au-dessous des ouïes en enlevant la peau du dos et les nageoires supérieures ; elles sont ensuite traînées dans l'eau à la remorque du bateau de pêche. Les habitants du pays où ce procédé est en usage prétendent qu'il ajoute une singulière saveur au poisson.

ÉBOUILLANTER, *v. a.* — Tremper dans l'eau bouillante. Ebouillanter des choux, des laitues, etc. ; les tremper dans l'eau bouillante pour en enlever l'âcreté. (Voir BLANCHIGUMER.)

ÉBOUILLI, IE, *p. pr.* — Diminué, réduit à force de bouillir. Sauce trop ébouillie, trop diminuée. Le pot-au-feu est bientôt ébouilli si l'on ne diminue l'ardeur du feu.

ÉBRÉCHÉ, ÉE, *p. p.* — Porcelaines, cristaux ébréchés, entamés ; couteau ébréché, brisure qui se trouve au tranchant de la lame ; il est indispensable pour un cuisinier d'avoir ses couteaux bien tranchants, afin de disséquer les viandes adroitement et proprement.

ÉBULLITION, *s. f.* All. *Verdœmpfung;* angl. *ebullition;* ital. *ebullizione;* esp. *ebulicion;* dérivé du latin, *ebullitionem,* d'*ébulire.* — Mouvement, état d'un liquide soumis à l'action d'un feu fort pour le mettre en vapeur et produire des bulles qui viennent crever à la surface.

ÉCACHER, *v. a.* All. *quetschen;* angl. *to quash;* ital. *quatto;* dérivé du latin, *coactus,* serré, pressé. — Action d'écraser du sel avec la lame d'un couteau ; écacher une noix, l'aplatir, la froisser.

ÉCAFLOTE, *s. f.* — Peau qui reste dans le tamis ou la passoire, lorsque l'on a passé une purée de légumes.

ÉCAILLE, *s. f.* — Lames plates et minces qui couvrent la peau des poissons et de certains reptiles ; enveloppe dure qui couvre et défend le corps de certains mollusques. Dépouiller un poisson de ses écailles ; écailler une huître.

ÉCALURE, *s. f.* — Pellicule dure de certains fruits, de fèves, de poix, etc.

ÉCARLATE, *s. f.* — Couleur rouge très vive qu'on tire de la cochenille. En cuisine, on teint écarlate les boyaux qui servent à fourrer les langues de bœuf pour mieux les conserver.

Langue écarlate réveille l'idée d'une langue ferme, parfumée, exquise, de couleur rose-chair en dedans et enveloppée d'une peau rouge.

Langue de bœuf à l'écarlate. — *Formule 1517.* — Choisir quatre langues de bœufs très fraîches, les parer et les frotter fortement et longuement avec du gros sel condimenté de fragments de thym, de sauge et de basilic. Les mettre sous presse une nuit entre deux couches du même sel avec lequel on les a assaisonnées.

Préparer la saumure ou marinade suivante : Employer :

Eau	litres	8
Sel gros	kilogr.	1
Salpêtre	grammes	150
Baies de genièvre	—	30
Poivre concassé	—	25
Coriandre	—	20
Clous de girofle	nombre	3

Procédé. — Faire bouillir l'eau avec les condiments, à l'exception du salpêtre; après dix minutes d'ébullition, la retirer et la laisser refroidir jusqu'au lendemain. Choisir un petit baril et arranger les langues de façon à leur conserver une forme convenable. Le placer à la cave. Ajouter le salpêtre au liquide et le verser sur les langues. Les couvrir d'une rondelle de bois et les charger d'un poids suffisant pour faire surnager le liquide. On doit surveiller le liquide, et s'il y avait tendance à fermenter on le recuirait. En été, il est préférable de la recuire régulièrement tous les quinze jours en ajoutant, dans le liquide, du salpêtre, du sel et de l'eau pour remplacer la réduction.

Après quinze jours, sortir les langues, les cuire, les dépouiller, les envelopper d'une fine barde de lard et les passer dans un tronçon de boyau de bœuf. Les plonger cinq minutes dans un liquide carminé et en ébullition.

Les retirer et, si elles étaient trop rouges, les passer à l'eau fraîche pour diminuer la couleur. Les laisser refroidir et les frotter avec un linge doux pour les rendre brillantes.

Ces langues prennent quelquefois les noms de *langues fourrées.*

Remarque. — Comme on le voit, par la composition de la marinade, c'est à l'action du salpêtre, et le sel aidant, que la couleur rose se produit. Le sucre ou la cassonade, qui font invariablement fermenter le liquide, sont supprimés à dessein, contrairement à certaines formules allemandes.

ÉCHALOTE, *s. f.* All. *Schalotte;* angl. *eschalot;* du latin, *ascalonia,* de *Ascalon,* ville de Phénicie, Judée, où l'on cultiva l'échalote. — Plante potagère de la famille des asphodèles et du genre ail, cultivée comme assaisonnement.

On distingue plusieurs variétés d'échalotes :

L'échalote hâtive, de Bagnolet.

L'échalote de Noisy, dont chaque bulbe a le volume d'une petite figue.

L'échalote hâtive de Niort, ressemblant à l'échalote commune.

L'échalote de Gand, à bulbes renflées.

L'échalote de Russie, qui a beaucoup de rapport avec la précédente.

L'échalote de Jersey, que les Anglais dénomment tantôt *Jersy, Russian* ou *Rothe schalote.*

Le caractère qui la distingue de l'échalote commune, c'est son pellicule d'un rouge cuivré fin, enveloppant des bulbilles gras et serrés ayant l'aspect d'un petit oignon.

Fig. 472. — Échalote de Jersey.

Elle ne se conserve pas aussi bien que l'échalote commune. Sa pulpe est d'une saveur agréablement parfumée.

L'échalote commune ou *de Paris,* plus petite, d'un goût plus fragrant; sa forme allongée renferme des bulbilles qui se détachent lorsqu'elles sont sèches et débarrassées de leur enveloppe; elles se présentent sous une couleur violacée au sommet et verdâtre à la base. Elle se conserve bien.

Fig. 473. — Échalote de Paris ou commune.

HYGIÈNE. — L'échalote est un condiment âcre, du genre ail, dont la saveur piquante excite l'appétit et la soif. On s'en sert surtout en cuisine pour relever le ton de certaines sauces. Très irritante et stimulante, on ne doit pas en faire abus; les convalescents et les enfants doivent s'en abstenir complètement.

ÉCHAMPEAU, *s. m.* (*Terme de pêche*). Se prononce *é-chan-pô.* — Extrémité d'une ligne où l'on attache le hameçon, pour la pêche à la morue.

ÉCHANSON, *s. m.* All. *Mundschenk;* angl. *cupbearer;* esp. *escanciano;* dérivé du bon latin, *scontio.* — Officier dont la fonction consiste à donner à boire. *Ganymède,* qui sert à boire, d'où est dérivé le nom de *garçon* dans le langage usuel.

ÉCHANSONNERIE. — Se disait du local où l'on faisait la distribution des vins; *salle à boire, à jouer, à s'amuser.*

ÉCHARBOT, *s. m.* — Nom vulgaire de la *macre* ou châtaigne d'eau. (Voir ce mot.)

ÉCHASSIER, *adj.* Etymologie provençale, *es-chassier*, monté sur des échasses, estropié. — Terme générique d'un ordre d'oiseaux dont les pieds longs et grêles sont plus ou moins nus au-dessus du genou; ils ont trois doigts devant et un derrière; ils vivent en troupes sur le bord des eaux et voyagent par bandes.

ÉCHAUDER, *v. a.* All. *verbrühen;* angl. *to scald;* ital. *scaldare;* dérivé du provençal, *escaudar.* — Action de passer vivement à la flamme ou à l'eau chaude pour enlever les poils : échauder une tête, des pieds de veau; échauder un porc, le plonger à l'eau bouillante pour lui arracher les soies; échauder une volaille en la passant à l'eau pour lui arracher les plumes.

Échaudage à la vapeur. — *Formule 1518.* — Au moyen d'une chaudière à vapeur, dans les grands abattoirs, on chauffe l'eau contenue dans une cuve destinée à recevoir les porcs. Par la vapeur, l'eau est facilement amenée à 80 degrés nécessaires pour l'échaudage. Plus promptement est faite l'opération, mieux cela vaut. On sort alors le porc sur une table et on le racle proprement.

Échaudage à la chaudière. — *Formule 1519.* — Dans quelques villes on chauffe l'eau dans une chaudière et, l'eau étant près de bouillir, on hisse le porc à l'aide d'une grue dans la chaudière et on l'en ressort aussitôt. Cette méthode a l'avantage de ne pas laisser séjourner longtemps le porc dans l'eau.

Échaudage dans la cuve. — *Formule 1520.* — Dans certains villages, on met le porc préalablement attaché de cordes dans une cuve et on le submerge de quelques seaux d'eau bouillante; on le tourne et, lorsque les soies peuvent être arrachées, on le sort sur une planche et on le racle vivement.

Échaudage sur une table. — *Formule 1121.* — La méthode la plus rudimentaire consiste à étendre le porc sur une planche, à poser sur le corps quelques poignées de poix de sapin et à verser dessus de l'eau chaude jusqu'à ce que l'on puisse le racler. Ce mode moins facile a l'avantage de ne pas ramollir les viandes par un séjour prolongé dans l'eau.

Remarque. — L'échaudage des pieds et des têtes de veaux se fait par l'eau chaude; on racle d'abord les poils et on passe ensuite un couteau affilé sur le cuir pour raser complètement les poils restants.

ÉCHAUDÉ, *s. m. (Gâteau entremets).* — Cet entremets remarquable se présente, lorsqu'il est réussi, comme un beignet soufflé, avec cette différence que l'échaudé doit se souffler par la vapeur au lieu de se gonfler dans la friture chaude.

Formule 1522. — Employer :

Farine tamisée	litre	1
Œufs frais	nombre	8
Beurre frais	grammes	125
Carbonate d'ammoniac	—	2
Sel	—	12

Procédé général. — Former la fontaine avec la farine, mettre le sel, le carbonate, quatre œufs et le beurre dans le centre. Détremper légèrement afin d'obtenir une pâte non chauffée et corsée. La déposer sur une plaque farinée et la laisser reposer pendant une heure environ dans un lieu frais. Remettre alors la pâte sur le tour, la *briocher* légèrement, en ajoutant les œufs un à un, en prenant une partie de la pâte et la jetant sur l'autre partie. La laisser reposer une demi-heure encore, et la remettre sur le tour pour l'abaisser légèrement et en former des bâtons ronds en forme de petit rouleau; en couper des ronds de 4 centimètres de large sur 5 de haut; les mettre sur un couvercle de casserole bien fariné.

Faire bouillir de l'eau dans un sautoir ou une plaque à couvercle et y plonger les échaudés. A partir de ce moment précieux (d'où dépend la réussite), l'eau ne doit plus bouillir, mais frémir seulement. Les échaudés tombent d'abord au fond, mais ils ne doivent pas tarder à remonter, on les stimule en frappant sur le bord de la casserole. On les essaie en en sortant un avec l'écumoir et on reconnaît sa cuisson lorsque sous une faible pression il rebondit légèrement; il doit être léger, spongieux et moelleux. Si on les laissait cuire davantage, les échaudés deviendraient durs et retomberaient au fond.

On les sort de l'eau bouillante pour les mettre immédiatement rafraîchir dans beaucoup d'eau froide; on les y laisse cinq à six heures au moins en changeant souvent l'eau.

On les égoutte enfin sur un torchon posé sur un tamis pour les placer sur une plaque d'office, le côté coupé en bas; ou bien dans une plaque spéciale en tôle longue de 45 centimètres sur 35 de large et haute de 15 centimètres, sur le couvercle de laquelle il y a un œil-de-bœuf qui permet de s'assurer de la parfaite cuisson. Mais si on ouvrait l'œil-de-bœuf avant sa cuisson à peu près achevée, les échaudés tomberaient et se racorniraient. La cuisson dans un four chaud est de dix-huit à vingt minutes.

Avec les fours de pâtisserie modernes, qui permettent de voir par une bouche en verre, on peut supprimer la caisse et les cuire sur des plaques de tôle. (*Al. Landry*, correspondant de l'*Académie de cuisine.*)

Remarque. — Il est essentiel, pour la réussite, de ne pas laisser bouillir l'eau une fois les échaudés dedans. Il est préférable, lorsque la situation le permet, de les échauder à la vapeur; on les aligne sur une plaque et on tourne le robinet de la vapeur de façon à obtenir 80 degrés environ; les échaudés se gonflent ainsi merveilleusement.

Échaudé à la Carême. — *Formule 1523.* — Employer :

Farine	litre	1
Huile d'Aix	grammes	250
Sel	—	20
Eau	décilitres	5

Procédé. — La farine étant tamisée, en former la fontaine, y mettre le sel, l'huile et la moitié de l'eau; mêler avec la pointe des doigts; y ajouter finalement l'eau et faire une pâte lisse et bien travaillée. La laisser reposer une heure et diviser la pâte par boules de 30 grammes environ; enfoncer la pointe des deux doigts et le pouce dans le milieu de la boule. Mettre les échaudés sur un couvercle de casserole préalablement fariné. Faire bouillir l'eau et jeter doucement les échaudés dedans. Suivre les mêmes procédés avec les mêmes soins que dans la *formule 1521.* Étant cuits, les ouvrir en travers, les saupoudrer de sel fin et les garnir d'un peu de beurre frais; les servir chauds pour le déjeuner du matin ou avec le thé de 4 heures.

Remarque. — Ce dernier échaudé, sans œuf, est la création de Carême; le premier, nous le devons à Favart. Je ne puis m'empêcher d'admirer la sagacité et l'esprit inventif du créateur de ce gâteau, non au point de vue du décorum, mais à celui de la chimie culinaire. Que de travail, d'essais pour préciser ces deux cuissons qui arrivent à en faire un gâteau léger et agréable !

Il ne se fait plus, me diront les pâtissiers qui n'ont jamais pu les réussir; qu'ils suivent les indications et ils resteront émerveillés du résultat. Dès lors, l'échaudé restera comme une des gloires de la gastronomie française.

HYGIÈNE. — L'échaudé de la première formule constitue un aliment nourrissant, léger et agréable, qui peut justement être ordonné aux enfants, aux convalescents et aux personnes débiles. Il peut admirablement ouvrir la série graduée qui permet de passer du régime liquide à des aliments plus substantiels.

ÉCHAUDOIR, *s. m.* — Lieu où l'on échaude les têtes, les pieds de veau et les porcs. Se dit aussi du bassin, ou chaudière, dans lequel est l'eau chaude servant à échauder.

ÉCHAUFFANT, *adj.* — Substances alimentaires qui resserrent le ventre en augmentant la chaleur animale, en excitant l'action organique. La cuisine échauffante n'est pas hygiénique.

ÉCHÈNE (Se prononce *é-chè-ne*). — Terme générique d'un genre de poisson appelé *échénéides,* qui ont la faculté de se fixer aux navires et aux rochers par un disque dentelé qu'ils portent sur leur tête.

ÉCHINYS, *s. m.* (Se prononce *é-ki-mi*).— Genre de mammifère de l'Amérique méridionale, à corps couvert supérieurement d'un mélange de piquants aplatis et de poils, et terminé par une longue queue revêtue d'écailles et de poils. Sa chair, légèrement musquée, a quelque ressemblance avec la chair du thon frais et du veau.

ÉCHINÉE, *s. f.* All. *Rückenstück vom Schweine;* angl. *chine of pork;* ital. *pezzo di schiena di porco.* — Partie du porc, du sanglier, qui se trouve entre le jambon et le carré. Ce même morceau est nommé *longe* dans le veau.

Échinée de sanglier. — *Formule 1524.* — Faire mariner l'échinée pendant quelques jours dans une marinade cuite. L'essuyer et ciseler la couenne (on peut la laisser ou l'enlever facultativement) en losanges et la mettre à la broche ou dans une lèchefrite au four. La servir avec une sauce tomate relevée, une sauce Robert ou une sauce poivrade.

Échinée de porc frais. — *Formule 1525.* — Laisser sur l'échinée une couche de lard forte d'un centimètre; dessiner le lard en entaillant des carrés en losanges. La cuire à la broche ou au four, en la saupoudrant et en l'arrosant de vin blanc sec. La cuisson dure environ une heure et demie. Se servir du jus dégraissé pour procéder à la confection d'une sauce relevée.

ÉCHINIDE, *s. m.* (Se prononce *e-ki-ni-d'*). — Terme générique des *échinides;* les *oursins*.

ÉCLAIR, *s. m.* (*Pâtisserie*). Autrefois appelé *pain à la duchesse.* — Petit gâteau en forme de bâton, fait de pâte à choux (Voir ce mot.), garni de crème et glacé.

Éclair au chocolat (*Procédé général*). — *Formule 1526.* — Coucher des bâtons longs de 12 centimètres et les cuire. Étant froids, les tailler sur le haut d'un côté et les garnir de la crème à choux (*Formule 1281*). Râper du chocolat sans sucre; le faire dissoudre avec un peu d'eau; y ajouter du sucre de façon à pouvoir le cuire à la *grande glu* (Voir CUISSON DU SUCRE.); travailler alors le tout en frottant l'appareil contre les parois de la casserole, de façon à obtenir un liquide vernissé et brillant. Tremper alors la partie supérieure de l'éclair et le poser sur un tamis; il doit rester d'un noir brillant.

Éclair au café. — *Formule 1527.* — Préparer des éclairs selon le *Procédé général* de la *formule 1526;* les garnir d'une crème au moka selon la *formule 1286*, et les glacer au fondant au café.

Éclair à la vanille. — *Formule 1528.* — Faire des éclairs selon le *Procédé général* de la *formule 1526;* les garnir d'une crème à la vanille (Voir la *formule 1281*); les glacer d'une glace à la vanille très blanche. (Voir GLACE.)

ÉCLANCHE, *s. f.* — Autrefois, gigot, épaule de mouton et longe de veau détachés du corps de l'animal rôtis entiers à la broche.

ÉCOLE DE CUISINE. — Autrefois, les maisons privilégiées de la clientèle riche étaient regardées comme des instituts de faculté supérieure où les aspirants désireux de connaître les mystères de la chimie culinaire affluaient de toutes parts. Ces maisons rares faisaient école. Parmi les plus remarquables, nous devons citer en première ligne la maison *Chevet*, qui, pendant plus d'un siècle se succédant de père en fils a fourni des élèves dans toutes les hautes cours du monde.

Citons encore la maison des *Trois Frères provençeaux*, de laquelle sortirent les Bignon, les Dugléré du café Anglais, les Moisson de la Maison-Dorée et les Paillard. Cette grande école se succéda comme une hiérarchie jalouse de ses prérogatives et où un très petit nombre d'hommes doués, seuls, avaient accès.

Cela dura jusqu'en 1870, où les convives nobles et riches firent place à une clientèle de politiciens et d'hommes d'affaires.

Sous peine de voir émigrer cet art essentiellement français, il fallait trouver un remède à cette crise de la bonne table : Vulgariser la cuisine française, la démocratiser en la mettant à la disposition de tous, était le plus puissant moyen de rendre service à l'hygiène, à la santé publique, d'un pays soucieux d'élever et d'universaliser le niveau des forces physiques et intellectuelles. Voilà ce que s'est dit l'auteur de cet ouvrage.

Pour atteindre ce but, il fonda un organe et une ligue universelle des cuisiniers français, qui prit le nom d'*Union universelle pour le progrès de l'art culinaire;* il élabora un programme demandant l'institution des écoles de cuisine et d'hygiène. Nous extrayons de ce programme le passage suivant :

Comme moyen d'arriver au but, il sera rédigé une pétition signée de cinq cents praticiens au moins, demandant au Gouvernement l'institution d'une école de cuisine dont la direction sera confiée à une commission composée de membres de l'Académie des sciences et de cuisiniers qui en auraient la haute surveillance.

Dans cette école, les élèves des deux sexes seraient admis et prendraient place à tour de rôle et à des heures différentes. Une leçon pratique de la cuisine, pâtisserie et conserves, serait donnée le matin; et l'après-midi une leçon théorique sur la valeur des aliments et leurs effets hygiéniques. Les détails et plans de cette institution seront soumis en même temps que la pétition. (JOSEPH FAVRE, *La Science culinaire*, 1er mars 1879.)

Cette idée lancée au grand jour n'a pas tardé d'avoir des adeptes; des écoles se sont fondées en Suisse et en Angleterre. En France, le docteur Laurent, de Rouen, fut le premier qui mit cette idée en pratique; mais en Angleterre l'initiative privée est allée plus loin, on délivra des diplômes de professeur de cuisine, ce qui attira du comité général de l'*Union universelle* la protestation suivante : .

Les journaux européens se complaisent à rééditer certains détails donnés dans un meeting, qui eut lieu à Devonshire House, à Londres, relativement à une école de cuisine, s'intitulant : *Ecole nationale de cuisine*, mais qui n'est en réalité qu'un simple établissement de commerce, loin de réunir les conditions d'organisation et de posséder les professeurs ayant les capacités nécessaires pour une institution de ce genre, et qui de plus, sans l'intervention des maîtres de l'art, se constituent en jury et se permettent de décerner des diplômes de professeur.

Considérant qu'une école de cuisine et d'hygiène alimentaire doit faire partie de l'instruction publique et que son institution sera le premier édifice consacré à la santé générale d'une nation, nous désirons faire de cet art une science ayant ses règles et sa classification; connaître les aliments naturels des trois règnes de la nature, tributaires de la cuisine, avant d'en faire des aliments composés.

Pour ces motifs, *l'Union universelle pour le progrès de l'art culinaire français* proteste, et considère comme nuls et non avenus les 148 diplômes de professeur délivrés par la soi-disant école nationale de cuisine de Londres; un tel droit ne pouvant appartenir qu'à une institution réunissant l'art et la science, seuls capables de décerner des diplômes de professeur de cuisine.

L'Union universelle pour le progrès de l'art culinaire.

LE COMITÉ GÉNÉRAL

F. BOHERS, président de la « Société culinaire française de Londres ».

F. FÈRE, président de la « Société philanthropique de New-York ».

G. DROIN, chef des cuisines royales d'Espagne.

J. FAVRE, secrétaire du comité général.

(*La Science culinaire* du 1er mai 1881).

La ville de Paris ne pouvait rester étrangère à ce mouvement; sur la proposition de M. Strauss, conseiller municipal, et surtout sous l'initiative de Mme Schéfer, inspectrice des Ecoles primaires, officier d'instruction publique, et de M. E. Carriot, directeur de l'enseignement primaire, il fut décidé d'introduire l'enseignement ménager où il serait donné une large part à la cuisine. Ce qui fut fait d'une façon incomplète et des toujours profitable aux enfants; nous espérons que l'administration saura séparer les études du français et de la mathématique de l'enseignement ménager, qui réclame un âge plus avancé et une attention plus raisonnable pour être fructueux.

L'*Académie de cuisine de Paris*, par l'organe de son délégué au « Congrès international d'hygiène » de 1889, sous la présidence de M. Brouardel, et sous le patronage du ministre du commerce et de l'industrie, fit la communication suivante :

La cuisine hygiénique et la nécessité des écoles de cuisine. — La communication sur laquelle j'ai l'honneur d'attirer votre attention est une des principales branches de l'hygiène alimentaire : *la cuisine hygiénique.*

En effet, de toutes les sciences, celle qui s'attache à l'art de bien préparer les aliments est, malgré son incontestable utilité, la moins étudiée et la moins comprise de nos jours. Cependant il est remarquable que, parmi les nombreuses espèces d'animaux, l'homme soit le seul qui cuise ses aliments; aussi n'est-ce point avec raison qu'on l'a défini l'*animal cuisinier?*

Grâce à l'art culinaire, qui a décuplé les ressources de sa nourriture, l'homme s'est dégagé peu à peu de l'animalité. Les provisions alimentaires farineuses et albuminoïdes renfermées dans les semences des céréales et des plantes légumineuses; les tubercules, les racines et les tiges succulentes de certains végétaux, sont, à l'état cru, presque inaccessibles à l'action digestive de l'économie humaine.

Grâce à la cuisine, ces immenses provisions furent, d'un seul coup, mises à sa portée : l'homme put dès lors régler son alimentation, la discipliner exactement et consacrer ses loisirs à la culture de ses facultés supérieures; il cessait d'être forcé de chercher sa proie comme les carnivores ou de brouter à la façon des herbivores. C'est surtout à sa nourriture (puisque tout ce qui vit se nourrit) qu'est due l'évolution de la cellule protoplasmatique à l'animal et partant à l'homme perfectionné. Cette assertion, fort bien définie par un aphorisme d'un gourmand célèbre : « Dis-moi ce que tu manges, je te dirai ce que tu es », s'applique autant à la société qu'à l'individu; mais cet axiome a besoin d'un corollaire que l'on pourrait résumer ainsi : *Dis-moi ce que tu bois, je te dirai ce que tu penses;* la consommation liquide ayant une influence plus immédiate sur les organes de la pensée.

Les peuples les plus civilisés ont fait la meilleure cuisine, a-t-on dit; il serait tout aussi logique de dire que c'est la bonne cuisine qui a fait les peuples intelligents.

En effet, pour ne pas être des remèdes héroïques, ayant une action active sur l'organisme, les aliments n'en ont pas moins leurs propriétés bienfaisantes ou malfaisantes, selon les préparations qu'on leur fait subir et l'usage qu'on en sait faire.

La transformation plus ou moins lente, mais constante, déterminée par l'action de la cuisine, nous a fait contracter depuis un siècle des habitudes si éloignées de celles de nos ancêtres, et notre tempérament lui-même est tellement différent du leur, que de nouvelles études sur la composition raisonnée des mets et la complète modification de l'art culinaire sont devenues indispensables.

Il y a un abîme entre la gourmandise des Romains, nécessitant le vomitif pour jouir d'une nouvelle déglutition, la gastronomie gloutonne, dont les conséquences sont l'indigestion, les troubles et la goutte, et la science culinaire qui a pour but la véritable recherche de la santé par la cuisine qui entretient la virilité, le fécond développement des forces vitales et maintient les facultés intellectuelles dans leur intégrité. Cette lacune doit être comblée par nous; c'est à la France qu'est dévolu l'honneur de mettre en pratique la cuisine hygiénique.

APPLICATION PRATIQUE, CONCLUSION. — Jusqu'à ce jour, les importantes fonctions de l'art culinaire ont été généralement confiées, dans les maisons particulières, à des personnes du sexe faible, dont la plupart sont illettrées, peu studieuses et d'une ignorance à ne pas distinguer le persil de la ciguë.

J'ajoute que la maîtresse de maison ne peut elle-même en remontrer, ne possédant pas la moindre notion culinaire, n'ayant aucune idée de l'hygiène alimentaire, indispensable pourtant à la mère de famille, cette branche d'instruction ayant été complètement négligée jusqu'à ce jour.

Dans l'état actuel et telle qu'elle se pratique dans les classes laborieuses, la cuisine est un des plus beaux fleurons de la couronne du médecin, cela au grand détriment de la santé publique : les substances alimentaires et les condiments sont employés au hasard, sans tenir compte du sexe, de l'âge, ni de l'état de l'estomac chargé de la digestion; l'alimentation de l'enfant et de l'adulte est confondue avec celle du vieillard; de là, les causes de nombreuses maladies, de l'étiolement des enfants, surtout marqué dans les grandes villes.

Pour remédier à cet état de choses, j'émets le vœu :

1° Que la cuisine soit inscrite dans le programme des écoles primaires de jeunes filles;

2° Qu'une école professionnelle de cuisine (comme il est existe pour les autres corps de métier) soit ouverte pour les jeunes gens qui se destinent à la profession de cuisinier.

Dans les écoles primaires de jeunes filles, un cours théorique serait donné chaque jour sur les propriétés des aliments naturels préparés dans la journée et sur les effets des mets comparés, selon le mode de préparation.

On y enseignerait :

A. L'alimentation de *l'enfant*, divisée en trois phases;

B. L'alimentation *hygiénique* de l'adulte;

C. L'alimentation *réparatrice* de l'âge de déclin;

D. L'alimentation de *la vieillesse*.

On y apprendrait, en outre, à conserver, par les méthodes les plus hygiéniques, les substances alimentaires fraîches et dans l'état de parfaite innocuité, afin d'utiliser sans danger pour la santé toutes les ressources de la nature.

Possédant ainsi les données élémentaires de la cuisine hygiénique, la jeune fille sera préparée aux fonctions de ménagère et de mère de famille auxquelles elle est destinée. Instruite de l'action puissante que le régime alimentaire a sur notre organisme, elle saura retarder l'effervescence de la jeunesse pour former le physique, et le réchauffer plus tard pour stimuler les sens et les facultés mentales.

De l'École professionnelle de cuisine sortiraient les cuisiniers pratiquant dans les établissements publics, hôtels et restaurants; comme ils seront armés des notions précises de l'hygiène alimentaire, la santé publique et la patrie y trouveront largement leur compte.

Il y a dix ans déjà que l'auteur de ces lignes avait formulé un programme, en signalant les bons effets qu'obtiendraient les écoles de cuisine raisonnée. Quelques années plus tard, sous l'initiative privée, il se fonda, en Suisse et en Angleterre, des écoles de cuisine pratique qui ont obtenu aujourd'hui le plus grand succès, mais il leur manque le point principal, l'enseignement de l'hygiène.

Cet appel, malgré les efforts de l'*Académie de cuisine*, n'a eu aucun écho dans les régions administratives de notre pays.

Espérant être plus heureux, je renouvelle aujourd'hui le même vœu dans ce milieu de savants et d'hygiénistes autorisés, et je ne doute pas qu'à une époque où l'homme s'occupe avec tant d'ardeur du perfectionnement des différentes races d'animaux, il ne daigne penser aussi à sa propre régénération. (Joseph Favre.)

Nous appelons surtout l'attention de la Commission d'enseignement du Conseil municipal sur cette importante question d'hygiène alimentaire publique. (C. D.)

ÉCONOMAT, *s. m.* — Charge, office d'économe; bureau de l'économe, chargé de l'économie domestique d'une maison.

ÉCONOMIE NATIONALE, *s. f.* — L'économie alimentaire, pris dans son sens le plus étendu, est un sujet d'une haute importance nationale; car l'influence politique d'une nation dépend tout aussi bien de la force musculaire de ses citoyens, de son intelligence que de l'industrie et de son commerce; or, cette force résulte de l'usage bien entendu des aliments et de leur répartition convenable dans le pays.

Pour s'en convaincre, il n'est nullement besoin d'une disette, d'une famine, il suffit de l'observer aux crises des affaires, aux époques où la détresse n'atteint que les classes pauvres. Elle produit dans cette partie, la plus intéressante de la population, un amoindrissement de la vigueur physique et de l'énergie morale, qui mine la santé et aboutit à un état de maladie déclarée. L'expérience de nos hôpitaux constate, en effet, trop souvent, que des maladies sans remède ont pour cause prédisposante le dépérissement des forces.

Mais longtemps avant que l'insuffisance du régime alimentaire amène des conséquences exigeant l'intervention de la médecine, longtemps avant que le physiologiste en vienne à compter les grammes d'azote ou de carbone qui s'interposent entre la vie et l'épuisement final, la famille aura été complètement dépourvu de tout ce qui constitue le bien-être; les vêtements et les combustibles lui auront manqué longtemps avant la nourriture; elle n'aura été que très imparfaitement protégée contre les rigueurs de la mauvaise saison; son habitation se sera trouvée réduite à des dimensions dont l'insuffisance, vu le nombre des individus réunis, engendre les maladies ou les aggrave; pour l'obtenir à un vil prix, elle se sera établie dans les lieux où rien n'a été fait en vue de la salubrité et où la propreté est à peu près impossible. Et tous ces maux tombent principalement sur ceux qui sont moins en état de les supporter : sur la mère et les enfants; car le père, pour pouvoir travailler, même faiblement, a besoin de manger. Ainsi, la plus large part de souffrances est réservée aux plus faibles.

Et pourtant, quelque fâcheux que soient ces résultats immédiats de la mauvaise économie nationale, ils ne sont rien en comparaison de sa conséquence éloignée, mais fatale : la dégénérescence de la race.

ÉCOPE, *s. f.* — Sorte de cuillère de bois très évasée dont se servent les fermières pour écrémer le lait.

ÉCOQUER, *v. a.* — Terme de chasse. Détruire ou prendre les coqs surabondants et nuisibles aux couvées, parmi les faisans, les perdrix, etc.

ÉCORNIFLER, *v. a.* — Action de se faire donner à dîner. Rôder dans une cuisine ou une salle à manger pour soutirer quelques morceaux.

ÉCOSSE, *s. f.* All. *Schottland;* angl. *Scotland;* ital. *Scozia.* — Dans l'ancien français, enveloppe des fèves, des pois, etc. On dit aujourd'hui *cosse* et *écosser,* action d'enlever la cosse.

ÉCRELET. — (Voir *Leckeriet.*)

ÉCRÉMER, *v. a.* — Action d'ôter la crème de dessus du lait.

ÉCRÉMEUSE, *s. f.* — Appareil de laiterie pour enlever le beurre du lait frais.

ÉCREVISSE, *s. f.* All. *Flusskrebs;* angl. *crayfish;* ital. *gambero;* du grec, *astakos,* d'où l'on a formé le terme générique latin *astacus,* donné à toute la famille des crustacés; de là la nécessité pour les naturalistes de distinguer le genre homard, *homarus,* des petites espèces vivant dans l'eau douce; l'écrevisse fut nommée *astacus fluvialitis,* et, latinisant l'ancien nom français *homar,* on en a fait *homarus vulgare* pour le homard. On croyait autrefois à une seule espèce d'écrevisses, c'est pourquoi on avait donné ce nom générique de *fluvialitis;* mais, comme toutes les espèces vivent dans les fleuves, on a donné aux différentes variétés les noms complémentaires de *daurique* (pays où elle vit); à *pinces faibles* et des *fleuves;* de là les variétés d'*astacus fluvialitis, astacus leptodactylus* et *astacus dauricus.*

L'écrevisse est remarquable tant par sa forme que par sa composition chimique et ses propriétés alimentaires. Elle est *exosquelette,* c'est-à-dire qu'elle porte le squelette en dehors au lieu de le porter en dedans. L'écrevisse voit, entend et est douée d'un instinct merveilleux de gourmandise, elle s'attaque aux petits poissons morts, aux coquillages et aux vers. Pour les prendre, on les attire la nuit par des lanternes et elles payent leur curiosité par le supplice de la casserole.

FÉCONDATION ET REPRODUCTION. — Pour que la reproduction de l'espèce puisse avoir lieu au moyen d'œufs, la coopération du mâle et de la femelle est nécessaire, et voici comment ils procèdent : Sur la pièce basilaire de la dernière paire de pattes se voit, chez le mâle, une petite ouverture; là se terminent les conduits des organes reproducteurs qui sont placés près du cœur sous la carapace. Dans ce conduit apparaît, aux moments des amours, un fluide épais qui se solidifie en une matière blanche après sa sortie; le mâle le dépose alors sur le thorax de la femelle entre les bases des dernières pattes thoraciques. Les œufs, qui sont déjà formés dans l'ovaire de la femelle, sont conduits à des ouvertures situées sur les pièces basilaires de la troisième avant-dernière patte ambulatoire et viennent se féconder au contact de la substance prolifique.

Lorsque la femelle a reçu la matière spermatique du mâle, elle se retire dans un terrier et commence à pondre ses œufs. En sortant des *oviductes*, les œufs sont revêtus d'une matière visqueuse qui s'étire en un filament court; l'extrémité de ce fil s'attache à l'un des longs poils qui garnissent les pattes natatoires et, comme la matière visqueuse durcit rapidement, l'œuf demeure attaché au membre par une sorte de pédoncule.

Comme la fécondation a lieu d'octobre en janvier, les œufs restent donc tout l'hiver pour se couver sous la nageoire caudale constamment balancés dans l'eau.

DÉVELOPPEMENT DE L'ŒUF. — Le développement de l'œuf n'est autre qu'un *processus* évolutif dans le sens le plus strict du mot, l'œuf est une masse relativement homogène de *protoplasma* vivant, renfermant beaucoup de matériaux nutritifs; et le développement de l'écrevisse comprend la conversion graduelle de ce corps, relativement simple, en un organisme d'une grande complexité. Le *vitellus* se différencie en portion formatrice et portion nutritive. La partie formatrice se subdivise en unités histologiques; celles-ci s'arrangent dans une vésicule blastodermique. Le blastoderme se différencie en *épiblaste, hypoblaste* et *mésoblaste*, et la simple vésicule passe à l'état de *gastrula*. Les couches de la *gastrula* se

façonnent en le corps et les appendices de l'écrevisse; tandis que, en même temps, les cellules qui composent toutes ces parties se transforment elles-mêmes en tissus, dont chacun a ses propriétés particulières. Et tous ces changements merveilleux sont les conséquences nécessaires des actions réciproques des forces moléculaires qui résident dans la substance de l'œuf fécondé, et des conditions auxquelles il se trouve exposé; de même que les formes développées par un liquide cristallisant dépendent de la composition chimique de la matière dissoute et de l'influence des conditions ambiantes. (TH. H. HUXLEY, *Morphologie de l'écrevisse*.) Sans vouloir entrer dans des détails qui seraient en dehors du cadre de cet ouvrage, j'ai cru intéressant d'expliquer à grands traits les évolutions successives de cet intéressant animal, si précieux dans les cuisines.

Le premier changement apparent qui ait lieu dans un œuf fécondé est la division de la matière formatrice de la partie nutritive ou *vitellus;* tandis que l'embryon concentré se forme peu à

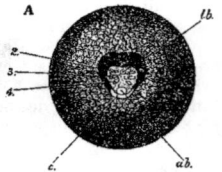

Fig. 474. — A. Œuf d'écrevisse, deuxième période. — *lb*, labro; *ab*, abdomen; *c*, carapace; *2*, antennule; *3*, antennes; *4*, mandibules.

peu en se nourrissant de la matière contenue dans l'œuf qui subit plusieurs métamorphoses. Un œuf d'écrevisse grossi et regardé à la lumière réfléchie présente, dans sa deuxième période, un embryon; dans cet embryon on distingue déjà la formation des organes. La

Fig. 475. — B. Œuf d'écrevisse prêt à éclore.

masse formatrice envahit la matière nutritive et finit par remplir toute la cavité de l'œuf. Dans la fig. 475 les appendices sont formées et la jeune écrevisse est bientôt sur le point d'éclore.

A cet état, le *rostro* croit entre les lobes procéphaliques, et demeure relativement très court jusqu'à l'époque où la jeune écrevisse quitte l'œuf et se dirige plutôt en bas qu'en avant.

Les portions latérales de la crête de la carapace se convertissent, en s'enfonçant davantage, en *branchiostésites;* et les cavités dont elles forment la voûte sont les chambres branchiales.

La portion transversale de la crête demeure,

au contraire, relativement courte, et constitue le bord libre postérieur à la carapace.

Pendant que ces changements s'effectuent, l'abdomen et la région sternale s'accroissent constamment proportionnellement au reste de l'œuf, tandis que le vitellus nutritif diminue et la face de la carapace s'allonge. Lorsque les jeunes écrevisses sont sur le point d'éclore, elles brisent la loge qui s'ouvre en deux valves, qui demeurent attachées comme des verres à lunettes à l'extrémité du pédoncule. Son aspect est grisâtre, sa carapace tendre, la première et dernière paire de membres abdominaux manquent et le telson est différent de celui de l'adulte. Les jeunes écrevisses restent ainsi fixées jusqu'à la première mue, où elles deviennent définitivement libres. En sortant de l'œuf, le jeune animal a environ 8 millimè-

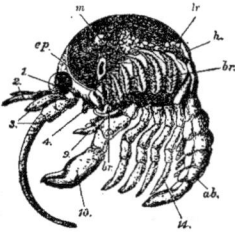

Fig. 476. — C. Écrevisse nouvellement éclose. — m, muscles mandibulaires; lr, foie; lb, labre; h, cœur; ep, épipodite; br, branchies; ab, abdomen; 1, pédoncule oculaire; 2, antennules; 3, antennes; 9, maxillipède externe; 10, pince; 14, appendices céphaliques et thoraciques.

tres, à la fin de l'année environ 4 centimètres, à deux ans 7 centimètres, à quatre ans 12 centimètres; elle atteint son maximum de croissance (19 à 21 centim.) à l'âge de quinze à vingt ans.

CHANGEMENT DE CARAPACE. — Une fois formée, la carapace devient dure et, pour permettre au corps la croissance, il faut qu'elle quitte l'ancienne cuirasse pour en prendre une plus grande, ce que l'on a appelé *exuviation*. Le corps grandit au point de faire crever sa carapace; il s'en prépare alors intérieurement une nouvelle sur sa mesure et, lorsqu'elle est à maturité, l'écrevisse frotte ses membres les uns contre les autres, et, sans changer de place, les remue chacun à leur tour, et enfin se jette sur le dos, replie sa queue, l'étend brusquement, en la frappant à terre, et pendant ce temps les antennes sont animées d'un fort mouvement de vibration. Après ce travail l'écrevisse paraît distendue par suite du commencement de rétraction qu'éprouvent les membres à l'intérieur.

Après quelques instants elle recommence à se débattre et se débarrasse finalement de sa vieille cuirasse; la nouvelle est tendre et l'animal pa-

raît en état de convalescence pendant une quinzaine de jours; l'écrevisse est alors plus grosse, elle devient plus vive et la carapace se raffermit.

Les jeunes écrevisses muent trois fois dans la première année, et le phénomène devient bisannuel la deuxième année, et ensuite annuel et se produit au milieu de l'été. A partir de l'âge de huit ans, la mue ne s'opère que tous les deux ou trois ans.

VARIÉTÉS D'ÉCREVISSES. — On distingue plusieurs espèces d'écrevisses :

L'*astacus nigrescens*, variété anglaise et de Californie, dont je reproduis la pince gauche, fig. 478;

Mais, si nous traversons les montagnes Rocheuses et si nous entrons dans les Etats-Unis, nous trouvons une autre variété : la *parastacus Brasiliensis*, dont la pince de gauche est représentée dans la fig. 477;

L'*astacoïdes Madagascariensis*, ou écrevisse de Madagascar, est remarquablement belle, ce dont on peut juger par la pince droite représentée par la fig. 479;

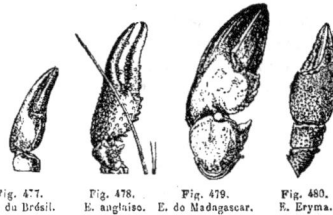

Fig. 477. E. du Brésil. — Fig. 478. E. anglaise. — Fig. 479. E. de Madagascar. — Fig. 480. E. Eryma.

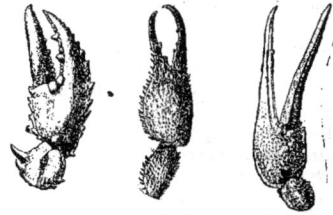

Fig. 481. E. d'Australie. — Fig. 482. E. de Venise. — Fig. 483. E. de la Jamaïque.

L'*astacus palæmon Jamaïcensis*, dont la patte gauche du mâle est représentée dans la fig. 483. Cette variété de la Jamaïque a beaucoup d'analogie avec celle que l'on trouve dans le Danube. Elle fait partie du genre *leptodactylus* ou à *pinces faibles*.

L'*astacus armatus* habite l'Australie; elle est armée de pointes sur toute la carapace; c'est l'une des plus grosses espèces que l'on connaisse; sa pince de droite est représentée par la fig. 481. C'est le type *parastacidœ* commun, du continent australien.

On trouve dans le Nord de l'Europe une autre variété de *palœmon*, qui habite les lacs et les fleuves arctiques, et semble s'étendre jusque dans la Norvège et la Suède; on l'appelle *mysis* ou *cammarons;* sa pince droite est représentée par la fig. 482.

L'*eryma modestiformis*, type que l'on trouve dans les couches antédiluviennes et qui ne ressemble à aucune des espèces actuelles (fig. 480).

Il existe un nombre considérable de sous-variétés des espèces précédentes.

Enfin, l'écrevisse (*astacus fluvialitis*) de France ou de Nantua, que nous reproduisons en entier (fig. 484).

Il y en a des brunes, des vertes, des violacées, des grises et des rousses.

Il serait à désirer, dans l'intérêt de la gastronomie française, que l'on essayât la reproduction et l'élevage des deux plus grosses variétés, celle de Madagascar et celle d'Australie. On ne pêcherait que les grandes et on remettrait à l'eau celles qui n'ont pas atteint la grosseur désirée. Cela vaudrait certainement la peine, car Paris seul en consomme plus de *six millions;* c'est-à-dire pour une valeur de 450,000 francs, et la France seule ne peut suffire à la consommation de sa capitale.

GÉOGRAPHIE DE L'ÉCREVISSE. — On s'est souvent demandé pourquoi on ne trouvait partout des écrevisses. La réponse peut se faire d'une façon précise si l'on analyse les eaux dans lesquelles elle vit, et si l'on étudie la composition de l'animal et les sous-sols des terrains sur lesquels elle habite, on trouvera les terrains *quaternaire, tertiaire, crétacé, wealdien, jurassique, lias, trias, permien, carbonifère, dévonien, silurien, cambrien,* qui sont les terrains des parties orientales des deux Amériques où l'on trouve l'écrevisse : les Indes occidentales, l'Afrique, Madagascar, l'Italie du sud, la Turquie, la Grèce, l'Hindoustan, la Birmanie, la Chine, le Japon, le sud de l'Asie, les îles Moluques et Philippines, la Polynésie, les îles Sandwichs au nord et la Nou-

velle-Zélande au sud, et se rencontre aussi sur les deux rives de la Méditerranée.

En Europe, on les trouve dans une partie de la Russie, de l'Espagne, de l'Italie, de l'Allemagne et de la Suisse. En France, on la trouve dans le Jura, le Rhône, la Meuse, l'Yonne, la Nièvre, etc., tandis qu'on n'en trouve pas dans les rivières de la Bretagne, ni dans les bassins dont les terrains sont autres que ceux susmentionnés.

Pour l'industrie de la reproduction et de l'élevage des écrevisses, il faudrait donc choisir un terrain *jurassique, crétacé* ou *calcaire* commun en France.

Analyse chimique. — Si l'on met des écrevisses dans du vinaigre fort, il se dégage bientôt de nombreuses bulles d'acide carbonique, et l'on n'a bientôt plus qu'une membrane molle, tandis que l'on trouve de la chaux dans la solution. En effet, la carapace est composée d'une substance animale molle, mais tellement imprégnée de carbonate et de phosphate de chaux qu'elle devient dure. Les parties solides ou carapace de l'écrevisse contiennent un peu plus de la moitié de leur poids de sels calcaires. Près des sept-huitième de ceux-ci sont formés par le carbonate de chaux, le reste par du phosphate de chaux. Quant à la matière animale ou chair, que les chimistes appellent *chitine*, elle contient de l'azote et, d'après les dernières recherches (*Ledderhose, Ueber chiting und seine Spaltungsproducte.* — *Zeitschrift für physiologische Chemie,* II, 1879), sa composition est représentée par la formule suivante :

$$C^{15} H^{26} N^2 O^{10}.$$

Comme on le voit par sa composition, pour obtenir toutes les propriétés de l'écrevisse on doit la servir avec la coction.

ÉCREVISSES CONSERVÉES VIVANTES. — On peut conserver pendant huit à dix jours des écrevisses en les mettant dans une corbeille suffisamment grande avec des orties fraîches comme aliment.

HYGIÈNE. — Les écrevisses constituent un aliment de premier choix pour les épuisés, les hommes d'études et les affaiblis. C'est un aliment des organes de la pensée, non moins précieux par ses propriétés prolifiques. A la condition d'en faire un régime suivi pendant un temps minimum de six semaines, il convient aux phtisiques et aux enfants chétifs en raison de la forte proportion de sulfate de chaux qui y est contenu.

USAGE ALIMENTAIRE. — La renommée justement méritée des propriétés de l'écrevisse depuis l'aventure bien connue du célibataire de Pont-à-Mousson, qui

> Jamais, de ses destins propices
> Poursuivant le cours régulier,
> N'avait mangé des écrevisses
> En cabinet particulier,

en a fait le mets de prédilection des soupeurs à la mode, sans résultat probable, étant donné le manque de régime suivi et la promptitude des effets qu'on lui réclame.

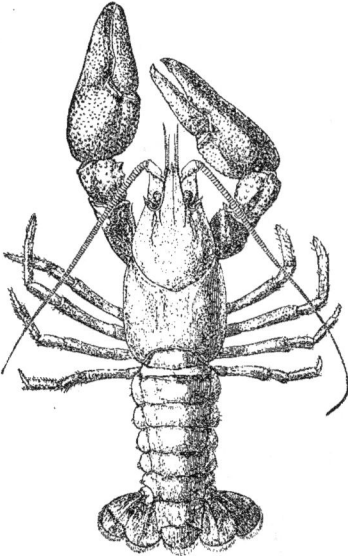

Fig. 454. — Écrevisse commune (*Astacus fluviatilis*).

Écrevisses à la bordelaise (*Recette de la Maison-Dorée*). — *Formule 1529*. — Couper en petits dés deux ou trois carottes et autant d'oignons, ajouter poivre concassé, très peu de thym, laurier, persil et maigre de jambon, le tout taillé très fin. Mettre dans une casserole un fort morceau de beurre fin, y passer le mirepoix. Châtrer

les écrevisses en les mettant à mesure dans la casserole, avec une demi-bouteille de vin de Sauterne, une idée de blond de veau très réduit et un verre de vieille fine-champagne. Cuire à feu vif, la casserole fermée. Dresser les écrevisses dans la timbale d'argent, lier la sauce avec du beurre fin et la verser dessus les écrevisses. (Casimir MOISSON, *président de l'Académie de cuisine.*)

Écrevisses à la bordelaise (*Haute cuis.*). — *Formule 1530*. — Tailler en brunoise, c'est-à-dire en dés, aussi menus que possible, les pulpes rouges de deux carottes, d'un oignon, de deux échalotes, d'une grosse gousse d'ail; en prendre deux cuillerées à bouche, la passer dans une casserole avec du beurre frais, une pincée de poivre blanc concassé.

Châtrer douze belles écrevisses (Voir BISQUE.), leur couper les petites pattes avec des ciseaux, les mettre vivantes dans la casserole avec du sel, un jus de citron et un verre à bordeaux de vieux vin blanc sec du pays, soit un verre de vin de Xérès.

Couvercler la casserole, les faire cuire vivement en les sautant; les saupoudrer d'estragon haché, et les sauter de nouveau en leur faisant faire un bouillon. Les dresser dans une timbale en argent et lier la cuisson avec du beurre frais. Saucer dessus et servir aussitôt.

Remarque. — Quelques praticiens suivent l'ancienne méthode, y mettent du prétendu vin de Madère en place des vins que j'indique ci-dessus, les lient avec un morceau de glace, et, au moment de servir, arrosent les écrevisses de cognac et y mettent le feu. J'ai renoncé à l'usage de ces deux liquides, parce que ni le vin de Madère naturel ni le vieux cognac ne franchissent plus le seuil d'une cuisine, du moins dans les restaurants; et, si l'on désire obtenir quelque chose de bon, il faut avant tout procéder avec des substances naturelles.

HYGIÈNE. — Ce mode de préparation est celui qui réunit le plus le plus de propriétés désirées par les habitués des cabinets particuliers.

Écrevisses à la paysanne (*Cuis. champêtre*). — *Formule 1531*. — Châtrer deux douzaines d'écrevisses, les mettre dans une casserole avec thym, gros poivre écrasé, céleris, un clou de girofle, oignons et carottes émincés, un piment vert, sel et une demi-bouteille de vin blanc, les cuire et les laisser refroidir dans la cuisson ou les servir chaudes avec leur assaisonnement. Les propriétés de l'écrevisse sont conservées par ce mode de préparation.

Coquilles d'écrevisses à la Dongier. — *Formule 1532.* — Pour sept ou huit personnes, prendre cinquante écrevisses, les faire cuire au court bouillon, en extraire la chair de la queue et des grosses pattes, piler très menu les coques sur lesquelles on verse un litre de lait bouillant, remuer le tout et passer ce liquide devenu rose à travers un tamis.

D'autre part, dans une casserole, faire passer au beurre la valeur d'une cuillerée à bouche d'oignon haché très fin, avec autant de maigre de jambon, ajouter trois cuillerées à bouche de farine, laisser cuire un peu et mouiller avec la préparation ci-dessus, remuer constamment jusqu'à l'ébullition. Faire réduire d'un quart en remuant toujours avec une cuillerée de bois; assaisonner, de sel, de poivre et muscade, ajouter la chair des écrevisses qu'on laisse mijoter quelques minutes; lier cela avec trois jaunes d'œufs et le jus d'un quart de citron, garnir les coquilles, les faire légèrement gratiner et servir. (Marius Morard.)

Bisques d'écrevisses à la Nantuatienne. — (Voir BISQUE.)

Écrevisses à la tomate (*Cuis. italienne*). — *Formule 1533.* — Préparer un appareil Mirepoix, très menu avec jambon, oignons, échalotes, ail, carotte, thym, basilic; le passer à l'huile, y ajouter du vin blanc sec, un piment entier et deux douzaines d'écrevisses châtrées; leur donner un bouillon, les sauter. Etant cuites, les dresser et lier la sauce avec de la sauce tomate réduite et du beurre frais. Saucer sur les écrevisses chaudes et servir.

Remarque. — S'il était nécessaire, on y ajouterait du poivre de Cayenne.

Écrevisses à la marinière. — *Formule 1534.* — Faire cuire les écrevisses, châtrées et débarrassées des petites pattes, dans du vin blanc fortement condimenté. Cuire à blanc une cuillerée de farine, y ajouter un mirepoix en forme de brunoise; mouiller avec le court-bouillon des écrevisses, poivrer et faire réduire la sauce, la lier avec du beurre frais et un jus de citron.

Canapé d'écrevisses (*Hors-d'œuvre*). — *Formule 1535.* — Préparer des tranches de pain an-

glais grillées; étant froides, les garnir de beurre d'anchois. Les décorer de queues ou bisques d'écrevisses en forme de rosace ou de guirlande. Parer les canapés et les servir sur des serviettes à dessert à frange.

Écrevisses à la crème aigre (*Cuis. autrichienne*). — *Formule 1536.* — Faire cuire avec un filet de vinaigre dans une casserole deux douzaines d'écrevisses châtrées; ajouter du poivre écrasé, sel, thym, laurier, oignons et une pincée de cumin. Les sauter et les égoutter sur un tamis; les débarrasser des condiments. Les remettre une à une dans la casserole avec une poignée de mie de pain blanc et frais, un quart de litre de crème aigre et la cuisson; poivrer et, au moment de servir, ajouter du beurre très frais.

Écrevisses à la provençale. — *Formule 1537.* — Châtrer deux douzaines d'écrevisses, en couper les petites pattes, les mettre dans une casserole et fortement les assaisonner de sel, ails, échalotes, ciboules hachées, huile d'olive, piment ciselé et deux jus de citron. Les couvrir et les faire cuire à l'étouffée. Lier la sauce avec du beurre frais. Servir dans une timbale d'argent.

Buisson d'écrevisses. (Voir la *formule 729*). — Rien de plus agréable à voir qu'un beau buisson d'écrevisses, mais je n'ai jamais sacrifié la jouissance du goût à l'agrément de l'œil, et je n'ai qu'une confiance médiocre à l'excellence des écrevisses en buisson; je préfère les servir en sortant de leur court-bouillon et mettre sur table un buisson d'écrevisses artificielles. (Voir BOUCHÉE, BISQUE, CROMESQUIS, TIMBALE, VOL-AU-VENT, etc.)

ÉCROUELLE, *s. f.* — Nom vulgaire de la crevette des ruisseaux.

ÉCROUTER, *v. a.* (*é-krou-ter*). — Action d'ôter la croûte du pain, d'un pâté, d'un gâteau.

ECTOPHÉODE, *adj.* — Terme générique des lichens qui croissent à la surface des plantes.

ÉCUEIL (*Géographie gastronomique*). — Vin de Champagne (Marne).

ÉCUELLE, *s. f.* (Se prononce *é-kuel'*). — Vase creux contenant la portion d'une ou deux personnes.

Autrefois, la science d'un amphitryon consistait surtout à savoir réunir deux personnes à la même écuelle.

Suivant, ou son mérite, ou sa charge, ou sa race.

Au moyen âge, les convives avaient à leur disposition des *écuelles* qu'ils vidaient, tantôt en les portant à leur lèvres, tantôt en se servant d'une cuillère de buis. (Erasme, *De Civilitate morum*, trad. de Ch. Hardy. *La Civilité puérile et honeste*, p. 47.) En 1580, on constate encore avec surprise que, chez les Suisses, « on sert toujours autant de cuillères qu'il y a de personnes à table ». (Montagne, *Voyages*, éd. de 1774, p. 30.) Comme on le voit, en France deux convives n'avaient qu'une seule écuelle et une seule cuillère.

Au dix-septième siècle, les écuelles firent place aux tranchoirs, épais morceau de pain bis qui tenait lieu d'assiette pour les aliments solides, tandis que les convives puisaient, au nombre de quatre à cinq, avec leur cuillère dans une même et grande écuelle.

Jean d'Aspremont, sieur de Vandy, qui fut plus tard tué au siège de Brisac en 1638, dînait un jour chez le comte de Grandpré, plus connu sous le nom de *Claude de Joyeuse*, on « servit devant luy un potage où il n'y avait que deux pauvres *soupes* (croûtes de pain), qui couraient l'une après l'autre. Vandy voulut en prendre une, mais, comme l'écuelle était fort grande, il faillit son coup; il y retourne et ne put l'attraper. Il se lève de table et appelle son valet de chambre et lui dit : « Tire-moy mes bottes.

« — Que voulez-vous faire? lui dit son voisin.

« — Souffrez que je me débotte, dit froidement Vandy, je me veux jeter à la nage dans ce plat pour attraper cette *soupe*. »

(Tallemant des Réaux, t. VI, p. 400; d'après Franklin, *la Vie privée d'autrefois*. — E. PLON, Paris.)

Comme on le voit, au dix-septième siècle on en était encore à l'écuelle.

ÉCUME, *s. f.* — All. *Schaum;* angl. *scum;* ital. *schiuma.* — Sorte de mousse blanchâtre qui se forme à la surface des liquides en fermentation ou en ébullition. L'écume du pot-au-feu; l'écume du sirop; l'écume de la bière, etc.

ÉCUMOIRE, *s. f.* All. *Schaumlœffel;* angl. *skimmer;* ital. *scumaruola.* — Ustensile de cuisine, en forme de cuillère ronde et trouée de petits trous.

Les meilleures écumoires sont celles de métal émaillé.

ÉCUREUIL, *s. m.* (*Sciurus vulgaris*). — Petit animal vivant dans les forêts. Sa chair, qui a quelque analogie avec celle du jeune lapin, est bonne à manger. Les chasseurs la font sauter à la poêle avec ail, oignon, ciboule, thym, estragon, vin blanc ou vinaigre.

EDAM, *s. m.* — Sorte de fromage de Hollande, cuit, qui se conserve longtemps; de forme sphérique, à pâte maigre et dure, de couleur rougeâtre.

ÉDENTÉ. — *Édenté* est un adjectif qui a deux significations bien distinctes : en zoologie, il sert à désigner une classe d'animaux caractérisés par l'absence d'incisives, tels que les tatous, les fourmiliers et les pangolins; dans le langage usuel, *édenté* se dit des hommes et des femmes qui ont perdu leurs dents. Si les animaux privés d'incisives nous intéressent peu, il n'en est pas de même des humains dont le râtelier n'est pas au complet. Nous ne devons pas oublier que le maxillaire est la meule destinée à broyer les aliments et nous affirmons hautement, sans songer aux lois impérieuses de la coquetterie, qu'il faut avoir recours à la prothèse si une brèche se produit dans le précieux outil de la mastication. Le vieux proverbe : « Viande bien mâchée est à moitié digérée » est le plus juste des adages. On ne digère pas bien lorsqu'on n'a pas toutes ses dents; c'est pourquoi, dès qu'une dent vient à tomber, il faut demander à l'art ce qui nous est refusé par la nature. Quelques personnes hésitent à porter des dents artificielles, elles ont tort. Quiconque a eu recours à la prothèse dentaire s'en est bien trouvé. Les exceptions — il y en a — résultent de la parcimonie d'édentés qui, par une économie mal comprise, ont cherché le bon marché en matière de dents artificielles. C'est être bon ménager de sa santé et de sa bourse que de ne pas lésiner en cette occurence et ne s'adresser qu'à des praticiens habiles et consciencieux, tels que le chirurgien-dentiste PRÉTERRE, dont les appareils, aussi élégants que solides, sont connus et appréciés dans le monde entier. (Voir MASTICATION, PROTHÈSE, RATELIER, PRÉTERRE.)

EDMI, *s. m.* — Espèce d'antilope voisin de la gazelle, qui habite le nord de l'Afrique, et dont les indigènes mangent la chair comme celle d'animaux de boucherie.

EDULIA. — Les Romains désignaient sous ce nom une déesse qui présidait aux viandes. On lui adressait des sacrifices quand on sevrait des enfants; expression poétique des dangers que l'on attribuait au passage du régime lacté à l'alimentation omnivore. (Fonssagrives.)

EFFERVESCENCE, *s. f.* — Se dit du bouillonnement produit par un gaz qui traverse un liquide et vient se dégager à sa surface. *Boisson effervescente*, boisson préparée avec du bicarbonate de soude et de jus de citron ou de l'acide tartrique.

EFFONDRILLES, *s. f. pl.* — Parties grossières qui se trouvent au fond d'un vase, d'une casserole, dans lequel on a fait cuire quelque chose.

ÉGILOPE, *s. f.* (*Terme de botanique.*) — Genre de graminée du midi de l'Europe.

ÉGLANTIER, *s. m.* — Se dit d'une espèce de raie.

ÉGLEFIN. — (Voir AIGREFIN.)

ÉGOPODE, *s. m.* — Terme générique d'un genre de plantes ombellifères.

ÉGOUTTER, *v. a.* All. *abtropfen;* angl. *to drain;* ital. *sgrondare.* — Action de sortir l'eau des légumes en état de cuisson. Déposer les légumes sur un tamis pour faire couler l'eau.

Egoutter le lait. — Faire tomber le petit lait du lait caillé.

ÉGRAIN, *s. m.* — Jeune poirier ou jeune pommier provenant des graines de fruits cueillis dans les forêts, ou de fruits employés à faire le cidre, et qu'on réserve dans les pépinières, en raison de la beauté de sa tige, pour être greffé en fente à l'âge de trois ou quatre ans.

ÉGRAPPER, *v. a.* All. *abbeeren;* angl. *to pick from the bunch;* ital. *sgranellare.* — Action de séparer les graines de raisins de leur grappe. L'instrument pour séparer les grains dans la fabrication de certains vins se nomme *égrappoir.*

ÉGREFIN. — (Voir AIGREFIN).

ÉGRENER, *v. a.* — All. *auskœrnen;* angl. *to shell out;* ital. *sgranare.* — Action de faire sortir le grain de l'épi, les graines des plantes. Egrener de l'anis.

ÉGROT. — Fondateur de la maison de ce nom. En 1780, Egrot installait une maison d'appareils, dirigée, au moment où nous écrivons, par son petit-fils, qui fut décoré de la Légion d'honneur à la grande Exposition de 1889. Les principales productions de cette maison, qui occupe un nombreux personnel, sont le matériel de distillerie et la cuisine à vapeur qui a rendu de si sérieux services aux grands établissements. (Voir *Armée, Cuisine à vapeur, Conserves alimentaires, Confiserie, Distillation, Fourneau de cuisine.*)

EIDER. — Espèce de canard du nord de l'Europe qui fournit l'*édredon.* (Voir CANARD.)

ÉLAN, *s. m.* (*Cervus Alce*). All. *Elennthier;* angl. *spring;* rus. *losse.* — Grand quadrupède qui habite les régions septentrionales de l'Europe et en deçà du cercle polaire en Amérique.

USAGE ALIMENTAIRE. — La chair de l'élan est bonne à manger lorsqu'il est jeune. Dans le Canada, on recherche surtout le museau et la glande qu'il porte sous le cou. Les Vogouls de la Russie conservent sa chair par dessication après l'avoir légèrement salée. Dans le Cap, on emploie la graisse de l'élan en cuisine; on recherche aussi sa langue pour la préparer à l'instar de la langue de bœuf écarlate.

Filet d'élan à la polonaise (*Losse po Polsski*). — *Formule 1538.* — Piquer un filet d'élan et le faire mariner pendant quelques jours; le piquer par intervalles avec la pointe du tranchelard et introduire dans les entailles un beurre maître-d'hôtel très relevé et fortement assaisonné. Barder et fermer les ouvertures et le cuire aux trois-quarts. Le paner et l'achever de cuire en l'arrosant de son jus. Le dresser sur un plat et servir à part une sauce poivrade faite avec des baies récentes de genièvre.

Filet d'élan à la crème aigre (*Cuis. Lithuanienne*). Aussi appelé *Losse po Litowski.* — *Formule 1539.* — Piquer un filet d'élan et le faire mariner; l'essuyer et le mettre dans un four chaud; étant aux trois quarts cuit, le mouiller avec de la crème aigre *smitane;* ajouter : poivre concassé, baies de genièvre et une pincée de cumin. Lorsqu'il est cuit, passer le fond au tamis fin ou à l'étamine; tailler le filet en tranches, les passer dans une sauce béchamelle épaisse, les poser à leur juxtaposition sur un plat d'argent long; saupoudrer le dessus de chapelure, beurrer légèrement et faire gratiner vivement au four. Garnir le filet de pommes de terre à la duchesse et servir la sauce à part.

Museau d'élan à la canadienne. — *Formule 1540.* — Echauder le museau comme une tête de veau; le faire braiser dans une casserole en terre, préalablement foncée d'oignons, de condiments; faire cuire aux trois quarts; passer le fond au tamis avec les légumes, et ajouter alors des châtaignes épluchées et finir de cuire. Dresser le museau sur un plat, le garnir des châtaignes et verser la sauce dessus.

ÉLANCEUR, *s. m.* — Sorte d'oiseau d'Afrique

ÉLANGEUR, *s. m. (Terme de pêche).* — Instrument auquel on attache par la tête les morues qu'on vient de prendre.

ÉLAPHORNITHE, *s. f.* — Famille d'oiseaux que l'on a comparés au cerf à cause de la vitesse de leur course.

ÉLATÉRIE, *s. f.* — Terme générique des fruits qui, s'ouvrant à maturité, se partagent en autant de coques qu'il y a de loges; telles sont les fruits des *euphorbiacées*.

ÉLATÉRINE *(Chimie).* — Terme par lequel on désigne la partie amère du concombre.

ÉLATOBRANCHES, *s. m. pl.* — Classe de mollusques qui renferme des acéphales à branchies lamelleuses.

ELDER WINE *(Boisson anglaise).* — Vin de sureau préparé avec les fruits de cet arbuste *(elderberries)*, macérés dans l'eau et exprimés; on ajoute au suc de la levûre de bière et du sucre, et la fermentation s'établit; quand elle est terminée, on met en bouteilles. Ce vin est usité en Angleterre dans les classes pauvres.

ELDODENDRUM ARGAN. — Arbrisseau du Maroc qui porte un fruit contenant un noyau; il est verdâtre parsemé de points blancs. Sa pulpe laiteuse a une saveur acidule agréable; les nè-

gres le mangent à la main et ils retirent de ses semences une huile qui leur sert dans les préparations culinaires, quoique un peu âcre.

ÉLÉMI, *s. m.* — Sorte de résine d'une odeur aromatique agréable provenant du Ceylan ou du Mexique.

ÉLÉPHANT *(Elephas).* — Grand quadrupède ruminant mammifère de la famille des *proboscidiens*. Il existe deux espèces d'éléphant, l'une indigène à l'Afrique et l'autre à l'Asie. Les Troglodytes, voisins de l'Ethiopie, sont *éléphantophage*, c'est-à-dire qu'ils ne vivent que de la chair de l'éléphant. Les Cochinchinois regardent la trompe et les pieds des éléphants comme un régal des dieux; les Hottentots recherchent de même cette chair. Pour les préparations culinaires, voir le mot CHAMEAU.

ÉLÉPHANTUFIE *(Elephantufia macrocarpa).* — Arbrisseau élégant qui croit dans les forêts du Pérou et dont le fruit renferme une liqueur laiteuse rafraîchissante, qui, d'abord limpide, finit par devenir concrète.

ÉLEUSINE, *s. f. (Eleusina).* — Genre de graminées dont une espèce, haute de 1m,20 environ, porte des grains que les Indiens mangent en guise de riz.

ÉLIXATION, *s. f.* — Action de faire bouillir une substance dans l'eau et qui a pour but d'obtenir deux produits, l'un solide cuit et l'autre liquide. Le pot-au-feu est une *élixation*.

ÉLIXIR, *s. m.* All. et angl. *Elixir;* ital. *elisire;* esp. *elixir.* — Terme générique d'un mélange de sirop avec des alcoolats dont la plupart sont destinés à flatter le goût et l'odorat. On les colore quelquefois avec des substances exemptes de saveurs désagréables. On en prépare aussi sans alcool par infusion dans des vins très alcooliques. Les meilleurs élixirs sont ceux qui sont plus chargés en plante ou principes actifs et aromatiques.

Élixir de la Grande Chartreuse. — Nous classons en première ligne cet élixir qui est la propriété des Chartreux, qui le fabriquent sur une vaste échelle. Il doit sa réputation ancienne et bien méritée à ses propriétés remarquables; il n'est pas de plus puissant stimulant pour ranimer les forces, ramener la chaleur et relever le pouls. Les personnes qui l'ont expérimenté ne sont pas sans avoir ressenti les effets de cette chaleur irradiante qu'il provoque instantanément dans toute l'économie.

Cet élixir est souverain dans les apoplexies, les syncopes, les asphyxies, les indigestions, etc.; en général, dans tous les cas qui exigent de prompts secours pour rappeler les forces vitales. De plus, il a été reconnu que c'est un des agents les plus propres à combattre le choléra.

On le prend à la dose d'une cuillerée à café ou à bouche, pur ou étendu d'eau sucrée, selon la force ou le tempérament des personnes.

Élixir Million. — Cet élixir à base de maté (Voir ce mot.) possède toutes les propriétés de cette plante. Grâce à la savante combinaison des substances qui le composent, ce produit, d'une saveur particulière, est un tonique puissant.

Les troubles digestifs disparaissent par son usage, la régularité des fonctions se rétablit, les constipations les plus anciennes ne résistent pas. Les diabétiques trouvent dans l'emploi de l'*Elixir Million* l'un des plus puissants spécifiques. Il est souverain contre les maladies d'estomac.

« Il y a lieu de souhaiter, disait le Dr Gruber en parlant du maté, que son usage se répande le plus possible dans notre pays. » (Séance de l'*Académie de médecine de Paris*, 1877.)

La dose est de deux à quatre cuillerées à café matin et soir, prises avant, soit après les repas; on les met dans un demi-verre d'eau ou dans une tasse de thé ou de tilleul.

Élixir eupepsique (*de Th. Gras*). — Cet élixir contient 1 gramme de pepsine pure, 2 centigrammes de diastase et 3 centigrammes de chlorures alcalins; c'est-à-dire juste la quantité de ces trois substances nécessaire à la digestion; de sorte qu'il est semblable à la composition naturelle du suc gastrique. Cet élixir digestif complet est donc efficace aux personnes atteintes de dyspepsie et de maladies qui en découlent.

Élixir antigoutteux (*de Vilette*). — *Formule 1541.* — Employer :

Quinquina gris concassé	grammes	120
Fleurs de coquelicot	—	60
Sassafras râpé	—	30
Rhum	litres	2 1/2

Procédé. — Faire macérer le tout ensemble pendant quinze jours, exprimer et ajouter à la liqueur : 15 grammes de résine de Gaïac pulvé-

risée et laisser infuser encore pendant quinze jours; ajouter alors un sirop à 35 degrés fait avec 2 kilos 500 grammes de sucre. La dose est de une à deux cuillerées à bouche à prendre une ou deux fois par jour.

Élixir antilaiteux (*de Courcelles*). — *Formule 1542.* — Employer :

Racine d'année	kilogr.	2
Racine d'aristoloche	—	1.500
Racine de canne à sucre	—	1.500
Racine de canne de Provence	—	1
Feuilles d'avocatier	—	1
Fleurs de millepertuis	grammes	500
Fleurs de sureau	—	24
Ecorce de bois de fer	—	180
Feuilles et fleurs d'oranger	—	180
Feuilles de *croton balsamiferum*	—	120
Baies de genevrier	—	90
Fleurs de tilleul	—	60
Feuilles de romarin	—	60
Feuilles de *Justicia pectoralis*	—	60
Racine d'asarum	—	30
Racine de palmiste	—	30
Opium	—	75
Calebasses n° 2	—	750
Cendres provenant de la combustion des mêmes plantes	—	750
Alcool rectifié (86° centésimaux)	litre	8 1/2
Eau : quantité suffisante		

Procédé. — Faire macérer le tout dans l'alcool pendant quinze jours et filtrer. Ajouter du sirop à volonté.

Élixir antiscrofuleux. — *Formule 1543.* — Employer :

Racine de gentiane	grammes	30
Carbonate d'ammoniaque	—	8
Alcool (51° centésimaux)	litre	1

Procédé. — Faire digérer pendant huit jours dans l'alcool la racine de gentiane pulvérisée; passer à travers un linge. Dissoudre par trituration le sel ammoniacal et filtrer à travers un papier. La dose est de 4 à 16 grammes pour les enfants.

Élixir antiseptique (*de Chaussier*). — *Formule 1544.* — Employer :

Quinquina rouge	grammes	60
Cascarille	—	15
Cannelle	—	12
Safran	—	2
Sucre blanc	—	150
Vin muscat	—	500
Alcool	—	500
Ether sulfurique	—	6

Procédé. — Faire macérer le tout pendant deux jours dans l'alcool et le vin muscat. Décanter et ajouter après la décantation l'éther sulfurique.

Élixir camphré (*de Hartmann*). — *Formule 1545.* — Employer :

Camphre	grammes	30
Alcool (90° centésimaux)	—	210
Safran	centigr.	60

Procédé. — Faire dissoudre le camphre dans l'alcool et colorer avec le safran. Filtrer.

Élixir stomachique (*de Stoughton*). — *Formule 1546.* — Employer :

Sommités sèches d'absinthe	grammes	24
Sommités de chamœdrys	—	24
Racine sèche de gentiane	—	24
Écorce d'oranges amères	—	24
Aloés	—	4
Cascarille	—	4
Rhubarbe	—	15
Alcool	kilogr.	1

Procédé. — Faire macérer pendant huit jours dans l'alcool et décanter ensuite.

ÉLOPE, *s. f.* — Poisson semblable au hareng; à écailles argentées et dont la chair est d'une délicatesse moyenne.

EMBAR, *s. m.* — Mesure de capacité suédoise, contenant environ un demi-hectolitre.

EMBECQUER, *v. a.* (*Terme de pêche*). — Action d'attacher l'appât à la pointe d'un hameçon.

EMBELIER (*Embelia indica*). — Arbre des Indes orientales; ses fruits ressemblent aux baies de groseilliers. On en fait de la gelée et des confitures analogues à celles de groseilles communes.

EMBONPOINT (*Hygiène*). — État prospère de la nutrition qui, sans toucher à l'*obésité*, indique que les appareils de réparation fonctionnent avec activité et opèrent sur de bons matériaux. L'embonpoint est distinct de l'épaississement normal qui se produit souvent vers la fin de la virilité. L'embonpoint est permanent ou accidentel, comme dans ces reprises qui caractérisent certaines convalescences. Il est le résultat de l'hérédité ou des conditions d'un budget nutritif dans lequel les recettes l'emportent sensiblement sur les dépenses. Il est des personnes, habituellement souffrantes et qui, conservant leur embonpoint, doivent renoncer au bénéfice de cette commisération dont tout le monde a besoin. La médecine ne doit pas s'arrêter à ces apparences souvent trompeuses (Fonssagrives). Une nourriture succulente, peu d'exercice et beaucoup de sommeil sont les moyens de favoriser le développement de l'embonpoint. Au contraire, beaucoup de travail intellectuel, les veillées, un régime végétal et du vin blanc sont les moyens de combattre l'embonpoint.

EMBROCHER, *v. a.* All. *anspiessen;* rus. *vzatknoute na vertèle;* angl. *to spit;* ital. *infilzar nello spiedo.* — Action de mettre de la viande à la broche. Les viandes cuites à la broche doivent être fixées avec des attelets et non enfilées par la broche.

ÉMIETTER, *v. a.* All. *zerkrümeln;* angl. *to crumble;* ital. *sbricciolare.* — Action de mettre en miettes; diviser un corps friable, dont les parties se séparent aisément sous les doigts.

ÉMIGRANT, *s. m.* (*Salmo migratorius*). — Poisson que l'on pêche dans le lac célèbre de *Beikal,* sur les frontières de la Chine et de la Sibérie. On en recherche surtout les œufs pour les saler comme on prépare le caviar.

ÉMILION (*Vin de Saint-*). — Les vignes (environ 1,500 hectares), sises sur un coteau de la vallée de la Dordogne (Gironde), produisent un des meilleurs vins bourgeois de France. Ce vin possède du corps et une saveur excellente. (Voir BORDEAUX.)

ÉMINCÉ, *s. m.* All. *Fleischschnittchen;* angl. *mincemeat.* — Viande émincée; taillée en petites lames minces. Pour les émincés on se sert indifféremment de toutes viandes froides; veau, mouton, porc, bœuf, chevreau, lapin, poulet.

Émincé à la minute (*Cuis. économique*). — *Formule 1547.* — Émincer des viandes froides; passer à la poêle avec du beurre et une cuillerée de farine des oignons et une gousse d'ail hachés; faire prendre couleur, y verser un verre de vin blanc et un peu de bouillon; à défaut de vin un filet de vinaigre; assaisonner de poivre et de sel, faire cuire et jeter l'émincé; aussitôt chaud, le servir sur un plat creux et saupoudrer de fines herbes.

Émincé aux pommes de terre (*Cuis. ménagère*). — *Formule 1548.* — Hacher des oignons, de l'ail et séparément du cerfeuil. Passer les oignons et l'ail à la poêle avec du beurre; ajouter l'éminçé et des pommes de terre cuites coupées en tranches. Sauter et faire rissoler le tout; au moment de servir, y faire couler une larme de vinaigre et saupoudrer de fines herbes.

Émincé de gigot à la provençale. — *Formule 1549.* — Passer à l'huile d'olive dans une casserole des oignons et de l'ail hachés; y ajouter l'éminçé et de la purée de tomates; épicer et, au moment de servir, y faire couler un jus de citron et saupoudrer de fines herbes. Entourer l'éminçé de croûtons de pain frits au beurre.

Émincé de gigot (*Ecole ménagère*). — *Formule 1550.* — Coupez en tranches minces les restes d'un gigot; faites un roux, mouillez avec un peu de bouillon, sel, poivre, bouquet garni, deux ou trois cornichons coupés en rondelles minces, mettez les morceaux de gigot dans la sauce et faites-les chauffer sans bouillir. (Mme SCHÉFER, *Enseignement des travaux de ménage.*)

Émincé aux cèpes (*Haute cuisine*).—*Formule 1551.* — Hacher des oignons, de l'ail et des échalotes; passer le tout au beurre, étant revenu y ajouter des cèpes éminçés; faire sauter jusqu'à parfaite cuisson et les mettre dans une petite casserole où l'on aura préalablement fait fondre du beurre à la maître-d'hôtel, avec un jus de citron, poivre de Cayenne et glace de viande. Ajouter l'éminçé de filet de bœuf, de gigot d'agneau ou de mouton, bien dégraissé; laisser chauffer et servir en saupoudrant de fines herbes.

Remarque. — En général, les éminçés doivent être dégraissés et, comme ce sont des mets réchauffés, on peut les préparer avec les sauces ou jus restés de la veille. Ces mets demandent à être bien servis.

ÉMINCER, *v. a.* All. *in Scheibchen schneiden;* angl. *to mince;* rus. *kraschite.* — Action de couper de la viande froide en petites tranches minces. Émincer des oignons, etc.

ÉMINE, *s. f.* — Dans les Hautes-Alpes, futaille contenant 22 à 30 litres. En Italie et en Suisse, ancienne mesure de capacité contenant de 15 à 20 litres.

ÉMOLLIENT, TE, *adj.* All. *erweichend;* angl. *emollient;* ital. *emolliente.* — Substances qui ont la propriété de relâcher. Les meilleurs émollients sont ceux extraits des substances alimentaires,

tels que la gomme, les gelées de veau, les escargots, les potages d'orge, le lin, les huiles, etc.

EMPOISONNEMENT (*Par les aliments*). — Les trois règnes de la nature fournissent de nombreuses substances toxiques qui peuvent déterminer des empoisonnements; les meilleurs aliments mêmes, au contact de certains corps nocifs, se combinent et deviennent toxiques. Ces accidents sont assez fréquemment causés par les moules, les crèmes et les graisses préparés dans les vases de cuivre, de plomb ou d'étain. La charcuterie, les poissons, les champignons offrent souvent des cas de malaises causés par leur ingestion. Dans ce cas, lorsqu'on ignore encore la cause de l'empoisonnement, on doit s'inspirer de ces deux principes :

A. *Faire promptement évacuer le poison.*

B. *Neutraliser les effets.*

Pour faire évacuer le poison, on aura recours à un vomitif quelconque de préférence :

Émétique.	grammes	10
Eau pure	verre	1/2

Administrer en deux fois à un quart d'heure d'intervalle. Chaque vomissement sera suivi d'une abondante administration d'eau tiède. A défaut d'émétique, on pourra faire dissoudre et administrer ci-dessous :

Ipécacuanha.	grammes	2
Eau pure	verre	1

Grâce à l'emploi de ces moyens, l'estomac aura été promptement débarrassé de la matière toxique; il ne restera plus qu'à neutraliser les effets du poison qui aurait pu pénétrer dans l'intestin. Ce moyen s'obtient par un purgatif : *une cuillerée de magnésie calcinée*, délayée dans un peu d'eau sucrée. Ensuite on administrera un lavement composé de :

Sel de cuisine.	cuillerées	2
Eau tiède	litre	1/4

Toutes ces indications, présentes à la mémoire de la personne qui donnera les premiers soins, permettront l'arrivée du médecin, et, à moins de ces empoisonnements foudroyants, le malade sera sauvé.

Remarque. — En l'absence de tout médicament, le lait et les blancs d'œufs, pris en boisson, et un lavement d'eau tiède avec du sel de cuisine.

EMPORÉTIQUE, *adj.* — Se dit d'une sorte de papier qui sert à filtrer les liqueurs.

ÉMULSION, *s. f.* All. *Kühltrank;* angl. *emulsion;* ital. *emulsione.* — Liquide blanc analogue au lait obtenu des amandes et de graines, tels que noisettes, blé vert, laitues, chicorée et oignons.

ÉMYDE, *s. f.* — Tortue des marais, dont l'écaille est olivâtre ou noirâtre. On en trouve des espèces près de la mer Caspienne, en Espagne et dans le midi de l'Europe.

ENCORNET. — Nom vulgaire de plusieurs calmars (Voir ce mot.), en particulier du calmar commun (*Sepia loligo*); sa chair dure, peu savoureuse, sert pourtant à l'alimentation.

ENCUIRASSÉ, *s. m.* — Poisson des mers de la Chine, que les Chinois appellent *Tcho-kia-yu* à cause de sa cuirasse armée que forment ses écailles tranchantes et pointues. Sa chair blanche et ferme ressemble à la chair de cabri ou de veau. On la prépare comme le saumon, le turbot ou le brochet.

ENDIVE, *s. f.* (*Cichorium endiva*). All. *Endivie;* angl. *endive;* flam. et holl. *andijvie;* dan. *endevien;* ital. *indivia;* esp. *endivia;* port. *endivia.* Plus connue en Belgique sous le nom flamand de *witloof* ou de *verbeterde hofsuikerij.* — Chicorée à grosse racine de Bruxelles, aussi appelée *chicorée flamande* et *barbe de bouc.* (Voir ces mots.)

Endive à la moelle (*Haute cuis.*). — *Formule 1552.* — La préparer comme il est dit dans la *formule 807,* pour les cardons à la moelle, sauf que l'endive ne se fait pas blanchir.

Remarque. — L'endive très blanche de son naturel est plus tendre que le cardon, elle demande surtout à être relevée de noix muscade. On la prépare comme le cardon.

Endive à la flamande. — *Formule 1553.* — Laver les endives à plusieurs eaux. Beurrer tout l'intérieur d'un sautoir ou d'une casserole de terre; y ranger les endives en mettant entre les couches quelques morceaux de beurre et râper un peu de noix muscade. Mettre à part dans une terrine ou casserole un ou deux verres d'eau, selon la quantité d'endives; le jus de quelques citrons, du sel et une pincée de sucre. Pas-

ser le tout à travers un tamis au-dessus des endives. Faire partir en plein feu et faire cuire à feu doux sur le fourneau ou dans le four, pendant une heure et demie à deux heures.

Lorsque les endives sont cuites, les servir avec une sauce hollandaise bâtarde, ou demi-glace ou allemande (Voir ces mots.); mettre entre chaque endive un croûton de langue écarlate et saucer.

Remarque. — L'endive ne se fait jamais blanchir, autrement elle perdrait toutes ses propriétés. (C. THOMAS.)

ÉNERVATION, *s. f.* — Pris dans le sens générique, ce mot exprime un état de débilitation, de faiblesse qui résulte principalement de l'abus des plaisirs par les sens. Le surmenage intellectuel, les grands chagrins déterminent aussi cet état.

Énervation. — Se dit aussi d'un système d'abatage pour les bœufs et les chevaux de boucherie, qui consiste à l'introduction d'une lame de couteau entre le crâne et les premiers vertèbres.

ENFARINÉ, *v. a.* — Qui est poudré de farine.

Enfariné. — Se dit aussi d'un champignon agaric, blanc à chapeau plat avec des feuillets crépus; on l'appelle communément *meunier,* à cause de sa ressemblance avec la farine. A Florence, où il jouit d'une grande réputation, il est connu sous le nom de *fungo mugnajo.* Il se prépare sauté comme les cèpes.

ENFOURNER, *v. a.* All. *einschiessen;* angl. *to cet in oven;* rus. *passadite v'petch;* ital. *infornare.* — Action de mettre dans le four.

ENGARA, *s. f.* — Galette que les Abyssiniens font avec la farine d'une graminée appelée *teff.* Ces galettes varient de couleur et de qualité selon l'espèce des grains, de la couleur et de l'assaisonnement.

ENGRAIN, *s. m.* — Variété de blé, appelée aussi *locutar,* plus petite que l'épeautre et dont le grain ne se sépare pas de la balle.

ÉNOTHÈRE, *s. f.* (*Œnothera biennis*). All. *Rapuntica;* angl. *tree primrose;* flam. *ezelskruid;* ital. *rapontica.* — Plante plus connue sous le nom d'*herbe aux ânes* ou *onagre.* Les racines employées la deuxième année sont tendres et d'un goût agréable. On peut les mettre dans les ragoûts, ou les préparer comme légumes à la façon des navets ou des salsifis dont elles ont le goût.

ENSETTE (*Musa*). —Variété de bananier très commune sur les bords du Nil. Les *Gallas* mangent la tige, avant que les feuilles, d'une grandeur énorme, aient poussé. Ce végétal jeune bouilli a le goût du pain de froment. On le cuit, on l'épluche, on le

Fig. 485. — Énothère.

condimente et on le mange en guise de légume. Il est nourrissant et d'une digestion facile. Son goût est agréable.

ENTE, *s. f.* (*Prune d'*). — Prune de très bonne qualité, très communes dans le département de Lot-et-Garonne et dont on en fait le commerce; elles sont vendues sous forme de pruneaux.

ENTONNOIR, *s. m.* All. *Trichter;* angl. *funnel;* ital. *imbuto pevera.* — Instrument à l'aide duquel on verse un liquide dans un tonneau, dans une bouteille, etc.

ENTRECÔTE, *s. f.* All. *Zwischenrippenstück;* angl. *ribs of beef.* — Selon l'expression exacte du mot, ceserait le morceau levé entre deux côtes; mais l'entrecôte dont on se sert sous cette dénomination est taillée dans la partie de l'aloyau qui se trouve entre les côtes et le cuisseau de bœuf, c'est-à-dire dans le faux-filet. C'est là du moins que se trouvent les meilleures entrecôtes. On désosse, on taille l'entrecôte, on la dégraisse, on la pare, mais il est surtout important de ne battre que très légèrement. Une entrecôte non battue conserve mieux son suc que celle qui aura été battue.

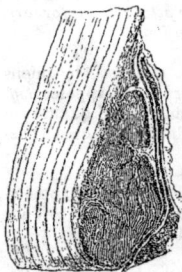

Fig. 486. — Morceau de bœuf pour entrecôte.

Entrecôte Maire (*Cuis. de restaurant*). — *Formule 1554.* — Préparer une croquette de pommes de terre, en forme de virgule, assez grande pour servir de fond. Tailler une entrecôte dans le faux-filet, la parer, la sauter dans une demi-glace et la poser sur la croquette de pommes de terre et saucer dessus. (Léopold MOURIER, vice-président de l'*Académie de cuisine.*)

Entrecôte à la lyonnaise (*Cuis. de restaurant*). — *Formule 1555.* — Faire revenir à la poêle la moitié d'un oignon, trois échalotes et une demi-gousse d'ail, le tout ciselé. Les mettre dans une petite casserole avec du jus de citron, du beurre maître-d'hôtel, de la glace de viande et une pointe de poivre de Cayenne. Faire fondre; pendant ce temps, griller une entrecôte bien dégraissée, la passer sur plat chaud et saucer dessus. Servir à part les pommes soufflées.

Entrecôte à la Bercy (*Cuis. de marchand de vins*). — *Formule 1556.* — Hacher très menu des échalotes et une gousse d'ail, les pétrir avec du beurre, jus de citron, poivre de Cayenne, sel, persil et cerfeuil hachés. Faire griller l'entrecôte, la mettre sur un plat chaud, étendre le beurre dessus et la passer une seconde au four. Aussitôt que le beurre commence à fondre, la servir.

Remarque. — Les entrecôtes s'appliquent à toutes les méthodes du *bifteck* et du *filet de bœuf.* (Voir ces mots.)

ENTRÉE, *s. f.* — Cinquième mets d'un dîner: *hors-d'œuvre; potage; poisson; relevé; entrée.* Ainsi appelé parce que, avec elle, commence l'art culinaire, la science du cuisinier. — Les entrées se divisent en chaudes et froides; les chaudes se subdivisent en trois classes, en sauces: *fricassée, salmis, sauté;* les entrées frites : *beignets, cromesquis, croquettes;* et en entrée de farce: *pains, soufflés, quenelles, pâtés.* Lorsqu'il y a plusieurs entrées, elles doivent varier et de qualités et de propriétés, et comme on l'a dit :

> Savante entrée est le fruit de l'étude;
> Il faut mêler bon goût, parfum, couleur,
> Des liaisons avoir grande habitude,
> . . . .

pour ne pas commettre des cuirs indigestes.

ENTRE-DEUX-MERS (*Vins d'*). — Crus de la rive droite de la Garonne. Ce sont des bordeaux blancs d'une réputation méritée. (Voir BORDEAUX.)

ENTRELARDÉ. — Viande entrelamée de graisse : un bœuf entrelardé ; entremêlé de lard.

ENTREMETS, *s. m. pl.* All. *Zwischengericht;* rus. *mejdouiastwye;* angl. *sede-dish.* — Aliment sucré ou léger du règne végétal, qui se sert entre deux mets : le punch à la romaine, les asperges, les poudings sont des entremets. Entremets de légumes et entremets sucrés.

Autrefois, alors que les repas duraient une partie de la journée, les entremets étaient les entr'actes, ce qui se faisaient entre le service dans ses moments d'arrêt. Ces instants étaient consacrés à des divertissements, le plus souvent en bouffonnerie.

« On en vint même, durant ces entremets, à se permettre de tels propos qu'il (Henri III) s'en blessa, et il fallait pour cela qu'on eût été très loin, je vous assure; bref, dans un règlement daté du 1ᵉʳ janvier 1585, Sa Majesté défend désormais qu'en ses disners et souppers personne ne parle à Elle que tout hault, et de propos communs et digne de la présence de S. M., voulant icelle que particulièrement à son disner que d'histoires et d'autres choses de sçavoir et de vertu. » (DOUET D'ARCQ, *Comptes de l'hôtel.*)

Mais avant lui, Louis XI « mangeait à pleine salle, avec force gentilshommes de ses plus privez et autres; et celuy qui luy faisait le meilleur et le plus lascif conte de dames joye, il estait le mieux venu et festoyé, car il s'en enquéroit fort, et en vouloit souvent sçavoir. » (BRANTOME, *des Dames.*)

Pendant ces récréations, on passait des rafraîchissements, et on mangeait des fruits ou des légumes qui était un supplément bien minime pour ces robustes estomacs. D'autrefois, c'étaient des comédies entières que l'on jouait, où les scènes du théâtre étaient représentées par des pièces montées les plus curieuses. (Voir DESSERT.)

EOLIS, *s. m.* — Petit mollusque à coquillage, très gracieux, qu'on trouve sur nos côtes et qu'on mange dans certains pays.

ÉPARGNE. — Poire d'un volume moyen, de forme allongée, avec de couleur vert jaunâtre lavé de carmin, d'une chair fine, fondante, acidule. Elle se mange au couteau.

ÉPAISSIR, *v. n.* All. *verdicken;* angl. *to chicken;* rus. *goustile;* ital. *spessire.* — Rendre plus consistant; les sirops et les sauces s'épaississent en cuisant. Devenir plus dense, plus serré.

ÉPAMPRER, *v. a.* — Dégager les raisins des feuilles de vigne qui les dérobent à l'action du soleil; enlever les feuilles de la vigne.

ÉPAULE, *s. f.* All. *Schulterstück;* angl. *shoulder;* ital. *spella;* rus. *lapatka.* — Partie la plus élevée de la jambe de devant chez les quadrupèdes.

ÉPAULE DE VEAU. — Lorsque l'épaule de veau est belle, on trouve, après l'avoir désossée, en suivant les tendons, une longe en forme de noix qui peut être parée et piquée comme la noix du cuisseau; et elle ne le cède en rien à cette dernière au point de vue de la succulence. L'épaule de veau se prépare de préférence en ragoût, ou rôtie à la casserole, sautée ou en blanquette.

ÉPAULE DE MOUTON. — Les Orientaux considéraient l'épaule de mouton comme la meilleure partie de cet animal.

Épaule de mouton rôtie (*Cuis. ménagère*). — *Formule 1557.* — Les ménagères qui ont de la difficulté à désosser une épaule la feront désosser par le boucher, toujours complaisant pour les dames, mais elles ne doivent pas oublier qu'avant de la ficeler elles doivent la saupoudrer intérieurement.

On ne doit pas perdre de vue que l'épaule doit être saignante; ce degré de cuisson passé, elle devient dure sans succulence; elle devra dès lors être braisée dans une casserole avec un peu de roux, d'assaisonnement, mouillée et cuite pendant deux heures au moins. On dresse l'épaule, on dégraisse, on passe la sauce et on la sert séparément. Lorsque l'on a mis braiser avec des navets, des pommes de terre, salsifis, patates, céleris, cerfeuil tubéreux, on les dresse autour de l'épaule; elle prend alors le nom de la garniture : *épaule de mouton braisée aux céleris.*

Épaule de mouton farcie (*Cuis. de restaurant*). — *Formule 1558.* — Hacher des échalotes, oignons, une gousse d'ail, que l'on fait revenir à la poêle; mettre cet assaisonnement dans une terrine avec mie de pain blanc, sel, fragment de thym, cerfeuil haché et poivre de Cayenne; mélanger le tout et en saupoudrer l'intérieur d'une épaule de mouton; la ficeler et la faire cuire saignante. ·

ÉPAULE D'AGNEAU. — Lorsqu'il est gros et jeune, l'agneau fournit des épaules qui sont un mangé délicat quand elles sont bien préparées. Voici les meilleurs modes.

Épaule d'agneau aux petits pois (*Cuis. ménagère*). — *Formule 1559.* — Désosser l'épaule d'agneau en laissant le bout de l'os du manche dont on scie le genou; la saupoudrer intérieurement; la rouler et la ficeler; la faire braiser en mouillant avec de la gelée blanche de veau. Faire tomber à glace.

D'autre part, faire braiser des petits pois primeurs avec une laitue et du maigre de lard dessalé et coupé en petits dés. Au moment de servir, couper l'épaule d'agneau, la mettre à sa juxtaposition sur un plat rond, la garnir des petits pois et arroser le tout avec la glace de l'épaule.

HYGIÈNE. — Ce mets de premier choix au point de vue gastronomique, est aussi au premier rang des aliments qui peuvent être ordonnés aux enfants, aux convalescents et aux malades, étant deux produits nouveaux, les petits pois et l'agneau arrivant en même temps sur nos marchés.

Épaule d'agneau rôtie (*Cuis. ménagère*). — *Formule 1560.* — Désosser l'épaule, la saler, la rouler et la ficeler, la cuire saignante et la servir chaude.

Épaule d'agneau aux pois gourmands (*Haute cuisine*). — *Formule 1561.* — Désosser l'épaule d'agneau, l'assaisonner; foncer une casserole de terre avec du lard coupé en dés et préalablement dessalé, un oignon clouté. Laver les pois gourmands, les effiler, ciseler un cœur de laitue, poivrer légèrement le tout. Poser au fond de la casserole l'épaule d'agneau et la remplir de gousses de pois mange-tout entremêlés de laitue; mettre le couvercle et pousser la casserole dans un four de chaleur moyenne pour cuire ainsi à l'étouffée.

Les pois et les laitues doivent fournir, avec le jus de la viande, une glace gélatineuse très corsée. La science du cuisinier consiste à ne pas laisser dépasser ce degré, car une seule minute suffirait pour brûler et détruire le tout.

Remarque. — On applique l'épaule d'agneau aux mêmes garnitures que l'épaule de mouton, dont le choix de la variété infinie reste à l'opportunité du moment et des ressources.

ÉPAULE DE PORC FRAIS. — Les épaules de porc sont utilisées pour faire des *jambons roulés;* quelquefois on les sale et on les fume, elles prennent alors le nom de *jambon de devant.* Le plus souvent elles fournissent la viande pour la chair à saucisse.

ÉPAULARD, *s. m.* — Genre de cétacé de 7 à 8 mètres de longueur, ressemblant au dauphin par sa forme. Fort voraces et cruels, ils se réunissent en troupes pour attaquer la baleine. La chair de ce poisson est tellement dure et coriace qu'elle ne constitue un aliment de dernier choix.

ÉPEAUTRE, *s. m.* (*Triticum spelta,* L.). All. *Spelz;* angl. *spelt;* ital. *farricello.* — Variété de froment plus rustique que le blé ordinaire; elle croît dans les terres les plus arides et ne gèle jamais. Cette espèce a l'épi long et mince et les épillets fort écartés les uns des autres; la paille en est abondante, forte, douce et très creuse.

Il y a des épeautres barbus et d'autres qui sont sans barbe; l'épi en est lisse ou velu, blanc, rose, ou noirâtre, mais dans tous, le grain est rougeâtre, demi-glacé, à peau fine. (Voir BLÉ.) Il donne une farine très blanche, qu'on recherche en Suisse et en Allemagne de préférence aux autres pour la pâtisserie.

Les épeautres se cultivent dans les parties froides, montagneuses et peu fertiles de l'Europe et de l'Asie, en Lorraine, sur les bords du Rhin, dans le Jura, l'Allemagne du centre, la Russie et jusque dans l'Inde. (VILMORIN-ANDRIEU, *les Meilleurs Blés.*)

ÉPEIRE. — Sorte de grande araignée des bois, dont les Néo-Calédoniens sont friands. On leur coupe la tête et les pattes et on les rissole au beurre.

ÉPERLAN, *s. m.* (*Salmo-eperlanus*). All. *Stint;* angl. *smelt;* ital. *sorta di pesce;* rus. *korioukha;* terme que, d'après le latin, on pourrait traduire ainsi : *perle de saumon.*— Petit poisson de mer de la famille des saumons, long de 10 à 12 centimètres, à écailles argentées, à reflets variés, que l'on trouve à l'embouchure des fleuves; il habite la mer et, le printemps, remonte les fleuves en troupe.

Les éperlans les plus estimés se pêchent au printemps dans la Seine, près Caudebec. Il ne faut pas confondre l'*éperlan bâtard* que l'on pêche dans les fleuves, et notamment dans la Seine, avec le vrai éperlan, qui est délicat et parfumé.

Analyse chimique. — La chair de l'éperlan contient de l'albumine, du mucus et de l'osmazôme; de l'hydrochlorate d'ammoniaque, une matière gélatineuse, de l'hydrochlorate de potasse, du phosphore et de la fibre animale.

USAGE CULINAIRE. — L'éperlan doit être mangé ·frais, première condition pour obtenir le résultat de délicatesse que l'on est en droit d'attendre.

Éperlans frits (*Cuis. de restaurant*). — *Formule 1562.* — Vider les éperlans, couper les nageoires avec les ciseaux, enfiler une brochette à travers les yeux, passer les éperlans dans le lait, puis dans la farine; les plonger dans une friture chaude. Les sortir, les saupoudrer, les dresser sur une serviette et les garnir de persil frit et de citron.

Éperlans au beurre noir (*Haute cuis.*). — *Formule 1563.* — Préparer un court-bouillon avec vin blanc, eau, poivre écrasé, piment, thym, céleris, ail, sel, oignon ciselé; faire cuire. Nettoyer les éperlans, les aligner dans un panier à friture qui puisse entrer dans la casserole au court-bouillon; les plonger dans le liquide bouillant, retirer la casserole après cinq minutes, sortir le panier, dresser les éperlans sur un plat chaud; faire couler dessus un jus de citron, y râper un peu de muscade; faire chauffer à point du beurre frais et le verser dessus; servir des assiettes chaudes.

Éperlans en matelote (*Cuis. provençale*). — *Formule 1564.* — Couper les nageoires, écailler, vider et essuyer les éperlans, les coucher sur un lit fait de champignons frais émincés, de persil, échalotes et ail hachés, poivre moulu et sel. Mouiller d'un verre de vin; faire cuire à feu doux, lier avec du beurre fin et servir le tout.

ÉPERNAY (*Produits de*). — Jolie ville de 20,000 habitants, sise sur la rive gauche de la Marne, rivière qui a donné son nom au département; à 142 kilomètres de Paris et à 32 de Châlons. Epernay est le berceau du vin mousseux de Champagne. (Voir ce mot.) C'est là que les premiers succès eurent lieu, et cette ville est resté la capitale de la production des vins mousseux de Champagne avec sa rivale Reims.

L'arrondissement d'Epernay comprend neuf cantons, qui sont : *Anglure, Avize, Dormans, Epernay, Esternay, la Fère-Champenoise, Montmirail, Montmart et Sézanne*, comprenant cent dix-sept communes.

Placée au centre des vignobles, cette ville est bâtie sur un sous-sol crétacé. Dans la rue Flodoart se voient les restes d'un édifice construit en 1530 par Louise de Savoie. Mais où la ville offre les plus spacieuses habitations, c'est dans le faubourg de la Folie où les producteurs du vin mousseux de Champagne ont construit des hôtels princiers.

Parmi ces propriétés remarquables, il en est surtout une d'un grand intérêt par sa position, c'est le CHATEAU DE PÉKIN, qui appartient à la *Compagnie des grands vins de Champagne.* (Maison Mercier et Cie.)

Les caves d'Epernay, Cryptes à immense labyrinthe, comprennent plus de 50 hectares de superficie, perforées dans la craie ou le tuff. La cave de *Mercier et Cie*, seule, est d'une étendue de 15 kilomètres. Cette cave immense, la plus vaste de la Champagne, contient, au moment où nous écrivons, plus de 7,000,000 bouteilles de Champagne. (Voir les mots CAVE, CHAMPAGNE, CHATEAU DE PÉKIN et MERCIER.)

ÉPERVIER, *s. m.* (*Falio nisus*). All. *Sperber;* angl. *sparrow hawk;* ital. *it sparvière.* — Oiseau de proie, audacieux et fort. En Egypte, cet oiseau avait les honneurs divins, celui qui le tuait était condamné à mort. Aristote dit qu'il s'était établi entre les éperviers et les habitants d'un canton de la Trace une espèce de société, que les premiers poursuivaient les oiseaux et les seconds les tuaient à coups de bâton et se partageaient la proie.

USAGE ALIMENTAIRE. — L'épervier jeune est un gibier délicat, à propriétés stimulantes. On le prépare en salmis de préférence.

ÉPHA, *s. m.* — Mesure des grains chez les Hébreux, valant 18 litres 08 de notre mesure.

ÉPI, *s. m.* All. *Aehre;* angl. *ear;* ital. *spiga.* — Dans les graminées, sommet de partie de la tige du blé formée par la réunion des grains. (Voir BLÉ.)

ÉPICARPE, *s. m.* — En histoire naturelle, épiderme du fruit.

ÉPICE, *s. f.* All. *Gewürz;* angl. *spice;* rus. *prienort;* ital. *spezie.* — Toute substance aromatique ou piquante qui sert pour l'assaisonnement des mets. Un nombre considérable de plantes font partie de la combinaison des *épices*.

Husson, de Toul, a écrit un livre sur les épices, où il a réuni tout ce que l'on connaît sur les épices des Anciens et des spécialités propres à chaque nation. Les Anglais ont une préférence pour le *gingembre*, les Orientaux pour le *piment*, les Allemands pour le *cumin*, les Norvégiens pour la *nigelle*, les Hongrois pour le *paprika;* mais de tout temps les épices ont joué un rôle prépondérant dans les sociétés des femmes. En Egypte, il n'y avait pas un repas sans que l'on distribuât des couronnes de myrte, de sauge et de romarin. On parfumait les bains, on se frottait les mains et le corps de plantes odoriférantes pour stimuler l'imagination et les sens.

« Le premier jour de mars 1415, l'empereur d'Allemagne vint à Paris et eut en volonté de voir des dames et damoiselles de Paris, et de faict, les fit venir disner au Louvre, où il estait logé, et y en vint jusques-à environ vingt-six. Et avoit fait faire grand appareil, selon la manière et costume de son pays, qui estoit de brouëts et potages fort d'épices. Après avoir fait frotter les mains d'herbes aromatiques, les fit seoir à table et à chacune on bailla un couteau d'Allemagne et le plus fort vin qu'on put trouver. » (*Mémoire du maréchal de Grammont.*)

Comme on le voit, il ne suffisait pas au roi teuton d'avoir à sa table nos plus belles Parisiennes, il les lui fallait parfumées de plantes aromatiques et éméchées par les vins les plus capiteux.

C'était aussi par les épices que les poisons satisfaisaient la haine criminelle et étaient souvent les résultats des complots des successions et des règnes. Mais, pour cela, il leur fallait acheter de hauts personnages, tels que *saulcier* ou *espicier*.

« En ce temps fut nouvelles que le dit duc de Bourgogne, voyant qu'il n'avait pas puissance de parvenir à destruire le royaume de France, ainsi que grand' peine y avait mis, conspira avecques un nommé maistre Ythir, espicier, qui avait esté serviteur de Monseigneur de Guyenne, et avecques un nommé Jehan Hardy, serviteur du dit maistre Ythir, qui s'en était retiré après le dit trépas du dit duc de Guyenne de vers le dit de Bourgogne, de trouver moyen de faire mourir et faire empoisonner le Roy. De laquelle chose faire, le dit Hardy s'adressa à un des serviteurs du roy ayant charge dans sa cuisine de faire les saulces et auquel le dit Jehan Hardy avait eu connaissance du roy que le dit saulcier et Hardy avaient esté en hostel et au service de mon dit seigneur de Guyenne.

« Et lui déclara le dit Hardy de sa dicte entreprise en lui promettant *vingt mil escus* (100,000 fr.), au cas où il vouldrait faire et accomplir la dicte charge, qui luy presta l'oreille et dist qu'il n'y pourrait rien faire sans le moyen de Colinet, queux du Roy, et qui aussi avait esté et demeuré avecques le dit Hardy et saulcier en l'hostel du dit seigneur de Guyenne. En disant par le dict saulcier à icelluy Hardy qu'il parlerait dict queux et y feroit ce qu'il pourroit, en disant aultre au dit Hardy qu'il luy délivrast les dicts poisons pour monstrer au dict queux. Et bientost après le dict *saulcier* et le *queux* Colinet qui de ce avaient parlé ensemble en allèrent advertir le roy, dont il fut moult esbahy et espouvanté, et du dict avertissement furent les dicts queux et saulcier moult honorablement et prouffitablement guerdonnez du roy. » (JEAN DE TROYES, *Chroniques sous Louis XI*, 1473.)

Nous pouvons le constater à la gloire du cuisinier, qu'il n'est pas d'exemple qu'il se soit fait empoisonneur. Un chef de cuisine porte trop haut le sentiment de dignité et du devoir pour s'abaisser à de telles armes qui est le propre des âmes basses, des cupides et des ambitieux intrigants.

Mais revenons aux épices. Vers le seizième siècle les épices ou plantes aromatiques ont fait place aux parfums, les extraits essentiels ont créé la nouvelle industrie des parfumeurs, et les épices proprement dites sont rentrées au rôle de condiments aromatiques.

C'est alors que l'école de Salerne a commencé l'étude des épices :

De ce que produit la nature,
Pour remède ou pour nourriture,
On peut par la simple saveur
Reconnaître aisément le froid ou la chaleur.

Le salé, l'amer, l'âcre échauffent : au contraire
Toute chose aigre rafraîchit,
L'âpre resserre, il retrécit;
L'insipide et le doux font un suc salutaire
Qui purifie, humecte et, d'un commun aveu,
Entre les deux excès tient un juste milieu.

Quant aux viandes, surtout retenir pour principe :
Que le bouilli tout simple, aisément digéré,
A tout ragoût doit être préféré.
La friture est malsaine, et le rôti constipe;
L'âcre purge, le cru fait enfler et grossir,
Le salé dessèche et nous fait maigrir.

Pour nous faire une sauce aisée, appétissante,
Prenez sauge, persil, ail, poivre, sel et vin;
Mettez-en de chacun la dose suffisante;
Cet assaisonnement est sain.

Les épices qui étaient préparées par les droguistes du dix-septième siècle contenaient jusqu'à 50 sortes d'aromates, beaucoup trop pour caractériser l'arome des mets dont on veut faire ressortir le fumet et le goût.

> Qu'un suave parfum, sortant de leurs coulis,
> Laisse entre elles longtemps le convive indécis.

Lorsque l'on eut connu à fond les propriétés des différentes épices, la cuisine a commencé à devenir une science, et dès lors plus de parfum hétérogène :

> On respire à la ronde une odeur salutaire.

Nous pouvons aujourd'hui, grâce à nos études spéciales, préparer des épices pour améliorer et accentuer les mets les plus spéciaux :

Epices d'Inde (Voir CARRY).

Epices d'Amérique (Voir CARRY D'AMÉRIQUE).

Epices au sel (*Pour ragoûts et farces*). — *Formule 1565.* — Employer :

Thym séché	grammes	20
Feuilles de laurier	—	10
Marjolaine	—	10
Romarin	—	10

Procédé. — Confriguer le tout et ajouter ensuite :

Muscade	grammes	40
Clous de girofle	—	15
Poivre blanc	—	15
Piment rouge	—	10

Piler le tout ensemble, passer la poudre au tamis et la mettre dans une boîte close. Si l'on désire leur conserver leur arome, on les mélangera avec 50 grammes de sel marin pulvérisé et séché et quelques gouttes d'huile d'olives douces. Mélanger le tout et conserver dans une boîte fermée.

Quatre épices (*Pour ménagère*). — *Formule 1566.* — Employer :

Poivre noir	grammes	10
Piment de Cayenne	—	10
Gingembre	—	5
Clous de girofle	—	10

Procédé. — Etuver le tout, le broyer ou moudre; passer la poudre au tamis et la conserver dans une boîte.

Epices pour gibiers (*Epices fines*). — *Formule 1567.* — Après de nombreux essais, je suis arrivé à doser ainsi la préparation suivante, spécialement composée pour les gibiers.
Employer :

Baies récentes de genévrier	grammes	50
Coriandre	—	15
Macis	—	20
Basilic	—	15
Sauge	—	30
Menthe	—	15
Marjolaine	—	20
Thym	—	10
Poivre blanc	—	30
Zeste de citron	nombre	1

Procédé. — Les plantes récentes doivent être séchées à l'ombre et pilées avec le poivre blanc; ajouter ensuite le genièvre et piler encore, et ajouter 50 grammes de sel fin. Laisser métamorphoser dans une boîte close jusqu'au lendemain. Passer le tout au tamis de métal. On s'en sert pour les salmis, les pains et les potages de gibier. En supprimant le genièvre, ces épices communiquent aux pâtés un parfum de truffes.

Epices de charcutier (*Pour farce de porc*). — *Formule 1568.* — Employer :

Poivre blanc	grammes	300
Piment rouge	—	150
Macis	—	50
Noix muscade	—	25
Clous de girofle	—	25
Cannelle	—	25
Thym	—	25
Laurier	—	20
Sauge	—	20
Marjolaine	—	20
Romarin	—	20

Procédé. — Les plantes étant récentes sont séchées à l'ombre et confriguées, pilées ensuite et passées au tamis. On les conserve dans des flacons hermétiquement fermés ou dans des boîtes spéciales.

Epices pour pâtés froids. — *Formule 1569.* — Employer :

Laurier	grammes	150
Thym mondé	—	100
Noix muscades	—	200
Gingembre	—	100
Clous de girofle	—	200
Coriandre	—	100
Macis	—	100
Piment enragé	—	150
Poivre blanc en grains	—	500
Basilic	—	100
Cannelle	—	100
Estragon	—	50
Romarin	—	50
Marjolaine	—	30

Procédé. — Après avoir fait sécher les aromates verts dans un courant d'air à l'abri du soleil, on mélange le tout que l'on pile dans un mortier et que l'on passe au tamis de soie.

Il faut conserver ces épices dans des flacons bouchés hermétiquement. (Edouard Lacomme, de l'*Académie de cuisine*.)

Epices parisiennes.— Cette composition, étant la propriété de son inventeur, M. Léon Cieux, nous est inconnue.

Epices de Bourgogne. — S'inspirant des propriétés actives des plantes aromatiques de la Bourgogne, M. *Edouard Lacomme* a réuni environ quarante condiments aromatiques, dont la plupart sont indigènes à l'ancienne province. Cette combinaison, longuement étudiée, lui a donné un résultat très satisfaisant. Ces épices sont d'une odeur suave, aromatique et d'un goût exquis.

HYGIÈNE. — L'abus des épices peut occasionner des troubles graves; les convalescents, les jeunes personnes doivent s'en abstenir. Par contre, pour certains aliments sans saveur les épices sont nécessaires, mais elles doivent être employées par une main savante. Prises en petite quantité et avec les aliments indigestes, elles activent la digestion, stimulent les organes, réchauffent l'économie. Elles conviennent dans une certaine mesure aux vieillards et aux tempéraments lymphatiques.

Dans les pays chauds, les épices sont les prophylactiques naturels des diarrhées, des cholérines, des fièvres et de mille maladies pestilentielles désinfectées par les aliments épicés. Dans les pays froids, elles sont la pile électro-dynamique, le foyer de la vie animée. Les habitants des climats tempérés sont ceux qui ont le moins besoin d'épices. Elles deviennent cependant nécessaires pour donner du ton aux préparations culinaires.

La saveur et l'odeur de l'aliment sont des causes ordinaires qui inspirent le désir ou la répulsion. Or, ce sont les épices qui relèvent le goût et donnent un fumet particulier aux mets; comme on se blase de tout, même des meilleures choses, la variété dans les assaisonnements satisfait seule nos caprices.

Pour perpétuer chez l'adulte les plaisirs de la table, il faut donc non seulement épicer certains aliments, mais les varier; des épices composées, telles que nous les avons formulées plus haut, ne suffiraient pas pour satisfaire les désirs des sens, qui, pris séparément, réclament chacun pour être stimulés une condimentation spéciale. Les épices concourent donc puissamment au plaisir de la table, plaisir licite lorsqu'il est goûté dans une juste mesure et dont il est permis à l'hygiène de proclamer l'excellence.

ÉPICURIEN, *s. m.* — Disciple d'Epicure. Sectateur d'Epicure, philosophe grec, né dans l'Attique l'an 342 av. J.-C., qui niait que les dieux eussent aucune providence, rattachait la formation des choses à la rencontre des atomes, et faisait consister le bonheur dans la volupté, mais la volupté liée à la raison et à la modération.

L'*épicurisme* est la doctrine positive des plaisirs subordonnés à l'hygiène, l'autorisation réglée de la sensualité, la recherche des plaisirs mentals et effectifs, tout en un mot ce qui peut satisfaire l'être sans lui nuire.

O maison d'Aristippe, ô jardin d'Epicure,
Vous qui me présentez dans vos enclos divers
Ce qui souvent manque à mes vers,
Le mérite de l'art soumis à la nature.
(VOLTAIRE.)

ÉPIDERME, *s. m.* — Pellicule mince servant d'enveloppe aux plantes herbacées et aux jeunes rameaux. Peau qui recouvre quelquefois les coquilles.

ÉPIGRAMME, *s. f.* — Terme générique d'un genre de préparation culinaire; mais, au figuré, on peut dire que :

Si la critique à la pointe de flamme,
Par de bons mots rend le public friand,
Le cuisinier tourne bien l'épigramme
Et, sans effort, fait du chateaubriand.

Epigrammes d'agneau, épigrammes de mouton. L'épigramme doit présenter une forme de triangle-rectangle et non taillée en forme de côtelette comme l'ont prétendu certains auteurs.

Veut-on maintenant savoir quand ce mets est né et à qui en appartient la paternité. Voici ce qu'en a dit notre regretté collègue Tavenet :

Une jeune marquise du siècle dernier, qui recevait chez elle une nombreuse compagnie, était d'une beauté ravissante, mais très ignorante sur la valeur des mots. Or, pendant l'une de ses réceptions habituelles, se trouvaient un bon nombre d'officiers du régiment de Choiseul-Cavalerie. Plusieurs lui racontèrent qu'ils avaient dîné la veille chez le comte de Vaudreuil, lequel leur avait fait faire très bonne chère, et les avait en outre régalés d'excellentes *épigrammes*.

A ces mots, la marquise sonne et fait appeler son cuisinier devant tout le monde.

— Michelet, lui dit-elle, il me faut pour demain, à mon dîner, un plat d'épigramme.

Celui-ci salue respectueusement et se retire.

Michelet, génie culinaire approfondi, artiste même, fut surpris au premier abord, car il n'avait jamais entendu prononcer ce mot dans les annales de la cuisine. Il fait des recherches, s'informe, réclame le secours de ses amis qui tous partagent son ignorance à ce sujet.

La journée se passa, ainsi que la nuit, dans une perplexité qui mit son génie à la torture; ce ne fut que le matin qu'il trouva la solution, en se rappelant qu'il avait des côtelettes d'agneau à servir au dîner.

Faire braiser les poitrines, retirer les os, les distribuer en petits fragments, puis paner et frire; alors servir sur le même plat, alterner avec les côtelettes en joignant une garniture, fut un problème résolu.

Au dîner, se trouvait une partie des officiers de la veille. Le maître d'hôtel, en présentant le mets aux convives, qui lui demandaient ce qu'il servait, répondit avec sang-froid:

Epigrammes d'agneau à la Michelet.

Tout le monde rit aux larmes du quiproquo de la marquise; on ne pouvait plus servir de dîner sans épigrammes.

Voilà comment une charmante marquise, aidée d'un cuisinier habile, se sont faits tous deux, sans s'en douter, inventeurs d'un mets nouveau, qui, dans son temps, fit le bonheur des gourmets, et, de nos jours encore, fait la jubilation de nos gastronomes. (*A. Tavenet.*)

Voici la formule de l'inventeur Michelet:

Epigrammes d'agneau (*Cuis. originale*). — *Formule 1570.* — Se procurer un devant d'agneau, lever les épaules, désosser le collet. Séparer les deux poitrines par les vertèbres en laissant la noix des côtelettes avec la poitrine. Faire cuire les poitrines dans un fond relevé; les désosser, les assaisonner chaudes et les mettre sous une planche dans une légère pression. Le lendemain, les dégraisser, les tailler en triangle rectangle; les passer à l'œuf et à la chapelure; les déposer dans un sautoir beurré.

D'autre part, faire une blanquette (Voir ce mot.) avec le collet et les épaules. Faire rissoler les épigrammes; dresser les épigrammes en couronne et mettre au centre la blanquette d'agneau.

Epigrammes d'agneau. — *Formule 1571.* — Voici comment s'exprime notre contemporain, le cuisinier-poète Achille Ozanne:

> Boileau nous cite l'épigramme
> Comme un trait mordand incisif!...
> Et La Fontaine, lui, proclame
> L'agneau doux et inoffensif.
>
> Ce n'est point de cet amalgame
> Que l'on a fait un plat nouveau,
> C'est du caprice d'une femme
> Qu'est née l'épigramme d'agneau.

De deux carrés d'agneau prenez les côtelettes,
Mettons douze environ, belles et bien coquettes,
En arrondir la noix, et puis les apprêter
Pour cuire avec du beurre, en un plat à sauter.

D'autre part, ayant fait braiser les deux poitrines,
Vous les mettez sous presse entre deux plaques fines,
Froides, vous les taillez à peu près en façon
De poire; — puis à l'œuf panez chaque tronçon.

D'une belle couleur les ayant laissé frire
Avec les côtes, donc, que vous avez fait cuire
En couronne dressez et, tout en alternant,
Les côtes et tronçons chacun se soutenant.

Lorsque le rond est fait, est de bonne figure,
Dans le milieu du plat mettez la garniture,
Que vous accommodez au mieux de votre choix,
Soit de la macédoine, ou bien des petits pois!

> Dans votre plat que rien ne cloche.
> Qu'il soit exempt de tout reproche!
> Car, vraiment, il serait fâcheux
> Que quelques invités grincheux
> Ne vous lancent, ces bons apôtres,
> Des épigrammes sur les vôtres!

Epigrammes d'agneau aux pointes d'asperges (*Haute cuisine*). — *Formule 1572.* — « Ayez deux carrés d'agneau dont vous levez les poitrines; parez les côtelettes et enlevez les tendons qui se trouvent sur le haut des poitrines, puis ficelez les poitrines ensemble; faites-les braiser dans du grand bouillon, avec bouquet garni et oignon piqué de deux clous de girofle; lorsque les poitrines sont cuites, égouttez-les sur un *plat fond;* retirez tous les os, en en réservant une quantité suffisante pour faire des manches pour les poitrines; saupoudrez les poitrines de sel et mettez-les en presse; laissez-les refroidir et parez-les en presse de la grosseur des côtelettes; saucez-les légèrement avec de l'allemande réduite; passez-les à la mie de pain et finissez de les paner à l'œuf; passez les côtelettes dans le beurre clarifié et rangez-les dans le plat à sauter; faites-les sauter; faites frire les côtelettes et égouttez-les; mettez dans chaque bout de poitrine la moitié d'un os que vous avez taillé en pointe de manière à former un manche d'un centimètre ; dressez, autour d'une croustade, poitrine et côtelettes en alternant.

Remarque. — On peut aussi, pour varier l'aspect du plat, ranger les côtelettes d'un côté et les poitrines de l'autre; garnissez la croustade de pointes d'asperges; servez béchamel légère à part. (*Gouffé.*)

Inutile de dire que les pointes d'asperges peuvent être remplacées par n'importe quelles primeurs.

Epigrammes de mouton (*Cuis. d'auberge*). — *Formule 1573.* — Cuire des poitrines de mouton dans la marmite, pot-au-feu ou dans le jus; les désosser chaudes; les mettre sous presse et les laisser refroidir. Les tailler en triangle rectangle; les assaisonner de poivre et de sel, les paner et les mettre dans un sautoir beurré. Les mettre dans un four très chaud, étant de couleur dorée les dresser sur une purée, de pois, de marrons, de pommes de terre, de lentilles; ou bien sur de la chicorée, des épinards, des choux hachés, ou autres légumes hachés ou primeurs cuits à l'anglaise.

Epigrammes de gibier (*Cuis. russe*). — *Formule 1574.* — Dans le nord de l'Europe, où le gibier à poils est commun, on peut faire les épigrammes suivantes:

Se procurer un kilogramme de chair dénervée, de daim, de chevreuil, ou de renne encore chaud, la piler de suite, l'assaisonner de haut goût avec les épices à gibier (*formule 1567*), la saler et mouiller la chair avec de la crème fraiche et double; triturer et piler en continuant d'ajouter de la crème. Essayer la farce, et, lorsqu'elle se coagulera en restant moelleuse, la passer au tamis de métal; la recueillir et lui remettre encore un peu de crème et la moitié d'un blanc d'œuf en neige.

Beurrer un moule long, à pâté, et y coucher l'appareil; la faire cuire au four moyen dans un bain-marie. Le retirer après une heure environ de cuisson, laisser refroidir ce pain; en tailler des épigrammes; les passer au beurre fondu, puis aux truffes hachées; enfin à l'œuf battu et à la mie blanche de pain. Les faire cuire au four chaud dans un sautoir et les dresser sur une serviette. Servir un fumet de gibier à part.

Epigrammes de perdreau (*Haute cuisine*). —

Formule 1575. — Désosser trois perdreaux; s'ils sont gros, couper les filets horizontalement en deux, les faire sauter et les presser. Avec les restants, en faire une purée que l'on aura laissée tomber à glace; ajouter des truffes hachées. Mettre les filets sur une plaque carrée à bords relevés près les uns des autres, couler le fumet très chaud dessus. Laisser refroidir. Couper la gelée entre les filets, les lever délicatement et les passer à la mie de pain blanc. Les poser sur un sautoir beurré, mettre un peu de beurre sur chaque épigramme et les passer dans un four très chaud. Les lever avec la spatule plate et les dresser sur un plat rond. Servir à part une purée de gibier aux truffes.

Epigrammes de pigeon (*Haute cuisine*). — *Formule 1576.* — Lever les filets de trois pigeons, les sauter et les presser. Hacher le restant et en faire une purée réduite; couler ce fumet sur les filets de pigeon préalablement alignés sur une plaque à bords relevés. Laisser refroidir et couper l'appareil entre les filets en leur donnant la forme de l'épigramme. Les paner à la mie de pain blanc et les cuire dans un sautoir, au four chaud. Les dresser sur une purée de champignons ou de truffes, ou les garnir de petits pois.

ÉPILLET, *s. m.* — Partie de l'épi composé de deux ou trois petites fleurs; la réunion de tous les épillets forme l'épi. (Voir *fig.* 205.)

ÉPILOBE, *s. m.* (*Epilobium spicatum*, L.). — Plante commune dans les taillis ombragés des montagnes. Sa beauté l'a fait admettre dans nos parterres; ses belles fleurs de couleur rouge un peu violacée forment un long épi pyramidal. Les jeunes pousses de cette espèce sont mangées comme les épinards par les habitants du nord, et ses racines se préparent comme les salsifis; dans certaines contrées, ses feuilles entrent dans la composition de la bière.

ÉPINARD, *s. m.* (*Spinacia Oleracea*, L.). All. *Spinat;* rus. *schpinate;* angl. *spinach;* holl. et flam. *spinazie;* esp. *espinaca;* dan. *spinat;* port. *espinafre;* ital. *spinaccio.* — Plante de la famille des chenopodées que l'on croit originaire d'Asie; mais il existe une des variétés qui croit spontanément dans les montagnes du Valais, que les habitants dénomment *verquémo.* Des auteurs espagnols disent qu'il a été importé en Espagne par les Arabes, de là le nom d'*hispanicum alus.*

Mais il y a lieu de supposer que cette plante est indigène à l'Europe et que la culture seule en a modifié les espèces; les nègres lui donnent le nom de *Bredde de France*.

Le célèbre horticulteur italien Pierre de Crescens mentionna le premier la culture des épinards dans son livre, en 1373, traduit en français et publié à Paris en 1486 sous le titre de *Livre des proffits champestres et ruraulx*. Le catholicisme, alors à son apogée, a trouvé en lui un précieux aliment du carême. La quantité énorme de beurre qu'absorbent les épinards les avaient fait dénommer l'*herbe de la mort au beurre*.

On ne distingue aujourd'hui pas moins de dix sortes de ce végétal cultivé en Europe, qui forment deux classes : l'*épinard à graine ronde* et l'*épinard à graine piquante*.

L'ÉPINARD COMMUN est la variété qui se rapproche le plus de la plante sauvage, elle se distingue des autres espèces cultivées par ses feuilles étroites et sa tige plus élevée.

Fig. 487. — Épinard à feuilles cloquées.

L'ÉPINARD D'ANGLETERRE (*Prickly suded spinach*). — Cette race à graine piquante se distingue par l'ampleur de ses feuilles, qui sont nettement sagitées et par l'abondance de sa production. Elle forme, quand elle est clair-semée, de larges touffes étalées à ramifications nombreuses et bien garnie de feuilles.

L'ÉPINARD DE HOLLANDE (*Spinazie*). — Cette variété à graines rondes est rustique et vigoureuse, à feuilles amples et larges, d'un vert franc, un peu cloquées dans leur jeunesse. Cette espèce semble être le type du genre à graine ronde.

On cultive en Allemagne, sous le nom d'*épinard de Hollande*, la variété qui n'est autre que l'épinard à feuille de laitue.

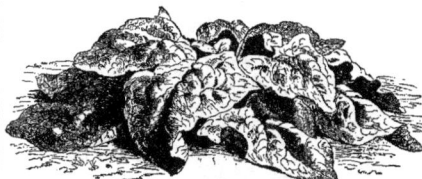

Fig. 488. — Épinard monstrueux de Viroflay.

L'ÉPINARD MONSTRUEUX. — Plus connu sous le nom d'*épinard de Viroflay*. Cette nouvelle race se rapproche de l'épinard de Flandre par la forme des feuilles et les caractères de végétation; mais les dimensions sont beaucoup supérieures, car il n'est pas rare de voir les touffes atteindre 60 et 70 centimètres de diamètre et les feuilles mesurer 25 centimètres de long sur 20 de large à la base. C'est la variété la plus productive.

L'ÉPINARD DE FLANDRE. — C'est le plus répandu et le plus cultivé des épinards à graines rondes, les caractères en sont à peu près les mêmes que ceux de l'épinard de Hollande, mais les dimensions en sont plus grandes, les feuilles plus arrondies. Il pousse assez vite et reprend au milieu de l'été.

L'ÉPINARD DE SOISSONS. — Nous devons, dit *Vilmorin-Andrieux*, à M. Lambin, secrétaire général de la Société d'horticulture de Soissons; la connaissance de cette excellente variété, qui l'emporte sur toutes les autres par la durée de sa production. Elle forme des touffes compactes et ramassées, à feuilles nombreuses, vert foncé. Sa grande qualité est de monter lentement et plus tardivement que les autres.

L'ÉPINARD A FEUILLES DE LAITUE. — Cette race se distingue par ses feuilles ovales, arrondies à la base comme à l'extrémité, de dimensions modérées, étalées sur terre et d'un vert très foncé; pétioles courts et raides. Le nom qui porte cette variété ne donne pas une idée très exacte de son apparence, le nom d'*épinard à feuille d'oseille* la décrirait bien mieux, mais

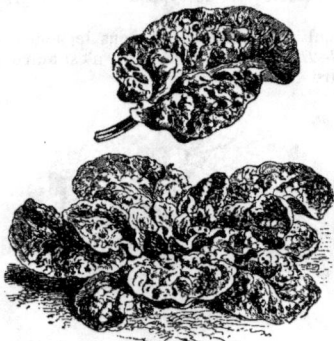

Fig. 489. — Épinard à feuille de laitue.

cette dernière appellation a été réservée à une autre race à peu près abandonnée aujourd'hui.

L'ÉPINARD DE SAVOIE. — On cultive quelques fois un épinard à feuilles assez larges, arrondies et cloquées, dont l'apparence rappelle un peu celle du choux de Milan.

L'ÉPINARD DE LA NOUVELLE-ZÉLANDE.— (Voir *Tétragone.*)

L'ÉPINARD-FRAISE. — Il existe deux variétés de cette race : le *blitum virgatum* et le *blitum capitatum*, dont l'une et l'autre sont confondues sous le nom générique d'*épinard-fraise.* Les feuilles triangulaires, un peu dentées, à l'aisselle desquelles naissent, dans la partie supérieure des tiges, de nombreux bouquets de fleurs, faisant place à des paquets de graines enveloppés d'une pulpe charnue et d'un rouge vif, qui ressemble passablement à une petite fraise. Cette graine peut servir à préparer des confitures et des sirops. Les feuilles sont de qualité secondaire.

Analyse chimique. — Le tissu des feuilles de l'épinard est formé de minces membranes de cellulose renfermant un mucilage visqueux très étendu d'eau, mêlé à un principe laxatif mal défini; des sels et une matière colorante verte; une absence complète d'amidon.

HYGIÈNE. — Peu nourrissant en lui-même, il est très précieux dans les régimes du diabétique,

ou pour combattre les inflammations intestinales; d'une digestion facile, il entretient la liberté du ventre par son action légèrement laxative, et, certes, il coûte moins cher que toutes les pilules académiques inventées par les pharmaciens. Pris dans une portion respectable trois ou quatre fois par semaine, les épinards combattront efficacement toute constipation.

Falsification. — Les fruitiers qui vendent des épinards hachés y mélangent le plus souvent des feuilles de cardes ou betterave et autres feuilles de qualité secondaire. Il est donc prudent, lorsque l'on veut se mettre au régime des épinards, de les faire préparer dans sa cuisine.

USAGE CULINAIRE. — Les épinards se servent le plus souvent comme entremets herbacé, on s'en sert cependant comme garniture; on retire aussi de ce végétal la matière colorante pour les préparations culinaires.

Le blanchigumage. (*Voir ce mot.*) — Formule *1577.* — Pour conserver la vivacité de la couleur verte des épinards, il suffit, lorsqu'ils sont dégagés de la grosse côte de la feuille, de les jeter dans une bassine d'eau bouillante préalablement salée. Après dix minutes de cuisson vive, on les égoutte et les rafraîchit à grande eau en les déposant sur un tamis que l'on met sous le robinet de la fontaine. On les presse, on les hache très menu.

Epinards à la ménagère. — Formule *1578.* — Faire cuire à blanc dans du beurre une ou deux cuillerées de farine (selon la quantité d'épinards) les mettre dans la casserole, remuer et mouiller avec du bouillon, du jus ou à défaut avec un peu d'eau ou de lait. Assaisonner avec sel, muscade râpée, poivre et beurre. Laisser cuire à petit feu pendant quelques instants en remuant souvent.

Epinards à la crème (*Cuis. végétarienne*). — — Formule *1579.* — Passer dans du beurre de la farine et la faire cuire à blanc. Mettre les épinards, les remuer, et les mouiller avec de la crème double, les assaisonner avec sel, muscade et poivre. Etant cuits, les dresser et les garnir de croûtons de pain frits au beurre.

Remarque. — En supprimant le sel, le poivre et en ajoutant du sucre, on obtient un entremets sucré.

Verquémo à la vexoise. — Formule *1580.* — Eplucher les épinards sauvages, *verquémo*, de façon à ne conserver que les feuilles seulement. Les laver à la fontaine; faire cuire à blanc de la farine et y passer les *verquémos* en les remuant; mouiller le tout avec du lait fraîchement trait; y ajouter un peu de crème, du sel et du poivre blanc moulu. Ils constituent ainsi une espèce de bouillie peu agréable à la vue, mais d'un goût exquis. Ses propriétés sont rafraîchissantes.

Epinards à la moelle (*Haute cuisine*). — *Formule 1581.* — Passer au beurre pour la faire roussir, deux ou trois cuillerées de farine, y ajouter les épinards hachés; les assaisonner avec poivre, sel, noix muscade; y ajouter de la graisse de rôti ou du beurre. D'autre part, faire blanchir des rondelles de moelle de bœuf dans du bouillon. Dresser les épinards et les garnir au bord d'une couronne de rondelles de moelle.

Epinards en bordure. (Voir BORDURE, *formule 613.*)

Epinards pour garniture (*Haute cuisine*). — — *Formule 1582.* — Assaisonner de haut goût, des épinards hachés menus, avec beurre, poivre, muscade et sel; y ajouter des blancs d'œufs ou des œufs entiers, bien fouetter le tout. Beurrer des moules à tartelettes ou à madeleines, les emplir d'épinards; les mettre dans un sautoir foncé d'un linge, pour les maintenir en place. Mettre de l'eau à moitié hauteur, couvercler et les faire pocher dans un four pas trop chaud.

Démouler au moment de servir en garnissant la grosse pièce de relevé. (Voir ALOYAU, *formule 89.*)

Remarque. — Les épinards offrent cette originalité d'absorber deux fois plus de beurre et de poivre que tous les autres herbacés hachés; aussi conseillerons-nous de n'employer que du poivre frais moulu et, à défaut de bon beurre, de la graisse de rôti ou du pot-au-feu.

Crème d'épinards (*Pour pâtissier*). — *Formule 1583.* — Passer dix minutes à l'eau bouillante et salée des épinards très verts et quelques ciboules; les rafraîchir, les presser et les mettre dans un mortier avec la moitié du même volume d'amandes douces, mouiller avec un peu de crème et mettre dans une casserole avec lait, sucre et jaunes d'œufs; remuer sur le feu jusqu'à ce qu'elle s'épaississe, la passer au tamis de crin.

Cette crème se sert sous la dénomination de crème à la pistache. Ajoutons que nous la pré-

férons à la crème coloriée avec des couleurs fabriquées.

Vert d'épinard. — *Formule 1584.* — Piler des épinards crus avec quelques feuilles de cresson; mettre le tout dans une casserole, avec un peu d'eau et un grain d'alun; réduire et passer au tamis. On y ajoutera du sel ou du sucre, selon l'emploi que l'on en veut faire. (Voir COULEUR.)

ÉPINE D'ÉTÉ, *s. f.* — Variété de poire hâtive.

Epine d'hiver. — Variété de poire à fruit tendre et délicat, qui se mange en hiver.

Epine rose. — Autre variété de poire qui mûrit en été.

ÉPINE-VINETTE, *s. f.* (*Berberis vulgaris*). All. *Berberisstrauch;* angl. *barbery bush;* rus. *barbarice:* ital. *berbero.* — Arbrisseau de la famille des berbéridées; très commun dans les haies de presque toute l'Europe, et plus particulièrement en France; mais s'avançant plus vers le nord que dans le midi, quoique le vinettier ne soit pas difficile sur le choix du sol. On prétend que cet arbrisseau nuit aux céréales, mais nous ne saurions affirmer si cette opinion est fondée.

Son fruit, qui mûrit en novembre, se présente en grappes, dont les baies sont vertes d'abord, puis d'un rouge corail ensuite, et ont une saveur aigrelette très agréable.

USAGE CULINAIRE. — Dans certaines contrées, on prépare les jeunes pousses de l'arbuste comme l'oseille. Les baies encore vertes se confisent au vinaigre comme les câpres, et les remplacent comme condiment. Avec le suc des baies à maturité on prépare des limonades, des gelées, des sirops très agréables et rafraîchissants; il remplace avantageusement le citron dans la préparation des punchs et de toutes autres substances dans lesquelles entre le citron. Dans certains pays, on en prépare un vin acidule. (Voir AIRELLE, *formule 50.*)

Gelée d'épine-vinette. — *Formule 1585.* — Employer :

Baies d'épine-vinette . . . . kilogr.	3
Sucre . . . . —	1.500

Procédé. — Egrapper et laver les baies d'épine-vinette et mettre le tout dans une bassine sur le feu; remuer constamment avec une spatule en bois. Faire cuire; on reconnaît que la gelée est à point lorsqu'elle se congèle en en laissant tomber une goutte sur une assiette froide. Mettre le tout dans une chausse et dans un pressoir à fruit; presser fortement et recueillir le suc dans de petits pots. Cette gelée est exquise, saine et parfumée. Pour les autres préparations, voir GROSEILLE.

Remarque. — Il est bien entendu que, si l'on augmente la quantité on dosera dans les mêmes proportions.

EPINGLE, *s. f.* — En terme culinaire, on nomme *épingle* les minces filets de glace qui se forment dans les compositions glacées, sorbets ou glaces.

ÉPINIÈRE, *s. m.* — Nom vulgaire de l'aubépine.

ÉPINOCHE, *s. f.* (*Gasterosteus aculeatus*). All. *Stachelbœrs;* angl. *stickleback.* — Petit poisson habitant les eaux vives ou stagnantes, connu aussi sous les noms d'*écharde, épinard, pec* ou *savetier*. Il est remarquable par les trois aiguillons qu'il porte sur le dos et qui se redressent dès qu'il se voit menacé de quelque danger. Deux autres aiguillons soutiennent les nageoires ventrales. Si bien armé et d'une voracité extrême ce poisson, le plus petit de nos eaux douces, est le fléau de nos étangs. Sa chair est peu estimée. Dans les contrées où il est abondant, ce poisson sert à fumer les champs, ou à engraisser les oies et les cochons.

On appelle aussi *épinoche* la larve qui sert à le prendre.

Épinoche, en terme de droguerie, est le nom que l'on donne au meilleur café.

ÉPIPLOON, *s. m.* All. *Netz;* angl. *epiploon.* — Double feuillet membraneux formé par un prolongement du péritoine, enveloppant l'estomac et flottant sur toute la surface des intestins. Aussi appelé en charcuterie : *crépine, toile* ou *toilette;* on s'en sert pour envelopper les pieds truffés, les saucisses plates, les côtelettes farcies, etc.

ÉPISCOPAL, *s. m.* (*Gâteau*). — Ce gâteau, création de circonstance, fut servi pour la première fois à Mgr Freppel en 1889 dans un dîner où assistait le cardinal Lavigerie.

Procédé. — *Formule 1586.* — Faire une pâte d'amande comme il est indiqué dans la *formule 425,* de façon à pouvoir former un gâteau carré

de 25 centimètres de large sur 30 de long et haut de 10 centimètres. Le cuire doucement en raison de sa grosseur. Le laisser refroidir.

Le parer en lui donnant la forme d'un coussin; le couper par tranches transversales et les laisser dans leurs positions. Procéder à l'appareil suivant :

Œufs frais	nombre	6
Gélatine clarifiée	feuilles	8
Crème très fraîche	décilitres	6
Le sucre nécessaire.		

Faire fondre à froid la gélatine avec la crème et le sucre; ajouter les œufs entiers et mettre le tout sur un feu doux; faire épaissir l'appareil; le passer au tamis et le remuer dans une terrine jusqu'à ce qu'il aura tendance à se congeler; lui incorporer alors une purée de fraises rouges et fraîchement passées au tamis, de façon à lui

Fig. 490. — Gâteau épiscopal.

communiquer le goût et la couleur des fraises. Lorsque l'appareil est froid, en garnir chaque tranche et les remettre à leur juxtaposition. Le glacer à la pistache. Etendre sur le gâteau de la glace royale, de façon à imiter l'étoffe; former une guirlande avec le cornet; imiter quatre flocons avec de l'angélique et des chinois confits. Décorer le dessus du coussin afin d'imiter les tapis d'Orient. Le poser sur un plat d'argent poli.

ÉPLUCHER, *v. a.* All. *reinigen;* angl. *to pick;* rus. *stechelouschite;* ital. *mondare.* — Oter des fruits ou légumes la partie non comestible; éplucher une orange, une poire, etc.; enlever soigneusement les ordures qui peuvent se trouver dans des herbacés ou des grains, éplucher du riz, une salade, des épinards.

ÉPOISSE, *s. m.* (*Fromage d'*). — Dans le pays de ce nom (Côte-d'Or), on prépare un fromage gras et savoureux, de forme ronde ou carrée. On les expédie à Paris lorsqu'ils sont affinés. Ils doivent leur saveur particulière aux herbes aromatiques que l'on fait macérer dans la présure qui sert à faire cailler le lait.

ÉPRAULT, *s. m.* — Un des noms vulgaires du céleri. (Voir ce mot.)

ÉPROUVETTE, *s. f.* (*Terme de physique*). All. *Sonde ;* angl. *eprouvette ;* ital. *tenta.* — Tube de verre ou de cristal, à parois plus ou moins épaisses, fermé par un bout et ouvert par l'autre, et servant à vérifier la qualité d'un liquide.

ÉPUISÉ (*Régime de l'*). — Dans les cas multiples d'épuisement, il faut tenir compte de l'âge, du sexe et de la cause. Le premier traitement consiste à supprimer la cause : les viveurs feront trève aux plaisirs, les affaiblis par le travail physique ou intellectuel, cesseront de se surmener ; les épuisés par privations, les plus malheureux, tâcheront par tous les moyens de mettre fin à une situation qu'il appartient à l'hygiéniste de signaler et dont le législateur doit trouver la solution.

La réparation des forces perdues par excès de travail intellectuel demande une réparation par des mets spéciaux (Voir ALIMENT de la pensée.), tandis que les épuisés par abus des plaisirs trouveront dans un régime aphrodisiaque (Voir ce mot.) toutes les ressources qui sont nécessaires à leur restauration ; quant aux épuisés par le surmenage du travail physique, la production étant dans l'ordre naturel au prorata de la consommation, le régime réparateur consistera à ne plus travailler, à reposer le corps et à bien vivre pour rétablir l'équilibre des forces perdues. (Voir RÉGIME NATUREL.)

Lorsque le malade est jeune, qu'il n'a pas atteint la cinquantaine, les régimes alimentaires réparateurs ont une action puissante et immédiate sur les individus et plus prompte encore sur les jeunes sujets qui n'ont pas vingt ans. Le régime réparateur de la vieillesse étant plus spécial, plus dynamique, des formules sont prescrites au mot *vieillesse*. (Voir ce mot.)

ÉPUISETTE, *s. f.* All. *Vogelnetz ;* angl. *landing-net.* — Filet en forme de poche, monté sur un cercle de gros fil de fer, ou sur un léger cerceau de bois et ajusté au bout d'un long manche.

C'est aussi le nom d'un filet servant à prendre les oiseaux dans une volière.

ÉQUARRIR, *v. a.* All. *zerstückeln ;* angl. *to square ;* ital. *squadrare.* — Dépecer un animal abattu ou mort. Equarrir un bœuf, un mouton, un cheval.

ERABLE, *s. m.* (*Acer saccharinum*). All. *Ahorn ;* angl. *maple tree ;* ital. *acero.* — Genre de plantes, dont l'une des espèces, l'*érable à sucre*, très commune dans les Etats-Unis d'Amérique, où elle croît spontanément, est alimentaire. On en retire le suc par incision ; cette liqueur est aqueuse et rafraîchissante et laisse dans la bouche un goût sucré très agréable. Pour obtenir du sucre cristallisable, on la fait évaporer et on la coule ensuite dans des moules de terre.

Les indigènes de l'Amérique septentrionale savaient ainsi préparer du sucre longtemps avant l'établissement des Européens dans cette contrée.

Le sucre d'érable s'emploie comme celui de canne, il lui est même supérieur dans les affections de poitrine ; pour sucrer le thé, on le réduit en poudre auparavant, afin qu'il puisse se dissoudre.

Les habitants de certaines contrées mêlent à la liqueur de l'*érable* un peu de farine et forment ainsi une pâte très nourrissante, qu'ils nomment *quittera*. Par la fermentation, cette liqueur donne un assez bon vinaigre ; mélangée avec de l'eau elle forme une boisson acidulée, qui ressemble au cidre et qui est très rafraîchissante.

ERGOT, *s. m.* All. *Mutterkorn ;* ang. *ergo ;* ital. *sprone di gallo ;* rus. *nogate.* — Excroissance noirâtre qui vient sur les grains des épis et dont la présence dans la farine et le pain peut produire de graves accidents ; le seigle et le froment sont les grains les plus souvent *ergotés*.

Ergot. — Ongle pointu, éperon, qui est à la partie postérieure du pied de certains oiseaux.

ERINACE, *s. m.* — L'un des noms vulgaires de l'*hydne sinué*, champignon comestible. (Voir *Hydnes*.)

ERINGE, *s. m.* (*Eryngium.*) — Plante dont les feuilles, encore tendres, se confisent dans le vinaigre et qui servent à garnir les salades. Il ne faut pas confondre l'éringe d'Europe, aussi appelé *panicaut*, avec l'éringe fétide des Etats-Unis, qui n'est pas alimentaire.

ÉRIOX, *s. m.* (*Salmo eriox*). — Poisson du genre des *salmones*, de la grosseur du saumon, mais plus gras, plus court ; sa chair blanche ou légèrement rosée est délicate, grasse, mais légèrement indigeste. Culinairement il se prépare comme le saumon.

ERMITAGE(*Vins de l'*). Drôme (Côte du Rhône).
— Ce sont des vins blancs et rouges; ce dernier
est le plus estimé, mais il arrive souvent, s'il
faut en croire Boileau, qu'il est coupé

D'un auvernat fameux, qui, mêlé de lignage,
Se vendait chez Crenet pour vin de l'Ermitage,
Et qui, rouge et vermeil, mais fade et doucereux,
N'avait rien qu'un goût plat et qu'un déboire affreux.

Néanmoins, ils tiennent un rang distingué
parmi les bons vins de France; le blanc, pendant
les deux premières années, mousse comme le vin
de Champagne.

L'origine de l'Ermitage remonte à saint Louis,
roi de France.

En 1224, un chevalier revenant de la croisade
des Albigeois, où il avait été blessé, suivait pé-
niblement le rivage du Rhône; arrivé non loin
d'un mont dénudé qui domine la ville de Lain,
une chapelle, située au sommet, se montra à ses
regards. Le chevalier est bien souffrant et las,
mais n'importe, Dieu, pour lequel il a versé son
sang, semble lui dire d'aller prier dans l'humble
église qu'il aperçoit là-haut. Obéissant à cette
voix intérieure, il gravit le coteau, se prosterne
au pied d'une croix de pierre, plantée en face de
la chapelle... il prie!... Quand il se relève, sa
vocation est décidée, un instant il admire le magnifique panorama qui se dessine dans le lointain; le Rhône serpentant dans la vallée couverte
de pâturages où paissent des bœufs et des brebis. Oui! il ferait bon de vivre ici, près de Dieu,
loin du monde, se dit le chevalier.

Fidèle à cette inspiration divine, il édifie une
petite maison à côté de la chapelle, fait vœu de
consacrer à Dieu le reste de sa vie humaine... et
plante la première vigne.

Ce nouvel anachorète s'appelait Gaspard de
Stérimberg, chevalier de la cour de Blanche de
Castille.

Quelques années après, d'autres chevaliers
venaient se joindre à Stérimberg afin de vivre
comme lui de la vie contemplative, planter et
cultiver la vigne qui commençait à s'étendre autour du petit Ermitage. « Planter la vigne, c'est
prier, » disaient ces pieux travailleurs, et sur les
ruines fumantes des campagnes dévastées par
des hordes barbares, ces hommes, animés de l'esprit de Dieu, s'en allaient seuls, cherchant des
endroits isolés; là ils édifiaient une chapelle, se
bâtissaient une cabane, et, comme il fallait le
vin le plus pur pour offrir le saint sacrifice de la
messe, autour de la chapelle ils plantaient une
vigne.

La vigne du Seigneur!

Celui qui a vu ce coteau il y a une douzaine
d'années et qui le revoit maintenant ne peut réprimer un soupir de regret.

C'était alors sur les deux versants, du pied
jusqu'au sommet de ce mont escarpé, des vignes
étagées avec art. Les murettes qui les retenaient
semblaient former dans leur ensemble comme un
immense escalier de verdure. C'était un tableau
ravissant.

Hélas! La plupart de ces vignes ont disparu
et, au moment où nous écrivons, les murettes
protectrices jonchent le sol où naissait le grand
vin de l'Ermitage.

Le vignoble, une des gloires vinicoles de la
France, se reconstituera-t-il? Espérons-le.

ERS, *s. m.* (*Ervum*). — Genre de plantes légumineuses, dont quelques espèces produisent les
graines alimentaires appelées *lentille, vesce noire.*
(Voir ces mots.)

ERVALENTA, *s. f.* — L'ervalenta, appelée
plus tard *Revalescière Dubarry*, est le nom donné
par un industriel anglais à la farine de lentille
pour la débiter, en lui attribuant des propriétés
analeptiques fortement exagérées.

Les lentilles que l'on prépare soi-même sont
bien supérieures à cette farine, qui s'altère aisément et se prête à des falsifications. (Pour les
différentes préparations, voir LENTILLE et BŒUF
A L'ERVALENTA, *formule 504.*)

ERVY, *s. p.* (*Fromage d'*). — Dans le pays de
ce nom (Aube), se fabrique un fromage de 14 centimètres de diamètre sur 4 d'épaisseur et fort
goûté par certaines personnes.

ÉRYSIPHE, *s. m.* — Petit champignon qui
pousse par groupes dans les lieux humides et
peu aérés; on l'appelle vulgairement *blanc de
champignon.*

ÉRYTRIN, *s. m.* — Genre de poissons dont le
corps est allongé, couvert d'écailles rouges; il
habite les eaux douces des régions tropicales; sa
chair est délicate. On le frit, à grande friture ou
au beurre, dans la poêle.

ESBRAT (LOUIS). — Célèbre cuisinier français, contemporain de Carême; il fut longtemps

le chef des cuisines, puis le chef de bouche du prince de Talleyrand (1754-1838).

ESCABESCIA (*Cuis. espagnole*). — Terme générique d'un mets dont la formule générale consiste à faire cuire l'aliment jusqu'à ce que le liquide soit à glace; on le sert comme le chaufroid.

Escabescia de perdreaux. — *Formule 1587.* — Découper deux perdreaux en cinq morceaux, les saler, les faire sauter avec de l'huile; égoutter l'huile et ajouter des fragments de basilic, de romarin, un piment doux, trois gousses d'ail, un petit oignon piqué d'un clou de girofle, et les mouiller à hauteur avec du vinaigre de vin et de la gelée de veau. Faire cuire les perdreaux, les déposer dans un plat creux et faire réduire la cuisson à glace; la passer sur les perdreaux et les servir froids dans leur réduction.

ESCALOPE, *s. f.* All. *Fleischschnittchen;* angl. *scallop.* — Petite tranche de viande mince, aplatie, arrondie d'un côté et pointue de l'autre; que l'on taille dans le veau, le poisson et toute viande tendre. On distingue trois genres d'escalopes : de *viande de boucherie, de volaille et de poisson.*

Cette forme est pratiquée pour activer la cuisson et permettre de leur appliquer différentes garnitures qui donnent le moyen d'en faire une variante agréable. Les escalopes piquées prennent le nom de *grenadin.* (Voir ce mot.)

Escalopes de poissons. — Dans ce genre je classe les formules suivantes :

Escalopes de brochet. (Voir ce mot.)

Escalopes de thon au beurre d'anchois (*Cuis. de restaurant*). — *Formule 1588.* — Tailler dans le thon frais de belles escalopes; les parer, les paner, en leur donnant une forme régulière; les poser dans un sautoir beurré et les cuire doucement au four. Préparer un beurre d'anchois, avec des filets d'anchois passés au tamis, ou bien mettre de l'*anchowis sauce* dans du beurre frais et faire couler sur les escalopes comme un beurre à la maître d'hôtel.

Escalopes d'aigrefin (*Cuis. d'hôtel*).— *Formule 1589.* — Lever les filets d'un *aigrefin, cabillaud, merluche* ou *morue fraîche*; les tailler en escalopes et les aplatir légèrement; les assaisonner et les paner; les cuire au beurre et les servir en couronne sur un plat rond, dresser au centre de petites pommes de terre à l'anglaise et servir à part une sauce hollandaise au beurre d'anchois, ou sauce crevettes.

Escalopes de langouste à la française (*Haute cuisine*). — *Formule 1590.* — Châtrer et faire cuire la langouste dans un court-bouillon très salé et fortement condimenté d'aromates, de poivre et de vinaigre. Réserver le corail et la queue; piler la poitrine et les petites pattes et en faire un coulis réduit et de bon goût, en y ajoutant du jus de champignons frais, de la crème fraîche ou une cuillerée de béchamelle. Passer le tout au tamis, puis à l'étamine. D'autre part, préparer une farce composée de :

Chair de brochet . . . . grammes	500
Farine tamisée. . . . . —	200
Beurre. . . . . —	150
Œufs frais . . . . nombre	10
Crème double . . . . litre	1
Sel et poivre blanc fraîchement moulu.	

Piler le tout, en ajoutant le corail et passer au tamis; essayer de pocher l'appareil dans un moule au bain-marie; il doit être plus consistant qu'un appareil à la royale; s'il était trop mou, ajouter un œuf; sa couleur doit être d'un rose blanc. Lorsque la farce ou appareil est à point, la coucher dans un moule plat et évasé, préalablement beurré et foncé d'une feuille de papier blanc. Faire pocher au bain-marie sans laisser bouillir l'eau.

Démouler le pain dans un plat rond et creux; enlever le papier, tailler des escalopes dans la queue chaude de la langouste et les dresser en turban sur le pain de brochet; poser sur chaque escalope une rondelle de truffe noire, épluchée et chaude. Saucer légèrement avec le coulis, dans le plat, sans toucher au pain et au décor, et envoyer le restant de la sauce à part.

Hygiène. — Ce mets exquis, dont je revendique la création, est d'une digestion facile grâce au coulis qui relève, stimule et facilite la fonction. C'est un aliment des organes de la pensée et un réparateur puissant.

Escalopes de saumon à l'aurore (*Mets froid*). — *Formule 1591.* — Tailler des escalopes dans les filets d'un saumon cru; les aplatir et leur donner une forme régulière. Les cuire au beurre; les presser légèrement et les laisser refroidir. Décorer le bord pointu de chaque escalope avec des filets d'anchois, caviar, blanc d'œuf et rouge de homard ; placer les escalopes sur un plafond et les glacer d'une forte gelée obtenue avec la coction condimentée du restant du saumon. Laisser prendre la gelée, et la couper avec le couteau autour de chaque escalope, afin d'en faciliter le levage. Dresser ces escalopes en forme de turban sur un pain vert. Envoyer une sauce mayonnaise, à l'essence d'anchois, à part.

Escalopes de viande de boucherie. — Dans ce groupe je classerai :

Escalopes de veau aux fines herbes (*Cuis. à la minute*). — *Formule 1592.* — Tailler des escalopes, les saupoudrer, les poivrer et les passer à la farine ; les faire saisir à la poêle pour leur donner de la couleur, y ajouter des échalotes, un petit oignon et une gousse d'ail, le tout haché ; faire cuire encore cinq minutes, arroser d'un filet de vin blanc et, au moment de servir, y faire couler un jus de citron et saupoudrer de cerfeuil haché.

Escalopes de veau à la demi-glace (*Cuis. d'hôtel*). — *Formule 1593.* — Tailler en équerre des tranches minces dans la rouelle de veau ; les aplatir légèrement ; les parer, les saler et les poivrer ; les passer vivement dans un sautoir ou à la poêle dans de l'huile fine ; aussitôt de couleur jaune, égoutter l'huile et les mouiller avec du bouillon ou de l'eau. Faire réduire vivement et les dresser dans leur demi-glace.

Remarque. — Il est préférable, lorsqu'on fait glacer les escalopes, de les braiser. On ne les obtiendra tendres qu'aux seules conditions de les laisser saignantes ou de les braiser. Inutile de dire qu'on peut les garnir de primeurs, de purées diverses, ou les accompagner d'une foule de sauces.

Escalopes à la purée de pommes de terre (*Cuis. de restaurant*). — *Formule 1594.* — Tailler minces des escalopes de veau, les aplatir, les saler, les poivrer, les passer à l'œuf battu, puis à la chapelure ; leur donner la forme de cœurs et les placer dans un sautoir beurré. Mettre sur chaque escalope un morceau de beurre fin et pousser le sautoir au four très chaud. Quand elles sont d'une belle couleur jaune, elles doivent être cuites.

Dresser alors de la purée de pommes de terre, blanche et mousseuse, dans un plat rond et dres-

ser autour les escalopes de veau. Les arroser avec le beurre dans lequel elles ont cuit.

Escalopes de veau à la russe. *Formule 1595.* — Tailler sur une noix de veau quelques escalopes, les épicer, les faire revenir d'un côté à feu vif au beurre clarifié, les mettre sous légère presse, en ayant soin de garder la partie saisie dessous ; quand les escalopes seront froides, farcir le côté revenu d'une farce composée de un quart de porc, un quart d'anchois salés dégorgés, un quart de moelle de bœuf, une cuillerée à bouche de fines herbes cuites ; remettre les escalopes dans une sauteuse beurrée, les arroser d'un peu de beurre clarifié, quatre minutes avant de servir, les pousser au four très chaud, dressez-le ensuite en couronne sur un plat rond, et garnissez le puits d'un ragoût de cèpes à la demi-glace.

Remarque. — L'escalope de veau se garnit de primeurs, de purée d'artichaut, de céleri, de pois,

Fig. 491. — Escalope de veau à la purée de céleri.

de champignons, de marrons, etc. Toutes ces garnitures sont appliquées selon l'opportunité du moment ou de la saison. On fait des escalopes avec toutes les viandes blanches de boucherie.

Les mêmes morceaux, taillés dans le filet de bœuf, prennent le nom de *filet mignon* et de *tournedoz.*

Escalopes de cœur de veau (*Cuis. ménagère*). — *Formule 1596.* — Couper des tranches en long du cœur ; les saupoudrer de sel et de poivre du moulin ; les passer à la farine ; les mettre dans une poêle contenant du beurre chaud, avec une gousse d'ail entière. Aussitôt qu'elles ont pris couleur, y ajouter une goutte de bouillon, un jus de citron ou un filet de vinaigre. Le dresser sur un plat, retirer la gousse d'ail et les masquer avec le jus.

Remarque. — Cette opération ne doit pas durer plus de dix minutes ; une cuisson plus prolongée de cinq minutes rendrait le cœur dur et coriace. On prépare avec les mêmes soins et de la même façon les escalopes de cœur de bœuf et de foie de veau. L'adjonction de champignons frais est une garniture agréable.

Escalopes de cœur de bœuf (*Cuis. de restaurant*). — *Formule 1597.* — Tailler le cœur en escalopes, les saupoudrer de sel, de poivre et les paner. Les faire cuire cinq minutes au four et les servir avec une garniture quelconque.

ESCALOPES DE GIBIERS. — Parmi ce genre je classe entre autres :

Escalopes de daim à la crème aigre. (*Cuis. autrichienne*). — *Formule 1598.* — Tailler des escalopes dans une noix de daim, les aplatir, les assaisonner, les faire mariner.

D'autre part, faire rôtir les débris du daim, y ajouter des baies de genévrier et mouiller avec de la crème aigre; faire cuire, piler les viandes et passer le tout au tamis. Au moment de servir, passer à la poêle les escalopes, en les achevant de cuire avec du jus de daim. Dresser les escalopes en couronne, sur une farce de gibier pochée dans un moule à bordure et masquer le tout avec de la sauce à la crème aigre. Servir le restant à part.

Fig. 498. — Escalopes de jambon genuine à la langue de bœuf.

Escalopes de renne sauce poivrade (*Cuis. silésienne*). — *Formule 1599.* — Tailler des escalopes dans une noix ou dans les filets de renne; les faire mariner 24 heures; les passer à la poêle et les cuire dans un fond de gibier. Préparer une sauce poivrade (Voir ce mot.) avec du jus du renne; dresser les escalopes en couronne et saucer dessus.

Remarque. — Les escalopes de porc frais, de sanglier, de marcassin, de chevreuil, de chamois, se traitent de la même façon : marinées ou fraîches, selon la sauce avec laquelle on les accommode.

Escalopes de mulet en civet (*Cuis. hippophagique*). — *Formule 1600.* — Tailler des escalopes dans un filet de mulet, les faire mariner; les faire sauter et les masquer avec une sauce de civet de lièvre; poivrade ou sauce Robert.

Escalopes de foie gras aux truffes (*Haute cuisine*). — *Formule 1601.* — Ce mode de préparation prend quelquefois le nom d'*escalopes de foie gras à la Lucullus* ou *à la Périgueux*.

Couper des escalopes dans un foie gras frais, les assaisonner et les sauter dans un sautoir. Les dresser sur un plat et les masquer d'une sauce aux truffes. Dresser dans le centre quelques truffes épluchées et chaudes.

Remarque. — On fait aussi des escalopes de gibier à plumes par les mêmes procédés que pour les épigrammes (Voir ce mot.), mais il me semble plus pratique de servir les gibiers à d'autres méthodes plus avantageuses.

Escalopes de jambon à la langue écarlate (*Cuis. d'hôtel*). — *Formule 1602.* — Tailler des escalopes dans un JAMBON GENUINE cuit; les tremper dans du bouillon, tailler aussi une langue écarlate; la faire chauffer sans en déplacer les tranches. Préparer d'autre part une sauce au vin de madère avec jus de champignons frais, très réduite. Dresser les escalopes en couronne sur un plat long, en la garnissant de têtes de champignons, et placer au centre la langue écarlate.

Remarque. — Ces escalopes peuvent se dresser froides; on garnit alors le plat de gelée et on dresse les escalopes sur un fond de pain vert.

ESCALOPER, *v. a.* (*Terme de cuisine*). — Action de tailler des escalopes, de les parer et de les former.

ESCANDEAU, *s. m.* — Dans le Midi, mesure de capacité pour les liquides contenant 16 litres environ.

ESCARBILLES, *s. f. pl.* All. *Kohlenstaub;* angl. *coal-cinder.* — Petit coke, portion de houille qui a échappé à une combustion complète et qui est mêlée aux cendres.

ESCARBOT, *s. m.* All. *Kœfer;* angl. *black-beetle;* ital. *scarafaggio.* — L'un des noms communs de la macre. (Voir CHATAIGNE D'EAU.)

ESCARGOT, *s. m.* (*Helix pomatia*). All. *Schnecke;* rus. *slimake;* angl. *snail;* ital. *lumaca.* — Colimaçon dont un grand nombre sont comestibles. Le meilleur est celui qui habite les vignobles; ceux de la Bourgogne sont particulièrement renommés. Il doit être ramassé l'hiver alors qu'il est enfermé dans sa coquille, et cela pour l'excellente raison qu'avant de se mettre à la diète il s'est épuré à la façon des marmottes et vit de sa propre substance.

L'escargot jouissait d'une grande réputation chez les Grecs, mais surtout chez les Romains, qui estimaient beaucoup ce mollusque. Pline dit qu'il était très recherché et très cher. D'après Dioscoride, les espèces les plus estimées étaient celles des îles de Sardaigne, de Sicile et de Chio. Daigne, dans son *Traité* (1550), dit de son côté que les Romains devaient l'art d'engraisser les escargots à Fulvius Lupinus. Il avait dans les premiers temps du christianisme une réputation hygiénique exagérée, qui d'ailleurs s'est transmise jusqu'à nous. Voici comment l'a décrit le maître-queux poète J. Rouyer :

Les anciens Romains faisaient leurs délices
De ces escargots ni chairs ni poissons,
Qu'hommes de science appellent *hélices*,
Et qu'il ne faut pas croire *limaçons...*

— Fi! l'horreur! dit-on, me trouvant trop brusque
A parfaire un mets « de rampants visqueux ».
Donc, séparant l'un de l'autre mollusque,
J'en fais un fin plat, — foi de maître-queux!

D'abord, l'escargot point ne se désigne
A notre dégoût, durant les jours froids:
Clos dans sa coquille, au pied d'une vigne,
Il s'engraisse, loin d'humides endroits...

(— Qu'en poète, ailleurs, j'en dirais merveille!
« Mystérieux, seul, il se reproduit;
« S'il s'accouple, il lance un trait à l'oreille
« Du semblable qui, clairvoyant, le suit. » —)

Mais qu'à l'eau bouillante il jette sa bave;
De son enveloppe extrait, on est sûr
Qu'avec bain de sel, l'escargot se lave
De tout son limon; il est ferme et pur...

(Qu'au feu, sans apprêts, aux champs on le grille;)
L'escargot pour nous, n'est propre qu'ainsi :
Cuit, avec jus, lard; puis, mis en coquille,
D'épices, de beurre et d'herbes farci;

Ensuite, au four chaud, en une minute,
Qu'il rôtisse, et soit bien à point mangé!...
Quant au limaçon, qu'ici j'exécute,
Il triomphe, hélas! du sot préjugé!

— Faible de poitrine! absorbe un reptile,
Qu'on mange, en Provence, avec l'aillolis :
Sauce, faite d'ail, de jaunes d'œufs, d'huile;
Le limaçon cru vaut tous nos coulis!...

Veut-on savoir maintenant comment le plus vulgaire des mets, *les escargots à la Bourguignonne*, très recherché par les Parisiens, a eu son heure de célébrité sous la Restauration et a figuré avec succès sur la table d'un des plus grands personnages de l'époque?

Quelques semaines après la rentrée de Louis XVIII en France, au mois de mai 1814, le sous-sol de l'hôtel Saint-Florentin était en grande animation, le chef de cuisine et son personnel s'agitaient dans tous les sens et les fourneaux embrasés indiquaient un festin de roi.

Voici ce qui se passait : le prince de la diplomatie, M. de Talleyrand-Périgord, avait offert à l'empereur Alexandre l'hospitalité de son hôtel, qu'il venait d'acquérir du marquis d'Hervas.

C'était un événement gastronomique. L'évêque d'Autun se piquait d'être un fin gourmet, de posséder le meilleur cuisinier et la meilleure cuisine de Paris.

Le prince de Talleyrand pouvait avoir 60 ans. Dans les capitales où il avait été envoyé en mission, le célèbre diplomate n'avait pas manqué d'étudier et de noter les bonnes recettes culinaires en usage. Il avait avec lui un maître-cuisinier qu'il avait enlevé à Cambacérès en doublant ses gages, et ce modeste Vatel avait pour mission spéciale de s'enquérir de tous les procédés mis en pratique à l'étranger pour l'assaisonnement des mets.

Parmi les souvenirs gastronomiques du propriétaire de l'hôtel Saint-Florentin, se présenta en première ligne le souvenir d'un plat d'escargots mangé à Vienne.

Il est vrai que ces mollusques sont très estimés à Vienne, où on les trouve en abondance.

Le prince manda son chef de cuisine (il se nommait Anacréon) et l'interrogea au sujet du déjeuner du lendemain.

— J'ai, lui dit-il, voulu faire les honneurs de ma salle à manger à une tête couronnée et à quelques amateurs de bonne chère... Je voudrais leur offrir un plat nouveau, étranger aux menus en usage... je voudrais leur faire manger des escargots!

— Rien n'est plus facile, monseigneur : il y a, entre autres façons, la plus simple et la plus pratique, celle de la grillade. On fait rôtir les escargots comme des marrons, et on les sert avec une sauce au vin.

— Détestable! détestable! répondit le diplomate, cela sent la gargote toute pure; l'empereur se croirait dans un restaurant du Palais Royal ou du cloître Saint-Honoré...

— Nous avons la façon de les ébouillanter, reprit Anacréon, puis de les monter en escalopes, avec forces épices, ail, poivre, piment, etc.

— Méthode ancienne, celle-là! s'écria M. de Talleyrand; Pline, dans son traité : *De remedis stomachi*, l'indique comme un stimulant... c'est un vrai casse-poitrine.

— Eh bien! Monseigneur, laissons de côté les recettes étrangères et tenons-nous-en à la méthode bourguignonne... c'est la plus compliquée, mais la plus succulente.

— Vous m'en répondez, Anacréon?

— Je suis du pays, j'ai fait à Beaune la réputation du *Soleil d'Or* et, à Paris, celle des *Vendanges de Bourgogne* de la rue Montorgueil, avec mes escargots.

— Il suffit... je compte sur votre expérience et vos lumières.

Le prince de Talleyrand recevait le lendemain le prince Alexandre, ses aides de camp, le maréchal duc de Tarente, Népomucène Lemercier, membre de l'Institut; le poète Campenon, qui avait été élu à l'Académie française au fauteuil occupé par Delille; Jouy, l'auteur dramatique qui publiait l'*Ermite de la Chaussée d'Antin ;* d'Auterive, ministre des affaires étrangères.

Fig. 19<.. — Fourchette à escargot.

Dès que le plat d'escargots fut présenté, les convives l'accueillirent avec une satisfaction marquée, et, au même instant, chacun reçut une plaquette en carton glacé sur laquelle on lisait en tête : « Escargots à la bourguignonne », et, immédiatement au-dessous, en lettres dorées : « Plat d'Anacréon! »

Analyse chimique. — On a constaté dans l'analyse de l'escargot sur 100 parties :

Eau		76
Matières azotées		16
—	grasses	2
—	diverses	4
Sels		2
		100

HYGIÈNE. — Comme on le voit par sa composition, l'escargot est un aliment dont la valeur nutritive est à peu près nulle et qui, pour être bien digéré, demande des condiments stimulants.

Préparés par les méthodes qui consistent à les cuire pendant 5 à 6 heures, les escargots constituent un aliment agréable et de digestion facile; tout le contraire sont les escargots dont les formules consistent à ne les cuire que une heure ou deux : l'indigestibilité ne saurait alors être douteuse. Quant aux propriétés du bouillon et du sirop d'escargot, on peut les comparer à ceux du bouillon de grenouille ou de veau; ils agissent comme émollient. On a beaucoup exagéré les propriétés de ce mollusque, surtout dans la médecine domestique; dans le nord de la France principalement, on en fait des bouillons qui passent pour guérir les rhumes et même la phtisie pulmonaire. J'ai connu un excellent curé de campagne qui a guéri de cette façon un nombre considérable de poitrinaires qui ne l'étaient pas.

Un certain Chrestien, médecin de Montpellier, cite des guérisons merveilleuses par le traitement des escargots ingérés crus. Ce qui est surtout miraculeux dans ce traitement, c'est que le malade ne soit pas mort d'indigestion.

Dangers. — On a constaté après l'ingestion de certaines espèces d'escargots, et surtout en été, des vertiges, des nausées, des coliques, des étourdissements répétés, suivis d'une prostration musculaire générale.

L'observation a démontré, en effet, que les escargots se nourrissent de laurier-rose, de viorne, de fusain, de buis, d'euphorbe et de plusieurs autres plantes vénéneuses.

On a cité deux exemples d'empoisonnement produits par des limaçons qui avaient été recueillis, les uns sur un pied de belladone, les autres sur un redoul.

Seuls les escargots qui se nourrissent de plantes aromatiques et ceux des vignes doivent être admis dans l'alimentation.

Voici différentes manières d'accommoder les escargots :

Escargots à la bourguignonne. — *Formule 1603.* — Après avoir mis les escargots à dégorger dans une poignée de sel, les laver, les blanchir à l'eau, les retirer au premier bouillon, ensuite les sortir de leurs coquilles, bien laver ces dernières à l'eau bouillante. Les escargots sont cuits ensuite dans la cuisson suivante :

Ajouter une garniture composée de carottes, oignons, thym, laurier, persil, un peu de farine mouillée moitié vin blanc, moitié bouillon; ajouter sel, poivre, épices.

On fait cuire à petit feu pendant cinq heures, on laisse refroidir les escargots, et on prépare le beurre suivant: ail pilé, sel, poivre, persil haché bien fin, on mêle le tout ensemble avec de bon beurre, regarnir les coquilles avec les escargots et le beurre. On les cuit à four doux en ayant soin de tenir l'orifice de l'escargot en haut; servir très chaud.

Escargots à la bourguignonne (*Procédé général*). — *Formule 1604.* — Mettre les escargots dans une casserole d'eau froide; la faire tiédir, agiter les escargots pour nettoyer la coquille, en les brossant au besoin et les mettre dans une autre casserole avec sel, condiments et vinaigre. Les faire cuire en écumant. Les égoutter sur un tamis; les garnir avec un beurre à la maître d'hôtel, dans lequel on fera entrer poivre blanc, thym, estragon, ail, muscade, marjolaine, cerfeuil, persil hachés et jus de citron. Les faire cuire sur un plat spécial pour que le beurre ne se répande pas.

Ce mode de préparation est moins parfait que le précédent.

Escargots à la Sédunoise (*Cuis. de moine*).— *Formule 1605.* — A Sion (Valais), patrie du chevalier *Superxaxo* et du cardinal *Schiner*, et le séjour des démocrates savoyards démocratisant surtout la fondue au fromage et les escargots des capucins en carême, il existe un mode de les préparer qui date de *Jules César*.

Les Romains vainqueurs établirent un parc pour engraisser les escargots; le parc est aujourd'hui la propriété du couvent des capucins situé dans les vergers, sis au pied des vignobles de la rive droite du Rhône. Voici comment l'on procède :

On met les escargots dans une immense casserole pouvant contenir des centaines de ce mollusque, avec de l'eau froide; on les met sur le feu et au premier bouillon on les ôte. A l'aide d'une fourchette spéciale on retire un à un les escargots de leur coquille; on les châtre, c'est-à-dire qu'on leur retire les intestins, puis on les met dans une terrine avec une poignée de gros sel et on les remue pour leur faire rendre la partie visqueuse; on les lave à l'eau fraîche, on les fait dégorger, on les relave jusqu'à ce que l'eau en soit claire.

On met alors rôtir un fort morceau de bœuf dans une casserole; lorsqu'il a pris couleur partout, on y ajoute un piment, des oignons cloutés,

un bouquet garni de marjolaine, de romarin, d'estragon, de thym, de basilic, de quelques gousses d'ail.

On y met aussi les escargots et on mouille le tout de moitié bouillon et moitié vieux vin de *Malvoisie* sèche ou d'*Amigne* (crus du pays), et on laisse cuire le tout pendant sept à huit heures, c'est-à-dire jusqu'à ce que la coction soit tombée en demi-glace. Comme c'est un jour maigre et que les escargots doivent l'être aussi, on retire le bœuf que l'on fait manger par un damné quelconque, le plus souvent par le domestique.

On met alors un peu de ce jus dans le fond de la coquille, préalablement nettoyée et séchée, puis on introduit l'escargot et, lorsqu'elle est froide, on ajoute le beurre à la maître d'hôtel, composé de beurre frais d'Hérens, dans lequel on mélange de l'ail pilé, du poivre blanc, du sel, de l'estragon, des ciboules et du cerfeuil hachés, le tout pétrit et rendu homogène.

On les passe au four sur une plaque chaude et, pendant que l'on sert la première fournée, on en fait cuire une seconde, puis une troisième jusqu'à ce que le convive s'y refuse. Ceux de mes lecteurs qui auront l'occasion de visiter Sion, pourront se convaincre et de la cordiale hospitalité des capucins et de l'excellence de leurs escargots.

A Marseille, on prépare les escargots de la façon suivante :

Carago à la suçarello (*Escargots à sucer*). — *Formule 1606.* — Faire jeûner les escargots pendant huit jours en les mettant dans un vase avec sel et vinaigre pour leur faire rendre la matière gluante; les laver et les faire cuire pendant deux heures dans de l'eau fortement condimentée de thym, fenouil, laurier, romarin, sel et vinaigre. On reconnaît que les escargots sont cuits quand, en les agitant, ils sortent des coquilles.

Faire revenir à l'huile, dans une casserole, un oignon haché, une tomate épluchée, laisser cuire; ajouter les limaçons, ainsi que sel, poivre, laurier, pointe d'ail; saupoudrer légèrement de farine; faire sauter pour mélanger, puis mouiller à court avec du bouillon et un peu de leur cuisson, faire mijoter pendant vingt minutes et servir.

Pour les manger, on coupe le fond de la coquille, ce qui établit un courant d'air amenant le mollusque au dehors. Seulement il faut être doué d'un peu de patience pour supprimer le bout de chaque coquille d'escargot.

Escargots à la dijonnaise. — *Formule 1607.* — Laver les escargots de vigne à plusieurs eaux et les mettre ensuite dans de l'eau tiède sur le feu pour les faire ouvrir; les faire blanchir à l'eau de sel pour les faire dégorger et enfin les cuire dans du vin blanc très aromatisé, et les laisser refroidir ainsi. Lorsqu'ils sont froids, on garnit le vide de la coquille avec du beurre à la maître d'hôtel fortement condimenté. Ce mode, comme on le voit, consiste à ne pas sortir l'escargot de sa coquille, ce qui n'est pas son moindre mérite si l'on désire jouir de ses propriétés.

Escargots à l'italienne. — *Formule 1608.* — Préparer les escargots comme dans la *formule 1604*, et mettre dans le beurre maître d'hôtel une forte quantité de parmesan râpé.

Escargots imités (*Cuis. factice*). — *Formule 1609.* — On peut imiter la chair des escargots avec du mou de veau et, disons-le bien vite, ils sont souvent préférables à certains escargots vendus par les marchands de vins. Si l'on est trompé sur l'authenticité, on a l'avantage de ne pas avoir à craindre l'empoisonnement par intoxication, ni indigestion.

On fait braiser le mou de veau dans du vin blanc, du bouillon, le tout assaisonné comme les escargots. Lorsqu'il est cuit, on le laisse devenir tiède et on le taille en petits morceaux réguliers pointus d'un côté pour le faire pénétrer dans la coquille d'escargot. On met un peu de jus dans la coquille, puis on pousse bien dedans le mou, sur lequel on ajoute le beurre à la maître d'hôtel, selon l'usage.

Remarque. — Les grimoires de la cuisine ancienne et moderne mettent les escargots à toutes les sauces. Je me dispenserai donc d'enregistrer ces aberrations culinaires.

Bouillon d'escargots (*Cuis. de régime*). — *Formule 1610.* — Mettre les escargots à l'eau froide et pousser la casserole sur le feu; les faire cuire et, au premier bouillon, les retirer; les sortir de leur coquille; en mettre deux douzaines dans une casserole avec 3 litres d'eau; 30 grammes de gomme arabique, 1 laitue, 1 morceau de tête de veau. Faire cuire pendant trois heures sans écumer; passer à travers un linge.

Sirop d'escargots (*Cuis. de régime*). — *Formule 1611.* — Soumettre trois douzaines d'escargots à l'ébullition et les sortir aussitôt de la co-quille; les mettre dans une terrine avec un verre de vin de Xérès; les remuer longuement pour faire dégorger la matière glutineuse; recommencer l'opération trois fois; ajouter un litre d'eau et un kilo de sucre; faire cuire le tout ensemble. Passer à la chausse et mettre en bouteilles.

CONSERVE. — Pour conserver les escargots il suffit, lorsqu'ils sont préparés, de les mettre par couches dans un vase de grès vernissé et de couler dessus de la graisse à moitié congelée.

ESCAROLE, *s. f.* (*Cichorium endivia*, L.). All. *Grosse vollherzige escariol;* angl. *Batavian endive;* holl. *escarol kropandijvie;* esp. *escarola de hojas anchas;* ital. *endivia scariola.* Aussi appelée *escarole bouclée; escarole courte; escarole langue-de-bœuf; endive de Meaux.* — Genre de chicorée endive, formant la cinquième espèce de la tribu du *cichorium endivia,* que je classe dans les sortes des salades ou végétaux d'hiver.

Les variétés les plus recherchées pour la table sont :

L'*escarole ronde,* qui prend le nom de *bouclée* chez les jardiniers quand les feuilles du centre en partie repliées en dehors tendent à abriter le cœur;

L'*escarole de Limay,* qui se distingue par des feuilles d'un vert pâle disposées en rosace; un peu plus grande que la précédente;

L'*escarole blonde,* qui doit se couper jeune, et sert surtout pour les salades;

Enfin l'*escarole en cornet,* aussi dénommée bé-

Fig. 494. — Escarole en cornet.

glaise et *escarole d'hiver,* à feuilles moins nombreuses, mais plus amples et très larges; découpée sur les bords comme l'indique la fig. 494.

Cette variété, que nous signalons aux jardiniers, rendrait de signalés services à l'alimentation et à la cuisine, étant améliorée.

HYGIÈNE. — Cette salade d'hiver est d'une digestion un peu difficile; il convient de faire la salade au commencement du repas pour la laisser mariner un peu. Cuite et préparée comme les laitues braisées, elle constitue un aliment sain, une garniture agréable. On peut la préparer comme l'endive ou chicorée flamande. (Voir ces mots.)

ESCARGOULE, *s. f.* — Dans le Périgord, nom que l'on donne aux champignons bons à manger, mais principalement à la grande coulemelle.

ESCHES, *s. f. pl.* (*Terme de pêche*). — Amorces pour la pêche; nom du verre de terre haché servant d'amorces.

ESCHOLZIA (*Eschholtzia*). — Plante du genre des papavéracées établi par Chamisso en l'honneur du botaniste *Fr. Eschholz*, mort en 1831. L'unique espèce, connue, celle de Californie, pousse spontanément sur la rive sablonneuse de la baie de San-Francisco. C'est une plante bisannuelle,

Fig. 495. — Echolzia de Californie, fleur imitée en cire.

vivace, à tiges étalées; feuilles à divisions linéaires, grandes, d'un jaune vif, safranées au centre. Lorsque les artistes culinaires voudront faire cette fleur, il faudra commencer par préparer les pétales, cinq par fleur, d'un jaune vif; les pistils d'un jaune rouge et les radicelles des tiges d'un vert vif; on les montera sur du fil de

fer garni. Elle est d'un effet marqué pour la garniture des socles.

ESCLIPOT, *s. m.* (*Terme de pêche*). — Caisse dans laquelle on laisse tomber la morue tranchée et habillée.

ESCOCHER, *v. a.* — Battre la pâte du biscuit avec la main, afin de la ramasser en une seule masse.

ESCOTON, *s. m.* (*Cuis. béarnaise*). — Entremets sucré.

Formule 1612. — On fait, avec de la farine de maïs (il en faut beaucoup) et de l'eau, une bouillie très solide, que l'on sale un peu; il faut laisser cuire 20 minutes en ayant soin de remuer très souvent pour empêcher de former un gratin; on verse ensuite dans un plat à moitié creux où on la laisse jusqu'au lendemain. Cette pâte est alors très ferme; on la coupe en tranches de 2 ou 3 centimètres d'épaisseur, on la passe dans la farine de froment et on la fait frire dans de la graisse ou du beurre; on saupoudre de sucre et on mange très chaud; c'est très délicat.

ESCOUBARDE, *s. m.* — Champignon du genre agaric, aussi appelé *oreillette;* il est d'un gris cendré à stipe blanchâtre plein et court.

ESCOURGEON, *s. m.* — Espèce ou variété d'orge à épi court et hâtif; le grain vert sert à faire des potages très recherchés dans le Nord.

ESCUBAC, *s. f.* (*Liqueur par macération*). — *Formule 1613.* — Employer:

Safran du Gâtinais	grammes	32
Baie de genévrier	—	16
Dattes sans noyaux	—	100
Raisins de Damas	—	100
Jujubes écrasés	—	125
Anis vert	—	4
Coriandre	—	4
Cannelle concassée	—	8
Macis	—	4
Clous de girofle	—	4
Eau-de-vie à 22 degrés	litres	8

Procédé. — Faire macérer pendant huit jours. Préparer un sirop fait avec 2 kilos 500 grammes de sucre et 5 litres d'eau. Filtrer la macération et mélanger au sirop. Mettre en bouteille.

ESCULINE, *s. f.* (*Hygiène*). — Principe actif du marron d'Inde, employé avec succès contre les fièvres intermittentes, les gastralgies et les entéralgies palustres. Elle se prend à la dose de 2 à 50 centigrammes.

ÉSOCES, *s. m. pl.* — Terme générique des poissons malacoptérygiens à écailles dures, dont le type est le brochet.

ESPADON, *s. m.* (*Xiphias gladius,* L.). — Poisson de la Méditerranée, appelé *empadour* à Nice. Sa chair grasse n'est pas mauvaise, mais elle demande un traitement culinaire soigné. Au Brésil on en pêche une variété très grosse, *Esox brasiliensis,* qui habite les mers des deux Indes; il est orné de longues pointes, il attaque parfois la baleine. Sa chair huileuse ressemble à celle du cochon de lait; on s'en sert pour faire des pâtes et des farces qu'on met dans des boyaux en forme de boudin.

ESPADOT, *s. m.* (*Pêche*). — Sorte de crochet de fer fixé solidement à un bâton, et avec lequel on prend les poissons restés au fond des écluses.

ESPAGNOLE, *s. m.* (*Gâteau à l'*). — *Formule 1614.* — Employer :

Sucre en poudre	grammes	500
Fécule.	—	250
Écorce d'orange hachée.	—	100
Amandes douces mondées. . . .	—	100
— amères.	—	25
Œufs frais	nombre	12

Procédé. — Travailler dans une terrine le sucre et les jaunes d'œufs; ajouter les écorces d'oranges et les amandes hachées. Travailler de nouveau, puis ajouter la fécule et enfin les blancs d'œufs battus en neige avec les précautions usitées dans cette opération.

Coucher cette pâte dans des moules plats préablement beurrés et passés à la fécule. Les cuire dans un four modéré. Étant froids, les garnir largement de marmelade d'abricots, les glacer à l'orange et les garnir aux fruits.

ESPAGNOLE (*Sauce*). — On a donné le nom d'*espagnole* à cette sauce parce qu'elle est brune, comme on a donné le nom d'*allemande* à une autre sauce blonde ou blanche; mais, à vrai dire, elles ne sont ni espagnole ni allemande, elles sont nées en France et elles font toutes deux partie de la grande cuisine française.

Sauce espagnole (*Haute cuisine*). — *Formule 1615.* — Faire un roux de couleur pâle (s'il était

trop foncé en couleur, il perdrait de ses propriétés) et le mouiller avec du jus de veau et de bœuf; le mouton et le gibier donneraient un mauvais goût à la sauce; remuer jusqu'à l'ébullition et retirer la casserole sur l'angle du fourneau, et laisser cuire à petit feu toute la journée; l'écumer, la débarrasser le soir et, le lendemain, la remettre sur le feu en y ajoutant du jus ou du bouillon non salé.

Faire sauter dans une poêle, jambon ou lard maigre; oignons, carottes, ail, thym, laurier, estragon, basilic, clou de girofle. Ce mirepoix étant rissolé, le jeter dans la sauce avec du poivre noir concassé, du vin blanc, et faire réduire doucement en évitant qu'elle ne s'attache.

Le deuxième jour de cuisson, elle subit une transformation apparente, la chimie culinaire s'opère : d'épaisse qu'elle était, analogue à une soupe à la farine, elle devient claire.

Voici ce qui se passe : la fécule se divise en deux parties, l'une se précipite au fond et l'autre vient à la surface, de sorte que le gluten et la diastase se combinent avec la partie gélatineuse ou glace de viande, et forment une sauce glutineuse et corsée; elle est alors *dépouillée*. Mais, pour arriver à ce résultat, il faut la faire cuire au moins pendant trente heures, c'est-à-dire pendant trois jours; elle est alors réduite en demiglace.

On la passe au tamis, on la dépose dans une terrine émaillée et on la remue jusqu'à ce qu'elle soit froide. Dans cet état neutre, sans goût spécial, elle sert alors de base à une multitude de sauces brunes que l'on peut confectionner à l'instant même.

Remarque. — Lorsque pour une cause quelconque on n'a pas le temps de faire dépouiller la sauce espagnole, soit que dans un ménage on ait besoin de cette sauce immédiatement, il faut faire le roux avec du beurre; ne pas le laisser trop roussir, mouiller avec de bon jus ou du bouillon. La garnir d'un mirepoix, y ajouter du vin blanc et la passer après une demi-heure de cuisson.

Sauce espagnole pour gibier (*Haute cuisine*). — *Formule 1616.* — Dans le nord de l'Europe, où le gibier à poil est commun, j'ai créé la sauce suivante, pour mes grands travaux culinaires :

Faire rôtir, puis mettre dans une marmite les os et débris de gibier; la garnir de légumes et faire cuire pendant sept à huit heures; décanter le bouillon. Faire un roux et le mouiller avec le bouillon du gibier; la traiter comme la sauce espagnole ordinaire, en ayant soin d'ajouter au mirepoix de la sauge et des baies de genièvre.

Cette sauce permet de confectionner en un instant des fumets exquis pour accompagner les filets, épigrammes, escalopes en marinade.

ESPÉRANCES, *s. f. pl. (Pâtisserie).* — Faire cuire dans des moules à tartelettes, préalablement beurrés et amidonnés, de la pâte à biscuit génois. (Voir ce mot.) Aussitôt froide, les couper par le milieu et les garnir d'une crème pâtissière à la pistache.

D'autre part, ajouter à une crème Saint-Honoré (Voir ce mot.) du vert d'épinard; garnir les tablettes en pyramide, avec cet appareil, et les saupoudrer de sucre rouge.

ESPRIT, *s. m.* All. *Spiritus;* angl. *spirit;* rus. *spirte;* ital. *spirito.* — Liquide inflammable ressemblant à l'alcool sous beaucoup de rapports (Voir ALCOOL.); *esprit* de bois, obtenu par la distillation du bois; de sel, l'*acide chlorhydrique.*

ESPRITS AROMATISÉS. — On appelle *esprits aromatisés* les esprits mis en contact par macération d'abord, pendant un temps déterminé, puis distillés au bain-marie, avec des substances aromatiques quelconques, feuilles, fleurs, graines, racines, etc.

Les substances destinées à la distillation doivent être récoltées à l'époque de l'année où elles ont le plus de parfum. Toutes ces substances doivent subir une macération plus ou moins prolongée dans l'alcool; ainsi les fleurs, les feuilles et les fruits ne réclament que 24 à 48 heures de macération, tandis que les bois, les racines, etc., demandent au moins huit jours et même davantage.

Pour les esprits parfumés, il est essentiel d'employer l'alcool pur à 85 degrés; le choisir exempt de toute odeur qui puisse altérer le parfum des substances à distiller. On emploie généralement l'alcool de vin du Midi; mais, l'alcool rectifié avec soin, provenant du sucre, devra lui être préféré, attendu que non seulement il n'a pas le bon goût de celui du Midi, mais il n'en a aucun; par conséquent, ne possédant que le degré de l'alcool, il est évident que l'on obtiendra des esprits parfumés délicieux conservant, sans aucune altération, tout l'arome des substances employées.

Après la macération, on doit ajouter, avant de distiller, une certaine quantité d'eau commune. Cette eau a d'abord pour but de baigner les substances qui ne doivent jamais rester à sec, la distillation étant terminée; ensuite, elle aide beaucoup à la saturation, car il est reconnu que certains aromates, les bois et les racines principalement, développent bien peu de parfum lorsque l'on néglige d'associer à l'alcool une certaine quantité d'eau.

La rectification des esprits parfumés est indispensable pour obtenir de bons produits; elle doit être faite au bain-marie comme la distillation, en procédant doucement et avec le plus grand soin. Cette opération a pour but d'enlever au produit le goût d'empyreume qu'il contracte par la distillation. La rectification terminée, les esprits aromatisés doivent être mis dans des vases bouchés hermétiquement et placés dans un lieu ayant une température ordinaire.

Les esprits aromatisés ne doivent être employés que quelques mois après leur fabrication; pendant ce temps, le parfum se développe et devient beaucoup plus suave. Malgré tous les soins que l'on puisse prendre dans la distillation et la rectification des esprits parfumés, ils ont toujours, étant nouvellement fabriqués, un parfum beaucoup moins fin.

Les esprits aromatisés sont employés par les confiseurs, comme parfums, mais plus particulièrement par les distillateurs pour la fabrication des liqueurs; car, aujourd'hui, ces derniers, à part quelques liqueurs de marque en renom, ne se donnent plus la peine de distiller les liqueurs avec le mélange d'aromates qui convient à chacune d'elles; ils se contentent de faire un mélange d'esprits aromatisés qui sont ensuite sucrés, filtrés et mis en bouteilles, puis livrés le lendemain à la consommation. On va même jusqu'à saturer l'alcool d'essences proprement dite pour fabriquer les liqueurs; et c'est ainsi que, sans s'en douter, on nomme *improprement* les esprits aromatisés : *essences.* C'est pourquoi je ne cesserai de dire que la concurrence d'une part, la mauvaise foi de l'autre, entraînent forcément le distillateur à une fabrication honteuse et dérisoire.

Esprit d'anis. — *Formule 1617.* — Employer :

Semence d'anis	kilogr.	10
Alcool à 85°	litres	25

Procédé. — Faire macérer les semences d'anis

pendant quatre jours dans l'alcool, ajouter 15 litres d'eau commune et distiller au bain-marie jusqu'à la dernière goutte; puis rectifier pour retirer 22 litres d'esprit parfumé.

Esprit de café. — *Formule 1618.* — Employer:

Café Moka	kilogr.	10
Café Martinique	—	10
Eau commune	litres	55
Alcool à 85°	—	25

Procédé. — Torréfier les cafés Moka et Martinique séparément, lentement et légèrement; les pulvériser grossièrement et les mettre dans un conge; y verser l'eau bouillante et couvrir; laisser infuser pendant quatre heures, c'est-à-dire le temps voulu pour faire refroidir, ajouter alors l'alcool et laisser macérer pendant vingt-quatre heures, puis distiller très doucement jusqu'à la dernière goutte. Rectifier pour obtenir 22 litres d'esprit parfumé.

Esprit de cannelle. — *Formule 1619.* — Employer :

Cannelle de Ceylan	kilogr.	5
Alcool à 85°	litres	25

Procédé. — Concasser grossièrement la cannelle, la faire macérer pendant huit jours dans l'alcool; ajouter 12 litres d'eau commune et distiller doucement au bain-marie pour retirer 24 litres d'esprit parfumé. On ne rectifie pas.

Esprit de framboises. — *Formule 1620.* — Employer :

Framboises	kilogr.	150
Alcool à 85°	litres	25

Procédé. — Choisir les framboises de Bougival (Seine-et-Oise), les premières qui paraissent sont les meilleures comme parfum. Les écraser à la main et les mettre macérer dans l'alcool pendant huit à dix jours; ensuite distiller doucement au bain-marie en deux ou trois fois jusqu'à la dernière goutte, puis rectifier le tout pour obtenir 22 litres d'esprit parfumé.

On distille les framboises en deux ou trois fois, parce qu'elles montent beaucoup dans le cours de la distillation, et il serait imprudent de distiller en une seule fois.

Esprit de noyaux. — *Formule 1621.* — Employer :

Noyaux de fruits	kilogr.	100
Alcool à 85°	litres	25

Procédé. — Concasser les noyaux de fruits en les passant dans une machine à broyer; y ajouter l'alcool et laisser le tout en macération pendant quinze jours; ensuite distiller au bain-marie en tirant jusqu'à la dernière goutte, puis rectifier pour obtenir 22 litres d'esprit parfumé.

Esprit de roses. — *Formule 1622.* — Employer :

Pétales de roses	kilogr.	40
Alcool à 85°	litres	25

Procédé. — Choisir des roses des quatre-saisons, que l'on appelle aussi *roses à la reine, de Damas*, etc. (celles que l'on récolte à Puteaux, près de Paris, sont les plus appréciées); elles doivent être cueillies par un beau soleil, et après avoir été vannées, pour enlever les culots, être mises en macération dans l'alcool pendant vingt-quatre heures; ajouter ensuite 15 litres d'eau commune et distiller jusqu'à la dernière goutte, puis rectifier pour obtenir 22 litres d'esprit parfumé.

Esprit de thé. — *Formule 1623.* — Employer :

Thés mélangés, premier choix	kilogr.	10
Sel marin	grammes	500
Alcool à 85°	litres	25

Procédé. — Faire bouillir 40 litres d'eau commune avec le sel que l'on jette sur le thé dans un vase étamé ou émaillé, et couvrir. Le lendemain, ajouter l'alcool et laisser macérer le tout pendant deux jours; puis distiller, très doucement, au bain-marie jusqu'à la dernière goutte; rectifier pour obtenir 22 litres d'esprit parfumé. (ED. LACOMME, de l'*Académie de cuisine*.)

ESSEINER, *v. a.* — Action de tirer à soi une seine; en ôter le poisson qui y est contenu.

ESSENCE, *s. f.* (*Essentia*). All. *Essenz;* angl. *essence;* rus. *essentzia;* ital. *essenza*. — Principe d'une substance; ce qui constitue la nature d'une chose.

En cuisine, coction, jus extrait des matières végétales ou animales. (Voir FUMET.) En distillation, principe aromatique extrait des plantes.

Les essences ou huiles volatiles sont des corps contenus dans les plantes, principalement dans les fleurs, les fruits et les feuilles, rarement dans les racines ou les tiges, que l'on peut extraire, les uns par distillation, les autres par expression. Ces substances ont une odeur forte et caractéristique, celle des plantes qui les ont fournies, et une saveur âcre et brûlante.

Les esssences sont solides ou liquides, le plus souvent plus légères que l'eau, quelquefois plus lourdes; ces dernières sont généralement celles des plantes venues dans des climats très chauds : les essences de cannelle, de girofle, etc.

Les essences sont très peu solubles dans l'eau, toutefois elles lui communiquent leur odeur; elles sont très solubles dans l'alcool, d'autant plus que ce dernier est plus concentré.

Les essences, par expression, sont très odorantes, mais épaississent promptement, deviennent rances et acquièrent une odeur très désagréable; elles ne sont pas complètement solubles dans l'alcool, tandis que celles que l'on obtient par la distillation, quoique ayant une odeur moins agréable, sont plus légères, très solubles dans l'alcool, et se conservent beaucoup plus longtemps.

Essence de bergamote. — *Formule 1624.* — Cette essence est extraite par expression du zeste des bergamotes. On râpe ces fruits, on met le zeste qui en résulte dans un sac de crin, on soumet ensuite à la presse pour obtenir un liquide qui se divise bientôt en deux couches, dont la supérieure sera enlevée à l'aide d'une pipette, ce qui constitue l'essence de bergamote, qui est très fluide, d'une couleur jaune ou verdâtre; mais, rectifiée par la distillation avec de l'eau, elle est tout à fait limpide et incolore. Son odeur est très agréable et tient à la fois de l'orange et du citron.

L'essence de bergamote nous vient de la Grèce, de l'Espagne et du Portugal.

Les essences d'oranges *dites de Portugal* et de citron se préparent absolument de la même manière.

Essence de cannelle. — *Formule 1625.* — Pour obtenir cette essence, on doit concasser la cannelle et la laisser macérer pendant deux jours avec une certaine quantité d'eau commune; ajouter un peu de sel marin; mettre le tout dans l'alambic et distiller doucement tant que le produit, que l'on reçoit dans un récipient, passe trouble. Ces opérations terminées, laisser enfin déposer l'essence, qui sera complètement séparée de l'eau après vingt-quatre heures de repos.

Essence de menthe. — *Formule 1626.* — L'essence de menthe est obtenue de la menthe poivrée (*mentha-piperita*), dont on récolte les sommités fleuries seulement, dès le matin, avant le lever du soleil, au moment où il y a le plus de rosée; on l'étend ensuite sur des feuilles de papier dans un courant d'air bien établi, et lorsqu'elle est sèche on la plonge dans la curcurbite d'un alambic, marchant par la vapeur de préférence; on y ajoute immédiatement le chapiteau, on lute et on distille à bon filet; le produit est reçu dans un récipient florentin, dans lequel l'essence surnage et est ensuite retirée à l'aide d'une pipette. Elle est verdâtre ou incolore, d'odeur forte et caractéristique, de saveur fraîche, âcre et brûlante.

Remarque. — Comme toutes les autres, l'essence de menthe doit être rectifiée par la distillation avec l'eau; elle est alors incolore et se conserve très longtemps sans aucune altération.

Dans le commerce on la rencontre presque toujours falsifiée avec des alcools, des huiles fixes et surtout de l'essence de térébenthine.

Quoique les essences perdent quelquefois près de la moitié de leur volume par la rectification, il est nécessaire de leur faire subir cette opération par le moyen de la cornue, pour les obtenir incolores et d'une odeur plus agréable. La rectification des essences par la cornue consiste à leur ajouter au moins cinq fois leur poids d'eau et de rectifier le plus doucement qu'il sera possible.

Essences artificielles. — Les essences artificielles de fruits (*ananas, poire, pomme,* etc.), qui sont préparées chimiquement, ne sont autre chose que des solutions alcooliques de divers éthers, dont quelques-uns sont additionnés d'acides organiques (*acide tartrique, oxalique, succinique, benzoïque*). Dans toutes ces préparations, on mélange de la glycérine pour condenser et harmoniser les diverses odeurs.

Ces essences, qui ont plus ou moins le parfum des fruits indiqués, se détériorent assez promptement; puis sont employées par des maisons qui fabriquent des produits à prix réduits. Je conseille donc d'employer de préférence les parfums concentrés qui sont préparés avec beaucoup de soins, tels que les pulpes d'ananas, d'abricots, de poires, etc., ou les eaux distillées de fruits, auxquelles on additionne la quantité voulue de sucre pour obtenir (à froid) un sirop à 30 degrés, ce qui produit des parfums délicieux et pouvant se conserver plusieurs années sans rien perdre de leur odeur et de leur finesse. (ED. Lacomme, de l'*Académie de cuisine.*)

ESSENCE CHIMIQUE. — La chimie prépare de toute pièce, et sans le concours des fruits, des essences absolument illusoires dont le moindre inconvénient est de s'évaporer après un certain laps de temps plus ou moins prolongé, mais qui jouent sur le moment un rôle assez important dans la composition des produits alimentaires. Ces produits n'étant pas interdits, je les publie sous l'autorité de notre collaborateur *L. Padé*, chimiste-expert.

Essence de prune. — *Formule 1627.* — Employer :

Glycérine	grammes	8
Ether acétique et aldéhyde	—	5
Huile de persico	—	4
Ether butyrique	—	2
Ether formique	—	1
Ether œnanthique	—	4

Essence de groseille. — *Formule 1628.* — Employer :

Ether acétique	grammes	5
Acide tartrique	—	4
Acide benzoïque	—	1
Acide succinique	—	1
Ether benzoïque	—	1
Aldéhyde et acide œnanthique	—	1

Essence de framboise. — *Formule 1629.* — Employer :

Ether acétique	grammes	5
Acide tartrique	—	5
Glycérine	—	4
Aldéhyde, éther formique	—	1
Ether benzoïque, butyrique	—	1
Ether amyl-butyrique acétique	—	1
Ether œnanthiq., méthyle, salicyliq	—	1
Ether nitreux, sibacyliq. et succiniq.	—	1

Essence d'ananas. — *Formule 1630.* — Employer :

Ether amyl-butyrique	grammes	10
Ether butyrique	—	5
Glycérine	—	3
Aldéhyde et chloroforme	—	1

Essence de melon. — *Formule 1631.* — Employer :

Ether sébarylique	grammes	10
Ether valérianique	—	5
Ether butyrique	—	4
Glycérine	—	3
Aldéhyde	—	2
Ether formique	—	1

Essence de poire. — *Formule 1632.* — Employer :

Ether acétique	grammes	5
Ether amyl-acétique, glycérine	—	1

Essence de pomme. — *Formule 1633.* — Employer :

Aldéhyde	grammes	2
Ether amyl-valérianique	—	10
Chloroforme, éther acétique	—	1
Ether nitreux, acide oxalique	—	1
Glycérine	—	4

Essence de cerise. — *Formule 1634.* — Employer :

Ether benzoïque	grammes	5
Ether acétique	—	5
Glycérine	—	3
Ether œnanthique et acide benzoïque	—	1

Essence de pêche. — *Formule 1635.* — Employer :

Ether formique, valérianique, butyrique	grammes	5
Ether acétique, glycérine, huile de Persico	—	5
Aldéhyde et alcool amylique	—	2
Ether sébacylique	—	1

Essence d'abricot. — *Formule 1636.* — Employer :

Ether butyrique	grammes	10
Ether valérianique	—	5
Glycérine	—	4
Alcool amylique	—	2
Ether amyl-butyrique chloroforme	—	1
Ether œnanthique et acide tartriq	—	1

Essence de fraise. — *Formule 1637.* — Employer :

Ether nitrique	grammes	1
Ether acétique	—	5
Ether formique	—	1
Ether butyrique	—	5
Salicylate de méthyle	—	1
Ether amylique	—	3
Butyrate d'amyle	—	2

Essence de raisin. — *Formule 1638.* — Employer :

Chloroforme aldéhyde	grammes	2
Ether formique	—	2
Ether œnanthique	—	10
Salicylate de méthyle	—	1
Acide tartrique	—	5
Acide succinique	—	3
Glycérine	—	10

Essence de cognac. — *Formule 1639.* — Employer :

Cochia pulvérisé	grammes	250
Sassafras	—	168
Fleur de genêt	—	500
Thé suisse (véronique)	—	192
Thé	—	128
Capillaire du Canada	—	128
Réglisse de bois	—	500
Iris	—	16
Alcool	litres	6

Procédé. — Faire macérer pendant quinze jours et filtrer.

Inutile de dire que ces essences doivent se conserver bien bouchées. (L. PADÉ, *ex-chimiste principal du laboratoire municipal de Paris.*)

ESTAGNON, *s. m.* — Vase en ferblanc ou en cuivre étamé, dans lequel on met des liquides pour les expédier au loin.

La maison Lafont et Cⁱᵉ, rue de l'Olivier, à Marseille, expédie par la poste un estagnon de 3 litres d'huile d'olive fraîche dans toute la France. De cette façon, on peut avoir chez soi de l'huile fine et fraîche toute l'année.

ESTAMINET, *s. m.* — Salle spéciale d'un café, où l'on fume. Café-restaurant où il est permis de fumer pendant que les autres mangent.

ESTAQUET, *s. m.* (*Terme de pêche*). — Attache qui sert à lier des parties de filets.

ESTEROTTE, *s. m.* (*Terme de pêche*). — Espèce de tramail qui sert à prendre des soles, des turbots, etc.

ESTOMAC ET CERVEAU (*Hygiène*). — Cette importante question pathologique a été traitée avec la haute compétence due aux Charcot et aux Levent, études qui m'ont permis d'en faire les déductions suivantes au profit des malades et de l'hygiène alimentaire que je préconise depuis plus de vingt ans.

Il existe, chez les animaux supérieurs et chez l'homme, deux appareils nerveux : l'*appareil cérébrospinal* qui, par l'intermédiaire des nerfs moteurs et des nerfs sensitifs, recueille les impressions du dehors, les élabore, les transforme en pensée ou en mouvement; et l'autre, l'*appareil du grand sympathique*, qui, de même que le cerveau, est le centre de l'appareil nerveux auquel incombe la vie des relations. C'est dans le cerveau que s'élaborent les mouvements volontaires; c'est dans le *plexus solaire* que se déterminent les mouvements inconscients et les sensations purement organiques, la nutrition.

Le cerveau et le plexus solaire sont en relation étroite : quand l'un de ces centres est en bon état de santé, il y a de grandes chances pour que l'autre le soit aussi; mais, si l'un d'eux est irrité, malade, il trouble immédiatement l'autre et l'organisme entier se trouve atteint. Or, les passions, les émotions vives, les excès de travail intellectuel ou matériel excitent le cerveau, et les abus matériels qui altèrent les viscères abdominaux excitent le plexus solaire. Il en résulte que les maladies des viscères abdominaux manquent rarement de donner, par l'intermédiaire du plexus, tous les phénomènes de l'excitation cérébrale; tout comme l'excitation du cerveau se communique par le plexus aux viscères abdominaux ou même thoraciques, et de préférence à l'estomac. L'estomac est-il malade, on observe bien vite les maux de tête, les fourmillements, les douleurs, les migraines, les vertiges, les pertes totales de connaissance qui accompagnent la souffrance du cerveau; le cerveau est-il malade, on ne tarde pas à voir apparaître la dyspepsie avec tout son cortège symptomologique.

Que fait alors le médecin?

Il traite le plus souvent la dyspepsie par des purgatifs, la névrose par des antispasmodiques, ou il cherche à combattre l'anémie, qui est le résultat et non une cause, par le quinquina et le fer; et comme fer, quinquina, vomitifs, purgatifs, sels minéraux irritent l'estomac, l'estomac irrité entretient et développe l'irritation du plexus, qui, elle-même réagit sur le cerveau, et le résultat que l'on obtient est souvent l'inverse de celui que l'on poursuit : le mal s'aggrave au lieu de s'atténuer.

Le véritable remède se trouve dans le régime alimentaire, dans les préparations culinaires; on ordonnera des mets peu épicés, mais qui soient acceptés avec plaisir par le malade; des mets calmants et de digestion facile et le repos du corps et de l'esprit. Il n'est pas de doute qu'après un régime suivi avec soin, pendant quelques mois, les excitations dont le cerveau et le plexus étaient les aboutissants cesseront;les centres nerveux et, avec eux, les viscères et les organes périphériques recouvreront leur santé première, et telle affection qui, traitée par les méthodes ordinaires, n'aurait fait qu'empirer chaque jour, cédera en quelques mois de traitement par le régime alimentaire.

ESTRAGON, *s. m.* (*Artemisia Dracunculus,* L.). All. *Schlangenkraut;* rus. *estragone;* angl. *tarragon;* ital. *serpentaria;* flam. et holl. *dragonkruid;* dan. *dragon;* esp. *estragon;* port. *estragao.* Quelquefois appelé *estragnon; herbe dragon; torgon; fargon; serpentine.* — Plante aromatique vivace, de la famille des composées du genre artémie originaire de Sibérie.

HYGIÈNE. — L'estragon est un condiment aromatique, légèrement aphrodisiaque tonique et stimulant; il relève par son arome les conserves au vinaigre, la moutarde, les *mixed-pickles* et les

Fig. 496. — Estragon.

salades. On en fait un fumet suave, qui accompagne admirablement bien les poulets de grain ou les chapons. (Voir POULET.)

ESTUAIRE, *s. m.* — Les Romains appelaient ainsi les étangs où ils nourrissaient et engraissaient le poisson.

ESTURGEON, *s. m.* (*Acipenser sturio*). All. *Stœr;* rus. *assetre;* angl. *sturgeon;* ital. *storione.* — Gros poisson de la Méditerranée et de l'Océan, qui remonte les grands fleuves au printemps. On en pêche surtout dans le Pô, le Tanaïs, la Garonne, le Rhône, le Volga, le Danube. On cite la pêche à Neuilly, en 1800, d'un esturgeon du poids de 100 kilogrammes; mais c'est surtout dans le Danube et dans le Volga qu'on pêche les plus grands; il n'est pas rare d'en prendre de 6 à 7 mètres de longueur.

On distingue plusieurs variétés du genre esturgeon, le *sterlet*, le *scherg*, le *hausen*, qui sont de taille plus petite que l'esturgeon commun.

HYGIÈNE. — La chair de l'esturgeon commun est de digestion assez difficile; elle a besoin, pour être acceptable, de toutes les ressources de l'art culinaire.

USAGE CULINAIRE. — Avec les œufs frais de l'esturgeon, on confectionne le caviar (Voir ce mot); sa moelle épinière, qui, en Russie, prend le nom de *visigha*, et sa cervelle s'emploient pour garnir le fameux pâté *coulibiac.* (Voir ce mot.)

On soumet en outre l'esturgeon aux préparations suivantes, qui sont les meilleurs modes.

Escalopes d'esturgeon à l'estragon. — *Formule 1640.* — Lever des escalopes sans arêtes, les aplatir légèrement, les parer; les assaisonner de sel et poivre; les coucher sur une plaque beurrée ou dans un plat à sauter; le passer dans un four chaud, pour leur faire prendre couleur; les arroser avec un peu de sauce espagnole; un jus de citron et de l'estragon haché. Les faire cuire; la sauce doit être claire et d'un goût légèrement acidulé, mais aromatique. Les dresser en forme de tresse sur un plat long, saucer dessus et saupoudrer d'estragon haché.

Fricandeau d'esturgeon à l'indienne. — *Formule 1641.* — Parer et piquer la moitié d'une forte darne d'esturgeon avec du lard. L'assaisonner et la mettre dans un sautoir préalablement foncé d'oignons, une gousse d'ail, le tout condimenté. Faire braiser en arrosant souvent avec son jus, auquel on aura ajouté du vin blanc. Étant cuit, sortir le fricandeau, le déposer dans une petite casserole; passer au tamis les oignons avec son fond; ajouter à cette sauce un peu de *carry* et verser le tout sur le fricandeau. Dresser sur un plat rond, le garnir par groupes de petites pommes de terre cuites à l'anglaise et d'écrevisses chaudes.

Servir la sauce à part.

Hure d'esturgeon à la dieppoise. — *Formule 1642.* — Aussitôt pêché, couper la tête de l'esturgeon; la cuire dans un bon court-bouillon, la dresser et la garnir d'un ragoût à la dieppoise. (Voir ce mot.) Surmonter la tête d'attelets garnis d'écrevisses.

Remarque. — On peut évidemment bouillir les darnes et les servir accompagnées de différentes sauces usitées pour le saumon; mais il est préférable, sa chair étant de qualité secondaire, de l'appliquer aux formules que je viens de prescrire. En Russie, on le garnit quelquefois d'un ragoût de concombre salé. On le fait aussi cuire au four dans une poêle et on le sert sur un beurre d'anchois très relevé.

ÉTAGÈRE, *s. f.* — Gradins superposés pour dresser en pyramide des fruits, des bouteilles ou des mets froids. En boulangerie, les meilleures étagères ou porte-pain sont construites de grilles et de volutes fixes ou mobiles, vernis au four, avec ornements plus ou moins riches. Ces étagères remplissent deux buts : elles maintiennent la bonne façon du pain et elles assurent une parfaite propreté. Parmi les maisons qui ont poussé au plus haut point la perfection de cette spécialité, nous devons mentionner la maison C. Thibaudet (1), de Paris, qui s'est faite une grande réputation.

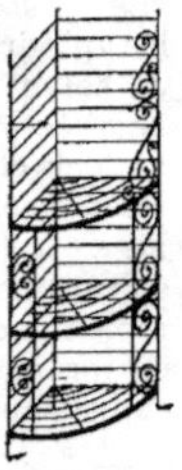

Fig. 497. — Etagère de boulangerie.

Ajoutons que ces étagères se font de toutes dimensions et qu'on en fait, non seulement pour la boulangerie, mais aussi pour les pâtissiers, confiseurs, buffets de chemin de fer et cafés-restaurants, où elles comblent une lacune au triple point de vue de la commodité, de la propreté et de l'hygiène.

Dans les buffets de chemin de fer on se sert d'une étagère en métal argenté pour dresser les mets froids ou les vins fins; elles ont l'avantage

Fig. 498. — Etagère carrée.

de conserver les aliments dans un parfait état de fraîcheur et de propreté.

Non moins commode est la petite étagère qui se démonte par gradin et qui sert à dresser des hors-d'œuvre froids à la russe. On peut garnir le bas de coquilles de caviar, d'huîtres, et le gradin

(1) 13, rue Bouret, Paris.

supérieur de canapés d'anchois, de saumon fumé de petits chaufroids, ou même de crustacés; on peut même y coller un croûton de pain vert et le

Fig. 499. — Plateau-étagère mobile.

surmonter d'un attelet, dans ce cas on y ajoute une petite bordure de métal contre laquelle on appuie la pyramide supérieure.

ÉTAIN, *s. f.* All. *Zinn ;* rus. *olova;* angl. *tin;* ital. *stame.* — Métal très anciennement connu, puisque l'étain est compris parmi les marchandises que les habitants de Tarsis, en Espagne, apportaient aux foires de Tyr (*Ezéch.,* XXVII, 12) et c'est de ce métal qu'était la pierre du niveau dont Zorobabel se servit pour construire, avec le secours de Jehosçuah, l'autel du dieu d'Israël, pour y offrir des holocaustes au retour de la captivité de Babylone (*Esdras,* V, 2 ; *Zach.,* VI, 10.) Allié avec le cuivre, l'étain forme le bronze. On ne trouve pas l'étain dans la nature à l'état vierge, mais seulement en combinaison avec le soufre ou l'oxygène. C'est de l'oxyde d'étain que se retire tout le métal de ce nom, répandu dans la nature. Pour cela, on purifie l'oxyde et on le traite au feu par le charbon; on obtient alors l'étain fin, métal d'un blanc argenté, qui sert surtout pour étamer les casseroles (Voir BATTERIE.) Les étameurs, qui devraient être tenus de n'employer que de l'étain pur pour l'étamage des casseroles, le mélangent à doses variables de 25 à 50 0/0 de plomb, d'où il résulte que l'étamage est souvent plus nuisible à la santé que le cuivre pur.

Les cuillers en étain qui contiennent de 1 à 5 0/0 d'antimoine présentent de grands avantages au point de vue de la forme, de la solidité, de la sonorité. Mais en raison de la difficulté d'obtenir de l'étain fin, on doit chercher à faire cuire ses aliments dans d'autres vases que dans le cuivre étamé.

ÉTAL, *s. m.* — Table sur laquelle on expose en vente de la viande de boucherie.

Etalier. — Celui, celle qui tient un étal.

ÉTAMINE, *s. f.* All. *Beuteltuch;* rus. *étamine;* angl. *taminy;* ital. *stamigna.* — Tissu léger de laine et soie ou de laine blanche pure, dont on se sert dans la haute cuisine pour passer les sauces.

Étamine. — En botanique, on appelle ainsi les organes sexuels mâles des végétaux. Elles constituent le troisième verticille de la fleur, en allant de l'extérieur à l'intérieur. On a donné à ce verticille le nom d'*androcée*. L'étamine est ordinairement composée de trois parties : 1º le pollen ou poussière fécondante ; 2º l'anthère, sachet contenant le pollen; 3º le filet servant de support à l'anthère. L'anthère et le pollen existent dans les fleurs pourvue du sexe masculin ; le filet manque quelquefois. L'anthère est alors sessile.

ÉTIOLEMENT, *s. m.* — Affaiblissement morbide, qui survient chez les individus soustraits à l'influence de la lumière et d'un air pur et vif, ou par la privation d'un régime alimentaire suffisamment tonique et reconstituant.

Les végétaux subissent l'étiolement par l'absence du soleil et de l'air ; c'est ainsi que l'endive pâlit, que la chicorée blanchit, que le cardon se décolore.

ÉTIQUETTE, *s. f.* All. *Hofceremoniell;* rus. *jarlitschke ;* angl. *label ;* ital. *bulleta.* — Forme cérémonieuse dont les gens de cour et les bourgeois usent dans leurs relations, leurs réceptions.

Fig. 500. — Étiquette pour confiseur.

« Le code de l'étiquette a été jusqu'ici le feu sacré des gens de cour et des ordres privilégiés ; la nation n'y doit pas mettre la même importance. » (Mirabeau.)

L'étiquette est plus souvent une affectation ridicule, qui fait prendre des manières de grandeur à celui qui n'en a pas l'habitude.

Étiquette. — Inscription collée sur les bouteilles pour en indiquer le contenu : le contenu est loin de l'étiquette.

ÉTOILE DE MER, *s. f.* — Terme générique de l'espèce des astéries, famille des zoophytes marins. Munies de tentacules charnus, qui se fixent aux rochers avec une adhérence telle qu'ils se déchirent plutôt que de lâcher prise. Dans certains moments donnés, les rameaux s'ouvrent et forment une étoile assez semblable à une fleur.

C'est alors que les insectes marins, vers et coquillages s'en approchent et sont pris par les rameaux et avalés.

Fig. 501. — Étoile de mer.

Quelques-uns de ces échinodermes sont comestibles. On les saute de préférence à l'huile d'olive et aux cèpes (Voir POLYPE.)

ÉTOUFFÉE, *s. f.* (*Mets cuits avec très peu d'eau*). All. *Dœmpfen;* rus. *douschonye miaça.* — Préparation culinaire qui consiste à cuire doucement en vase clos, soit au four, soit à la vapeur.

ÉTOURDEAU. — Terme vulgaire, employé dans la Sarthe et la Bresse, pour désigner le jeune chapon.

ÉTOURNEAU, *s. m.* All. *Staar;* rus. *skwaretzer ;* angl. *starling ;* ital. *storno.* — Oiseau de l'ordre des passereaux, volant par bandes.

On les prépare culinairement comme les mauviettes.

ÉTRETAT (*Géogr. gastronomique*). — Petite ville de la Seine-Inférieure, sise sur la Manche. Ses huîtres sont renommées.

ÉTRIQUER, *v. a.* (*Terme de pêche*). — Action de passer les doigts entre les harengs qui sont aux ainnettes, pour les empêcher de se toucher.

ÉTUDE (*Hygiène et régime de l'homme d'*). — Les désordres de l'estomac et des intestins seraient, au dire des auteurs, le partage inévitable des hommes adonnés aux travaux de l'esprit. Sans adopter cette proposition d'une manière absolue, il faut reconnaître du moins qu'elle est en rapport avec leur genre de vie. Dans aucune autre profession ne se trouvent réunies autant de conditions propres à troubler l'activité harmonique de la digestion : surexcitation du cerveau, fréquemment prolongée pendant la nuit, inaction du corps, position courbée, absence de la stimulation nécessaire aux fonctions des poumons et de la peau par la promenade au grand air, négligence et précipitation dans l'ingestion des aliments, travail intellectuel trop rapproché de la fin du repas, dégoût des distractions du monde et de la fatigue quelquefois salutaire qu'elles procurent.

Telle est l'énumération fort abrégée des circonstances peu favorables au milieu desquelles vit habituellement la grande majorité des hommes voués à l'étude.

Certes, avec de telles habitudes, il est difficile que les fonctions digestives s'exécutent bien ; mais il ne peut être question de les changer et surtout de conseiller l'abandon des études. Ce dont il s'agit, c'est de faire accorder la libre activité du cerveau avec celle de l'estomac ; c'est que, au lieu de se nuire, l'un aide à l'autre, et qu'une digestion prompte et facile ajoute à la lucidité et à la pénétration de l'intelligence.

Pour atteindre ce but, il est nécessaire de diriger son attention sur l'estomac ; de veiller à ce que ses fonctions s'exercent dans les meilleures conditions possibles ; de ne négliger aucun des soins qui peuvent y aider, et d'éviter toutes les circonstances qui peuvent y nuire. Et d'abord, il faut que les heures de repas soient fixées ; on doit s'y conformer d'une manière régulière, et le mieux, pour obtenir ce résultat, sera de laisser aux autres le soin de l'exécution des ordres donnés une fois pour toutes.

Ceci fait, le nombre des repas sera réglé ; deux suffiront presque toujours. Le premier ne sera pris qu'à dix ou onze heures ; le travail du matin est le plus fructueux ; il se fait au sortir du sommeil, à l'abri des importunités des oisifs et lorsque le repos est venu rafraîchir la mémoire. Le long temps, d'ailleurs, qui s'est écoulé du repas de la veille à celui du lendemain, a laissé aux organes de la digestion l'espace suffisant pour les soulager de leurs fatigues.

Après quelques excès du travail de l'esprit, dont le retentissement s'est fait sur l'estomac et les intestins, il est fort à propos de prolonger ce repos par la suppression d'un repas, du dîner surtout, qui serait remplacé par un simple potage, par une tasse de lait ou tout autre aliment léger. Cette abstinence de quelques heures relèvera mieux les forces que l'usage des viandes stimulantes ou des liqueurs alcooliques.

Le déjeuner sera composé de substances légères, qui réparent les pertes en stimulant les organes, comme le café au lait, le thé, le chocolat, les œufs frais, les légumes et les fruits. Le travail qui a précédé le repas, et qui a pu se prolonger jusqu'au moment de le prendre, ne doit pas venir interrompre immédiatement la digestion. Il ne faut s'y remettre qu'après une demi-heure ou une heure de repos, et il peut être continué pendant quelques heures encore. Il est à désirer, cependant, que la journée de travail finisse avant le dernier repas. Celui-ci sera surveillé comme le déjeuner ; il est de toute importance que rien n'y paraisse que ce qui convient. Il faut que l'estomac ne reçoive que des aliments de facile digestion, et non de ces petits fruits secs, de ces amandes, de ces pâtisseries sucrées, de ces petits-fours dont on le remplit, tout en causant et sans s'en apercevoir, bien au delà de ce qui est nécessaire.

Les substances qui conviennent le mieux sont les viandes grillées, bouillies et rôties, les poissons, les légumes verts, les fruits blanchis ou en compote ; elles offrent aux organes digestifs des éléments de réparation que l'on peut mesurer en quelque sorte. Au dîner, figureront donc un ou deux de ces mets de viande simplement préparés, un légume et quelques fruits.

Un ordinaire ainsi composé est bien suffisant pour fournir aux besoins d'un homme dont les pertes s'effectuent aux dépens du système nerveux bien plus qu'à ceux des autres appareils. Il devra bannir, comme échauffants, les légumes farineux, tels que pois, haricots, lentilles, les sauces épicées et de haut goût. Son alimentation doit être riche et stimulante, mais non excitante ; il faut que les viandes rôties soient cuites à point ; que les légumes, bien savoureux, bien nourris dans leur cuisson, soient doux et veloutés au goût ; mais pas de poivre qui happe à la langue, pas d'épices qui surexcitent le palais et les muqueuses de l'intestin.

L'homme habile saura trouver encore dans cette cuisine choisie de quoi exciter ses talents ; à ces préparations bien entendues, à ces mets artistement composés, il convient de joindre l'usage d'un vin de deux ou trois ans, d'un bon cru bordelais, que l'on boira avec de l'eau à chaque repas. Après le dîner et pendant les quelques heures qui précèdent le coucher, il est utile que les soins donnés au monde, la promenade, les distractions, viennent apporter une diversion nécessaire au travail de la journée.

Assurément nous pensons que, réglée de cette manière, la vie du savant, de l'homme de lettres, du penseur, offrirait toutes chances d'une longue durée, surtout s'il évitait les veilles, ces travaux de la nuit qui sont rarement profitables, parce qu'ils ne sont pas d'aussi bon aloi que ceux du matin, parce qu'ils manquent du degré d'inspiration qui les fait accepter.

Il est remarquable, du reste, que les plus illustres, parmi ces hommes d'élite, se sont fait, pour la plupart, une hygiène appropriée à leur constitution; ils savent se faire vivre longtemps. Cent cinquante noms de savants pris au hasard, moitié parmi les membres de l'Académie des Sciences, moitié parmi ceux de l'Académie des Inscriptions et belles-lettres, ont donné 10,511 années d'existence, ce qui fait un peu plus de 70 ans de vie moyenne pour chacun d'eux, plus du double de celle accordée au commun des hommes dans les pays les plus avancés en bien-être et en civilisation. (Dr L.-M. Lombard.)

ÉTUI, *s. m.* — En cuisine, étui pour aiguilles à larder.

ÉTUVE, *s. f.* All. *Trockenofen;* rus. *Schkape garètschie;* angl. *stove;* ital. *stufa.* — Appareil, clos, four tiède pour faire sécher ou cuire les substances alimentaires. Dans une cuisine bien organisée les étuves sont indispensables.

ÉTUVÉE, *adj. (Cuis. à l').* — On appelle *à l'étuvée* la cuisson des aliments fibrineux dans leur propre jus ou à l'aide d'une très petite quantité d'eau, dans des vases bien clos, après y avoir ajouté les assaisonnements qui doivent en relever le goût. Dans ce mode de cuisson, la réaction de la vapeur qui s'accumule pénètre la substance, qu'il faut avoir soin de retourner de temps à autre. Ainsi le bœuf à la mode, le veau, l'oie, le mouton cuits de cette manière dans leur propre jus, à un feu doux et lent, sont très attendris, pénétrés de toutes parts sans être épuisés de leurs sucs. Ce terme est synonyme de *braisé* et d'*étouffée.* (Voir ces mots.)

EUGENIA, *s. m. (Eugenia Malacensis).* — Arbre de l'Inde, où il croît spontanément. Son fruit, de la grosseur d'une poire, devient rougeâtre dans sa maturité, succulent, rafraîchissant et de saveur agréable. Sa pulpe est blanche, elle contient dans le centre un noyau anguleux. On le cultive à Malacca pour ses fruits.

EUPEPSIE, *s. f.* — Digestion facile. Bonne eupepsie. Sirop, élixir eupepsique. (Voir ÉLIXIR.)

EUPLOCOME, *s. m.* — Genre d'oiseaux gallinacés, qui diffèrent peu des faisans et qui habitent l'Asie centrale. La chair de l'*euplocome* est délicate; elle se traite comme celle du faisan.

EUSTACHE, *s. m.* — Sorte de petit couteau grossier à manche de bois, dont on se sert dans les triperies.

ÉVAPORATION, *s. f.* All. *Verdunstung;* rus. *Isparènye;* angl. *evaporation;* ital. *evaporazione.* — Phénomène par lequel un liquide se change en vapeur spontanément, et par le fait seul de son exposition à l'air. On réduit par évaporation à basse température le lait, le bouillon, les jus de fruits, la substance alimentaire que l'on veut rendre friable pour la conserver.

ÉVENT, *s. m.* All. *ranziger Geschmack;* rus. *pratoukhloste;* angl. *mustiness;* ital. *sapor di rancido.* — Altération des viandes et des liquides trop longtemps exposés au grand air : d'*éventé.*

ÉVENTAIRE, *s. m.* — Plateau d'osier sur lequel les marchandes portent leurs marchandises.

ÉVIER, *s. m. (é-vié, l'r ne se lie jamais).* — Pierre creusée en bassin, sur laquelle on lave la vaisselle dans les maisons particulières. De nos jours, les éviers sont faits de ciment ou de terre cuite.

EXCÈS DE TABLE *(Hygiène).* — Les Anciens qui mésusaient souvent des plaisirs gastronomiques, qui prenaient des vomitifs pour jouir d'une nouvelle déglutition, étaient fréquemment atteints d'indigestions, parfois mortelles. Ces abus sont toujours accompagnés de nombreuses indispositions qui en sont les résultats inévitables.

Les troubles, physiques et intellectuels, sont le partage des gens qui ne savent pas se modérer dans les repas. Le gourmet comme l'hygiéniste proteste contre la gloutonnerie qui ne sait mettre un frein à l'appétence de la table.

EXCITANT, *s. m.* All. *Reizmittel ;* angl. *exciting.* — Se dit des produits qui stimulent.

Les substances excitantes sont très nombreuses; celles choisies dans le règne végétal sont d'une saveur piquante et aromatique; elles comprennent tous les condiments, tels que le piment, le poivre, la menthe, le romarin, la sauge, le thym, le basilic, le cumin, l'anis, etc. Elles aiguillonnent l'estomac et rendent le pouls plus fréquent. Tandis que le thé, le café, l'absinthe sont des excitants du cerveau.

D'autres excitants s'établissent par la combinaison de la chimie culinaire; lorsque les excitants sont alliés aux poissons de mer, aux crustacés, aux gibiers, ces mets constituent des excitants aphrodisiaques. Certains vins, tels que les bordelais de grands crus, sont des excitants génésiques. La cuisine savante que je préconise peut donc guider, par le régime, les excitants et les approprier, selon les effets que l'on veut obtenir, sur les organes de la pensée, sur l'estomac ou sur la puissance génésique; il ne s'agit que de les combiner avec les aliments propres à se métamorphoser, et à en guider la direction des effets.

EXOCET, *s. m.* (*Exocœtus volitans*). Aussi appelé *poisson volant.* — Poisson qui se trouve dans

Fig. 503. — Poisson volant.

presque toutes les mers tempérées. Ses nageoires pectorales très développées lui permettent de s'élever au-dessus de l'eau et de s'y tenir un instant, ce qui lui donne l'air de voler.

Sa chair grasse est assez agréable, mais un peu indigeste; on la traite culinairement comme le maquereau. Le mieux est de le frire au beurre.

EXPOSITION CULINAIRE (Voir CONCOURS).

EXPULSIF, *adj.* — Se dit des substances qui ont la propriété de faire rejeter au dehors, d'évacuer les intestins.

EXQUIS, *adj.* All. *auserlesen ;* rus. *atlitschnye ;* angl. *exquisite ;* ital. *squisito.* — Très bon, délicat. Partant du latin, *exquisitus,* je me suis permis le néologisme *exquisité :*

Orgueilleux végétal, gonflé d'exquisités,

rendant mieux l'expression de ma pensée. (Voir ASPERGE.)

EXTRA, *s. m.* — Ce qu'on fait d'extraordinaire en dehors de ses habitudes. Se dit surtout des repas. Journée du cuisinier qui travaille pour cet extra.

EXTRAIT, *s. m.* All. *Auszug ;* angl. *extract ;* ital. *extrato.* — En hygiène alimentaire, on distingue deux espèces d'extraits, l'un tiré du règne animal et l'autre du règne végétal.

Extrait de viande. — *Formule 1643.* — Pour obtenir un extrait de viande de premier choix il faut prendre un aloyau de bœuf (le meilleur morceau), enlever les os, la graisse et les nerfs, le couper en morceaux de la grosseur d'une noisette; faire cuire pendant une heure avec six fois son poids d'eau et un peu de sel, en entretenant un petit bouillon, après avoir soigneusement écumé. Après cuisson, passer immédiatement le tout à la presse pour en extraire tout le jus que l'on réserve au garde-manger. Le lendemain, enlever la graisse, s'il en existe; passer le bouillon au linge fin et évaporer au bain-marie dans un vase émaillé en consistance très ferme, par le refroidissement. (E. Lacomme, de l'*Académie de cuisine.*)

Extrait de viande. — *Formule 1644.* — On prépare un pot-au-feu garni de légumes et d'abatis de volaille, d'un jarret et d'une culotte de bœuf. Faire cuire le tout, sans sel, pendant cinq heures au moins; décanter, y ajouter les jus de rôtis, s'il y en a, et faire réduire; lorsque le liquide devient corsé, on le passe et on le fait réduire en remuant avec une spatule de métal, en ayant soin d'appuyer sur le fond pour empêcher de s'attacher au fond. Quand la glace est filante, qu'elle forme la corde, on la coule dans des moules longs; lorsqu'elle est froide, on la coupe par tablettes et on les enveloppe dans des feuilles d'étain.

Remarque. — L'extrait, ou *glace de viande*, est un produit essentiellement français; mais, par une singulière interversion des choses, il a fallu un chimiste prussien pour nous faire accepter ce produit étranger, décoré, il est vrai, d'un nom moitié latin, moitié allemand, *extractum carnis Liebig.*

Mais la Compagnie qui exploite chez nous les produits du chimiste de Giesen a cru plus sage de l'appeler tout bonnement *extrait de viande Liebig*, autre indélicatesse qui laisse supposer que Liebig est l'inventeur de la glace de viande. L'ingrédient qui nous vient d'Amérique a été lancé avec grand fracas dans toute l'Europe, mais plus particulièrement en Angleterre et en France; les annonces sur les murs et sur la quatrième page des journaux de médecine et d'hygiène ont été renforcées par des réclames signées de Docteurs qui n'ont pas craint d'induire le public en erreur par des promesses falatieuses sur ce produit tudesque. J'estime qu'un écrivain, soucieux de la santé publique, doit avoir des devoirs au-dessus des avances d'*affaires* que peut présenter la direction d'un tel produit.

Veut-on, d'ailleurs, savoir ce qu'est l'extrait Liebig? De la gelée à demi-carbonisée par la réduction d'un bouillon obtenu des pieds, de la tête, des basses viandes de girafe, de chameau, d'éléphant, de bison, et dont la cuisine champêtre n'offre rien d'engageant. Cet extrait qui, au point de vue chimique, offre des apparences analeptiques, a une complète absence d'albumine, tandis que la glace de viande qui sort des cuisines françaises est obtenue par des viandes de boucherie propres, bœuf et veau, garnies de légumes et lentement évaporée, contenant ainsi l'albumine animale, végétale et ses principes aromatiques; elle constitue le seul extrait de viande recommandable.

Je pense donc que l'on sera désormais édifié sur la valeur nutritive de ce produit exotique, qui n'est qu'une mauvaise copie de notre glace de viande, bien loin d'en réunir les propriétés alibiles.

EXTRAITS DU RÈGNE VÉGÉTAL. — On tire généralement ces extraits par expression des fleurs, des sommités et des racines potagères; on reprend le produit obtenu; on le passe et on l'évapore en consistance plus ou moins ferme. L'évaporation se fait presque toujours au bain-marie.

Les bois, les écorces, les graines et les racines sont le plus souvent traités par l'alcool ou par lixiviation après macération : par l'alcool, on doit les concentrer suffisamment pour qu'ils n'aient ensuite qu'à subir la filtration, ou simplement les passer au tamis fin; par lixiviation, il est ensuite nécessaire de leur faire subir l'évaporation pour les amener à consistance d'extrait mou, ferme ou sec, selon le genre ou l'opportunité.

Extrait de genièvre. — *Formule 1645.* — Mettre en macération, pendant 48 heures, des baies de genièvre, bien noires et fraichement cueillies, dans quatre fois leur poids d'eau distillée; soumettre le tout à la presse pour en exprimer le jus; passer à la chausse et faire évaporer au bain-marie jusqu'à consistance d'extrait mou.

Extrait de persil. — *Formule 1646.* — Prendre du persil commun, le faire cuire à feu très doux avec deux fois son poids d'eau et un peu de sel marin, dans une bassine émaillée. Après cuisson complète, soumettre le tout à la presse afin d'en extraire tout le jus; le passer au tamis fin; le faire évaporer, au bain-marie, dans un vase émaillé jusqu'à consistance ferme.

Extrait de réglisse. — *Formule 1647.* — Prendre 60 kilogrammes de racine de réglisse d'Espagne; la passer dans un moulin pour la pulvériser convenablement; la jeter dans l'eau bouillante de manière qu'elle baigne largement; la laisser infuser pendant cinq heures; ensuite presser le marc le plus possible; jeter une seconde fois ce marc dans l'eau bouillante (qu'il baigne juste); le soumettre à la presse après l'avoir laissé infuser pendant cinq ou six heures, comme la première fois. Après cette opération le marc ne doit plus contenir de sucre; si cependant il arrivait qu'il fût encore sucré, il faudrait lui faire subir un troisième lavage.

Réunir les deux ou trois infusions dans une grande bassine étamée ou plutôt argentée; donner un bouillon en ajoutant l'eau blanche de deux blancs d'œufs; passer plusieurs fois à la chausse afin d'enlever les matières étrangères, notamment la terre, qui s'y trouve toujours en plus ou moins grande quantité.

Faire ensuite évaporer jusqu'à consistance de sirop à la nappe. (Il ne faut pas dépasser ce degré de cuisson, ce qui rendrait l'extrait amer.) Mettre ce produit dans des vases émaillés ou argentés, que l'on place dans une étuve très chaude, et le laisser dans cet état jusqu'à ce qu'il ait pris une consistance solide; puis, démouler les pains et les mettre en réserve.

Remarque. — Il serait très utile de toujours travailler cette substance dans des vases ar-

gentés ou d'argent, attendu que les extraits de réglisse du commerce qui sont travaillés dans le cuivre en contiennent tous une partie notable.

La racine de réglisse de choix, traitée dans de bonnes conditions, donne une moyenne du tiers de son poids d'extrait de réglisse.

L'expérience de ce mode a été fait par moi avec succès en 1874, dans la maison Bonnet, place de la Bourse, l'une des meilleures maisons de l'époque. (Ed. Lacomme, de l'*Académie de cuisine.*)

Fig. 503. — Devis et composition d'un service de table pour dix-huit personnes, sans assiettes et sans couverts.

FABAGO, *s. m.* (*Zygophyllum fabago*). — Quelquefois appelé *fabagelle*. — Genre d'arbrisseaux originaires de Syrie; leurs feuilles épaisses ressemblent à celles du pourpier. L'espèce commune, appelée *faux câprier*, porte une graine dont les propriétés sont vermifuges.

FADE, *adj.* All. *unschmackhaft;* angl. *insipid;* rus. *nevkousnye;* ital. *insipido.* — Qui est insipide, sans saveur.

> A côté de ce plat paraissaient deux salades,
> L'une de pourpier jaune et l'autre d'herbes *fades*,

dit Boileau dans ses satires sur le dîner de Mignot. La fadeur des aliments naturels doit être relevée par la condimentation et les apprêts culinaires.

FAGARIER, *s. m.* (*Fagara piperita*, L.). — Arbrisseau originaire de l'Afrique méridionale, et dont la variété qui nous occupe, appelée *poivrier du Japon*, porte une capsule, des feuilles et une écorce aromatique, d'un goût brûlant, semblable à celui du poivre. On l'emploie aux mêmes usages et il en a les mêmes propriétés.

FAGOUE, *s. f.* — Terme vulgaire que les bouchers donnent aux ris-de-veau. Se dit également du pancréas du porc.

FAHAKA, *s. m.* — Poisson du Nil, qui fournit une nourriture abondante, très estimée des Egyptiens. Il a la faculté de se gonfler en respirant et de se remplir ainsi d'air. Son ventre, qui est hérissé d'épines, devient alors très volumineux, et le poids du dos venant à l'emporter, il culbute et demeure renversé sur le dos, ce qui lui donne l'apparence d'un globe hérissé d'épines comme le hérisson de terre.

A l'époque du débordement du Nil, il est jeté sur les terres, où il reste quand les eaux rentrent dans leur lit. Il fournit alors une nourriture abondante aux habitants des campagnes, qui le ramassent avec empressement; les oiseaux le recherchent aussi. La peau desséchée conserve sa forme sphéroïde et sert de ballon aux enfants.

On dit que ce poisson a de la voix; mais ce fait aurait besoin d'être confirmé.

On en fait des soupes, comme avec la tortue, et des ragoûts en matelotte.

FAIBLESSE, *s. f.* — Qui manque de force; il s'applique aux individus, à certaines fonctions, comme la digestion, la vue, etc. C'est dans une alimentation réparatrice que l'on trouve le plus souvent lo meilleur remède contre la faiblesse générale et même locale.

FAÏENCE, *s. f.* All. *Halbporzellan;* angl. *fayence;* rus. *faïence;* ital. *majolica;* étymologie italienne: *Faenza,* ville d'Italie où cette poterie a été perfectionnée.

La céramique est une des plus anciennes industries humaines et, sans contredit, celle qui contribua le plus à civiliser l'art de savoir manger. On trouva dans le limon déposé sur le bord des cours d'eau une matière ductible, prenant aisément toutes les formes et les conservant.

Les maisons en Orient sont construites avec des briques séchées au soleil; ce sont ces maisons d'*argile* dont parle la Bible (*Job*, IV, 19). Les hommes commencèrent à fabriquer des briques dans la campagne du pays de Sinhar, qui était au midi des montagnes de l'Arménie, et s'en servirent au lieu de pierres pour bâtir la grande tour de Babel (*Gen.*, XI, 3).

Les Egyptiens, après avoir réduit les Israélites à l'esclavage, rendirent leur vie amère en les employant à faire des cruches et des briques, qui servirent à construire les pyramides tandis que les femmes portaient l'eau sur leurs épaules (*Gen.*, XXIV, 15). Ce furent les premiers essais céramiques de la naissance de la civilisation.

On soumit plus tard ces vases à la cuisson pour les empêcher de se dissoudre dans l'eau; mais la cuisson n'obviait pas à l'inconvénient de la perméabilité: les liquides passaient à travers leurs pores. On leur appliqua la *glaçure silico-alcaline,* bien imparfaite, que nous rencontrons sur certains spécimens de briques trouvées dans les ruines de Ninive, de Babylone, dans certains Hypogées d'Egypte et dans quelques poteries Italo-Grecques, Romaines, Arabes, Persanes connues sous le nom de *poterie lustrée;* mais cette glaçure était dangereuse et incomplète.

Les Arabes firent l'importante découverte de l'émail stanifère, qui a le double avantage de rendre la terre imperméable et de servir de fond aux couleurs vitrifiables, sans jamais altérer leur éclat.

Mais la vraie faïence, celle que se dispute le monde, a été perfectionnée et vulgarisée en Italie, au bourg nommé *Faenza,* qui lui a donné son nom vers le commencement du seizième siècle. La maison de Gonzague, qui occupa pendant plus d'un siècle le duché de Nevers, favorisa singulièrement le développement de cette merveilleuse industrie, si précieuse pour le bien-être de la vie.

Il est intéressant de connaître les différents termes que les producteurs voulurent donner à cette poterie pour laisser supposer une spécialité particulière; chez nous, on l'appela successivement, ou en même temps, par les noms de *porcelaine opaque, cailloutage, granit, litho-cérame* et *china.* Ce même phénomène se produisit en Angleterre, où nous trouvons les noms de *carthen ware, flint ware, iron stone wedgwood, white glaze, white granit, cream colour* et *pearle glaze.* Les Almands ont proposé les noms de *Hars-Steingut,* de *Fein-faience* et de *Weiss-granit;* mais de tous ces termes, le nom qui lui convient le mieux, celui de *faïence,* a prévalu chez les savants et les gens du monde.

Cette jolie céramique, dont nous avons tous les spécimens au *Grand dépôt de la rue Drouot,* est reconnaissable à sa pâte blanche ou légèrement jaunâtre, à sa couverte transparente, laissant voir la pâte qui la constitue, tandis qu'elle est opaque dans la faïence commune. Elle diffère de la porcelaine en ce que sa pâte est opaque et non translucide, poreuse et non vitrifiée; elle ne forme pas non plus une union intime entre la pâte et la couverte comme dans la véritable porcelaine.

La faïence fine, celle-là du moins qui appartient au commerce, est une production absolument moderne, et c'est à l'Angleterre que revient l'honneur de sa perfection arrivée dans le cours du dix-huitième siècle.

En France, on a tenté de rivaliser vers 1823; il vrai que, trois siècles auparavant, la faïence fine française avait déjà fait de brillantes, mais trop rapides apparitions dans le domaine de l'art pur. C'est à ce type qu'appartiennent, en effet, ces admirables poteries, enviées aujourd'hui par tout le monde et connues sous le nom de *Faïences d'Henri II.* La faïence anglaise doit son éclat à deux industriels anglais, *Ashbury* et *Wedgwood.* Dès l'année 1730, Ashbury avait trouvé le moyen d'éteindre la coloration ocreuse de l'argile plastique, en y ajoutant du silex blanchi par la calcination.

Trente-trois ans plus tard, Wedgwood fécondait cette découverte en remplaçant le vernis plombeux par des glaçures assez semblables à celles que nous remarquons chez nous sur la terre de pipe. Modeleur habile et chimiste de spécialité, Wedgwood fit faire à la faïence fine un rapide progrès; il fonda une véritable colonie d'artistes et d'ouvriers, et il parvint à mettre sa patrie en possession de méthodes scientifiques d'une précision rigoureuse, à l'aide desquelles l'Angleterre a pu couvrir toutes les tables du monde des produits de sa main toute puissante.

Nos études faites à la grande Exposition de Paris (1889), nous ont cependant permis de constater que l'Autriche, l'Italie, la Saxe, la Bohème, la Suède, la Suisse, l'Espagne, le Portugal lointain, la dernière des terres européennes, dans le *far-west,* ne voulaient rester en arrière dans ce magnifique mouvement. Mais, entre tous les peuples rivaux, c'est à la France et à l'Angleterre qu'il faut accorder la palme.

Paris, la capitale du monde, est trop ingénieuse pour ne pas se procurer ce qu'elle n'a pas. Les périodes trop lointaines des grands concours internationaux rendaient pour ainsi dire d'utilité publique une Exposition permanente et universelle des produits les plus variés de la céramique et de la cristallerie.

L'idée de réunir tous les meilleurs produits du monde, pour tenir les manufacturiers et le public au courant des progrès réalisés dans le domaine des services de table, revient à *M. Emile Bourgeois,* qui, en fondant en 1862 un grand dépôt de toutes les merveilles de l'art sous forme d'exposition permanente, a été en France le plus illustre propagateur du bon goût de la table, le complément indispensable de la grande cuisine française.

C'est à ce patriote, qui n'a pas négligé ses préférences pour les produits français, que nous dédions ces lignes à titre de reconnaissance au nom de la gastronomie française.

FAHAN, *s. m.* — Boisson préparée dans les îles de l'Archipel indien avec les feuilles odorantes d'une orchidée, *l'Angraceum fragrans.*

Cette boisson est agréable et saine, moins stimulante que le thé ordinaire. On l'appelle quelquefois *thé de Bourbon.*

FAIM, *s. f. (Fames).* All. *Hunger;* angl. *hunger;* rus. *golode;* ital. *fame.* — Besoin impérieux d'aliments solides pour réparer les pertes que fait continuellement le corps.

La faim, appelée *sonnette d'alarme* par Brillart-Savarin, commence par un souvenir agréable du repas; chez les gens réglés elle se produit aux heures des repas: c'est l'*appétit.* (Voir ce mot.) Si l'attente de la satisfaction se produit, la sensation devient impérieuse: c'est la *faim* anxieuse et douloureuse, sorte de contraction des organes de la digestion qui leur fait faire un arrêt dans la fonction; ce qui fait dire : *j'avais trop faim, je ne puis plus manger.*

Avant la faim, il y a le désir, qui s'exalte quelquefois lorsqu'on le satisfait; d'où vient le proverbe : *l'appétit vient en mangeant.*

Charles Monselet a fait l'éloge de la faim en tête de cet ouvrage; moi je fais l'éloge du moyen de la satisfaire, c'est-à-dire de la cuisine. En effet, l'expression : *la faim fait sortir le loup du bois,* réveille bien de hardiesse; plus d'une fois la faim a été le véhicule du crime.

En résumé, la faim est la plus belle des choses pour qui peut l'assouvir, mais la plus terrible pour celui qui ne peut la satisfaire.

FAINE, *s. f.* — La *faîne* est une petite amande en forme de prisme triangulaire, fruit du hêtre, *Fagus sylvatica,* qui a le goût de la noisette, et dont on extrait une huile commune qui sert souvent à falsifier l'huile d'olive; elle offre souvent cette particularité que, soustraite au contact de l'air, elle se bonifie en s'améliorant comme le vin. La faîne est aussi torréfiée et employée comme succédané du café. Dans quelques localités anglaises on en fait une sorte de galette au pain. On les mange aussi rôties comme les châtaignes.

FAISAN, *s. m. (Phasianus).* All. *Fasan;* angl. *pheasant;* rus. *fazane;* ital. *fagiano.* — Genre d'oiseau qui constitue la cinquième famille de l'ordre des gallinacés.

Cette méthode, proposée par Cuvier, est celle que j'aurais acceptée si, au lieu d'un classement des substances alimentaires, j'avais eu à écrire ouvrage de sciences naturelles.

Il dispose les familles en sept genres : le *coq,*

le *faisan*, l'*argus*, l'*houppifère*, le *tragopan*, l'*eulophe* et le *cryptonix*.

FAISAN COMMUN. — Les Grecs remontant le *Phase* pour arriver à *Colchos*, aperçurent pour la première fois ces beaux oiseaux, ils les rapportèrent dans leur patrie et firent à l'Europe un présent bien plus précieux que celui de la Toison d'or. De là le nom de *phasianus colchicus*. L'oiseau des rives du Phase se répandit peu à peu dans toute la partie de l'ancien monde.

La patrie du faisan est la Chine, le Japon, la Birmanie, la Cochinchine, les montagnes du Caucase, toute la partie méridionale de l'Asie; mais le faisan commun est répandu dans toute cette partie du globe jusqu'en Sybérie et se trouve dans toute l'Europe. Le meilleur faisan d'Europe est celui de Bohème, de Silésie, d'Autriche et des Alpes.

Le faisan commun se distingue par son cou d'un vert doré à reflets bleus, ses flancs et sa poitrine d'un marron pourpré et brillant, son manteau brun bordé de marron, sa queue d'un gris olivâtre à bandes transversales noires. Le mâle est adulte à l'âge d'un an. La femelle se nomme *faisane;* elle niche à terre dans les buissons et y pond de 12 à 20 œufs de couleur olivâtre clair marqués de taches brunes. Un peu plus petit que les œufs de poule et la coquille aussi mince que celle de l'œuf de pigeon.

Fig. 503. — Œuf de faisane.

On distingue plusieurs variétés de faisans issues de la race commune :

Le *blanc*, dont le plumage est dû à l'effet de la domestication; c'est l'albinos de l'espèce.

Le *faisan cendré* ou *isabelle*, à tête verte, très farouche et partant excellent pour la chasse.

Le *panaché*, à livrée blanchâtre avec quelques plumes brillantes semées au hasard.

Le *métis*, obtenu par le croisement commun avec une poule commune.

Le métissage. — *Formule 1648.* — Pour obtenir le faisan métis, on prend un jeune faisan vierge et on le renferme dans un lieu étroit et faiblement éclairé par en haut. On lui choisit de jeunes poules également vierges, à plumage gris ou d'un marron cendré, et on les met dans une case attenante à celle du coq faisan, et séparés par une grille à larges mailles, de façon que le cou des volailles puisse y passer et non le reste du corps. On met à manger dans la case des poulettes. Le faisan étant forcé de passer la tête de leur côté pour prendre sa nourriture, la connaissance s'établit. On leur donne surtout de la nourriture échauffante. Si le faisan cherchait à battre les poules, il faudrait le toucher au bec avec un fer rouge.

Lorsque les relations sont plus intimes, on met le faisan dans le compartiment des poulettes. Les œufs que l'on en obtient produisent le *métis* ou *coquart*. La chair du faisan, métis ou coquart, est exquise, plus parfumée que celle du poulet et moins noire que celle du faisan; elle est très agréable.

On distingue encore parmi les métis, le faisan *roussard*, issu du doré mâle et de la faisane commune. Il est paré d'une éclatante livrée qui l'a souvent fait prendre pour une espèce nouvelle. Les métis ne se reproduisant pas sont par conséquent mulets.

Outre le faisan commun on distingue :

Le *faisan de l'Inde.*

Le *faisan de Mongolie*, qui s'acclimate très facilement en Europe.

Le *faisan d'Elliot*, décrit pour la première fois par Swinhoe et apporté de Chine par l'abbé David.

Le *faisan de Sœmmering* ou *cuivré du Japon*, à joues rouges, croissant blanc, plumage d'un rouge pourpré bordé de noir; importé en 1864 par Réginal Roussel.

Le *faisan scintillant*, de Nangasaki.

Le *faisan de Cheer*, du Népaul, race à chair délicate.

FAISANS NYCTEMÈRES. — Le *faisan argenté* de la Chine, qui fait l'intermédiaire entre les *houppifères* ou *faisans à houppes*.

FAISANS HOUPPIFÈRES. — Parmi les houppifères on distingue :

Le *faisan de Swinhoe*, importé de Formose en France en 1869 et se reproduisant très bien.

Le *faisan noir de Cuvier*, de l'Himalaya.

Le *faisan à houppe blanche*, du Népaul.

Le *faisan noble*, de Bornéo.

Le *faisan prélat*, à houppe bleue de Siam.

Le *faisan acome*, de Sumatra.

Le *faisan de Reynaud*, de Birmanie.

Le *faisan dos de feu*, de Sumatra.

Le *faisan Horsfield*, des Indes orientales.

Le *faisan couleur de feu* et le *faisan masque de feu*.

FAISANS THAUMALÈS. — Le type de ce groupe est splendide; il fut importé de Chine en 1750 et on le dénomma *faisan tricolore*, puis *faisan doré*.

Une autre variété, le *faisan de Lady Amherst*, a été importé de Chine en 1867; sa tête verte porte une espèce de houppe rouge et une colle-rette blanche bordée de noir. Cet oiseau est cité comme un des plus beaux types de la création.

FAISANS CROUSSOPTILONS. — On connaît en Europe deux espèces de ce groupe :

Le *faisan Ho-Ki*, du Thibet, importé en 1868 sous le nom de *croussoptilon auritum*, et accli-maté chez nous.

Le *faisan oreillard bleu*, qui porte deux mè-ches en forme d'oreille; importé de Maupin, Chine.

HYGIÈNE. — « Le faisan, dit le plus délicat des littérateurs et le plus exquis des gourmets, notre ami Fulbert-Dumonteil, doit *attendre* longtemps. Sa chair délectable demande à réfléchir. Mais qu'on ne s'y trompe pas : attendre pour l'embro-cher qu'il se détache de la queue suspendue au clou, serait d'une hérésie extravagante et d'une fumisterie déplorable. Le fumet a ses bornes. »

En effet, le gastrosophe Brillat-Savarin nous a décrit d'une façon merveilleuse l'excellence d'un faisan à maturité, comme s'il eût fait une trou-vaille; mais on savait avant lui que certains gallinacés libres ont besoin d'une sorte d'incu-bation fermentescible pour être tendres et agréa-blement parfumés, de même que la nèfle qui a besoin d'être blette pour être exquise, état dis-tinct de la putréfaction et confondu par l'auteur de la *Physiologie du goût*.

Le mot *faisandé* démontre, d'ailleurs, que le mode de laisser mûrir les chairs de cet oiseau date de bien loin; mais où la science du magistrat de Belloy fait défaut, c'est de n'avoir su préciser le degré où le faisandage est à point et passe à la corruption.

Ce point très important pour le gourmet et l'hygiéniste le voici :

Lorsque le faisan est suspendu dans un lieu aéré, du sixième au dixième jours en hiver et selon la température, la peau du dos devient lé-gèrement teintée; les plumes du croupion s'ar-rachent facilement et la partie pileuse est lé-gèrement mouillée. Si l'oiseau a été suspendu par les pattes au lieu de l'être par la tête, l'hu-midité arrivera au bec et aux yeux. L'ensemble

de l'arome sera bon et non d'un haut goût. Ce degré passé, le faisandage cesse et la corruption commence ; le faisan prend alors une teinte bleuâtre qui passe au vert foncé.

Cuit à son état précis de faisandage, c'est un mets délicieux, légèrement stimulant et d'une di-gestion facile. Plus avancé, il est insipide, d'une odeur nauséabonde, de digestion difficile et offre tous les inconvénients des gibiers en décompo-sition.

USAGE CULINAIRE. — Pour être bon, le faisan ne doit pas avoir plus de quinze mois; s'il est sauvage, il sera délicieusement parfumé et son goût délicat. La cuisine abracadabrante a mis cet oiseau à toutes les sauces et à toutes les gar-nitures.

Dans l'antiquité, le faisan était réservé aux riches. Vitellius se faisait servir les cervelles de cinq cents faisans et mettait toute une province à contribution pour un seul mets de son dîner,

> Ajoutez que dans Naples un généreux tyran
> Paya cent écus d'or la sauce d'un faisan.

Ce trait est attribué à Melcasse, roi de Tunisse, en séjour à Naples.

Chez nous, la cuisine était moins pantagrué-lique :

> Un coq paraissait en pompeux équipage,

est d'un meilleur goût que le procédé de ce cui-sinier d'un empereur d'Allemagne qui servait à son auguste maître le faisan à la choucroute. Non point que je veuille dire que la choucroute n'en soit pas meilleure, mais l'oiseau du Phase se plaît en meilleure compagnie, et c'est un crime de lèse-majesté que de le condamner à une mé-salliance gastronomique. Je m'en tiendrai donc pour ce gallinacé d'élite à une cuisine transcen-dante.

Faisan étoffé (*Cuis. de Magistrat*). — *Formule 1649.* — Ayez deux bécasses, désossez-les et vi-dez-les de manière à en faire deux lots : le pre-mier, de la chair; le second, des entrailles et des foies. Vous prenez la chair et vous en faites une farce en la hachant avec de la moelle de bœuf cuite à la vapeur, un peu de lard râpé, poivre, sel, fines herbes, et la quantité de bonnes truffes suffisante pour remplir la capacité intérieure du faisan. Vous aurez soin de fixer cette farce de manière à ce qu'elle ne puisse se répandre en dehors, ce qui est quelquefois assez difficile quand l'oiseau est un peu avancé. Cependant on y parvient par divers moyens, et, entre autres, en taillant une croûte de pain, qu'on attache avec un ruban de fil et qui fait l'office d'obturateur.

Préparez une tranche de pain qui dépasse de deux pouces de chaque côté le faisan couché dans le sens de sa longueur; prenez alors les foies, les entrailles de bécasses et pilez-les avec deux grosses truffes, un anchois, un peu de lard râpé et un morceau convenable de bon beurre frais.

Vous étendez avec égalité cette pâte sur la rôtie et vous la placez sous le faisan préparé comme dessus, de manière à être arrosée en entier de tout le jus qui en découle pendant qu'il rôtit.

Quand le faisan est cuit, servez-le couché avec grâce sur sa rôtie; environnez-le d'oranges amères et soyez tranquille sur l'événement.

J'en ai présenté un pareil à un comité de magistrats à la cour suprême, qui savent qu'il faut quelquefois déposer la toque sénatoriale, et à qui j'ai démontré sans peine que la bonne chère est une compensation naturelle des ennuis du cabinet. Après un examen convenable, le doyen articula d'une voix grave le mot *excellent!* Toutes les têtes se baissèrent en signe d'acquiescement, et l'arrêt passa à l'unanimité.

J'avais observé, pendant la délibération, que les nez de ces vénérables avaient été agités par des mouvements très prononcés d'olfaction; que leurs fronts augustes étaient épanouis par une sérénité paisible, et que leur bouche véridique avait quelque chose de jubilant qui ressemblait à un demi-sourire.

Au reste, ces effets merveilleux sont dans la nature des choses. Traité d'après la recette précédente, le faisan, déjà distingué par lui-même, est imbibé à l'extérieur de la graisse savoureuse du lard qui se carbonise; il s'imprègne, à l'intérieur, des gaz odorants qui s'échappent de la bécasse et de la truffe. La rôtie, déjà si richement parée, reçoit encore les sucs à triple combinaison qui découlent de l'oiseau qui rôtit. (Brillat-Savarin.)

Remarque. — Je ne doute nullement de l'excellence de ce mets, mais je croirai la rôtie tout aussi bonne, sinon d'un meilleur goût, sans les anchois.

Faisan à la Doudeauville (*Haute cuisine*). — *Formule 1650.* — Choisir un faisan métis d'unan et fait à point; le plumer, le flamber et le vider; lui casser le bréchet près des ailes et le sortir sans endommager le faisan. Se procurer deux foies-gras frais et 500 grammes de truffes épluchées; piler au mortier la moitié du foie-gras, y ajouter la moitié des truffes hachées; assaisonner avec poivre du moulin, sel et un verre de vieux vin de Xérès ou de Madère. Couper l'autre foie-gras en gros dés ainsi que les truffes, et mélanger cette garniture préalablement saupoudrée avec la farce; remplir le faisan et en coudre les ouvertures; le barder et le laisser une nuit en lieu frais.

Le cuire à la broche, ou à défaut dans une casserole au four, avec un morceau de beurre, en ayant soin de ne l'arroser qu'avec sa graisse.

Fig. 506. — Faisan bardé et farci.

Etant au trois quarts cuit, décanter la graisse et mouiller avec de l'eau (non du bouillon), et pendant qu'il s'achève de cuire faire frire dans sa graisse une tranche de pain parée. Dresser le faisan métis sur son lit arrosé de sa graisse et servez le jus dans une saucière chaude.

HYGIÈNE. — D'après la formule que je viens de décrire, ce mets joint la tendreté du chapon au parfum du faisan et constitue un aliment de goût exquis, très réparateur et d'une digestion facile.

Remarque. — Si l'oiseau est servi dans une famille, en maison particulière, la maîtresse de maison pourra en faire les honneurs sans crainte; elle pourra le découper de ses petites mains, avec toute sa grâce, la pointe du couteau pénétrera comme par enchantement dans la poitrine sans os. Après avoir taillé les chairs, elle sortira une cuillère de farce qu'elle fera arroser de jus, et tout le monde sera émerveillé.

Autrefois, il était d'usage de garnir le faisan de ses plumes; j'ai abandonné ce mode, l'expérience m'ayant démontré que, outre l'inconvénient de faire servir froid, il avait celui d'une propreté douteuse. Lorsque les plumes sont bien préparées, il est préférable de les fixer à l'aide d'attelets sur un croûton de pain que l'on garnit

de persil. On peut ainsi exposer l'oiseau sans arrière pensée.

Faisan piqué rôti. — *Formule 1651.* — Le faisan rôti, pour être bon, ne doit pas être âgé de
plus de 18 mois. Faisandé à point, on le vide et
on lui coupe les ailes, la queue et le cou en
ayant soin de conserver la peau avec ses plumes.
On l'assaisonne en dedans en y introduisant son
cœur et son foie débarrassé du fiel. On le pique
avec du lard sur la poitrine et sur les cuisses.
On l'embroche et on enveloppe de papier beurré
ses pattes, attachées à la broche. On l'arrose
souvent avec du beurre fondu et on aura soin de
faire frire un croûton de pain dans sa graisse.

Lorsqu'il est cuit, le dresser sur son croûton,
le garnir d'oranges amères et servir le jus dans
une saucière chaude. Le présenter en entier et
les plumes dres-
sées sur un autre
plat, fixées sur un
croûton de pain
et garnir de per-
sil en branche.

S'il devait être
servi à la russe,
on le découperait
en cuisine et on
en dresserait les
morceaux sur le
croûton frit en ne
présentant que les
plumes. Ce mode
est préférable, en ce qu'il permet de servir très
chaud, d'une façon expéditive et propre.

Fig. 507. — Faisan piqué rôti, garni d'oranges amères.

Faisan à la georgienne (*Cuis. russe*). *Fazane
pogrousinski.* — *Formule 1652.* — Préparer un
faisan doré comme pour entrée, le mettre dans
une petite braisière, avec beurre, poivre, sel et
muscade; le faire roussir, y mettre une quaran-
taine de noix mondées; passer au tamis un kilo
de raisin et les chairs de quatre mandarines, et
verser le jus obtenu sur le faisan; y ajouter un
verre de Malvoisie et un verre d'une forte infusion de thé vert; le faire braiser lentement.
Lorsqu'il est cuit aux trois-quarts, passer une partie de sa cuisson et la faire réduire avec une
sauce espagnole à gibier. (Voir ces mots.) Découper le faisan et le dresser sur un plat rond,
garnir d'une couronne de noix, le masquer de
son jus réduit et servir la sauce à part.

Remarque. — Ce mets ne se fait qu'en automne, pendant la saison des raisins et des noix
fraîches.

Faisan à la tartare (*Cuis. russe*). *Fazane po
Tartarski.* — *Formule 1653.* — Farcir un jeune
faisan d'une purée de foie gras aux truffes, le
rôtir selon la règle, le découper et le garnir de
schaschliks (Voir ce mot) à la tartare.

Chaufroid de faisan. (Voir le mot CHAUFROID.)

Filets de faisan à la gastronome. — *Formule 1654.* — Faire rôtir un ou plusieurs faisans,
en ayant soin de les saler en dedans et de les
condimenter d'une poignée de baies récentes du
genévrier. Aussitôt froid, en laver les filets; les
parer en les taillant régulièrement, larges et
minces, de façon à leur donner la forme d'une
épigramme. Désosser les cuisses de façon à obtenir des chairs
sans nerfs, les ha-
cher avec l'inté-
rieur de petites
truffes, vidées à
l'aide d'une petite
cuillère à légume;
ajouter à cette
farce une partie
du fumet obtenu
avec les carcas-
ses; l'assaisonner
à point et en far-
cir les filets du
côté le moins lisse.
Déposer les filets sur une plaque en lieu froid.

Ajouter de la forte gelée au fumet et le faire
cuire doucement pour commencer, de façon à le
dépouiller; le faire réduire en plein feu afin d'obtenir un appareil à chaufroid. Le remuer en
lieu froid (mais pas sur la glace) jusqu'à ce que
l'appareil devienne collant. Tremper alors les
filets dans la sauce avec une aiguille à brider et
les poser sur un tamis préalablement disposé sur
un plat rond sur la glace. Cette opération finie,
farcir les truffes avec un peu de la même farce
et fixer dans le creux, de façon à laisser ressortir un beau rognon de coq cuit à blanc et fixer
les truffes sur le côté le plus large du filet. Laisser congeler.

Préparer une forte gelée à moitié prise et, une
demi-heure avant de dresser, glacer les filets et
les truffes de manière que le tout soit d'un brillant frais et vif.

On dresse les filets avec la pointe du petit couteau, sans les toucher, sur une étagère d'argent, sur un fond de pain vert ou sur un socle. Mais je conseille surtout d'y mettre le moins de décor possible, surtout en maison particulière.

Le mode de dressage qui m'a le mieux réussi, c'est de le dresser sur un plat rond nu en mettant les pointes au milieu du plat, de manière à faire former une couronne par les truffes placées à l'extrémité des filets. Je dresse au centre du plat une grosse truffe glacée entourée de rognons de coq, également glacés, et je garnis le tout à l'aide d'une poche à douille, d'un minuscule cordon de gelée hachée.

On peut cependant le dresser sur un fond de plat ou sur un socle, comme on peut le servir en détail. Ce mode a l'avantage d'être un mets de haute cuisine bourgeoise et de haute cuisine de restaurant et d'hôtel.

Salmis de faisan. (Voir ce mot.)

Croquettes de faisan aux truffes (*Cuis. de restaurant*). — *Formule 1655.* — Tailler en petits dés le restant d'un faisan froid; mélanger avec une égale partie de truffes et de champignons, taillés de la même façon. Assaisonner le tout avec un peu d'épices à gibier (Voir ÉPICES), et y ajouter un fumet de gibier chaud et réduit à glace; mélanger le tout dans une terrine et laisser refroidir. Rouler les petites croquettes régulières en forme d'un gros bouchon; les passer dans l'appareil anglais (œuf battu et assaisonné), puis dans de la chapelure fraîche; recommencer l'opération et laisser raffermir.

Frire les croquettes dans de l'huile fine ou une friture fraîche, faite de saindoux et de graisse de veau. Les égoutter sur un linge et les dresser sur une serviette.

Remarque. — Il est surtout à recommander de ne jamais se servir de la sauce espagnole ordinaire pour les appareils de chaufroid, de fumet, de salmis ou de demi-glace; j'ai spécialement créé la sauce à gibier (Voir ESPAGNOLE) pour ce genre de travail, et ceux de mes collègues qui suivront cette méthode obtiendront des appareils, des sauces et des fumets d'un goût franc et aromatisé qui leur vaudront des félicitations.

Potage de faisan à la Xau (*Haute cuisine*). — *Formule 1656.* — Rôtir un faisan et une bécasse dans la règle; lever les filets du faisan et les tailler en petits dés. Faire un roux avec 125 grammes de beurre et 2 cuillerées de farine; mouiller

avec un consommé de volaille, y ajouter 125 gr. d'orge perlé bien lavé et faire cuire doucement pendant trois heures. Piler la carcasse du faisan et la bécasse entière, dont on aura sorti le gésier; les mettre dans une casserole avec poivre en grains concassés, sauge, basilic, thym, un petit morceau de piment doux d'Espagne, sel, et y ajouter 100 grammes de baies de genévrier; mouiller le tout d'une bouteille de vieux vin de Sauterne et de bouillon. Faire cuire doucement et passer la purée au tamis de métal. Prendre une partie de cette purée et la mettre dans un moule uni; lui ajouter un volume égal d'œufs frais de faisane; fouetter vivement et faire pocher au bain-marie comme un appareil à la royale. Mettre le restant de la purée dans le potage.

Etant cuit, passer le potage au tamis, l'allonger avec du consommé s'il était nécessaire; le faire réduire de façon à obtenir un potage parfumé, corsé sans être épais, de couleur brune et pas trop pimenté.

Au moment de servir, tailler l'appareil en dés sur le couvercle d'une casserole et le glisser dans la soupière contenant les dés de la poitrine et une demi-bouteille de vieux vin de Madère ou de Xérès, ou de Malvoisie.

Le servir dans une soupière d'argent, garnie de tulipes ciselées et dont le sommet sera couronné d'un bison comme signe de la force.

Fig. 508. — Soupière à potage Xau.

Il est surtout à remarquer que de la qualité des vins dépend toute l'excellence de ce potage. Quand à ses propriétés, elles sont des plus sympathiques, et les effets sont certains après un régime de quelques jours.

Faisan sauté. (*Cuis. de restaurant*). — *Formule 1657.* — Flamber et vider un faisan et le découper pour sauter, en ayant soin que les morceaux soient réguliers. Les faire saisir dans un sautoir au beurre, ou dans l'huile fine; égoutter la graisse et ajouter : poivre, sel, piment, épices à gibier, une demi-bouteille de vin blanc vieux, un oignon piqué d'un seul clou de girofle, d'une gousse d'ail et d'une quantité relative de sauce espagnole pour gibier, de fumets ou de sauce salmis; à défaut de ces sauces, il serait préférable de saupoudrer de farine aussitôt le faisan coloré (la sauce espagnole ordinaire sera rigoureusement proscrite); ajouter de la tomate réduite, un peu d'eau et laisser cuire à l'étouffée. Lorsque la cuisson arrive à son point, y ajouter des truffes émincées, des champignons fraîchement cuits avec leur jus. Au moment de servir, lier la sauce avec un morceau de glace de volaille, du beurre frais et un jus de citron.

Le dresser en pyramide autour d'un croûton surmonté d'un attelet et bordé d'une galerie d'argent. (Voir DRESSAGE.) Dresser la sauce et la garniture à part.

Pour le service des restaurants, il est préférable de masquer sur chaque portion.

Timbale de faisan à la Montglas. — *Formule 1658.* — Employer :

Chair crue de faisan	grammes	250
Panade à la farine de riz	—	150
Beurre frais	—	150
Jaunes d'œufs	nombre	2
Sel et épices pour gibier.		

Procédé. — Piler au mortier les chairs de faisan, ajouter la panade, le sel, les épices et triturer encore; ajouter les jaunes d'œufs, homogénéiser le tout et passer au tamis grossier.

Beurrer légèrement un moule uni à timbale et garnir l'intérieur du moule d'une couche de farce; remplir le centre d'un fumet froid de faisan garni de rognons de coqs, de truffes et de champignons taillées en forme de julienne, le tout très nourri.

Etendre dessus de la farce et en fixer les bords; faire un petit trou au milieu et faire pocher la timbale au bain-marie pendant une heure. La renverser doucement sur un plat rond; égoutter la graisse, lever la timbale et mettre dessus une truffe épluchée. Servir chaud.

Soufflé de faisan (*Haute cuisine*). — *Formule 1659.* — Employer :

Chair de faisan	grammes	500
Truffes râpées	—	150
Crème double, fraîche	décilitres	3
Blancs d'œufs fouettés	nombre	2
Sel, épices à gibier.		
Glace de viande et fumet réduit.		

Procédé. — Piler les chairs de faisan avec le sel et les épices; ajouter peu à peu de la crème, triturer et ajouter les truffes et encore de la crème. Essayer de pocher une quenelle; elle doit être tendre, grasse et mollette; si elle était ferme, ajouter encore de la crème et s'assurer d'un bon goût. Mettre la farce dans une terrine, y ajouter une cuillerée de sauce espagnole pour gibier très réduite; faire fondre gros comme un œuf de glace de viande et mélanger le tout avec le fouet.

Foucter deux blancs, les incorporer dans l'appareil en évitant de les écraser. Mettre cette

Fig. 509. — Timbale d'argent pour soufflé.

pâte dans une timbale unie et au four dans un sautoir, avec un peu d'eau, et la couvrir d'un papier beurré. Si le four n'était pas trop chaud, la timbale pourrait être mise à nue au four. Après 25 à 30 minutes, elle doit légèrement souffler en se pochant. Servir la timbale sur un plat rond et froid.

Remarque. — Ce mets, absolument nouveau, est exquis lorsqu'il est bien réussi; il m'a été impossible de préciser les doses de la crème, du fumet et de la glace, dont le point dépend de la qualité de ces substances et de leur densité. Si la crème n'était pas double, il faudrait y ajouter du beurre très fin et si elle faisait défaut on devrait y renoncer, la qualité de ce soufflé étant subordonnée à son emploi.

Pâté de faisan. — (Voir PATÉ).

Galantine de faisan. — (Voir GALANTINE).

Remarque. — On a appliqué le faisan à toutes les sauces et à toutes les garnitures; on en a fait des boudins, des saucisses et des quenelles, ce qui est affaire de goût; je n'y interviendrai pas, m'appliquant à classer les meilleures recettes et cette cuisine hétérogène n'étant pas la science que je traite.

FAISANE, *s. f.* All. *Fasanhenne;* angl. *hen pheasant;* ital. *fagiana.* — Femelle du faisan. On dit aussi quelquefois *faisande.*

FAISANDEAU, *s. m.* All. *junger Fasan;* angl. *young pheasant;* ital. *faggianotto.* — Jeune faisan de trois semaines à six mois. La chair du faisandeau est délicate et parfumée; elle peut être servie aux convalescents et aux vieillards. On prépare le faisandeau comme le faisan.

FAISANDER, *v. a.* — De *faisan*, pris comme type des grands gallinacés libres qui doivent être gardés morts pendant quelque temps pour acquérir de la tendreté et un fumet agréable. (Voir la *remarque* au mot FAISAN.) Il ne faudrait pas supposer que tous les gibiers peuvent se faisander : il en est qui doivent être mangés frais, c'est-à-dire avant que l'œuvre de la désorganisation commence.

FAISSELLE, *s. f.* — Espèce de panier ou d'ouvrage de vannerie en osier propre à égoutter du fromage.

FALERNE (*Géographie gastronomique*). — Ville de Campanie, dont les alentours produisaient un vin fameux chez les Romains, et auquel, d'après J.-B. Rousseau, plus d'un grand devait leur génie :

> La vertu du vieux Caton,
> Chez les Romains tant prônée,
> Etait souvent, nous dit-on,
> De Falerne enluminée.

FALOURDE, *s. f.* — Se dit vulgairement de l'hirondelle de mer ou *Salangane*.

FALSIFICATION, *s. f.* (*Adulteratio*). All. *Verfœlschung;* angl. *falsification;* ital. *falsificazione.* — Altération frauduleuse et volontaire des substances alimentaires, par l'addition d'autres substances destinées à leur donner soit un aspect, un goût, soit des apparences de réalité qu'elles n'auraient pas sans cela. La falsification est un acte malhonnête; mais la sophistication est un acte criminel. Les vins auxquels on a ajouté de l'eau sont falsifiés; ceux auxquels on a ajouté de l'eau, de l'alcool, et qu'on a colorés avec des produits nocifs sont sophistiqués.

FALTRANK, *s. m.*, de *fallen*, tomber, et *trank*, boisson; boisson pour les chutes. — Infusion de plantes aromatiques recueillies dans les Alpes suisses; de là le nom de *vulnéraire suisse*.

Chaque montagnard suisse compose le *faltrank* à sa guise, avec diverses espèces d'*arnica*, d'*achillea*, de *valériana*, de *primula*, la *pyrole*, le *millepertuis*, l'*aspérule odorante*, etc.; d'où résulte un mélange sans propriétés bien déterminées, mais dans lequel dominent les plantes stimulantes. A raison de sa composition on ne saurait blâmer l'usage que l'on en fait après les chutes, les contusions ou blessures et autres accidents traumatiques.

Il s'agit ici du vulnéraire tel que les montagnards le préparent en Suisse; quand au prétendu vulnéraire que l'on vend à Paris, chez les marchands de vins, et qui n'est autre qu'un mélange d'essences artificielles, on ne saurait trop prévenir le public contre cette mixtion dont les effets sont délétères.

FANCHETTE, *s. f.* (*Entremets de pâtisserie*). — *Formule 1660.* — *Procédé général.* — Foncer un moule, rond à côtes, haut de 5 à 6 centimètres, avec de la pâte à gâteau de roi à six tours et l'emplir de crème à fanchonnette (*formule 1284*) et la faire cuire. Garnir le dessus de pâte à meringue, le décorer au cornet, le saupoudrer de sucre, le passer au four tiède et le servir chaud.

Fanchette au moka. — *Formule 1661.* — Procéder comme dans la formule précédente; ajouter du café dans la crème et une goutte d'essence de café dans la meringue.

Fanchette au cacao. — *Formule 1662.* — Mettre dans la crème à fanchonnette du cacao en poudre ou du chocolat sans sucre; suivre pour le restant comme il est indiqué au *Procédé général.*

Remarque. — Inutile de dire que l'on peut varier les fanchettes à l'infini; il ne s'agit que de varier les aromates de la crème.

FANCHONNETTE, *s. f.* (*Pâtisserie*). — Diminutif et altération du mot Françoise. Les fanchonnettes ne sont qu'un diminutif de l'entremets précédent.

On ne pouvait mieux caractériser cette aimable pâtisserie qu'en lui donnant un nom rappelant l'actrice charmante qui a créé avec tant de succès, au théâtre du Vaudeville, le rôle de *Fanchon;* et s'il est permis de comparer une jolie femme avec une friandise, on ne saurait mieux comparer l'artiste qu'à une pièce de four.

Fanchonnettes à la vanille. — *Formule 1663.* — *Procédé général.* — Foncer des tartelettes avec de la pâte à gâteau de roi à six tours; les garnir avec de la crème à fanchonnette (*formule 1284*), dans laquelle on aura ajouté de la vanille. Les faire cuire, les laisser refroidir. Faire une pâte à meringue, composée de 250 grammes de sucre pour six blancs d'œufs, en garnir les tartelettes d'une couche d'un centimètre d'épaisseur avec un cornet en papier ou avec la poche garnie d'une petite douille; faire sept points de la grosseur d'une petite noisette, en commençant par celui du milieu et six autour. Saupoudrer de sucre et faire prendre couleur au four pas trop chaud.

Fanchonnettes aux fraises. — *Formule 1664.* — Foncer les tartelettes et les garnir de la crème (*formule 1284*), dans laquelle on aura ajouté du marasquin et qu'on aura légèrement colorIée en rose. Les faire cuire et les laisser refroidir. Mélanger dans une partie de la pâte à meringue un tiers de son volume de purée fraîche de fraise. Garnir le dessus avec de la meringue blanche, et saupoudrer avec du sucre rouge. Passer une minute au four. Elles doivent être consommées fraîches.

Fanchonnettes à la pistache. — *Formule 1665.* — Foncer les moules à tartelettes avec la pâte à gâteau de roi; les remplir avec une crème fanchonnette, dans laquelle on aura ajouté moitié de son volume de la crème d'épinard (Voir les *formules 1583-1284*); les faire cuire; les garnir avec de la meringue selon le *Procédé général*, et saupoudrer de pistache hachée et de sucre vert. Les passer à l'étuve chaude pour les sécher à blanc.

Fanchonnettes aux cerises. — *Formule 1666.* — Foncer les moules à tartelettes de pâte comme il est dit dans le *Procédé général* en tête de cet article; garnir les fanchonnettes de la crème parfumée à l'eau de fleur d'oranger; les faire cuire. Les laisser refroidir, les couvrir d'une couche de pâte à meringue; faire quatre ou cinq points et les alterner de cerises confites bien égouttées; faire un anneau au milieu, au centre duquel on mettra une belle cerise.

Fanchonnettes en demi-deuil. — *Formule 1667.* — Foncer les moules à tartelettes avec la pâte à gâteau de rois à six tours; les garnir de la crème à fanchonnette (*formule 1284*), parfumée au citron. Les faire cuire; les meringuer

selon l'usage et mettre sur chaque point blanc un raisin de Corinthe confit et bien égoutté.

Remarque. — L'artiste, ou la ménagère, qui voudra varier et augmenter la nomenclature des *fanchonnettes*, n'aura qu'à en varier l'arome de la crème et y faire conformer le décor. On pourra ainsi faire des fanchonnettes aux amandes, aux abricots, etc.; mais il est à remarquer que la base des fanchonnettes doit être invariablement le fonçage avec de la pâte à gâteau de rois à six tours, la crème qui lui est particulière et le meringuage; il n'y a de variable que l'arome, le goût et l'aspect.

FANDANGO, *s. m.* (*Gâteau*). — *Formule 1668.* — Moule plat, pâte savarin. Quand les fandangos sont cuits, sirotez avec un sirop composé à 15 degrés d'amandes, de marasquin, de rhum et un peu d'anis. Crèmez l'intérieur et garnissez avec gelée de pommes; parfumez de kirch et vanille; abricotez le tout et semez autour pistaches, amandes, pralines blanches, raisin et petit sucre. Décorez le dessus avec gelée.

Remarque. — Insistant auprès de mon collaborateur, auteur de cette recette, pour qu'il la rendît moins brève, plus explicite, il me répondit:
« Impossible, cher maître; elle doit être décrite et exécutée précipitamment, comme la danse espagnole d'où elle tire son nom. »
— Et se manger au son des castagnettes, sans doute ?

FANÈGUE, *s. f.* — Mesure espagnole de capacité pour les substances sèches, équivalent à 60 litres.

FANFRE, *s. m.* (*Naucrates ductor*). — Petit poisson acanthoptérygien, qui suit les navires pour recueillir les débris de nourriture et sert, dit-on, de guide au requin, ce qui l'a fait surnommer *pilote du requin*.
Il a beaucoup de ressemblance avec le maquereau et se prépare culinairement comme celui-ci (Voir MAQUEREAU). Sa chair, quoique d'un bon goût, est de digestion difficile.

FAN-KOUQUE, *s. m.* (*Entremets autrichien*).— *Formule 1669.* — Abaisser de la pâte à brioche (Voir ce mot) à un demi centimètre d'épaisseur; avec le coupe-pâte uni en couper des ronds, sur lesquels on met au milieu un peu de marmelade d'abricots; mouiller les bords des rondelles et en poser une autre sur chaque; appuyer légèrement avec le dos du coupe-pâte pour ajuster et souder les bords. Saupoudrer un torchon blanc et mettre les fan-kouques dessus, et les mettre en lieu chaud pour les faire lever. Les frire au beurre, les égoutter, les passer dans un sirop au rhum chaud et les servir de suite.

FANTA, *s. f.* — Se dit de la bière de premier choix, préparée avec des matériaux de bonne qualité et brassée avec le plus grand soin. Bière de choix.

FANTAISIE CULINAIRE. — Si l'on considère les ressources de l'imagination créatrice du nouveau, dont le public est toujours friand, je ne puis qu'applaudir le travailleur qui a toujours des traits à son arc, qui n'est jamais embarrassé et qui sait improviser quelque chose de bien avec peu. Mais si de cette faculté nous passons à l'anarchie des principes établis par la science, certes alors nul ne pourra s'y reconnaître. Les études et les recherches de nos devanciers abandonnées, les expériences savamment démontrées par les uns, niées ou non respectées par les autres, sont les causes pour lesquelles la cuisine, en général, n'est pas arrivée au sommet de son évolution.

Cependant, il en est des mets et des entremets comme des produits chimiques : il y a des corps faits pour se métamorphoser, pour doubler ou tripler leurs propriétés nutritives, tandis que d'autres se neutralisent par leurs mélanges et deviennent inaccessibles à la digestion.

Créer à chaque instant des noms de circonstance, mélanger à tort et à travers, poissons, viandes et gibiers, sans tenir compte des propriétés naturelles de chacun d'eux, n'est pas la cuisine que je préconise; j'écarte les mets décrits sous le nom de certains personnages politiques, qui ne sont jamais longtemps de mode, prenant invariablement plus tard d'autres noms de fantaisie non moins fugitifs.

La fantaisie des noms décrits sur les menus a complétement dérouté la science du cuisinier et de l'hygiéniste, et cette fantaisie est poussée à un degré qui devient inquiétant pour la santé publique. Sous prétexte de variante on lira : *filet de bœuf à la conventionel;* je passe sur la sauce ou garniture conventionnelle, parce que si je m'adresse au maître de maison pour lui en demander les mystères, il me répondra solennelle-

ment que c'est un terme de convention; mais le filet de bœuf lui-même sera mystifié et transformé en faux-filet ou en filet de cheval.

Ce n'est plus burlesque, c'est une duperie; mais où la fantaisie fait merveille, c'est sur les étiquettes des vins et liqueurs, sur lesquels je ne veux pas m'étendre ici.

En résumé, j'estime que la cuisine publique mérite plus de respect que ne l'accordent certains détracteurs décorés du nom de restaurateurs ou de maîtres d'hôtels.

Préciser la valeur de chaque aliment naturel pour connaître les propriétés des mets composés, leur donner un nom simple et compréhensible qui révèle leur qualité, tel est le but auquel doivent tendre les efforts de tous ceux qui, comme moi, sont persuadés que la cuisine savante et raisonnée sera la cuisine de l'avenir.

FAON, *s. m.* (Se prononce *fan*). All. *Hirsch;* angl. *fawn;* ital. *cerviatto;* dérivé du provençal *feda,* qui vient du latin *fœtus.* — Le petit de la biche. Par extension : le petit du cerf, du renne, du daim, du chamois, depuis sa naissance jusqu'à l'âge de six mois. D'après Malherbe se dirait aussi du petit de la lionne :

> Et pour étendre sa couronne,
> Croître comme un faon de lionne.

Faonner, prononcez *faner.* — En parlant de la biche, mettre bas son petit.

FARCE, *s. f.* All. *Fülle;* rus. *farche;* angl. *farce;* esp. port. ital. *farsa,* étymologie culinaire, pièce agréablement farcie; *farce,* ce qui constitue l'agrément. — Viandes hachées, épicées.

Très en honneur dans la cuisine des Anciens, les farces entraient dans presque toutes les volailles d'un dîner d'apparat. Aujourd'hui encore on chante les *farces* du grand restaurateur parisien, M. Paillard :

> Faites servir un canard à la presse,
> Son jus divin vous rendra tout gaillard!
> Ah! que de mots des canards de la Presse
> N'ont été dus qu'aux *farces* de Paillard!

On ne doit pas prodiguer les farces dans un dîner fin; une seule pièce, un seul mets doit en contenir.

On distingue un grand nombre de farces, que je classe en dix genres :

Les farces *de poisson à quenelle;*
Les farces *de poisson à garnir;*

Les farces *de pâté chaud ;*
Les farces *de pâté froid ;*
Les farces *à saucisse fine ;*
Les farces *de charcutier ;*
Les farces *de gibier à quenelle ;*
Les farces *de gibier à garnir ;*
Les farces *de pâtissier ;*
Les farces *à pain* ou *terrine de foie.*

Chacun de ces genres forment les subdivisions que je vais décrire et classer méthodiquement.

FARCES DE POISSONS. — Dans ce groupe on en distingue deux sortes ; les farces à quenelles et les farces à garnir.

Farce de brochet pour quenelle. — *Formule 1670.* — Employer :

Chair crue de brochet.	grammes	500
Farine tamisée.	—	250
Beurre frais	—	150
Œufs frais	nombre	12
Crème double.	litre	1
Sel, muscade et poivre blanc frais moulu.		

Procédé général. — Piler au mortier le poisson, les épices et ajouter un peu de crème, de beurre, un œuf et un peu de farine. Continuer de travailler en ajoutant la farine, les œufs et la crème. Quand on aura usé la crème, la farine et dix œufs, on essayera de pocher ; si elle n'était pas assez ferme, on ajoutera un ou deux œufs ; au contraire, si elle était trop ferme, on ajoutera de la crème.

Cette farce se dresse dans des moules beurrés à charnière contenant six quenelles chaque. On les poche à l'eau chaude en ayant soin de ne pas laisser bouillir l'eau. On utilise ces quenelles pour les vol-au-vent maigres et les garnitures. La même farce sert pour le *pain à la reine.* (Voir ce mot.)

Farce de cabillaud (*Pour quenelle*). — *Formule 1671.* — Employer :

Chair crue de cabillaud.	grammes	600
Farine tamisée.	—	350
Beurre frais	—	250
Œufs frais	nombre	12
Lait frais.	litre	1
Sel, muscade, poivre blanc frais moulu.		

Procédé. — Suivre les indications de la farce de brochet. On peut faire cette farce ferme et la dresser à l'aide de la poche endouillée, dont on coupe la pâte en faisant tomber la quenelle dans une casserole d'eau bouillante. Moins ferme, elle peut se dresser dans des moules à charnière. On se sert aussi de cette farce que l'on fait pocher dans des bordures, sur lesquelles on peut dresser des filets de poisson quelconque.

Farce de merlan (*Pour quenelle*). — *Formule 1672.* — On fait aussi des farces de poisson à la mie de pain de la manière suivante :

Chair crue de merlan.	grammes	500
Mie de pain trempée au lait et bien épongée.	—	500
Beurre frais	—	300
Sauce béchamelle fraîche.	cuillerées	4
Jaunes d'œufs	nombre	6
Sel, muscade, poivre blanc frais moulu.		

Procédé général. — Piler la mie de pain avec les épices, une cuillerée de sauce béchamelle et un peu de beurre ; ajouter la chair du poisson, piler et ajouter le restant du beurre et un peu de béchamelle. Quand on aura usé quatre jaunes d'œufs, on essayera la farce ; si elle était trop ferme, on y ajouterait du lait et de la béchamelle ; au contraire, si elle était trop molle, on y ajouterait des jaunes d'œufs. A l'essai, la quenelle doit être mollette, spongieuse et d'un goût parfait ; à ce point, on passe la farce au tamis et on la fait raffermir dans une terrine sur la glace. On peut la dresser à la cuillère, au moule à charnière ou à la poche.

Remarque. — Ce mode est l'ancien système tel que l'a laissé Carême, tandis que les deux premières formules sont modernes. Il ne faut pas perdre de vue que, dans l'une comme dans l'autre de ces méthodes, il m'a été impossible de préciser les doses qui sont toujours subordonnées à la qualité de la crème, du lait, de la panade, de la farine et surtout de la chair du poisson. Après avoir noté, balance en main, les doses d'une farce qui m'avait parfaitement réussi, j'ai eu insuccès avec un autre poisson ou autre panade. Les doses sus-énoncées ne sont donc qu'approximatives, le plus rapprochées qu'il soit possible de les prescrire.

Farce de sole (*Pour quenelle*). — *Formule 1673.* — Dans ce même genre, on peut remplacer le merlan par des filets de sole et procéder selon la formule ci-dessus.

Farce de baliste (*Pour quenelle*). — Cet affreux poisson fournit une chair qui réussit fort bien pour les farces. Suivre les mêmes proportions et la même méthode que pour la farce de merlan.

Farce de langouste ou de homard (*Haute cuisine*). — *Formule 1674.* — Choisir une langouste ou un homard vivant, le châtrer en lui arrachant le boyau intestinal; en couper la queue et faire avec le devant, les œufs et le corail, un coulis rouge et réduit avec très peu de ris.

Mettre la chair de la queue dans le mortier avec sel, poivre et un peu de muscade; piler vivement en ajoutant par petites doses de la crème fraîche et du coulis.

Essayer la farce et, lorsqu'elle sera à point, la passer au tamis de crin. Si elle était trop ferme, ajouter encore de la crème; si elle était trop molle, on pourrait y ajouter un jaune d'œuf.

Remarque. — Cette farce doit être rose pâle, moelleuse et délicate. C'est l'une de mes plus heureuses créations. On peut y ajouter des truffes râpées crues, ce qui lui donne un fumet délicat. On l'utilise pour des quenelles, des pains au coulis d'écrevisse, ou pour garniture de timbale ou de vol-au-vent. Le homard ainsi préparé est plus facile à la digestion que mangé cuit au court-bouillon.

Farce de saumon (*Haute cuisine*). — *Formule 1675.* — Choisir la chair la plus maigre du saumon, celle de la queue. Employer :

Chair crue de saumon.	grammes	500
Panade de farine de riz.	—	150
Coulis d'écrevisses	cuillerées	3
Crème fraîche	litre	1/2
Œufs.	nombre	1
Poivre, sel, muscade.		

Procédé. — Piler la chair de saumon avec les épices; ajouter la panade et peu à peu la crème et le coulis d'écrevisse et l'œuf entier; bien triturer, et essayer la farce en la pochant. Si elle était trop ferme, ajouter de la crème; au contraire, si elle était trop molle, ajouter des jaunes d'œufs.

Remarque. — Cette farce exquise doit être d'une teinte rosée, savoureuse et parfumée d'un fumet d'écrevisse. Elle sert à faire des pains, des soufflés ou des quenelles.

On peut faire des farces avec tous les poissons de mer à chair blanche et ferme; on n'aura qu'à se conformer aux prescriptions sus énoncées. On peut aussi en faire avec les poissons d'eau douce; mais ceux-ci, à l'exception du brochet, sont moins fermes.

FARCE DE POISSON A GARNIR. — Comme farces à garnir, on peut utiliser toutes les farces de l'an-cienne méthode et les suivantes dans les petites cuisines.

Farce de poisson à garnir (*Cuis. ménagère*). — *Formule 1676.* — Faire sauter au beurre frais un oignon haché et le mélanger avec des laitances ou de la chair de poisson crue et des champignons hachés; assaisonner de fines herbes, poivre, sel et muscade; y ajouter un ou deux œufs entiers et homogénéiser le tout.

On l'emploie pour farcir des poissons crus, dont on ferme les ouvertures avant de les soumettre à la cuisson.

Farce à garnir (*Cuis. ménagère*). — *Formule 1677.* — Dans la cuisine économique, on peut garnir l'intérieur d'un poisson avec une farce composée de mie de pain trempée au lait, d'oignons hachés passés à la poêle, de champignons et fines herbes hachés et d'œufs frais, le tout bien mélangé et assaisonné de poivre, sel et muscade.

FARCE DE CHARCUTIER. — Parmi les farces employées dans les charcuteries, je mentionnerai les suivantes :

Farce truffée (*Charcuterie fine*). — *Formule 1678.* — Choisir de la viande de porc plus grasse que maigre, la hacher et l'assaisonner avec :

Sel.	grammes	20
Poivre blanc frais moulu	—	2
Épices de charcutier	—	2
Œufs frais	nombre	2

Procédé. — Piler la farce au mortier et y ajouter 150 truffes hachées par kilo de farce.

Remarque. — En été, cette farce, tenue sur la glace, peut se conserver tout au plus deux jours; en hiver, le deuxième jour seulement elle devient parfumée.

Farce ou chair à saucisse, A. (*Charcuterie fine*). — *Formule 1679.* — Dénerver les viandes de porc et mettre une égale quantité de chair maigre et grasse; hacher très menu; pendant que l'on hache, ajouter pour chaque kilo de chair :

Sel.	grammes	20
Poivre blanc.	—	2
Piment.	—	2

Procédé. — Mélanger le tout, et si cette chair doit servir pour les saucisses, au moment d'entonner, lui incorporer deux œufs frais par kilo de chair.

Farce ou chair à saucisse, B. (*Charcuterie commune*). — *Formule 1680.* — Choisir moitié viande maigre de bœuf, moitié gorge de porc frais, le tout dénervé; hacher menu et assaisonner comme dans la formule précédente. Au moment d'entonner, mettre deux œufs frais par kilo de farce.

Farce de veau, C. (*Charcuterie commune*). — *Formule 1681.* — Choisir trois parties de viande de veau dénervée et une partie de lard de porc frais; ajouter l'assaisonnement en hachant, et un décilitre de crème ou de bon lait frais par kilo de farce.

Remarque. — Les farces de charcutiers servent pour les saucisses, les crépinettes, à farcir les viandes, les volailles et à faire des timbales, etc.

Farce à la lyonnaise, D. (*Charcuterie commune*). — *Formule 1682.* — Choisir les parties sanguignolentes et grasses du porc frais; assaisonner selon la règle, hacher menu, et au moment d'entonner, ajouter deux œufs frais par kilo de farce. Cette farce est la moins fine.

FARCES DE PATISSIERS A PATÉS FROIDS.— Parmi les meilleures farces employées par les pâtissiers pour les pâtés froids, nous formulerons les suivantes :

Farce à pâté de volaille froid (*Pâtisserie*). — *Formule 1683.* — Employer :

Noix de veau dénervée	grammes	500
Lard frais	—	500
Jambon frais	—	250
Chair de poularde	—	500
Foie de poulet	—	500
Truffes	—	100

Procédé. — Réserver les truffes; hacher et piler le tout au mortier jusqu'à ce que la farce soit corsée; y ajouter un peu de blond de veau (Voir ce mot), les truffes et assaisonner avec sel, poivre, épices.

Cette farce sert pour les pâtés froids de volaille. (Ed. Lacomme, de l'*Académie de cuisine*.)

Farce pour pâté froid (*Pâtisserie*). — *Formule 1684.* — Employer :

Epaule de veau dénervée	grammes	500
Lard frais	—	500
Jambon frais	—	500
— genuine	—	500
Truffes hachées	—	50

Procédé. — Hacher les viandes ensemble et ajouter les truffes, sel, poivre et *épices pour pâté*

froid. Le tout, bien mélangé, doit donner une farce d'un corps parfait et d'un goût délicieux. Cette farce peut selon l'opportunité être marinée. (Ed. Lacomme.)

Farce à godiveau. — *Formule 1685.* — Employer :

Graisse de rognon de bœuf	grammes	500
Noix ou filet de veau	—	250
Œufs frais	nombre	3
Poivre blanc frais moulu, sel et une pincée d'épices.		

Procédé. — Dénerver la graisse et le veau, désagréger la graisse et la piler vigoureusement avec le veau, en ajoutant une larme d'eau fraîche ou un petit morceau de glace en été. Lorsque la farce a pris la forme d'une pâte, ajouter les assaisonnements et un œuf, et travailler toujours en pilant jusqu'à parfaite incorporation de l'œuf; ajouter le deuxième, puis le troisième et piler encore jusqu'à ce que la pâte soit homogène. La mettre dans une terrine sur la glace pour la laisser raffermir.

Lorsque l'on veut s'en servir, on farine le tour, le marbre ou, à défaut, la table, et on roule un morceau de pâte que l'on coupe par petits morceaux réguliers, que l'on roule vivement en évitant de les chauffer sur la table en les faisant tomber sur un plat ou un tamis. On les fait pocher à l'eau bouillante.

Remarque. — Il se produit dans la farce à godiveau les mêmes phénomènes que dans la farce à zéphyr, c'est-à-dire que si la viande est échauffée la graisse tourne en huile et la liaison ne se forme plus; c'est la raison pour laquelle il faut piler le veau un peu avant, et surtout piler vivement avec la graisse, ce qui a fait dire que pour faire un bon godiveau il fallait y mettre de l'*huile de coudes*.

FARCES A PATÉS DE GIBIERS. — Parmi les farces à pâtés de gibiers, je classerai les suivantes :

Farce pour pâté de gibier (*Pâtisserie*). — *Formule 1686.* — Employer :

Chair de gibier	grammes	500
Lard frais	—	500
Jambon genuine	—	250
Truffes	—	50

Procédé. — Piler le tout au mortier à l'exception des truffes, de manière à en faire une farce très fine; ajouter les truffes hachées menues, mouiller avec le sang de gibier, s'il y en a, et du vieux cognac; assaisonner de sel, poivre et épices de Bourgogne. Laisser reposer cette farce de douze à vingt-quatre heures avant de s'en servir. (Ed. Lacomme, de l'*Académie de cuisine*.)

Farce de faisan pour pâté (*Haute cuisine*). — *Formule 1687.* — Employer :

Chair crue de faisan	grammes	750
Lard frais	—	500
Truffes hachées	—	50
Fumet de gibier	cuillerées	3
Crème fraîche	litre	1/2
Vieux cognac	petit verre	1
Épices pour gibier et sel.		

Procédé. — Piler les viandes de faisan dans le mortier, en ajoutant peu à peu de la crème; ajouter les épices, le lard râpé, ou préablement pilé; ajouter en dernier lieu deux ou trois cuillerées de fumet réduit. Amalgamer le tout et passer la farce au tamis de métal; ajouter alors les truffes et le cognac; bien mélanger dans une terrine et s'en servir le lendemain.

Remarque. — Cette farce donne au pâté un moelleux délicat et savoureux. On peut faire, par le même procédé et les mêmes doses, des farces de perdreau, de caille, de gélinotte, de sarcelle, de bécasse, de pluvier, de coq de bruyère et de tout gibier à plumes en général.

Farce de chevreuil pour pâté. — *Formule 1688.* — Employer :

Filet de chevreuil mariné	grammes	500
Lard frais râpé ou pilé	—	500
Cervelle et moelle épinière de chevreuil	—	500
Truffes hachées	—	75
Sel, épices pour gibier.		

Procédé. — Piler au mortier le filet de chevreuil mariné avec les épices et le sel; ajouter la cervelle dégorgée et crue et le lard; piler toujours pour faire une farce fine et homogène; la passer au tamis de métal et ajouter les truffes et un verre à bordeaux de vieux vin de Madère, et bien mélanger dans une terrine.

Remarque. — On peut remplacer la cervelle par du fumet de gibier très réduit. On peut aussi faire par la même méthode les farces de daim, de chamois, de renne, de sanglier, de lièvre, de mulet, de cheval et en général de tout gibier à poil. Il est essentiel que toutes les viandes soient marinées dans une bonne marinade cuite, fortement épicée.

FARCES CUITES. — On appelle *farce cuite, farce à gratin, farce gratinée*, les farces faites avec des viandes cuites de veau, de volaille ou de gibier, le plus souvent mélangées de foies cuits de volaille. Dans ce groupe je mentionnerai les suivantes :

Farce cuite de veau (*Cuis. de restaurant*). — *Formule 1689.* — Employer :

Viandes froides, de veau et de volaille	grammes	500
Mie de pain trempée au lait, égouttée	—	300
Beurre frais	—	250
Jaunes d'œufs	nombre	4
Fines herbes hachées, sel, épices et une cuillerée de demi-glace.		

Procédé. — Faire revenir dans une petite casserole avec du beurre un oignon haché, y ajouter la viande, l'assaisonnement, deux cuillerées de demi-glace. Laisser refroidir, piler au mortier et y ajouter les jaunes d'œufs, les fines herbes, la mie de pain et le beurre. Bien piler et passer la farce au tamis de métal.

Farce à quenelles de volaille. — *Formule 1690.* — Employer :

Filets crus de poulets ou chapons	grammes	500
Panade froide	—	200
Beurre frais	—	100
Béchamelle, cuillerée à bouche	nombre	1
Œufs frais	—	3
Crème double	décilitre	1
Sel.		

Procédé. — Hacher le poulet avec le sel; mettre la chair dans le mortier et bien la piler; la ressortir sur une assiette; piler la panade en y introduisant la chair par petites doses. Lorsque le tout est bien homogène, ajouter le beurre; triturer pour rendre lisse en ajoutant la béchamelle et ensuite les œufs un par un; triturer encore pour mélanger le tout et passer cette farce deux fois au tamis de crin; la déposer dans une terrine émaillée ou vernissée et l'achever avec la crème en la travaillant avec la spatule.

Remarque. — En suivant exactement cette prescription, on obtiendra une farce moelleuse et délicate. En hachant la chair avec le sel, il se produit une coagulation des substances gélatineuses qui lui donnent du corps; de même que l'action de passer deux fois la farce au tamis la rend parfaitement homogène. (LE SÉNÉCHAL, corresp. de l'*Académie de cuisine*.)

Farce cuite de volaille (*Cuis. d'hôtel*). — *Formule 1691.* — Désosser des carcasses de poulet de façon à obtenir une certaine quantité de viande; la mélanger avec autant de viande de veau et de cervelle de veau cuites, de façon à obtenir un tiers de chaque. Ajouter un oignon haché, sauté à la poêle, et piler le tout au mortier; mettre quelques foies cuits de volaille, sel, épices et fines herbes, s'il y a lieu.

Cette farce sert pour tous les mets apprêtés au gratin.

Farce de foie de volaille (*Cuis. de restaurant*). — *Formule 1692.* — Piler au mortier une égale quantité de foies de volaille, de viande de volaille et de cervelle de veau cuite. Ajouter poivre, sel, épices et quelques jaunes d'œufs; passer la farce au tamis. Elle doit être délicate et moelleuse. Elle sert quelquefois pour farcir les croûtons à garnir les entrées; salmis, poulets sautés ou autres mets farcis. Facultativement, on y ajoute des truffes hachées.

Farce à croûton de gibier (*Haute cuisine*). — *Formule 1693.* — Piler au mortier des foies de volaille préalablement sautés à la poêle avec genièvre, et les intestins (sans gésier et fiel) du gibier, s'il s'agit de grives ou de bécasses; ajouter une cuillerée de fumet de gibier, très réduit, et quelques jaunes d'œufs; passer au tamis et procéder selon la *formule 1402*.

Farce à terrine ou pâté de foie gras (*Haute cuisine*). — *Formule 1694.* — Couper en morceaux 1 kilo de lard gras et frais et une égale quantité de noix ou de filet de porc frais; mettre le tout dans une casserole et faire roussir légèrement, avec thym et laurier; ajouter alors dans la casserole 2 kilos de beau foie de veau, très blanc, et coupé en morceaux et assaisonner de poivre, sel, épices à gibier, et faire saisir le foie pendant un petit quart d'heure.

Retirer le tout sur un plat et laisser refroidir; piler dans un mortier avec deux œufs frais entiers et passer la farce au tamis. Avec une partie de cette farce, piler les parures de foie gras et ajouter un verre de vin de Madère.

Remarque. — Cette farce sert pour les pâtés et les terrines de foie gras et tous les pâtés fins. En remplaçant la moitié du foie de veau par de la chair de gibier, on obtient une farce fine, pour pâtés ou terrine de gibier, et à laquelle on ajoute bien entendu des truffes épluchées. En remplaçant le foie de veau par moitié tétine de veau et moitié foie gras, on obtient une farce blanche qui peut également servir pour pâté de foie gras. (Voir PAIN DE GIBIER.)

Farce ou appareil à zéphyr (*Haute cuisine*). — *Formule 1695.* — Prendre les filets d'un chapon, d'un poulet, d'un dindonneau, encore palpitants ou tout aussi frais que possible; les piler dans un mortier avec sel, épices et mouiller par petites doses avec de la crème fraîche. Essayer la farce et arrêter l'adjonction de la crème au point extrême, de façon à obtenir une quenelle savoureuse.

CHIMIE CULINAIRE. — Pour que le zéphyr réussisse, il faut le faire pendant que la chair est encore chaude, c'est-à-dire aussitôt la volaille tuée. L'albumine animale contenue dans les tissus se mélange avec la crème et forme ainsi un corps qui s'homogénéise et se solidifie à la présence du sel et de la crème, et constitue ainsi une sorte de mayonnaise qui se coagule à la cuisson comme le blanc d'œuf.

Remarque. — On peut faire cette farce avec du lapin, du veau, du gibier même, lorsque ces animaux sont depuis longtemps morts, mais on y intégrera un tiers plus de crème si la chair est encore chaude. On doit aussi avoir soin que la crème ne soit pas trop épaisse, surtout pour commencer l'opération, cela ferait tourner au beurre; il faut aussi veiller à ce que la crème soit fraîche, et dont la provenance soit certaine au point de vue de l'hygiène des vaches laitières.

HYGIÈNE. — Ce mets réunit très à propos à la qualité maigre et légère de la viande une petite quantité de crème qui la rend plus agréable et plus facile à la digestion. Il peut être servi aux convalescents, aux malades comme aux enfants et aux vieillards.

Farce de foie de veau à quenelle (*Leber Closen. Cuis. allemande*). — *Formule 1696.* — Employer:

Foie de veau dénervé	grammes	500
Beurre frais	—	200
Farine tamisée	—	20
Mie blanche de pain passée au tamis	—	75
Œufs frais	nombre	2
Crème	décilitre	1
Un oignon haché passé au beurre, et mélanger ensuite avec des fines herbes.		
Épices, poivre et sel.		

Procédé. — Piler le foie au mortier avec les assaisonnements, le passer au tamis de métal; arroser la mie de pain avec la crème dans une terrine; y ajouter les œufs, la farine et travailler le tout pour le rendre homogène et mousseux; y joindre le foie de veau; bien mélanger et essayer la farce en en plongeant gros comme un œuf dans de l'eau bouillante. Si elle n'était pas assez ferme, ajouter un œuf; au contraire, si elle n'était pas assez moelleuse, ajouter un peu de crème. Son goût doit être bon et légèrement relevé. Dans le nord de l'Allemagne, on y ajoute un peu de *nigelle* ou *cumin sauvage*. On fait pocher les quenelles à l'eau salée; on les dresse sur un plat en faisant couler dessus du beurre chaud avec de la mie de pain.

FARCIR, *v. a.* All. *füllen;* rus. *farchiravate;* angl. *to stuff;* ital. *condire di farsa.* — Action de mettre de la farce dans une volaille, dans le creux des artichauts, des tomates, etc. Remplir ou garnir de farce.

FARDE, *s. f.* — Balle de marchandises, particulièrement de café, dont le poids est de 185 kilogrammes.

FARE, *s. f.* — Nom que les habitants de l'île de Madagascar donnent à la canne à sucre. Ils ne savaient pas en extraire le sucre; ils en faisaient une boisson forte qui devenait âcre et corrosive en vieillissant.

FARILLON, *s. m.* (*Terme de pêche*). — Réchaud dans lequel les pêcheurs allument du feu pendant la nuit, pour attirer certains poissons.

FARINACÉ, ÉE, *adj.* All. *mehlig;* angl. *farinaceous;* ital. *infarinato.* — Qui est de la nature de la farine ou qui en a l'apparence.

FARINADA, *s. f.* (*Cuis. génoise*). — *Formule 1697.* — Délayer dans une terrine de la farine fraîche de gros pois blanc du Midi, avec une quantité relative d'eau tiède, de façon à obtenir un appareil laité et crémeux; l'assaisonner de poivre et de sel; le passer. Mettre dans une plaque une couche d'huile fine, forte de 2 millimètres; la faire chauffer au four et verser l'appareil de manière à faire former une nappe d'un demi-centimètre d'épaisseur; remuer vivement pour égaliser la pâte et la laisser cuire.

Étant de belle couleur, on découpe le gâteau dans la plaque et on dresse les morceaux chauds sur un plat que l'on sert de suite.

Hygiène. — Cet entremets, d'une digestion assez difficile, est nourrissant et convient surtout aux estomacs à toute épreuve. C'est un aliment commun parmi la population de Gênes.

FARINE, *s. f.* (*Farina*). All. *Mehl;* rus. *mouka;* angl. *flour;* ital. esp. prov. *farina,* de *far,* blé, dérivant du radical sanscrit *bhar,* nourrir. — Poudre blanche que l'on obtient en pulvérisant entre des meules ou cylindres les graines des céréales, des légumineuses, des tubercules et des cucurbitacées.

Folle farine, celle qui est si fine, que l'air l'enlevant elle s'attache aux murs des moulins.

Fleur de farine, la plus belle farine de froment. Plus le grain est lourd, plus la farine est riche en matière azotée. La farine de froment (Voir ce mot) sert surtout pour la pâtisserie, la boulangerie fine et la cuisine.

Veut-on connaître sommairement la valeur d'une farine : il faut en faire une pâte ferme non fermentée; on la pétrit dans les doigts sous un petit filet d'eau du robinet de la fontaine; on reçoit l'eau dans une terrine; après l'avoir pétrie un instant, on apercevra une couche blanche au fond de la terrine; ce sera l'amidon; il restera dans les doigts une pâte gommeuse qui est le gluten : plus il sera collant, plus il y aura du gluten. On pourra ainsi, sans avoir recours à l'analyse chimique, se faire une idée approximative de la qualité de la farine.

Les boulangers et les pâtissiers de profession connaissent parfaitement les farines au toucher : si elle a de la *main,* c'est-à-dire que quand on en prend une poignée elle doit se lier et former une pelote, et non pas fuir entre les doigts comme de la cendre ou de la fécule. La bonne farine est douce au toucher, d'une odeur et d'un goût franc.

Dure au toucher, piquante au palais, de haut goût à l'odorat sont les signes certains d'une farine secondaire.

Les farines qui ont une odeur fragrante et qui sont tempérées tendent à fermenter; on doit les aérer en les changeant de sac et de place. (Voir PAIN.) Pour les propriétés et les études de chaque farine, voir AVOINE, FROMENT, SEIGLE, ORGE, HARICOT, MAÏS, etc.

FARINELLE, *s. f.* de *farine.* — Genre de champignon qui a l'air poudré de farine; ainsi appelé à cause de son aspect.

FARINER, *v. a.* (*Terme de cuisine*). All. *mit Mehl bestreuen;* angl. *to flour;* ital. *infarinare.* — Saupoudrer de farine. Fariner du poisson avant de le faire frire; des rognons émincés, etc.

FARINEUX, EUSE, *adj.* All. *mehlig;* angl. *farineous;* ital. *infarinato.* — Se dit des plantes dont le fruit ou la racine peuvent fournir de la farine; tels sont les céréales, les pommes de terre, les châtaignes, etc.

HYGIÈNE. — On exagère généralement les propriétés nutritives des farineux et l'on commente justement le mot si connu de J.-J. Rousseau qui, dans une boutade pythagoricienne, et qui est resté l'argument des végétariens, a prétendu que l'on faisait plus de sang avec des farineux qu'avec la viande.

Les farineux jouent un rôle important dans l'alimentation des enfants (Voir BOUILLIE); mais ils ne conviennent nullement aux gens à estomac délicat, et sont absolument contraires aux gastralgiques; toutefois, leur usage vient à propos, comme aliment respiratoire, pendant les saisons froides et pris alternativement avec des aliments azotés.

FARIO, *s. m.* (*Poisson de mer*). — Vulgairement appelé *roi des harengs* par les marins, parce qu'il précède ordinairement le grand banc des harengs; lorsque les pêcheurs le prennent, ils le rejettent religieusement à la mer.

FARO, *s. m.* — Bière fabriquée à Bruxelles et dans ses environs; elle est composée en parties égales de *bière de Mars* et de *Lambick.*

FAROBIER, *s. m.* — Arbre très commun au Sénégal et portant des gousses ayant environ 35 centimètres de longueur; les semences qu'elles renferment sont noires et ressemblent à de grosses lentilles : elles contiennent une chair jaune, farineuse, sucrée et très nourrisante, et sont fort goûtées par les habitants du Sénégal et de la Gambie.

FAROS, *s. m.* — Pomme d'automne, comprenant deux variétés : le *gros faros comprimé*, lisse et roux; le *petit faros*, moins gros, oblong et pourpre.

FARTHING, *s. m.* — Monnaie de cuivre anglaise; elle vaut le quart d'un penny ou 0f,0242.

FASÉOLE, *s. f.* (*Phaséolus*). — Variété de haricot. (Voir ce mot.)

FASOLET, *s. m.* — Haricot nain hâtif, très

estimé et cultivé aux environs de Paris, sous le nom de *flageolet.* (Voir ce mot.)

FATHOM, *s. m.* — Mesure de longueur anglaise, équivalente à 1 mètre 829 millimètres.

FATIGUER, *v. a.* — Ancien terme de cuisine; fatiguer une salade : la retourner longtemps afin qu'elle s'imbibe bien de l'assaisonnement.

On dit aujourd'hui *remuer la salade.*

FAUBONNE, *s. m.* (*Potage à la*). — *Formule 1698.* — Faire tremper un litre de haricots blancs pendant deux heures; les faire cuire avec 125 gr. d'oignons, 125 grammes de carottes, un bouquet garni.

Passer au beurre une forte poignée d'oseille ciselée; mouiller avec le bouillon de haricots; ciseler un cœur de laitue, le jeter dans la casserole deux minutes avant de servir, afin qu'il subisse un bouillon.

Mettre dans la soupière des jaunes d'œufs (deux pour trois personnes), avec trois décilitres de crème; verser le bouillon de haricots petit à petit pour lier, sel, poivre et ajouter une assez forte poignée de cerfeuil ciselé. On peut ajouter des croûtons passés au beurre. (F. Chevet.)

Remarque. — Ce potage se trouve tout préparé en tablettes, par Chevet. (Voir ce nom.) Il suffit de délayer, faire cuire quelques minutes et lier avec jaunes d'œufs et lait, et ajouter le cerfeuil.

FAUCON, *s. m.* (*Falco*). All. *Falke;* angl. *falcon;* ital. *falcone.* — Oiseau de proie que l'on dressait pour la chasse avant l'invention des armes à feu. Dans une seigneurie bien ordonnée il y avait le *grand officier de la fauconnerie.* Le faucon *niais* (pris dans le nid) était servi à la reine, comme mets rare, par le célèbre Taillevent, chef de bouche de Charles VII.

FAUQUES, *s. f. pl.* (*Terme de pêche*). — Planches à coulisse, qu'on ajuste autour des bateaux pour empêcher la lame d'y entrer.

FAUSSET, *s. m.* — Petite brochette de bois, servant à boucher le trou que l'on fait à un tonneau pour goûter le vin ou la liqueur qu'il contient.

FAUVEAU, *s. m.* — Bœuf de couleur rouge, tirant sur le jaune clair.

FAUVETTE, *s. f.* (*Garrula*). All. *Grasmücke;* rus. *trowniki;* angl. *linnet;* ital. *capinera.* — Passereau du genre Sylvie, dont le plumage tire sur le fauve dans certaines espèces.

Fauvette des Alpes, *accentor alpin;*
Fauvette babillarde, *Sylvie-polyglotte,* etc.

USAGE CULINAIRE. — Grosse, la fauvette est à peu près analogue au bec-figue, surtout au mois d'octobre quand elle s'est nourrie de figues et de raisins. En Italie et en Grèce, on les mange rôties et dressées sur des croûtons de polenta. On peut l'apprêter à toutes les méthodes usitées pour le bec-figue. (Voir ce mot.)

FAUX MARQUÉE, *s. m.* — Nom donné au cerf lorsque ses cors sont inégaux, comme par exemple lorsqu'il a six cors d'un côté de la tête et sept de l'autre.

FAVRE (*Poulet à la*). — Ce mets, dédié par l'auteur à une *Société savante,* fut salué de la façon suivante par les ouvrages scientifiques :

« La Société française d'hygiène, qui a pour président d'honneur don Pedro, empereur du Brésil, vient d'avoir son grand banquet annuel, dont le but tout différent de ceux de Grimod, a néanmoins été marqué au point de vue culinaire par un mets nouveau et délicieux : le *Poulet à la Favre.* » (*Les Épices,* HUSSON DE TOUL, membre de l'Académie des sciences.)

Les gourmets de l'art de bien dire liront avec plaisir les toasts entraînants et les causeries spirituelles des Durend-Fardel, Ricord, Bouley, Anatole de Laforge, de Lesseps, Péan et de Pietra Santa. Comme l'un des incidents les plus applaudis a été l'apparition sur la table d'un mets nouveau, préparé par l'un des convives, Joseph Favre, auquel le docteur Félix Brémond a spirituellement décerné une couronne de *Laurier-sauce;* nous sommes heureux de pouvoir en publier la formule. (*Journal d'Hygiène.*)

Poulet à la Favre. — *Formule 1699.* — Tailler en quatre parties un jeune poulet, ou un chapon, supprimer le bréchet et les os des cuisses, dégager les poumons des carcasses et les couper en morceaux carrés et saupoudrer légèrement le tout.

Beurrer un sautoir ou casserole évasée (les hygiénistes pourront se servir d'une casserole d'argent), la beurrer et la foncer d'une couche forte de 4 centimètres, d'oignons blancs émincés,

dans laquelle on ajoutera une vingtaine de grains de poivre blanc concassés, une demi-gousse d'ail et un petit fragment de thym. Ranger sur ce lit les morceaux de poulet, couvrir la casserole et faire étouffer dans un four très chaud.

Arroser avec de la crème double de premier choix (*aphrogala*) par intervalles et à mesure qu'elle réduit, jusqu'à absorption d'un demi-litre de crème. Ajouter aussi le jus de champignons frais et faire continuer la réduction jusqu'à parfaite cuisson du poulet, lequel on sort étant cuit dans une casserole pour le maintenir au chaud. Passer la purée à travers un tamis de crin fin, puis à l'étamine.

Au moment de servir, on achève la sauce par l'addition d'un morceau de glace de viande, de champignons, de truffes épluchées, d'un demi-verre de vieux vin de Madère.

Remplacer les morceaux de carcasses par des quenelles de zéphyr de volaille, dans lesquelles on aura râpé des truffes crues. Les faire pocher et les mettre dans la sauce.

Dresser le poulet sur un plat rond et chaud, le garnir et servir accompagné de la sauce. (Voir DRESSAGE DES ENTRÉES.)

HYGIÈNE. — Comme on le voit, par sa composition, ce mets, tout en étant un des plus réparateurs, est des plus agréables. En effet, la purée d'oignons réduite avec la crème vient justement contrebalancer et adoucir les riches propriétés de la glace de viande. Les féculents ne faisant pas partie de sa composition, la sauce n'a pas cet inconvénient d'être difficile à la digestion ou d'être trop excitante. C. D.

FAYOL, *s. m.* (Se prononce *fa-io*). — Nom donné aux haricots secs distribués à bord.

Les marins disent plaisamment : quand doublerons-nous le cap *fayol?* c'est-à-dire quand cesserons-nous d'en être réduits aux haricots pour tout légume?

FÉBRIFUGE, *adj.* All. *fiebervertreibend;* angl. *febrifuge;* ital. *febbrifugo.* — Médicament, régime fébrifuge, qui combat, qui guérit les fièvres d'accès.

Les fièvres légères, sans lésions d'organes internes, disparaissent facilement par quelques infusions de plantes amères, dont on trouvera la nomenclature dans le Tableau synoptique, sous la rubrique des *fébrifuges.*

FÈCES, *s. m. pl.* — Dépôt formé par toute espèce de liqueur qu'on laisse reposer. Résidu de la fabrication de l'huile.

FÉCOND, ONDE, *adj.* (*Fecundus*). All. *fruchtbar;* angl. *fecund;* ital. *fecondo.* — Propre à la reproduction; fertile, abondant. Se dit aussi au figuré : Carême fut fécond en créations nouvelles dans la partie esthétique de l'art du cuisinier.

Race d'animaux qui se font remarquer par leur abondante multiplication.

Plante féconde, qui produit beaucoup; fleur féconde qui donne du fruit. Une terre est féconde lorsqu'elle produit abondamment; on dit plutôt fertile dans le sens propre. Un œuf fécond est celui dont le germe a été fécondé.

FÉCULE, *s. f.* (*Fœcula*). All. *Stærkmehl;* angl. *fœcula;* ital. *fecola;* esp. *fecula,* de *fœx,* dépôt. — Terme générique des substances alimentaires non azotées (amidon) qui se trouvent dans les cellules de divers organes des végétaux, principalement dans leur racine et dans leur fruit.

On peut diviser les fécules en quatre catégories :

Les *fécules indigènes,* de riz, de froments et de pommes de terre.

Les *fécules exotiques,* le salep, l'arowroot, le tapioca, le sagou, l'igname, etc.

Les *fécules des fruits,* de châtaignes, marrons, rima ou arbre à pain, glands doux, etc.

Les *fécules de légumes,* de pois, de lentilles, de fèves, de haricots, etc.

La fécule est un corps unique et identique dans toutes les plantes où elle se trouve, blanche, ténue et insipide; inaltérable à l'air. Pure, elle est la partie substantielle du végétal, elle nourrit complètement, ne laisse presque aucune matière excrémentielle dans les premières voies. Seule, elle peut suffire à presque tous les besoins, elle ne donne aucune âcreté et paraît s'assimiler entièrement; elle fait la base de toutes les farines nutritives.

HYGIÈNE. — « Les substances féculentes appartiennent au groupe des aliments respiratoires, elles constituent l'une des bases essentielles de l'alimentation; elles sont l'objet d'une appétence universelle; elles se prêtent aux préparations culinaires les plus variées; enfin elles sont d'une digestion généralement facile. Les gastralgiques enclins aux acidités de l'estomac et ceux qui ont une disposition à la flatulence, sont obligés de n'user qu'avec beaucoup de réserve de cette catégorie d'aliments, formellement interdits aux personnes atteintes de diabète, pour lesquelles on s'est efforcé de trouver un pain sans fécule et fortement chargé de gluten. » (Dr Fonssagrives.)

La qualité des fécules dépend plus souvent de leur fabrication que de leur provenance.

FÉCULENT, ENTE, *adj.* — Toute substance contenant de l'amidon ou fécule. Un aliment féculent : farineux, les pâtes, les bouillies, les fèves, les haricots, les lentilles, les macaronis.

Féculente. — Se dit aussi d'une liqueur épaisse chargée de lie. On désigne aussi par féculent le dépôt qui se fait après la macération dans l'eau de certaines racines.

FÉDORAH (*Petits-fours*). — *Formule 1700.* — Employer :

Sucre en poudre	grammes	200
Amandes douces	—	250
Beurre	—	250
Fécule	—	80
Vanille	gousse	1
Marasquin	décilitre	1/2
Œufs frais	nombre	9

Procédé. — Piler les amandes au mortier avec un ou deux blancs d'œufs et travailler dans une terrine avec les deux jaunes, deux œufs entiers, le sucre, la vanille et le marasquin. Lorsque la masse est mousseuse, fouetter quatre blancs d'œufs et les incorporer en même temps avec la fécule et le beurre fondu, en ayant soin de ne pas écraser la pâte. Les coucher dans des moules représentant des noix, et les cuire doucement; abricoter chaque moitié, les joindre l'une contre l'autre et les glacer à la pistache claire.

FÉGARO, *s. m.* — Poisson de mer semblable au corb (Voir ce mot), mais plus grand et plus estimé; il est d'un gris clair argenté.

FEINTE, *s. f.* (*Clupea falax*). — Poisson de mer qui remonte les fleuves par troupes; on en trouve des quantités dans la Seine au moment du frais. On le désigne sous le nom de *feinte bretonne;* on le prend depuis la Méditerranée jusqu'à Rouen. La feinte a une grande analogie avec l'alose, avec laquelle il ne faudrait pas la confondre; sa chair est grasse, tendre, mais indigeste. Elle doit se manger fraîche.

FENDANT, *s. m.* — Plan de vigne du Valais et du canton de Vaud (Suisse). On distingue le blanc et le vert. Cette variété ne serait autre qu'une variété du chasselas, dont il a conservé la modalité, et si nous cherchions plus loin les analogies, nous y trouverions le fendant noir et le fendant rose, qui ne se distinguent que par la couleur de leurs raisins.

FENOUIL, *s. m.* (*Fœniculum*). All. *Fanchel;* angl. *fennel;* rus. *oukrope;* flam. et holl. *venkel;* dan. *fenikel;* ital. *finocchio;* esp. *hinoj.* — Plante très odorante de la famille des ombellifères, indigène; elle croît spontanément dans le midi de l'Europe.

On distingue trois variétés de cette plante :

Le fenouil commun ou amer, *fœniculum vulgare,* qui est assez commun en France; sa graine allongée, arrondie aux deux extrémités, et portant le reste du stigmate desséché; il en faut 310 pour 1 gramme; le litre pèse 450 grammes. Cette variété ne demande aucun soin; elle est vivace et rustique; on la rencontre souvent dans les vieux murs et les ruines rocailleuses.

Le fenouil doux, *fœniculum officinale,* est commun en Italie, où il est connu sous le nom de *carosella.* Sa tige sucrée, blanche et aromatique, est coupée jeune et empaquetée avec ses feuilles; on la fait cuire, au jus, à la crème ou avec une sauce blanche. On sert aussi ses tiges en salade.

La graine, souvent confondue avec l'anis de Malte, sert de condiment et pour la fabrication des liqueurs.

Le fenouil doux de Florence, *fœniculum dolce,* que les florentins appellent *finocchio dolce,* est une plante trapue que l'on cultive pour développer sa bulbe, qui constitue un légume très apprécié pour les garnitures des viandes.

Fig. 510. — Fenouil doux de Florence.

Lorsque le renflement qui se produit au collet de la plante a pris le volume d'une noix, on la butte légèrement, de manière à l'enterrer à moitié; après une dizaine de jours, on cueille le fenouil; il est alors tendre, sucré, aromatique et parfumé.

On en fait des salades délicates qui rappellent le céleri. Blanchi, on en fait des garnitures très agréables qui viennent augmenter le nombre des légumes délicats. Il est regrettable que le fenouil tubéreux ne soit pas plus commun à Paris.

HYGIÈNE. — La renommée du fenouil chez les Italiens date des Romains, qui considéraient sa graine comme fébrifuge, carminative et diurétique, si nous en croyons la traduction :

> Le fenouil fait en nous quatre effets différents :
> Il purge l'estomac, il augmente la vue ;
> De l'urine aisément il procure l'issue,
> Du fond des intestins il fait sortir les vents.

On pourrait ajouter que l'usage du fenouil bulbeux agirait certainement comme aphrodisiaque, si l'on en faisait un régime suivi.

Fenouil marin. — (Voir PERCE PIERRE).

FENOUILLET, *s. m.* — Variété de poires caractérisée par son goût d'anis ou de fenouil; on distingue : le *fenouil gris;* le *fenouil gros;* le *fenouil rouge.*

FENOUILLETTE. *s. f.* — Liqueur faite avec la graine du fenouil. Autrefois on en faisait une liqueur très agréable, qui sortait de la première distillerie française fondée par Solmini à Montpellier.

Ces liqueurs étaient offertes aux femmes après les vins de dessert; mais les prudes se gardaient bien d'en accepter. Mme de Thianges, lorsqu'elle eut renoncé à toutes les joies de ce monde, au point de ne plus mettre du rouge et de cacher sa gorge, se trouvait un jour à table à côté de Mme de Sévigné; un laquais lui présenta un verre de *fenouillette.* « Madame, dit-elle, ce garçon ne sait pas que je suis dévote. » (Mme de Sévigné, *Lett.* du 5 janv. 1674.)

FENUGREC, *s. m.* (*Trigonella fœnum græcum*). All. *griechisches Heu;* angl. *fenugreek;* ital. *finogreco.* — Plante de la famille des légumineuses, connue depuis des siècles, et appelée *fœnum græcum* (foin grec) par les Romains, qui la classaient au nombre des plantes potagères. La quantité de mucilage que contiennent ses semences les rend émollientes et adoucissantes.

La culture du fenugrec est peu répandue en France, si ce n'est dans quelques parties du Languedoc et du Dauphiné, où cette plante n'est cultivée que comme fourrage; elle mériterait certainement plus d'attention de la part des agriculteurs; les bestiaux en sont très friands et elle demande peu de soins pour bien venir; l'odeur de ses semences est très agréable, quoique forte.

En Egypte, où elle est cultivée pour l'alimentation, on répand ses semences, sans labour préalable, sur le limon du Nil, dès que les eaux se sont retirées, et soixante-dix jours après on peut en faire la récolte. Les Egyptiens font cuire ses semences dans du lait, et on prétend qu'elles engraissent; ils mangent aussi les tiges en salade.

FER, *s. m.* All. *Eisen;* angl. *iron;* ital. *ferro;* esp. *hierro.* — Métal très répandu dans la nature; on le trouve le plus souvent à l'état d'oxyde, à l'état de sel, ou combiné avec les corps combustibles et particulièrement avec le soufre et l'arsenic. L'oxyde qu'il forme, en absorbant à froid l'oxygène de l'air, s'empare de l'acide carbonique contenu dans l'atmosphère, et produit le carbonate de fer.

HYGIÈNE. — Le professeur Boussingault a fait remarquer qu'un régime complétement privé de ce principe, serait inapte à entretenir la vie. Le fer s'adapte à l'organisme pendant qu'il s'accroît, mais ne fait que le traverser après accroissement complet. La diminution sensible de ce métal est un des caractères de l'anémie.

USAGE ALIMENTAIRE. — Tous, ou en partie, les aliments contiennent du fer, et il ne faudrait pas trop redouter la cuisine faite dans les vases de fer au point de vue de la cuisine hygiénique. On sait en effet que le fer chaud absorbe l'oxygène et met à nu l'hydrogène; c'est alors qu'il communique au mets le goût particulier du fer, et ce mets est alors ferrugineux.

Vin de quinquina ferrugineux. — *Formule 1701.* — Employer :

Vin blanc généreux	litre	1
Extrait de quinquina gris.	grammes	5
Pyrophosphate de fer citro-ammoniacal.	—	10

Procédé. — Faire dissoudre à froid le sel de fer et l'extrait dans le vin et filtrer. Chaque cuillerée à bouche de ce vin contient 15 grammes de sel de fer et 75 milligrammes d'extrait de quinquina. (Bouchardat.)

Gâteau ferrugineux. — *Formule 1702.* — Introduire dans un appareil à tartelette :

Sucre en poudre	grammes	16
Citrate de fer et d'ammon. anhydre	—	1
Saccharure de girofle et de vanille.	—	1

Procédé. — Foncer les tartelettes et introduire dans la crème, ou confiture, la dose exacte dans chaque tartelette.

On peut, en outre, se préparer des boissons ferrugineuses par les prescriptions de la *formule 1516.*

FÉRA, *s. f.* (*Cyprinus cariphène*). Se prononce *fè-ra.* — Poisson du lac Léman, dont on distingue le *féro*, de Nice; l'*agoni*, du lac de Lugano, *del ceresio*, et la *sandre*, de l'Allemagne. (Voir ces mots.)

Une curiosité que j'ai eu l'occasion d'étudier sur le vif, c'est que les féras du lac de Genève varient de couleur et de grosseur selon les rives qu'elles habitent. Celles que l'on pêche près de Millerie, sur la côte de Savoie, sont d'un reflet verdâtre et irisé, grosses et la chair plus ferme. Celles que l'on pêche sur les côtes suisses, sur les rives vaudoises, sont quelquefois plus petites, à écailles d'un blanc vif et argenté. On en trouve des intermédiaires; mais cet exemple suffit pour constater l'influence que l'eau et les sous-sols ont sur la modalité des trois variétés sus-mentionnées, que je rattache à la même espèce.

HYGIÈNE. — La féra est un poisson à chair blanche traversée de fines arrêtes, facile à la digestion, mais s'altérant vite. On doit la manger très fraîche.

USAGE CULINAIRE. — L'un des modes le plus usité, c'est de la faire frire; cependant on en fait des filets que l'on met à toutes les méthodes usitées pour les filets de poisson, mais les deux formules suivantes sont les plus appréciées dans son pays d'origine.

Féra au beurre (*Cuis. de pension*). — *Formule 1703.* — Ecailler, vider et ôter les ouïes des féras; les saler intérieurement et les passer au lait frais, puis à la farine. Les coucher dans une plaque carrée et préalablement beurrée; mettre du beurre dessus et les mettre dans un four chaud.

On peut aussi les faire cuire dans une grande poêle, en ayant soin de les mettre sur un feu très doux.

Féra à la vaudoise (*Cuis végétarienne*).— *Formule 1704.* — Vider, écailler et ôter les ouïes des féras; mettre dans une poissonnière, moitié eau et moitié vin d'Yvorne; oignon ciselé, carottes et thym, clous de girofle, poivre concassé dans un sachet et sel.

Faire cuire le court-bouillon pendant quinze minutes; y mettre les féras et, au premier bouillon, retirer la poissonnière sur l'angle du fourneau; la laisser vingt minutes. Mettre dans une petite casserole 4 jaunes d'œufs (pour 2 féras), 250 grammes de beurre très frais, un jus de citron, et passer dessus du court-bouillon, du poisson (2 décilitres environ), en fouettant vivement, de façon à obtenir une sauce très liées. La passer sans la laisser bouillir. Dresser les féras sur une serviette; les entourer de pommes de terre à l'anglaise et servir la sauce à part.

Remarque. — C'était le mets favori d'Elisée Reclus pendant son séjour à Clarens, alors abstème et pythagoricien; mais son confrère, le docteur Bonnejoy, a omis d'en parler dans son livre de cuisine végétarienne.

FER-BLANC, *s. m.* All. *Weissblech;* angl. *tinned iron;* ital. *fer-blanc.* — Tôle de fer étamée, avec laquelle on fabrique des ustensiles de ménage.

Le fer-blanc est inoffensif à condition qu'il ne contienne aucune soudure additionnée de plomb; dans ce cas, il peut occasionner des empoisonnements lents. Les ustensiles de fer-blanc, par leur bon marché, constituent pour les petits ménages une ressource fort utile.

FERMENT, *s. m.* All. *Gœhrungstoff;* angl. *ferment, yest;* ital. et esp. *fermento.* — Les ferments sont des êtres organisés, animaux ou végétaux, qui, au contact des substances organiques diverses, les dédoublent pour s'en nourrir et donnent naissance par le résidu de cette élaboration à des produits nouveaux.

« L'infusoire produisant le ferment, dit Pasteur, se nourrit aux dépens de la matière fermentante, et aussi longtemps que dure sa vie, aussi longtemps dure un transport de matière, allant de la substance qui fermente à celle qui provoque son dédoublement. Ceux qui sont des animaux vivent et se multiplient en dehors de la présence du gaz oxygène libre. »

Le type des actes de fermentation est la transformation du sucre en alcool et en acide carbonique. La putréfaction végétale et animale n'est qu'un phénomène de fermentation, et il est très probable que beaucoup de nos maladies se rattachent aux actes des ferments.

FERMENTATION, *s. f.* (*Fermentatio*). — Etat d'un corps en décomposition par l'action des ferments.

Au point de vue alimentaire on peut diviser les fermentations en six genres :

La fermentation alcoolique, qui est la transformation qui donne naissance à un liquide vineux; elle ne peut avoir lieu sans que la fermentation saccharine se soit déjà produite. Cette fermentation est presque toujours tumultueuse: le liquide se trouble, bouillonne, dégage de l'écume et de l'acide carbonique. Elle s'éclaircit enfin après que le sucre s'est converti en alcool, et prend le goût et l'odeur alcooliques qui distinguent les boissons comme le vin, le cidre, la bière, etc.

La fermentation acétique, qui transforme l'alcool en acide acétique ou vinaigre, par la fixation de l'oxygène. C'est cette fermentation qui convertit le vin, la bière, le cidre en vinaigre.

La fermentation saccharine, celle qui a lieu toutes les fois qu'il se développe une matière sucrée dans une substance abandonnée à elle-même, comme celle des fruits mûrs ou jus de fruits. (Voir ce mot.)

La fermentation butyrique, est la transformation en acide butyrique du sucre, de l'amidon et du mucilage que renferment certaines semences de fruits et quelques racines.

On appelle *catalyse caséeuse* la conversion, ou dédoublement, qu'éprouvent les corps gras avec le concours d'une matière albuminoïde, de l'eau et de l'air à une température de 15 à 30 degrés; ils deviennent rances et acides.

La fermentation panaire. On désignait autrefois sous cette dénomination, que je conserve ici, la fermentation alcoolique qui se produit dans la panification; ce terme moins précis, moins scientifique est plus compris du travailleur. Cette fermentation s'obtient le plus souvent par la levure de bière, diluée avec un peu de farine et d'eau, que l'on soumet ensuite dans un endroit tempéré.

La fermentation putride, la dernière décomposition des matières organiques; celle qui se produit immédiatement pour certains gibiers, sans passer par l'état du *faisandage*. (Voir FAISAN.)

La chimie distingue encore plusieurs sortes de fermentations que nous n'avons pas à envisager ici.

FERNAMBOUC, s. m. (Bois de). — Bois de teinture, aussi appelé *bois du Brésil.* On en retire une belle couleur rose employée dans les arts. Elle sert quelquefois aux sophistications criminelles des fabricants de boissons, qu'ils dénomment vin de raisin.

FERO, s. m. — Poisson d'eau douce. (Voir FÉRA.)

FERRER, v. a. (Terme de pêche). — Action de tirer sur l'hameçon à l'instant où le poisson mord.

FERRUGINEUX, EUSE, adj. — Se dit des corps ou substances qui contiennent du fer à l'état de combinaison, et notamment des eaux minérales renfermant des sels de fer, qu'on emploie comme tonique et fortifiant du système sanguin.

FESTIN, s. m. — Repas somptueux des Anciens. (Voir BANQUET.)

FESTUCA. — Nom que les Romains donnaient à une espèce de graminée non encore déterminée, et qui compte environ quatre-vingts espèces. La festuca, ou manne de Prusse, *gramen manna esculentum prutenicum*, est une plante qui croit dans les forêts et les marais et dont le grain est farineux. En Prusse on en fait de la bière, de la semoule et du pain en temps de guerre ou de disette.

FÉTICHE, s. m. — Poisson d'Afrique du genre squale, dont la chair est excellente. Dans quelques tribus on lui rend un culte religieux.

FEU, s. m. All. *Feuer;* angl. *fire;* ital. *fuoco;* de *focus,* foyer. — Développement simultané de chaleur et de lumière produit par la combustion de certains corps, tels que le bois, le charbon, la paille, etc. Les Anciens considéraient le feu comme l'un des quatre éléments.

Le feu enflamme les corps combustibles et calcine les autres; il détonne dans la foudre, ébranle la terre dans les éruptions des volcans, et déploie dans les airs ces chaleurs atmosphériques qui réchauffent ou qui brûlent, qui font mûrir les fruits ou tarissent les sources; l'homme s'en est emparé pour établir sa domination dans le monde,

pour cuire ses aliments et rendre délicate sa cuisine; pour amollir les métaux; pour exploiter les mines, traverser les mers et rendre terribles ses machines de guerre. Mais où le feu rend de plus grands services à l'homme, c'est dans l'appropriation des substances alimentaires pour sa nourriture.

Le feu est le meilleur instrument du cuisinier, comme son plus terrible ennemi; il dévore, calcine et, en une seconde, réduit à néant les meilleures préparations, s'il n'est guidé, réglé avec une vigilance et une activité de tous les instants.

FEUILLANTINE, s. f. (Pâtisserie). — Ancienne pâtisserie qui n'est plus guère usitée de nos jours.

Feuillantine. — *Formule 1705.* — Abaisser de la pâte feuilletée de 7 tours, à 2 millimètres d'épaisseur, en couper des carrés longs de 4 centimètres sur 1 c. 1/2 de large; humecter le dessus avec des blancs d'œufs et saupoudrer de sucre en grains. Faire cuire dans un four moyen.

FEUILLE, s. f. All. *Blatt;* angl. *leaf;* ital. *fôglia.* — Partie ordinairement mince et plate, de couleur verte, qui naît aux tiges des rameaux et constitue le feuillage.

Pour être précis et donner une idée exacte de la physiologie de la feuille, indispensable dans le travail des fleurs en cire et en sucre, on ne doit pas oublier que l'on distingue dans la feuille deux faces, l'une *supérieure* et l'autre *inférieure*, une *base* ou point par lequel la feuille est attachée, un *sommet* opposé à la base, un *contour* ou *bord*. Les feuilles sont généralement munies de deux parties : un support, ou *pétiole*, et une lame, ou *limbe;* la feuille munie d'un pétiole est nommée feuille *pétiolée*, celle à qui manque ce support est appelée *sessile*.

Fig. 311. — Feuille *phylode.*

Quelquefois la feuille est uniquement formée par le pétiole, le limbe avortant complètement. Quand cet avortement a lieu, tantôt le pétiole n'éprouve aucune altération, tantôt, au contraire, il se dilate, devient plan et foliacé, et prend tout à fait l'apparence d'une feuille; ces pétioles foliacés sont dénommés *phylodes.*

La disposition générale des nervures n'est pas la même dans les végétaux dicotylédonés et dans les végétaux monocotylédonés; dans ces derniers, les nervures secondaires sont en général peu saillantes, presque toujours simples et parallèles entre elles.

On nomme feuille *perfoliée* celle dont le disque est en quelque sorte traversé par la tige, tandis que l'on a donné le nom de feuilles *cannées* ou *conjointes*, aux feuilles opposées qui se réunissent ensemble par leur base, de manière que la tige passe an milieu de leurs limbes soudés comme dans les feuilles supérieures de la saponaire, du chèvre-feuille, etc.

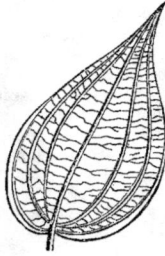

Fig. 512.— Nervure des feuilles des végétaux monocotylédonés.

La feuille simple est celle dont le pétiole n'offre aucune division sensible et dont le limbe est formé d'une seule et même pièce; elle s'appelle feuille *peltée*, quand le pétiole se termine et se ramifie au centre d'un limbe arrondi. La feuille *composée*, au contraire, résulte de l'assemblage d'un nombre plus ou moins considérable de petites feuilles isolées et distinctes les unes des autres qu'on appelle *folioles*, toutes réunies sur les parties latérales, ou au sommet d'un pétiole commun, qui dans le premier cas porte aussi le nom de *rachis*. Elles sont *séminales*, quand elles sont formées par le développement du corps cotylédonaire.

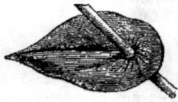

Fig. 513. — Feuille *perfoliée*.

Fig. 514. — Feuille *cannée*.

Radicales, celles qui naissent immédiatement au collet de la racine.

Ramaires, quand elles naissent sur les rameaux.

Caulinaires, celles qui sont fixées sur la tige.

Florales, celles qui accompagnent les fleurs.

Fig. 515.— Feuille *peltée*, vue de dessous.

Opposées, celles qui sont disposées dans un sens diamétralement opposé.

Feuilles en cire d'après nature (*Cuis. décorative*). — *Formule 1706.* — Faire fondre au bain-marie 500 grammes de cire, lui donner une teinte jaune avec du chrome n° 1, préparé en pâte; avec cette première teinte, enlever quelques feuilles sur plâtre. Après cette opération, ajouter à la cire du vert, pour obtenir une teinte vert tendre; faire de nouveau une quantité de feuilles; donner alors à la cire une couleur verte plus foncée. On obtiendra ainsi trois nuances dont on peut varier les tons, soit à l'aquarelle ou à la peinture à l'essence. On donne le brillant de certaines feuilles avec du vernis à tableaux.

Si l'on désire obtenir des feuilles de rose ou autres, on choisira dans les fleurs naturelles la quantité que l'on désire reproduire, en observant les différentes grandeurs et la façon dont elles sont montées; appliquer sur le revers de chaque feuille une plaque de cire après l'avoir chauffée légèrement; la presser entre les doigts et le pouce pour bien prendre l'empreinte, découper le tour avec un petit couteau pointu; masquer légèrement de cire des fils de laiton à fleur, long de 12 à 15 centimètres. Placer un de ces fils sur le centre de chaque feuille; former la côte, ou nervure principale, avec un pinceau trempé dans la cire assez chaude; les tremper à l'eau froide; détacher la feuille naturelle; on obtiendra ainsi les plus petits détails de la nature.

Pour l'imitation de toutes espèces de feuilles en cire, on peut employer, soit les moules dont se servent les feuillagistes, soit des moules en étain ou en galvanoplastie. (*A. Escoffier.*)

Feuilles imitées en sucre (*Cuis. décoratives*). — *Formule 1707.* — J'ai donc à indiquer ici la manière de reproduire les feuilles d'après nature, attendu qu'il est impossible de bien représenter une fleur si elle n'est accompagnée de sa propre feuille.

Presque toutes les feuilles peuvent être imitées, et, par conséquent, être ajoutées à leur fleur.

Pour réussir à imiter les feuilles, il faut avoir des moules en plâtre ou en plomb fabriqués d'après nature; étant pourvu de ces moules, on imprime le sucre dessus. (Voir FLEUR.)

Après avoir ramolli du sucre vert pour feuilles, on en prend une quantité suffisante pour imiter la feuille que l'on veut reproduire; on la presse entre les doigts et on l'amincit, en lui donnant la forme première de celle que l'on veut imiter; puis on l'imprime sur le moule en plomb; on monte chaque feuille sur des fils de fer garnis de coton vert, en les collant avec du sucre par derrière; on les groupe en imitant la nature et en tournant symétriquement les fils ensemble.

La feuille de rose, qui se compose de cinq parties, doit faire comprendre qu'il faut apporter de l'attention dans le groupage.

Pour faire les feuilles de volubilis, prenez du sucre vert mollet; aplatissez-les en feuilles minces,

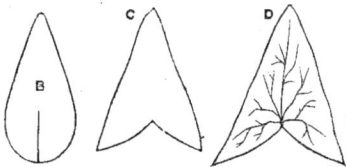

Fig. 516. — Feuilles de volubilis.

puis, avec les ciseaux, coupez en donnant la forme B, écartez en imitant C, puis imprimez sur le moule D; l'on peut, en prenant plus ou moins de sucre, faire des feuilles de différentes grandeurs. (A. Landry, de l'*Académie de cuisine*.)

Moule à feuille d'après nature. — *Formule 1708.* — Quelle que soit la feuille dont on veut obtenir le moule, il suffit de se la procurer, quand la nature le permet. On fait alors une abaisse en cire, sur laquelle on couche la feuille, en lui conservant le plus possible sa forme naturelle; on l'entoure d'une petite bande de cire pour obtenir l'épaisseur que l'on désire avoir du moule.

Tout étant ainsi préparé, on met dans une terrine une quantité d'eau suivant le besoin; puis, avec un petit tamis, vous tamisez du plâtre en quantité suffisante pour remplir la terrine.

Mélanger doucement pour éviter les bulles d'air, et lorsque le plâtre commence à prendre la consistance d'une crème épaisse, avec un pinceau, on en applique sur la feuille, jusqu'à ce que le vide qui doit faire l'épaisseur du moule soit rempli. On laisse durcir, puis on pare les contours, en coupant les excédents.

On peut obtenir des moules en deux pièces, ce qui permet de faire en même temps, et d'un seul coup, le dessus et le dessous d'une feuille : pour obtenir ce résultat, il suffit d'avoir soin de laisser (sur le premier morceau obtenu ici) la feuille collée; puis, après avoir paré, on lui met autour une bande de cire pour obtenir l'épaisseur du second morceau qui doit faire le dessus de la feuille, et qui s'obtient comme le premier.

L'on peut durcir ses moules, en leur faisant absorber de l'huile; pour s'en servir, il suffit de les tremper dans l'eau un quart d'heure. C'est sur ces moules que l'on imprime la cire, le suif ou saindoux et les feuilles au trempé. (A. Landry.)

FEUILLET. — Fameux chef pâtissier de la maison de Condé, créateur de la pâte feuilletée.

« Richaud doubla mon activité en me parlant souvent du grand Feuillet; depuis le premier janvier jusqu'au trente-et-un décembre ses pâtisseries étaient toujours belles; je mettais à profit ces grandes leçons du bon vieux temps. » (Carême, *Pâtissier royal*.)

Carême fut le continuateur et appliqua le feuilletage aux différentes formes de bouchées, vol-au-vent et tourtes.

FEUILLETAGE, *s. m.* — Pâte inventée par *Feuillet* (Voir ce mot) et rendue feuilletée par un travail spécial qu'on appelle *tour*. Le feuilletage comporte ordinairement six tours.

Feuilletage fin (*Pâtisserie*). — *Formule 1709.* — Employer :

Farine fine	grammes	500
Beurre fin	—	500
Sel	—	10
Eau	décilitres	3

Procédé général. — Faire la fontaine et mettre le sel; délayer avec l'eau vivement, de façon à former une pâte lisse et mollette; la saupoudrer de farine et la laisser reposer dix minutes.

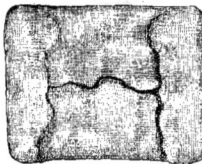

Fig. 517. — Pâte beurrée, à feuilletage.

Abaisser la pâte avec le rouleau, la ployer et l'abaisser encore une fois. Pétrir le beurre de façon qu'il soit de la même consistance que la pâte; l'étendre sur la pâte et replier les bords; la saupoudrer de farine et la laisser reposer un quart d'heure dans un endroit froid.

Abaisser le feuilletage avec le rouleau sous forme de bande longue d'environ 80 centimètres; échancrer la pâte en trois parties en appuyant avec le rouleau; la saupoudrer de farine et ployer la pâte à tiers ou en trois parties, la tourner d'un demi-tour sur elle-même de manière à l'allonger en sens inverse dans le deuxième tour. Cette opération se nomme *tour*, et répétée cinq fois, elle constitue de la pâte feuilletée, ou feuilletage à cinq tours.

Entre chaque tour, ou chaque deux tours, on laisse reposer la pâte pendant un quart d'heure au moins. Pour réussir le feuilletage, deux points sont essentiels : ne pas échauffer la pâte dans la détrempe, et ne pas laisser trop ramollir la pâte entre les tournages; pour cela, on doit maintenir la pâte en lieu froid, réfrigérant, mais jamais immédiatement sur la glace. Pour provoquer le feuilletage régulier, on doit observer que la farine, en saupoudrant, tombe régulièrement partout. La régularité de l'épaisseur de la pâte est aussi une condition indispensable à sa réussite.

Fig. 518. — Abaisse de pâte feuilletée, manière de tourner la pâte.

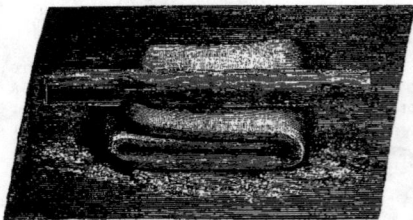

Fig. 519. — Pliage de la pâte feuilletée.

Feuilletage ordinaire. — *Formule 1710.* — Employer :

Farine tamisée.	grammes	750
Beurre fin.	—	500
Sel.	—	15
Eau.	décilitres	4

Procédé. — Mettre la farine sur la table; former la fontaine; ajouter le sel et l'eau pour faire la détrempe comme il est indiqué au *Procédé général* du feuilletage fin. On donne généralement à ce feuilletage *cinq tours.*

Feuilletage à la graisse de veau. — *Formule 1711.* — A défaut de beurre très frais, on peut le remplacer par de la graisse de rognon de bœuf ou de veau. On dénerve la graisse, on la pile et on la pétrit pour en faire une pâte molle.

Employer :

Graisse de rognon de veau.	grammes	500
Farine tamisée.	—	500
Sel.	—	10
Eau.	décilitres	3

Procédé. — Suivre exactement les mêmes prescriptions que pour le feuilletage fin en remplaçant le beurre par la graisse de veau.

Feuilletage à la graisse d'oie. — *Formule 1712.* — La graisse d'oie est huileuse de son naturel. On la fait figer sur la glace en la remuant de façon à en faire une pommade lisse.

Employer :

Graisse d'oie.	grammes	500
Farine tamisée.	—	500
Sel.	—	10
Eau.	décilitres	3

Procédé. — Former la fontaine, mettre le sel et l'eau; faire la détrempe en suivant les indications énoncées dans le *Procédé général* de la *formule 1709.* Cette pâte doit être reposée dans un endroit très froid, réfrigérant ou timbre; on remplace le beurre par la graisse d'oie et on donne cinq ou six tours.

Remarque. — On peut faire du feuilletage avec toutes les graisses, à la condition qu'elles soient sans odeurs et rendues molles et lisses, et que le local où repose la pâte soit très froid.

FEUILLETTE, *s. f.* — Tonneau dont la contenance diffère selon les pays; il contient 135 litres à Paris, 137 en Bourgogne et 113 à Bordeaux.

FÈVE, *s. f.* (*Faba vulgaris*). All. *Garten Bohnen;* angl. *broad bean;* flam. *platte boon;* holl. *tuin boonen;* rus. *boppe;* dan. *valske bonner;* ital. *fava;* esp. *haba;* port. *fava;* on l'appelle aussi quelquefois *gourgane.* — Plante de la famille des légumineuses à grosses gousses et à graines très farineuses.

Originaire d'Orient, on sait par la Bible que parmi les vivres qui furent apportés à David, quand il était à Manahajim, il y avait une quantité considérable de fèves (2 *Sam.*, XVII, 28).

Très estimée des Égyptiens, la fève fut cultivée dès la plus haute antiquité. Les jardiniers ne distinguent pas moins de dix variétés de fèves qui se subdivisent en plusieurs sous-variétés.

La fève des marais, à tige carrée, haute d'environ 80 centimètres, verte et quelquefois lavée de rouge; cosses réunies par groupe de deux ou trois; elle compte un grand nombre de sous-variétés.

La fève de Windsor, plante vigoureuse et productive, dont l'une des variétés, la *verte*, est très recherchée en Angleterre.

La fève naine hâtive, à tige carrée raide, à châssis; les cosses sont dressées comme on peut le voir par le dessin.

Fève naine de Beck. — Cette plante, très ramassée, porte des cosses petites, mais nombreuses, ne dépassant guère le volume d'une févorole. On distingue encore dans cette espèce : la naine *rouge*, la naine à *fleur bleue pure*, la naine à *fleur rougeâtre*.

La fève violette, très peu cultivée à cause de la couleur de ses grains.

La fève violette de Sicile, se rapproche beaucoup de la fève des marais, à l'exception de la couleur.

La fève de Mazagan, dont on distingue de nombreuses variétés.

La fève Julienne, très rustique, à cosses nombreuses, droites, portant trois à quatre graines très pleines et nourries.

Fig. 520. — Fève naine hâtive.

La fève de Séville, plante à tige carrée et dressée; cosses larges, ses graines pèsent 620 gr.

par litre, et 100 gr. en contiennent 500. Très hâtive et de bonne qualité pour l'alimentation.

La fève d'agua dulce, variété italienne qui se rapproche beaucoup de la fève de Séville; cosse

Fig. 521. — Fève de Séville à larges cosses.

très grosse, contenant de grosses graines plates, mais peu nombreuses.

La fève alpagache; dans la Louisiane on cultive des fèves de ce nom parce qu'elles viennent des naturels de ce nom. La tige rampe à terre, ses cosses sont tendues, et on les cuit comme les pois mange-tout.

Analyse chimique. — Sur 100 parties en poids l'analyse chimique a constaté :

Sucre	52
Substances azotées	24
Matières grasses et aromatiques	3
Cellulose	3
Sels minéraux	4
Eau	14
	100

HYGIÈNE. — Les fèves fraîches sont nourrissantes et de digestion facile, mais sèches elles sont difficiles à la digestion. Les traditions rabbiques rapportent qu'il était interdit au souverain sacrificateur de faire usage du pain de fèves le jour de la fête des expiations, parce que cet aliment ayant des propriétés somnifères l'aurait empêché de remplir avec activité ses fonctions sacrées.

USAGE CULINAIRE. — En Palestine, on mêlait la farine de fèves avec celles du froment, de l'orge, du millet et de l'épeautre pour faire le pain (*Ezech.*, IV, 9). Dans le Midi, on prend les fèves jeunes et on les mange souvent crues en sortant de leur gousse. Mais le plus souvent elles sont préparées dans leurs cosses.

Le seul désagrément que les fèves ont dans la pratique culinaire c'est leur peau dure. Aussi a-t-on imaginé de les éplucher crues et de les conserver par le système Appert. La farine de fève est excellente, mais elle se conserve difficilement en raison de la forte proportion des matières sucrées. Le goût particulier des fèves ne plaît pas à tout le monde, aussi peut-on le neutraliser par l'addition dans la cuisson d'un peu de sarriette et d'estragon.

Voici les meilleures méthodes de les préparer :

Fèves en gousses. — *Formule 1713.* — Faire cuire à l'eau salée des fèves dans leur gousse et les servir chaudes dans une serviette aussitôt écossées.

Fèves au naturel. — *Formule 1714.* — Choisir des grosses fèves avant leur complète maturité; on les mange crues avec du pain *aillolisé*.

Fèves à la tête de porc. — *Formule 1715.* — Faire blanchir un groin et les oreilles d'une tête de porc, au demi-sel; d'autre part, passer à l'eau bouillante des fèves de marais jusqu'à ce que la robe puisse se détacher. Les éplucher et les mettre dans une casserole avec un oignon clouté, le groin et les oreilles de porc, un bouquet fait avec estragon et sarriette, et mouiller le tout avec du bouillon frais. Faire cuire doucement et au moment de servir retirer l'oignon et le bouquet; dresser les fèves, dont la coction sera réduite et les garnir du porc frais. Le plus souvent on passe les fèves au tamis, ce qui constitue une purée de fèves.

Fèves à la sauce béchamelle. — *Formule 1716.* — Blanchir des fèves pour leur attendrir la peau, les monder et les achever de cuire dans du lait, en ayant soin de les conserver entières, et les ajouter dans une sauce béchamelle à la crème.

Purée de fèves fraîches. — *Formule 1717.* — Blanchir et dérober les fèves; les faire cuire avec

poivre, sel, oignon clouté, une branche de sarriette et d'estragon et du bouillon frais; passer les fèves au tamis et beurrer la purée en la mouillant avec du bouillon ou du jus, selon l'emploi qu'on en veut faire. On la sert soit avec des côtelettes, soit comme purée; dans ce cas on la couronne de croûtons de pain frits au beurre.

Soupe de fèves à la provençale. — *Formule 1718.* — Appelée *soupo de favo.* Blanchir et éplucher 500 grammes de fèves par personne; hacher un oignon et une gousse d'ail, les passer à l'huile dans une casserole sur le feu; y ajouter les fèves et faire revenir un instant; mouiller avec moitié bouillon, moitié eau et faire cuire. Verser la soupe sur des tranches de pain frites à l'huile. (Morard.)

HYGIÈNE. — Cette soupe, très nourrissante, ne peut être servie qu'aux personnes à estomac robuste.

FÉVELOTTE, *s. f.* — Haricot, petite fève, ou toute espèce de fève sèche et concassée.

FÉVEROLE, *s. f.* (*Phaseolus minor*). All. *Feldbohne;* angl. *horse-bean;* ital. *piccola fava.* — Variété de la fève des marais, mais plus petite. Elle se prépare culinairement comme elle. (Voir FÈVE.)

FÉVRIER, *s. m.* (*Februarius*). — Second mois de l'année, qui comprend le jour intercalaire des années bisextiles.

Si février est le mois le plus court, il est un des plus précieux sous le rapport des joies culinaires.

En février, le carnaval bat son plein; les bals et les soirées se succèdent sans transition, et, si l'on danse beaucoup, on mange davantage; sous cette influence, le cochon, par ses déguisements alléchants, acquiert le droit de paraître sur toutes les tables. Gourmets et gourmands sont dans la jubilation : la poularde, la dinde, sont dans toute leur splendeur, et la truffe nous arrive du Périgord fraîche et parfumée pour leur faire cortège et les inonder de leur suave parfum.

Les pâtés de foie gras, d'alouettes, les terrines, etc., se précipitent à l'envi vers Paris pour devancer le carême et nous combler de délices.

En un mot, dindes, poulets, poulardes, oies, canards, etc., sont dans toute leur gloire. Si le gibier devient rare, il n'en est pas moins exquis.

Le poisson et les huîtres sont toujours excellents, les légumes de garde, et les fruits sont encore abondants et savoureux.

Enfin, février est le père du mardi-gras, et cette qualité lui vaut un titre à la reconnaissance des estomacs.

FIASQUE, *s. f.* — Mesure italienne de capacité; sa contenance est d'environ 1 litre.

FIATIOLE, *s. f.* (*Stromateus fiatola*). — Poisson de la Méditerranée, à chair délicate et de facile digestion. Il se prépare comme le merlan. (Voir ce mot.)

FIBRINE, *s. f.* All. *Faserstoff;* angl. *fibrine;* ital. *fibrina.* — Filaments fins et élastiques, essentiellement composés d'albumine et de gélatine. La fibrine se trouve dans le sang et forme la base de la chair musculaire, c'est-à-dire de la viande; elle se compose d'azote, d'hydrogène, d'oxygène et de carbone.

« La fibrine, dit Chevreul, unie à l'albumine, à la gélatine et au mucus, est une des substances les plus nutritives que l'on connaisse, puisque c'est elle qui constitue la partie principale des différentes espèces de viandes. A l'état de pureté, elle ne pourrait servir d'aliment à cause de son insolubilité et de sa dureté. »

FICAIRE, *s. f.* (*Ficaria*). — Plante du genre renoncule, très commune dans les prés; on en fait blanchir les feuilles et on les prépare comme les épinards.

FICHURE, *s. f.* — Instrument de pêche en forme de trident, avec lequel on darde le poisson dans les étangs salés.

FICOÏDE, *s. f.* (*Mesembrianthemum crystallinum*). All. *Eiskraut;* angl. *ice plante;* ital. *erba diacciola.* — Plante grasse, originaire du Cap, de la famille des cactiers; elle comprend un grand nombre d'espèces; fleurs blanchâtres, petites, charnues, à calice renflé, couvert, comme toutes les parties vertes de la plante, de petites vésicules à enveloppe membraneuse, très transparente, qui donne à la plante la même apparence que si elle était couverte de rosée congelée.

La culture de la *Glaciale* est extrêmement facile; elle se sème comme les épinards et résiste mieux que ceux-ci à la chaleur et à la sèche-

resse. Ses feuilles charnues, légèrement acidulées, en font un légume vert d'été très précieux pour les pays chauds et secs; étant cuites et hachées, elles se préparent comme les épinards. Dans nos pays, elle est plutôt cultivée comme plante d'ornement.

FIDELINI, *s. m. pl.* — Pâte d'Italie, très fine et plate, en forme de ruban fin, très appréciée des Italiens.

Fidelini à l'italienne. — *Formule 1719.* — Jeter les fidelini dans une casserolée d'eau bouillante et salée; les laisser cuire trois à quatre minutes; les égoutter; y mettre poivre, sel, beurre, et les sauter en les saupoudrant de fromage de parmesan râpé. A volonté, on y ajoute de la tomate.

FIÉLAS, *s. m.* — Le Congre, ainsi dénommé à Marseille; on l'emploie pour la bouillabaisse et on en fait aussi des soupes. (Voir CONGRE.)

FIERDING, *s. m.* — Mesure de capacité usitée en Danemark pour les matières sèches; elle équivaut environ à un hectolitre.

FIGUE, *s. f.* (*Ficus carica*). — Fruit du figuier, arbre très anciennement connu. « Juda et Israël habitaient en assurance, durant tout le règne de Salomon, chacun sous sa vigne et sous son *figuier*; depuis Dan, ville située à la limite septentrionale du pays, jusqu'à Béersebah, qui terminait la terre Sainte au Midi. » (I, *Rois*, IV, 25.) « Le premier vêtement de l'homme était fait avec des feuilles de figuier. » (*Gen.*, III, 7.) C'est sans doute sous cette inspiration sacrée que Sacy écrivit :

Ici le noir figuier, de son feuillage sombre,
Protège les amants étendus sous son ombre.

On sait qu'Esope, chargé par son maître de porter un panier de figues à un ami, se vit accusé par l'esclave de les avoir mangées; pour prouver son innocence, il se mit le doigt dans la bouche et n'y provoqua aucun vomissement, tandis que l'esclave, sommé d'en faire autant, rendit les figues.

Le figuier était en grand honneur chez les Egyptiens, qui en considéraient le fruit comme le but de tous leurs désirs et l'idéal d'une félicité parfaite. L'histoire rapporte que ce fut dans un panier de figues que Cléopâtre reçut l'aspic qui,

FIG 846 FIG

en lui donnant la mort, devait le soustraire à la honte de paraître au triomphe d'Octave.

De temps immémorial, on cultive le figuier en Grèce et à Rome. Pline raconte que de son temps on voyait à Rome, sur une place où se tenaient les assemblées du peuple, un figuier venu naturellement et cultivé en mémoire de celui qui avait été appelé le nourricier de Romulus et de Rémus, et sous lequel, disait-on, les deux fondateurs de Rome avait été trouvés avec la louve. On raconte que Caton, poussant le Sénat à la destruction de Carthage, jeta un jour, à son retour d'Afrique, en pleine assemblée, afin de vaincre les dernières résistances de ses collègues, quelques figues magnifiques qu'il tenait dans les pans de sa robe. Voyant que les sénateurs les admiraient : « Sachez, leur dit-il, qu'il n'y a que trois jours que ces figues sont cueillies et qu'il n'y a que cette distance entre Rome et sa rivale. » Telle fut l'origine de la troisième guerre punique. Pline rapporte que les figues furent également la cause de la prise et du sac de Rome par les Gaulois. Un Helvétien, nommé Elicon, qui avait habité quelque temps la capitale, voulant retourner dans sa patrie, s'avisa d'emporter avec lui du vin, du raisin sec et des figues. A son passage dans la Gaule, il vendit ces denrées aux habitants, qui ne les connaissaient pas encore, et, pris d'admiration pour un pays qui produisait de si excellentes choses, prirent les armes aussitôt et firent cette expédition fameuse que tout le monde connaît. Munster raconte que les Milanais, s'étant révoltés contre Frédéric, avaient chassé l'impératrice, sa femme, et l'avait conduite hors des murs sur une vieille mule nommée *Tacor*, ayant le dos tourné vers la tête de la mule et le visage du côté de la croupière. Frédéric, les ayant soumis, fit mettre une figue à Tacor dans un endroit qu'on ne peut nommer, et obligea tous les Milanais captifs d'arracher publiquement cette figue avec les dents et de la remettre au même lieu, sans l'aide des mains, sous peine d'être pendus et étranglés sur-le-champ, et ils étaient obligés de dire au bourreau : *Ecco la fica*. Depuis ce châtiment barbare, c'est la plus grande insulte que l'on puisse faire aux Milanais que de leur faire la figue *far la fica*, accompagné d'un geste de mauvais goût, dont le proverbe espagnol, *dar los higos*, en perpétue le souvenir. On raconte que Thouin, l'habile pépiniériste du Jardin des Plantes de Paris, avait chargé l'un de ses garçons de porter à Buffon deux magnifiques figues de primeur. Chemin faisant, l'enfant regarde ces beaux fruits et en mange un. Buffon qui en attendait deux, demande compte de l'autre; le messager tout confus, avoue franchement sa faute. « Malheureux ! s'écria l'illustre naturaliste en élevant la voix, comment as-tu donc fait ? » Le jeune garçon saisissant alors la seconde figue et l'avalant, réplique : « Voilà, Monsieur, comment j'ai fait ! »

Caton cite six variétés de figues : les africaines, les rodiennes, les lydiennes, les hyrcaniennes, et celles de Tivoli et d'Herculanum. Mais depuis lors elles se sont multipliées et on distingue aujourd'hui la figue *suffrin*, la figue d'*Athènes*, l'*hospitalière*, le *col des dames*, la figue *paillarde*, la figue *poulette*, la figue de *Jérusalem*, la *sultane*, la *violette* et la figue *noire*. En Orient, le figuier donne trois récoltes par an; en Europe et dans les Colonies, il n'en donne que deux.

Analyse chimique. — On a constaté dans les figues sèches sur 100 parties :

Azote	92
Carbone	34.00
Matières diverses	40.06
Eau	25.00
Graisse	2
	100.00

Les figues fraîches ont donnés sur 100 parties :

Azote	41
Carbone	16.50
Matières diverses	36.59
Eau	46.50
	100.00

Comme on le voit par la composition chimique, les propriétés varient sensiblement. De tous temps, on a voulu trouver dans la figue des propriétés thérapeutiques.

Nonnius accuse les figues crues de produire la maladie pédiculaire (Nonnius, *De re cibaria*). Athénée leur attribue la propriété de rendre la sueur insupportable, et Pline les croit capables de changer l'estomac (Plinius, *Hist. Nat.*, lib. XXIII). Aristode et les docteurs de l'Ecole de Salerne partageaient les mêmes doctrines :

Crue ou cuite, la figue est un fruit des meilleurs,
Elle nourrit, engraisse et sert en médecine,
Et guérit beaucoup de tumeurs.
Pour les glandes, l'abcès, même les écrouelles,
Son cataplasme a fait les cures les plus belles.
Joignez-y le pavot, elle aura la vertu
De retirer des chairs un éclat d'os rompu.
Pediculos veneremque vocat, sed cuilibet obstat.
Elle produit des poux et un amour extrême,
Mais elle les guérit de même.

HYGIÈNE. — « Les figues sont contraires aux tempéraments mous et lymphatiques, dit le docteur Vigouroux, et comme elles contribuent à donner de l'embonpoint, ceux dont l'abdomen est disposé à prendre des proportions inquiétantes peuvent bien ne pas s'en priver tout à fait, mais ils sont tenus à en manger modérément.

« Par le mucilage et le sucre qu'elles contiennent, elles rentrent dans la catégorie des substances essentielles et adoucissantes. On se sert principalement des figues sèches et ce sont les *violettes* et les *grasses* que l'on préfère. Leur décoction dans l'eau ou le lait forme une boisson agréable et très utile dans les inflammations des organes de la respiration, de la gorge, des reins,

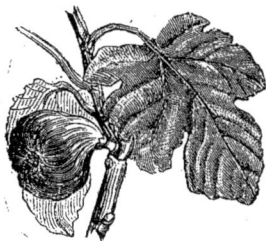

Fig. 522. — Figue sur pied.

de la vessie, etc. On peut l'employer aussi en gargarismes, mais il faut se rappeler que cette décoction s'aigrit facilement.

« On fait souvent bouillir les figues dans de l'eau; on les réduit en pulpe et on confectionne ainsi des cataplasmes émollients d'une grande utilité dans les inflammations. Ces cataplasmes étaient déjà célèbres dans l'antiquité. Athénée les appelle des cataplasmes syriens, parce que l'usage en venait de Syrie. Dans les abcès des gencives, il n'est guère qu'un cataplasme dont on puisse se servir, et c'est celui qu'on a fait avec la moitié d'une figue. Si le sucre agaçait fortement une dent cariée, il faudrait aussitôt enlever ce petit cataplasme. » (Dr Vigouroux.)

On utilise en outre les figues sèches en tisanes béchiques dans les inflammations de poitrine et en gargarisme dans les irritations de la gorge.

FILET, *s. m.* All. *Lendenstück;* rus. *filet;* angl. *tender-loin;* esp. *filete;* ital. *filetto;* diminutif de fil.

Filet (Terme de pêche). — Tissu à claire-voie pour prendre les poissons.

Filet de bœuf. — Partie la plus estimée du bœuf, placée en dedans l'os de l'aloyau, entre la culotte et les côtes. C'est le muscle *psoas*.

Filet mignon. — Le même morceau dans le gibier à poil, tel que chevreuil, daim, renne, chamois, sanglier et cerf; sous cette dénomination sont quelquefois compris les extrémités de filet de bœuf et les filets de veau.

Faux filet. — Le roastbeef désossé, qui se trouve sur le filet en dehors de l'os.

Filet de volaille. — Dans les poulets, chapons et gibier à plumes les filets sont les morceaux levés sur la poitrine; dans les volailles blanches ils prennent quelquefois le nom de *suprêmes*. (Voir ce mot.)

Filet de poisson. — Dans les poissons, les filets sont des bandes de chair sans arêtes que l'on lève près de la grande arête vertébrée.

Tailler en filet. — Donner en les taillant une forme allongée aux chairs, susceptibles d'être sautées dans les préparations culinaires.

Filet de vinaigre. — Jet de vinaigre, long de 8 à 10 centimètres et de la grosseur d'une ficelle, que l'on projette dans les aliments.

Préparation du filet de bœuf (*Haute cuisine*). — *Formule 1720.* — On ne doit parer le filet de bœuf qu'au moment de le piquer; il est préférable, lorsqu'il est possible, de laisser le filet cinq à six jours dans l'aloyau, il acquiert ainsi un arome délicat et conserve toutes ses propriétés alibiles. Il importe surtout que le filet soit bien levé, qu'il ne soit pas perforé par des coups de tranchet, qui sont de vrais incisions à extraire le jus. Lorsque le filet est levé on le dégraisse; on le pare en le dépouillant d'abord de la peau qui le recouvre, puis des filaments nerveux, en ayant soin de procéder avec une lame fine en commençant du bout le plus mince.

Le piquage du filet de bœuf. — *Formule 1721.* — Lorsqu'il s'agit d'exposer le piquage ou que l'on veut servir le filet de bœuf froid, il est préférable de ficeler le filet avant de le piquer. On le ficelle très régulièrement en coupant chaque fois la ficelle après en avoir fait le nœud. On le ficelle jusqu'au trois quarts, en commençant par la tête du filet. Le ficelage a pour but d'empêcher le rétrécissement des tendons, de façon à lui conserver une forme à peu près régulière;

c'est pour cette raison qu'on ne ficelle jamais le bout mince du filet. Ainsi ficelé, on le met sur un torchon et, à l'instar d'une couturière, on le pose sur ses genoux; on soutient de la main gauche la tête du filet, pendant qu'avec la main droite, armée de l'aiguille à larder, on pique, dans les intervalles des ficelles, des lardons réguliers. Ce travail demande une grande dextérité des doigts, une précision exercée des mouvements. Pour obtenir un filet bien piqué, il est en outre indispensable que le lard soit ferme et taillé d'une régularité parfaite.

La cuisson du filet de bœuf. — *Formule 1722.* — La broche est la meilleure application pour la cuisson du filet piqué. A défaut de broche, on se sert du four; il doit être chaud et le filet simplement beurré, et garni d'une gousse d'ail; ainsi rôti, mais souvent arrosé de sa graisse et saupoudré, on obtiendra un filet de belle couleur. Il est essentiel de ne pas mouiller le filet avant sa complète cuisson, l'action de le mouiller le transforme en bœuf bouilli et lui fait perdre toute succulence. Lorsqu'il est cuit saignant, on le sort, on dégraisse la lèchefrite, et on mouille avec du bouillon. On fait réduire et on passe le jus.

Le dressage du filet de bœuf. — *Formule 1723.*— Quel que soit le mode de garniture qu'on lui applique, le filet de bœuf piqué est toujours découpé d'avance et remis à sa juxtaposition, puis garni et saucé ensuite. Lorsqu'il s'agit de table d'hôte, de banquet ou d'un nombre de convives suffisant pour que le garçon fasse le service, j'ai imaginé un moyen pratique pour le garnir d'un attelet. Je taille le filet jusqu'à la tête, où je laisse un tronçon suffisant pour maintenir un attelet toujours en rapport avec la garniture du filet; de cette façon, la présentation se fait en servant chaque convive. Mais il importe surtout que l'attelet soit très léger et que le décor soit appétissant et soigné. (Voir la *fig.* 523.)

Dans une maison particulière, où l'on ne doit servir que les meilleures parties des viandes, on coupe les deux extrémités du filet, le bout et la tête pour ne servir que le milieu. On le sert entier ou taillé, mais on a soin de mettre les garnitures aux deux extrémités et non tout autour.

Faux-filet. — Le faux-filet est le morceau d'aloyau qui se trouve sur le filet dans la partie externe de l'os. C'est le roastbeef des tables d'hôtes.

J'ai souvent substitué le faux-filet au filet de bœuf. Je taille l'aloyau en trois bandes en long, je le pare et je le pique dans la règle. Lorsqu'il s'agit de grand banquet, de restaurant, où le filet de bœuf doit être toujours chaud, le faux-filet reste bien plus longtemps saignant et il est certainement bien meilleur qu'un filet desséché, sans suc, qu'on est forcé de réchauffer au moment de servir, ou sinon froid pour le conserver tendre. Ainsi préparé, le faux-filet peut parfaitement, dans certaines occasions, remplacer le filet de bœuf. Il a l'avantage d'établir une réelle économie sans rien diminuer de l'illusion du vrai filet de bœuf.

HYGIÈNE. — Le filet de bœuf grillé, rôti, saignant ou sauté à point, est un mets de premier choix pour les malades, les convalescents et les vieillards. La tendreté des tissus du filet et son isolement de la graisse et des fibres nerveux le placent justement au premier rang des viandes de boucherie dans les préparations de la pulpe de viande crue.

Dans la cuisine française, le filet de bœuf est rarement braisé, il est le plus souvent rôti, conservant ainsi sa succulence et ses propriétés. Au contraire, dans les cuisines étrangères, où la science culinaire est encore dans un état embryonnaire, on le fait souvent braiser, témoin les formules suivantes :

Filet de bœuf braisé à la Moldave (*Cuis. russe*). — *Formule 1724.* — Larder en long un filet de bœuf avec lard et jambon, l'assaisonner et le mettre dans une braisière de terre avec du beurre; le faire saisir; couper deux pieds de veau par le milieu en long; les faire blanchir et les mettre dans la braisière de terre avec le filet. Ajouter ail, piment et très peu de nigelle. Couper par le milieu et égrener six belles tomates bien mûres et les ajouter au filet; mouiller le tout d'une bouteille de vin de Xérès et d'un peu de bouillon frais. Mettre le couvercle et faire braiser doucement à l'étouffée pendant trois heures au moins. Aussitôt cuit, couper le filet de bœuf et les pieds de veau et les remettre dans la braisière.

Servir la braisière sur plat froid.

Filet de bœuf piqué à la sicilienne (*Cuis. sicilienne*). — *Formule 1725.* — Piquer un filet de bœuf dans la règle et le faire mariner une nuit dans une marinade cuite au vin de *Barolo*. Faire braiser le filet en le mouillant avec la marinade;

y ajouter un peu de roux pour lier la sauce; poivre, sel, thym et sarriette. Pendant la cuisson du filet, faire torréfier 250 grammes de *pignoli*, et faire macérer à l'eau tiède 250 grammes de raisins épluchés, moitié de Malaga, moitié de Corinthe; les égoutter et les mettre dans une petite casserole avec les *pignoli*, un peu de gelée de groseille et 250 grammes de cacao pilé ou de chocolat sans sucre. Faire cuire un petit quart d'heure. Lorsque le filet est cuit, passer du fond de filet sur les raisins. Couper le filet et le garnir des raisins; en- voyer la sauce et le restant de la garniture à part.

Filet de bœuf piqué aux fonds d'artichauts garnis (*Haute cuis.*). — *Formule 1726.* — Piquer et rôtir un filet de bœuf dans la règle; cou per un tronçon dans le milieu du filet, le dresser sur un plat et garnir les deux extrémités du filet avec des fonds d'artichauts aux pointes d'asperges.

Remarque. — On applique au filet de bœuf pi- qué toutes les sauces, toutes les garnitures aux- quelles on peut soumettre l'aloyau (voir ce mot), et, pour éviter des répétitions, le lecteur trouvera dans la nomenclature des végétaux toutes les garnitures qui peuvent ac- compagner ce morceau d'é- lite. Veut-on faire un filet de bœuf piqué à la Godard? On le garnira d'une garni- ture à la Godard (voir ce mot). Le désire-t-on à la chipolata, on l'entourre d'une garniture à la chipo- lata (voir ce mot); ainsi de suite. Le veut-on aux primeurs, aux petits pois, on trouvera un choix infini de garnitures, que je crois superflu de ré- péter ici.

Filet de bœuf piqué à la capucine (*Cuis. romaine*). — *Formule 1727.* — Piquer et faire ma- riner un filet de bœuf; le faire braiser au vin de Madère et le garnir de petites boules de choux nouveaux braisés et de gros champignons farcis à la Duxel (voir ce mot), dans laquelle on fait entrer un salpicon de pigeon.

Fig. 583. — Filet de bœuf piqué, taillé, garni de pommes de terre nouvelles et surmonté d'un attelet.

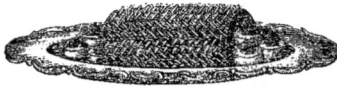

Fig. 584. — Filet de bœuf aux fonds d'artichauts garnis.

Filet de bœuf piqué à la gastronome (*Cuis. espagnole*). — *Formule 1728.* — Piquer le filet de bœuf, avec lard et truffes taillées en clous; le faire macérer dans une poissonnière en terre pendant deux jours, avec poivre concassé, ail, estragon, thym, laurier, un verre de vin de Mar- sala et autant de vin de Madère, un verre d'huile fine et quelques tranches de citron. On mettra cette poissonnière en lieu frais et l'on tournera le matin et soir le filet. Au moment de le cuire, le barder de lard et foncer une braisière longue et le faire roussir à feu vif. Le mouil- ler avec du vin de Marsala, y ajouter un peu de sauce espagnole et faire tomber à glace. Le filet étant cuit, on le déficelle; on passe la glace ou fond au tamis.

On garnit le fi- let par groupes alternés, de truffes épluchées, de rognons de coq, de ris de veau, de beaux marrons glacés, le tout bordé d'une couronne de crêtes de coqs, très blanches et chauffées dans un peu de bouillon blanc. Glacer le filet et servir la sauce à part.

Filet de bœuf gratiné au raifort (*Cuis. slave*). — *Formule 1729.* — Braiser un filet de bœuf en faisant réduire la cuisson à glace. Le sortir de la brai- sière pour le laisser re- froidir un peu; pendant ce temps, préparer une purée d'oignons passée au tamis, liée avec du raifort, un peu de sauce du filet, des épi- ces et quelques jaunes d'œufs; faire refroidir un peu l'appareil. Couper le filet de bœuf par tranches, masquer chacune d'elles et les placer à leur juxtaposition sur un plat d'argent beurré; masquer le filet avec l'ap- pareil et saupoudrer légèrement de chapelure; humecter de beurre et mettre au four en l'arro- sant souvent avec la réduction en demi-glace du filet. Saupoudrer de fines herbes en le sortant du four et servir la sauce à part.

Filet de bœuf piqué, sauce au vin de Ma- dère. — *Formule 1730.* — Piquer le filet et le

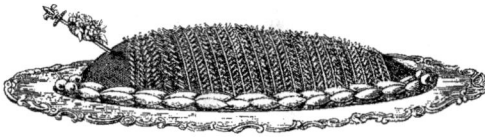

faire rôtir à point, à la broche ou au four; préparer une sauce demi-glace allongée avec du vieux vin de Madère, dans laquelle on ajoutera le jus dégraissé du filet et un jus de champignons frais; faire réduire la sauce. Si le filet doit être servi à un nombre respectable de personnes, il faudra le découper et le glacer légèrement et servir la sauce à part. Dans le service du restaurant on peut à la rigueur saucer sur le plat et mettre la tranche à vif sur la sauce; le filet ne doit pas être masqué.

Filet de bœuf piqué à la napolitaine (*Cuis. russo-napolitaine*).

— Cet mets, d'origine napolitaine, est très estimé en Russie où on l'appelle *filet po Neapolitanski s'izi oume.*

Formule 1731. — Employer :

Gelée de groseille	grammes	500
Raisin de Corinthe	—	500
Raisin de Malaga	—	500
Raisin de Smyrne	—	500
Raifort râpé	—	200
Moût de raisin frais ou cidre	décilitres	20
Vin de Madère et de Malaga	litre	1/2

Procédé. — Piquer le filet de bœuf et le faire braiser avec un oignon clouté, une gousse d'ail, quelques couennes de lard coupées en dés. D'autre part, nettoyer les raisins, les mettre dans une casserole pendant un quart d'heure avec de l'eau tiède. Egoutter l'eau et passer sur les raisins de la cuisson du filet et les faire cuire pendant un quart d'heure avec le raifort. Au moment de servir, y ajouter la groseille et le moût et lier en sautant le tout. Dresser le filet, le glacer et le garnir des raisins. Passer le fond en conservant les couennes et l'envoyer dans une timbale avec le restant des raisins.

Filet de bœuf piqué aux truffes (*Haute cuisine*).

— *Formule 1732.* — Ce filet, que l'on a appelé tour à tour : *à la Brillat-Savarin; à la Lucullus; à la Périgueux*, doit se préparer de la façon suivante :

Préparer 500 grammes de truffes épluchées et taillées en clou; avec la pointe du petit couteau faire de petites entailles dans le filet à distances régulières, et dans lesquelles on introduit les truffes de façon qu'elles soient complètement cachées. Piquer ensuite le filet de bœuf avec du lard frais; le faire macérer une nuit avec un verre de vin de Madère, et un peu d'épices à gibier et une goutte d'huile fine. Le lendemain, une heure avant de servir, barder le filet et le cuire à la broche ou au four. Une fois cuit à point, dégraisser le jus et l'ajouter dans une sauce demi-glace avec jus de champignons frais et une purée de truffes.

Déficeler le filet, ôter la barde de lard, le tailler et le poser sur un plat long chaud, en lui donnant un aspect entier; le garnir de truffes épluchées entières et chauffées au vin de Madère. Glacer le filet, surmonter la tête d'un petit attelet garni de truffes. Saucer légèrement et envoyer une saucière de sauce séparément.

Filet de bœuf à la Richelieu (*Haute cuisine*).

— *Formule 1733.* — Le filet de bœuf piqué doit être rôti à la broche ou au four et arrosé souvent. Couper une partie par tranches, le dresser sur un grand plat long; le glacer et le garnir par groupes : de tomates farcies; de champignons frais; de boulettes de choux braisés; de laitues braisées. Surmonter la tête du filet de bœuf d'un attelet garni; servir séparément le jus du filet réduit à glace.

Remarque. — Je ne m'étendrai pas plus loin sur les filets piqués, qui prennent le nom de la sauce ou de la garniture avec lesquelles on les sert : ainsi, on aura un filet de bœuf aux petits pois en le garnissant de ce légume; aux pointes d'asperges, aux primeurs, à la macédoine, etc., qui sont autant de garnitures qui en déterminent le nom. On peut d'ailleurs servir le filet de bœuf à toutes les garnitures de l'aloyau. (Voir ce mot.)

FILET DE BŒUF SAUTÉ. — Les filets de bœuf sautés appartiennent à la cuisine française; j'en décrirai quelques-uns pour en préciser la méthode générale.

Filet de bœuf sauté aux truffes (*Haute cuisine*).

— *Formule 1734.* — *Procédé général.* — Tailler et aplatir très légèrement un beau filet de bœuf, le saupoudrer et le poivrer avec du poivre frais moulu. Mettre dans un petit sautoir (plat à sauter) un peu d'huile fine et une gousse d'ail. Faire chauffer l'huile et alors mettre le filet de façon à le saisir; le tourner après cinq minutes, égoutter l'huile et sortir l'ail. Mouiller alors avec un verre à bordeaux de vin de Madère de premier choix; faire réduire et ajouter de la bonne sauce demi-glace et des truffes taillées en lames. Après dix minutes de cuisson, lorsque le filet est cuit à point, le dresser sur un plat rond chaud et le masquer avec la sauce et les truffes.

Remarque. — L'ail avec l'huile communique

au filet un arome indéfinissable et qui plaît. Mais pour que le goût de ces deux corps ne domine pas, il faut avoir soin d'égoutter l'huile et de sortir l'ail avant que le filet commence à juter. On peut aussi mettre une gousse d'ail, si on aime son arome, lorsque l'on se sert de beurre en place d'huile.

Filet de bœuf aux champignons (*Haute cuisine*). — *Formule 1735*. — Faire saisir le filet de bœuf comme il est indiqué dans le *Procédé général* ci-dessus. Tourner, en les épluchant, des champignons frais et les mettre au fur et à mesure dans une petite casserole avec sel, très peu de beurre frais et un jus de citron. Mettre la casserole couverclée en plein feu et après deux minutes de cuisson la retirer. Le filet étant saisi, mettre les champignons avec le jus dans le sautoir du filet; y ajouter un peu de sauce demi-glace, un peu de vin de Madère, et dresser aussitôt le filet cuit en le masquant avec les champignons.

Remarque. — Le filet ainsi préparé est de beaucoup supérieur aux filets aux champignons que l'on prépare un peu partout avec des champignons de conserve, qui sont jetés au moment de servir dans une sauce au vin de Madère.

Filet sauté à la Rossini (*Haute cuisine*). — *Formule 1736*. — Couper des escalopes de filets de bœuf et des escalopes de foie gras de même grandeur. Faire sauter au beurre les filets et les faire très peu cuire; dresser un croûton de pain frit au beurre, mettre sur ce croûton un morceau d'escalope de filet de bœuf et sur le filet une escalope de foie gras. Egoutter le beurre de la casserole où on a fait sauter les escalopes; y verser du madère sec, un fort ragoût de truffes, une cuillerée de blond de veau et autant de sauce espagnole. Faire réduire à point, verser sur les escalopes et servir chaud. (C. Moisson, de l'*Académie de cuisine*.)

Filet de bœuf sauté aux morilles fraîches (*Haute cuisine*). — *Formule 1737*. — Faire saisir un filet de bœuf dans du beurre frais; le sortir sur une assiette et mettre dans le sautoir des morilles bien lavées et couper en deux les plus grosses; ajouter un verre de vin blanc sec, un jus de citron et faire cuire vivement; ajouter enfin le filet et de la sauce demi-glace réduite. Laisser cuire le filet et le dresser sur un plat rond en

l'entourrant des morilles et en le masquant de sa sauce.

Remarque. — Lorsque l'on voudra préparer le filet avec des morilles séchées, il faut, après les avoir fait tremper pendant une heure dans l'eau tiède, les cuire dans un verre de vin blanc avant de les ajouter dans la sauce du filet.

Filet de bœuf à la Maire (*Cuis. parisienne*). — *Formule 1738*. — Ce filet qui, depuis bientôt trente ans au moment où j'écris, contribue à faire la renommée de cette maison d'ancienne réputation, se prépare de la façon suivante :

Faire sauter un filet bien paré et le tenir saignant. Faire réduire dans le même sautoir un peu de madère, et y ajouter un peu de bonne demi-glace, un morceau de beurre et un peu de citron.

D'autre part, faire cuire des pommes de terre *vitelotte* (voir ce mot) à l'eau, les éplucher, les émincer et les faire réduire dans un plat à sauter avec de la bonne crème double, en ayant soin de bien les assaisonner; les monter ensuite au beurre; saupoudrer de fines herbes et les servir à part et en même temps que le filet. (L. Mourier, de l'*Académie de cuisine*.)

Filet de bœuf à la Paillard (*Cuis. parisienne*). — *Formule 1739*. — Faire sauter un filet bien paré et le tenir saignant. Ajouter ensuite dans le même sautoir des crêtes et rognons de coq et des truffes fraîches coupées en grosse julienne; mettre un verre de vin de Madère et faire tomber le tout à glace; ajouter un peu de bonne demi-glace et un morceau de beurre, ainsi qu'un jus de citron.

D'autre part, faire sauter deux tranches de foie gras frais, taillées en escalopes; les mettre sur le plat en guise de croûton, dresser le filet dessus et la garniture sur le filet. Servir très chaud. (Léopold Mourier.)

Filets mignons à la Beaufremont. — *Formule 1740*. — Tailler des filets mignons, les aplatir légèrement, les assaisonner et les paner à la mie blanche de pain, et les faire cuire dans du beurre au four. Les dresser en couronne et garnir le milieu de macaronis à l'italienne. Tailler des truffes en julienne et les mettre sur les macaronis. Saucer avec une purée de tomates autour des filets et faire couler de la glace de viande sur les macaronis.

Remarque. — Les filets de bœufs sautés se préparent et s'appliquent aux mêmes sauces et garnitures que les *biftecks* (voir ce mot), dont la variante est subordonnée aux moyens intellectuels du cuisinier et aux ressources matérielles dont il dispose.

Filet de chevreuil, daim, cerf, chamois, renne. — (Voir ces mots).

Filet de chapon, poulet, dinde, poularde. — (Voir ces mots).

Filet de faisan, perdreau, pintade, bécasse, etc. — (Voir au mot de chacun des gibiers).

Filet de sole, brochet, cabillaud, etc. — (Voir au mot de chacun des poissons).

FILIPENDULE, *s. f.* (*Filipendula major*). — Plante très répandue en France; elle porte au sommet de la tige un bouquet de fleurs blanches disposées en rose. Ses racines tubéreuses sont comestibles. On peut en extraire une fécule avec laquelle on peut faire du pain. Sa culture mériterait d'être essayée.

FILLES (*Instruction culinaire des*). — Jusqu'à ce jour, on n'a pas sérieusement considéré l'enseignement culinaire comme devant être la base indispensable d'une instruction accomplie de la jeune fille, destinée à devenir plus tard une mère de famille.

On encourage avec beaucoup d'assiduité la musique, la peinture, voire même les sciences, et je n'y vois aucun inconvénient, mais après avoir peint et chanté, si nous nous occupions de ce que nous devons manger? Si nous apprenions à nos filles à faire une bonne soupe; à préparer d'une façon appétissante un hareng frais de dix centimes, une bouillie de biscotes pour le bébé, il me semble que ce serait tout aussi pratique! Et croyez-vous que la jeune fille perdrait quelque chose de ses charmes, qu'elle ne trouverait pas un mari digne d'elle?

Aujourd'hui, parler cuisine est devenue chose dédaignée, et l'on semble croire que la pratique n'est le partage que de gens de qualités intellectuelles inférieures. Ce préjugé, issu d'une fausse éducation, tend à se généraliser d'une façon inquiétante.

Cependant, si nous étudions de près les nécessités de la vie pratique du travailleur, nous voyons que l'étiolement et l'anémie ont pour principale cause la mauvaise alimentation. La cuisine sophistiquée des restaurants à bon marché, qui garnissent les rues de Paris, est une source nocive et intarissable pour les jeunes filles astreintes au travail d'atelier; chez lesquelles s'ajoute encore la mode de leur costume trop serré, qui semble être leur seule préoccupation; double cause de l'anémie qu'elles ont mise à la mode.

Qu'on ne l'oublie pas! la question de la dépopulation de la France repose entièrement sur l'éducation ménagère et culinaire de la jeune fille, sur la vie pratique de tous les jours; sur l'appropriation des substances alimentaires, dont l'étude avait été poussée à un si haut degré par les monarques à la naissance de la civilisation. S'ensuit-il, parce que nous sommes en République, que nos filles et nos femmes ne doivent pas mettre la main à la pâte comme la châtelaine d'autrefois? Parce que la bonne cuisine a été le monopole des princes, devons-nous abandonner cette science éminemment française, pour la léguer aux nations ennemies? J'ai la conviction qu'il n'est rien de plus patriotique, de plus démocratique pour un artiste culinaire français que de mettre sa science au profit du travailleur, qui est la force vive d'une nation.

L'étiolement des citadins a pour cause première l'usage prématuré des boissons alcooliques et une cuisine stimulante, empirique et irrationnelle, d'où naît l'effervescence, précurseur des maladies qui affligent la société moderne. *C'est au berceau qu'il faut prendre l'homme;* si cet adage est exact pour l'homme, il s'applique d'une façon plus précise encore à la femme. Formons la fille, nous aurons une excellente femme et une bonne mère, et ses fils seront dignes de leur patrie.

En résumé, apprenons d'abord les éléments de la cuisine et de l'hygiène alimentaire à la jeune fille, et l'équilibre physique d'abord, moral ensuite, s'établira. Elle sera ainsi préparée aux fonctions de ménagère et de mère de famille auxquelles elle est destinée. Instruite de l'action puissante que le régime alimentaire a sur notre organisme, elle saura retarder l'effervescence de la jeunesse pour former le physique, et le réchauffer plus tard pour stimuler les sens et les facultés mentales.

Il existe dans les écoles primaires de jeunes filles de la ville de Paris des écoles professionnelles où l'on enseigne la cuisine. Cette idée est parfaite, mais que l'Administration et le Conseil municipal ne l'oublient pas : pour que le résultat soit efficace, il est indispensable que l'on établisse une Ecole normale avec des professeurs qui enseigneront d'une façon précise la cuisine, les conserves et surtout les propriétés des mets; en un mot, toute la science alimentaire qui a pour but la véritable recherche de la santé par la cuisine qui entretient la virilité, le fécond développement des forces vitales et maintient les facultés intellectuelles dans leur intégrité. Cette lacune doit être comblée par nous; c'est à la France qu'est dévolu l'honneur de mettre en pratique la cuisine hygiénique.

FINANCIÈRE, *adj. (Garniture).* — *Formule 1741.* — Ragoût fait de ris de veau, de champignons, de truffes, de crêtes et de rognons de coq, de quenelles de volaille; le tout mis dans une sauce au vin de Madère, dans laquelle on ajoute le jus de la viande ou du gibier avec lequel on le sert. Vol-au-vent à la financière, garni d'un ragoût à la financière.

Financière fine. — *Formule 1742.* — Lorsqu'il s'agit de garniture financière pour bouchées, pour coquille ou croustade, cette garniture se compose de la façon suivante : Couper en petits dés réguliers des truffes, des champignons, du blanc de volaille, de la langue écarlate, du jambon, du ris de veau que l'on chauffe dans une sauce demi-glace au vin de Madère. Il est à remarquer que la garniture à la financière comporte toujours une sauce brune.

FINISTÈRE *(Produits alimentaires du).* — Département maritime, situé à l'extrémité la plus occidentale de la France; il jouit d'un climat remarquable par sa douceur, mais humide et pluvieux. Les produits de la pêche y sont l'objet d'un commerce important; on ne compte pas moins de vingt-neuf ports dans le département. Les principales productions agricoles sont les céréales, surtout le froment et le seigle, les pommes à cidre, les pommes de terre, les choux, les oignons, etc. Les pâturages nourrissent une grande quantité de bétail et de chevaux de traits; le miel et le beurre y sont aussi l'objet d'un grand commerce.

FISSURELLE, *s. f.* — Mollusque gastéropode muni d'une coquille percée à son sommet, ouverture par laquelle entre l'eau nécessaire à sa respiration et par où sortent les excréments. Culi-

nairement, il se prépare comme les polypes. (Voir ce mot.)

FISTULANE, *s. f.* — Mollusque à coquillage allongé, ressemblant au tarot par sa conformation. Il habite les mers des Indes. On le mange comme les clovis.

FISTULINE, *s. f. (Boletus buclossum).* — Champignon du genre agaric, aussi appelée *langue de bœuf; foie de bœuf;* ressemblant assez au foie de bœuf par sa couleur et sa forme. Il croit sur le tronc des grands et vieux arbres, notamment sur le chêne et le châtaigner; il pèse jusqu'à 1ᵏⁱˡ,500. Il paraît en automne; il a un parfum vague de truffe. On le traite culinairement comme le cèpe.

FIXIN *(Vin de).* — Le pays de ce nom, dans le département de la Côte-d'Or, produit un vin rouge ordinaire de 16 à 17 degrés.

FLACOURTIA. — Plante ainsi appelée en souvenir d'Etienne Flacourt, ancien gouverneur de l'île de Madagascar. C'est le type des *flacourtiacées.* Elle porte des baies comestibles d'une saveur douce et un peu astringente.

FLAGEOLET, *s. m. (Phaseolus),* de *fageolet.* Littré proteste contre cette appellation barbare née d'une allusion grossière. — Variété de haricot (voir ce mot), dit aussi haricot nain de Laon.

FLAMAND, *s. m. (Gâteau).* — *Formule 1743.* — Employer :

Amandes mondées	grammes	250
Sucre en poudre	—	250
Fruits confits hachés	—	250
Œufs frais	nombre	8
Vanille	gousse	1

Procédé. — Travailler au mortier les amandes, la vanille, le sucre et les œufs, de façon à faire mousser la masse. Foncer des cercles à flan et mettre au fond les fruits hachés avec un peu de marmelade d'abricots; remplir avec la pâte et faire cuire. En les sortant du four, les glacer à la vanille et saupoudrer de pistaches hachées. (Jacomety, de Nantes).

Flamand de Saumur *(Gâteau).* — *Formule 1744.* — Employer :

Amandes douces	grammes	200
Sucre en poudre	—	200
Farine	—	60
Œufs	nombre	8
Vanille	gousse	1

Procédé. — Piler les amandes avec du sucre, quatre œufs et travailler dans une terrine avec le restant du sucre, quatre jaunes d'œufs et la vanille; ajouter la farine et quatre blancs montés. Coucher la pâte dans des moules à *manqué*, faire cuire dans un four moyen; glacer en sortant du four et saupoudrer de pistaches hachées. (Maison Pallu, de Saumur.)

FLAMANDE, *adj.* (*Garniture à la*). — *Formule 1745.* — Cette garniture, qui s'applique surtout aux grosses pièces de boucherie, se prépare de la façon suivante : Faire braiser des choux, préparés par boulettes, avec lard maigre et saucisse; d'autre part, glacer au jus, des carottes, dont on aura levé le bois. On garnit la grosse pièce en alternant par groupe ou en bordant la viande avec des tranches de saucisse, de lard, de choux et de carottes.

FLAMANT, *s. m.* (*Phœnicopterus ruber.* — Oiseau de l'ordre des échassiers, au plumage d'un beau rouge de feu, propre à l'Afrique et au Midi de l'Europe; il vit en troupes nombreuses sur les bords de la mer. Les Romains estimaient sa chair; Lucullus, dans un festin resté célèbre, fit servir dans le salon d'Apollon un plat de langues de flamants.

La chair du flamant jeune est bonne, elle se rapproche comme goût et propriétés de celle des autres gibiers aquatiques.

FLAMBER, *v. a.* All. *absengen;* rus. *flambirouïte;* angl. *to singe;* ital. *pillottâre.* — Action de passer à la flamme, flamber un poulet, un gibier pour brûler les poils follets et les plumes qui restent adhérents au corps après avoir plumé une volaille. L'esprit-de-vin doit être le combustible employé pour flamber.

FLAMICHE, *s. m.* (*Gâteau ancien*). — Dans certaines provinces on l'appelle *flamus* (Burgiard). *Formule 1746.* — Employer :

Fromage blanc gras de Brie ou de Camembert	grammes	500
Beurre frais	—	500
Farine	—	750
Œufs frais	—	8

Procédé. — Pétrir le fromage avec le beurre; faire une pâte avec les œufs, la farine et très peu d'eau. Laisser reposer la pâte; l'abaisser et étendre l'appareil au fromage sur la pâte, et procéder comme pour le feuilletage. Donner trois tours et couper la pâte en forme de petits bâtons que l'on fait cuire sur une plaque beurrée.

FLAMRI, *s. m.* (*Gâteau*). — *Formule 1747.* — Employer :

Eau	litre	1/2
Vin blanc	—	1/2
Farine de maïs	grammes	300
Sucre en poudre	—	250
Blancs d'œufs en neige	nombre	8
Jaunes d'œufs	—	4
Sel		

Procédé. — Mettre le sel, le vin et l'eau dans une casserole sur le feu et faire bouillir; ajouter la farine de maïs en pluie; faire cuire pendant dix ou douze minutes; ajouter le sucre et en retirant du feu les quatre jaunes d'œufs. Ajouter alors les blancs d'œufs fouettés et mettre le tout dans un moule à charlotte beurré. Faire pocher au bain-marie au four.

On sert facultativement ce gâteau froid avec une purée de fruits; fraises, abricots, framboises au chaud en forme de pouding avec un jus de fruits.

FLAN, *s. m.* (*Terme de pâtisserie*). Etymologie allemande *Fladen*, dérivé du haut all. *flado*, de là le bas latin *flato; flatonis;* prov. *flanzon;* ital. *fiadone;* angl. *custard;* rus. *lepiochka.* — Tarte préparée dans un cercle de 2 ou 3 centimètres de haut et d'une circonférence variable. La croûte est toujours composée d'une pâte brisée, tandis que la garniture varie entre tous les fruits, les crèmes et les appareils. Il y a deux modes de préparer les flans, l'un consiste à préparer la pâte dans le cercle à flan, de la garnir de fruits ou de crème et de la faire cuire; l'autre à faire cuire la croûte et de la garnir ensuite; ce dernier mode est usité chez les pâtissiers pour ne pas s'exposer à perdre les fruits.

Pour la lucidité du travail, je diviserai les flans en six genres :

Les *flans d'appareils salés.*

Les *flans aux crèmes.*

Les *flans de fruits cuits dans la pâte.*

Les *flans de marmelades* ou *purées de fruits.*

Les *flans meringués.*

Les *flans glacés de fraise.*

Flan suisse (*Cuis. de campagne*). — *Formule 1748.* — Foncer un cercle à flan sur une plaque de tôle avec une pâte brisée (voir PATE) et préparer l'appareil suivant :

Crème double		litre	1/2
Farine		grammes	100
Beurre fin		—	50
Fromage d'Ementhal		—	150
Œufs frais		nombre	4
Sel, muscade, poivre frais moulu.			

Procédé. — Mettre la crème, le beurre, le poivre et le sel sur le feu; faire bouillir et ajouter la farine de façon à obtenir une crème liée (si elle était trop épaisse, ajouter une goutte de lait chaud). Sortir la casserole du feu, y ajouter les quatre jaunes d'œufs, le fromage râpé et remuer; fouetter les blancs d'œufs, les incorporer dans l'appareil et en garnir la pâte. Faire cuire dans un four chaud dessous pour saisir la pâte. Cette galette se prépare pour le goûter et se mange sur l'herbe en arrosant chaque bouchée d'un verre de vin ou de cidre.

Flan normand. — *Formule 1749.* — Foncer un cercle à flan et préparer un appareil avec fromage râpé, crème et œufs frais, le tout salé et poivré. Battre cet appareil de façon à bien le mélanger; en garnir la pâte et le faire cuire au four chaud.

Flan à la fermière. — *Formule 1750.* — Dans certaines contrées pastorales de la Savoie et du Piémont, on prépare avec le premier lait de la vache un flan de la manière suivante : ajouter au lait, poivre, sel, muscade râpée et le mettre dans un moule à flan foncé d'une pâte brisée. Le faire cuire. Le lait de la première traite après avoir mis bas le veau, a la faculté de se coaguler à la cuisson et forme un fromage compacte, légèremet laxatif.

FLANS A LA CRÈME. — Parmi les flans à la crème je mentionnerai les suivants :

Flan à la crème frangipane. — *Formule 1751.* — Foncer un cercle à flan sur une plaque de tôle avec de la pâte brisée et le garnir d'une crème à la frangipane selon la *formule 1278.* Faire cuire.

Flan à la crème. — *Formule 1752.* — Foncer un cercle à flan avec de la pâte brisée, et le garnir avec la crème décrite à la *formule 1283,* et le faire cuire.

Flan à la crème d'amande. — *Formule 1753.* — Foncer un cercle à flan de pâte brisée et le garnir de la crème prescrite dans la *form. 1289.* Faire cuire.

Flan à la religieuse. — *Formule 1754.* — Foncer un cercle à flan et faire cuire avec une pâte à gâteau de plomb. Faire sept pains à la duchesse, les glacer, les garnir de la même crème qui servira pour le flan; ranger les choux sur l'appareil, cinq ou six en rond et un sur le milieu; garnir avec la poche à douille les interstices avec une crème Saint-Honoré, *formule 1283,* et servir froid. On fait ainsi des flans à la religieuse, au café, au chocolat, aux pistaches, etc.

Remarque. — Inutile de dire que les crèmes peuvent varier d'arome et de couleur, et partant de dénomination, ce qui donne une nomenclature très étendue des flans à la crème.

FLANS AUX FRUITS CRUS. — En général, les flans aux fruits crus se préparent de la façon ci-dessous, et les meilleurs sont les suivants :

Flan aux abricots. — *Formule 1755.* — Foncer un flan avec de la pâte brisée, ranger dessus des moitiés d'abricots, la peau sur la pâte; saupoudrer de sucre en poudre et faire cuire.

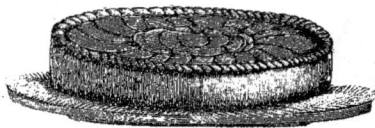

Fig. 825. — Flan de pommes calvilles.

Flan aux pommes calvilles. — *Formule 1756.* — On l'appelle aussi *flan à la parisienne* et *flan à la messinoise.* Foncer un cercle à flan et le garnir symétriquement avec des tranches de pommes calvilles coupées sur les quartiers en demi-lune. Saupoudrer de sucre en poudre et le cuire dans un four moyen. Siruper en sortant du four.

Flan aux cerises. — *Formule 1757.* — Foncer un cercle à flan d'une pâte brisée; le garnir de belles cerises, desquelles on aura sorti le noyau. Saupoudrer de sucre et faire cuire.

Flan aux alberges. — *Formule 1758.* — Foncer un cercle à flan avec de la bonne pâte brisée; le garnir de moitié d'alberges, dont on aura enlevé la peau. Saupoudrer de sucre et cuire dans un four moyen. Siruper en sortant du four.

Flan de prunes. — *Formule 1759.* — Foncer un cercle à flan sur une tôle beurrée, le garnir de moitiés de prunes bien mûres; les saupoudrer de sucre et les cuire.

Remarque. — Inutile de dire que l'on peut ainsi faire des flans avec tous les fruits frais lorsqu'ils sont juteux et bien mûrs.

FLANS AUX MARMELADES ET FRUITS CUITS. — Dans ce groupe je classe tous les fruits cuits, compôtes ou marmelades.

Flan d'abricots en conserve. — *Formule 1760.* — Foncer un moule à flan avec de la pâte de Milan; cuire la croûte et la garnir de moitiés d'abricots; siruper et saupoudrer de sucre.

Flan de pêches. — *Formule 1761.* — Procéder comme dans la formule précédente.

Flan de marmelade de pommes. — *Formule 1762.* — On fait de la marmelade avec des pommes fraîches et des pommes sèches; ces dernières nous viennent d'Amérique; les meilleures sont celles du Canada, elles sont parfumées et ont un goût qui rivalise avec nos meilleures pommes d'Europe. Après les avoir fait tremper à l'eau tiède, on les épluche, les nettoie et les fait cuire avec du sucre et de l'eau; on les passe au tamis et on fait ensuite réduire la marmelade.

Foncer un cercle à flan et garnir d'une marmelade de pommes; avec le restant de la pâte former un petit treillage sur le flan; le dorer et faire cuire.

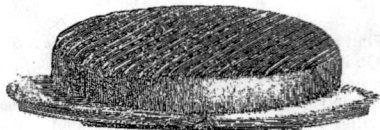

Fig. 356. — Flan à la marmelade de pommes.

Flan à la marmelade de pommes fraîches. — *Formule 1763.* — Foncer un cercle à flan et le faire cuire en le garnissant de noyaux de cerises; le dégarnir et le remplir d'une marmelade de pommes préalablement aromatisée. Glacer par dessus avec une gelée de pommes ou un sirop corsé.

Flan de poires entières. — *Formule 1764.* — Foncer un cercle à flan avec de la pâte de Milan et le faire cuire; y mettre une couche de marmelade de pommes; ranger sur la marmelade des petites poires tournées et cuites en compote. Glacer le tout avec de la gelée de pommes.

Flan de poires roses. — *Formule 1765.* — Foncer un moule à flan et le garnir d'une marmelade de pommes; garnir avec des petites poires tournées et préalablement cuites dans un sirop coloré en rose. Faire cuire le tout. Glacer avec de la gelée de pommes en sortant du four.

Flan à la Saint-Germain. — *Formule 1766.* — Faire cuire du riz au lait vanillé avec un peu de sucre; le tenir clair. D'autre part, faire cuire dans un sirop des poires de Saint-Germain, une gousse de vanille. Foncer un cercle à flan avec de la pâte à gâteau de trois-rois à six tours. Garnir le flan avec la moitié du riz, mettre les poires sans queue et les recouvrir de riz. Faire cuire. Le glacer à blanc avec de la glace de sucre en le sortant du four.

Flan d'abricots au riz. — *Formule 1767.* — Procéder exactement comme pour le flan à la Saint-Germain.

FLANS MERINGUÉS. — On fait des flans meringués avec les marmelades de tous les fruits; la formule ci-dessous en démontrera la méthode.

Flan à la russe. — *Formule 1768.* — Foncer un cercle à flan avec de la pâte de Milan; étaler dessus une petite couche de marmelade d'abricots et faire cuire. Couvrir l'abricot d'une meringue et faire prendre consistance au four pendant 8 à 10 minutes seulement.

Remarque. — Cet exemple suffira pour démontrer la façon de l'opération que l'on peut varier à l'infini.

FLANS GLACÉS DE FRAISES. — On fait les flans glacés de fraises sans être cuites, parce que la fraise n'est réellement délicate que par sa fraîcheur. Un exemple suffira.

Flan glacé de fraises. — *Formule 1769.* — Foncer un cercle à flan avec de la pâte brisée, le faire cuire en le garnissant avec des noyaux de cerises. Passer au tamis un tiers des fraises. Faire cuire une quantité relative de gelée de pommes, la verser dans la purée de fraises; garnir le flan de belles fraises rouges et les arroser avec la purée au moment où elle est presque froide. Mettre en lieu froid pour faire glacer.

FLANCHET, *s. m.* (Diminutif de *flanc*). — En terme de boucherie on appelle ainsi la partie du bœuf située entre la tranche grasse et la poitrine; ce qui demeure du mouton quand l'épaule en est levée, à l'exception du collet du quartier de devant.

En terme de pêche, partie de la morue située en dessous des ailes.

FLÈCHE, *s. f.* All. *Pfeil;* angl. *flitch;* ital. *lardone.* — Bande de graisse levée sur le porc depuis l'épaule jusqu'aux cuisses; on se sert de ces flèches de lard pour larder et barder les viandes et le gibier.

Flèche. — Poisson de mer à corps aplati, qui se pêche sur les côtes de Nice; sa chair est blanche, de facile digestion et se prépare comme le carrelet et la limande.

FLEGMES, *s. m. pl.* — En distillerie, les flegmes sont les produits d'une première ou d'une seconde distillation, peu chargés d'alcool, et qui ont besoin de repasser à l'alambic pour être convertis en eaux-de-vie ou en esprits.

La richesse et la pureté des flegmes en alcool varient suivant le degré de dilution des moûts, l'appareil de distillation et les soins qu'on a apportés à l'opération; ils marquent depuis 5 à 6 degrés jusqu'à 20 degrés à l'alcoomètre. Les établissements qui ne les rectifient pas les vendent au degré à des rectificateurs de profession.

FLET, *s. m.* (*Pleuronectes flesus*). — Poisson voisin de la plie, qui se pêche à l'embouchure des fleuves et vers les rivages de la mer, appelé selon les contrées *fletz, fléteau, flaiteau.* Son corps, recouvert d'écailles minces, est hérissé de piquants; il est tacheté de brun foncé parsemé de taches olivâtres; son poids dépasse rarement 3 kilos. Moins bon que la plie et la limande (voir ces mots), il se prépare culinairement de même; comme ceux-ci, il a besoin d'être relevé par des condiments. Ceux pêchés en mer sont meilleurs que ceux d'eau douce.

FLÉTAN, *s. m.* (*Pleuronectes hypoglossus*). — Poisson de mer plat et plus oblong que les plies; il est un des plus grands poissons des mers du Nord et atteint quelquefois le poids de 200 kilos. Les habitants des contrées septentrionales font une grande consommation de sa chair qu'ils conservent par dessication et boucanage. La Nor-

vège est renommée pour cette préparation et en fait un grand commerce; les nageoires ainsi salées prennent le nom de *raff,* ainsi que le mets que l'on prépare avec; elles sont, avec la tête, la partie la plus recherchée de ce poisson; mais cette chair grasse est de difficile digestion.

FLEUR DE GUIGNE, *s. f.* — Poire allongée, aussi appelée *rousselet tardif;* sa chair est tendre et son suc savoureux.

FLEUR DOUBLE, *s. f.* — Autre espèce de poire, grosse, plate, qui a la peau lisse, colorée d'un côté et jaune de l'autre.

FLEUR EN CIRE (*Cuis. décorative*). — L'art des fleurs en cire, aujourd'hui appliqué avec succès à l'ornementation de la cuisine, pourrait fournir matière à plusieurs volumes si l'on voulait entrer dans tous les développements qu'il comporte. Mon intention en écrivant cet article, est de faciliter à tous l'exécution de ce travail, en faisant connaître les moyens de vaincre les obstacles que l'on rencontre à chaque instant et que je n'ai pu vaincre moi-même qu'après plusieurs années de recherches et d'études pratiques; je ne veux donc pas m'étendre longuement sur des considérations superflues, mais je m'attacherai à démontrer que la plupart des difficultés d'exécution qui effrayent à première vue, sont généralement très faciles à résoudre.

Il est cependant utile que je fasse remarquer ici, que c'est une grave erreur de prétendre que la décoration est désormais considérée comme une chose secondaire; car il faut bien reconnaître que, si le service à la russe est aujourd'hui en faveur, sa vogue ne peut être que momentanée; le prestige de supériorité si justement acquis à la cuisine française étant dû à l'élégance de son service aussi bien qu'à l'exquise délicatesse de ses mets. Cherchons donc à maintenir la gloire de nos prédécesseurs et inspirons-nous de leurs brillants travaux pour marcher dans la voie qu'ils nous ont tracée. Prouvons par le bon goût que notre imagination peut atteindre et même surpasser celle de nos prédécesseurs. (A. Escoffier.)

STRUCTURE DES FLEURS. — Les fleurs se divisent en cinq parties : les *pétales*, le *pistil*, les *étamines*, le *calice* et la *corolle.*

Les pétales. — On donne ce nom aux pièces dont se compose la corolle. Celle-ci est *monopé-*

tale lorsqu'elle est formée d'une seule pièce, et *polypétale* lorsqu'elle est formée de plusieurs. Le pétale est une feuille modifiée; c'est pourquoi le nom de *foliole* lui convient mieux. Les pétales *sessiles* correspondent aux feuilles sessiles. Exemple : le pétale de la rose du Bengale (1), de même que les pétales *onguicules*, c'est-à-dire munis à leur partie inférieure d'un onglet, correspondant aux feuilles *pétiolées*.

Fig. 527. { 1. Pétale de la rose du Bengale.
{ 2 Arabis alpina.

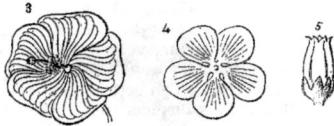

Exemple : *arabis alpina* (2). Le pétale est régulier dans le *camélia japonica*, irrégulier dans

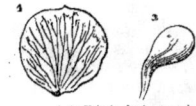

Fig. 528. { 3. Pétale du fugosia sulfurea.
{ 4. Pétale de l'anagallis fruticosa.
{ 5. Corolle dentée.

l'orobus vernus. Les pétales réguliers et égaux entre eux composent une corolle régulière, comme dans la giroflée. Les pétales réguliers, mais dissemblants, forment une corolle irrégulière, comme dans le *pelargonium cordifolium*. La corolle est régulière lorsqu'elle est formée de pétales semblables, quoique irréguliers. Exemple : le *fugosia sulfurea* (3). Les pétales soudés seulement à leur base forment une corolle *partite* comme dans l'*anagallis fruticosa* (4). Lorsque les pétales sont soudés presque jusqu'au sommet, ils forment une *corolle dentée*, comme dans le *gaylussacia centunculi folia* (5).

Le pistil. — On appelle ainsi le verticille central de la fleur. Il se compose de l'*ovaire*, du *style* et du *stigmate*.

L'étamine. — (Voir ce mot).

Le calice. — Partie la plus extérieure du *périanthe*, ou au premier *verticille* extérieur de la fleur. Il est continu avec l'écorce du support de la fleur, dont il a ordinairement la consistance et la couleur herbacée. Il est quelquefois coloré, comme dans les fuchsias. Le calice est *monophylle* lorsqu'il est d'une seule pièce, qu'il n'a point de divisions ou lorsqu'elles ne s'étendent pas jusqu'à la base, comme dans l'œillet, la primevère. Il est

le résultat de la soudure de folioles; cette soudure s'opère de bas en haut.

La corolle. — De *corona*, couronne, le second verticille de la fleur; c'est la partie intérieure, ordinairement colorée du *périante* ou enveloppe florale double; elle est contenue avec le tissu ligneux situé sous l'écorce, et enveloppe les organes de la génération; son tissu est mou, fugace, souvent imprégné d'une huile très volatile, qui communique à la plante son odeur caractéristique. La corolle est la partie de la plante et de la fleur qui charme le plus les sens de la vue et de l'odorat. Laissons parler A. Escoffier :

La rose (*Examen de*). — L'enveloppe extérieure de la rose se compose de cinq feuilles vertes disposées en cercle, et se réunissant inférieurement pour former un corps ovale ou sphérique; cette première enveloppe est le *calice*. A l'endroit où les feuilles du calice, nommées *folioles*, commencent à se réunir, naissent cinq autres feuilles colorées et odorantes, ce sont les *pétales;* leur ensemble se nomme *corolle;* en dedans de ces pétales et sur le calice sont implantés de nombreux filaments gracieusement recourbés, et portant chacun une petite tête jaune, ce

Fig. 529. — Rose reine.   Fig. 530. — Rose minutifolia.

sont les *étamines*. Si nous ouvrons dans le sens de la longueur cette espèce de boule, fermée par la soudure des cinq folioles du calice, nous voyons une cavité s'ouvrant en haut par un goulot étroit et contenant des corps qui s'attachent à ses parois; ces corps s'allongent vers le haut en autant de cols qui se dirigent vers l'embouchure de la cavité, et là se réunissent en un faisceau qui occupe le centre de la fleur; chacun de ces corps renferme une graine; leur ensemble constitue le *pistil*. La rose ainsi décomposée prend le nom d'*églantine;* la formation des autres espèces est la même, les roses ne diffèrent entre elles que

Fig. 531. — Narcisse incomparable.

par la façon dont les pétales se développent et par le nombre plus ou moins grand de ces pétales. (A. Escoffier.)

Le narcisse incomparable. — Belles fleurs jaunes, la grandeur du limbe intérieur, en forme de godet allongé, frangé et crépu à son bord, caractérisent ce narcisse. On lui donne les noms vulgaires de *ayault, porillon, fleur de coucou, narcisse jaune,* etc. La tige ne porte qu'une seule fleur, qui sort inclinée d'une spathe mince, ouverte sur le côté.

Les fleurs de cette plante s'épanouissent dès les premiers jours de printemps et produisent dans nos bosquets un effet enchanteur par la brillante couleur et la forme agréable de leur corolle. (Voir la *fig.*531.)

Fig. 532. — Chrysanthème tricolore.

Le chrysanthème, de *chrusos,* or; *anthema,* fleur. — Cette fleur est aussi appelée *marguerite dorée.* Le chrysanthème des Indes ou tricolore est

l'un des plus beaux du genre. Ses feuilles d'un vert cendré, plus ou moins dentée, sur une tige droite; comportent de 20 à 24 pétales de belle couleur irisée, passant du pourpre violet au jaune clair et ayant toutes les couleurs de l'arc-en-ciel. C'est une fleur d'un effet brillant comme garniture des petits socles. (Voir la *fig.* 532.)

La primevère (*Primula*). — Belle fleur jaune ou blanche double; calice monocépale, tubuleux, à cinq dents; corolle tubuleuse à limbe quinquélobé; cinq étamines; capsule s'ouvrant au sommet en cinq ou dix valves peu profondes. Feuilles larges et ovales, garnies dans le rebord d'une couronne en forme de ruche.

L'œillet. — On distingue un grand nombre d'œillets; ce sont des fleurs qui fournisse un assortiment des plus riches couleurs : calice tubulé à cinq dents, entouré à sa base de plusieurs écailles imbriquées; cinq pétales pourvus d'un

Fig. 533. — Primevère sinensis.

très long onglet; dix étamines; deux styles; une capsule uniloculaire, oblongue polysperme, s'ouvrant au sommet en plusieurs valves. L'œillet *cariophyllus* se distingue des autres par ses pétales entiers, crénelés à leur contour. (*Fig.* 534.)

L'immortelle. — Fleur dont le réceptacle est garni de paillettes scarieuses, tripartites; akènes du centre surmontés d'une aigrette composée d'écailles paléiformes. (Voir la *fig.* 535.)

Après cette description, renforcée de figures

Fig. 531. — Œillet flamand (*Cariophyllus*).

qui donneront une idée exacte à l'artiste procédant dans une saison où il peut avoir quelques difficultés pour se procurer les modèles de reproduction, je donne la parole à mon collaborateur A. Escoffier, pour les procédés d'exécution, ayant eu l'occasion d'apprécier *de visu* ses charmantes productions. On trouvera d'ailleurs dans le cours de cet ouvrage le dessin exact de toutes les plus belles fleurs imitables.

Blanchiment de la cire. — *Formule 1770.* — Faire fondre au bain-marie 250 grammes de cire; d'autre part, mettre dans un flacon 50 gr. de blanc d'argent en poudre, ajouter trois ou quatre cuillerées à bouche d'essence de térébenthine rectifiée; agiter le contenu et verser immédiatement le liquide dans la cire, en observant de ne jamais mettre le fond. La cire qui était limpide prendra la teinte du lait. Cette préparation doit se faire en petite quantité, à l'exception où l'on aurait à faire de grosses fleurs, tel que le *magnolia*.

Pâte pour donner à la cire diverses couleurs. — *Formule 1771.* — Faire fondre au bain-marie 30 grammes de cire avec le même volume d'essence de térébenthine; broyer à l'essence

50 grammes de carmin et l'ajouter à la cire; retirer du feu; mélanger le tout en malaxant jusqu'au moment où cette préparation sera froide : elle aura alors la consistance d'une pâte molle. La placer dans une boite fermée pour s'en servir au besoin. On procède de la même façon pour toutes les autres couleurs. Pour les pâtes vertes employées pour le feuillage, il est préférable de se servir de l'essence de Venise; son corps gras donne plus d'élasticité à la cire.

Ces pâtes se conservent indéfiniment. On trouvera les procédés exacts des couleurs (voir ce mot) dans cet ouvrage. Toutes les nuances en poudre palpable sont d'une préparation facile; il s'agit d'en opérer le mélange à cire fondue, ayant un équivalent d'essence de térébenthine. Les couleurs broyées à l'essence doivent être mises en pâte le plus vite possible; l'essence s'évaporant très rapidement, les couleurs sèchent et le mélange avec la cire devient très difficile. Il faut aussi avoir soin de n'employer que de la cire de premier choix.

Fig. 533. — Immortelle (*Rhadante*).

IMITATION DES FLEURS. — Pour imiter les fleurs il y a deux manières de procéder : l'une consiste à prendre des pétales avec du plâtre, et l'autre permet de modeler, de tailler ou sculpter les moules dans du bois, des légumes ou racines végétales, ou terre et ciment maléable.

Pour le magnolia et l'azalée, il faut prendre l'empreinte de chaque pétale séparément. Pour la rose, le camélia, la tulipe, l'œillet, le narcisse, le lis, l'hortensia, il suffit de prendre l'empreinte de deux ou trois pétales de différentes grandeurs. Mais il faut bien se pénétrer, quoique la reproduction en soit exacte, les moules étant réguliers, qu'il est nécessaire de retoucher chaque pétale pour leur donner de la grâce, de la souplesse et la vie indispensable à une fleur parfaite.

Moule en plâtre. — *Formule 1772.* — Détacher délicatement les pétales des fleurs que l'on veut reproduire; prendre de la terre glaise ou du mastic ou, à défaut, du sable fin, l'étaler sur une plaque, en ayant soin que la surface soit bien unie; placer dessus les pétales, à 2 ou 3 centimètres de distance.

Lorsqu'il s'agit de pétales bombés, il faut avoir soin de former avant un creux dans le mastic; appliquer alors chaque pétale dans un creux en évitant le moindre pli; cela fait, délayer à l'eau du plâtre fin, et recouvrir d'une épaisseur de 2 centimètres environ la surface de chaque pétale plat; pour les pétales bombés on en remplit le creux. Tailler dans du liège des petits carrés longs de 3 ou 4 centimètres; sur l'une des extrémités faites deux incisions et fixez ce bout sur le centre de vos pétales en les consolidant avec du plâtre délayé; laisser sécher quelques heures et parer régulièrement les bavures, c'est-à-dire tout ce qui dépasse le pétale frais. Détacher alors ce pétale, et l'on obtiendra la reproduction exacte de la nature.

Reproduction des pétales. — *Formule 1773.* — Mettre les moules en plâtre dans l'eau fraîche pendant quelques minutes; les tremper du côté de l'empreinte dans la cire fondue et les retremper immédiatement dans l'eau froide; détacher le pétale et l'on aura instantanément un pétale en cire ayant le même aspect que le naturel; les bavures se retirent par la simple pression des doigts.

Remarque. — En trempant les moules dans la cire, il faut avoir soin de les glisser sur la cire liquide, en poussant l'extrémité en avant; par ce moyen, le bout d'attache sortant le dernier de la cire se trouvera un peu plus épais et pourra plus facilement supporter le poids du pétale.

Confection des étamines. — *Formule 1774.* — Tailler en carré long une pomme de terre ou un autre légume; le tremper dans la cire liquide:

on obtiendra une feuille mince, dans laquelle on coupera de petites lanières sans les détacher entièrement du bas. Tremper alors les pointes de la partie, découpées dans de la gomme, et la retremper ensuite dans du jaune en poudre pour imiter le pollen.

Pour donner plus de solidité aux étamines et aux pistils de certaines fleurs, tel que le fuchsia, on peut se servir de cordonnet trempé dans la cire. Pour le lis, il faut prendre du laiton à fleur, qu'on recouvre de cire en le masquant avec un pinceau trempé dans la cire blanche très chaude.

Laiton à fleur. — Soit à l'usage des fleurs ou du feuillage, il est préférable de n'employer que le fil de laiton recouvert de coton blanc.

Formation de la rose. — *Formule 1775.* — Après avoir préparé la cire selon la prescription de la *formule 1770*, on lui donnera avec les pâtes préparées la teinte de la rose que l'on veut imiter, en ayant soin de procéder par petites doses. Avec les empreintes à cet usage, on prépare d'abord les pétales nécessaires; tremper ensuite du fil de laiton assez fort pour le poids de la fleur; le couper sur une longueur de 60 à 75 centimètres; sur l'une des extrémités, former un petit crochet, sur lequel on fixe une petite boule en liège; recouvrir cette boule de cire et former les étamines autour. Si la rose est épanouie, grouper les pétales d'après l'ordre naturel. La chaleur des doigts suffit pour coller les pétales, mais il est toujours prudent, en posant les derniers, d'en assurer la solidité avec un pinceau trempé dans la cire; former ensuite le calice en découpant cinq petites feuilles vertes que l'on colle avec la cire fondue ayant la même nuance.

Coloration de la rose en pourpre. — *Formule 1776.* — Donner à la cire une couleur rouge très foncée; former les pétales, monter la rose et lui donner le velouté avec un pinceau doux, trempé dans du carmin en poudre. Il est certaines fleurs que l'on peut peindre à sec; cette manière de colorer est plus facile. On réduit à un ton plus clair les nuances foncées par l'addition du blanc d'argent ou du blanc de neige, ou même de la fécule, soit encore de la crème de riz. Ce mélange se fait à sec ou avec des couleurs préparées à l'alcool, que l'on a fait évaporer sur une feuille de papier.

Confection du camélia. — *Formule 1777.* — Pour confectionner les différentes espèces de camélias le principe est le même que pour la rose. Les camélias panachés sont d'un très bel effet; pour en obtenir les tons frais, il faut employer des couleurs moites ou, à défaut, des couleurs en pain, mais très fines.

Confection des œillets. — *Formule 1778.* — Ces fleurs sont très faciles à imiter. Après avoir préparé les pétales dont les bouts sont dentelés, on les gaufre en les pressant des deux mains entre le pouce et l'index. On les groupe autour d'un fil de laiton, dont on a courbé une extrémité et sur lequel on a fixé quelques étamines recourbées; on termine la fleur en mettant le calice vert; ce calice est découpé sur une feuille de cire verte et divisé en cinq parties. Les feuilles de l'œillet sont aussi découpées sur une grande feuille de cire verte.

Confection du lilas. — *Formule 1779.* — Préparez dans une petite casserole au bain-marie 50 grammes de cire très blanche. Ayez dans un petit récipient quelconque une éponge humectée d'huile blanche, la moins grasse possible; prendre alors le petit moule en fer et le piquer dans l'éponge, il se trouvera ainsi légèrement huilé; le tremper dans la cire juste à hauteur pour bien former la fleur, le passer ensuite à l'eau froide; puis, avec la pointe d'un petit couteau, détachez légèrement les quatre coins sur le calice pour donner plus de grâce aux pétales et pouvoir les fermer ou ouvrir selon l'ordre de la nature. Retirer la petite fleur du moule et la déposer sur une assiette. On recommence la même opération en remuant de temps en temps la cire, pour en conserver toujours la même blancheur. Il ne faut pas perdre de vue que la cire ne doit pas être chaude; c'est là un point essentiel, mais après quelques essais on se rendra facilement compte du degré précis de chaleur qu'elle doit avoir.

Dès que les petites fleurs sont terminées, on prend du laiton à fleurs, le plus fin possible, on le coupe par petits bouts de 6 centimètres, et dont on trempe l'extrémité dans la cire jaune fondue. Quand tous ces petits bouts sont ainsi préparés, on les fait entrer dans le calice de chaque petite fleur en ayant soin de laisser le bout jaune à l'orifice du calice. Ensuite ayez de la cire fondue, d'un vert tendre; y tremper un pinceau et assujettir le calice au laiton en le masquant complètement, mais très légèrement. On peut alors grouper les petites fleurs en les formant en grappe.

Sa légèreté en fera toute la grâce; chacune des petites tiges étant couverte de cire, la simple chaleur des doigts les collera ensemble. Quand la grappe sera presque terminée, on pourra ajouter un fil de fer plus solide, suivant l'emploi que l'on veut en faire.

Pour les boutons non éclos, on prend de la cire blanche et on forme un bouton sur un laiton en le roulant dans les doigts; avec un ébauchoir ou un petit couteau on forme sur le centre quatre petites incisions; les tremper ensuite dans la cire chaude et d'un vert très tendre.

Pour les lilas *lilas*, il est à remarquer que la petite fleur étant beaucoup plus pâle à l'intérieur, on devra pour obtenir ces deux tons, après avoir piqué le moule dans l'éponge huilée, le tremper une première fois dans la cire blanche, ensuite dans la cire lilas fondue dans une seconde casserole. On obtient la teinte lilas par le mélange du carmin et du bleu, après avoir blanchi la cire.

Remarque. — En 1868, j'ai mis en usage des moules en fer pour les lilas. Ce sont les seuls qu'on doive employer, les moules en cuivre au contact de la cire produisant instantanément du vert-de-gris, et les moules en bois ne donnant que des empreintes grossières.

La confection du dahlias. — *Formule 1780.* — Cette fleur, qui semble très difficile à imiter, est cependant fort simple en raison de sa conformation régulière. On commence par former le centre de la tige en prenant un fil de laiton assez solide pour le poids de la fleur; on le préparera comme il est indiqué pour la rose, en formant un petit bouton autour duquel on commence à grouper les petits pétales en les ouvrant graduellement. (Voir la fleur au mot DAHLIA.) Pour faire ces pétales, enlever sur un petit carré de pomme de terre la quantité voulue de pétales en cire; tailler ensuite sur des carottes trois grandeurs de pétales en forme de cœur; lever en cire le nombre voulu de pétales et les rouler de façon à ce que le creux du cœur forme la pointe. Continuer alors de grouper symétriquement jusqu'à la formation complète de la fleur. Il est urgent, pour la solidité des pétales, de les coller avec un pinceau trempé dans la cire assez chaude, chaque fois qu'une rangée sera posée.

Les nuances du dahlia sont très variées. On donne à la cire un ton uni, et on achève de les colorier à l'aquarelle, soit à la poudre avec le pinceau.

Feuille en cire d'après nature. — (Voir le mot FEUILLE où les procédés sont indiqués au complet.)

La brillantine. — *Formule 1781.* — La brillantine est indispensable pour donner aux fleurs le ton de la rosée et la fraîcheur. Lorsque l'on ne pourra s'en procurer chez les marchands, on l'obtiendra de la façon suivante :

Prendre 125 grammes de gomme arabique ou à défaut de la gélatine clarifiée; la faire dissoudre dans un verre d'eau tiède. Ayez un morceau de verre ordinaire; couvrir la surface d'une légère couche de gomme. Faire sécher pendant quelques minutes à l'étuve douce. Retirer de l'étuve pour en gratter la partie gommée avec la pointe d'un couteau, il s'en détachera de petites paillettes brillantes que l'on fera tomber sur une feuille de papier; déposer ensuite la brillantine sur un tamis de Venise pour faire tomber la poussière. On obtient des brillantines de différentes nuances en donnant à la gomme la teinte par les couleurs. (*A. Escoffier.*)

FLEURS EN SUCRE (*Cuis. décorative*). — De temps immémorial, l'art de faire des fleurs en sucre est cultivé, mais aucun peuple du monde n'a poussé cet art au degré où il est arrivé chez nous. Le sucre est aujourd'hui connu sous toutes ses formes et dans tous ses secrets. La cuisson a été précisée d'une façon absolument scientifique et sa maléabilité est désormais acquise pour tous ceux qui voudront se livrer à cet intéressant travail. Les fleurs en sucre ont l'avantage d'embellir les entremets par leurs garnitures, et celui non moins précieux d'être comestible.

Pour cette intéressante description, je donne donc la parole à notre savant ami A. Landry, le plus illustre praticien dans ce genre de notre époque.

Sucre opaque à couler ou à imprimer. — *Formule 1782.* — Cuire du sucre à l'*extrémité* (Voir la *formule 1116*); le jeter sur un marbre légèrement huilé et propre; puis, sans le quitter, à mesure que les bords se refroidissent, on le reporte sur le centre et, lorsque la masse peut être prise en main, la tirer jusqu'à ce qu'elle prenne l'apparence de la soie et que le sucre commence à se refroidir; alors, on le ramène en masse, puis on le presse pour en faire sortir l'air qui peut y être comprimé; laisser refroidir et renfermer le tout dans une boîte en fer blanc.

Lorsqu'on voudra l'employer, il suffira de le faire réchauffer à la bouche du four, dans un poêlon à couler; on peut s'en servir pour toute espèce de travail. On le colore à volonté. Le sucre ainsi préparé se conserve très longtemps. On peut toujours en avoir d'avance. On peut alors enlever des modèles de toutes formes avec des moules en plomb ou s'en servir pour couler des sujets.

Narcisse à bouquets (*Narcissus tazetta*). — Le narcisse est une fleur qui s'exécute très bien en sucre et fait le meilleur effet; surtout l'espèce que nous décrivons et, si elle est la plus commune, elle est aussi la plus recherchée. D'une spathe membraneuse sort un bouquet de fleurs

Fig. 550. — Narcisse à bouquets, en sucre.

presque en ombelle, à pédoncules inégaux; les fleurs ont six pétales blancs (à divisions ovales un peu mucronées), qui surmontent un ovaire allongé et sont garnis à l'intérieur d'une collerette pétaloïde d'un jaune orangé couronné de rouge. Les feuilles sont planes et assez larges.

Sucre tiré pour fleurs et feuilles. — *Formule 1783.* — Cuire 1 kilogramme de sucre au cassé (Voir la *formule 1415*), en y ajoutant quelques gouttes d'acide acétique; mélanger et lui redonner un bouillon et, lorsqu'il sera au gros cassé, le jeter sur le marbre, laisser reposer deux ou trois secondes et relever les bords en les reportant sur le centre; quand la masse peut être prise en main, on le tire et on opère de tous points comme la *formule 1782*. Le sucre doit être très blanc et avoir l'aspect de la porcelaine, tant par sa transparence que par sa cassure.

En général, ce sucre sert pour toutes les fleurs qui sont exécutées en blanc, la couleur se donne le plus souvent quand elles sont finies.

Coloration du sucre pour les feuilles. — *Formule 1784.* — Mélanger deux parties de vert et une partie de jaune (Voir la *formule 1197*). Lorsque l'on prend le sucre en main pour le tirer on ajoute la couleur en l'étendant sur le sucre, en continuant le tirage et en continuant jusqu'à ce que l'on ait obtenu la nuance que l'on désire. (Pour la reproduction des moules en plâtre, voir FEUILLE.)

Mimule (*Mimulus*). — Cette plante d'ornement a un calice à cinq dents; corolle à deux lèvres, la supérieure bifide et l'intérieure trifide, avec un palais élevé; capsule ovale, polysperme; il y en a d'écarlate, de jaune claire ponctuée, de rouge, de rose et de pourpre.

Fig. 537. — Mimule (*Mimulus*).   Fig. 538. — Primevère double.

Primevère double (*Primula eliatore fl. duplex*). — Cette fleur, d'un violet foncé ou pourpre, a cinq pétales; calice à cinq divisions oblongues, aiguës, d'un tiers plus court que le tube de la corolle; le limbe de la corolle presque plan; les lobes plus grands à peine échancrés au sommet. Les feuilles sont ovales, ridées, toutes radicales.

CONFECTION DES FLEURS. — Pour être précis et éviter des répétitions, je classe le travail des fleurs en sucre en trois séries, qui sont :

Confection de la première série (*Procédé général*). — Dans ce groupe sont compris : la rose, le camélia, le dahlia, la cinéraire, le chrysanthème la marguerite, la tulipe, le lis, l'anémone, la rose, des champs, le nénuphar, le narcisse, l'impérial, le rhododendron, l'œillet et leurs dérivés.

Exemple. — *Formule 1785.* — Pour la confection d'une rose, faire ramollir à la bouche du four du sucre à fleurs (*formule 1783*); lorsqu'il est juste mollet, on en prend avec le pouce et l'index une petite quantité, pour faire un pétale de rose, en le pressant très mince, on lui donne la forme de ce dernier, on en fait des petits, puis des plus grands au nombre total de quinze à vingt.

On prend alors un fil de laiton recouvert de coton vert, long de 8 à 10 centimètres; le recourber d'un bout de manière à y fixer la corolle, autour de laquelle on collera les pétales en commençant par les plus petits; on les fixe en chauffant leur base à une à la lampe. On pose les pétales d'une façon irrégulière, en passant des plus petits aux plus grands. Lorsque l'on arrivera aux cinq ou six derniers, on leur fera prendre progressivement le rebord retourné en dehors, de façon à imiter la pleine floraison et lui donner un caractère de vie naturelle. Pour les feuilles, voir la *formule 1707*.

Pour l'exécution du camélia, on suit de tous points la même méthode, en faisant les pétales d'une parfaite ressemblance; on les monte un par un en les soudant et en leur donnant l'ordre naturel. Le calice se forme avec du sucre vert tendre.

Lorsqu'il s'agit de tulipes, de marguerites, de cinéraires et de chrysanthèmes, les pétales sont imprimés sur un moule de buis. Les étamines sont imitées par des fils en sucre, dont on colore le bout pour représenter les pollens.

Dans ce travail, ce que l'on ne peut décrire c'est la souplesse des pétales, l'harmonie ou la vivacité des tons qui donnent à la fleur naturelle ses charmes et sa vie.

Confection de la deuxième série (*Procédé général*). — Dans ce groupe je classe la fleur d'oranger, l'acacia, le pois de senteur, la glycine, la hyacinthe, le lilas, le bouton d'or, le fuchsia, le jasmin, la pervenche, la fleur de néflier, la primevère, la verveine, etc.

Exemple. — *Formule 1786.* — Faire ramollir une quantité suffisante de sucre à la bouche du four pour une fleur; lui donner la forme d'une massue A; puis, avec un couteau diviseur, on marque les cinq pétales en l'enfonçant du côté le plus épais de la massue B. Avec des ciseaux, couper les pétales en les laissant réunis dans le bas; on les aplatit en leur donnant la forme C

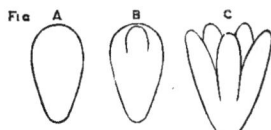

Fig. 539. — Différentes phases des formes.

sur un ébauchoir; leur donner ensuite une forme naturelle et gracieuse; poser alors les étamines dans le milieu en colorant les bouts en jaune pour imiter les pollens. Poser la fleur sur le calice d'un vert pâle soudé à un fil de laiton recouvert d'un tissu vert.

Les boutons restent blancs, on leur donne la forme naturelle et on les colle au calico d'un vert pâle.

Pour le lilas et la hyacinthe, on procède de la même façon; il s'agit seulement de donner aux fleurs tous les détails que comporte chaque espèce.

Le fuchsia se fait de la même manière; seulement on se sert d'un couteau diviseur à quatre lames pour couper les pétales. Cette fleur est double par rapport au groupe de pétales qui sont à l'intérieur et qui doivent être faits un à un, assemblés et collés ensuite au milieu des quatre pétales, et enfin on colle au centre les étamines revêtues de pollens. Coller le tout sur un calice vert.

La fleur de pois de senteur, la glycine, etc., demandent une autre manière de faire : on fait

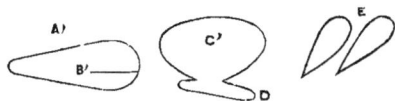

Fig. 540. — Différentes phases des pétales.

une massue A; avec des ciseaux, couper un tiers sur la longueur B, et avec les doigts aplatir les deux tiers en lui donnant la forme C du pétale

du poids, puis pincer l'autre tiers pour lui donner la forme D, en la relevant le long de C; faire ensuite deux pétales en forme d'aile de mouche E, que l'on colle de chaque côté de D, puis on monte la fleur sur fil de laiton recouvert de coton vert.

Confection de la troisième série (*Formule 1787*). — Dans ce groupe je classe toutes les espèces en forme de clochette : volubilis, lizeron, belle-de-jour (voir ce mot) et gloxinia. Cette dernière fleur diffère un peu dans sa confection du genre des convolvulacées ou volubilis. Pour le gloxinia, on fait une forme de poire E, on enfonce du côté le plus gros des entailles pour former les pétales, et on y introduit un ébauchoir comme pour les belles-de-jour (voir ce mot); lorsque la clochette et les pétales sont formés, à l'aide des ciseaux on fait des dentelles sur les bords en donnant aux pétales une forme arrondie.

Remarque. — Pour le montage des fleurs, on doit se servir d'une lampe à alcool. Elle a l'avantage de ne pas noircir le sucre et permet de ne chauffer que juste la partie qui doit servir à col-

Fig. 541. — Formation du gloxinia.

ler une pièce à l'autre. On peut aussi faire un bâton de sucre et s'en servir comme d'un bâton de cire à cacheter en le chauffant à la lampe.

LES FEUILLES. — (Voir ce mot).

Préparation des couleurs en poudre. — *Formule 1788.* — Mettre dans un petit mortier en porcelaine 30 grammes d'arrow-root et 10 cent. cube d'alcool. Mélanger ensemble et ajouter trois ou quatre gouttes de *rose Cornaline*, préparé à l'alcool; mélanger le tout et verser la poudre sur une feuille de papier pour faire évaporer l'alcool en remuant de temps en temps. On peut y ajouter 5 pour 100 de bicarbonate de soude, qui a la propriété de neutraliser la fermentation du sucre.

Toutes les couleurs se préparent de la même façon; le bleu, le jaune, le violet, le vert seront faits avec des couleurs en écaille (voir COULEUR).

On passe les couleurs à l'aide d'un petit pinceau, ce mode donne aux fleurs un coloris et un velouté de toute beauté.

Pour faire tenir la couleur sur les fleurs, il suffit de souffler dessus de façon à leur communiquer un peu de buée. On passe alors la couleur du fond en quantité suffisante et on enlève l'excédent en soufflant dessus, puis on prend la teinte ou les teintes qui doivent en faire les variétés pour arriver à un fini parfait. J'ai imaginé cette manière de peindre pour la rendre accessible à tous. Depuis cette époque, mes amis et moi nous nous sommes servis de cette méthode avec le plus grand succès. (A. Landry, corresp. de l'*Académie de cuisine*.)

Les papillons. — *Formule 1789.* — Si l'on veut absolument imiter la nature dans les reproductions des fleurs, il faut supposer qu'un papillon voltigera parmi les plus belles. Il ne serait cependant pas exact si l'on posait un papillon sur les fleurs sans pollen, tandis que la nature serait parfaitement imitée si l'on faisait butiner un papillon sur une fleur des champs. Le dessin ci-après reproduit un papillon butinant une marguerite des prés. Les pétales de la fleur en sucre sont blancs, montés et collés sur un bouton, dont les étamines sont imitées à l'aide de la pointe d'un petit couteau et coloriées en jaune vif, le tout monté sur des fils de laiton garnis de tissu vert.

Les ailes du papillon sont en quatre parties; on émincie le sucre avec les doigts lorsqu'il est mollet et on découpe les bords avec les ciseaux, et on leur donne la forme naturelle; les ailes doivent être minces; on les colle sur un morceau de sucre roulé et colorié en violet foncé, qui représente le corps; les antennes ou filaments sont imités avec du fil de laiton très fin colorié en violet. Les ailes sont d'un fond jaune clair ponctué de vert, de violet, de rouge; les points sont irisés de couleurs vives et l'ensemble est brillant. Un papillon ou deux, pas plus, sur une pièce de sucre rehausse le décor et donne à l'ensemble un aspect de vérité à s'y méprendre.

Fig. 542. — Papillon butinant une marguerite.

FLEURS DES VINS, *s. f. pl.* — Petits flocons qui nagent à la surface du vin et qui se produisent lorsque les vaisseaux ne sont pas pleins; les fleurs précèdent la dégénération en acide, qui a lieu toutes les fois que le vin, en contact avec l'air, en absorbe et passe à l'état de vinaigre. Lorsqu'on tire le vin en tonneau, les dernières parties sont toujours aigres et couvertes de *fleurs*. Pour éviter cet inconvénient, on n'a qu'à répandre sur le vin en vidange une légère couche d'huile d'olive, ou mieux encore d'amandes douces, qui ne se fige pas.

FLEURS D'ORANGER, *s. f. pl.* (*Aurantiorum flores*). — Les fleurs d'oranger, usitées pour les différentes préparations auxquelles on les emploie, doivent être cueillies par un temps sec après la rosée du matin et au moment de la fécondation, un peu avant l'épanouissement; c'est alors qu'elles ont le plus d'odeur. Celles qui tombent d'elles-mêmes ne doivent pas être employées. Aussitôt cueillies, elles doivent être séchées à l'ombre ou à l'étuve; à cet effet, on les étend par couches minces sur des claies d'osier garnies de papier blanc. Les fleurs de l'oranger bigaradier sont bien plus suaves, ont beaucoup plus de parfum que les autres; ce sont celles que l'on trouve aux environs de Paris.

Les fleurs d'oranger servent à faire des conserves, des pâtes, de la marmelade et des liqueurs dont nous donnons ici les meilleurs modes de les préparer :

Eau de fleurs d'orangers (*Distillerie*). — On doit se servir de préférence de fleurs d'orangers-bigaradiers, dont le parfum est plus suave et plus délicat; c'est cette espèce qui parfume les serres de Paris et des environs, ce qui donne la supériorité de l'eau de fleurs d'orangers, distillée à Paris, sur celle provenant de *Grasse*, où elle est l'objet d'un commerce important.

Formule 1790. — Employer :

Fleurs d'orangers.	kilogr.	5
Eau filtrée.	litres	30
Gros sel.	grammes	200

Procédé. — Mettre l'eau et le sel dans la cucurbite; porter l'eau en ébullition et y placer les grilles étagées contenant les fleurs d'orangers ; ajuster le chapiteau et luter l'appareil avec soin.

Distiller à bon filet et retirer dix litres de produit, que l'on reçoit dans un récipient, gradué très étroitement à l'embouchure, après l'avoir fait passer par plusieurs petits récipients florentins étagés, afin d'en recueillir l'essence (*Néroli*), qui y est contenue en assez grande quantité. Après avoir retiré les dix litres de produit, on enlève tous les récipients que l'on remplace par un seul pour en retirer encore six litres d'eau blanche, qui sera ajoutée à l'eau commune de la suivante distillation. Après quelques jours, on filtre les dix litres d'eau de fleurs d'orangers obtenus.

Remarque. — Pour l'eau de fleurs d'orangers, comme pour presque toutes les eaux aromatiques, il est important que l'eau soit en ébullition avant d'y plonger les fleurs. On obtient de cette façon un produit beaucoup plus clair et l'essence que l'on recueille dans les récipients florentins s'en détache plus facilement, tandis qu'en mettant les fleurs dans l'eau froide, on obtient une eau nébuleuse difficile à clarifier et à conserver. On doit conserver l'eau de fleurs d'orangers dans des fioles ou marie-jeanne noire et en lieu sombre, pour empêcher l'action de la lumière.

Falsification. — L'eau de fleurs d'orangers, qui nous arrive de province est, le plus souvent, falsifiée, en ce sens, qu'elle est aussi bien le produit des feuilles, des fruits, que des fleurs d'orangers, ce qui donne un goût âcre et désagréable à l'odorat. On le reconnaît donc par dégustation ou par le procédé chimique suivant :

Mélanger ensemble :

Acide azotique	parties	2
Acide sulfurique concentré	—	1
Eau de fleurs d'orangers	—	10

Quelques minutes après, le mélange prendra une teinte rose, si l'eau des fleurs d'orangers est absolument extraite des fleurs. Elle aura une teinte de feuilles mortes si l'on a joint des feuilles ou des oranges à la distillation. Pour faire cet essai, on doit procéder de préférence avec de l'eau fraîchement distillée, les acides n'agissent pas aussi activement sur l'eau ancienne. (Ed. Lacomme.)

Ajoutons que l'eau de fleurs d'orangers, comme toutes les eaux distillées, préparées ou conservées dans des vases métalliques, dissol-

vent une certaine quantité du métal avec lequel elles sont en contact; on reconnaît dans l'eau de fleurs d'orangers la présence du cuivre ou d'un sel de plomb par les procédés suivants :

Formule 1791. — Verser dans un litre de liquide, environ un centimètre cube d'ammoniaque; s'il y a présence de sels de cuivre, l'eau de fleurs d'orangers prend une couleur bleuâtre, et lorsqu'elle a été altérée par un sel de plomb, il se produit un précipité blanc.

Le ferrocyanure de potassium, ou prussiate de potasse, donne également à l'eau de fleurs d'oranger altérée :

1º Par un sel de fer, une couleur *bleue*;
2º Par un sel de cuivre, une coloration *rose*;
3º Par un sel de zinc, un précipité *blanc*.

Pour priver l'eau de fleurs d'orangers de ces sels métalliques, il suffit d'employer les procédés suivants :

Formule 1792. — Pour 12 ou 13 litres d'eau de fleurs d'orangers, mettre 1 gramme de noir animal purifié, c'est-à-dire traité à plusieurs reprises par l'acide chlorhydrique bouillant et lavé ensuite à l'eau de pluie jusqu'à ce qu'il ne contienne plus d'acide. On agite fortement pour que le charbon animal se répande également dans l'eau de fleurs d'orangers ; on répète cette opération plusieurs fois dans la journée, puis on laisse une nuit le liquide en repos; on décante et l'on filtre.

Remarque. — Le charbon de bois ou la braise de boulanger pulvérisée, lavée et séchée, peuvent remplacer le noir animal dans les mêmes proportions.

Sirop de fleurs d'orangers. — *Formule 1793.* — Employer :

Sucre	kilogr.	1
Eau de fleurs d'orangers	litre	1/2

Procédé. — Cuire le sucre au *perlé* et ajouter l'eau de fleurs d'orangers; faire donner un bouillon, écumer et filtrer.

Liqueur de fleurs d'orangers. — *Formule 1794.* — Employer :

Esprit-de-vin à 60 degrés	litres	2
Pétales de fleurs d'orangers	grammes	75
Sucre	—	500
Eau	décilitres	2

Procédé. — Faire infuser pendant trois ou quatre jours les pétales dans l'esprit-de-vin.

Ajouter ensuite le sucre fondu dans l'eau. Filtrer au papier, mettre en bouteilles et boucher.

Marmelade de fleurs d'orangers (*Pâtisserie*). — *Formule 1795.* — Employer :

Gelée de pommes.	kilogr.	1
Sucre.	—	2
Pétales de fleurs d'orangers. . . .	—	1
Citrons.	nombre	2

Procédé. — Mettre les fleurs dans une bassine d'eau fraîche avec le jus de citron et les faire cuire jusqu'à ce que les fleurs soient tendres. Les rafraîchir sur un tamis, en les plaçant sous le robinet de la fontaine. Les piler au mortier. Cuire le sucre au *petit boulé* (Voir ce mot) et ajouter la purée de fleurs d'orangers. Faire cuire un instant, y ajouter la gelée de pommes, pour empêcher de candir. Laisser étuver et mettre en pots.

Pralines de boutons de fleurs d'orangers (*Confiserie*). — *Formule 1796.* — Choisir de gros boutons de fleurs d'orangers bien fermes, leur faire une petite incision à la queue. Les mettre dans un linge qu'on lie en les serrant. Mettre le paquet dans l'eau bouillante, avec quelques autres boutons, pour connaître par eux quand les boutons seront cuits. Aussitôt tendres, retirer le paquet et l'ouvrir ; faire rafraîchir sous la fontaine et laisser sécher. Leur donner une façon comme pour confire et les praliner. (Voir ce mot.)

Pâte de fleurs d'orangers (*Confiserie*). — *Formule 1797.*

Gelée de pommes.	grammes	250
Pétales de fleurs d'orangers. . . .	kilogr.	2
Sucre	—	1
Citrons.	nombre	4

Procédé. — Blanchir les pétales dans de l'eau avec le jus de deux citrons, en ayant soin de faire cuire l'eau avant de mettre les pétales. Quand ils seront tendres, les rafraîchir sur un tamis, sous la fontaine ; les égoutter et les mettre dans un mortier avec du jus de citron, les réduire en pâte fine. Faire cuire le surce au petit boulé ; ajouter la pâte et la gelée de pommes, faire donner un bouillon lorsque la consistance est à point, on couche la pâte sur des feuilles de fer blanc ; on la met à l'étuve et on la coupe par morceaux avec un emporte-pièce de la grandeur et de la figure que l'on désire.

FLEURAGE, *s. m.* — Farine de maïs ou de pulpe de pommes de terre, dont on saupoudre les pâtons de pain avant de les mettre dans les pannetons. On se sert aussi de farine ordinaires.

FLEURET, *s. m.* — Nom donné à la prune sèche de Brignole, de premier choix, sans noyau.

FLEURY (*Vin de*). — Le pays de ce nom produit un des vins les plus renommés de la Bourgogne.

FLEY (*Vin de*). — Petite commune de la Bourgogne, sur le territoire de laquelle se récolte des vins assez estimés.

FLORÉAL, *s. m.* Etymologie latine de *flos, floris,* qui signifie fleur. — Huitième mois du calendrier républicain, substitué au calendrier grégorien sous la première République française ; il s'étendait du 20 avril au 20 mai, époque où renaissent les fleurs.

Voici comment s'exprime notre contemporain, le cuisinier poète A. Ozanne :

En mai, saison des fleurs nouvelles,
On voit partir les cuisiniers,
Filant comme des hirondelles,
Sous des climats hospitaliers.

Les uns émigrent vers les plages,
Que baignent les flots indiscrets ;
Les autres, sous les verts ombrages
Des châteaux, villas et forêts.

Et de *floréal* en automne,
Dans le château, dans la villa,
Quelque plaisir que l'on se donne,
La cuisine a passé par là.

Certes, la nature est bien belle,
Zéphyr berce les verts roseaux,
Mais il faut qu'un bruit de vaisselle
Se mêle au concert des oiseaux ?

Et, quoi qu'on dise et que l'on fasse,
Dans tout ce que l'on a fêté,
Notre art a toujours eu sa place
Au banquet de l'humanité !

FLORENTIN, *s. m.* (*Pâtisserie*). — Nom donné à un gâteau qui se prépare à Florence et aussi appelé *gâteau de Florence*, et dont la formule est la suivante :

Florentin. — *Formule 1798.* — Employer :

Amandes douces	grammes	460
Sucre en poudre	—	500
Beurre fondu.	—	170
Fécule de pommes de terre. . . .	—	170
Œufs frais	nombre	8
Crème d'anisette	verre à bord.	1
Kirsch.	—	1

Procédé. — Piler au mortier les amandes avec 50 grammes de sucre qu'on aura tamisé; mettre alors l'anisette et le kirsch, et mélanger dans une terrine avec le restant du sucre et 8 jaunes d'œufs. Bien travailler le tout et incorporer peu à peu le beurre fondu, la fécule de pommes de terre et les 8 blancs d'œufs, qu'on aura fouettés fermes. Lorsque cet appareil est bien homogène, on le verse dans un moule à gâteau *Solférino;* faire cuire à four modéré et glacer en sortant du four avec une glace de sucre à l'anisette.

FLORIN, *s. m.* — Monnaie qui varie de valeur selon les différents pays où elle a cours. En Hollande, monnaie d'or qui vaut *vingt francs quatre-vingt-cinq centimes;* en Hanovre, monnaie d'or également, qui vaut *huit francs soixante centimes.* En Hollande et en Allemagne, monnaie d'argent qui vaut *deux francs quinze centimes,* et *deux francs soixante* à *deux francs quatre-vingts centimes* dans les divers Etats de l'Autriche.

FLOTTE, *s. f.* (*Terme de pêche*). — Morceau de liège ou autre corps léger qui soutient la ligne sur la surface de l'eau en maintenant l'hameçon à la distance nécessaire du fond, suivant le genre de pêche que l'on pratique.

FLOTTE. — Cuisinier français, né à Cuers (Var) en 1812. Il se fit remarquer par sa vie politique mouvementée, qui lui valut une première condamnation à perpétuité en 1839. Il fut gracié et, en 1848, fut condamné de nouveau par défaut à cinq ans de prison. Il voyagea en Angleterre et en Amérique, où il travailla comme cuisinier et fonda, dans les différentes villes où il passa, des restaurants, qui, sous son intelligente direction, ne tardèrent pas à prospérer.

Il revint à Paris pendant la commune en 1871, où il négocia avec M. Thiers l'échange de Blanqui contre les otages enfermés à Mazas. La commune vaincue, il repartit pour l'Amérique, où il travailla de nouveau de sa profession jusqu'en 1884; à cette époque, Flotte revint en France pour habiter son pays natal, où il mourut en 1888.

FLUTE, *s. f.* All. *Flœte;* angl. *flute;* ital. *flàuto.* — Non donné à des verres longs servant à boire le vin de Champagne. Aujourd'hui ces verres sont remplacés par les *coupes.*

Flûte. — Sorte de petit pain long que l'on met dans le potage. On appelle aussi *flûte* une pâtisserie ainsi préparée :

Flûtes sucrées (*Pâtisserie ordinaire*). — *Formule 1799.* — Employer :

Farine tamisée	grammes	750
Sucre	—	500
Carbonate	—	15
Œufs	nombre	10
Citron.		

Procédé. —Battre au fouet les œufs avec le sucre et ajouter peu à peu le carbonate; une fois pris, ajouter la farine et un zeste de citron haché. Les coucher à la poche sur une plaque farinée, avec une douille à langue de chat d'une longueur de 16 centimètres; semer du sucre dessus et faire cuire à four chaud. (Pierre Lacam.)

Flûtes à la gantoise (*Pâtisserie*). — *Formule 1800.* — Employer :

Farine tamisée	grammes	300
Sucre	—	200
Beurre frais	—	200
Œuf	nombre	1
Rhum.		

Procédé. — Mettre la farine sur le tour à pâte, et faire un trou au milieu; y mettre l'œuf entier, le beurre et un peu de rhum; bien mélanger le tout et faire une pâte un peu ferme. La coucher sur une plaque beurrée et lui donner la forme de petites flûtes sans les détacher; on fait des rainures au moyen d'une grande allumette de bois que l'on appuie sur la pâte dans sa longueur. Les dorer deux fois au jaune d'œuf et faire cuire dans un four un peu chaud.

FOÈNE, *s. f.* — Instrument de pêche, aussi appelé *fouane* ou *fouine.* C'est un harpon à plusieurs branches pointues dont on se sert pour prendre certains gros poissons des étangs et des rivières.

FOIE, *s. m.* (*Jecur ficatum*). All. *Leber;* rus. *petschouka;* angl. *liver;* ital. *fegato;* esp. *hidago;* prov. *fetge.* — Si nous cherchons plus haut, nous trouvons une source étymologique culinaire; en effet, dans Horace on lit : « *Pinguibus et ficis pastum jecur anseris albi* »: foie d'oie engraissée avec des figues. — Viscère des animaux qui a pour fonction de produire la bile.

En alimentation, on distingue quatre groupes de foies, qui sont : le *foie de veau ;* le *foie gras d'oie ;* les *foies de volaille* et les *foies de poissons.*

FOIE DE POISSONS. — (Voir *lotte*).

FOIE DE VOLAILLE. — (Voir ce mot).

FOIE GRAS. — (Voir ce mot).

FOIE DE VEAU. — On prépare le foie de veau d'un grand nombre de façons, mais les plus simples et les meilleures méthodes sont les suivantes :

Foie de veau sauté à la minute (*Cuis. de chemin de fer*). — *Formule 1801.* — Tailler du foie de veau par petites lames longues de 3 centimètres; les assaisonner de poivre, sel, muscade et d'une pointe de piment; les fariner. Faire chauffer à la poêle un bon morceau de beurre fin; faire sauter vivement pendant 30 secondes; mouiller avec un peu de jus ou de bouillon; ajouter un jus de citron ou de vinaigre, un peu de beurre et dresser. Saupoudrer de fines herbes et servir.

Foie de veau sauté italienne (*Cuis, de restaurant*). — *Formule 1802.* — Pour une personne, tailler deux tranches dans un foie de veau; les saler, les poivrer, les passer cinq minutes à la poêle avec du beurre, en les laissant saignantes; les dresser sur un plat long et les masquer d'une sauce italienne. (Voir ce mot.)

Foie de veau sauté aux champignons (*Cuis. ménagère*). — *Formule 1803.* — Couper du foie de veau en morceaux carrés, longsde 3 centimètres sur 2 d'épaisseur; les assaisonner; les fariner et sauter vivement dans la poêle. Pendant ce temps, on aura fait cuire des champignons frais, avec sel, jus de citron et beurre. Mettre les champignons dans la poêle avec le jus et le foie; ajouter un peu de vin de Madère et servir.

Foie de veau sauce piquante (*Cuis. d'auberge*).— *Formule 1804.*— Faire macérer les tranches avec du poivre, jus de citron, thym, laurier, ail et huile; les sauter vivement à la poêle avec de l'huile fine; les dresser sur un plat long et les masquer d'une sauce piquante. (Voir ce mot.)

Remarque.— De la même façon on prépare le foie à la sauce poivrade; on n'a qu'à substituer de la sauce poivrade à la sauce piquante.

Foie de veau à la paysanne. (*Cuis. champêtre*). — *Formule 1805.* — Tailler le foie de veau par grosses tranches, les clouter d'ail; les assaisonner, les fariner et les mettre à la poêle dans du beurre chaud; y joindre un verre de vin rouge ou blanc; au premier bouillon, dresser le tout sur un plat, en saupoudrant d'estragon haché.

Foie de veau au lard (*Cuis. anglaise*). — *Formule 1806.* — Tailler des tranches de foie de veau de forme régulière, les assaisonner, les fariner et les passer à l'œuf battu; les paner et les faire cuire cinq minutes au beurre. Tailler des lames de lard maigre; les passer à la poêle et dresser le foie en turban en alternant les tranches avec le petit salé.

Remarque. — Pour toutes les méthodes de foie sauté il faut avoir soin de le servir saignant; ce degré de cuisson passé, il devient dur, sans succulence et doit, dès lors, être braisé pendant quelques heures.

Foie de veau à la broche (*Cuis. de château*). — *Formule 1807.* — Piquer un foie de veau entier comme un fricandeau, le piquer aussi de petites pointes d'ail; l'assaisonner. Faire chauffer deux brochettes avec lesquelles on traverse le foie à trois centimètres de distance; fixer les brochettes à la grande broche et faire cuire en arrosant souvent avec du beurre fondu. Servir le foie avec son jus dégraissé, additionné d'un jus de citron.

Foie de veau braisé (*Cuis. bourgeoise*). — *Formule 1808.* — Larder un foie de veau comme un bœuf à la mode; l'assaisonner avec ail, thym, clous de girofle et sel. Le mettre dans une casserole au four avec oignons et carottes; le faire roussir et le mouiller avec du bouillon, un verre de vieux vin de Bordeaux et un peu de sauce espagnole, ou, à défaut, un peu de roux. Faire braiser pendant deux heures environ. Quand la sauce est tombée en demi-glace, la dégraisser et la passer au tamis. Servir.

Quenelles de foie de veau. — (Voir FARCE.)

Foie de veau farci (*Cuis. ménagère*). — *Formule 1809.* — Tailler un foie de veau horizontalement à plat, de façon à former deux grandes feuilles. Faire des incisions intérieurement, de manière à faire des entailles dans toute la profondeur de la tranche, sans cependant la perforer. Garnir chacune de ces poches de la farce suivante : lard, jambon gras, viandes rôties de la veille, s'il y en a, oignons, thym, laurier, échalotes, champignons, sel, poivre, le tout haché très menu. Rouler la feuille de foie et l'envelopper d'une toile abdominale ou épiploon. Faire prendre vivement couleur dans une casserole; mouiller avec du bouillon et facultativement avec un peu de vin blanc. Laisser mijoter une heure, ôter la toile et servir sur un plat chaud avec son jus, préalablement bien dégraissé. (*Mme Schéfer*, inspectrice des écoles primaires de la Ville de Paris, *officier d'Instruction publique.*)

HYGIÈNE. — En général, le foie de veau braisé est de digestion difficile, mais nourrissant. Pour qu'il soit acceptable pour tous les estomacs, il faut le faire sauter saignant et rehausser la sauce par des condiments.

Les foies d'agneau, de porc frais et le foie de veau sont les seuls, parmi les quadrupèdes, qui puissent être recommandés; ils se traitent comme le foie de veau.

FOIE GRAS. All. *Fette Leber ;* angl. *liver fat ;* ital. *fegato grasso.* — Foies d'oie et de canard, auxquels on fait subir un traitement spécial pour engraisser et obtenir un développement considérable de cet organe.

Comme nous le voyons par l'étymologie du mot foie (Voir ce mot), la civilisation antique a connu le secret de faire grossir le foie d'oie. Horace rapporte qu'un citoyen de Rome, nommé Mazidienus, offrit à Mécène le foie d'une oie qu'on avait engraissée avec des figues, d'après un procédé que lui avait fait connaître le consul Metellus. Rome avait trouvé ce secret en même temps qu'elle parvenait à la domination de l'univers. Avec la barbarie, il fut soumis au même destin qui éteignit partout la lumière sociale et se perdit pour de longs siècles; il n'était pas encore retrouvé au Xme siècle. Cependant, une tradition religieuse l'avait transmis à travers les âges, depuis le règne des Antoine, jusqu'à Louis XIV. Et les dépositaires de ce secret furent les Juifs, dont la haine patiente détourna cette jouissance à la chrétienté pendant plus de douze siècles. Le foie gras ne reparut dans le monde qu'après cette longue éclipse, au commencement du XVIIIme siècle, avec la Régence et les philosophes; et les Juifs de Metz et de Strasbourg, qui avaient seuls la possession du secret, en firent une source de richesse. Mais le siècle des Rousseau, des Voltaire et de la Révolution devait soulever tous les voiles et expliquer tous les mystères; et le moyen de produire le foie gras fut donc connu du public avec la Révolution. (Voir CLOSE.)

Un troisième événement politique déplaça l'industrie du foie gras : comme l'invasion des barbares l'avait chassée de Rome, l'invasion des Allemands en Alsace a déplacé le centre de son action; elle suit les villes de lumière et semble n'aimer que les peuples les plus civilisés : Rome et Paris. En effet, depuis 1870, les difficultés de traiter avec l'Alsace, surtout en présence des lourdes impositions qui frappent les terrines et les pâtés de foie gras, ont donné l'idée à plusieurs industriels parisiens, de créer à Paris, au cœur même de la gastronomie et de la bonne chère, des fabriques de terrines et de pâtés de foie gras de première qualité. Il était dévolu à la grande capitale, au pays des truffes, du beurre d'Isigny, du vin de Champagne, de Bordeaux et de Bourgogne, de posséder les premières maisons du monde, pour ses pâtés de foie gras.

Fig. 513. — Boîte à pâté de foie gras de Strasbourg.

Le Midi et l'Alsace sont les contrées qui se livrent le plus particulièrement à la production du foie gras; on en obtient dont le poids dépasse un kilogramme; ceux du Midi sont gras et spongieux; ils se fondent à la cuisson, tandis que les foies gras d'Alsace sont plus fermes et conviennent mieux pour les préparations culinaires.

ADULTÉRATION. — Certains producteurs de foies gras de qualité secondaire les trempent pendant un jour dans de l'eau de chaux carminée. Cette eau a la propriété de blanchir les foies gras et de leur donner l'aspect des foies de première qualité. Ces foies, quant on les cuit frais, exsudent une graisse émulsive et mousseuse et se fondent en se racornissant. On doit sévèrement réprimer ces fournisseurs, en leur renvoyant leurs produits.

USAGE CULINAIRE. — Le foie gras est d'une finesse et d'une délicatesse extraordinaires et doit être employé frais; il entre dans la composition de mets très renommés, dont il enrichit la qualité. Les meilleurs foies gras se distinguent par une couleur blanche ou rosée; les foies gras gris sont de deuxième qualité. Si l'on était forcé de les conserver frais pendant quelques jours, il faudrait les mettre dans du vieux vin de Madère ou de Xérès et les maintenir en lieu frais dans un vase bouché. Voici les meilleures formules :

Foie gras à la lyonnaise (*Cuis. de restaurant*). — *Formule 1810.* — Assaisonner et faire sauter au beurre, dans une poêle, des escalopes de foie gras, en leur faisant prendre une couleur dorée. D'autre part, faire sauter à la poêle des oignons émincés, avec le surplus de la graisse que le foie gras aura rendu ; lorsqu'ils seront de belle couleur, les mettre dans une petite casserole avec glace de viande et jus de citron, une pointe de piment de Cayenne. Dresser les oignons sur un plat et sur ce lit dresser les escalopes ; saupoudrer de fines herbes.

Foie gras aux truffes (*Escalopes de*). — *Formule 1811.* — Tailler des foies gras en escalopes ; les assaisonner de sel, de poivre et de muscade. Les faire cuire dans un sautoir à feu vif, avec du beurre clarifié.

Lorsqu'elles sont cuites à point, égoutter les escalopes et leur ajouter des truffes en lames, du vin de Madère de première qualité, de la demi-glace ; dresser les escalopes en turban et faire réduire un instant la sauce. Mettre les truffes dans le milieu et masquer de la sauce ; s'il en restait, l'envoyer dans une saucière chaude.

Foie gras sauté à la papale (*Cuis. d'évêque*). — *Formule 1812.* — Tailler des escalopes dans du foie gras de canard ; les assaisonner de poivre, sel et muscade ; les faire sauter au beurre ; égoutter la graisse ; mouiller avec de la glace de veau ou de volaille ; ajouter une égale quantité de truffes blanches du Piémont et des rognons de coq. Un verre de vin *Lacryma-christi*. Dresser le tout dans une timbale d'argent.

Foie gras sauté au vin de Madère (*Cuis. de restaurant*). — *Formule 1813.* — Tailler de belles escalopes de foie gras ; les assaisonner de sel, poivre et muscade et les passer à la farine ; les faire sauter dans du beurre clarifié et faire prendre une belle couleur blonde ; les égoutter sur une serviette. Détacher avec un bon verre de vin de Madère le fond du plat à sauter ; faire réduire et ajouter deux cuillerées de demi-glace et autant de blond de veau ; dégraisser et servir. (O. Moisson, *président de l'Académie de cuisine*.)

Foie gras à la périgueux (*Haute cuisine*). — *Formule 1814.* — Tailler des escalopes de foie gras ; les assaisonner de poivre, sel, muscade râpée ; les passer à la farine et les mettre dans un sautoir sur un feu vif avec du beurre clarifié. Aussitôt de belle couleur, les sortir sur une assiette ; égoutter la graisse ; hacher ou piler au mortier et passer au tamis de métal deux ou trois truffes crues ; les mettre dans le sautoir avec de la glace de veau et un verre de vieux vin blanc sec et faire réduire à glace. Tailler en dés deux ou trois truffes épluchées et cuites ; ajouter les dés à la sauce. Dresser les escalopes en les masquant avec la sauce et garnir avec les truffes en dés.

Foie gras braisé aux truffes (*Haute cuisine*). — *Formule 1815.* — Choisir deux beaux foies d'oies, faire des entailles avec la pointe du couteau et introduire dans chacune d'elle une lame de truffe noire. Plonger les foies à l'eau bouillante, les ressortir après deux minutes (cette opération a pour but de coaguler l'albumine extérieure pour concentrer son suc et empêcher l'exsudation de la graisse ; on peut aussi les mettre dans la sauce en ébullition) ; les assaisonner de poivre, sel et muscade râpée ; les envelopper dans une toile abdominale pour garantir les truffes ; les poser dans une casserole foncée d'une tranche de jambon cru et d'une pointe d'ail. Aussitôt le jambon roussi, les mouiller avec de la demi-glace de veau. Les faire cuire doucement à l'étouffée pendant trois quarts d'heure au moins. Sortir les foies ; dégraisser le fond ; le passer dans une petite casserole et le faire réduire avec un bon verre de vin sec de Madère ou de Xérès, et une quantité suffisante de truffes épluchées, entières.

Développer les foies de la toile, les dresser sur un plat long ; les garnir des truffes entières ; les glacer ; saucer légèrement et envoyer la sauce à part (fig. 544).

Remarque. — On peut facultativement les dresser sur une farce à zéphir de volaille, que l'on fait pocher sur un plat long ou sur une farce de foie de volaille ; mais le naturel étant toujours de meilleur goût, je conseille de s'en tenir à la forme simple. On peut aussi clouter les foies gras au lieu de les lamer de truffes ; il y a là une question de variété et de goût indescriptible.

Pâté de foie gras. — *Formule 1816.* — Couper en gros morceaux 1 kilogramme de lard frais et autant de porc frais, la noix de préférence ; mettre le tout dans une casserole et faire roussir légèrement sans laisser prendre couleur. Couper 2 kilogrammes de beau foie de veau et assaisonner d'épices, sel, poivre, une branche de thym et une feuille de laurier; après que le lard et le porc sont revenus, y ajouter le foie de veau et faire cuire ensemble pendant 20 minutes. Retirer le tout sur un plat et laisser refroidir; piler ensuite dans un mortier en ajoutant deux œufs entiers crus et passer au tamis, et homogénéiser le tout.

Avec une partie de cette farce, piler les parures de foie gras et goûter si la farce est de bon goût. Piquer avec des truffes fraîches les foies gras bien dénervés et assaisonner de sel, poivre, et ajouter un verre de Madère. Foncer le pâté et faire un lit de farce, mais bien

Fig. 544. — Foie gras aux truffes.

léger; mettre les foies gras et une autre couche de farce par dessus. Couvrir le pâté et faire cuire au four pendant deux heures. Laisser refroidir une journée. Remplir alors le pâté avec de la gelée ou moitié saindoux, moitié beurre fondu.

Pour faire les terrines, on procède de la même façon. (Casimir MOISSON, président de l'*Académie de cuisine*, chef de la Maison-Dorée. — Paris.)

Remarque. — Lorsqu'il s'agit de pâté de conserve ou de terrine qui doivent être conservées longtemps la farce est moins fine, on la fait de différentes façons. Voici une formule :

Terrine de foie gras (*Cuis. de charcutier*). — *Formule 1817.* — Employer :

Foie de veau, aussi blanc que possible.	grammes	500
Truffes épluchées.	—	250
Panne de porc frais.	—	500
Foie gras.	nombre	1
Sel, épices.		

Procédé. — Couper par morceaux carrés la panne et le foie de veau; l'assaisonner de poivre blanc fraîchement moulu, de sel, d'une feuille de laurier, d'un fragment de thym et d'un clou de girofle. Faire fondre à petit feu dans un sautoir. Laisser refroidir; retirer le laurier et piler le tout dans un mortier et passer au tamis. Goûter la

farce et, au point exquis, foncer une terrine de bardes de lard, sur lesquels on étend une couche de farce, puis de foie gras assaisonné d'épices, des truffes et ainsi de suite, jusqu'à hauteur de la terrine; terminer par de la farce, sur laquelle on étend une barde de lard. Faire cuire au four. Egoutter dans un bol la graisse et le jus que la terrine contient; la laisser refroidir pour en séparer le jus; lever la graisse, la faire fondre au bain-marie et la recouler dans la terrine. La couvercler et coller le papier sur l'ouverture.

Remarque. — Pour les terrines, comme pour les pâtés, ils doivent être mangés frais, c'est-à-dire dans la quinzaine qui suit la fabrication; on peut leur laisser le jus. Au contraire, s'ils sont préparés pour être conservés, on doit égoutter soigneusement le jus.

On peut aussi dans la confection de la farce ajouter des foies de volaille, du jambon, même de la farce à quenelle de volaille. Ces différents modes sont toujours subordonnés aux ressources du cuisinier, et dans le commerce au prix que la clientèle veut bien lui accorder. Il en est du pâté ou des terrines de foie gras comme des étoffes, il y en a pour toutes les bourses.

Dressage du foie gras en terrine (*Cuis. décorative*). — *Formule 1818.* — Le foie gras dressé à la cuillère offre une ressource féconde pour le cuisinier intelligent. Tantôt enseveli dans un moule chemisé de gelée, les lames marbrées de truffes reflètent leur éclat sur le miroir du plat d'argent; d'autres fois, disposées en coquilles, chaque lame garnie de caviar représente de petits bateaux jetés sur les rochers qui dominent une mer de gelée. Pour tous ces modes de dressage, on ne doit pas oublier que la fraîcheur et la netteté du décor et des garnitures sont les conditions indispensables au succès.

Pâté de foie gras frais à la parisienne (*Haute cuisine*). — *Formule 1819.* — Le pâté de foie gras

Fig. 545. — Terrine de foie-gras.

que je vais décrire et dont j'avais jusqu'à ce jour gardé la recette de vers moi, m'a valu des félicitations et des éloges chaque fois que j'ai eu l'occasion de le préparer.

Foie-gras d'oie, d'Alsace.	kilogr.	1.500
Truffes noires épluchées.	grammes	500
Foie-gras de canard	—	250
Foie de volaille.	—	250
Lard gras	—	250
Beurre fin d'Isigny.	—	500
Œufs frais	nombre	2
Sel et épices (formule 1565).		

Procédé. — Oter le fiel des foies et parer les foies gras de façon à obtenir 500 grammes de rognures que l'on mettra sur une assiette. Mettre les foies gras parés dans un bol avec des épices et du vieux vin de Madère. Couper le lard en dés

Fig. 516. — Pâté de foie gras à la parisienne.

de 2 centimètres carrés, le mettre dans un sautoir avec les foies de volaille salés, et condimentés d'une feuille de laurier et de deux clous de girofle et leur faire prendre couleur; une minute avant de les sortir, ajouter les foies de canards; aussitôt saisis, retirer la casserole du feu, sortir les clous de girofle et le laurier; laisser refroidir.

Aussitôt froid, piler le tout au mortier en ajoutant les œufs un par un; détacher le fond du sautoir avec un peu de vin de Madère et verser dans la farce. Le passer au tamis; la mettre dans une terrine et la travailler avec une goutte de crème fraîche. La goûter et la rehausser par des épices s'il y a lieu.

Foncer, avec de la pâte à dresser, un moule à pâté, de grandeur suffisante pour contenir le tout. Garnir de farce, de foies gras épicés, au milieu desquels on aura introduit les truffes. Terminer le pâté par un couvercle à cheminée. Le faire cuire dans un four modéré pendant deux heures

et demie à trois heures. En le sortant du four, égoutter une partie de sa graisse, et un quart d'heure après faire fondre le beurre d'Isigny au bain-marie et le couler dans le pâté en place de saindoux.

Ce pâté exquis doit être servi dans les huit jours qui suivent sa fabrication; et soyez tranquille sur l'évènement.

FOISSIER, *s. m.* — Baril, appelé aussi *foissière,* dans lequel on dépose les foies de morues pour en retirer l'huile.

FOKEN, *s. m.* — Oiseau nocturne, très recherché et très rare au Japon, ce qui rend son prix très élevé et ne lui donne accès que sur la table des grands.

FOLLE, *s. f.* — Filet à larges mailles qui sert à la pêche en bateaux des grands poissons plats, tels que les raies.

Folle blanche. — Cépage de la Charente-Inférieure. Voici les caractères qui le distinguent : *feuilles,* moyennes, sinuées, duveteuses; *grappe,* moyenne, un peu ailée, très serrée; *grains,* moyens, sphériques, blanc verdâtre ou jaune, suivant le sol ou l'exposition. Maturité de deuxième époque. Il porte à Bordeaux le nom de *enrageat;* est aussi cultivé dans certains cantons de l'arrondissement de Chinon (Indre-et-Loire), et le midi de la France, dont le vin que l'on en retire sert à en couper d'autres, auxquels il communique de la finesse et du brillant. C'est de la *folle blanche* que l'on retirait, avant le phylloxéra, les eaux-de-vie connues du monde entier sous le nom de *Cognac;* elle donnait lieu à Cognac et dans ses environs à un commerce important, nul aujourd'hui depuis les ravages de ce terrible fléau.

Folle farine. — La plus subtile fleur de la farine; ainsi appelée parce qu'elle s'envole au moindre souffle.

FOLLETTE, *s.f.* — Un des noms vulgaire de l'arroche. (Voir ce mot.)

FONCER, *v. a.* (*Cuisine et pâtisserie*). — En pâtisserie, action d'abaisser de la pâte, de l'étendre dans un cercle à flan pour en faire un fond. Foncer un moule à charlotte; le garnir de biscuit ou de pain. Foncer d'une pâte brisée; mettre un double fond en pâte. En cuisine, *fon-*

ser une casserole de lard, d'oignons, de carottes et d'assaisonnement. Couvrir le fond d'une substance.

FOND, *s. m.* (*Terme de cuisine*). — La coction d'une viande braisée avec les condiments; ce qui résulte d'une casserole foncée de légumes et dans laquelle on a fait cuire à l'étouffée de la viande de boucherie ou de volaille. Le fond d'un fricandeau; le jus réduit à glace. Comme l'écrivain qui ne doit jamais être à court d'inspiration, un bon cuisinier n'est jamais dépourvu de fond :

> Bon écrivain a du goût et du style,
> Bon cuisinier a du goût et du fond;
> Et pour tous deux, si l'art est difficile,
> Facilement on mord sur ce qu'ils font.

FONDANT, *s. m.* — Qui se fond. On distingue en pâtisserie et en confiserie plusieurs sortes de fondants. (Voir BONBON.)

Fondant (*Gâteau*). — *Formule 1820.* — Employer :

Sucre en poudre	grammes	250
Amandes douces	—	100
Farine tamisée et fécule	—	200
Beurre frais	—	200
Orangeat haché	—	200
Lait	décilitre	1/2
Œufs frais	nombre	6
Kirsch	petit verre	1

Procédé. — Battre les œufs et le sucre sur le feu; lorsque la masse est montée, y ajouter les amandes que l'on aura préalablement pilées avec le lait. Ajouter l'orangeat haché, le kirsch et le beurre fondu en même temps que la farine. Coucher la pâte dans un moule plat et cuire dans un four doux. L'abricoter en sortant du four, le cassonner et le décorer de fruits.

Fondant (*Glace au*). — *Formule 1821.* — Cuire du sucre au *petit boulé* et le verser sur le marbre et le travailler avec la spatule jusqu'à ce qu'il tourne ; ajouter alors quelques gouttes d'acide acétique et finir de le travailler avec la paume de la main, jusqu'à ce qu'on obtienne une belle pâte blanche et lisse. On le dépose alors dans une terrine, où l'on s'en sert au fur et à mesure des besoins. Quand on veut s'en servir, on le chauffe dans une casserole en le remuant et on y ajoute l'arome et la couleur que l'on désire. Lorsqu'il s'agit de chocolat, on met le fondant sur une plaque et on met sur le fondant du chocolat coupé. On met la plaque au four; aussi-

tôt fondu, on remue le tout dans un poêlon et on s'en sert. La glace au fondant s'emploie un peu épaisse. On n'ajoute le chocolat qu'au moment de s'en servir.

FONDRILLES, *s. f. pl.* All. *Bodensatz;* angl. *sediment;* ital. *lordure.* — Lie, vase qui se forme dans toutes sortes de liqueurs; on dit aussi *effondrilles.*

FONDUE, *s. f.* All. *verschmeltzt ;* angl. *melted ;* ital. *fonduta.* — Fromage gras, fondu, dans lequel on ajoute quelquefois du vin, des œufs ou de la bière. Les fondues sont toujours rehaussées par beaucoup de poivre.

Fondue soufflée (*Cuis. italienne*). — *Formule 1822.* — Mettre dans une casserole du fromage de Parmesan râpé, du poivre blanc fraîchement moulu, un petit morceau de beurre frais et quelques jaunes d'œufs. Faire fondre sur un feu doux, remuer hors du feu pour empêcher la coagulation. Fouetter les blancs d'œufs, les mélanger avec la fondue et couler la pâte dans des croustades coquilles ou petits moules d'argent, ou timbales. Les remplir à moitié et les mettre dans un four moyen. Les servir aussitôt levées.

Fondue à l'anglaise. — *Formule 1823.* — Faire fondre du fromage de Chester dans une casserole avec un ou deux jaunes d'œufs, du piment et du *pale-ale.* D'autre part, faire griller au beurre une belle tranche de pain ; la mettre sur un plat chaud ; verser dessus la fondue. Passer le plat au four une minute et servir chaud.

Fondue à la valaisanne (*Cuisine suissesse*) — *Formule 1824.* — La reine des fondues, celle qui représente le plus exactement les anciens peuples pasteurs dans leurs repas champêtres, c'est la fondue telle qu'elle se fait dans les montagnes de la Savoie, du Valais et du Piémont.

On taille par le milieu un fromage gras d'Emmenthal, de Gruyère, de Thion ou de Closon, de grosseur double, *doublire,* du poids de vingt à trente kilogr. On fait un grand feu de bois de mélèzes, dans le foyer de la cheminée et lorsque la braise est ardente, on présente au brasier la partie tranchée du fromage, en l'appuyant sur une bûche de bois; on retourne souvent le fromage pour éviter l'écoulement dans les cendres. Les convives ont pour couvert un tranchoir de bois, fourchette, couteau, et un moulin à poivre ; l'amphitryon apporte majestueusement la moitié du fromage devant le convive et, d'un coup de lame de couteau, il râcle dans toute la longueur du fromage la partie fondue qui tombe sur le tranchoir ; le convive s'empresse de la manger chaude. Pendant que l'on sert l'une des moitiés du fromage, l'autre est au feu. La fondue ainsi servie est généralement accompagnée de pain noir et abondamment arrosée de vin blanc.

Après dix ou douze *raclées* chacun, le repas est fini. Le *Ranz des Vaches*, chanté en chœur, remplace le dessert.

Fondue à la vaudoise (*Cuis. suissesse*). — — *Formule 1825*. — Tailler en petits morceaux cinq cents grammes de fromage gras de Gruyère ou d'Emmenthal, le mettre dans une casserole de terre vernissée, avec du poivre, trois jaunes d'œufs, un peu de beurre frais, et un verre à bordeaux de vin d'Yvorne ; remuer sur un feu doux jusqu'à ce que la fondue soit liquide. On sert la casserole et on se sert sur des assiettes chaudes.

Fondue à la genevoise (*Cuis. suissesse*). — *Formule 1826*. — Couper très mince cinq cents grammes de fromage gras de Gruyère ou d'Emmenthal, sans croûte ; le mettre dans une casserole en terre vernissée, avec un décilitre de crème double, de muscade, de poivre blanc fraîchement moulu, une pointe de piment ; trois jaunes d'œufs, une goutte de vin de Bossay ou un jus de citron. Remuer sur un feu doux, jusqu'à ce que la fondue présente une pâte liquide. Servir la casserole sur une assiette.

Fondue à la piémontaise (*Fontina*). — *Formule 1827*. — Cette fondue, ou mets au fromage, se prépare surtout dans les auberges du Piémont, où elle est connue sous le nom de *fontina*.

Prendre une tome grasse au vacherin à l'état fondant, lui enlever la croûte et la mettre dans une casserole de terre avec une quantité suffisante de crème double, un grain de sel, des truffes blanches et cuites, coupées par lames, poivre blanc, muscade râpée et deux jaunes d'œufs pour cinq cents grammes de fromage. Remuer doucement sur le feu jusqu'à ce que la fondue soit pâteuse. Frire des tranches de pain bis et verser dessus la *fontina*.

FONENT, *s. m.* — Dans le Sénégal, on appelle ainsi une variété de moule unie.

FONGE, *s. m.* — Variété de champignons du genre *bolet*. Ils sont comestibles et leurs proprié-

tés sont celles des autres champignons. (Voir ce mot.)

FONGINE, *s. f.* Du latin, *fungus*, champignon. — Nom donné à la cellulose, principe immédiat du tissu des champignons ; c'est une substance molle, blanche, insipide, contenant de l'oxygène, de l'hydrogène, du carbone et de l'azote.

FONGIVORE, *s. m.* De *fungus*, champignon, et *vorare*, manger. — Qui mange ou qui vit principalement de champignons.

FONTAINE, *s. f.* All. *Wasserbehœlter ;* angl. *fountain ;* ital. *fontana ;* dérivé du latin *fontanus*. — En alimentation on distingue, outre la fontaine d'eau vive, les vases de cuivre, de zinc, de grès, de terre, qui sont disposés dans les cuisines, et desquels on soutire l'eau, ou toute autre boisson.

Fig. 547. — Fontaine à thé.

Fontaine à thé. — En Angleterre, on se sert souvent pour le thé d'un vase en métal anglais, ou en Christofle argenté, pour la préparation du thé. Le plus souvent, ces fontaines sont montées sur une lampe à esprit-de-vin ou à essence. Ces vases, très pratiques pour le service des buffets, des *bars*, des restaurants ou des familles nombreuses, font en même temps l'ornement somptueux d'une table.

Fontaine de farine. — En pâtisserie, l'action de former la fontaine consiste à faire un cercle

Fig. 518. — Fontaine de farine.

de farine, au milieu duquel on met l'eau pour la détrempe des pâtes. (Voir DÉTREMPE.)

Fontaine de sucre. — Pièce montée de pâtisserie, où le sucre filé représente l'eau coulante.

Fontaine. — Pièce montée de cuisine, ou socle représentant une fontaine à jets d'eau au-dessus ou autour de laquelle on place les mets froids.

FONTAINEBLEAU (*Géogr. gastronomique*). — Sous-préfecture du département de Seine-et-Marne, renommée au point de vue gastronomique pour son chasselas qui croît à Thomery (Voir ce mot) et dans ses environs.

FORCIÈRE, *s. f.* — Petit étang dans lequel on met du poisson pour l'y faire multiplier.

FORTIFIANT, *adj.* All. *Stærkend;* angl. *strengthener;* ital. *corroborante.* — Qui augmente les forces, en parlant de certains aliments; les bons vins sont fortifiants. *Substantivement,* les toniques sont des fortifiants.

FORGES (*Eaux minérales de*). — Les eaux de Forges, arrondissement de Neuchâtel-en-Bray (Seine-Inférieure), sont des eaux ferrugineuses froides. Le traitement de la chlorose et l'anémie en relèvent principalement. On en transporte, mais ces eaux ne se conservent pas longtemps.

FORMIQUE, *adj.* (*Acide*). All. *Ameise-Sæure;* angl. *formic;* ital. *formica.* — Acide extrait des fourmis qui en fournissent la moitié de leur poids.

Ether formique, éther produit par décomposition du formiate de soude à l'aide de l'acide sulfurique et de l'alcool.

FORTUNÉE, *s. f.* — Poire d'hiver à chair cassante et parfumée, acidule et un peu astringente.

FORTUNÉS, *s. m. pl.* (*Caisse d'amandes pour petits-fours*). — *Formule 1828.* — Employer :

Amandes douces mondées.	grammes	150
Sucre en poudre	—	150
Beurre fin	—	60
Fécule.	—	10
Crème.	décilitre	1/2
Kirsch.	—	1/2
Œufs.	nombre	4
Vanille.		

Procédé. — Piler les amandes avec deux œufs entiers et deux jaunes; ajouter le sucre, la vanille, le beurre manié et le kirsch. Faire mousser l'appareil au mortier; puis lui incorporer la crème, deux blancs montés et la fécule. Cuire la pâte dans une caisse à Génoise ou à jujube, beurrée avec papier au fond. Aussitôt cuite, la démouler et la faire refroidir sous une légère pression. Laisser rassir pendant quelques heures et on les détaille ensuite en petits-fours, en leur donnant des formes diverses, que l'on abricote et glace en variant les tons et les parfums. (*A. Coquin.*)

FOUCAULT, *s. m.* — Un des noms vulgaires de la bécassine.

FOUDRE, *s. m.* Angl. *tun;* ital. *grossa botte;* étymologie allemande, *fuder,* tonneau. — Grand tonneau, d'une très vaste capacité pouvant contenir beaucoup de vin, de bière ou d'eau-de-vie. (Voir la *fig.* 308.)

FOUET, *s. m.* (*Ustensile de cuisine*). — Faisceau de fils de fer étamé, dont les extrémités de chaque fil de fer recourbées sont réunies du même côté pour former le manche ou poignée. On s'en sert en cuisine pour fouetter les blancs d'œufs, les crèmes, les sauces et les appareils à gâteau.

Fouetter. — Action de travailler une pâte, une crème, un appareil, une sauce avec le fouet.

FOUGER, *v. n.* — Se dit du sanglier ou du porc qui creusent le sol avec leur museau pour chercher les truffes ou autres substances.

FOUGÈRE AQUILINE, *s. f.* (*Pteris aquilina*). — Plante de la famille des fougères, dont la radicule est comestible. Tournefort rapporte qu'il a vu en 1694 la farine de la *ptéride* employée pour faire du pain, des bouillies et des gâteaux. Dans certaines contrées d'Europe, notamment en Norvège, ainsi qu'à l'île de Palme et aux Canaries, on s'en sert pour toutes sortes de préparations culinaires; on en fait en outre une sorte de pain spécial qu'on appelle *parkins.* A Auckland, Nouvelle-Zélande, on l'appelle *mama.*

FOUGON, *s. m.* — En terme de la marine méditerranéenne : le foyer ou la cuisine du vaisseau.

FOUILLE-AU-POT, *s. m.* — Petit marmiton. Au pluriel, *des fouille-au-pot.* « La Varenne, de *fouille-au-pot,* puis cuisinier, après porte-manteau de Henri IV, et Mercure de ses plaisirs; se mêla d'affaires jusqu'à devenir considérable. » (Saint-Simon.)

FOUINE, *s. f. (Mustella fulva nigricans).* All. *Martre;* angl. *pole cat;* ital. *faina.* — Petit animal à physionomie fine, à l'œil éveillé et à mouvements souples et vifs. Il est l'ennemi des volailles de basse-cour. En temps de disette on le fait sauter en place de lapin. Il a un goût de sauvage qui n'est pas désagréable; sa chair est bien supérieure à celle du rat.

FOULQUE, *s. f. (Gallinula fulica).* All. *Wassahuhn;* angl. *coot;* ital. *fulk;* du provençal, *folca.* — Genre d'oiseau échassier, comprenant plusieurs variétés, toutes connues sous le nom commun de *poule d'eau.*

La foulque est un oiseau assez rare; il niche cependant dans nos marais et sur les côtes de la Méditerranée; il a le corps lourd comme le canard, de longues jambes et le plumage noir; le bec court, jaune, est surmonté d'une tache rouge chez le mâle et verte chez la femelle. Il se nourrit de vers, de mollusques et de poissons.

USAGE CULINAIRE. — La chair des poules d'eau n'est pas estimée. Elle est dure, difficile à la digestion et offre un goût de vase qui ne plaît pas. Quand le sujet est jeune et gras, il peut être préparé rôti; mais le meilleur mode est de piquer les filets et les préparer en salmis.

Les cuisinières de prêtres et de prélats l'ont souvent servie sous le nom de sarcelle comme aliment maigre, et personne d'ailleurs n'a eu à s'en plaindre.

FOUQUET, *s. m.* — Oiseau marin nocturne, du genre de la foulque; qu'on trouve à l'Ile-de-France; il est de la grosseur d'un petit canard. La chair des jeunes est passable; on la prépare rôtie ou en salmis.

FOUR, *s. m.* All. *Ofen;* rus. *pétschka;* angl. *oven;* ital. *forno;* de *formus,* chaud. — Ouvrage de maçonnerie ou de tôlerie, rond, voûté et fermé, où l'on fait cuire le pain et la pâtisserie.

Four de cuisine. — Caisse emboîtée contre le foyer du fourneau de cuisine.

Four à gaz. — Caisse de tôle chauffée par le gaz, à flammes directes ou indirectes. (Voir FOURNEAU.)

Four portatif à pain. — (Voir BOULANGERIE.)

Petits fours. — Sorte de pâtisserie légère pour desserts et soirées.

Four banal. — Grand four public et collectif, dans lequel tous les habitants du hameau avaient droits de faire cuire leur pain moyennant une redevance.

Four de campagne. — Ustensile de cuisine. Sorte de casserole en tôle avec couvercle à double rebord, pour pouvoir faire le feu dessous et dessus, de façon à concentrer la chaleur comme dans un four.

Four très chaud. — Four chauffé à blanc. Rouge, lorsque le papier brûle dans le four.

Four chaud. — Lorsque, en mettant un morceau de papier dans le four fermé, il se calcine et devient noir sans flamber.

Four brun. — Lorsque, en mettant une feuille de papier au four fermé, elle devient brune. On l'appelle aussi *four modéré* ou *moyen.*

Four clair. — Lorsqu'en mettant une feuille de papier dans le four elle prend une teinte jaunâtre. On l'appelle aussi *four doux.*

Four perdu. — Four dont la chaleur ne cuit plus et dont on se sert pour dessécher certaines pâtisseries, comme les macarons et les meringues.

On ne peut s'astreindre à observer rigoureusement ces graduations, car tel degré suffisant pour une petite quantité ou de petites pièces de pâtisserie ou de cuisine, serait insuffisant pour une grande quantité et de grosses pièces. L'expérience complète ces données d'une façon précise.

Le tact, le soin de tous les instants sont les qualités d un fournier ou d'un cuisinier, qui sauront maitriser la cuisson des mets et :

Dans un menu, comme dans une histoire,
On peut citer Richelieu, Pompadour.
Villars, Soubise, ou cent noms pleins de gloire,
Un nom parfois vous *garantit d'un four*.

FOURCHETÉE, *s. f.* — Ce que l'on peut prendre en une seule fois avec la fourchette.

FOURCHETTE, *s. f.* All. *Gabel;* rus. *wilka;* angl. *fork;* ital. *forchetta.* — Ustensile de table à quatre dents, dont on se sert pour prendre les aliments dans l'assiette et les porter à la bouche.

La bonne éducation de la table exige que la fourchette soit manœuvrée de la main gauche.

Il est sans doute curieux de connaître à quelle époque l'usage de la fourchette s'est introduite en France et quels en furent les spécimens.

Depuis que le monde existe jusqu'au dix-septième siècle, dit Alfred Franklin, l homme mangea avec ses doigts. Voilà le grand fait qui domine toute l'histoire des repas et la civilisation de la table. Dans la Rome polie de César, quand Lucullus donnait un de ces festins dont la magnificence est devenue proverbiale, les convives trouvaient tout naturel de mettre les mains dans le plat, et d'y saisir les morceaux découpés d'avance, qu'ils déchiraient ensuite avec les dents. A la cour brillante de François Iᵉʳ et de Henri II, sous Louis XIII, et même sous Louis XIV, on n'en agissait pas autrement. Toutefois, il y avait des lois à l'usage de la bonne société. Les vilains seuls empoignaient leur viande à pleine main. Montaigne nous dit implicitement dans ses *Essais,* liv. III : *Je mors parfois mes doigts de hâtiveté*. Les raffinés devaient la prendre avec trois doigts, comme nous le voyons dans la *Civilité,* de Jean Sulpice : *Libellus, de moribus in mensa servandis;* écrit en latin vers 1480. *Prends la viande avec trois doigts (Esto tribus digitis) et ne remply la bouche de trop gros morceaux. Tu ne doibs point tenir longtemps les mains dedans le plat. On te tiendra pour vilain et deshonneste si tu mets les mains au sein, ou que tu te frottes quelque partie du corps deshonneste, et puis après tu viennes à éparpiller la viande avec les doigts.* (Traduction de Guillaume Durand, 1545). Erasme ajoute, dans son *Traité de civilité* publié en 1530 : *De civilitate morum puerilium. Garde toy de porter la main au plat le premier. Tout ce que tu ne pourras recevoir avec les doigts, il faut le recevoir sur ton as-

siette. C'est aussi une espèce d'incivilité bien grande, ayant les doigts sales et gras, de les porter à la bouche pour les lécher, ou de les essuyer à sa jaquette (Vel ad tunicam puerilium), il sera plus honneste que ce soit à la nappe.* (Trad. par Claude Hardy en 1613.) Ecoutons les poésies de mirliton de la *Civilité* et de la *Contenance à table :*

Enfant, se ton nez est morveux,
Ne le torche de la main nue
De quoy ta viande est tenue,
Le faist est vilain et honteux.

Anne d'Autriche, la mère de Louis XIV, la reine aux belles mains, ne les trouvaient pas déplacées au milieu d'un ragoût. Dans un dîner qu'elle accepta chez le président de Maison, auquel assistaient les chroniqueurs, beaux esprits de l'époque, il est dit :

Et les belles mains de la Reine
Prirent assez souvent la peine
De porter à son rouge bec,
Cecy soit dit avec respect,
Maintes savoureuses pâtures,
Tant de chair que de confitures.

La chronique de l'époque (LORET, *Muze historique,* nᵒ du 23 avril 1651), ajoute que son fils n'usait pas de cet instrument. En effet, Mˡˡᵉ de Montpensier, parlant, en 1658, d'une collation présidée par Louis XIV, alors âgé de 15 ans, s'exprime ainsi : *Le Roi ne mettait pas la main à un plat qu'il ne demandât si on en voulait, et ordonnait de manger avec lui*. Mais, en général, le Roi était servi à part et ses mains seules fouillaient à leur aise dans son plat. (FRANKLIN, *La Vie privée d'autrefois*.)

Le célèbre voyageur anglais, Thomas Coryate, qui visita Paris en 1708, fut étonné de ne pas voir les fourchettes en usage dans la haute société parisienne; il déclara qu'il vit pour la première fois ce petit ustensile chez les Italiens.

« Les fourchettes, dit-il, sont de fer ou d'acier; les nobles mangent avec des fourchettes d'argent. J'en arrivai à adopter cette coutume et à me servir de fourchette, même lorsque je fus de retour en Angleterre. Cela m'a valu d'ailleurs plus d'une raillerie, et un de mes amis intimes, Laurence Whitaku, ne craignit pas en plein dîner de m'appliquer l'épithète de *furcifer*. » (*Coryate's crudities*, London, 1776.)

On ne doit pas oublier que Coryate était gaucher, défaut qui concorde admirablement pour l'emploi de la fourchette qui doit être manœuvrée de la main gauche.

Quatre ans après la visite de Coryate à Paris, le roi de France, et même son fils, se servaient de fourchette. En 1612, Hérouard nous montre le Dauphin tambourinant contre la table avec sa cuillère et sa fourchette. (*Journal de Louis XIII*, 9 mai 1612.)

Au-dessus du moyen âge, qui s'enfouit dans l'ombre, se lève l'aurore d'une civilisation nouvelle. La pensée aspire à l'indépendance; les lettres, les arts, les mœurs se transforment, s'épurent et la fourchette apparaît. Une ligue s'établit entre les délicats; cuisiniers de cour, littérateurs, artistes et quelques seigneurs pour faire adopter dans la bourgeoisie l'usage de la fourchette, et la lutte fut longue et difficile à vaincre. On employa tout, la critique, la poésie; on fit ressortir le côté malpropre, le côté dangereux au point de vue hygiénique; on revenait toujours aux manières animales et barbares. L'un des moyens qui contribuèrent le plus à l'usage de la fourchette

Fig. 549.
Stylet ou fourchette du peuple.

fut la mode des grands cols empesés appelés *fraises*. Avec de pareils cols, il était impossible d'approcher les mains de la bouche, et la bourgeoisie dut s'habituer à se servir de la fourchette dans les repas de cérémonie.

Cette lutte a duré près de deux siècles, du commencement du seizième siècle au dix-huitième siècle, et la fourchette ne fut définitivement adoptée dans toute la France qu'après la Révolution.

Les Grecs mangeaient avec leur stylet, de même que les Romains et les Carthaginois; ce stylet pointu, avec lequel ils écrivaient sur les tables de pierre ou de bronze, servait indifféremment d'arme, de burin et de fourchette. Le manche était incrusté de pierreries chez les riches, et était en pierre taillée ou en ivoire chez les citoyens; il était en fer chez les gens du peuple.

Fig. 550.
Fourchette des Romains.

Mais la difficulté de s'approprier des morceaux trop cuits amena la première perfection de la fourchette; on fendit alors l'instrument de façon à serrer entre deux dents les substances que l'on désirait saisir. Ce n'est que vers le quatorzième siècle que la fourchette prit trois dents. Les Espagnols se servaient d'une espèce d'us-

tensile contenant d'un côté la fourchette et de l'autre la cuillère. Tacite raconte que les Helvétiens (Suisse), avaient des cuillères et des fourchettes en bois. La fourchette à trois dents est celle qui a eu le plus long règne; elle persiste encore dans l'usage des campagnards, et les aubergistes, les cantiniers la servent à leurs clients.

Fig. 551.
Fourchette à trois dents.

Chose assez curieuse, les Dictionnaires de langue française eux-mêmes, semblent ne pas vouloir abandonner la fourchette à trois dents, qui n'est cependant plus l'ustensile de table de nos jours.

Certains historiens et poètes, auteurs de pièces de théâtre, dédaignant, sans doute, de savoir jusqu'à quelle époque les Français ont mangé en se servant avec les doigts, représentent la fourchette à la main des personnages qui ignoraient complètement l'existence de cet ustensile. Dans une pièce que l'on joue à Paris au moment où j'écris : *Le Bourgeois gentilhomme*, on met la fourchette aux mains de Jourdain, de Darimède et de Dorante; celui-ci n'en dit pas moins à la belle : *Vous ne voyez pas que monsieur Jourdain mange tous les morceaux que vous avez touchés.* (Acte V, scène 1re.) Là n'est pas le seul anachronisme que je pourrais relever sur la vie privée des Gaulois primitifs, si le caractère de cet ouvrage le permettait.

De ce qui précède, on peut conclure que les Carthaginois, les Grecs, les Romains et les Espagnols se servirent du stylet, fourchette primitive, quinze siècles avant l'apparition de cet ustensile toute une révolution s'opérait dans l'art de préparer les mets.

Fig. 552. — Couvert moderne.

A la cuisine pantagruélique et indécente, succéda une cuisine qui distingua les repas des civilisés de la pâture primitive. La cuisine française fut la première qui essaya de réunir à la jouissance du goût, l'agrément et l'attrait en séduisant la vue.

Cette civilisation, c'est aux cuisiniers français que le monde la doit, aux efforts successifs faits pendant des siècles par ces travailleurs modestes, sans histoire jusqu'à ce jour, et que je veux établir, en réunissant dans cet ouvrage tous les documents nécessaires; afin de donner à cet art un système scientifique qui permettra d'utiliser à l'avenir la cuisine rationnelle et hygiénique.

FOURMI, *s. f.* All. *Ameise;* angl. *ant;* ital. *formica.* — Les cuisines, les salles à manger, les armoires, renfermant les provisions et les sucreries, étant susceptibles d'être envahies par les fourmis, que les sucreries attirent, nous donnons ci-dessous quelques moyens de s'en débarrasser.

Formule 1829. — Le moyen le plus simple, le moins coûteux et qui n'est pas le moins efficace pour se débarrasser des fourmis, consiste à pulvériser grossièrement du charbon de bois et à le répandre dans l'endroit qu'elles ont envahi, il est certain qu'elles ne reparaîtront pas. Quelques gouttes d'acide phénique versé sur leur passage les refoulent aussi promptement.

On peut aussi les détruire en mettant plusieurs assiettes, enduites de miel ou de confiture, dans l'endroit qu'elles visitent, et lorsqu'elles sont remplies de fourmis on les plonge dans l'eau bouillante et on les renouvelle jusqu'à ce qu'elles disparaissent; l'odeur de l'acide formique répandu par les fourmis détruites ne tarde pas à les avertir du danger et elles fuient pour ne plus reparaître.

Gibier au nid de fourmi (*Cuis. champêtre*). — *Formule 1830.* — Les Sioux et les peuplades nomades du Nouveau-Monde, ont une manière spéciale d'apprêter le gibier à plumes qui leur tombe sous la main. Ils vident le gibier sans le plumer, le salent et le garnissent intérieurement de plantes aromatiques; ils cherchent un beau nid de fourmi; ils le découvrent en faisant un creux dans le centre où ils enfouissent le gibier, le recouvrent et le laissent ainsi pendant dix minutes. Que se passe-t-il? Les fourmis désorientées attaquent l'intrus d'un nouveau genre en le couvrant intérieurement de la liqueur acidule. On met alors le feu au nid et, lorsqu'il est entièrement consumé, avec un bâton on en retire l'oi-

seau dont le plumage est brûlé. On le secoue, on le met sur une dalle et on enlève la peau avec les plumes.

Le gibier ainsi préparé au naturel est parfumé, relevé d'un piquant exquis, autrement délicat que les gibiers faisandés rôtis à la broche.

FOURNEAU, *s. m.* All. *Ofen;* rus. *petsch;* angl. *stove;* ital. *fornello.* — Appareil de tôle, de fonte et de brique servant à faire la cuisine. Les fourneaux de cuisine sont ordinairement composés d'un foyer, d'une bouillotte, d'un ou deux fours, d'une grillade et d'une ou deux étuves. Les modèles de fourneaux sont nombreux, et la plus récente création de ce genre est certainement, avec les fourneaux de cuisine à vapeur, le fourneau mixte coke et gaz ou gaz seulement.

Tout récemment, la Compagnie parisienne du gaz a fait étudier et construire un certain nombre d'appareils de chauffage, tant pour les appartements que pour la cuisine. Ces appareils ont été surtout créés dans le but de répondre à une objection qui est faite à la cuisine au gaz, d'imposer pendant l'hiver une dépense supplémentaire pour le chauffage de la cuisine. (Voir CUISINE AU GAZ.) Le fourneau mixte comble cette lacune et permet l'emploi du coke quand il fait froid, et l'emploi du gaz quand il fait chaud. On peut aussi employer le coke et le gaz simultanément et facultativement.

L'allumage du coke se fait au moyen d'un bec de gaz, se dégageant dans un tube au-dessous de la grille du foyer, et percé de trous qui disséminent la flamme dans le coke et rendent l'opération aussi facile que l'allumage du gaz. Il y a donc là un avantage réel sur les fourneaux à charbon de terre, tant sous le rapport de la propreté, de la rapidité que de l'économie. Chaque fois que le fourneau est éteint, un tour de robinet suffit pour remettre le fourneau en action.

Le bain-marie, porte un couvercle à charnière, muni d'un flotteur qui fait monter et descendre une tige extérieure, qui est une indication permanente de la hauteur de l'eau, et le met à l'abri des coups de feu qui brûlent si facilement la chaudière mise à sec. Le robinet d'eau chaude est d'un système spécial qui ne fuit pas, et sa manœuvre au moyen d'une clef en bois se fait facilement sans se brûler les doigts.

Le four, peut être chauffé au coke ou au gaz; une rampe extérieure, dont les flammes passent sous la plaque inférieure, permet de chauffer le four très chaud en dessous, selon l'exigence du service. Le feu n'étant nu que par la rampe supérieure, le four offre ainsi un avantage réel de pouvoir facilement en modifier la chaleur, soit de la diriger en dessous ou au-dessus. On obtient ainsi un fourneau au gaz correspondant à toutes les exigences de la cuisine française et de la pâtisserie.

Le gril, est indépendant de la lèchefrite, ce qui permet d'éloigner plus ou moins cette dernière pour éviter la calcination qui a lieu dans les autres systèmes. Lorsque l'on veut s'en servir, on n'a qu'à allumer la rampe du gaz cinq minutes avant, et on place le gril avec les viandes le plus près possible des flammes. Aussitôt que les viandes sont tournées, on abaisse la lèchefrite pour empêcher le jus de brûler.

La broche, est disposée dans une étuve spéciale. Nous ferons seulement remarquer l'avantage que présente l'installation de la broche, qui repose en avant sur un crochet qui peut varier de hauteur. Lorsque les pièces à rôtir sont inégales de forme, comme le gigot, par exemple, on peut incliner la broche d'avant en arrière, de façon que toute la surface de la pièce se trouve sensiblement à la même distance des flammes. On obtient ainsi une cuisson régulière que l'on guide à volonté.

En résumé, ces fourneaux perfectionnés n'ont rien d'analogue avec les appareils anglais; ils sont disposés pour la cuisine française, et là on y fera aussi bien la sole au gratin que l'omelette soufflée.

FOURNITURE, *s. f.* All. *Lieferung;* rus. *zapaçe;* angl. *supply;* ital. *fornimento.* — Fines herbes pour assaisonnement, principalement pour la salade. La fourniture se compose de plantes aromatiques : cerfeuil, estragon, ciboulette, civette; on y joint aussi le baume nouveau, la pimprenelle, la perce-pierre, les capucines fleuries, le baume des jardins, les fleurs de bourrache, etc. Lorsqu'on veut conserver pour l'hiver des fournitures, on emploie le moyen suivant :

Formule 1831. — Eplucher et laver les plantes que l'on veut conserver; les essuyer dans un linge et les hacher très menu; les étendre entre deux feuilles de papier blanc et les faire sécher au soleil; lorsqu'elles seront bien sèches, les serrer dans des sacs de papier. Lorsqu'on veut s'en servir on les place sur un tamis que l'on expose sur une casserole d'eau chaude, mais non en ébullition. La vapeur pénètre les plantes et leur rend leur couleur et leur fraîcheur.

FOYER, *s. m. (Focus).* All. *Herd;* rus. *atschaghe;* angl. *fire-place;* ital. *focolâre.* — Lieu dans les pièces d'une maison où l'on fait le feu. La partie où se met le feu dans certains appareils; le foyer d'un fourneau : le vide qui est fait dans un poêle pour y déposer le combustible.

FRAGON, *s. m. (Ruscus aculeatus, L.).* All. *Mœusedorn;* angl. *butcher's broom.* — Genre d'asparaginées qui comprend plusieurs espèces; mais la plus répandue est celle dont nous nous occupons, qui porte aussi les noms vulgaires de *brusc, houx frelon, petit-houx, buis piquant, myrte épineux.* Ce joli arbrisseau, toujours vert, croît dans les bois montueux des contrées tempérées de l'Europe; il porte des baies rouges, comestibles d'une saveur douceâtre et de la grosseur d'une petite cerise; elles se mangent fraîches et torréfiées pour les prendre en guise de café. Au printemps, dans certaines contrées, on mange les jeunes pousses comme les asperges. On attribue à cette plante des propriétés diurétiques, apéritives et emménagogues.

FRAGRANT, ANTE, *adj. (Fragrans).* — Odorant, parfumé; âcreté des végétaux.

FRAI, *s. m.* All. *Laich;* angl. *fry;* ital. *fregola.* Du latin, *fricare,* frotter. — Acte de la fécondation chez les poissons. Œufs de poissons fécondés ou petits poissons.

FRAIS, *adj.* All. *Frisch;* rus. *swéjé;* angl. *fresh;* ital. *fresco.* — Qui n'a subi aucune altération par l'effet du temps; qui a conservé l'éclat, les qualités que possède une substance fraîche, récente. Du poisson *frais;* de la marée *fraîche.*

FRAISE, *s. f. (Boucherie).* All. *Erdbeere;* angl. *strawberry;* ital. *fragola.* — On appelle ainsi le *mésentère* du veau ou de l'agneau, membrane interne qui est un repli du péritoine, formé de deux lames et à laquelle le canal intestinal est suspendu. On en fait un mets assez estimé, dont nous donnons ci-dessous les manières de le préparer.

La *fraise* du dindon; la chair rouge qui lui pend sous le bec, qui s'enfle ou rougit selon les émotions qui l'animent.

Fraise au naturel. — *Formule 1832.* — Faire dégorger à l'eau tiède une fraise de veau ou d'agneau ; la faire blanchir ensuite à l'eau bouillante pendant un quart d'heure; la rafraîchir et la ratisser soigneusement. D'autre part, ajouter dans une casserole d'eau bouillante et salée deux cuillerées de farine, délayée avec de l'eau froide, ou à défaut de farine un peu de lait, une carotte, un oignon piqué, un bouquet garni, du poivre blanc concassé, un jus de citron ou un filet de vinaigre blanc. Faire cuire dans cette eau condimentée la fraise de veau ou d'agneau pendant trois heures. La retirer, l'égoutter et la dresser entourée de persil sur un plat chaud, et la servir avec l'une des sauces suivantes : *italienne*, *piquante*, *poivrade*, *vinaigrette*, *ravigotte* ou *Robert*. (Voir ces mots.)

Fraise de veau ou d'agneau frite. — *Formule 1833.* — Faire cuire la fraise comme il est dit dans la formule précédente. La couper ensuite par tranches, les tremper dans une pâte à frire (Voir *Pâte*), les faire cuire comme des beignets dans une friture chaude et les servir entourées de persil frit. On peut accompagner si l'on veut d'une sauce tomate relevée.

Fraise de veau à la lyonnaise. — *Formule 1834.* — Faire cuire la fraise comme il est indiqué dans la *formule 1832.* Faire revenir dans une casserole avec du beurre, un oignon et quelques échalotes, sans laisser prendre couleur; ajouter un peu de farine et faire cuire à blanc; mouiller avec un peu de l'eau dans laquelle a cuit la fraise; remuer jusqu'à l'ébullition, laisser réduire à point et ajouter de beaux champignons tournés et cuits à part dans du beurre avec un jus de citron. Retirer du feu et lier la sauce avec des jaunes d'œufs. Egoutter la fraise; la dresser chaude sur un plat creux, l'entourer des champignons et verser la sauce dessus.

FRAISE, *s. f.* All. *Erdbeere;* rus. *zémlenike;* flam. et holl. *aardbezie,* angl. *strawberry;* dan. *jordbeer;* port. *moranguoiro;* esp. *fresa;* ital. *frangola;* lat. *fragaria* de *fragrance,* qui sent bon. — Fruit du fraisier, plante de la famille des rosacées. Faisons remarquer en passant que la fraise n'est pas le fruit même du fraisier, mais bien le porte-graine *gynophore,* ou disque charnu, tapissé de petites graines ovoïdes.

Ce fruit exquis, puisqu'on l'appelle ainsi, n'a point de patrie, il est de partout et n'a aucune origine connue. Il pousse spontanément dans les forêts du Nouveau-Monde, comme dans les bois ombreux des montagnes de l'ancien continent. C'est l'un des premiers fruits que la terre nous produise au printemps; il fait le délice des oiseaux, des abeilles comme celui de l'homme.

La précocité, la fertilité, le parfum, la finesse du goût, sont les qualités vers lesquelles doivent tendre les efforts des cultivateurs de fraises. Le nombre de variétés de fraises cultivées est aujourd'hui incalculable. A chaque instant on en crée de nouvelles, soit par le moyen de semis, soit en les améliorant par la culture. On peut diviser les fraisiers en *huit genres*, formant chacun un nombre considérable de variétés et sousvariétés dont le nombre que je vais citer n'est pas inférieur à soixante-cinq. Les genres sont :

Le fraisier des Bois, *Vesca*.
Le fraisier des Alpes, *Alpina*.
Le fraisier Étoilé, *Collina*.
Le fraisier Capron, *Elatior*.
Le fraisier Écarlate, *Virginiana*.
Le fraisier du Chili, *Chilensis*.
Le fraisier Ananas, *Grandiflora*.
Le fraisier Hybrides, *Hybridus*.

Le fraisier des bois. — Est remarquable par ses tiges vivaces à feuilles plissées, dentées, velues à la partie inférieure. On en trouve des variétés dans tout l'hémisphère boréal, et spécialement dans les régions montagneuses. On la cultive dans les environs de Paris sous les dénominations suivantes :

La fraise monophyle, aussi appelée *fraise de Versailles,* qui se distingue par une seule foliole se développant à chaque feuille. Cette variété a été obtenue par Duchesne, auteur de la célèbre *Monographie du fraisier.*

La fraise de Montreuil, aussi appelée *fressant, dent de cheval, fraise de Villebousin, fraise de Ville-du-Bois.* Cette variété, obtenue par un horticulteur de Montreuil au commencement du dix-huitième siècle, est tardive. Sa plante vigoureuse porte un fruit conique, d'un rouge foncé à sa parfaite maturité.

La fraise de Fontenay, qu'on appelle aussi *fraise hâtive de Chantenay,* est petite, rouge et précoce.

Le fraisier des Alpes. — Dans certains lieux de la partie inférieure des Alpes le fraisier croît avec un tel luxe qu'il fructifie pendant toute la belle saison, ce qui lui a valu le surnom de *fraisier de tous les mois;* c'est encore à la fertilité de cette espèce que lui sont dus les noms de *fraisier des quatre saisons* et *belle de Meaux;* de *fraisier perpétuel* et de *fraisier des deux saisons.* La culture de cette fraise date de 1757, époque à laquelle elle fut apportée du Mont-Cenis, par Fougeroux de Bondaroy, et elle est promptement devenue l'objet d'une importante culture et a fourni diverses variétés. La plus grande difficulté dans la culture de la fraise des Alpes est de la faire produire aussi abondamment en automne qu'au printemps.

Fig. 553. — Fraise sauvage des Alpes.

La fraise Janus améliorée est une variété qui se distingue par son fruit conique, gros, bien fait et prenant à sa maturité une teinte presque noirâtre; cette variété est productive.

La fraise de Meudon, variété que l'on cultivait autrefois dans les environs de Paris, et qui n'est autre qu'une variété de la fraise des Alpes. Elle est assez grosse, conique et d'une couleur d'un rouge foncé quand elle est mûre, ce qui arrive assez tard dans la saison.

La fraise de Duru c'est une variété du fraisier des quatre saisons améliorée; le fruit se distingue par sa forme allongée et sa couleur d'un rose pâle.

Fig. 554. — Fraise de Duru.

La fraise blanche des Alpes, que les Anglais appellent *White alpine strawberry;* les Allemands, *Weisse Monats-Erdbeere;* et les Italiens, *fragola bianca di tutti i mesi,* est l'une des variétés les plus anciennement cultivées; on la trouve à l'état naturel sur les pentes boisées des Alpes; son fruit blanc est moins acide que les variétés de couleur rouge.

La fraise des Alpes sans filets, aussi appelée *fraise sans coulants; fraise Gaillon;* se plaît en touffes, ce qui la fait choisir par les jardiniers pour les bordures. On en distingue deux variétés : la petite rose et la blanche; elles sont peu parfumées.

La fraise des quatre saisons, aussi appelée *belle de Meaux.* C'est une belle variété à tige droite, vivace, qui porte des fruits d'un beau rouge, d'une saveur délicate et d'un parfum aromatique. On pourrait par la culture augmenter le volume de son fruit, mais cette augmentation ne se ferait qu'au détriment de sa délicatesse et de la durée de sa fructification.

Fig. 555. — Fraise des quatre saisons ou Belle de Meaux.

LE FRAISIER ÉTOILÉ, aussi dénommé *Craquelin, Breslinge, fraisier vineux de Champagne.* — Cette variété ressemble à première vue au fraisier des Alpes; mais il s'en distingue par ses filets simples et non composés d'articles successifs; il se plaît dans les pentes des collines, ce qui lui a valu la dénomination de *fragoria collina.* La chair des fruits est ferme, beurrée, bien pleine et d'une saveur musquée très particulière. Cette fraise fait d'excellentes glaces.

La fraise de Borgemont; d'après J. Gay, cette variété ne serait qu'une forme de la *fraise Collina,* de même que la *fraise Majaufea.* Ces deux fraisiers, qui se rencontraient quelquefois dans nos jardins, sont à peu près inconnus aujourd'hui en dehors des collections botaniques.

LE FRAISIER CAPRON. — Le caractère principal qui distingue cette variété des autres sont ses fleurs, le plus souvent dioïques par avortement. Sur certains pieds, les pistils se développent seuls, sur d'autres seulement se trouvent les étamines; de sorte que la fécondation ne peut avoir lieu que lorsque les deux formes se trouvent réunies à petites distances l'une de l'autre.

La fraise Capron framboisé, qu'on appelle aussi *fraise abricot,* est traitée au mot CAPRON. (Voir ce mot.)

La belle fraise bordelaise, cette fraise de la variété de la fraise *élatior* ou *Capron,* est grosse, allongée, souvent conique, mais d'un goût peu aromatique.

LE FRAISIER ÉCARLATE. — On l'appelle également *fraisier-framboise, guigne de Virginie* et *fraisier écarlate de Virginie,* d'où dérive son nom de *Virginiana.* Il est en effet originaire de l'Amérique septentrionale. Cette race présente le type de l'espèce, à peine modifiée par la culture, et les espèces obtenues par le croisement de cette fraise avec le fraisier ananas ont conservé des caractères qui se rapportent à la fraise écarlate.

LE FRAISIER DU CHILI. — Espèce importée du Chili par Frézier en 1714, d'où le nom de *Chilensis.* On cultive en France plusieurs variétés de cette race; il y en a de couleur rouge foncée, des roses et des blanches. Cette fraise est tardive sans arome.

LE FRAISIER ANANAS. — Genre que l'on a appelé *grandiflora, fraisier de la Caroline* et *fraisier de Surinam.* Origine incertaine et fort probablement issue par croisement. Le fruit est rond, un peu en cœur, d'un rose pâle ou légèrement jaunâtre ou saumoné, la chair en est blanche et la fraise est creuse au milieu.

Du fraisier ananas est sorti un nombre incalculable de variétés, qui semblent se représenter dans le type suivant :

LE FRAISIER HYBRIDE. — La grosse fraise, aussi appelée *fraise anglaise,* est l'espèce la plus cultivée à cause de ses gros fruits et de ses variétés multiples; elle a donné lieu, disons-le, à des productions aussi nombreuses que fantaisistes. Celles qui conviennent le mieux pour la culture en France sont : la *Princesse royale;* la *Marguerite;* la *Vicomtesse Héricart de Thury;* la *Constante;* la *Black Prince; Keen's seedling* et la *British Queen.* Néanmoins, on trouve sur le marché de Paris :

La fraise amiral Dundas (Myatt) est une espèce de maturité tardive peu cultivée.

La fraise bicolore (de Songhe) est une petite fraise hâtive, arrondie, d'une couleur orangée, très pâle, restant le plus souvent blanche du côté qu'elle ne reçoit pas le soleil. Sa chair blanche ou jaunâtre est très beurrée, juteuse, sucrée et parfumée. Elle convient pour les glaces, les croûtes et les purées.

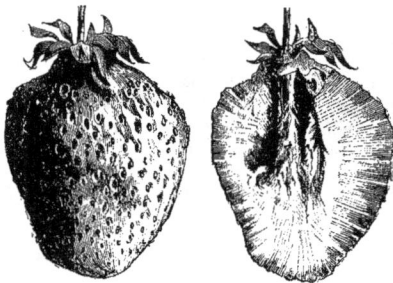

Fig. 556. — Fraise British Queen. Fig. 557. — Moitié de F. British Queen.

La fraise british Queen (Myatt) est un beau fruit oblong, souvent aplati, à bout conique ou carré, d'une belle couleur rouge vermillon, ne devenant jamais très foncée. La chair en est blanche, ferme, juteuse, sucrée, très parfumée et d'une grande finesse. Elle est d'un bon usage pour les préparations culinaires.

La fraise du docteur Morère (Berger) est très volumineuse, un peu courte, d'un rouge très

Fig. 558. — Fraise du docteur Morère, grandeur naturelle.

foncé à sa maturité; sa chair rose, fondante, sucrée, juteuse, est assez parfumée, mais souvent creuse au milieu. En général, le goût de cette fraise rappelle celle du Chili.

La fraise Barne's Large White (Barne) est fertile, mais non précoce; fraise arrondie ou conique obtuse d'un blanc légèrement rosé.

La fraise du docteur Hogg (Bradley) est un fruit en forme de cœur, d'une belle couleur rouge écarlate, à chair très pleine, ferme, d'un blanc rosé, juteuse et beurrée, d'un parfum délicat, quelquefois musquée. Maturité tardive.

La fraise Caroline superbe (Ketley) est un gros fruit en cœur, un peu court, de couleur vermillon, graines demi-saillantes; sa chair très blanche est fondante, beurrée, parfumée et légèrement musquée. Bonne variété, un peu tardive.

La fraise de Malakoff (Glœde) est une variété assez grande, qui prend à sa maturité une teinte brunâtre; sa chair est jaune, tirant sur la couleur abricot, juteuse, fondante, d'une saveur rappelant celle du Chili.

Fig. 559. — Fraise du docteur Veillard, grandeur naturelle.

La fraise du docteur Veillard est l'une des plus nouvelles que l'on ait obtenues. La figure que nous reproduisons en donne tous les détails. Elle convient particulièrement pour être servie en branche.

La fraise Elisa (Myatt) est une fraise moyenne ou petite, arrondie et présentant à sa base un col ou étranglement assez marqué; conservant jusqu'à maturité complète une couleur rouge vermillon assez pâle. Sa chair, d'un blanc jaune, est très ferme, juteuse et très agréablement parfumée.

La fraise Éléanor (Myatt) est un superbe fruit, de maturité tardive, d'une très jolie forme oblongue et d'une couleur rouge vif; sa chair est

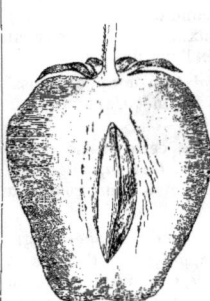

Fig. 560. — Moitié de fraise Éléanor.   Fig. 561. — Fraise Éléanor, grandeur naturelle.

d'un rouge écarlate pâle, un peu molle, non juteuse, mais sucrée et parfumée. Elle est creuse dans le milieu.

La fraise du docteur Nicaise (Dr Nicaise), a été obtenue à Chalons-sur-Marne par un semeur assidu et persévérant, le docteur Nicaise, à qui l'on doit l'obtention d'un grand nombre de variétés, issues du fraisier hybride, et au nombre desquelles nous citerons l'*Alexandra*, l'*Amazone*, la *Gabrielle*, la *Melius*, la *Passe-partout*, la *Pauline*, la *Perfection*, aujourd'hui abandonnée. Mais d'autres resteront, et tout particulièrement la *Grande Nicaise* et la *Chalonnaise*, qui est délicate et parfumée. La grande Nicaise a une chair rouge pâle, un peu molle et fait l'ornement des plus luxueux dessert.

Fig. 562. — Grande fraise du docteur Nicaise.   Fig. 563. — Fraise May Quen

La fraise May Queen (Nicholson) est une variété qui rappelle beaucoup, par ses caractères de végétation, les fraises écarlates. Le fruit est court, moyen ou petit, obtus, arrondi, d'un rouge écarlate; sa chair rosée ou d'un rouge pâle est aigrelette, parfumée et sucrée. On la cueille vers la fin mai.

La fraise Edouard Lefort est une variété remarquable par la forme de son fruit et sa belle couleur rouge.

Fig. 564. — Fraise Edouard Lefort.

La fraise Lucas (de Jonghe) est d'un beau rouge écarlate, vif; sa chair rose pâle, juteuse, sucrée, est très parfumée. C'est une qualité très productive et de qualité supérieure.

La fraise Lucie (Boisselot) est d'un rouge vermillon, légèrement velue à l'extrémité; sa chair blanche est sucrée et assez parfumée; quelquefois un peu creuse au centre. Cette variété est la dernière qui paraisse sur les marchés en automne.

La fraise reine (de Jonghe) est de forme allongée, mince, rouge, carminée et restant pâle du côté qui n'est pas exposé au soleil; sa chair blanche est très ferme, juteuse, sucrée et parfumée. C'est l'une des meilleures fraises parmi les variétés de fraises à gros fruits.

La fraise Constante (de Jonghe) est un fruit conique, un peu court, d'un rouge écarlate assez

Fig. 565. — Fraise Constante.   Fig. 566. — Moitié de fraise.

foncé; sa chair rosée ou rouge pâle est fine, juteuse, parfumée, manquant un peu de sucre. Elle convient pour les confitures de conserve.

La fraise Jucunda (Salter) contient un gros cœur creux; la couleur est d'un rouge vermillon, brillant, devenant plus foncé quand il dépasse le degré de maturité; la chair rouge est juteuse, assez parfumée, mais peu sucrée.

La belle de Paris (Bossin); cette variété, très rustique, est très productive. Son fruit conique, gros, d'un rouge vif, contient une pulpe blanche ou rosée, ferme et sucrée.

La fraise Elton improved (Ingram) est une variété nouvelle de l'ancienne espèce appelée El-

Fig. 567. — Fraise Elton improved.

ton, qui se distinguait par son goût acide. La variété nouvelle dont nous donnons ici le dessin constitue un grand progrès sur l'ancienne espèce.

La fraise Napoléon (Glœde) est d'une belle couleur rouge vermillon, à chair très blanche, fondante, beurrée, parfumée, quelquefois un peu creuse au centre.

Fig. 568. - Fraise Napoléon.

Fig. 569. — Fraise Louis Vilmorin.

La fraise Louis Vilmorin (Robine) est l'une des belles espèces obtenues en France. Son fruit en forme de cœur, très régulier, d'un rouge très foncé, possède une pulpe rouge foncé, peu sucrée et manquant un peu de parfum, mais bien pleine, juteuse et très agréable. Elle fait le plus bel ornement des desserts. Elle convient aussi pour les conserves en purées.

La fraise vicomtesse Héricart (Jamin), que les dames des Halles appellent *ricarde* ou *ricardo*, et qui ne sont que de mauvaises altérations du nom Héricart. Cette fraise, très déversée sur les marchés de Paris, est de belle grosseur moyenne, d'une couleur rouge foncé; sa chair très ferme,

Fig. 570. — Fraise Héricart.

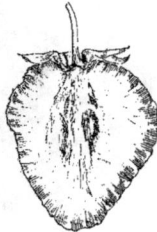

Fig. 571. — Moitié de fraise Héricart.

rose, sucrée, juteuse, un peu acide, est assez parfumée. C'est la variété que les marchandes des quatre saisons vendent le plus souvent pour les confitures.

La fraise Marguerite (Lebreton) est l'une des plus grosses qui soit cultivées; conique, allongée,

d'un rouge vermillon, restant assez clair à maturité; sa chair est rose, très juteuse, fondante, mais peu parfumée et peu sucrée. Elle est très précoce et fertile, se prêtant bien à la culture forcée.

La fraise premier (Ruffet) est une variété remarquable en ce sens que la tige est raide, de même que les feuilles. Son fruit est ordinairement conique, quelquefois pointu ou en crête de coq d'une belle couleur rouge. Sa pulpe d'un rouge pâle est très juteuse, sucrée et d'un goût agréablement parfumé.

La fraise souvenir de Bossuet est une belle variété d'un rouge vermillon à chair rouge, blan-

Fig. 572. — Fraise souvenir de Bossuet.

chissant vers le centre. Elle constitue le plus bel ornement d'un dessert.

La Princesse royale (Pelvilain) est l'une des plus anciennes variétés obtenues en France; son fruit conique est généralement bien fait, d'une belle couleur rouge; sa chair parfumée, assez sucrée, juteuse, contient une mèche dans le centre qui est assez résistante.

La fraise souvenir de Kieff (de Jonghe) est de forme pointue, conique, allongée, d'un beau rouge écarlate, à pulpe blanche ou rosée, très fondante, parfumée, juteuse et sucrée.

La fraise *Sabreur* (*Mme Cléments*) est de forme ovoïde, régulière, grosse, d'un rouge cramoisi; ses graines noires donnent au fruit un aspect particulier. Sa chair blanche, juteuse, sucrée, est assez parfumée.

La fraise *Victoria* (*Trollop*) est de forme arrondie, grosse, d'un rouge vermillon pâle; sa chair ou pulpe rose est extrêmement juteuse et fondante, passablement sucrée et parfumée.

La fraise *Noble* (*Laxton*) est remarquable par sa belle couleur rouge, sa grosseur et sa forme sphérique.

La fraise *Myat's prolific* est longue, aplatie et presque toujours carrée au bout, et d'un rouge cramoisi; sa pulpe très ferme, blanche, juteuse très sucrée est parfumée.

La fraise *Paxton* (*Bradley*) est une bonne fraise de moyenne grosseur, d'un rouge foncé, à

Fig. 573. — Fraise Noble.

chair blanche très ferme et pleine, fondante, beurrée, juteuse, sucrée et parfumée.

VARIÉTÉS AMÉRICAINES. — On distingue en outre les variétés américaines suivantes:

La fraise *sir Harry* (*Underhill*) est une très belle variété fort rare en réalité, quoique beaucoup de jardiniers croient la posséder. Son fruit est gros, en forme de cœur, d'un rouge vif, à chair pleine, juteuse, sucrée et d'un rose pâle.

La fraise *sir Napier* (*Smith*) est de forme aplatie et large en crête-de-coq; sa chair rosée est ferme.

La grosse sucrée (*de Jonghe*) se distingue par son goût sucrée, sa chair blanche ou rosée, très fondante, sa couleur d'un rouge vif.

La fraise *Keen's seedling* est une ancienne race dont le fruit est excellent. Peu cultivée aujourd'hui.

La fraise *Comte de Paris* (*Pelvilain*) est une ancienne race française importée d'Amérique; rouge foncé à chair rouge. Très productive.

La fraise *Black Prince* (*Cuthill*) est de forme arrondie, devenant à sa maturité d'un rouge presque noir. C'est l'une des plus précoces.

La fraise *Sharpless' seedling* d'un rouge vif, souvent en forme de crête-de-coq, à chair acidule, juteuse et rose. On distingue encore une sous-variété de cette espèce, appelée *Crescent seedling*.

La fraise *Monarch of the West* est remarquable par sa chair blanche et beurrée.

Enfin, terminons cette énumération par la *Wilson's Albany*, d'un rouge foncé; elle convient surtout pour les compotes, les tartes et les croûtes.

Analyse chimique. — La fraise *Héricart de Paris*, que nous avons soumise à l'analyse, a produit sur 100 parties :

Eau	87.66
Sucre	6.28
Acide libre	0.93
Albumine	0.54
Pectine	0.48
Cellulose	2.32
Matières protéiques	0.53
Graisse	0.45
Matières minérales	0.81
	100.00

Le résidu sec renferme :

Matières azotées	4.63
Sucre	49.97

HYGIÈNE. — Voulant à tout prix trouver des propriétés médicales dans ce fruit délicieux, certains docteurs ont trouvé le moyen de faire des cures merveilleuses avec la fraise. Un de nos amis, que les lecteurs pourraient bien connaître, amateur de la cueillette du rubis, que l'on chante sur l'air du *Bois de Bagneux*, ou *Bijou perdu*, ayant appris que le docteur X..., médecin de son père, avait la manie de traiter les calculeux par un régime aux fraises, court vite chez son papa et lui déclare qu'il est atteint de la maladie fatale. Le papa fit appeler son médecin qui, gravement, prescrivit un demi-kilo de fraises par jour pendant un mois. Notre ami, qui n'avait d'autre maladie que le désir extrême des fraises, accueille révérencieusement l'ordonnance du docteur, et l'on peut juger avec quelle grâce il badigeonna en rose ses lèvres toujours prêtes à éclater d'un fou rire.

Mais tous les médecins ne sont pas du même avis; et pour ne citer qu'un de nos amis, le docteur Félix Brémond, ne leur accorde pas tant de propriétés médicales.

« Que l'on ait écrit que les fraises ont souvent rendu la santé à des malades abandonnés de tous les médecins, cela ne me déplaît pas; qu'on nous ait rappelé que le botaniste Linné demandait aux fraises à la crème la cessation de ses accès de goutte, je ne vois nul inconvénient à cette érudition de bon aloi; mais je proteste si l'industrie scientifique veut envoyer à l'officine ce qui fait l'ornement de nos tables; je m'insurge si l'on a l'intention de transformer en drogue malpropre le plus délicieux de nos desserts! Faites-nous observer, par la voix du professeur Fonssagrives, que l'addition de la crème aux fraises les rend indigestes; nous nous priverons de ce mélange à l'aspect pathologique et nous les associerons au vin ou au cognac. Mais laissez-nous nous rassasier de ce fruit qui constitue un aliment agréable, sain, rafraîchissant et de digestion facile, et ne nous parlez pas de l'apothicaire.

« Nous devons cependant laisser quelque chose à l'honorable corporation des pharmaciens: c'est la tisane de racine de fraisier.

« Si l'eau de fraises des officines est diurétique et bonne aux goutteux, la fraise ne l'est pas moins; si le sirop préparé avec les fruits du fraisier est rafraîchissant et salutaire aux fiévreux, les fruits le sont bien davantage. Demandons donc nos desserts à des fruitiers sans diplôme. » (Dr Félix Brémond.)

USAGE ALIMENTAIRE. — Les fraises font l'ornement des plus somptueuses tables et les délices des repas champêtres : elles flattent également la vue par leur belle couleur rouge, l'odorat, par leur saveur douce, aromatique, acidulée. Soit qu'on mange les fraises au naturel, soit qu'on les associe au sucre avec de la crème, du vin, du cognac, ou du jus d'orange amère ou de citron, elles forment un aliment des plus agréables.

Les meilleures fraises sont celles des montagnes, elles réunissent à la délicatesse du goût un arome fin et suave, que n'atteignent jamais les espèces cultivées.

Fraises à la crème (*Entremets*). — *Formule 1835.* — Fouetter un demi-litre de crème double, y mélanger 250 grammes de purée de fraises rouges et parfumées; ajouter du sucre en poudre et 250 grammes de fraises entières. Dresser sur un compotier, ou dans une coupe (Voir ce mot), en nougat, et servir de la pâtisserie sèche à part.

Mousse aux fraises (*Entremets*). — *Formule 1836.* — Avec une finesse de goût qui ne le cède qu'à la délicatesse parfumée des fraises, notre contemporain, Achille Ozanne, l'a ainsi décrite :

Voici l'Avril! Voici la Fraise!
Les amoureux
Pourront la chercher à leur aise;
Toujours à deux.

Ils s'en iront avec prudence,
En tapinois,
Faire leur cueillette en silence.
Dans les grands bois.

Et nous, — puisque le printemps sème
Le premier fruit, —
Faisons des mousses à la crème
De son produit!

Que votre fraise soit quelque temps macérée
Au sucre; puis, avec, faites une purée
Qu'on obtient en passant les fruits dans un tamis
Pendant que, d'autre part, vous avez déjà mis
Près du feu se dissoudre un peu de gélatine,
Qu'on verse sur la fraise à travers l'étamine.
L'appareil étant prêt, bien ferme vous fouettez
Une crème qu'aux fruits alors vous ajoutez.
Ce mélange produit une mousse bien rose :
Moulez-là; puis qu'on glace une heure elle repose :
Vous aurez un régal d'une exquise saveur,
Qui rafraîchit la bouche et réchauffe le cœur.

Voici l'Avril! Voici la Fraise!
Cette reine des entremets;
Dégustez-là tout à votre aise,
Heureux gourmets,
Voici la Fraise!

Fraises en confitures (*Confiserie*). — *Formule 1837.* — Employer :

Fraises mondées	kilogr.	4
Sirop bouillant à 35°	litre	1
Première façon : sucre	kilogr.	1.250
Deuxième façon : sucre	—	1.500

Procédé. — Mettre les fraises dans une terrine et les arroser avec le sirop bouillant, en ayant soin de les sauter. Les laisser ainsi dégorger pendant deux ou trois heures en les tenant dans un endroit chaud, ou en les plaçant près du fourneau; ensuite les égoutter à peu près à moitié, pour ne pas trop tasser les fraises; ajouter au sirop le sucre concassé, faire fondre et mettre les fraises, donner un bouillon couvert (ce sirop doit peser 34°). Le lendemain, égoutter de nouveau les fraises, tout à fait cette fois; ajouter le sucre concassé (ce qui met le sirop à 34°), y joindre les fraises et donner un bon bouillon. Deux ou trois jours après, donner une dernière façon aux fraises sans rien ajouter; les égoutter, avancer le sirop à 35°, y mettre les fraises, donner un bon bouillon et mettre en pots (tiède), que l'on place ensuite dans un fruitier ou garde-manger tempéré et aéré.

Remarque. — Toutes les fraises sont propres à faire des confitures, pourvu que le fruit soit sain et de bonne qualité; cependant il y a des sortes que l'on préfère, telles sont: les fraises ananas, chair jaune; les victorias, chair rose; les anglaises, chair rouge et les princesses, chair rose très pâle et de forme ronde. (Edouard Lacomme.)

Confitures de fraises (*Cuis. ménagère*). — *Formule 1838.* — Employer :

Fraises.	kilogr.	1
Groseilles rouges.	—	1
Sucre	—	4

Procédé. — Faire crever les groseilles dans la bassine avec un demi-verre d'eau, afin qu'elles ne s'attachent pas au fond et ajouter 1 kilogr. de fraises les plus mûres. Lorsque le tout est ramolli, écraser avec une spatule et exprimer dans un linge par pression de façon à extraire tout le jus. Mettre ce jus dans la bassine avec 2 kilogr. de sucre préalablement concassé; faire cuire vingt à trente minutes jusqu'à ce que la gelée se fige sur une assiette. Lorsqu'elle est à ce point, ajouter le restant du sucre concassé, le faire fondre en remuant avec la spatule et ajouter ensuite le restant des fraises entières bien épluchées; laisser bouillir un quart d'heure et retirer du feu. Laisser refroidir un peu et mettre en pots. Terminer comme pour toutes les confitures. (Voir ce mot.)

Fraises confites (*Confiserie*). — *Formule 1839.* — Choisir des fraises, fermes comme la *fraise reine* et la *belle de Paris*, pas trop mûres; les éplucher et les déposer dans une terrine. Faire cuire le même poids de sucre au soufflé (Voir ce mot), le verser bouillant sur les fraises. Les transvaser plusieurs fois dans une autre terrine; après quelques heures d'imbibation, faire cuire de nouveau le jus et le verser sur les fraises. Déposer la terrine en lieu frais. Le lendemain, décanter doucement le jus pour ne pas écraser les fraises, et le faire recuire à 28 degrés et le reverser sur les fraises. Le deuxième jour, faire cuire le sucre à 30 degrés, et le troisième à 32 degrés, en le versant chaque fois sur les fraises; cette opération s'appelle *façon*. Le quatrième jour les égoutter sur un tamis, les faire sécher doucement à l'étuve et les faire candir (Voir la *formule 534*). On les conserve alors facultativement dans des pots avec de la gelée de groseille, soit en dragées sèches.

Gelée de fraises. — *Formule 1840.* — Le jus des fraises confites sert à faire de la *gelée de fraises.* On ajoute pour cela un poids égal de jus de groseille blanche. On la cuit et on termine comme pour la gelée de groseille.

Remarque. — On peut aussi faire de la gelée de fraises en mettant moitié suc de fraises et jus de groseille, et autant de sucre que de suc.

Fraises glacées. — *Formule 1841.* — Choisir de belles fraises Héricart ou autres, bien parfumées et roses. Les passer à l'étuve pour les essuyer un peu. Cuire du sucre au gros cassé et plonger les fraises dedans en les tenant par le pédoncule; les suspendre ou les déposer sur un tamis de métal. Ces fraises, qui servent de garniture de gâteaux ou de pièces montées, doivent être servies quelques heures après le glaçage, en raison de la quantité d'eau contenue dans la fraise, qui ne tarderait pas à ramollir le sucre.

Compote de fraises (*Cuis. bourgeoise*). — *Formule 1841.* — Employer :

Fraises entières fermes	kilogr.	2
Sucre concassé.	—	1

Procédé. — Éplucher les fraises et les déposer dans une terrine. D'autre part, mettre le sucre dans une bassine de cuivre avec un demi-verre d'eau et le faire cuire au *petit soufflé;* à défaut de bassine, on peut se servir d'une casserole étamée. Pour reconnaître la cuisson du sucre, on trempe dedans un fil de fer bouclé à l'un des bouts, de façon à former un anneau ayant la circonférence du petit doigt; en soufflant dans cet anneau, si le sucre forme une bulle sans qu'elle se détache, il est cuit à point, c'est-à-dire au *petit soufflé* (Voir *formule 1408*). Le verser alors sur les fraises, en agitant la terrine pour bien les imbiber du sirop; laisser reposer un quart d'heure, remettre le sirop dans la bassine et recommencer deux fois la même opération. Après ces trois opérations, laisser refroidir les fraises dans la terrine, les dresser avec précaution sur le compotier et servir.

Compote de fraises (*Cuis. ménagère*). — *Formule 1842.* — Pour 500 grammes de sucre, employer 1 kilogramme de fraises; mettre le sucre dans la bassine avec un demi-verre d'eau, et le faire cuire jusqu'à consistance de sirop et écumer s'il y a lieu; à ce point, y mettre les fraises préalablement épluchées et fermes, afin qu'elles restent entières. Retirer aussitôt la bassine du feu en l'agitant afin que les fraises s'imbibent bien du sirop et laisser reposer quelques minutes. Remettre la compote sur le feu et au premier bouillon la retirer. Laisser refroidir dans une terrine et dresser dans le compotier avec précaution afin que les fraises restent entières.

Remarque. — Ces compotes pour être bonnes doivent être mangées fraîches; elles ne peuvent se conserver plus de quelques jours. Si on voulait les conserver plus longtemps, on devra, après les avoir passées deux fois au sucre, les mettre en flacons ficelés et les soumettre cinq minutes à l'ébullition, en les mettant à l'eau tiède.

Marmelade de fraises Louis Vilmorin. — *Formule 1843.* — Cette fraise peu sucrée réussit très bien pour les marmelades.

Passer à travers un tamis 2 kilogrammes de fraises; faire cuire au *petit cassé* (Voir *formule 1414*) le même poids de sucre. Lorsqu'il est cuit à point, ajouter la pulpe de fraises. Retirer du feu et remuer avec une spatule de bois; laisser reposer un quart d'heure, remettre de nouveau sur le feu, remuer avec la spatule et, après un ou deux bouillons, retirer du feu. Lorsque la marmelade est tiède, on met en pots et l'on couvre comme il est dit au mot CONFITURE.

La marmelade ainsi préparée est d'une meilleure conservation que la confiture, surtout lorsqu'on y additionne de la framboise ou de la groseille.

Flan et tartelettes aux fraises. — (Voir ces mots).

Croûte aux fraises. — (Voir la *formule 1398*).

Fraises imitées en sucre. — (Voir la *formule 555*).

Crème mousseline glacée aux fraises. — (Voir la *formule 1265*).

Sirop de fraises (*Conserve*). — *Formule 1844.* — Employer :

Fraises rouges	kilogr.	1
Sucre	—	1
Citrons	nombre	12

Procédé. — Exprimer le jus des fraises après les avoir pilées et humectées. Exprimer aussi le jus des citrons, mélanger les jus et les filtrer à la chausse. Cuire le sucre avec un peu d'eau et l'amener au *petit boulé* (Voir ce mot), et le laisser refroidir. Le lendemain, ajouter les jus au sucre et le maintenir au bain-marie, en remuant de temps en temps jusqu'à ce que le sirop soit chaud et clair. Le retirer alors du feu, le laisser refroidir, le décanter et mettre en bouteilles. Ce sirop peut aussi servir pour les glaces.

Crème de fraises (*Liqueur par macération*). — *Formule 1845.* — Employer :

Fraises	kilogr.	1
Sucre en poudre	—	2
Alcool à 60°	litre	1

Procédé. — Bien écraser les fraises, que l'on aura choisies très mûres, et les mélanger avec le sucre; laisser macérer dans une terrine pendant trois ou quatre jours. Ajouter alors l'alcool, remuer et décanter; filtrer au papier Joseph jusqu'à parfaite clarification et mettre en bouteilles.

Ratafia de fraises (*Liqueur par infusion*). — *Formule 1846.* — Employer :

Sucre concassé	kilogr.	1
Cannelle	grammes	2
Girofle	—	1
Suc de fraises	litre	1
Eau-de-vie à 60°	litres	2

Procédé. — Mélanger l'alcool et le jus de fraises; ajouter la cannelle et le girofle, et laisser infuser pendant un mois dans un bocal. Décanter ensuite et ajouter le sucre concassé. Filtrer et mettre en bouteilles.

Purée de fraises pour glace (*Conserve*). — *Formule 1847.* — Choisir des fraises rouges et parfumées, les moins sucrées possible. Les écraser avec un jus de citron et passer au tamis fin ou à l'étamine, de façon à ne pas laisser passer les graines, qui sont une cause de fermentation. Peser la purée et ajouter 250 grammes de sucre pilé, par kilogramme de purée de fraises. Remuer et mettre dans des flacons; boucher avec de bons bouchons, ficeler et les envelopper de paille. Les mettre dans une marmite avec de l'eau froide et soumettre cinq minutes à l'ébullition et laisser refroidir dans l'eau. Les conserver couchées à la cave.

Remarque. — Il est difficile, sinon impossible, de conserver à la purée de fraises la couleur rose. On supplée à cet inconvénient par l'addition d'un peu de carmin dans le sirop, s'il s'agit de glace. On peut aussi conserver le jus des fraises, soit en le traitant par les procédés indiqués dans les jus de fruits (Voir ce mot), soit en mélangeant la purée à du jus de framboise. Mais la méthode qui donne le meilleur résultat comme parfum et goût est certainement la précédente.

Appareil de fraises à la crème pour glace. (*Glace*). — *Formule 1848.* — Employer :

Purée de fraises rouges.	litre	1/2
Crème double	—	1
Sucre en poudre	grammes	375

Procédé. — Faire macérer un instant le tout dans une terrine et passer au tamis de soie. Faire glacer.

Appareil de fraises au sirop pour glace (*Entremets*). — *Formule 1849.* — Employer :

Sirop à 35 degrés.	litre	1
Jus de fraises.	—	1/2
Jus de citron.	nombre	1
Quelques gouttes de carmin.		

Procédé. — Mélanger le jus ou sirop de fraises de façon à obtenir un appareil à 32 degrés à froid. Faire glacer.

Appareil factice pour glace à la fraise (*Glace*). — *Formule 1850.* — Employer :

Sirop à 32 degrés.	litre	1
Jus de citrons	nombre	2
Quelques gouttes de carmin.		
Essence de fraises (Voir ESSENCE).		

Procédé. — Goûter l'appareil, et quand il est suffisamment parfumé faire glacer.

Eau de fraises (*Boisson rafraîchissante*). — *Formule 1851.* — Choisir des fraises très mûres et les mettre dans un linge pour en exprimer le suc. Le mettre dans un bocal découvert et l'exposer à la chaleur, dans une étuve ou au soleil, jusqu'à ce qu'il soit devenu clair; décanter sans remuer le dépôt. Pour 1 litre de suc, ajouter 1 litre et demi d'eau et 1 kilogramme de sucre. Remuer le tout, passer à travers un linge et mettre rafraîchir. En la mettant en flacons ficelés, et soumis cinq minutes à l'ébullition, cette boisson se conserve longuement.

Cette boisson est agréable, rafraîchissante et saine et désaltère très bien pendant les chaleurs.

Fraises au fondant (*Petits-fours*). — *Formule 1852.* — Tremper de belles fraises dans un fondant parfumé au kirsch, les égoutter et les ranger dans de petites caisses en papier.

Fraises meringuées (*Petits-fours*). — *Formule 1853.* — Tremper de belles fraises dans des blancs d'œufs battus en neige et les rouler dans du sucre à glace (sucre en poudre passé au tamis de soie). Les ranger sur du papier blanc recouvrant une plaque; les faire sécher doucement à l'étuve. Inutile de dire qu'elles doivent être mangées fraîches.

La Lune aux fraises (*Gâteau en surprise*). — *Formule 1854.* — Ne pas confondre avec d'autres. — Préparer de la pâte de Milan (Voir ce mot). Faire cuire une partie dans un moule uni, rond, évasé et plat. Lorsque le gâteau est cuit et froid, en détailler une demi-lune, le glacer à blanc et badigeonner les yeux en noir au chocolat, et la bouche et la langue avec de la glace à la fraise. Faire cuire, d'autre part, dans un moule demi-sphérique, de la même pâte, en ayant soin de foncer le moule d'une couche de pâte assez épaisse et remplir le milieu de noyaux de cerises,

Fig. 511. — La lune aux fraises.

de façon à obtenir une croûte concave. Recommencer l'opération de façon à obtenir deux moitiés pareilles, les coller l'une contre l'autre avec du sucre cuit au cassé. Ebrécher une petite partie de façon à conserver une ouverture. Laisser raffermir.

Faire cuire 500 grammes de sucre au soufflé; le verser sur le même poids de fraises des Alpes. Laisser refroidir. Décanter et recuire le sucre; reverser sur les fraises. Laisser refroidir et ajouter 1 décilitre de marasquin. Remuer et dix minutes avant de servir mettre les fraises dans la croûte, fermer l'ouverture et glacer la boule avec une glace rose-pâle; en dessiner un visage. Coller la demi-lune sur un plat long, et poser la tête à côté. Faire couler sur le plat une gelée de fraises. Faire refroidir et servir. Cet entremets délicieux fait la joie des jeunes gens.

Fraisalia (*Gâteau aux fraises*). — *Formule 1855*. — Employer :

Sucre en poudre	grammes	125
Amandes pilées	—	50
Farine fine	—	100
Beurre fin	—	250
Fraises rouges	—	500
Crème double	décilitres	2
Œufs frais	nombre	4
Quelques gouttes de carmin.		
Quelques gouttes d'essence de fraises.		

Procédé. — Mettre les œufs et le sucre et fouetter sur feu doux de façon à faire monter la masse ; ajouter alors les amandes, un peu de carmin et d'essence, et en même temps la farine en pluie et le beurre fondu à la noisette. Mélanger et coucher la pâte dans un ou plusieurs moules à Savarin et faire cuire dans un four doux. Démouler le gâteau sur un fond en pâte d'office, le glacer au fondant rose. Fouetter la crème et passer au tamis un tiers des fraises ; mélanger la purée de fraises à la crème en ajoutant les fraises entières et garnir le puits avec cet appareil.

Biscuit à la fraise, Biscotte, Fondant, Crème. — (Voir ces mots).

Fraises au vin de Champagne (*Dessert*). — *Formule 1856*. — Dans un saladier de belles fraises, mettre une quantité suffisante de sucre concassé et légèrement mouillé pour en provoquer la désagrégation. Ajouter à cette macération une purée de fraises que l'on aura obtenue en passant au tamis les plus mûres. Sauter les fraises de temps en temps, en les laissant macérer, afin d'obtenir un sirop très sucré et corsé. Au moment de servir, y verser deux coupes de vin mousseux de Champagne. Remuer et servir de suite. Cet entremets sera accueilli le sourire aux lèvres.

Fraises au marasquin (*Dessert*). — *Formule 1857*. — *Procédé général*. — Passer au tamis une partie des fraises ; mettre la purée dans un saladier avec les fraises entières et du sucre. Laisser macérer. Au moment de servir, ajouter un verre à bordeaux de marasquin.

Fraises au cognac (*Dessert de restaurant*). — *Formule 1858*. — Écraser sur son assiette une partie des fraises, les saupoudrer de sucre, y ajouter un peu de cognac et remuer.

Fraises au citron (*Dessert de restaurant*). — *Formule 1859*. — Écraser sur son assiette une partie des fraises ; les saupoudrer de sucre et y faire couler le jus d'un demi-citron. Mélanger le tout. Le jus de citron communique un goût aigrelet très agréable.

Fraises à la crème fraîche (*Dessert*). — *Formule 1860*. — Passer au tamis une partie des fraises et mettre la purée avec la crème, les fraises entières et du sucre en poudre, le tout dans un saladier ; et sur son assiette, dans un restaurant, remuer et, sans attendre, vous saurez ensuite ce qu'il faut en faire.

Fraises au fromage blanc (*Dessert de restaurant*). — *Formule 1861*. — Si l'on se trouve à Paris, l'été, dans un des restaurants qui pullulent, on vous offrira invariablement comme dessert des fraises et du fromage à la crème ou un « suisse » à la crème ; fromage qui, disons-le en passant, est inconnu dans la patrie des Suisses. Faites-vous servir l'un et l'autre ; accompagné de sucre en poudre ; verser les fraises et le sucre dans le fromage à la crème et mélanger le tout. Que les dames ne craignent pas ce petit manège de cuisine improvisée, elles n'en paraîtront que plus séduisantes.

Pain de fraises à la Fontange (*Entremets sucré*). — *Formule 1862*. — Emplir un moule à charlotte de fraises et préparer une gelée ferme et limpide en marasquin, et lorsqu'elle sera sur le point de se coaguler, remplir la timbale et laisser geler en lieu froid, et démouler sur une serviette à franges. Servir séparément une compote de framboises glacées. (Charles Le Sénéchal.)

FRAISER, *v. a.*, de *fresus*, dérivé du passif *fendere*, briser. — Action de briser, séparer la pâte en la pétrissant avec la paume de la main (*fig. 575*).

Quelques-uns disent *fraser*, par rapport à l'instrument de fer appelé *frase*, dont les boulangers se servent pour racler le pétrin. Cette appellation est impropre s'il s'agit de la pâte. *Fraser* est l'action de racler avec la frase, tandis que *fraiser* est l'action de pétrir la pâte en sens inverse.

FRAMBOISE, *s. f.* (*Rubus idœus spinosus*). All. *Himbeere* ; angl. *raspberry* ; rus. *maline* ; ital. *lampione* ; esp. *frambuesa*. — Fruit du framboisier, arbrisseau épineux de la famille des rosacées. On en distingue deux principales variétés : le *framboisier Jalstroff*, à gros fruits, et le *framboisier des Alpes*. C'est une plante rustique extrêmement féconde. Il y a des framboises rouges et des blanches ou jaunes.

Analyse chimique. — L'analyse à laquelle nous avons soumis des framboises a constaté sur 100 parties :

Eau.	85.74
Sucre.	3.86
Acides libres	1.42
Albumine.	0.40
Pectine.	0.66
Matières minérales.	0.48
Cellulose	7.44
	100.00

Le résidu sec renferme :

Matières azotées.	3.00
Sucre.	28.19

HYGIÈNE. — La framboise, comme tous les fruits sucrés et acidulés, est rafraîchissante, suave, délicate et douce. L'un des seuls inconvénients qu'ait la framboise, c'est qu'aussitôt mûre, et généralement les plus belles, sont attaquées par les vers. Cette défectuosité est la principale cause qui empêche de les servir comme fruit de dessert.

Fig. 575. — Le fraisage de la pâte.

USAGE CULINAIRE. — On en fait des confitures, des sirops, des marmelades, des compotes et des gelées, des jus conservés et des glaces; pour toutes les méthodes on suit à peu près, en tout et pour tout, les prescriptions indiquées au mot FRAISE (Voir ce mot). Cependant voici quelques méthodes :

Compotes de framboises. — *Formule 1863.* — Prendre de belles framboises, grosses, mûres à point et fraîchement cueillies; retirer les queues, arranger les fruits dans des bouteilles à compotes, de manière à les remplir le plus possible, sans cependant les tasser ni les écraser; remplir ensuite les bouteilles d'un sirop de sucre fondu et pesé à froid à 30 degrés; boucher, ficeler et passer à l'ébullition (trois minutes comptées de bouillon), ou à la vapeur en faisant monter le thermomètre à 98 degrés. Aussitôt l'ébullition terminée, retirer les bouteilles de l'eau ou de l'armoire à vapeur en ayant soin d'éviter les courants d'air qui sont susceptibles de faire casser les bouteilles.

Confiture de framboises. — *Formule 1864.* — Employer :

Framboises mondées	kilogr.	1
Sucre	—	1

Procédé. — Prendre de grosses framboises bien mûres, quoique fermes et fraîchement cueillies; enlever les queues, les mettre dans un poêlon; cuire le sucre au soufflé et le verser dessus; ensuite faire chauffer le tout très doucement sur un feu doux ou au bain-marie, afin que le sucre pénètre bien. Le lendemain, égoutter les framboises le plus doucement possible; ajouter au sirop la même quantité de jus de groseilles pour gelée, cuire à la grande nappe, mettre les framboises, donner un bouillon très léger et mettre en pots, recouvrir de gelée de groseilles. Après refroidissement complet, couvrir les pots et les placer dans un endroit sec et frais.

Framboises à l'eau-de-vie. — *Formule 1865.* — Employer :

Jus de framboises.	litres	2
Alcool à 85°.	—	4
Sucre concassé.	kilogr.	3.500

Procédé. — Faire fondre le sucre à froid avec le jus de framboises, ce qui produit un sirop à 28 ou 30 degrés. Après dissolution complète, mélanger l'alcool, ce qui donne une liqueur ayant 10 degrés de sucre, avec laquelle on arrose des framboises préalablement mises en bocaux avec ou sans les queues (il est essentiel qu'elles baignent très largement); boucher les bocaux que l'on place dans un lieu frais et surtout à l'abri de la lumière solaire. Les framboises montent, en se raccornissant, à la surface du liquide, mais peu de jours après on les voit redescendre bien rondes et très fermes.

Les framboises à l'eau-de-vie sont trempées

au fondant et servent ensuite à garnir des cartons frappés pour théâtre. (Ed. Lacomme.)

FRAMBOISINE (*Gâteau*). — *Formule 1866.* — Faire une pâte à biscuit génois. La coucher dans un moule plat et rond. Travailler du beurre avec un jus ou sirop de framboise et, lorsque le biscuit est froid, le couper horizontalement en trois tranches; le fourrer avec le beurre framboisé. Le masquer dessus en formant un dôme, avec de la meringue italienne (Voir ce mot), et le décorer en formant de petits points. Masquer le tour avec de l'abricot et le cassoner, c'est-à-dire le saupoudrer de cassonade.

FRANCATU, *s. f.* — Variété de pomme, dure, coriace et de mauvais goût, qui se conserve longtemps et sert pour les préparations culinaires à la fin de l'hiver.

FRANCHE-COMTÉ (*Géog. gastronomique*). — Cette ancienne province produit des vins blancs de deuxième classe, qui sont : Château-Châlons, Arbois et Pupilien (Jura), et comporte de 13 à 15 degrés. Les vins rouges ordinaires de première qualité sont : Arbois, Salins (Jura). Les vins rouges plus ordinaires sont : L'Etoile, Quintigny (Jura), comportant de 15 à 17 degrés d'alcool.

FRANCILLON (*Salade à la*). — *Formule 1867.* — Cuire dans du bouillon des pommes de terre épluchées, les couper en tranches et les assaisonner chaudes de poivre, de sel, vinaigre, huile et un peu de vin blanc; ajouter des fines herbes contenant de l'estragon (non du persil). Faire blanchir en même temps de belles moules fraîches dans un verre de vin blanc, jus de citron, poivre et céleri. Les égoutter et les ajouter à la salade de pommes de terre dans la proportion d'un tiers. Remuer le tout; dresser la salade et la décorer de trois couronnes de rondelles, de truffes coupées à l'emporte-pièce.

FRANÇOIS Ier (*Gâteau à la*). — *Formule 1868.* — Employer :

Sucre en poudre	grammes	250
Beurre fin	—	125
Amandes douces	—	125
Farine de riz	—	170
Sucre vanillé	—	3
Œufs	nombre	6
Lait	décilitres	2

Procédé. — Mettre dans une bassine les œufs, les sucres, les amandes pilées avec le lait et faire monter sur un feu doux en battant toujours. Lorsque la masse est mousseuse, faire fondre le beurre et faire tomber la farine en pluie en ajoutant le beurre. Coucher l'appareil dans des moules plats à biscuits; les faire cuire à four chaud; les laisser refroidir et les fourrer avec l'appareil suivant :

La crème. — *Formule 1869.* — Employer :

Sucre en poudre	grammes	125
Farine	—	30
Pistache	—	30
Vanille	gousse	1
Lait	litre	1/2
Jaunes d'œufs	nombre	8

Procédé. — Mettre dans la casserole le lait, le sucre, la vanille, les œufs et la farine. Les faire lier sur le feu avec les pistaches pilées et légèrement verdies avec du vert d'épinard. Faire refroidir et couper les gâteaux en trois tranches, les fourrer largement et les remettre à leur juxtaposition. Glacer les gâteaux avec l'appareil suivant :

La glace. — *Formule 1870.* — Employer :

Sucre à glace	grammes	100
Sucre vanille	—	25
Pistaches	—	30
Blancs d'œufs	nombre	4

Procédé. — Travailler le tout ensemble en lui donnant une teinte vert-tendre et glacer les gâteaux.

FRANCOLIN (*Gallina corylorum*). — Oiseau de la grosseur de la perdrix, très commun dans les pays chauds. On en trouve surtout en Espagne, en Italie, Sicile et Grèce, en Grèce. Il habite les taillis où il y a beaucoup de coudriers. Très estimé des Romains et des Grecs, le *francolin* passait chez eux comme l'un des plus exquis des gibiers. Il se prépare comme la perdrix.

FRANC RÉAL, *s. f.* — Variété de poire peu estimée. Il y en a deux sortes : l'une d'hiver et l'autre d'été.

FRANGIPANE. — Autrefois essence tirée d'un arbrisseau des îles d'Amérique, *frangipani plumeria*, famille des opocynées, dont on se servait pour parfumer les gants. C'est à tort que l'on a voulu attribuer l'invention de ce parfum au petit fils de *Murio Frangipani*. La confiserie s'en empara et en fit l'objet d'une crème spéciale pour garnir des gâteaux; mais la pâtisserie moderne a renoncé à ce parfum de coiffeur pour ne conserver de primitif que la crème (Voir ce mot). On la parfume avec toutes sortes d'aromates, à la vanille, à la fleur d'oranger, au marasquin, à la framboise, à la fraise, à l'amande, à la noisette, etc.

Gâteau frangipane à la vanille. — *Formule 1871.* — *Procédé général.* — Faire 250 grammes de pâte à feuilletage fin (Voir ce mot), lui donner six tours, l'abaisser, la couper en deux et foncer un *plat-fond*, avec l'une des parties de la pâte; la garnir d'une crème frangipane à la vanille (Voir la *formule 1278*), dans laquelle on aura ajouté des macarons broyés. Mouiller les bords et recouvrir de l'autre abaisse; découper l'excédent avec le petit couteau et canneler le tour. Dorer le dessus et saupoudrer d'amandes hachées. Cuire dans un four *moyen*.

Gâteau frangipane aux pistaches (*Entremets*). — *Formule 1872.* — Préparer la pâte comme dans le précédent gâteau, ajouter à la crème frangipane de la *formule 1278* un peu d'eau de fleurs d'oranger, et saupoudrer le gâteau avec des pistaches hachées.

Remarque. — On varie ainsi à l'infini l'arome de la crème et le décor qui en déterminent le nom. Pour les gâteaux fourrés à la frangipane on doit les piquer avec le petit couteau aussitôt qu'ils commencent à monter pour éviter le gonflement.

Gâteau à la frangipane (*Pâtisserie*). — *Formule 1873.* — Préparer une bande de pâte feuilletée abaissée; la garnir d'une crème frangipane à l'eau de fleurs d'oranger; mouiller les bords; la recouvrir d'une autre abaisse; souder les bords et quadriller le dessus avec le dos de la lame du couteau. Dorer et faire cuire. On la coupe par tranches et on la met à la disposition du public. C'est une pâtisserie de détail.

FRANKENTAL, *s. m.*, aussi appelé *schwartz, blauer, trolling, Welscher, box oder.* — Cépage du Rhin, également cultivé en Autriche. Les Anglais le cultivent en serre pour la beauté de ses grappes, il est connu sous les noms de *knovets, black Hamburg*. On le connaît aussi sous le nom de *chasselas bleu de Windsor*.

Ses *grappes* sont grosses, courtes, ailées, pédoncule long et de force moyenne; ses *grains*

gros, quelquefois extraordinairement gros, de forme sphérique ou ellipsoïde; la *peau* épaisse, consistante, d'un rouge violet, puis noir à parfaite maturité; sa *chair* juteuse est plus ou moins sucrée. C'est un raisin de parade, le vin qu'il donne est très ordinaire.

FRANKLIN (*Gâteau à la*). — *Formule 1874.* — Employer:

Sucre en poudre	grammes	225
Sucre de vanille	—	25
Amandes douces mondées	—	125
Blancs d'œufs	nombre	6

Procédé. — Piler les amandes dans le mortier avec le sucre en poudre et un blanc d'œuf ou deux. Travailler le tout dans une terrine avec les blancs. Foncer des cercles à flans avec une pâte brisée; l'abricoter d'une couche de marmelade et mettre l'appareil aux amandes dessus. Cuire dans un four *moyen*. Retirer le cercle et glacer le gâteau d'une glace au kirsch.

Fig. 573. — Pallasch sur socle.

Fig. 577. — Seau ordinaire à glace.

Fig. 578. — Seau en métal argenté.

Fig. 579. — Seau Louis XVI.

FRAPPÉ, ÉE, *p. p.* — Qui est saisi, surpris; de frapper. Une carafe frappée; frapper du vin de Champagne, le mettre dans un seau avec de la glace et du sel; frapper une bouteille de vin en la mettant dans une composition chimique.

On fait aussi des seaux en Christofle argenté, de forme droite, à pied de bouc et à fond ciselé. Pour être servis sur table ces sortes de seaux en métal argenté font le plus bel effet.

Telle est entre autre la forme à médaillon ciselé, sans anse. (Voir *fig.* 579.)

FRASCATI.— Pâtissier glacier italien; il fonda une maison à Paris, qui eut une grande célébrité.

Filet de bœuf à la Frascati (*Cuis. de pâtissier*). *Formule 1875.* — A l'origine, le filet de bœuf piqué était braisé au vin de Madère (Voir BRAISER), on le glaçait et on le garnissait de pointes d'asperges en bottillons, de truffes et d'escalopes de foie gras frais sautées. Le filet garni d'attelets était servi à la française.

Filet de bœuf à la Frascati (*Cuis. moderne*). — *Formule 1876.* — Piquer et rôtir à point un filet de bœuf; le tailler en laissant un tronçon à la tête et remettre les tranches à leur juxtaposition. Glacer le filet et dresser autour une couronne d'escalopes de foie gras frais sautées au vin de Madère, décorées de truffes épluchées et glacées dans une demi-glace. Surmonter la tête du filet d'un petit attelet garni d'une truffe. Servir séparément une sauce demi-glace au vin de Madère.

Ce filet réussit surtout pour les tables d'hôte, les repas de corps et les familles nombreuses.

Filet de bœuf à la Frascati (*Cuis. de restaurant*). — *Formule 1877.* — Rôtir un filet de bœuf piqué, en le laissant saignant. Préparer dans un bain-marie une sauce demi-glace, riche, au vin de Madère, légèrement pimentée, dans laquelle on met de belles moitiés de truffes épluchées. Au moment du service, faire sauter des escalopes de foie gras coupées en rondelles. Dresser pour chaque portion une tranche de filet de bœuf, sur laquelle on pose le foie gras surmonté d'une moité de truffe et saucer dessus.

Remarque.— Ces deux dernières formules, modifiées par moi-même, ont donné des résultats très satisfaisants, tant au point de vue de l'exquisité qu'à celui de la pratique culinaire.

Gâteau Frascati à la crème (*Entremets*). — *Formule 1878.* — Coucher une pâte à biscuit génois dans trois moules ronds, creux au milieu; les mettre sur un fond vert en pâte sèche. Glacer au kirsch, garnir le puits d'une crème à la vanille à Saint-Honoré. Décorer le sommet avec des feuilles de chêne vertes en pâte d'amande, et faire des glands jaunes ou roses avec la même pâte et en tresser une couronne. Finir de garnir le milieu avec de la crème en pyramide en se servant de la cuillère.

Gâteau à la Frascati (*Entremets*). — *Formule 1879.* — Employer:

		grammes	200
Sucre en poudre	. . . .		200
Sucre vanillé	. . . .	—	50
Beurre fondu	. . . .	—	225
Farine tamisée	. . . .	—	200
Fruits confits hachés	. . . . . .	—	125
Jaunes d'œufs	. . . .	nombre	10
Blancs d'œufs	. . . .	—	6

Procédé. — Mettre les sucres dans une terrine avec les œufs et travailler à froid jusqu'à ce que la masse soit mousseuse; ajouter alors les fruits hachés menus et travailler encore; enfin, verser le beurre fondu en faisant tomber la farine en pluie. Remuer et coucher la pâte dans des moules à savarin, et faire cuire dans un four moyen. Aussitôt froids, abricoter les gâteaux, et masquer de cassonade le tour et l'intérieur. Décorer le dessus avec des fruits confits.

FRASE, *s. f.* — Outil en acier ou en fer, avec lequel on racle le pétrin pour le nettoyer. Le déchet obtenu sert à faire le *frasage;* pâte grumeleuse, que l'on homogénéise en *fraisant.* (Voir FRAISER.)

FRAYÈRE, *s. f.* — Fosse creusée par le saumon femelle à l'âge adulte au moment de la production du frai, alors qu'il a atteint 30 centimètres de longueur au minimum.

FRELATÉ, ÉE, *s. m.* et *f.* — Qui est altéré par mélange de corps étrangers. Transvaser, clarifier et filtrer, sont les manipulations du *frelatement* après avoir mélangé aux substances naturelles des produits artificiels.

FRÉMIR, *v. n.* — Action de faire produire un bruit de vacillation à un liquide sans le mettre en ébullition. L'eau *frémit* quand une agitation se produit à la surface. On maintient l'eau *frémissante* lorsque l'on veut pocher certaines farces délicates. L'état *frémissant* d'un liquide est celui qui empêche la boursoufflure des pains et des soufflés cuits au bain-marie. Le *frémissement* est le signe des derniers degrés de chaleur (95) avant de passer à l'ébullition qui s'obtient à 100 degrés.

FRÊNE, 's. m. fré-n' (*Fraxinus excelsior*). — Le frêne, très commun en Europe, était regardé comme l'emblème de la force par les Romains. Virgile l'a chanté, de même que Rapin et Vanière, poètes français.

Usage alimentaire. — On emploie les jeunes feuilles en théiforme, les jeunes pousses comme légumes et les graines comme condiment. Il découle des frênes une résine qui n'est autre que la manne. On fait une incision à l'arbre et on reçoit la résine dans un pot; on la fait sécher pour la conserver.

Thé de feuilles de frêne. — *Formule 1880.* — Cueillir de jeunes feuilles de frêne, les faire sécher à l'ombre. On s'en sert par infusion, comme le thé, contre l'hydropisie et comme aphrodisiaque. Cette dernière propriété s'explique si l'on considère que la feuille de frêne est l'aliment préféré de la cantharide.

Pousses de frêne. — *Formule 1881.* — Cueillir les jeunes et tendres pousses de frêne; les lier par bottes, les rogner de la même longueur et les faire cuire à l'eau salée. On peut les servir sautées au beurre; à l'huile et au vinaigre ou à la sauce hollandaise. On peut aussi s'en servir comme garniture de grosses pièces de viande. Les pousses ont un petit goût aigrelet qui n'est nullement désagréable.

Graines de frêne confites (*Condiment*). — *Formule 1882.* — Cueillir les graines ou semences de frêne un peu avant maturité; les mettre dans un vase de grès vernissé avec piment, sel, estragon. Faire cuire du vinaigre et le verser dessus, et laisser pendant vingt-quatre heures. Recommencer l'opération pendant cinq jours; le sixième jour, on y mettra du vinaigre froid et naturel. Boucher le pot et conserver en lieu frais.

FRESQUIN, s. m. (*Épicerie*). — Sorte de futaille de bois blanc servant à expédier du sucre, du beurre salé ou d'autres denrées alimentaires.

FRESSURE, s. f. (*Boucherie*). On dit aussi *froissure*. — L'ensemble des viscères de l'estomac des animaux de boucherie : les poumons, le foie, la rate, le cœur, qui se tiennent ensemble. Pour les préparations culinaires, voir les mots MOU, CŒUR et FOIE.

FRETIN, s. m. (*Pêche*). — Les pêcheurs désignent par ce mot tous les poissons de petite taille, qu'on ne saurait manger autrement que frits.

FRÉZAL, s. m. (*Gâteau*). — *Formule 1883.* — Employer :

Raisins de Malaga épluchés	grammes	250
Amandes douces	—	125
Sucre en poudre	—	250
Beurre fondu	—	200
Kirsch	décilitre	1
Œufs frais	nombre	13

Procédé. — Piler les raisins de Malaga avec trois œufs mis un à un; réserver sur une assiette. Piler les amandes avec deux œufs. Travailler dans une terrine le sucre avec huit jaunes d'œufs; quand la pâte est mousseuse, ajouter les raisins, les amandes et le kirsch. Battre les huit blancs d'œufs qui restent et les incorporer étant bien fermes; ajouter en dernier le beurre fondu. Coucher la pâte dans des moules en rosaces, et faire cuire dans un four *moyen*. Les glacer au kirsch, les badigeonner autour avec de la marmelade de mirabelles, sur laquelle on fixe par pression avec la main des pistaches hachées.

FREYSCHUTZ, s. m. (*Entremets glacé*). — *Formule 1884.* — Cet entremets exquis a été longtemps le secret de spécialistes. Employer :

Sucre en poudre	grammes	300
Crème double fraîche	litre	1
Bâton de vanille	nombre	1
Kümel de première qualité	décilitre	1

Procédé. — Mettre la crème, le sucre, la vanille dans une casserole sur le feu et remuer jusqu'à l'ébullition sans laisser bouillir. Remuer en lieu froid et ajouter le kümel. Glacer et mouler dans un moule de forme plate, sangler, démouler après une demi-heure au moins et décorer d'une rose blanche ou rose.

FRIAND, E, adj. — Qui aime les aliments délicats. Se dit aussi de ce qui flatte le palais d'une manière délicate. Une viande friande, d'après La Fontaine :

Il se réjouissait à l'odeur de la viande,
Mise en menus morceaux et qu'il croyait friande.

Petits pâtés friands (*Cuis. genevoise*). — *Formule 1885.* — Découper des rondelles dans de la pâte à feuilletage abaissée; garnir la moitié de ces rondelles au milieu avec la farce suivante : égale partie de veau, volaille, champignons cuits et de moelle crue; hacher le tout très menu; assaisonner avec sel et épices; ajouter un tiers du poids de raisin de Malaga, dont on aura extrait les grains. Piler le tout en le mouillant avec un peu de crème fraîche. Mouiller les bords des rondelles et les couvrir avec l'autre moitié; appuyer avec le dos d'un moule à pâté et les faire cuire dans un four moyen. Les servir chauds. A la rigueur, on peut les manger froids, mais toujours dans la même journée.

Friands à la pistache (*Petits-Fours*). — *Formule 1886.* — Coucher des biscuits un peu plus larges que les biscuits à la cuillère, les saupoudrer d'amandes hachées; les faire cuire et les tourner sur le dos. Etant froids, les garnir d'une crème à Saint-Honoré, légèrement verdie. Glacer à la pistache.

Friands au moka (*Pâtisserie*). — *Formule 1887.* — Foncer de petits moules en forme de navette avec de la pâte de Milan; les garnir d'amandes pilées, de blancs d'œufs, le tout mélangé avec un peu de crème moka. Les faire cuire et les glacer au café.

FRIANDISE, *s. f.* All. *Leckerei;* angl. *daintiness;* ital. *leccornia.* — Goût pour la chère délicate. Se dit aussi des entremets délicats, de la pâtisserie et des desserts. On étend quelquefois le sens de ce mot, en l'employant pour exprimer l'idée d'épicurisme gastronomique en général.

FRIBOURG, *s. m.* — Variété de poire d'hiver. Se dit aussi du gâteau suivant :

Fribourg (*Gâteau de*). — *Formule 1888.* — Employer :

Sucre en poudre	grammes	150
Noisettes	—	60
Farine tamisée	—	30
Œufs	nombre	5
Vanille		

Procédé. — Travailler le sucre dans une terrine avec la vanille et quatre jaunes d'œufs; piler les noisettes dans un mortier avec un œuf et les ajouter à la masse. Fouetter les quatre blancs et les incorporer en même temps que la farine. Coucher la pâte dans un moule à trois-frères et le cuire dans un four moyen. Le glacer à la vanille.

FRICADELLE, *s. f.* — Boulette de viande hachée; ainsi dénommée dans le nord de la France et en Belgique.

Fricadelles (*Cuis. belge*). — *Formule 1889.* — Hacher 500 grammes de bœuf bouilli, ou autres viandes rôties de la veille, y ajouter le même volume de mie de pain trempée au lait; y ajouter muscade, poivre, sel, un peu de sauce ou de jus, deux œufs entiers, et bien mélanger le tout, et en faire des boulettes aplaties, que l'on saupoudre de farine à volonté, ou que l'on panne après les avoir passées à l'œuf. On les fait cuire au beurre dans la poêle. On les sert avec une sauce relevée.

Fricadelles à la crème *Cuis. de restaurant*). — *Formule 1890.* — Préparer la viande hachée comme ci-dessus et remplacer la mie de pain par une sauce béchamelle. Envelopper les boulettes dans une toile abdominale, épiploon, ou panne, les paner et les faire frire à grande friture.

FRICANDEAU, *s. m.* Etymologie *gothiqae* de *friks,* avide ou friand, de l'ancien haut allemand, *frek;* de l'anglo-saxon, *frec,* hardi; anglais, *frek,* vif; en raison de la vivacité de la friture. De là *fric-ot, fric-asser.* Mais il y a lieu de supposer que la syllabe *andeau* est un dérivé du latin *audus,* qui, avec le gothique, a formé dans l'usage de la cuisine romaine le mot *fricandus,* de là *fricandeau.* — Dans l'origine, le fricandeau était frit dans un vase d'airain avec des aromates.

Plus tard, c'était un morceau de veau piqué de lard et rôti. De nos jours, le fricandeau est un morceau de viande, le plus souvent de la noix de veau, piquée de lard et braisée à glace.

Le fricandeau était connu longtemps avant l'établissement des restaurants, ce qui avait fait dire à leur apparition :

> Dans vos restaurants nouveaux,
> Tous vos plats sont suprêmes,
> Et pourtant les fricandeaux
> Sont toujours les mêmes.

Ni pour le fond, ni pour la forme, cette allégation n'est fondée, rien n'étant plus variable au point de vue de la délicatesse qu'un fricandeau, qui dépend autant du genre de viande que du soin qu'on apporte à sa cuisson.

Fricandeau de veau (*Cuis. de table d'hôte*). — *Formule 1891.* — *Procédé général.* — Lever la noix d'un cuisseau de veau, la couper en deux dans le sens des fibres; parer les morceaux et les piquer de lard, très serré. Foncer un sautoir (plat à sauter) de lard, d'oignons émincés, et garnir des débris de veau; ajouter le fricandeau et faire saisir dans un four chaud dessous, ou sur le feu. Quand la garniture a pris une belle couleur dorée, assaisonner de poivre en grain, de sel et d'une gousse d'ail, mouiller le fricandeau avec de l'eau ou du bouillon de veau (pas de bœuf); mettre le sautoir au four et arroser souvent, en ayant soin de verser le jus sur une écumoire ou sur une petite passoire, pour éviter de faire tomber sur les lardillons des fragments du fonçage.

Fig. 583. — Fricandeau.

Quand le fricandeau est au trois quarts cuit, le mettre dans une casserole étroite et profonde; passer le jus dessus de façon à le submerger. Faire réduire à glace en l'arrosant souvent jusqu'à ce que le fricandeau soit parfaitement cuit.

Découper les fricandeaux en les remettant à leur juxtaposition; les glacer avec leur fond et envoyer séparément la demi-glace dans une saucière et la garniture, soit macédoine, petits pois, oseille ou épinard dans un légumier que l'on présentera simultanément au convive.

Remarque. — Quel que soit le fricandeau que l'on ait à traiter, on ne doit pas oublier qu'il doit être mouillé avec de l'eau ou du bouillon obtenu de la même viande; qu'il faut l'arroser souvent et laisser tomber à glace la coction; ce que l'on obtient en faisant braiser très cuit le fricandeau. Le mode indiqué par certains auteurs, de *mouiller le fricandeau à hauteur* sans le faire préalablement saisir, est indigne de la cuisine française. On obtient par ce procédé une viande bouillie et sans sucs.

Petit fricandeau de veau (*Cuis. juive*). — *Formule 1892.* — En dépeçant une belle épaule de veau, on trouve ensevelie une petite noix, dont la qualité ne le cède en rien à la noix du cuisseau. On la pare, on la pique à blanc et on la fait braiser selon la prescription précitée.

Petits fricandeaux glacés (*Cuis. de restaurant*). — *Formule 1893.* — Dépecer un cuisseau de veau, ou une épaule, en ayant soin de dégager les tendons dans le sens des fibres. Dénerver chaque morceau; les piquer abondamment de lard, et les faire braiser comme il est indiqué plus haut; passer la demi-glace dans un bain-marie; tenir la garniture prête et, au moment de servir, l'on dresse le légume sur un plat rond, sur lequel on met la portion de fricandeau. On sauce par dessus avec la demi-glace.

Les petits fricandeaux sont plus avantageux et d'un meilleur effet pour le détail que les grands.

Fricandeau de dinde (*Haute cuisine*). — *Formule 1894.* — Couper les cuisses d'une dinde, les désosser, leur enlever la peau et les piquer de lard. Détacher la poitrine de la carcasse, la désosser; enlever la peau et la couper par le milieu de façon à obtenir deux filets. Les piquer de lard. Foncer une casserole évasée, de lard, d'oignons, de carottes, de poivre en grains concassés, d'une gousse d'ail et des débris hachés de la dinde. Placer dessus les fricandeaux en les soupoudrant légèrement. Faire pincer au four chaud ou sur le feu et mouiller avec de l'eau. Faire cuire au four en ayant soin d'arroser souvent en passant le jus dans une passoire sur les fricandeaux. Au trois quarts cuits, mettre les fricandeaux dans une casserole étroite et passer le jus dessus. Faire réduire à glace.

Ainsi braisés, les fricandeaux acquièrent la succulence et la tendreté qui fait souvent défaut aux vieilles dindes. On les sert comme entrée ou comme relevé garnis de légume.

Fricandeau d'autruche (*Cuis. de restaurant*). — Voir la *formule 229.*

Fricandeau froid dans sa gelée. — *Formule 1895.* — Lorsqu'il reste des fricandeaux de la veille, il faut avoir soin de conserver aussi une partie de la demi-glace qui, mise dans un bol en lieu froid, constituera une gelée le lendemain. On coupe alors le fricandeau par tranches régulières, que l'on pose sur un plat long. On le garnit d'un cordon de gelée hachée, si elle est assez ferme; dans le cas contraire, on en garnira les deux extrémités du plat seulement.

Ce mets n'est pas sans valeur nutritive, la gelée du fricandeau, qui n'a rien de commun avec les gelées clarifiées, est bien supérieure à certains chaufroids. J'engage donc, même mes collègues travaillant dans les restaurants, à servir les fricandeaux froids dans leur propre gelée.

Fricandeau de mou (*Cuis. malaise*). — *Formule* 1896. — On l'appelle aussi *fricandeau à la Malaise*. Lever l'épiderme ou peau qui recouvre le mou de veau; piquer chaque moitié de lard. Les faire braiser dans une casserole en terre avec ail, thym, laurier, un piment et sel. Saupoudrer de farine. Mouiller avec du vin blanc et de l'eau, ou de l'eau simplement, avec le jus d'un citron. Dresser le mou sur un plat rond et passer sur les fricandeaux. Ce mets économique n'est pas à dédaigner.

Fricandeaux de pré-salé (*Cuis. d'hôtel*). — *Formule* 1897. — Comme pour les formules précédentes, les noix de mouton piquées ou fricandeaux peuvent être marinées. Cependant on peut les faire cuire fraîche, mais dans un cas comme

Fig. 681. — Fricandeaux de pré-salé.

dans l'autre elles doivent être braisées; le fond doit être remplacé par un fond de veau, de bœuf ou de gibier pour leur enlever le goût particulier qui persiste dans le mouton.

Fricandeau de daguet. — *Formule* 1898. — Faire mariner une noix de jeune daim ou daguet, coupée en deux, et dont on aura piqué chaque moitié. Les faire braiser avec des débris du daim et mouiller avec une espagnole à gibier.

Fricandeau de cerf. — *Formule* 1899. — Lever la noix d'un cuissot de jeune cerf, la partager par le milieu; aplatir légèrement chaque moitié et les piquer de lard; les faire mariner pendant un jour ou deux dans une marinade cuite. Éponger les fricandeaux en les sortant de la marinade, les faire saisir dans de la graisse; les égoutter et garnir de légumes, sel, poivre, un clou de girofle, leur faire prendre couleur et mouiller avec de la sauce espagnole à gibier, de l'eau et du vin blanc. Quand le fricandeau est à peu près cuit, passer la sauce et faire réduire à glace. On se servira de ce fond pour faire une *sauce poivrade*, une *sauce piquante*, etc.

Fricandeau de renne. — *Formule* 1900. — Suivre exactement les mêmes procédés que pour le fricandeau de cerf.

Fricandeau de chamois. — *Formule* 1901. — Piquer, faire mariner et braiser selon la règle les fricandeaux et terminer comme dans la *formule* 1894.

Fricandeau de chevreuil. — *Formule* 1902. — On appelle plus souvent *noix de chevreuil*. — Piquer et faire mariner le fricandeau, et le faire cuire selon la règle. On le sert souvent à la sauce genièvre, ou à la crème aigre. (Voir CHEVREUIL.)

Remarque. — Les fricandeaux de chevreuil et de chamois se cuisent quelquefois sans être marinés; on les sert alors avec des sauces moins relevées. On peut leur appliquer des sauces à la crème, comme la *sauce Cumberland*, *Soubise*, *crème aigre*, *genièvre*; ou des sauces brunes, comme le *fumet de gibier*, *sauce salmis*, *sauce aux truffes*, etc. (Voir ces mots.) Il est anti-français et peu appétissant d'associer aux fricandeaux, comme l'indiquent certains auteurs, des pruneaux et des raisins de Malaga; ces amalgames hétérogènes se faisaient alors que la cuisine n'avait pas encore de classification, et que les huiles aromatiques et les essences de coiffeurs étaient en honneur en cuisine.

Fricandeau de baleine (Voir BALEINE). — On prépare comme les fricandeaux de baleine certains gros poissons, comme le thon, le cachalot, etc. (Voir ces mots.)

FRICASSÉE, s. f. Même étymologie que *fricandeau*. — Autrefois ragoût en sauce blanche : du veau en fricassée. Aujourd'hui, ce mot ne s'applique qu'au poulet : une *fricassée de poulet*. On dit *blanquette de veau* et *ragoût* pour les sauces brunes. Toutefois, on peut dire : des *grenouilles en fricassée*; la fricassée étant un mode spécial de préparation culinaire, auquel on peut soumettre différentes viandes blanches, mais plus particulièrement des volailles.

Fricassée de poulet. — *Formule* 1903. — *Procédé général.* — Plumer, flamber, vider et découper un poulet de la façon suivante : couper les extrémités des ailerons et couper les ailes près du corps; couper aussi les pattes en rognant les extrémités; les échauder et leur enlever l'épiderme; couper les jambes et les jeter. Lever alors les deux cuisses; séparer le pilon de la cuisse et enlever l'os à celle-ci; avec la lame du couteau séparer la poitrine de la carcasse; couper deux tronçons à la naissance des ailes; ôter l'os des filets et les couper en deux dans le sens de la longueur. Nettoyer le cou et arracher la langue et les yeux de la tête, en couper le bec, et la dépouiller de la peau; ôter le fiel du foie et débarrasser le gésier du sac; couper la carcasse en trois morceaux et le cou en deux.

Mettre le poulet ainsi détaillé dans une petite casserole avec de l'eau, sel, poivre blanc concassé, une douzaine de petits oignons gros comme des noisettes, dont l'un clouté; une demi-gousse d'ail et un jus de citron, qui peut être remplacé par un verre à bordeaux de vin blanc sec. Aussitôt cuit, sortir les petits oignons dans une tasse avec un peu de cuisson. Quand le poulet est cuit à point, cuire à blanc une cuillerée de farine avec du beurre fin dans une petite casserole, mouiller avec le bouillon du poulet en le passant à travers une passoire. Fouetter pour empêcher la formation des grumeaux et faire cuire dix minutes en maintenant le poulet couvert. Mettre deux jaunes d'œufs dans un bol avec un peu de muscade râpée, du beurre frais ou de la crème double; ajouter peu à peu la sauce de façon à faire une liaison épaisse, que l'on mélange dans la casserole sur le feu sans laisser bouillir.

Goûter la sauce; si elle n'était pas assez relevée ou acidulée, la condimenter et ajouter du jus de citron. Ajouter les petits oignons et dresser le poulet sur un plat creux ou dans une timbale d'argent; saucer dessus et garnir les bords du plat avec des croûtons de pain frits au beurre et des quartiers d'œufs durs. S'il reste de la sauce la servir dans une saucière en même temps.

Fricassée de poulet aux champignons. — *Formule 1904.* — Découper le poulet et le faire cuire selon le *procédé général;* aussitôt cuit, ajouter le jus de champignons frais dans la sauce, et les champignons tournés avec les petits oignons. Les champignons doivent être cuits à feu vif, avec un jus de citron, sel et beurre.

FRICOT, *s. m.* Même étymologie que *fricandeau.* — Ragoût d'auberge; un fricot de mouton, etc. Terme populaire.

Fricoter. — Action de faire un fricot.

Fricoteur. — Celui qui fricotte; faiseur de rata.

FRIGORIFIQUE, *adj.,* de *frigus,* froid, et *facere,* qui fait froid. — Mélange de divers substances chimiques qui forment la glace ou le froid. Appareil frigorifique.

HYGIÈNE.— L'installation des chambres froides dans les grands établissements de commerce, hôtels et restaurants, rend de signalés services à la conservation des poissons et des viandes; on ne saurait en dire autant des viandes et des poissons congelés qui nous arrivent d'Amérique dans ces appareils. L'expérience nous a démontré que non seulement ces viandes devenaient insipides et difficiles à être bien préparées, mais qu'elles pouvaient offrir un réel danger d'intoxication.

FRINGALE, *s. f.* Altération de l'ancien normand *faim-valle,* qui signifie *faim de cheval.* — Besoin impérieux de manger. Faim dévorante qui exige une satisfaction immédiate. En médecine, cette faim exagérée se nomme *boulimie.* Elle se constate chez les gens nerveux et actifs; cette faim excessive confine dans certains cas la polyphagie, ou de voracité bestiale qui entre dans la catégorie des cas rares, et auxquels se rapportent les noms de Vitellius, Tarare, Bijon, etc.

FRIOLET, *s. m.* — Sorte de poire d'automne, à peau raboteuse, à chair juteuse et parfumée.

FRIOUL, *s. m. (Gâteau).* — *Formule 1905.* — Employer :

Sucre en poudre	grammes	300
Amandes douces	—	125
Beurre fondu	—	125
Fécule de pommes de terre	—	250
Zestes de citrons	nombre	3
Œufs frais	—	9

Procédé. — Râper le zeste de citrons et le piler au mortier avec les amandes mondées et quatre blancs d'œufs. Travailler dans une terrine le sucre avec neuf jaunes d'œufs; ajouter les amandes; travailler encore; fouetter les cinq blancs et les ajouter à la masse en même temps que le beurre fondu et la fécule. Foncer des moules à biscuits d'une pâte brisée, les garnir d'une couche de marmelade d'abricots et de cédrat haché; verser la pâte dessus et faire cuire à four modéré. Les glacer au rhum et les décorer au cornet.

FRIPE-SAUCE, *s. m.* — Terme populaire. Goinfre, goulu. Se dit aussi des mauvais cuisiniers; c'est un fripe-sauce; un gâte-sauce.

FRIRE, *v. a.,* de *frigere.* All. *braten, backen;* rus. *priajite;* angl. *to fry;* ital. *friggere.* — Action de faire cuire dans la graisse, le beurre ou l'huile. Frire à la poêle; frire en pleine friture, faire nager dans beaucoup de friture.

FRISON, *s. m. (Marine).* — Pot de terre ou de métal, dont on se sert à bord des navires pour conserver les boissons.

FRITEAU, *s. m.* — Autrefois se disait des fritures de viande enveloppée de pâte. Friteau de poulet, de grenouilles, etc. Aujourd'hui on dit *beignet.*

FRITEUR, *s. m.* — Dans certains restaurants de Paris, cuisinier qui est chargé de la cuisson des aliments par la friture.

FRITURE, *s. f.* All. *Braten, Backen, Bratfett;* rus. *fritioure, priagénye;* angl. *frying;* ital. *frittura;* esp. *fritura.* — On donne tout à la fois ce nom à la graisse à frire, à la substance frite et à la manière de frire.

On peut diviser les fritures en cinq genres : les fritures à l'huile; à la graisse recueillie sur les bouillons et les jus; au saindoux; au suif et au beurre fondu.

La qualité d'une bonne friture consiste à ne pas brûler; à cuire promptement, sans trop colorer la substance soumise à son action. L'huile et les graisses liquides sont les meilleures fritures.

Chimie culinaire. — Pour me rendre un compte exact et permettre de connaître d'une façon pratique les différents degrés de calorique de fritures, j'ai soumis diverses graisses et huiles à une même chaleur en l'augmentant progressivement. Elles ont brûlé aux degrés suivants :

CHALEUR COMPARÉE DES FRITURES.

QUALITÉ ET NOMS DES FRITURES EMPLOYÉES EN CUISINE.	Degrés de chaleur moyenne.	Degrés de chaleur où elle brûle.
Beurre	115	130
Suif de veau, de bœuf et de mouton	130	150
Graisse de la marmite et des jus de rôtis	150	170
Graisse d'oie	230	260
Saindoux	170	200
Huile d'olive	300	320

Comme on le voit par le tableau précédent, il ne faut pas supposer que toutes les fritures ont la même puissance calorique, l'huile atteindra 300 degrés sans se brûler, tandis que le beurre et les graisses contenant beaucoup de stéarine

brûlent ou se décomposent à une moyenne d 150 degrés. La friture contracte alors toute l'activité de l'empyreume et occasionne le pyrosis et l'indigestion. L'*assamare*, ou substance amère, se forme et les sels se précipitent et communiquent à la graisse un goût amer, une couleur noire, et la fumée qui s'en échappe est noire et suffocante. Cette friture-là, on aura beau la passer, aussitôt l'état de fusion atteint, elle commencera à fumer, et la substance que l'on voudra frire tombera au fond de la poêle presque sans crépitement, comme si on la mettait à l'eau bouillante, et lorsqu'on la sortira elle sera noire, amère et comme bouillie.

L'appréciation d'une friture ne doit pas porter sur la couleur des substances frites, qui ne prendront une couleur dorée qu'autant que la friture est arrivée à son maximum de chaleur; mais bien sur le calorique de la graisse. Il faut éviter de laisser chauffer la friture à son degré maximum sous prétexte de dorer les substances que l'on veut frire. La nature des aliments doit guider l'opérateur dans cet acte délicat. S'agit-il de frire des substances imprégnées d'eau, tels que petits poissons, dans ce cas la friture d'huile est la meilleure et doit être chaude, et les poissons mis par petites doses; dans trois minutes les poissons sont frits raides, croquants et aromatiques.

Il n'en est pas de même des substances sèches ou entourées de pâte, pour lesquelles la friture doit être moins chaude et portée de suite à une plus haute chaleur de façon à opérer la cuisson progressivement.

Moyen de reconnaître la chaleur des fritures. — *Formule 1906.* — On peut reconnaître le degré de chaleur des fritures par la fumée. Une friture fraîche ou neuve commence à fumer vers les 90 degrés; mais cette fumée est *nuageuse et légère;* elle devient *bleuâtre* quand elle a atteint son degré maximum; elle passe à la décomposition ou à l'état brûlé quand la fumée devient *verdâtre et noire;* elle ne doit jamais atteindre ce dernier degré. Ces différents degrés sont toujours accompagnés d'une odeur d'autant plus fragrante que la friture devient plus chaude. On peut aussi s'assurer du degré de chaleur de la friture en y plongeant une pomme de terre épluchée et crue, ou un peu de pâte à frire, ou de pain blanc, on verra ainsi l'état de chaleur par le grésillement et la teinte qu'ils prendront.

Il n'en est pas de même de la friture d'huile : elle sera chaude à 150 degrés et elle fumera à peine, seule l'odeur indiquera que la friture est à point; lorsque l'huile fume elle est d'un calorique de 200 à 300 degrés, c'est-à-dire deux fois plus chaude que l'eau bouillante, et un tiers plus chaude que la graisse de provenance animale. Son action est donc vive et puissante.

Composition d'une bonne friture. — *Formule* 1907. — Pour obtenir une bonne friture, on devra mettre moitié saindoux et moitié graisse de rôti ou de bouillon; de préférence de la graisse d'oie, de canard ou de chapon. Ces graisses seront préalablement clarifiées et décantées et mélangées au saindoux, chauffées ensemble et passées de nouveau.

Huile pour friture. — *Formule* 1908. — Les meilleurs huiles pour les fritures sont les huiles d'olives pures d'Aix (Voir ce mot). On trouve en Provence des huiles mélangées qui réussissent à merveille pour la cuisine; et certaines maisons sérieuses tiennent à la réputation de leurs huiles, comme un propriétaire de vignobles tient à la renommée de sa marque. Il s'est fondé à Marseille une Société qui a pour objet l'exploitation des huiles d'olives fines. Le siège est dans la rue de l'Olivier. Cette maison, Lafont de Sénailhac et Cie, a eu l'heureuse idée de créer des estagnons de 3 kilos qui peuvent être envoyés comme une lettre par la poste dans toute la France. Ce mode permet à tout le monde d'avoir chez soi une friture d'huile toujours fraîche.

Dans toute cuisine bien ordonnée on doit avoir deux fritures, dont l'une spécialement affectée pour la friture des poissons.

Conservation des fritures. — *Formule* 1909. — Le seul moyen de conserver longtemps une friture consiste à prendre tous les soins pour ne pas la laisser brûler. Pour cela, il faut retirer la friture du feu aussitôt que l'on a sorti la substance frite, et la remplacer par une ou deux pommes de terre épluchées et crues, cela pour atténuer la chaleur. Il faut aussi passer la friture à travers un linge et nettoyer le poêlon : tous les jours dans les restaurants, hôtels et cafés, et une fois par semaine dans les maisons particulières; on maintiendra constamment le poêlon en état de parfaite propreté et on ajoutera de la nouvelle graisse à mesure qu'elle diminuera.

On ne doit pas oublier que c'est le dépôt qui se précipite au fond du poêlon qui fait brûler la friture.

Ustensile et vase à frire. — La bassine, ou poêlon, dans laquelle on fait chauffer la friture, doit être de fer martelé et d'une seule pièce; toute soudure céderait à la chaleur de l'huile

Fig. 582. — Poêlon à friture en fer, avec sa grille.    Fig. 583. — Panier en fil de fer pour friture.    Fig. 584 — Écumoire pour friture.

chauffée (*fig.* 582). La grille doit être de fer blanc tressé, également sans soudure (*fig.* 582). Il en sera de même du panier à frire (*fig.* 583) et de l'écumoire (*fig.* 584).

EFFET DES FRITURES. — L'effet qui se produit sur les substances frites est absolument le contraire de la cuisson à l'eau ou à la vapeur.

La vapeur et l'eau ont une action désagrégative sur les aliments, tandis que la friture a une action *concentrative;* toutes les propriétés du mets ou de l'entremets restent enfermées sous la carapace croustillante, formée par l'action de la friture chaude, qui saisit et empêche ainsi la graisse de pénétrer et les sucs et les arômes de sortir. Pour que l'action de la friture produise cet effet sur les aliments elle doit être suffisamment chaude pour surprendre la substance qu'on y plonge. On doit saler ou sucrer les fritures aussitôt sorties de la graisse. (Voir BEIGNET.)

Feu de friture. — *Formule* 1910. — Si le feu prenait à la friture, il suffirait de la couvrir d'un couvercle pour l'éteindre.

HYGIÈNE. — Les meilleures fritures sont celles à l'huile, à la graisse d'oie, au saindoux et à la graisse des bouillons et des rôtis. La friture de suif s'imprègne davantage aux aliments, qui sont par cela même plus difficiles à la digestion. Les fritures faites dans une huile ou une graisse suffisamment chaudes sont, selon leur nature, des aliments délicats, faciles à la digestion et possédant toutes leurs propriétés. En général, les médecins qui sont dotés d'un cordon bleu à tout faire, et partant plus ou moins culinaire, s'accordent à dire que les fritures sont indigestes et veulent avec J.-J. Rousseau « réformer les règles de la cuisine et n'avoir ni roux ni friture ».

Faites-vous préparer une friture de goujons par une domestique ignorante, elle vous les servira bouillis, graisseux, et vous les qualifierez avec raison d'indigestes. Mais, au contraire, adressez-vous à un cuisinier savant, ou tout au moins intelligent, il vous servira des goujons croustillants, dorés, appétissants, d'un goût exquis, ne révélant en rien la friture. Ce mets sera mangé avec plaisir et digéré sans peine. Il n'y a donc d'indigestes que les mauvaises fritures.

USAGE CULINAIRE. — Les deux règnes de la nature, animal et végétal, sont tributaires de ce mode de cuisson. On frit les pieds, les oreilles et les cervelles de veau; les pieds, les cervelles de mouton; les membres détaillés de toute espèce de volailles; les œufs de tous les oiseaux; presque tous les poissons, mais surtout les truites, les féras, les carpes, les merlans, les carrelets, les limandes, les éperlans, les tanches, les soles, les barbeaux, les goujons et tous les petits poissons blancs. On frit aussi les gibiers, les lapins, et, dans le règne végétal, on peut aussi frire presque tous les légumes, les salsifis, le céleri, les artichauts, les jeunes pousses des arbrisseaux et certaines feuilles comestibles. Tous les fruits peuvent être frits; les pommes, les poires, les pêches, les abricots, les prunes; les crèmes, la pâtisserie peuvent être frits.

La friture est, comme on le voit, un vaste champ ouvert aux travaux d'un artiste culinaire; elle est d'autant plus précieuse à l'économie alimentaire, qu'elle est un agent prompt à satisfaire les exigences du service. Sans le concours de la friture, combien d'aliments exquis ne pourraient être servis masqués sous une pâte dorée, ou une croquette appétissante, formant les plus suaves entremets. Grâce à la friture, une vieille fricassée devient une marinade aromatique qui ira s'ensevelir sous l'enveloppe d'une pâte à beignet; une antique brioche, d'un vieux baba, d'un morceau de biscuit de Savoie, on compose un entremets dont l'élégance ne le cède qu'à l'exquisité.

Pâte à frire. — Voir au mot BEIGNET.

Friture à l'italienne. — *Formule 1911.* — L'idée de la friture à l'italienne est certainement éclose d'un cuisinier économe, car il n'est pas d'emploi plus prompt et plus complet de tous les riens qui s'agglomèrent dans un garde-manger, et qu'à certains moments il faut employer ou jeter.

Les éléments pouvant concourir à la préparation d'une salade à l'italienne sont fort nombreux, mais sa base invariable est une friture de bon saindoux fraîche et abondante.

Dans les grandes cuisines, les fritures à l'italienne sont généralement composées de ris de veau, de cervelles, d'amourettes, d'animelles, de foie et de pieds d'agneau, de croquettes de riz ou d'œufs, de choux-fleurs, d'aubergines, de petites courges, de pain doré, etc. Que Dieu vous garde de ce régal, et moi aussi.

La salade à l'italienne n'en a pas moins de très grands charmes, comme friture et comme boîte à surprise. Qui l'exécute doit le plus possible en rendre les morceaux uniformes, et, suivant leur nature, les laisser plus ou moins longtemps dans la friture. Je me résume par la recette suivante :

Procédé. — Cuire séparément cervelles, ris de veau, pieds d'agneau, tête de veau, choux-fleurs, salsifis (suivant la saison), etc. : laisser refroidir, diviser en morceaux d'égale grosseur, passer dans de la pâte et frire de belle couleur et servir surmonté de persil frit. (B. Brisse.)

Cette *friture mêlée* est un mets national d'Italie. Plus les substances qui la composent sont variées et plus elle est réputée distinguée. Outre les substances ci-dessus indiquées, on peut y trouver des moules, des huîtres, des artichauts, des jaunes d'œufs durs, des *frutti de mare* (sortes de polypes de la Méditerranée), et presque toutes les substances mangeables.

Remarque. — Toutes les fritures ne sont pas enveloppées de pâte. Les poissons sont trempés dans le lait salé, puis au moment de les plonger sont roulés dans la farine. Certains mets sont simplement panés, telles sont certaines viandes délicates, pour les préparations desquelles on suivra les deux formules suivantes :

Friture de poulet (*Cuis. de restaurant*). — *Formule 1912.* — Découper des poulets de grains et en désosser les filets, ôter l'os de la cuisse et la séparer du pilon; couper la carcasse en trois, la parer; couper le cou en trois, le gésier en deux, ôter le fiel du foie, nettoyer la tête en lui coupant le bec, en ôtant la peau et la langue. Saupoudrer tous les morceaux, les poivrer avec du poivre en moulin, des épices et un jus de citron. Sauter le tout dans un saladier pour mélanger l'assaisonnement. Les passer à l'appareil anglais (œuf battu, avec sel, poivre et un filet d'huile), et les rouler dans de la mie de pain blanc. On les plonge dans une belle friture, pas trop chaude et après dix minutes le poulet est frit. On le sort, on le salo, on le dresse sur une serviette et on le surmonte de cerfeuil frit. On sert séparément une sauce béarnaise, ou une sauce tartare chaude.

Friture de foie de veau (*Cuis. de Buffet*). — *Formule 1913.* — Tailler des tranches de beau foie de veau et leur donner une forme carrée de 2 centimètres de hauteur sur 5 centimètres de longueur. Les saupoudrer de sel, poivre frais moulu, de noix muscade. Passer à l'œuf, puis à la mie de pain blanc. Les mettre dans le panier à friture et lorsque la friture est chaude l'y plonger pendant trois minutes. Servir la friture avec du citron et du persil frit.

Remarque. — Il serait superflu de vouloir décrire toutes les fritures, attendu que toutes les substances alimentaires peuvent être frites. Je laisse donc au cuisinier, à la ménagère, le soin d'utiliser les fritures selon les exigences du service.

FROID, *s. m.* (*Mets et entremets*). All. *kalt;* angl. *cold;* rus. *khalodnye;* esp. et port. *frio;* ital. *freddo*, de *frigidus.* — Qui n'a pas de chaleur.

La partie du froid en cuisine constitue en elle-même tout l'*art culinaire;* si la combinaison des aliments naturels est du ressort de la *science culinaire*, et si la métamorphose des sauces fait partie de la *chimie culinaire*, dans le travail du froid l'artiste trouve, au point de vue esthétique, le plus vaste champ d'action. Les *croûtons de gelée*, les *fleurs*, les *socles*, les *modelages* (Voir ces mots), sont les parties artistiques qui rehaussent et embellissent un dîner d'apparat. C'est dans cette partie de la cuisine ou, pour être plus précis, du garde-manger, que le cuisinier peut faire sensation par l'éclat, l'élégance, la netteté du dressage. Tout lui est possible, aussi le moindre mets froid doit-il se distinguer par la netteté de son cordon de gelée ou par le décor de ses garnitures qui, avant tout, doivent être appétissantes.

FROISSAGE, *s. m.* — Se dit des huiles de graines de première pression.

FROLE (*Pâte*). — Pâte à gâteau, que les Italiens appellent *pasta frol*, et qui sert à faire plusieurs petits-fours, et notamment le gâteau napolitain.

Frôle au moka (*Gâteau*). — *Formule 1914.* — Tailler des rondelles de 12 centimètres de dia-

mètre, après avoir abaissé la pâte selon la *formule 1916;* les faire cuire et les laisser refroidir. Garnir chaque rondelle d'un beurre frais sucré et parfumé au moka; monter le gâteau en posant les rondelles les unes sur les autres; le parer bien rond. À l'aide de la lame du couteau, garnir le tour et le dessus du gâteau de marmelade d'abricots. Glacer avec une glace royale au café. Le poser sur un fond et le garnir de roses faites à l'aide de la poche à douille.

Pâte frôle (*Pâtisserie*). — *Formule 1915.* — Employer :

Farine fine tamisée	grammes	500
Sucre en poudre	—	375
Beurre fin	—	375
Amandes douces	—	365
Amandes amères	—	10
Sel	—	10
Œufs	nombre	2

Procédé. — Former la fontaine, piler les amandes au mortier avec les deux blancs, les mettre dans la fontaine avec les jaunes d'œufs, le beurre, le sel et le sucre; pétrir le tout sans échauffer la pâte; laisser reposer dix minutes avant de l'abaisser.

Autre pâte frôle. — *Formule 1916.* — Employer:

Farine tamisée	kilogr.	1
Sucre en poudre	grammes	350
Sucre de citron	—	50
Beurre fin	—	500
Amandes douces mondées	—	725
Amandes amères	—	25
Sel	—	20
Œufs	nombre	4

Procéder comme il est indiqué dans la formule précédente.

FROMAGE, *s. m.* All. *Kæse;* angl. *cheese;* rus. *sire;* ital. *formaggio*, de *formaticum*, dérivé de *formare*, former, parce que l'on donnait à cette pâte une forme spéciale. — Substance alimentaire préparée avec le lait caillé ou *caseum.*

Les Romains apportèrent dans la Gaule l'art de la fabriquer.

Autrefois la cuisine, la fromagerie, la laiterie ne formaient qu'un ensemble de laboratoire alimentaire où l'on mêlait un peu de tous les assaisonnements culinaires dans les fromages, et tous les fromages dans la cuisine. Les anciens formulaires de cuisine, nous donnent autant de fromages sucrés que de fromages salés (Voir BAVAROIS). Pour être succinct et précis, je classerai les fromages selon leur nationalité.

LES FROMAGES FRANÇAIS. — Il n'y a pas en
France de département qui ne possède son fromage. Cependant ces différentes formes de fabrication sont des dérivés des fromages suivants, qui
en sont les types :

Les fromages *blancs ou à la crème ;*
Les fromages gras, *Brie et Camembert ;*
Les fromages secs, *Port-Salut et Tomes ;*
Les fromages forts, *Roquefort et Livarot.*

Fromages à la crème double (*Fabrication des*).
— *Formule 1917.* — Cette catégorie de fromages
frais appelés *à la crème, double crème, demi-sel,*
constitue une industrie importante dans les départements de la Seine-Inférieure, de l'Oise, de
l'Eure, qui sont les principaux expéditeurs sur
Paris.

Procédé général. — On choisit de la présure de
premier choix pour effectuer le caillé qui se fait
dans de grands bacs en fer galvanisé contenant
40 litres. On verse dans un bac 35 litres de lait
frais et 5 litres de crème appelée *fleurette.* On
porte le lait à 15 ou 18 degrés, et on ajoute 1 centimètre cube d'extrait de présure étendu d'eau
et on mélange. On abandonne ensuite le lait, qui
sera caillé après vingt-quatre heures. On enlève
alors la caillebotte avec une écope et on la met
dans des toiles, que l'on plie en forme carrée et
que l'on met à égoutter dans des caisses sous des
planchettes légèrement chargées de poids. L'é-
gouttage est terminé après quinze à dix-huit
heures. On fait ensuite malaxer le caillé et on y
ajoute de nouveau 25 pour 100 de bonne crème,
et on procède ensuite au moulage. Ce travail
doit se faire avec la plus grande propreté. Les fromagers en gros arrivent, au moyen de machines,
à produire près de 2,000 fromages à l'heure.

Fromage à la crème. — *Formule 1918.* — Suivre
le *procédé général* du fromage à la crème double
et n'ajouter que 10 pour 100 de crème, au ma-
laxage.

Fromage demi-sel à la crème. — *Formule 1919.*
— Suivre le *procédé général* du fromage à la
crème double, dans les proportions du fromage à
la crème, en ajoutant un peu de sel.

Remarque. — Ces fromages sont faits avec des
laits plus ou moins écrémés, ou avec des laits
barattés par l'appareil centrifuge. La crème
qu'on leur adjoint n'est donc qu'une restitution
variée de la qualité intégrale du lait.

Fromage de Brie. — *Formule 1920.* — Le fromage de l'ancienne province de la Brie (Seine-
et-Marne) est le type des fromages raffinés et
constitue le vrai fromage national.

Procédé général. — Aussitôt trait, le lait est mis
dans des bacs et la chaleur portée à 25 degrés
environ. On ajoute alors, pour 20 litres de lait,
une cuillerée à bouche de présure étendue de
quatre fois son volume d'eau; on mélange, et,
après une heure et demie environ, on brise le
caillé, on en sépare le petit lait et on moule les
fromages. On les sale et on les soigne dans une
cave, et après un mois à six semaines les fromages sont *raffinés.* On les met sur de la paille
préparée à cet effet et on les expédie par dizaine à Paris, où ils sont vendus de 60 à 70 francs
les dix. Il faut 20 litres de lait pour un fromage
grand moule, et partant 2 hectolitres de lait pour
dix fromages. Il se vend au seul marché de Meaux
pour cinq millions de francs de ce produit.

Fromage façon Brie. — *Formule 1921.* — Les départements de l'Oise, de l'Aisne et de la Marne,
sont arrivés à produire des fromages façon Brie
et d'en faire un commerce important. Le plus
grand défaut que l'on puisse reprocher à ces fromages, c'est d'être vendus sous le nom de Brie
et d'être faits le plus souvent avec du lait écrémé.

Procédé. — On fait chauffer le lait de 25 à 30°,
et on y met une cuillerée à bouche de présure
étendue d'eau pour 20 litres de lait; on laisse
cailler; après deux heures on met le caillé par
couche dans deux moules spéciaux que l'on met
l'un sur l'autre ouverture contre. On fait égoutter pendant quatre ou cinq heures, et au bout de
ce temps le caillé est diminué au point de rendre
l'un des moules inutile; on l enlève et on retourne
le fromage pour qu'il s'égoutte de l'autre côté. A
cet effet, on place sur le moule une planchette et
on laisse égoutter le fromage jusqu'à ce qu'il
soit assez ferme pour être mis sur les étagères.
On le sale avec du sel blanc et le lendemain on
le retourne et on le sale de l'autre côté; on les retourne toutes les vingt-quatre heures en maintenant les étagères dans un état irréprochable de
propreté. Au bout d'une quinzaine de jours, le
fromage se couvre d'une petite végétation semblable à de la mousse blanche, et qui prend ensuite des taches bleues ou vertes qui finissent par
envahir tout le fromage. On les tourne toujours
en les mettant dans les plus hautes étagères,
de façon à laisser la place aux nouveaux venus.

Fromage Brie de saison. — *Formule 1922.* — On fabrique, dans l'arrondissement de Melun, un fromage qui jouit d'une grande réputation dans le pays et que les Briards appellent *Brie de saison*. C'est un vrai fromage d'amateur, plus épais et plus accentué que le Brie et de meilleure conservation. Il se fabrique comme le Brie; sa qualité est due à l'âge du lait et à la qualité du fourrage des vaches normandes. La fabrication commence vers le mois d'octobre, avec les regains du pays, et ne dure que jusque vers la fin de décembre.

Fromage de Coulommiers. — *Formule 1923.* — Depuis quelque temps on a établi dans la Meuse, la Marne et la Haute-Marne des usines pour la fabrication de ce fromage et qui arrivent à transformer en fromage jusqu'à 20,000 litres de lait par jour. Ils se font comme le Brie, mais le plus souvent avec du lait demi-gras. Ils se distinguent de ces derniers par leur petite taille et la qualité secondaire de leur pâte.

Fromage Coulommiers double crème. — *Formule 1924.* — Sous cette dénomination, il se fait dans l'arrondissement de Coulommiers un fromage de luxe avec du lait fraîchement trait; la présure est mise à basse température; le caillé égoutté, malaxé et mélangé avec de la crème. Les plus grands soins sont apportés à ces fromages, qui sont vendus nouveaux et moelleux.

Fromage de Camembert. — *Formule 1925.* — Ce fromage, qui a une réputation universelle, est originaire de l'Orne; sa fabrication ne tarda pas à s'étendre dans les départements voisins. C'est le Calvados qui a le premier bénéficié de son commerce. Mais aujourd'hui de grands centres de production se sont formés et achètent le lait aux petits producteurs, et fabriquent jusqu'à 3,000 fromages par jour.

Procédé général. — Il y a une grande analogie de fabrication entre le Brie et le Camembert. On emploie 10 grammes de présure pour 100 litres de lait fraîchement trait et chauffé à 25 degrés. Les fromages une fois mis en moules et égouttés sont salés dans la laiterie, et, au bout du troisième jour, sont transportés au *halloir*, pièce immense, garnie de fenêtres pour laisser passer les courants d'air, mais garnie de toile métallique pour empêcher les insectes de s'introduire dans le local. Là les fromages sont retournés tous les jours, et lorsqu'ils commencent à prendre une légère moisissure blanche et bleue, on les retourne moins souvent. Lorsque les fromages sont parfaitement fleuris, on les descend à la cave, qui est généralement une petite pièce au rez-de-chaussée et bien abritée du midi; le fromage finit de s'attendrir, est alors empaqueté par six et expédié aux centres de consommation, où il est vendu de 5 à 7 francs la douzaine.

Fromage façon Camembert. — *Formule 1926.* — Le Camembert a aussi ses faux frères; c'est dans la Marne, la Meuse, l'Oise, l'Eure, l'Ille-et-Vilaine, etc., etc., que se font les imitations de Camembert avec des laits écrémés. Ils se font comme les vrais Camemberts, à l'exception qu'on se sert pour cela du lait écrémé; ils se vendent de 4 à 6 francs la douzaine.

Fromage de Port-du-Salut. — *Formule 1927.* — Ce fromage, qui est très avantageux au point de vue de la conservation, est une pâte grasse, douce et de belle couleur jaune, originaire de chez les Trappistes, à Entrames, près de Laval, dans la Mayenne.

Procédé. — Après avoir caillé le lait venant d'être trait, on brise le caillé et on porte la chaleur à 50 degrés environ; on sort la pâte, on la met dans des moules et on la presse légèrement. On sale les fromages et on les tourne tous les jours en les essuyant avec un torchon trempé dans de la saumure.

Fromage du Mont-d'Or. — *Formule 1928.* — Ce fromage, de la grosseur d'un demi-bondon de Neuchâtel, se fabrique dans le Lyonnais avec du lait de chèvre.

Procédé. — Après avoir fait cailler le lait frais avec de la présure, on le fait égoutter sur des moules troués, dans un endroit frais, pendant trois jours; on le sale, on le retourne, on le sèche et on le trempe dans du vin blanc avant de le mettre à la cave pour le raffiner.

On fabrique aussi, avec du lait de vache, dans beaucoup d'autres départements, des imitations de ce fromage, mais qui ne valent pas celui-ci.

Fromage de Pont-l'Évêque. — *Formule 1929.* — Il se fabrique dans le Calvados. On égoutte le caillé comme pour le Brie et on le laisse mûrir. Le plus souvent il est fait avec du lait à moitié écrémé.

Fromage de Trouville. — *Formule 1930.* — Il se confectionne comme le précédent, avec du lait non écrémé. Il se consomme généralement dans le pays.

Fromage de Livarot. — *Formule 1931.* — Il se fabrique avec le lait écrémé de plusieurs traites ou moitié lait frais. On lui donne la forme d'une petite meule aplatie de 5 centimètres de hauteur. Il se prépare comme les fromages blancs ordinaires; on le laisse *faire* à la cave pendant six mois et on le déverse ensuite sur les marchés populeux. Ce fromage dégage une forte odeur ammoniacale, ce qui l'empêche d'avoir accès sur les tables qui se respectent.

Fromage de Géromé. — *Formule 1932.* — On fait cailler le lait écrémé de plusieurs traites; on l'égoutte bien et on y mélange du cumin vert, et on le sale avec du sel marin. Il se fabrique dans les Vosges et fournit un aliment précieux pour les clients des aubergistes de dixième ordre, son haut goût provoquant la soif.

> Et de notre Géromé,
> Dans sa boîte natale,
> Livre à la capitale
> Son cumin parfumé.

Fromage de Munster. — *Formule 1933.* — On fabrique dans le Midi de la France et en Algérie une imitation du fromage de Munster qui est loin de le valoir.

Fromage de Roquefort. — *Formule 1934.* — Originaire de l'Aveyron, sa fabrication s'est répandue dans les départements voisins, le Lot, la Corrèze, etc. Il y a quelques années le fromage de Roquefort était le produit du lait de chèvres et de brebis du Larzac; mais les besoins de la consommation ont exigé beaucoup plus de fromages, et aujourd'hui les Roqueforts sont mélangés de lait de vache. Le Roquefort est le type des fromages bleus, parmi lesquels on distingue le *gorgonzole* en Italie, le *persillé* et le *fromage bleu* en France.

Procédé. — Il faudrait plusieurs pages de cet ouvrage pour décrire toute la fabrication du Roquefort. Le secret de la coloration est dû à plusieurs causes; les anciens y mêlaient de la moisissure de pain dans la pâte, d'autres plus hygiénistes y font entrer de la sauge, des sommités d'anis vert; mais cette teinte s'acquière surtout par les soins qu'on y apporte en créant un milieu propre au développement des cryptogames qui en constituent la couleur et le goût relevé.

C'est dans des caves superbes, creusées ou adossées à des rocs calcaires, qui donnent accès à des courants d'air glacial, que se raffine le mieux le Roquefort. Il se fabrique annuellement à Roquefort un million et demi de fromages, représentant une valeur de cinq millions de francs. Ces fromages sont connus du monde entier.

Fromage Persillé. — *Formule 1935.* — En Savoie, il se fait un fromage, avec du lait de vache, qui n'est qu'un dérivé du Roquefort. Ce fromage exquis est consommé à Genève et dans ses environs.

Fromage bleu. — *Formule 1936.* — Dans le Jura, l'Ain, Isère, on fait un fromage connu sous le nom de *fromage bleu.* C'est celui qui se rapproche du Roquefort; on le fait avec une partie de lait de chèvre. Ce fromage, appelé aussi *persillé,* se vend sous forme de meules plus ou moins grosses.

Fromage bondon de Neuchâtel. — *Formule 1937.* — Originaires de la Seine-Inférieure, ils sont petits, cylindriques, en forme de bonde. On fait ces fromages avec du lait de brebis et de vaches; ceux faits de lait de brebis, pur, sans mélange, sont supérieurs. C'est un fromage de haut goût, agréable lorsqu'il est raffiné; d'une pâte molle et jaunâtre; on doit le manger avant qu'il soit sec.

Fromage Chevret. — *Formule 1938.* — Dans le Jura et le département de l'Ain, on fabrique un petit fromage de chèvre, de forme carrée. On procède comme pour le Brie; il est gras, sa pâte onctueuse est excellente.

Fromage de Banon (*Première qualité*). — *Formule 1939.* — Ce fromage se fabrique dans les Basses-Alpes avec du lait de chèvre; il ne s'en fait pas un grand commerce et son prix varie de 3 fr. 50 à 4 fr. le kilo; à Marseille, où il s'exporte, il est fort goûté des amateurs.

Procédé. — Mettre de la présure dans du lait fraîchement trait pour le faire cailler; mettre le caillé dans des pots de grès, sorte de passoire, *feicélo,* pour faire égoutter le petit lait et saupoudrer chaque pot d'une pincée de sel; sortir les fromages, appelés *tomes,* sur de la paille longue, *canisso,* pour les faire sécher vingt-quatre heures. Les superposer deux par deux, l'un sur l'autre, en les séparant par une feuille de vigne trempée dans l'eau-de-vie; puis les entourer de plusieurs feuilles dont les premières seront trempées dans l'eau-de-vie; lorsqu'ils sont bien enveloppés de feuilles, on les attache avec du fil écru pour les maintenir. Déposer les fromages dans un vase de terre et, au bout de quelques jours, égoutter le liquide qui en aura découlé, remettre le fromage dans un vase et couvrir celui-ci d'un linge que l'on ficellera autour. Mettre en lieu frais. Au bout de trois mois ces fromages sont affinés.

Fromage de Banon (*Deuxième qualité*). — *Formule 1940*. — Employer en parties égales, lait de chèvre et lait de brebis, procéder ensuite comme dans la *formule* 1931, et lorsque les *tomes* ont séché pendant plusieurs jours sur de la paille, on les met dans un vase de terre, et lorsqu'elles commencent à moisir on les lave à l'eau-de-vie; on recommence l'opération une deuxième et une troisième fois; on applique ensuite sur chaque fromage une couche de feuilles de sarriette, et au bout de trois mois les fromages sont affinés. (M. Morard.)

Fromageots. — *Formule 1941.* — Dans le midi de la France on fabrique ce fromage avec du lait de brebis, après le sevrage des agneaux, c'est-à-dire trois ou quatre mois après leur naissance. On trait les bêtes, une et ensuite deux fois par jour, à mesure que le lait devient plus gras; on le mêle immédiatement dans des pots avec de la présure, et on le tient au frais. Lorsque le caillé est pris, on le brise et on l'enferme dans des éclisses de grès où le fromage prend sa forme, et lorsqu'il est bien égoutté, on peut le manger frais en l'assaison-

Fig. 885. — Cloche à fromage.

nant selon le goût, avec du sel ou du sucre. Lorsqu'on veut l'affiner, on le conserve dans une caisse, on le retire au bout de quelques jours pour le tremper dans une eau légèrement salée; on le laisse dans l'eau jusqu'à ce qu'il en soit bien humecté, on l'égoutte, on le frotte d'un peu d'eau-de-vie mêlée à quelques gouttes d'huile d'olive, on le met dans un pot en grès qui doit être bien clos, et on peut le manger au bout de deux mois.

Remarque. — Citons pour mémoire le fromage de *Viry*, le petit à *tout bien* de la Seine-Inférieure, le *Montpellier*, le *Sassenage* du Dauphiné, le *petit*

savoyard, le fromage d'*Auvergne*, le *Saint-Marcelin*, les *cujac* du Périgord, les *cabissous* de la Garonne, et les fromages *secs* du Béarn, qu'Henri IV, enfant, frottait d'une gousse d'ail.

N'oublions pas le fromage de Paul Bert, un peu étrange celui-là :

Un jour, Paul Bert avait réuni des députés et des savants autour de sa table hospitalière.

— Messieurs, leur dit-il en plein dessert, je vais vous servir moi-même un fromage tellement rare qu'aucun de vous ne le connaît.

Et il fait passer à ses convives intrigués un petit fromage blanc comme la neige et, ma foi, très appétissant.

On goûte, on savoure, on se délecte, c'est chose exquise. Mais quel peut bien être ce fromage inconnu? Tout le monde cherche et nul ne devine.

— Eh bien! dit Paul Bert en souriant, ce fromage a été fait avec du lait de... femme!

— A merveille! fait un vieux sénateur; je vais rêver cette nuit que je suis en nourrice.

C'est original, sans doute, mais cela ne vaut pas le cynisme de mon *mastroquet*, à qui je demandais :

— Garçon, mon lapin?

— Il saute!

— Et mon fromage?

— Il marche!

Voilà pour les fromages français.

Passons maintenant aux fromages étrangers, en commençant par les fromages de Suisse.

Fromage de Gruyère gras. — *Formule 1942.* — *Procédé général.* — On coule le lait aussitôt trait dans d'immenses chaudières de cuivre; on le porte à 25 degrés et on le caille. Après deux heures on brise le caillé à l'aide d'un grand fouet de bois dentelé appelé *fringiot*. On fait du feu sous la chaudière pendant que le *Pâtre* ou fromager travaille le caillé en tournant la masse, et en levant et plongeant le fouet avec vivacité, de manière à rendre la pâte en grain gros comme des pois. On porte la chaleur à 70 degrés environ, on retire du feu et on laisse reposer. La pâte se précipite au fond de la chaudière et, après une heure de repos, on la ramasse avec les mains et on la sort en masse; on la pose dans des cercles en bois, dont la grandeur est proportionnée à la quantité de pâte, et recouverts d'une étamine. Ils sont ainsi mis sur un égouttoir et soumis à une pression moyenne pendant sept à huit heures. On les sale et tous les jours on étend la saumure avec un chiffon propre; les planches sur lesquelles ils sont posés sont tenues dans la plus grande propreté. Il arrive quelquefois que ces fromages gonflent; c'est un signe que la présure était mauvaise et qu'il y en avait trop. Les fromages sont faits après deux à trois mois de soin, mais ils ne sont réellement exquis qu'après six mois. Les fromages de moyenne grandeur sont de meilleur fabrication que les tous grands. Avant d'être livrés à la vente, ils restent ordinairement deux ans en magasin, où ils finissent de s'affiner.

HYGIÈNE. — Ce fromage est l'un des plus sains, des plus riches en azote que l'on connaisse; il joint à sa qualité nutritive un arome suave et un goût exquis qu'on ne trouve pas dans d'autres variétés.

Fromage de Gruyère demi-gras. — *Formule 1943.* — On suit pour les soins et le procédé exactement comme pour le fromage de Gruyère gras. Il ne diffère que par la qualité du lait; celui de la veille est écrémé et mélangé avec la traite du matin. C'est le fromage de première qualité que l'on trouve dans le commerce.

Fromage de Gruyère maigre.— *Formule 1944.* — On mélange les laits des deux traites de la veille, de sorte que dans celui de la dernière traite il reste encore un peu de crème. Le procédé est le même que pour le Gruyère gras, à l'exception qu'on ne le chauffe qu'à 70 degrés. Ces fromages, moins gras, n'en sont pas moins de très bon goût.

Fromage gras d'Emmenthal.—*Formule 1945.* — Ce fromage, qui est le type des fromages gras, est fabriqué comme le Gruyère de première qualité.

Fromage demi-gras d'Emmenthal. — *Formule 1946.* — Même procédé que pour le Gruyère gras. Il se fait avec la traite de la veille au soir écrémée et le lait frais du matin. C'est le fromage qui est livré à l'exportation.

Fromage de Thion. — *Formule 1947.* — Dans la vallée d'Hérens, Valais, il se fait un fromage gras de première qualité qui a une grande analogie avec le fromage gras d'Emmenthal. Ces fromages sont consommés dans le pays. Vieux, ils acquièrent un goût aromatique et relevé, dont les montagnards sont fiers de posséder le secret.

La tome d'Hérens. — *Formule 1948.* — Dans les villages reculés de cette vallée, alors que les vaches sont descendues des montagnes où se fabriquent les grands fromages, c'est-à-dire quand elles sont rendues à leurs propriétaires, alors qu'elles broutent le regain, le lait qu'elles produisent est aromatique, jaune et gras. Chaque particulier en fait alors son fromage que l'on appelle *tome*. C'est un fromage gras, dont on brise le caillé et que l'on forme en faisant égoutter dans des moules en bois. La *tome* ou *motta* est pressée; après quelques mois, ces petits fromages acquièrent un moelleux, une suavité d'arome dus au pâturage et dont la finesse est inimitable. Ces fromages de luxe ne sortent pas du pays.

Fromage du Mont-Cenis. — *Formule 1949.* — Il se fabrique au Mont-Cenis un fromage forme Emmenthal de quatre à cinq kilos. On le fait d'après la formule du Gruyère gras. Ce fromage est excellent et de bonne conservation.

Le vacherin des Alpes. — *Formule 1950.* — On fait cailler du lait fraîchement trait, on égoutte le caillé légèrement brisé; on le malaxe et on le mélange avec autant de crème fraîche. On met alors cette pâte dans des moules faits avec des écorces de bois de sapin; après quelques jours, ces vacherins forment une crème délicate légèrement relevée par un goût aigrelet exquis.

Fromage Sérac. — *Formule 1951.* — Le sérac qu'on appele aussi *séré*, n'est autre que le fromage blanc, ou *serum* du lait. On l'obtient avec le petit-lait après en avoir extrait le *caséum* ou fromage, soit avec le lait frais duquel on a extrait le beurre à l'aide de l'appareil centrifuge ou écrémeuse. (Voir CRÈME.)

Procédé. — Quand on a sorti le fromage du petit-lait on met celui-ci sur le feu et au moment de l'ébullition on y jette de la présure avec un seau de lait froid. Le sérum monte alors à la surface du liquide, en nappe épaisse. On le maintient ainsi pendant dix minutes sans laisser bouillir et à l'aide d'une écumoire on lève la pâte blanche que l'on dépose dans des moules speciaux. On les sale et on les mange frais.

Fromage vert (*Schabzieger*). — *Formule 1952.* — Le fromage blanc obtenu selon la formule précédente est malaxé, salé et mélangé avec du cumin, de la sauge et des feuilles de céleri et estragon haché, ou de *melilotus cœrulea*, plante connue dans le pays (canton de Glaris) sous le nom de *Ziegerklee*.

Fromage fort. — *Formule 1953.* — Avec le sérac on fabrique, dans certains cantons de la Suisse, une pâte fort relevée que l'on conserve dans des pots.

Procédé. — Malaxer du seré, le saler, le poivrer, y ajouter du fromage bleu, ou Roquefort pilé au mortier, de l'ail écrasé, de la muscade râpée, du cumin écrasé, de l'estragon hâché et un peu de piment moulu; mouiller le tout avec du lait ou du bouillon de façon à faire

Fig. 586. — Terrine à fromage.

une pâte homogène comme du beurre et la mettre dans des petits pots ou terrines spéciales à fromage. On le sert pour aiguiser l'appétit en guise de moutarde.

Fromage de Gessenay. — *Formule 1954.* — On le fait avec du lait écrémé. On procède comme pour le fromage de Gruyère, à l'exception qu'on le chauffe à 80 degrés, ce qui le rend tout-à-fait dur; il sert pour l'usage culinaire et remplace le Parmesan.

Fromage de Conche. — *Formule 1955.* — Dans la vallée de ce nom on fabrique un fromage analogue au fromage de *Thion*, il est fait selon le procédé du gruyère; il y en a do gras, mi-gras et des maigres. Ils sont tout ou partie consommés dans le pays.

Fromage de Bellelay (*Tête-de-Moine*). — *Formule 1956.* — Ce fromage, de forme sphérique, est originaire du couvent de Prémontrés du Jura bernois. Au quinzième siècle l'abbé envoyait annuellement deux têtes-de-moine à la municipalité de Porrentruy pour lui faire apprécier le goût fin de ce fromage. Il est fait comme le fromage de Hollande.

Fromage de Battelmatt. — *Formule 1957.* — C'est un petit fromage mi-gras qui rappelle l'Emmenthal; il est fait comme le Gruyère.

Fromage de Spalen. — *Formule 1958.* — C'est un fromage dur et maigre; fait avec le lait des deux traites de la veille, et selon le système du Gessenay.

Fromage d'Appenzell. — *Formule 1959.* — Il se fait un nombre assez varié de fromages dans ce canton, depuis le fromage imitation Gruyère maigre au fromage blanc *séré*.

Fromage d'Urseren. — *Formule 1960.* — C'est un fromage ferme, petit, fait de lait écrémé selon la méthode du Gessenay.

Fromage de Vaud. — *Formule 1961.* — Dans le canton de Vaud, il se fait de petits fromages maigres, forme de *tome* plus ou moins grande. Ils se consomment dans le pays et servent de véhicule au vin blanc. Il y en a des gras, mais plus encore des maigres.

Fromage de Prettigan. — *Formule 1962.* — Produit de deuxième qualité, maigre et sec. Il se prépare avec des laits écrémés.

Remarque. — Citons en passant le *Pressen*, le *Waadland* et le *Bloder*, d'imitation allemande et estimés en Suisse. Il y a d'ailleurs plus de variétés de fromages que de cantons suisses.

FROMAGES D'ITALIE. — Il se fait en Italie un nombre considérable de fromages qu'il est superflu de mentionner ici; citons les principaux :

Fromage Parmesan. — *Formule 1963.* — Ce produit se vend sous une forme cylindrique pesant jusqu'à 30 kilos. Sa pâte d'un jaune bleuâtre est sèche et salée. On le fait avec les laits de plusieurs traites; sa fabrication diffère peu de celle du Gruyère. En brisant le caillé on le colore avec du safran qui lui communique et son arome spécial et sa couleur. Sa température est portée à 80 degrés. On ne l'emploi que lorsqu'il est rassis.

Fromage de Gorgonzola. — *Formule 1964.* — Ce produit, que les Italiens appellent aussi *gargon*, est un fromage bleu safrané, comme le fromage persillé; il est fait au bourg de ce nom avec des laits de troupeaux qui paissent sur les montagnes de Bergame. On en fait avec du lait *di una panna* et avec des laits *di due panna*, c'est-à-dire des gras et des demi-gras, ainsi que des maigres. Mais aujourd'hui cette espèce de *Stracchino* se fabrique dans plusieurs districts d'Italie. Il s'expédie sous forme de cylindre de 25 centimètres de hauteur sur 15 centimètres de diamètre. Sa pâte tient entre le persillé et le Parmesan; il est stimulant et provoque la soif.

Fromage caccio di Cavallo. — *Formule 1965.* — Dans l'origine, ce fromage napolitain était confectionné avec du lait de chèvre et de jument.

C'est un fromage sec, de haut goût, fait comme les petits bondons de Neufchâtel.

Fromage de paille. — *Formule* 1966. — Fromage de chèvre que l'on emballe dans de la paille et que les Italiens appellent *fromaggio di paglia*. Même procédé que pour le chevret.

Fromage Stracchino. — *Formule* 1967. — C'est dans les environs de Milan et de Lodi que l'on fabrique ce fromage gras de premier choix. On suit le même procédé que pour le Camembert, à l'exception qu'on le colore avec du safran. C'est un fromage mou, de pâte fine et grasse, d'un goût légèrement aigrelet, qui n'est pas désagréable.

FROMAGES HOLLANDAIS ET BELGES. — La Hollande et la Belgique, sous le rapport des fromages, ont à peu près les mêmes produits, à l'exception de quelques petits fromages de localités qui se consomment dans le pays.

Fromage de Hollande. — *Formule* 1968. — *Procédé général.* — Pour la confection de ce fromage, le lait doit être nouvellement trait, ou n'avoir subi aucun commencement d'altération. On le met dans une chaudière que l'on place sur un feu léger, et l'on agite doucement, afin que tout le liquide s'échauffe également. Quand la température est devenue à peu près égale à celle du lait possède au moment où on le trait, on le retire du feu. On y mêle alors la partie liquide d'un ferment quelconque, et l'on recouvre le tout d'un linge. Un quart-d'heure après, le caillé a le degré de consistance voulu, et il forme alors une masse un peu ferme dans laquelle la plus grande partie du lait se trouve engagée. Voici comment on l'en sépare :

On prend d'abord avec une cuiller, sur un des côtés du chaudron, des tranches de caillé que l'on pose avec précaution sur l'autre côté, et on continue ainsi jusqu'à ce qu'une assez grande quantité de petit-lait soit sortie. Ensuite, on introduit dans le chaudron un bâton garni de petites traverses, à peu près comme celle d'un perchoir de perroquet. On le passe et on le repasse doucement dans tous les sens jusqu'à ce que le caillé se trouve divisé en grumeaux de la grosseur d'une noisette; puis on remet le chaudron sur un feu doux, et on continue à agiter doucement en tournant sans interruption.

Lorsque le liquide a repris une chaleur un peu plus élevée que la première fois, on le retire et on le laisse reposer jusqu'à ce que le caillé soit tombé au fond. Alors on ramasse, on agglomère, avec une spatule, la masse pour la rendre élastique. On la verse dans un moule et on la soumet à la presse pendant vingt-quatre heures. Ensuite on porte les fromages à la cave et on les y laisse pendant quatre ou cinq mois, après les avoir saupoudrés de sel blanc; après quoi on les lave avec du petit-lait, puis on les met au frais jusqu'à ce que leur croûte ait pris un aspect rougeâtre.

Fromage Cantert. — *Formule* 1969. — On appelle *Cantert* un fromage de Hollande, de deuxième qualité, fait avec des laits écrémés. Il est de forme ronde, d'une couleur rouge à l'extérieur; sa pâte salée est mélangée de clous de girofle et d'anis.

Fromage de Hoorleys. — *Formule* 1970. — Ce fromage de Hollande est plus sec et plus maigre. Il est spécialement fabriqué pour l'expédition et se conserve bien.

Fromage de la Herve. — *Formule* 1971. — En Belgique on l'appelle aussi persillé de Limbourg. On ajoute dans sa pâte de l'estragon et des ciboules hachées. Lorsqu'il est raffiné, sa pâte veinée de bleu, de jaune, est d'un goût agréable.

Remarque. — Tous les fromages de Hollande sont faits avec une légère variante de forme, de lait écrémé ou frais, mais par le même système de fabrication. Citons encore le fromage *Edam* les fromages Belges, le gras *Stofé*, le *Droogembosch*, etc.

FROMAGES ANGLAIS. — L'Angleterre possède, après la Suisse, les plus grands pâturages d'Europe et ses fromages sont universellement connus. Pour les Anglais, le fromage de Chester est le premier fromage du monde; pour les Français, le meilleur fromage anglais est le Stilton.

Fromage de Stilton. — *Formule* 1972. — Ce fromage est fait avec des laits de plusieurs traites; il est donc mi-gras ; mais les soins qu'on apporte à son raffinement en font un produit exquis. Lorsqu'il est salé on le lave avec du vin de Madère et on en introduit dans l'intérieur en coupant une petite rondelle en forme d'entonnoir; on arrose avec du vieux vin de Madère et on remet la partie enlevée à sa juxtaposition. Ce fromage doit être mangé vieux.

Fromage de Chester. — *Formule 1973.*

— La fabrication est la même que celle du fromage de Hollande; sa pâte safranée est d'un goût spécial très estimé des Anglais; sa forme pyramidale en forme de pin d'ananas varie selon le goût des fabricants.

Remarque. — Parmi les fromages anglais citons encore le *Cheshire*, le *Gloucestershire*, le *Derbyshire*, le *Lancashire* et le *Choddashire*, qui jouissent d'une bonne renommée.

Fromage de Luxembourg. — *Formule 1974.*

— Mettre dans un moule spécial, troué et doublé d'un linge, une quantité de 25 kilogrammes de caillé que l'on soumet à une forte pression pour exprimer entièrement le petit-lait. Vingt-quatre heures après, sortir le caillé, briser et ajouter 30 grammes de sel par kilogramme, le placer dans des terrines où on le laissera de vingt-quatre à quarante-huit heures, selon la saison. Lorsqu'il dégage une forte odeur ammoniacale on y ajoute trois kilogrammes de beurre fondu et on remue pour former une pâte homogène. On le place ensuite dans les moules cylindriques pour lui donner la forme; ces fromages pèsent à peu près une livre; la pâte en est douce et délicate et d'une digestion facile.

Remarque. — Certains fabricants remplacent le beurre par de la crème, y ajoutent deux œufs et un verre d'eau-de-vie, ce qui est affaire de goût.

FROMAGES ALLEMANDS. — En Autriche, Hongrie et dans toute l'Allemagne du Sud; on fait des fromages forts, à odeur fragrante et d'un goût piquant qui fait redoubler son bock au consommateur de bière. Le plus remarquable parmi les fromages du peuple est le suivant :

Fromage de pommes de terre. — *Formule 1975.*

— Dans une partie de la Saxe et en Thuringe on fait des fromages de la façon suivante :

Procédé général. — On choisit de grosses pommes de terre blanches, on les fait cuire au naturel, on les pèle et on les passe au tamis. Pour chaque cinq livres de purée, on ajoute une livre de lait aigrit et caillé naturellement et le sel nécessaire. On pétrit le tout et on le laisse reposer pendant quatre à cinq jours pour provoquer le levain. On pétrit de nouveau la pâte; on la divise et on forme les fromages que l'on place dans des moules en osier où ils se débarrassent du liquide superflu. On les fait sécher sur des claies et on les lave avec de la saumure. On les laisse vieillir et on les livre à la consommation.

Fromage de pommes de terre mi-gras. — *Formule 1976.*

— Suivre le procédé général indiqué plus haut en mettant moitié caillé et moitié purée de pommes de terre.

Fromage gras de pommes de terre.

—Même procédé que pour le précédent; se servir d'un kilo de purée de pommes de terre pour deux kilos de caillé.

Analyse chimique. — Il serait impossible de donner l'analyse chimique de tous les fromages, dont la variante est soumise à la qualité des laits, de la saison et de l'âge. Je me bornerai à l'analyse de ceux dont la composition des laits est la plus stable.

COMPOSITION CHIMIQUE DES PRINCIPAUX FROMAGES

NOMS des FROMAGES.	Eau.	Substances azotées.	Matières grasses.	Sels minéraux.	Substances non azotées (lactate, acide lactique, etc.)	Azote.
NEUFCHATEL FRAIS...	36.58	8.03	40.71	51	14.20	1.27
BRIE...... ,.......	45.25	18.48	25.73	5.61	4.93	2.934
CAMEMBERT........	51.94	18.93	21.05	4.71	3.40	3.00
ROQUEFORT........	34.85	26.52	30.14	5.07	3.72	4.31
GRUYÈRE..........	40.00	31.55	24.00	3.00	1.50	5.03
HOLLANDE........	36.10	29.43	27.54	6.93	»	4.80
CHESTER.........	35.92	25.99	26.34	4.46	7.59	4.126
PARMESAN ,.......	27.56	44.08	15.95	5.72	6.69	6.997
CHEDDAR	36.00	28.04	31.01	4.05	»	»

Comme on le voit, les fromages de Parmesan et de Gruyère sont les plus riches en azote; unis aux pâtes comme le macaroni ou simplement mangés avec le pain, ils constituent un aliment à peu près parfait; ce qui démontre suffisamment comment certains peuples peuvent vivre de longues années avec les produits du lait, absorbés avec du pain.

Les fromagers anglais et suisses ont la certitude que l'on obtient avec des laits mélangés de la traite de la veille des fromages de meilleur goût qu'avec du lait venant d'être trait. Cette observation s'explique, si l'on considère que le goût particulier à chaque fromage est dû au développement de l'acide lactique qui ne peut avoir lieu avec le lait frais. On peut obtenir ce résultat et avoir un fromage très riche en rendant au fromage sa crème enlevée, comme le font les Anglais pour le *double Glowcester* et le *Stilton* de premier choix.

Empoisonnement par le fromage. — Ces accidents, très communs dans certaines contrées, notamment en Allemagne et aux Etats-Unis, sont presque inconnus en France. Les symptômes les plus caractéristiques de cette affection sont des aphtes dans la bouche, des nausées, une diarrhée persistante, des maux de tête et une prostration nerveuse presque complète, présentant beaucoup d'analogie avec l'empoisonnement par le poisson avarié. Ces fromages adultérés ou avariés sont généralement fabriqués dans les fermes ou les maisons particulières. Un papier teinté à réactif violent se décolore complètement au contact du fromage adultéré, et il est fort probable que les propriétés nuisibles de ces fromages sont dues à un excès de sulfhydrates et autres sels d'ammoniaque, produits par la fermentation putride.

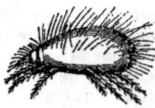

Fig. 587. — Acarus du fromage, vu au microscope.

HYGIÈNE. — En général, les édiles de la littérature ont épuisé leur répertoire hygiénique quand ils ont dit avec Brillat-Savarin que « un diner sans fromage est une belle à qui il manque un œil » ou avec Berchoux qu'on

. . . . . A senti de loin cet énorme fromage,
Qui n'a tout son mérite qu'aux outrages du temps.

Avec Grimot que « le fromage est le biscuit des ivrognes. » Ou cité le proverbe que :

Jamais hommage
N'usa du fromage.

Les Romains, qui ne connaissaient ni le repoussant *Livarot*, ni le peu sympathique *Schabtziger*, avaient déjà étudié le fromage sous toutes ses faces et Jean de Milan nous dit :

Languenti stomacho caseus addit opem,
A tout faible estomac, fromage est salutaire.

Le fromage avait déjà ses détracteurs parmi les médecins, mais l'école de Salerne le réhabilite en ces termes :

Ignari medici me dicunt esse nocivum ;
Attamen ignorant cur nocumenta feram.
Vires ventriculo languenti caseus addit,
Postque bibum sumptus terminat ille dapes.
Qui physicam non ignorant, hac testificantur.
Caseus ille bonus quem avara manus.

— Un médecin bien ignorant
A dit que j'étais malfaisant : —
Mais qu'on me dise en quoi je suis nuisible ?
Un peu de vieux fromage à la fin du repas
Sert la digestion pénible,
Tout physicien attestera le cas ;
Pour qu'il fasse du bien ne le prodiguez pas.

Le fromage était non seulement considéré comme un bon aliment, mais pouvant être ordonné aux convalescents et aux malades.

Caseus et panis sunt optima fercula sanis ;
Si non sunt sani, tune illum haud jungito pani.

Le fromage et le pain, pour qui se porte bien,
Sont un mets excellent, qui n'incommode guère ;
Mais, quand on est malade, on le mange sans pain.

On discutera encore longtemps sur les effets du fromage, et il en sera ainsi pendant qu'il y aura autant de sortes de fromages que de producteurs et que ceux-ci ne formeront pas de vastes associations qui permettraient la fabrication en grand des meilleurs fromages.

Tout ce qui a été dit pour ou contre les fromages est relativement exact, si l'on tient compte de l'espèce : il y en a d'exquis, d'excellents, de passablement bons, de mauvais et de nocifs.

Le fromage gras, vieux et à pâte ferme, lorsqu'il n'est pas encore perforé par les mites, est un aliment excellent de goût, facilitant la digestion tout en étant nourrissant. Le fromage gras à pâte douce est exquis à sa parfaite maturité ; on connaît ce point à la mollesse du corps, par le contact des doigts, par ses rides fines comme une pomme flétrie, sans humidité ni moisissure, signes d'une constitution saine.

Quant aux fromages, bleu, vert, Roquefort, sous n'importe quelle dénomination ils se présentent, ce sont des fromages de haut goût ; il faut laisser aux amateurs le piquant que produisent les différentes couleurs, rouge, jaune, verte, bleu, noire, accompagné d'un fumet truffé de fermentation qui attirent les nez gourmands et les palais blasés. Ce sont des fromages faisandés sur l'innocuité desquels l'hygiène est en droit de faire quelques réserves.

Il faut considérer comme malsains tous les fromages à fermentation putride, cependant si estimés des buveurs de bière.

Plus sains, mais moins faciles à la digestion que ces derniers, sont tous les produits improprement appelés fromages blancs, qui, en réalité, ne sont des fromages, n'étant pas du *caséum* du lait, mais bien du *sérum* étant obtenu par coction et non par caillé. Plus exacte est la dénomination de *séré* que lui ont conservé les Celtes, et tel qu'on désigne encore ce produit dans l'Ain, le Jura, la Bresse, ou de *serra* ou *sérac* dans la Suisse romande et la Savoie.

En résumé, les fromages sains, gras ou demi-gras sont à la fois un aliment et un condiment précieux. Ils enrichissent les mets par leurs propriétés et constituent un aliment à peu près parfait quand ils sont unis au pain.

Gâteau au fromage (*Cheese straw*). — Gâteau anglais qui se prépare de la façon suivante :

Formule 1977. — Employer :

Farine.	grammes	180
Beurre.	—	120
Parmesan râpé.	—	120
Sel et poivre de Cayenne.		

Procédé. — Délayer le tout avec de la crème double ; faire une pâte abaissée au rouleau. Découper en forme de paille et faire cuire au four chauffé modérément.

Welch-Rabbit (*Cuis. américaine*). — La traduction littérale de ce mot signifie : *lapin gallois,* quoique le lapin n'entre en rien dans la préparation de ce mets. Il accompagne le soir les soupers froids américains. Le voici tel qu'il se prépare dans son pays d'origine :

Formule 1978. — Couper des tranches de pain, les faire rôtir au feu et les beurrer ; tenir au chaud dans un plat. D'autre part, mettre dans une casserole d'argent, en quantité égale, du beurre et du fromage de Chester, selon la quantité de tranches de pain. Ajouter un verre ou deux de *porter,* du piment, du sel et du poivre. Placer le tout sur le feu et aussitôt fondu étendre cette pâte, qui doit être épaisse, sur les rôties coupées en carrés et servir très chaud.

FROMAGE DE PORC, *s. m.* (*Charcuterie*). — Aussi appelé fromage de cochon et tête marbrée.

Fromage de porc ou de cochon. — (*Formule* 1979. — Echauder et nettoyer une tête de porc, la partager en deux, en retirer la langue et la cervelle ; couper chaque demi-tête en trois parties. Faire dégorger les morceaux dans l'eau fraîche pendant quelques heures ; les égoutter et les mettre au sel pendant quatre jours. Les cuire dans du bouillon assaisonné de sel, poivre, oignon clouté, thym et 150 à 200 grammes de sucre. Faire cuire dans la même casserole pendant quinze minutes la quantité de couenne nécessaire pour garnir intérieurement un moule à fromage. La tête sera cuite lorsque les os se détacheront facilement des viandes.

Désosser alors tous les morceaux ; les couper par dés, de trois centimètres ; supprimer les parties ensanglantées ou dures. Assaisonner cette viande dans une terrine, avec poivre, piment, sel s'il était nécessaire, et mouiller légèrement avec un peu de bouillon. Garnir l'intérieur du moule avec les couennes et remplir le moule avec les morceaux de la tête ; presser et laisser refroidir jusqu'au lendemain. Démouler, glacer et garnir de gelée et d'attelets.

HYGIÈNE. — Ce mets est gras et indigeste, il ne convient qu'aux estomacs jeunes et à toute épreuve.

Fromage de cochon (*Autre manière*). -- *Formule* 1980. — Pour trois livres de foie, mettre deux livres de lard, une demi-livre de panne, hacher le tout ensemble, ajouter persil et ciboules hachés, sel, poivre, aromates pilés, quatre épices. Quand le tout est bien haché, étendre dans une casserole une toilette de cochon ou des bandes de lard bien minces, de manière que le foie ne tienne pas après la casserole, mettre de la farce de l'épaisseur de trois doigts, puis des lardons assaisonnés ; remettre une couche de farce de la même épaisseur, ainsi de suite jusqu'à ce que la casserole soit pleine ; couvrir le dessus de bandes de lard, mettre au four. Trois heures suffisent pour la cuisson, le laisser refroidir dans la casserole, ensuite le démouler en le faisant chauffer un peu. Ensuite le décorer soit au saindoux ou à la gelée. (V. F.)

Fromage de foie de porc (*Fromage d'Italie*). — *Formule* 1981. — Éplucher 500 grammes de foie de porc, le couper en petits carrés et les mettre dans une passoire, que l'on trempera dans une casserolée d'eau bouillante, pendant dix à douze minutes en remuant, pour blanchir le foie partout également.

Égoutter le foie et l'essuyer dans un linge ; le hacher avec un kilo de lard frais non mou et un kilo de chair à saucisse. (Voir la *Formule* 1680.) Piler le tout et ajouter l'assaisonnement suivant :

Sel fin	grammes	30
Poivre blanc frais moulu	—	5
Piment.	—	5
Farine.	—	125
Œufs frais	nombre	5
Un petit oignon et des fines herbes hachées.		

Procédé. — Bien mélanger l'assaisonnement d'abord et ensuite l'incorporer dans la farce ou appareil à fromage. Décorer un moule spécial à fromage d'Italie, avec des lardons; placer dessus un tiers de la farce, puis ajouter encore quelques lardons; remettre de la farce et encore des lardons et enfin terminer avec le restant de farce. Couvrir d'une barde de lard ou d'un morceau de crépine et couvercler le moule.

Mettre le moule dans un four chaud pendant une heure et demie. Le fromage étant cuit, placer dessus une planchette de bois rentrant exactement dans le moule; presser légèrement et verser de la gelée dans le moule jusqu'au-dessus de la planche et laisser refroidir en lieu frais jusqu'au lendemain. Le démouler, le glacer et le décorer de gelée et d'attelets.

Remarque. — Si l'on voulait conserver ce fromage, il faudrait couler du saindoux, à la place de la gelée; en le sortant du four on fixera hermétiquement le couvercle.

FROMENT, *s. m.* (*Triticum sativum*). All. *Weizen;* rus. *pchénitza;* angl. *wheat;* esp. *frumento;* ital. *frumento;* dérivé du latin *frumentum,* de *frugimentum, fruges, fruor.* — Le meilleur des blés. (Voir ce mot).

Le froment est la plus belle et la plus riche des graminées; la base de la nourriture de l'homme. Les Orientaux considéraient le froment comme un don de Dieu. Les vallées de la Palestine étaient couvertes de froment (Ps. LXV, 14). L'Egypte cependant la surpassait à cet égard en fertilité; elle possédait un blé à six et sept épis nommé *froment prodigieux;* c'est de lui que parla Jésus dans la parabole du semeur. (Matth. XIII, 8). Il fut considéré depuis lors comme un produit miraculeux et on le dénoma *blé de miracle.* Ce froment prodigieux se retrouve encore souvent dans les poulards semés dans les terrains fertiles; l'axe de l'épillet s'allonge et se ramifie; il en résulte un épi composé ou rameux.

Analyse chimique. — Le froment contient en moyenne sur 100 parties :

Amidon.	69.45
Matières azotées.	16.66
Dextrine.	6.02
Matières grasses.	2.09
Cellulose.	3.30
Matières minérales.	2.48
	100.00

Les substances organiques azotées contenues dans le froment, sont : du gluten, de l'albumine, de la caséine et de la fibrine; les substances organiques non azotées sont, outre l'amidon : de la dextrine, de la glucose et de la cellulose. Indépendamment de ces principes, le froment contient une huile essentielle et une huile grasse. Les matières minérales sont: des phosphates de

chaux et de magnésie, des sels de potasse et de soude et enfin de la silice.

Sur les études de M. H. Douliot, préparateur au Muséum, un constructeur a trouvé le moyen de fendre le grain de froment à l'aide d'un appareil, pour en extraire le germe qui nuit à la qualité de la farine, parce qu'il contient, en outre de l'huile, un ferment diastasique (découvert par

Mège-Mouriès) qui altère l'amidon et contribue à donner au pain une couleur bise. Ce sont des êtres vivants capables de germer quand on ne les maintient pas dans un milieu absolument sec, et en germant ils digèrent tous les aliments farineux qui sont autour d'eux. (Voir au mot BLÉ, *embryon du.*)

M. Aimé Girard, professeur au Conservatoire des Arts et Métiers, publiait il y a quelques années, dans les *Annales de l'physique et de Chimie*, un mémoire justement remarqué sur l'analyse chimique et la valeur alimentaire des différentes parties du grain de froment. Tout en concluant qu'on doit rejeter le germe du blé à cause de ses ferments diastasiques et de son huile, M. Aimé Girard n'en établit pas moins la valeur alimentaire remarquable de ce produit.

On peut extraire, du germe du froment, l'huile appelée *blédoline*, ou *huile de blé*, à l'aide d'un dissolvant dans un appareil à épuisement continu. Les germes ainsi privés d'eau et d'huile peuvent être réduits en poudre palpable ; dans cet état elle prend le nom de *fromentine*. (H. DOULIOT, *communication à la Société française d'hygiène*, séance du 12 avril 1889.)

FROMENTINE, *s. f.* — Farine obtenue par la mouture des germes du froment. Après en avoir extrait l'huile et l'eau, la fromentine contient :

Albuminoïdes	51.31
Substances ternaires	29.08
Cellulose	12.63
Substances minérales	6.93
	100.00

Dans cet aliment nouveau, qui porte le nom de *Fromentine*, seule la cellulose n'est pas assimilable. La fromentine contient donc 87.37 de substances alimentaires; c'est-à-dire que c'est l'un des meilleurs aliments pour les enfants, les convalescents et les malades.

Potage à la fromentine. — *Formule* 1982. — Mélanger graduellement 60 grammes de fromentine avec un litre de bon bouillon et mettre au feu dans une casserole, en remuant avec une cuiller de bois, jusqu'à ce que le liquide ait atteint le point d'ébullition.

Laisser alors mijoter le potage sur le coin du feu pendant environ 20 minutes; l'écumer et y ajouter 30 grammes de beurre frais, une liaison de trois jaunes d'œufs et un peu de crème. Faire prendre sur le feu sans laisser bouillir et ajouter une pincée de muscade rapée.

Servir ce potage avec des petits croûtons frits au beurre. (A. Suzanne.)

Remarque. — L'usage de la fromentine ne s'arrête pas là: on peut en faire des bouillies, des biscuits, des gâteaux, de la pâte brisée, feuilletée, en un mot, on peut s'en servir dans tous les cas où l'on fait usage de la farine.

FROMENTAL, *s. m.* — Nom vulgaire de l'a voine élevée. (Voir *avoine*.)

FROMENTEAU, *s. m.* — Variété de raisin de Champagne, à grosses grappes serrées, d'un gris rouge et à peau dure.

FRONSAC (*Vin de*). — Bordelais rouge ordinaire de première qualité, de 17 à 18 degrés d'alcool.

FRONTIGNAN (*Vins de*). — Hérault, produit des vins doux, sucrés, fumeux et capiteux, d'une grande renommée, notamment les Muscats, qui ont le privilège de plaire aux dames.

Imitation du Muscat de Frontignan. — *Formule* 1983. — Employer :

Vieux vin blanc	litres	30
Eau-de-vie à 35 degrés	—	1
Sucre en pain	kilogr.	4
Raisin Muscat	—	4
Noix muscade râpée	grammes	28
Fleurs de sureau	—	8

Procédé. — Faire infuser, pendant dix jours, les raisins broyés, la muscade, le sureau dans l'eau-de-vie, à laquelle on ajoutera la quantité nécessaire de vin blanc pour submerger les condiments. Décanter et filtrer l'alcoolat, et l'ajouter dans un tonnelet avec le sucre et le vin blanc.

FRUGAL, *adj.* All. *frugal;* angl. *frugal;* ital. *frugal;* de *frugalis*, dérivé de *frux*, fruit. — Repas sans apprêt et naturel. Des repas *frugaux*. Les végétariens sont des gens *frugaux*. Vie frugale, absence des besoins, notamment des ressources de la gastronomie.

FRUGIVORE, *adj.* All. *fruchtessend;* angl. *frugivorous;* ital. *frutivoro*, de *fruges*, grain, fruit de la terre, et *vorare*, manger. — Qui ne se nourrit que de fruits et de végétaux.

FRUIT, *s. m.* (*Fructus*). All. *Frucht;* rus. *froukte;* angl. *fruit;* esp. *fruto;* ital. *frutto.* — Résultat de la fécondation de l'ovaire du règne végétal et de son développement. Il comprend deux parties distinctes, la graine et le péricarpe ou enveloppe des fruits.

On appelle *fruit simple* celui qui provient d'un pistil, comme les pêches, cerises, prunes, etc.

Le *fruit multiple* est celui qui provient de plusieurs pistils distincts renfermés dans une même fleur, comme les fraises, framboises, etc.

Enfin, on nomme fruit *composé* celui qui résulte d'un nombre plus ou moins considérable de pistils réunis et souvent soudés ensemble, mais provenant tous de fleurs distinctes, comme les mûres, ananas, cônes de pins, etc. Les anciens comprenaient sous cette dénomination : les œufs, le fromage, le lait et le miel. Les fruits faisaient partie de l'offrande à l'Eternel; l'oblation de Caïn fut prise dans la récolte qu'il cultivait. (*Gen.*, IV, 3.)

De tous temps les fruits firent l'ornement des plus somptueuses tables, comme des plus frugaux repas. Rien n'est plus attrayant que ces superbes corbeilles où se dressent des monceaux de raisins chasselas entremêlés de *pino* noir, qui s'offrent à nos yeux en grappes appétissantes; ou ces compotiers surmontés de pyramides de pêches, d'abricots superbes, de pommes calvilles, de poires fondantes et sucrées, aux tons d'or.

Ces monceaux de fraises rouges, roses et parfumées, n'attendent que le sacrifice pour répandre leur suc exquis. Et quelles sensations agréables l'on éprouve lorsque, au dessert, le moment est arrivé de tendre sa main vers les coupes séduisantes? Tant que le monde se nourrira, les formules des mets culinaires varieront, comme leurs effets. Mais les désirs irrésistibles et les sensations délicieuses, produites par les fruits sur nos papilles sublinguales ne s'altéreront jamais dans le genre humain.

HYGIÈNE. — Pour qu'ils produisent des effets salutaires, les fruits doivent être mangés mûrs, avant qu'ils soient passés à l'état de putréfaction; autant les fruits sont agréables et sains à leur parfaite maturité, autant ils sont pernicieux à cette extrémité.

On peut diviser les fruits, selon la proposition de Fonssagrives, en sept classes :

Fruits sucrés;
Fruits acidules et acidulés;
Fruits féculents et farineux;
Fruits sèveux;
Fruits aromatiques;
Fruits astringents;
Fruits huileux ou émulsifs.

Il est bien entendu que chacune de ces épithètes indique seulement la caractéristique, ou dominante, des groupes auxquels elle se rapporte; certains fruits peuvent en effet être sucrés et acides en même temps, féculents et sucrés, acides et aromatiques, etc.; mais il n'en est aucun dans lesquels ne prédomine l'un de ces attributs.

Les fruits *acidules* ont une saveur aigrelette et sucrée qui les rend très appétissants, mais leur chair, généralement froide, est un peu lourde, ne se digère que quand on en relève le goût par des condiments tels que du sucre ou des vins alcooliques. Nous rangerons dans ce groupe : les fraises, les framboises, les pêches et les variétés acidules de pommes. Les fruits *acides* contiennent, en proportions assez notables pour que leur sucre n'en masque pas la saveur, des acides végétaux, ordinairement de l'acide tartrique, de l'acide oxalique et de l'acide malique réunis deux à deux, trois à trois. Les acides sont étendus habituellement dans un suc à la fois mucilagineux et sucré. Leur proportion varie aux diverses périodes de la maturation des fruits; quelquefois même ils changent de nature au fur et à mesure que les fruits approchent de la maturité. Les citrons, les oranges, le tamarin, l'ananas, les groseilles à grappes et la grenade sont les principaux fruits de ce groupe.

Dans les fruits *sucrés* la saveur acide est masquée, au moins en grande partie, par les quantités considérables de sucre, de mucilage et de fécule qu'ils renferment. Les fruits sucrés les plus usuels sont les poires, les raisins, les prunes, les dattes, et parmi les fruits exotiques la barbadine, la sapotille, le cachimant, la pomme canelle, etc. Les fruits *huileux* ou *émulsifs* doivent le dernier de ces deux noms à leur propriété de donner, par la division de leur matière grasse dans l'eau, un véritable lait ou émulsion. Ce principe huileux est contenu dans une amande, comme dans les noix, les noisettes, les pistaches, le coco, etc., ou ce qui est plus rare, il réside dans la pulpe même du fruit; c'est ce qui se constate dans l'olive et l'avocat, etc.; ces fruits sont très nourrissants, ils constituent un élément important du régime gras, mais ils sont par cela même, un peu lourds et d'une digestion difficile.

Les fruits *féculents* sont ceux qui sont constitués par une accumulation de fécule associée à certains principes sucrés, aromatiques, astringents, etc. Telles sont les châtaignes, les marrons, le rima, ou fruit de l'arbre à pain. Leurs propriétés nutritives et digestives sont celles des féculents en général. Les fruits *astringents* sont remarquables par leur saveur acerbe, que la maturation diminue, mais qu'elle ne masque que d'une manière incomplète. Le principe astringent qui domine dans ces fruits est tantôt associé à de la fécule comme dans les glands, tantôt contenu dans une pulpe plus ou moins consistante, sucrée ou acide. Les nèfles, les coings, les cornouilles, les senelles, les lucets, etc., rentrent dans cette catégorie. Ces fruits doivent à leur astringence de produire ou d'entretenir la constipation; on en fait dans la médecine vulgaire un usage banal pour combattre la diarrhée. (*Fonssagrives.*)

Fig. 589. — Compotier à fruits de table.

Au point de vue du régime, les fruits doivent, dans la généralité des cas, être cuits ou secs. Voici comment on peut les classer :

Laxatifs. — Les oranges, les figues, les prunes, le tamarin, les mûres, les dattes, les brugnons, peuvent être avantageusement utilisées.

Astringents. — La grenade, les mûres de ronces, les framboises, les baies de sumac, l'épine vinette, les groseilles, le coing, sont les plus actifs.

Diurétiques. — Les raisins, les poires, les pommes, les fraises, le melon, les groseilles à maquereau, les pêches, les prunes, l'ananas, etc.

Fig. 590. — Corbeille pour fruit de table.

Sédatifs et réfrigérants. — Le citron, l'orange, le melon, le concombre, la courge, la tomate, etc.

Vermifuges. — L'écorce et la racine de grenadier en décoction et les pépins de courge sont très efficaces.

Emollients. — Les figues, mais surtout les raisins fondants et muscats, pris sous forme de régime ou *cure*, comme cela se pratique en Suisse.

CONSERVATION DES FRUITS. — Il y a quatre méthodes de conservation appliquées aux fruits; la conservation naturelle dans un fruitier, des espèces susceptibles de se conserver; la dessication, la conservation par le procédé Appert (Voir ce mot) et la confiserie.

Dessication des fruits. — *Formule* 1984. — Les poires et les pommes peuvent être préparées ainsi :

Procédé général. — Couper les poires ou les pommes par le milieu, les grosses en quatre; les plonger dans l'eau bouillante pendant dix minutes; les égoutter et les laisser refroidir dans un lieu aéré. Les faire sécher au soleil ou dans une étuve.

Fig. 591. — Compotier à carnot pour fruits.

Abricots et pêches. — *Formule* 1985. — Couper les fruits en deux, en extraire le noyau, les plonger dans de l'eau en ébullition pendant cinq minutes ; les égoutter, les faire refroidir et les faire sécher au soleil ou dans une étuve.

Prunes. — *Formule* 1986. — Pour enlever les noyaux des prunes il faut les choisir mûres et de qualité spéciale, celles dont la pulpe n'est pas adhérente. Fendre la prune pour en extraire le noyau. On les met dans une étuve tiède et on les y laisse jusqu'à ce qu'elles soient sèches, c'est-à-dire qu'elles ne soient plus humides. On les conserve en lieu sec et aéré.

Pruneaux. — *Formule* 1987. — Les prunes entières sont passées à l'eau bouillante pendant dix minutes et sont ensuite séchées dans une étuve ou dans un four. On les met ensuite dans des paniers en les pressant légèrement.

Cerises. — *Formule* 1988. — Plonger les cerises cinq minutes dans l'eau bouillante, les égoutter, et quand elles seront sèches les mettre sur des plaques dans une étuve. Quand les rides commencent à se produire on diminue la chaleur et on les retire quelques heures après.

Remarque. — Les raisins qui nous viennent de Malaga, sont préparés par simple dessication au soleil ou par le même procédé que j'indique ci-dessus. Les abricots de Damas et les pommes parfumées qui nous arrivent du Canada sont simplement séchés au soleil.

Fruits conservés par la chaux. — *Formule* 1989. — Un système de conservation qui parait avoir été appliqué avec succès aux fraises entières, aux framboises, serait le suivant:

Procédé général. — Mettre un kilo de chaux vive dans quatre litres d'eau pendant quatre heures; la décanter et la filtrer. Piquer les fraises avec une épingle et les faire tremper pendant une heure dans l'eau de chaux. Les sortir avec l'écumoire et les égoutter sur un tamis. Les placer dans un bocal et leur couler dessus un sirop froid à 25 degrés. Boucher.

Remarque. — Ce mode s'applique à tous les fruits pour être conservés crus. Il ne nécessite aucune ébullition de boîte ou de bocal.

Conservation des jus de fruits. — *Formule* 1990. — Pour être susceptibles de conservation, les jus doivent subir une opération qui a pour but la décomposition du sucre et la partie mucilagineuse pour les convertir en liquide vineux ou alcoolique. Cette opération prend le nom de fermentation; elle s'opère de différentes manières, mais deux, principalement, sont mises en usage.

Premier procédé. — En écrasant les fruits et les soumettant à la presse immédiatement pour les loger dans des baquets ou des tonneaux qui doivent être dans un état complet de propreté; ensuite les laisser fermenter pendant douze ou vingt-quatre heures, et même davantage selon les influences de l'atmosphère; l'opération étant en marche, le liquide s'échauffe et laisse dégager abondamment du gaz acide carbonique qui soulève la plus grande partie des matières solides;

peu à peu, l'effervescence diminue, le chapeau se fendille et le liquide s'éclaircit et parait sur le chapeau. On reconnaît que la fermentation est terminée lorsque le liquide est parfaitement clair et qu'il ne porte plus que 0 degré ou 1 degré au pèse-sirop; la fin de la fermentation est également annoncée par la présence des moucherons qui voltigent au-dessus des tonneaux; alors, tirer à clair, filtrer, mettre en bouteilles et passer à l'ébullition.

Deuxième procédé. — En écrasant les fruits le plus vivement possible, les mettre dans des baquets ou des tonneaux en parfait état de propreté et les laisser fermenter avec leurs grappes ou leurs noyaux pendant au moins huit ou dix jours; le liquide, qui, en s'échauffant, laisse dégager une certaine quantité de gaz acide carbonique, soulève promptement la masse solide que l'on nomme également chapeau; peu à peu l'effervescence diminue, les moucherons paraissent et voltigent à la surface des tonneaux et le liquide s'éclaircit. On reconnaît, comme par le premier procédé, que la fermentation est complète lorsque le liquide ne porte plus que 0 degré ou 1 degré au pèse-sirop et que le marc se fendille en laissant apparaître le jus clair; alors, soutirer, filtrer, mettre en bouteilles et passer à l'ébullition.

Remarque. — Les deux procédés sont excellents; la plupart des praticiens opèrent d'après le premier, prétendant que les fruits étant pressés immédiatement et mis ensuite en fermentation sans les grappes ni les noyaux, produisent des jus plus fins et plus francs de goût, puisqu'ils n'ont pas été mis en contact pendant la fermentation avec les grappes et les noyaux qui leur donnent de l'âcreté. Mais après avoir sérieusement expérimenté la chose et m'être parfaitement rendu compte, je suis loin d'être de cet avis; je prétends, au contraire, que les fruits mis en fermentation avec la grappe, produisent des jus au moins aussi bons, bien plus colorés, possédant une certaine quantité de tannin, qui est très utile pour leur conservation, et, surtout, pour la conservation de leur couleur. La seule chose qui puisse être désavantageuse, c'est que les jus fermentés sans la grappe se font dans l'espace de douze à vingt-quatre heures, tandis que ceux que l'on met en fermentation avec la grappe demandent huit à dix jours au moins pour devenir absolument clairs. (Edouard Lacomme, de l'*Académie de Cuisine*.)

PRUITS CONFITS. — Les premières conditions pour obtenir de beaux fruits confits sont d'abord la régularité de la maturité et de la grosseur des fruits, puis des soins que l'on apporte au blanchiment.

Blanchiment des fruits. — *Formule* 1991. —

— *Procédé général.* — Les fruits étant cueillis quelques jours avant leur parfaite maturité pour les obtenir fermes, doivent être blanchis le même jour. S'ils étaient trop cuits, ils tomberaient en marmelade; s'il ne l'étaient pas assez, leurs pores se trouvant serrés, le sucre ne pourrait y pénétrer. On les met dans une bassine avec beaucoup d'eau; dans les opérations en grand, chez les confiseurs, par exemple, il est préférable de les mettre dans une bassine à vapeur ou à eau, à double fond. L'emploi de ces bassines permet de confire un hectolitre de fruits à la fois. Chaque

Fig. 594. — Étagère de fruits en potits pots.

sorte de fruit se blanchit d'une manière différente; les fruits à noyau se mettent dans l'eau froide et sur feu doux, et on fait chauffer sans laisser bouillir, et on les retire à l'aide d'une écumoire au fur et à mesure qu'ils remontent sur l'eau. Ils sont à point quand on les piquant avec une épingle elle pénètre facilement dans la chair; étant suffisamment tendres, on les rafraîchit à l'eau froide; on peut se servir de la même eau pour blanchir d'autres fruits, mais si l'on devait y mettre des fruits à noyau, on devrait laisser tiédir l'eau avant d'ajouter les fruits. Les fruits à écorce sont plus longs à blanchir suivant leur

qualité et selon qu'ils sont entiers ou en partie. Pour conserver la couleur des poires, des noix, des pêches, des abricots, on ajoute dans l'eau de rafraîchissement 50 grammes d'alun pulvérisé par hectolitre d'eau. Pour les maintenir blancs, on se sert de jus de citron.

Mise au sucre. — *Formule* 1992. — *Procédé général.* —

Quand on se trouve en présence de fruits pas assez mûrs ou fermes, il faut les mettre dans un sirop à 25 degrés et les laisser imbiber ainsi une nuit. Pour tous les fruits, on cuit le sucre à 28 degrés pour la première façon, et on ajoute les fruits en leur faisant donner un bouillon léger; on les verse doucement dans des terrines et on les met à la cave ou autre lieu frais et sec. Le lendemain, on décante bien tout le jus et on l'amène à 30 degrés; on ajoute les fruits, on leur donne un bouillon frémissant et on les remet dans les terrines. On répète ces *façons* en augmentant chaque jour le sucre d'un degré, pendant sept à huit jours, de façon à obtenir 36 degrés à la dernière façon. Quelquefois, pour éviter la fermentation, on est obligé de donner deux façons par jour; dans ce cas, on fait seulement frémir le fruit. Si l'on veut obtenir des fruits très clairs, il faut *graisser* le sirop au milieu des *façons*, c'est-à-dire les changer et ajouter un peu de gelée de pomme ou du glucose, pour l'empêcher de candir.

Quand toutes les façons sont données, on les laisse reposer une dizaine de jours pour qu'ils s'imprègnent de sucre; on soutirepar un robinet placé au fond des terrines le jus des fruits, qui ne tarderait pas à produire la fermentation. Ce mode est très utile pour les fruits tendres, comme les marrons, les fraises et les framboises. On conserve les fruits confits dans des pots de grès couverts de sucre, ou à sec, couverts d'un papier huilé.

Emploi des sirops de fruits. — *Formule* 1993.

— Les sirops mucilagineux provenant des abricots, coings, framboises, reines-claudes, mirabelles, figues, peuvent servir pour les confitures communes ou pour les entremets. Les sirops d'ananas, chinois, cédrats, oranges, citrons, poncires, pour parfumer les liqueurs communes. Les sirops de cerises, épines-vinettes, framboises, fraises, pour les sirops ordinaires. Les sirops d'angélique, de marrons, de noix, de poires, de verjus, raisin muscat, pour les grossisages des dragées, etc.

Fruits à l'eau-de-vie, A. — *Formule* 1994. — Il n'est pas de fruit qui ne puisse,être conservé dans l'eau-de-vie; cette conserve est d'autant plus précieuse qu'elle peut être faite avec des fruits qui tombent des arbres avant maturité, et qui sont généralement perdus.

Procédé général. — Piquer les fruits avec une épingle et les blanchir comme pour les confires, voir la *formule 1982*. On prépare des alcools bon goût, rectifiés, du Midi, à 85 degrés, selon Cartier; on le dédouble à 30 degrés et on y ajoute les fruits; le jus qui s'écoule des fruits amène l'alcool à 24 ou 25 degrés; si, après quelques jours d'infusion, l'alcool était plus faible, il faudrait en ajouter de nouveau, de façon à ce qu'il ne soit jamais au-dessous de 25 degrés. Les distillateurs qui s'occupent de la confection de ces fruits en grand pour les marchands de vins, les font infuser dans des tonnes pendant quelques mois, et les sortent au fur et à mesure pour les mettre dans des bocaux et les livrer à la consommation. Ces fruits sont d'ordinaire croquants et juteux.

Fruits à l'eau-de-vie, B. — *Formule* 1995. — Préparer les fruits en les blanchissant comme dans la formule précédente, et cuire un sirop à 28 degrés; mettre les fruits dans le sucre et les faire frémir un instant, et les mettre dans une terrine. Le lendemain, donner encore une façon et amener le sirop à 30 degrés; laisser passer une nuit, et le lendemain égoutter les fruits et les mettre dans un alcool bon goût à 50 degrés. Ce mode produit d'excellents fruits.

Fruits à l'eau-de-vie, C. — *Formule* 1996. — Les fruits étant piqués et blanchis, on leur donne deux *façons* au sucre à 28 et 30 degrés. On les égoutte et on mélange deux litres d'alcool à 30 degrés avec un litre d'eau sucrée à froid à 32 degrés. Après quinze jours d'infusion, on goûte les fruits et la liqueur, et on ajoute, s'il était nécessaire, de l'alcool ou du sucre.

Remarque. — Pour les soins spéciaux à donner à chaque fruit, on se reportera aux mots de chacun d'eux, bien qu'en général les procédés susmentionnés soient les seuls appliqués pour obtenir de bons fruits à l'eau-de-vie. Faisons encore remarquer aux ménagères qui préparent des fruits à l'eau-de-vie pour leur usage, que le mode d'exposer les bocaux de fruits au soleil, dans l'idée que la chaleur augmentera la force de leur tafia, est un procédé contraire au but qu'elles veulent atteindre : l'action du soleil annihile l'esprit, le fait évaporer et en diminue ses propriétés. Il ne faut donc pas perdre de vue que l'alcool doit être tenu clos et à l'abri du soleil.

Macédoine de fruits confits (*Entremets*). — *Formule* 1997. — Faire cuire dans un sirop faible avec un bâton de vanille, de l'orangeat, du citronnat, des chinois, des raisins de Malaga, des noix, des abricots, des poires, enfin autant de sortes de fruits qu'il sera possible. Quand les fruits seront très tendres, retirer les raisins, le citronnat et l'orangeat; hacher ces deux derniers et les mélanger avec les raisins.

Préparer un riz à la crème et à la vanille, convenablement sucré, et y mélanger les raisins, le citronnat et l'orangeat haché; en remplir une bordure et démouler sur un plat rond. Ajouter aux fruits un demi-verre à bordeaux de marasquin et dresser la macédoine en pyramide au milieu de la bordure de riz. Décorer le haut de la bordure avec une couronne de feuilles d'angélique et des fruits de couleur vive. Siruper et servir le restant du sirop dans une saucière.

Auréole de fruits confits (*Entremets*). — *Formule* 1998. — Préparer des fruits comme dans la formule précédente; y ajouter, quand ils seront cuits, une marmelade d'abricots, du marasquin et du kirsch. Laisser refroidir. Foncer fortement une timbale avec de la pâte brisée et la garnir de la macédoine; couvrir avec une rondelle de pâte en la soudant hermétiquement; pratiquer un petit trou au milieu avec la pointe du couteau et mettre la timbale dans un four chaud. Aussitôt que la pâte sera chaude, sortir la timbale, la dresser sur un plat rond. Il est important que le jus ne sorte pas de la timbale; il irait s'infiltrer entre la croûte et le moule et lui donnerait un aspect désagréable.

Suprême de fruits (*Entremets*). — *Formule* 1999. — Mettre en quartier et éplucher, selon la règle, de façon à obtenir :

Pommes de Calville	grammes	150
Poire Bon-Chrétien	—	150
Prunes confites.	—	200
Abricots frais	—	200
Tranche d'ananas	—	200
Cerises confites.	—	100
Sirop à 30 degrés.	litre	1
Marasquin	décilitre	1

Procédé. — Cuire les poires dans un sirop à 20 degrés, légèrement carminé; cuire également à part les pommes, les prunes et les abricots en deux, dans un sirop à 20 degrés. Egoutter les fruits et les dresser dans une timbale d'argent. Un quart d'heure avant de servir, chauffer la timbale au bain-marie; saucer du Marasquin et servir chaud.

Remarque. — Ces fruits peuvent être servis dans une tourte, dans un socle en pâte de Milan, ou dans une croustade en forme de corbeille.

Fruits Pouding (*Cuis. anglaise*). — *Formule 2,000.* — Tous les poudings de fruits à l'anglaise se font avec la même pâte.

Employer :

Graisse de rognon de bœuf . . . . grammes 500
Farine tamisée. . . . . — 500
Eau. . . . . décilitres 3
Une forte pincée de sel.

Procédé. — Hacher finement la graisse préalablement épluchée; former la fontaine, y mettre le sel, et faire une pâte ferme. Laisser reposer une demi-heure, l'abaisser et former un bol avec l'abaisse garni de fruits, dont on aura sorti les noyaux des espèces qui en ont; assaisonner de sucre, vanille ou cannelle et couvrir le bol d'une même pâte en la soudant. Envelopper le bol dans un linge et faire cuire pendant une heure et demi dans l'eau bouillante.

Pain de fruits à la gelée (*Entremets*). — *Formule 2,001.* — Eplucher des pommes à chair blanche, les faire fondre dans un sautoir avec sucre vanillé et un peu d'eau; passer la purée au tamis, puis à l'étamine. Mélanger à un litre de cette purée deux décilitres de sirop à 35 degrés et un salpicon de fruits confits cuits à point. Bien mélanger le tout.

Chemiser fortement le moule avec une forte gelée à la vanille. Décorer l'intérieur du moule avec des amandes, des chinois, des cerises, des fraises, de l'ananas et de l'angélique. Remplir le moule soigneusement, avec la purée à la macédoine de fruits. Sangler le moule dans la glace pendant une heure et démouler sur un plat rond. Servir séparément un jus de fruits.

Fruits Béchiques (*Hygiène*).— *Formule 2,002.* — On classe parmi les fruits béchiques ou *pectoraux*, les dattes, les jujubes, les figues sèches, les raisins secs, dont on fait une tisane pectorale et émolliente.

Procédé. — Faire cuire 50 grammes de chacun des fruits ci-dessus indiqués dans deux litres

d'eau. Faites réduire de moitié, passer la coction et la mélanger avec 50 grammes de miel blanc.

Timbale à la d'Aremberg (*Fructidor*). — *Formule 2,003.* — Voici dans quels termes s'exprime le cuisinier-poète Achille Ozanne :

> Déjà les pampres s'épanouissent,
> Fructidor tient à nous offrir
> Les belles grappes qui jaunissent
> Et les beaux fruits qui vont mûrir.

> On voit l'abeille qui butine
> Sur la pêche aux vives couleurs,
> Et le papillon qui lutine
> Le calice odorant des fleurs.

> Pillons la vigne et l'espalier!
> Que le vin nouveau dans les cuves
> Bouillonne, — emplissant le cellier
> De ses enivrantes effluves!

> Et de ces beaux fruits du verger,
> Que pendant l'hiver on emploie
> Pour emplir le garde-manger,
> Soulageons la branche qui ploie.

> Parmi les entremets divers,
> Un, je crois, — des plus méritoires,
> Est celui qu'en ces quelques vers
> Je décris : Timbale de poires.

>   RECETTE
> Des poires en quartier, vous cuisez en compote.
>   Mettons : douze environ,
> Ceci fait — d'abricot, après on les sirote
>   Et zeste de citron,

> Qu'au sirop l'on ajoute, ainsi que la pistache,
>   Et Marasquin un peu.
> Laissez-le mijoter, pour que point il n'attache,
>   Sur un tout petit feu.

> D'autre part : vous beurrez un grand moule à timbale,
>   Qu'en pâte vous foncez,
> Et qu'autour des parois, d'une épaisseur égale
>   Vous assujettissez.

> Ensuite, en la timbale, il faut qu'on introduise
>   Le tout, puis la couvrir.
> La mettre dans le four, et, qu'une heure elle cuise
>   Avant de la servir.

Remarque. — Maintenant que nous avons consacré aux fruits l'attribut général qui leur est dévolu, nous prions le lecteur de vouloir bien se reporter à chacun d'eux pour le traitement spécial qui leur convient.

FRUITERIE, *s. f.* All. *Obstkammer*; rus. *awoschnoï lawka*; angl. *fruitery*; ital. *dispensa delle frutta.* — Local où l'on conserve les fruits.

La fruiterie doit être tempérée, aérée et sans humidité. Les fruits, selon leur genre, sont suspendus ou posés sur de la paille d'orge ou de maïs. Quand il fait beau, l'ouverture du midi peut être débouchée pour laisser passer les rayons solaires, tandis que toute ouverture doit être scrupuleusement bouchée par le froid, le brouillard ou la pluie.

FRUITIER, TIÈRE, *s. m., f.* All. *Obsthœndler;* rus. *Awoschnik;* angl. *fruitery;* ital. *fruttifero.* — Celui, celle qui vend des fruits et des légumes.

FRUTILER, *s. m.* — Fraisier du Chili, de la famille des rosacées. Quelques-uns le regardent comme une simple variété du fraisier commun.

FUCUS, *s. m.* — Terme générique d'un genre d'algue appelé aussi varech. Ces végétations sont membraneuses ou filamenteuses; les graines ou les capsules, réunies dans des gousses ou des tubercules, aboutissent à des pores extérieurs et sortent naturellement de la plante. Sur les côtes de la mer, les fucus fournissent un aliment abondant pour l'homme.

Autour des Iles Britanniques on trouve le *fucus digitatus,* connu sous le nom de *sea girdle* en Angleterre, *tangle* en Ecosse, et *red-ware* dans les Orkneys; le *fucus saccharinus, edulis, esculatum* ou *bladder-lock,* aussi nommé *hen-ware* et *honey-wrae* par les Ecossais; l' *Ulva latissima,* appelé *green laver.* Enfin, le *fucus palmatus, dulse,* dénommé *rhodomenia palmata* ou *halymenia,* très connu des Ecossais. On a constaté de 10 à 15 0 0 d'azote dans les fucus ou algues marines, ce qui les placent parmi les aliments de premier choix.

Chin-Chou (*Gelée de fucus*). — *Formule 2,004.* — Les Chinois font une gelée très estimée avec le *fucus saccharinus,* qu'ils dénomment *chin-chou.* On choisit les capsules ou graines avant maturité avec une égale quantité de sommités fraîches. On les fait cuire dans de l eau en faisant réduire celle-ci jusqu'à ce qu'elle devienne gommeuse; on la passe au tamis, on la sucre et on la laisse refroidir. Elle passe pour stomachique.

Fucus à l'étouffée (*Cuis. Islandaise*). — *Formule 2,005.* — Choisir des *fucus palmatus,* ou fruit de fucus palmate, les blanchir et les laver, les assaisonner avec muscade, poivre, sel et sucre; leur ajouter une quantité relative de cèpes frais et les mettre dans une casserole en terre dans un four pas trop chaud; après une heure et demie de cuisson étuvée, sortir les fucus et les servir dans leur propre jus.

Fucus au lait (*Cuis. écossaise*). — *Formule 2,006.* — Faire blanchir les *fucus* à grande eau,

avec un peu de carbonate de potasse, qui a la propriété de les attendrir et de les débarrasser des sels dont ils sont surchargés. On les rafraîchit et on les égoutte; on les met dans une casserole avec du lait, poivre, sel, un oignon clouté et un peu de muscade, et on les fait cuire à petit feu; au moment de servir, on les lie avec un peu peu de beurre frais.

Tablette de fucus conserva (*Cuis. cochinchinoise*). — *Formule 2,007.* — Cette plante marine se trouve mentionnée dans la *Flore de Cochinchine.* On la fait blanchir, puis sécher au soleil; on la rend en poudre impalpable. On lui mélange un quart ou un tiers de son poids de sucre en poudre, une petite quantité de gelée obtenue par la coction du fucus vert. On mélange bien cette pâte, on la passe sous la meule comme le chocolat, et l'on forme des tablettes par pression dans des moules spéciaux. On les enveloppe de papier d'étain et on les met dans des boîtes. Elles sont considérées comme très nourrissantes et rafraîchissantes.

FUELLA, *s. f.* — Plant de vigne, aussi appelé *boletto.* C'est la variété classique des vignobles de Nice; le fruit en belles grappes d'un rouge noirâtre est agréable et fournit le vin assez renommé de Bellet.

FULBERT-DUMONTEIL (Jean Camille). — Littérateur français, né à Vergt (Dordogne), le 10 avril 1830. Fulbert-Dumonteil débuta en 1862 au Figaro hebdomadaire. M. de Villemessant, le premier journaliste de son temps, remarqua les articles de son nouveau collaborateur, qui se distinguait, au milieu de brillants écrivains, par un style alerte, châtié, original. Du premier coup, il se fit un nom dans la Presse. Aujourd'hui, c'est un des publicistes les plus considérés et les plus goûtés du public.

Fulbert-Dumonteil est avant tout un styliste. Sa plume savante sait trouver le chemin du cœur et faire vibrer l'âme. Sa phrase est élégante, harmonieuse, précise. C'est un régal de haut goût pour les fins lettrés. Chacune de ses pages forme un tableau merveilleux, où se marient agréablement les mille couleurs d'une éblouissante palette. Entre ses mains la plume devient un pinceau.

Fulbert-Dumonteil collabora à tous les grands journaux avec un égal succès. Littérateur éminent et naturaliste distingué, il excelle surtout dans les « portraits » d'animaux. Depuis 1880, il tient avec autorité la plume de chroniqueur scientifique à la *France*. Il signe également dans ce journal et dans plusieurs revues culinaires des articles gastronomiques fort goûtés des gourmets et des amateurs.

Outre des articles quotidiens, Fulbert-Dumonteil a publié un grand nombre de volumes littéraires ou scientifiques. Citons les principaux : *Histoire naturelle en action; Plantes étrangères; Portraits zoologiques : animaux et plantes, bêtes curieuses; le Monde des fauves; les Fleurs à Paris; le Monde des insectes; les Oiseaux curieux; le Monde des eaux; les Portraits politiques; les Portraits intimes; Nouvelles patriotiques; les Sept femmes du colonel d'Arlot; le Voyage au pays du bien; les Carillons de Noël; les Contes jaunes, etc.*

Contrairement à l'aptitude gourmande de son confrère Charles Monselet, Fulbert-Dumonteil est un gourmet raffiné. Nul comme lui ne possède plus intimement liés la finesse d'esprit et la délicatesse de goût. Aussi, de même qu'à son dieu on offre un holocauste, les cuisiniers lui dédient leurs meilleures créations, témoignage sympathique à ses dons gastronomiques.

FUMAGE DES VIANDES. — Le fumage des viandes est l'un des moyens les plus primitifs de conservation (Voir BOUCANAGE et BŒUF FUMÉ).

Quand une substance est exposée à la fumée, elle se pénètre par les parties les plus subtiles de celles-ci, lesquelles se combinent avec ses éléments; ce sont ces parties déliées qui empêchent la putréfaction; les autres restent à la surface.

Outre les parties ligneuses, la plupart des matières végétales contiennent des parties visqueuses, résineuses, des huiles qui se volatilisent souvent sans se décomposer, tandis que les autres se changent en acides, en gaz, etc. Ce sont principalement ces acides, avec une portion des parties résineuses et aromatiques, qui pénètrent la viande et en séparent l'eau; tandis que les parties les plus grossières, celles qui constituent la *suie*, restent attachées à l'extérieur. Comme la fumigation seule ne suffit pas pour conserver la viande, il est indispensable de sécher et de saler celle-ci préalablement.

Toutes les fumées ne sont pas également bonnes pour la fumigation. La fumée épaisse et aromatique est celle qu'on doit préférer. Sous ce rapport, le bois compact vaut mieux que le bois poreux, le vert donne plus de fumée que le sec. On obtient une bonne fumée du hêtre, du chêne et de ses feuilles brûlées lentement; le pin et le sapin communiquent à la viande un goût particulier. On obtient du genièvre avec ses baies une fumée subtile et odorante. En Allemagne, on emploie le tan à la fumigation des saucisses.

En terminant la fumigation par des aromates, on donne un goût particulier à la viande; pour cela, on emploie avec succès le laurier avec ses feuilles, le romarin, les fèves de café, l'encens, les pruneaux secs, le bois de réglisse, les clous de girofle, etc.

Si l'on produisait dès le commencement une fumée épaisse, elle sécherait la viande à l'extérieur et l'intérieur n'en serait pas pénétré. Aussi, faut-il employer d'abord une fumée faible et la forcer progressivement.

La viande doit être salée d'abord et la saumure doit être exprimée avec soin. Si on ne la salait pas et qu'on ne fît que la sécher seulement, l'opération serait plus laborieuse. Après cela, on pend la viande dans la cheminée, en ayant soin de la placer assez loin du feu pour que celui-ci ne puisse pas lui nuire. On la laisse plus ou moins longtemps dans la cheminée, suivant la force de la fumée, le degré de température et la nature de la viande. La dessication est prompte quand il s'agit de celle des jeunes animaux et du bétail engraissé à l'étable.

Une chambre à fumer est plus commode que la cheminée, celle-ci étant à peu près abandonnée aujourd'hui.

L'acide pyroligneux peut remplacer la fumée. Cet acide, en empêchant la viande de se corrompre, lui communique le goût qu'elle acquiert dans la cheminée. Il faut cependant la saler un peu avant de la traiter par l'acide que l'on étend d'eau; sans cela, elle serait dure et sèche.

Quand on manque d'acide, on peut arroser la suie avec du vinaigre chaud, et quand on voit que le liquide a acquis un goût et une odeur pyroligneux, on en arrose la viande.

Bœuf fumé (Voir la *formule 509*).

Porc-jambon. — *Formule 2,008.* — On expose les jambons huit jours à l'air; on les laisse une dizaine de jours dans la saumure, puis on les plonge dans une infusion de genièvre pilé dans de l'eau-de-vie concentrée. On la fume dans la chambre à fumer avec des branches de genièvre. On mange crue la chair fumée des jeunes porcs.

Une précaution qu'il ne faut pas négliger, c'est de suspendre tous les mois, par l'un et l'autre bout, alternativement, les saucisses et les jambons fumés. De cette manière, les sucs sont maintenus dans une sorte d'équilibre et ne s'écoulent pas.

Lard gras. — *Formule 2,009.* — On s'y prend de la même manière que pour le porc, seulement, pour empêcher que le lard ne fonde à la chaleur de la fumée, on commence par le mettre quinze jours dans l'eau froide, qu'on renouvelle tous les soirs.

Gigot de mouton. — *Formule 2,010.* — On le frotte avec du sel et du salpêtre; on le laisse deux ou trois jours dans la saumure, en ayant soin de le retourner souvent. Si le mouton est coriace, on le bat préalablement. On ne fume guère que les quartiers de derrière.

Oie fumée ou confite. — *Formule 2,011.* — On peut fumer les oies entières ou en morceaux. Entières, on leur ouvre le dos, on les frotte avec du sel, et on les laisse quelques jours dans l'eau salée; puis on place dans l'intérieur de petites traverses, qui empêchent les chairs de s'affaisser pendant la fumigation. Quand on les sort de l'eau salée, on les égoutte, on les sèche légèrement, et on les fume huit jours après. On les place ensuite, huit autres jours, dans une chambre bien aérée; après quoi, on les serre dans un endroit frais.

Poissons fumés. — *Formule 2,012.* — On les sale, on les embroche, et on les expose à la fumée du genièvre ou des feuilles de chêne. On ouvre les gros et, au moyen de petites traverses, on les tient entr'ouverts; ceux qui ont la chair délicate doivent être entourés de pâte, de papier ou de toile. On fume les harengs vingt-quatre heures, les saumons trois semaines, les truites, les carpes, les brochets, les anguilles, quatre jours. Quand les harengs sont de vieille salaison, il convient d'en retirer la laite.

Remarque. — On peut sans inconvénient laisser pendant tout l'hiver, dans un local aéré, les substances fumées. Dans les climats tempérés, elles peuvent y rester jusqu'au mois d'avril. Alors, après les avoir râclées, on les poudre de cendres, et on les renferme hermétiquement dans des caisses ou tonneaux. On peut aussi les garantir des vers en les mettant dans le foin ou dans la cendre.

FUMET, *s. m.* All. *Duft;* rus. *fumet;* angl. *fumette;* ital. *odore.* — Vapeur agréable qui s'exhale de certains mets et de certains vins.

Charme et puise son charme en l'essence des mets,
En séduisant les cœurs par l'âme des fumets.

Le fumet est le principe aromatique des mets qui attire, séduit et provoque l'appétit par le désir et l'envie. On peut diviser les fumets en trois genres : *fumets de poissons, fumets de gibiers, fumets de cryptogames* (truffes et champignons). Les fumets des plantes aromatiques prennent le nom d'*essence*, et les réductions de viande de boucherie celui de *glace de viande*, ou *extrait de viande* (Voir ces mots).

Fumet de sole. — *Formule 2,013.* — *Procédé général.* — On utilisera pour ce fumet les débris et les arêtes des soles, lorsqu'on aura levé les filets. On a soin qu'il ne reste point de sang et que les intestins soient écartés, que les têtes soient parfaitement propres. Hacher un peu les arêtes et mettre le tout dans une casserole avec un oignon émincé, un fragment de thym, de l'eau et du vin blanc naturel. Certains vins altérés, et surtout le vin de raisins secs, ont la propriété de noircir le fumet de poisson, qui doit rester blanc. On remplace, pour plus de sûreté, le vin par une quantité suffisante de jus de citron.

On laisse cuire et réduire dans une casserole couverclée. On passe le fumet et on le fait réduire de nouveau, en y ajoutant du jus de champignons frais.

Fumet de turbot (*Haute cuisine*). — *Formule 2,014.* — Procéder de la même façon que pour le fumet de soles, en ayant soin que les débris soient parfaitement propres.

Fumet de saumon (*Haute cuisine*). — *Formule 2,015.* — Lorsqu'il s'agit de sauce *génoise*, c'est-à-dire de sauce de poisson au vin rouge, on peut couper la tête du saumon par le milieu, lui ajouter d'autres débris de poisson, et la mouiller avec vin rouge et eau. Pour la condimentation, on suivra exactement le procédé général présenté plus haut.

Fumet de crustacés (*Haute cuisine*). — Les fumets de crustacés n'étant autre chose que des *coulis*, je prie le lecteur de vouloir bien s'y reporter.

Remarque. — Le fumet de poisson s'obtient plus particulièrement avec les poissons de mer:

soles, turbot, barbue, etc., dont le principe aromatique est plus flagrant. Cependant, on obtient de bons fumets avec les poissons de rivière, comme le saumon, la truite saumonée et le brochet, quand il ne sent pas la vase. Pour rehausser le fumet, il est bon d'ajouter gros comme une lentille d'ail, mais on évitera qu'elle ne domine.

Fumet de perdreau (*Haute cuisine*). — *Formule 2,016.* — *Procédé général.* — Lever les filets et les cuisses des perdreaux cuits, hacher les carcasses; sauter à la poêle un appareil Mirepoix, composé d'oignons rouges, de carotte, un clou de girofle, fragment de basilic, et une quantité relativement forte de baies récentes de genièvre. Mettre le tout dans une casserole avec un peu d'eau; faire cuire une heure; passer le fumet et faire réduire. Il est essentiel, pour obtenir un bon fumet de gibier, de ne le mouiller qu'avec de l'eau, et de lui ajouter du genièvre, en ayant soin d'ôter les mauvaises graines. N'oublions pas, non plus, que le fumet est un jus et que le coulis est une purée.

Fumet de faisan (*Haute cuisine*). — *Formule 2,017.* — Le faisan doit être rôti à la broche ou au four, mais sans adjonction autre que de l'eau pour déglacer le plat dans lequel il a rôti. Il est également important, pour obtenir un fumet parfumé, que le faisandage ne soit pas trop avancé. Suivre pour le restant le procédé général indiqué pour le perdreau.

Remarque. — On suivra ces prescriptions pour les fumets de *bécasse*, de *grive*, de *canard sauvage*, de *pluvier*, enfin pour tous les gibiers à plumes (Voir COULIS).

Fumet de chevreuil (*Haute cuisine*). — *Formule 2,018.* — Il est important, si l'on veut obtenir un bon fumet de chevreuil, de faire rôtir les débris à point en les saisissant dans un four chaud. Suivre pour le restant le même procédé que pour le perdreau. Ce mode s'applique au *renne*, au *cerf*, au *daguet*, à l'*élan*, au *chamois*, au *daim*, au *sanglier*, enfin à tous les gibiers à poil.

Fumet de champignons (*Haute cuisine*). — *Formule 2,019.*— En épluchant des champignons frais, de couche, en les mettant dans une casserole avec sel, jus de citron et du beurre frais, on obtient, en mettant la casserole en plein feu, une exsudation de leur jus, très parfumée, que l'on peut avantageusement ajouter aux autres fumets ou au coulis. On obtient ce fumet avec tous les champignons frais.

Fumet de truffes (*Haute cuisine*). — *Formule 2,020.* — En râpant ou en pilant de truffes crues et mettant la pulpe dans une casserole avec un jus de citron et en leur faisant donner un bouillon; puis en mouillant avec du vieux vin de Xérès, à défaut de vrai vin de Madère, et cuire une demi-heure, et en faisant refroidir dans un vase clos, on obtient un fumet de truffes, exquis. Le citron a la propriété de faire exsuder le principe aromatique des cryptogames. On ne doit pas l'oublier : les truffes et les champignons contiennent un liquide aromatique, dont là se trouve tout le secret pour l'extraire.

FUMEUX, *adj.* All. *berauschend;* angl. *smoky;* ital. et esp. *fumoso,* dérivé du latin *fumosus,* fumer. — Qui exhale du fumet, des vapeurs à la tête : des vins fumeux.

> Que de descriptions montent en mon cerveau,
> Ainsi que les vapeurs d'un fumeux vin nouveau!

FUNGUS, *s. m.* — Variété de champignons signalée par Pline; il y en a trois sortes, dont l'une est toxique.

FURMINT. — Cépage national de Hongrie. Il fut introduit en France dans quelques vignobles du Midi. C'est le plant qui donne en Hongrie le fameux vin de *Tokay.*

FUSIL, *s. m.* All. *Metzstahl;* angl. *steel;* ital. *fusile.* — Petite baguette d'acier sur laquelle on aiguise les couteaux. Les bouchers portent le fusil pendu à la ceinture.

FUSION, *s. f.* All. *schmelzen;* angl. *fusion;* ital. *fusione.* — Voici à quel degré certaines substances culinaires sont fusionnables :

La glace	degré 0
Le sel marin	degrés 29
Le suif	— 24
La cire	— 61
La cire blanche	— 69

On sait que l'eau bout à 100 degrés et qu'elle n'augmente pas de chaleur en la faisant cuire à grands bouillons.

FUT, *s. m.* All. *Fass;* angl. *stock;* ital. *una botte;* esp. et port. *fuste,* dérivé du latin *fustis.* — Tonneau où l'on met le vin, le cidre, la bière. On dit aussi *futaille.*

NOMS DES COLLABORATEURS ET AUTEURS CITÉS DANS CE VOLUME

Barbier-Duval, *Confiseur moderne*.
Berchoux, *La Gastronomie*.
Boëry
Brémond (Dr Félix).
Brillat-Savarin, *Physiologie du goût*.
Bible (la).
Carême, *la Cuis. franç. au XIXe siècle*.
Chevet (François).
Coquin (Albert).
Dareune, secrétaire de l'Ac. de cuisine.
Delille, poète.
Dedriche (Charles).
Douliot, naturaliste.
Dugniol (Joseph).
Escoffier (A.).
Fonssagrives, *Dict. de la santé*.
Franklin, *La Vie privée d'autrefois*.
Fulbert-Dumonteil, homme de lettres.

Garde (J.), de l'Académie de cuisine.
Guersant, *Dict. de Science médicale*.
Hanni (L., de l'Académie de cuisine.
Harris (R.).
Huxley (H.), *Morphologie de l'écrer*.
Jean de Milan, *Ecole de Salerne*.
Lacam Pierre). *Le Pâtissier glacier*.
Lacomme (Ed., de l'Acad. de cuisine.
Lacour (Clémence Favre, née de).
Landry (A.), *Art de filer le sucre*.
Le Sénéchal (Charles).
Littré (E.), *Dict. de la langue franç*.
Monselet (Ch.), littérateur.
Moisson (Casimir), président de l'Académie de cuisine.
Mourier (L.), de l'Académie de cuisine.
Morard (M.), *Les Secrets de la cuisine dévoilés*.

Olagnier. *Dictionnaire des aliments*.
Ozanne (Achille), cuisinier poète.
Padé (L.), chimiste.
Petit, *La Gastronomie en Russie*.
Portes,) *La Vigne*.
Ruissen.)
Roinard, homme de lettres.
Schéfer (Mme), inspectrice des Ecoles de la Ville de Paris, officier d'instruction publique.
Suzanne (Alfred).
Tavenet, *La Cuisine transcendante*.
Vilmorin-Andrieux {*Plantes potagères*, {*Les meilleurs blés*.

ARTISTE

Bouleaaz A., graveur.

TABLEAU SYNOPTIQUE
DES LETTRES C, D, E, F

ALIMENTS D'ÉPARGNE, APHRODISIAQUES ET DES ORGANES DE LA PENSÉE

APPAREILS A GLACES, ENTREMETS GLACÉS, SUCRÉS, SALÉS, CONFISERIE, CONSERVES, PATISSERIE ET PETITS-FOURS

CUISINE DÉCORATIVE, COULEURS, ESSENCES, ESPRITS, SIROPS, LIQUEURS, ÉLIXIRS, BOISSONS ALCOOLIQUES, FERMENTÉES, AROMATIQUES, THÉIFORMES

GÉOGRAPHIE GASTRONOMIQUE ET VITICOLE, BIOGRAPHIES

APPAREILS, BATTERIE ET USTENSILES DE CUISINE, COUVERTS, VAISSELLE

PLANTES OLÉAGINEUSES, FRUITS AROMATIQUES ET SUCRÉS, ACERBES ET ASTRINGENTS, ACIDES ET ACIDULES, AMANDES ET NOIX

TERMES DIDACTIQUES, HISTOIRE, HYGIÈNE

V^{VE} FRANÇOIS VAILLANT

A VADONVILLE, par LÉROUVILLE (Meuse)

APPAREILS DE CUISINE & DE CHAUFFAGE

POUR

ÉTABLISSEMENTS MILITAIRES ET CIVILS

FOURNISSEUR

DES MINISTÈRES DE LA GUERRE

ET DE LA MARINE

VOIR L'ARTICLE : ARMÉE

PRODUITS RECOMMANDÉS

ABSINTHE. — La maison Edouard Pernod, de Couvet, est la seule maison suisse, de ce nom, qui fournisse une absinthe exquise, d'une parfaite innocuité, préparée selon le mode le plus hygiénique.

Cette maison, universellement connue, doit sa renommée à la bonne fabrication de l'absinthe, qu'elle a été la première à vulgariser (1828) dans le public, sous forme de boisson apéritive (Voir les mots ABSINTHE, COUVET, PERNOD).

ALAMARTINE. — La maison de comestibles de ce nom (*Coq-d'Or*, GENÈVE), est la seule maison suisse, de premier ordre, pouvant fournir tous les produits de l'*ornithologie*, de l'*erpétologie*, de l'*ichthyologie*, de l'*horticulture* et des conserves alimentaires (Voir ALAMARTINE).

BUFFIÈRE-MOURGET. — La maison Buffière-Mourget, de Limoges, se recommande par la qualité de ses produits naturels, ses vins de Bordeaux de crus, et ses liqueurs, dont elle a fait une spécialité pour ses nombreux clients. Ses cognacs vieillis méritent, entre autres, la préférence des bonnes maisons de commerce et des amateurs.

Mais les produits qui font la juste renommée de cette estimable maison sont :

Le Bitter Hollandais. — Tout ce qu'il y a de meilleur parmi le *quinquina*, le *calamus*, la *cannelle*, le zeste de *bigarade*, l'*orange*, la *gentiane*, la *rhubarbe* et les *baies de genièvre*, constitue la base du Bitter Hollandais, dont M. MOURGET continue exactement la composition d'après la formule originelle importée directement de Hollande.

L'emploi des alcools empyreumatiques est complètement banni de la Maison Mourget; supérieurement rectifiées et vieilles dans des foudres immenses, ses eaux-de-vie attendent dans des caves, où des capitaux sont agglomérés, leur parfait état d'innocuité, c'est-à-dire le moment où l'aldéhyde aura complètement disparu. Voilà une des bases qui font du Bitter Hollandais de Mourget l'un des premiers du monde.

Sa couleur lui est donnée par une macération d'avoine tourraillée ou torréfiée. On connaît l'action puissante de l'oléine sur le cerveau? Cette huile essentielle se trouve sous le péricarpe de la graminée : c'est ce principe que M. Mourget a voulu conserver dans son Bitter Hollandais et qui en fait l'un des meilleurs toniques:

Bitter Hollandais.   Amer Mourget.

Suffit-il pour se mettre à l'abri des fraudes, si communes chez les marchands de vins, de demander du Bitter Hollandais? Assurément non : on vous servira une drogue quelconque qui n'aura de commun avec ce produit que le nom; mais les personnes soucieuses de leur santé devront exiger du détenteur d'établissement la marque d'origine. Les troubles d'estomac ont souvent pour cause l'absorption de produits de mauvaise qualité; eh bien ! avec le Bitter Hollandais, vous

pouvez récidiver deux fois, trois fois même, sans qu'il en résulte aucun inconvénient. Faites-en plutôt sur vous-même un essai pratique :

Buvez jusqu'à trois *Bitters Hollandais Mourget*, dinez, et le lendemain faites un examen attentif de votre santé? Vous constaterez qu'il n'y a rien d'anormal. Renouvelez l'essai un jour après avec un amer à la mode ou un bitter quelconque; alors, vous sentirez les entrailles gronder, l'estomac se crisper et la tête s'alourdir ; cette comparaison est, sans contredit, le moyen le plus certain pour apprécier à sa juste valeur le Bitter Hollandais (Voir BITTER).

Amer Mourget. — Les produits alimentaires les plus recommandables sont signalés dans cet ouvrage, afin que le public, déjà surmené par une vie fièvreuse, puisse exiger du débitant une consommation hygiénique.

Sous ce rapport, on ne saurait mieux choisir, entre autres produits recommandés, que ceux de la maison qui nous occupe : le *Bitter Hollandais* et l'*Amer Mourget* que nous avons analysé, est d'un goût exquis. Dans le but de lui conserver son arome en l'étendant d'eau, il a une forte concentration de substances aromatiques et stimulantes des mieux réussies.

En un mot, l'*Amer Mourget* réunit toutes les propriétés réclamées par l'hygiène.

Comme toutes les maisons de ce genre, par la suppression des intermédiaires et les capitaux dont elle dispose, la maison Buffière-Mourget est à même de fournir des produits supérieurs à des prix relativement bon marché.

Non-seulement il n'a rien de comparable avec les produits analogues, mais il est composé selon les prescriptions réclamées par l'hygiène. (Voir BUFFIÈRE-MOURGET).

Biberon Robert.

BIBERON ROBERT. — Le *Biberon Robert*, flexible à bouchon de corne, est le meilleur des biberons.

Sa vente annuelle a dépassé le chiffre énorme de *deux millions deux cent mille*. Il permet à l'enfant la succion favorable à la digestion et ne l'épuise pas.

BYRRH (VIOLET AÎNÉ), Thuir (Pyrénées-Orientales). — Cette précieuse liqueur est l'une de celles dont nous parlons toujours avec plaisir dans le cours de cet ouvrage. Elle constitue en même temps une boisson tonique et apéritive. Elle ne trouble pas la fonction de l'estomac en émoussant les organes de la digestion, et peut être prise à jeun sans altérer la santé.

Sa place était marquée d'avance dans la série des boissons *hygiéniques*; la maison *Simon Violet aîné et Cⁱᵉ* a su le comprendre et s'imposer tous les sacrifices que comportait l'amélioration constante et progressive d'un produit que nous recommandons chaudement à nos lecteurs (Voir BYRRH et APÉRITIF.)

Pyrrh au vin de Malaga.

CLOS CHARBONNIER (*Origine du*). — On connait la réputation universelle de la cave Maire : Les mamelons des communes de Chénas, de Moulin-à-Vent et de Fleury fournissent des vins assez connus pour nous dispenser d'en faire

Clos Charbonnier, propriété de A. Paillard, restaurateur.

l'éloge, et c'est sur ces coteaux, qui se trouvent sur le territoire de ces deux dernières communes, que M. Paillard récolte le *Charbonnier*.

Ce vin, sans histoire avant 1840, fut découvert par M. Maire, prédécesseur de M. Paillard, et voici comment :

En achetant les récoltes de *Moulin-à-Vent* et de *Chénas*, M. Maire remarqua que le bas de la côte dont il avait séparé la vendange avait produit un vin tout particulier. Pour le laisser vieillir après quelques années de fût, il avait disposé dans la cave de son restaurant un caveau spécial, situé derrière un tas de charbon. Après quelques années de bouteilles, ce vin était des plus exquis, vendu tantôt pour du Fleury ou du Moulin-à-Vent de premier choix : aussi était-il réservé pour les clients privilégiés et fins connaisseurs, qui savaient parfaitement que c'était une délicate attention de la part de M. Maire, lorsque, s'adressant à son sommelier, il lui disait ces simples mots : *Caveau du Charbonnier.* Si bien que les clients, passionnément épris de ce vin délicieux, ne le désignèrent plus que sous le nom de *Charbonnier,* dont la réputation devint universelle.

Pour continuer à satisfaire la clientèle, le successeur de M. Maire, après avoir étudié le terrain, fit l'acquisition d'une partie du vignoble qui avait produit ce vin délectable, et continua d'acheter la récolte d'une partie de la côte. La situation topographique du *Charbonnier* est donc aujourd'hui établie par la propriété de M. Paillard, restaurateur parisien.

Ce plant, dont les propriétés se rapprochent de celles du raisin rouge avec lequel on fait le meilleur champagne, a suggéré à M. Paillard l'idée de champagniser une partie de sa récolte. Ce vin de première tête est livré sous le nom de CHARBONNIER MOUSSEUX. *C'est un* CHAMPAGNE *de première marque.*

CAZANOVE (CHARLES DE). — Cette maison, l'une des plus anciennes et des plus réputées de la Marne, se recommande par ses produits de premier choix. On y trouve, dans ses caves, des vins de Champagne des meilleures années :

VIN MONARQUE DE 1870

HALLALI!

Grand vin de Saint-Hubert 1874

CARTE BLANCHE 1878

En outre de ces vins de haute valeur, la maison *Charles de Cazanove* a tenu à pouvoir fournir des vins courants connus sous la dénomination de TISANE MOUSSEUSE DE CHAMPAGNE.

COLEMAN (*Jambon* GENUINE *de*). — D'une chair fine et délicate, — d'un goût exquis, aussi bon l'été que l'hiver, — cette marchandise perfectionnée continue à être le *nec plus ultra* des jambons.

Certaines maisons peu consciencieuses offrent d'autres jambons avec estampille similaire comme étant de vrais *Jambons Coleman.* — Il faut toujours regarder avec soin si dans le haut de l'estampille à feu sur le jambon le mot *Genuine* existe, autrement ce n'est pas un *Jambon Coleman.* Non content de vendre comme Jambons Coleman de la marchandise inférieure, il s'est trouvé quelqu'un qui a eu l'audace de s'approprier l'estampille en la modifiant légèrement; heureusement le Tribunal correctionnel de la Seine, par jugement du 29 novembre 1889, a flétri le procédé et l'a condamné pour *imitation frauduleuse de marque.*

Jambon Genuine.

Voici quelques extraits du jugement :

« Attendu que par des exploits distincts, Coleman a cité X... directement devant le Tribunal correctionnel, sous inculpation d'imitation frauduleuse d'une marque dont il revendique la propriété ;

« Attendu que le 28 septembre 1885 le demandeur a fait au greffe du Tribunal de commerce de la Seine le dépôt d'une marque à feu, à apposer sur des jambons provenant d'Angleterre, ladite marque pouvant varier de grandeur, et consistant dans les mots :

Genuine English Ham,

faisant le tour d'un cercle avec les mots *London extra* dans l'intérieur du cercle ;

« Qu'il est même établi que le jambon vendu par Coleman est connu dans le commerce et demandé par les consommateurs sous la désignation de *Jambon Genuine ;*

« Attendu que X... a causé à Coleman un préjudice dont il lui doit réparation ;

« Que le Tribunal a les éléments suffisants pour en fixer l'importance ;

« Par ces motifs,

« Déclare X... coupable d'avoir, depuis moins de trois ans, à Paris, fait une imitation frauduleuse de la marque de Coleman, de nature à tromper l'acheteur, et sciemment vendu un produit revêtu d'une marque frauduleusement imitée ou portant des indications propres à tromper l'acheteur ;

« Condamne X... *à cent francs* d'amende ; le condamne aux dépens ; 500 francs de dommages-intérêts; l'insertion du jugement dans.trois journaux; valide les saisies au profit de Coleman, etc. »

Ce jugement du Tribunal correctionnel de la Seine a été confirmé par un arrêt de la Cour d'appel de Paris, le 15 janvier 1890.

Ces jambons, dont la propriété est celle de M. COLEMAN, sont les meilleurs et les plus fins. Honorés de deux médailles en 1889 et d'un diplôme d'honneur de l'*Académie de cuisine* (Voir COLEMAN, JAMBON et GENUINE).

GAZ (*Cuisine et chauffage par le*). — Tout récemment, la Compagnie parisienne du gaz a fait étudier et construire un certain nombre d'appareils de chauffage, tant pour les appartements que pour la cuisine. Ces appareils ont été surtout

Modèle n° 4.

créés dans le but de répondre à une objection qui est faite à la cuisine au gaz, d'imposer pendant l'hiver une dépense supplémentaire pour le chauffage de la cuisine. Le fourneau mixte comble cette lacune et permet l'emploi du coke quand il fait froid, et l'emploi du gaz quand il fait chaud. On peut aussi employer le coke et le gaz simultanément et facultativement (Voir les mots CUISINE AU GAZ, FOURNEAUX, GAZ et RÔTISSERIE).

Nous pouvons donner les chiffres exacts de consommation de coke et de gaz pour un appareil n° 2, placé pendant trois ans dans une maison dont le personnel se compose de 6 personnes constamment, de 10 à 12 fréquemment, et trois

ou quatre fois par an, de 18 personnes. La cuisine est faite au coke et au gaz pendant les mois d'hiver, du 15 octobre au 15 mai; au gaz seul, pendant les mois d'été, du 15 mai au 15 octobre.

La consommation pour la cuisine mixte est, par mois, de { 6 hect. coke n° 0. 20m3 de gaz.

La consommation pour la cuisine au gaz seul est, par mois, de 80m3 de gaz.

Si l'on tranforme ces chiffres en argent (Coke n° 0, à 2 fr. 30 c. — Gaz, à 0 fr. 30), on trouve que la cuisine mixte coûte par mois 19 fr. 80 c.; la cuisine au gaz seul, 24 francs.

La cuisine au gaz seul coûte donc en somme 18 0/0 de plus que celle qui est faite avec le coke.

En outre, la livraison des fourneaux n° 4 (grand modèle), dont les appareils à rôtir et à griller sont de très grandes dimensions, est accompagnée d'un appareil spécial de dimension restreinte, qui permet de faire rôtir une volaille, griller des côtelettes, sans être obligé d'allumer le grand appareil à gaz réservé aux pièces de grandes dimensions.

FOURNEAUX DE CUISINE MIXTES
AU GAZ ET AU COKE

Numéros	Hauteurs	Largeurs	Profondeurs	Prix	OBSERVATIONS
	m	m	m	fr.	
1	0.780	0.920	0.490	120	
				180	Sans rampe dans le four
				200	Avec une rampe dans le four.
2	0.780	1.040	0.600		
				220	Avec une rampe dans le four et une rampe en-dessous du four
3	0.780	1.500	0.650	350	Sans grillade au charbon.
4	0.810	1.840	0.760	500	Avec grillade au charbon et grillade séparée au gaz.

Ces fourneaux perfectionnés n'ont rien d'analogue avec les appareils anglais; ils sont disposés pour la cuisine française, et là on y fera aussi bien la sole au gratin que l'omelette soufflée.

LASNIER (J.), successeur D'AUBRY, 7 et 8, rue Saint-Simon, et 8, boulevard Malesherbes.

Batterie de cuisine; Ustensiles et Moules en cuivre. — Cette importante maison de fabrique, l'une des plus considérables de la capitale est sans contredit la plus recommandable au point de vue de ses prix réduits; de ses modèles élégants et commodes, faits selon les indications de l'*Académie de Cuisine*, conformes à l'hygiène, au bon goût pratique.

Les moules à bordures, à entremets, glaces, bavarois, gelées, sont des plus variés et au complet. Les moules unis à timbale, à pouding, à charlotte, à biscuits, sont d'un choix varié comme les moules à glaces, à quenelles, et les moules spéciaux s'y trouvent représentés dans ce musée de formes et de casseroles. Parmi les ustensiles, depuis la poêle à frire, la spatule, le fouet, le couteau, les passoires, jusqu'à la *passoire à œufs filés à l'espagnole*.

J. **Lasnier** est un amateur de belle cuisine et un novateur qui ne craint pas de sacrifier pour faire du nouveau et perfectionner les modèles anciens, pour se mettre au *desiderata* des progrès modernes. *Fournisseur de la Ville de Paris*, il installe des cuisines au complet en France et à l'étranger. Son catalogue est envoyé sur demande affranchie.

LACAUX FRÈRES (*Distillerie*). — Les spécialités qui distinguent cette maison sont l'*Amer Lacaux*, le *Bitter* et la *Coca* (V. ces mots), décrits dans cet ouvrage à l ur lettre alphabétique.

Amer Lacaux. Coca, élixir péruvien.

Le Bitter de MM. Lacaux frères est irréprochable au point de vue de la fabrication, il a un goût parfait, une amertume qui a de la suavité, une couleur magnifique, et surtout une concen-

tration d'arome, sous un petit volume de substances alcooliques, qui permet de le mouiller impunément sans qu'il perde aucune de ses excellentes qualités. (*Moniteur vinicole*.)

MM. Lacaux frères sont les fournisseurs du Grand-Hôtel et de ses caves à Paris, du Cercle national des Armées de terre et de mer à Paris, des Hôtels et Café de Paris, à Mont-Carlo, etc.

MERCIER (*Champagne E.*) — Le champagne E. MERCIER, *Compagnie des grands vins de Champagne*, est suffisamment connu pour nous dispenser d'en faire l'éloge. Qu'il nous suffise de dire que la cave de E. Mercier et Cⁱᵉ est d'une éten-

due de quinze kilomètres. Cette cave immense la plus vaste de la Champagne, contient, au moment où nous écrivons, plus de 7,000,000 de bouteilles de vin de Champagne. (Voir les mots CAVE, CHAMPAGNE, CHATEAU DE PÉKIN et E. MERCIER.)

RESTAURANT PAILLARD. — Le café situé boulevard des Italiens, au coin de la rue de la Chaussée-d'Antin, est depuis longtemps la propriété de M. Paillard. Grâce à sa bonne direction et à sa cuisine choisie, le restaurant Paillard est le lieu de rendez-vous du grand monde parisien et du high-life étranger. Écoutons d'ailleurs ce qu'en dit la chronique :

Savourez-moi son *Homard Cardinal!*
Ou son *Poulet!* Ou son filet de sole!
Et s'il vous plaît d'avoir, sur ma parole,
Un avant-goût du Paradis final,
Faites servir un *Canard à la presse*.
Son jus divin vous rendra tout gaillard!
Ah! que de mots, des canards de la Presse,
N'ont été dus qu'aux « farces » de Paillard!

Entre autres friandises, on trouve dans les maisons Paillard, à côté de ses créations culinaires, les gaufres à la crème, spécialité de la maison.

MAISON MAIRE (A. PAILLARD, *propriétaire*). — La réputation de la bonne cuisine et des vins de la *Cave Maire* est acquise depuis plus d'un demi-siècle. M. Paillard choisit, pour les laisser vieillir, les vins des années les plus favorisées et, propriétaire lui-même, il a le privilège de pouvoir livrer, soit à la clientèle de ses restaurants, soit à sa clientèle bourgeoise, des vins de crus authentiques.

Outre les grands vins de Châteaux livrés avec le cachet, M. Paillard peut offrir le vin du *Clos des Mouches*, dont il a la propriété; ce vin, remarquable par la finesse de son fumet et la délicatesse de son goût, se distingue par un léger parfum de violette.

Apéritif Million.

Nous ne saurions trop recommander le *Clos Charbonnier*, le *Clos des Mouches*, le *Charbonnier Mousseux*, le *Cardinal (extra sec)*, la *Fine Champagne Maire 1868*. N'oublions pas l'*Apéritif Million*, au vin de Xérès, à base de Maté, certainement l'un des plus hygiéniques des apéritifs de notre époque.

PANIFICATION NOUVELLE. — Ce système, créé par Dathis, 33, avenue de l'Opéra, Paris, est appelé à révolutionner l'ancienne boulangerie; outre qu'il donne un produit tout à fait supérieur à ce qui a été fait jusqu'à ce jour, il apporte dans la fabrication des économies et des facilités remarquables; pour en donner une idée, ainsi qu'on peut le voir par la figure de l'installation industrielle que nous reproduisons ci-après, en douze heures de travail, dix manœuvres, guidés par un contre-maître, convertissent en pain de luxe deux mille kilos de farine avec un rendement et une qualité bien supérieurs à tout ce qui a pu être obtenu jusqu'à ce jour.

Au mot *Boulangerie*, nous avons résumé les avantages hygiéniques qu'il y a dans ce nouveau système mécanique, qui a atteint le plus haut point de propreté rêvé par les délicats. (Voir les mots BOULANGERIE, BOUILLIE, DATHIS, DIABÈTE, PÉTRIN, PAIN SANS MIE.)

THIBAUDET (C.). — *La* Fabrique d'Étagères en fer forgé *et de* Bouches à four, *13, rue Bouret, Paris*, et fondée depuis 1850, jouit d'une juste réputation parmi les boulangers, les pâtissiers, les restaurateurs pour ses installations élégantes et solides, de corbeilles en fil de fer étamé et verni au four, pour l'usage des boulangeries.

Ses étagères en fer forgé, étamé et verni, ses bouches à four perfectionnées, ses paniers, ses bannetons, ses comptoirs et ses balances en mar-

Corbeille à levain. Corbeille à défourner.

bre, avec leur coupe-pain, sont autant d'objets qui peuvent être livrés avec tous les avantages de la propreté, de la solidité et du bon marché. *Fournisseur de l'Etat et de la Chambre syndicale des boulangers*. (Voir les mots BOULANGERIE, BOUCHE A FOUR, ETAGÈRE). Envoi du catalogue sur demande.

FIN DU DEUXIÈME VOLUME

E. BOURGEOIS
PARIS

Verre d'eau artistique. 110 Fr.

Service de table Porcelaine décorée
12 Couverts 325 Fr

GRAND DÉPOT

Porcelaines
Faïences
ET CRISTAUX

Porte Bouquet 50 fr

Service Cristal taillé
82 Pièces 50 Fr

Service à
Dessert
cannelé
Porcelaine décorée
12 Couverts 95 Fr

Jardinière Milieu de table 50 Fr

21 & 23
RUE
DROUOT

Service Carré Pâte ivoire
décor Rouen bleu 12 Couverts 100 Fr

Garniture de Toilette Faïence décorée
Ruban doré 8 pièces 48 Fr

AVIS IMPORTANT. — La maison du Grand Dépôt édite, chaque année un album colorié qui est envoyé en province et à l'étranger, sur demande.